上海市志

卫生·体育分志
体育卷

1978—2010

上海市地方志编纂委员会　编

上 海 古 籍 出 版 社

20 世纪 90 年代，上海市黄浦区承兴小区健身弄举办弄堂运动会

2003 年“红双喜杯”上海市民千台万人乒乓球大赛

2004 年上海市民东方明珠塔登高暨迎新年长跑活动

2004 年建成的上海市黄浦区延福绿地社区公共运动场

2004 年建成的闵行体育公园

2006 年世界著名在华企业健身大赛

2006 年“延锋杯”上海市职工五人制足球锦标赛

2007 年被认定的上海市非物质文化遗产：精武体育

2007 年被认定的上海市非物质文化遗产：耍石担石锁

2009 年新民晚报“红双喜杯”迎新春乒乓球公开赛

2009 年上海市第十四届全民健身节

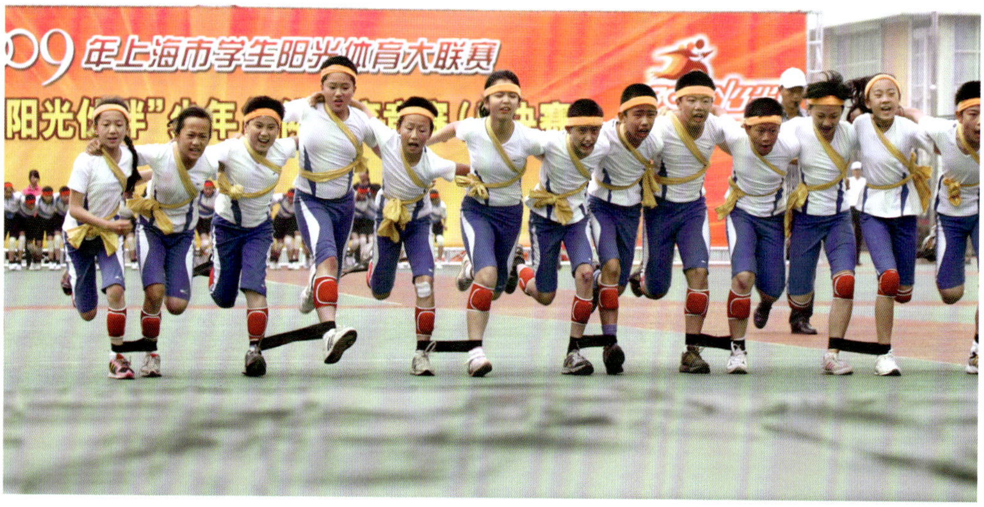

2009 年上海市学生阳光体育大联赛

2010 年上海市“体彩杯”冬泳比赛

2010 年上海市第十个全民健身日

2010 年上海市南京路马路运动会

2010 年上海市金桥碧云国际社区
第九届长跑比赛

1992 年 7 月 27 日，庄泳获第二十五届夏季奥运会女子 100 米自由泳冠军

1992 年 7 月 31 日，杨文意获第二十五届夏季奥运会女子 50 米自由泳冠军

1996 年 7 月 21 日，乐靖宜获第二十六届夏季奥运会女子 100 米自由泳冠军

2000 年 9 月 17 日，陶璐娜获第二十七届夏季奥运会女子 10 米气手枪 50 发冠军

2004 年 8 月 28 日，刘翔（左三）获第二十八届夏季奥运会男子 110 米栏冠军

2004 年 8 月 14 日，吴敏霞获第二十八届夏季奥运会女子双人 3 米跳板冠军；2008 年 8 月 10 日，吴敏霞（右）再获第二十九届夏季奥运会女子双人 3 米跳板冠军

2008 年 8 月 11 日，火亮（右）获第二十九届夏季奥运会男子双人 3 米跳板冠军

2008年8月14日，刘子歌获第二十九届夏季奥运会女子100米蝶泳冠军

2000年9月24日，王励勤获第二十七届夏季奥运会乒乓球男子双打冠军；2008年8月18日，王励勤（左）再获第二十九届夏季奥运会乒乓球男子团体冠军

2008年8月24日，邹市明获第二十九届夏季奥运会男子拳击48公斤级冠军

1978 年第六届上海市运动会

1979 年，第四届全国运动会“新长征火炬接力活动点燃火仪式”在上海中共一大会址纪念馆举行

1983 年，第五届全国运动会在上海举行

1993 年，首届东亚运动会在上海举行

1997 年，第八届全国运动会在上海举行

2003 年上海金茂大厦首届国际高楼跳伞表演

2004 年 F1 中国大奖赛

2005 年第四十八届世界乒乓球锦标赛

2004 年 NBA 中国赛（上海站）

2005 年上海网球大师杯赛

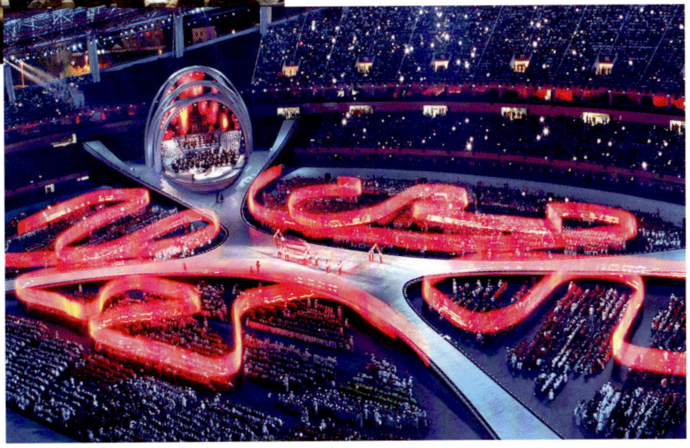

2007 年，第十二届世界夏季特殊奥林匹克运动会在上海举行

2007 年，女足世界杯在上海举行开闭幕式、决赛等多场赛事

2008 年 5 月 24 日，北京奥运会火炬传递上海站的第二天，孙雯作为首棒火炬手在上海体育场起跑

2008 年 8 月 8 日，姚明担任北京奥运会中国代表团开幕式旗手

2009年世界高尔夫球锦标赛－汇丰冠军赛

2009年上海国际田径黄金大奖赛

2009年环崇明岛女子国际公路自行车赛

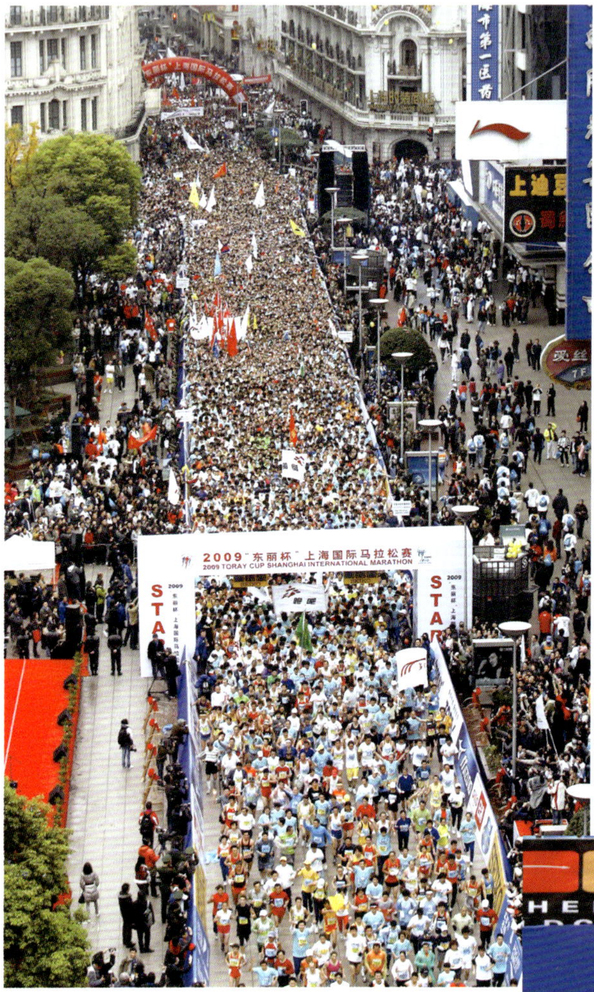

2009 年上海国际马拉松赛

2009 年射箭世界杯赛（上海站）

2009 年世界斯诺克上海大师赛

上海市地方志编纂委员会

上海市地方志编纂委员会

（2007.8—2018.6）

《上海市志·卫生·体育分志·体育卷（1978—2010）》编纂委员会

2012年3月—2014年10月

主　　任　李毓毅

常务副主任　陈一平

副 主 任　李伟听　韩秀芳　郭　蓓　严家栋　沈富麟　苏清明　李　鸣

顾　　问　金永昌　金国祥　于　晨

委　　员　（以姓氏笔画为序）

马麟刚　王才兴　王玉林　王家瑾　王跃舫　匡佐圣　邢　涛　吉　宏
刘　琦　刘昌乐　孙　杰　严　辉　严　静　严勇宁　步振威　沈　存
沈　雷　沈利龙　沈佳春　沈培泉　张　明　张　雷　张　漪　张国强
张建林　张星林　张黎明　陆　晴　陈　强　陈德友　范本浩　周志勇
赵荣善　胡　红　胡孔胜　胡神奇　姜　军　袁辽新　顾　伟　顾　辰
徐根发　黄社丽　曹培中　龚以庆　盛茂武　崔一宁　符顺国　隋国扬
董士祺　蒋丞稷　颜　军　潘明亮　潘柏生

2014年11月—2017年8月

主　　任　黄永平

常务副主任　李　崟

副 主 任　徐寅之　郭　蓓　孙为民　赵光圣　韩秀芳　沈富麟　苏清明

顾　　问　金永昌　金国祥　于　晨　李毓毅

委　　员　（以姓氏笔画为序）

王才兴　王庆林　王家瑾　王跃舫　叶晓东　史闽越　匡佐圣　邢　涛
吉　宏　刘　琦　刘昌乐　孙　杰　严　辉　严　静　严勇宁　李国雄
李建新　李洪岩　杨国浩　步振威　吴为坤　吴晓莹　沈　存　沈　雷
沈佳春　沈培泉　张　明　张　雷　张　漪　张国强　张明泉　张建林
张荣丽　张星林　张黎明　陆　晴　陈　强　范本浩　罗文桦　周卫星
周志勇　单霞丽　赵荣善　胡　红　胡孔胜　胡神奇　姜　军　顾　辰

奚静芳　黄　勇　曹培中　龚以庆　盛茂武　崔一宁　梁立刚　隋国扬
董　瑛　董士祺　颜　军　潘小军　潘明亮　潘柏生

2017年9月—2020年12月

主　　任　徐　彬

常务副主任　陆　檩　宋　慧

副 主 任　孙为民　赵光圣　许　琦　罗文桦　郭　蓓　杨培刚　沈富麟
苏清明　王海威

顾　　问　金永昌　金国祥　于　晨　李毓毅　黄永平

委　　员　（以姓氏笔画为序）
王庆林　王励勤　王勇健　王跃舫　王曙芳　叶晓东　史闽越　匡佐圣
吉　宏　刘　琦　闫　中　严　辉　严勇宁　李国雄　杨国浩　杨家华
余诗平　沈　存　张　雷　张　静　张　漪　张荣丽　张星林　张黎明
陆　晴　陈　皓　陈　强　陈　慧　范本浩　周卫星　周志勇　郑浩彬
单霞丽　胡　红　姚　婴　桂劲松　顾　伟　徐志刚　郭红生　郭佳露
黄　勇　曹培中　龚以庆　盛茂武　梁立刚　董士祺　程克强　潘小军

《上海市志·卫生·体育分志·体育卷（1978—2010）》编纂办公室

2012年3月—2014年6月

主　　任　陈一平

常务副主任　刘　琦　张星林

副 主 任　闫　中　鲁宏伟　宋　玥

编　　辑　李剑波　沈海瑛　季　艺　陆　旻

2014年7月—2017年12月

主　　任　李　鉴
常务副主任　张星林
副 主 任　闫　中　宋　玥　张梅梅
主　　笔　杨惠明
编　　辑　季　艺　陆　旻

2018年2月—2020年12月

主　　任　陆　檩　宋　慧
常务副主任　严勇宁　姚　婴
副 主 任　闫　中　周文佳　殷方玉　张梅梅
主　　笔　杨惠明
编　　辑　季　艺　陆　旻　袁　虹

《上海市志·卫生·体育分志·体育卷（1978—2010）》主要供稿及编纂人员（以姓氏笔画为序）

丁　荣　王　凌　王　爽　王　燕　王丹妮　王春鸟　王隽毅　王慧颖
仓醒宇　方　元　方鹤根　田　径　冯梅椿　邢　岚　朱　萍　刘　建
刘　晨　刘文董　刘志民　刘建中　汤金林　阮清华　孙英杰　苏光远
李　莉　李　婧　李小婉　李易飞　李晓倩　李爱云　杨　沁　杨　薇
杨士奉　吴　诚　吴　般　吴　鹰　吴新民　余诗平　邹　延　冷　倩
张　宏　张　昀　张云峰　张祥泰　陆　叶　陆　凌　陈　蓉　陈　慧
陈处旸　陈华宝　陈建生　陈建萍　陈泰斗　陈富贵　林晗艳　罗海涛
金宇轩　周　毅　周　燕　周玉甫　周战伟　周炳华　庞文娟　郎　净
封晶晶　项慧敏　赵华彦　赵彦宏　赵婧茹　赵豪明　胡　钢　胡晓蕾
胡绳军　钟　亮　姚振绪　贾鲁俊　夏　煜　夏静莺　顾爱斌　徐　彬
徐文庆　殷越人　郭佳露　唐卫英　唐诗梦　黄　勇　黄孙巍　黄苏海

龚吉祥　董杨华　蒋　蓁　蒋永谊　蒋荣华　曾雯彬　满易灵　蔡　萍
蔡丽萍　谭常勇　薛　琼　薛　珺

《上海市志·卫生·体育分志·体育卷（1978—2010）》
图片提供人员及单位（以姓氏笔画为序）

丁裕春　凡　军　王佳斌　王毓国　白　宇　兰　田　刘大伟　刘定传
阮　晓　李　岳　李烨璐　沈惠章　张其正　陈　迪　陈自力　陈建生
陈建国　周先铎　周国强　赵　鹏　钮一新　俞伟昌　贾志伟　顾力华
顾爱斌　徐正魁　殷淑荣　高伯生　郭一江　曹　璠　彭幼龙　董　平
程至善　鲁宏伟　裴　鑫　黎自立

上海市竞技体育训练管理中心　上海市体育运动学校
上海体育科学研究所　上海市体育训练基地管理中心
上海市青少年训练管理中心　上海市体育彩票管理中心
上海东亚体育文化有限公司　上海精武体育总会
黄浦区体育局　普陀区体育局
闵行区体育局　浦东新区区委宣传部（文体旅游局）体育处
松江区体育局　新华通讯社
上海红双喜股份有限公司　华东师范大学出版社
徐汇区青少年体育运动学校　奉贤区档案馆

《上海市志·卫生·体育分志·体育卷（1978—2010）》
咨询专家名单（以姓氏笔画为序）

王才兴　王方杰　王家瑾　方鹤根　平　萍　史济星　乐俊平　吉　嘉
朱南俊　乔芝馨　刘建中　刘雅丽　许群伟　孙卫星　李　平　李伟听
李建国　吴新民　邱伟昌　沈建华　陆小聪　陈立方　陈宝祥　陈森兴
赵文杰　赵依文　顾爱斌　郭　蓓　黄海松　曹可强　符顺国　程康萱
魏玉来

《上海市志·卫生·体育分志·体育卷（1978—2010）》
评议专家名单

组　　长　沙似鹏

成　　员　（以姓氏笔画为序）

平　萍　刘雅丽　李伟听　陆　勤　陆小聪　陈森兴　赵文杰　柴志光
曹可强　程康萱

《上海市志·卫生·体育分志·体育卷（1978—2010）》
审定专家名单

组　　长　沙似鹏

成　　员　（以姓氏笔画为序）

平　萍　吕瑞锋　刘雅丽　李伟听　陆　勤　柴志光　徐　静　曹可强

《上海市志·卫生·体育分志·体育卷（1978—2010）》
验收单位和人员名单

验收单位　上海市地方志办公室

验收人员　洪民荣　姜复生　王继杰　黄晓明　杨军益

业务编辑　李洪珍

序

体育是社会发展和人类进步的重要标志，是国家和城市综合实力的体现。现代体育融经济、文化、社会事业发展特性为一体，是建设现代化国际化大都市不可或缺的组成部分。上海几代体育工作者团结奋进、开拓创新，为上海城市建设和体育事业做出了积极贡献，为国家赢得了荣誉。

上海是中国近代体育发源地之一。中国体育自 19 世纪末从上海等地发端，从学习、借鉴西方体育的初级模式起步发展，正在全面进入兴盛和繁荣时代。1949 年 5 月以后，体育成为上海社会事业的重要组成部分，体育快速恢复发展。1978 年以后，中国实行改革开放，上海国民经济和社会发展进入一个新的阶段，成为改革开放的前沿窗口。特别是 1990 年浦东开发开放以来，上海成为中国改革开放的象征和现代化建设的缩影。上海体育沐浴着上海城市改革开放的春风，坚持改革开放、聚焦创新发展，形成了具有典型示范意义的发展格局，铸造了上海体育的辉煌，推动了奥林匹克运动在中国的更快发展。

中共十一届三中全会以来，作为改革开放重要前沿的上海，以前所未有的大发展推动了上海体育的大突破、大跨越。改革开放的环境，促进了体育发展思想的不断解放、观念的不断更新；改革开放的一系列发展成果给体育发展带来了巨大动力。在上海市委、市政府和国家体育总局的领导及指导下，经过全市体育工作者的共同努力，上海体育取得了巨大成就：群众体育蓬勃发展，围绕“建身边的场地，抓身边的组织，搞身边的活动”，率先提出“体育生活化”理念，推广“人人运动”计划，上海市国民体质综合指数列全国首位；竞技体育成绩突出，先后培养出一批又一批世界级优秀运动员和中青年优秀教练员；体育产业成效显著，职业体育率先发展，社会办赛、体育彩票公益金为体育事业注入发展活力；体育赛事日趋活跃，成功举办国际马拉松赛、F1 中国大奖赛、网球大师杯赛、世界乒乓球锦标赛等高水平国际体育赛事,努力打造竞赛表演业发展平台;体育场馆设施明显改善,在第八届全国运动会场馆建设基础上,兴建上海市东方绿舟体育训练基地、上海国际赛车场、上海东方体育中心等现代化场馆设施。作为上海市政府实事工程,各社区街镇的公共运动场、健身苑点等健身设施遍布申城,人均体育场地面积逐步扩大,提升了市民的幸福感和满意度。体育法治、体育科教、体育文化、对外交流等各项事业发展迅速。上海体育改革发展,为促进青少年全面发展、增强市民体质、演绎城市精神、服务城市经济建设等方面发挥了独特作用。

回顾1978—2010年上海体育发展道路,最鲜明的特征是改革创新,最显著的成就是快速发展,最突出的标志是与时俱进。改革开放以后是上海体育改革创新、快速发展的时期,是上海体育服务国家战略、为中国体育事业作贡献的33年,是上海体育融入上海经济社会发展、为城市建设作贡献的33年。国家和上海的改革开放对体育的发展产生了广泛而积极的影响,为体育的创新发展创造了良好的环境,而上海体育的发展又为城市增添了动力和活力,在改革发展中发挥了示范和引领作用。

在体育事业发展中,上海始终坚持以人为本,不断满足人民群众日益增长的体育健身需求。体育工作者解放思想,把"发展体育运动、增强人民体质"摆在体育工作的首位,着力解决制约群众体育发展的主要矛盾。坚持体育事业与经济、社会协调发展,贯彻普及与提高相结合方针,提出体教结合新思路,全面推进实施国家《全民健身计划纲要》。坚持政府主导,把提供良好的体育健身公共服务作为群众体育的基础和中心任务。强化政策措施,完善服务体系。把实现好、维护好和发展好最广大人民群众的体育健身利益作为出发点和落脚点,努力实现群众体育又好又快发展。

在体育事业发展中,上海始终坚持改革开放,大力弘扬体育精神。体育发展的动力是改革,核心是创新。在中国改革开放大潮中,上海快速恢复发展体育运动,进一步传承上海体坛优良传统,站到体育改革开放前沿。1990年,党中央、国务院宣布浦东开发开放,上海体育部门和广大体育工作者更新观念,解放思想,以浦东改革开放为契机,改革完善体育的体制、机制。上海体育服从服务于国家战略,全面实施《奥运争光计划纲要》,聚焦国际体坛,对标世界一流,为国家奥运战略做出了应有贡献。33年间培养出庄泳、杨文意、乐靖宜、陶璐娜、王励勤、刘翔、吴敏霞、刘子歌、火亮、邹市明等奥运会冠军，同时涌现出诸如朱建华、姚明、孙雯、胡荣华、常昊等家喻户晓、具有世界影响力的优秀运动员……一代又一代体育健儿在世界体坛领奖台上，完美诠释中华体育精神，为国家赢得了荣誉。

在体育事业发展中，上海始终坚持科学管理、健全法治、依法管理，营造体育发展良好环境。上海体育融入城市经济和社会发展的大背景，服务上海经济发展和改革开放的中心任务，高起点做好体育事业发展规划，并研究制定群众体育、竞技体育、体育产业和体育设施建设等各类专业规划和行动计划，确保国家和地方政府的大政方针落实、落地，促进体育事业可持续发展。在贯彻国家《体育法》《全民健身计划纲要》等法律、法规和政策的同时，上海制定颁布《上海市市民体育健身条例》等体育地方性法规和政府规章，维护和保障市民参加体育活动的权利。体育部门加强体育宏观管理和指导，坚持依法行政、依法治体，体育普法宣传教育深入人心。上海体育步入规划先导、政策引导、法规督导的管理轨道，促进体育事业健康快速发展。

修志存史，代代相续。上海体育的奋斗发展历程，弥足珍贵。本书力求成为一本珍贵史书，让后人知晓上海体育改革崛起历程，传承上海体坛的光荣传统和有益经验；成为一部工具书，忠实记载上海体育的昨天，查询足迹，揭示规律，以便人们获取营养；成为一个博物馆，以资料丰富、内容翔实、过程精彩的历史再现，激励人们为上海体育再铸辉煌。

历史照亮未来。本书是上海体育文化建设的一项重要而艰巨的工程。全书在概述、大事记下，分别记述了群众体育、竞技体育、青少年体育、体育赛事、体育产业、体育科教、体育交流、体育管理、人物传略及附录、专记，信息量大、覆盖面广。书中运用图片、图表等形象展示和辅助说明上海体育33年发展中显现的重点和亮点，为有关部门、社会各界和广大读者学习、研究、发展上海体育起到积极的借鉴和指导作用。

修史编志，继往开来。承载上海体坛的光荣与梦想，直面广大市民的期待与厚望，肩负上海市委、市政府提出的建设全球著名体育城市的责任与使命，我们必须充分把握新时代、新体育、新作为的发展战略，树立以人民为中心的发展思想，着力对标全球顶级城市,持续推动体育发展方式从办体育向管体育、从小体育向大体育、从体育向“体育十”转变,努力建设体育氛围浓烈、体育人才辈出、体育赛事精彩、体育产业繁荣的全球著名体育城市,以改革创新、砥砺奋进的新作为,创造新业绩,取得新突破,实现新目标!

是为序。

《上海市志·卫生·体育分志·体育卷(1978—2010)》编纂委员会

2020 年 6 月

凡 例

一、本志坚持以马克思主义为指导，遵循辩证唯物主义和历史唯物主义原理，实事求是记述上海市自然、政治、经济、文化和社会的历史与现状。

二、本志为上海市首轮社会主义新方志中《上海通志》《上海市专志系列丛刊》之续，续义不续例，体例方面创新调整，并对首轮志书补缺正误。采用小篇平列体，分别编纂，陆续出版，汇为全志。

三、本志记述地域范围，以2010年底上海市行政区划为准。由上海市辐射至全国其他地区及国外事物，兼及记述。

四、本志记述内容的时限，上起1978年，下迄2010年，反映这一时期上海改革开放全貌。首轮《上海市专志系列丛刊》所缺或记述内容不够丰富的分志、分卷，上溯至事物发端。中国共产党分志、人民代表大会分志、人民政府分志、人民政协分志、民主党派分志，为保持同一届次内容记述的完整性，下延至2010年后的首个换届年份。

五、本志按自然、政治、经济、文化和社会为序设置分志、分卷，事以类从，类为一志，并兼顾当代社会分工的原则。全志除总述外，中国共产党分志、农业分志、工业分志、商业分志、服务业分志、城乡建设分志、金融分志、口岸分志设置综述卷，并设经济综述分志，加强全志整体性。各分志、分卷采用篇章节体，卷首设概述、大事记，以专记、附录、索引殿后。

六、本志体裁以述、记、志、传、图、表、录为主，力求内容与形式统一。

七、本志人物传遵循"生不立传"原则。入传人物排列先后以卒年为序，在世人物以人物简介(排列以生年为序)、人物表(人物录)记载。

八、本志采用规范的语体文、记述体，行文按《〈上海市志(1978—2010)〉行文规范》，力求严谨、朴实、简洁、流畅，以第三人称记述。

九、本志纪年,凡1949年5月27日上海市解放以前的用历史纪年,一般标示朝代、年号、年份,括注公元纪年;1949年5月27日上海市解放后,一律采用公元纪年。

十、本志所记述的地名、机构名称、职称及币种、计量单位,一般按当时称谓。

十一、本志所用统计资料,原则上根据统计部门公布的材料;未列入统计部门统计的,根据部门统计的材料。

十二、本志资料来源于国家档案馆、上海市及有关省市档案馆、部门档案馆(室),以及历史文献、口碑资料、社会调查、部门提供的材料等,均经考证核实,一般不注明出处。

编纂说明

一、本卷坚持依法修志和实事求是的撰写原则，力求全面、客观、完整地记述1978—2010年上海市体育事业的发展历程和主要成果。上限为1978年，下限一般为2010年，部分重大事件突破下限，适当延伸。

二、运动成绩收录范围。竞技体育运动成绩来源于第一轮《上海体育志》及《上海体育年鉴》系列(1989—2011)。一般收录国际、洲际和全国最高级别比赛，包括奥运会、世界锦标赛、世界杯赛、亚运会、亚洲锦标赛、全运会、全国锦标赛及全国单项联赛等，不含各类学生运动会及青年比赛的成绩。国际级、洲际比赛收录前三名，全国比赛收录冠军，个别有突破性影响的项目有所放宽。

三、赛事收录范围。凡举办市运会、全国各类综合性运动会、亚运会、国际性赛事，以及参加奥运会、亚运会、全运会、城运会、智运会的有关情况均在“体育赛事”篇中记述。凡一般群众性赛事活动、学生体育活动则分别列入“群众体育”及“青少年体育”篇的各有关条目中。

四、关于各组织机构、文件名称、赛事名称等，第一次使用时用全称，并用简称加以注明，再次使用时一般用简称。

五、本卷使用的专有体育名词、专用术语等，均来自国际体育组织和相关部门，不再另加注释。

六、本卷使用的计量单位均以《地方志编纂行文规范》的规定为准，除竞技运动成绩中的时、分、秒单位，在文字记述中一般用汉字“小时”“分”“秒”表示，符号分别用“：”“′”“″”表示。

七、本卷所用的资料，主要来自上海市档案馆、上海市体育局档案室、《上海体育年鉴》系列丛书、第一轮《上海体育志》以及各类报刊、专著，辅以部分当事人的口述回忆材料。图片资料主要来自上海市体育宣传教育中心、部分新闻媒体及体育系统的单位和个人。

目　　录

CONTENTS

概 述

1949年5月27日，上海解放，10月13日，上海接收并整顿原上海体育协会及各类体育设施，并在共青团上海市委、上海市总工会、上海市教育局设置管理体育的部门。1954年2月，上海市体育运动委员会（以下简称“上海市体委”）建立。1956年以后，各区、县体委相继成立。上海市国防体育协会筹备会、中华全国体育总会上海市分会及其所属的市级单项协会先后建立。工厂企业、街道乡镇和学校分别建立基层体育协会，体育管理网络初步形成，为有领导、有计划地开展体育运动提供了组织保证。各级政府和企业、学校逐步改建、新建一批体育场地设施，群众体育、学校体育和竞技体育有序发展。20世纪60年代前期，乒乓球等单项进入世界先进行列。60年代中期至70年代中期，上海体育事业遭受严重挫折，各项体育工作基本处于停顿、瘫痪状态。

二

1978年，中国实行改革开放政策，包括体育在内的各行各业百废待兴，迅速整顿恢复。上海各级政府在发展经济同时，全面贯彻国家体育工作方针，把增强人民体质放在体育工作首位。广大体育工作者励精图治，团结奋斗，上海体育事业进入了迅速恢复、稳步发展的重要阶段。

上海市和区县体育部门首先恢复建立各类体育机构和组织，修缮体育场地设施，加紧培训基层体育骨干，促使体育走上正轨。体育部门与教育部门加强合作，共同推进学校体育，体育教学质量迅速提高。学生课外体育训练逐步恢复。学校的传统体育项目得到发展，市和区县的体育传统项目学校经过整顿验收后重新命名。职工体育在20世纪80年代出现了横向跨地区的组织。体育活动日趋活跃，健身性、趣味性的小型比赛活动形成自发热潮，健美操、体育舞蹈、钓鱼、桥牌、棋类等健身项目在职工中的开展十分普遍。农村由于普遍实行承包责任制，富裕起来的农民具备了参加体育活动的条件。1988年前后，经常参加体育活动的人约占全体农民的五分之一。至1990年，上海9个县已全部被评为全国体育先进县，在省区市率先实现“满堂红”，并涌现了一批全国体育先进乡镇。

在开展学校体育、群众体育同时，上海恢复发展竞技体育。原有的区县业余体校基本恢复训练，并有计划地新建部分业余体校，扩大训练项目和招生人数。上海市体委及上海市体育运动学校（以下简称“上海市体校”）、上海体育科学研究所（以下简称“上海体科所”）与区县加强配合，指导区县体委、基层学校做好科学选材和基础训练。至20世纪80年代末，上海已经形成青少年选材网络和培养输送机制。青少年体育后备人才队伍扩大。在此基础上，上海一线运动队恢复运动训练，部分运动项目作出调整，充实田径、游泳等基础项目及篮、足、排、乒乓、羽毛球等球类项目，加强科学训练和规范管理。同时加强与二三线的衔接。至80年代末，一二三线运动训练和衔接机制基本形成，运动技术水平快速提升，上海竞技体育逐步走向世界。部分运动项目跻身世界前列，先后有游泳、乒乓球、羽毛球、体操、技巧、跳水、蹼泳、航空模型、航海模型、围棋等15个项目共88次获得世界冠军，是上海1949年5月解放后所获世界冠军总数的88%。63次打破或超过田径、射击、航空模型、航海模型、游泳、女子举重等世界纪录。1984年，中国参加洛杉矶第二十三届奥运会，29名上海运动员入选,8 人获得前三名。1988 年汉城第二十四届奥运会,上海运动员 31 人参加,4 人获得前三名。

改革开放后,上海承办、举办一系列大型运动会。1983 年,上海承办第五届全国运动会(以下简称“第五届全运会”),31 个代表团共 8 943 名运动员参加。这是 1949 年以后全运会首次在首都北京以外的城市举办。第五届全运会的筹备和举办,对于推动上海体育事业的恢复发展意义重大,作用显著。20 世纪 70 年代后,上海建造了上海体育馆、上海游泳馆、上海市水上运动场等一流体育设施,改建了上海市江湾体育场等场馆,静安、长宁、普陀、闸北、南市、黄浦、徐汇、虹口、嘉定、上海等区县,新建了一批中型体育场馆,以满足第五届全运会比赛需求,并为上海体育事业进一步发展打下了坚实基础。

1978 年起,上海体育事业经费逐年增加,财政拨款方式发生变化,经费来源渠道有所扩大。在体育事业恢复发展中,上海体育事业逐步走上社会化和产业化的道路,体育市场初具规模,体育产业方兴未艾。上海各类体育场馆贯彻“以体为主、多种经营”的方针,努力增加经济收入,以支持体育事业的发展。这一方针取得了明显实效,1979 年全市体育创收 139 万元,占全年体育开支的 20%。至 1989 年底 1990 年初,体育创收达 4 669.4 万元,占全年体育开支的 49.3%,在 11 年中体育经营收入增加 33.6 倍。此后,上海部分体育事业单位实行自收自支,有的逐步向企业转化。80 年代,上海体育事业适应社会转型、经济转轨的形势发展,服从服务于城市经济发展的中心任务,体育综合实力快速提升,市民体质不断增强,体育在两个文明建设中的作用日益彰显。上海体育在恢复发展阶段的成效及经验,传承了上海体育的优良传统,为上海体育深入发展积聚了能量。

二

1990 年 4 月 18 日,党中央、国务院宣布上海浦东开发开放。上海积极响应国家号召,以敢为天下先的勇气和胆魄,开拓创新,砥砺奋进,争做改革开放排头兵,创新发展先行者,全面加快经济和社会的改革开放步伐。上海体育部门抓住这一机遇,以浦东开发开放为引领,总结经验,解放思想,做好体育改革发展的大文章。上海市体委及时宣传贯彻国家体委《关于深化体育改革的意见》,确定 20 世纪 90 年代体育改革的总体目标,改革体育体制和运行机制,逐步实现两个根本转变,即实现由计划经济体制下的体育体制向与社会主义市场经济体制相适应的体育体制转变,改变计划经济体制下单纯依赖国家和主要依靠行政手段办体育的高度集中体育体制,建立与社会主义市场经济体制相适应,符合现代体育运动规律,国家调控,依托社会,自我发展,充满生机与活力的体育体制。随着体育事业的快速发展和改革深化,为了理顺关系,转变职能,进一步落实体育竞赛的管、办分离和政、事分开的原则,1993 年 10 月,“上海市体育发展服务中心(上海市体育服务公司)”更名为“上海市体育竞赛服务中心”,1996 年 1 月又更名为“上海市体育竞赛管理中心”,上海市青少年训练管理中心以及有关运动项目中心相继成立,运动协会数量增加,职能理顺,上海的体育竞赛朝着社会化、多样化、制度化方向迈进一步。20 世纪 90 年代期间,上海市体委机关更新观念,转换职能,不断推进体育改革。机关增设了田径、游泳、足球办公室,以加强统一的专业性管理。同时,发挥区县体委的积极性,鼓励社会兴办体育。区县体育基础加强,市和区县合力增强,体育改革开放快速推进。

20 世纪 90 年代期间,体育管理体制改革逐步深化,出现了体育俱乐部制。1993 年 12 月 10 日,由上海市黄浦区政府、上海申花集团组建的申花足球俱乐部成立。申花足球俱乐部以管理企业的办法管理运动队，探索高水平运动队与市场经济相接轨，代表上海参加全国足球甲级联赛。俱乐部属企业性质，运动员、教练员均与俱乐部签订合同。这种与上海市体委脱钩、打破“铁饭碗”的做法，是竞技体育管理体制的改革创举。此后，又出现了浦东足球俱乐部和豫园足球俱乐部。1995年，申花足球队获得全国足球甲级联赛A组冠军。同时，上海积极整合社会资源，探索社会力量合作办体育的模式，加强与巴士网球俱乐部、曹燕华乒乓球俱乐部的合作，取得了成效，培养了一批优秀网球、乒乓球后备人才。

上海在全国率先提出体育与教育相结合（以下简称“体教结合”）的全新理念和工作举措，确立了“资源共享、责任共担、人才共育、特色共建”的指导思想。同时成立以上海市委、市政府领导任组长的上海市体教结合领导机构，建立上海市教委和市体育局联席会议制度，下发《关于上海市体教结合工作若干意见的通知》，正式启动新一轮体教结合工作。各区县成立体教结合工作领导小组，设立体教联合办公室或相应机构。通过市、区县、学校三个层面的机构运作，基本形成了上海推进体教结合培养人才的框架。初步建立起以大学、中学试办一二线运动队为龙头，各级体育传统项目学校为梯队，各个青少年体育俱乐部为基础的体教结合训练网络，完善了培养竞技体育后备人才的新型模式。

在体育改革发展中，上海大胆探索和创新，利用举办重大体育赛事的契机，推进改革、聚焦发展，使体育事业融入城市经济和社会大局，适应城市管理创新格局，与时俱进，促进体育事业快速发展。

承办东亚运动会，首创国内市场化体育赛事运作模式。东亚奥委会协调委员会发起的第一届东亚运动会于1993年5月9日至18日在上海举行，这是中华人民共和国成立后上海首次承办的国际综合性运动会。上海以改革进取的胆识和魄力，积极探索市场经济环境下大型体育赛事的运作模式。东亚运动会在运用市场机制、依靠社会办体育方面取得了宝贵的经验，为上海乃至其他地区大型赛事的运作提供了新思路、新模式。

承办八运会，赛事运作模式日臻完善。1997年10月，上海承办第八届全运会，提出“全市动员、全民参与、全力以赴”的方针，取得了热烈、精彩、圆满的效果，对深化体育体制改革、推动体育产业化，产生了巨大的影响，向世界展示了上海人民开拓进取、自信大气的精神风貌，正如当时不少新闻媒体评述的那样：“中国给上海一个机会，上海还中国一个奇迹。”

20世纪90年代期间，上海还举办了第三届全国农民运动会、首届亚太地区特殊奥林匹克运动会、第十一届世界中学生运动会、第五届全国残疾人运动会、世界女排大奖赛总决赛等赛事。上海国际马拉松赛始于1996年，已成为上海传统知名品牌赛事，吸引了国内外高手参赛。上海承办和举办的重要国际赛事日益增多，体育对外交流合作进一步加强，来沪交流访问的境外体育团组和个人逐年增加。同时，利用体育这一独特的载体，上海与港澳台地区的交往日益密切，与境外文化、旅游、教育加强合作与互动，打开了改革开放大门，搭建了交流展示平台。在改革开放这一重要阶段，上海体育解放思想、敢闯敢试、勇于探索，坚持以人为本，与时俱进。群众体育不断开拓创新，竞技体育水平稳步提升，体育赛事成为城市亮点，市和区县形成合力，体育产业成为上海经济发展的新增长点，为上海体育进入21世纪，实现新跨越做了充分准备。

三

进入21世纪，上海深化改革，加快发展，加速经济和社会发展。上海21世纪的新发展，以及海纳百川、追求卓越、开明睿智、大气谦和的城市精神,为上海体育改革创新增添了强大动力。上海体育融入城市改革发展大局,体育工作者砥砺奋进,体育改革进入了一个新的发展阶段。

2000年12月,上海市人大常委会审议通过《上海市市民体育健身条例》(以下简称“《条例》”)。这是全国首部地方性体育法规,以市民体育健身为主题,旨在维护和保障市民参加体育健身的权益。《条例》在市民体育健身的组织领导、政府职能、设施建设、社会服务、经费保障等各个方面,都做了明确规定。2002年,上海市体育局确定“六个一”全民健身工程:参加一个体育组织,学会一项基本的运动锻炼项目,每星期有一次以上体育锻炼,每年参与一次社区体育比赛,每年现场观看一场体育比赛,每年接受一次健康体质测试,使体育锻炼成为终身习惯,让健身成为一种文明生活方式。全民健身口号是“花钱多健身,省钱少看病”“运动让生活更美好”“我运动,我健康”。2004年,上海市政府制定《上海市全民健身发展纲要(2004—2010年)》,提出上海建设“136工程”的主要任务:即创建一个科学、健康、文明的体育生活环境,构筑日常、双休日、节(长)假日三个体育生活圈和完善运动设施、团队组织、体质监测、健身指导、体育活动、信息咨询六个体育服务体系。全民健身形成了政府主导、部门推进、社会参与、市场运作的良性循环机制和发展格局,市民健康水平提高,成为上海城市综合竞争力的有机组成部分。

2001年,上海市政府把“将上海建成亚洲一流体育中心城市”这一目标列入《上海市国民经济和社会发展第十个五年计划》(以下简称“《计划》”)。《计划》明确提出了积极申办、承办具有世界一流水平的体育赛事的战略方针,进一步推进国际体育大赛在上海的推广与发展,吸引了网球大师杯赛、F1中国大奖赛、世界斯诺克上海大师赛、高尔夫球世界锦标赛-汇丰冠军赛、国际田径黄金大奖赛、第四十八届世界乒乓球锦标赛、国际足联世界女子足球锦标赛以及具有特殊意义的特奥会等重要国际大赛先后落户上海或在沪举办。经过多年努力,上海形成了“政府推动,市场运作”的办赛模式和运作管理机制。政府部门侧重加强监管、指导、协调和做好保障服务工作,品牌赛事的社会效益与经济效益日趋显著。2002年12月,上海市委、市政府作出了《关于加快上海体育事业发展的决定》,把加快体育事业发展摆到十分重要的位置,提出将把上海建成亚洲一流体育中心城市作为体育事业发展的战略目标,逐步构建体育理念先进、全民健身普及、竞技体育领先、体育科技创新、场地设施完善、体育产业发达、体育法制健全的全球著名体育城市。

2006年11月,上海市体育局发布《上海体育产业发展纲要》,确定未来5年上海体育产业发展的目标和任务。依靠社会力量,成立上海体育产业发展有限公司,统筹规划推进上海市体育局直属场馆改革发展。在国家体育总局指导下,联合13个部委办,开展体育产业统计指标体系调研。2009年,上海市体育局按市、区县、街镇三级行政区域的规划设计和项目设置,编制《上海市近期建设规划》(体育设施部分)。在用好人、管好人的同时,上海不断加大对体育事业的投入,拓展经费来源渠道,加强体育基础建设,科学规划布局和建设大中型体育设施,注重投入产出效益,严格规范财务管理,确保上海体育事业健康快速发展。2010年,上海体育及相关产业总产出263.09亿元,从业人员13.36万人,实现增加值100.20亿元,占当年上海GDP的0.58%。

2007年3月,经上海市政府批准的《上海市体育发展十一五规划》,进一步明确上海体育未来的总体奋斗目标:经过五年的艰苦奋斗,全面提升上海体育整体实力和在国际、国内体坛的竞争力;形成与国际大都市相匹配的体育发展水平和发展环境,继续建设亚洲一流体育中心城市,并为建设国际著名体育城市而努力。

进入21世纪,上海基本完善现代化、多功能的体育场馆设施,上海体育场、上海国际赛车场、上海东方体育中心等大型体育场馆,不仅是现代优秀体育建筑,而且是上海城市的地标性建筑。在体育基本建设中,上海遵循“保民生、广覆盖、可持续”原则,推进政府实事工程,不断增进民生福祉。至2010年,上海拥有社区公共运动场316个,各类球场764片;社区健身苑(点)7 741个,农民体育健身工程1 033个,初步形成覆盖上海城乡的亲民、便民、惠民的体育场地公共服务体系。同时,体育社会指导员队伍迅速扩大,指导服务能力提高。社区、村镇的市民体质监测站普遍建立,市民体质不断增强。上海人均期望寿命居全国城市之首,跻身世界发达城市行列。

上海更加注重青少年体育发展,体育与教育部门紧密结合,落实上海市委、市政府有关体教结合工作的各项政策举措,鼓励区县学校办二线运动队,高校办高水平运动队,社会兴办青少年体育俱乐部。竞技体育加强科学训练,严格管理,实行“扁平化管理,精细化操作”,扩大职业体育俱乐部,全面提升竞技体育实力。2008年,66名上海运动员入选中国体育代表团参加北京奥运会,吴敏霞、王励勤、刘子歌、邹市明等选手共获得4.5枚金牌,取得了历史性突破。在2009年第十一届全运会上,上海体育代表团704名运动员参加比赛,金牌数和总分名列全国第五位,圆满完成“打回前六”的预定目标。在加强竞技体育人才队伍建设的同时,上海体育部门拓展思路,搞活选人用人机制,着重充实体育科研、体育产业和综合管理人才队伍,大胆从兄弟省区市、高等院校、科研院所招收引进年富力强、具有高学历和创新精神的人才,并鼓励在职人员出国讲学执教,报考硕士、博士,继续学习深造。

2010年,上海举办世博会,上海体育系统全力以赴,整治场馆,美化环境,增强民生福祉,以出色的成绩诠释“城市,让生活更美好”的宗旨。

四

上海始终将服务全国作为根本使命,把上海未来发展放在中国发展的大格局中,在国家战略牵引下实现自身快速发展。在体育的改革和发展中,上海强化大局意识、全局观念,始终以国家利益为重,积极实施国家奥运战略,加速培养奥运人才,服务全国体育发展。

在国家体育部门指导下,上海从20世纪80年代起,调整竞技运动项目结构和布局,着眼全国一盘棋,突出田径、游泳、赛艇、皮划艇、射击、射箭、体操等奥运会项目,发展足球、篮球、排球“三大球”,以及羽毛球、乒乓球等中国传统优势项目。20世纪80年代后期,上海市体委与上海体育学院联手,在全国率先开展地区体育发展战略研究。山东、江西、安徽、浙江、江苏、福建和上海六省一市体育部门和上海体育学院,组织专家力量,从体育发展战略着手,研究探索华东地区竞技运动项目布局和地区间的交流合作,首次确定华东地区的重点奥运项目。据此上海确定了自身的重点奥运项目,集中人财物优势,培养奥运会人才。同时精简、压缩或撤销了若干非奥运会项目,以及投入相对较大、多年不出成绩和人才、上海本地后备人才匮乏的项目。

树立大局意识,强化大体育观。上海体育在改革发展中,优化整合资源,依靠社会力量,加快体育人才培养。上海市体委加强统筹领导,在机关建立“备战参加奥运会(全运会)办公室”(简称“备战办”),统筹协调,组织指挥奥运会、亚运会、全运会、城运会等重大体育赛事,有力促进上海体育快速发展,持续腾飞。

交流合作,共同发展,是上海体育发展的一个重要思路和基本经验。进入20世纪90年代,国家进一步推进“奥运战略”,制定实施《奥运争光计划纲要》,并改革全国比赛制度。全运会注册参赛、双积分等办法,鼓励运动人才有序流动,良性竞争,实现双赢、多赢。1997年,第八届全国运动会在上海举办。上海抓住这一机遇,从筹备之初与辽宁、山东、贵州、安徽、江西等省以及解放军合作，签订人才交流协议。在八运会上，上海体育代表团获得金牌、奖牌和总分第一，并获得精神文明奖。通过引进交流、协议参赛等方式，上海为国家培养一批优秀运动员及教练员，在世界大赛中夺得奖牌，打破世界纪录，如田径选手隋新梅，游泳选手刘子歌、拳击选手邹市明等。从1984年洛杉矶第二十三届奥运会起，朱建华、庄泳、杨文意、乐靖宜、刘翔、吴敏霞等一批上海运动员代表中国参赛，为国家赢得了荣誉。

服务全国，责无旁贷。上海利用城市优势，在培养奥运会人才同时，采取多种形式，帮助、支援中西部贫困地区建设体育设施，培训体育师资，培养体育后备人才。2000年，上海援助西藏日喀则地区，建造了现代化的体育场，并帮助培训维护管理人员；帮助重庆市库区，建设五里桥游泳馆。上海市体育运动学校、上海市回民中学招收西藏、新疆等自治区少数民族学生，举办体育培训班，培养女子足球等项目的后备人才。

接轨世界，对标一流。上海体育在服务全国中发展自己；在全国交流合作中、在社会各方的支持下，着力培养世界级体育明星，打造世界顶级赛事，勇攀世界体育高峰，努力建设全球著名体育城市。实施国家奥运战略，落实《奥运争光计划纲要》，上海把目光瞄向了国际职业体坛。20世纪90年代起，上海在全国率先建立了申花、豫园、中远等足球俱乐部，并逐步聘用外国教练员，引进外籍球员。同时，组织运动队参加职业联赛，承办世界职业比赛，与外国选手共同训练。在各方的共同努力下，上海篮球名将姚明入选美国职业俱乐部，成为首位进入NBA名人堂的中国球员，赢得了世界目光。姚明“高度”、刘翔“速度”已成为上海城市的闪亮名片。

包容、创新和发展的上海城市品格，引领着上海体育事业和体育工作者拓宽视野，站在国际体坛的高地，践行奥林匹克运动“更快、更高、更强”宗旨，为中国体育走向世界、建设体育强国作出应有贡献。2001年12月，上海市体育局举行体育战略研讨会，确定了上海体育尤其是竞技体育发展基本思路、战略措施，明确从“全运战略”转变为“奥运战略”。即以国家利益为最高目标，以奥运会为最高层次的竞技体育发展战略。为此，上海把建设亚洲一流体育中心城市作为“上海市国民经济和社会发展第十个五年计划”的重要任务之一，进而提出建设全球著名体育城市的长远奋斗目标。在国家战略牵引下，在各省区市的支持下，上海体育深化改革，坚持以人民为中心的发展理念，坚持办人民群众满意的体育，致力建设全球著名体育城市，实现体育强市和体育强国梦。

大 事 记

1978 年

2月24日—3月8日　中国人民政治协商会议第五届全国委员会第一次会议在北京举行，上海体育界代表张汇兰、郑敏之、梁焯辉、蔡演雄参加会议。

6月16—20日　上海国际体操友好邀请赛在上海体育馆举行，日本、加拿大、朝鲜、埃及、法国、荷兰、罗马尼亚、中国代表队参赛。

6月　上海体育学院从上海师范大学分离，恢复建制。上海体育学院成立于1952年，后与华东师范大学、上海师范学院、上海教育学院、上海半工半读师范学院合并成立上海师范大学。

9月3日　上海市第六届运动会开幕式在虹口体育场举行。3—9日全市举行体育活动宣传周活动。10月8日运动会闭幕。比赛分市区和郊县两个组，24个单位、7 000多名运动员参赛，4人2队7次破6项全国纪录和全国少年纪录，45人15队75次破58项市纪录和市青少年纪录。

9月15—30日　中国青年杯足球赛在上海举行，香港、意大利、日本、摩洛哥、泰国以及中国的12支青年足球队参赛。

10月　为支援宝山钢铁总厂建设，上海市航空运动学校从宝山机场迁至龙华机场。

11月4—7日　在泰国曼谷举行的第一届世界羽毛球锦标赛中，上海运动员张爱玲代表中国队获得女子单打冠军和女子双打冠军。

11月24日　上海市体育运动委员会（以下简称“上海市体委”）召开1978年运动员立功授奖表彰和冬训动员大会，王文娟、张爱玲获“特等功”。

12月9—20日　第八届亚洲运动会在泰国曼谷举办，中国代表团中来自上海的运动员共23名，获得金牌10枚：史美琴（跳水女子跳板冠军），徐立三、瞿保卫（男子水球冠军），曹燕华（乒乓球女子团体冠军），刘霞（羽毛球女子单打冠军），张爱玲（与汤仙虎搭档，羽毛球混合双打冠军），张爱玲、刘霞（羽毛球女子双打冠军），朱政（体操女子平衡木冠军、体操女子团体冠军），崔一宁（击剑男子重剑团体冠军），苏联凤（击剑女子花剑团体冠军）。

1979 年

2月12—28日　全国体育工作会议在北京召开，在第八届亚洲运动会上做出贡献的上海市体委等受到表彰。

3月17日　在日本东京举行的第一届世界业余围棋锦标赛中，上海运动员陈祖德代表中国获得亚军。

4月25日—5月6日　在朝鲜平壤举行的第三十五届世界乒乓球锦标赛上，上海运动员张德英与队友搭档获得女子双打冠军。

5月3—10日　中华全国青年联合会第五届委员会第一次会议在北京召开，上海跳水运动员史美琴出席大会。

7月1日　为了迎接第四届全国运动会的召开，中国共产主义青年团中央委员会(以下简称“共青团中央”)、国家体育运动委员会(以下简称“国家体委”)、中华全国体育总会(以下简称“全国体总”)联合举办全运会“新长征火炬接力”活动，点火仪式在上海中共一大会址纪念馆举行。中共中央政治局委员、国务院副总理王震点燃火炬交给上海市青少年代表，并亲率100人火炬队起跑。这是全国运动会首次采用火炬接力仪式。

9月15—30日　第四届全国运动会在北京举行。上海代表团共有518名运动员参加31项比赛，获得36枚金牌、32枚银牌、33枚铜牌，居奖牌榜第四、金牌榜第五。

11月20日　上海运动员叶家锭在上海航空模型纪录飞行比赛中，以3 284.2米的成绩打破无线电遥控模型直升机直线距离的世界纪录。这一纪录在次年3月5日被国际航联正式确认。

11月24日　经国务院批准，国家体委确定上海为开展足球运动的重点地区之一。

1980年

2月11日　国家体委批准第一批国际象棋大师，上海有戚惊萱、许宏顺、李祖年、唐宏俊。

4月27日—5月2日　在上海国际乒乓球友好邀请赛中，上海运动员曹燕华获女子单打冠军，并与王会元搭档获混合双打冠军。

5月4—25日　第三届上海市中学生运动会举行。

7月3日　国家体委为表彰上海田径运动员胡祖荣对体育事业的突出贡献，授予其“体育运动荣誉奖章”。

9月3日　上海市军事体育俱乐部成立，由市摩托运动学校、市航空模型运动学校、市航海模型运动学校、市无线电运动学校四校合并而成，设在广中路444号原摩托场内，成为中国第一所军事体育运动综合性训练基地，占地面积86 418平方米。

9月2—7日　第四届亚非拉乒乓球友好邀请赛在日本东京举行，上海运动员曹燕华获女子单打冠军。

10月12—17日　上海市首次举办国际举重邀请赛，共设10个级别30个项目，中国队获团体总分第一名，中国选手共获得15枚金牌、12枚银牌、3枚铜牌。

11月26日　在英国伦敦马蒂尼国际跳水赛中，上海运动员史美琴获女子跳板冠军。

1981年

1月15日　设有3 700个座位的黄浦体育馆落成。体育馆先后承办篮球、排球、乒乓球、武术、体操、技巧、轮滑、羽毛球、健美等国际性体育竞赛和表演活动，也是第一届东亚运动会和第八届全国运动会的比赛场地。

2月23日—3月2日　上海国际象棋队参加在香港举行的第三届亚洲国际象棋埠际赛。

2月28日　国家体委在北京举行授奖大会，向近年来获得世界冠军、打破世界纪录的运动员颁发体育运动荣誉奖章。上海航空模型运动员叶家锭获得体育运动奖章。

3月3—13日　在香港举行的第一届亚洲国际大师巡回赛中，上海国际象棋选手李祖年获得冠军。

3月6—13日　国际桥牌友好邀请赛在上海举行。

4月2日　首届上海杯马拉松比赛在嘉定县举行，上海运动员王雅萍获女子冠军。

4月4—26日　在南斯拉夫诺维萨德举行的第三十六届世界乒乓球锦标赛中，上海教练员李富荣获“最佳教练员”称号；作为中国代表团主力的上海运动员曹燕华获得乒乓球女子团体及女子双打两项冠军。

5月14—22日　世界桥牌联合会主席奥蒂兹·帕迪诺一行访问中国，在北京、上海、杭州与桥牌爱好者进行友谊赛。

6月7日　在日本东京举行的第四届亚洲田径赛中，19岁的上海运动员朱建华跃过2.30米，打破了倪志钦保持11年之久的2.29米男子跳高全国纪录和亚洲纪录，获“最佳运动员”称号。

6月12日　在墨西哥举行的第二届世界杯跳水比赛上，上海运动员史美琴以501.35的成绩获得跳水女子3米跳板冠军，这是中国首位跳水比赛世界冠军。

6月14日　上海市政府批准上海市体工队改名为上海体育学院分院。

7月　在第一届世界运动会中，上海运动员张爱玲、刘霞获得羽毛球女子双打金牌。张爱玲还获得羽毛球女子单打金牌。

7月5—18日　中国青年足球邀请赛在上海举行，来自中国、意大利、日本、香港、罗马尼亚、泰国的16支队伍参赛。

8月13—14日　第一届“火炬杯”田径对抗赛在虹口体育场举行，10个省市224人参赛。

8月19—23日　在民主德国马格德堡市举行的第二届世界航海模型（动力艇）锦标赛中，上海运动员魏毓明以193.33分的成绩获得无线电遥控模型（F2B）冠军。

10月26日　在浙江杭州举行的全国分项射击比赛中，上海射击运动员刘正宏在男子10米40发气手枪立射竞赛中，以395环的成绩超世界纪录。

11月25日　国务院学位委员会下发《关于下达首批博士和硕士学位授予单位的通知》，上海体育学院为首批硕士学位授予单位，体育理论、人体解剖学、人体生理学专业为首批授予学科。

11月　上海运动员李小平在第二十一届世界体操锦标赛上与联邦德国选手尼古拉并列鞍马冠军。

12月　上海生产的火车牌足球、篮球、排球和红双喜乒乓球，被国际体育组织批准为国际比赛用球。

1982年

1月13日　上海教练员祝嘉铭被批准为国际级排球教练员，成为中国排球界第一个国际级教练。

1月17日　上海运动员李小平入选“全国十名最佳运动员”。

3月2—7日　上海篮球队参加在香港举行的第一届亚洲城市男子篮球锦标赛，获得亚军。

3月11日　上海市体委党委成立朱建华科研小组，全面负责跳高选手朱建华、刘云鹏的思想政治、训练竞赛、生活管理、医务监督等工作。

3月18日　国家体委第一次颁发围棋段位证书，上海运动员陈祖德、吴淞笙、华以刚获九段称号。

同日　在第四届世界业余围棋锦标赛中，上海运动员曹大元获得冠军。

4月30日　国家体委公布中国象棋特级大师、大师和国际象棋大师名单。上海运动员胡荣华获“中国象棋特级大师”称号。

6月2日　上海市体育文史委员会成立,设专人编制,办公地点在上海市体委机关内。

6月25日—7月5日　上海国际男子排球邀请赛顺利举行,来自7个国家的10支队伍参赛,中国队获得冠军。

8月10日—10月21日　第七届上海市运动会举行,8月10日在虹口体育场开幕,10月21日在上海体育馆闭幕。赛事分市区、郊县和市区少年3个组,共有28个单位5 948名运动员参赛。4人5次破4项全国纪录,25人1队42次破24项市纪录,12人25次破26项市青少年纪录。

11月19日—12月4日　第九届亚洲运动会在印度新德里举行。上海28人参赛,获得14枚金牌、10枚银牌、2枚铜牌。朱建华创男子跳高当年世界最好成绩(2.33米),并获评唯一的最佳运动员。

11月27日—12月2日　在日本东京国际体操邀请赛中,上海运动员吴佳妮被评为“最佳女选手”。

1983年

1月15日　上海市体委召开表彰大会,朱建华等7名运动员获上海体育运动特级奖章;杨文琴等126名运动员获上海体育运动一级奖章;51名教练员、领队获上海体育运动二级奖章。

1月28日　1982年全国十佳运动员评选发奖大会在北京首都体育馆举行。上海运动员朱建华、吴佳妮当选。

4月28日—5月9日　第三十七届世界乒乓球锦标赛在日本东京举行,上海运动员曹燕华获女子单打冠军及女子团体冠军。

6月3—4日　第一届“力士杯”男子健美邀请赛在卢湾区工人体育馆举行。

6月11日　朱建华在北京举办的第五届全国运动会田径预赛中越过2.37米,打破男子跳高世界纪录。9月23日,朱建华在上海举办的第五届全国运动会田径决赛中越过2.38米,第二次打破跳高世界纪录;同日,上海市体委和市体总分会为朱建华举行庆功会,国家体委顾问荣高棠向朱建华及其教练员胡鸿飞表示热烈的祝贺。

8月1日　为迎接第五届全国运动会而举办的“振兴中华——全国体育成就展览”在上海市体育宫展出。

9月6日　上海游泳馆落成。游泳馆位于上海体育馆东南侧,可供游泳、跳水、水球、花样游泳、潜水等水上运动项目比赛和训练。上海游泳馆获“1983年上海市优秀设计一等奖”“1984年建设部优秀设计一等奖”。

9月18日—10月1日　第五届全国运动会在上海举行,这是首次在首都北京以外的城市举办全运会。18日,开幕式在上海市江湾体育场举行,由国家体委主任李梦华主持,中共中央政治局委员、国家副主席乌兰夫致开幕词,上海市市长汪道涵致欢迎词。本届全运会有来自各省、自治区、直辖市和解放军、火车头体协的共31个代表团8 943名运动员、1 431名裁判员。全运会设田径、游泳、跳水、水球、体操等25个比赛项目和武术1个表演项目。有2人3次破2项世界纪录,1人1次破1项世界青年纪录,4人5次平3项世界纪录,7人12次破9项亚洲纪录,66人39队145次刷新61项全国纪录。上海代表团获得33枚金牌、35枚银牌、30枚铜牌,奖牌总数列全国第一,金牌数列全国第二。10月1日,全运会在上海体育馆闭幕,上海市政府和组委会在上海展览馆举行招待会。全运会期间,还召开全国群众体育先进表彰大会,220个先进集体和94个先进工作者受表彰。

9月27日　国务院副总理万里在上海会见伊拉克青年部长艾哈迈德·侯赛因·萨马拉依率领的伊拉克代表团。

9月28日　中国乒乓球协会(以下简称“中国乒协”)、上海市乒乓球协会和福建省乒乓球协会在上海联合举办历届乒乓球世界冠军表演赛暨郭跃华告别赛,中国乒协主席徐寅生向郭跃华赠奖杯。

9月30日　国务院副总理万里在上海会见民主德国体育运动联合会主席弗雷德·埃瓦尔德率领的体育代表团。

9月　上海市水上运动场第一期工程竣工,运动场位于青浦县淀山湖,使用水域面积5万平方米。为迎接第五届全国运动会,水上运动场于1981年4月筹建,水上工程于1982年2月2日动工,陆上工程于同年5月10日动工。

10月12日　上海业余电台BY4AA开始工作,这是中国继北京、成都之后建立的第3座业余电台。

10月16—19日　“飞跃杯”国际网球元老邀请赛在上海举行,来自美国、日本、香港和中国的140名中老年网球爱好者参加。

10月19日　上海运动员黄勇以每小时223.186公里的成绩创造航空模型F2A线操纵圆周速度27号项目的世界纪录。

10月24日　意大利田径协会在罗马向朱建华颁发特别奖,奖励其在一年内两次打破男子跳高世界纪录。

10月28日　在全国航海模型分项赛中,上海运动员周建明、浦海清分别以14秒5和14秒的成绩,超过遥控绕标竞速F1-V2.5级和F1-V5级世界纪录。

11月3日　上海市体委召开表彰大会,表彰在第五届全国运动会和重大国际比赛中取得优异成绩的运动员和教练员。上海海模队魏毓明、王谷平,空模队黄勇获体育运动特级奖章;赛艇队11人、射击队4人、教练员7人获上海体育运动一级奖章;射击队2人、赛艇队12人获上海体育运动二级奖章。

11月4日　国际业余田径联合会主席内比奥罗在科威特向朱建华颁发创世界纪录证章,表彰其刷新男子跳高世界纪录。

11月23日—12月1日　中国男子排球队参加在日本举行的第三届亚洲男子排球锦标赛,获亚军。上海运动员沈富麟获“优秀二传手奖”。

12月　上海运动员朱建华在第三十七届国际体育通讯社年度最佳运动员评选中,被评为世界男子并列第四名最佳运动员。

1984年

2月18日　1983年全国十佳运动员评选揭晓大会在北京首都体育馆举行,上海运动员朱建华、曹燕华当选。

3月3日　全国“游泳之乡”和先进游泳池评选大会在上海游泳馆举行,杨浦区被评为“游泳之乡”,上海市体育俱乐部和南市区斜桥游泳池被评为先进游泳池。

3月10—12日　全国春季马拉松竞走比赛和上海—大阪友好城市马拉松赛同时在嘉定县举行,前者有23个省市248人参加,后者有美、日、英、泰等10个队参加。

4月6日　经上海市政府批准,上海体育学院分院改名为上海体育运动技术学院。

6月1日　上海运动员王银珍在全国射击冠军赛中,以593环的成绩超过女子小口径标准步枪60发卧射世界纪录。

6月10日　在联邦德国举行的埃伯斯塔特国际跳高比赛中,朱建华以2.39米的成绩刷新世界纪录。这是他在12个月内第三次打破男子跳高世界纪录。次日,国家体委、全国体总、中国奥委会发来贺电。

7月28日—8月12日　中国组团参加美国洛杉矶第二十三届奥运会,上海有29名选手入选,其中8人5项进入前三名。朱建华以2.31米的成绩获田径项目唯一一枚铜牌,李小平获体操男子团体银牌。

8月9—15日　上海运动员商焱在第四届世界航海模型(耐久)锦标赛中获FSR3.5级冠军。

9月4日　上海市体育科学学会成立,体育情报、运动生物力学、运动医学、体育理论、运动训练学和体育仪器器材研究6个专业委员会同时成立。

9月18日　在全国航海模型比赛中,上海运动员周建明、浦海清在F1-V3.5级和F1-V6.5级比赛中分别以14秒2和12秒8的成绩超世界纪录。

9月21日　国家体委向上海体育学院执教65年的张汇兰颁发国家体育运动荣誉奖章。

10月6—14日　首届全国伤残人运动会在安徽合肥举行。13日,上海运动员赵继红以4.96米的成绩打破盲人组B3级女子跳远世界纪录。

12月18日　上海运动员朱建华当选1984年全国最佳田径运动员。

12月27日　上海第一座室内塑胶田径场在上海体育运动技术学院风雨操场竣工。

1985年

2月10日　1984年全国十佳运动员评选揭晓大会在上海举行,上海运动员朱建华当选。

2月25日　在国际乒乓球联合会公布的世界优秀乒乓球选手排名中,上海运动员曹燕华列女子第一名。

2月28日　上海获国家体委颁布的1984年全国体育竞赛"最佳赛区"称号。

3月29日—4月3日　在全国航海模型优秀选手赛中,上海运动员周建明以13秒8的成绩超F1-V3.5级世界纪录。

5月11—22日　美国拳王阿里访问上海,参观上海体育学院,与师生交流,并访问新民晚报社。

5月　上海市体委主办的《上海体育》杂志出版。

6月　在第三届世界航海模型(外观)锦标赛中,上海运动员王谷平获C级冠军。

7月31日—8月9日　首届柯达杯16岁以下足球世界锦标赛在虹口体育场举行。匈牙利、墨西哥、巴西、卡塔尔队进行3轮6场比赛。

8月5日　在第四届世界航海模型锦标赛中,上海运动员周建明以14秒5的成绩刷新F1-V3.5级(遥控竞速艇模型)15秒2的世界纪录。9日,周建明以13秒4的成绩改写世界纪录。

9月24日　上海市体委召开首届全国青少年运动会上海代表团欢送大会。10月18日,第一届全国青少年运动会闭幕,上海金牌数和总成绩均居第二名。

9月25—26日　上海国际旱冰速滑邀请赛在上海第一钢铁厂举行。

10月11—17日　全国航海模型锦标赛在浙江杭州举行。16日，上海运动员商焱以28秒6、得分144.2的成绩超F1－V项目的世界纪录。

10月12日　第二届上海市大学生运动会开幕。

10月20日　上海市体委举行“棋王”谢侠逊百岁寿辰庆祝会，国家体委向谢侠逊颁发体育运动荣誉奖章，并举办“百岁杯”象棋邀请赛。

11月7日　第六届亚洲排球联合会代表大会在北京举行，上海祝嘉铭当选为亚洲排联教练委员会主席。

12月9—13日　全国体质研究学术讨论会在上海召开，就《体质综合评价方法》这一科研成果进行交流、评议。

12月24日　上海运动员朱建华当选1985年全国田径十佳运动员。

1986年

1月1日　上海市体委制定的《上海市体育场地管理办法》经上海市政府批准施行。

1月11日　上海市体育发展战略讨论会召开，上海根据国家体委总体战略思路，确定以奥运会为目标，抓好重点和基础薄弱项目的战略方针。讨论会共收到论文89篇。

1月31日　1985年全国十佳运动员评选授奖大会在陕西西安举行，上海运动员曹燕华入选。

5月20日　上海市业余训练工作会议结束，确立了四级训练体制，基本理顺了上海各级运动队、体校的选材、招生、训练和输送的衔接管理。

7月17日—10月21日　第八届上海市运动会举行。7月17日在虹口体育场开幕，10月21日在上海体育馆闭幕。比赛分市区组、市区少年组和郊县组，共有36个单位5 608名运动员参赛，1人2次破1项全国纪录，1人创3项全国最新成绩，2人2次超1项世界少年纪录，6人17次超9项全国少年纪录，16人1队52次破32项上海市纪录。

7月28日　国务院学位委员会批准国家体委第三批硕士、博士学位授予单位及其学科。博士学位授予单位及导师有：上海体院体育理论学，导师是王义润。硕士授予单位及学科有：上海体院运动训练学(体操排球)。

9月15日　在印度尼西亚举行的第四届远东及南太平洋地区伤残人运动会上，上海运动员赵继红获得4枚金牌，A6级截肢乒乓球运动员卢兴昌获3枚金牌。

9月20日—10月5日　第十届亚洲运动会在韩国汉城举行，中国代表团的35名上海运动员在11个项目的比赛中获17枚金牌、19枚银牌、4枚铜牌。

9月28日　上海运动员朱建华当选亚洲田径赛最佳男运动员，上海运动员杨文琴当选亚洲田径最佳女选手，上海教练员胡鸿飞当选最佳田径教练。

10月7日　上海市体委拍摄的体育艺术纪录片《希望的火焰》首次在上海电视台播放。

10月10日　在全国航海模型比赛中，上海运动员周建明超F1－V3.5级和F1－E7>1 kg世界纪录。

10月30日　在法国举行的第二届世界伤残人乒乓球锦标赛中，上海A6级截肢女运动员顾静萍获得2项冠军。

1987 年

1月1日　为表彰著名体育教育家张汇兰对中国体育事业所做的突出贡献,国家体委在其90岁诞辰之际,授予其体育运动荣誉奖章并致贺电。

2月9日　坐落于上海县莘庄的上海市第二体育运动学校(以下简称"上海市二体校")成立,这是上海第二所体育类中等专业学校,学校设田径、自行车、举重、柔道4个项目。

2月16日—3月1日　在印度新德里举行的第三十九届世界乒乓球锦标赛上,上海运动员何智丽获女子单打冠军。

4月2日　上海体育代表团在首届全国特殊奥运会上获60枚奖牌,居全国之首。

4月10日　中国花样轮滑学校在上海市黄浦区第二体育俱乐部成立。

5月19—31日　在全国无线电遥控航空模型比赛(全运会预赛)中,谈兵破F3E-59世界纪录,哈成峰破F3E-77世界纪录,林国平超F3E-77世界纪录。

6月4日　联合国教科文组织总部在法国巴黎举行仪式,授予90岁高龄的上海体育学院教授张汇兰"联合国教科文组织体育教育和运动荣誉奖"。

6月5—14日　第四届亚洲女排锦标赛在上海举行,有12个代表队300名选手参加,中国队获冠军。

6月14日　在民主德国举行的第五届世界航海模型(动力艇)锦标赛中,上海运动员周建明、浦海清分别获F1-V3.5级和F1-V6.5级两项的冠军,并破世界纪录。

10月6日　美国全明星职业篮球队与上海队在上海进行友谊赛,客队以120∶74胜。

同日　普陀体育馆改建完成。体育馆始建于1959年9月,是上海第一个区级体育馆。

11月1日　在第一届世界女子举重锦标赛中,上海运动员韩长美获82.5公斤级抓举、挺举和总成绩3枚金牌。

11月20日—12月5日　第六届全国运动会在广东广州举行。上海代表团共有571名运动员参加40个项目的决赛,获得32枚金牌、29枚银牌、25枚铜牌,团体总分860分,奖牌榜、团体总分均居第二,金牌数第三,并获精神文明奖。

同日　"全国20名最佳教练员"评选揭晓,上海教练员张燮林入选。

1988 年

1月29日　上海足球运动员柳海光当选1987年全国十佳运动员。

3月　在英国伦敦举行的全英羽毛球公开赛中,上海运动员王朋仁、史方静获得男女混合双打冠军。

4月3日—5月8日　第五届上海市中学生运动会举行。

4月10—23日　第二届上海市农民运动会在崇明县举行。这是自1958年举办第一届上海市农民运动会以后恢复举办的农运会,南汇、川沙、奉贤、松江、金山、青浦、嘉定、上海、崇明、宝山等区(县)组队参加,运动员五百多人。设田径、篮球、乒乓球、中国象棋、中国式摔跤5项比赛项目,武术为表演项目。

4月11日　在第三届亚洲游泳锦标赛中,上海运动员杨文意以24秒98的成绩打破女子50米自由泳的世界纪录，成为中国第一位打破游泳世界纪录的女选手。

5月26—29日　上海“佐佐木—协兴杯”国际女子垒球邀请赛举行，中国队获亚军。

7月1日　上海体育馆、上海游泳馆被作为全球范围建筑史的成功之作，列入英国出版的《世界建筑史》。

7月25日　国际乒乓球联合会公布世界男、女前20名选手名单，何智丽位列女子榜首。

8月23日　上海奥林匹克俱乐部落成，位于中山南二路1800号，占地2万平方米，建筑面积1.75万平方米，是上海首家体育宾馆。

8月24—28日　登喜路羽毛球公开赛在上海体育馆举行。这是世界羽毛球A级比赛首次在上海举行，11个国家和地区200多名羽坛精英参加。

8月30日—9月11日　在全国无线电遥控航空模型锦标赛中，上海运动员李世豪、顾辰、秦欢年打破3项航空模型世界纪录。

9月19日　第二十四届奥运会在韩国汉城举行，上海有31名选手入选中国代表团，获2枚银牌、2枚铜牌，10人进入前八名。其中，庄泳在女子100米自由泳、杨文意在女子50米自由泳决赛中各获1枚银牌。

9月　第二次全国体育场地普查工作启动。普查结果表明，自1983年以来，全市新建场地1 380片。

9月　在第八届世界杯羽毛球决赛中，上海运动员王朋仁、史方静获得混合双打冠军。

10月15日　首届中国象棋“棋王”赛中，上海运动员胡荣华获冠军。

12月4日　在第二届世界女子举重比赛中，上海体育学院学生李艳霞获3枚金牌，另一上海选手韩长美获3枚金牌，并破世界纪录。

1989年

1月29日　上海运动员杨文意、庄泳当选1988年全国十佳运动员。

1月30—31日　上海市体委、市教育局联合召开上海市体育工作暨学校体育工作会议，提出进一步加强体育和教育部门的协调、配合，全面加强学校体育工作，加速后备人才培养。

2月18日　上海第一跳水学校成立，地点位于上海市跳水池。

3月　在第四十届世界青年击剑锦标赛中，虹口击剑队队员叶冲获得男子花剑冠军。

4月5日　上海市体委、市高教局决定实行上海高等学校体育奖学金制度，以奖励大学生中的优秀运动员。

4月14日　全国体总第五届代表大会在北京闭幕，会议授予上海张汇兰“荣誉委员”称号。

同日　1988年中国足球“金鞋”奖、“金球”奖颁奖仪式在四川自贡举行，上海运动员张惠康获“金球”奖。

5月1—6日　“健牌杯”上海国际游泳邀请赛在上海举行，中国队获24枚金牌。

5月6日　首届“中国青年十大杰出人物”评选揭晓，上海游泳运动员杨文意入选。

5月　第六届世界航海模型(动力艇)锦标赛中，上海运动员陆炜峰、周建明、浦海清、陈海标共获5项世界冠军，破3项世界纪录，平1项世界纪录。

7月29日　在第三届世界运动会蹼泳赛上，杨浦区蹼泳俱乐部谢芳获100米器泳冠军。

9月5日—10月5日　为迎接国庆40周年，上海市体委开展群众体育活动月，全市100多万人次参加。

9月6—16日　第二届全国青少年运动会在辽宁省举行,上海270名选手参加23个项目的比赛,共夺得30枚金牌,居全国第二位。

9月　上海市政府教育卫生办公室批文,确定医疗气功由上海市卫生局管理,健身气功由上海市体委管理,批准实施《上海市健身气功暂行管理办法》。12月31日,上海市体委设气功管理办公室,负责《上海市健身气功暂行管理办法》的实施。

10月5日　上海市体委、市高教局就培养高校优秀体育人才签订协议,决定在上海交通大学、复旦大学、同济大学、华东师范大学等15所高校建立田径、游泳、篮球、排球、乒乓球等高水平运动队。

10月　在第二十五届世界体操锦标赛中,上海运动员樊迪获女子高低杠金牌。

11月　上海运动员韩长美在第三届世界女子举重锦标赛中破2项世界纪录。

12月2日　上海运动员张爱玲、史方静当选1989年首届中国羽毛球十佳运动员。

12月　在第七届世界杯技巧赛中,上海运动员虞玮、陆美娟获女子双人第一套冠军,是上海技巧运动的第一个世界冠军。

1990年

1月5日　由上海市体委主办的《体育导报》,自1989年4月13日起试刊16期后,正式向全国发行,每逢周五出版,四开四版,每期约二万字,以宣传、报道国内外重大体育新闻、事件和上海市体育新闻、事件为主。

2月　全国体委主任会议在北京召开。国家体委对1989年为中国体育事业做出贡献的10个省区市颁发"全年贡献奖",上海列第三位。自1985年国家体委实施这一制度以来,上海已连续五年受到表彰。

3月2日　全国体总上海市体育分会第四届代表大会召开,会名按全国体总要求改为上海市体育总会。

3月11日　上海体操运动员樊迪、游泳运动员庄泳当选1989年全国十佳运动员。

3月16日　上海市体委、市人事局、市劳动局召开优秀运动员退役安置工作会议。

4月8日　在第一届世界象棋锦标赛中,胡荣华代表中国队获团体冠军。

4月30日　上海市体委、体育导报社等联合举行朱建华告别体坛文艺晚会。国家体委发来贺电,上海市领导出席。上海市体委授予朱建华、胡鸿飞"上海市特级体育奖章",上海市田径协会授予朱建华"终身名誉委员"称号。

5月6—26日　第九届上海市运动会举行,5月6日在上海体育馆开幕,5月26日晚在黄浦区大世界游乐中心闭幕。比赛分市区成年、市区少年、郊县3个组,共有53个单位10 767名运动员参赛,有1人1次破1项全国纪录并超世界纪录,2人9次破4项全国年龄组纪录,20人4队50次破40项上海市年龄组纪录,9人12次破7项上海市纪录。

5月15日　上海市体委、市教育局、市卫生局联合组织中小学生体质健康测试调研。

5月25日　在第十二届世界业余围棋赛中,13岁上海棋手常昊获得冠军。

6月24日　首届国际铁人三项比赛在青浦县举行。

7月9日　在世界线操纵航空模型锦标赛上,上海运动员张向东获得线操纵特技和个人2枚金牌。

8 月 30 日　在第五届世界蹼泳锦标赛中，上海运动员顾雁菱获得女子 4×200 米接力冠军。

9 月 7 日　第十一届亚洲运动会火炬传递交接仪式在上海展览中心举行。火炬交接后，朱建华点燃大火炬，并引燃 100 把小火炬。9 月 9 日下午，主火炬由上海市委副书记陈至立、火炬手朱建华等送达江苏南京。

9 月 7—11 日　上海精武国际武术邀请赛在黄浦体育馆举行。

9 月 22 日—10 月 7 日　第十一届亚洲运动会在北京举行，52 名上海运动员入选并参加 20 个项目的比赛，获得 46 枚金牌、17 枚银牌、5 枚铜牌；另有 4 人破 4 项亚洲纪录，6 人破 16 项亚运会纪录。上海运动员获金牌的人数占上海参赛选手的 60%。其中，沈坚强在游泳项目中夺得 5 枚金牌，谢军获得 3 枚金牌、2 枚银牌、1 枚铜牌。沈坚强作为中国唯一的男运动员当选为“亚洲十佳运动员”“亚运会最佳运动员”，获“飞龙奖”。10 月 13 日，上海市体委召开第十一届亚运会健儿归来欢迎会，中共上海市委书记、市长朱镕基等会见运动员、教练员代表。

11 月 10 日　中国大学生体育协会足球协会成立大会在同济大学举行。国家体委、国家教委、上海市政府领导出席，同济大学名誉校长任协会名誉会长，同济大学副校长任协会主席。

12 月 1 日　首届上海体育科技工作会议召开，国家体委、上海市体委、市科委、上海体育学院等领导及各区县体委科研负责人 80 余人出席会议。会上讨论全市体育科技工作近期规划，表彰在本年度全市教练员论文评比中获优秀论文奖的 61 名教练员和 3 个先进集体。

12 月 25 日　上海运动员隋新梅当选 1990 年全国田径优秀运动员。

1991 年

1 月 3 日　1990 年游泳、跳水双十佳运动员评选中，上海运动员庄泳与江苏运动员林莉并列游泳十佳之首。

1 月 3—13 日　在第六届世界游泳锦标赛上，上海运动员庄泳获女子 50 米自由游金牌，杨文意获女子 50 米仰泳表演项目金牌。

1 月 5—8 日　按照“优势互补、共同提高”原则建立的华东体育协作区，在上海举行首次工作会议。华东 6 省 1 市的体委主任、上海体育学院院长和有关部门负责人共 70 人出席会议。

2 月 19 日　上海体育运动技术学院和日本西田化妆品有限公司联办上海市女子排球队的签约仪式举行。这是国内首次由中日双方联办高水平运动队。上海女排以“西田化妆品有限公司女子排球队”为队名参加国内外比赛。

3 月 7 日　上海游泳运动员沈坚强、庄泳当选 1990 年全国十佳运动员。

3 月 8 日　首届上海职工大众体育运动会举行，12 个区、9 个县、42 个局的代表队参赛。

3 月 10 日　在第三届世界室内田径锦标赛上，上海运动员隋新梅以 20.54 米的成绩获女子铅球冠军。

3 月 14 日　在意大利米兰举行的世界杯短池游泳赛中，上海运动员庄泳获女子 50 米自由泳冠军。

4 月 1—6 日　上海举行首届少儿体育节，全市共 8 万名少年儿童参加。

4 月 3 日　在全国春季蹼泳锦标赛上，上海运动员顾雁菱以 3 分 12 秒 89 的成绩打破女子 400 米器泳世界纪录，潘蓓蓉以 6 分 57 秒 85 的成绩打破女子 800 米器泳世界纪录。

4月16日　上海评出上海县虹桥乡、川沙县城镇乡、南汇县祝桥乡、奉贤县青村乡、金山县山阳乡、松江县泗泾镇、青浦县朱家角镇、崇明县竖河乡、宝山县吴淞乡、嘉定县南翔镇为十大体育明星乡镇。

4月21日　首届"沪澳杯"足球赛在虹口体育场举行,澳门足球队以5比3胜上海蜂花足球队。在闭幕式上,上海和澳门签署上海市蜂花足球队和澳门足球队每年举行一届"沪澳杯"足球赛的协议,比赛由上海、澳门两地交替主办。

5月12日—6月12日　首届上海市中专、职校学生运动会举行。运动会设足球、篮球、排球、乒乓球、田径5个比赛项目,10所中专职校的3 600多名选手参加。

5月23日　上海市体委、市振兴体育事业基金会召开上海市幼儿体育先进单位表彰会。32个幼儿园获表彰。

5月29日　国家体委授予上海市"1990年度为中国体育事业作出突出贡献"的荣誉称号。

6月22—23日　第一届亚洲青年赛艇锦标赛在上海水上运动场举行,日本、韩国、朝鲜、中国及中华台北、香港6队41名18岁以下青年选手参赛,上海青年队代表中国出赛,获女子单人双桨、双人双桨、双人单桨、四人单桨4项冠军。

7月14—25日　在第十六届世界大学生运动会上,上海运动员夏嘉平获网球男子单打冠军,上海游泳选手共获7枚金牌、14枚奖牌。

8月9日　在第七届世界航海模型锦标赛上,上海运动员浦海青、姚文凯、周建明、陈海标、吴斌5人获7枚金牌,其中浦海青、姚文凯分别打破F1-V6.5级、F1-E<1 kg级世界纪录。

10月5日　由上海市体委和黄浦区体委共同组建的上海市体育科学选材中心成立,其主要任务是规划、组织、指导全市各区县选材工作开展,制定上海各运动项目选材的综合评价标准,建立全市业余运动员技术档案数据库,组织运动员身体测试和选材干部的培训。

10月7—12日　庆祝篮球运动诞生100周年的"上球杯"1991年篮球联赛(第一阶段)在华东化工学院、上海师范大学、上海冶金高等专科学校体育馆举行,具有全国水平的篮球联赛全部安排在上海高校举行尚属首次。

10月8日　第三届上海市大学生运动会开幕,全市50所大专院校的4 000名选手参赛。

10月14日—11月3日　第三届上海市伤残人运动会举行,12个区9个县共22个代表队的712名选手参赛,3人打破2项伤残人世界纪录,1人超1项远东及南太平洋地区伤残人运动会纪录。

10月20日　上海市蜂花青少年篮球俱乐部成立,这是上海第一家由小学、初中、高中学生组成的"一条龙"篮球训练俱乐部。

11月3日　上海足球运动员柳海光足坛告别赛在火车头体育场举行。闸北区向柳海光颁发"精神文明建设活动标兵"的证书。上海市领导出席仪式,并与5 000名球迷一起观赏表演赛。

11月20日　上海威德健美体育中心在中国科学院上海学术活动中心成立,被国际健美联合会列为世界八大健美中心之一。

11月26—27日　上海市第一跳水学校和上海市第二跳水学校举行挂牌仪式,第一跳水学校设于上海市跳水池,第二跳水学校在上海游泳馆内。

12月5日　上海市零陵中学击剑馆举行落成典礼,这是国内中学系统第一座符合正式比赛标准的击剑馆。

1992 年

1 月 23—25 日　首届京津沪农村中学生足球邀请赛在川沙体育场举行。

3 月 7 日　上海运动员沈坚强、庄泳获评 1990 年全国十佳运动员。

3 月 17 日　全国体育摄影展在沪举行。

3 月　《世界足球邮票大全》一书出版。

4 月 3 日　上海市体委主办的《体坛纵横》杂志创刊。

4 月 23 日　在罗马尼亚女子国际象棋邀请赛中，17 岁上海选手王蕾获冠军。

5 月 23 日　美国百尺高空跳水队在虹口体育场举行表演活动。

6 月 7 日　为纪念毛泽东同志“发展体育运动，增强人民体质”题词发表 40 周年，上海举行“汇众杯”长跑比赛。

6 月 16 日　德国籍足球教练克劳斯・施拉普纳与上海大众汽车有限公司签约，成为中国国家男子足球队第一位外籍主教练。

7 月 25 日—8 月 9 日　第二十五届奥运会在西班牙巴塞罗那举行。上海共有 20 名运动员、4 名教练员入选中国代表团，获得 2 枚金牌、5 枚银牌；3 人破 2 项世界纪录，3 人 5 次破 3 项奥运会纪录。7 月 27 日，庄泳在女子 100 米自由泳决赛中以 54 秒 64 的成绩获得首枚金牌，并打破奥运会纪录。28 日，庄泳与杨文意、乐靖宜获得女子 4×100 米自由泳接力银牌，并打破世界纪录。31 日，杨文意在女子 50 米自由泳比赛中以 24 秒 79 的成绩获得金牌，并打破自己保持的世界纪录。丛学娣和队友合作夺得女子篮球银牌。

9 月 10 日—10 月 10 日　第三届上海市特殊奥运会举行。

11 月 20 日　国家体委表彰体坛园丁。上海市体育俱乐部体校、上海卢湾区少年儿童业余体育学校及 16 名上海教练员入榜。

1993 年

1 月 1 日　在上海大世界吉尼斯大赛上，上海小学三年级学生范考琪脚穿轮滑鞋钻过 17.5 厘米的横竿，刷新了 17.8 厘米的吉尼斯世界纪录。

1 月 12 日　上海运动员庄泳、杨文意、乐靖宜、沈坚强获评全国游泳跳水双十佳运动员。

2 月 5—7 日　首届亚洲杯乒乓球团体赛在上海举行，中国队获 2 枚金牌。

2 月 20 日　振兴中国足球基金会成立仪式在上海奥林匹克俱乐部举行，中共中央政治局委员李铁映为基金会题词：“振兴中国足球。”

3 月 10 日　上海运动员庄泳获评“1992 年全国十佳运动员”。

3 月 12 日　国家体委评出体育贡献奖，上海市体委居榜首。

4 月 4 日　国家优秀游泳选手、国家优秀少年游泳选手评选活动揭晓，上海 29 名选手受表彰。

4 月 5 日　第一届东亚运动会上海圣火在东海勘探三号石油钻井平台完成采集工作，在上海市政府大厦前举行交接仪式。

5 月 9—18 日　第一届东亚运动会在上海举行。9 日，运动会开幕式在虹口体育场举行，国家主席江泽民、国际奥委会主席萨马兰奇等出席。来自日本、韩国、朝鲜、蒙古及中国、香港、澳门、中华台北和关岛(特邀)等9个国家和地区的2 500多名运动员参加。运动会共设12个比赛项目。中国、日本、韩国分列奖牌榜前三名。18日,运动会在上海体育馆闭幕。这是上海乃至中国改革开放以后的首个国际综合性运动会。运动会以改革思路筹办,获得海内外广泛好评。

7月11日　在第十七届世界大学生运动会上,上海运动员乐靖宜以55秒16的成绩获女子100米自由泳冠军。

7月15日　在第十七届世界大学生运动会上,上海体育学院学生龙玉文获女子1 000米竞走冠军。

7月24—31日　第七届亚洲女子排球锦标赛在上海举行,中国队获第一名。

8月7日　在第八届世界航海模型锦标赛上,上海运动员获7项冠军,破3项世界纪录。

8月15—24日、9月4—15日　第七届全国运动会在四川、北京等地举行。上海代表团共有473名运动员,参加29个项目的决赛,获得29枚金牌、23枚银牌、15枚铜牌,团体总分787分,金牌数、奖牌数、团体总分均居第三。2人1队4次超3项世界纪录,1人1次平1项世界纪录,3人5次创4项亚洲纪录,1人1次超1项亚洲纪录。10月6日,上海市政府在友谊会堂举行表彰大会,上海市领导向上海市代表团和上海游泳队颁发嘉奖令。

9月6日　全国群众体育先进单位和先进个人表彰仪式在北京举行,上海获得“群众体育工作先进奖”。

9月13日　国务院批示同意上海承办第八届全国运动会。此后上海启动运动会的筹备工作,运动会于1997年10月成功举行。

9月15日　第七届全国运动会“双十星”评选揭晓颁奖仪式在辽宁大连举行,上海游泳运动员熊国鸣当选。

9月17日　上海体育界欢迎海峡两岸长跑团,在外滩举行大陆段长跑开跑仪式,海峡两岸关系协会会长汪道涵为起跑鸣枪发令。

11月23日　上海首家室内高尔夫球场在上海教育会堂内建成。

12月3日　在首届世界短池游泳锦标赛上,上海运动员乐靖宜打破女子50、100米自由泳世界纪录,并获5枚金牌。

12月9日　上海首个职业乒乓球俱乐部——海上世界女子乒乓球俱乐部成立。此前,海上世界女子乒乓球队于1992年9月11日由上海女子乒乓球队与海上世界上海分公司合作成立。

12月10日　上海首个职业足球俱乐部——上海申花足球俱乐部成立,徐根宝任主教练。俱乐部由黄浦区政府和申花集团组成,原上海足球一队主力队员输入俱乐部,代表上海参加国内外比赛。

1994年

2月2日　上海市十佳运动员评选揭晓,杨文意、乐靖宜、熊国鸣、叶冲、沈坚强、夏嘉平、庄泳、张滨、陈雁浩、周建明当选。

2月3日　1993年全国游泳、跳水双十佳评选在北京揭晓。乐靖宜、杨文意、庄泳、熊国鸣入选游泳十佳运动员,王天凌入选跳水十佳运动员。

3月29日　第九届亚洲最佳运动员评选颁奖仪式在上海举行。

4月1日　应昌期与黄浦区教育局合办应昌期围棋学校,学制为九年制。

4 月 5 日　“红双喜”乒乓球被批准为第四十三届世界乒乓球锦标赛的指定用球。

5 月 18 日　由远东商厦与上海市体育运动学校共同创办的远东女子足球俱乐部成立。

5 月　《围棋》月刊改名为《新民围棋》,《体育导报》改刊为《新民体育报》,由新民晚报社与上海市体委联合主办。

8 月 20 日　在第六届远东、南太平洋残疾人运动会上,40 名上海运动员参赛,获得 20 枚金牌、7 枚银牌、4 枚铜牌。

9 月 5 日　在第七届世界游泳锦标赛中,上海运动员乐靖宜打破女子 100 米自由泳世界纪录,11 日再破女子 50 米自由泳世界纪录,获得 2 枚金牌。

10 月 2—16 日　第十二届亚洲运动会在日本广岛举行,上海 40 名运动员、8 名教练员参加 16 项比赛,17 人次获金牌。

10 月 23 日　在全国女子足球联赛决赛中,上海远东女子足球队以点球战胜北京队,首获全国女足冠军。

同日　世界线操纵航空模型锦标赛在市军事体育俱乐部举行,27 个国家和地区共 406 人参加。

10 月 25—30 日　在第七届世界蹼泳锦标赛中,上海运动员金凡先后获得 400 米器泳、800 米蹼泳 2 枚金牌,均超世界纪录。

11 月 15 日　上海国际网球中心奠基。中心占地 2.5 公顷,地处衡山路宛平路口,集网球运动、文化娱乐于一体,设有 8 片符合国际比赛要求的室外网球场和 2 片室内网球场,并建有 2 幢多功能大楼。

11 月 23 日　第六届上海市职工运动会落幕,88 个代表团 732 支运动队 5 200 运动员参加 18 个项目的比赛。

12 月 9—11 日　第十二届亚洲杯乒乓球赛在上海举行,中国队获 2 枚金牌。

12 月 11 日　上海市评选中华人民共和国成立 45 周年来十杰教练员揭晓,胡鸿飞(田径)、李富荣(乒乓球)、张燮林(乒乓球)、陈祖德(围棋)、蒋永谊(羽毛球)、胡荣华(象棋)、王秀雄(击剑)、洪源长(技巧)、沈金康(自行车)、潘祖震(航海模型)当选。徐寅生获雪豹特别荣誉奖,另有 20 名教练员获“优秀教练”称号。

12 月 17 日　“上海皇宫”保龄球馆落成,球馆安装有 24 道球道,采用美国全自动电脑彩色记分系统,可同时容纳 300 名观众。

12 月 20 日　全国晚报“飞龙奖”在天津揭晓,上海运动员乐靖宜获奖,霍英东颁发奖杯。

12 月 21 日　国际泳联致函中国泳协,正式确认中国在第七届世界游泳锦标赛中所创的 5 项世界纪录,其中有上海运动员乐靖宜女子 50 米自由泳 24 秒 51、女子 100 米自由泳 54 秒 1、4×100 米自由泳接力 3 分 37 秒 91、4×100 米混合泳接力 4 分 1 秒 67。

12 月　上海交通大学昂立队获“恒源祥杯”首届全国足球知识电视大赛冠军。

1995 年

1 月 16 日　上海女子铅球运动员隋新梅当选全国田径十佳运动员。

2 月 21 日　上海女子游泳运动员乐靖宜当选 1994 年度亚洲十佳运动员。

3 月 2 日　在第二届中国围棋“新人王”决战中,22 岁上海围棋选手邵炜刚六段夺冠,获“新人王”称号。

3月5日　国家体委授予上海市体委1994年中国体育事业突出贡献奖。

3月20日　上海运动员乐靖宜当选全国十佳运动员。

4月1日　华东田径赛在上海开幕,比赛首次实行兴奋剂检查。

4月17日　经国务院和国家体委批准,为第三届全国农民运动会募集资金而发行的中国体育彩票(第三届农运会专用版)在上海销售。

4月21日　由国香集团赞助的国香—大同青少年足球俱乐部和国香—大同胡鸿飞跳高俱乐部成立。

4月26日　由沪港篮坛宿将组成的上海"古花队"赴美国洛杉矶参加国际元老篮球邀请赛,成绩4胜1负。

5月14日—6月2日　第十届上海市运动会举行,5月14日在虹口体育场开幕,6月4日在上海影城闭幕。运动会设35个项目,分市区成年、市区少年和郊县3个组,共有47个代表团7 973名运动员参赛。有4人13次破7项全国年龄组纪录,8人8次破7项上海市纪录,2人2次破2项上海市青年组纪录,119人287次破131项上海市年龄组纪录。10家上海市群众体育示范单位、333个群众体育先进集体和541个群众体育先进个人受表彰。

5月20日　为庆祝国际排球运动诞生100周年,上海市排球协会举行振兴上海排球研讨会。祝嘉铭、沈富麟、张立明、周鹿敏、李国君、李月明等37人受表彰。

5月25日　上海市体委评选10家群众体育示范单位,分别是上钢五厂、上海圆珠笔厂、上海市第一医药商店、卢湾区第二中心小学、上海市老年人体育协会、长风新村街道、马桥镇、华东理工大学、上海市第三女子中学、虹口体育场。

6月9—11日　国际跳水系列大奖赛第九站在上海举行,15个国家和地区66名运动员参加,中国队获8枚金牌。

6月19日　全国羽毛球培训中心在上海体育学院成立。

6月22日　上海市足球工作会议举行,会上宣布新一届市足协领导名单,并提出上海足球事业发展三年(1995—1997)规划。

7月29日　在第九届世界航海模型动力艇锦标赛上,上海运动员周建明夺得F1－V3.5级冠军,并打破世界纪录。次日,吴彬获得F2B级冠军。

8月14日　上海市政府印发《上海市全民健身实施计划》,奋斗目标为:到20世纪末,上海人均城市公共体育用地面积达到1平方米;体育场地增长速度不低于10%;40%的市民经常参加体育锻炼;学生体质居全国中上水平。

8月15日　在第八届世界遥控帆船模型锦标赛上,上海运动员赵景强获得F5－E级帆船模型冠军。

8月17日　上海02足球俱乐部成立,由上海申花主教练徐根宝主持创建。俱乐部采用选拔、推荐和集训等方式,从全国各省市一次性招考20多名14岁左右的业余运动员参加训练。

8月26—28日　第一届上海市足球锦标赛举行,大顺队夺得冠军。

9月15—17日　国际女子排球大奖赛总决赛在上海举行,中国队获第四名。

9月19—23日　第一届中国体育电视作品展评会在上海举行,参展作品共24部,其中6部作品获一等奖。

9月28日　在全国排球乙级联赛中,复旦大学男女排球队以全胜战绩双双晋升甲级队。这是复旦女排30年后重返全国甲级队;复旦男排首次跻身甲级队行列,成为全国甲级排球队中唯一的业余队。

10月7日　上海举行练功十八法推向社会20周年庆祝活动，会上表彰41个先进集体、140位先进个人，60多位海外友人参加。练功十八法在全市建立500多个功法辅导站，20多万人参加功法锻炼。

10月8—11日　第四届上海市特殊奥运会举行。除上海各区县外，另邀香港、澳门、天津、广州、深圳、山西等地共859名选手参赛。

10月13日　上海远东女足获全国女足锦标赛冠军。

10月15—18日　第六届亚洲赛艇锦标赛在上海举行，中国队获11枚金牌。

10月24日　中国田径协会号召全国田径教练向胡鸿飞学习，在第三届全国城市运动会上，胡鸿飞获得“模范田径教练员”荣誉证书。

11月6日　上海申花足球队以3比1战胜济南泰山队，提前两轮获得1995年全国足球甲级A组联赛冠军。

11月10日　上海远东女子足球队取得全国女足联赛18轮连胜，成为全国锦标赛和全国联赛的双冠王。

11月27日—12月2日　第四届上海市残疾人运动会举行。比赛设田径、游泳、棋类、举重、乒乓球5个项目，长宁、闸北、虹口区获前三名。

12月1日　在巴西世界短池游泳锦标赛中，上海运动员乐靖宜获女子50米、100米自由泳冠军。

12月10日　上海申花足球队获得中国首届“超霸杯”足球赛冠军。

同日　全市第一家股份制足球俱乐部——豫园足球俱乐部成立。俱乐部系在原大顺足球俱乐部基础上建立，由豫园旅游商城等企业共同投资。

12月11日　在万宝路足球联赛精英评选中，上海教练员徐根宝当选最佳教练；上海运动员范志毅获“金靴奖”和“金球奖”，同时获“中国足球先生”称号。

12月13日　全国足球工作会议在上海举行，上海市足协获中国足协颁发的“贡献奖”。

12月18日　中国足球协会主办的中国足球最佳阵容评选揭晓，上海申花足球队的范志毅入选。

12月22—24日　第二届亚洲杯乒乓球团体赛在上海举行，中国队获男、女团体冠军。

12月27—31日　首届全国室内足球锦标赛在上海闸北体育馆举行，申花队获冠军，并代表中国队参加1996年的第三届世界室内足球锦标赛。

12月29日　上海室内田径体育馆在位于莘庄的上海市第二体育运动学校内落成。

1996年

1月1日　上海运动员范志毅获第十二届足球“金球奖”和“金靴奖”。

1月5日　由东方电视台出资建立的职业篮球俱乐部——上海东方篮球俱乐部举行签字挂牌仪式，这是中国由媒体单位组建的首家职业体育俱乐部。

1月9日　中国农民体协工作会议在奉贤县召开。农业部、国家体委的有关领导和30个省、自治区、直辖市的负责人近200人出席会议。

1月10—11日　世界杯游泳赛北京站比赛举行，上海运动员蒋丞稷获得3枚金牌，乐靖宜获得

2 枚金牌。

2 月 7 日　由上海有线电视台和上海体育运动技术学院共同组建的上海有线电视排球俱乐部正式成立。

2 月 13 日　上海市政府颁布《上海市营业性保龄球馆管理办法》,这是上海第一个运动项目场所的单项政府规章,3 月 1 日起施行。

2 月 14 日　上海大众男子乒乓球俱乐部正式成立。

2 月 28 日　第三届中国围棋"新人王"赛中,上海运动员常昊七段获得"新人王"称号。

3 月 5 日　由中国足球协会主办、《中国足球报》承办的中国足球先生及最佳教练评选揭晓。范志毅获"中国足球先生"称号,徐根宝被评为"最佳教练员"。

3 月 11 日　上海足球运动员范志毅当选全国十佳运动员。

3 月 12 日　为纪念贺龙百年诞辰的"贺龙杯"全国手球邀请赛在虹口体育馆开幕。来自全国的 21 支球队近 300 名运动员参赛。上海女子手球队获得冠军,男队列第四。

3 月 31 日　在匈牙利布达佩斯举行的世界杯男子花剑 A 级比赛中,上海运动员叶冲获得冠军。

4 月 19 日　中国乒乓球协会培训中心在上海体育学院成立。国家体委副主任徐寅生与上海市副市长龚学平出席揭牌仪式。

4 月 30 日—5 月 2 日　全国武术锦标赛套路团体赛在虹口体育馆举行。上海队首次参加甲级队比赛,获得 5 项冠军。

5 月 2—6 日　第二届国际龙狮邀请赛在上海展览馆和上海体育馆举行,18 个国家和地区的 272 名运动员参赛。

5 月 15 日　第四届全国残疾人运动会在辽宁大连举行。51 名上海运动员获得 23 枚金牌、16 枚银牌、12 枚铜牌。

同日　上海有线男排获得全国男子排球锦标赛 A 组赛冠军。

5 月 24 日　第十八届世界业余围棋锦标赛在日本长野收盘,21 岁上海棋手刘钧七段以 8 战 8 胜成绩夺魁。

6 月 14 日　上海市青少年运动会结束。比赛设田径、体操等 10 个大项,共 4 189 人参加。20 项全国少年纪录、10 项上海市纪录被打破。

6 月 19—23 日　上海队在全国现代五项锦标赛中获得团体第一名。

7 月 10 日　上海市体委举行《上海体育志》首发仪式,这是上海历史上第一部综合性体育志书,翔实记载了上海开埠以后至 90 年代的体育发展历史。

7 月 19 日—8 月 4 日　第二十六届奥运会在美国亚特兰大举行,25 名上海运动员入选中国代表团参加 12 个项目的比赛,获得 1 枚金牌、6 枚银牌、1 枚铜牌。乐靖宜获得女子 100 米自由泳金牌。蒋丞稷获得男子 100 米蝶泳第四名,取得中国游泳男选手在世界大赛中的最好成绩。隋新梅获得女子铅球银牌。另外蔡慧珏获得女子 4×100 米混合泳接力银牌,孙雯、水庆霞、谢慧琳获得女子足球银牌,王怡、诸韵颖获得女子排球银牌,柳絮青、陶桦获得女子垒球银牌。

8 月 24 日　在第八届世界蹼泳锦标赛中,上海运动员金凡获得女子 400 米、800 米器泳、4×200 米接力 3 枚金牌。

9 月 4 日　在全国大学生运动会上,上海代表团获得 6 枚金牌、7 枚银牌、12 枚铜牌。

9 月 6 日　上海市体委、市民政局、市残疾人联合会、市残疾人体育协会为参加第十届残疾人奥委会和第四届全国残运会的运动员颁奖。黄文涛、王森、周嘉华获2枚银牌、2枚铜牌。

9月23—27日　全国花样游泳锦标赛在上海举行，来自全国11个省市的124名运动员参赛。

9月25日　上海马术运动场在青浦县徐泾镇落成，上海市马术运动协会同时揭牌。

10月12—19日　第三届全国农民运动会在上海举行，设10个比赛项目、3个表演项目，29个省、自治区、直辖市的2 400多名运动员参加13个项目的比赛，台湾地区来沪观摩。

10月16日　中国游泳协会授予蒋丞稷“男子项目突破奖”。

11月3日　上海交通大学组队参加首次举办的1996—1997年度男子职业篮球联赛。

11月6日　上海远东女子足球队蝉联全国女足联赛冠军，莫晨月获联赛“最佳射手”称号。

11月8—11日　首届亚太地区特殊奥林匹克运动会在沪举行，来自13个国家和地区的近700名运动员参加。

11月13—15日　全国大企业门球比赛在上海举行，来自16支队伍的128名运动员参赛。上海轮胎橡胶集团回力队获第一名。

11月18日　在全国女足锦标赛上，上海远东女足在第四阶段首轮比赛中获胜，提前实现三连冠。

11月30日　红双喜乒乓球器材被国际乒乓球联合会指定为国际乒联职业巡回赛总决赛用器材，这是继第二十六、四十三届世界乒乓球锦标赛之后，红双喜第三次被指定为世界最高水平比赛用器材。

12月6日　由于培养击剑人才成绩突出，上海市零陵中学被国家体委授予“优秀院校”称号，它是全国唯一获此荣誉的中学。22年中学校为上海市击剑队输送26人，为全国高等院校输送42人。

12月18—21日　全国短池游泳锦标赛在上海徐汇游泳馆举行，来自全国15个单位的136名运动员参赛，共打破四项全国短池游泳世界纪录。

12月27—28日　中国业余拳王争霸赛在闸北体育馆举行。比赛由国家体委拳击运动管理中心、上海市体委等联合主办。

1997年

1月24日　第八届全国运动会面向全国征集会歌，这是首次在全国运动会采用会歌。

2月5日　经过8站世界杯短池游泳系列赛，上海运动员蔡慧珏获女子蝶泳并列冠军，蒋丞稷获男子短距离自由泳第三名。

2月25日　中国围棋“新人王”赛中刘钧夺冠。

3月8日　第八届全国运动会短道速滑赛在北京结束。代表上海参赛的安玉龙获得男子500米银牌。这是上海与吉林联办短道速滑队后首次组队参加全运会的冰上比赛。

3月9日　上海七段棋手常昊成为新的围棋“天元”。常昊是4位获得过“天元”称号的棋手中年纪最轻、段位最低的选手。

3月24日　上海游泳运动员乐靖宜当选全国十佳运动员。

3月29日　上海有线女子排球队时隔37年再度捧得全国女排联赛冠军奖杯。

4月4日　上海首家羽毛球俱乐部——华阳·王朋仁俱乐部成立。

4月5日　第七届上海市中学生运动会开赛，22个代表团6 840名选手参赛。

4月19日　在第三届世界短池游泳锦标赛上，乐靖宜打破女子4×100米自由泳接力世界纪录。

6月3日　徐家汇地区—上海交通大学全民健身指导中心揭牌，这是全国第一个学校和社区全民健身的联网工程。

7月12日　在第十届世界航海模型动力艇锦标赛上，上海运动员周建明、姚文凯获得2枚金牌、1枚银牌。

8月18日　第八届全国运动会国际互联网信息服务系统开通，这是中国首次采用国际互联网传播重大运动会信息。

8月25日　第八届全国运动会曲棍球场在闵行竣工，投资2 000万，是当时国内标准最高、设施最先进的曲棍球场。

8月28日　第八届全国运动会火炬传递点火起跑仪式在北京人民大会堂东门外广场举行，中共中央总书记、国家主席江泽民点燃主火炬，首都各界人士两千余人出席仪式。上海圣火传递活动的起跑仪式9月2日在人民广场举行。

9月13日　在瑞士举行的世界杯射击总决赛中，上海运动员陶璐娜获得女子运动手枪金牌，这是上海首次在世界杯射击赛中获得金牌。

同日　在世界杯线操纵航空棋型比赛中，上海运动员王鸿炜获得线操纵特技冠军。

10月10日　第八届全国运动会46个体育代表团全部到沪。参加决赛的运动员为7 647人，团部人员922人；运动队官员、工作人员2 025人，另有裁判员和技术官员1 322人。

10月10—16日　第八届全国运动会全国群众体育先进表彰大会在上海召开，来自全国31个省(区、市)及解放军代表参会。国家主席江泽民、国务委员李铁映接见群众体育先进代表，国家体委主任伍绍祖，副主任袁伟民、刘吉、张发强等出席。会后，代表还参观上海市群众体育先进企事业单位、学校及外滩体育风景线。

10月12—24日　第八届全国运动会在上海举行，这是20世纪末中国规模最大的一次全国综合性运动会。来自各省、自治区、直辖市、中国香港特别行政区和解放军及各行业的46个代表团参加运动会，有16人19次破超7项奥运会项目世界纪录。上海代表团共有570名运动员参加28个项目的决赛，以22 218.5分的总分及42枚金牌、34枚银牌、32枚铜牌获总分及金牌、奖牌第一。12日，开幕式在上海体育场举行，国家主席江泽民及国际奥委会主席萨马兰奇等出席。八运会组委会执行主任、上海市市长徐匡迪致欢迎词，江泽民宣布八运会开幕。开幕式上举行了18 000人参加的大型文体表演《祖国万岁》，近8万名观众在现场观看。24日，闭幕式在上海体育馆举行，国务院总理李鹏宣布闭幕。上海等10个代表团获得“体育道德风尚奖”，中国香港代表团被授予“体育道德风尚特别奖”，詹旭刚等16名超奥运会纪录的运动员获得“体育运动荣誉奖章”。在闭幕式上，八运会组委会主任、国家体委主任伍绍祖将会旗交给广东省省长卢瑞华。

10月13日　在第八届全国运动会上，上海运动员赵鹰和解放军选手徐忆敏同以587环的总成绩打破女子小口径标准步枪60发卧射的世界纪录。

10月13—17日　上海国际体育用品博览会在上海举行，来自美国、德国、瑞士、日本等国家和地区的100多家厂商参加。

10月13—20日　第四届中国体育美术展览在上海举行，中共中央政治局委员、国务院委员李铁映，国家体委主任伍绍祖出席展览会并剪彩。国际奥委会主席萨马兰奇参观。

10月23日　上海运动员陶璐娜当选1997年度全国射击“双十佳”运动员。

10月24日　国务院总理李鹏在上海接见新中国成立以来的优秀运动员代表，郑凤荣、邱钟惠、潘多、许海峰、郎平、李小双、陈妍、黄金宝等 30 多人参加。

是年　上海社区健身设施建设工作启动，上海市体委在长风公园建造全市第一个社区健身苑，得到社会各界的欢迎。此项工作于 1998 年起被列入上海市政府实事工程，由此拉开上海社区健身设施建设的序幕。

1998 年

2 月 5 日　申花集团与巴西圣保罗足球俱乐部签约，申花俱乐部在巴西建立培训基地，并于 11 月派出 27 名少年足球运动员赴巴西培训 3 年。

2 月 10 日　上海市蹦床队成立，在上海市体校、长宁区体校、上海市江湾体育场体校开展蹦床训练。

3 月 22 日　在第十二轮全国女排联赛中，上海女排提前卫冕冠军。

3 月 25 日　全国气功管理会议在上海召开，国家体委颁布《健身气功管理办法》。

4 月 8 日　上海交通大学光明体育场在闵行校区落成。体育场占地 6.3 万平方米，设 8 条 400 米塑胶田径跑道，是当时全国高校中规模最大的体育场。

4 月 11 日　上海组建女子水球队，11 名选手均来自上海市游泳队。

4 月 19—22 日　亚洲高尔夫球巡回赛事之一的沃尔沃中国高尔夫球公开赛首次移师上海。来自 24 个国家和地区的 144 名职业高尔夫选手参加比赛。

5 月 2—5 日　第四届上海国际武术博览会举行，吸引 50 个代表团的 400 余名运动员参加武术竞赛和表演。

5 月 8—16 日　第九届亚洲 OP 帆船锦标赛在上海举行，中国选手囊括全部 4 枚金牌。

5 月 10—24 日　上海市青少年运动会举行。比赛项目扩大为 16 项，23 个代表团 5 067 名选手参加。

5 月 27 日　1998 年世界中学生运动会资金募集工作启动。经中国人民银行批准、国家体育总局审核同意，指定由中国银行上海市分行承销 3 000 万“金色嘉年华”体育彩票。彩票于 6 月 1 日起在 112 个中国银行网点同时发行。

6 月 17 日　上海首家专业足球培训学校——泗泾青少年足球培训中心成立，学校由松江区泗泾镇政府与上海腾飞足球俱乐部共同组建，面向全国招生。

7 月 23 日　在西班牙巴塞罗那举行的世界射击锦标赛上，上海运动员高娥以 210 中的成绩打破女子飞碟多向团体赛世界纪录。

8 月 7—10 日　第一届沪港台赛艇邀请赛在上海市水上运动场举行。

8 月 8 日　上海足球运动员范志毅赴英国甲级队水晶宫队签约。

8 月 27 日　在世界线操纵航空模型锦标赛中，上海运动员王鸿炜获得团体冠军。

9 月 24 日　世界中学生运动会火炬长跑活动在上海体育场举行，10 个区的 1 500 名中学生参加。

10 月 3—12 日　中国唯一的国际职业网球联合会（ATP）赛事——上海喜力网球公开赛在上海市仙霞网球中心举行。

10 月 9 日　继夺得全国联赛冠军后，上海女足又在超级联赛中战胜北京队，提前一轮夺冠，再次成为“双冠王”。

10月13—18日　以“团结、友谊、奋发、向上”为主题的世界中学生运动会在上海举行。这是该项赛事首次在欧洲以外的地区举办,设田径、游泳、体操、艺术体操4个项目,28个国家和地区的773名运动员参赛,中国以41枚金牌居首位。

10月15—18日　在世界杯射击总决赛中,上海运动员陶璐娜获得女子手枪金牌。

10月18日　经中国人民银行和国家体育总局批准,电脑型中国体育彩票在沪发行。上海体育彩票中心指定300个销售点代理销售首批彩票。

10月22日　崇明县在东平国家森林公园建造人造攀岩场,场地落成后举行过第六届全国攀岩锦标赛。

11月1日　上海申花足球队获得第四届足协杯冠军,这是申花队首次获得足协杯冠军。

11月19日　作为上海市政府实事工程之一的21个社区体育设施建设全部竣工,总面积达3.6万平方米,其中室内面积3 100平方米。设施中有各类球场16个,室外多功能活动场35个,健身苑、健身路径27个,分布在15个区21个街道之中。

12月6—20日　第十三届亚洲运动会在泰国曼谷举行。54名上海运动员、教练8人入选中国代表团,获得25枚金牌,有3人3次打破亚运会纪录。

12月26日　中国女子足球超霸赛的评选揭晓,上海教练员马良行获最佳教练,上海运动员孙雯获最佳射手和最佳运动员称号。

12月27日　上海电视台女子足球俱乐部成立。俱乐部在远东女子足球俱乐部基础上改建,球员主要来自上海女子足球队。

1999年

1月4日　曹燕华乒乓培训学校挂牌成立,依靠社会力量,依托宝山区有关学校,面向全国招生。

1月30日—2月1日　第三届全国青少年车模比赛总决赛在上海举行,来自29个省市33支代表队的209名运动员参赛。

1月　上海市政府召开大会,为参加第十三届亚洲运动会的上海运动员庆功,国家体育总局向上海颁发突出贡献奖,上海市政府向22名获得金牌的运动员颁发嘉奖令。

2月23日　虹口足球场落成。由虹口体育场改建而成的虹口足球场是中国第一个专业足球场,占地5.6万平方米,建筑面积7.25万平方米,可容纳观众3.5万人。体育场于3月14日启用,为申花足球队参加全国联赛的主场。

3月3—8日　第六届中国围棋新人王赛在邮电大厦举行,上海17岁小将胡耀宇获“新人王”称号。

3月7日　上海申花足球队以3比1击败大连万达队,夺得“超霸杯”冠军。

3月8—14日　世界职业台球排名赛(中国站)在上海举行,这是世界最高水平的职业台球赛事首次在中国举行,包括排名前16位选手在内的32名球员参赛。

3月15日　在全国射击系列赛第一站比赛中,上海运动员徐翾打破女子10米移动靶20+20发世界纪录。

3月25日　上海市政府以66号令发布《上海市体育竞赛管理办法》,7月1日起施行。这是上海市政府在改革开放后颁布的第三个体育政府规章。

4月25日—5月23日　第十一届上海市运动会举行。4月25日在上海体育场开幕，5月23日在上海体育馆闭幕。赛事分为成年、少年两组，成年组以群众性健身项目为主，少年组以奥运会竞技项目为主，共46个代表团13 332名运动员参赛，有1人超1项世界纪录、1人超1项世界青少年纪录、9人9次创5项上海市纪录、2人2次平1项上海市纪录、21人31次创17项上海市少年纪录、3人3次平3项上海市少年纪录。

4月26日　有线02足球俱乐部在广电大厦挂牌。其前身是上海02足球俱乐部，自1995年成立以后，已6次在全国青年足坛夺冠。有线02足球俱乐部由有线电视台全资组建，实行产业化经营。

5月7—11日　中日围棋天元三番棋决战在上海进行，常昊夺得中日围棋天元的八连胜。

6月6—9日　BAT中国职业高尔夫球联盟杯——上海精英赛在上海汤臣高尔夫球俱乐部举行。上海选手王玮以两轮150杆夺冠。

6月9日　上海上视女足队提前两轮夺得全国联赛冠军，第五次获得联赛冠军。

6月10—13日　首届世界男子乒乓球俱乐部赛在东方电视台大厦演播厅举行。来自欧亚两洲的12支俱乐部队参赛。中国的八一工商银行队夺得冠军，上海圣雪绒队获得亚军。比赛期间，“辉煌的历程——中国乒乓球40年成就展”在上海东方电视台展出。

6月11日　国际运动医学研讨会在上海国际网球中心举行。

6月27日　在第十届航海模型(帆船)锦标赛上，上海运动员赵景强获得2枚金牌。

7月13日　孙雯等人参加第三届世界杯女子足球赛获亚军，队长孙雯被国际足联评为最佳球员，并包揽金球奖和金靴奖。上海市政府通令嘉奖孙雯、浦玮、谢慧琳、王静霞、高宏霞和教练李必，上海市妇联授予5名队员市“三八红旗手标兵”称号，团市委授予5名队员“新长征突击手标兵”称号。

7月14日　全国民族运动会上海代表团成立，共60人。

7月20日　上海市残疾人体育训练中心开工，2000年11月24日落成。中心集体育训练、健身、医疗、文化学习于一体，是国内首家残疾人体育训练中心。

8月19日　上海对口向西藏日喀则地区援建体育场1座，位于扎什伦布寺和历代班禅的住息地——夏宫之间，是该地区唯一的综合性体育场和集会场所。上海市体委承建包括主席台、可容万余名观众的看台以及比赛场地和附属设施等，体育场占地32 200平方米，总投资2 800万元，2001年5月竣工。此后还为日喀则地区培养了一批体育专业人才。

9月1日　应昌期围棋教育基金会大厦在黄浦区天津路落成。大厦由应昌期出资1.6亿、黄浦区教育局筹资1.4亿共同创建，为九年制开放型围棋特色学校。

9月11日　徐汇区代表上海市组队参加在陕西西安举行的第四届城市运动会。

9月17日—10月10日　上海体育50年成就展在上海体育馆训练馆举办。

9月18日　新中国棋坛十大杰出人物评选揭晓，陈祖德、常昊、胡荣华入选。

9月22日　经上海市政府批准，上海市体委颁发实施《上海市室外公共场所体育健身活动管理暂行规定》。

9月26日　上海体育50年大型画册《光荣与梦想》由上海教育出版社出版，收集300多幅图片。

10月9日—11月20日　第四届上海市农民运动会在青浦县朱家角镇举行。

10月27日—11月3日　第六届世界象棋锦标赛在浦东新区举行，26个国家和地区70多名棋手参加。

10月29日　第五届上海市大学生运动会在华东师范大学开幕。全市36所高校3 000余名运动员、教练员、裁判员出席。比赛设20项常规项目,另设跳绳、冬季赛跑等普及项目,近万名学生报名参加。

11月6日　第五届上海市特殊奥运会开幕,20个区县以及中国香港、中国澳门、深圳、哈尔滨等地561人参加比赛。

11月11—20日　上海市残疾人运动会举行,20个区县代表队500余人参加。

11月20日　全国拔河锦标赛在上海举行,12个单位的96名运动员参赛,安徽队和上海队分获男女冠军。

12月4日　上视女足队战胜北京队,蝉联"超霸杯"冠军。

12月12日　国际足联授予上海运动员孙雯"世界足球小姐"称号。

2000年

1月24日　中国国家女子足球队队长、上海运动员孙雯在比利时布鲁塞尔领取第三届世界杯女足赛金球奖和金靴奖。

2月2日　全国男篮甲A联赛常规赛结束,上海东方大鲨鱼队中锋姚明一人独揽"篮板球""扣篮""盖帽"三项第一,创CBA联赛纪录。

2月15—21日　第七届中国围棋新人王比赛举行,上海棋手刘世振五段荣膺"新人王"称号。

2月19日　上海市体委、市工商局共同颁布实施《上海市体育经纪人管理试行办法》。

3月15日　上海市足球工作会议在上海体育场新闻发布中心召开,会议修订并出台《上海市足球竞赛管理实施细则》《上海市足球协会会员工作规范》《上海市青少年足球运动员输送及转会试行规定》《上海市足球学校、培训中心、训练基地管理试行法》《上海市参加全国青少年足球比赛参赛补贴及名次和输送奖励试行办法》等文件,并推出今后5年上海足球发展规划征求意见稿。

3月21日　上海运动员孙雯位列全国十佳运动员榜首。

5月1日　为顺应机构改革需要,理顺职能、政事分开、管办分离,上海市政府决定上海市体育运动委员会更名为上海市体育局,并正式挂牌。机关编制由原来的89人减至60人,原有的11个处室精简为8个,新增法规处(政策研究室)。

5月6—14日　第五届全国残疾人运动会在上海体育馆举行。6日开幕式上,中共中央总书记、国家主席江泽民发来贺信,中共中央政治局常委、全国政协主席李瑞环宣布运动会开幕。共53人87次超46项世界纪录,253人471次打破196项全国残运会纪录。上海一队列团体总分第二。

5月28日　首届上海市青少年运动会闭幕。长宁、虹口、杨浦区代表团获团体总分前三名。

6月2日　在首届全国体育大会航海模型项目比赛中,周建明打破无线电遥控内燃机三角绕标竞时(F1-V3.5级)世界纪录、三角绕标竞时(F1-V7.5级)世界纪录。

6月8日　上海运动员陶璐娜夺得德国慕尼黑世界杯射击赛女子运动手枪金牌。

6月10日　第六届上海市老年人运动会开幕,46个代表团的5 324名运动员参加。

6月17日　迎奥运火炬接力赛在上海体育场火炬台广场鸣枪。上海赛段由巴塞罗那奥运会5 000米冠军王军霞领跑,2 000多人参加火炬接力跑活动。

7月4日　为加强社区健身(苑)点管理,上海市体育局推出市民监督热线电话63729670(周一至周五)。

7 月 6—9 日　在美国乒乓球公开赛中,上海运动员王励勤获得男子单打冠军。

9 月 15 日—10 月 1 日　第二十七届奥运会在澳大利亚悉尼举行,25 名上海运动员、4 名教练员入选中国代表团,获得 2 枚金牌、2 枚银牌。9 月 17 日,陶璐娜在女子 10 米气手枪 50 发决赛中,以 488.2 环的成绩为中国代表团夺得第一枚金牌。9 月 23 日,王励勤与队友阎森搭档夺得男子乒乓球双打冠军。9 月 30 日,国家队队长孙雯进 4 球,获奥运会女足最佳射手称号。

10 月 4 日　上海运动员陶璐娜获全国妇联颁发的“全国三八红旗手”荣誉称号。

10 月 17 日　上海市委、市政府召开上海市欢迎奥运健儿凯旋大会。黄菊、徐匡迪、刘云耕等上海市领导与运动员交谈,龚学平致辞。

10 月 21 日　在悉尼残奥会男子三级跳远 F12 级决赛中,上海残疾运动员黄文涛以 14.16 米的成绩打破残奥会纪录并夺得金牌。

10 月 25—29 日　第 13 届大学生乒乓球锦标赛在上海华东理工大学举行。中国队获得男女单打、女子双打和混合双打金牌。

10 月 29 日—11 月 4 日　第四届全国农民运动会在四川绵阳举行。上海派出 113 人参赛,获得 6 枚金牌、6 枚银牌、7 枚铜牌。

11 月 19 日　在世界杯射击赛女子气手枪比赛中,上海运动员陶璐娜获得金牌。

11 月 24 日　由上海体育运动技术学院与上海尖兵贸易发展有限公司联合组建的上海尖兵现代五项、铁人三项运动队成立。

11 月 30 日　上海市体育局授予中国象棋特级大师、上海棋院院长胡荣华优秀运动员特级荣誉奖章,并通令嘉奖。胡荣华在年度全国象棋个人大赛中再次问鼎,第 14 次登上全国冠军领奖台。

12 月 2 日　在全国女足“超霸杯”决赛中,上视女足赢得冠军。至此,上视女足首次在一年中连获全国锦标赛、全国联赛、超级联赛和“超霸杯”赛 4 座金杯,创下大满贯纪录。

12 月 10 日　上海运动员孙雯正式加盟美国女足大联盟亚特兰大节奏队。

12 月 11 日　上海运动员孙雯当选“20 世纪最佳女足运动员”,并出席国际足联在意大利罗马举行的颁奖仪式。

12 月 14 日　亚洲象棋联合会第十二届会员大会召开,胡荣华蝉联第一副会长。

12 月 15 日　第十一届市人大常委会第二十四次会议审议通过上海市第一部体育地方性法规《上海市市民体育健身条例》。这也是全国首部有关市民体育健身的法规。

2001 年

2 月 7 日　由上海东亚(集团)有限公司与上海八万人商务有限公司共同投资组建的上海东亚体育经纪有限公司成立。

2 月 10 日　“上海体坛世纪之星”评选揭晓,陶璐娜、孙雯、朱建华、乐靖宜、曹燕华、王励勤、叶冲、李小平、史美琴、刘霞当选。

3 月 1 日　《上海市市民体育健身条例》实施,上海市体育局制定了相关实施细则并广泛开展宣传教育。

3 月 15 日　由复旦大学工商管理学院主办的亚洲第一个以体育产业为方向的工商管理硕士教研项目——复奥体育产业项目和复奥产业项目中心在上海启动。

3月24日　在全国排球甲A联赛中,上海有线女排以3比1战胜八一女排,获得全国排球甲A联赛五连冠。

4月7日　上海运动员陶璐娜当选全国十佳运动员。

4月17日　在世界杯射击赛女子运动手枪比赛中,上海运动员陶璐娜以690.8环的成绩获得金牌,并创造新的世界纪录。

4月28日　全国首家以棋手名字命名的棋牌俱乐部——上海聂卫平棋牌俱乐部在沪挂牌。

5月6日　在日本大阪举行的第四十六届世界乒乓球锦标赛中,上海运动员王励勤获得男子单打、男子双打和男子团体3枚金牌。

5月15日　在韩国汉城世界杯射击赛女子运动手枪比赛中,上海运动员陶璐娜获得冠军并再次打破世界纪录。

6月10日　上海市举办第一个"市民体育健身日"活动。全市56个公共体育场馆及经营性体育场所均对市民免费、优惠开放。

6月18日　上海市政府与国家体育总局共建上海体育学院签字仪式在上海体育学院举行。

6月19日　中国残疾人体育协会训练基地在上海市残疾人体育训练中心揭牌。

同日　国际特奥会亚太区专业发展研讨会在沪举行,来自亚太地区10多个国家和地区的100多名代表与会。

7月27日　在第十九届世界聋人运动会上,上海运动员任春霞获得女子组4公斤级铅球冠军,成为上海首位获世界最高级别赛事金牌的聋人运动员。

8月2日　上海市区县第一部市民体质监测车——浦东新区市民体质监测车建造签约仪式举行。

8月3—4日　建设亚洲一流体育中心城市——上海体育发展战略研讨会举行,共收到论文150篇。

8月22日—9月1日　第二十一届世界大学生运动会在北京举行。上海运动员王励勤获得男子乒乓球冠军和混双冠军,帖娅娜包揽女子乒乓球单打、双打和混双3项冠军,刘翔获得男子110米栏冠军,高淑英获女子撑竿跳高冠军,王天凌获男子跳水1米板、3米板和团体3项冠军。

10月8日　上海电视台体育频道正式开通。该频道由原上海电视台体育部、东方电视台体育部和上海有线电视台体育频道合并而成,是上海电视媒体业中的第一个专业性节目频道。

10月8—14日　中国首次独立主办的世界职业女子网球比赛——WTA上海奇伟女子网球公开赛举行。

10月22日　上海市中国足球彩票首发式举行。

11月9—25日　第九届全国运动会在广东广州举行。由570名运动员组成的上海代表团,参加26个大项、234个小项的比赛,以30.5枚金牌、28.5枚银牌、25.5枚铜牌和总分1 807的成绩获得金牌、奖牌数和团体总分第三。上海代表团获"体育道德风尚奖",姚明获"九运之星"称号。26日,上海市政府领导至虹桥机场迎接九运会上海代表团凯旋,并于12月10日召开表彰大会。

12月2—4日　世界杯游泳系列赛暨全国短池游泳锦标赛在上海举行。上海运动员李慧夺得女子50米仰泳金牌,并打破美国选手保持的该项目世界纪录。3日,上海运动员李玮与浙江运动员罗雪娟双双打破世界纪录并夺得冠军。

2002年

1月10日 《2000年上海市国民体质监测公报》发布，这是上海首个市民体质监测公报。公报显示：成年人男、女平均身高为169.4厘米和158厘米，高于全国平均值。

同日 由上海东亚集团和上海体育运动技术学院共同组建的上海东亚跳水俱乐部成立，俱乐部实行一、二、三线衔接的训练体制。

1月26日 在世界杯短池游泳赛柏林站的比赛中，上海运动员徐妍玮夺得女子50米自由泳金牌。

1月30日 位于青浦淀山湖畔的现代化体育训练基地——上海市东方绿舟体育训练基地举行开营仪式。上海游泳、排球、乒乓球、女子足球等10余支优秀运动队进驻。

2月17—25日 上海运动员王龙祥驾驶摩托车成功穿越“生命禁区罗布泊”，历时9天，总行程1 142公里。

3月19日 上海乒乓球运动员王励勤当选全国十佳运动员。

4月3日 在莫斯科举行的第六届世界短池游泳锦标赛上，上海运动员徐妍玮、朱颖文获得冠军，并打破女子4×200米自由泳接力世界短池纪录。

4月5日 国际乒联在克罗地亚首都萨格勒布举行代表大会投票表决第四十八届世界乒乓球锦标赛主办国，中国上海以绝对优势战胜瑞士洛桑赢得主办权，这也是继北京和天津后世乒赛第三次在中国举行。此前，上海于1月12日正式向国际乒联提出主办申请。

4月9日 中国足球“龙之队”评选活动在京揭晓，上海籍球星祁宏、教练马良行分别当选最佳男球员和最佳女足教练员。

4月30日 第二届全国体育大会上海市体育代表团成立，219名运动员参加19个大项的角逐。

5月11日 静安区达安花园体育馆落成开馆，这是上海市第一座坐落于社区的体育场馆。

5月13日 王励勤当选“上海十大杰出青年”。

5月17日 亚洲足球联合会正式宣布2001年度亚洲足球各项最佳奖项得主。上海运动员范志毅当选亚洲最佳球员，并获“亚洲足球先生”称号，首次打进世界杯的中国国家男子足球队被评为“最佳国家队”。

6月25日 上海市健身气功管理中心挂牌。

6月27日 在美国举行的NBA选秀大会上，上海东方大鲨鱼篮球队22岁的中锋姚明被休斯敦火箭队在首轮第一顺位选中，成为第一位以“新秀状元”身份入选NBA的中国运动员。

7月2—16日 在第四十八届世界射击锦标赛中，上海6名选手参赛，获得3项个人冠军、4项团体冠军，徐翾打破女子移动靶项目世界纪录。

7月3日 在瑞士洛桑举行的国际田联世界田径大奖赛上，上海运动员刘翔以13秒12的成绩夺得男子110米栏冠军，并刷新了尘封24年之久的世界青年纪录。

7月9—12日 为贯彻中央开发西部、支援边疆的决策，由国家体育总局足球运动管理中心和上海市足球协会组成的联合考察团赴新疆考察，签订《沪新青少年足球合作交流协议》。

7月30日 上海市首座体育公园——闵行体育公园开工建设。

8月16日 在世界OP级帆船锦标赛上，上海运动员徐莉佳蝉联世界冠军。

8月21日　第十二届世界夏季特殊奥运会(2007年)上海组委会(筹)正式成立,组委会(筹)采取非政府组织(NGO)的运作方式,是国内第一次采用此方式承办大型运动会。

8月23日　在世界杯射击总决赛中,上海运动员陶璐娜打破女子25米运动手枪世界纪录并蝉联冠军。

8月28日　上海市第一座以体育彩票公益金建成的市民健身活动中心——长征镇市民健身活动中心动工。

同日　上海市体操运动中心成立,作为独立法人单位,对体操、艺术体操和技巧统一管理,这是上海竞技体育实施战略性调整的一项重要举措,上海市副市长周慕尧揭牌。

9月8—13日　第三届全国特奥会在陕西西安举行,上海50多名运动员参加。

9月27—30日　中国体育用品博览会在上海新国际博览中心举行。展会期间举行中国体育用品产业发展论坛。

9月29日—10月14日　第十四届亚洲运动会在韩国釜山举行。78名上海运动员、18名教练员入选中国代表团,获得21枚金牌、15枚银牌、9.5枚铜牌。徐妍玮获得女子100米自由泳、50米自由泳、4×100米自由泳接力、4×200米自由泳接力、4×100米混合泳接力5枚金牌和200米自由泳银牌,王励勤获得乒乓球男子单打冠军,刘翔、高淑英分别在男子110米栏和女子撑竿跳高中夺冠。

10月16日　上海国际赛车场工程开工建设,赛车场位于嘉定区安亭镇,占地250公顷。

10月19日—11月3日　第十二届上海市运动会举行。10月19日在上海体育场开幕,11月3日在卢湾体育馆闭幕。赛事分为成年和青少年两组,全市共有41个代表团21 758名运动员参赛。共有62人29队144次刷新61项上海市青少年纪录。成年组增设健身路径、体能五项、登楼和木兰拳等项目,同时扩大参赛单位和参赛对象,鼓励在沪外籍人士和港、澳、台同胞参赛,市运会首次出现外籍人士参赛。

11月24日　上海女足获全国女子足球锦标赛冠军,唐伶俐以7粒入球获"最佳射手"称号。

11月下旬　上海市第一支基层中学女子曲棍球俱乐部队在闵行三中成立。

12月2日　在中国女足"超霸杯"赛上,上海上视女足获得冠军。

12月10—11日　上海市体育工作会议召开。上海市委副书记殷一璀出席会议并作讲话。会议回顾了"九五"以来上海体育事业取得的成就,提出了今后几年上海体育发展的基本框架、指标体系和对策措施。上海市副市长周慕尧宣读上海市政府对徐妍玮等20名运动员和施之皓等10名教练员的嘉奖令。

2003年

1月5日　姚明在上海东方男篮穿着的15号球衣退役,成为中国体育史上第一位获得球衣退役荣誉的运动员。

1月10日　上海东亚跳水俱乐部成立,是中国第一家跳水俱乐部。

1月18日　上海第一个国家级田径训练基地——上海莘庄训练基地在上海体育运动技术学院莘庄基地揭牌。

2月23日　解放女子桥牌俱乐部在解放日报报业集团大楼内成立,这是上海首家由平面媒体创办的专业运动队。

3月4日　第四十八届世界乒乓球锦标赛筹委会在上海成立，比赛于2005年举行。

3月7日　“中国射击协会训练基地”“中国射击协会后备人才培训基地”在上海市射击射箭运动中心挂牌，这是国家体育总局首次在首都以外的城市建立射击射箭训练基地。

3月16日　在英国伯明翰举行的第九届世界室内田径锦标赛上，上海运动员刘翔以7秒52的成绩夺得男子60米栏铜牌，这是中国田径短距离径赛项目在世锦赛上获得的第一枚奖牌，也是亚洲在这次世锦赛上获得的唯一奖牌。

3月20日　上海市重竞技训练中心揭牌仪式在上海体育学院举行，中心由上海市体育局主管。

5月20日　劳伦斯世界体育奖揭晓，篮球运动员姚明获得年度最佳新人奖，成为第一位获得劳伦斯奖的亚洲运动员。

5月21日　中国业余登山队队员、37岁的陈骏池于13时40分成功登顶世界最高峰珠穆朗玛峰，成为第一位登上珠峰的上海人。

6月8日　上海市精神文明办、市体育局和虹口区领导向首批20个社会体育指导员社区指导站授牌，并规定每年6月的第二个星期日为“上海市社会体育指导员日”。

6月9日　第四十八届世界乒乓球锦标赛会徽、吉祥物评选揭晓。两件作品均为1993年首届东亚运动会会徽设计者、上海第二工业大学应用艺术系教授钱原平之作。会徽为运动中的乒乓板重叠构成的上海市市花“白玉兰”图案，中间穿过奥运五色构成的乒乓球轨迹，吉祥物为海豚“迎迎”。

7月19日　第六届上海市残疾人运动会在上海国际体操中心开幕。运动会设17个大项、139个小项，19个区、县代表团的1 334名选手参赛。

7月20日　在西班牙巴塞罗那举行的世界游泳锦标赛中，上海运动员吴敏霞与队友郭晶晶获女子3米板双人跳水冠军。

7月23日　上海市航校“运-五”飞机停飞10年后，重上蓝天试飞成功，航校飞行训练恢复。

7月29日　首届华东地区体育政策法规会议召开。与会者就如何利用上海举办2010年世博会契机，在环太湖体育圈的基础上加速建设长三角体育圈，探索区域体育发展新路达成共识。

7月31日　国际泳联主席法拉奥伊在西班牙巴塞罗那宣布，中国上海获得2006年第八届世界杯短池游泳锦标赛举办权。这是上海继申办成功2005年世乒赛后，再次获得单项世锦赛举办权。

8月12日　上海市足球工作指导委员会成立，上海市副市长杨晓渡担任指导委员会主任。

8月30日　在法国巴黎田径世锦赛男子110米栏决赛中，刘翔以13秒23的成绩摘得铜牌，成为中国第一位夺得世锦赛男子径赛项目奖牌的选手。

同日　上海市体育局、上海市少年管教所共建法制宣传教育基地签约仪式举行。

9月3日　第四十八届世界乒乓球锦标赛签约仪式在上海举行。国际乒联主席与上海市体育局局长签署协议。

9月13日　第七届全国少数民族传统体育运动会在宁夏银川闭幕。上海代表团获得2枚金牌、1枚银牌、3枚铜牌，并获体育道德风尚奖。

9月17日　由上海市体育彩票管理中心与上海体育学院联合创办的国内首个体育彩票专业研究机构——上海体育彩票研究中心成立。

10月18日　21世纪上海郊区的第一个体育盛会——第五届上海市农民运动会开幕式在奉贤区举行。

10月18—27日　第五届全国城市运动会在湖南举行。上海市黄浦区体育代表团以20枚金牌位居金牌榜第四,并获得体育道德风尚奖。

11月15日　全国女足超级联赛决赛落幕,上视女足夺得全国女足超级联赛冠军。

11月18日　中国第一个"无障碍健康运动"计划在上海启动,旨在帮助更多残疾人参与体育运动。

11月30日　全国足球甲A联赛落幕,上海申花队获得冠军,这是上海在8年之后再次夺冠。

12月14日　上视女足在全国女足锦标赛上夺冠,囊括年度全国联赛、超级联赛和锦标赛3项冠军。上海队主教练林志桦和队员季婷分获锦标赛最佳教练和最佳新星奖。

12月24日　上海运动员姚明、刘翔入选中国十佳运动员。

2004年

1月9日　上海首座社区室外大型体育设施——徐汇区康健社区体育场向市民开放,体育场占地1 300平方米,由徐汇区政府投资600万元建成。

2月12日　F1世界锦标赛2004年中国大奖赛组委会在上海成立,国家体育总局局长袁伟民、上海市市长韩正任组委会名誉主任,国家体育总局副局长于再清和上海市副市长杨晓渡任主任,并为组委会揭牌。

3月2日　上海市市长韩正和国际特奥委会主席蒂姆西·施莱佛在北京签署上海承办2007年国际特奥会的协议,中共中央政治局委员、国务院副总理回良玉出席。

3月5—7日　在第十届世界室内田径锦标赛中,上海运动员刘翔获男子60米栏银牌,成为第一位获得世锦赛男子亚军的中国选手。

3月6日　上海东方男排夺得全国男排甲级联赛冠军,这是上海男排继2000年夺冠之后再次夺冠。

3月18日　首届"中国十佳劳伦斯冠军奖"颁奖典礼在上海举行,上海运动员刘翔、姚明当选。

5月2日　国内首家轮滑训练基地——"中国轮滑协会上海训练基地"落户黄浦轮滑馆。

5月29日—6月1日　第十四届中国国际体育用品博览会在上海新国际博览中心举行,4 500个展位创历史之最。

6月3日　上海国际赛车场竣工并顺利通过国际汽联验收,赛车场于2002年10月开工兴建,2004年6月6日正式启用。

6月10日—11月8日　第七届上海市老年人运动会举行。开幕式于6月10日在上海国际体操中心举行,闭幕式于11月8日在友谊会堂举行。运动会的赛事从4月下旬开始至11月上旬结束,共有42个代表团1 116个运动队8 434名运动员参加了21个大项的比赛。

6月17日　复旦大学为中国奥委会和体育系统中高层管理人员特别开设的体育产业方向首届MBA班开班。

6月18日　国际乒联在沪开设亚洲办事处,成为第一个落户上海的重要国际体育组织分支机构。

7月20日　全国首批全民健身示范工程之一的"上海长征全民健身活动中心"落成揭牌。

7月27日　上视女足在全国女足联赛中提前两轮夺得联赛冠军。

8月1日　F1摩托艇世界锦标赛(上海站)比赛在黄浦江外滩水域举行。来自意大利、美国、法国等7个国家的24艘F1摩托艇参赛。这是我国继1995年杭州、1996年无锡、1997年厦门成功举办F1摩托艇世界锦标赛后，首次在上海举办此项赛事。

8月8日　上海广播史上第一个专业体育广播FM100.6开播。雅典奥运会期间，该广播全天24小时播出奥运报道。

8月13—25日　第二十八届奥运会在希腊雅典举行。中国代表团中上海运动员38名、教练员11名、裁判员3名，另有2名官员，获得1.5枚金牌、3.5枚银牌、1枚铜牌。1人1次平1项世界纪录，4人2次打破2项奥运会纪录。上海运动员姚明任开幕式中国代表团旗手，刘翔任闭幕式中国代表团旗手。14日，吴敏霞与郭晶晶搭档在女子跳水双人3米板决赛中为中国跳水队夺得首枚金牌。19日，朱颖文、徐妍玮、庞佳颖获得女子4×200米银牌并打破亚洲纪录。28日，刘翔以12秒91的成绩夺得男子110米栏冠军并平该项目世界纪录，实现亚洲男子选手在田径短距离项目上奥运会金牌"零"的突破。9月3日，上海市领导等前往虹桥机场迎接上海体育健儿。次日，上海市委、市政府召开表彰大会。上海市市长韩正宣读市政府关于表彰刘翔、姚明等31位运动员、教练员的决定。上海团市委授予刘翔等23名运动员"上海市新长征突击手标兵"荣誉称号；上海市妇联授予吴敏霞"上海市三八红旗手标兵"荣誉称号，授予徐妍玮等15人"上海市三八红旗手"荣誉称号。

8月26日—9月6日　第七届全国大学生运动会在沪举行，来自31个省、自治区、直辖市及中国香港、澳门特别行政区的33个大学生体育代表团共3 742名大学生运动员，参加9个比赛项目共191枚金牌的角逐。由31所高校267名运动员组成的上海代表团以49金、30银、21铜的成绩位居金牌和奖牌榜第一，总分榜第二。

9月17—28日　第十二届夏季残疾人奥运会在雅典举行。22名上海残疾人运动员入选中国残奥体育代表团，获得9枚金牌、5.5枚银牌、2.5枚铜牌。

9月26日　F1中国大奖赛首次在上海国际赛车场举行，法拉利车手巴里切罗以1小时29分12秒420获得冠军。

10月5日　金茂大厦国际高楼跳伞表演赛举行。41岁的中国河南运动员丁建平成为中国低空跳伞第一人。

10月8日　在全国女足超级联赛决赛中，上视女足蝉联冠军。上海队主教练林志桦获得"最佳教练"称号，上海队季婷以进17球的战绩荣膺"最佳射手"和"最佳运动员"称号。

10月9日　第五届全国农民运动会上海代表团成立。运动会于10月18—24日在江西宜春举行。上海代表团149人参加13个大项、87个小项的比赛，获得13枚金牌、12枚银牌、10枚铜牌，居金牌和奖牌榜第六。

10月14—17日　NBA季前赛首次在中国举行。14日，美国休斯敦火箭队和萨克拉门托国王队在上海体育馆展开中国赛首场对决。

10月30日—11月7日　首届世界著名在华企业健身大赛在上海举行，来自全国160多家在华企业和中国知名企业的1 900多人参赛，这是中国首次举行以世界著名企业员工为主体的体育赛事，尝试以新的健身理念和办赛方式，进一步调动企业员工广泛参与体育健身活动的积极性和主动性，从而有效地推动职工体育活动的广泛开展。大赛在上海景观区域举行浦江夜游桥牌赛、新天地广场飞镖赛、东方明珠广播电视塔登高赛等项目。

11月4日　由《文汇报》和上海体育学院联合创办的上海市民健身热线"51253258"开通，这也是国内首条服务市民的健身热线。

11月9日　上视女足在全国女足锦标赛决赛中蝉联冠军，继2003年后再次成为联赛、超霸杯赛和锦标赛“三冠王”。

11 月 21 日　上海运动员刘翔当选第十五届“中国十大杰出青年”。

12 月 23 日　上海体育科研所运动员体能测试评定实验室在上海体育运动技术学院莘庄基地揭牌启用，这是中国第一个以自行车运动员专项体能测试评定研究为特色的实验室。

2005 年

2 月 5 日　国内首个游泳水槽实验室在上海市东方绿舟体育训练基地落成，由上海市科委、市体育局共同投资 3 000 万元兴建。

3 月 11 日　《福布斯》中文版 2005 年中国文体名人榜揭晓，姚明、刘翔分列综合排名榜首和第三位。

3 月 13—17 日　首届亚洲国际品牌体育用品及运动时尚博览会在上海新国际博览中心举行，吸引 1 500 多名观众观展。

3 月 16 日　“中国劳伦斯十佳评选”在深圳揭晓，上海运动员刘翔当选最佳男运动员。

4 月 30 日—5 月 6 日　第四十八届世界乒乓球锦标赛在沪举行。147 个国家和地区的 1 500 名运动员、教练员和官员参加，中国包揽全部 5 枚金牌。4 月 30 日，开幕式在上海东方明珠广播电视塔广场举行。5 月 1 日，韩正、殷一璀、杨晓渡等上海市领导以及国家体育总局领导接见乒乓球宿将邱钟惠、庄则栋、郑敏之、林慧卿、童玲、葛新爱、蔡振华等，并与大家合影留念。5 月 6 日，世乒赛在沪落幕。中共中央政治局常委、国务院副总理黄菊出席闭幕式。国际乒联主席沙拉拉致闭幕词。

5 月 17 日　上海田径运动员刘翔获得年度劳伦斯世界体育奖最佳新人奖。

5 月 28 日　在世界杯赛艇英国站比赛中，上海赛艇队夺得女子八人艇单桨有舵手冠军，这是中国女子八人艇第一次夺得世界大赛冠军。

6 月 21—22 日　由中国体育发展战略研究会主办、上海市体育局承办的 2005 年全国发展战略研讨会暨中国群众体育高层论坛在上海嘉定区召开。国家体育总局局长刘鹏，党组书记李志坚，副局长张发强、段世杰，上海市副市长严隽琪出席。会议以“全面建设小康社会中的中国群众体育”为主题。会议期间，与会者参观了乔山集团、长征镇全民健身活动中心、新泾镇笼式足球场。

6 月 25 日　上海首批国家级区全民健身中心闵行区全民健身中心落成。

7 月 1 日　在第十三届世界航海模型(帆船)锦标赛中，上海运动员宣东波获得 F5 - 10 级世界冠军。

8 月 7 日　在波兰举行的世界现代五项锦标赛中，上海运动员钱震华以总分 5 756 分夺得男子个人冠军。这是中国运动员获得的第一枚现代五项世界大赛金牌，也是亚洲在这个项目上获得的第一个世界冠军。

8 月 27 日　上视女足在全国女足超级联赛中提前两轮夺冠。

9 月 2—9 日　在世界帆船锦标赛暨世界帆板精英赛中，上海运动员沈晓英、陆莲花包揽女子国际欧洲级帆船冠亚军，创造中国帆船史上的最好成绩；蒋林华获得男子欧洲级帆船亚军，实现中国帆船在男子项目上的新突破。

9 月 26 日　第二任上海形象代言人聘任仪式举行，上海市市长韩正向姚明和刘翔颁发聘任证书。

9 月 30 日　第六届上海市特殊奥林匹克运动会在东方绿舟体育训练基地开幕。

10 月 3 日　上海旗忠森林体育城网球中心一期工程竣工，来沪参加网球大师杯赛的世界著名网球选手费德勒与上海市副市长杨晓渡共同开启网球中心的“玉兰”屋顶。

10 月 12—23 日　第十届全国运动会在江苏南京举行。上海代表团共 651 名运动员参加 29 个大项、256 个小项的比赛，夺得 26 枚金牌、48 枚银牌、44.5 枚铜牌，团体总分 2 105.7 分，获奖牌榜和总分榜第三，金牌榜第七。男排、马术、水球、武术、田径、射击等项目成绩突出。上海获得国家体育总局颁发的“体育道德风尚奖”。11 月 9 日，总结表彰会举行，韩正等上海市领导会见刘翔、孙海平、王励勤、吴敏霞、朱颖文等在十运会上取得佳绩的上海运动员、教练员代表。

11 月 26—27 日　第五十九届世界健美锦标赛在上海国际体操中心举行，来自中国浙江的 35 岁的钱吉成获 60 公斤级冠军，成为首个获得世界健美冠军的中国运动员。

11 月 29 日　全国第一部地方体育蓝皮书《上海全民健身发展报告》出版。全书图文并茂，较全面地总结上海全民健身走过的十年历程。

12 月 22 日　上海企业恒源祥(集团)有限公司与北京奥组委在京签署协议，正式成为 2008 年北京奥运会赞助商。

2006 年

2 月 20 日　上海注册台球选手潘晓婷在美国 WPBA 巡回赛资格赛中夺冠，进入美国职业赛。

3 月 19 日　2007 年女足世界杯会徽在上海揭晓。会徽以红黄蓝黑为主色的“翅”型奖杯图案。足球运动员孙雯担任世界杯形象大使。

3 月 25 日　2005 年度中国体坛风云人物奖在北京揭晓，上海运动员刘翔当选并获最佳运动员奖。

4 月 5—9 日　第八届国际泳联世界短池游泳锦标赛在上海旗忠森林体育城举行。中国队以 5 枚金牌、1 枚银牌、6 枚铜牌列奖牌榜第三。

4 月 7 日　上海市体育行业特有工种职业技能鉴定站揭牌，体育行业职业技能鉴定工作在上海启动，负责体育行业国家职业资格证书制度推广和组织实施。

4 月 8 日　中国十佳劳伦斯冠军奖在长沙揭晓。上海田径运动员刘翔获得年度最佳男运动员奖和最佳人气奖，上海教练员孙海平获得年度最佳教练员奖。

4 月 10 日　在射击世界杯赛中，上海运动员曲日东夺得男子飞碟双向比赛冠军。

4 月 20—30 日　第三届全国体育大会在江苏苏州举行，上海共派出 283 名运动员、81 名教练员和领队参加 26 个大项的决赛，获得 27 枚金牌、25 枚银牌、25 枚铜牌，金牌数名列第三。

7 月 12 日　在瑞士洛桑田径超级大奖赛上，刘翔成功卫冕男子 110 米栏冠军，并以 12 秒 88 打破世界纪录，成为世界上第一位 110 米栏跑进 12 秒 90 的运动员。

7 月 13—23 日　在第十四届世界航海模型(动力艇)锦标赛上，上海运动员周建明夺得 3 项世界冠军，并打破世界纪录。

7 月 20 日　现代五项运动员钱震华当选第十三届“上海十大杰出青年”，成为上海体育界第 11 位获此荣誉的运动员。上海文广新闻传媒集团体育频道首席主持人唐蒙同时当选。

7 月 21 日　在世界射击锦标赛上，费逢吉夺得女子气手枪团体、女子运动手枪团体 2 枚金牌，孙爱雯、王琦珏、徐翾夺得女子移动靶标准速团体冠军。

7月22日　在第十五届世界杯跳水赛上，上海运动员吴敏霞获得女子3米板金牌，这是中国跳水队在世界杯历史上赢得的第100枚金牌。

7月24日　历时三个多月、骑自行车长驱5 300公里后，70岁的上海市民朱俊贤将2010年上海世博会旗帜插上海拔5 200多米的珠穆朗玛峰登山队大本营。

7月28日　54人组成的上海市特奥代表团赴哈尔滨参加第四届全国特奥会。

8月5日　在美国加利福尼亚州举行的激光雷迪尔级世界帆船锦标赛中，上海运动员徐莉佳获得冠军，这是中国内地选手在帆船帆板项目上获得的第一个奥运会项目世界冠军。

8月10日　刘翔打破男子110米栏世界纪录表彰大会举行。上海市政府授予刘翔"上海体育功臣运动员"荣誉称号，授予孙海平"上海体育功臣教练员"荣誉称号。上海市体育局授予刘翔和孙海平"上海市体育运动荣誉奖"。上海市市长韩正会见刘翔和孙海平，代表上海市委、市政府和全市人民向他们表示热烈祝贺和亲切慰问。上海市委副书记殷一璀、市委秘书长范德官、副市长杨晓渡及市体育局领导参加会见。

9月9日　在国际田联田径总决赛中，刘翔夺得男子110米栏冠军并打破赛会纪录，这也是中国选手第一次夺得国际田联总决赛冠军。

9月16日　上海SVA女足在全国女足超级联赛中提前一轮夺得冠军，实现四连冠。

9月16日—11月16日　第十三届上海市运动会举行，9月16日在上海体育馆开幕，11月16日在上海展览中心友谊会堂闭幕。赛事分青少年、大学生和成年3个组别，67个代表团、28 794名运动员参赛。上海台商协会和台盟上海市委共同组建代表团参加乒乓球、羽毛球、保龄球等6个项目，这是台商、台胞首次独立组团参加市运会。青少年组有20人28次创22项上海市青少年纪录，大学生组有1人1次创全国大学生纪录。

9月17日　现代五项世界杯埃及站比赛在开罗举行。钱震华领衔中国男队以16.07分的总积分夺得男子团体冠军，这是中国男队首次夺得现代五项世界团体冠军。另一名上海籍选手曹忠荣在5个项目的比赛中以5 464分夺得个人冠军。

9月24日　在陕西西安举行的第三届武术散打世界杯赛上，上海运动员赵光勇、孙会分别夺得男子65公斤级冠军和女子70公斤级冠军。

9月26日　在全国艺术体操锦标赛上，上海艺术体操队夺得奥运会项目集体全能金牌，这是上海自1987年第六届全运会后重获冠军。

10月2日　在世界击剑锦标赛中，上海运动员王磊获得男子重剑个人冠军，是中国男子击剑历史上第一个世界冠军。

10月7日　在意大利都灵举行的世界击剑锦标赛女子重剑团体决赛中，上海运动员仲维萍及队友为中国首次夺得击剑团体项目世界冠军。

10月15日　2006年特殊奥运会上海国际邀请赛在上海体育馆开幕，国务院副总理回良玉出席开幕式并宣布开幕。该赛事与2008年奥运会、残奥会被列为中国承办的奥运系列赛事之一。

10月28日　18岁的上海运动员王仪涵在羽毛球世界杯上夺冠，成为中国羽毛球队最年轻的世界冠军。

11月3日　2007年女足世界杯主赛场虹口足球场改建工程启动。国际足联女足委员会官员马库迪一行出席工程启动仪式。

11月9日　上视女足捧得首座足协杯冠军奖杯。

11月20—21日　全国优秀运动员保障暨体育行业职业技能鉴定工作会议在上海召开。国家体育总局局长刘鹏、副局长王钧出席，共190人参加会议。与会人员实地观摩上海体育职业技能鉴定站工作运行情况及现场鉴定活动。

12月1—15日　第十五届亚洲运动会在卡塔尔多哈举行，上海共有56名运动员入选中国代表团，参加23个大项56个小项的赛事，获得23.5枚金牌。

12月15日　《2005年国民体质监测公报》发布，上海国民体质综合指数居全国之首。

12月23日　作为拥有71年历史的市级文化遗产保护建筑——上海市江湾体育场坚持修旧如旧原则，经过两年精心修复，重新对外开放。

同日　上海体育学院武术系学生高丽君入选《当代中国》画刊“年度十大杰出人物”。高丽君在世界职业女子拳王争霸赛中获得轻量级冠军，成为中国第一位女子职业拳击世界冠军。

2007年

1月5日　在日本大阪国际田径大奖赛上，上海运动员刘翔以13秒14获得男子110米栏冠军，实现他在国际田径大奖赛上的四连冠。

1月17日　世界经济论坛组织公布250名“2007年世界青年领袖”名单，姚明当选，肯定了其推广特殊奥林匹克运动会所作的努力，以及他参与帮助残疾人事业的积极态度。

1月21日　上海运动员刘翔、姚明、吴敏霞当选第二届“中国体育明星形象代言年度最佳人物”。

3月26日　在澳大利亚墨尔本举行的第十二届国际泳联世界锦标赛上，上海运动员吴敏霞与队友郭晶晶以355.80分夺得女子3米板双人比赛金牌；上海运动员火亮与队友林跃在男子10米台双人比赛中以489.48分获得冠军。

3月31日　世界冠军方程式中国车手计划在北京启动。上海车手江滕一成为首名签约车手。

4月7日　“十大体坛风云人物奖”颁奖盛典在中央电视台举行，刘翔获“年度最佳男运动员奖”，孙海平获“年度最佳教练员奖”。

4月18日　第七届全国残疾人运动会上海代表团成立，120多名运动员参加12个大项。5月15日，上海运动员吴国境以162.5公斤的成绩夺得举重男子48公斤级冠军。他在随后的试举中创168.5公斤佳绩，超世界纪录。5月17日，上海运动员纵凯、赵骥、沈聪、王荣宝在田径男子T53-54级4×100米接力中摘得金牌，并超世界纪录。

5月12日　“中国十佳劳伦斯冠军奖”在湖南长沙颁奖，上海田径运动员刘翔获“最佳男运动员”称号，成为中国第一位三届蝉联该奖项的运动员，上海教练员孙海平获得年度最佳教练员奖。

5月21日　上海市教委、市体育局联合下发《关于进一步加强学校体育工作的指导意见》，重申实行“三课、两操、两活动”，明确从2008年起，体育成绩将按比例计入初中毕业生学业考试成绩总分。

5月27日　在第四十九届世界乒乓球锦标赛上，上海运动员王励勤获得男子单打冠军。

6月10—12日　2007年全国体操锦标赛在上海国际体操中心举行。上海女子体操队夺得女子团体冠军，这是上海时隔27年后再次获得体操女团全国冠军奖杯。

7月26日　全国大学生运动会在广东广州落幕。上海代表团名列积分榜和奖牌榜第四。

8月6日　《奥林匹克・上海记忆》画册首发式举行。

8月19日　在第十六届世界羽毛球锦标赛上,上海运动员朱琳获得女子单打冠军。这是时隔20年上海运动员又一次获得羽毛球世锦赛冠军。

8月31日　在日本大阪举行的世界田径锦标赛中,上海运动员刘翔以12秒95获得男子110米栏冠军,成为男子110米栏历史上第一位集奥运会冠军、世锦赛冠军和世界纪录保持者于一身的大满贯运动员。

9月10—30日　2007年女足世界杯赛在虹口足球场举行,16支球队参加,最终德国队成功卫冕。这是继1991年首届在广东广州举办之后,女足世界杯再次回到中国举办。

9月13—25日　在第十四届世界航海模型(帆船项目)锦标赛上,上海运动员宣东波获得F5-10级冠军。

9月25日　国内首套以F1赛事为主题的即开型体育彩票在上海销售。

10月2—11日　2007年世界夏季特殊奥林匹克运动会在上海举行,165个国家和地区(含朝鲜观察团)共10 207人参加,其中中国代表团有1 274名运动员和439名教练员及工作人员。设游泳、篮球、体操、田径、网球等21个正式比赛项目和舞龙舞狮、龙舟、板球、机能活动4个表演项目。上海运动员共夺得170枚金牌、131枚银牌、72枚铜牌。

10月20日　第六届上海市农民运动会在金山区体育场开幕。设田径、游泳、钓鱼、龙舟等13个项目比赛和健身项目展示,1 500名农民运动员报名参赛。

11月3日　第六届全国城市运动会在湖北武汉闭幕。上海浦东新区和闵行区2个代表团共获得24.5枚金牌、70枚奖牌,总分804分,金牌总数名列全国第三。

11月10日　第八届全国少数民族传统体育运动会在广东广州开幕,由102人组成的上海代表团参赛。

12月27日　上海市体育俱乐部成立50周年纪念活动在国际饭店举行。俱乐部为国家培养了杨文意、乐靖宜、常昊等一大批优秀体育人才。

2008年

1月3日　上海久事国际赛事公司成立。公司由上海新新体育文化有限公司和上海国际赛车场经营有限公司整合而成。

1月12日　上海体育运动技术学院由成人高校转型为高等职业学校,更名为"上海体育职业学院"。学院成立大会暨揭牌仪式在上海体育职业学院篮球馆举行。

1月16日　上海市政府召开北京奥运会足球赛上海赛区筹备工作会议,上海市副市长、上海赛区领导小组组长杨定华出席并对筹备工作提出要求。

2月1日　上海市教委公布中招方案,在初中毕业升学考试中,体育考试首次以30分计入中考成绩,其中日常锻炼20分、统一考试10分。

2月23日　在第十六届国际泳联跳水世界杯中,上海运动员吴敏霞获得女子3米跳板冠军。

2月25日　上海体育科学研究所"竞技运动能力综合评定实验室"被国家体育总局命名为首批重点实验室。

2月28日　上海籍乒乓球国际裁判员孙麒麟被国际乒联授予杰出贡献奖,成为首位获此项荣誉的裁判员,同时获奖的还有上海籍乒乓球教练张燮林。

3月2日　在第四十九届世界乒乓球锦标赛上，上海运动员王励勤和队友代表中国队第四次蝉联世乒赛男子团体冠军。

3月8日　在第十二届世界室内田径锦标赛中，上海运动员刘翔获得男子60米栏冠军。

3月31日　北京奥运圣火欢迎仪式暨火炬接力启动仪式在北京天安门广场举行。中共中央总书记、国家主席胡锦涛在仪式上点燃圣火盆，并宣布北京2008年奥运会火炬接力开始。上海运动员刘翔从胡锦涛手中接过火炬，作为中国境内第一棒，标志奥运火炬接力启动。

4月7日　北京奥运会火炬接力在法国巴黎埃菲尔铁塔进行环球第5站传递活动。火炬手——上海籍中国残疾击剑运动员金晶在传递第三棒途中排除干扰，奋勇捍卫火炬，被国际舆论誉为"最美丽最坚强的火炬手"。

5月18日　第七届上海市残疾人运动会开幕，19个区县的1 800多名残疾人运动员参加。

5月23—24日　北京奥运圣火在上海传递。火炬传递活动起跑仪式在人民广场举行，收火仪式在嘉定汽车博览公园举行。

6月13日　第八届上海市老年人运动会闭幕，历时3个月，46个代表团1 426支队伍13 047名运动员参赛。

7月8日　首届上海市学生运动会在新落成的上海大学生体育中心体育馆开幕。运动会历时半年，设田径、游泳、篮球、足球、排球、乒乓球等比赛项目。

7月15日　在第十五届世界航海模型动力艇项目锦标赛上，上海运动员周建明打破世界纪录。

8月8—24日　第二十九届奥运会在中国北京举行。66名上海运动员入选中国代表团，参加19个大项、23个小项比赛，共获得4.5枚金牌、3枚银牌、10枚铜牌，4人次打破3项世界纪录，20名教练员和2名队医共同入选。8日，北京奥运会在国家体育场"鸟巢"开幕，上海运动员姚明再次担任中国体育代表团旗手。19日，徐莉佳获得帆船女子激光雷迪尔级铜牌，是中国队在奥运会帆船项目上获得的首枚奖牌。22日，程晖与队友获得女子曲棍球亚军，创下中国女曲在奥运会历史最好成绩。23日，王励勤获得男子乒乓球单打季军；马蕴雯与队友获得女子排球季军；孙萩亭、黄雪辰与队友获得花样游泳集体自由自选项目季军。24日，上海与贵州协议计分运动员邹市明获得男子拳击48公斤级冠军。9月10日，上海市委、市政府举行表彰大会，上海市总工会、团市委及市妇联对优秀运动员、教练员予以表彰。上海市体育局获国务院授予的"北京奥运会残奥会先进集体"和国家体育总局颁发的"2008年奥运会重大贡献奖""2008年奥运会成绩突破奖"。

9月6—17日　北京残奥会在国家体育场"鸟巢"举行。金晶担任进入国家体育场的第一棒火炬手。30多名上海残奥运动员参加田径、脑瘫足球、坐式排球、游泳、轮椅击剑、举重、自行车、盲人门球在内的8个项目的比赛，获得14枚金牌、11枚银牌、4枚铜牌，打破4项世界纪录。8日，郭伟获得男子标枪F35－36级冠军并打破世界纪录，成为第一位夺得北京残奥会金牌的选手。10日，吴国境获得男子52公斤级举重比赛冠军。

10月26日—11月1日　第六届全国农民运动会在福建泉州举行，192名上海运动员获得16枚金牌、22枚银牌、16枚铜牌。

12月30日　上海东方体育中心开工建设。这是为上海承办2011年第十四届国际泳联世界锦标赛而兴建的体育场馆，紧邻上海世博园区，占地面积34.75公顷，建筑面积18.8万平方米，于2010年12月28日落成，主要由综合体育馆、游泳馆、室外跳水池、东方体育大厦4座大型建筑，以及1个标高为11米的大平台等设施组成。

2009 年

1月10日　世界冬季特奥会全球执法人员火炬跑上海站传递活动在上海科技馆起跑,全市千余人参加传递活动。

1月16日　刘子歌、王励勤、吴敏霞、火亮、邹市明5位上海奥运冠军向上海体育博物馆捐赠自己在北京奥运会夺冠时穿戴的运动装备。

2月5日　"2008年度感动中国人物"评选颁奖典礼举行,上海残疾人运动员金晶当选。

3月24日　第十四届国际泳联世界锦标赛会徽、吉祥物在上海国际网球中心发布。会徽是由地球形泳帽背景下代表"上海"的英文字母"S"和数字2011构成的图案,形似水面上劈破斩浪的泳坛健儿。吉祥物"晶晶"是拟人化泳镜,形似欢呼胜利的运动员,又象征上海人民高举双臂喜迎国际泳坛盛会。

5月26日　第七届上海市特殊奥林匹克运动会开幕。特奥会历时半月,19个区县的1 544名运动员参加。

7月24—30日　第十三届国际泳联世界锦标赛在意大利罗马举行。上海运动员吴敏霞与队友获得女子跳水双人3米板冠军,火亮与队友获得男子跳水10米台冠军,朱倩蔚、庞佳颖与队友获得女子4×200米自由泳冠军并打破世界纪录。

8月8日　首个全国"全民健身日"活动上海市启动仪式暨市民健康跑活动在上海市江湾体育场至复旦大学新江湾城校区举行,全市公共体育场馆、社区公共运动场向市民免费开放。

8月16—21日　第十届全国中学生运动会在湖南长沙举行。上海代表团共收获9枚金牌、12枚银牌、9枚铜牌。

8月29日　共和国60周年体坛影响力评选揭晓,上海篮球运动员姚明获得"体坛名将奖"。

9月5日　由姚明捐资100万元人民币,携手中国青少年发展基金会援建的学校——姚基金希望小学在四川省广元市利州区建设村小学原址落成。学校建筑面积874.5平方米,是"5·12"汶川大地震后姚基金援建的第一所希望小学。

9月6日　最具影响力的新中国体育人物颁奖盛典在北京奥体中心举行。9名上海运动员、教练员:李富荣、胡荣华、朱建华、庄泳、孙雯、姚明、刘翔、孙海平和邹市明当选。

9月8日　在中国台北举行的第二十一届夏季聋奥会上,上海听障运动员任春霞获得女子铅球冠军。

9月12日　上海市体育运动学校举行建校50周年庆典,这是中华人民共和国成立后创办的第一所体育运动学校,培养出丛学娣、孙雯、刘子歌等一大批世界级选手,被誉为"体坛精英之摇篮"。

9月28日—10月6日　上海电视台五星体育频道与上海市体育局联手推出的系列专题片——《城市体育记忆》在上海电视台五星体育频道播出。

10月16—28日　第十一届全国运动会在山东济南举行。王励勤担任上海代表团开幕入场式旗手,704名运动员、208名教练员参加29个大项249个小项的决赛,共夺得41枚金牌、34枚银牌、46.5枚铜牌,总分2 548.25分,金牌数、奖牌数和总分均名列全国第五。其中,8月1日率先举行的U20男足决赛中,上海男足时隔26年再次获得全运会冠军。27日,上海运动员吴迪获得网球男子单打冠军,这是上海网球队时隔22年之后重夺全运会网球分量最重的男单金牌。刘子歌在女子200米蝶泳中成为第十一届全运会唯一一位打破世界纪录的选手。11月18日,中共中央政治局委员、上海市委书记俞正声会见全运会上海运动员和教练员代表,上海市长韩正出席。上海市政府分别授予刘子歌及其教练金炜"上海体育功臣运动员"和"上海体育功臣教练员"荣誉称号,给予获得金、银、铜牌的运动队、运动员、教练员以及作出突出贡献的科研、队医等管理人员记功奖励。

10月17日　在伦敦举行的体操世锦赛中,上海运动员严明勇以15.675分的成绩获得吊环冠军。

11月23日　首届全国智力运动会在四川成都落幕,上海代表团以9枚金牌、10枚银牌、8枚铜牌位列金牌榜首位,获得体育道德风尚奖。

12月18日　上海曹燕华乒乓培训学校建校10周年庆典活动在宝山区杨行镇举行。国家体育总局副局长蔡振华、国际乒联终身名誉主席徐寅生等领导及乒乓球世界冠军刘国梁、施之皓、张德英、丁松、许昕等出席庆典活动。

12月18—19日　上海体育科学研究所成立50周年纪念大会举行。作为庆典系列活动的"2009年上海国际运动医学与体育科学论坛""全国体育科学研究所所长座谈会"同期召开。

2010年

2月6日　上海市52家体育场馆发布《文明迎世博承诺书》,体育场馆整治工作成绩显著。

4月16日　中国游泳协会上海训练基地在上海体育职业学院游泳运动中心成立,是全国省区市设立的首个综合性训练基地。

4月16日　上海男排客场3比2战胜八一队,成功卫冕全国排球联赛总决赛冠军。这是上海男排历史上第八次夺取联赛冠军,也是2002年以来的"七连冠"。

5月16—26日　第四届全国体育大会在安徽合肥举行,上海代表团共派出440名运动员参加全部34个大项比赛,获得57个一等奖、116个二等奖、133个三等奖,超1项世界纪录,并获得体育道德风尚奖。6月8日,上海代表团表彰大会举行。

5月30日　在第五十届乒乓球世界锦标赛上,上海运动员许昕与队友获得男子团体冠军。

6月5—6日　在第十七届跳水世界杯赛上,上海运动员火亮与队友获男子团体冠军,吴敏霞获女子双人3米跳板和女子团体冠军,两人搭档以451分的成绩获得混合团体冠军。

8月3日　在第五十届射击世界锦标赛中,上海运动员赵诗涛获得男子步枪3×40团体冠军。5日,周治国获得男子25米标准手枪、男子手枪速射团体、男子25米手枪速射3项冠军。

9月17日　国家体育总局与上海市政府共建上海体育学院中国乒乓球学院签约暨揭牌仪式在上海举行。

9月26日　在第十六届航海模型世界锦标赛上,上海运动员周建明获得F1-V3.5级冠军,张林强获得F3-E级和F3-V级两项冠军。

10月1日　在阿联酋举办的乒乓球世界杯上,上海运动员许昕与队友获得男子团体冠军。

10月12日—11月15日　第十四届上海市运动会举行。10月12日在上海体育馆开幕,11月15日在上海展览中心友谊会堂闭幕。赛事分为青少年、高校和大众组3个组别,60个代表团、22 317名运动员参赛。共设1 390枚金牌,近4 500枚奖牌。1队创1项上海市纪录,16人7队创30项上海市青少年年龄组纪录,2人2次平4项上海市青少年年龄组纪录。

10月21日　在第四十二届世界体操锦标赛上,上海运动员严明勇与队友获得男子团体冠军。

11月12—28日　第十六届亚洲运动会在广东广州举行,上海运动员共获得42枚金牌。

12月11—12日　国际短道速滑世界杯赛上海站在松江大学生体育中心国际滑冰馆举行。中国代表团获得2枚金牌、3枚银牌、2枚铜牌。

12月16日　在第十届国际泳联短池游泳世界锦标赛中，上海运动员唐奕、朱倩蔚获得女子4×200米自由泳接力冠军，并打破世界纪录。

12月25日　上海棋院成立50周年座谈会在体育大厦举行，陈祖德、胡荣华、华以刚、常昊等中国棋坛名将出席。为纪念上海棋院成立50周年，《国运盛棋运盛》画册问世。

12月26日　上海运动员刘翔当选"中国最佳运动员"。

12月31日　上海高尔夫球训练中心揭牌，上海市高尔夫球队成立。这是全国首家自备训练基地的省市级高尔夫训练中心，也是培养上海青少年高尔夫球运动员的孵化地。

第一篇

群众体育

群众体育是体育事业的重要组成部分，上海具有坚实的基础和优良的传统。改革开放以后，上海经济和社会取得巨大的进步，群众体育融入城市改革发展大局，不断创新，砥砺前行，在社会主义物质和精神文明建设中发挥了重要的作用。

上海市委、市政府十分重视群众体育工作。在改革开放之初，上海贯彻国家发展体育运动、增强人民体质的工作方针，迅速恢复发展群众体育。在上海国民经济和社会发展五年规划中，明确群众体育的地位、作用，确定其奋斗目标和发展任务，推动群众体育与竞技运动协调发展。20 世纪 80 年代，上海群众体育积极探索，确定三个工作重点：即青少年体育以学校为重点，农村体育以乡镇为重点，城市体育以社区为重点。开展各类小型多样、因地制宜的群众体育活动，马路运动会长盛不衰，弄堂运动会应运而生，城乡传统体育、特色健身活动推陈出新。

体育部门组织开展了先进体育街道、乡镇的评比表彰活动，郊区 9 个县在争创“全国体育先进县”活动中，率先在省、自治区、直辖市中实现“满堂红”。便民、亲民、利民的社区体育基本形成。按照教育部门的规范要求，学校体育教学质量不断提高，课余体育训练及体育传统项目学校恢复，上海市民体质日益增强。

1993 年上海率先开展百万市民健身活动。1994 年 9 月上海市委、市政府召开全市全民健身动员大会，号召全市各级政府广泛动员，积极组织市民参与全民健身活动。9 月 17—24 日，在全市范围组织开展“全民健身宣传周”活动。1995 年初，上海市委将全民健身工作列入《上海市社会主义精神文明建设发展规划(1995—1997 年)》。

1995 年，国家颁布《中华人民共和国体育法》及《全民健身计划纲要》，同年 7 月在国务院召开的“全国颁布实施《全民健身计划纲要》动员大会”上，上海市领导介绍工作经验。8 月上海市政府发布《上海市全民健身实施计划》，10 月召开上海市全民健身领导小组第一次会议，全面规划部署全市全民健身工作。同时，体育部门创办全民健身节、全民健身宣传周等活动，推动上海全民健身活动迅速发展。

1996—2000 年，上海先后举办 1996 年全国第三届农民运动会、1997 年全国第八届运动会、1998 年世界中学生运动会、2000 年全国第五届残疾人运动会等。在八运会开幕式前，中共中央总书记江泽民会见全国群众体育先进代表，并成为以后历届全运会的传统活动。大型综合性运动会举办，体育场馆数量增多，市民的健身条件不断改善，大大激发了市民参与体育健身的积极性。

1997 年上海在普陀区长风公园建成第一个健身苑，1999 年在静安区南京西路街道鸿德小区召开全市社区健身苑点建设现场会，提出争取三年时间所有街道、社区和大部分乡镇、村都有健身苑点，掀起了全市社区健身苑点建设的高潮，此项工作连续多年被上海市政府列为年度“实事工程”。在建设过程中，体育部门充分发挥体育彩票公益金的作用，贯彻少花钱多办事和“不摊派、不扰民、不损绿”的原则，做到建管并举，受到社会各界好评。

1998 年全国省区市体委群体处长会议在上海闵行区召开，会议总结上海等省市的工作经验，提出“建群众身边的场地、抓群众身边的组织、搞群众身边的活动”的工作要求，被称为“三边工程”，对全民健身工作产生深远影响。21 世纪初，上海以“体育园林化、园林体育化”为理念，启动建设社区公共运动场，实施农民健身工程等项目，并在社区建设市民体质监测站，城乡社区健身环境进一步优化。

依靠法治管理，转变管理方式，是上海全民健身发展的基本保障。2000 年 12 月，上海市人大常委会审议通过《上海市市民体育健身条例》，并于 2001 年 3 月 1 日起施行。这是全国首部以市民为对象、聚焦市民体育健身的地方性法规，标志着上海依法治体迈上新的台阶。

2004 年 5 月，上海市政府印发《上海市全民健身发展纲要(2004—2010 年)》，提出建设“136 工程”，即创建一个科学、健康、文明的体育生活环境；构筑日常、双休日、节(长)假日三个体育生活圈；完善运动设施、团队组织、体质监测、健身指导、体育活动、信息咨询六个体育服务网络，并计划创办上海国际健身节、打造城市景观体育、建设 300 个社区公共运动场、推进市民体质监测工程、建成长三角全民健身圈等重点工程。《纲要》为上海建设体育公共服务体系和创新全民健身工作指明了方向，各级政府把全民健身活动作为民生工作、民心工程和公共服务项目，提出“保民生、广覆盖、可持续”的发展思路，进一步推进上海全民健身向纵深发展。

进入 21 世纪，上海全民健身工作围绕城市国民经济和社会发展的中心任务，与时俱进，以人为本，不断解放思想，更新观念。制定“人人运动三年行动计划”，提出“社区体育优先发展”原则，组织开展“全民健身与奥运同行”，践行“体育，让生活更精彩”的迎世博主题。按照创新社会治理、加强基层建设的要求，上海全民健身始终关注民生、聚焦热点、服务社区。加快创新全民健身的组织协同机制及管理方式，创新活动项目内容，办好全民健身周、节，创办国际大众体育节、世界著名在华企业健身大赛、社区健身大会等。深化改革，不断创新，上海的全民健身已经形成政府主导、部门推进、社会参与、市场运作的良性循环机制和发展格局，市民体质日益增强，健康水平稳步提高，成为上海城市综合竞争力的有机组成部分。

第一章　健身项目

第一节　特色健身项目

一、海派秧歌

流行于沪苏浙地区的秧歌，有其浓厚的江南传统文化特色，其中上海的秧歌又融入了现代都市的元素，并逐渐演绎为体育健身的特色项目。2001年，全国健身秧歌大赛举行，上海浦东新区陆家嘴街道参赛，并以规定动作第一、自选动作第一的成绩获得金奖。2003年1月，浦东新区陆家嘴街道创编第一套海派秧歌——《茉莉飘香》，它具有海纳百川、博采众长的海派文化特色：音乐以沪苏浙地区民歌为基调，辅以中国锣鼓、爵士鼓及交响乐，使之更丰富立体；在舞蹈创编方面，既继承了中国传统四大秧歌流派的精华，又融进江南特有的细腻柔美情感，并适当吸收拉丁、恰恰、牛仔等西方舞蹈元素，使其更加符合现代人的审美情趣。“海派秧歌”自创立以来，先后编排完成《茉莉花》《太湖春韵》《紫竹民风》等，其中《太湖春韵》健身秧歌成为第十三届上海市运动会比赛项目。在2003年8月举行的全国健身秧歌大赛中，“海派健身秧歌”获得规定套路一等奖、自选套路一等奖、自选套路创编奖和优秀组织奖四项大奖。

2008年中央电视台综艺频道《舞蹈世界》栏目录制一套秧歌迎春晚会，全国16支秧歌队进京彩排，海派秧歌作为江南秧歌的代表入选，并因其浓郁的地方特色和精致唯美的表演获得广泛关注。在北京奥运会开幕式上，由陆家嘴街道选送的海派秧歌《海上花》参与垫场表演，成为凸显民族风情与地域特色的一大亮点。

全民健身活动中，上海市体育局和浦东新区体育文化部门及时宣传推广海派秧歌。陆家嘴街道为打造这一文化品牌，设立专项资金，成立海派秧歌研究会，建立了从青少年、中青年到老年的多级秧歌梯队，并举办各级培训班，向外省市提供培训资料，参加各类展示活动。海派健身秧歌的音乐舞蹈已传遍全国，享誉海外。

二、“九子”运动

打弹子、扯铃子等是上海传统民间健身活动，尤其受到少年儿童喜爱。随着全民健身活动的深入开展，这些项目重返社区，再现活力。2002年，上海成功举办首届民间传统健身项目“五子大赛”，在上海市体育部门的支持下，经过几年发展，至2006年时“五子大赛”逐渐演变成“九子大赛”，包括打弹子、扯铃子、刮片子、抽陀子、造房子、顶核子、滚圈子、跳筋子、掼结子九个游戏。

2006年初，黄浦区为推广“九子”运动，在成都北路苏州河畔建成“九子”游戏健身公园，并首次把“九子”运动作为专题活动列入上海旅游节。7月3日，全市12个社区通过选拔产生的150位优秀选手及50户家庭会聚九子公园，参加角逐。当日，南京东路社区白领青年交友活动在九子公园拉开帷幕。通过“九子”大赛的互动，有100多位年轻白领牵手相识。9月17日，来自各区县的210位市民参加“九子”大赛，参赛选手年龄最大的70多岁，最小的仅7岁。“九子”运动作为上海市旅游节固定比赛项目，自2006年至2010年共举办5次。

三、手杖操

手杖操，又称手杖健身操，由复旦大学教授刘健创编。手杖操根据手杖使用的特点而设计，通过搓杖、举杖、划杖、摇杖、绕杖、摆杖等动作，全面活动身体，动作设计新颖巧妙，具有形象、趣味和美观的特点。同时配以节奏明快、旋律优美的音乐，与动作和谐配合，可以达到活动身体、愉悦身心的健身目的。

2004年，手杖操最先在普陀区长风社区普及。同年，普陀区长风手杖健身操队成立，在社区有着广泛的群众基础。在首届全国"四进社区"优秀健身项目表演活动中被评为"优秀节目奖"。长风手杖操健身队在全国、市、区的比赛中取得不俗的成绩。在上海市第十三届运动会手杖操比赛中获得多枚金牌，成为长风社区全民体育健身的新标杆。2007年长风手杖操健身队荣获"普陀区旗舰健身团队"称号，该运动也成为上海全民健身周、节的品牌项目。

四、排舞

排舞作为一项新兴健身项目，可独舞亦可集体舞，易学易推广，老少皆宜。2004年，上海首次将排舞作为一种健身项目由国外引进中国，在全市推广。同年11月12日，由上海市社会体育管理中心和松江区体育局主办的上海市排舞比赛在松江区岳阳街道休闲广场举行，全市17个区县21支队伍700多人参赛。2004年底至2005年间，闸北区大宁排舞队及徐汇区天平街道排舞队先后成立。排舞运动很快成为继海派秧歌之后，上海又一流行的健身项目。2007年，排舞推广活动委员会在北京成立，排舞运动正式在全国范围内推广。2008年北京奥运会前后，全民健身活动更加丰富多彩，各类排舞比赛及展示活动在上海等许多城市广泛开展。2009年，在长三角体育圈全民健身大联动活动中，排舞项目吸引众多沪苏浙爱好者参加。同年，排舞运动被列入社区体育配送的范围，相关的音乐素材、指导培训深入社区，更多的排舞专业老师进入社区传授技能，将排舞运动普及到全市。2010年，排舞作为比赛项目被列入第十四届上海市运动会，徐汇区获两枚金牌，闸北、奉贤区各获一枚金牌。

五、练功十八法

20世纪70年代，上海医师庄元明根据武术中医名家王子平的疗伤方法，结合个人临床经验，编成练功十八法。练功十八法是根据中国古代民间流传的导引、五禽戏等编制的一种简便易行而功效较好的锻炼方法，对防治颈、肩、腰、腿病以及某些慢性疾病具有一定的作用。练功十八法共有十八种方法，分为"前十八法""后十八法"和"续十八法"。1975年，黄浦区体委开办辅导站推广此法，收到明显效果。次年，上海市体委决定全市推广，黄浦区体委编印了《练功十八法》，并不断再版。80年代，该书发行量在百万册以上。全国有数百万人练习此功法，并传播至日本、美国、法国、加拿大、西班牙、巴西等40多个国家和地区，成为传播中国体育文化的使者。

20世纪90年代，练功十八法不仅在城市居民中得以推广，而且在农民群体中逐渐兴起。1999年，练功十八法与木兰拳等被列入第四届上海市农民运动会的展示项目。自1992年起，每年在上海举办一次国际交流会。1998 年 5 月 3—4 日,练功十八法国际交流会在杨浦体育馆举行,来自日本、巴西、美国、新加坡等国家和地区的 33 个代表队 400 余名爱好者参加。经过 20 多年的推广和实践,练功十八法在海内外得到广泛开展。

2000—2010 年,练功十八法在第六、七、八届上海市老年人运动会中被列为正式比赛项目,众多老年人参加。2008 年,在第九届上海国际武术博览会上,练功十八法作为专题展区之一吸引众多运动员参赛。2009 年,练功十八法入选上海市非物质文化遗产保护目录。次年,庄建申被列为该项目的代表性传承人。2010 年,全民健身节期间,上海市练功十八法协会组织交流赛等活动,推动该项目进一步普及。

六、木兰拳

20 世纪 70 年代初,木兰拳的前身“木兰花架拳”率先在上海兴起。上海木兰拳爱好者及众多专家经过多年的潜心研究,将太极拳基本功、气功要领、武术技击基本功、体操基本功及舞台艺术造型有机地结合在一起,创编出一套新的武术拳种,即木兰拳。随之筹建了上海市木兰拳协会,使这一健身项目风行上海,并迅速走向全国及海外。

20 世纪 80 年代,上海建立了木兰拳活动机构。20 世纪 90 年代开始,在协会会长应美凤等人的共同努力下,木兰拳得以迅速推广。1992 年上海拍摄世界第一部木兰拳科教电影。1994 年 7 月,木兰拳被中国武术院认定为中国武术的第 130 种新拳种。1996 年,被中央十部委确立为全民健身首批入选项目。1998 年 4 月,国家体育总局武术运动管理中心推出木兰拳三个规定套路:拳、扇、剑。

20 世纪 90 年代期间,上海区县基层木兰拳健身队逐渐增多。1991 年 10 月,南汇县宣桥镇成立健身木兰拳队,人数逐年攀升。1999 年,第十一届上海市运动会开幕式上,木兰拳作为大型群众展示项目进行演出。

21 世纪后,木兰拳运动在沪蓬勃开展,各类比赛活动丰富多彩。2000 年 3 月 5 日,由上海市体委和上海市妇联联合举办的“迎三八木兰拳大会操”在南京东路步行街举行,数千名木兰拳爱好者参加会操。2001 年,为配合《上海市市民体育健身条例》实施,全市举行系列宣传活动和市民体育健身展示、咨询活动。12 月 9 日,由上海市妇联和上海市体育局联合举办、上海市木兰拳协会承办的上海市百万妇女健身活动展示暨上海市第十五届木兰拳比赛在上海国际体操中心举行,16 支代表队近千人参加展示。2008 年,第九届上海国际武术博览会设置木兰拳专场,美国、德国、西班牙等 16 个国家和地区运动员参加。同年 6 月 8 日,上海国际木兰拳邀请赛在静安区梅龙镇广场开幕,美国、日本、新西兰、荷兰等 8 个国家的近 20 支代表队参赛。为迎接上海世博会,2009 年 3 月 8 日,巾帼木兰万人大会操活动在南京东路世纪广场举行,近万名木兰拳爱好者展示了木兰拳规定套路、双环操和木兰扇。同年 11 月 2 日,举办上海国际木兰拳邀请赛。

第二节　民间传统健身项目

一、武术

20 世纪 70 年代后,武术活动在上海再度恢复发展。1979 年,上海市武术协会成立,重建专业武术教师队伍，辅导学生参加武术运动，成为上海武术活动开展的主要协会组织。

精武体育会百年前由霍元甲创建，以“爱国、修身、正义、助人”为核心精神，是中国影响最大的民间武术团体之一。改革开放以后，精武体育会逐渐恢复，会址确定在上海虹口区并做了修缮。恢复重建后的精武体育会与海外精武团体建立联系，与国内外武术组织开展交流，举办培训班、研讨班，传承精武精神，开展传统活动，影响不断扩大。1990 年，上海精武体育总会举办首次国际武术邀请赛及会史论文报告会，多个国家和地区及国内的精武组织应邀参加。2002 年 4 月 30 日，坐落于四川北路的上海精武体育总会新馆开馆，为进一步保护和传承精武文化遗产提供了场所。

图 1-1-1　2010 年，上海精武体育总会成立 100 周年

上海武术门派众多，拳种齐全。根据 1984 年的调查，拳种（项目）多达百余项。为繁荣武术活动，上海于 1985 年恢复了中华武术会，在武术整理挖掘方面做了大量工作。1982 年 3 月，上海市武术传统项目表演会在卢湾体育馆召开，表演项目有 340 多个。同年 10 月，召开上海市武术挖掘整理工作会议，并成立武术挖掘小组，编印《上海市武术挖掘整理专辑》。1984 年，作为上海市体委直属单位的上海武术院竣工，与上海市武术协会联手，指导全市武术机构和组织，发展会员，开展活动，举办和参加国内外武术比赛交流活动，成为全市武术活动的中心。武术院开办青少年武术训练班，成立业余体校，开展武术挖掘整理工作，并与日本、美国、新加坡、马来西亚、法国、荷兰、泰国、澳大利亚、奥地利、南斯拉夫及中国香港、中国澳门等 10 余个国家和地区进行交流。武术院还多次选派武术教练和表演团前往日本、东南亚、美国等地任教和访问表演。1992 年，上海举办第一届国际武术博览会，此后每两年举办一次，规模不断扩大，内容日趋丰富，参赛选手来自世界各地。上海国际武术博览会至 2010 年共举办十届，已成为上海传统武术盛会。

进入 21 世纪以后，武术的群众基础更加广泛，活动形式丰富多样。2009 年 4 月 18 日，太极拳比赛作为上海城市生活体育系列活动之一在松江区奥林匹克花园举行，活动吸引了 15 个区的 29 支队伍近 500 名太极拳爱好者参加。

随着武术项目在群众中的普及，武术文化的推广与挖掘工作步入新的阶段。2005 年 11 月 21 日，由上海体育学院筹建的中国武术博物馆开馆，著名武术教授蔡龙云等名人为博物馆剪彩。中国武术博物馆是中国第一个以中国武术历史与文化为题材，首次在地方创办挂牌，全方位展示中国武术悠久历史的专业博物馆。

上海武术类竞技水平不断提高，多次举办或承办全国武术精英赛、全国武术冠军赛等高水平赛事。2003 年 11 月 16 日，上海市市民武术交流评奖大会暨全民健身展示在浦东新区源深体育场举行，1 500 名市民参加了拳术、器械等 10 余项比赛和展示。2004 年 10 月 31 日，上海市武术交流评奖大会在南京东路外滩陈毅广场举行。2007 年 6 月 8 日，全国武术套路精英赛在上海中医药大学举行。2008 年 10 月 24 日，上海国际木兰拳邀请赛在南京西路梅龙镇广场开幕。2010 年 8 月 17 日，全国武术冠军赛在松江大学城落幕，上海武术队获男子枪术冠军、男子南拳亚军、季军以及女子太极拳亚军。

二、气功

上海人口相对集中,交通便利,教育科研资源丰富,群众体育活动活跃,大众传媒业发达,便于开展宣传培训、交流演示活动,吸引了各地气功爱好者、研究人员汇聚上海。20世纪80年代,气功发展较快,在上海开展活动、流行广泛的功夫170余种,其中影响较大的有鹤翔桩气功、少林内功一指禅、大雁功、郭林新气功等。80年代后期,香功流传至上海,盛行一时。针对气功活动杂乱、培训市场无序及少数功法人员宣扬封建迷信等现象,市有关部门加强了气功活动管理。上海市政府教育卫生办公室明确:医疗气功活动由上海市卫生局主管,健身气功活动由上海市体委主管。1989年,上海市体委成立健身气功管理办公室并制定《上海市健身气功管理办法》。90年代以后,上海各类气功活动趋于理性,逐渐规范有序。

1989年9月,上海市政府批准实施《上海市健身气功管理办法》。同年12月30日,上海市体委成立健身气功管理办公室。1992年,上海共发放正式教功证223份,临时教功证460份,辅导员证780份。至1993年,上海已有登记备案的气功(功法)团体70多个,全市有教功人员1 168人,基层辅导站800多个,有上百万人参加气功锻炼。1998年,上海市气功科学研究会成立。1985年,上海中医学院成立上海市气功研究所,其中设立了全国唯一的气功文献研究室,编辑出版《实用中医气功学》及气功养生丛书60余种。上海市气功康复协会经登记备案,各区县也均有登记备案的气功研究会和气功(康复)协会。

2002年6月25日,上海市健身气功管理中心成立。同年12月27日,上海市健身气功协会成立。2003年11月,首期全国健身气功管理干部培训班在沪举行,来自全国32个省市的120人参加培训学习。

2007年11月16—18日,第十届中国上海国际气功科学研讨会在上海举行,来自中国、美国、日本、加拿大、新加坡、韩国、奥地利、法国、澳大利亚等国家和中国香港等地区的100余名专家学者参会。随着全民健身运动的开展,大型的气功展示活动越来越普及。2005年10月28日,全国健身气功展示活动在上海举行。2006年11月,在第十一届上海市全民健身节开幕式上,来自普陀、静安、杨浦、黄浦、长宁等区的600名健身气功练习者展示了易筋经、五禽戏、六字诀、八段锦等健身气功。同年11月8日,上海气功史陈列馆开馆。2008年4月12日,全国百大公园健身气功展示活动启动仪式在浦东新区世纪公园举行,来自上海19个区县的3 000多名健身气功爱好者展示了4种健身气功。2009年,上海首次举办中国上海国际大众体育节,体育节期间举行第三届上海国际健身气功交流活动,来自28个国家和地区的53支代表队362名运动员参加。同年11月26日,首届上海市健身气功交流比赛大会在卢湾体育馆举行。2010年7月7日,全国百城健身气功虹口区展示活动在四川北路社区公共篮球场举行。

三、龙舟

龙舟是群众体育活动的重要活动形式,在上海具有悠久历史。20世纪80年代,龙舟活动逐渐恢复。金山、青浦等县举办县运动会时,将龙舟作为表演项目,在上海市水上运动场举办的亚洲赛艇锦标赛也有龙舟表演。

20世纪90年代,龙舟运动在崇明、川沙、南汇、闵行、宝山、奉贤、松江、青浦等县开展较广,尤其在端午节前后，都有划龙舟竞渡的传统习俗。其中青浦县龙舟队是颇具特色的体育健身队伍。

2001年以后，在苏州河举办龙舟赛成为上海“景观体育”的一项传统活动，也是年度群众体育的一大亮点和上海旅游节的特色节目。2001年9月16日，首届苏州河龙舟赛举行，9支队伍参赛。2007年4月22日，苏州河城市龙舟邀请赛暨同济大学百年校庆、海峡两岸及港澳地区大学生龙舟赛由上海市体育局、同济大学和普陀区政府共同主办。整个赛事活动由“碧波舟影”“神州谐韵”“百年情怀”“龙魂畅想”和“同舟共济”五个板块组成。赛前举行了帆船、赛艇、皮划艇表演。邀请赛除了外省市和上海部分区县、企业的参赛队伍外，北京大学、清华大学、南开大学、复旦大学、上海交通大学、同济大学和来自港澳台地区的16所大学组成15支队伍参赛。至2010年，苏州河龙舟邀请赛每年均在端午节前后举行。

2004年3月16日，上海市农民体育协会工作会议提出，借全国“农村体育年”的东风，以龙舞、龙舟、龙风筝“三龙”为重点，打造上海郊区特色体育活动。龙舟赛事在郊县的规模和级别不断提高，由市级赛事逐步升格至国家级乃至国际级赛事。2004年10月20—24日，第五届世界龙舟锦标赛在青浦区淀山湖举行。比赛设置7个组别22个项目，吸引中国、美国等17个国家和地区的68支运动队2 000多名队员、教练员、官员及新闻记者参加，这是世界龙舟锦标赛创办以来设置项目最多、参赛运动员最多的一届。中国7支队伍参赛，夺得11枚金牌、2枚银牌、3枚铜牌和1个团体优胜奖杯，名列金牌榜和奖牌榜榜首。2006年1月11日，首届东方绿舟园区迎新春龙舟大赛在上海市水上运动中心举行。同年5月27日，以端午节民俗为主题的节庆旅游活动在青浦区开幕。当地农民在朱家角镇放生桥下赛龙舟，吸引众多中外嘉宾。

2009年首届中国上海国际大众体育节期间，青浦区夏阳湖举办世界华人龙舟国际邀请赛，来自美国、加拿大、德国、菲律宾及中国香港、中国澳门、中国台湾等国家和地区的15支龙舟队200多名运动员参赛。2010年，作为第十五届上海市全民健身节重要活动之一的第二届长三角城市龙舟赛和世界华人龙舟邀请赛同时举行。

四、舞龙舞狮

上海民间每年元宵节盛行彩灯活动，期间舞龙、舞狮颇为热闹。1949年上海解放后，龙狮活动较盛行，后一度中断，1978年后逐渐恢复。南汇县大团地区以武术运动员为主组成的龙狮队，赴各地表演。青浦、松江、川沙等县在重大喜庆节日，也有龙狮表演。上海体育运动技术学院技巧队编成龙狮节目，在1990年马来西亚国际武术邀请赛上作表演。

1988年初，上海市群众文化工作委员会等单位联合举办百龙大赛，全市30余支舞龙队120余条彩龙参加。经预选，市区、郊区各有4支龙队进入决赛，决赛于元宵节在上海体育馆进行。嘉定县的“龙的传人”获特等奖，南汇县新场镇的“四龙献宝”和上海县的“龙腾虎跃”分获优秀奖。这是上海历史上规模最大的舞龙比赛，一万余名海内外观众争相观看。

1995年，国家体委批准成立中国龙狮运动协会，舞龙舞狮运动进入全国全民健身和体育赛事大型活动序列。1997年10月，第八届全国运动会在上海举办。开幕式文艺演出中，第三章节的主题是“巨龙腾飞”的舞龙表演，1 500把色彩缤纷的绸伞组成了龙身，1 500位舞龙队员用手中握着的伞，使彩色“巨龙”在上海体育场内舞动起来，生动演绎“龙”蹦跶矫健的姿态。舞龙舞狮运动多次现身市运会、市农运会。

随着龙狮运动的逐步开展，浦东新区三林镇的舞龙被大众所熟识。三林将舞龙项目推广到学校、社区、军营,扩大了参与人口,并被列入全国非物质遗产名录。从2000年起,三林龙狮队出访德国、法国等国家,助力上海申办世博会,并多次获得国际比赛金牌,将海派文化特色呈现到世界各地。2001年,三林镇被国家文化部命名为"中国民间艺术之乡(舞龙)"。2004年,被国家体育总局社体中心、中国龙狮运动协会授予"中国龙狮运动之乡"称号。2009年,三林龙狮队代表中国参加在上海举办的第四届世界龙狮锦标赛,获得3枚金牌、2枚银牌以及全能第一的好成绩。同年8月8日,上海市首个全民健身日,浦东新区举行了龙狮表演赛。

五、滚灯

滚灯是一种流传于上海奉贤、金山、松江地区的集舞蹈、杂技、体育于一体的传统艺术活动,已有120多年的发展历史。20世纪60年代期间,滚灯发展一度处于停滞状态,改革开放以后得以恢复。1978年10月,松江县叶榭乡堰泾村为挖掘民间体育艺术,由老竹匠、老艺人用竹篾编制外有网眼、中间空心、1.5米高的大圆球进行滚灯活动。1981年,上海市举办首届民间文化汇演,传统滚灯吸引了众人的眼光。奉贤县柘林镇组建起第一支滚灯队,这项一度被人们遗忘的健身活动重放光彩。

1984年后,奉贤县举办春节灯会,胡桥地区恢复滚灯传统,重新制作滚灯参加表演,并在县运会、农运会,及县、市艺术节上做表演,受到表彰奖励。金山县山阳乡在庙会或节日期间表演滚灯,灯中心还有一个直径0.4米的小圆球,并套着五颜六色的彩球衣。表演者反应灵活,动作娴熟,可由单人或多人进行表演。表演时用双手将球高举耍舞,时而向前推滚,人随球滚,时而鱼跃、跨越,又时而倒立、跃立球上踩球而进。玩者动作多变,难度较高,有鹁鸪冲天、梅花怒放、日落西山等十余种花式。表演过程中,一般配有锣鼓和民间音乐,被人们称为"东方艺术体操"。

20世纪90年代以后,滚灯的表演艺术有了新的发展。奉贤县文体部门走访民间滚灯老艺人,收集、整理、创新滚灯舞蹈动作和音乐,使其表演艺术和时代审美相吻合。1991年,由奉贤县胡桥乡3名滚灯选手组队代表上海参加第四届全国少数民族运动会,获二等奖。1995年奉贤滚灯进京参加国庆游园演出,党和国家领导人观看演出。1997年,奉贤滚灯舞"彩灯巡礼"参加第八届全国运动会开幕式演出。2004年,奉贤滚灯获得全国"四进社区"文艺展演金奖。2006年参加在江苏省张家港市举行的长江流域民族民间文化艺术节。上海奉贤滚灯入选"第一批国家级非物质文化遗产扩展项目名录"和"第二批国家级非物质文化遗产名录"。

第三节　现代大众健身项目

一、跑步

上海具有浓厚的跑步氛围。中华人民共和国成立后,上海经常举办群众性长跑比赛,20世纪80年代初,上海的长跑活动在不同的人群中兴起。5月1日前后,举行面向企业白领、职工阶层的庆"五一"健身长跑。每年8月1日前后,举行庆"八一"军民健身长跑,驻沪部队和各区县长跑爱好者纷纷参加,该赛事也是沪上军民共建的传统赛事,至2010年共举办30届。上海市老年人健身长跑活动,每年吸引上海、杭州、南京、合肥等周边城市的近千名老年长跑爱好者参赛。

自1996年起,上海国际马拉松赛逐渐成为一项具有国际影响、参与人数众多的传统赛事,作为

图 1－1－2　1996 年上海国际市民马拉松赛

一项重要赛事被纳入上海市全民健身节。2000 年后，随着参赛人数的不断增加，赛事规模及影响力的不断扩大，上海国际马拉松赛逐步成为沪上传统品牌赛事之一，是上海旅游节的重要组成部分。

进入 21 世纪，上海的路跑运动发展进入高潮。除上述活动外，越来越多的人群参与到慈善跑、健康跑，以及结合特定节日、纪念日或大型主题活动而举办的路跑活动中。面向在校学生的上海市大学生冬季长跑比赛、面向大众的市民健康跑活动、以慈善捐款为主题的 10 公里健康跑、以迎新春为主题的迎新春长跑及登高活动、以迎接特奥会举办为主题的“快乐常跑”嘉年华活动等，都是沪上具有较大影响力的大型路跑活动。

2002 年 6 月 8 日，为纪念毛泽东同志题词“发展体育运动，增强人民体质”发表 50 周年，上海举办首届市民 10 公里健身长跑，王军霞、朱建华等著名体坛宿将及在沪工作的外国友人与全市 2 万多名长跑爱好者一起参加。同年举办首届“安利纽崔莱”10 公里健康跑，每年举办 1 次，筹集资金用于资助上海残疾人体育运动和慈善事业，至 2010 年共举办 9 届，每届吸引 2 万多名市民参加。

2003 年 3 月 22 日，上海桃花节万人长跑活动在南汇区科教园区举行。同年 6 月 28 日在卢浦大桥举办千人跨桥长跑活动。10 月 19 日，第六届上海泰瑞福克斯慈善慢跑活动在世纪公园举行，筹集捐款约 50 万元人民币，设立“上海市慈善基金会泰瑞・福克斯癌症研究专项基金”，致力于癌症研究。

2004 年 7 月 10 日，为迎接雅典奥运会举办万人长跑活动。首站起跑仪式在浦东滨江大道举行。近万名体育爱好者在陈伟强、周鹿敏、蒋丞稷等体坛名宿带领下，沿滨江大道、东方明珠广播电视塔长跑，为中国奥运健儿助威。这项活动之后相继在成都、杭州、南京、温州、北京等城市展开。

2007 年，为迎接北京奥运会和上海世博会两项盛事，全市举办各类群体活动，其中，路跑类的有“快乐常跑”嘉年华活动，部分报名费捐赠给上海特奥会组委会。

2008—2010 年间，为庆祝北京奥运会、上海世博会，上海举行各类长跑活动，如以“迎世博，志愿者文明加油赛”为主题的 10 公里健康跑、上海市第十一届慈善慢跑活动等，路跑逐渐成为上海市民的时尚健身项目。

二、棋牌

上海在棋牌类智力运动项目上有着传统优势，在围棋、象棋、五子棋、桥牌、国际象棋、国际跳棋等项目上有着广泛的群众基础，涌现出众多杰出选手。中国第一位围棋九段陈祖德，第一批国际桥牌大师王俊人、陆玉麟，中国象棋十连霸“棋王”胡荣华，荣获国际象棋国际特级大师称号的中国女队主力队员王频，围棋世界冠军常昊，国际象棋世界冠军倪华，桥牌女子世界冠军王文霏、刘逸倩等都出自上海。改革开放以后，上海棋牌项目逐渐恢复发展，一批象棋、围棋选手数次在全国比赛中取得优异成绩，带动了青少年学习棋类的热潮，各种培训班常年举办；各区县学校、青少年业余体校广泛开展棋类活动,民间的五子棋、跳棋等活动更新比赛形式,深受市民喜爱。20 世纪 80 年代末,桥牌在上海风靡一时,各类小型多样的联谊比赛长年不断,许多业余桥牌选手由此走上了职业之路。90 年代起,群众性的扑克牌活动逐渐兴起,“八十分”“关牌”“大怪路子”“斗地主”“跑得快”等玩法深受市民喜爱。至 90 年代,国际象棋逐步为市民尤其是青少年所接受,整体水平快速提升。棋牌类运动在历届市老年人运动会、市农运会、市运会中占有一席之地。从 1986 年的上海市首届老年人运动会起,中国象棋列为赛事比赛项目之一。至 2008 年的第八届上海市老年人运动会,棋牌类运动的设项有所扩充,增加桥牌等项目。

进入 21 世纪,上海的全民健身设施更加完善,新建的普陀区长征镇市民健身活动中心等一批市民健身中心内配备棋牌室,用于市民开展棋牌活动。2006 年、2010 年,上海连续组队参加第三届、第四届全国体育大会棋牌类比赛,均取得较好成绩。

表 1-1-1 上海参加第三届全国体育大会棋牌类比赛情况一览表

项　　目	名　　次	获奖人数
围　　棋	2	2
国际象棋	5	1
	6	1
桥　　牌	2	1
	3	2
	4	1
	6	1
中国象棋	1	1
	3	2
	6	1

2009 年 11 月 11—23 日,全国首届智力运动会在四川成都举行,比赛分专业组、业余组,设围棋、象棋、国际象棋、桥牌、五子棋和国际跳棋 6 个大项共 43 枚金牌。上海代表团派出 84 名运动员,参加 6 个大项的比赛。获得 9 枚金牌、10 枚银牌、8 枚铜牌,居奖牌榜首位,并获得“体育道德风尚奖”。在上海代表团的 9 枚金牌中,桥牌项目 4 枚,包括青年女子团体、青年男子团体、混合团体和混合双人项目。另外,国际象棋女子个人(半)快棋获得 1 枚金牌,还有 4 枚金牌为参加首届世界智力运动会的上海选手获得。同年,上海举行了网络棋牌比赛。借助现代互联网的形式,上海城市棋牌运动得到进一步普及。

三、球类项目

【乒乓球】

上海是中国乒乓球运动的发源地。改革开放之后,上海更加注重在群众中推广乒乓球运动,通过组织多种形式、面向不同人群的比赛,乒乓球已成为上海市民喜爱的群众体育健身项目。长期以来,上海的群众性乒乓球运动虽有冷热,但仍在不同人群中有着广泛基础,以健身强体为目的的群众性乒乓球活动及赛事也受到市民欢迎。

20 世纪 90 年代，随着全民健身活动的深入，乒乓球运动在市民中加快流行，社会上新增一批经营性乒乓球房，至 1998 年全市共有 173 家。

1996 年，上海举办第一届全民健身节，期间组织了富有趣味的家庭乒乓球赛，吸引众多市民参加。此后每一届上海市全民健身节，均有乒乓球项目的比赛。1999 年 8 月 25 日，京、津、沪、鲁四省市全民健身乒乓球公开赛在浦东新区北蔡中学举行，比赛分老年、中年、少年男女组等组别，是一项辐射范围较广的群体性乒乓球赛事。

图 1－1－3　2009 年，徐寅生为新民晚报“红双喜杯”迎新春乒乓球公开赛获胜小选手颁奖

2000 年，上海申请举办第四十八届世界乒乓球锦标赛，在全市范围内组织若干大型乒乓球赛事活动。2002 年举行的首届全国红双喜高校乒乓球赛，吸引了全国 110 多所高校的 160 多位校长、党委书记参赛。2003 年由第四十八届世乒赛组委会和上海市体育局共同主办的“红双喜杯”上海市民千台万人乒乓球大赛，创下了参赛人数、参赛规模的吉尼斯世界纪录。同年 10 月举行的首届“敏之杯”中老年乒乓球赛，为老年人提供了交流切磋球技的平台。2004 年，上海市领导干部“红双喜杯”乒乓球赛在卢湾体育馆开拍，拉开“人人运动，公务员带头”系列健身活动的序幕。同年 7 月 2 日，国际体育记者日期间，上海 10 多家新闻单位的 60 多名体育记者参加上海市体育记者乒乓球友谊赛。

2007 年，为迎接北京奥运会，上海发起“与奥运同行”的市民系列活动，活动的首场比赛即为新民晚报“红双喜杯”迎新春市民乒乓球公开赛。同年 3 月 23 日，上海市民乒乓球慈善大赛在张德英乒乓球中心开赛，这是上海首次举行乒乓球慈善比赛。参赛选手的报名费全部捐赠给上海市慈善基金会，用以资助爱好乒乓球运动的贫困学子。2008 年，“与奥运同行”红双喜杯迎新春乒乓球公开赛再次举行，有 1 280 名乒乓球爱好者参加 2 013 场次比赛，参赛者年龄跨度大，最小 10 岁，最年长者 70 岁。

上海的群众性乒乓球赛事不断尝试与专业赛事接轨，市民群众可以在更高的平台上切磋技艺。2008 年举办的上海市乒乓球公开赛，设置业余组别的比赛，1 159 名业余乒乓球爱好者报名参赛。2009—2010 年，上海每年定期举办全民健身节，健身节中涵盖机关公务员乒乓球赛、中外友人乒乓球赛等贴近市民的乒乓球健身赛事。

【足球】

上海被誉为“中国足球的摇篮”。足球在上海具有深厚的群众基础。20 世纪 50 年代的“弄堂足球”“车间足球”和“广场足球”风靡一时；改革开放后创办的“陈毅杯”足球赛和“新民晚报杯”暑期中学生足球赛是职工足球与校园足球的典型赛事。上海市体育与教育部门共同命名了一批市级足球传统项目学校，调动了学校教师、学生及家长的积极性，为上海职业足球运动培养了一批后备人才。1986 年，新民晚报社联合上海市体委、上海市教育局主办第一届“新民晚报杯”暑期中学生足球赛，380 多支队伍参赛，开创了新闻单位出资举办大规模群众体育赛事的先河。此后每年盛夏，来自上海各区县的中学生足球爱好者都会踊跃组队参赛，至2010年，已举办25届。上海的职工足球在改革开放后恢复生机，其中影响最为广泛的是1981年创办的“陈毅杯”职工足球赛。“陈毅杯”代表了上海业余足球的最高水平，深受市民和职工的喜爱。但随着产业结构的调整，市区工厂企业的关停或搬迁，企业足球人口下降，“陈毅杯”于1995年停办，2011年恢复办赛。除了“陈毅杯”外，由上海徐房集团举办的业余足球赛事是20世纪90年代以后上海职工足球赛事的代表。2000年以后，上海兴建了一批小型足球场、笼式足球场等场地，只需数人就可健身娱乐。1996年起组织“延锋杯”上海职工五人制足球锦标赛，开创了上海业余五人制足球赛事的先河，受到广大职工及球迷的喜爱，此后每年举办一届，至2010年共举办15届。上海足球从“摇篮”到数次登上中国足坛顶峰，无疑得益于足球运动坚实基础和良好发展氛围。

【保龄球】

20世纪80年代，保龄球活动在上海盛极一时。至20世纪90年代中期，上海建有近百家保龄球馆，2 000余条球道，每局价格高达10—30元。上海市政府及时制定颁布《上海市营业性保龄球馆管理办法》，以规范经营者、参与者理性有序从事投资和健身活动。进入21世纪后，上海保龄球市场逐渐冷落，管理办法因此废止。保龄球运动的热潮有所消退，但仍在上海市体育宫、高点保龄球俱乐部等场所继续开展，并有一批固定的爱好者。上海还经常举办各类保龄球比赛，不少业余选手具有较高运动水平。

【其他】

在全民健身活动中，篮球、排球、羽毛球、网球、门球、高尔夫球、橄榄球、沙弧球等项目，也以新的形式，成为市民健身活动的亮点。篮球活动的普及得益于健身苑(点)、公共运动场的建设。3对3篮球比赛等小型多样的活动遍及城乡，尤为青少年所喜爱。排球健身活动出现了沙滩排球，改变健身场地和参与人数，或运用新的制球材质，使之更适合于市民健身活动。

四、游泳(冬泳)

游泳运动是一项适宜于男女老少各种年龄人群健身娱乐的体育运动项目，上海地处沿江沿海地区，天然的水域分布使得游泳运动在上海具有广泛的群众基础。20世纪五六十年代，上海的大规模渡江游泳活动十分兴盛。

改革开放初期，冬泳运动逐步恢复。上海跳水池每年均有百余人参加冬泳，1980年增加为280多人，1983年增至380多人。冬泳运动在新成、嘉定、杨浦、徐汇等游泳池长年开展。1983年冬，上海冬泳俱乐部成立，俱乐部以上海跳水池为基地。1984年7月，在跳水池举行首届上海市冬泳比赛，此后每年举行一届。1987年1月，上海跳水池举办埠际冬泳邀请赛，大连、温州、苏州、青岛等城市参加。90年代，上海冬泳俱乐部和上海冬泳队多次赴香港等地访问比赛。2002年，随着上海市东方绿舟体育训练基地的建成，上海市冬泳比赛易地举行。上海市游泳协会冬泳委员会对全市的冬泳活动实行统一规范指导，引导冬泳活动有序规范开展。同年，上海市冬泳比赛举行，380名参赛选手中最年长者82岁。2006年，全国冬季游泳锦标赛在上海浦东游泳馆举行。2010年，400多名冬泳爱好者参与上海市冬泳比赛。至2010年，冬泳运动已在上海开展40多年，参加冬泳的市民人数不断增加。

随着青少年体育日益得到重视，全市60多所学校把游泳这一易于开展的项目列为传统体育项目，万余名学生参与日常训练。自1983年起，由中国游泳协会、中国体育记者协会、中国体育报社、新体育杂志社联合发起，在全国范围内开展评选“游泳之乡”“先进游泳池（馆）”的活动。该项活动每3年评选1次，杨浦区3次被评为“全国游泳之乡”，上海市体育俱乐部、南市区斜桥游泳池均3次被评为“全国先进游泳池”。群众性游泳运动在上海得到广泛开展。

20世纪90年代初期，随着游泳池（馆）建设的数量不断增加，至1990年夏，开放的游泳场所达127家。上海市有关部门出台《上海市游泳池、场开放管理费收取和使用的管理办法》，进一步规范游泳池的管理工作。1994年，上海市体委出台《上海市游泳池（场）管理条例》，再次提出推动群众性游泳运动普及，各公共游泳池与各系统所属游泳池（场）夏季必须开放，并对游泳池（场）的卫生标准作了明确规定，进一步保障群众性游泳健身的安全与卫生。1995年国务院颁布《全民健身计划纲要》后，上海全民健身进入蓬勃发展阶段。在1996年举行的上海市第一届全民健身节中，家庭游泳赛吸引了众多市民参与。此后每届全民健身节中，游泳成为必不可少的比赛项目。

2003年，上海市体育局围绕全面建设健康城市的目标，加快全民健身服务保障体系建设，启动《上海市民“人人运动”三年行动计划（2003—2005年）》（以下简称“人人运动”），号召市民人人学会、喜爱并参与一项体育活动。“人人运动”初期以普及乒乓球为抓手，到2004年起逐步推出“人人运动，学会游泳”活动，在中小学生中推广游泳运动，吸引大批在校学生参加。在2004年，全市380多所中小学约25万名中小学生参加游泳培训，4万人通过游泳达标考试，取得合格证书。这一活动在“人人运动”行动计划结束之后继续开展，每年都有20多万名学生参与培训，一直延续至2010年。

2003年，上海市体育局把夏季泳池开放工作作为群众体育的重点工作之一，下发《关于做好2003年夏季游泳场所开放及防范“非典”等传染病的通知》，对泳客入池前体温测量、场所设施及水质消毒、泳客流量等做了明确规定。各开放泳池加大对池水消毒、泳客体检和安全救生的管理力度。全年夏季泳池开放场所有275家，接待泳客650万人次，高峰时每天有20万人次游泳健身。

随着市民对游泳健身服务要求的不断提高，2005年6月29日，上海市体育局发布《上海市游泳场所开放服务规定》及《上海市游泳场所开放服务督导办法》，对全市向社会公众开放的人工室内外游泳场、游泳馆、游乐嬉水池和向社会公众开放的江、河、湖、海天然水域及其设施设备的开放服务提出了明确的要求，在水域面积、人员配备、安全措施等方面作出全面规定。

2006年后，游泳场所类型出现多元化趋势，市民游泳的需求更加多样。更多的年轻市民选择通过游泳达到社交、娱乐的目的。上海市体育局针对市民的需求特点，不断完善游泳场所的配套设施，提高服务质量。市民不仅可以在体育系统的游泳场馆内游泳，而且可以在小区内的小型游泳池、宾馆泳池、学校泳池内满足游泳健身需求。参加游泳的人数逐年攀升，2008年达700万人次，至2010年达到840多万人次。广泛坚实的群众游泳基础，是上海泳坛人才辈出的重要因素。

五、信鸽

1983年第五届全国运动会在上海举行，上海市信鸽协会负责放飞彩鸽。1984年，信鸽运动被纳入群众体育项目。10月，上海市信鸽协会组织全市信鸽放飞比赛、品评交流及与信鸽相关的各类活动。同年12月6日，中国信鸽协会在上海成立，由上海市体委主要领导任协会主席，这是为数不多建在地方的全国性体育社团。

随后，各区县均建立信鸽协会，会员总数达2万多人，发放信鸽足环达40万只。每年组织一次品种评比,春秋两季组织比赛。

1987 年 7 月 2 日,上海组织爱好者赴甘肃疏勒河放飞,空距 2 424 公里,放飞信鸽 4 219 羽,有 230 羽归巢。1989 年 7 月 2 日去甘肃张掖放飞,空距 2 040 公里,放飞 10 830 羽,归巢 610 羽。1990 年 7 月 2 日至新疆哈密放飞,空距 2 720 公里,放飞 5 738 羽,归巢 171 羽。1990 年第十一届亚运会在北京召开,上海组织会员携运 2 万羽信鸽赴北京,在开幕式放飞。

2003 年,为规范信鸽运动,保障市民权益,上海市体育局发布《上海市信鸽饲养活动管理暂行规定》及实施细则,对鸽舍搭建、信鸽保护等问题作出具体规定,提倡文明养鸽。信鸽竞翔比赛是赛鸽运动的核心。2005 年,全市除了各区县行业协会举办的短距离(200 公里～400 公里)、中距离(500 公里～700 公里)和长距离(800 公里～1 000 公里)的比赛以外,上海市信鸽协会每年春、秋两季所举办的市级比赛 10 余次。其中全市 500 公里级联翔赛、1 000 公里级比赛、2 000 公里级比赛,参赛羽数多,归巢稳定,已成为信鸽活动的传统赛事。每年秋季的幼鸽特比环大奖赛和春季的一岁鸽特比环大奖赛逐渐成为上海信鸽的精品赛事。

2006 年,在第十三届上海市运动会上,信鸽项目作为成人组正式比赛项目之一,分个人和团体两种,设置 500、800、1 000、1 500 四个公里级项目共 8 枚金牌,吸引众多信鸽运动爱好者参加,杨浦区获得的 500 公里级比赛冠军,是这届市运会产生的第一枚金牌。

2008 年 5 月,北京奥运会火炬在上海传递,起跑仪式在黄浦区人民广场举行,2 008 羽和平鸽放飞,象征着奥运圣火在上海的“和谐之旅”“爱心之旅”。同年,为配合筹办上海世博会,上海市政府出台“世博会 600 天行动计划”,要求从 2008 年 8 月 15 日起,市及各区、县信鸽协会、俱乐部等信鸽组织暂停发展新会员。

2010 年,上海世博会举办前期,上海市体育局与有关部门下发规范管理信鸽活动的文件,开展专项治理,美化城市环境。同年举行的第十四届上海市运动会设置信鸽比赛项目,产生 8 枚金牌。

六、自行车

1987 年 2 月 9 日,上海市第二体育运动学校成立。同年 9 月 4 日,上海自行车赛场在学校竣工,主要用于上海专业运动队训练及 10 月举行的第六届全国运动会自行车项目的比赛。

上海群众性自行车活动于 20 世纪 80 年代末兴起。其中有一定影响力的赛事为“永久杯”国际自行车邀请赛,每年吸引国内外选手参加。此外,为了配合一些重大体育活动,上海不定期举行全市或区县的群众性自行车活动,其中万人骑行、自行车慢骑、障碍赛等形式深受欢迎。1995 年 9 月 9 日,徐汇体育广场在上海体育馆西建成,广场每逢周三、周日下午 4 点,对市民免费开放,开展自行车慢骑等群众性体育比赛。同年 11 月 5 日,全国城市群众自行车赛——上海自行车障碍赛举行,66 名选手参加。

1996 年第三届全国农运会在上海举行。8 月 3 日,由农运会筹委会、上海市农民体育协会主办,上海城市合作银行协办的上海市体育明星乡镇“迎农运、奔小康”自行车拉力宣传活动在上海展览中心广场举行发车仪式,嘉定区南翔镇等体育明星乡镇的 250 名体育爱好者参加活动。1998 年 10 月 24 日,万人单骑(自行车)游上海活动在上海体育场火炬广场出发。

进入 21 世纪后,全国百城自行车赛在多个城市举行,自行车骑行活动热度回升,上海市民踊跃参加。2004 年 11 月 20 日,第九届全国百城自行赛总决赛暨上海市民自行车万人骑活动开幕前,近万名市民组成骑游健身队伍,开展骑行活动。与此同时,崇明县开始举办一些自行车专业赛事:

图 1-1-4　2006 年，首届环沪港国际自行车大赛在上海举行

2005 年，崇明县举办了全国公路自行车赛，2006 年举办环崇明岛国际公路自行车赛，赛事级别升高，参赛规模扩大。2007—2010 年，每年举办环崇明岛女子公路自行车赛，特别是 2007 年的赛事，是国际自行车联盟在亚洲首次举办的女子自行车赛事。自行车专业赛事已经成为崇明走向全国、走向世界的一张名片，带动了众多市民参与骑行运动。

2006 年 5 月 3—7 日，首届环沪港国际自行车大赛在上海和香港两地举行，来自境内外 13 支队伍 110 名选手参赛。同年 11 月，上海中外友人车迷节举行，200 多人以自行车骑行的形式参与活动。

为迎接 2010 上海世博会举行，上海市民自发组织自行车骑行活动。2006 年 7 月 24 日，70 岁的上海市民朱俊贤，在历时三个多月，骑自行车长驱 5 300 公里后，终于将上海世博会旗帜插上海拔 5 200 多米的珠穆朗玛峰登山队大本营。

七、登楼

1996 年创办的东方明珠广播电视塔新年登高赛是上海最具代表性的登高活动之一。每年 1 月 1 日，上千名上海市民齐聚东方明珠广播电视塔广场，攀登东方明珠，迎接新年到来。这一活动至 2010 年已举办 14 届，是上海全民健身活动的传统项目，具有广泛的群众基础。登高活动结合时事热点，每年确定不同的主题。在 2006—2010 年间，紧扣北京奥运会与上海世博会两大重要活动，以登高的形式共同庆祝奥运会和世博会举办，上海市领导为活动鸣枪。同时，东方明珠迎新登高活动通常与新年长跑同日在南京西路等上海市区的重要地段举行，众多市民参与。

随着登高爱好者增多，除在东方明珠广播电视塔举行的登高比赛外，上海在松江区佘山或白领聚集的楼宇内开展众多登高活动，因地制宜，充分调动了市民登高健身的积极性。

八、攀岩

攀岩运动分为攀登悬崖峭壁、休闲式攀岩(抱石攀登)、人工岩壁攀登三类。由于攀登自然岩壁有诸多不便，因此人工岩壁攀登活动较多在城市举行。

20 世纪 90 年代，因承办第六届全国攀岩锦标赛的需要，上海于 1998 年 10 月 22 日在崇明县东平国家森林公园建造一座人造攀岩场。锦标赛吸引了 22 支代表队参加，其中包括 5 支香港特别行政区代表队。

图 1-1-5　2006 年，攀岩世界杯在静安区举行

2000年后,攀岩爱好者不断增加,2003年10月3日,亚洲最大的室内攀岩馆在上海体育场攀岩运动中心建成。攀岩运动中心位于上海体育场观众平台1号看台入口处,其整体架构引进当时欧洲最为流行的室内岩壁造型,由中国登山协会专家参与设计,主体墙面宽24米。高度根据攀道种类有所不同,分别为18米国际标准的男子、女子难度攀道,15米速度攀道,20米综合攀道,9米先锋攀道和高4.9米抱石馆。岩壁总面积近900平方米,约有100多条攀爬路线。中心还专门聘请国内顶极攀岩高手担任教练员,为锻炼者提供专业的指导。10月30日,首届上海市新闻界攀岩比赛在上海体育场攀岩中心举行。比赛由上海市记者协会和上海体育场攀岩运动中心联合举办,作为上海庆祝记者节的重要活动之一,来自各大媒体的30余支代表队120多名选手报名参赛。

场馆的落成推进了攀岩类赛事的引进,亚洲级、世界级的攀岩大赛纷纷在沪举行,其中静安区是承办攀岩类赛事的代表地区。2004—2006年,每年10月国庆节期间,攀岩世界杯赛都在静安区举行。主办方通过美化灯光设施、赠送门票等各种措施,增加赛事观赏性,攀岩爱好者逐年增加。2006年攀岩世界杯赛举行时,不仅有15个国家和地区的60多名运动员参赛,而且由于影响世界总排名,世界排名前十位的顶尖高手全数参赛。上海电视台对决赛日的情况全程实况转播,在全市引起较大反响。

2007—2009年,亚洲极限运动锦标赛落户杨浦区,攀岩作为比赛项目之一,赛事级别逐年提升。2007年5月3—5日,亚洲极限运动锦标赛在杨浦区创智天地社区的上海市江湾体育中心举行。比赛设直排轮、滑板、小轮车和攀岩四个大项,来自20多个国家和地区的200多位极限运动好手参赛,9 400多人次观众到现场观摩赛事。

2008年1月28日,上海市登山运动协会成立,为上海攀岩运动加强了指导和管理。经协会统计,截至2008年1月,上海户外运动俱乐部、拓展训练基地、攀岩场、户外运动咨询机构逾百家,经常参加户外运动的爱好者近5万人。

2009—2010年间,上海在静安、杨浦区和浦东新区均有大型攀岩赛事举行。2009年5月2—3日,中国上海国际攀岩大师赛在浦东新区陆家嘴中心绿地举行,来自18个国家和地区的60名攀岩运动员参赛,万余人次观众观看比赛。

九、轮滑

轮滑运动(又称旱冰)在上海开展较早。1980年,上海市轮滑俱乐部成立,后改为上海市轮滑学校。学校的花样轮滑队自建队后,连续蝉联30届全国花样轮滑锦标赛的团体冠军。自1989年起,上海市花样轮滑队组队,作为国家队参加亚洲轮滑锦标赛,连续获得7届亚洲花样轮滑锦标赛团体冠军。至2010年,在国内和国际比赛中荣获600多枚金牌。2010年,在第十六届亚运会上获得1枚金牌、1枚银牌、1枚铜牌。上海市花样轮滑队多次被评为上海市和全国群众体育先进集体,被国家体育总局授予“中国轮滑运动特殊贡献奖”。除参加竞技比赛外,上海市花样轮滑队经常参加公益性的社会活动和演出任务,协助中央电视台拍摄30集轮滑教学片;在第九届全运会闭幕式上进行大型文体表演“超越梦想”;完成中央电视台春节联欢晚会、西湖博览会、上海旅游节、上海世乒赛开幕式等演出任务。经过多年发展,轮滑已被列为黄浦区“一区一品”的特色体育项目。

十、电子竞技

与足球、篮球、田径等传统体育运动不同，电子竞技赛事从竞技方式上是“静止的运动”，和棋牌类体育项目一样，属于脑力密集型运动。计算能力、战略战术意识、团队意识以及反应速度是衡量电子竞技选手竞技水平高低的重要因素，并要求选手要具备娴熟的设备操作能力。

随着计算机与互联网应用的飞速发展，在青少年群体中，电子竞技活动开始在网吧中兴起。2003年11月18日，国家体育总局正式将电子竞技运动纳入第99项运动。在随后的四年间，国家体育总局陆续出台《全国电子竞技竞赛管理办法（试行）》《全国电子竞技裁判员管理办法（试行）》《全国电子竞技运动员注册与交流管理办法（试行）》《全国电子竞技运动员积分制度实施办法（试行）》和《全国电子竞技竞赛规则》等一系列政策，引导电子竞技走上规范、健康的发展道路。

在国家政策的指引下，上海市体育局对电子竞技运动开展正面宣传，电子竞技职业选手数量增多，许多高校成立电子竞技社团，校际的电子竞技比赛增多。2004年4月24—25日，首届全国电子竞技运动会上海赛区比赛在上海市体育宫举行，来自沪苏浙三地的600多名选手参赛。同年，在沪上高校中举行第一次完全商业化操作的电子竞技比赛“NUGL上海赛区选拔赛”，全市20多所高校组团参赛，引起较大反响。随后，2005年7月，上海市徐汇区第二届电子竞技大赛举行；同年11月第一届上海市电子竞技大赛举行，这项赛事至2010年共举办了6届，赛事规模不断扩大，辐射至长三角地区。以电子竞技为比赛项目的赛事呈现出数量逐年攀升、参赛人员逐年增加的良好趋势。

2007年，电子竞技课程进入高校，上海体育学院开设电子游戏课程，大部分内容与电子竞技有关，推进了电子竞技健康发展。5月18日，上海市电子竞技运动协会第一届会员代表大会在上海东亚大厦举行。8月，上海市电子竞技运动协会正式在上海市社团局登记注册，协会旨在培养专业比赛运动员和裁判员，组织和参加电子竞技比赛，对这一新兴项目做好引导和管理，发展赛事产业，电子竞技运动的开展有了更为规范和稳定的平台。

2009年，上海动感之屋电子竞技俱乐部注册成立。俱乐部是以培训电子竞技竞赛人才、专业工作者，承办国内外赛事活动为业务范围的民办非企业单位。由俱乐部选派的运动员参加国内外电子竞技大赛，取得较好的成绩。

至2010年，电子竞技项目在上海得到良好发展，全民健身节、世界著名在华企业健身大赛等群众体育品牌活动中都将电子竞技比赛项目纳入其中。

第二章 健身活动

第一节 市级大型健身活动

一、全民健身(宣传)周

全民健身宣传周是上海全民健身的重要活动之一。1994年,为全面实施国家《全民健身计划纲要》,上海市于9月17—23日组织全民健身计划宣传周。1995年,《上海市全民健身实施计划》发布,为此举办全民健身宣传周活动,期间举行百余次活动,结合传统节日举办系列竞赛活动。开辟体育风景线,在南京东路外滩、上海火车站、徐家汇广场、南浦大桥等地区,开展全民健身大家学、广场运动会等活动。倡导家庭健身活动,举办上海市家庭健身电视大奖赛。全民健身宣传周逐渐成为上海群众体育活动重要品牌,并数次获得国家体委颁发的优秀奖。

1997年,第八届全运会在上海举行。为迎接运动会举办,全民健身宣传被列入精神文明建设的重要内容。5月31日—6月8日,举行上海市全民健身宣传周。宣传周以"迎八运、庆回归、倡健身"为主题。在9天的宣传活动中,全市组织158项各展风采的宣传活动,其中有新推广的幼儿基本体操表演和三人制篮球赛等,130万人次的职工、学生、机关干部、农民、退休老人及部队官兵参加。宣传周对提高广大市民的体育意识和参与意识发挥了作用,获得国家体委颁发的"1997年全民健身宣传周优秀奖"。

1998年6月7—13日,按照国家体委的部署,全市组织200多项全民健身宣传周活动,近百万人次参加。宣传周有三个特点:一是主题鲜明、重点突出,宣传周以"成年人健身与家庭幸福"为主题,突出成年人健身与健康的重要性;二是面向基层、贴近群众,宣传活动进社区、进里弄成为一大热点,如黄浦区承兴居委会建成全市第一条居民体育健身弄,居民参加的里弄运动会坚持了11届;三是办好实事、讲究实效,在宣传周中,上海开通"健身天地"栏目,利用现代网络,指导市民健身;嘉定区新成街道和闸北区临汾街道社区体育设施率先落成,拉开上海全面启动全民健身工程的序幕。

2001年,《上海市市民体育健身条例》实施,《条例》规定每年6月10日为"市民体育健身日",此后每年基本以6月10日所在周为"全民健身周"。随着全民健身的深入开展,每年的全民健身宣传周时间有所不同,根据国家体育部门的要求,结合上海实际情况,确定6天为全民健身宣传周,围绕一定的主题,在全市组织各类健身活动并开展健身宣传。

二、全民健身节

1996年12月1—10日,为贯彻实施《中华人民共和国体育法》和《全民健身计划纲要》,上海举办首届全民健身节,之后每年11月或12月举办一次。第一届至第七届健身节,各类群体活动以"健康的身体、幸福的家庭、文明的上海"为主题开展;第八届至第十届健身节以"人人运动计划"为核心开展;第十一届至第十五届全民健身节,以奥运会和世博会为中心开展。健身节期间,除了市级大型群体活动，各区县、机构、协会均组织多种群众健身活动。随着群众体育的发展，社区成为全民健身节的重要基地。全民健身节较有影响力的活动有“东丽杯”上海国际马拉松赛、马路运动会、老年人运动会、世界著名在华企业健身大赛等。

【第一届全民健身节】

1996 年 12 月 1—10 日，上海市举办第一届全民健身节，以“人人参加运动”为宗旨。期间组织家庭篮球、家庭乒乓球、职工体能、中小学生素质大赛、全民健身知识 11 项大众体育比赛，开展电视健身访谈、中外体育影片展、家庭健身器展示和健身咨询 5 项活动。全市各区县、系统组织近百项群众健身活动。

【第二届全民健身节】

1997 年 11 月 30 日—12 月 10 日，上海市举办第二届全民健身节，以“健康的身体、幸福的家庭、文明的上海”为主题。11 月 30 日举行上海国际市民马拉松比赛，拉开健身节序幕。健身节期间，举办全市性大型活动 16 项，各区县组织健身活动及竞赛 200 余项。

【第三届全民健身节】

1998 年 11 月 1—10 日，上海市举办第三届全民健身节，以“健康的身体、幸福的家庭、文明的上海”为主题，这一主题沿用至第七届全民健身节。期间组织市级大型活动 12 项，各条块组织健身活动 300 多项。此届健身节突出成年人和家庭健身，并组织 4 场电视直播。

【第四届全民健身节】

1999 年 11 月 14—24 日，上海市举办第四届全民健身节，以“健康的身体、幸福的家庭、文明的上海”为主题。健身节突出市民参与的广泛性、健身的科学性、活动的实效性。全市各区县共举办 300 多项赛事和活动。

【第五届全民健身节】

2000 年 11 月 11—26 日，上海市举办第五届全民健身节，以“健康的身体、幸福的家庭、文明的上海”为主题。期间共组织 21 项市级活动，19 个区县级、街道、乡镇和部分场馆、协会分别举办各种群众性健身和宣传活动。

【第六届全民健身节】

2001 年 12 月 8—16 日，上海市举办第六届全民健身节，以“健康的身体、幸福的家庭、文明的上海”为主题。期间共举办 40 多项市级大型健身活动，各区县组织 200 多项健身活动。

【第七届全民健身节】

2002 年 11 月 9—17 日，上海市举办第七届全民健身节。健身节以“每个市民参与一项体育锻炼”为口号。期间举办大型市级活动 30 多项，160 个社区相继举办各种形式的体育和健身活动，有近百万人次直接参与。

【第八届全民健身节】

2003年11月15—23日，上海市举办第八届全民健身节，以“运动让城市更有活力”为主题，叫响“参与一项健身，健康陪伴终身”的口号。期间举办5大板块30多项大型市级活动。健身节以社区为主，全市160多个社区举行形式多样的健身比赛和展示，近百万人次参与。健身节期间，上海市体育局和东方电视台文艺频道联合推出宣传科学健身和养身的8集特别电视节目《今天谁会赢》。

【第九届全民健身节】

2004年10月30日—11月13日，上海市举办第九届全民健身节，以“人人参与运动，健康迈向成功”为主题。期间全市有近百个社区相继举办各种形式的健身活动，参与人数超第八届。健身节首次设立世界著名在华企业职工健身大赛，并举行上海市民健身热线“51253258”开通仪式，举办上海市第七届老年人运动会。

【第十届全民健身节】

2005年11月11—26日，上海市举办第十届全民健身节，以“人人运动增添城市活力，全民健身构建和谐社会”为主题。健身节期间全市共组织200多项活动和比赛，百余万市民参与，各市级单项体育协会和民间团队组织的活动占据较大比重，组织系列国际性、全国性体育赛事。

【第十一届全民健身节】

2006年11月11—26日，上海市举办第十一届全民健身节，以“全民健身，与奥运同行”为主题，以“体育生活化、市民同参与”为口号，期间设各类比赛活动200余项，举行全国四种气功系列展示活动。

【第十二届全民健身节】

2007年11月18—25日，上海市举办第十二届全民健身节，以“迎奥运、健身心、促和谐”为主题。期间开展200多项活动和比赛。健身节的活动重心下移至社区，使市民走出家门即可参加健身节活动。

【第十三届全民健身节】

2008年11月15—30日，上海市举办第十三届全民健身节，以“全民健身庆奥运，健康和谐迎世博”为主题，以“生活体育一日行、户外活动一小时、每天行走一万步”为口号。期间举办大型市级活动40余项，全市140多个社区举办各种体育健身活动和比赛，130万人次直接参与。许多社区举办健身咨询、体育生活化专题讲座等活动。

图1-2-1　2008年，第十三届上海市全民健身节开幕

【第十四届全民健身节】

2009年11月21—29日，上海市举办第

十四届全民健身节，以“贯彻《全民健身条例》、迎接健康和谐世博”为主题。全市共举办300余项全民健身活动和比赛，其中包括《全民健身条例》宣传活动、社会体育指导员下社区志愿者大行动、体育场馆迎世博活动、机关公务员乒乓球赛，以及各类贴近市民的“生活体育”系列活动。

【第十五届全民健身节】

2010年11月6日—12月5日，上海市举办第十五届全民健身节，以“全民健身庆世博，群众体育续新篇”为主题。全市举办市级赛事活动近50项，区县及街镇的赛事活动近400项。

三、全民健身日

【市民体育健身日】

2000年，上海市人大常委会审议通过第一部地方性体育法规《上海市市民体育健身条例》，将每年的6月10日定为上海市市民体育健身日。2001年6月10日是上海第一个市民体育健身日。全市开展以“关爱生命、关注健康”为主题的健身活动。众多市民在上海体育场外的欢乐健身园参加健身活动，著名运动员朱建华、周鹿敏、沈坚强、诸韵颖等加入市民健身的队伍。在市民健身活力大赛现场，全国劳模陶依嘉向全市职工发出健身倡议，100支队伍400名选手参加“齐心跑”“互依靠”“创新高”三项比赛。夜晚，在南京东路步行街举行“申奥健身文体晚会”。当天全市56个公共体育场馆接待市民近7万人次，经营性场馆对市民健身实行优惠，全市10余个区县分别举行腰鼓、健身操、柔力球等体育健身活动。此后每年的6月10日，上海都开展市民体育健身日活动。健身日除开展健身活动之外，公共体育场馆、市民健康体质监测站向市民免费开放。

2010年6月10日是上海市第十个市民体育健身日，一系列群众体育活动在全市范围内开展，主要有黄浦区承兴居委会第二十三届弄堂运动会、第四届虹口区“社区先生”篮球投篮比赛、上海市“健康海宝”幼儿体育特色表演大会、第七届静安区楼宇运动会、宝山区月浦镇社区全民健身展示、崇明县学生“阳光体育”大联赛暨小学生“阳光伙伴”集体跑比赛、第三届青浦区运动会足球赛、金山区枫泾镇“舞动世博”舞蹈培训等活动，启动“全民健身与世博同行”摄影比赛。

【全民健身日】

2009年1月7日，国务院批准将2008年北京奥运会开幕之日8月8日定为每年的“全民健身日”，首个全国“全民健身日”于北京启动，全国各地纷纷响应。当年8月8日，上海在江湾体育场举行启动仪式暨市民健康跑活动。全市60个公共体育场馆和220个社区公共运动场免费向市民开放。全市各级各类体育机构组织举办包括“九子”运动、健身气功等具有特色的民间体育活动在内的近300项体育健身活动和比赛，参与人次超过百万。

2010年8月8日，上海市全民健身工作联席会议召开。“全民健身日”主题活动以“全民健身与世博同行”为主题，突出体现世博元素、《全民健身条例》的宣传贯彻和全民健身志愿者服务的特点。8月8日是上海世博会开幕后第100天，当天上午，全民健身日启动仪式在南京东路外滩亲水平台举行，近2 000名群众在活动现场展示木兰拳、排舞、扯铃、太极拳、手杖操、海派秧歌、花样跳绳、学生健身操、办公室健身操、农民工健身操等优秀健身项目。奥运会冠军陶璐娜，世界冠军张德英、仲维萍、王磊、朱颖文、徐妍玮、钱佳灵，世界足球小姐孙雯等体育明星作为全民健身服务志愿者，与市民群众积极互动。五星体育频道主持人和市民一起参加国民体质监测，趣味比拼力量、速度、耐力。

在启动仪式上,130 名社会体育指导员为单位职工健身提供科学指导。

全民健身日当天,全市以社区为重点开展 300 多项活动,吸引近百万市民参与。全市 56 所公共体育场馆、261 个社区公共运动场免费向群众开放。81 个市民体质监测站点组织开展体质测试和其他科学健身指导活动。各区县、街道开展以贯彻《全民健身条例》和《全民健身计划纲要》成就展为主题的宣传活动。12 个市民体育技能培训基地组织社会体育指导员,开展基层体育技能辅导活动,向广大市民讲解科学健身知识,推广新兴健身方法,普及科学健身理念。

四、社区健身大会

20 世纪 90 年代,上海在落实《全民健身计划纲要》时,把“优先发展社区体育”作为发动和推动全市全民健身起步和发展的重要抓手。为推动社区体育发展,上海自 20 世纪 90 年代末创办了社区健身大会。

1998 年,上海首次举办以社区居民为主体的综合运动大会——社区健身大会,以后一年组织一次,至 2003 年共举行 6 届。社区健身大会成为上海群众体育的重要活动。2003 年开始,社区健身大赛以推动“人人运动计划”为重点,组织群众体育活动,开展体育宣传,并不断向市民推出新颖健身项目。

1998 年 9 月 27 日—12 月 8 日,上海市首届社区健身大会举行,由社区居民参加的综合性运动会在全市尚属首次。大会设广播操、健美操、练功十八法、木兰拳、羽毛球、门球、体育舞蹈、拔河 8 个项目,全部由各个街道承办。街道既是参与者又是组织者,比赛地点在全市各体育场馆或广场绿地。全市 108 个街道有 52 个街道报名参加,217 支代表队共 3 200 多人参赛。在开幕式后,上海市政府领导一行到延春公园参观上海的全民健身工程——杨浦区延吉街道社区体育设施,并为之揭牌。

2003 年 7—11 月,第六届上海市社区健身大会举行,大会以“人人运动计划”为重点,在全市开展“人人运动大家学”系列活动,推出呼吸健身操、海派健身秧歌、橡筋健骨操、双环操、第二套健身秧歌 5 大健身项目,对市民开展健身培训,并举办全市性比赛,以加快在全市普及和推广。

五、世界著名在华企业健身大赛

2004 年 10 月 30 日—11 月 7 日,首届世界著名在华企业健身大赛举行,并被纳入第九届全民健身节活动中。健身大赛由国家体育总局、中华全国总工会主办,上海市体育局、上海市总工会、上海市对外经济贸易委员会承办,是为世界著名在华企业和中国知名企业的管理人员和员工所设的综合性体育比赛。首届比赛共设 10 个项目,全部安排在上海标志性城市建筑和城市景观地区举行,达到一种“人在景中,动静相宜”的效果。具体包括:浦江夜游桥牌赛、东方绿舟足球赛、新天地广场飞镖赛、都市公寓网球赛、乡村高尔夫球赛、外

图 1-2-2 2010 年第六届世界著名在华企业健身大赛

滩健美操赛、豫园广场双绳赛、东方明珠登高赛、城市定向越野赛、街头3对3篮球赛等比赛项目。办赛形式采取政府支持、企业参与、市场运作的方式。来自北京、天津、浙江、安徽、云南、重庆、湖北、山东、江苏和上海10个省市的160多家世界著名在华企业和中国知名企业报名参赛，参赛人数达1 900多人。参赛企业涉及金融、电力、石化、通讯、化工、汽车、医药等行业，其中有美国通用、柯达、施贵宝，德国大众，瑞典爱立信，日本住友、三菱，中国交通银行等颇具影响的国内外著名企业。这是中国首次举办以世界著名企业员工为主体，以“参与、交流、展示”为宗旨的体育赛事，是将体育健身与企业文化、都市景观有机融合的新的健身理念与办赛方式的尝试。至2010年，已举办六届（2005年停办一年），是上海市全民健身节（月）的重要赛事。

六、国际大众体育节

2009年，上海创办首届国际大众体育节，旨在搭建大众体育国际交流合作平台，促进大众体育项目向国际化、大众化、生活化方向发展，推动上海全民健身事业的发展。北京奥运会的成功举办点燃了全国人民积极参与健身活动的热情，为国际大众体育节的创办提供了有利的契机。

体育节于5月10日—12月23日举行。这是中国首次以“体育节”名义举行的大型群众体育交流盛会。4月28日，体育节组委会召开第一次全体会议和新闻发布会，揭晓会徽。5月10日，开幕式暨第四届世界龙狮锦标赛在东方明珠广场举行。体育节历时217天，以“体育，让生活更精彩”为主题，倡导“更快乐、更健康、更和谐”的生活理念，使体育活动与上海城市景观相结合。体育节由国家体育总局社会体育指导中心、上海市体育局、上海市旅游局、上海市文广集团联合主办，上海市体育总会、上海市社会体育管理中心和与各项赛事活动相关的11个区联合承办。

体育节内容丰富，包括论坛、展览、赛事等各个方面，并结合全民健身日、全民健身节等群众体育活动，开展全民健身展示和活动。主体活动包括2项国际论坛、2项国际展览、16项国际赛事和多项国内赛事，60多个国家和地区的177支运动队、424家企业和90余位国内外专家学者参加竞赛、展览和论坛，50余万市民参与19项主题社会活动。体育节期间，5个世界锦标赛和大师赛、4个公开赛、7个邀请赛在上海举行，32位世界排名前十的选手参加攀岩、飞镖、9球等项目的比赛。

体育节不仅是单纯的各项国内外体育赛事活动的组合，而且融入丰富多彩的全民健身活动和展示，充分体现赛场与社区的互动。体育节结合5月1日距上海世博会开幕倒计时一周年、6月10日上海市民体育健身日、8月8日全国全民健身日、10月1日中华人民共和国成立60周年、11月上海市全民健身节等重要节庆日，积极开展以“全民健身与世博同行”为主题的群众体育活动，让广大市民享受体育健身带来的欢乐，同时通过体育明星和体育项目进社区、进企业、进广场的“社区行”活动，让精彩的体育赛事发挥更大的社会辐射和衍生效应。

2010年9月12日—12月30日，第二届中国上海国际大众体育节在全市范围内举行。体育节以“更快乐、更健康、更和谐”为口号，以“体育，让生活更精彩”为主题。深入贯彻落实《全民健身条例》，在赛事和活动安排上与第十四届上海市运动会、第十五届上海市全民健身节相结合，除了展示上海群众体育风采、吸引市民参与、扩大非奥体育项目影响外，还体现参赛国家和市民众多、参赛项目群众基础广泛的新特点。体育节共举办10项国际体育赛事、31项市运会大众组项目以及若干国内赛事活动，吸引60多个国家和地区的500多支运动队、5 000余名运动员参加，20余万人次参与。

表 1-2-1　2009 年首届中国上海国际大众体育节赛事活动一览表

活动形式	活动名称	地点	日期	规模
论坛	上海“步行与健康”国际论坛	卢湾区	9 月	5 个国家和地区
	上海国际健康健美长寿论坛暨健康产业博览会	上海展览中心	10 月 30 日	20 个国家和地区
展览	上海国际模型展览会	国际展览中心	6 月 6—8 日	200 家企业参展，25 000 名观众观展
	上海国际大众体育用品博览会	新国际博览中心	7 月 29 日	240 家企业参展
赛事活动	亚洲极限运动锦标赛	杨浦区	4 月 30 日—5 月 3 日	200 人
	中国上海国际攀岩大师赛	浦东新区	5 月 1—3 日	18 队 60 人
	第四届世界龙狮锦标赛	浦东新区	5 月 10—12 日	197 个国家和地区 30 队 550 人
	第六届上海苏州河城市龙舟国际邀请赛	普陀区	5 月 28 日	36 队
	首届世界 9 球中国浦东唐城公开赛	浦东新区	6 月 11—14 日	200 人
	第二届上海城市将棋国际邀请赛	闸北区	8 月 5—6 日	300 人
	第三届国际健身气功交流赛	南汇区	8 月 10—19 日	20 个国家和地区
	世界自由式轮滑锦标赛	黄浦区	8 月 21—23 日	21 队 200 人
	上海世界华人龙舟邀请赛	青浦区	9 月 25—27 日	15 队 200 人
	世界斯诺克上海大师赛	上海体育馆	9 月 7—13 日	80 人
	国际门球邀请赛	浦东新区	9 月 23—27 日	10 个国家和地区
	中国上海国际风筝邀请赛	奉贤区	10 月 1—3 日	27 队
	中国壁球公开赛	杨浦区	10 月 27 日—11 月 1 日	32 人
	上海衡山路国际飞镖公开赛	徐汇区	10 月 15—17 日	173 人
	IDSF 世界大奖赛总决赛暨中国上海国际体育舞蹈公开赛	卢湾区	12 月 10—13 日	30 个国家和地区 1 000 对选手
	上海市市民健步行	虹口区	5 月 9 日	3 000 人
	迎世博·长三角全民健身大联动	松江区	8 月 7—9 日	沪苏浙三地数千人
	世界著名在华企业健身大赛	城市景观区域	11 月 21 日	200 多家企业

表 1-2-2　2010 年第二届中国上海国际大众体育节赛事活动一览表

活动类型	赛事名称	地点	日期	规模
开闭幕式	开幕式	上海体育馆	10 月 12 日	
	闭幕式	东郊宾馆	12 月 3 日	
赛事活动	上海世界华人龙舟邀请赛	青浦区淀山湖	9 月 12 日	9 个国家和地区
	中国壁球公开赛	五角场广场中心	9 月 13—18 日	13 个国家和地区

（续表）

活动类型	赛 事 名 称	地 点	日 期	规 模
赛事活动	第十届世界门球锦标赛	浦东新区高东镇门球主题公园	9月17—19日	23个国家和地区
	世界9球中国公开赛	源深体育馆	9月23—26日	30个国家和地区
	上海世界女子空手道锦标赛	静安体育馆	10月24日	10个国家和地区
	国际民间民俗广场体育健身舞蹈大会	浦东新区陆家嘴	10月8—13日	8个国家和地区
	上海国际友人风筝会	奉贤国际风筝放飞场	10月30日—11月1日	12个国家和地区
	IDF飞镖世界杯	徐汇游泳馆	12月1—4日	10个国家和地区
	第三届上海城市将棋国际邀请赛	上海双拥大酒店	12月3—6日	12个国家和地区
	IDSF世界大奖赛总决赛暨中国上海国际体育舞蹈公开赛	卢湾体育场	12月11—13日	30个国家和地区
	上海市第十四届运动会大众组比赛	各区县	10月9日—11月13日	18个区县及13家相关单位代表团

第二节　主题系列群体活动

一、东亚运动会群体活动月

1992年底，在广大职工和学生中间，开展“迎东亚，百日锻炼”活动，以迎接1993年在上海举办的第一届东亚运动会。

1993年，首届东亚运动会在上海举办，以全民参与的方式庆祝这一大型体育赛事的举办。5月起，组织全市性的“庆东亚群体活动月”，为东亚运动会的召开掀起全市性的体育健身热潮。其中，为期一个多月的东亚运动会火炬接力是影响最大的一项活动。“迎东亚火炬接力长跑活动”，途经全市20个区县，以不同形式组织交接仪式和群众性火炬长跑活动，近百万人次参加。传递活动高潮迭起，所到之处，市民争相迎送。黄浦、静安、长宁等区和高校有几万人次组成义务啦啦队。在东亚运动会举办之际，长宁等区召开了社区运动会，青浦、松江、南汇等县举行了县运会。郊县80多个乡镇召开运动会。

二、第八届全运会群体活动

1997年，上海市体育部门和有关区县、协会承担了八运会大型文体表演、火炬传递和啦啦队等多项工作。8月16日，“奔向新世纪”八运会火炬传递活动香港采火仪式在中国香港会议展览中心举行。董建华、魏纪中及150名香港特别行政区各界人士出席仪式。23日，八运会火炬传递活动上海采火仪式在中共一大会址前举行，上海市委、市政府领导出席。28日，八运会“奔向新世纪”火炬传递点火起跑仪式在北京人民大会堂东门外广场举行，中共中央总书记、国家主席江泽民点燃主火炬，首都各界2 000余人出席仪式。圣火传递活动的起跑仪式则在人民广场举行，黄菊点燃上海市的主火炬,由十大杰出青年吕永杰带领起跑。火炬从浦东新区传递,直至八运会开幕式前传至上海体育场。

八运会开、闭幕式上的大型文体表演,是上海全民健身的一次集中展示。近 83 个单位的 18 000 多人参加开幕式大型文体表演“祖国万岁”的排练工作,他们大多是学生,加上序幕表演人员,总人数超 2 万人。参演人员从 1 月开始,结合军训、体育课和课外活动课进行基本操训练。各校分散排练达 72 次,集中排演和合练超过 40 次。

10 月 10—16 日,八运会全国群众体育先进表彰活动举行。上海与北京、天津、辽宁、吉林、江苏、浙江、山东、河南、湖北、湖南、广东 12 个省市获得“全国群众体育先进奖”。山西、四川、贵州、宁夏、新疆 5 个省、自治区获得“全国体育进步奖”。清华大学等 2 994 个单位获得“全国群众体育先进集体”称号,1 987 人获得“全国群众体育先进个人”称号。

三、“全民健身与奥运同行”

2007 年,为迎接 2007 年世界夏季特殊奥林匹克运动会、2008 年北京奥运会和 2010 年上海世博会,在全市开展“全民健身与奥运同行”系列主题活动。组织全民健身周、全民健身月等活动。围绕阳光青少年活动周、和谐社区健身周、职工体育锻炼周、体质测试服务周 4 个主题,组织 200 多项全市性活动。举办第三届世界著名在华企业健身大赛,2007 年长三角体育圈全民健身大联动,创设“上海城市白领体育系列赛”,举办第八届闸北区老年人运动会,举办上海公安系统第四届运动会,举办上海卫生系统第九届运动会,黄浦区承兴居委会举办第 20 届弄堂运动会,举办上海市第十八届旅游节“九子”公开赛,举办第六届上海市农民运动会,举办 2007 年全国“亿万农民健身活动”暨秧歌健身大赛,崇明县举办第十四届运动会,奉贤区举办首届外来建设者运动会,参加第八届全国少数民族运动会,参加迎奥运全国亿万妇女健身展示大赛。上海市妇联代表团参加中国澳门妇女体育嘉年华——体育竞技比赛。

2008 年,上海积极开展“全民健身与奥运同行”“迎世博,庆奥运”活动。组织开展全民健身与奥运同行春节健身大拜年,“日行一万步,健康迈向奥运会”市公务员全民健身系列活动,“我的奥运我参与”大型主题活动,“全国百大公园健身气功系列展示活动”启动仪式,“亿万农民迎奥运”全国乡镇台球大赛等全市性的大型群体活动。举办第十三届上海市全民健身节,主题为“全民健身庆奥运,健康和谐迎世博”,口号为“生活体育一日行、户外活动一小时、每天行走一万步”,期间举办第四届世界著名在华企业健身大赛。完成北京奥运会、残奥会火炬接力上海市传递活动工作。举办第二届上海市传统弄堂游戏大赛,2008 年上海旅游节“九子”大赛。举办第八届上海市老年人运动会,第七届上海市残疾人运动会,驻沪部队 2008 年迎奥运会“八一双拥杯”健身系列赛,“荣威杯”上海职工双绳大赛暨上汽第四届职工健身运动会。上海市组团参加第六届全国农运会等相关活动。第四届长宁区运动会、第二届奉贤区运动会、首届宝山区职工运动会、静安区商务楼宇运动会相继举行。

四、“全民健身与世博同行”

2009 年,上海全民健身工作围绕贯彻落实《全民健身条例》这一主线,唱响“全民健身与世博同行”的主题,借迎世博的东风,全市兴建一批社区运动场,完善市民健身设施;组织“迎世博体育生活化，贺新春健身大拜年”等大型群体活动。在5月1日世博会倒计时一周年之际，启动“全民健身与世博同行”主题活动。用元旦、春节、市民体育健身日、全民健身节等时间节点，开展市民健身大拜年、6月10日市民体育健身日活动和8月8日全国全民健身日主题活动、中国上海国际大众体育节和第六届世界著名在华企业健身大赛、第十五届上海市全民健身节等活动。

世博会期间，全市有11个区的26项群众体育活动在世博园内展示，包括第十四届上海市运动会、“快乐童年，快乐世博”特殊运动会、上海旅游节九子嘉年华活动、第四次“全国特奥活动日”活动暨嘉定社区特奥会、中韩市民体育友谊赛、第七届上海市民间体育大赛、第七届上海市特殊奥林匹克运动会、第二届宝山区运动会、第四届浦东新区运动会、第六届静安区楼宇运动会等各类活动。

图1-2-3　2009年迎世博世界乒乓球群英会活动，王励勤对战瓦尔德内尔

第三节　特定人群健身活动

一、职工体育

上海是全国最大的工业城市。职工体育历史悠久，为群众体育的发展奠定了良好的基础。1978年后，全市工厂体协陆续恢复活动。职工体育面向基层，面向群众，体育组织形式趋向社会化、协会化。

20世纪80年代，随着社会经济的发展和劳动条件的改善，职工对参加体育活动有了新的需求，较为高雅的健美和娱乐体育得到普遍开展。如网球、桌球、桥牌、棋类、保龄球、钓鱼、游泳、健身气功、自行车旅行等活动参加者日益增多，自编健美操热潮在职工中兴起。职工体育活动内容趋向趣味性、大众性。普遍开展结合行业生产特点及生活化的小型趣味体育比赛，取代了原有以竞技体育为主的活动项目，并出现跨行业发展的体育协会，形成职工体育的新亮点。1985年，上海参加第二届全国工人运动会，共获得15枚金牌。上海有11个单位被评为全国职工体育先进单位，另有140人被评为先进个人。1986年，首届上海市职工庆“五一”健身长跑活动举行，此后每年在五一劳动节前后举行。

20世纪90年代后，随着上海经济体制转轨、产业结构调整，职工体育逐渐与社区体育互补和融合。1991年，上海市举办首届职工冬锻大众体育运动会，比赛全部由基层单位参加。1994年，停办13年之久的第六届上海市职工运动会举行，职工体育蓬勃发展。1995年，《上海市全民健身实施计划》颁发，强调全民健身活动要形成一套依托社会、组织新颖、形式活泼的群众体育系列竞赛。体育主管部门要加强对全市职工运动会等竞赛活动的指导、协调，从1996年起职工体育与上海市全民健身节相结合，设置适合职工参加的健身赛事与活动。

2004年，上海发布《上海市全民健身发展纲要(2004—2010年)》，要求以职工体育为突破口，将企业与文化、体育、旅游等有机结合。2004年，静安区开风气之先，率先在全国倡导“楼宇体育”,举办首届楼宇运动会,吸引3000人参加。2005年第二届楼宇运动会报名更为踊跃,如乒乓球赛,除了中国员工外,吸引在沪工作的外国人参与,使比赛成为“小世乒赛”。2006年第三届楼宇运动会项目增加,除羽毛球、乒乓球、网球、足球、3对3篮球、游泳等传统项目外,增设攀岩、千人骑自行车、飞镖、桥牌、室内高尔夫等时尚项目,尤其攀岩比赛,备受青睐。体育主管部门主动为“楼宇体育”的开展提供服务,如定期为商务楼免费开放中小学场地,上门提供体质测试、健身咨询、营养保健知识讲座,引进社会资源,在市中心开办高档健身俱乐部,把健身房“搬”进商务楼等。2006年底,“楼宇体育”已辐射到浦江两岸的各商务区,并日益走俏。“楼宇体育”在商务楼里构筑了企业间交流平台,满足白领健身需求,形成拓展职工体育的一个新形态。

2004年是“人人运动”三年行动计划实施的第二年,上海以公务员、青少年、农民为突破口,大力推动“人人运动”计划落实。以“人人运动,公务员带头”为口号,组织广大机关公务员参与各类体育健身活动。2004年10月30日—11月7日,另一项职工体育代表性赛事——世界著名在华企业职工健身大赛举行首届比赛,至2010年已举办六届,将上海的职工体育辐射全国。

二、农民体育

在上海郊区,以乡镇为重点的农村体育作为社会主义新农村精神文明建设的重要内容,开展群众体育的意义超出体育本身。体育与生产劳动、文化活动相结合,在农民群众中广泛开展喜闻乐见的全民健身活动,成为农民强身健体、丰富农村文化娱乐生活、陶冶精神情操的重要途径。在一些体育先进乡镇,做到周周有活动、月月有比赛、村村有队伍。奉贤县风筝、川沙县舞龙等品牌享誉全国。

20世纪80年代,随着市郊农村经济的迅速发展,农村体育向新的高度发展,体育设施有了显著改变,各县先后建成游泳池、综合性体育场和体育馆,各乡镇纷纷自筹经费建设体育设施,嘉定县马陆乡投资150万元建立文化中心的体育设施。安亭镇投资120万建造一个标准游泳池。闵行区马桥乡旗忠村投资350万元建造了一套村体育设施。南汇县有18个乡、镇兴建球场或旱冰场。松江县177个村兴建体育活动场。奉贤县乡镇建的各类球场达250片。至1990年市郊9县体育场地已有2230片。郊县所办除传统项目的比赛外,还出现了自筹经费的基层比赛,部分郊县具备了举办国际比赛的能力。嘉定县自1980年开始每年举办国际马拉松竞赛,上海县与青浦县数次举办国际自行车的公路赛。

1984年,国家体委制订了全国体育先进县的评比标准,上海各县开展了争创活动。1987年4月,上海县与崇明县率先被国家体委评为“全国体育先进县”。1988年9月,金山、嘉定、南汇被评为第二批“全国体育先进县”。1990年9月,川沙、奉贤、松江、青浦被评为第三批“全国体育先进县”。至此,上海9个县均成为全国的体育先进县,在全国各省区市率先实现争创工作“满堂红”。郊县226个乡镇建立农民体协,并配有1名专职体育干部。

20世纪80年代中后期开始,上海市体委对乡镇农村体育工作开展评比。1985年第一批评出20个乡镇,1987年第二批评出28个乡镇,1990年第三批评出38个乡镇,授予“上海市体育先进乡镇”的称号。

表 1-2-3　1985—1990 年上海市体育先进乡镇一览表

年　份	批　次	县　名	乡、镇名
1985 年	第一批	上海县	虹桥乡、三林乡、塘湾乡
		嘉定县	南翔镇、徐行乡
		宝山县	五角场乡、淞南乡
		崇明县	新河乡、港东乡
		奉贤县	泰日乡、胡桥乡
		南汇县	大团镇、祝桥乡
		川沙县	金桥乡、龚路乡
		金山县	亭林镇、山阳乡
		青浦县	解放乡、朱家角镇
		松江县	洞泾乡
1987 年	第二批	上海县	新泾乡、梅陇乡、七宝镇
		宝山县	江湾乡、长兴乡
		川沙县	凌桥乡、孙桥乡
		南汇县	新场镇、滨海镇
		崇明县	竖河乡、大新乡、城桥镇、新民乡
		金山县	朱泾镇、张埝镇、亭新乡
		青浦县	金泽镇、白鹤乡、凤溪乡
		嘉定县	马陆乡、封浜乡、黄渡乡
		奉贤县	奉新乡、奉城镇、新寺乡
		松江县	泗泾镇、塔汇乡、昆冈乡
1990 年	第三批	上海县	华漕乡、莘庄镇、诸翟乡
		嘉定县	马陆乡、安亭镇、长征乡
		崇明县	合作乡、城桥乡、庙镇乡、新渔乡
		川沙县	张桥乡、城镇乡、蔡路乡、张江乡、洋泾镇、高桥乡
		南汇县	周浦乡、新场乡、三墩乡、航头乡
		奉贤县	青村乡、邬桥乡、肖塘乡、南桥镇
		松江县	松江镇、天马乡、佘山镇
		宝山县	罗店镇、杨行镇、罗南乡、吴淞乡
		金山县	枫泾镇、漕泾乡、张堰乡
		青浦县	徐泾乡、赵巷乡、赵屯乡、西岑乡

1993 年，为庆祝首届东亚运动会的举办，上海组织庆东亚群体活动月，青浦、松江、南汇举行县运动会，郊县 80 多个乡镇举行运动会。

进入2000年之后,上海农村体育的发展更加繁荣。2000年,全市8个乡镇被命名为"全国亿万农民体育先进乡镇"。2004年,上海市农民体育协会提出借全国"农村体育年"的东风,以龙舞、龙舟、龙风筝"三龙"为重点,打造上海郊区特色体育。同年,又有10个乡镇被评为"全国亿万农民健身活动先进乡镇"。2006年5月27日,以端午节民俗为主题的节庆旅游活动在青浦县朱家角镇开幕。农民在朱家角镇放生桥下赛龙舟,吸引众多中外嘉宾。

2006年,为了贯彻国家农委、国家发改委和国家体育总局联合下发的《农民体育健身工程》文件精神,丰富基层农村文体生活,满足广大农民群众就近锻炼身体的需要,8月,上海市农委、市发改委和市体育局联合下发《农民体育健身工程》文件,提出围绕社会主义新农村建设,启动上海农民体育健身工程建设。10月,上海市农民体育健身工程正式启动。这项工作由市体育局相关职能部门组织实施,工程资金来源由上海市体育彩票公益金、国家体育彩票公益金和各区县自筹资金三部分组成。经过4个月的努力,在市郊68个村建成各类农村体育健身运动场95片(篮球场67片、乒乓球场20片、门球场5片、羽毛球场2片、健身跑道1条),总面积52 830平方米,共投入资金906万元。全市建成乡镇健身苑(点)180个,至2006年底,上海郊区农村的健身苑(点)覆盖率已达到80%,极大方便农民群众就近体育健身锻炼。至2010年,全市已建成农民体育健身工程1 033个,初步形成覆盖城乡的亲民、便民、惠民的体育公共服务体系。

【全国农民运动会】

1996年,上海承办第三届全国农民运动会。此后,上海分别在2000年、2004年和2008年组队参加全国农民运动会比赛,并取得较好成绩。

1996年10月11—19日,第三届全国农民运动会在上海举办,全国30个省市、自治区组团参加,中国台湾和中国澳门派来观摩团。参加运动会的总人数达2 394人,其中1 864名运动员,有140人来自14个少数民族。运动会的项目设置贴近农民的实践生活,共设有田径、篮球、乒乓球、摔跤、游泳、舞龙、象棋、自行车载重、武术、民兵军事10个正式项目;毽球、风筝、民间体育3个表演项目,共有768枚奖牌,含118枚金牌。为了鼓励"重在参与",这届运动会不统计各队金牌数,不计团体总分。上海为承办这次农运会,3个区6个县自筹1亿多元资金,新建或改建12个体育场馆。松江体育场作为主赛场,松江县投资6 000万元建造体育设施。比赛被安排在3个区6个县的12个体育场馆中。10月12日下午,运动会在虹口体育场开幕,开幕式作题为"民以食为天"的大型文体表演。19日晚,在嘉定县南翔镇举行闭幕式。在农运会期间,有133家新闻单位近400名海内外记者采访报道。

2000年10月29日—11月4日,第四届全国农民运动会在四川省绵阳市举行。上海派出113人组成代表团参加田径、游泳、乒乓球、武术、中国象棋、自行车载重、舞龙、民兵军事三项、中国式摔跤、风筝、龙舟11个大项65个小项的比赛,获得6枚金牌、6枚银牌、7枚铜牌,名列奖牌榜第八名。

2004年10月18—24日,第五届全国农民运动会在江西省宜春市举行。农运会比赛共14个大项、155个小项。上海派出149人组成代表团参加13个大项87个小项的比赛,获得13枚金牌、13枚银牌、10枚铜牌,名列奖牌榜第七名。

2008年10月26日—11月1日,第六届全国农民运动会在福建省泉州市举行,共15个大项、180多个小项。上海派出192名运动员参加13个大项92个小项的比赛,获得16枚金牌、22枚银牌、16枚铜牌,名列奖牌榜第三名、金牌榜第四名。

【上海市农民运动会】

上海市农民运动会每四年举行一次。1958 年 12 月，第一届上海市农民运动会在虹口体育场举行，参赛运动员、教练员 900 余人。随后中断近 30 年。20 世纪 80 年代，上海市农民运动会恢复，仍每四年举行一届，成为推动郊区体育运动发展、增强郊区农民体质的盛会，有力推进“城乡一体化、农业现代化、农村城市化、农民市民化”的进程。1988 年，第二届上海市农民运动会在崇明县举行，上海等 9 个县及宝山区 500 名运动员参加。1992 年举办第三届上海市农民运动会。1996 年，因上海需承办第三届全国农民运动会，第四届上海市农民运动会延期至 1999 年举行。此后分别在 2003 年、2007 年、2011 年举行第五届、第六届和第七届上海市农民运动会。

1999 年 10 月 9 日—11 月 20 日，第四届上海市农民运动会在青浦区举办。运动会以“重在参与”为宗旨，淡化金牌意识，强调群众性、广泛性、兴趣性，把传统竞赛演变为健身性竞赛。项目设置贴近农民、贴近生活，由竞赛项目、展示项目、表演项目三部分组成。竞赛项目是篮球、乒乓球、足球（五人制）、门球、保龄球、自行车载重、中国象棋、绳毽接力、桥牌、拔河、表演项目共 11 项。其中的表演项目是由当地民间流传较广的舞狮、舞龙、船拳、滚灯、简化太极拳和体育舞蹈等传统项目所组成。展示项目由木兰拳、广播操、练功十八法、腰鼓、健身舞、益寿功六项中任选三项参赛，由各区县自行组织展示，拍摄录像交组委会评选。开、闭幕式分别于青浦区朱家角镇和徐泾镇举行。共有 10 个代表团、77 个代表队 12 181 名运动员参加，运动员中年龄最大的 70 多岁，最小的 10 多岁。经过 40 多天比赛，获得第一名最多的是浦东新区（8 个），其次是闵行区（6 个），嘉定区（5 个）。

2003 年 8 月下旬至 11 月上旬，第五届上海市农民运动会在奉贤区举办。运动会以“与时俱进奔小康”为主题，设趣味田径、游泳、乒乓球、篮球等 14 个竞赛项目，共有 10 个区县的 189 支运动队 1 395 名运动员参加，获得团体总分前三名的依次是宝山、嘉定、闵行。农运会的开幕式上，10 个区县代表团分别展示了滚灯、筷子舞、扇子舞、太极拳、舞龙、风筝、打莲湘、秧歌、武术和石担石锁等传统体育健身项目。最终 10 个代表团 32 支运动队 131 名运动员和 19 名裁判员获得“体育道德风尚奖”，东道主奉贤区政府荣获“特别贡献奖”。

2007 年 8 月 16 日—11 月 24 日，第六届上海市农民运动会在金山区举办。运动会设田径、游泳、篮球、沙滩足球、乒乓球、中国象棋、钓鱼、门球、龙舟、毽球、舞龙、自行车载重、风筝 13 个竞赛项目，另设自选拳功操舞 1 个健身展示项目和乒乓球、桥牌 2 个领导干部竞赛项目，共计 16 个大项 76 个单项，项目设置数量为历届之最。来自浦东新区、闵行、宝山、嘉定、松江、青浦、金山、奉贤、南汇、崇明 10 个区县的近 1 500 名农民运动员参加比赛。农运会紧扣“全民健身与奥运同行”的主题，兼顾全国农运会参赛队伍选拔和郊区传统特色项目的展示，彰显“人人健身、重在参与”的新理念。农运会第一次将闵行区和宝山区的街道纳入参赛范围、第一次将来沪务工农民列为参赛对象、第一次取消了团体总分排名，倡导重参与、重过程、重成长的农运会新风尚。10 月 20 日，开幕式在新建成的金山体育中心举行，举行题为“和谐田园”的大型群众文体表演。经过 3 个多月的比赛，最终获得奖牌榜前三名的依次是金山区、嘉定区、浦东新区。

图 1-2-4　2007 年，第六届上海市农民运动会在金山开幕

11月25日,闭幕式在金山区轮滑馆举行。金山、宝山、嘉定、奉贤区获得“优秀组织奖”,浦东新区、青浦区、闵行区获得“勇于拼搏奖”,南汇区、松江区、崇明县获得“欢乐和谐奖”。另外,承担了7个竞赛项目及开、闭幕式任务的金山区政府和农运会主赞助商上海农村商业银行荣膺“特别贡献奖”,上海市体育局、上海市农委和金山区领导等出席闭幕式并为获奖单位颁奖,30多家单位的8 000多名演职人员分别为开、闭幕式表演。

表1-2-4 1958—2007年上海市历届农民运动会举办情况一览表

届 别	举办年份	举办地	项 目	参 加 区 县	运动员
第一届	1958年	虹口	田径、自行车、射击、举重、拔河	嘉定、上海、宝山、浦东等23个公社	1 900多人
第二届	1988年	崇明	**竞赛项目:** 田径、篮球、乒乓球、中国象棋、中国式摔跤 **表演项目:** 武术	南汇、川沙、奉贤、松江、金山、青浦、嘉定、上海、崇明、宝山	500多人
第三届	1992年	嘉定	田径、篮球、乒乓球、摔跤、象棋、围棋、自行车、武术、游泳、民兵军事三项	上海县、嘉定县、崇明县等	758人
第四届	1999年	青浦	**竞赛项目:** 篮球、乒乓球、足球(五人制)、门球、保龄球、自行车载重、中国象棋、绳毽接力、桥牌、拔河 **表演项目:** 舞狮、舞龙、船拳、滚灯、简化太极拳、体育舞蹈等 **展示项目:** 木兰拳、广播操、练功十八法、腰鼓、健身舞、益寿功六项中任选三项	浦东新区、闵行、嘉定、宝山、青浦、金山、奉贤、崇明等10个区县	12 181人
第五届	2003年	奉贤	**竞赛项目:** 趣味田径、游泳、乒乓球、篮球、网球、保龄球、桥牌、中国象棋、自行车载重等	宝山、嘉定、闵行、奉贤、松江、浦东新区等10个区县	1 395人
第六届	2007年	金山	**竞赛项目:** 田径、游泳、篮球、沙滩足球、乒乓球、中国象棋、钓鱼、门球、龙舟、毽球、舞龙、自行车载重、风筝等 **展示项目:** 自选拳功操舞领导干部 **竞赛项目:** 乒乓球、桥牌	浦东新区、闵行、宝山、嘉定、松江、青浦、金山、奉贤、南汇、崇明	1 500人

三、老年人体育

【上海市老年人体育协会】

上海市老年人体育协会成立于1982年。1994年,协会第一次换届选举,下设拳操、长跑、健身操、足球、篮球、钓鱼、桥牌7个委员会。至1998年底,协会下设委员会增至拳操、健身操、益寿功、长跑、门球、乒乓球、钓鱼、桥牌、足球、篮球、游泳11个,并设置老年体育活动中心,形成协会第一级架构。第二级为24个区县局老年人体育协会,第三级为街道和乡镇级老年人体协,第四级为(村)居委会。至2010年,上海老年人体育协会组织稳定,活动有序,基层组织发展较快,建居(村)委级老年体育组织6 940个,占全市居(村)委会的73.12%,全面开展老年人健身活动。

【上海市老年人运动会】

1986年，上海市举行首届老年人运动会。1988年6月举行第二届上海市老年人运动会。进入20世纪90年代，上海分别于1990年、1993年、1996年举行第三届、第四届、第五届老年人运动会。1996年开始四年举行一次，分别于2000年、2004年、2008年举行第六届、第七届、第八届老年人运动会。

2000年，上海举行第六届老年人运动会。运动会贯彻"隆重、俭朴、祥和、康乐"和"健康第一，安全第一，友谊第一，风格第一"的方针，设太极拳、练功十八法、益寿保健操、健身操、中国象棋、祖孙三代接力赛、门球、桥牌、钓鱼、健身球、乒乓球和长跑12个比赛项目，赛程历时5个月，46个代表团5 324名运动员参赛。

2004年，上海举行第七届老年人运动会，设武术（木兰拳、练功十八法、太极拳器械）、益寿保健操（含太极柔力球、无极健身球）、健身长跑、棋类（中国象棋、围棋）、桥牌、钓鱼、游泳、乒乓球、羽毛球、网球、台球、保龄球、门球、健身自行车、民间体育（踢毽子、腰鼓、扁鼓、健身秧歌）、健身舞操（圈）、体育舞蹈（含交谊舞）、船艇（赛艇、肥仔艇、龙舟、陆上划船器）、足球、篮球、排球21个大项。全市42个代表团1 116个运动队8 434名运动员参赛。

2008年，上海举行第八届老年人运动会，以"与奥运同行"为主题，设球类、武术、棋牌、桥牌、太极拳（剑）、彩球、长跑、乒乓球、游泳、象棋、钓鱼、健身舞操、益寿保健操、25式关节操、彩巾操、练功十八法、扁鼓、花棒秧歌、交谊舞等38个项目，赛程历时3个月，46个代表团1 426支队伍13 047名运动员参赛。

四、残疾人、智障人体育

20世纪70年代末，上海残疾人体育事业逐步恢复。1980年以后，每年均举行盲人、聋哑人篮球、乒乓球、游泳、象棋等项目的单项比赛。1984年7月3日，上海举行首届伤残人运动会（1991年《中华人民共和国残疾人保障法》颁布后，更名为"上海市残疾人运动会"），并于同月13日成立上海市伤残人体育协会，此后定期举办市级残疾人运动会，各区县也分别成立残疾人体育协会，推动上海残疾人体育运动蓬勃开展。20世纪80年代起，上海市残疾人运动员还积极参加历届全国伤残人运动会（1991年《中华人民共和国残疾人保障法》颁布后，更名为"全国残疾人运动会"），屡获佳绩，其中成绩佼佼者代表中国参加多项国际残疾人运动赛事。

1984—2010年间，上海残疾人运动员代表中国参加第七至十三届残奥会，取得优异成绩。1984年6月，在美国纽约举行的第七届残奥会上，赵继红获得女子跳远B3级冠军，成绩4.9米打破该项的世界纪录。1988年10月，在韩国汉城举行的第八届残奥会上，赵继红获女子100米B3级、女子400米B3级2枚金牌。1992年9月，在西班牙巴塞罗那举行的第九届残奥会上，盲人运动员黄文涛夺得男子跳远B2级金牌。2000年10月，在澳大利亚悉尼举行的第十一届残奥会上，黄文涛在男子三级跳远F12级比赛中，以14.16米获得金牌并打破残奥会纪录。2004年9月，在希腊雅典举行的第十二届残奥会上，上海残疾人运动员获得9枚金牌、5.5枚银牌、2.5枚铜牌，破4项世界纪录和1项残奥会纪录，在中国代表团内取得金牌总数和奖牌总数第一名。2008年9月，在北京举行的第十三届残奥会上，上海30名运动员入选中国残奥体育代表团，获得14枚金牌，打破9项世界纪录。

20世纪80年代，智障人士体育运动在上海有较大发展。上海是全国开展特殊奥林匹克运动最早的地区之一。1986年，上海市弱智人体育协会成立（后改为"上海市特殊奥林匹克运动委员会"，简称"上海市特奥会"），并于当年10月举行第一届上海市特殊奥林匹克运动会。其后，市特奥会连续举办,参与人数日益增多。上海还于1996年11月8—11日举办第一届亚太地区特奥会,来自孟加拉国、印度、印度尼西亚、日本、韩国、尼泊尔、新西兰、巴基斯坦、菲律宾、新加坡、泰国、中国及中国台北、中国香港、中国澳门等15个国家和地区的44个代表团参赛,共有521名运动员参加田径、游泳、乒乓球、篮球、足球5个项目的比赛。首届亚太地区特奥会的成功举办,为上海之后申办2007年世界夏季特殊奥林匹克运动会打下良好基础。

20世纪90年代,在上海市政府及社会各界关心支持下,各级残联积极组织开展小型多样、丰富多彩的体育活动,分布在全市的20个残疾人活动中心,开设棋类、球类、桥牌和交谊舞会等30多个适合残疾人的体育项目。1991年推广盲人乒乓球和肢残人坐式排球,盲人、肢残人交谊舞等新的活动项目,全市的残疾人群众性体育活动更加广泛和普及。闸北、南市、黄浦、杨浦、静安、卢湾、青浦等区县组织田径、乒乓球、象棋、桥牌等活动和残疾人运动会。有的街道举办街道残疾人运动会,有的福利工厂因地制宜为残疾职工举行投掷、跳绳、立定跳远等项目的活动。

1999年7月20日,上海市残疾人体育训练中心开工,2000年11月24日落成。该中心集体育训练、健身、医疗、文化学习为一体,是国内首家残疾人体育训练中心。在从事竞技体育训练的同时,根据上海城市特点,该中心与高校、体育科研机构合作,开发适合残疾人生理心理特点的不同类型的群众体育项目,开展肢残人健身操、轮椅太极拳、轮椅舞蹈、盲人黑白棋、飞镖、乒乓球等60余个项目,全市残疾人参与体育运动的人数逐年增加。

2000年5月6—14日,第五届全国残疾人运动会在沪举行。运动会共设田径、游泳、乒乓球、举重、盲人柔道、羽毛球、盲人门球、轮椅篮球、坐式排球、射击、轮椅网球11个比赛大项450个小项及轮椅飞镖1个表演项目。来自全国各省、自治区、直辖市以及新疆生产建设兵团、香港特别行政区、澳门特别行政区共35个代表团(上海派出2个代表团)的1 805名运动员参赛,共有53人87次打破46项世界残运会纪录,253人471次创196项全国残运会纪录。上海一队代表团获金牌总数第一名、团体总分第二名。

2002年5月24日,国际特奥理事会在上海和华盛顿同时宣布,上海成为2007年第十二届世界夏季特殊奥林匹克运动会的主办城市。此后,上海各区县、街镇积极动员智力残疾人走出家门、参加社区特奥活动,全市特奥运动发展迅速。2007年10月1—11日,第十二届世界夏季特殊奥林匹克运动会在上海举行,这是该项盛会首次在发展中国家和亚洲地区举办。

2010年,上海世博会生命阳光馆作为世博会的组成场馆之一,在世博会期间累计接待参观人数6 126人次,被广大残疾人亲切称为“温暖之家”。负责生命阳光馆接待工作的上海市残疾人体育训练中心被上海市政府评为“上海世博工作优秀集体”。

【上海市残疾人运动会】

上海市残疾人运动会是定期举行的全市残疾人综合性运动会,初称“上海市伤残人运动会”。1984年首届伤残人运动会于7月3日在黄浦体育馆开幕,并分别在沪南体育场、南市游泳池、南市体育馆举行田径、游泳、乒乓球比赛,有12个区和青浦、上海两个县的180多名盲人、聋哑人、截肢运动员参加,其中最大

图1-2-5　2008年第七届上海市残疾人运动会开幕式

的57岁、最小的15岁。1987年,举行上海市第二届伤残人运动会,竞赛项目有田径、轮椅篮球、乒乓球、游泳,有12个区和上海县的280名运动员参加。此后,1991年、1995年、1999年、2003年、2008年分别举行第三届至第七届上海市残疾人运动会,参赛人数和比赛项目不断增多。

【上海市特殊奥林匹克运动会】

1986年10月19日,上海市第一届特殊奥林匹克运动会(以下简称特奥会)在沪南体育场举行。此后,1988年、1992年、1995年、1999年、2005年,上海相继举行第二届至第六届市特奥会,赛会参赛人数和比赛项目不断增多,并邀请中国香港、中国澳门、中国台湾地区特奥运动员参赛。如2005年第六届上海市特奥会,来自全市19个区县和中国香港、中国澳门、中国台北的4 000多名特奥运动员齐聚一堂。2009年5月26日,上海市第七届特奥会在源深体育馆开幕,来自全市19个区县的代表团共1 544名运动员,分别参加田径、滚球、乒乓球、羽毛球、男子篮球、男子足球、阳光自编操、自行车8个项目的比赛。截至2009年5月底,全市共有社区特奥训练点1 046个,参与特奥训练的运动员达5.6万人。截至2009年底,上海共举办7届市特奥会。

五、少数民族体育

上海是少数民族散居地区。20世纪80年代,上海组团参加全国少数民族运动会。1982年9月1—8日第二届全国少数民族运动会在内蒙古自治区呼和浩特市举行。全国29个省、自治区和直辖市的55个少数民族运动员和教练员1 000多人参加。由5名回族运动员组成的上海代表团作2场表演,项目中拳术有心意六合拳、长拳、太极拳3种,回北京后参加了大会组织的祝贺中共十二大召开的汇报表演。

1985年,为迎接1986年在新疆举行的第三届全国少数民族传统体育运动会,上海市民委、上海市体委积极筹备,先后两次举办上海市少数民族传统体育选拔赛,选出7名回族运动员参赛。在运动会上,上海代表团表演了心意拳、长拳、八卦掌、杨式太极拳等23个项目。

20世纪90年代,马岳梁(满族)、吴英华(满族)等人活跃在武坛。他们有的不仅在国内比赛得奖,而且出国传授武艺。1990年6月9日,上海第一个少数民族体育运动会——普陀区少数民族体育运动会在普陀区体育馆举行。普陀区少数民族有8 000多人,全区14个街道、镇和行业系统的24支代表队600余名少数民族运动员参加(有回、满、傣、土家、锡伯、白、朝鲜、蒙古等族)。年龄最大74岁,最小5岁。运动会设6项团体和6项个人比赛项目;还有一些民族体育表演项目。普陀区少数民族体育运动会是普陀区民族工作及体育活动的一大特色。1995年11月和1998年8月,普陀区两度被国家民委评为全国民族体育先进集体;2003年9月,普陀区民宗办被国家民委、国家体育总局评为全国体育先进集体。

1993年9月28日,上海市少数民族体育协会成立。成立会上,通过《上海市少数民族体育运动协会章程》,选举产生协会首届领导班子,协会地址设于南京西路595号上海武术院内。协会的主要任务是:指导和促进上海群众性少数民族体育活动,增强少数民族人民体质;举办各种学术讲座、学术讨论会,组织交流经验及举办各类竞赛和表演活动等;协同有关部门在少数民族中培养和选拔优秀教练员、裁判员、运动员,关心对优秀少年运动员的培养和选拔,参加全国和国际的竞赛,挖掘整理民族传统体育项目,收集编写有关资料。2000年12月28日,协会第二届全体大会举行,会上修改通过了《上海市少数民族体育运动协会章程》。

1991年11月10—18日,第四届全国少数民族传统体育运动会在广西壮族自治区南宁市举行。上海代表团由回族、蒙古族、满族、壮族、维吾尔族5个少数民族的25人组成,参加木球、武术两项比赛以及硬气功、滚灯两个项目的表演。上海代表团的硬气功获表演一等奖,滚灯获表演二等奖,木球队被评为“体育道德风尚奖”,上海市回民中学被评为“全国民族体育先进集体”。

1997年,第八届全国运动会在上海举行,全国46个代表团7 647名运动员来沪参加决赛,其中有467名选手来自27个少数民族,进一步促进全国少数民族体育的互相交流。

进入21世纪后,少数民族的群众体育政策不断规范化和法制化,政策体系逐渐完善,优惠政策更加细化和多样化。2003年8月28日—9月13日,第七届全国少数民族传统体育运动会在宁夏回族自治区银川市举行。8月28日,由共80人组成的上海代表团成立,参赛人数为历届之最,共参加6个项目的比赛,获得2枚金牌、1枚银牌、3枚铜牌,荣获“体育道德风尚奖。”

2007年11月10—18日,第八届全国少数民族传统体育运动会在广东省广州市举行,102人组成的上海代表团参加板鞋竞速、蹴球、射弩、珍珠球、押加、武术、陀螺7项比赛,以及骏马奔腾(徒手类民族健身操)和热巴鼓韵(器械类民族健身操)2个表演项目,共夺得4枚金牌、2枚铜牌,并获“体育道德风尚奖”。

第三章 健身设施

第一节 市政府实事工程

一、健身苑(点)

1986年,上海市政府提出要从上海经济发展战略出发来选择恰当的近期目标,每年限时完成与人民生活密切相关的十几件实事,这一工程被称为上海市政府实事工程。实事工程的启动,加快了城市建设步伐,有力推动上海群众体育和文化事业的进一步发展。

1998年,"全市新增20个社会全民健身活动场所,每个居委会有1个老年活动室"成为上海体育领域首次被纳入上海市政府实事工程的工作内容。上海市体委细化实事工程的落实模式,包括室内外结合型、街头绿地型、公园园林型和居住小区型4种模式,深受市民欢迎。首批21个健身设施年底建设完工,分布在15个区的21个街道,总面积达3.6万平方米,是上海第一批健身苑(点)。

图1-3-1 20世纪80年代的黄浦区外滩街道宁波小区健身苑点

1999年,上海新建成27个社区健身苑、911个健身点,同时配备87种共8 580件健身器材。健身苑分别为:杨浦区殷行街道健身苑、静安区静安广场健身苑、曹家渡荣庆小区健身苑、普陀区新长征健身苑、浦东新区金杨广场健身苑、潍坊街道健身苑、闸北区复元坊小区健身苑、崇明县永凤小区健身苑、闵行区吴泾文化体育中心、田林社区健身苑、康健健身苑、长宁区新华健身苑、华阳健身苑,卢湾区打浦桥健身苑,嘉定区真新新村绿地广场,南汇县周浦镇健身苑,青浦区桂花园健身苑,奉贤县南桥镇健身苑,宝山区海滨新村健身苑,虹口区广中市民健身广场,南市区半淞园健身苑,黄浦区外滩健身苑,金山区漕泾镇健身花园,松江新城区健身苑,梅山梅怡新村健身苑,上海体育馆健身广场,上海跳水池健身苑。健身点为徐汇区109个、浦东新区102个、杨浦区100个、普陀区85个、虹口区75个、闸北区64个、闵行区55个、长宁区55个、静安区41个、南市区38个、嘉定区31个、卢湾区29个、松江区23个、奉贤县23个、宝山区22个、金山区19个、黄浦区18个、青浦区8个、南汇县8个、崇明县6个。在全市范围内,与健身苑(点)建设配套推出8 500多名社会体育指导员在各健身苑和健身点开展管理和辅导。为了更好地对这些新建的健身苑(点)实施科学维护和规范管理,上海制定颁布了《上海市社区健身场所管理办法(试行)》,适用领域和主体为上海市政府实施的全民健身工程,由市和区、县及街道、乡镇共同投资,建设在社区内对社会公众开放的健身苑和健身点。

2000年,健身苑(点)的建设工作进一步细化,根据所属体系分别新建街道、乡镇级社区健身苑

42个、居委会健身点1 271个、校园健身点20个、体育场馆健身点21个。这些健身场所配备各类健身器材131种14 517件。至年底,全市的社区健身苑已达90个,居委会健身点2 181个,总面积达122万平方米。上海市政府召开“上海市社区健身设施管理工作会议”,讨论并通过《关于加强本市社区健身设施管理的意见》。

2001年,上海在“十五规划”中要求,全市100%的街道和50%的乡镇建有健身苑,居委会小型健身点超过4 000个,新建健身苑29个、健身点430个。至年底,社区健身苑(点)的覆盖率已超过40%。

2002年,上海社区体育健身设施的建设与管理逐步制度化、规范化、社会化。至2002年底,全市社区、乡镇、学校和驻沪部队共建有健身苑219个、健身点3 634个。

2004年,上海市社会体育管理中心组织力量对全市4 300多个健身苑(点)、近50 000件健身器材调查摸底,通过社会体育指导员这一网络化组织,加强对社区健身设施的管理,做到制度、职责、措施三落实,使健身设施的完好率达到96.4%。全年新建健身苑32个、健身中心1个、健身点508个,安置器材6 994件。

2005年起,上海健身苑(点)的建设逐步扩展到远郊地区,全年建成健身苑201个、健身点4 345个,健身器材总数56 547件,投资总额达3.64亿元。

2006年,全国加快社会主义新农村建设,上海将健身苑(点)的建设与社会主义新农村要求相结合,启动农村体育健身工程,建成29片农村体育健身设施、180个乡镇健身苑点。

2007年建成健身苑201个,基本覆盖街道、乡镇;建成健身点4 586个,覆盖100%的居委会和80%的村。截至2010年,全市共建成社区健身苑(点)7 741个,基本满足上海市民体育健身需求。

二、社区公共运动场

随着健身苑(点)覆盖面的不断扩大,能够满足多样健身需求的社区公共运动场被纳入上海市政府实事工程范畴。2004年,全市建成35个社区公共运动场并投入使用。2005年,社区健身设施建设有新的拓展,服务体系进一步完善。按照《上海市社区公共运动场建设总体规划》,全年新建社区公共运动场41个、各类球场112片。在抓好健身设施建设的同时,加强社区公共运动场开放管理和指导,研究制定体育设施为社区服务、实现资源共享的政府补贴办法。

2006年,上海继续推进公共运动设施建设,制定《关于加强上海市社区公共运动场建设的意见》和《上海市社区公共运动场开放管理办法》,使全市社区公共运动场的建设管理规范有序、有章可循。全年新建54个社区公共运动场,社区公共运动场共130处、各类球场共385个。

2008年,全年共完成社区公共运动场建设46处,建成各类社区体育场地130片,新增社区体育设施面积5.69万平方米。至2008年底,社区公共运动场总数达220处。2009年度上海市政府实事工程社区公共运动场建设顺利推进,全年新建社区公共运动场41处,合计新建各类运动场地94片47 500平方米。

2010年是上海世博会的举办之年,是上海体育“十一五”规划的收官之年。上海全民健身实事工程建设继续按计划扎实推进。全年共投资4 442万元,在16个区县新建社区公共运动场55处,新增体育场地面积7.65万平方米。截至2010年底,全市建成的社区公共运动场总数达316处、各类球场764片。

三、市民体质监测站

20 世纪 90 年代中期，市民体质监测标准已经形成，并建立科学评估系统。2004 年，社区市民健康体质监测站的建设首次被列为上海市政府年度实事工程项目之一。社区市民健康体质监测站分布在上海主要街道(镇)，配备先进的测试仪器和专职工作人员，开展以成年人、老年人为主要对象的体质测试和健身指导服务，宣传普及科学健身知识。全年建成 25 个市民健康体质监测站，全市的体质监测站总数达 67 个。

2007 年，上海成立市民体质监测指导中心、体质研究中心和体质监测服务中心，建成徐汇、卢湾、黄浦、杨浦、静安、浦东新区、虹口、嘉定 8 个区级中心和 84 个社区市民健康体质监测站，初步形成上海市民体质监测的三级网络。2010 年，市民体质监测站建设工作继续推进，基本达到社区全覆盖。

第二节　农民健身工程

农民健身工程是通过在农村兴建公共体育场地设施，推动包括体育组织、体育活动在内的农村体育事业全面发展的工程。2006 年，为了贯彻国家农委、国家发改委和国家体育总局 3 月联合下发的《农民体育健身工程》文件精神，丰富基层农村文体生活，满足广大农民群众就近锻炼身体的需要，上海市农委、市发改委和市体育局联合下发《农民体育健身工程》文件，提出围绕社会主义新农村建设，启动上海农民体育健身工程建设，目标是在每个村集中建设包括 1 个运动场、1 个健身点和 1 个乒乓球房(两张乒乓球桌)的体育设施，基本解决村级健身设施问题。上海经过 4 个月的努力，共投入资金 906 万元，在市郊 68 个村建成各类农村体育健身运动场 95 片(篮球场 67 片、乒乓球场 20 片、门球场 5 片、羽毛球场 2 片、健身跑道 1 条)，总面积 52 830 平方米。至 2006 年底，上海郊区农村的健身苑(点)覆盖率已达到 80%，加上新落成的农民体育健身运动场，方便农民群众就近从事体育健身锻炼。

2007 年，上海投资 3 189.6 万元在全市新建村运动场设施 332 处，其中各类球场 338 片，配套健身设施有乒乓球室 149 个、健身点 141 个、室外乒乓球台 20 个和健身房 28 个。新增体育场地面积 20.5 万平方米。2007 年全市农村运动场设施对外接待开放 46 849 人次，平均每处达 2 066 人次。其中开展各类比赛等活动 213 次，接待比赛等活动 29 463 人次。

2008 年，完成农民体育工程 431 个，新增各类农村体育场地 434 片。至 2010 年底，累计投资 9 992 万元，建成农民体育健身工程 1 033 处、设施 1 490 个，总面积 61.8 万平方米。

表 1-3-1　“十一五”(2006—2010 年)上海市新建农民体育健身工程(村运动场)统计表　单位：个

区　县	2006 年	2007 年	2008 年	2009 年	区县小计	备　注
浦东新区(包括原南汇区)	16+3	40+17	38+69	22+30	116+119	两区共建 235
闵行区	5	18	18	11	52	
宝山区	6	12	26	12	56	
嘉定区	6	27	38	30	101	

（续表）

区　县	2006 年	2007 年	2008 年	2009 年	区县小计	备　注
松江区	1	21	48	16	86	
青浦区	10	28	32	23	93	
金山区	6	74	30	2	112	
奉贤区	5	75	84	20	184	
崇明县	10	20	48	36	114	
合　计	68	332	431	202	1 033	

说明：(1) 全市提前一年完成“十一五”规划 1 000 个农民体育健身工程建设目标。(2) 农民体育健身工程以村级运动场建设为主要项目，一般都以建设简易篮球场或门球场为主，配上原先已建的健身苑(点)和乒乓球室。

2. 数据来源于《上海体育年鉴(2011)》。

表 1－3－2　“十一五”(2006—2010 年)上海市农民体育健身工程建设情况统计表

区　县	各区县行政村情况		受益行政村人口数量(人)	国家规划完成情况		地方自建完成情况
	行政村数量(个)	行政村人口数量(人)		国家规定数量(个)	已建成数量(个)	已建成数量(个)
浦东新区	421	1 204 000	833 000	70	70	235
闵行区	131	254 968	112 358	22	22	52
宝山区	107	358 010	187 369	18	18	56
嘉定区	157	421 075	270 751	26	26	101
松江区	115	498 600	374 000	19	19	86
青浦区	184	300 000	300 000	31	31	93
金山区	132	209 100	209 100	22	22	112
奉贤区	266	392 723	392 723	44	44	184
崇明县	271	430 701	181 180	45	45	114
合　计	1 784	4 069 177	2 860 481	297	297	1 033

说明：1. 全市提前一年完成“十一五”规划 1 000 个农民体育健身工程建设目标。

2. 数据来源于《上海体育年鉴(2011)》。

表 1－3－3　“十一五”(2006—2010 年)期间上海市农民体育健身工程占地及选址情况统计表

区县	占用土地性质(个)				选址情况(个)					场地器材完好率(%)
	耕地	宅基地	荒地	其他	村委会附近	学校附近	集中居住区附近	活动站附近	其他	
浦东新区	0	48	146	41	83	8	57	68	19	98
闵行区	0	22	30	0	25	0	15	12	0	100
宝山区	0	56	0	0	30	0	0	26	0	98
嘉定区	0	93	0	8	18	0	16	67	0	97.5

（续表）

区县	占用土地性质(个)				选址情况(个)					场地器材完好率(%)
	耕地	宅基地	荒地	其他	村委会附近	学校附近	集中居住区附近	活动站附近	其他	
松江区	0		0	16	15	0	10	60	1	97
青浦区	0		0	33	23	0	50	20	0	98
金山区	10	3	2	27	94	0	3	9	6	96
奉贤区	0	184	0	0	184	0	0	0	0	97
崇明县	0	5	4	35	71	0	34	9	0	98
合　计	10	441	422	160	543	8	185	271	26	97.7

说明：1. 全市提前一年完成“十一五”规划 1 000 个农民体育健身工程建设目标。
2. 数据来源于《上海体育年鉴(2011)》。

第三节　体 育 公 园

一、闵行区体育公园

2002 年 7 月 30 日，上海首座体育公园——闵行区体育公园开工建设，于 2004 年 1 月建成对外开放。公园占地面积约 53.3 万平方米，由园林、体育场馆和健身设施组成，分别由上海园林设计院和同济大学规划设计研究院设计，上海市建工集团第五建筑公司和闵行区顺达公司等单位施工，上海市建筑科学研究院和园林设计院监理，总投资约 7 亿人民币(包括征地、动拆迁和建设费用)。整座公园分为体育活动、自然休闲、生态健身三大区。体育活动区内建成可容纳 4 000 人的体育馆，由主馆、地面架空层、训练馆和体育技术培训中心 4 部分组成，占地 12 万平方米，建筑面积 4.031 3 万平方米。其中室内健身面积 1.8 万平方米，室外健身面积 8 750 平方米。培训中心拥有能供 150 人同时用餐的餐厅及可安排近百人的客房，以满足运动队训练的需要。自然休闲区分草坪、主入口林荫道、山地森林、南域风情、湿地生态、湖面六大风景区。其中湿地生态保健区分别设七彩园、亲子林、儿童自行车、林间步道、入口广场水池、卵石滩河岸、老人与青年人七大区，以适应不同年龄，不同性别人群的需要。整个区域以“三轴”“两环”“五点”景观结构，使点、线、面结合，呈现出体育特色公园主题，集人文性、亲和性、竞技性、参与性、趣味性于一体。

二、普陀体育公园

普陀体育公园于 2005 年 7 月开工建设，10 月底完成土建。公园由普陀区政府、区体育局、区绿化局共建，占地 6.7 万平方米，是普陀区内集体育设施与公园为一体的全开放式体育公园。体育公园内有羽毛球综合馆 1 座、网球场 2 片、篮球场 2 片及百米棋廊等配套设施，以高质量的体育设施、良好的运动环境、齐全的配套服务为广大市民服务。

体育公园一期以足球为特色，引入普陀区少年足球训练队，以球队训练及健身开放为基础，同时具备青少年业余训练和健身开放的功能。公园内的健身步道 24 小时对周边居民开放，方便附近居民健身。公园二期全面落实市民健身指导要求的各项工作，打造“30分钟体育生活圈”的有效载体，落实开展百姓健身房、社区居民健身锻炼指导、“快乐周末”学生素质拓展等系列活动，满足周边不同年龄层次居民的健身需求。

三、黄兴体育公园

黄兴体育公园全民健身运动中心(以下简称“黄兴体育公园”)2007年开工并完成建设，于2008年1月1日起对外开放。黄兴体育公园占地24 000公顷，由9片笼式足球场、6片篮球场、2片门球场、2片网球场和1片棒垒球场以及健身步道组成，可同时容纳300人参与各项活动，是园林化露天运动场。黄兴体育公园由上海杨浦城市建设投资有限公司投资兴建，是年度上海市政府实事工程之一，以公益性服务为主要特点。每月第一个星期一为免费开放日；周一至周五7:00—14:00为公益时段，活动项目只收取成本费用。公园聘请专业体育教练员20多人，是上海第一个聘请专业营运与教练团队的公共运动场。

第四节 全民健身活动中心

上海全民健身活动中心建设依托社区，于2003年建成殷行社区市民体育中心，2004年建成长征全民健身活动中心。社区市民体育中心设施先进，功能齐全，是国家体育总局全民健身首批试点示范工程。社区健身中心的建成，使得上海全民健身的市、区(县)、街道(乡镇)、里居(村)四级网络更完善。

2003年，全国城市体育先进社区——杨浦区殷行社区市民健身中心落成。中心占地面积2 160平方米，建筑面积1 738平方米，设乒乓球、沙狐球、桌球、健身、棋牌、理疗等锻炼项目。杨浦区按上海市体育局规划，将闲置多年的幼儿园改建为社区市民健身中心，作为小区的配套设施之一。

2004年7月20日，国家体育总局在全国布局的10个市民健身中心的试点工程之一——普陀区长征镇全民健身活动中心落成。它的建设启动于2002年8月28日，由国家体育总局体育彩票公益资金、上海市体育局、普陀区政府和长征镇政府共同投资兴建，总投资3 200万元。中心设计合理，功能齐全，位于清峪路以南、祁连山路以东、新长征花苑六街坊西北角地块，占地面积约7 900平方米，建筑面积达8 800平方米(其中地下车库1 600平方米)，是一座规模较大、设施功能较全、适宜社区不同层次群体需求的社区级体育健身活动场所，提供健身设施、健身指导、竞赛活动、健身组织、体质测试、健身教育和娱乐休闲七个方面的服务。设置羽毛球、篮球、乒乓球、台球、门球、模拟高尔夫球、壁球、室内外游泳池、棋牌、室外滑板、攀岩、跳操、健身房、飞镖、跆拳道、网吧、民俗健身活动、儿童乐园、体质测试、健身路径、体育服务咨询、理疗康复、体育书籍阅览23个项目，受到周边市民的欢迎。

2005年6月28日，由宝山区人民政府投资3 000万元兴建的通河市民健身活动中心对外开放。中心于2003年12月28日开工，占地13 000多平方米，总建筑面积4 880平方米，设有温水游泳池、健身房、乒乓球房、体操房、棋牌室、体质监测中心、休闲吧等设施，成为通河、共康地区市民健身的重要场所。

第四章　健身指导与服务

第一节　健身指导队伍

一、社会体育指导员队伍

社会体育指导员是群众体育活动中从事运动技能传授、健身指导和组织管理的专业性人才，是全民健身活动的指导组织和管理服务者，在市民科学健身活动中发挥着十分重要的指导作用。20世纪90年代，国家体育总局着手制定相关的考核制度和培养计划，1993年在全国推行社会体育指导员技术等级制度，制定《社会体育指导员发展规划》等相关鼓励政策。1994年，上海制定相应的实施细则，拟定《上海市全民健身一二一工程实施方案》，提出建立《社会体育指导员等级制度》，各区县的任务是抓好社区体育，建立一批社区体育指导站，培养建立一支社会体育指导员队伍。1995年，《上海市全民健身实施计划》再次提出要实行社会体育指导员等级制度，加强对社会体育工作者的培训考核，按照两级管理的原则，一、二级社会体育指导员由上海市体委评审，三级社会体育指导员由区县体育部门评审。上海市体委按照国家体委关于实施社会体育指导员等级制度的要求，制定了实施细则。同年，对符合一级资格的126名群体干部开展培训，合格者授予一级社会体育指导员的称号，各区县相继开办二、三级社会体育指导员培训班。1996年，上海市体委拟定《上海市社会体育指导员技术等级制度实施细则》(修订稿)，规定《制度》的实施和社会体育指导员的管理工作，实行市和区县的两级负责制。至1996年，全市形成一支300人的社会体育指导员队伍。

1997—2000年，上海社会体育指导员队伍快速发展。1997年，上海市体委审批一级社会指导员67人，各区县体委培训审批二、三级社会体育指导员3 000人。1998年，上海市体委培训审批一级社会体育指导员189人，区县培训二、三级社会体育指导员4 203人。1999年，上海组织各级社会体育指导员，加强各健身点建设。2000年，举办21期社会体育指导员培训班，培训学员1 600多名。

2001年，上海对全市各级社会体育指导员实行登记注册上岗制度，全市11 645名各级社会体育指导员实行登记注册上岗，落实“三定”(定人、定点、定责)、“五岗”(健身苑点、晨晚练点、体质测试、活动竞赛、科普宣传)。次年，社会体育指导员纳入社区管理范畴，并全部实行佩戴统一标志持证上岗，填写指导服务记录。年内举办上海市体育先进社区干部培训班，96名体育骨干参加培训。2003年，上海市成立社会体育指导员协会、社会体育指导员培训和考试中心。全年共选送19人参加国家级社会体育指导员培训，在全市培训一级社会体育指导员27人、二级和三级共982人。在静安等区推进社会体育指导员派遣制度和岗位津贴制度试点，尝试将社会体育指导员队伍纳入服务业管理序列。上海市体育局下发《关于进一步加强上海市社会体育指导员工作的通知》，提出要建立和健全市、区(县)、街道(乡镇)三级组织管理网络，将社会体育指导员管理工作纳入各级政府部门的工作职责，实行分级负责制，指导市民参加体育锻炼和科学健身，有力推动“人人运动”计划的实施。

2004—2008年，上海大力加强社会体育指导员管理，逐步推行社会体育指导员岗位津贴制度，对社会体育指导员实行分类指导和派遣服务,加快社会体育指导员职业化进程。2004 年,上海市体育局制定《上海市全民健身发展纲要(2004—2010 年)》,提出加强社会体育指导员的培训,使持有社会体育指导员资格证书人数达到全市总人口的 1.5‰。2006 年 4 月,上海建立全国第一批体育行业特有工种专业技能鉴定站,首批职业社会体育指导员正式持证上岗。同时,公益性社会体育指导员的培训和审批更加规范,覆盖更多人群。上海的社会体育指导员队伍朝着公益性与职业性相结合的趋势发展,全市开展社会体育指导员系统管理试点工作,对 12 364 名社会体育指导员重新登记,开展滑雪、健身操等项目鉴定。2007 年,全市社会体育指导员培训人数达到 4 275 人,各区县体质检测站共有 97 名监测人员参加培训。上海登记注册的公益性社会体育指导员总数达 15 462 人,全市近万支健身团队的社会体育指导员比例基本达到 1∶1。职业性社会体育指导员 197 人,涉及滑雪、健美操、网球、健美健身、游泳等项目。年内对 53 个社区社会体育指导员指导站实行评估,评选出 10 个优秀社会体育指导员指导站和 100 名优秀社会体育指导员。作为国家体育总局的试点省市,上海建立了体育行业职业技能鉴定站,开展职业性社会体育指导员的培训和鉴定发证等工作。年内对游泳、健美操、滑雪、网球、健美、空手道、保龄球 7 个项目的社会体育指导员进行职业技能鉴定并颁发证书。2008 年,上海市市民体育健身技能培训基地在卢湾体育中心揭牌。半年间,每周一至周五 7:30—9:00,面向社会体育指导员和社区健身团队骨干免费开放,以知名教师带教的形式,免费推广传统体育健身项目和新兴健身项目。至年底,全市各区、县约有 2 000 名社会体育指导员在培训基地学习培训,1.8 万人次参与培训基地组织的各项活动。

2009 年,全市共开展各级公益性社会体育指导员培训 14 批,参加培训人员达 2 266 名,同时有 2 887 人参加游泳、健美操、跆拳道、游泳救生员等项目职业技能培训和鉴定,2 530 人获得职业社会体育指导员证书。徐汇、闸北、浦东新区等区还成立了区社会体育指导员协会。

2010 年,全市 213 个社区实现社会体育指导员社区指导站全覆盖,开展各级公益性社会体育指导员培训 51 期,培训总数 4 186 人。截至 2010 年底,全市共有社会体育指导员 2.6 万余人,达到上海市常住人口的 1.5‰,921 人获得体育行业职业资格证书,成为职业性社会体育指导员。

表 1-4-1 2010 年上海市各区(县)等级社会体育指导员发展人数统计表 单位:人

	2010 年度参加培训人数					2010 年度认证总人数					至 2010 年底认证总人数				
	累计	国家级	一级	二级	三级	累计	国家级	一级	二级	三级	累计	国家级	一级	二级	三级
总　计	10 388	3	54	1 302	9 029	9 897	3	54	1 135	8 705	35 927	88	385	8 094	27 360
直属小计	4 514	3	54	542	3 915	4 514	3	54	542	3 915	14 852	88	385	4 346	10 033
地方小计	5 874	0	0	760	5 114	5 383	0	0	593	4 790	21 075	0	0	3 748	17 327
黄浦区	47	0	0	0	47	47	0	0	0	47	940	0	0	331	609
卢湾区	76	0	0	0	76	415	0	0	112	303	491	0	0	112	379
徐汇区	170	0	0	0	170	168	0	0	0	168	2 037	0	0	733	1 304
长宁区	0	0	0	0	0	0	0	0	0	0	539	0	0	418	121
静安区	132	0	0	0	132	0	0	0	0	0	534	0	0	50	484
普陀区	1 250	0	0	350	900	290	0	0	50	240	940	0	0	190	750
闸北区	106	0	0	0	106	134	0	0	0	134	1 250	0	0	8	1 242
虹口区	385	0	0	35	350	50	0	0	50	0	1 121	0	0	192	929

（续表）

	2010 年度参加培训人数					2010 年度认证总人数					至 2010 年底认证总人数				
	累计	国家级	一级	二级	三级	累计	国家级	一级	二级	三级	累计	国家级	一级	二级	三级
杨浦区	226	0	0	0	226	223	0	0	0	223	1 149	0	0	135	1 014
闵行区	380	0	0	0	380	380	0	0	0	380	1 904	0	0	0	1 904
宝山区	394	0	0	62	332	377	0	0	62	315	1 369	0	0	203	1 166
嘉定区	122	0	0	44	78	122	0	0	44	78	1 142	0	0	297	845
浦东新区	1 709	0	0	0	1 709	1 700	0	0	0	1 700	3 090	0	0	202	2 888
金山区	221	0	0	127	94	1 015	0	0	133	882	1 013	0	0	131	882
松江区	58	0	0	0	58	58	0	0	0	58	211	0	0	0	211
青浦区	336	0	0	142	194	142	0	0	142	0	1 079	0	0	401	678
南汇区	165	0	0	0	165	165	0	0	0	165	1 146	0	0	260	886
奉贤区	97	0	0	0	97	97	0	0	0	97	994	0	0	85	909
崇明县	0	0	0	0	0	0	0	0	0	0	126	0	0	0	126

说明：数据来源于《上海体育年鉴(2011)》。

表 1-4-2　2002—2010 年各等级社会体育指导员人数变化表

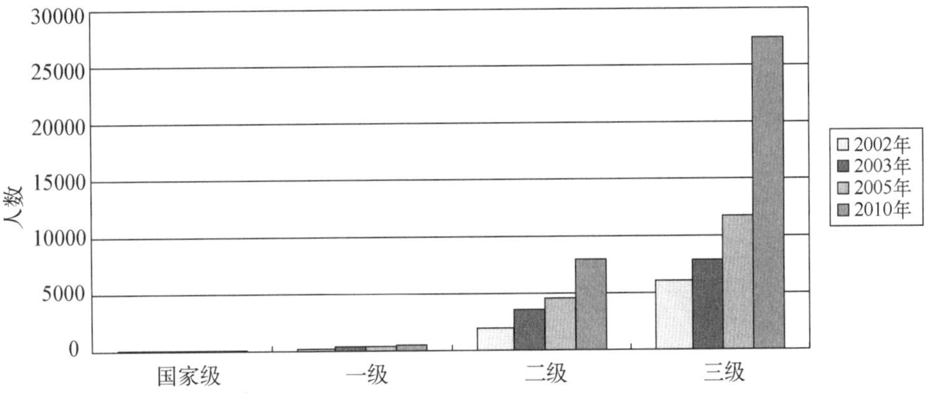

表 1-4-3　2010 年各类型各等级社会体育指导员持证人数统计表　　单位：人

公益性(业余)					职业性					合　计
国家级	一级	二级	三级	小计	指导师	高级	中级	初级	小计	
101	579	6 060	22 978	29 718	0	11	676	2 947	3 634	33 352

说明：数据来源于《上海体育年鉴(2011)》。

二、健身指导服务活动

在推进市民体育健身活动中，上海把工作重心转移到社区，不断完善健身指导、服务保障体系，不断满足市民体育健身需求。体育健身服务着重形成 6 大服务网络：健身设施服务、团队组织服务、体质监测服务、健身指导服务、体育活动服务和信息咨询服务。

1993 年,上海推行社会体育指导员等级制,体育健身服务进入一个新的阶段,为社区体育带来了生机与活力。上海各级体育部门重视社会体育指导员在社区进行健身指导服务工作,不断推出适合不同市民群体开展的新颖项目,组织教学培训,举办各类群众体育比赛,推广和普及健身项目。如具有上海文化特色的“海派秧歌”,融粗犷豪放和细腻纤巧、民族性与国际性于一体,有浓郁的民族性、艺术性、观赏性、娱乐性,受到众多市民的喜爱。

在市民体育健身服务的各个阶段,上海注重把握重点,立足社区,把工作落实做细。每年的全民健身日、市民体育健身日、全民健身节、春节等体育活动日和国家法定节假日期间,上海组织社会体育指导员对社区居民开展培训,举办各类信息咨询、技能演示、设施维护等公益指导服务活动。

2008 年起,上海实行有偿体育健身指导人员持证上岗制度。从事有偿体育健身指导服务的人员取得上海市体育行政部门颁发的执业资格证书。申领执业资格证书者必须取得由国家体育总局、国家劳动和社会保障部颁发的社会体育指导员国家职业资格证书。5 月 1 日起,从事健美操、健美、游泳、网球、滑雪、保龄球、跆拳道等 7 个项目有偿体育健身指导服务的人员执证上岗。市、区(县)文化市场综合执法机构按规定开展执法检查。

图 1-4-1　2008 年,浦东新区开展健身指导服务

2009 年春节期间,全市开设多个市民健身技能培训中心,组织一批较高水平的社会体育指导员为市民免费培训。市民可免费参加轮滑、羽毛球、排球、太极拳、扯铃等 10 多个健身项目的学习和技能培训。上海 1 万余名社会体育指导员和数百名有偿健身指导人员及各类体育志愿者,长期活跃在社区、学校、乡村,既是健身活动的组织参与者,又是科学健身的主体,同时又是体育健身设施的维护管理者,他们有较丰富的科学健身专业知识和较强的事业心,为推进科学健身做出了贡献。

同时,体育教师、教练、科研人员、医生等相关专业人员,结合自身的本职工作,参与健身指导服务,在本系统、本单位对青少年普及健身知识,帮助他们提高健身技能,参加各类健身比赛活动。在各级各类学校中,体育教师不断提高体育教育、教学质量,开展课余体育训练,组织体育俱乐部、运动队活动。上海专业运动队的资深教练、专家在有关部门、协会的组织下,深入学校、社区,指导市民开展科学健身。

第二节　社区体育配送

2009 年 3 月,上海市体育局根据关于“建立公共体育服务配送网络和信息平台”的要求,正式启动社区体育配送服务工程。社区体育配送服务旨在尽可能满足全市各区县社区、居(村)委和社会机构(组织)开展全民健身活动的需求,缓解区域、城乡差异及社会体育资源不均的矛盾,促进全社会对体育资源的统筹和个人对体育成果的共享。

2009 年初,上海市体育局筹建上海市社区体育配送服务中心,其主要功能是负责建立社区体育配送服务产品资源库，将体育健身资源集中、加工、拣选、调度和分配，包括组织开展资源招标、接受产品资源预定、编制配送计划、协调组织产品资源配送及配送服务反馈，评估、执行年度预算等，确保社区体育配送服务工作正常运作。首先是建立社区体育配送服务组织管理网络，即由社会体育指导员社区指导站（或社会各类需求配送的组织、机构等）发出需求申请，区（县）体育部门（或配送机构）审核，市配送中心批准并配送的市、区（县）、社区三级配送服务网络；其次是规范社区体育配送服务各环节的管理，举办社区配送人员培训班，修订《上海市社区体育配送服务中心配送服务具体实施暂行办法》，严格资源登记和配送申请程序管理等。同时在上海市体育局网站设立"社区体育配送网"，及时发布社区体育配送资源（菜单），根据配送服务对象对体育健身需求及资源的实际情况，采取"定期配送""计划配送""一般性（日常）配送"等形式，千方百计满足社区健身团队和人群对体育健身资源的需求。

2009 年，根据配送起步阶段的现状，主要从以下三个方面开展资源配送：一是科普教育类产品资源配送，包括科学健身知识讲座，专家下社区咨询，体育健身知识和健身项目技能光盘、音带书报（《社会体育指导员》、上海市健身地图、《社会体育指导员手册》、《东方体育日报》等）的配送；二是人才派遣，派遣海派秧歌、排舞、柔力球、彩球健身操、健身操等健身推广项目技能专家和乒乓球、羽毛球等竞技普及项目专家下社区，指导、传授技能；三是体育健身活动类产品资源配送，包括体育健身器材介绍、维修保养，健身项目辅助器材配送，社会体育指导员标志服配送，体质测试及运动处方等。配送资源经费由上海市社区体育配送服务中心、区县体育局和社区指导站共同承担。

2009 年，上海市社区体育配送服务工程共向全市各区县社区、居（村）委和社会机构（组织）配送科普类书报、杂志、手册等 7 496 册，科普类健身项目技能光盘、音带、碟片等 323 套，健身项目辅助器材 330 件（套），科普类科学健身知识讲座、咨询 44 人次，健身项目技能、技术指导、传授 79 人次，社会体育指导员上岗标志服 9 510 件。

表 1－4－4　2009 年上海市社会体育配送资源情况一览表

配送类别	配送资源	配送数量
科普类书报、杂志、手册	1.《社会体育指导员手册》	3 000 册
	2. 科学健身手册	500 册
	3. 科学健身书籍（读本）	360 册
	4. 上海市健身地图	336 册
	5.《社会体育指导员》杂志	1 150 册
	6.《东方体育日报》（有关社会体育指导员风采和社区指导站经验的报道）	2 150 册
科普类健身项目技能光盘、音带、碟片	1. 海派秧歌、气功	20 套
	2. 气功	35 套
	3. 柔力球	134 套
	4. 乒乓健身操	134 套
器材类健身项目（锻炼辅助器材）	1. 柔力球板	178 付
	2. 海派秧歌扇	152 把

(续表)

配送类别	配送资源	配送数量
人才派遣类(健身技能教练)	1. 健身技能教练下社区传授技能(海派秧歌舞、乒乓球健身操、柔力球、排舞等项目)	79 人次
	2. 普及型竞技健身项目技能传授	8 人次
科普教育类	1. 健身专家下社区讲座	32 人次
	2. 健身专家开展科学健身咨询	12 人次
服务类	为上岗社会体育指导员配置标志服	9 510 件

第三节　市民体质监测

一、体质监测机构

市民健康体质监测服务网络，是上海多元化体育服务体系的重要组成部分。2000 年，上海市成立市民体质监测领导小组，培训首批体质监测人员。次年，在上海市体育事业发展“十五”计划中，首次提出要构建市民体质监测网络，即建设市、区(县)、社区三级市民体质监测网络，并将体质监测站的建设列为上海市政府实事工程。

2005—2007 年间，市、区(县)、社区三级的市民体质监测站的建设工作不断推进与完善，并加快市民体质监测服务指导中心建设，配套完善体质监测的指导服务。2005 年新建 17 个市民健康体质监测站，并在市烟草行业推行职工体质监测试点工作。2007 年底，上海已建成市民体质监测指导中心、市民体质研究中心和市民体质监测站运营服务中心，在徐汇、卢湾、黄浦、杨浦、静安、浦东新区、虹口、嘉定 8 个区建成区级中心，建成社区市民健康体质监测站 84 个，上海初步形成市民体质监测三级网络。

【市级体质监测指导中心】

2007 年底，全市设立市民体质监测指导中心、市民体质监测站运营服务中心和市民体质研究中心等 3 个市级中心，负责监测网络的建设运行、专业化管理和相关科学研究，组织开展国民体质监测，为市民提供高质量的体质测试和健身指导服务。

【区(县)级体质监测指导中心】

2002 年，市民体质监测网络的建设工作正式启动，推进社区市民健康体质监测点建设。区(县)各设立 1 个中心，负责组织指导本区(县)体质监测各项工作的开展。中心同时配备专业人员及先进的测试仪器和设备，为市民体质测定和科学健身提供专业化指导服务，年内建成区级体质监测指导中心 1 个。2003 年，静安、卢湾两个区级市民健康体质监测中心建设完成。2007 年底，徐汇、卢湾、黄浦、杨浦、静安、浦东新区、虹口和嘉定 8 个区建成区级体质监测指导中心。

【社区市民健康体质监测站】

2002 年，建成社区体质监测站 19 个，并完成体质监测器材研制和软件的配套。2003 年，全年新建20个社区市民健康体质监测站，全市共计40个社区市民健康体质监测站。东亚集团体育实业公司、上海体育科研所、上海体育学院分别组建成立社区市民健康体质监测站服务中心、市民体质监测指导中心和市民体质研究中心，为体质监测站提供服务、咨询和指导，初步形成了市民体质监测市、区(县)、社区三级网络。

2004年，市民体质监测服务网络的建设取得突破性进展。市民健康体质监测站首次被列为年度市政府实事工程项目。同年发布《上海市全民健身发展纲要(2004—2010年)》，进一步强调建设体质监测服务网络的重要性。提出要加强体质研究和监测指导服务，建立市民体质监测服务系统，形成市民体质监测的预警机制，实施体质监控和追踪研究。全年建成25个市民健康体质监测站，至年底，全市的体质监测站总数已达67个，初步形成全市合理有序分布格局。

至2007年底，全市84个社区市民健康体质监测站，分布在本市主要的街道(镇)，社区监测站配备有先进的测试仪器和专职工作人员，开展以成年人、老年人为主要对象的体质测试和健身指导服务，宣传普及科学健身知识。2009年春节期间，全市64个社区市民体质监测站向市民开放，同时浦东新区、普陀、嘉定、虹口、静安等区完成体质监测试点工作。

二、体质监测结果

国家自2000年起启动国民体质监测工作，2005年发布《国民体质监测公告》。上海各级政府十分重视此项工作。上海市体育部门会同相关部门和区县，经常组织开展市民体质调研，特别关注青少年学生体质健康，并提出相应对策措施。根据国家统一要求，上海自2001年起，分别在2001年、2005年、2010年组织开展三次大规模的国民体质监测。其中，上海于2005年、2010年蝉联国民体质综合指数全国第一名。

【第一次国民体质监测结果】

2001年年底，上海市完成第一次国民体质监测工作，在2002年1月上海市全民健身工作会议上将调查结果向社会公布。这次监测覆盖了3～69岁的各类人群，比较完整地反映上海市民的体质状况，为全民健身的深入开展提供了科学的依据。监测结果表明，上海市民体质总体上呈现身材较高，但体格并不强壮、心肺机能水平较低、身体素质发展不均衡的特点，某些方面与理想体质仍存在一定的差距。

【第二次国民体质监测结果】

2005年，上海开展第二次国民体质监测工作。监测采用抽样调查的方法，共采集有效样本46 590份，有效数据220余万个，获得国家体育总局授予的全国第二次国民体质监测工作贡献奖。2006年，上海发布《上海市2005年国民体质监测公报》(以下简称"《公报》")。《公报》显示，上海市国民体质综合指数为106.24，高于100.75的全国平均水平，列全国首位。上海各类人群体质综合指数分别为：男性人群104.76，女性人群107.30，城镇人群107.21，乡村人群104.62，除男性人群指数列全国第二位外，其他分类指数均列全国首位。调查显示：一、上海成年人中，37%的人每天坐姿活动累计超过6小时，43.8%的人每天坐姿活动累计3～6小时，41%的人每天步行累计不到30分钟；二、防患于未然的意识不强，市民体育锻炼参与率呈两头高中间低的"U"字形分布，表明40岁左右的中年人仍是全民健身的难点人群；三、体育锻炼的效益有待进一步提高，不少中老年锻炼行为缺乏针对性,效果不理想。上海市体育局提出改善市民体质薄弱环节的对策建议:进一步增强市民的体育健身意识,改善健身活动环境,加强科学健身指导,推进全民健身的科学化进程。

【第三次国民体质监测结果】

2010年,上海完成第三次国民体质监测工作。监测的对象为3~69岁的上海市民,按年龄分为学龄前幼儿、儿童青少年(学生)、成年人及老年人4个年龄段。监测采用抽样调查的方法,全市18个区(县)均参与对幼儿、成年人、老年人3个年龄段人群的体质监测。有6个区和4所高校参与学生体质调研。总计有405个机关、企事业、学校、幼儿园、行政村作为监测调研的抽样点。监测最终有效样本量为6.05万份。根据国家发布的《2010年国民体质监测公报》,上海市2010年国民体质综合指数为106.18,高于100.39的全国平均水平,再度名列全国第一,市民体质总体良好。按照人群分类,上海女性人群指数和乡村人群指数列全国第一,男性人群指数列全国第二,城镇人群指数列全国第三。全市总体体质达标率(即达到体质"合格"以上标准的人数比例)为94.7%,高于88.9%的全国平均水平。各年龄段人群体质达标率均高于全国同龄人群平均水平。体质监测暴露的薄弱环节,集中表现在超重肥胖人数增加和体育锻炼的科学性亟待提高两方面。专家指出,人体能量摄入和消耗的不平衡是超重肥胖产生的主要原因。而在职成年人每周坚持有规律地参加体育锻炼的人较少。不少市民虽然参加锻炼,但锻炼强度过低,时间偏短,锻炼效果差。

第四节　体育场馆开放

一、学校体育场地开放

改革开放后,上海体育事业迅速恢复。在发展竞技体育的基础上,体育和教育部门重视学校体育的发展,提出"把学校体育作为全面恢复体育的战略重点"的思想,迅速使学校体育常规化、制度化和秩序化。针对中小学缺乏体育锻炼场地的问题,首先制定体育系统的体育场、馆、池向中小学生免费、优惠开放办法。在20世纪末,上海颁发《关于本市体育场馆向中小学校开放,供中小学生开展体育活动的通知》,要求全面贯彻国务院批转国家教委和国家体委制定的《学校体育工作条例》,让学生有更多的机会参加体育活动,提高学生的健康水平和身体素质。体育部门所属体育场馆向中小学校开放,并提供各种优惠。

21世纪初,体育场地不足与市民健身需求的矛盾仍然比较突出。上海市体育行政部门加强对学校体育设施开放的力度。2000年12月15日,上海市人大常委会第二十四次会议审议通过了《上海市市民体育健身条例》,规定学校应保证学生在校期间每天锻炼的时间,并加强对学生体质的监测,提高学生身体素质;明确规定公共体育场馆和学校、社区体育健身活动场地定期向市民免费开放,满足市民健身的需求;并规定违反该法规的处罚条款。随后,在《上海市体育场所管理办法》中对大专院校、中学、小学的体育设施建设作出明确规定,要求将体育场所建设列入学校发展规划。

为推动学校体育场馆向公众开放的试点工作,2006年8月6日,国家体育总局与教育部在上海召开全国学校体育场馆向社会开放试点区工作会议。北京、天津、上海、武汉、成都、长春、广州7个城市、12个(市)区、144所中小学校和13个公共体育场馆被列为第一批全国学校体育场馆向社会开放试点。上海的试点工作按照上海市委八届六次全会提出的"社区党建全覆盖、社区建设实体化、社区管理网格化"的总体目标,以及"三区融合、联动发展"的理念,探索社区公共服务设施配置、促进公共服务设施资源共享利用机制，建立“政府购买服务、市场分担风险、社会参与管理”的社区公共服务设施共享利用模式。上海首批试点中小学33所，包括18所中学、15所小学，主要集中在杨浦区和长宁区，名单如下：国和小学、国和中学、中原路小学、少云中学、复旦实验小学、同济小学、杭州路第一小学、双阳路小学、黄兴学校、打虎山路第一小学第二分校、铁岭中学、延吉初级中学、上海体育学院附属中学、杨浦区教师进修学院附属中学、延安中学、延吉第二初级中学、上海理工大学附属中学、惠民中学、市三女中、华师大第三附中、适存小学、复旦中学、番禺小学、天山中学、新古北中学、建青实验学校、安顺路小学、仙霞高级中学、辅读学校、教育学院附中、娄山中学、哈密路小学、新光中学。

2007年，学校体育场地向公众开放的范围发展到全市19个区县的1 090所中小学，占全市中小学总数的70%以上。2008年，上海尝试“政府购买服务”的模式，进一步从制度上规范和促进学校体育场地向社会开放，组织开展全市学校体育场地向社会开放工作的调研和评估。2008年全市1 100多所中小学校的体育场地不同形式、不同程度向社区开放，占应开放学校（民办学校、中外合作办学、特殊教育等学校除外）总数的80%。向社区开放的学校体育场地由上海市体育局、上海市教委统一挂牌，并在网上公布开放情况。截至2009年底，全市已有1 100多所中小学校的体育场地以不同形式向社区开放。至2010年，12个学校和2个公共体育场馆被评为全国学校体育场地开放先进单位，体育场地向社会开放实现全覆盖。

二、公共体育场馆开放

上海在建设体育场地设施同时，注重依法管理，规范管理，鼓励区县、社区和学校做好开放服务，实现资源共享，为全民健身提供场地服务保障。

20世纪90年代初，上海逐步推进体育场馆开放。1994年，上海市体委成立场地开放工作小组，召开体育场馆开放现场会，发布《上海市体育场所管理办法》，拟定《上海市游泳池（场）管理条例》。1995年，上海组织两次较大规模的宣传活动，进一步宣传体育场所管理办法。1996年，上海颁布《上海市公共体育场所开放规定》以及《上海市公共体育场所考核标准（试行）》，规定在节假日期间公共体育场馆应向市民开放。在市和区县体育部门的共同努力下，至1997年，全市61所公共体育场馆全部向社会开放，开放时间从6小时逐步延长，各场馆在双休日、节假日增加开放时间，开放项目30余项。在开放过程中，全市公共体育场馆注重社会效益。虹口体育馆、嘉定体育馆主动退出商业经营，把体育场馆真正用于为社会健身活动服务；上海体育馆训练比赛任务多，因此开辟羽毛球场、小足球场、篮球场、拳操角等场地；闸北体育馆注重健身服务；松江体育场因举办第三届全国农民运动会，将新建的体育场供群众健身，并为群众健身提供器材和优质服务。

1998年，上海市体委对全市20个区县46个公共体育场馆的开放工作开展调查研究，完成《规范体育场馆开放、促进两个文明建设——关于上海市公共体育场馆开放管理现状的调查和建议》调查报告。全市公共体育场逐步以公益性为主，努力为市民健身服务。1999年，上海颁布《上海市室外公共场所体育健身活动暂行规定》，进一步明确室外公共场所，包括广场、人行道和绿化地带等，必须做好开放服务工作。

2001年6月10日，为迎接首个市民体育健身日，上海市体育局群体处、法规处和上海市体育场馆协会组织有关部门及媒体对部分公共体育场在健身日免费向市民开放的情况开展检查。2002年，上海发动群众团体、体育协会、体育场馆，以及街道（乡镇）居（村）委会共同组织市民体育健身日、全民健身节、社区健身大会等全市性的大型健身活动。全市54个公共体育场馆全年全天候向市民开放，增加开放项目，延长开放时间，并提供优惠服务，吸引更多市民参加健身锻炼。2009年春节期间，全市54所公共体育场馆、220个社区公共运动场、700多所中小学校向市民开放。其中，1月28日即农历年初三，社区公共运动场免费向市民开放。上海市体育局官方网站及时提供、更新各公共体育场馆开放、优惠信息。年内结合迎世博600天行动，启动上海市迎世博公共体育场馆服务日活动，完成上海体育馆、上海游泳馆等12家直属场馆环境综合整治。至2010年，上海体育场馆公益开放形成制度、成为常态，为市民体育健身提供场地保障。

表1-4-5 2004年上海市第五次场地普查体育场地对外开放情况统计表

单位：个

所属系统	标准体育场地				非标准体育场地			
	不开放	部分开放	完全开放	合 计	不开放	部分开放	完全开放	合 计
体育系统	135	75	117	327	12	12	29	53
教育系统	2 773	1 056	128	3 957	1 011	353	61	1 425
高等院校	866	147	46	1 059	66	8	5	79
中专中技	137	52	5	194	87	18	1	106
中小学	1 742	847	72	2 661	814	306	27	1 147
其他	28	10	5	43	44	21	28	93
其他系统	748	482	937	2 167	938	482	5 076	6 496

说明：数据来源于2004年上海市第五次体育场地普查。

表1-4-6 2006年上海市社区公共运动场开放情况统计表

区县	运动场处数	街镇拨款处数/总金额	管理总人数	月均工资	管理支出处数/总金额	门票收入处数/总金额	日均开放时间	比赛等总次数/总人数
黄浦	4处	1处/12万元	21人	1 110元/人	3处/148万元	1处/4万元	13小时	23次/5 360人次
静安	1处	1处/0.2万元	2人	600元/人	1处/1.6万元	0	14小时	3次/180人次
卢湾	2处	0	4人	750元/人	0	1处/1万元	8小时	9次/300人次
虹口	4处	2处/3.4万元	8人	630元/人	1处/2.2万元	2处/4万元	10小时	46次/1 180人次
闸北	5处	0	10人	830元/人	4处/7.1万元	3处/2万元	10小时	18次/5 070人次
徐汇	8处	8处/45万元	27人	780元/人	8处/34万元	0	12小时	34次/10 490人次
长宁	4处	4处/74.5万元	32人	950元/人	4处/81万元	2处/7万元	14小时	18次/6 230人次
普陀	2处	2处/1.5万元	3人	730元/人	1处/2万元	0	12小时	22次/200人次
杨浦	3处	0	4人	930元/人	3处/9.5万元	3处/7万元	8小时	3次/350人次
浦东	8处	5处/12.9万元	11人	1 040元/人	8处/8.5万元	0	10小时	5次/180人次
闵行	3处	1处/7.5万元	24人	1 200元/人	3处/66.7万元	2处/50万元	11小时	17次/8 800人次
宝山	9处	6处/7.1万元	39人	770元/人	9处/21.2万元	6处/18万元	11小时	35次/1 030人次
嘉定	5处	1处/2万元	14人	900元/人	5处/3.3万元	4处/3万元	10小时	33次/5 200人次
松江	4处	4处/17.5万元	13人	960元/人	4处/23.5万元	2处/1.7万元	12小时	4次/420人次

（续表）

区县	运动场处数	街镇拨款处数/总金额	管理总人数	月均工资	管理支出处数/总金额	门票收入处数/总金额	日均开放时间	比赛等总次数/总人数
青浦	3处	1处/10万元	6人	1 350元/人	1处/14万元	2处/7.9万元	9小时	8次/700人次
金山	5处	5处/4万元	57人	600元/人	5处/198.3万元	0	13小时	11次/150 140人次
南汇	4处	2处/5万元	8人	860元/人	4处/9.2万元	0	7小时	22次/2 500人次
奉贤	3处	3处/3万元	3人	600元/人	3处/0.4万元	0	6小时	28次/390人次
合计	76处	46处/205.6万元（4.5万元/处）	286人	866元/人	67处/630.5万元（9.4万元/处）	28处/105.6万元（3.8万元/处）	10.6小时	339次/198 990人次（587人/次）

说明：数据来源于《上海体育年鉴（2007）》。

三、夏季游泳场所开放

20世纪90年代起，上海提出《关于搞好今夏游泳池（场开放工作）的通知》，明确“加强管理，提高效益”的指导思想，切实做好安全开放工作，努力提高服务质量，改善活动环境，为广大游泳爱好者提供一个文明舒适的活动场所。各区、县体委对所属的基层游泳池（场）开放工作进行检查、监督和指导，提出优良服务要求，重点突出安全和卫生。上海市人大每年组织1～2次的视察调研和执法检查。体育部门经常对公共体育场地的使用和开放进行执法检查和监督，并联合公安、卫生、教育、质检、文化执法等部门，加强对开放期间的监督和执法检查，确保市民生命健康和安全。对侵占体育场地设施、游泳场所开放服务不规范的单位进行通报批评、行政处理，使体育市场更加规范有序。1990年夏季，上海全市共开放127所游泳池、2所海滨游场和近百个娃娃池，游泳人次比1989年翻了一番。

1990—1995年的《上海市体育工作“八五”规划》提出，动员全市体育场馆池为学校贯彻《学校体育工作条例》服务，拟订一系列配套服务和优惠政策。

进入21世纪，上海市体育局重视夏季游泳场所开放工作，发挥夏季游泳场所开放联席会议的协调管理作用，全市每年开放的游泳场所总体呈上升趋势。同时开展游泳培训班和“人人运动，学会游泳”等活动，在青少年儿童中普及游泳运动。2003年，由于“非典”的蔓延，上海加强对全市公共体育场馆、经营性体育场所、社区健身苑点等健身场所的卫生监督和检查。至2010年夏季，全市共474家游泳场馆对公众开放，接待泳客840余万人次。122家中小学生学游泳指定场所举办培训班16 284期，培训283 836人次，达标人数59 325万人次。

图1-4-2　执法人员检查泳池水质

上海市体育局会同卫生防疫部门开展调查研究，于2005年制定发布了《上海市游泳场所开放服务规定》和《上海市游泳场所开放服务督导办法》。两个规范性文件依据国家法规和国家有关体育场所标准。强调指导服务和督察检查,使夏季游泳场所开放纳入法治管理、规范服务轨道。《服务规定》遵循依法管理、属地管理和法人管理的原则,实行分级管理、各司其职、各尽其责的管理方式。上海市游泳场所夏季开放管理服务工作联席会议由上海市体育局、市教委、市公安局、市卫生局、市质量技术监督局、市旅游局和市文化市场行政执法总队等单位参加,负责对全市游泳场所的夏季开放管理服务的指导、协调、审核和监督;联席会议成员单位依法组织开展行政执法检查。市社会体育管理中心负责联席会议工作的具体落实。各区县相关联席会议成员负责辖区内游泳场所开放的领导和监督,推进各项制度的落实。各游泳场所负责落实各项管理要求。市体育局与各区县体育局、各区县体育局与辖区内所有游泳场所要分别签订《游泳场所夏季安全开放责任书》,明确责任事项、履责要求和责任追究办法,开放服务质量和效益逐年提升,受到社会好评。

第五章　健 身 组 织

第一节　市级管理机构

一、上海市全民健身领导小组

1995 年，国务院颁布《全民健身计划纲要》，上海颁布《上海市全民健身实施计划》，上海市政府批准成立“上海市全民健身领导小组”，由上海市领导任组长，上海市各相关委、办、局的分管领导参加，对全民健身计划的实施作出部署、检查监督和工作决策。同年，上海市体委按照国家体委关于实施社会体育指导员登记制度的要求，制定实施细则。

二、上海市体育局群众体育处

1978 年以后，上海市体委设有群众体育处，在群众体育方面发挥了宏观管理及指导服务作用。2000 年，上海市政府批准上海市体育运动委员会改为上海市体育局，下设 7 个职能处(室)。其中，群众体育处的主要职责为制订全市群众体育工作的发展规划和有关制度，负责实施国家体育锻炼标准，组织、指导国民体质测定工作；指导、协调全市各部门、行业、社会团体实施《全民健身计划纲要》；指导和推动社区体育及学校体育、职工体育、农村体育等社会体育的发展；负责全市群众体育先进的评比表彰工作和社会体育指导员等级审批工作；会同有关部门指导、协调全市性及参加全国性的大中学生、职工、农民、少数民族、残疾人等体育竞赛。上海市体育局对局机关机构进行改革，切实贯彻管办分离，将群体处承办大型活动及相关运动会的职能下放，进一步理顺群体处与社会体育管理中心的工作职责，各司其职。

三、上海市社会体育管理中心

1994 年 2 月，上海市社会体育管理中心成立，位于静安区南京西路 591 弄 3 号。中心下设办公室、项目部、活动部和管理部，共有职工 20 人。上海市社会体育管理中心是上海市体育部门为规范和加强管理社会各类经营性和公益性体育场所、社区体育健身场所而设立，主要有五大职能：执行社区公共体育健身设施管理事项，执行高危险运动场所中游泳场所管理事项，执行经营性健身场所从业人员持证上岗日常监管事项，执行社会体育活动的策划、组织和管理事项，执行公益性体育服务事项。

中心成立以后，面向社会、服务社会，大力推广科学健身方法，组织开展各类科学健身活动，在全民健身中发挥了积极作用。

四、上海市健身气功管理办公室

1990 年，上海市体委颁布《上海市健身气功暂行管理办法》，明确上海市健身气功管理办公室是上海市体委领导下的管理机构,具有统一管理本市医疗气功以外的各类健身气功活动的职能。上海市健身气功管理办公室挂靠上海市社会体育管理中心,并与市有关部门配合,依法依规管理健身气功活动。

五、上海市社会体育指导员协会

上海市社会体育指导员协会成立于2003年,是全国第一家由社会各界人士参加、发动社会力量组织的体育指导员协会。协会的成立标志着上海社会体育指导员队伍已逐步形成行业化管理体系。与此同时,上海市社会体育指导员培训中心和考试中心挂牌。培训中心负责培训一级社会体育指导员,并组织、审批各区县二、三级社会体育指导员的培训工作;考试中心负责对上海一、二、三级社会体育指导员考核,为成绩合格者颁发上岗资格证书。

第二节　区县管理机构

上海各区县政府按照职能,结合地区特点,在区县体育部门设置专门管理群众体育事业的机构。

黄浦区体育局设群众体育科,负责指导和检查全区街道、企事业单位及社会团体的体育工作;推行全民健身计划,指导开展群众性体育活动,加强体育公共服务,促进多元化体育服务体系的建设;监督实施国家体育锻炼标准,组织实施国民体质测定工作,推动社会体育指导员队伍建设。

卢湾区体育局设群体科(卢湾区社会体育管理办公室),制订群众体育发展规划、工作计划和总结;负责并监督实施《国家体育锻炼标准》《学校体育工作条例》,组织指导国民体质监测工作;指导和检查机关、学校、社区、企事业单位的群众体育工作;协调各部门、行业、社会团体执行《全民健身计划纲要》和《上海市市民体育健身条例》;抓好社会体育指导员的管理工作;负责区体育总会秘书处的工作;负责群众体育工作的评选和表彰工作;负责对区内体育场所的指导、服务;加强对经营性体育场所日常管理和行政执法;负责健身气功管理与执法工作。

徐汇区体育局设群众体育科,负责指导和检查各场所体育工作,指导配合各部门和社会团体认真落实国务院颁发的《全民健身条例》和《全民健身计划纲要》,做好学校、企事业等单位的体育工作;指导和协调推进社区公共体育运动场地建设,落实社区健身苑点建设管理,做好健身器材安全使用长效管理;稳步推进学校体育场馆向公众开放工作,大力开展阳光青少年体育活动,有效落实青少年全面健康成长的工作目标;开展丰富多彩的群众性体育活动,稳步增强群众健康体质;积极承办和参加各类群众性体育赛事活动,构建便民利民的体育公共服务体系,组织和指导国民体质测试工作。

长宁区体育局设社会体育管理科,区内有社会体育管理中心,负责贯彻《国家全民健身纲要》和《上海市市民体育健身条例》,指导各级群众体育组织有计划地实施全民健身计划纲要,组织、指导、协调、监督全区各行业各系统各部门开展群众体育活动,推动体育社会化,管理社会体育组织,培训体育骨干,不断扩大体育人口,增强人民体质。

静安区体育局设社会体育管理科,区内有社会体育管理中心,主要有五大职能:执行社区公共体育健身设施管理事项,执行高危险运动场所中游泳场所管理事项,执行经营性健身场所从业人员持证上岗日常监管事项,执行社会体育活动的策划、组织和管理事项,执行公益性体育服务事项。

普陀区体育局设群体科(社会体育管理办公室),负责编制、实施区域全民健身发展规划及各类群体工作制度、管理办法;负责群众体育工作研究、探索;负责社区健身苑(点)网络管理、社区公共运动场更新保障及“百姓健身工程”建设与保障；负责社区体育俱乐部的发展与管理、群众性特色健身项目培育、发展及单项体育协会的业务指导及管理；负责区域全民健身品牌活动的打造，会同相关部门、单位开展各类健身活动及组织参加全市及以上重要的健身活动；负责社会体育指导员队伍建设并开展市民体质监测与运动干预。

闸北区体育局设综合科，综合科负责年度工作计划，抓好体育设施管理与开放（包括夏令游泳场所开放）工作，确保开放安全。区体育局统一管理全区的群众体育工作，指导开展群众性体育工作、市民体质测试和指导基层社会体育团体的发展工作；抓好体育设施管理与开放工作，为市民提供优良服务，确保开放安全。区内有社会体育管理中心。

虹口区体育局设社会体育管理科，负责指导和检查全区学校和街道的群众体育工作；执行《全民健身计划纲要》和《上海市市民体育健身条例》；负责实施《国家体育锻炼标准的施行办法》；组织、指导国民体质监测工作。

杨浦区体育局设群众体育科，负责统筹规划群众体育发展，推进全民健身计划；完善全民健身的组织机构和工作网络，指导开展群众性体育活动；负责实施国家体育锻炼标准，组织指导国民体质测定工作；组织指导社会体育和健身气功的开展；整合区域内各类体育资源，满足广大市民健身的需求；指导协调公共体育场馆和社区公共运动设施的建设与开放。区内有杨浦区体育活动中心，坚持公益性向市民开放。

闵行区体育局设群体科，负责组织、指导本区国民体质测定与干预工作，支持和发展群众体育、学校体育，指导、监督、服务行政区域内的体育工作，全面实施《全民健身条例》；指导基层做好群众体育竞赛工作，组织参加和承办全国、市级、区级各类群众体育竞赛活动。负责社会体育指导员的推荐申报工作；负责区级各类群众体育竞赛的申报登记工作；负责社区体育俱乐部、社会体育指导员指导站建设和管理；负责对健身气功站点建设和管理；对区级体育社会组织业务指导，组织开展协会活动，发挥体育总会和单项体育协会的作用；会同有关部门，将体育设施规划纳入城市发展总体规划之中，逐步建设和完善各类体育设施，指导检查公共体育设施、学校体育场地向社会开放，加强各类经营性体育场馆的指导和管理。

宝山区体育局设群体科，负责指导和协调全区各部门、各系统积极开展体育活动，推动体育社会化，增强人民体质；组织、指导国民体质测定工作；组织开展体育竞赛活动，承办、举办市级、区级的各类体育活动；协同有关部门做好体育场地设施的开放管理；指导区体育总会、协会等群众性体育团体工作。此外区内还有宝山区体育事业管理中心、宝山体育中心等单位配合管理全民健身工作。

嘉定区体育局设社会体育管理科，负责依据相关法律、法规、政策，推进全民健身计划，指导和推动社区体育、职工体育、农村体育等社会体育的发展；组织协调社区体育场地、设施的布局和建设，指导全区公共体育场所的开放，依法管理体育市场；负责组织群众性体育比赛，承担群众性区级赛事的组织管理，会同有关部门组织好全国性比赛；依法管理和推进社会体育指导员和健身团队的建设；负责本区社会体育团体的管理和业务指导工作。此外，嘉定体育场、嘉定体育馆负责维护好场地设施，为全民健身活动提供场地服务，向社会开放乒乓球、篮球、门球、游泳、羽毛球等项目场地。嘉定区社会体育管理中心负责拟定全区社会体育活动及群众性体育竞赛年度计划并组织实施；负责健身气功、社区体育场所开放、体育社团、健身苑点、社会体育指导员的日常管理；指导全区开展市民体质监测；开展健身知识社区宣传工作；负责健身项目的培训推广等。

浦东新区体育处隶属浦东新区教育局，体育处下设群体科和体育管理指导中心，负责实施《全民健身计划纲要》，组织、指导、协调本区群众体育工作，负责区级体育社团的资格审查和业务指导，统筹社区健身设施的规划、建设、管理,健全全区群众体育工作网络。

南汇区体育局设社会体育管理科,2009年南汇区并入浦东新区,负责加强对体育健身场所,特别是游泳场所安全开放服务管理,组织社会体育指导员等有关人员进行培训,推广健身气功新功法等,为全民健身活动营造文明、和谐的氛围。

奉贤区体育局设社会体育管理科,负责群众体育和体育执法工作。制定全区群众体育的发展规划和实施计划,推进社区健身设施的建设,组织指导国民体质测定及社会体育指导员和体育项目技术培训;负责本区中小学生身体锻炼达标工作;负责本区经营性体育场所的开放管理工作,依法执行体育场所的办证和管理;负责协调群团组织的体育活动,加强对社会体育团体的管理和业务指导工作;加强对健身气功的规范和管理。

松江区体育局设群众体育科,增挂社会体育管理办公室牌子。负责制订本区群众体育工作的发展规划和有关制度,组织、指导国民体质监测工作;贯彻落实《全民健身条例》,指导、协调本区各部门、行业、社会团体实施《全民健身计划纲要》和《上海市全民健身发展纲要》;指导和推动社区体育、职工体育、农村体育等社会体育的发展;依法对本区各健身气功站点和体育健身场所的开放进行监督和管理;负责全区社会体育团体监督管理和业务指导工作;负责全区各项健身设施的规划和建设;负责全区群众体育先进的评比表彰工作和社会体育指导员培训和等级审批工作;会同有关部门指导、协调,举办全区性各项体育活动和竞赛,组织参加上级部门举办的职工、农民、少数民族、残疾人等体育活动和竞赛。

金山区体育局设群众体育科(行政审批科),下属金山区体育中心、金山区社会体育管理中心二个事业单位,负责制定本区全民健身工作计划;做好举办、承办、协办市级(以上)群众性体育比赛的组织协调工作;指导、检查镇、街道、工业区体育工作,推行全民健身计划,指导开展群众性体育活动;负责实施国家体育锻炼标准,组织、指导镇、街道、工业区国民体质测定工作;组织指导社会体育和健身气功的开展;指导检查公共体育场地设施的开放管理;举办健身气功活动及设立站点、社会体育指导员培训等业务。

青浦区体育局设群众体育科,负责制订本区群众体育工作的发展规划和有关制度措施,指导和推动青少年体育、职工体育、农村体育及其他社会群众体育的发展;指导和协调全区各部门、行业、社会团体实施《全民健身条例》;负责全区社区公共体育健身设施的规划、建设、管理及群体先进的评比表彰工作;负责本区体育健身团队、社会体育指导员的发展和指导工作;普及和推广科学健身方法,抓好体育特色项目推广工作,广泛开展全民健身运动,满足群众体育健身需求;负责学生体育锻炼,青少年体育俱乐部、学校体育设施向社会开放服务等工作;负责全区性群众体育竞赛活动。

崇明县体育局设群众体育科,负责实施《全民健身计划纲要》;组织、指导全县国民体质测试工作,支持和发展群众体育、学校体育事业,指导和检查全县的群众体育工作;组织和开展各类体育竞赛活动;负责县级体育社会团体的资格审查和业务指导;发挥体育总会和单项体育协会的作用。崇明县社会体育管理中心具体实施全民健身的管理服务。

第三节　社区体育及组织

一、社区体育发展

1997年起,上海加强社区体育健身设施建设。此后多年被上海市政府列为与市民群众密切相关的年度政府实事工程，取得了丰硕成果。1998 年，国家体育总局在上海召开全国省区市体委群体处长工作会议，总结推广上海等省市全民健身工作的经验，向全国提出建老百姓身边的场地，抓老百姓身边的组织，办老百姓身边的活动，后被称为全民健身“三边工程”，成为上海社区体育的重要转折点和一大亮点。

2000 年 12 月，上海市人大常委会审议通过《上海市市民体育健身条例》。这是中国首部地方体育法规，而且以“市民体育健身”为法规名称，更加突出市民在全民健身中的权利、义务，并规定了政府和其他组织的职能、义务，为全民健身活动提供了法规保障，也为社区体育服务、创新发展营造有利的法治环境。

上海市委、市政府重视社区工作，创新社区治理，加强基础建设，把社区文化、教育、卫生、体育等服务事业，列入社会主义精神文明建设重要内容，并作为文明城区、区县及街道、乡镇工作的考核指标。为此，上海体育部门确定“优先发展社区”的总体思路，将其作为全市全民健身起步和发展的重要抓手。随着改革的深化，体育部门从“小体育”向“大体育”转变，把“办体育”变为“管体育”，积极发挥街道、乡镇的作用，扶持社区体育组织。先后提出“体育生活化、生活体育化”“体育园林化、园林体育化”，以及“体育是民生、体育是文化、体育是精神”，提升了社区体育的地位和能级。

社区体育服务内容创新。2000 年以后，上海基本形成全民健身周、全民健身节和社区体育健身大会等 3 大品牌活动，每年约 400 万人次参加。在此基础上，上海不断创新社区体育活动内容，结合“人人运动，学会游泳”，每年夏季做好游泳场馆的开放服务，鼓励社区游泳场所、单位向社区居民开放，每年约 700 万人次参与游泳活动。

图 1－5－1　2006 年开园的黄浦区九子公园

在社区体育实践中，上海注重挖掘、传承和引进创新富有海派特色的社区体育活动。黄浦区南京东路街道承兴居委会创建了全市首条健身弄和具有民族特色的“九子公园”。浦东新区陆家嘴社区的“海派秧歌”，在上海和全国部分城市展示汇演中受到好评。上海原创的练功十八法、木兰拳、排舞等活动，遍及全市社区、公园及广场、绿化带，成为中老年健身活动的主要项目。同时，上海积极引进或组织国际性全民健身赛事，如世界著名在华企业健身大赛、市民健康跑、苏州河国际龙舟赛、东方明珠广播电视塔迎新登高活动等，为城市居民搭建学习、交流和展示的大舞台。

社区体育服务管理创新。随着城市经济和社会的发展，上海文化、教育、体育等部门更新观念，转变职能，推进社区工作深入发展。体育部门在做好规划编制、宣传引导、法规监管的同时，着重强调社区的公共服务，重点做好运动设施、团队组织、健身指导、体质监测、体育活动、信息咨询 6 项公共服务项目，使之融入社区，惠及居民。

二、社区体育组织

2004 年，国家体育总局下发《关于开展创建社区体育健身俱乐部试点工作的通知》，上海开始筹建一批扎根于街道办事处或社区居委会的公益性群众体育组织。不断扩大的社区健身俱乐部，除了组织举办各类社区赛事、协调体育场所的设施开放管理外，还协助做好社会体育指导员管理、市民体质监测数据采集、体育配送服务等相关事务，基本解决了全民健身工作计划方案和措施的落地落实问题。

在社区体育发展中，各类体育协会、体育社会组织发挥了重要作用。体育社团组织加快改革，打破行业、行政区划的壁垒，把工作重心转移到社区，并不断增强自我生存、自我发展、自主管理能力，推进社区的全民健身活动。同时，原有的社区健身团队在街道、乡镇有关部门的扶持协调下，加强相互的支持合作，实现健身资源共享。

上海市、区县体育部门注重社区的体育组织、团队建设，鼓励建立小型多样、立足社区、服务市民的各类健身实体。20 世纪 90 年代以后，社区体育俱乐部逐渐发展。2010 年，上海新建 20 个社区体育健身俱乐部，包括卢湾区淮海中路街道体育健身俱乐部、虹口区欧阳路街道体育健身俱乐部、浦东新区高桥镇体育健身俱乐部、普陀区甘泉路街道体育健身俱乐部、普陀区石泉社区体育健身俱乐部、闸北区宝山路街道体育健身俱乐部、闸北区芷江西路街道体育健身俱乐部、闸北区彭浦镇体育健身俱乐部、青浦区夏阳街道体育健身俱乐部、青浦区盈浦街道体育健身俱乐部、青浦区赵巷镇体育健身俱乐部、青浦区朱家角镇体育健身俱乐部、金山区亭林镇体育健身俱乐部、金山区朱泾镇体育健身俱乐部、金山区漕泾镇体育健身俱乐部、奉贤区四团镇体育健身俱乐部、奉贤区柘林镇体育健身俱乐部、崇明县陈家镇体育健身俱乐部、崇明县向化镇体育健身俱乐部、崇明县城桥镇体育健身俱乐部。至 2010 年，社区体育健身俱乐部达到 108 个。

社区健身团队超过 1 万余支，经营性的体育健身组织迅速发展。这些健身企业、实体与体育协会联手，开展指导服务，吸纳市民参与健身，形成了全覆盖立体式的群众健身组织网络。体育等部门协调社区内的单位、体育场所和其他体育组织、健身团队，进一步开放体育场所，举办各类小型赛事、展示活动，共同做好社区健身指导服务，社区的全民健身活动日趋生活化、大众化、科学化。

2008 年，北京奥运会举办。全市响应“全民健身与奥运同行”的倡议，大力开展全民健身活动，社区体育管理迈上新台阶。2010 年，上海举办世博会，为迎接世博盛会，上海全市动员，全方位开展城市社会治理、环境整治，推进城市文明建设。上海体育部门和各类体育社会组织，践行世博会“城市让生活更美好”的理念，提出“体育，让生活更精彩”的思路，大力开展全民健身活动，提升社区体育工作管理水平。根据上海市政府部署，上海市体育局成立了迎世博工作领导小组及办公室，对接市政府有关部门，协调体育系统有关工作，重点做好舆论引导宣传、体育场所开放服务和环境整治工作。针对体育系统实际，上海市体育局做好体育场所周边违章建筑、违规广告、无证照经营单位的拆除、劝退租赁，并抓好内部环境的清洁美化，提升开放服务水平。在清理整治中，上海市体育局改变管理方式，依靠区县、社区力量，特别是社区体育组织力量，依法依规做好清理整治工作。针对体育彩票销售亭(点)无序设置、违规占路(人行道)和信鸽棚舍违章搭建，饲养信鸽扰民、污染小区环境等问题，上海市体育局组织人员，按照有关法规、规章，起草下发具体实施办法，全力开展整治工作。至世博会举办，全市体育彩票销售亭(点)全部入室入户，基本消除违规占路现象。小区信鸽的扰民、污染问题，基本得到解决。上海市体育局系统迎世博工作把重心移到社区，紧紧依靠社区各类体育组织，得到了上海世博局、世博筹办指挥部门的肯定，体育场所面貌改变，社区环境得到优化。

三、“一区一品”特色项目

2008年，上海各区县在做大做强“一区一品”精品体育赛事的同时，以“全民健身与奥运同行”为主题，根据各自特点和传统优势，在“一街(镇)一品”健身品牌的基础上，组织一个或多个特色健身团队，在全市乃至全国进行交流、比赛，逐渐形成了一批有特色的健身项目——“一区一品”特色健身团队。上海共有19个区县，各区县的健身团队各有特色。

黄浦区外滩街道拳操队活跃在辖区各居委会，是一支不可或缺的富有特色的体育健身团队和表演团队。

卢湾区门球协会门球队已经成为卢湾区的品牌队伍，协会门球队成立以后，始终秉承健身、友谊、文明、和谐的优良传统，不断组织和发展门球运动。早在1985年卢湾区就举办第一届全国门球教练员培训班。

徐汇区天平街道排舞队由一群充满活力的社区中老年居民组成，2005年成立，多次在各项比赛中摘金夺银。

长宁区新泾镇是全国健身球之乡，自1998年开展健身球活动至今，全镇参与健身球活动人数已有1 000多人，新泾镇健身球队多次获奖。

静安区江宁街道扯铃队成立于2007年4月，是一支技艺精湛富有特色的健身队伍。

普陀区长风社区中老年手杖健身操有着广泛的群众基础。长风手杖健身操队自2004年组建以来，在全国、市、区的比赛中成绩优异，尤其在上海市第十三届运动会手杖操比赛中展现了很强的实力，获得多枚金牌，成为长风社区全民体育健身的新标杆，2007年荣获“普陀区旗舰健身团队”称号。

闸北区大宁排舞队成立于2004年底，是在社区健身舞爱好者挑选和自愿参加相结合的基础上建成的，队员来自大宁社区各个行业。

虹口区“25式”关节保健操健身团队是虹口区江湾镇街道的一支中老年健身队伍，队员已发展到50余人。曾在2006年度区运动会“25式”关节保健操比赛中夺得金牌。

杨浦区五角场社区时装队成立于1999年。多年来，时装队活跃在社区的舞台上，丰富社区文化生活，展现中老年特有的美。

闵行区七宝镇柔力球运动广泛开展，已形成一定规模和特色，在全市乃至全国比赛中获得佳绩。宝山区吴淞社区(街道)健身腰鼓队成立于1997年，曾多次代表区、街道参加健身活动展示和比赛，获得多项市区级荣誉奖项。

嘉定区徐行镇踢毽子作为该镇传统体育项目，有着深厚的历史积淀和广泛的群众基础。该健身项目在徐行镇发展较好，并逐步扩展到全区。

浦东新区陆家嘴社区所创编推出的海派秧歌，在全国很多地区具有较大的普及面和影响，逐渐传至海外多个国家和地区。

金山区廊下镇居委会于2002年建立第一支健身操队。该健身团队逐步发展成五禽戏、腰鼓、秧歌、橡筋操、广播操、健身路径、打莲湘等多种项目综合健身团队。每年代表镇参加区健身项目比赛和汇演，多次获奖。

松江区岳阳街道太极拳队在26个居民区中，拥有不同年龄层次、不同运动水平的太极拳队员500多人，运动水平不断提高，在国家级、市级等各类比赛中获得优秀的成绩。

青浦区龙舟队是青浦区的特色体育健身队伍。这支特色队伍经过精心挑选人员,科学安排训练,周密组织参赛,获得较好成绩。

南汇区宣桥镇健身木兰拳队自1991年10月创建,参加健身人数从1991年16人增加到2007年底的40多人。

风筝是奉贤区群众体育传统特色项目,自1992年起,每年早春三月或金秋十月,在杭州湾畔举办风筝节。奉贤区风筝队代表市、区在全国及全市的各类大赛中取得佳绩。

崇明县堡镇文广站健身秧歌队由退休女职工组成,擅长健身秧歌、健身操,多次在全国、市、区县展示表演中获得荣誉。

第二篇

竞技体育

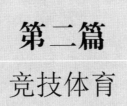

20世纪70年代末，上海抓住改革开放机遇、确定体育工作重点，把竞技体育的恢复、整顿放在十分重要的位置，以此带动体育事业的恢复发展。体育部门迅速重建竞技体育组织管理架构；组织召集失散、离岗的教练人才；加紧修缮废弃、陈旧的训练设施；逐步开展科学的训练；举行各类单项运动竞赛。进入80年代以后，上海运动训练走上正轨，科学训练稳步推进。一二三线的衔接管理机制初步完善，日益重视科学选材工作，年轻选手不断涌现，竞技体育水平迅速提高，游泳、跳水、体操、田径以及乒乓球等部分球类项目，在国内外大赛中获得优异成绩。

改革开放打开了中国体育走向世界的大门。上海竞技体育以改革创新为动力，以奥运争光为目标，按照"全国一盘棋"的原则，实施"奥运战略"，发展奥林匹克运动，加快培养体坛优秀后备力量。同时坚持全民健身与奥运同行，普及与提高相结合，促进上海竞技体育与群众体育、体育竞赛、体育产业协调发展，竞技水平不断攀登高峰，努力保持全国领先地位。

在上海竞技体育发展历程中，上海不断探索总结竞技体育的客观规律，解放思想，勇于改革创新训练比赛体制，大胆探索实践科学训练方法。上海市体委组织专家深入运动队，讲授现代科技知识和科学训练方法，推行"三从一大"（即从难、从严、从比赛实际出发，进行大运动量训练）的理念和方法，加快提高上海运动技术水平。同时，理顺运动训练管理体制，在发挥上海体育运动技术学院作用的基础上，先后建立上海市水上运动中心、上海市射击射箭运动中心等训练单位，创建上海市第二体育运动学校，并在该校和上海市体育运动学校规划布局一线运动队（即上海队）。支持鼓励区县、社会办一线运动队，如杨浦区女子蹼泳队、闸北区女子举重队等。逐步理顺一二三线的选材招生、培养输送机制。随着体育社会化的进程不断推进，90年代起，上海竞技体育主动接轨国际体坛，尝试建立职业、半职业体育俱乐部，如申花足球俱乐部、海上世界女子乒乓球俱乐部等。一批外国教练员、选手先后来到上海，为上海竞技体育发展注入新的活力。赛艇、皮划艇、马术、篮球、排球、网球等项目的运动水平稳步提高。足球运动成绩突出，申花队获得1995年全国甲A联赛冠军、1998年足协杯冠军。上海女子足球数次获得全国冠军，男子排球实现八连冠。

着眼长远，打好青少年体育基础。从体育事业恢复发展之初，上海坚持扩大青少年业余训练基础，加强体育运动学校建设，完善区县业余体校。同时，建立和完善运动训练选材、培养和输送网络，形成市和区县融合发展的激励机制。1990年以后，上海市体委机关成立田径、游泳和足球办公室，加强对这些重点项目的指导和管理。鼓励区县、体育场馆单位扩大二线，或试办一二线运动队。在体育改革发展中，上海创新青少年体育工作思路，提出体教结合、共育体育人才。一批社会力量兴办的体育俱乐部、二三线运动队应运而生，高校试办高水平运动队取得硕果。上海体育后备人才匮乏的矛盾得到缓解，业余训练基础得以夯实，上海竞技体育走向更广阔的国际体坛。

着力创新，强化科学运动训练。上海竞技人才辈出，科学训练功不可没。长期以来，上海竞技体育不断完善"三从一大"原则，加快提高训练效益。上海体育部门和训练单位，制定科学训练的规范及指导意见，组织交流演示，开展督导检查，从训练计划制定、日常训练实施、生活起居管理、食物营养补充和运动伤病防治，从严从细落实科学训练。科研和医务人员深入运动训练实践，组织科技攻关，帮助运动员改进技术和战术，加强运动伤病预防。

2000 年以后，上海市体育局大力倡导运动训练创新。特别强调解放思想，更新观念，探索运动训练客观规律，科学确定运动量和运动负荷，探索和适应训练、比赛周期客观规律。上海经常举办科学训练讲座，聘请科研专家、知名教练讲授训练创新知识及案例。田径、游泳以及足球等一些球类项目，聘请外国专家或外籍教练，介绍国际体坛新动向、新发展，推进有关项目运动技术、战术和体能训练、运动康复的创新。上海创新建设游泳水槽等国际先进的训练、科研设施，引进国外康复师、训练师，建立水疗等康复实验室，加速与国际体育接轨。上海体育部门和体育科研院所满足一线训练需求，加强科技攻关服务，提供先进的科医保障，依靠科学训练和科技进步，造就了刘子歌、刘翔、吴敏霞、火亮等多名奥运会冠军。

2006 年，根据“专业化管理，精细化操作”导向，在上海体育运动技术学院建立田径、游泳、排球、乒羽、自剑、篮球等项目管理中心，实施“扁平化”专业管理。上海市体育局机关建立筹备参加综合性运动会的专门机构，统筹协调体育系统的科学训练、信息谋略、科研医疗、思想政治教育、后勤服务保障及反兴奋剂工作。在男子 110 米栏等重点项目成立专业保障团队，确保重点选手夺取奥运会奖牌。

1978—2010 年，在第四届至第十一届共八届全运会上，上海组织领导高效，保障服务到位，备战工作卓有成效。金牌数、奖牌数和团体总分均在全国名列前茅。1997 年在上海举行的第八届全运会上，上海获得金牌第一和总分第一，并获“体育道德风尚奖”，取得了运动成绩与精神文明的双丰收。在参加的历届奥运会上，上海体育健儿顽强拼搏，为国争光，涌现出一批奥运会冠军。上海体育部门连续多年获得国家体育部门颁发的“奥运突出贡献奖”，为国家体育事业发展作出积极贡献。

着重培养，强化教练员队伍建设。上海曾涌现方纫秋、徐寅生、祝嘉铭、胡鸿飞、徐根宝等体坛知名优秀教练。在竞技体育发展中，上海着重发现、培养年轻教练，全力打造一支有知识、懂专业、善管理的优秀教练队伍。改革开放初期，上海重视教练员“以老带新”、传授执教业务的光荣传统，帮助一批中青年教练熟悉专业，钻研业务，提高执教能力。随着竞技体育深化改革，上海拓宽视野，采取“走出去、请进来”方式，不拘一格选用教练人才。在优化教练队伍结构同时，大胆从外省市、高校招聘引进教练人才，率先在足球等项目中聘请外籍教练。随着体育对外交往的扩大，上海选派年轻教练赴欧美学习深造或短期讲学执教，加快培养世界级的教练人才。

上海站在国家战略的高度，服务全国发展大局，深化竞技体育改革，在传承中发展，在改革中前行。2001 年 12 月，上海市体育局召开奥运会、全运会战略研讨会，重点研究上海竞技体育的项目结构、训练体制和管理机制，确定上海竞技体育以国家利益为最高目标、以奥运会为最高层次的发展战略，加速建设亚洲一流体育中心城市。青少年体育的作用和地位日趋突出，社会力量培养体育后备人才的积极性充分发挥，体教结合不断拓展新路。同时，上海将服务全国作为重要使命，贯彻落实国家奥运争光计划，加强与兄弟省市的合作交流，共同培育体坛人才。曹燕华乒乓培训学校、根宝崇明足球基地等新型训练实体加快发展；区县、学校试办一二线运动队，开展业余训练的规模和质量日益提高。刘子歌、邹市明等从外省市引进或合作培养的优秀选手，在奥运会赛场上为国家赢得荣誉。

第一章 田径运动

第一节 径 赛

一、短跑

短跑是田径运动的基础项目。1978年以后，上海田径短跑新秀逐渐成长。女子短跑选手王益珠多次进入100米、200米全国前三名。女子400米选手黄静，1980年首次获得全国比赛铜牌。男子短跑选手张洪弟以200米见长，1978年获得全国亚军。

20世纪80年代，上海短跑涌现出黄静、翁佩凤、吴丽萍、许雅琴等一批优秀女选手，她们以步频快、接力交接棒技术娴熟在全国独树一帜。黄静擅长200米、400米，1982—1987年间，三度获得这两个项目的全国冠军，4次打破全国纪录，1984年获得第十届亚运会4×400米铜牌。翁佩凤在1983年、1984年分别以11秒95和11秒91两破百米全国纪录，并在1983年第五届全运会上夺得100米、200米2枚金牌，次年以11秒65再度获得全国冠军。吴丽萍在1984年分别以11秒66和24秒04的成绩打破100米和200米全国纪录，获得全国冠军。由许雅琴、翁佩凤、吴丽萍、魏燕和黄静等选手组成的女子4×100米接力队先后5次打破全国纪录，多次进入全国前三名。中长跑选手倪惠萍在1985年获得女子4×400米接力全国冠军。

20世纪90年代初，女子短跑新秀裴芳参加1991年第九届亚洲田径锦标赛100米比赛，以11秒62获得100米银牌，并在中国女子4×100米接力队中跑第一棒，以43秒53打破亚洲纪录。1991年，她打破200米全国纪录和2次室内全国纪录。1991—1994年，上海女队在全国赛上三次夺得4×100接力冠军。1993年，王磊在全国锦标赛女子100米项目以11秒33的成绩获得冠军。这一时期男子短跑单项进入全国前三名的有200米张洪弟、400米林三明，男子接力项目依靠人数众多、实力均衡的传统优势，多次在全国比赛中名列前茅。

20世纪90年代中期，上海男子短跑在4×100米接力项目具有一定竞争力，1993年全国锦标赛获得第三名，1996年全国锦标赛暨奥运会田径选拔赛获得亚军，并在全国田径冠军赛中夺得冠军。2006年，上海男子短跑在全国冠军赛中时隔十年再度夺得4×100米接力冠军。主攻400米的林文1996年代表国家队参加男子4×400米接力比赛，在全国赛和中日室内田径赛中与队友配合，3次打破男子4×400米接力全国纪录。

20世纪90年代末，上海男队涌现出黄维、杨耀祖、汤伟明、邵奕、倪震杰、胡兵、常鹏本等短跑新秀，都获得过全国冠军。杨耀祖是其中的佼佼者，1999年，夺得全国锦标赛200米比赛冠军；2002—2006年，杨耀祖在全国锦标赛、冠军赛和亚运会、奥运会选拔赛等赛事中10多次夺得200米冠军；2004年雅典奥运会200米预赛，杨耀祖以20秒69的成绩成为首位闯入奥运会男子短跑复赛的中国运动员。2006年雅典世界杯，杨耀祖在100米决赛中以10秒21的成绩获得第6名。

表 2-1-1 1978—2010 年上海短跑运动员打破全国纪录、亚洲纪录一览表

年 份	比赛名称	项 目	运动员	成 绩	地 点	纪录类型
1983 年	第五届全运会	女子 100 米	翁佩凤	11″95	中国上海	全国纪录
1984 年	全国田径运动会	女子 4×100 接力	许雅琴 翁佩凤 吴丽萍 魏 燕	46″19	中国南京	全国纪录
1984 年	南京国际田径邀请赛	女子 4×100 接力	许雅琴 翁佩凤 吴丽萍 魏 燕	46″08	中国南京	全国纪录
1984 年	上海国际田径邀请赛	女子 4×100 接力	许雅琴 翁佩凤 吴丽萍 魏 燕	45″76	中国上海	全国纪录
1984 年	上海国际田径邀请赛	女子 100 米	吴丽萍	11″66	中国上海	全国纪录
1984 年	上海国际田径邀请赛	女子 100 米	翁佩凤	11″91	中国上海	全国纪录
1984 年	全国田径运动会	女子 200 米	吴丽萍	24″04	中国南京	全国纪录
1984 年	全国田径运动会	女子 200 米	黄 静	24″04	中国南京	全国纪录
1985 年	全国田径锦标赛	女子 4×100 接力	许雅琴 翁佩凤 吴丽萍 魏 燕	45″41	中国南京	全国纪录
1986 年	全国田径锦标赛	女子 4×100 接力	许雅琴 翁佩凤 吴丽萍 魏 燕	45″12	中国南京	全国纪录
1987 年	第六届全运会预选赛	女子 200 米	黄 静	23″6	中国郑州	全国纪录
1987 年	第六届全运会	女子 200 米	黄 静	23″06	中国广州	全国纪录
1990 年	全国田径冠军赛	女子 200 米	裴 芳	23″33	中国天津	全国纪录
1991 年	上海市内田径比赛	女子 200 米	裴 芳	25″	中国上海	全国纪录
1991 年	上海市内田径邀请赛	女子 200 米	裴 芳	24″6	中国上海	全国纪录
1991 年	上海市内田径邀请赛	女子 200 米	裴 芳	24″2	中国上海	全国纪录
1991 年	第九届亚洲田径锦标赛	女子 4×100 米接力	裴 芳	43″58	马来西亚吉隆坡	亚洲纪录
1991 年	第九届亚洲田径锦标赛	女子 4×100 米接力	裴 芳	43″41	马来西亚吉隆坡	亚洲纪录

二、中长跑

20 世纪 80 年代初，上海田径项目加强人才培养和科学训练，男女中长跑水平迅速提高。1980 年，张远达以 2 小时 29 分的成绩获得全国田径锦标赛男子马拉松冠军，这是中华人民共和国成立后上海运动员首次获得马拉松金牌。1982 年，林政获得全国田径冠军赛男子 800 米冠军。同年，唐

成华在第五届全运会上获得男子5 000米第四名和10 000米第八名。1988年，男子800米运动员张劲松以1分53秒42获得全国田径锦标赛冠军。

20世纪80年代中期，上海800米项目渐有起色。女子选手倪慧萍参加从400米至马拉松所有项目的训练与比赛，尤以800米见长，以2分08秒69获得1984年全国田径锦标赛女子800米冠军，1984—1986年连续3年进入女子800米全国前三名。

20世纪80年代后期至90年代初，上海男女接力项目凭借出色的交接棒技术，保持一定优势。1991年和1994年全国赛，上海男队夺得4×400米冠军；1993年七运会上，上海队以3分29秒57打破女子4×400米接力的全国纪录；1995年以3分35秒10夺得全国冠军；2008年以3分40秒58再度获得该项目全国赛冠军。

20世纪90年代中后期，上海田径中长跑项目总体出现复兴局面。宁志利在1994年全国冠军赛以3分46秒71获得男子1 500米冠军，在1997年第八届全运会以3分38秒81的成绩打破男子1 500米全国纪录。2003—2009年，李炎、唐宝军、张海坤先后在全国赛1 500米项目中获得全国冠军，该项目成为上海的强项。

2005年，唐宝军以1分51秒53获得800米全国冠军，2006年、2008年，卞磊和张海坤分别在该项目夺冠。女子中长跑选手董朝霞是上海体育学院培养的优秀女子中长跑运动员，1994—1997年，以学生运动员身份多次获得女子5 000米和10 000米全国冠军。1998年，进入上海田径队，1999年代表国家队参加世界田径锦标赛，2001年再获10 000米全国冠军。董朝霞的最好成绩为国际比赛的第四名。

2007年，赵婧以国家二级运动员身份考进复旦大学新闻学院。作为学校自主培养的学生运动员，赵婧在2009年全国田径冠军赛暨大奖赛总决赛女子800米比赛中夺得冠军，成为高校“体教结合”培养一线优秀运动员的代表。

上海开展3 000米障碍赛训练较晚。该项目取得突破的是1988年出生的上海女运动员金源。金源10岁进入松江区体校接受专项训练。2003年，年仅15岁便被选进国家队，主攻中长跑，后赴美国训练时涉足3 000米障碍赛。2007年，在全国田径冠军赛女子1 500米中夺得冠军，并在当年全国城市运动会上夺得3 000米障碍赛亚军。2008年，代表国家队参加北京奥运会。2009—2010年，蝉联3 000米障碍赛全国冠军。2010年，金源代表国家队出战广州亚运会3 000米障碍赛，获得1枚银牌。

创办于1996年的上海国际马拉松赛对马拉松运动的普及起到积极推动作用。历届男女冠军虽然皆被外国选手包揽，上海运动员也偶有突破。在2003年上海国际马拉松赛设置的半程马拉松比赛上，上海体院队的徐继博以1小时06分05秒获得男子冠军。

表2-1-2　1978—2010年上海中长跑运动员打破全国纪录一览表

年　份	比赛名称	项　目	运动员	成　绩	地　点
1985年	全国田径锦标赛	女子400米	黄　静	53″81	中国南京
1987年	第六届全运会	女子400米	黄　静	52″4	中国广州
1993年	第七届全运会	女子4×400米接力	裴　芳 张伟民 胡引妹 叶胜兰	3′29″57	中国北京
1996年	全国田径室内锦标赛	男子4×400米接力	林　文	3′17″09	中国北京

（续表）

年 份	比赛名称	项 目	运动员	成 绩	地 点
1996 年	中日室内田径赛	男子 4×400 米接力	林 文	3′14″05	中国天津
1996 年	中日室内田径赛	男子 4×400 米接力	林 文	3′3″21	日本横滨
1997 年	第八届全运会决赛	男子 1 500 米	宁志利	3′38″81	中国上海

三、跨栏

跨栏项目曾为上海乃至中国田径赢得荣誉。上海跨栏运动项目的一大特点是注重科学选材，运动员普遍身高腿长。在训练上，顺应国际跨栏技术发展趋势，重视提高平跑速度和跑跨相结合的能力，运动员以过栏技术流畅、动作优美著称。

20 世纪 80 年代初，上海跨栏项目一度处于低谷。1983 年后在全国重新占有一席之地。1983 年，马维亮以 14 秒 35 获得第五届全运会男子 110 米栏铜牌，此后，连续两年名列全国第三。1986 年，女子 100 米栏运动员冯英华以 13 秒 54 获得全国冠军，同年代表中国参加第十届亚运会。1987 年，冯英华参加第七届亚洲田径锦标赛，以 13 秒 56 夺冠。同年在第六届全运会上以 13 秒 09 获得亚军，并打破全国纪录。1988 年，冯英华以 12 秒 8 的成绩打破全国纪录。1989 年参加第八届亚洲田径锦标赛，以 13 秒 54 获得银牌。

20 世纪 90 年代起，上海跨栏呈现男女齐头并进势头。1991 年，女子 400 米栏取得突破，被誉为“小羚羊”的张伟民以 56 秒 66 的成绩进入全国前三名，次年以 55 秒 21 获得全国锦标赛冠军，在 1992 年第六届世界杯田径锦标赛上，又以 57 秒 66 的成绩获得第五名。1997 年，马小燕在第八届全运会预选赛暨全国田径锦标赛以 56 秒 35 夺得 400 米栏冠军。1993 年，冯英华获得女子 100 米栏全国第三名。2003 年起，王丽师从孙海平练习 100 米跨栏，进步很快。2010 年，王丽在全国田径冠军赛大奖赛总决赛上以 13 秒 42 夺得女子 100 米栏冠军。男子 400 米栏先后出现谈春华和邵奕两位全国冠军。1996 年，谈春华在全国比赛上获得冠军。1998 年，谈春华在全国田径锦标赛暨亚运会选拔赛上以 49 秒 25 的成绩夺得冠军，并打破全国纪录。1998 年后成绩略有下降，2001 年，谈春华再获全国冠军。2003 年，邵奕在全国赛夺得 400 米栏冠军。

20 世纪 90 年代，陈雁浩是上海男子 110 米栏优秀的选手之一。1991 年全国田径锦标赛上，以 13 秒 87 获得男子 110 米栏第三名；1993 年第七届全运会上，陈雁浩为上海田径夺得唯一金牌；1996 年北京室内田径邀请赛上，以 13 秒 3 打破全国纪录。至 2001 年，陈雁浩在 8 年时间里几乎垄断 110 米栏全国冠军，并 2 次获亚洲锦标赛冠军和 1998 年亚运会冠军。

2001 年，刘翔开始崭露头角。2001 年 5 月 28 日，获得世界大学生运动会 110 米栏冠军，这是刘翔第一个世界冠军头衔。同年 11 月，获得第九届全运会 110 米栏冠军。2002 年 7 月瑞士洛桑国际田联大奖赛上，以 13 秒 12 的成绩打破亚洲纪录，同时也打破美国选手雷纳多保持 24 年之久的世界青年纪录。2003 年，在第九届世界田径锦标赛上，获得铜牌。2004 年 8 月 23 日，在第二十八届雅典奥运会男子 110 米栏决赛上，以 12 秒 91 的成绩夺得奥运会金牌，并打破奥运会纪录、平世界纪录，实现中国田径乃至亚洲田径在奥运会上的历史性突破。2006 年 7 月 12 日，在瑞士洛桑国际田联超级大奖赛上，以 12 秒 88 打破英国选手杰克逊保持 13 年之久的世界纪录。2007 年，刘翔获得世界锦标赛冠军,成绩是12秒95。2008年5月,在国际田径大奖赛上,以13秒19夺得冠军。2008年,刘翔在北京奥运会中因伤退赛。2009年伤愈复出。2010年代表上海参加第十一届全运会夺得110米栏金牌,并在当年国际钻石联赛上海站比赛中获得铜牌。

2000—2010年间,刘翔参加40多场世界级重要田径赛事,获得36次冠军,1次打破世界纪录,1次平世界纪录,1次打破奥运会纪录,5次打破亚洲纪录,3次打破亚运会纪录。获得2005年度劳伦斯世界体育奖最佳新人奖、2006年度世界田径年度最佳表现奖,当选"感动中国·2004年度人物"和2005年度"中国十大杰出青年"。其教练员孙海平1978年起执教,培养出刘翔、史冬鹏、陈雁浩、谈春华、谢文骏等众多跨栏名将,2005年起担任国家田径队副总教练,获得2005和2006年度中国十佳劳伦斯冠军奖年度最佳教练奖。刘翔运动成绩的取得,除了自身天赋与努力外,主要得益于上海科研、医务等服务保障,以及训练、比赛的合理安排。同时,孙海平引进国际运动训练先进技术理念,有针对性地采用多个短小周期科学训练,突出加强胯部肌群力量训练,为刘翔运动佳绩的取得奠定良好基础。

表2-1-3 1978—2010年上海跨栏运动员打破全国及以上级别纪录一览表

年 份	比 赛 名 称	项 目	运动员	成 绩	地 点	纪录类型
1996年	全国田径锦标赛	男子400米栏	谈春华	49″78	中国南京	全国纪录
1998年	全国田径锦标赛	男子400米栏	谈春华	49″25	中国北京	全国纪录
2002年	国际田联A级田径大奖赛	男子110米栏	刘 翔	13″12	瑞士洛桑	亚洲纪录
2003年	第九届世界室内田径锦标赛	男子60米栏	刘 翔	7″52	英国伯明翰	亚洲纪录
2004年	第二十八届奥运会	男子110米栏	刘 翔	12″91	希腊雅典	平世界纪录
2004年	世界室内田径锦标赛	男子60米栏	刘 翔	7″43	匈牙利布达佩斯	亚洲纪录
2004年	国际田联大奖赛	男子110米栏	刘 翔	13″06	日本大阪	亚洲纪录
2006年	国际田联超级大奖赛	男子110米栏	刘 翔	12″88	瑞士洛桑	世界纪录

四、竞走

20世纪80年代中期,上海市体委在上海市第二体育运动学校设立竞走优秀运动队编制,主要从郊县招生。至90年代初,已有9名女运动员达到健将标准。其中王依丽在1988年7月加拿大举行的第二届世界青年田径锦标赛上,以22分22秒1的成绩获得女子5 000米竞走第五名,并数次进入全国比赛前八名。2001年,孙春芳在第九届全运会竞走预选赛暨全国竞走锦标赛男子10公里赛中以44分48秒的成绩夺得第三名,成为1949年以后第一位进入全国最高级别比赛竞走项目前三名的上海选手。

表2-1-4 1978—2010年上海径赛运动员获得国际、洲际比赛前三名一览表

年 份	比 赛 名 称	项 目	运动员	成 绩	地 点	名次
1989年	第八届亚洲田径锦标赛	女子100米栏	冯英华	13″54	印度新德里	2
1991年	第九届亚洲田径锦标赛	女子4×100米	裴 芳	43″41	马来西亚吉隆坡	1
		女子100米	裴 芳	11″62		2

（续表一）

年　份	比赛名称	项　目	运动员	成　绩	地　点	名次
1993 年	第十届亚洲田径锦标赛	男子 110 米栏	陈雁浩	—	菲律宾马尼拉	2
1994 年	第十二届亚运会	男子 110 米栏	陈雁浩	13″39	日本广岛	2
1995 年	第十七届世界杯竞走赛	男子团体 20 公里竞走	李明才	—	中国北京	1
1995 年	第十一届亚洲田径锦标赛	男子 110 米栏	陈雁浩	13″65	印度尼西亚雅加达	1
		男子 20 公里竞走	李明才	1:23′58″		1
1996 年	国际公路长跑比赛	女子马拉松半程	董朝霞	—	日本东京	1
		男子马拉松半程	卢正华	—		1
		男子 10 公里	于云辉	—		2
		女子 10 公里	石　会	—		3
1998 年	第十三届亚运会	男子 110 米栏	陈雁浩	13″65	泰国曼谷	1
1998 年	第十二届亚洲田径锦标赛	男子 110 米栏	陈雁浩	13″53	日本福冈	1
2000 年	第十三届亚洲田径锦标赛	男子 110 米栏	沈真声	14″13	印度尼西亚雅加达	2
		女子 10 公里竞走	孙春芳	45′42″68		2
2002 年	国际田联 A 级田径大奖赛	男子 110 米栏	刘　翔	13″12	瑞士洛桑	2
2002 年	欧洲室内田径系列大奖赛	男子 60 米栏	刘　翔	7″6	瑞典斯德哥尔摩	2
2002 年	第十四届亚运会	男子 110 米栏	刘　翔	13″27	韩国釜山	1
		男子 200 米	杨耀祖	20″58		3
2003 年	第八届世界室内田径锦标赛	男子 60 米栏	刘　翔	7″58	英国伯明翰	3
2003 年	第九届世界田径锦标赛	男子 110 米栏	刘　翔	13″23	法国巴黎	3
2003 年	世界田径超级大奖赛第一站	男子 110 米栏	刘　翔	13″17	瑞士	3
2003 年	世界田径超级大奖赛第二站	男子 110 米栏	刘　翔	13″22	克罗地亚	2
2003 年	世界黄金联赛第三站	男子 110 米栏	刘　翔	13″20	意大利罗马	2
2003 年	世界黄金联赛第六站	男子 110 米栏	刘　翔	13″19	比利时布鲁塞尔	2
2003 年	国际田联室内田径赛	男子 60 米栏	刘　翔	7″51	奥地利	1
2003 年	第十五届亚洲田径锦标赛	男子 200 米	杨耀祖	20″82	菲律宾马尼拉	3
		男子 4×100 米	杨耀祖	39″22		1
2004 年	第二十八届奥运会	男子 110 米栏	刘　翔	12″91	希腊雅典	1
2004 年	第十届室内世界田径锦标赛	男子 60 米栏	刘　翔	7″43	匈牙利布达佩斯	2
2005 年	第十届世界田径锦标赛	男子 110 米栏	刘　翔	13″08	芬兰赫尔辛基	2
2006 年	第十五届亚运会	男子 110 米栏	刘　翔	13″15	卡塔尔多哈	1
		男子 200 米	杨耀祖	—		2
		男子 4×100 米	杨耀祖	—		3

(续表二)

年 份	比 赛 名 称	项 目	运动员	成 绩	地 点	名次
2006 年	国际田联超级大奖赛	男子 110 米栏	刘 翔	12″88	瑞士洛桑	1
2006 年	第十届世界杯田径赛	男子 110 米栏	刘 翔	13″03	希腊雅典	2
2007 年	第十一届田径世界锦标赛	男子 110 米栏	刘 翔	12″95	日本大阪	1
2007 年	国际田联室内田径邀请赛	男子 60 米栏	刘 翔	7″42	德国卡尔斯鲁厄	1
2007 年	德国斯图加特室内田径赛	男子 60 米栏	刘 翔	7″45	德国斯图加特	2
2007 年	德国杜塞尔多夫室内田径赛	男子 60 米栏	刘 翔	7″53	德国杜塞尔多夫	1
2007 年	大阪国际田径大奖赛	男子 110 米栏	刘 翔	13″14	日本大阪	1
2007 年	美国纽约锐步田径大奖赛	男子 110 米栏	刘 翔	12″92	美国纽约	1
2007 年	美国尤金田径精英赛	男子 110 米栏	刘 翔	13″23	美国尤金	1
2007 年	国际田联黄金联赛	男子 110 米栏	刘 翔	13″15	法国巴黎	3
2007 年	国际田联超级大奖赛	男子 110 米栏	刘 翔	13″01	瑞士洛桑	1
2007 年	国际田联英国大奖赛	男子 110 米栏	刘 翔	13″23	英国谢菲尔德	1
2007 年	上海国际田径黄金大奖赛	男子 110 米栏	刘 翔	13″21	中国上海	3
2008 年	世界室内田径锦标赛	男子 60 米栏	刘 翔	7″46	西班牙瓦伦西亚	1
2008 年	大阪田径大奖赛	男子 110 米栏	刘 翔	13″19	日本大阪	1
2009 年	第十八届亚洲田径锦标赛	男子 110 米栏	刘 翔	13″5	中国广州	1
2010 年	第十六届亚运会	男子 110 米栏	刘 翔	13″9		1
		女子 3 000 米障碍	金 源	9′55″79		2
		女子 4×400 米	郑智慧	3′30″89		3
		男子 4×400 米	常鹏本	3′03″66		3

表 2-1-5 1978—2010 年上海径赛运动员获得全国比赛冠军一览表

年 份	比 赛 名 称	运动员	项 目	成 绩
1980 年	全国田径锦标赛	张远达	男子马拉松	2:29′03″
1982 年	全国田径锦标赛	上海队	女子 4×100 米接力	46″94
1983 年	第五届全运会	翁佩凤	女子 100 米	11″95
		翁佩凤	女子 200 米	24″62
1984 年	全国田径锦标赛	吴丽萍	女子 100 米	11″82
		吴丽萍	女子 200 米	24″04
		倪慧萍	女子 800 米	2′08″69
		上海队	女子 4×100 米接力	46″19
1985 年	全国田径锦标赛	黄 静	女子 400 米	53″81
		黄 静	女子 200 米	24″12

（续表一）

年　份	比　赛　名　称	运动员	项　　目	成　绩
1985 年	全国田径锦标赛	上海队	男子 4×100 米接力	40″32
		上海队	女子 4×400 米接力	3′40″92
1986 年	全国田径锦标赛	翁佩凤	女子 100 米	11″65
		冯英华	女子 100 栏	13″54
		黄　静	女子 400 米	54″05
		上海队	女子 4×100 米接力	45″12
		上海队	女子 4×100 米接力	3′38″5
1988 年	全国田径锦标赛	张劲松	男子 800 米	1′52″42
1991 年	全国田径锦标赛	上海队	男子 4×400 米接力	3′34″73
1992 年	全国田径锦标赛	张伟民	女子 400 米栏	55″21
		上海队	女子 4×400 米接力	3′31″11
1993 年	全国田径锦标赛	王　磊	女子 100 米	11″33
		上海队	女子 4×100 米接力	44″01
	第七届全运会	陈雁浩	男子 110 米栏	13″59
1994 年	全国田径锦标赛	陈雁浩	男子 110 米栏	13″71
	全国田径冠军赛	陈雁浩	男子 110 米栏	13″70
		宁志利	男子 1 500 米	3′46″71
		董朝霞	女子 10 000 米	33′32″60
1995 年	全国田径锦标赛暨世界田径锦标赛选拔赛	陈雁浩	男子 110 米栏	13″76
		董朝霞	女子 10 000 米	32′29″59
	全国田径冠军赛	陈雁浩	男子 110 米栏	13″93
		上海队	女子 4×400 米接力	3′35″10
1996 年	全国田径锦标赛暨奥运会田径选拔赛	陈雁浩	男子 110 米栏	13″53
		谈春华	男子 400 米栏	49″78
	全国田径冠军赛	上海队	男子 4×100 米接力	40″14
		陈雁浩	男子 110 米栏	13″72
		谈春华	男子 400 米栏	49″86
1997 年	第八届全运会预选赛暨全国田径锦标赛	汤伟明	男子 400 米	46″74
		陈雁浩	男子 110 米栏	13″59
		谈春华	男子 400 米栏	49″80
		董朝霞	女子 10 000 米	33′23″25
		马小燕	女子 400 米栏	56″35
	第八届全运会	陈雁浩	男子 110 米栏	13″41

(续表二)

年　份	比　赛　名　称	运动员	项　　目	成　绩
1998年	全国田径锦标赛暨亚运会选拔赛	陈雁浩	男子110米栏	13″66
		谈春华	男子400米栏	49″25
	全国田径冠军赛暨大奖赛总决赛	陈雁浩	男子110米栏	13″63
		谈春华	男子400米栏	50″54
	全国室内田径锦标赛	黄　维	男子200米	23″11
		汤伟明	男子400米	49″74
		曹　靖	男子60米栏	8″21
		曹　靖	男子60米栏	8″21
		李　毅	女子400米	1′01″31
1999年	全国田径锦标赛	杨耀祖	男子200米	20″82
		陈雁浩	男子110米栏	13″60
	全国田径冠军赛暨大奖赛决赛	陈雁浩	男子110米栏	13″71
2000年	全国田径锦标赛	张　峰	男子110米栏	14″07
2001年	第九届全运会	刘　翔	男子110米栏	13″36
		谈春华	男子400米栏	49″85
2002年	全国室内田径锦标赛	杨耀祖	男子200米	21″98
		邵　奕	男子400米	49″32
		徐继博	男子3 000米	8′23″80
	全国田径锦标赛暨亚运会选拔赛	杨耀祖	男子200米	20″93
		倪震杰	男子400米	46″65
		刘　翔	男子110米栏	13″76
	全国田径冠军赛暨大奖赛总决赛	杨耀祖	男子100米	20″91
		刘　翔	男子110米栏	13″50
2003年	全国田径锦标赛	杨耀祖	男子200米	20″93
		邵　奕	男子400米栏	49″75
	全国田径冠军赛	刘　翔	男子110米栏	13″29
2004年	全国田径锦标赛暨奥运会选拔赛	杨耀祖	男子200米	20″73
		李　炎	男子1 500米	3′43″65
		刘　翔	男子110米栏	13″40
	全国田径冠军赛暨大奖赛总决赛	刘　翔	男子110米栏	13″44
2005年	全国田径锦标赛暨十运会预赛	刘　翔	男子110米栏	13″21
	第十届全运会田径决赛	刘　翔	男子110米栏	13″10
		杨耀祖	男子200米	20″73

（续表三）

年　份	比　赛　名　称	运动员	项　　目	成　绩
2005 年	全国田径锦标赛暨大奖赛总决赛	刘　翔	男子 110 米栏	13″10
		杨耀祖	男子 200 米	20″73
		上海队	男子 4×100 米接力	39″69
	第十届全运会	杨耀祖	男子 200 米	20″73
		刘　翔	男子 110 米栏	13″10
2006 年	全国田径锦标赛	刘　翔	男子 110 米	13″30
		杨耀祖	男子 200 米	20″81
	全国田径冠军赛	杨耀祖	男子 200 米	20″86
		上海队	男子 4×100 米接力	40″09
		李　炎	男子 1 500 米	3′50″64
2007 年	全国田径冠军赛暨大奖赛总决赛	金　源	女子 1 500 米	4′19″04
2008 年	全国田径冠军赛总决赛	胡　冰	男子 400 米	47″01
		上海队	女子 4×400 米接力	3′40″58
	全国田径锦标赛	谢文骏	男子 110 米栏	13″68
2009 年	第十一届全运会田径预赛暨男子田径锦标赛	张海坤	男子 1 500 米	3′44″94
	第十一届全运会田径预赛暨女子田径锦标赛	金　源	女子 3 000 米障碍	9′53″16
	全国田径冠军赛暨大奖赛总决赛	赵　婧	女子 800 米	2′06″61
	第十一届全运会	刘　翔	男子 110 米栏	13″34
2010 年	全国田径冠军赛暨大奖赛总决赛	王　丽	女子 100 米栏	13″42
	全国田径锦标赛暨第十六届亚运会选拔赛	常鹏本	男子 400 米	45″98
		张海坤	男子 500 米	3′45″00
			男子 1 500 米	3′44″75
		金　源	女子 3 000 米障碍	9′52″92

第二节　田赛和全能运动

一、跳高

跳高是上海田径运动的传统强项。20 世纪 70 年代中后期，男子跳高项目先后出现张如义、金立国、朱建华、刘云鹏等优秀运动员。1972 年全国比赛恢复之初，张如义以 2.04 米获得亚军。从 1972—1979 年，张如义、金立国在全国最高级别比赛中多次取得前三名。张如义最好成绩 2.11 米，金立国最好成绩 2.12 米，二人均采用俯卧式过竿技术。女子跳高项目涌现多名优秀选手。居士珍的跳高最好成绩是 1.86 米。施美凤在全国比赛中多次进入前六名。曾打破全国纪录的杨文琴，

1978年代表中国参加第八届亚运会,以1.80米获得铜牌。居士珍、杨文琴两位女选手均采用比俯卧式更为先进的背越式过竿技术。

20世纪80年代,教练胡鸿飞根据朱建华体轻、灵巧、快速等特点,一改沿袭多年的俯卧式技术传统,采用国外新兴的背越式技术并对之进行改造,探索出一套以速度为中心、力求技术力量与速度平衡的训练手段和方法,在技术上主要以快速助跑与快速起跳的结合,形成独特的风格,使朱建华的爆发力得到充分发挥。1980年,18岁的朱建华在全国锦标赛上以2.21米夺冠。1981年6月在第四届亚洲田径锦标赛上跃过2.30米,打破福建选手倪志钦保持11年之久的亚洲纪录,列当年世界第五位。不久,先后以2.31米和2.32米再破亚洲纪录。1982年11月在第九届亚运会上跃过2.33米,获得金牌,成绩列当年世界首位。

1983年6月、9月,朱建华在第五届全运会预、决赛中,先后以2.37米和2.38米两次打破世界纪录,被誉为"亚洲飞人"。胡鸿飞将增强朱建华心理素质和体质作为训练的中心环节,上海体育运动技术学院专门设立由专家组成的科研小组,从营养和运动恢复方面给予充分保证。1984年初,朱建华被安排参加一系列国内外比赛,增强大赛临场经验。同年6月10日在联邦德国埃伯斯坦国际田径赛上,朱建华以2.39米夺冠并再次打破世界纪录,这是中国田径运动员有史以来在异国创造的第一个世界纪录。同年9月,代表中国参加第二十三届奥运会,以2.31米获铜牌,成为中国大陆第一位获得奥运会田径奖牌的选手。朱建华于1982—1984年连续3次被评为全国十佳运动员,4次被评为全国十佳田径运动员,1984年被评为新中国三十五年来杰出运动员。

与朱建华同时期的刘云鹏,体格强壮,力量素质突出,采用俯卧式过竿技术。参加第二十三届奥运会名列第七,先后获得1985年第六届亚洲锦标赛铜牌、1986年第十届亚运会银牌、1987年第七届亚洲锦标赛冠军。刘云鹏自1981—1991年3次获得全国冠军,他与朱建华一起作为上海跳高比赛的"双保险"选手,十年间几乎包揽男子跳高全国和亚洲比赛的冠军。1994年,陶睿获得全国冠军,成绩2.28米;1999年6月获得全国田径大奖赛总决赛冠军,成绩为2.27米。从山东引进到上海的牛健以2.31米成绩夺得1996全国田径冠军赛冠军。王舟舟以2.24米成绩夺得2001年第九届全运会金牌,此后多次获得全国冠军,2003年与崔凯并列全国冠军赛冠军,成绩为2.21米。

20世纪80年代,女子选手杨文琴经过多年系统训练,达到运动生涯的顶峰。1985年,杨文琴先后在国内外比赛中以1.94米、1.95米和1.96米的成绩3次刷新亚洲纪录,进入年度世界前十名;同年又以1.94米和1.90米获得全国和亚洲锦标赛冠军。1986年被亚洲田联评为亚洲最佳田径运动员。杨文琴的后期训练借鉴朱建华的成功经验,侧重于助跑速度的提高,助跑步程从9步增加至11步。

1991年,七项全能选手符秀红跳过1.90米获得全国冠军,1996年在全国锦标赛上以1米85获得冠军。原辽宁选手金玲加盟上海田径队后,在1996年全国冠军赛上以1.91米的成绩夺冠,1997年以1.93米打破全国室内纪录,1998年以1.92米的成绩获得全国锦标赛冠军。上海选手蒋海燕在1999年全国城运会上获得女子跳高金牌,以后成绩逐年提升,多次获得全国室内赛冠军,2004年全国田径锦标赛暨奥运会选拔赛女子跳高决赛中以1.94米的成绩获得亚军,创造杨文琴退役后上海女子跳高的最好成绩。

胡鸿飞原为上海市南市区业余体校教练,后任上海队教练,从事跳高教学工作数十年,摸索出一套适合中国运动员特点的跳高技术,培养出朱建华、刘云鹏等名将。1984年被评为全国最佳教练员,多次获得"国家体育运动荣誉"奖章。1994年被评选为上海十杰教练之首,1995年11月被中国田径协会授予“我国田径事业突出贡献的优秀教练员”称号。1992 年退休，1995 年初创办胡鸿飞跳高俱乐部，致力于培养有前途的青少年跳高苗子。

表 2-1-6　1978—2010 年上海跳高运动员打破全国及以上级别纪录一览表

年　份	比 赛 名 称	项　目	运动员	成　绩	地　点
1981 年	第四届亚洲田径锦标赛	男子跳高	朱建华	2.30 米	日本东京
1982 年	北京国际田径邀请赛	男子跳高	朱建华	2.31 米	中国北京
	田径邀请赛	男子跳高	朱建华	2.32 米	中国上海
	第九届亚运会	男子跳高	朱建华	2.33 米	印度新德里
1983 年	第五届全运会预选赛	男子跳高	朱建华	2.37 米	中国北京
	第五届全运会	男子跳高	朱建华	2.38 米	中国上海
1984 年	埃伯斯塔国际跳高赛	男子跳高	朱建华	2.39 米	德国埃伯斯塔
1985 年	北京地区第五次优秀选手比赛	女子跳高	杨文琴	1.94 米	中国北京
	国际田径锦标赛	女子跳高	杨文琴	1.95 米	日本广岛
	北京地区第六次优秀选手比赛	女子跳高	杨文琴	1.96 米	中国北京
1997 年	中日田径室内对抗赛	女子跳高	金　玲	1.93 米	中国北京
	全国室内田径赛	女子跳高	金　玲	1.93 米	中国北京

二、跳远

1984—1990 年间，上海历年均有选手进入全国前三名。1984 年，18 岁的女子新秀王智慧在全国锦标赛中夺得亚军。次年，男子跳远选手李国雄以 7.89 米的成绩获得全国锦标赛铜牌。1987 年，王智慧代表中国队参加第七届亚洲田径锦标赛，以 6.70 米的成绩获得金牌，并打破亚洲纪录。这一时期，上海跳远项目不仅竞技水平达到高峰，而且后备力量比较雄厚。跳远训练顺应世界跳远运动的发展趋势，在注重提高助跑速度的同时，加强起跳技术及助跑与起跳结合技术的训练，最大限度提高助跑速度的利用率。王智慧最后 9 米助跑用时 1″01，是所有参赛选手中最快的一位。

20 世纪 90 年代初期，上海跳远项目水平出现下滑。90 年代后期，上海出现优秀女选手虞铁群，获得 1998 年第十三届曼谷亚运会女子跳远亚军和全国田径锦标赛女子跳远冠军。

三、三级跳远

1988 年，国家体委决定在全国比赛中增设女子三级跳远项目，上海女子跳远选手樊丽为此改攻三级跳远专项，并于 1988 年以 12.66 米的成绩获得全国第四名，次年获得全国冠军赛亚军，1992 年在全国田径锦标赛上以 13.76 米的成绩获得铜牌。曾获亚运会女子跳远第五名的金燕也改练三级跳远，曾在 2002 年全国田径锦标赛暨亚运会选拔赛上以 13.35 米的成绩获得女子三级跳远冠军。

四、撑竿跳高

20世纪70年代末至80年代，上海撑竿跳高选手孙杰、徐耀良身材条件好，注重技术训练，运动成绩突出。孙杰身高1.88米，1979年以5.28米打破全国纪录，同年以5.20米获得第四届全运会银牌，1980年以5.10米获得全国亚军。徐耀良身高1.82米，1988年以5.30米的成绩获得全国冠军，1992年获得全国亚军。徐耀良担任教练后培养出撑竿跳高新秀杨泉。杨泉在2007年全国室内田径锦标赛上海站的撑竿跳高比赛中以5.61米获得冠军，并打破全国室内纪录，在2008年全国锦标赛上获得冠军，在2009年亚洲锦标赛上以5.45米获得银牌，在2010年第十一届全运会上以5.6米获得银牌。女子撑竿跳高选手高淑英，是上海培养的世界级女子撑竿跳高运动员。1994年上海体院从山东青岛引进年仅15岁的高淑英，经过专业训练后，成绩逐年提升，1998年入选上海田径队，1999年入选国家集训队。高淑英8次打破室外女子撑竿跳高亚洲纪录，2次改写室内女子撑竿跳高亚洲纪录，个人最好成绩4.64米。参加2000年悉尼奥运会和2004年雅典奥运会，在悉尼奥运会上位列第十；在2001年和2005年两届世界田径锦标赛上位列第五；在2002年、2006年田径世界杯上位列第四和第三；在2002年釜山亚运会和2006年多哈亚运会上获得冠军，多次获得全国比赛冠军。自2000年以4.35米的成绩打破亚洲纪录起，高淑英在女子撑竿跳高保持领先地位，形成亚洲田坛“一枝独秀”的局面。2001年七八月间，高淑英在40多天里参加3次国际大赛，以4.4米、4.5米、5.2米的成绩3破亚洲纪录。

教练史美创是上海体育学院教师，发掘培养高淑英。史美创注重技术分析和总结比赛经验，每当高淑英参加大赛，他便手持摄像机，将高淑英的动作拍摄下来，通过自编的程序进行电脑分析，帮助高淑英提高运动成绩。

表2-1-7 1978—2010年上海撑竿跳高运动员打破全国纪录一览表

年 份	比赛名称	项 目	运动员	成 绩	地 点
1979年	上海田径达标赛	男子撑竿跳高	孙 杰	5.28米	中国上海
2000年	全国田径大奖赛	女子撑竿跳高	高淑英	4.35米	中国成都
2001年	全国田径锦标赛	女子撑竿跳高	高淑英	4.40米	中国宁波
	第八届世界田径锦标赛	女子撑竿跳高	高淑英	4.50米	加拿大埃德蒙顿
2002年	德国室内撑竿跳邀请赛	女子撑竿跳高	高淑英	4.45米	德国辛德芬根
2007年	全国室内田径锦标赛上海站	男子撑竿跳高	杨 泉	5.61米	中国上海

五、投掷

投掷运动项目分为铅球、铁饼、标枪、链球4个项目。1978年前后，一批投掷新秀逐渐涌现。1979年，上海选手汤智敏以68.74米获得第四届全运会男子标枪银牌。

进入20世纪80年代，随着训练器材和技术(助跑速度与最后用力的衔接技术)的改进，轻器械的女子标枪成绩发展迅速。1983年，崔日华、朱红杨分别以57.12米和56.02米的成绩获得第五届全运会女子标枪银牌、铜牌。1984年，朱红杨入选中国代表团参加第二十三届美国洛杉矶奥运会。

1985年,朱红杨在全国田径锦标赛上以63.08米的成绩打破女子标枪亚洲纪录并夺得冠军,同年,参加第六届亚洲田径锦标赛,以56.84米的成绩获得金牌。侯利华这一时期曾数次进入全国前三名。

1985年后,上海从外省市引进优秀人才的女子重器械项目铅球、铁饼迅速崛起。女子铁饼运动员张慧,原系南京部队体工队运动员。1988年,张慧以57.56米的成绩获得全国第三名。

女子铅球运动员隋新梅1981年从山东考入上海体育学院,1985年毕业后进入上海田径队。1986年,隋新梅以17.72米获得全国第三名,1987年以18.39米的成绩打破室内全国纪录。1988年后,隋新梅连续4年进入全国比赛前三名。1989年,参加第五届世界杯田径大赛以19.29米的成绩获得银牌。1990年,以21.10米的成绩创全国室内纪录,同年,以20.54米的成绩获得第十一届亚运会金牌。1991年,以20.55米的成绩获得世界室内田径锦标赛冠军。1993年,第七届全运会上获得第四名。1996年8月1日,32岁的隋新梅在第二十六届美国亚特兰大奥运会铅球决赛中投掷出19.88米,获得银牌。

2002年,隋新梅任教后开始培养张竣。张竣身高1.84米,身材敦实,有出色的爆发力。刚进入上海田径队的张竣,用滑步投掷,经隋新梅指导改成旋转投掷,张竣成了国内第一个使用旋转投掷技术的铅球运动员。2007年,张竣获得全国冠军赛亚军,成绩稳步提升。2008年,以18.64米的成绩获得全国冠军赛总决赛冠军,2009年,在第十一届全运会田径预赛暨2009年男子田径锦标赛中投出19.44米。2009年,在东亚运动会中,以20.41米的成绩获得冠军,并刷新赛会纪录,实现上海男子铅球历史性突破。

宋斐娜是上海田径队从山东引进的女选手,她原本是铁饼运动员,到上海后师从隋新梅改练铅球,成绩逐步提高。2000年全国田径锦标赛获得1枚金牌,2001年第九届全运会以18.73米获得第三名,2002年全国锦标赛以18.62米获得亚军。刘莹璠在2004年全国田径大奖赛总决赛投出18.70米的个人最好成绩,2006年参加世界青年赛获得第五名。陈奇在第十一届全运会田径男子标枪决赛中以79.57米成绩夺得冠军。1995年,速度和爆发力较为出色的陈奇从事标枪训练,3年后进入上海体育运动技术学院,在教练钱国军的带训下,成绩逐年攀升。1999年获得全国城市运动会男子标枪冠军,2002年入选国家集训队,2004年和2005年蝉联全国锦标赛标枪冠军,并获得第十届全运会男子标枪亚军。陈奇参加国际比赛的成绩不俗,2006年获得田径世界杯男子标枪第四名,2007年获亚洲锦标赛冠军,2008年中国田径公开赛上投出79.25米,入选第二十九届北京奥运会中国代表团。

上海链球运动项目本地人才欠缺,上海市体校没有开展链球项目专业训练。1995年,原黑龙江名将于光明代表上海队在全国田径冠军赛男子链球项目中投掷出68.7米的成绩获得冠军。

表2-1-8　1978—2010年上海投掷运动员打破全国纪录一览表

年　份	比 赛 名 称	运动员	项　目	成　绩	地　点
1985年	全国田径锦标赛	朱红杨	女子标枪	63.08米	中国南京
1987年	华东地区室内田径邀请赛	隋新梅	女子铅球	18.39米	中国上海
1990年	北京室内田径邀请赛	隋新梅	女子铅球	21.10米	中国北京

六、全能运动

上海全能运动曾在全国保持领先地位,20世纪80年代,出现居士珍、奚霞顺、杨建华等优秀运动员。1982 年,奚霞顺在全国锦标赛上首次夺得十项全能冠军,1983 年在第五届全运会上获亚军,1984 年以 7 598 分的成绩打破全国纪录,并夺得全国锦标赛冠军。1985 年参加第十三届世界大学生运动会,获得第七名。1985—1986 年又两次打破十项全能全国纪录。80 年代后期,老队员退役,后继乏人。进入 21 世纪后,上海加强十项全能选手的培养,2009 年全国田径冠军赛大奖赛总决赛上,张雨以 7 227 分荣获冠军,时隔 23 年后上海选手再度夺得全国冠军。

20 世纪 90 年代初,女子七项全能新秀符秀红脱颖而出,1990—1991 年蝉联全国锦标赛亚军,1992 年得获全国锦标赛冠军。

表 2-1-9　1978—2010 年上海全能运动员获得全国比赛前三名一览表

年　份	比 赛 名 称	运动员	项　目	成　绩	名　次
1982 年	全国田径锦标赛	奚霞顺	十项全能	7 202 分	1
		杨建华	十项全能	7 040 分	3
1984 年	全国田径锦标赛	奚霞顺	十项全能	7 598 分	1
		杨建华	十项全能	7 148 分	3
1985 年	全国田径锦标赛	奚霞顺	十项全能	7 331 分	3
1986 年	全国田径锦标赛	奚霞顺	十项全能	7 672 分	1
1991 年	全国田径锦标赛	符秀红	女子七项全能	6 126 分	2
1992 年	全国田径锦标赛	符秀红	女子七项全能	—	1
2009 年	全国田径冠军赛大奖赛总决赛	张　雨	十项全能	7 227 分	1

表 2-1-10　1978—2010 年上海田赛运动员获得国际、洲际比赛前三名一览表

年　份	比 赛 名 称	项　目	运动员	成　绩	地　　点	名次
1989 年	亚洲田径锦标赛	女子铅球	隋新梅	19.29 米	印度新德里	2
1990 年	第十一届亚运会	女子铅球	隋新梅	20.55 米	中国北京	1
		男子跳高	刘云鹏	2.20 米		2
1991 年	第三届世界室内田径锦标赛	女子铅球	隋新梅	20.54 米	西班牙塞维利亚	1
1994 年	第三届友好运动会	女子铅球	隋新梅	20.15 米	俄罗斯圣彼得堡	1
	第十二届亚运会	女子铅球	隋新梅	20.45 米	日本广岛	1
1995 年	国际室内田径邀请赛	女子铅球	隋新梅	18.62 米	日本群马	2
	奥地利国际田径赛	女子铅球	隋新梅	19.79 米	奥地利林茨	2
	伦敦国际田径赛	女子铅球	隋新梅	19.27 米	英国伦敦	1
	第十一届亚洲田径锦标赛	女子铅球	隋新梅	18.87 米	印度尼西亚雅加达	1
1996 年	织田纪念国际田径赛	女子铅球	隋新梅	18.59 米	日本东京	2
	国际田径大奖赛	女子铅球	刘丽娜	16.79 米	印度尼西亚雅加达	3
1998 年	第十三届亚运会	女子跳高	金　玲	1.88 米	泰国曼谷	2
		女子跳远	虞铁群	6.77 米		2

（续表）

年 份	比 赛 名 称	项 目	运动员	成 绩	地 点	名次
1998 年	亚洲田径锦标赛	女子跳远	虞铁群	6.74 米	日本福冈	2
		女子铅球	于 娟	18.2 米		2
		女子跳高	金 玲	1.88 米		3
2000 年	第十三届亚洲田径锦标赛	男子跳高	王舟舟	2.23 米	印度尼西亚雅加达	2
2002 年	欧洲室内田径系列大奖赛	女子撑竿跳高	高淑英	4.37 米	瑞典斯德哥尔摩	3
	欧洲室内田径系列大奖赛	女子撑竿跳高	高淑英	4.30 米	比利时根特	2
	第十四届亚运会	女子撑竿跳高	高淑英	4.35 米	韩国釜山	1
		男子跳高	王舟舟	2.19 米		2
		男子跳高	崔 凯	2.19 米		2
2003 年	国际田联室内田径赛	女子撑竿跳高	高淑英	4.21 米	奥地利维也纳	1
		男子跳高	王舟舟	2.20 米		2
	第十五届亚洲田径锦标赛	男子跳高	王舟舟	2.23 米	菲律宾马尼拉	1
2006 年	第十五届亚运会	女子撑竿跳高	高淑英	4.30 米	卡塔尔多哈	1
	第十届世界杯田径赛	女子撑竿跳高	高淑英	4.50 米	希腊雅典	3
2007 年	第十届世界杯田径赛	男子标枪	陈 奇	78.07 米	约旦安曼	1
	圣安东尼奥山大学田径赛	女子撑竿跳高	高淑英	4.55 米	美国	1
	美国纽约锐步田径大奖赛	女子撑竿跳高	高淑英	4.64 米	美国纽约	2
	摩德斯托田径赛	女子撑竿跳高	高淑英	4.50 米	美国加利福尼亚	1
2008 年	美国田径比赛	女子撑竿跳高	高淑英	4.45 米	美国	2
		女子撑竿跳高	高淑英	4.50 米	美国	3
2009 年	第十八届亚洲田径锦标赛	男子撑竿跳高	杨 泉	5.45 米	中国广州	2
		男子铅球	张 竣	19.15 米		3
2010 年	日本国际田联大奖赛	男子铅球	张 竣	—	日本大阪	2
	法国世界八国对抗赛	男子铅球	张 竣	—	法国	3
	中日对抗赛	男子撑竿跳高	夏 翔	4.8 米	日本大阪	2
	亚洲室内田径锦标赛	女子铅球	孟倩倩	17.03 米	伊朗德黑兰	2
	第十六届亚运会	男子铅球	张 竣	19.59 米	中国广州	2

表 2-1-11 1978—2010 年上海田赛运动员获得全国比赛冠军一览表

年 份	比 赛 名 称	运动员	项 目	成 绩
1980 年	全国田径锦标赛	朱建华	男子跳高	2.21 米
1982 年	全国田径锦标赛	朱建华	男子跳高	2.27 米
		杨文琴	女子跳高	1.90 米

(续表一)

年 份	比 赛 名 称	运动员	项 目	成 绩
1983 年	第五届全运会	朱建华	男子跳高	2.38 米
1985 年	全国田径锦标赛	朱建华	男子跳高	2.23 米
		杨文琴	女子跳高	1.94 米
		朱红杨	女子标枪	63.08 米
1986 年	全国田径锦标赛	刘云鹏	男子跳高	2.24 米
1987 年	第六届全运会	朱建华	男子跳高	2.24 米
1988 年	全国田径锦标赛	朱建华	男子跳高	2.25 米
		徐耀良	男子撑竿跳高	5.30 米
1989 年	全国田径锦标赛	刘云鹏	男子跳高	2.30 米
1991 年	全国田径锦标赛	符秀红	女子跳高	1.90 米
1994 年	全国田径锦标赛	陶 睿	男子跳高	2.28 米
	全国田径冠军赛	隋新梅	女子铅球	19.46 米
1995 年	全国田径锦标赛暨世界田径锦标赛选拔赛	隋新梅	女子铅球	19.51 米
	全国田径冠军赛	于光明	男子链球	68.7 米
		隋新梅	女子铅球	18.97 米
1996 年	全国田径锦标赛暨奥运会田径选拔赛	牛 健	男子跳高	2.26 米
	全国田径冠军赛	牛 健	男子跳高	2.31 米
		金 玲	女子跳高	1.91 米
		虞铁群	女子跳远	6.73 米
1997 年	第八届全运会	牛 健	男子跳高	2.28 米
		金 玲	女子跳高	1.96 米
		隋新梅	女子铅球	20.25 米
1998 年	全国田径锦标赛暨亚运会选拔赛	金 玲	女子跳高	1.92 米
	全国室内田径锦标赛	崔 凯	男子跳高	2.05 米
		蒋海燕	女子跳高	1.79 米
		虞铁群	女子跳远	6.19 米
1999 年	全国田径锦标赛	王舟舟	男子跳高	2.17 米
	全国田径冠军赛暨大奖赛决赛	陶 睿	男子跳高	2.27 米
2000 年	全国田径锦标赛	宋斐娜	女子铅球	18.68 米
		高淑英	女子撑竿跳高	4.20 米
2001 年	第九届全运会田径预选赛暨全国田径锦标赛	高淑英	女子撑竿跳高	4.30 米
	第九届全运会	王舟舟	男子跳高	2.24 米
		吴 鋆	男子撑竿跳高	5.30 米
		高淑英	女子撑竿跳高	4.31 米

（续表二）

年　份	比　赛　名　称	运动员	项　　目	成　绩
2002 年	全国室内田径锦标赛	于　娟	女子铅球	17.17 米
	全国田径锦标赛暨亚运会选拔赛	王舟舟	男子跳高	2.24 米
		高淑英	女子撑竿跳高	4.35 米
		金　燕	女子三级跳远	13.35 米
	全国田径冠军赛暨大奖赛总决赛	王舟舟	男子跳高	2.21 米
		高淑英	女子撑竿跳高	4.00 米
2003 年	全国田径锦标赛	王舟舟	男子跳高	2.21 米
	全国田径冠军赛	崔　凯	男子跳高	2.24 米
		王舟舟	男子跳高	2.24 米
		高淑英	女子撑竿跳高	4.30 米
2004 年	全国田径锦标赛暨奥运会选拔赛	陈　奇	男子标枪	81.38 米
		高淑英	女子撑竿跳高	4.40 米
	全国田径冠军赛暨大奖赛总决赛	刘莹璠	女子铅球	18.70 米
	全国室内田径锦标赛	崔　凯	男子跳高	2.16 米
2005 年	全国田径锦标赛暨十运会预赛	陈　奇	男子标枪	79.31 米
2006 年	全国田径锦标赛	高淑英	女子撑竿跳高	4.40 米
2008 年	全国田径冠军赛总决赛	张　竣	男子铅球	18.64 米
	全国田径锦标赛	杨　泉	男子撑竿跳高	5.40 米
2009 年	第十一届全运会田径预赛暨男子田径锦标赛	张　竣	男子铅球	19.44 米
	第十一届全运会	陈　奇	男子标枪	79.57 米
2010 年	全国田径冠军赛大奖赛总决赛	张　竣	男子铅球	19.85 米
	全国田径锦标赛暨第十六届亚运会选拔赛	张　竣	男子铅球	19.73 米

第二章 游泳运动

第一节 游 泳

游泳历来是上海竞技体育的重点强项，开展普遍，成绩突出，为上海乃至国家赢得了荣誉。多年来，上海注重从少年儿童抓起，打好基础，科学训练，勇于创新，形成科学完整的选拔训练、培养输送、考核管理和激励机制，涌现出一大批世界级优秀选手，为国家游泳事业发展作出应有贡献。

1976—1978 年，潘佳章、沈坚强、乐思佩、唐晴漪、谢琳琳等进入上海队，在第四届全运会中展现较强实力。11 项比赛前三名有 9 项为上海选手获得，潘佳章、徐艳分别获得男子 400 米混合泳金牌和女子 200 米蝶泳金牌。在 1983 年第五届全运会上，男队获得 5 项冠军，女队获得 1 项冠军。

从 20 世纪 80 年代起，上海注重优秀选手的选材和科学训练，依靠科技手段提高运动成绩。1981 年，上海体育科学研究所对上海少年游泳运动员的形态、机能、素质开展调查研究，制订选材标准和模式，减少各级体校选拔运动员的盲目性。80 年代高素质运动员明显增多，不少人逐渐成长为国家队的主力，其中男选手有沈坚强、谢军、郑健、潘佳章、严昱民、屈欣松、胡征宇、邱洁明等；女选手有庄泳、杨文意、黄红、沈孝宇、叶蓓蓓等。

1984 年 5 月，为加强竞争，上海队分别成立南片和北片两支队伍。南片设于上海体育运动技术学院，北片设在上海市体育运动学校。全市 11 所区体校及俱乐部体校，分别向南、北片输送后备力量。至 1987 年，南片有谢军、庄泳、杨文意、屈欣松、沈孝宇等入队；北片有严昱民、唐珏雯、潘宏伟、殷雪瑾、蔡萍、叶蓓蓓等入队。在 1987 年第六届全运会上，由两片优秀队员组成的上海队，共得 14 枚金牌、5 枚银牌、5 枚铜牌。沈坚强 1 人获得 7 枚金牌（含两项接力），打破 4 项全国纪录。杨文意创女子 50 米自由泳 25 秒 7 的成绩，列年度世界第四名。

1988 年，沈坚强、谢军、庄泳、杨文意参加第二十四届汉城奥运会，杨文意、庄泳分别夺得女子 50 米、100 米自由泳的银牌。1988 年 4 月，杨文意在第三届亚洲游泳锦标赛中，以 24 秒 98 的成绩，打破女子 50 米自由泳的世界纪录，成为中国第一位打破游泳世界纪录的选手。

至 90 年代，上海游泳运动更为注重借鉴学习国外的先进训练理念和方法。上海市体育科学学会运动训练专业委员会下设游泳学组，各高校、科研院所、运动队都有大量优秀论文获奖。同时邀请外国专家学者来上海讲学。1989 年，美国学者史密斯塞姆斯在上海作有关游泳训练的讲座。1990 年，德国弗莱堡大学高尔霍夫和斯特拉斯在上海作肌电测试方法研究和游泳陆上力量训练讲座。1991 年，收录有关于训练、技术、科学选才、心理训练、体制研究的科研论文集《上海游泳文集》出版，及时总结上海游泳运动经验，促进该运动创新发展。

1991 年，在第六届世界游泳锦标赛上，庄泳首次为中国夺得女子 50 米自由泳世界冠军。1992 年，在第二十五届奥运会上，庄泳、杨文意分别获得女子 100 米、女子 50 米的自由泳金牌。杨文意打破女子 50 米自由泳的世界纪录，庄泳、杨文意、乐靖宜共同打破女子 4×100 米自由泳接力的世界纪录。1993 年，在首届世界短池游泳锦标赛上，乐靖宜打破女子 50、100 米自由泳世界纪录，获得 5 枚金牌。同年，在第十七届世界大学生运动会上，乐靖宜以 55 秒 16 的成绩获得女子 100 米自由泳冠军。

1994 年，在第七届世界游泳锦标赛上，杨爱华获得女子 400 米自由泳金牌，乐靖宜分别以 24 秒

51、54 秒 01 的成绩打破女子 50 米、100 米自由泳世界纪录并获得金牌。同年，在世界杯短池游泳系列赛中，乐靖宜获得女子短距离自由泳总成绩冠军。1995 年，在巴西世界短池游泳锦标赛中，乐靖宜分别以 24 秒 62 和 53 秒 23 的成绩获女子 50 米、100 米自由泳冠军。1996 年，世界杯游泳赛北京站中，上海选手蒋丞稷获得 3 枚金牌，乐靖宜获得 2 枚金牌。同年，在第二十六届亚特兰大奥运会上，乐靖宜以 54 秒 50 的成绩夺得女子 100 米自由泳金牌。

1997 年，世界杯短池游泳系列赛中，上海选手蔡慧珏获得女子 100 米蝶泳金牌，经过 8 站比赛后的系列赛总成绩，蔡慧珏获女子蝶泳的并列冠军。在瑞典哥德堡举行的世界短池游泳锦标赛中，乐靖宜和队友以 3 分 34 秒 55 获得女子 4×100 米自由泳接力金牌，并打破世界纪录。此后，乐靖宜、蔡慧珏又与队友在 4×100 米混合泳接力赛中夺得冠军。同年，在第八届全运会游泳比赛中，上海队共获 14.5 枚金牌，其中王薇、王璐娜、王炜、熊国鸣打破亚洲纪录。

2000 年，在世界杯短池游泳系列赛(柏林)站比赛中，蒋丞稷以 21 秒 79 的成绩打破男子 50 米自由泳亚洲纪录并夺得冠军。

2001 年，上海借鉴国外先进的训练方法和手段，从美国聘请著名教练来上海观看上海游泳队训练，与教练员共同分析座谈，交流如何进一步提高训练水平的意见。通过人才交流、科学选才、强化训练等手段，帮助上海游泳队提高运动水平。同年，上海游泳队在九运会上共获得 7.5 枚金牌、5 枚银牌、4 枚铜牌。其中，徐妍玮 1 人独夺女子 100 米自由泳、50 米自由泳、4×100 米自由泳接力、4×200 米自由泳接力 4 枚金牌，并与王璐娜、朱颖文、庞佳颖共同打破 4×200 米自由泳接力的亚洲纪录。在男子 100 米仰泳决赛中，从江西交流至上海的运动员欧阳鲲鹏以 55 秒 71 的成绩夺得金牌并打破全国纪录。蒋丞稷以 22 秒 56 的成绩夺得男子 50 米自由泳金牌。同年，在 12 月举行的世界杯短池游泳系列赛中，曹雪伟获得男子 50 米仰泳金牌，李慧获得女子 100 米仰泳金牌，周晓薇获得女子 50 米自由泳金牌，李慧和李玮先后以 26 秒 83 和 30 秒 56 的成绩打破女子 50 米仰泳世界纪录和女子 50 米蛙泳世界纪录并双双夺冠。

2002 年，在世界杯短池游泳赛柏林站的比赛中，徐妍玮以 24 秒 91 的成绩夺得女子 50 米自由泳金牌。第六届世界短池游泳锦标赛上，徐妍玮、朱颖文与队友联手，以 7 分 46 秒 30 的成绩打破女子 4×200 米自由泳接力世界短池纪录并获得冠军。釜山亚运会上，徐妍玮囊括女子 100 米自由泳、50 米自由泳、4×100 米自由泳接力、4×200 米自由泳接力、4×100 米混合泳接力 5 枚金牌。同年，上海队利用寒暑假对奥运后备人才梯队组织集训，对入选奥运后备人才库的优秀苗子实行动态跟踪和科学管理。2003 年，上海游泳队先后赴波兰和捷克集中训练比赛 3 个月，取得预期效果。在巴黎举行的世界杯短池游泳系列赛中，徐妍玮夺得女子 200 米自由泳和女子 200 米蝶泳 2 枚金牌。

2004 年，雅典奥运会游泳比赛中，朱颖文、徐妍玮、庞佳颖在女子 4×200 米自由泳接力赛中以 7 分 55 秒 97 的成绩夺得银牌并打破亚洲纪录。

2005 年，由上海市科委和市体育局共同建设的科研项目——全国首个游泳水槽实验室在上海东方绿舟体育训练基地建成。该实验室可以综合分析和评价游泳运动员的体能状况、技术特点和训练能力，为教练员制订科学个性化的训练计划作参考。同时，聘请德国专家来上海讲学、带训，利用水槽的应激性训练提高运动员神经肌肉的负荷、短距离速度、出发与转身蹬伸、打腿、最后冲刺等能力，取得较好训练效果。在世界杯短池游泳系列赛南非站的比赛中，侯娴敏获得女子 50 米仰泳和女子 100 米仰泳 2 枚金牌。同年，在第十届全运会上，朱颖文、徐妍玮、庞佳颖、陆滢获得女子 4×100 米自由泳接力和女子 4×200 米自由泳接力金牌，其中朱颖文还获得女子 50 米、100 米自由泳 2 枚金牌。

2006 年，在多哈亚运会上，庞佳颖获得女子 200 米自由泳冠军，季丽萍获得女子 50 米蛙泳冠军,徐妍玮分别以25秒23和55秒02的成绩夺得女子50米、100米自由泳冠军。同时,庞佳颖与其队友夺取女子4×100米混合泳接力金牌;徐妍玮、庞佳颖和队友携手夺得女子4×100自由泳接力金牌;唐奕、庞佳颖和队友夺得女子4×200米自由泳接力金牌。

2007年,上海游泳队在全国最高级别比赛中,共获26枚金牌,其中全国锦标赛12枚金牌、全国冠军赛8枚金牌、第六届城运会6枚金牌。其中,孙晔、刘子歌分别在蛙泳和蝶泳上的表现突出,石峰在六届城运会上夺得男子100米蝶泳冠军。

2008年北京奥运会游泳比赛中,刘子歌在女子200米蝶泳决赛中,以2分04秒18的成绩夺冠并打破世界纪录。庞佳颖、朱倩蔚在女子4×200米自由泳接力中,与队友一起以7分45秒93的成绩超世界纪录,并获1枚银牌。庞佳颖在女子200米自由泳决赛中,以1分55秒05的成绩获得铜牌并超世界纪录。庞佳颖、孙晔与队友在女子4×100米混合泳接力决赛中,以3分56秒11获得铜牌并打破亚洲纪录。

图2-2-1　2008年,刘子歌获北京奥运会女子200米蝶泳冠军,并破世界纪录

2009年,在游泳训练中使用先进的游泳流动水槽,尝试三维运动技术分析,及时发现运动员技术动作缺陷并加以改进。通过流动水槽可测试和分析运动员的生理指标、氧耗水平、代谢能力,为提高运动员的体能、技术和心理素质提供科学依据。2009年,在罗马举行的第十三届游泳世界锦标赛中,朱倩蔚、庞佳颖和队友以7分42秒08的成绩获得女子4×200米自由泳接力冠军并打破世界纪录。在济南举行的第十一届全运会游泳比赛中,庞佳颖以53秒13的成绩夺得女子100米自由泳冠军。刘子歌先后以56秒07的成绩和2分01秒81的成绩打破女子100米蝶泳亚洲纪录和女子200米蝶泳世界纪录,并获得2枚金牌。同时,朱颖文、唐奕、徐妍玮、庞佳颖以3分35秒80夺得女子4×100米自由泳接力金牌。蒋海琦、戴骏、江翱、张中朝以7分12秒22的成绩获得男子4×200米自由泳接力金牌并打破该项目全国纪录。周妍欣、季丽萍、刘子歌、庞佳颖以3分54秒99夺得女子4×100米混合泳接力冠军。同年,刘子歌在世界杯短池游泳系列赛斯德哥尔摩站中,以2分02秒50的成绩获得女子200米蝶泳冠军,并打破世界纪录。其后,刘子歌又在世界杯短池游泳系列赛柏林站的比赛中以2分00秒78的成绩再次获得女子200米蝶泳冠军,并打破世界纪录。

2010年,在首届世界青年奥运会上,戴骏获得男子400米自由泳金牌。唐奕囊括男女4×100米自由泳接力、男女4×100米混合泳接力、女子50米自由泳、女子100米自由泳、女子200米自由泳和女子4×100米自由泳接力6枚金牌。在广州亚运会上,唐奕又分别夺得女子100米自由泳、4×100米混合泳接力、4×100米自由泳接力、4×200米自由泳接力4枚金牌;朱倩蔚获得女子200米自由泳金牌;季丽萍获得女子100米蛙泳金牌;蒋海琦获得男子4×100米自由泳接力金牌,另外与蒋宇辉、戴骏等队友获得男子4×200米自由泳接力金牌。第十届世界短池游泳锦标赛上,唐奕、朱倩蔚和队友合作夺得女子4×200米自由泳接力金牌并打破世界纪录。刘子歌、唐奕与队友合作夺得女子4×100米混合泳接力金牌并打破赛会纪录。同年的短池游泳世界杯分站赛上,张中朝获得男子 400 米自由泳金牌，孙晔获得女子 100 米、200 米蛙泳 2 枚金牌，朱倩蔚获得女子 200 米自由泳金牌。

表 2-2-1　1978—2010 年上海游泳运动员获得国际、洲际比赛前三名一览表

年份	比赛名称	地点	项目	运动员	名次	成绩
1989 年	泛太平洋游泳锦标赛	日本东京	男子 4×50 米混合泳接力	沈坚强	2	—
			女子 50 米自由泳	杨文意	2	25″95
			女子 100 米自由泳	庄　泳	1	55″38
			女子 200 米自由泳	庄　泳	3	2′01″44
			女子 4×100 米自由泳接力	杨文意 庄　泳	3	3′47″97
			女子 4×50 米混合泳接力	杨文意	2	—
			女子 4×100 米混合泳接力	杨文意 庄　泳	2	4′11″54
1990 年	第十一届亚洲运动会	中国北京	男子 50 米自由泳	沈坚强	1	22″99
			男子 100 米自由泳	沈坚强	1	50″61
			男子 100 米自由泳	谢　军	2	51″02
			男子 200 米自由泳	谢　军	1	1′51″90
			男子 400 米自由泳	严昱民	3	4′0″00
			男子 100 米蝶泳	沈坚强	1	54″29
			男子 200 米混合泳	谢　军	3	2′06″35
			男子 4×100 米自由泳接力	谢　军 沈坚强	1	3′24″96
			男子 4×200 米自由泳接力	谢　军 严昱民	2	7′30″44
1990 年	第十一届亚洲运动会	中国北京	男子 4×100 米混合泳接力	谢　军 沈坚强	1	3′45″18
			女子 50 米自由泳	杨文意	1	25″86
			女子 100 米自由泳	庄　泳	1	55″30
			女子 200 米自由泳	庄　泳	1	2′01″43
			女子 200 米自由泳	沈孝宇	3	2′02″36
			女子 400 米自由泳	沈孝宇	2	4′14″25
			女子 800 米自由泳	沈孝宇	2	8′42″01
			女子 100 米仰泳	杨文意	1	1′03″83
			女子 4×100 米自由泳接力	杨文意 庄　泳	1	3′46″39
			女子 4×100 米混合接力	杨文意 庄　泳	1	4′11″74

(续表一)

年份	比赛名称	地点	项目	运动员	名次	成绩
1991年	第六届世界游泳锦标赛	澳大利亚珀斯	女子50米自由泳	庄泳	1	25″47
			女子100米自由泳	庄泳	3	55″65
	世界杯短池游泳比赛	意大利米兰	女子50米自由泳	庄泳	1	25″57
	世界杯短池游泳比赛	德国罗斯托克	女子50米蛙泳	乐靖宜	1	25″63
				叶蓓蓓	3	25″75
			女子100米自由泳	乐靖宜	3	—
	世界杯短池游泳比赛	苏联莫斯科	女子200米混合泳	乐靖宜	3	—
1992年	第二十五届奥运会	西班牙巴塞罗那	女子100米自由泳	庄泳	1	54″64
			女子50米自由泳	杨文意	1	24″79
				庄泳	2	25″08
			女子4×100米自由泳接力	庄泳 杨文意 乐靖宜	2	3′40″12
	第四届亚洲游泳锦标赛	日本广岛	男子200米自由泳	谢军	1	1′51″73
			男子1 500米自由泳	严昱民	1	15′39″04
			男子100米自由泳	沈坚强	1	50″86
			男子100米蝶泳	沈坚强	1	54″18
			男子50米自由泳	沈坚强	1	23″11
			男子4×100米自由泳接力	沈坚强 邱洁明 谢军	1	3′25″09
			男子4×200米自由泳接力	邱洁明 谢军 严昱民	1	7′30″26
			男子4×100米混合泳接力	沈坚强 谢军	1	3′42″74
			女子50米自由泳	杨文意	1	25″48
			女子50米自由泳	庄泳	2	—
			女子100米自由泳	庄泳	1	55″27
				乐靖宜	2	—
			女子200米自由泳	庄泳	2	2′01″33
			女子4×100米自由泳接力	乐靖宜 杨文意 庄泳	1	3′46″99
			女子4×100米混合泳接力	庄泳	1	4′9″13

（续表二）

年份	比赛名称	地　点	项　目	运动员	名次	成　绩
1993年	第一届世界游泳短池锦标赛	西班牙帕尔马	女子100米自由泳	乐靖宜	1	53″01
			女子50米自由泳	乐靖宜	1	24″62
			女子4×100米自由泳接力	乐靖宜	1	3′35″97
			女子4×200米自由泳接力	乐靖宜	1	7′52″45
			女子4×100米混合泳接力	乐靖宜	1	3′57″73
1994年	世界杯短池游泳系列赛	7个城市	女子短距离自由泳总成绩	乐靖宜	1	—
	第七届世界游泳锦标赛	意大利罗马	女子50米自由泳	乐靖宜	1	24″51
			女子100米自由泳	乐靖宜	1	54″01
			女子4×100米自由泳接力	乐靖宜	1	3′37″91
			女子4×100米混合泳接力	乐靖宜	1	4′01″67
			女子4×200米自由泳接力	杨爱华	1	7′57″96
			女子400米自由泳	杨爱华	1	4′09″64
	第十二届亚运会	日本广岛	男子50米自由泳	蒋丞稷	3	—
			男子100米蝶泳	蒋丞稷	1	53″97
			男子200米蝶泳	薛　伟	1	2′01″47
			男子4×100米混合泳接力	蒋丞稷 邱洁明	2	3′45″28
			女子4×100米自由泳接力	乐靖宜	1	3′43″55
1995年	第二届世界短池游泳锦标赛	巴西里约热内卢	女子50米自由泳	乐靖宜	1	24″62
			女子100米自由泳	乐靖宜	1	53″23
			女子4×100米自由泳接力	乐靖宜	1	3′37
			男子50米自由泳	蒋丞稷	3	22″17
1996年	第二十六届奥运会	美国亚特兰大	女子100米自由泳	乐靖宜	1	54″50
			女子4×100米自由泳接力	乐靖宜	2	3′40″48
			女子50米自由泳	乐靖宜	2	24″90
			女子4×100米混合泳接力	蔡慧珏	3	4′07″34
	第五届亚洲游泳锦标赛	泰国曼谷	女子50米自由泳	乐靖宜	1	25″21
			女子400米混合泳	蔡慧珏	1	4′8″97
			女子200米蝶泳	蔡慧珏	3	2′15″49
			女子100米蝶泳	蔡慧珏	3	1′00″13
			男子50米自由泳	蒋丞稷	1	22″89
			男子100米蝶泳	蒋丞稷	2	55″33
			男子4×100米自由泳接力	蒋丞稷	2	—

(续表三)

<table>
<tr><th>年份</th><th>比赛名称</th><th>地点</th><th>项目</th><th>运动员</th><th>名次</th><th>成绩</th></tr>
<tr><td rowspan="25">1997年</td><td rowspan="7">第三届世界短池游泳锦标赛</td><td rowspan="7">瑞典哥德堡</td><td>女子50米自由泳</td><td>乐靖宜</td><td>3</td><td>24″83</td></tr>
<tr><td>女子100米自由泳</td><td>乐靖宜</td><td>3</td><td>53″72</td></tr>
<tr><td>女子4×100米自由泳接力</td><td>乐靖宜</td><td>1</td><td>3′34″55</td></tr>
<tr><td>女子4×100米混合泳接力</td><td>乐靖宜
蔡慧珏</td><td>1</td><td>3′57″83</td></tr>
<tr><td>女子100米蝶泳</td><td>蔡慧珏</td><td>2</td><td>57″92</td></tr>
<tr><td>女子4×200米自由泳接力</td><td>王璐娜</td><td>1</td><td>7′51″92</td></tr>
<tr><td>男子200米仰泳</td><td>王　炜</td><td>2</td><td>1′54″82</td></tr>
<tr><td rowspan="3">第七届泛太平洋游泳锦标赛</td><td rowspan="3">日本福冈</td><td>女子50米自由泳</td><td>乐靖宜</td><td>1</td><td>25″24</td></tr>
<tr><td>女子100米自由泳</td><td>乐靖宜</td><td>2</td><td>54″86</td></tr>
<tr><td>女子200米自由泳</td><td>乐靖宜</td><td>2</td><td>2′0″54</td></tr>
<tr><td rowspan="11">第二届东亚运动会</td><td rowspan="11">韩国汉城</td><td rowspan="2">男子200米混合泳</td><td>熊国鸣</td><td>1</td><td>2′5″4</td></tr>
<tr><td>汪海洲</td><td>3</td><td>2′6″8</td></tr>
<tr><td>男子4×100米自由泳接力</td><td>熊国鸣
颜　璎</td><td>2</td><td>—</td></tr>
<tr><td>男子4×200米自由泳接力</td><td>熊国鸣
颜　璎</td><td>2</td><td>—</td></tr>
<tr><td>女子50米自由泳</td><td>朱颖文</td><td>1</td><td>26″10</td></tr>
<tr><td>女子100米自由泳</td><td>朱颖文</td><td>1</td><td>56″78</td></tr>
<tr><td>女子4×100米自由泳接力</td><td>朱颖文</td><td>1</td><td>—</td></tr>
<tr><td>女子4×200米自由泳接力</td><td>朱颖文</td><td>1</td><td>—</td></tr>
<tr><td>女子200米自由泳</td><td>郑文彧</td><td>1</td><td>2′1″8</td></tr>
<tr><td>女子200米仰泳</td><td>陶　璇</td><td>3</td><td>2′15″8</td></tr>
<tr><td>女子4×100米混合泳接力</td><td>陶　璇</td><td>2</td><td>—</td></tr>
<tr><td rowspan="8">1998年</td><td rowspan="8">第十三届亚运会</td><td rowspan="8">泰国曼谷</td><td>男子50米自由泳</td><td>蒋丞稷</td><td>1</td><td>22″38</td></tr>
<tr><td>男子200米个人混合泳</td><td>熊国鸣</td><td>1</td><td>2′3″34</td></tr>
<tr><td>男子400米个人混合泳</td><td>熊国鸣</td><td>2</td><td>4′22″57</td></tr>
<tr><td>男子4×200米自由泳接力</td><td>熊国鸣</td><td>2</td><td>7′34″11</td></tr>
<tr><td>女子4×100米自由泳接力</td><td>钱　敏</td><td>1</td><td>3′45″51</td></tr>
<tr><td>女子4×200米自由泳接力</td><td>钱　敏</td><td>1</td><td>8′08″00</td></tr>
<tr><td>女子100米蛙泳</td><td>李　玮</td><td>1</td><td>1′8″95</td></tr>
<tr><td>女子4×100米混合泳接力</td><td>李　玮</td><td>2</td><td>4′8″54</td></tr>
<tr><td rowspan="2">1999年</td><td rowspan="2">世界短池游泳锦标赛</td><td rowspan="2">中国北京</td><td>女子50米蛙泳</td><td>李　玮</td><td>1</td><td>31″45</td></tr>
<tr><td>女子100米蛙泳</td><td>李　玮</td><td>1</td><td>—</td></tr>
</table>

（续表四）

年份	比赛名称	地　点	项　目	运动员	名次	成　绩
2000 年	亚洲锦标赛	韩国釜山	男子 50 米自由泳	蒋丞稷	1	22″84
2001 年	第九届世界游泳锦标赛	日本福冈	女子 4×100 米混合泳接力	徐妍玮	3	4′02″53
	第三届东亚运动会	日本大阪	男子 50 米自由泳	蒋丞稷	3	23″30
			男子 100 米仰泳	欧阳鲲鹏	2	56″14
			男子 100 米蝶泳	欧阳鲲鹏	2	53″68
			男子 4×100 米混合泳接力	欧阳鲲鹏	2	—
			男子 4×100 米自由泳接力	欧阳鲲鹏	3	—
			女子 50 米自由泳	徐妍玮	2	25″53
			女子 100 米自由泳	徐妍玮	1	55″02
			女子 4×100 米混合泳接力	徐妍玮	1	—
			女子 4×100 米自由泳接力	徐妍玮 朱颖文	1	—
			女子 4×200 米自由泳接力	徐妍玮 朱颖文	1	—
2002 年	第六届世界短池游泳锦标赛	俄罗斯莫斯科	女子 4×200 米自由泳接力	徐妍玮 朱颖文	1	7′46″30
			女子 100 米自由泳	徐妍玮	3	53″35
			女子 200 米自由泳	徐妍玮	3	1′55″63
			女子 4×100 米自由泳接力	徐妍玮 朱颖文	3	3′36″18
			女子 4×100 米混合泳接力	徐妍玮	3	3′57″29
	第十四届亚运会	韩国釜山	女子 4×100 米混合泳	徐妍玮	1	4′00″21
			女子 4×100 米自由泳接力	朱颖文 徐妍玮 居洁磊	1	3′40″95
			女子 50 米自由泳	徐妍玮	1	25″42
			女子 100 米自由泳	徐妍玮	1	54″92
			女子 200 米自由泳	徐妍玮	2	1′59″42
			女子 4×200 米自由泳接力	徐妍玮 朱颖文	1	7′58″46
			女子 50 米自由泳	周晓薇	3	25″76
			男子 4×100 米混合泳接力	欧阳鲲鹏	2	3′42″07
			男子 200 米混合泳	欧阳鲲鹏	3	2′03″34

(续表五)

年份	比赛名称	地点	项目	运动员	名次	成绩
2003 年	第十届世界游泳锦标赛	西班牙巴塞罗那	女子 4×200 米自由泳接力	徐妍玮 庞佳颖	3	7′58″53
	第一届亚非运动会	印度海德拉巴	女子 50 米自由泳	周晓薇	1	—
			女子 200 米自由泳	朱颖文	1	—
			女子 4×200 米自由泳接力	周晓薇 朱颖文	1	—
2004 年	第二十八届奥运会	希腊雅典	女子 4×200 米自由泳接力	朱颖文 庞佳颖 徐妍玮	2	7′55″97
2005 年	第十一届世界游泳锦标赛	加拿大蒙特利尔	女子 50 米自由泳	朱颖文	3	24″91
			女子 4×200 米自由泳接力	朱颖文 庞佳颖	3	7′57″3
	第四届东亚运动会	中国澳门	女子 50 米自由泳	朱颖文	1	—
			女子 4×100 米自由泳接力	庞佳颖 朱颖文 徐妍玮	1	—
			女子 4×200 米自由泳接力	庞佳颖 朱颖文 徐妍玮	1	—
			女子 4×100 米混合泳接力	朱颖文	1	—
			女子 100 米自由泳	庞佳颖	1	—
			女子 200 米自由泳	庞佳颖	1	—
			女子 50 米蝶泳	徐妍玮	1	—
			女子 50 米自由泳	徐妍玮	2	—
			女子 100 米蝶泳	徐妍玮	2	—
2006 年	世界短池游泳锦标赛	中国上海	女子 4×200 米自由泳接力	庞佳颖 徐妍玮	2	7′47″07
			女子 4×100 米混合泳接力	徐妍玮	3	3′55″76
	第十五届亚运会	卡塔尔多哈	女子 50 米蛙泳	季丽萍	1	31″52
			女子 200 米自由泳	庞佳颖	1	1′59″26
			女子 4×100 米混合泳接力	庞佳颖	1	4′04″22
			女子 4×100 米自由泳接力	徐妍玮 庞佳颖	1	3′42″11
			女子 50 米自由泳	徐妍玮	1	25″23
			女子 4×200 米自由泳接力	庞佳颖 唐　奕	1	8′01″89

（续表六）

年份	比赛名称	地　点	项　目	运动员	名次	成　绩
2006年	第十五届亚运会	卡塔尔多哈	女子100米自由泳	徐妍玮	1	55″02
			女子50米自由泳	庞佳颖	2	25″84
			女子100米自由泳	庞佳颖	2	55″17
	第七届亚洲游泳锦标赛	新加坡	男子50米自由泳	徐　磊	1	—
			女子200米自由泳	陆　滢	1	—
			女子4×100米自由泳接力	陆　滢 孙文婷	1	3′48″75
			女子4×200米自由泳接力	陆　滢	1	8′15″88
			女子50米蛙泳	季丽萍	1	31″31
			女子100米蛙泳	季丽萍	1	1′08″61
			女子50米蝶泳	徐妍玮	1	26″59
	世界短池游泳锦标赛	中国上海	女子4×200米自由泳接力	庞佳颖 徐妍玮	2	7′47″07
			女子4×100米混合泳接力	徐妍玮	3	3′55″76
2007年	第十二届世界游泳锦标赛	澳大利亚墨尔本	女子4×100米混合泳接力	徐妍玮	3	4′01″97
2008年	第二十九届奥运会	中国北京	女子200米蝶泳	刘子歌	1	2′04″18
			女子4×200米自由泳接力	庞佳颖 朱倩蔚	2	7′46″00
			女子200米自由泳	庞佳颖	3	1′55″05
			女子4×100米混合泳接力	庞佳颖 孙　晔	3	3′56″11
2009年	第十三届世界游泳锦标赛	意大利罗马	女子4×200米自由泳接力	庞佳颖 朱倩蔚	1	7′42″08
			女子200米蝶泳	刘子歌	2	2′03″90
2010年	第十届世界短池游泳锦标赛	阿联酋迪拜	女子4×200米自由泳接力	唐　奕 朱倩蔚	1	7′35″94
			女子4×100米混合泳接力	刘子歌 唐　奕	1	3′48″29
			女子200米蛙泳	孙　晔	2	—
			女子4×100米自由泳接力	唐　奕 朱倩蔚 庞佳颖	3	—
			女子200米仰泳	周妍欣	3	—
	第十六届亚运会	中国广州	女子100米自由泳	唐　奕	1	54″12
			女子200米自由泳	朱倩蔚	1	1′56″65

(续表七)

年份	比赛名称	地点	项目	运动员	名次	成绩
2010年	第十六届亚运会	中国广州	女子100米蛙泳	季丽萍	1	1′06″91
			女子4×100米混合泳接力	唐　奕	1	3′57″80
			女子4×200米自由泳接力	朱倩蔚 唐　奕	1	7′51″81
			女子4×100米自由泳接力	朱倩蔚 唐　奕	1	3′36″88
			男子4×100米自由泳接力	蒋海琦	1	3′16″34
			男子4×200米自由泳接力	蒋海琦 蒋宇辉 戴　骏	1	7′07″68
			女子50米自由泳	唐　奕	2	25″22
			女子200米自由泳	唐　奕	2	1′57″80
			女子200米蛙泳	孙　晔	2	2′25″27
			女子200米蛙泳	季丽萍	3	2′25″40
			女子50米蝶泳	陆　滢	3	26″29
			男子100米仰泳	孙晓磊	3	55″46

表2-2-2　1978—2010年上海游泳运动员获得全国比赛冠军一览表

年份	比赛名称	地点	项目	运动员	成绩
1978年	全国春季游泳赛	—	男子1 500米自由泳	潘佳章	17′17″7
			男子100米仰泳	汤　群	1′1″2
			男子200米仰泳	汤　群	2′12″8
			女子800米自由泳	孙　燕	10′5″2
	全国游泳赛	—	男子400米自由泳	潘佳章	4′16″2
			男子1 500米自由泳	潘佳章	17′6″6
			男子200米仰泳	汤　群	2′14″8
1979年	第四届全运会	北京	男子400米混合泳	潘佳章	4′45″8
			女子200米蝶泳	徐　艳	2′26″05
1980年	全国游泳锦标赛	上海	男子200米仰泳	潘佳章	2′09″8
			女子200米自由泳	徐　艳	2′11″69
			女子200米蝶泳	乐思佩	2′23″70
1981年	全国游泳锦标赛	—	男子200米自由泳	潘佳章	1′57″
			男子400米自由泳	潘佳章	4′10″7
			男子200米仰泳	潘佳章	2′10″4

（续表一）

年　份	比赛名称	地　点	项　　目	运动员	成　绩
1981 年	全国游泳锦标赛	—	男子 400 米混合泳	潘佳章	4′44″3
			女子 200 米蝶泳	乐思佩	2′21″5
1982 年	全国游泳锦标赛	—	男子 400 米自由泳	潘佳章	4′6″1
			男子 200 米仰泳	潘佳章	2′11″
			男子 100 米蝶泳	陈建波	57″3
			女子 200 米蝶泳	乐思佩	2′22″9
1983 年	第五届全运会	上海	男子 200 米自由泳	潘佳章	1′56″10
			男子 400 米自由泳	沈坚强	4′07″45
			男子 100 米蝶泳	郑　健	56″84
			男子 4×200 米自由泳接力	上海队	7′57″02
			女子 200 米蝶泳	乐思佩	2′23″58
1984 年	全国游泳锦标赛	上海	男子 200 米自由泳	沈坚强	1′55″39
			男子 100 米蝶泳	郑　健	57″06
			女子 200 米仰泳	岑楚云	2′26″14
			女子 200 米蝶泳	乐思佩	2′21″74
1986 年	全国游泳锦标赛	—	男子 100 米仰泳	杨新天	1′0″6
			男子 4×100 米自由泳接力	上海队	3′37″6
1987 年	第六届全运会	广东广州	男子个人全能	沈坚强	240 分
			男子 50 米自由泳	沈坚强	23″1
			男子 100 米自由泳	沈坚强	50″9
			男子 200 米自由泳	沈坚强	1′52″81
			男子 100 米蝶泳	沈坚强	54″65
			男子 200 米混合泳	沈坚强	2′8″83
			男子 400 米混合泳	谢　军	4′32″24
			男子 4×100 米自由泳接力	上海队	3′30″46
			男子 4×200 米自由泳接力	上海队	7′49″26
			女子 50 米自由泳	杨文意	25″75
			女子 100 米自由泳	庄　泳	56″22
			女子 100 米仰泳	杨文意	1′4″23
			女子 4×100 米自由泳接力	上海队	3′49″39
			女子 4×200 米自由泳接力	上海队	8′30″65
			女子 4×100 米混合泳接力	上海队	4′16″05

(续表二)

年 份	比 赛 名 称	地 点	项 目	运动员	成 绩
1988年	全国游泳冠军赛	—	男子200米自由泳	谢 军	1′54″62
			男子1 500米自由泳	严昱民	16′20″19
			男子100米蝶泳	郑 健	54″48
			男子200米混合泳	谢 军	2′8″39
			男子4×200米自由泳接力	上海队	8′7″32
			女子100米自由泳	庄 泳	56″24
	全国游泳锦标赛	—	男子1 500米自由泳	严昱民	16′22″07
1989年	全国游泳冠军赛	上海	男子50米仰泳	沈坚强	22″8
			男子100米自由泳	沈坚强	50″51
			男子200米自由泳	谢 军	1′52″33
			男子1 500米自由泳	严昱民	16′03″41
			男子100米蝶泳	沈坚强	53″87
			男子200米混合泳	谢 军	2′5″27
			男子4×100米自由泳接力	上海队	3′34″93
			男子4×200米自由泳接力	上海队	7′52″96
			女子100米自由泳	庄 泳	56″42
			女子400米自由泳	沈孝宇	4′20″27
			女子4×100米自由泳接力	上海队	3′58″84
			女子4×200米自由泳接力	上海队	8′31″5
	全国游泳锦标赛	广西南宁	男子50米自由泳	屈欣松	24″40
			男子400米自由泳	严昱民	4′04″57
			男子1 500米自由泳	严昱民	16′22″22
			男子4×200米自由泳接力	上海队	7′53″40
			女子200米自由泳	沈孝宇	2′06″34
			女子400米自由泳	沈孝宇	4′26″57
			女子800米自由泳	沈孝宇	9′03″99
	全国短池游泳锦标赛	上海	男子50米自由泳	沈坚强	22″93
			男子100米自由泳	沈坚强	50″30
			男子100米蝶泳	沈坚强	54″05
			男子200米个人混合泳	谢 军	2′05″71
			男子400米个人混合泳	谢 军	4′29″
			男子4×50米自由泳接力	上海队	1′35″02
			女子200米自由泳	沈孝宇	2′03″89
			女子50米蛙泳	陈 健	33″44

（续表三）

年　份	比 赛 名 称	地　点	项　　目	运动员	成　绩
1990年	全国游泳冠军赛	四川成都	男子50米自由泳	沈坚强	23″00
			男子100米自由泳	沈坚强	50″58
			男子400米自由泳	严昱民	4′01″99
			男子1 500米自由泳	严昱民	16′08″55
			男子200米蛙泳	胡征宇	2′21″33
			男子100米蝶泳	沈坚强	54″63
			男子4×100米自由泳接力	上海队	3′26″61
			男子4×200米自由泳接力	上海队	7′58″94
			女子50米自由泳	杨文意	25″51
			女子200米自由泳	沈孝宇	2′04″03
			女子100米仰泳	杨文意	1′03″45
			女子4×200米自由泳接力	上海队	8′48″91
			女子4×100米混合泳接力	上海队	4′25″40
	全国游泳锦标赛	山东济南	男子50米自由泳	邱洁明	23″88
			男子100米自由泳	邱洁明	52″02
			男子200米自由泳	严昱民	1′55″86
			男子100米蛙泳	胡征宇	1′05″89
			男子200米蛙泳	胡征宇	2′24″13
			男子4×100米自由泳接力	上海队	3′36″78
			男子4×200米自由泳接力	上海队	7′54″82
			男子4×100米混合泳接力	上海队	4′00″13
			女子50米自由泳	叶蓓蓓	26″54
				乐靖宜	26″54
			女子100米自由泳	乐靖宜	58″02
			女子100米仰泳	余　丽	1′06″64
			女子4×100米自由泳接力	上海队	3′55″62
			女子4×200米自由泳接力	上海队	8′03″11
			女子4×100米混合泳接力	上海队	4′22″41
	全国短池游泳锦标赛	上海	男子50米自由泳	沈坚强	22″92
			男子400米自由泳	严昱民	4′08″52
			男子200米蛙泳	胡征宇	2′18″51
			男子50米蝶泳	沈坚强	24″59

(续表四)

年 份	比赛名称	地 点	项 目	运动员	成 绩
1990 年	全国短池游泳锦标赛	上海	男子 100 米蝶泳	沈坚强	53″94
			男子 200 米个人混合泳	熊国鸣	2′07″43
			男子 4×50 米混合泳接力	上海队	1′46″64
			女子 50 米自由泳	乐靖宜	25″95
			女子 100 米自由泳	乐靖宜	56″52
			女子 400 米自由泳	沈孝宇	4′19″65
			女子 50 米仰泳	余 丽	30″03
			女子 100 米蝶泳	蒋立君	1′03″85
			女子 4×50 米自由泳接力	上海队	1′46″32
			女子 4×50 米混合泳接力	上海队	2′00″33
1991 年	全国游泳锦标赛	四川成都	女子 50 米自由泳	杨文意	25″72
			女子 100 米自由泳	乐靖宜	56″67
			女子 400 米自由泳	沈孝宇	4′21″69
			女子 800 米自由泳	沈孝宇	8′56″55
			女子 50 米仰泳	杨文意	29″37
			女子 200 米蛙泳	陆 笛	2′35″50
			女子 50 米蝶泳	杨文意	27″05
			女子 100 米蝶泳	杨文意	1′01″12
			女子 4×50 米自由泳接力	上海队	1′43″71
			女子 4×100 米自由泳接力	上海队	3′50″97
			女子 4×200 米自由泳接力	上海队	8′27″54
			女子 4×50 米混合泳接力	上海队	1′55″61
			女子 4×100 米混合泳接力	上海队	4′19″56
			男子 100 米自由泳	谢 军	51″71
			男子 200 米自由泳	谢 军	1′53″56
			男子 400 米自由泳	严昱民	4′01″86
			男子 1 500 米自由泳	严昱民	16′15″03
			男子 200 米混合泳	谢 军	2′08″33
			男子 400 米混合泳	熊国鸣	4′36″80
			男子 4×50 米自由泳接力	上海队	1′36″22
			男子 4×100 米自由泳接力	上海队	3′33″31
			男子 4×200 米自由泳接力	上海队	7′57″55
			男子 4×50 米混合泳接力	上海队	1′50″40
			男子 4×100 米混合泳接力	上海队	3′55″44

（续表五）

年 份	比 赛 名 称	地 点	项 目	运动员	成 绩
1991年	全国游泳冠军赛	辽宁辽阳	女子50米仰泳	王燕雯	29″84
			女子100米仰泳	余 丽	1′05″69
			女子4×50米自由泳接力	上海队	1′45″13
			女子4×100米自由泳接力	上海队	3′52″76
			女子4×200米自由泳接力	上海队	8′29″61
			女子4×50米混合泳接力	上海队	1′58″38
			男子50米自由泳	沈坚强	23″23
			男子100米自由泳	邱洁明	51″98
			男子200米自由泳	谢 军	1′54″26
			男子400米自由泳	严昱民	4′04″74
			男子50米蝶泳	沈坚强	24″79
			男子100米蝶泳	沈坚强	55″07
			男子200米混合泳	谢 军	2′07″15
			男子400米混合泳	熊国鸣	4′36″94
			男子4×50自由泳接力	上海队	1′37″04
			男子4×100米自由泳接力	上海队	3′35″92
			男子4×200米自由泳接力	上海队	3′57″03
			男子4×100米混合泳接力	上海队	3′55″62
			男子4×50米混合泳接力	上海队	1′46″65
	全国短池游泳锦标赛	上海	女子50米自由泳	乐靖宜	25″56
			女子100米自由泳	叶蓓蓓	55″72
			女子200米自由泳	庄 泳	1′59″09
			女子400米自由泳	沈孝宇	4′11″91
			女子800米自由泳	沈孝宇	8′41″18
			女子50米仰泳	余 丽	29″31
			女子50米蝶泳	叶蓓蓓	28″52
			女子4×50米自由泳接力	上海队	1′44″05
			女子4×50米混合泳接力	上海队	1′54″94
			男子50米自由泳	邱洁明	22″80
			男子100米自由泳	邱洁明	50″06
			男子800米自由泳	严昱民	8′05″86
			男子50米仰泳	沈坚强	26″03
			男子100米仰泳	马 俊	59″36

(续表六)

年 份	比赛名称	地 点	项 目	运动员	成 绩
1991年	全国短池游泳锦标赛	上海	男子50米蝶泳	沈坚强	24″44
			男子100米蝶泳	沈坚强	53″63
			男子200米蝶泳	薛 伟	2′01″06
			男子4×50米自由泳接力	上海队	1′35″38
			男子4×50米混合泳接力	上海队	1′44″32
1992年	全国游泳锦标赛	上海	男子100米自由泳	邱洁明	51″43
			男子200米自由泳	邱洁明	1′53″9
			男子200米蛙泳	胡征宇	2′19″39
			男子100米蝶泳	蒋丞稷	55″34
			男子200米混合泳	邱洁明	2′06″08
			男子400米混合泳	熊国鸣	4′32″58
			男子4×100米自由泳接力	上海队	3′30″44
			男子4×200米自由泳接力	上海队	7′51″29
			女子50米自由泳	王燕雯	25″66
			女子100米自由泳	叶蓓蓓	56″00
			女子400米自由泳	肖 旻	4′17″66
			女子200米混合泳	姚奇敏	2′18″81
			女子4×100米自由泳接力	上海队	3′49″90
			女子4×100米混合泳接力	上海队	4′15″95
			女子4×200米自由泳接力	上海队	8′22″56
	全国游泳冠军赛	北京	男子100米自由泳	邱洁明	51″72
			男子200米自由泳	熊国鸣	1′54″37
			男子400米自由泳	严昱民	3′58″07
			男子1 500米自由泳	严昱民	15′54″73
			男子200米混合泳	熊国鸣	2′08″79
			男子400米混合泳	熊国鸣	4′31″98
			男子4×100米自由泳接力	上海队	3′30″19
			男子4×200米自由泳接力	上海队	7′49″12
			女子50米自由泳	乐靖宜	26″02
			女子100米蛙泳	陆 笛	1′10″73
			女子4×100米自由泳接力	上海队	3′48″29
			女子4×200米自由泳接力	上海队	8′18″03
			女子4×100米混合泳接力	上海队	4′15″18

（续表七）

年　份	比赛名称	地　点	项　　目	运动员	成　绩
1993年	全国游泳冠军赛	上海	女子50米自由泳	乐靖宜	25″32
			女子100米自由泳	乐靖宜	55″27
			女子400米自由泳	肖　旻	4′15″64
			女子4×100米自由泳接力	上海队	3′47″09
			女子4×200米自由泳接力	上海队	8′32″72
			女子4×100米混合泳接力	上海队	4′09″65
			男子100米自由泳	谢　军	51″61
			男子200米自由泳	熊国鸣	1′53″24
			男子400米自由泳	严昱民	3′57″52
			男子1 500米自由泳	严昱民	15′50″55
			男子100米蝶泳	蒋丞稷	55″26
			男子200米蝶泳	薛　伟	2′02″16
			男子400米混合泳	熊国鸣	4′32″88
			男子4×100米自由泳接力	上海队	3′33″37
			男子4×200米自由泳接力	上海队	7′47″93
			男子4×100米混合泳接力	上海队	3′49″33
	第七届全运会	北京	女子100米自由泳	乐靖宜	54″72
			女子50米自由泳	杨文意	24″97
			女子100米蝶泳	杨文意	59″21
			女子4×100米自由泳接力	上海队	3′42″38
			女子4×100米混合泳接力	上海队	4′06″65
			男子400米混合泳	熊国鸣	4′24″43
			男子100米自由泳	邱洁明	50″86
			男子200米蝶泳	薛　伟	2′02″12
			男子400米自由泳	熊国鸣	3′58″32
			男子200米混合泳	熊国鸣	2′04″38
			男子1 500米自由泳	熊国鸣	15′48″62
			男子4×100米自由泳接力	上海队	3′25″58
			男子4×200米自由泳接力	上海队	7′43″06
1994年	全国游泳冠军赛	天津	男子100米自由泳	邱洁明	51″59
			男子200米自由泳	熊国鸣	1′52″97
			男子100米蝶泳	蒋丞稷	53″80
			男子200米混合泳	熊国鸣	2′06″36

(续表八)

年 份	比赛名称	地 点	项 目	运动员	成 绩
1994年	全国游泳冠军赛	天津	男子400米混合泳	熊国鸣	4′29″23
			男子4×100米自由泳接力	上海队	3′32″96
			男子4×200米自由泳接力	上海队	7′47″32
			女子50米自由泳	乐靖宜	24″95
			女子4×100米自由泳接力	上海队	3′49″95
			女子4×200米自由泳接力	上海队	8′22″43
	全国游泳锦标赛	河北保定	男子200米自由泳	颜 璎	1′52″47
			男子400米自由泳	颜 璎	3′58″59
			男子1 500米自由泳	颜 璎	15′47″15
			男子50米蛙泳	许振宇	29″66
			男子50米仰泳	王 炜	27″75
			男子100米仰泳	王 炜	58″94
			男子200米仰泳	王 炜	2′06″23
			男子4×200米自由泳接力	上海队	7′50″60
			女子50米自由泳	孙佳林	25″75
			女子100米自由泳	叶蓓蓓	56″19
			女子400米自由泳	杨爱华	4′14″20
			女子50米仰泳	薛 磊	28″91
			女子4×100米自由泳接力	上海队	3′48″32
			女子4×100米混合泳接力	上海队	4′15″78
1995年	全国游泳冠军赛	河北保定	男子50米自由泳	蒋丞稷	23″27
			男子100米自由泳	蒋丞稷	51″96
			男子200米仰泳	王 炜	2′04″93
			男子100米蝶泳	蒋丞稷	55″10
			男子4×100米自由泳接力	上海队	3′33″27
			男子4×200米自由泳接力	上海队	7′50″46
			女子4×100米自由泳接力	上海队	3′51″04
	全国游泳锦标赛	四川成都	男子50米自由泳	蒋丞稷	23″27
			男子100米自由泳	邱洁明	51″58
			男子200米自由泳	颜 璎	1′54″05
			男子50米仰泳	王 炜	26″86
			男子100米仰泳	王 炜	57″22

（续表九）

年　份	比赛名称	地　点	项　　目	运动员	成　绩
1995年	全国游泳锦标赛	四川成都	男子200米仰泳	王　炜	2′02″54
			男子50米蝶泳	蒋丞稷	24″58
			男子100米蝶泳	蒋丞稷	54″47
			男子200米混合泳	王　炜	2′06″53
			男子4×100米自由泳接力	上海队	3′31″65
			男子4×200米自由泳接力	上海队	7′51″34
			男子4×100米混合泳接力	上海队	3′48″88
			女子100米自由泳	乐靖宜	56″04
			女子50米仰泳	薛　磊	29″86
			女子50米蝶泳	程晓蓉	28″03
			女子100米蝶泳	程晓蓉	1′01″96
			女子400米混合泳	岑立夏	4′54″98
			女子4×100米自由泳接力	上海队	3′53″09
			女子4×100米混合泳接力	上海队	4′17″57
	全国短池游泳锦标赛	上海	男子50米自由泳	蒋丞稷	22″43
			男子100米自由泳	邱洁明	49″77
			男子200米自由泳	颜　璎	1′50″01
			男子400米自由泳	颜　璎	3′53″75
			男子1 500米自由泳	颜　璎	15′41″43
			男子100米仰泳	王　炜	54″84
			男子200米仰泳	王　炜	1′59″21
			男子100米蛙泳	邱洁明	1′01″76
			男子50米蝶泳	蒋丞稷	24″25
			男子100米蝶泳	蒋丞稷	53″68
			男子200米混合泳	王　炜	2′02″40
			男子400米混合泳	汪海洲	4′25″62
			男子4×50米自由泳接力	上海队	1′32″20
			男子4×100米自由泳接力	上海队	3′27″84
			男子4×50米混合泳接力	上海队	1′42″68
			男子4×100米混合泳接力	上海队	3′48″38
			男子4×200米自由泳接力	上海队	7′35″44
			女子50米自由泳	叶蓓蓓	25″29

(续表一〇)

年份	比赛名称	地点	项目	运动员	成绩
1995年	全国短池游泳锦标赛	上海	女子100米自由泳	叶蓓蓓	55″23
			女子200米自由泳	郑文彧	2′00″40
			女子400米自由泳	陈淑珺	4′13″79
			女子50米蛙泳	李　玮	32″10
			女子100米蛙泳	李　玮	1′08″75
			女子200米蛙泳	李　玮	2′28″67
			女子50米蝶泳	蔡慧珏	26″67
			女子100米蝶泳	蔡慧珏	59″71
			女子200米蝶泳	蔡慧珏	2′11″41
			女子200米个人混合泳	陈淑珺	2′16″30
			女子400米混合泳	岑立夏	4′45″77
			女子4×50米自由泳接力	上海队	1′42″21
			女子4×100米自由泳接力	上海队	3′45″40
			女子4×200米自由泳接力	上海队	8′10″08
			女子4×50米混合泳接力	上海队	1′54″27
			女子4×100米混合泳接力	上海队	4′08″30
1996年	全国游泳冠军赛	天津	男子50米自由泳	蒋丞稷	23″04
			男子100米自由泳	蒋丞稷	51″21
			男子200米自由泳	陈　洲	1′51″49
			男子100米蝶泳	蒋丞稷	53″96
			男子400米混合泳	汪海洲	4′29″57
			男子4×100米自由泳接力	上海队	3′29″09
			男子4×200米自由泳接力	上海队	7′43″86
			男子4×100米混合泳	上海队	3′46″29
			女子50米自由泳	乐靖宜	24″93
			女子4×100米自由泳	上海队	3′46″98
			女子4×200米自由泳	上海队	8′10″91
			女子4×100米混合泳	上海队	4′12″14
	全国游泳锦标赛	广东东莞	男子200米自由泳	颜　璎	1′52″53
			男子50米仰泳	王　炜	26″61
			男子100米仰泳	王　炜	56″59
			男子200米仰泳	王　炜	2′01″30

（续表一一）

年　份	比赛名称	地　点	项　　目	运动员	成　绩
1996 年	全国游泳锦标赛	广东东莞	男子 4×100 米自由泳接力	上海队	3′29″58
			男子 4×200 米自由泳接力	上海队	7′44″38
			男子 4×100 米混合泳接力	上海队	3′48″27
			女子 200 米自由泳	王璐娜	1′59″44
			女子 400 米自由泳	王璐娜	4′11″92
			女子 400 米混合泳	岑立夏	4′47″82
			女子 4×100 米自由泳接力	上海队	3′47″85
			女子 4×200 米自由泳接力	上海队	8′09″44
			女子 4×100 米混合泳接力	上海队	4′09″07
	全国短池游泳锦标赛	上海	男子 50 米自由泳	蒋丞稷	22″54
			男子 100 米自由泳	熊国鸣	51″73
			男子 200 米自由泳	王　炜	1′51″12
			男子 400 米自由泳	熊国鸣	3′53″75
			男子 1 500 米自由泳	熊国鸣	15′25″52
			男子 50 米蛙泳	陈剑虹	28″36
			男子 100 米仰泳	吴　伟	56″18
			男子 200 米蝶泳	王　炜	1′59″04
			男子 200 米混合泳	王　炜	2′00″74
			男子 400 米混合泳	熊国鸣	4′25″27
			男子 4×50 米自由泳接力	上海队	1′34″02
			男子 4×100 米自由泳接力	上海队	3′29″90
			男子 4×200 米自由泳接力	上海队	7′36″02
			男子 4×50 米混合泳接力	上海队	1′41″53
			男子 4×100 米混合泳接力	上海队	3′52″77
			女子 200 米自由泳	王璐娜	1′58″43
			女子 400 米自由泳	王璐娜	4′10″23
			女子 100 米蛙泳	张　怡	1′09″82
			女子 200 米蛙泳	王　薇	2′27″92
			女子 50 米蝶泳	蔡慧珏	27″24
			女子 100 米蝶泳	蔡慧珏	59″74
			女子 200 米混合泳	王璐娜	2′15″17
			女子 4×50 米自由泳接力	上海队	1′42″52

(续表一二)

年 份	比 赛 名 称	地 点	项 目	运动员	成 绩
1996年	全国短池游泳锦标赛	上海	女子4×100米自由泳接力	上海队	3′43″22
			女子4×50米混合泳接力	上海队	1′53″54
			女子4×100米混合泳接力	上海队	4′06″56
1997年	第八届全运会暨全国游泳冠军赛	天津	男子50米自由泳	蒋丞稷	22″78
			男子100米自由泳	邱洁明	51″16
			男子100米蝶泳	蒋丞稷	54″17
			男子200米混合泳	熊国鸣	2′04″92
			男子400米混合泳	熊国鸣	4′23″33
			男子4×100米自由泳接力	上海队	3′28″62
			男子4×200米自由泳接力	上海队	7′40″94
			男子4×100米混合泳接力	上海队	3′48″93
			女子100米自由泳	郑文彧	55″96
			女子200米自由泳	郑文彧	2′01″48
			女子100米蛙泳	张 怡	1′10″28
			女子200米蛙泳	张 怡	2′32″91
			女子200米混合泳	岑立夏	2′16″20
			女子400米混合泳	岑立夏	4′47″56
			女子4×100米自由泳接力	上海队	3′49″98
			女子4×200米自由泳接力	上海队	8′19″30
			女子4×100米混合泳接力	上海队	4′10″57
	第八届全运会	上海	男子50米自由泳	蒋丞稷	22″54
			男子100米自由泳	蒋丞稷	50″62
			男子200米自由泳	陈 洲	1′50″60
			男子100米仰泳	王 炜	56″53
			男子100米蝶泳	蒋丞稷	53″28
			男子200米个人混合泳	王 炜	2′02″26
			男子400米个人混合泳	熊国鸣	4′19″03
			男子4×100米自由泳接力	上海队	3′27″32
			男子4×200米自由泳接力	上海队	7′32″74
			男子4×100米混合泳接力	上海队	3′43″17
			女子100米自由泳	乐靖宜	54″10
			女子100米蛙泳	王 薇	1′08″26

（续表一三）

年　份	比赛名称	地　点	项　　目	运动员	成　绩
1997年	第八届全运会	上海	女子200米蛙泳	张　怡	2′26″74
			女子4×100米自由泳接力	上海队	3′42″30
			女子4×200米自由泳接力	上海队	7′58″60
	全国短池游泳锦标赛	上海	男子50米自由泳	舒　畅	23″32
			男子100米自由泳	舒　畅	51″12
			男子200米自由泳	颜　璎	1′51″65
			男子1 500米自由泳	施　澄	15′29″31
			男子100米蛙泳	于大庆	1′01″78
			男子200米蛙泳	朱晨海	2′14″72
			男子50米仰泳	王　炜	25″43
			男子100米仰泳	王　炜	54″11
			男子200米仰泳	王　炜	1′59″10
			男子200米混合泳	汪海洲	2′04″72
			男子400米混合泳	汪海洲	4′26″21
			男子4×50米自由泳接力	上海队	1′34″17
			男子4×100米自由泳接力	上海队	2′27″66
			男子4×200米自由泳接力	上海队	7′34″39
			男子4×100米混合泳接力	上海队	3′48″34
			女子50米自由泳	程晓蓉	25″71
			女子200米自由泳	陈淑珺	2′00″54
			女子50米蛙泳	李　玮	32″36
			女子50米仰泳	丛　兢	28″81
			女子50米蝶泳	程晓蓉	27″73
			女子4×50米自由泳接力	上海队	1′44″02
			女子4×100米自由泳接力	上海队	3′46″02
			女子4×50米混合泳接力	上海队	1′53″08
1998年	全国游泳冠军赛	河北保定	男子100米仰泳	王　炜	56″78
			男子200米仰泳	王　炜	2′00″56
			男子200米混合泳	王　炜	2′05″62
			男子4×200米自由泳接力	上海队	7′36″44
			男子4×100米混合泳接力	上海队	3′47″72
			女子200米自由泳	王璐娜	2′00″70

(续表一四)

年 份	比 赛 名 称	地 点	项 目	运动员	成 绩
1998年	全国游泳冠军赛	河北保定	女子4×100米自由泳	上海队	3′49″49
			女子4×100米混合泳	上海队	4′13″48
	全国游泳锦标赛	上海	男子50米自由泳	蒋丞稷	23″06
			男子50米蝶泳	蒋丞稷	24″61
			男子200米混合泳	熊国鸣	2′04″39
			男子400米混合泳	熊国鸣	4′23″40
			男子4×100米自由泳接力	上海队	3′28″69
			男子4×200米自由泳接力	上海队	7′43″94
			男子4×100米混合泳接力	上海队	3′47″84
			女子50米蛙泳	李 玮	31″81
			女子100米蛙泳	李 玮	1′08″76
			女子200米蛙泳	王 薇	2′29″88
			女子4×200米自由泳接力	上海队	8′16″57
			女子4×100米混合泳接力	上海队	4′11″71
	全国短池游泳锦标赛	上海	女子100米自由泳	钱 敏	56″45
			女子200米自由泳	朱颖文	1′58″01
			女子200米仰泳	陶 璇	2′12″55
			女子50米蛙泳	李 玮	31″78
			女子100米蛙泳	李 玮	1′08″31
			女子100米混合泳	陈淑珺	1′03″87
			女子4×200米自由泳接力	上海队	8′10″26
			男子100米自由泳	舒 畅	50″60
			男子200米自由泳	汪海洲	1′49″41
			男子400米自由泳	施 澄	3′51″66
			男子50米蛙泳	于大庆	28″32
			男子100米蛙泳	于大庆	1′01″20
			男子100米混合泳	王齐圣	57″37
			男子200米混合泳	汪海洲	2′02″46
			男子400米混合泳	熊国鸣	4′18″04
			男子4×50米自由泳接力	上海队	1′33″42
			男子4×100米自由泳接力	上海队	3′25″47
			男子4×200米自由泳接力	上海队	7′30″93
			男子4×100米混合泳接力	上海队	3′45″28

（续表一五）

年　份	比赛名称	地　点	项　目	运动员	成　绩
1999年	全国游泳冠军赛暨第四届城运会预赛	黑龙江大庆	男子4×100米自由泳接力	上海队	3′30″64
			男子4×200米自由泳接力	上海队	7′39″83
			女子100米蛙泳	李　玮	1′10″03
	全国游泳锦标赛暨第二十七届奥运会达标赛	浙江杭州	女子50米蛙泳	李　玮	31″88
			女子100米蛙泳	李　玮	1′09″87
	第四届城运会	陕西西安	男子4×100米自由泳接力（代表西安）	上海队	3′29″55
			男子4×200米自由泳接力（代表西安）	上海队	7′40″49
2000年	全国游泳锦标赛	广东江门	男子50米自由泳	徐　磊	23″39
			男子1 500米自由泳	宋学亮	12′39″70
			男子100米蛙泳	朱晨海	1′04″12
			男子4×100米自由泳接力	上海队	3′28″31
			男子4×200米自由泳接力	上海队	7′38″00
			女子50米自由泳	徐妍玮	25″71
			女子100米自由泳	徐妍玮	55″70
			女子200米自由泳	徐妍玮	1′59″93
			女子50米仰泳	华　静	30″03
			女子100米仰泳	李　慧	1′03″65
			女子50米蛙泳	李　玮	32″79
			女子50米蝶泳	程晓蓉	27″65
			女子200米混合泳	石伟慧	2′16″31
			女子4×100米自由泳接力	上海队	3′45″58
			女子4×200米自由泳接力	上海队	8′13″06
			女子4×100米混合泳接力	上海队	4′13″39
	全国游泳冠军赛暨第二十七届奥运会达标赛	山东济南	男子50米自由泳	蒋丞稷	22″76
			男子1 500米自由泳	宋学亮	12′31″58
			男子100米仰泳	欧阳鲲鹏	56″28
			男子100米蝶泳	欧阳鲲鹏	53″90
			男子4×100米自由泳接力	上海队	3′28″02
			女子50米自由泳	徐妍玮	25″64
			女子100米自由泳	徐妍玮	55″46
			女子200米自由泳	王璐娜	1′59″44

（续表一六）

年 份	比赛名称	地 点	项 目	运动员	成 绩
2000年	全国游泳冠军赛暨第二十七届奥运会达标赛	山东济南	女子4×100米混合泳接力	上海队	4′09″90
			女子4×100米自由泳接力	上海队	3′47″45
			女子4×200米自由泳接力	上海队	8′20″11
	全国短池游泳锦标赛	上海	男子400米自由泳	宋学亮	3′51″76
			男子1 500米自由泳	宋学亮	15′00″27
			男子100米仰泳	欧阳鲲鹏	53″74
			男子50米仰泳	欧阳鲲鹏	24″93
			男子100米蛙泳	朱晨海	1′01″79
			男子400米混合泳	叶 飞	4′20″85
			男子4×200米自由泳接力	上海队	7′27″22
			女子4×200米自由泳接力	上海队	8′05″33
			男子50米自由泳	蒋丞稷	22″36
			男子4×100米自由泳接力	上海队	3′26″34
			男子4×50米自由泳接力	上海队	1′33″47
			男子4×200米自由泳接力	上海队	7′29″42
			男子4×50米混合泳接力	上海队	1′42″43
			男子4×100米混合泳接力	上海队	3′44″66
			女子50米蛙泳	李 玮	31″45
			女子4×50米自由泳接力	上海队	1′43″87
			女子4×100米自由泳接力	上海队	3′46″11
			女子4×200米自由泳接力	上海队	8′07″38
2001年	全国游泳冠军赛暨九运会预赛	浙江杭州	男子400米自由泳	宋学亮	3′58″36
			男子100米蝶泳	欧阳鲲鹏	54″04
			男子100米仰泳	陈 磊	56″34
			男子200米混合泳	欧阳鲲鹏	2′03″11
			男子4×100米自由泳接力	上海队	3′27″97
			男子4×100米混合泳接力	上海队	3′47″44
			女子100米自由泳	徐妍玮	55″26
			女子4×100米自由泳接力	上海队	3′45″77
	第九届全运会	广东广州	男子50米自由泳	蒋丞稷	22″56
			男子100米仰泳	欧阳鲲鹏	55″71
			男子100米蝶泳	欧阳鲲鹏	54″14
			男子200米蛙泳	承 浩	2′17″17

（续表一七）

年 份	比 赛 名 称	地 点	项 目	运动员	成 绩
2001 年	第九届全运会	广东广州	男子 4×100 米混合泳接力	上海队	3′44″50
			女子 50 米自由泳	徐妍玮	25″02
			女子 100 米自由泳	徐妍玮	54″40
			女子 4×100 米自由泳接力	上海队	3′42″07
			女子 4×200 米自由泳接力	上海队	7′56″52
	全国短池游泳锦标赛	上海	男子 50 米仰泳	曹雪伟	25″
			男子 50 米蛙泳	于大庆	27″77
			男子 100 米混合泳	陈 磊	55″86
			男子 4×50 米混合泳接力	上海队	1′39″86
			女子 50 米自由泳	周晓薇	24″92
			女子 50 米仰泳	李 慧	26″83
			女子 100 米仰泳	李 慧	58″96
			女子 50 米蛙泳	李 慧	30″56
			女子 50 米蝶泳	隋菁菁	27″04
			女子 100 米蝶泳	隋菁菁	59″66
			女子 100 米混合泳	徐妍玮	1′01″08
			女子 4×50 米自由泳接力	上海队	1′41″78
			女子 4×100 米自由泳接力	上海队	3′49″53
			女子 4×50 米混合泳接力	上海队	1′49″10
			女子 4×100 米混合泳接力	上海队	4′00″41
2002 年	全国游泳冠军赛	辽宁鞍山	男子 50 米自由泳	汤文俊	23″58
			男子 100 米仰泳	欧阳鲲鹏	55″97
			男子 50 米蛙泳	于大庆	29″13
			男子 100 米蝶泳	欧阳鲲鹏	54″13
			男子 4×100 米自由泳接力	上海队	3′27″50
			男子 4×200 米自由泳接力	上海队	7′35″11
			女子 50 米自由泳	徐妍玮	25″59
			女子 100 米自由泳	徐妍玮	54″82
			女子 200 米自由泳	徐妍玮	1′58″27
			女子 100 米蝶泳	徐妍玮	59″78
			女子 4×100 米自由泳接力	上海队	3′46″33
			女子 4×100 米混合泳接力	上海队	4′09″01

(续表一八)

年 份	比 赛 名 称	地 点	项 目	运动员	成 绩
2002 年	全国游泳锦标赛	浙江温州	男子 50 米仰泳	欧阳鲲鹏	25″85
			男子 100 米仰泳	欧阳鲲鹏	55″25
			男子 200 米仰泳	余 睿	2′01″84
			男子 4×100 米自由泳接力	上海队	3′27″14
			女子 50 米自由泳	徐妍玮	25″52
			女子 100 米自由泳	徐妍玮	55″09
			女子 50 米仰泳	华 静	29″18
			女子 100 米蝶泳	徐妍玮	59″63
			女子 4×100 米自由泳接力	上海队	3′46″84
			女子 4×200 米自由泳接力	上海队	8′11″82
			女子 4×100 米混合泳接力	上海队	4′08″53
2003 年	全国短池游泳锦标赛	上海	男子 50 米蝶泳	汤文俊	25″09
			女子 100 米蝶泳	徐妍玮	58″25
	全国游泳锦标赛	江苏张家港	男子 200 米仰泳	王 炜	2′00″80
			男子 4×100 米自由泳接力	上海队	3′26″36
			女子 4×100 米自由泳接力	上海队	3′46″01
	全国游泳冠军赛	天津	男子 4×100 米自由泳接力	上海队	3′26″45
			女子 50 米自由泳	徐妍玮	25″58
			女子 100 米自由泳	徐妍玮	55″27
			女子 50 米仰泳	华 静	29″12
			女子 50 米蝶泳	陶 丽	27″21
			女子 100 米蝶泳	徐妍玮	59″08
			女子 4×100 米自由泳接力	上海队	3′45″78
			女子 4×200 米自由泳接力	上海队	8′03″76
	第五届全国城运会	湖南长沙	男子 4×100 米自由泳接力	上海队	3′26″96
			女子 4×100 米自由泳接力	上海队	3′44″07
			女子 4×200 米自由泳接力	上海队	8′03″71
2004 年	全国游泳冠军赛暨奥运会选拔赛	山西晋城	男子 4×100 米自由泳接力	上海队	3′26″64
			女子 50 米自由泳	周晓薇	25″33
			女子 100 米自由泳	徐妍玮	55″16
			女子 200 米自由泳	庞佳颖	1′58″06
			女子 400 米自由泳	庞佳颖	4′11″58

（续表一九）

年份	比赛名称	地点	项目	运动员	成绩
2004年	全国游泳冠军赛暨奥运会选拔赛	山西晋城	女子4×100米自由泳接力	上海队	3′43″43
			女子4×100米混合泳接力	上海队	4′09″20
			女子4×200米自由泳接力	上海队	8′10″32
	全国游泳锦标赛	河北唐山	男子50米自由泳	徐　磊	23″06
			男子100米蛙泳	承　浩	1′03″15
			女子50米自由泳	徐妍玮	25″57
			女子4×100米自由泳接力	上海队	3′47″24
2005年	全国游泳冠军赛暨十运会预赛	黑龙江哈尔滨	女子100米蝶泳	徐妍玮	59″37
			女子100米仰泳	侯娴敏	1′01″77
			女子50米自由泳	朱颖文	25″47
			女子100米自由泳	庞佳颖	55″24
			女子200米自由泳	庞佳颖	1′58″80
			女子4×100米混合泳接力	上海队	4′05″95
			女子4×100米自由泳接力	上海队	3′46″48
	第十届全运会	江苏南京	女子50米自由泳	朱颖文	24″59
			女子100米自由泳	朱颖文	54″03
			女子4×100米自由泳接力	上海队	3′40″93
			女子4×200米自由泳接力	上海队	8′01″36
2006年	全国游泳冠军赛暨亚运会选拔赛	河南洛阳	女子100米蝶泳	徐妍玮	59″09
			女子100米自由泳	徐妍玮	55″50
			女子4×100米混合泳接力	上海队	4′08″84
			女子4×100米自由泳接力	上海队	3′46″82
			女子50米蝶泳	徐妍玮	26″59
			女子50米蛙泳	季丽萍	31″34
			女子50米自由泳	朱颖文	25″74
	全国游泳锦标赛暨亚运会选拔赛	浙江杭州	男子50米蝶泳	石　峰	24″22
			女子100米自由泳	庞佳颖	55″01
			女子200米自由泳	庞佳颖	1′58″95
			女子4×100米混合泳接力	上海队	4′10″65
			女子4×100米自由泳接力	上海队	3′49″16
			女子4×200米自由泳接力	上海队	8′11″48
			女子50米自由泳	徐妍玮	25″63

(续表二〇)

年 份	比 赛 名 称	地 点	项 目	运动员	成 绩
2007年	全国游泳冠军赛	广东顺德	男子4×200米自由泳接力	上海队	7′26″87
			女子100米自由泳	庞佳颖	55″11
			女子200米蛙泳	孙 晔	2′27″83
			女子200米自由泳	庞佳颖	2′00″31
			女子4×100米混合泳接力	上海队	4′07″59
			女子4×100米自由泳接力	上海队	3′47″11
			女子4×200米自由泳接力	上海队	8′04″72
			女子50米自由泳	徐妍玮	25″28
	全国游泳锦标赛	重庆	男子100米蝶泳	石 峰	52″61
			男子50米蝶泳	石 峰	24″30
			男子50米仰泳	孙晓磊	26″09
			男子50米自由泳	施 扬	22″93
			女子100米蛙泳	孙 晔	1′08″67
			女子100米自由泳	庞佳颖	54″50
			女子200米蝶泳	刘子歌	2′10″19
			女子200米蛙泳	孙 晔	2′28″96
			女子200米自由泳	庞佳颖	1′58″34
			女子4×100米自由泳接力	上海队	4′09″59
			女子50米蝶泳	徐妍玮	27″27
			女子50米自由泳	朱颖文	25″42
	第六届全国城运会	湖北武汉	女子100米自由泳	唐 奕	—
			女子4×100米自由泳接力	上海队	—
			女子200米自由泳	朱倩蔚	—
			男子100米蝶泳	石 峰	—
			男子100米仰泳	石 峰	—
			女子200米蛙泳	孙 晔	—
2008年	全国游泳锦标赛	江苏常熟	男子100米仰泳	孙晓磊	55″31
			男子50米仰泳	孙晓磊	25″30
			女子100米蛙泳	孙 晔	1′08″03
			女子100米自由泳	庞佳颖	54″29
			女子200米仰泳	周妍欣	2′11″01
			女子200米自由泳	唐 奕	2′00″15

（续表二一）

年 份	比 赛 名 称	地 点	项 目	运动员	成 绩
2008年	全国游泳锦标赛	江苏常熟	女子4×100米混合泳接力	上海队	4′07″72
			女子4×100米自由泳接力	上海队	3′47″35
			女子50米自由泳	庞佳颖	25″71
	全国游泳冠军赛	浙江绍兴	男子4×100米混合泳接力	上海队	3′41″58
			男子4×200米自由泳接力	上海队	7′27″51
			女子100米蝶泳	徐妍玮	58″68
			女子100米自由泳	庞佳颖	54″17
			女子200米蝶泳	刘子歌	2′07″76
			女子200米自由泳	庞佳颖	1′58″32
			女子4×100米混合泳接力	上海队	4′05″47
			女子4×100米自由泳接力	上海队	3′42″53
			女子50米自由泳	朱颖文	25″27
2009年	第十一届全运会	山东济南	女子100米自由泳	庞佳颖	53″1
			女子100米蝶泳	刘子歌	56″1
			女子200米蝶泳	刘子歌	2′01″81
			女子4×100米自由泳接力	上海队	3′35″8
			女子4×100米混合泳接力	上海队	3′55″0
			男子4×200米自由泳接力	上海队	7′12″2
	第十一届全运会游泳预选赛暨全国游泳冠军赛	浙江绍兴	男子100米蝶泳	石 峰	51″86
			男子50米仰泳	孙晓磊	25″28
			女子100米自由泳	庞佳颖	54″28
	全国游泳锦标赛	北京	男子200米自由泳	蒋海琦	1′47″61
			男子400米自由泳	蒋海琦	3′48″55
			男子200米蛙泳	陈 程	2′13″06
			男子4×200米自由泳接力	上海队	7′17″52
			女子100米蝶泳	陆 滢	58″36
			女子50米自由泳	朱颖文	24″99
			女子100米自由泳	唐 奕	54″17
			女子200米自由泳	唐 奕	1′56″82
			女子400米自由泳	周丽莉	4′09″59
			女子800米自由泳	周丽莉	8′30″39
			女子100米仰泳	周妍欣	1′00″43

(续表二二)

年 份	比赛名称	地 点	项 目	运动员	成 绩
2009 年	全国游泳锦标赛	北京	女子 200 米仰泳	周妍欣	2′09″16
			女子 50 米蛙泳	季丽萍	30″66
			女子 100 米蛙泳	季丽萍	1′05″32
			女子 4×200 米自由泳接力	上海队	8′05″41
			女子 4×100 米混合泳接力	上海队	4′03″92
2010 年	全国游泳锦标赛暨亚运会选拔赛	山东日照	男子 100 米仰泳	孙晓磊	55″29
			男子 4×100 米自由泳接力	上海队	3′21″82
			男子 4×200 米自由泳接力	上海队	7′18″20
			女子 100 米自由泳	唐 奕	54″13
			女子 200 米仰泳	周妍欣	2′09″60
			女子 200 米自由泳	朱倩蔚	1′56″95
			女子 4×100 米混合泳接力	上海队	4′05″31
			女子 4×100 米自由泳接力	上海队	3′42″44
	全国游泳冠军赛暨亚运会预选赛	浙江绍兴	男子 100 米自由泳	蒋海琦	50″16
			男子 4×200 米自由泳接力	上海队	7′21″74
			女子 100 米自由泳	唐 奕	54″72
			女子 200 米蛙泳	季丽萍	2′24″30
			女子 200 米自由泳	唐 奕	1′57″86
			女子 4×100 米自由泳接力	上海队	3′41″06
			女子 4×200 米自由泳接力	上海队	8′01″88

第二节 花样游泳

1984 年,上海市体委决定成立市花样游泳队。6 月 20 日,上海体育运动技术学院任命张湖清为领队,李晓凤、邬秀霞为教练,运动员来自上海市跳水池业余花样游泳队,她们是:沈洁、潘乐、李源、张莹、朱琦、袁咏华、韩薇、周艺、陈洁、黄朝俊、俞晔。

1985 年 2 月,国家体委邀请美国花样游泳专家黛安带训即将赴西班牙参加第五届世界游泳锦标赛的中国花样游泳队。国家集训队赛前的两个月在上海训练,上海队教练李晓凤借调国家集训队任教,上海运动员李源、俞晔参加集训。李源参加第五届世界锦标赛,是集体项目前十名的成员之一。此后,教练邬秀霞、运动员李源、俞晔、袁咏华、周艺、李嘉、张菁等多次被选调国家集训队,参加国际比赛。

1989 年,花样游泳运动有两次全国性单项比赛和规模较大的第二届青少年运动会。在成都举行的第二届青运会预选赛中,上海队 7 名队员获得决赛权,出线人数为全国各队之首。在全国冠军

图 2-2-2　2008 年 8 月 23 日，上海选手孙萩亭(前八)、黄雪辰(前二)与队友获北京奥运会花样游泳集体自由自选项目第三名，这是中国花样游泳项目获得的首枚奥运会铜牌。

赛上，获得集体项目冠军，上海队从此改变在三四名间徘徊的局面。

上海花样游泳队集体项目具有一定的优势，自选动作的编排、音乐的选配、泳装的设计，曾得到上海芭蕾舞团、上海舞蹈学校、上海歌舞剧院等单位的支持和帮助，把优美的舞台造型及动作移植过来，编成能体现音乐主题的花样游泳舞蹈动作。上海队的 24 人大型团体节目在全国巡回表演，单人自选采用《天鹅湖》配乐、双人自选采用《梁祝》配乐，一直作为保留节目。1989 年下半年的全国锦标赛上，上海队以较大的优势获得集体项目冠军。以后连续 4 次夺得该项冠军，并连续 3 年获得国家体委颁发的最佳集体自选动作编排奖。

进入 90 年代后，上海花泳队成绩一直处于全国领先水平。在 1990 年的全国花样锦标赛上共获得 6 枚金牌，取得优秀战绩。上海队在集体自选项目中一直保持前三名的战绩。1990—1999 年的 10 年间，上海花样游泳队在全国性比赛中共获得 12 枚金牌、2 枚银牌和 13 枚铜牌。

在 2000 年的全国花样游泳锦标赛中，上海队孙萩亭在规定动作比赛和单人决赛中夺得冠军，并且与队友吴铮贞合作夺得双人决赛金牌。

2006 年，在第十五届亚运会和第七届亚洲游泳锦标赛上，孙萩亭与队友吴怡文合作，在花泳集体项目中夺冠。此外，这一对搭档在多次国内外比赛中有出色成绩。而黄雪辰在当年的第十届世界青年花样游泳锦标赛的单人项目中获得冠军。

2010 年，黄雪辰与吴怡文搭档，在第十六届亚运会组合和集体项目上获得 2 枚金牌，在第十二届花泳游泳世界杯赛获得 2 枚银牌。

表 2-2-3　1978—2010 年上海花样游泳运动员获得全国比赛冠军一览表

年　份	比 赛 名 称	项　　目	运动员	成绩(分)	地　点
1989 年	全国花样游泳锦标赛	集体	李　源 张　菁 李　嘉 袁咏华 周　艺 俞　晔 庄　丽 胡晓艺	—	上海
1990 年	全国花样游泳锦标赛	团体(A 组)	—	28	湖南长沙
		团体(B 组)	—	63	湖南长沙
		双人自选动作	袁咏华 张　菁	—	湖南长沙

(续表一)

年 份	比赛名称	项 目	运动员	成绩(分)	地 点
1990年	全国花样游泳锦标赛	单人规定动作	袁咏华	—	湖南长沙
		集体自选动作	周 艺 袁咏华 胡晓艺 庄 丽 俞 晔 陈 洁 韩 薇 张 菁	—	
		单人规定(B组)	庄 丽	—	
1991年	全国花样游泳锦标赛	单人自选	张 菁	158.205	上海
		集体自选	袁咏华 张 菁 李 嘉 胡晓艺 俞 晔 韩 薇 庄 丽 周 艺	159.207	
		集体短程	袁咏华 崔海燕 孙霭霞 庄 丽 周 艺 俞 晔 韩 薇 胡晓艺	88.240	
	全国花样游泳冠军赛	集体自选动作	袁咏华 李 嘉 张 菁 胡晓艺 韩 薇 庄 丽 俞 晔 周 艺	158.059	山东济南
1992年	全国花样游泳锦标赛	集体自选动作	袁咏华 张 菁 庄 丽 李 嘉 韩 薇 周 艺 胡晓艺 孙霭霞	167.997	上海

（续表二）

年 份	比 赛 名 称	项 目	运动员	成绩（分）	地 点
2000年	全国花样游泳锦标赛	规定动作比赛（B组）	孙萩亭	78.909	上海
		单人赛（B组）	孙萩亭	79.748	
		双人决赛（B组）	孙萩亭 吴铮贞	80.054	
		单人自由自选决赛（B组）	孙萩亭	80.200	
		双人自由自选决赛（B组）	孙萩亭 吴铮贞	81.800	
2004年	全国花样游泳冠军赛	B组规定动作	吴怡文	80.431	广东汕头
	全国花样游泳锦标赛	B组单人	黄雪辰	76.868	北京
		B组单人自由自选	黄雪辰	78.500	
2006年	全国花样游泳锦标赛	女子单人自由自选	孙萩亭	93.166	湖南长沙
		女子单人技术自选	孙萩亭	92	
	全国花样游泳冠军赛	女子单人自由自选	黄雪辰	87.166	广东广州

表2-2-4 1978—2010年上海花样游泳运动员获得国际、洲际比赛中前三名一览表

年 份	比 赛 名 称	项 目	运动员	成绩（分）	名次	地 点
2005年	美国花样游泳公开赛	花泳集体	霍允丽	—	1	美国
2006年	第十五届亚运会	花泳集体	孙萩亭 吴怡文	—	1	卡塔尔多哈
	第七届亚洲游泳锦标赛	花泳集体	孙萩亭 吴怡文	—	1	新加坡
2008年	第二十九届奥运会	女子集体	孙萩亭 黄雪辰	97.500	3	中国北京
2009年	第十三届世界游泳锦标赛	女子集体自由自选	黄雪辰 吴怡文	97.167	3	意大利罗马
		女子集体技术自选	黄雪辰 吴怡文	96.667	3	
		女子自由组合	黄雪辰 吴怡文	97.667	2	
2010年	第十六届亚运会	组合	黄雪辰 吴怡文	91.725	1	中国广州
		集体	黄雪辰 吴怡文	96.625	1	
	第十二届花泳游泳世界杯赛	组合	黄雪辰 吴怡文	—	2	中国江苏
		集体	黄雪辰 吴怡文	—	2	

第三节 跳 水

20世纪70年代,上海跳水队先后出现一批优秀的运动员。史美琴在1977、1978年成为少年组冠军;在1979年第四届全运会上获得女子跳板冠军;在1980年英国马蒂尼国际邀请赛上夺得冠军;在1981年墨西哥城第二届世界杯跳水赛上以501分的成绩夺魁。1980年,在孟加拉国达卡举行的亚洲第一届跳水锦标赛中,尤建莉连夺跳板和跳台的亚军。

1983年第五届全运会前夕,上海游泳馆落成,内设水深4—5.5米的跳水池,建有8个不同高度的跳台,3米跳板3块、1米和半米板各2块。上海市队在第五届全运会后移驻于此。

第六届全运会后,男选手王毅杰、王天凌技术日趋成熟。1988年以后,进入跳板比赛全国前三名。1991年,在第七届世界杯跳水赛中,王毅杰获1米跳板冠军。

在1976年之前,共有上海市体育俱乐部、上海市跳水池、徐汇区温水游泳池3个跳水业余训练点。1980年,上海市体育俱乐部跳水班并入上海市跳水池,由跳水池与徐汇区温水游泳池同时开展三线跳水业余训练。上海游泳馆建成以后,开展跳水业余训练,1985年以后并入上海体育馆业余体校。1991年,上海市跳水池成立上海第一跳水学校,上海游泳馆成立第二跳水学校,两校各设二线运动员编制10人,开展业余训练。跳水学校成立后,徐汇区温水游泳池的跳水业余训练点停止。

20世纪90年代,上海跳水队在全国处于领先水平,培养出王天凌、吴敏霞、唐韶韵、徐程亮、姚信轶、姚舜、孙知亦、宋定辉等一批新秀。1990年以后,在全国跳水锦标赛中,王天凌获得男子3米跳板第三名。1993年5月,在北京的第八届世界杯跳水赛中,王天凌作为中国队的成员,在混合团体和男子团体赛中,2次获得金牌,并获得男子3米跳板银牌。此后,他在全国跳水锦标赛以及全国跳水冠军赛等全国比赛中多次获得冠军。

吴敏霞是上海跳水队的优秀选手,成绩斐然。2001年,吴敏霞在日本举行的第九届世界游泳锦标赛上获得跳水女子双人3米跳板金牌和1米跳板银牌。2002年,获得第十四届釜山亚运会女子双人3米跳版金牌、个人3米跳板银牌,在同年举办的跳水世界杯赛中,获得女子团体金牌,以及双人3米跳板、个人3米跳板2枚银牌。2004年8月,在第二十八届雅典奥运会女子双人3米板决赛中,吴敏霞与队友郭晶晶以绝对优势为中国跳水队赢得女子双人3米跳板金牌。2008年8月,郭晶晶和吴敏霞搭档,为中国体育代表团在北京奥运会上获得第四枚金牌,吴敏霞以完美的表现为上海夺得北京奥运会首枚金牌,成为上海第一位蝉联奥运会冠军的运动员。

上海运动员火亮与搭档林跃自2006年成为队友后,在世界跳坛男子双人10米跳台多次夺冠。在2006年的世界杯上,首次亮相国际大赛的"月亮"组合一举夺得金牌。在2007年的世锦赛以及2008年世界杯赛上,林跃/火亮组合均以较大优势登顶,在大奖赛和系列赛等国际比赛上,保持全胜成绩。2008年,在第二十九届北京奥运会男子10米跳台决赛中以468.18分获得冠军,成为中国跳水队在北京奥运会上获得的第二枚金牌。

表2-2-5 1978—2010年上海跳水运动员获得全国比赛冠军一览表

年 份	比 赛 名 称	项 目	运动员	成绩(分)
1978年	全国跳水赛	女子全能	尤建莉	—
1979年	第四届全运会	女子跳板	史美琴	—

（续表一）

年　份	比赛名称	项　目	运动员	成绩（分）
1988 年	全国跳水锦标赛	男子 1 米跳板	王毅杰	—
1992 年	全国跳水锦标赛	男子 1 米跳板	王毅杰	—
1996 年	全国跳水冠军赛	男子团体	上海队	248
1997 年	第八届全运会跳水预选赛暨全国跳水冠军赛	男子 3 米跳板	王天凌	655.26
	第八届全运会	男子 1 米跳板	王天凌	432.06
	全国跳水冠军赛（乙级赛区）	女子 3 米跳板	吴敏霞	401.10
1999 年	全国跳水冠军赛	男子 3 米跳板	王天凌	710.79
		男子 1 米跳板	王天凌	391.50
	全国跳水锦标赛暨奥运会选拔赛	女子团体	吴敏霞	364
		男女混合团体	吴敏霞	688
		男子 1 米跳板	王天凌	399.70
	第四届全国城运会	女子团体	吴敏霞	334
2002 年	全国跳水锦标赛	个人全能	唐韶韵	1 286.19
		男子团体	上海队	4 028.82
2003 年	全国跳水冠军赛	男子 1 米跳板	王天凌	463.80
		女子双人 3 米跳板	吴敏霞	335.10
	全国跳水锦标赛暨奥运会选拔赛	男子双人 3 米跳板	王天凌	376.50
		女子 1 米跳板	吴敏霞	301.11
		女子双人 3 米跳板	吴敏霞	337.20
	第五届全国城运会	女子 3 米跳板	姚信铁	325.05
2004 年	全国跳水冠军赛	男子 3 米跳板	王天凌	771.76
		男子 1 米跳板	王天凌	466.86
		男子团体	上海队	3 933.90
	全国跳水锦标赛	男子 3 米跳板	唐韶韵	810.35
		男子 10 米跳台	火　亮	753.95
		男子团体	上海队	3 913.09
2005 年	全国跳水冠军赛暨十运会预选赛	男子 3 米跳板	王天凌	775.02
2006 年	全国跳水冠军赛	女子个人全能	陈　雯	579.50
		女子 3 米跳板	吴敏霞	378.00
		女子双人 3 米跳板	姚信铁 吴敏霞	291.51
		女子 1 米跳板	吴敏霞	276.85

(续表二)

年 份	比 赛 名 称	项 目	运动员	成绩(分)
2006年	全国跳水锦标赛	男子双人10米跳台	火 亮	480.12
		女子3米跳板	吴敏霞	359.55
		女子双人3米跳板	吴敏霞 姚信轶	325.35
		女子1米跳板	吴敏霞	291.40
2007年	全国跳水冠军赛	男子个人全能	孙知亦	866.10
		男子双人10米跳台	火 亮	467.13
		女子双人3米跳板	吴敏霞	344.10
	全国跳水锦标赛	男子个人全能	孙知亦	—
		男子双人10米跳台	火 亮	—
		女子双人3米跳板	吴敏霞	—
2008年	全国跳水锦标赛	男子个人全能	孙知亦	831.50
		男子1米跳板	唐韶韵	439.15
	全国跳水冠军赛	男子个人全能	孙知亦	855.35
		男子10米跳台	火 亮	573.05
		男子双人10米跳台	应 宏	457.74
		男子1米跳板	徐程亮	484.00
		女子双人3米跳板	吴敏霞	348.00
2009年	第十一届全运会	女子双人3米跳板	吴敏霞 赵沁心	361.5
	第十一届全运会跳水预选赛暨全国跳水冠军赛	女子3米跳板	吴敏霞	—
2010年	全国跳水锦标赛	女子1米跳板	吴敏霞	314.95
		女子3米跳板	吴敏霞	408.00
		女子双人3米跳板	赵沁心 吴敏霞	317.40
	全国跳水冠军赛	女子双人3米跳板	赵沁心 吴敏霞	340.20

表2-2-6 1978—2010年上海跳水运动员获得国际、洲际比赛前三名一览表

年 份	比 赛 名 称	项 目	运动员	成绩(分)	名 次
1991年	第七届跳水世界杯	男子1米跳板	王毅杰	—	1
		男子团体	王毅杰	—	1
		混合团体	王毅杰	—	1

（续表一）

年　份	比赛名称	项　　目	运动员	成绩(分)	名　次
1993 年	第一届东亚运动会	男子 1 米跳板	王毅杰	—	2
1994 年	第十二届亚运会	男子 3 米跳板	王天凌	—	1
1995 年	惠普国际跳水大奖赛	男子 1 米跳板	王天凌	—	1
1995 年	惠普国际跳水大奖赛	男子 3 米跳板	王天凌	—	1
1995 年	惠普国际跳水大奖赛	男子 10 米跳台	徐程亮	—	2
1995 年	第九届跳水世界杯	男子 3 米跳板	王天凌	—	3
2000 年	第十二届跳水世界杯	混合团体	王天凌	—	1
2000 年	第十二届跳水世界杯	男子跳水 1 米跳板	王天凌	—	1
2000 年	第十二届跳水世界杯	男子跳水团体	王天凌	—	1
2001 年	国际泳联系列大奖赛(加拿大)	男子 3 米跳板	王天凌	—	1
2001 年	国际泳联系列大奖赛(中国)	男子 3 米跳板	王天凌	—	1
2001 年	国际泳联系列大奖赛(中国)	男子双人 3 米跳板	王天凌	—	1
2001 年	国际泳联系列大奖赛总决赛(希腊)	男子 3 米跳板	王天凌	—	1
2001 年	国际泳联系列大奖赛(德国)	女子双人 3 米跳板	吴敏霞	—	1
2001 年	国际泳联系列大奖赛(俄罗斯)	女子 3 米跳板	吴敏霞	—	2
2001 年	国际泳联系列大奖赛(俄罗斯)	女子双人 3 米跳板	吴敏霞	—	1
2001 年	国际泳联系列大奖赛(英国)	女子 3 米跳板	吴敏霞	—	1
2001 年	国际泳联系列大奖赛(英国)	女子双人 3 米跳板	吴敏霞	—	1
2001 年	国际泳联系列大奖赛(西安)	女子双人 3 米跳板	吴敏霞	—	1
2001 年	国际泳联系列大奖赛(西安)	男子双人 3 米跳板	宋定辉	—	1
2001 年	国际泳联系列大奖赛(瑞典)	男子 3 米跳板	徐程亮	—	1
2001 年	国际泳联系列大奖赛(意大利)	男子 3 米跳板	徐程亮	—	2
2001 年	国际泳联系列大奖赛(意大利)	男子双人 3 米跳板	徐程亮	—	2
2002 年	第十三届跳水世界杯	男子跳水团体	王天凌	—	1
2002 年	第十三届跳水世界杯	男子双人 3 米跳板	王天凌	—	1
2002 年	第十三届跳水世界杯	女子跳水团体	吴敏霞	—	1
2002 年	第十三届跳水世界杯	男子 3 米跳板	王天凌	—	3
2002 年	第十三届跳水世界杯	女子 3 米跳板	吴敏霞	—	2
2002 年	第十三届跳水世界杯	女子双人 3 米跳板	吴敏霞	—	2
2003 年	第十届世界游泳锦标赛	女子双人 3 米跳板	吴敏霞	—	1
2004 年	第二十八届奥运会	女子双人 3 米跳板	吴敏霞	336.90	1
2004 年	第二十八届奥运会	女子 3 米跳板	吴敏霞	612.00	2

(续表二)

年　份	比赛名称	项　　目	运动员	成绩(分)	名　次
2004 年	第十四届跳水世界杯	女子双人 3 米跳板	吴敏霞	360.30	1
	加拿大国际跳水大奖赛	女子 3 米跳板	吴敏霞	—	1
	美国国际跳水大奖赛	女子 3 米跳板	吴敏霞	—	1
		女子双人 3 米跳板	吴敏霞	—	1
	珠海国际跳水大奖赛暨奥运会选拔赛第五站	女子 3 米跳板	吴敏霞	—	1
		女子双人 3 米跳板	吴敏霞	—	1
		男子 3 米跳板	王天凌	—	1
	意大利国际跳水大奖赛	女子 3 米跳板	姚信轶	—	1
		女子双人 3 米跳板	姚信轶	—	1
		男子 3 米跳板	唐韶韵	—	1
		男子双人 3 米跳板	唐韶韵	—	1
2005 年	游泳世界锦标赛	女子 3 米跳板	吴敏霞	619.05	2
		女子 1 米跳板	吴敏霞	299.70	2
	国际泳联大奖赛(德国)	男子 3 米跳板	唐韶韵	—	2
	国际泳联大奖赛(西班牙)	女子双人 10 米跳台	赵沁心	—	1
		女子双人 3 米跳板	姚信轶	—	1
	国际泳联大奖赛(中国)	女子双人 3 米跳板	吴敏霞	—	1
		男子 10 米跳台	张　宸	—	1
	国际泳联大奖赛(加拿大)	女子 3 米跳板	吴敏霞	—	2
	国际泳联大奖赛(美国)	女子 3 米跳板	吴敏霞	—	1
	国际泳联大奖赛(墨西哥)	女子 3 米跳板	吴敏霞	—	1
		女子双人 10 米跳台	李　娜	—	1
	亚洲游泳锦标赛	女子 3 米跳板	姚信轶	570.15	1
		男子 3 米跳板	唐韶韵	745.14	1
2006 年	第十五届跳水世界杯	跳水混合团体	火　亮 吴敏霞	—	1
	第十五届跳水世界杯	男子双人 10 米跳台	火　亮	499.08	1
		男子团体	火　亮	—	1
		女子 3 米跳板	吴敏霞	373.40	1
		女子团体	吴敏霞	—	1
	第九届国际泳联跳水大奖赛总决赛	男子双人 10 米跳台	火　亮	499.08	1
		女子 3 米跳板	吴敏霞	—	1

（续表三）

年　份	比 赛 名 称	项　　目	运动员	成绩(分)	名　次
2007 年	世界游泳锦标赛	女子双人 3 米跳板	吴敏霞	355.80	1
		男子双人 10 米跳台	火　亮	489.48	1
	世界跳水系列赛第一站	女子双人 3 米跳板	吴敏霞	340.20	1
		男子双人 10 米跳台	火　亮	485.64	1
	世界跳水系列赛第三站	男子双人 10 米跳台	火　亮	487.80	1
		女子双人 3 米跳板	吴敏霞	352.50	1
		女子 3 米跳板	吴敏霞	383.10	2
	世界跳水系列赛第二站	女子双人 3 米跳板	吴敏霞	333.60	1
		男子 10 米跳台	火　亮	474.72	1
	跳水大奖赛(中国)	男子双人 10 米跳台	火　亮	450.72	1
		女子双人 3 米跳板	吴敏霞	372.21	1
	跳水大奖赛(加拿大)	男子双人 10 米跳台	火　亮	437.58	1
	跳水大奖赛(西班牙)	男子双人 10 米跳台	火　亮 张　宸	435.12	1
	跳水大奖赛(德国)	女子双人 3 米跳板	吴敏霞	329.70	1
		男子双人 10 米跳台	火　亮	484.56	1
2008 年	第二十九届奥运会	男子双人 10 米跳台	火　亮	468.18	1
		女子双人 3 米跳板	吴敏霞	343.50	1
	第十六届跳水世界杯	男子双人 10 米跳台	火　亮	482.46	1
		女子 3 米跳板	吴敏霞	362.10	1
		女子双人 3 米跳板	吴敏霞	362.10	1
2009 年	第十三届游泳世界锦标赛	男子双人 10 米跳台	火　亮	482.58	1
		女子双人 3 米跳板	吴敏霞	348.00	1
2010 年	第十六届亚运会	女子 1 米跳板	吴敏霞	326.15	1
		男子双人 10 米跳台	火　亮	457.10	2

第四节　水　　球

1980 年，国际游泳联合会接纳中国入会，增加了国际交流的机会。随着国际比赛规则的一系列改动，对运动员在快速游泳中的技战术及体力提出了更高的要求。上海水球队有针对性地加强科学训练，选手入选国家队的人数增多，在一系列国际比赛中取得较好的成绩。

20 世纪 90 年代后，上海水球队处于全国领先水平，运动成绩保持在全国前三名。1990—1999 年 10 年间，上海水球队共夺得 8 次全国冠军、16 次全国亚军。1991 年，在日本举行的第四届亚洲水球锦标赛上夺得冠军。上海队涌现出葛伟青、余利君、李文华、许广浩、王贝铭等众多优秀的运动员,为国家队源源不断输送人才。

进入21世纪以后,上海水球队继续保持优势,从2000年到2007年一直居于冠军地位。在2005年举办的亚洲水球锦标赛上,上海运动员为中国队连夺2枚金牌,为国家争得荣誉。2009年和2010年的全国比赛中获得2枚银牌。上海水球队注重对外加强交流合作,多次赴新加坡、克罗地亚、韩国、泰国、德国、西班牙、匈牙利等国访问比赛、切磋交流,不断提高自身实力。

表2-2-7　1978—2010年上海水球队获得全国比赛前三名一览表

年　份	比　赛　名　称	运　动　队	名次	地　点
1989年	全国水球锦标赛	上海队	1	广西南宁
1990年	全国水球锦标赛	上海队	1	湖南长沙
1991年	全国水球锦标赛(第一阶段)	上海队	2	广西南宁
	全国水球锦标赛(第二阶段)	上海队	3	上海
1992年	全国水球锦标赛(第一阶段)	上海队	2	四川成都
	全国水球锦标赛(第二阶段)	上海队	2	浙江杭州
1993年	第七届全运会	上海队	2	四川成都
	全国水球锦标赛	上海队	2	广西南宁
1994年	全国水球锦标赛(第一阶段)	上海队	3	广西北海
	全国水球锦标赛(第二阶段)	上海队	2	四川成都
1995年	全国水球锦标赛(第一阶段)	上海队	2	湖南冷水滩
1996年	全国水球锦标赛(第一阶段)	上海队	2	上海
	全国水球锦标赛(第二阶段)	上海队	2	四川成都
1997年	八运会预赛暨全国水球锦标赛	上海队	2	广东东莞
	第八届全运会	上海队	1	上海
1998年	全国水球锦标赛(第一阶段)	上海队	1	上海
	全国水球锦标赛(第二阶段)	上海队	2	四川成都
1999年	全国水球锦标赛(第一阶段)	上海兰华水球队	2	上海
	全国水球锦标赛(第二阶段)	上海兰华水球队	1	广西南宁
2000年	全国水球锦标赛(第一阶段)	上海万方水球队	2	上海
	全国水球锦标赛(第二阶段)	上海万方水球队	1	广东珠海
2001年	全国水球锦标赛(第一阶段)暨第九届全运会水球预赛	上海队	1	北京
	第九届全运会	上海队	1	广东珠海
2002年	全国水球锦标赛(第一阶段)	上海队	1	湖南长沙
2003年	全国水球锦标赛(第一阶段)	上海一队	1	浙江杭州
	全国水球锦标赛(第二阶段)	上海一队	1	上海

（续表）

年　份	比　赛　名　称	运　动　队	名次	地　　点
2004 年	全国水球锦标赛(第一阶段)	上海一队	1	广东汕头
	全国水球锦标赛(第二阶段)	上海一队	1	福建漳州
2005 年	第十届全运会	上海队	1	江苏张家港
	全国水球冠军赛暨十运会预赛	上海队	1	江苏张家港
2006 年	全国水球冠军赛	上海一队	1	广东顺德
	全国水球锦标赛	上海一队	1	四川乐山
2007 年	全国水球冠军赛	上海队	1	湖南长沙
	全国水球锦标赛	上海队	1	广西桂林
2009 年	第十一届全运会	上海队	2	山东济南
	第十一届全运会水球预赛暨全国男子水球冠军赛	上海队	1	江苏张家港
2010 年	全国男子水球锦标赛	上海一队	2	山东日照
	全国水球冠军赛	上海一队	2	湖南永州

表 2－2－8　1978—2010 年上海水球运动员获得国际、洲际比赛前三名一览表

年　份	比　赛　名　称	运　动　员	名次	地　　点
1991 年	第四届亚洲水球锦标赛	王敏辉　崔世平　江逸华 葛坚清　潘盛华　李　飙	1	日本福冈
1995 年	亚洲水球锦标赛	李　飙　江逸华　毛凌云 李文华　高景阳	2	泰国曼谷
1998 年	第十三届亚运会	李文华　许广浩　余利君 沈　杰	3	中国天津
2000 年	第七届亚洲水球锦标赛	李文华　许广浩　邬晓军	2	韩国
2002 年	第十四届亚运会	李文华　许广浩　余利君 王　用　葛伟青　朱骏逸 桂继业	3	韩国釜山
2003 年	奥运会预选赛	李文华　许广浩　余利君 王　用　葛伟青	3	—
2004 年	亚洲杯水球赛	葛伟青　余利君　王　用 李文华　许广浩　王贝铭	3	哈萨克斯坦
2005 年	亚洲水球锦标赛	翟佳京　葛伟青　王贝铭 王　用　余利君	1	中国广东
	亚洲水球锦标赛	李　斌　葛伟青　王　用 余利君　王贝铭　翟佳京 吴志宇	1	中国广东
2006 年	第十五届亚运会	王　用　余利君　葛伟青 吴志宇　刘思维　李　斌	1	卡塔尔多哈

(续表)

年份	比赛名称	运动员	名次	地点
2009年	亚洲水球锦标赛	葛伟青　邱元忠　余利君 王　用　王贝铭　李　斌	1	中国江苏
2010年	第十六届亚运会	余利君　葛伟青　李　斌 王贝铭　江　斌	2	中国广东

第五节　蹼　　泳

上海蹼泳(旧称潜水)运动始于20世纪80年代,上海市杨浦区率先开展蹼泳训练。1984年初,上海体育馆业余体校建立蹼泳队。同年10月,上海市体委决定将蹼泳列为专业训练项目,杨浦区选手列入专业运动员编制,第一批吸收沈剑玲、宿芳、姚佳明3人为正式队员。1985年4月,参加在武汉举办的全国潜水邀请赛。赛后,沈剑玲入选国家队,出访联邦德国,在400米蹼泳比赛中以3分48秒52的成绩获第二名。1985年10月,在上海举行的全国潜泳比赛中,顾雁菱在400米蹼泳比赛中打破全国纪录;上海蹼泳队获5个第一名,3项2人3次打破全国纪录,并获得"精神文明运动队"称号。1987年,在第六届全运会潜水预赛时,上海11名运动员参赛,有10人取得决赛资格。在决赛中,全队获得4块银牌、1个第六名,并有2人打破4项全国纪录。1987年7月,谢芳赴匈牙利参加中匈蹼泳对抗赛,夺得3项金牌。

1987年12月,上海成立蹼泳俱乐部,地址设在杨浦温水游泳池。1988年,顾雁菱入选国家队出访瑞典,参加瑞典国际邀请赛,获得7块金牌。1989年4月,上海市蹼泳协会成立。同年,谢芳入选国家队,参加第三届世界运动会,取得100米器泳第一名。

90年代后,上海蹼泳运动员多次参加国际级比赛,并获得世界冠军。1990年6月,顾雁菱参加在意大利举行的第五届世界蹼泳锦标赛,在4×200米蹼泳接力赛中获第一名,并获200米、400米、800米器泳第三名。1990年11月,谢芳、王静、潘蓓蓉代表中国参加新加坡国际邀请赛,共获得6块金牌。

1992年,上海蹼泳运动员金凡入选中国蹼泳队。同年8月,金凡出征雅典第六届世界蹼泳锦标赛,以7分12秒4的优异成绩夺得金牌,并打破由俄罗斯名将保持的女子800米蹼泳世界纪录;她还在1 500米蹼泳比赛中获得冠军,打破世界纪录。1994年10月,在第七届世界蹼泳锦标赛上,金凡连破400米器泳、800米蹼泳和400米蹼泳3项世界纪录,夺得1枚金牌、2枚银牌,成为这届世锦赛上个人单项打破世界纪录最多的运动员。

1999年,在世界青年蹼泳锦标赛上,16岁的王洁以19秒96的成绩夺得女子50米蹼泳金牌。2001年,参加第七届亚洲蹼泳锦标赛,以44秒30的成绩夺得女子100米蹼泳银牌。随后2003年,在全国春季蹼泳锦标赛中,独揽女子100米、200米蹼泳和4×200米蹼泳接力3枚金牌,并以40秒74的成绩超女子100米蹼泳世界纪录。同年,参加第八届亚洲蹼泳锦标赛,与队友合作获得女子4×100米蹼泳接力冠军。2004年,参加在上海举行的第十二届世界蹼泳锦标赛,与队友合作,分别以6分13秒52和2分44秒51的成绩,夺得4×200米蹼泳金牌和4×100米蹼泳银牌,并打破这两个项目的世界纪录。

2004年10月23日,由上海市体育局、浦东新区社会发展局共同承办的第十二届世界蹼泳锦标赛在浦东游泳馆举行。32个国家和地区的300名运动员参加男女水面蹼泳、屏气潜泳和水下器泳三大类24个小项的角逐。中国队派出21名选手参赛，在24个单项的比赛中共获得13枚金牌，并打破10项世界纪录。中国男队在比赛中有较大的突破，袁海峰在25日的男子100米蹼泳比赛中获得金牌，实现中国男子蹼泳项目在世界大赛中金牌零的突破。

表2-2-9　1978—2010年上海蹼泳运动员获得全国比赛冠军一览表

年　份	比赛名称	项　　目	运动员	成　绩	地　点
1989年	全国蹼泳锦标赛	女子400米器泳	顾雁菱	3′22″71	广东湛江
		女子4×200米蹼泳接力	上海队	6′35″03	
1993年	第七届全运会	女子4×100米蹼泳接力	上海队	2′50″29	四川成都
1994年	全国蹼泳锦标赛	女子团体	上海队	—	广西南宁
		女子400米器泳	金　凡	3′06″45	
		女子800米器泳	潘蓓蓉	6′47″15	
1995年	全国蹼泳锦标赛暨第四届亚洲蹼泳锦标赛选拔赛	女子800米器泳	金　凡	7′10″77	湖北武汉
		女子400米蹼泳	金　凡	3′34″36	
1996年	全国蹼泳锦标赛	女子400米器泳	金　凡	3′19″74	广东湛江
1997年	全国蹼泳锦标赛	女子800米器泳	金　凡	6′59″54	湖北武汉
2003年	全国蹼泳锦标赛	女子100米蹼泳	王　洁	41″75	湖北武汉
		女子4×200米蹼泳接力	上海队	6′31″22	湖北武汉
		女子400米器泳	沈文凝	3′36″66	

表2-2-10　1978—2010年上海蹼泳运动员获得国际、洲际比赛前三名一览表

年份	比赛名称	项　　目	运动员	成　绩	名次	地　点
1989年	第三届世界运动会蹼泳比赛	女子100米器泳	谢　芳	40″48	1	联邦德国
		女子100米蹼泳	谢　芳	43″75	2	
		女子4×100米接力	谢　芳	3′1″43	2	
		女子4×200米接力	谢　芳	6′50″20	2	
1989年	第一届亚洲蹼泳锦标赛	女子400米蹼泳	顾雁菱	3′39″30	1	日本
		女子400米器泳	顾雁菱	3′24″08	1	
		女子4×200米接力	顾雁菱	7′33″36	1	
		女子100米器泳	王　静	42″24	1	
		女子100米蹼泳	王　静	48″27	2	
		女子50米屏气潜泳	王　静	19″52	1	
		女子4×100米接力	王　静	3′11″6	1	
1990年	第五届世界蹼泳锦标赛	女子400米器泳	顾雁菱	3′22″	3	意大利
		女子400米蹼泳	顾雁菱	3′34″	3	

（续表一）

年份	比赛名称	项目	运动员	成绩	名次	地点
1990年	第五届世界蹼泳锦标赛	女子800米器泳	顾雁菱	7′9″63	3	意大利
		女子4×200米蹼泳	顾雁菱	6′38″6	1	
1991年	第三届亚洲蹼泳锦标赛	女子400米器泳	顾雁菱	—	1	韩国汉城
		女子4×100米接力	顾雁菱	—	1	
		女子4×200米接力	顾雁菱	—	1	
		女子800米蹼泳	顾雁菱	—	2	
1992年	第六届世界蹼泳锦标赛	女子800米蹼泳	金　凡	7′12″40	1	希腊雅典
		女子1 500米蹼泳	金　凡	14′0″53	1	
1994年	第七届世界蹼泳锦标赛	女子400米器泳	金　凡	3′01″84	1	中国广东
		女子800米蹼泳	金　凡	7′03″45	2	
		女子800米器泳	潘蓓蓉	6′45″98	2	
		女子1 500米蹼泳	金　凡	14′01″	2	
1996年	第八届世界蹼泳锦标赛	女子400米器泳	金　凡	3′17″76	1	匈牙利布达佩斯
		女子800米器泳	金　凡	6′52″23	1	
		女子4×200米蹼泳接力	金　凡	6′40″	1	
		女子400米蹼泳	金　凡	3′30″09	2	
1997年	第五届亚洲蹼泳锦标赛	女子800米器泳	金　凡	—	1	澳大利亚
		女子4×100米蹼泳	金　凡	—	1	
		女子4×200米蹼泳	金　凡	—	1	
		女子1 500米蹼泳	金　凡	—	2	
		女子400米器泳	金　凡	—	2	
1999年	第六届亚洲蹼泳锦标赛	女子400米蹼泳	侯晓雯	3′47″15	3	中国辽宁
		女子800米蹼泳	侯晓雯	7′42″66	3	
		女子50米蹼泳	颜海云	20″56	2	
		女子100米器泳	颜海云	41″93	2	
		女子4×200米蹼泳	侯晓雯	6′52″63	1	
		女子4×100米蹼泳	颜海云	3′08″27	1	
2001年	第七届亚洲蹼泳锦标赛	女子4×100米	王　洁	2′17″18	1	越南胡志明
		女子200米	王　洁	1′42″07	2	
		女子4×200米	侯晓雯	6′49″93	1	
		女子800米	侯晓雯	7′06″38	2	
2003年	第八届亚洲蹼泳锦标赛	女子4×100米蹼泳	王　洁	2′53″67	1	韩国

（续表二）

年份	比赛名称	项　目	运动员	成　绩	名次	地　点
2004 年	第十二届世界蹼泳锦标赛	女子 4×200 米蹼泳接力	王　洁	6′13″52	1	中国上海
		女子 4×100 米蹼泳接力	王　洁	2′44″51	2	
2005 年	第九届亚洲蹼泳锦标赛	女子 800 米器泳	沈文凝	7′13″58	3	日本

第三章　球类运动

第一节　足　　球

一、男子足球

上海是中国现代足球发展最早的城市之一，男子足球是上海的传统强项，人才源源不断，技战术风格独树一帜，铸造了足坛的辉煌。1976年起，全国足球运动逐步恢复。此时，上海足球队以年轻球员为主，在全国甲级联赛中，成绩排名、技术水平一般。1980年，上海球队降为乙级队。降级后，教练方纫秋重新执教，调整队伍，充实新生力量，加强球队管理，水平得以逐步提高。在保持上海队细腻、灵巧的传统特点上，采取"433"阵式踢法，充分发挥队员的进攻特点，球队水平迅速提高。1981年，上海足球队取得乙级联赛第二名，重返甲级队行列。1983年，上海足球队夺得第五届全运会冠军。

1984—1993年间，上海足球率先探索体制改革。王后军任球队主教练，对球队作了调整和补充。1984—1989年间，在全国甲级联赛和全国"足协杯"赛中，球队成绩有所提高，保持在3～6名之间。其中，上海足球队在1985年以2比0战胜荷兰鹿特丹队，以8胜1平的成绩夺得1986年泰国"皇后杯"冠军。

1991年，上海队获得甲A联赛亚军、优胜者杯冠军。1993年12月23日，上海市足球管理中心被列为事业单位，自收自支，独立核算，人员编制为20名，作为上海市足协的常设办事机构，对全市足球工作统一领导。随着机构改革，上海足球队开始以企业冠名的形式，接受赞助，改善训练竞赛条件，打破体委独家办运动队的格局。"官办民助"的形式中，企业仅提供资金支持，不参与管理队伍，金星、凤凰、桑塔纳、神州、申花、爱克发等企业先后为球队冠名。

图2-3-1　2009年，亚冠上海申花对阵水源三星

1993年12月10日，上海申花足球俱乐部成立，标志着上海足球运动进入职业化发展的道路。俱乐部由上海申花电器集团全权负责管理，其性质是有独立法人资格的实体，是中国首家职业足球俱乐部。俱乐部人事关系仍隶属上海市体委，但上海市体委不对其直接领导和管理，仅给予政策扶持与帮助。1995年初，申花俱乐部向全国招聘球队领队，引起轰动，最终上海教育学院体育系教师邹忠伟竞聘成功。这一运作模式持续到1999年赛季，申花队取得甲A联赛第五名。赛季结束后，企业出钱"养"俱乐部的简单模式结束，申花俱乐部由一家集体所有制企业独办变为多家国有企业参股合办，所有权发生第一次重大变更。2000年2月，新组建的申花股份有限公司成立，申花足球俱乐部实行资产重组。俱乐部领导层会同各方力量共商上海职业足球的改革大计。针对当时中国职业化足球的特点，成立由全市足球专家和足协工作

人员组成的俱乐部联络组，加强对俱乐部的指导、管理和服务。2000年赛季申花俱乐部提出“第二次创业”口号，在南斯拉夫籍主帅彼得洛维奇带领下，最终夺得甲A联赛亚军。申花队祁宏、吴承瑛、申思、虞伟亮入选新一届国家队名单。

1994年上海足球二队，由大顺企业支持共建足球俱乐部，并于当年获得全国乙级联赛第二名，晋升甲B行列。1995年更名为上海豫园足球俱乐部，1998年1月又易帜为上海汇丰足球俱乐部航星队，由于降入乙级队，于1999年初被上海浦东足球俱乐部合并。上海浦东足球俱乐部是1995年在浦东新区管理委员会积极支持下以浦东命名的职业足球队，由上海青年队和上海市体校队组成。在王后军率领下升至当年全国乙级联赛榜首，1999年全国甲B联赛名列前茅。2000年12月，上海中远置业集团收购浦东足球俱乐部，组成上海中远汇丽足球俱乐部，引进内外援，增强实力，2001年获甲B联赛冠军。2003年，上海申花队和中远队分获甲A联赛冠亚军。上海足球3支职业队经过数年运作，管理机制进一步完善，在全国联赛中继续保持领先地位。同时，由于多年来重视青少年足球后备人才的培养，上海青少年球队在全国比赛中也名列前茅。上海青年男足分别获得全国青年U21组亚军和U19组季军。

2003年，上海的足球俱乐部在内外援引进、成绩的提高等方面获得一定的成功。上海申花队在全国足球甲A联赛中，经过30轮激战，最终以17胜4平7负积55分的战绩获得冠军，这是上海在8年之后再度夺冠，也是甲A联赛的最后一座冠军奖杯。上海中远俱乐部成立仅3年，以积54分的战绩获得亚军，在2004年的中超联赛中获得季军。

2006年，上海足球竞赛十分活跃，办赛水平提高，社会影响扩大。亚洲足球俱乐部冠军杯赛、上海国际足球锦标赛等重要赛事在沪举办成功。2006年5月，申花队与德国球星扬克尔签约。10月，中超联赛最后一轮赛事落幕，上海申花队最终获得亚军。

2007年，上海两家中超劲旅——上海申花SVA文广足球俱乐部有限公司和上海联城足球俱乐部有限公司宣布联合。根据双方协议，增资扩股后的公司改名为“上海申花足球俱乐部有限公司”，俱乐部定名为“上海申花联合俱乐部”。上海足球运动员孙祥代表埃因霍温俱乐部参加欧洲冠军联赛八分之一决赛，成为参加欧冠赛的中国球员第一人。同时，上海球员沈龙元、邱盛炯、李玮峰、孙祥入选新一届国奥队名单。

2008年是上海申花足球俱乐部参加中国足球职业联赛的第15个年头。年初，上海申花俱乐部根据俱乐部、球队发展需要，聘请吴金贵作为球队主教练，把主场从源深体育中心迁至虹口足球场。在外援引进方面，俱乐部加大投入，引进洪都拉斯球员埃米尔·马丁内斯等选手；下半赛季，俱乐部聘请贾秀全出任球队主教练，获得亚军。

2009年8月，上海男子U20足球队在济南举行的第十一届全运会男足决赛中以3比0战胜广东队获得冠军，这是上海获得的首枚第十一届全运会金牌，也是上海男足自1983年第五届全运会后，时隔26年再次获得全运会冠军。

二、女子足球

1979年，普陀、杨浦等区开展女子足球训练。至1981年，川沙县出现女子足球队，次年代表上海参加全国首届女子足球邀请赛。1984年5月，上海女子足球队成立，训练基地设于上海市体育运动学校，每年都参加全国足球锦标赛，最好名次为1989年的第四名。队员水庆霞、顾平娟曾入选国家队。水庆霞在1986年第六届亚洲女足锦标赛中获得冠军；又与顾平娟在1989年第七届亚洲锦标赛中获得冠军。

1991年,首届女足世界杯在中国广东举行,进一步推动女足运动在中国的发展。1992年,国家体委确立中国足球走职业化道路。1994年,上海市体育运动学校与上海远东电器商厦携手,共同创建女子足球俱乐部——上海远东足球俱乐部。

1993年底,马良行出任女足主教练,上海女足在国内比赛中几乎囊括所有大赛冠军头衔:1994—1999年蝉联6届全国锦标赛冠军;1995—1999年实现全国女足联赛"五连冠";1997年第一次获得全运会金牌;1998年实现全锦赛、联赛、超级联赛、超霸赛"四冠王"。在1996年第二十六届亚特兰大奥运会上,上海队3名运动员入选国家队,获得亚军。

1998年12月,上海市体育运动学校与上海电视台共建"上海上视女子足球俱乐部(简称上海SVA女足)",协议期为4年。新闻媒体的积极参与,有效提升女足的影响力和关注度。

2000年9月,中国女足国家队队长、上海运动员孙雯在第二十七届悉尼奥运会上独进4球,荣膺最佳射手。11月,孙雯当选"20世纪最佳女足运动员"。国际足联因其出色的表现,在布鲁塞尔向孙雯颁发女足世界杯金球奖和金靴奖。

2001年,上海SVA女足在全国女足超级联赛中以18轮比赛积44分的战绩成功卫冕。9月23日,上海SVA女足在年度全国女足联赛最后一轮比赛中,以1比0战胜北京城建女足,实现七连冠。11月14日,在九运会女足决赛中,上海队凭借老将水庆霞的一记任意球以1比0战胜北京队,蝉联全运会冠军。上海SVA女足继2000年获大满贯后,再度垄断全国女足联赛、超级联赛冠军。12月29日,连续3年夺得超霸杯冠军的上海SVA女足获得2001年度"超霸杯"亚军。

2003年,上海SVA女足重新夺回女子超级联赛冠军。2004年7月,上海SVA女足在全国女足联赛第四阶段第三轮比赛中,客场2比1战胜天津女足,以17连胜的战绩提前两轮夺得联赛冠军。10月,上海女足蝉联全国女超联赛冠军。11月,上海SVA女足队在全国女足锦标赛决赛中击败大连女足,蝉联冠军。继2003年后,再次成为联赛、超霸杯赛和锦标赛"三冠王"。

2005年8月,上海SVA女足在广州举行的全国女足超级联赛第三阶段比赛中,以4比2战胜河北队,提前两轮夺冠。2006年9月16日,上海SVA女足在全国女足超级联赛中,提前一轮夺得冠军,实现四连冠。

2007年9月10—30日,女足世界杯赛在天津、成都、武汉、杭州和上海5个赛区举行,总共32场比赛。上海作为主赛区,承担女足世界杯的开、闭幕式以及包括决赛在内的7场比赛。来自德国、日本、英格兰等16个国家的球队参加比赛。上海女足多名选手代表国家队出战。国际足联同时在上海举行国际足联代表大会。2009年在第十一届全运会中,上海女足获得铜牌。

表2-3-1　1978—2010年上海足球运动员获得全国比赛前三名一览表

年　份	比　赛　名　称	队　　名	名　次
1981年	乙级联赛	上海队	2
1983年	第五届全运会	上海队	1
	甲级联赛	南区上海队	3
1984年	第一届中国足协杯	上海队	3
1985年	第二届中国足协杯	上海队	3
1987年	甲级联赛	上海队	3

（续表一）

年 份	比 赛 名 称	队 名	名 次
1989 年	甲级联赛	上海队	3
1991 年	甲 A 联赛	上海申花队	2
	第四届全国足球锦标赛	上海队	1
1994 年	甲 A 联赛	上海申花队	3
	乙级联赛	上海大顺队	2
1995 年	甲 A 联赛	上海申花队	1
	中国足协杯	上海申花队	2
1996 年	乙级联赛	上海浦东队	1
	甲 A 联赛	上海申花队	2
1997 年	中国足协杯	上海申花队	2
	甲 A 联赛	上海申花队	2
	第八届全运会	上海队	3
1998 年	甲 A 联赛	上海申花队	2
	中国足协杯	上海申花队	1
2000 年	甲 A 联赛	上海申花队	2
	全国女子足球联赛	上视又利滋女足	1
	全国女子足球超级联赛	上视又利滋女足	1
	全国女子足球锦标赛	上视又利滋女足	1
	全国女子足球超霸杯赛	上视又利滋女足	1
2001 年	甲 A 联赛	上海申花托普队	2
	甲 B 联赛	上海中远汇丽队	1
	第九届全运会	上海男队	2
	全国女子足球联赛	上海女队	1
		上海 SVA 女足队	1
	全国女子足球超级联赛	上海 SVA 女足队	1
	全国女子足球锦标赛	上海 SVA 女足队	1
	全国女子足球超霸杯赛	上海 SVA 女足队	2
2002 年	全国女子足球联赛	上海 SVA 女足队	2
	全国女子足球超级联赛	上海 SVA 女足队	2
	全国女子足球锦标赛	上海 SVA 女足队	1
	全国女子足球超霸杯赛	上海 SVA 女足队	1
2003 年	甲 A 联赛	上海申花队	1
		上海国际队	2

(续表二)

年　份	比　赛　名　称	队　　名	名　次
2003年	全国女子足球超级联赛	上海SVA女足队	1
	全国女足联赛	上海SVA女足队	1
	全国女足锦标赛	上海SVA女足队	1
	第五届城运会	上海男足	2
		上海女足	2
2004年	中超联赛	上海国际队	3
	全国女足超级联赛	上海SVA女足队	1
2005年	第十届全运会	上海男足	2
		上海女足	3
	中超联赛	上海申花队	2
	全国女足超级联赛	上海SVA女足队	1
	全国女足锦标赛	上海女足	3
2006年	中超联赛	上海申花队	2
	全国女足超级联赛	上海SVA女足队	1
	全国女足足协杯赛	上海SVA女足队	1
	全国女足超霸杯赛	上海SVA女足队	1
2007年	全国女足超级联赛	上海女足队	3
2008年	中超联赛	上海申花队	2
	全国女足超级联赛	上海女足队	3
2009年	第十一届全运会	男足20岁以下组	1
2010年	中超联赛	上海申花队	3
	全国女足超级联赛	上海女足队	1

表2-3-2　1978—2010年上海足球运动员获得国际、洲际比赛前三名一览表

年　份	比赛名称	队　名	运　动　员	名　次
2002年	第十四届亚运会	女子足球	赵　燕　孙　睿　高宏霞 白莉莉　浦　玮　潘丽娜 孙　雯	2
2004年	第十八届亚洲杯足球赛	男子足球	孙　祥	2
2006年	足球亚洲杯	女子足球	潘丽娜　浦　玮　白莉莉 袁　帆	1

第二节　篮　　球

上海是中国篮球运动的发源地之一，男女篮球队均是国内篮坛劲旅。20 世纪 70 年代末，由于青年队员衔接较好，技战术和阵容配备有新的发展，1978—1981 年男篮曾连续 3 次在甲级联赛中获第三名。1982 年在全国甲级联赛中首次获得冠军。在第四、第五届全运会中，上海男篮均排名第六。

1977 年，王永芳任篮球班主任兼总教练，邵冠群任男篮领队，张宏达、贾钦昇任教练；胡文佩任女篮领队，朱承塘、陈敏英、杨伯炎任教练。1979 年后，男篮由魏文强为领队；1982 年，由潘德安为领队，陈银宝、吴惠良为教练。

1979 年第四届全运会后，杨伯炎接任女篮主教练，采取“外围为主、里外结合，大范围穿插，移动进攻和综合多变”的攻防体系，形成“以小制大”的打法，逐步上升，1980 年升为甲级队，1982 年在全国甲级联赛中获得第六名。第五届全运会获得第四名。1984 年，杨伯炎任篮球班主任兼领队，男篮教练为杨家训、陈银宝；女篮教练为杨伯炎、张大维。1984—1985 年女篮连获两届甲级联赛亚军。丛学娣是 90 年代初上海培养的优秀女篮运动员，长期效力于国家队，率中国女篮分别获第二十三届奥运会铜牌、第二十四届奥运会第六名、第二十五届奥运会银牌。

图 2－3－2　1983 年，丛学娣在比赛中

1996 年，丛学娣执教的上海东方女篮在全国乙级联赛中获得冠军，升入甲级行列。1998 年度甲级联赛获得第六名，1999 年度获得第九名，2002 年度获得第七名，2004—2005 跨年度赛季获得第七名。2005—2006 赛季，上海女篮在甲级联赛中仅获得第十二名，降为乙级队。2007 年度上海女篮获得甲级联赛第十名。1997 年第八届全运会和 2001 年第九届全运会分别获得第三名，2005 年十运会和 2009 年十一运会均获得第九名。

中国篮球协会从 1995—1996 年度起举办跨年度主客场制的中国男子篮球联赛（英文简称 CBA）。1996 年 1 月 5 日，上海东方电视台与上海体育运动技术学院合作成立上海东方篮球俱乐部，主场设在卢湾体育馆。改革后的上海东方男篮于 1996 年 6 月回归甲级联赛，并获得 CBA 联赛第六名。主教练李秋平大胆起用年轻选手，姚明、刘炜等一批年轻队员在球队担当主力，球队成绩迅速提升。1999—2000 及 2000—2001 两届 CBA 联赛连续 2 次进入总决赛，蝉联亚军。2001—2002 赛季，上海男篮贯彻以高大中锋姚明为核心的战术打法，引进外援和内援，在总决赛中击败八一队，获 CBA 联赛冠军，打破八一队对 CBA 冠军长达 7 年的垄断。这是上海男篮建队以来第一次获得全国甲级联赛冠军。1997 年第八届全运会，上海男篮获得第七名，2001 年第九届全运会获得亚军，2005 年第十届全运会获得第九名，2009 年第十一届全运会获得第十名。

图 2-3-3 2008 年,姚明(右)在北京奥运会男篮 B 组比赛中

20 世纪 90 年代后期培养的优秀男篮运动员有姚明、刘炜、章文琪等。1998 年姚明入选国家队,1999 年他与全队配合获得在日本举行的亚洲男篮锦标赛冠军,2002 年以状元秀身份被美国篮球职业联赛的休斯敦火箭队选中,2003—2008 年连续 6 个赛季入选 NBA 西部全明星阵容。这是中国篮球选手首次进入美国篮球职业联赛,在中国乃至世界体坛引起很大反响,对于推动中国篮球走向世界职业赛场,具有重要意义。2003 年,以他为主力阵容的中国男篮获得亚锦赛冠军和雅典奥运会入场券,并在 2004 年奥运会篮球赛中与刘炜等队员代表中国男篮获第八名,取得中国男篮在世界大赛中的最好成绩。

2009 年 7 月,姚明成为上海东方大鲨鱼男篮队出资人,按照托管协议,"姚之队"在之后 5 个赛季拥有上海男篮的经营权,成为管理者和经营者。姚明持续向俱乐部提供资金支持。俱乐部引进欧美先进管理模式,力求短时间内大幅提高俱乐部运动成绩。同时借助姚明的个人影响力和号召力,俱乐部每年面向上海青少年组织篮球推广活动,吸引更多青少年参与篮球运动。

2009—2010 年赛季起,上海队主场从卢湾体育馆迁至浦东源深体育中心。赛季任命外籍教练鲍勃·邓华德为主教练,与本土教练王勇、陆智强、唐涛组成教练组。在战术上秉承国际篮球发展趋势,"外线带动内线、速度避免对抗",内外线衔接流畅,充分利用科技力量做到知己知彼,成绩大幅回升,获联赛第四名。赛季结束后,邓华德被中国篮协选为中国男篮主教练。

20 世纪 90 年代中期起,上海举办一系列国际篮球大赛。1996 年 11 月,在虹口体育馆举办亚洲 22 岁以下男篮锦标赛,16 个国家和地区代表队 250 余名运动员参赛。2001 年 7 月,举办第二十一届亚洲男篮锦标赛。2008 年 11 月,由上海市体育总会主办第二十四届全球华人篮球邀请赛,13 个国家和地区的 200 余支队伍近 2 580 人报名参赛,是全球华人的体育盛会。

1996 年起,上海篮球队陆续从立陶宛、俄罗斯、美国等篮球发达国家引进外援,同时从外省市引进优秀运动员,充实一线运动队。

1997 年,拥有 3 500 个座位的卢湾体育馆建成,曾是上海东方男篮主场。2007 年竣工的源深体育中心篮球馆,拥有 5 000 个座位,媒体工作间、力量训练房等功能房一应俱全。2010 年底,新建的篮球馆在宝山体育中心落成,同时参考美国职业篮球联赛技术标准,可以举行重大篮球比赛。

1998 年,全市中学生篮球联赛举行,197 支球队共 800 余名选手参加。2002 年,全市 3 所中学试办二线篮球队:徐汇区的上海市南洋模范中学、卢湾区的上海市向明中学(女篮)、浦东新区的上海市建平中学(女篮)。2004 年起,上海市体育局联合市教委等举办每年一届的上海中学生暑期篮球联赛,2008 年度来自全市 19 个区县的 500 支初、高中队伍,参加近千场比赛。

至 2010 年,上海拥有篮球高水平运动队高校 4 所(上海交通大学、华东理工大学、华东师范大学、上海工程技术大学），体育专业招生院校 2 所（上海体育学院、上海师范大学），上海市体育传统学校 18 所，其中 1 所小学，其余为中学。全市体育系统篮球项目后备人才 658 人，教育系统篮球项目后备人才 1 336 人。

表 2 - 3 - 3　1978—2010 年上海篮球运动获得全国甲级联赛前八名一览表

年　　份	男 子 篮 球	女 子 篮 球
1978 年	3	—
1980 年	3	—
1981 年	3	—
1982 年	1	6
1984 年	—	2
1985 年	8	2
1986 年	6	—
1989 年	—	5
1990 年	—	8
1998 年	—	6
2000 年	—	5
2002 年	—	7
2004—2005 年	—	7

表 2 - 3 - 4　1978—2010 年上海男子篮球获得中国职业男子篮球联赛（CBA）前八名一览表

赛　　季	名　　次
1996—1997 年	6
1997—1998 年	5
1998—1999 年	6
1999—2000 年	2
2000—2001 年	2
2001—2002 年	1
2006—2007 年	8
2009—2010 年	4

表 2 - 3 - 5　1978—2010 年上海篮球队在历届全运会比赛名次一览表

比 赛 名 称	男　　队	女　　队
1979 年第四届全运会	6	11
1983 年第五届全运会	6	4
1987 年第六届全运会	10	7

(续表)

比赛名称	男队	女队
1993年第七届全运会	—	11
1997年第八届全运会	7	3
2001年第九届全运会	2	3
2005年第十届全运会	9	9
2009年第十一届全运会	10	9

说明：第七届全运会上海男篮未参赛。

第三节 排　球

上海排球在20世纪70年代，涌现一批优秀青年选手，6人入选国家队，其中余有为、董传强、沈富麟等不仅是国家队的主力，而且退役后成为国家队教练。进入80年代，上海涌现出更多年轻选手，10名选手入选国家队，女选手周鹿敏、李国君、李月明、许新先后获得世界冠军、亚军，亚运会冠军等。90年代，是上海排球发展的重要时期。上海市体委与上海有线电视台合作，组建上海有线排球队(后与上海东方电视台等合作)。新老结合的上海有线男排自1997年重返甲级联赛后，依靠集体力量和技术上的快、变风格，一步一个台阶向上攀登。1998年联赛第六名，1999年升为第四名。在2000年赛季比赛中，在先失两局的不利形势下，奋力拼搏，终以3比2将对手淘汰出局，首次闯入决赛，并以3比1战胜江苏男排，将失去10年的全国冠军重新夺回。有线女排在联赛赛制变化后，放下"三连冠"包袱，以努力打好每一场比赛的心态，力拼对手，进入决赛，最终以总局分5比4击败江苏女排，赢得四连冠。2000年4月，上海有线男、女排在全国排球联赛中双双夺冠。6月，有线女排以4胜1负的战绩获得亚洲女排俱乐部赛冠军；7月，有线男排在全国排球锦标赛中，再次登上冠军领奖台。年内，上海男、女排5人入选国家队。

2001年，上海有线女排以3比1战胜八一女排，获得全国排球甲A联赛五连冠，续写上海女排辉煌战绩。2004年，上海男排二度夺冠。充分利用网上高度优势，结合求快求变多样化进攻手段制定战术，成为上海男排取胜的法宝。

图2-3-4　2010年，上海男排夺得2009—2010赛季中国排球联赛冠军，实现职业联赛七连冠

2006年，上海东方男排自2004年以来连续三届获得全国联赛冠军。上海男排已经囊括全国联赛、全国锦标赛、全国大奖赛和全运会4项全国顶级大赛的冠军。2000年联赛夺冠后，主教练沈富麟为打造一支一流球队，果断起用身高、体能上佳的沈琼、汤淼等新秀，主力阵容的平均身高超过2米，达到国际一流、国内领先水平。球队对队伍的技战术体系进行革新，多点进攻、后排进攻、主攻手的穿插跑动、二传手与副攻手的快攻配合，都有了新的提高。排球队坚持培养新人，即使在

球队处于巅峰状态，也不断把新秀推上主力位置，使得上海队在新老更替上抢得先机。

2008年，全国男排联赛总决赛第四回合的比赛在南汇体育馆举行。上海男排以3比1击败辽宁队成功卫冕，实现五连冠。2009—2010年，上海男排连续获得全国联赛冠军，成为近十年中国男排在全国比赛中夺冠次数最多的球队。

2009年，第十一届全运会男子排球决赛在山东济南举行，卫冕冠军上海队直落三局击败解放军队。上海男排共获得三届全运会金牌，成为全运会史上夺得金牌最多的排球队。

表2-3-6　1978—2010年上海排球运动获得全国比赛前三名一览表

年份	比赛名称	名次		地点
		男队	女队	
1978年	全国排球甲级队联赛	2	—	上海
1979年	第四届全运会	—	3	北京
	全国排球甲级队联赛	2	—	河南郑州
	全国排球甲级联赛	—	2	重庆
1980年	全国男子排球锦标赛	2	—	江苏连云港
1981年	全国排球甲级队联赛	2	—	湖北武汉
	全国排球甲级队联赛	—	3	广西南宁
	全国男子排球锦标赛	1	—	山东济南
1983年	第五届全运会	3	—	上海
1984年	全国排球锦标赛	2	—	上海
1985年	全国排球锦标赛	2	—	江苏无锡
	全国排球甲级队联赛	3	—	上海
1986年	全国排球甲级队联赛	—	2	湖北武汉
1989年	全国排球甲级队联赛	—	3	广东江门
1990年	全国排球甲级队联赛	1	2	四川成都
1991年	全国排球甲级队联赛	2	—	四川德阳
1993年	第七届全运会	—	2	四川成都
1994年	全国排球甲级队联赛(男子B组)	1	—	江苏淮阴
	全国排球锦标赛(男子A组)	1	—	辽宁沈阳
1995年	全国女子排球甲级联赛	—	2	辽宁沈阳
	全国男子排球锦标赛	3	—	江西南昌
1996年	全国排球锦标赛	1	—	福建漳州、浙江嘉兴
1997年	第八届全运会	—	1	上海
	全国排球联赛	—	1	上海、南京、沈阳
	全国排球优胜赛	2	—	上海、昆明等
1998年	全国排球联赛	—	1	—

（续表一）

年 份	比 赛 名 称	名 次		地 点
		男 队	女 队	
1998年	全国男子排球锦标赛	1	—	陕西咸阳
1999年	全国女排甲级联赛	—	1	—
	全国排球锦标赛男子组	3	—	福建漳州
	全国排球锦标赛女子组	—	1	湖南郴州
	第四届全国城运会	—	3	陕西西安
2000年	全国排球联赛	1	1	—
	全国排球锦标赛	1	—	辽宁丹东
2001年	全国女子排球联赛	—	1	—
	第九届全运会女子排球预赛	—	1	福建福州
	第九届全运会男子排球预赛	2	—	湖北武汉
	第九届全运会	—	3	广东江门
2002年	全国男子排球锦标赛	1	—	广东台山
2003年	全国男子排球联赛	2	—	—
	全国男子排球锦标赛	3	—	江苏镇江
	第五届全国城运会	1	—	湖南郴州
2004年	全国男子排球甲级联赛	1	—	—
	全国男子排球锦标赛	1	—	江西南昌
2005年	全国男子排球联赛	1	—	—
	第十届全运会	1	—	—
	第十届全运会女排预选赛	—	2	云南昆明
	第十届全运会男排预赛	1	—	湖北武汉
2006年	全国男子排球联赛	1	—	—
	全国男子排球锦标赛	2	—	浙江台州
2007年	全国男子排球联赛	1	—	—
	全国男子排球大奖赛	1	—	河南洛阳
2008年	全国男排甲A联赛	1	—	—
	全国女排甲A联赛	—	3	—
	全国男排锦标赛	2	—	河南漯河
2009年	第十一届全运会	1	—	—
	全国男排联赛	1	—	—
	全国女排联赛	—	2	—

（续表二）

年　份	比　赛　名　称	名　次		地　　点
		男　队	女　队	
2010 年	全国男子排球锦标赛	3	—	江苏苏州
	全国男子排球联赛	1	—	—
	全国女子排球联赛		2	—

表 2-3-7　1978—2010 年上海排球运动员获得国际、洲际比赛前三名一览表

年　份	比　赛　名　称	项　　目	运　动　员	名次	地　　点
1995 年	第七届世界杯女子排球赛	—	王　怡　诸韵颖	3	日本
	第八届亚洲女子排球锦标赛	—	王　怡　诸韵颖	1	泰国
1996 年	第二十六届奥运会	女子排球	王　怡　诸韵颖	2	美国
1997 年	亚洲男子排球锦标赛	—	蔡　斌	1	卡塔尔
	亚洲女子排球锦标赛	—	沈　弘　李铁之 张　静　诸韵颖	1	菲律宾
1998 年	第十三届亚运会	女子排球	诸韵颖　李铁之	1	中国天津
	世界女子排球锦标赛	—	诸韵颖　李铁之	2	日本
1999 年	第十届亚洲女子排球锦标赛	—	诸韵颖	1	中国
2003 年	第十二届亚洲男排锦标赛	—	何　炯　沈　琼 汤　淼　崔晓栋	2	中国
2005 年	亚洲男子排球锦标赛	—	崔晓栋　何　炯	2	泰国
	亚洲女子排球锦标赛	—	马蕴雯	1	中国
	世界女排冠军赛	—	马蕴雯	3	泰国
2007 年	瑞士女排精英赛	—	马蕴雯	1	瑞士
	俄罗斯总统杯排球赛	女子排球	马蕴雯	2	俄罗斯
	亚洲女子排球锦标赛	—	马蕴雯	3	泰国
2008 年	第二十九届奥运会	女子排球	马蕴雯	3	中国北京
	瑞士女排精英赛	—	马蕴雯	2	瑞士
	第一届女子排球亚洲杯	—	马蕴雯	1	泰国
	第一届男子排球亚洲杯	—	任　琦	3	泰国
2009 年	亚洲女子排球锦标赛	—	马蕴雯	2	越南
2010 年	第十六届亚运会	女子排球	张　磊　杨　婕 马蕴雯	1	中国广州
	四国国际女排精英赛	—	张　磊　马蕴雯 卞雨倩	1	中国

(续表)

年份	比赛名称	项目	运动员	名次	地点
2010 年	瑞士女排精英赛	—	张磊　马蕴雯	1	瑞士
	俄罗斯总统杯排球赛	女子排球	张磊　马蕴雯 卞雨倩	2	俄罗斯
	排球亚洲杯赛	男子排球	沈琼　任琦	2	伊朗
		女子排球	张磊　马蕴雯 卞雨倩	1	中国

第四节　沙滩排球

上海沙滩排球运动起步于 20 世纪 90 年代。为迎接 1997 年在上海举办的第八届全运会沙滩排球比赛，1995 年在上海体育馆外新铺设人造沙滩，6—8 月举办亚洲沙滩排球系列赛上海站、“新民晚报杯”全国沙滩排球巡回赛上海站和上海沙滩排球公开赛 3 项比赛。其中，6 月举办亚洲沙滩排球系列赛上海站的比赛，参赛的有新西兰、印尼等 17 支球队，东道主中国队有 3 支球队。比赛共 3 天，产生男女前四名，因第四天暴雨，比赛无法进行，根据规则，亚排联技术代表决定，中国男子一队(缪志红)、印尼男队和澳大利亚女队、新西兰女队并列男女冠军。7 月举行“新民晚报杯”全国沙滩排球巡回赛上海站比赛，全国 35 支男女队参加比赛，上海一队缪志红、谷昱获得男子组冠军。8 月举行上海沙滩排球公开赛，缪志红和谷昱、李月明和许新分获男、女组冠军。人造沙滩平日向市民开放，举行沙排比赛活动。

图 2-3-5　2010 年世界沙滩排球巡回赛(上海站)在金山城市沙滩举行

1997 年，第八届全运会沙滩排球比赛在上海举行，上海队的缪志红、徐文斐获得男子沙排冠军。随后，缪志红退役任教，在他的指导下，上海沙排运动逐步发展。在 1998 年第十三届亚运会上，李桦获得男子沙排冠军。2007 年，缪志红获得国家级教练员资格，带队参加第十三届至十五届亚运会，第二十八届、二十九届奥运会。

2000 年以后，上海沙滩排球的竞技水平得到提高。女队的尤文慧、季琳君等人，男队的徐林胤、徐强、李佳鲁、高鹏等人成绩突出。2001 年第九届全运会上，徐强、谷昱获得男子银牌，李桦、徐云逸获得男子铜牌，季琳君、王婳获女子第四名，尤文慧、潘王晔获女子第六名。2002 年，李桦、徐强、尤文慧参加第十四届亚运会。2004年，尤文慧参加第二十八届奥运会。2005年第十届全运会上，男女沙排的成绩略有下滑，均获得第六名。2006年后，成绩逐步回升，徐林胤代表中国队获得第十五届亚运会男子沙排冠军。2009年，李佳鲁、徐林胤获得第十一届全运会男子沙排银牌。2010年，高鹏获得第十六届亚运会男子沙排冠军。

进入21世纪以后，上海每年承办部分国内沙排赛事，包括全国沙滩排球总决赛、全国沙滩排球巡回赛以及全国沙滩排球锦标赛等。上海沙排分一队、二队参赛，共获得3次冠军。2003年起，全国沙滩排球巡回赛总决赛将赛场搬至南京东路步行街、东方明珠广播电视塔广场等上海城市标志性景观地，让市民、游客近距离免费观赏排球精英的精彩表演。

2004年，上海在金山区引进世界女子沙滩排球巡回赛，是首个在沪举行的国际性沙排赛事。2005年起至2010年，金山区每年承办世界沙滩排球巡回赛。沙滩排球的赛事影响力不断扩大，每年均有30多个国家和地区参赛。其中，2007年世界沙滩排球巡回赛的积分计入北京奥运会沙排比赛入围积分，中国选手徐林胤、吴鹏根名列第五；女子组合田佳、王洁夺冠。至2010年，男女沙排赴泰国、菲律宾、日本、西班牙、瑞士、美国、印度、韩国、伊朗以及中国香港、中国澳门等国家和地区比赛训练。

表2-3-8　1978—2010年上海沙滩排球运动员获得国际、洲际比赛前三名一览表

年份	比赛名称	项目	运动员	名次	地点
1995年	亚洲沙排系列赛	男子沙滩排球	缪志红	1	中国
1998年	第十三届亚运会	男子沙滩排球	李　桦	1	泰国
2001年	世界青年奥运会	女子沙滩排球	季琳君　潘王晔	1	澳大利亚
2004年	亚洲沙排巡回赛	男子沙滩排球	徐　强　徐林胤	2	泰国
2006年	国际排联沙排世界巡回赛	女子沙滩排球	季琳君	2	希腊
	国际排联沙排世界巡回赛	男子沙滩排球	徐林胤	3	波兰

表2-3-9　1978—2010年上海沙滩排球运动员获得全国比赛冠军一览表

年份	比赛名称	项目	运动员
1997年	第八届全运会	男子沙滩排球	缪志红　徐文斐
2000年	全国锦标赛	男子沙滩排球	男一队
	全国冠军赛	男子沙滩排球	男二队
2000年	全国巡回赛总决赛	男子沙滩排球	男二队
2002年	全国沙滩排球冠军赛	女子沙滩排球	尤文慧
2003年	全国锦标赛	男子沙滩排球	徐林胤　徐　强
	全国巡回赛	男子沙滩排球	徐林胤　徐　强
	第五届全国城运会	男子沙滩排球	徐林胤　李佳鲁
2004年	全国巡回赛	男子沙滩排球	徐　强　徐林胤
	全国锦标赛	男子沙滩排球	徐　强　徐林胤
2007年	全国巡回赛男子总积分赛	男子沙滩排球	李佳鲁　徐　强
2009年	全国巡回赛	男子沙滩排球	李佳鲁　徐林胤

第五节 手 球

1984年,张佩君、刘莉萍、武邢江、何剑萍及教练黄德国,代表中国参加第二十三届奥运会并夺得女子手球铜牌,受到上海市政府的通令嘉奖,并获上海市体委颁发的"特级体育运动"奖章。1984年,女队虽有老队员大退役,但仍在当年全国锦标赛中获得亚军。至1990年,共获得5次全国冠军、6次全国亚军。

1988年,何剑萍、张弘、柳蓓莉、李传芬参加在汉城举行的第二十四届奥运会,取得第六名。男队重建以后,保持全国前六名的水平,1989、1990年均为全国联赛冠军。

90年代,上海女子手球队比赛发挥稳定。在1993年的第七届全运会和1997年的第八届全运会上均夺得亚军。在1991—2000年10年间,在全国性的比赛中上海男子手球队共夺得1枚银牌、7枚铜牌,上海女子手球队共夺得6枚金牌、6枚银牌、4枚铜牌。2000年,在全国男女手球"冠军杯"赛上,上海男子手球队夺得季军,女子手球队获得冠军。

2001年,上海男女手球队双双进入九运会决赛并获得亚军。2008年在上海举行的全国青年女子手球锦标赛上,上海女队夺得冠军,再次为上海队争得荣誉。与此同时,上海男队一直保持前八名的成绩。

上海手球队在国际级比赛中也有出色表现。2010年,在广州举行的第十六届亚运会上,上海手球队队员孙梦颖、许沫、沙正文代表中国队获得冠军。

表2-3-10 1978—2010年上海手球运动获得全国比赛冠军一览表

年 份	比 赛 名 称	项 目	地 点
1979年	第四届全运会	女子手球	北京
1980年	全国手球甲级队联赛	女子手球	—
1981年	全国手球甲级队联赛	女子手球	—
1983年	第五届全运会	女子手球	上海
1985年	全国手球锦标赛	女子手球	—
1986年	全国手球甲级联赛	女子手球	—
	全国手球锦标赛	女子手球	—
1988年	全国手球联赛	女子手球	—
1989年	全国手球联赛	男子手球	上海
		女子手球	安徽合肥
1990年	全国手球联赛	男子手球	北京
1991年	全国手球联赛	女子手球	安徽合肥
1992年	全国手球锦标赛(第一阶段)	女子手球	广西南宁
1998年	全国女子手球锦标赛(第二阶段)	女子手球	安徽合肥
1999年	全国女子手球锦标赛(第二阶段)	女子手球	上海

（续表）

年　份	比　赛　名　称	项　　目	地　　点
2000 年	全国男女手球冠军杯赛	女子手球	北京、上海等地
	全国女子手球锦标赛	女子手球	上海
	全国男子手球锦标赛(最终排名)	男子手球	山西晋中

表 2－3－11　1978—2010 年上海手球运动员获得国际、洲际比赛前三名一览表

年　份	比　赛　名　称	项　　目	运　动　员	名次	地　　点
1989 年	亚洲女子手球锦标赛	女子手球	张　弘　刘思清	2	中国北京
1994 年	第十二届亚运会	女子手球	王　遐　陈海云 王蔚青	3	日本广岛
2004 年	亚洲女子手球锦标赛	女子手球	龙佩莉　翁　龙 吴雯娟	2	日本
2006 年	第十五届亚运会	女子手球	吴雯娟　王　旻	2	卡塔尔多哈
2010 年	第十六届亚运会	女子手球	孙梦颖　许　沫 沙正文	1	中国广州
	亚洲女子手球锦标赛	女子手球	许　沫　沙正文 孙梦颖　武娜娜	3	哈萨克斯坦

第六节　橄　榄　球

改革开放以后，上海成为中国最早开展橄榄球项目的城市之一。20 世纪 90 年代，中国农业大学与上海体育学院成立橄榄球队，标志着橄榄球运动进入中国。上海体育学院橄榄球队在全国范围内水平拔尖。上海交通大学、东华大学相继开展橄榄球运动。1998 年，全国橄榄球锦标赛举办，并在上海、北京、青岛等地举办裁判员和教练员培训班，以普及推广橄榄球运动。

2003 年，美式橄榄球被引入中国，2007 年 7 月，英式橄榄球的亚洲总部——国际橄榄球理事会从中国香港迁至上海，以求更好地发展橄榄球运动。上海七人制与香港七人制齐名，是中国仅有的两座橄榄球分站赛城市。

2010 年，上海猛虎橄榄球俱乐部成立，专注于发展农民工子女的橄榄球水平，填补上海青少年橄榄球后备力量的空白。同时由上海橄榄球俱乐部发起的“运动小健将”组织与上海徐汇区第一中心小学、上海市明珠中学、上海市嘉定区南翔小学、上海市体育运动学校、上海市蓬莱路小学、上海竹林农民工子弟小学、上海包玉刚学校、上海美国学校、上海新加坡学校、上海英国学校等学校合作开展橄榄球运动进校园的活动，每周安排学生参加 1～2 次、每次 2 小时的橄榄球活动。全市近千名中小学生掌握橄榄球运动的基本规则和技术。其中，徐汇区第一中心小学成立上海市第一支小学橄榄球队，明珠中学和市体育运动学校相继成立自己的橄榄球队。上海浦东橄榄球俱乐部每周参与橄榄球活动的人数近 500 人，参与者包括在华外国企业员工、上海橄榄球队、上海业余橄榄球爱好者等。

表 2-3-12　1978—2010 年上海橄榄球队在全国比赛中所获名次一览表

年　份	比　赛　名　称	成　绩
2006 年	全国橄榄球锦标赛(北京)	盘级亚军
	上海健力士杯国际橄榄球锦标赛	盘级亚军
2007 年	全国橄榄球锦标赛(山东诸城)	盘级亚军
	上海健力士杯国际橄榄球锦标赛	盘级亚军
	上海 Touch 比赛	杯级季军
2008 年	上海健力士杯国际橄榄球锦标赛	盘级冠军
2009 年	全国橄榄球锦标赛(山东青岛)	盘级冠军
	上海健力士杯国际橄榄球锦标赛	杯级亚军
	全国橄榄球冠军赛(山东济南)	杯级第四名
2010 年	全国橄榄球锦标赛(山东烟台)	盘级亚军

第七节　乒乓球

上海是中国乒乓球运动摇篮,人才辈出,历年来为国家培养输送大量优秀运动员。在乒乓球运动发展中,上海继承乒坛优秀传统,发挥社会力量,推进群众性乒乓球活动,注重培养优秀乒坛苗子。改革开放后,上海迅速恢复乒乓球运动训练,加强区县业余体校的选材、训练,完善中小学乒乓球传统项目学校,形成一二三线选材、培养和输送机制。

20 世纪 70 年代,市队吸收的新队员有陆元盛、黄锡萍、王家麟、倪夏莲、卜启娟等,以后都成长为国家队成员。倪夏莲、卜启娟、曹燕华、何智丽是上海队主力,也是国家队主力。80 年代,曹燕华在各类国际比赛中取得 50 余枚金牌,其中世界冠军 7 次,何智丽取得世界冠军 2 次。

20 世纪 70 年代末期至 1983 年,上海队在全国大赛中曾获 5 次女子团体冠军,包括 1983 年第五届全运会金牌。男子因尖子不多,整体实力下降,仅获 1 次团体第三名和 1983 年第五届全运会第五名。80 年代中期,倪夏莲、卜启娟、曹燕华等相继退役。1985—1992 年,以何智丽、唐薇依为主力的上海女队在全国大赛中获得 1 次女团冠军和 2 次第三名。

20 世纪 90 年代中期,随着丁松、冯喆、王励勤等年轻选手的成熟,男子整体实力逐步回升。1995—2010 年,上海男队在全国大赛中 13 次打入前三名,3 次获全国冠军。1997 年、2001 年第八届、第九届全运会,男子团体分别获得铜牌和银牌,2005 年第十届全运会男子团体获第四名,王励勤夺得男子单打金牌,与刘杉合作获得男子双打金牌。2009 年第十一届全运会男子团体下降至第五名,王励勤与许昕合作再夺男子双打金牌。

20 世纪 70 年代末至 2010 年,获得过世界冠军称号的上海运动员有曹燕华、张德英、倪夏莲、何智丽、丁松、王励勤、许昕(其中有些选手代表外省市参赛)。丁松是 1994 年第三届世界杯团队赛、1995 年第四十三届和 1997 年第四十四届世界乒乓锦标赛(以下简称“世乒赛”)男团冠军中国队主力队员。2001 年,王励勤一举夺得世乒赛男单、男双、男团项目 3 个冠军,2005 年和 2007 年蝉联两届世乒赛男单冠军,成为继庄则栋之后,第二位 3 获世乒赛男单冠军的中国运动员。2000—2008

年，王励勤在世乒赛、世界杯和奥运会上共获 14 项世界冠军。2005 年王励勤创造了 13 个月参加 100 多场国际比赛不输一场的纪录，在当年底国际乒联的胜率排行榜上列世界第一。同年 5 月，入选国际乒联乒乓名人堂。2009—2010 年新秀许昕连获 3 项世界团体冠军，是上海队新一代优秀选手。

上海乒乓球技术在 20 世纪 70 年代后，出现了以曹燕华为代表的快攻结合弧圈球的打法，能守善攻，将女子乒乓球技术发展到旋转与速度紧密结合的高度。20 世纪 90 年代削球技术取得重大进展，丁松师从陆元盛，右手握拍，善打削球，时削时攻，将攻和削完美结合，使削球打法由原来的"削中反攻"时代走进"攻削结合"时代。2000 年前后，快攻结合弧圈球的打法又有新发展，王励勤右手横拍，技术全面，擅长两面弧圈结合快攻打法，击球速度快，爆发力强，侧身进攻具有强大威慑力。

1996 年，国际乒联倡议将乒乓球直径由 38 毫米放大为 40 毫米。上海红双喜体育公司于 1999 年研制成功 40 毫米乒乓球，并制定有关技术标准。2000 年，红双喜成为首家悉尼奥运会赞助商，提供指定比赛器材，并连续 4 届成为奥运会指定器材供应商。

上海乒乓球队与工厂企业挂钩，接受企业经济赞助，上海红双喜少年男队曾为市队和国家队输送多名队员。海上世界资助上海女子乒乓球队，至 1993 年，海上世界创办乒乓球俱乐部，上海女子乒乓球队成员大都转入该俱乐部。90 年代中期上海大众出租公司冠名创办男子乒乓球俱乐部队，曾夺得 1996 年全国俱乐部赛冠军。1998 年起，圣雪绒国际企业集团冠名创办的男子俱乐部队连续 5 年参加全国乒乓球俱乐部超级联赛。2003 年起，上海天泽汽车公司、上海冠生园公司先后冠名创办男、女俱乐部队，上海冠生园男子俱乐部队还夺得 2008 年全国超级联赛冠军。

20 世纪 80 年代乒乓球传统项目的学校，每年均保持在 50～70 所，90 年代起数量下降。2001 年，上海市体育局与市教委批准 2 所中学为"体教结合"试办二线乒乓球运动队学校，2004 年有 7 所中小学被批准为开展乒乓球传统项目学校，2007 年有 15 所中小学被批准为乒乓球传统项目学校。2009 年 10 月，1 所学校乒乓球队为区(县)办二线运动队，4 所中小学乒乓球队为学校办二线运动队。在重点传统项目学校中，以上海巨鹿路第一小学较为突出。陆元盛、黄锡萍、何智丽、井浚泓、冯喆等均在该校接受启蒙训练。1996 年，被国家乒羽中心命名为"全国乒乓球重点学校"。该校主教练柯元忻在乒乓球教学上做出重要贡献，被评为特级教师。90 年代，社会上出现不少经营性乒乓球房，1998 年全市新增 82 家，总数达 173 家。每年各区(县)新建社区健身场地中也包括乒乓球场地。2003 年，由上海市体育局和第四十八届世乒赛筹委会策划发起上海市民千台万人乒乓球大赛，全市有近万名男女老少运动员参赛，并以比赛球台数和人数最多、比赛规模最大列为吉尼斯世界纪录。

随着竞技体育改革的深化，曾获世界冠军的名将纷纷创办具有俱乐部性质的乒乓球业余训练实体。1998 年 2 月，张德英在卢湾体育馆成立张德英乒乓球中心。曹燕华与上海体育运动技术学院联合组建上海大康乒乓球俱乐部，1999 年与宝山杨行镇合作成立曹燕华乒乓培训学校，被国家体育总局乒羽管理中心指定为国家乒乓球队上海训练基地。2001 年曹燕华乒乓球俱乐部成立。经上海市体育局批准，2002 年建立上海市体育运动学校曹燕华俱乐部一线专业队，形成"三线启蒙、二线提高、一线专业"的人才培养、输送体系。至 2009 年末，曹燕华乒乓培训学校获得包括世界杯团体

图 2-3-6　1988 年，上海曹燕华乒乓培训学校揭牌

冠军在内的国际比赛冠军24项,包括全运会双打冠军在内的全国冠军30余项、市级冠军100余项,培养出许昕、尚坤、胡冰涛等国家级运动员,向国家队输送优秀运动员5名,向上海队和其他省市队输送一线专业运动员20多名。

进入21世纪以后,上海加快乒乓球运动发展,不断完善训练及管理体制。同时,上海加大引进外地优秀苗子的力度。来自外地经培养进入市队和国家队的优秀选手有东北的张洋、刘杉,山西的尚坤,江苏的许昕、胡冰涛、赵子豪等。同时,上海加强与兄弟省市的交流合作,通过多种形式和机制,共同为国家培养乒坛优秀人才。

表2-3-13 1978—2010年上海乒乓球运动员获得全国比赛冠军一览表

年 份	比 赛 名 称	项 目	运 动 员
1978年	全国乒乓球赛	女子团体	上海一队
		女子单打	黄锡萍
		女子双打	黄锡萍 李 明
1980年	全国优秀选手赛	女子单打	曹燕华
1981年	全国乒乓球锦标赛	女子团体	上海队
	全国乒乓球等级赛	女子团体	上海队
1982年	全国乒乓球等级赛	女子单打	曹燕华
	全国乒乓球锦标赛	女子团体	上海队
1983年	全国优秀选手赛	女子单打	倪夏莲
	第五届全运会	女子团体	上海队
1985年	中国乒协杯赛	混合双打	刘涌江 倪夏莲
1986年	中国乒协杯赛	女子单打	何智丽
1992年	中国乒协杯赛	女子团体	上海队
		女子单打	唐薇依
1995年	全国锦标赛	男子单打	丁 松
	全国乒协杯赛	男子团体	上海队
1996年	全国俱乐部联赛	男子团体	上海大众男队
1997年	全国俱乐部联赛	男子单打	王励勤
1998年	全国锦标赛	男子双打	冯 喆
1999年	全国锦标赛	男子团体	上海一队
2004年	全国锦标赛	男子单打	王励勤
2005年	第十届全运会	男子单打	王励勤
		男子双打	王励勤 刘 杉
2007年	全国锦标赛	男子双打	王励勤
2008年	全国俱乐部超级联赛	男子团体	上海冠生园队
	全国锦标赛	男子双打	王励勤 许 昕

表 2-3-14 1978—2010 年上海乒乓球运动员获得国际、洲际比赛前三名一览表

年 份	比赛名称	项 目	运 动 员	成 绩	地 点
1977 年	第三十四届世界锦标赛	女子单打	张德英	3	英国伯明翰
1979 年	第三十五届世界锦标赛	女子团体	曹燕华	1	朝鲜平壤
1979 年	第三十五届世界锦标赛	女子单打	张德英	3	朝鲜平壤
1979 年	第三十五届世界锦标赛	女子双打	张德英	2	朝鲜平壤
1981 年	第三十六届世界锦标赛	女子团体	曹燕华	1	南斯拉夫诺维萨德
1981 年	第三十六届世界锦标赛	女子双打	曹燕华 张德英	1	南斯拉夫诺维萨德
1981 年	第三十六届世界锦标赛	女子单打	张德英	3	南斯拉夫诺维萨德
1981 年	第三十六届世界锦标赛	女子双打	张德英 曹燕华	2	南斯拉夫诺维萨德
1983 年	第三十七届世界锦标赛	女子单打	曹燕华	1	日本东京
1983 年	第三十七届世界锦标赛	女子团体	曹燕华 倪夏莲	1	日本东京
1983 年	第三十七届世界锦标赛	混合双打	倪夏莲	1	日本东京
1983 年	第三十七届世界锦标赛	混合双打	倪夏莲	3	日本东京
1985 年	第三十八届世界锦标赛	女子单打	曹燕华	1	瑞典哥德堡
1985 年	第三十八届世界锦标赛	混合双打	曹燕华	1	瑞典哥德堡
1985 年	第三十八届世界锦标赛	女子团体	何智丽	1	瑞典哥德堡
1985 年	第三十八届世界锦标赛	混合双打	曹燕华	3	瑞典哥德堡
1987 年	第三十九届世界锦标赛	女子单打	何智丽	1	印度新德里
1994 年	第三届世界杯赛	男子团体	丁 松	1	法国尼姆
1995 年	第四十三届世界锦标赛	男子团体	丁 松	1	中国天津
1995 年	第四十三届世界锦标赛	男子单打	丁 松	3	中国天津
1997 年	第四十四届世界锦标赛	混合双打	王励勤	3	英国曼彻斯特
1997 年	第四十四届世界锦标赛	男子团体	丁 松	1	英国曼彻斯特
1999 年	第四十五届世界锦标赛	男子双打	王励勤	2	荷兰埃因霍温
1999 年	第四十五届世界锦标赛	混合双打	冯 喆	2	荷兰埃因霍温
1999 年	第四十五届世界锦标赛	混合双打	王励勤	3	荷兰埃因霍温
2000 年	第二十七届夏季奥运会	男子双打	王励勤	1	澳大利亚悉尼
2000 年	第二十一届世界杯赛	男子单打	王励勤	3	中国江苏
2001 年	第四十六届世界锦标赛	男子团体	王励勤	1	日本大阪
2001 年	第四十六届世界锦标赛	男子双打	王励勤	1	日本大阪
2001 年	第四十六届世界锦标赛	男子单打	王励勤	1	日本大阪
2001 年	第二十二届世界杯赛	男子单打	王励勤	2	意大利
2003 年	第四十七届世界锦标赛	男子双打	王励勤	1	法国巴黎
2003 年	第二十四届世界杯赛	男子单打	王励勤	3	中国江苏

(续表)

年 份	比赛名称	项 目	运动员	成 绩	地 点
2004 年	第二十八届夏季奥运会	男子单打	王励勤	3	希腊雅典
	第四十七届世界锦标赛	男子团体	王励勤	1	卡塔尔多哈
2005 年	第四十八届世界锦标赛	男子单打	王励勤	1	中国上海
		混合双打	王励勤	1	
		男子双打	王励勤	3	
2006 年	第四十八届世界锦标赛	男子团体	王励勤	1	德国不来梅
	第二十七届世界杯赛	男子单打	王励勤	3	法国巴黎
2007 年	世界杯团体赛	男子团体	王励勤	1	德国马格德堡
	第二十八届世界杯赛	男子单打	王励勤	3	西班牙巴塞罗那
	第四十九届世界锦标赛	男子单打	王励勤	1	克罗地亚
		混合双打	王励勤	1	
		男子双打	王励勤	2	
2008 年	第四十九届世界锦标赛	男子团体	王励勤	1	中国广州
	第二十九届夏季奥运会	男子团体	王励勤	1	中国北京
		男子单打	王励勤	3	
2009 年	第六届世界杯赛	男子团体	许 昕	1	奥地利林茨
	第五十届世界锦标赛	男子单打	王励勤	2	日本横滨
		混合双打	姚 彦 许 昕	3	
		男子双打	许 昕	2	
2010 年	第五十届世界锦标赛	男子团体	许 昕	1	俄罗斯莫斯科
	第七届世界杯赛	男子团体	许 昕	1	阿联酋迪拜

第八节 羽 毛 球

1978 年，上海羽毛球队重新建队，在选材上有所突破，重视基本功训练。20 世纪 70 年代末，以张爱玲为代表的上海女运动员进入世界羽坛先进行列。1978 年，张爱玲在第一届世界羽毛球锦标赛中夺得女子单打、双打世界冠军。1981 年，中国加入国际羽联并在 1981 年参加第一届非奥运会项目的世界运动会，张爱玲获得女子单打世界冠军，并与刘霞配合夺得女子双打世界冠军，以后张爱玲多次获得世界冠军。

20 世纪 80 年代，虹口、静安、普陀、黄浦、徐汇、卢湾、南市等 7 个区建立羽毛球青少年体校，培养和输送优秀运动员苗子。上海羽毛球队的男女双打、混合双打一直保持在全国前三名，双打和混合双打已成为上海队的优势项目，并涌现出一批优秀选手，包括胡山乔、程演、陈颖、盛闻青、陆亨文、郑智君、苏雄、金晨、史方静、高美凤等。其中，王朋仁、史方静于 1987 年参加第五届世界锦标赛，夺得混合双打世界冠军，1987 年和 1988 年世界杯羽毛球赛中获得混合双打冠军。1988 年，第二十四届汉城奥运会上，羽毛球作为表演项目，王朋仁、史方静获得混双亚军。教练员戴金良参加 1987 年世界羽毛球锦标赛前的混合双打集训工作。1990 年，教练员蒋永谊担任国家羽毛球女队主教练，史方静获得第十三届尤伯杯赛女子团体冠军、第十一届亚运会混合双打第三名和团体冠军。

至 20 世纪 90 年代，上海市体委对羽毛球重点布局，建立上海羽毛球训练中心，作为二线训练单位，健全全市羽毛球一二三线的体育训练体制，培养出的优秀运动员有女队的陈颖、盛闻青、王晨，男队的郭劲松、邱峥嵘、陈伟、葛成、陶晓强、张尉、王伟等。1997 年，男队的张尉代表中国队与队友葛成、陶晓强参加第五届苏迪曼杯赛，获得混双团体冠军，并作为男双主力参加第六、七、八届苏迪曼杯赛。

2001 年，第九届全国运动会上，张尉与王伟搭档夺得男双冠军。自 2005 年朱琳获得第十届全运会女单第三名后，上海女队成绩回升，2006 年王仪涵在羽毛球世界杯赛中获得女单世界冠军，成为中国羽毛球队历史上最年轻的世界冠军。1998—2006 年期间，上海男子团体在全国团体赛中共获得 3 次亚军、3 次季军。90 年代末，上海男队主教练陆亨文担任国家队男双组主教练。

2006 年，上海乒乓球羽毛球运动管理中心在上海体育职业学院东方绿舟训练基地成立。上海羽毛球队教练员队伍调整，由金晨负责男队，史方静负责女队。

2007 年，在第十五届羽毛球世界锦标赛上，朱琳夺得世界冠军，同年，作为中国队主力队员，夺得第十届苏迪曼杯赛冠军。2008 年，在日本羽毛球超级赛中，王仪涵获得女单冠军。

2009 年，在第十一届全运会上，王仪涵、朱琳因伤仅获得女子团体第八名，王仪涵获得女单第七名，男子团体获得第八名。

2010 年，在全国锦标赛中，上海队获得男子团体亚军，顾超获得男子单打第五名，于昊、吴俊超获得男双第五名，刘迎春、胡敏毓获得女双第五名。

1978—2010 年，上海培养出 9 名羽毛球世界冠军：张爱玲、刘霞、史方静、王仪涵、朱琳、王朋仁、陶晓强、葛成、张尉；1 名羽毛球国家级教练、10 名羽毛球高级教练；12 名羽毛球国际级运动健将、近 50 名羽毛球国家级运动健将；上海羽毛球女队在 1979 年获得国家体委授予的“全国攀登世界高峰运动队”和全国妇女联合会授予的“全国三八红旗先进集体”称号。

表 2－3－15　1978—2010 年上海羽毛球运动员获得国际、洲际比赛冠军一览表

年　份	比　赛　名　称	项　目	运　动　员
1978 年	第八届亚运会	混合双打	汤仙虎　张爱玲
	第一届世界羽毛球锦标赛	女子单打	张爱玲
		女子双打	张爱玲　李　芳
1979 年	第二届世界羽毛球锦标赛	女子团体	刘　霞　张爱玲
1981 年	第一届世界运动会	女子单打	张爱玲
		女子双打	张爱玲　刘　霞
1982 年	全英羽毛球锦标赛	女子单打	张爱玲
1984 年	第十二届尤伯杯赛	女子团体	张爱玲

(续表)

年 份	比 赛 名 称	项 目	运 动 员
1987 年	第五届世界羽毛球锦标赛	混合双打	王朋仁 史方静
	第七届羽毛球世界杯赛	混合双打	王朋仁 史方静
1988 年	第八届羽毛球世界杯赛	混合双打	王朋仁 史方静
1990 年	第十三届尤伯杯赛	女子团体	史方静
	第十一届亚运会	女子团体	史方静
1993 年	第一届东亚运动会	女子团体	王 晨
1997 年	第五届苏迪曼杯赛	混合团体	葛 成 陶晓强 张 尉
1999 年	第六届苏迪曼杯赛	混合团体	张 尉
2001 年	第七届苏迪曼杯赛	混合团体	张 尉
2006 年	羽毛球世界杯赛	女子单打	王仪涵
	第十五届亚运会	女子团体	朱 琳
2007 年	第十五届世界羽毛球锦标赛	女子单打	朱 琳
	第十届苏迪曼杯赛	混合团体	朱 琳
2008 年	第二十二届尤伯杯赛	女子团体	朱 琳
2009 年	第十一届苏迪曼杯赛	混合团体	王仪涵

表 2-3-16 1978—2010 年上海羽毛球运动员获得全国比赛冠军一览表

年 份	比 赛 名 称	项 目	运 动 员
1978 年	全国羽毛球比赛	女子单打	刘 霞
1980 年	全国羽毛球等级赛	女子单打	张爱玲
	全国优秀运动员赛	女子双打	张爱玲 刘 霞
1981 年	全国羽毛球等级赛	女子团体	上海女队
1982 年	全国羽毛球单项赛	女子单打	张爱玲
		女子双打	史方静 顾若岚
1992 年	全国锦标赛	女子双打	陈 颖 盛闻青
		混合团体	上海队
1994 年	全国优秀运动员赛	女子双打	陈 颖 王 晨
		男子双打	邱峥嵘
1996 年	全国锦标赛	男子双打	葛 成 陶晓强
1997 年	全国优秀运动员赛	男子双打	葛 成 陶晓强
		混合双打	陶晓强 王 晨
2000 年	全国锦标赛	男子双打	张 尉 王 伟

第九节　网球(软式网球)

1980年,国家体委推行网球联赛制度,团体与单项分开比赛,分甲、乙两组,每年按比赛成绩决定升降级。上海分成两队,分别参加甲、乙两组的联赛。代表最高水平的甲组联赛团体赛从1980—1989年共举行9届,上海男队取得5次冠军、3次亚军;女队取得2次冠军、3次亚军。

进入20世纪90年代以后,上海网球队在男选手夏嘉平、陈宏、蔡威,女选手杨丽华、唐立晓、蔡玉洁等人的带领下,继续保持国内强队行列。在1990—1994年4届全国甲级联赛中,上海男队取得2次冠军、2次亚军;女队取得2次季军。

夏嘉平在20世纪90年代成为上海网球男队主力,不仅延续了上海网球队在国内的优势,而且在国际赛场上屡创佳绩。1991年,在香港举行的第四届亚洲网球锦标赛上,获得男子双打冠军。同年,在英国举行的第十六届世界大学生运动会上,获得男子单打冠军,这是中国网球手在世界综合性运动会上第一次夺得金牌。1992年,在亚洲网球锦标赛上,获得男子单打、男子双打双料冠军,以及混双亚军。同年代表中国参加第二十五届巴塞罗那奥运会。1994年,在香港举行的亚洲网球锦标赛上,获得男子单打、男子双打季军。1995年,在北京举行的ITF国际男子网球巡回赛总决赛中获得亚军。同年,在菲律宾马尼拉举行的亚洲网球锦标赛上重新夺回男双冠军。1996年,代表中国队参加第二十六届亚特兰大奥运会。夏嘉平退役后从事教练工作。

1987年在昆明举办第一届全国软式网球锦标赛。上海体育学院球类系网球专业学生罗晓洁,参加过第七、八、九届全国软式网球赛和第一届东亚运动会、第十二届亚运会的软式网球团体赛。1995年10月31日,作为中国软式网球代表队成员,参加在日本岐阜市举行的第十届世界软式网球锦标赛,夺得女子单打冠军,并获得国家体育运动荣誉奖章。

进入21世纪,上海举办高端网球赛事,培育大批网球爱好者,推动年轻选手的迅速发展。吴迪作为上海网球新生代的运动员,在2009年第十一届全运会上为上海网球队重夺时隔22年之久的男子单打金牌。2010年,吴迪代表上海网球队参加在江苏南京举办的中国网球大奖赛,获得冠军。

"上海网球123推广计划"由上海市网球协会于2003年制定并向公众推出,目的是在上海建立一个网球良性发展的系统,并确立一套与之相适应的标准保证其循序渐进地发展。计划实施阶段主要包括三部分:上海市网球协会团队会员发展计划、大学网球推广计划、青少年网球推广计划。

2007年4月16日,上海签署"ATP大师系列赛·上海站"的合作协议。自2009年起,上海将永久拥有一站大师系列赛的主办权,成为第一个拥有ATP大师系列赛的亚洲城市。世界网球顶级赛事落户上海,推动上海乃至中国网球运动的发展。每年在沪的网球大师杯赛,吸引了广大球迷和海内外媒体。费德勒、纳达尔、德约科维奇等一批国际网坛巨星纷纷来沪参赛,提升上海城市影响力。

2010年2月,浦东新区承办上海网球队的签约仪式在浦东新区政府办公大楼内举行。浦东新区政府与上海市体育局签订协议,承办上海网球一线运动队。上海网球队接受上海市体育局和浦东新区双重领导,通过俱乐部市场化运作,代表上海参加国际和国内比赛。

改革开放以后,随着网球运动的快速发展,许多网球场馆在上海陆续建成,各大赛事纷纷在上海举行。1979年9月,第四届全运会网球比赛在徐汇网球场举行,上海获得男团冠军。1980年10月,全国硬地网球冠军赛在徐汇网球场举行,全国共12个单位的46名选手参加。1981年3月,全国网球甲级联赛在上海举行。1982年9月,全国硬地网球冠军赛在徐汇网球场举行,上海获得男、女单打冠军。1983年,国际网球元老邀请赛落户上海,之后每年举行。1985年,戴维斯杯国际网球赛(东方赛区)在徐汇网球场举行。1992年,由香港商人霍英东捐助兴建的西郊网球场在西郊宾馆落成。同年,全国网球甲级团体赛和全国大学生"奇安特杯"网球邀请赛在上海举行。1993年1月,杨浦区网球场建成。同年,沙龙网球挑战赛和上海青少年埠际网球挑战赛先后在上海举行。1995年,由上海市体委与泰国正大集团联合主办的"正大杯"上海网球公开赛在上海市跳水池网球场举行,全国共223名运动员参加,上海运动员蔡威和杨丽华分别获男、女单打冠军。1996年,上海网球公开赛正选赛在上海虹口体育馆举行,上海运动员夏嘉平进入正选赛。同年,全国网球团体赛在上海市跳水池网球场举行。1997年,上海网球公开赛在卢湾体育馆举行。同年,上海市仙霞网球中心和上海国际网球中心先后竣工。第八届全运会网球比赛在两座场馆成功举行。上海国际网球中心于年底被评为"上海十大体育建筑"。1998年,中国唯一ATP赛事——上海喜力网球公开赛在上海仙霞网球中心举行。之后每年举行,并成为上海市"四大品牌赛事"之一。

2001年,"巴士杯"全国第七届大学生网球锦标赛在上海大学新校区开幕,来自全国各地30余所高校的268名运动员参加比赛。2002年5月,上海国际女子网球挑战赛在上海市仙霞网球中心举行,22个国家和地区的120多名选手报名参赛。8月,上海规模最大的网球馆——浦东网球中心正式开业。9月,上海大众・POLO网球公开赛在上海市仙霞网球中心举行。2003年,"鹰牌花旗参杯"上海市网球公开赛在上海体育馆举行,共3000多名业余选手报名参赛。同年,闸北网球馆竣工投入使用。2005年,上海旗忠森林体育城网球中心落成,"上海四大品牌赛事"之一的ATP网球大师赛自此移师旗忠网球中心举办。2006年,鸿星尔克国际女子网球系列赛上海站比赛在上海市仙霞网球中心举行。2009年,全国首个网球分级赛"CRT中网级别联赛・邓禄普杯"华东区春季赛在闵行体育馆举行,来自南京、苏州、杭州、宁波等地的近300名网球爱好者报名参赛。2010年,"NJT"全国网球青少年(U16)排名赛上海站在上海仙霞网球中心举行。同年,国际男子网球巡回赛和ITF精英挑战赛先后在上海仙霞网球中心举行。

表2-3-17 1978—2010年上海网球运动员获得国际、洲际比赛前三名一览表

年 份	比 赛 名 称	项 目	运 动 员	名 次
1978年	第八届亚运会	男子团体	许梅林 顾明华	2
		女子单打	陈 娟	2
1982年	第九届亚运会	男子团体	尤 伟	2
		女子团体	朱晓云	2
1986年	第十届亚运会	男子团体	尤 伟	2
		女子团体	朱晓云	2
1991年	亚洲网球锦标赛	男子双打	夏嘉平	1
1992年	亚洲网球锦标赛	男子单打	夏嘉平	1
		男子双打	夏嘉平	1
		混合双打	夏嘉平	2
1994年	亚洲网球锦标赛	男子单打	夏嘉平	3
		男子双打	夏嘉平	3
		女子双打	唐立峣	3

（续表）

年 份	比 赛 名 称	项 目	运 动 员	名 次
1995 年	ITF 国际男子网球巡回赛总决赛	男子单打	夏嘉平	2
	亚洲网球锦标赛	男子双打	夏嘉平	1
1996 年	国际女子网球明星赛	女子单打	唐立晓	1
		女子双打	杨丽华　唐立晓	1

表 2－3－18　1978—2010 年上海网球（软式网球）运动员获得全国比赛冠军一览表

年 份	比 赛 名 称	项 目	运 动 员
1978 年	全国网球赛	男子团体	上海一队
		女子双打	陈　娟　余丽桥
1979 年	第四届全运会	男子团体	上海队
		男子单打	许梅林
		混合双打	许梅林　陈　娟
1980 年	全国网球联赛	男子团体	上海一队
		男子单打	金　卫
1980 年	全国网球联赛	男子双打	许梅林　尤　伟
	全国硬地网球冠军赛	男子单打	尤　伟
		女子单打	陈　娟
		男子双打	许梅林　尤　伟
		混合双打	李书晨　陈　娟
1981 年	全国网球联赛	男子团体	尤　伟　李书晨
		女子团体	陈　娟　朱晓云
		男子单打	李时勤
	全国硬地网球赛	女子双打	陈　娟　朱晓云
1982 年	全国网球联赛	女子团体	龚庆庆　翁勤娣
		男子单打	李时勤
		混合双打	尤　伟　朱晓云
	全国硬地网球冠军赛	男子单打	尤　伟
		女子单打	朱晓云
1983 年	第五届全运会	男子团体	上海队
		混合双打	夏嘉平　杨丽华
	全国网球联赛	男子单打	尤　伟
		男子双打	李书晨　尤　伟
		混合双打	尤　伟　朱晓云

(续表)

年份	比赛名称	项目	运动员
1984年	全国网球联赛	男子团体	尤 伟 李书晨
		混合双打	尤 伟 朱晓云
	全国硬地网球赛	男子单打	李书晨
		女子单打	龚庆庆
		男子双打	李书晨 李时勤
		女子双打	陈 娟 龚庆庆
1986年	全国网球联赛	男子团体	尤 伟 李书晨
1987年	第六届全运会	男子单打	尤 伟
	全国网球联赛	女子单打	华 伟
		男子双打	李书晨 夏嘉平
1988年	全国网球联赛	男子团体	尤 伟 李书晨
		男子双打	尤 伟 刘晓成
1989年	全国网球联赛	女子单打	杨丽华
		混合双打	夏嘉平 华 伟
1990年	全国网球联赛	男子团体	夏嘉平 刘晓成
1991年	全国网球联赛	混合双打	夏嘉平 杨丽华
1992年	全国网球联赛	混合双打	夏嘉平 杨丽华
		男子单打	夏嘉平
1993年	第七届全运会	男子团体	上海队
		混合双打	夏嘉平 杨丽华
1994年	全国网球联赛	男子团体	唐 宏 王宇巍
		混合双打	夏嘉平
1996年	全国网球团体锦标赛	男子团体	上海队
		女子团体	上海队
	全国网球巡回赛总决赛	男子单打	夏嘉平
		男子双打	夏嘉平 蔡 威
2002年	全国软式网球锦标赛	女子单打	李 臻
		女子双打	李 臻 高 岚
	全国软式网球冠军赛	女子双打	李 臻 高 岚
2003年	全国网球巡回赛总决赛	女子双打	张 瑶 董妍华
2008年	中国网球大奖赛	男子单打	柏 衍
2009年	第十一届全运会	男子单打	吴 迪
		男子单打	吴 迪
2010年	中国网球大奖赛	女子双打	周弈妙

第十节　棒(垒)球

棒垒球较早传入上海。20世纪70年代，上海棒垒球运动处于全国领先地位。上海市垒球队的邹仁英、王来娣、方萌、许建芳、史闽越、杨卓慧、柳絮青、俞剑峰、周玉珍、宓小清、曹桂芳、钱飈、徐惠青、陶桦、邱海涛、余梅芳等先后入选国家队，出访美国、澳大利亚、日本、新西兰、加拿大等国。

上海棒球队在20世纪80年代曾获得过较好的成绩，夺得4次全国冠军，联赛除1次第七名外，其余均排名前三位。上海市队中楼建夫、蒋凤鸣、宋荣钧、冯立等曾先后入选国家队。楼建夫曾连续3年、蒋凤鸣曾连续2年被评为全国最佳投手。楼建夫、蒋凤鸣、孙立、宋荣钧、孙杰、卢胜曾被评为全国最佳击球手。上海华东化工学院在1985和1988年两届全国高校棒球赛中均主场作战获得冠军。20世纪90年代以后，上海棒球队成绩有所下滑，最好成绩为1997年第八届全运会第二名、1996年全国棒球锦标赛冠军和2000年全国棒球冠军赛第二名，但仍保持在全国前列水平。先后多次获得全国锦标赛和中国棒球联赛的前三名成绩，同时多次获得全国青年棒球锦标赛的冠军。为国家队输送张玉峰、叶明强、瞿巍峰、林琛、李鹏、陈海峰、张力、陈琦、黄方维、郝国臣、夏康男、董春华、董事、奇济平、杨燕勇等优秀选手。2000年，陈琦、张力代表中国国青队取得历史突破，获得世青赛第八名的成绩。2005年，张玉峰、陈琦、张力在日本宫崎举办的第二十三届亚洲锦标赛上取得第三名，这是中国棒球历史上第一个最好成绩。2008年，张玉峰、张力参加北京奥运会，取得第八名。2010年，张玉峰、郝国臣、董事代表国家队取得亚运会第四名。

史闽越、柳絮青等在1986年的第六届世界女垒锦标赛中获得亚军；在1987年的第四届亚洲女垒锦标赛中获得冠军。王来娣、史闽越、柳絮青不仅获得国际级运动健将的称号，而且在国际大赛中被评为最佳击球员、最佳防守员和本垒打手。1990年，在北京举行的第十一届亚运会上，柳絮青代表国家垒球队获得冠军。1991年，柳絮青获得亚洲女子垒球锦标赛冠军。1994年，柳絮青与陶桦代表国家队参加第八届世界女子垒球锦标赛和第十二届亚运会，分别获得第二名和第一名。1996年，柳絮青和陶桦参加第二十六届亚特兰大奥运会，获得亚军。1998年，在第二十三届亚运会上，陶桦随中国垒球队获得冠军。2000年，陶桦和邱海涛代表国家队参加第二十七届悉尼奥运会，获得第四名。进入21世纪以后，上海垒球队涌现出张爱、谭瑛、韦冬梅、冯倩雯等优秀选手，先后入选国家队。2004年，张爱、谭瑛代表国家队参加第二十九届北京奥运会并获得第四名。2006年，韦冬梅代表国家队参加第十五届亚运会并获得第二名，2010年参加第十六届亚运会获得第二名；2014年，韦冬梅、冯倩雯代表国家队参加第十七届亚运会并获得第三名。

1978年以后，上海举办许多国内外重大赛事，同时积极与国外优秀队伍交流互访。80年代，来沪访问的有日本、菲律宾、美国、津巴布韦、新西兰以及中国香港等国家和地区的棒、垒球队。1983年6月，上海女垒队曾以6比3战胜来访的1982年世锦赛冠军新西兰队。1988年5月，第一届“佐佐木—协兴杯”国际女子垒球邀请赛在沪西体育场举行。1990年6月，第二届“佐佐木—协兴杯”国际女子垒球邀请赛在沪西体育场举行。1992年7月，上海国际垒球比赛在沪举行。1993年7月，全国重点队女子垒球赛在上海市体校举行。1995年7月，全国少年女子垒球赛在上海市第三女子中学举行。1998年8月，全国少年棒球赛在浦东康贝棒球中心举行，成都、天津、攀枝花和广州4支队伍参加。同月，“茜锡杯”中日少年棒球邀请赛在上海市体育宫棒球场举行。同年10月，中日棒球挑战赛在浦东康贝棒垒球中心举行。1999年7月，亚洲城市大学生棒球邀请赛在市体育宫和浦东康贝棒垒球中心举行。日本东京大学队、中国台湾大学队、清华大学队、上海体育运动技术学院队、上海大学生联队和上海留学生队共7支队伍参赛。同年10月,第七届亚洲垒球锦标赛在上海浦东康贝棒垒球中心举行。中国、日本、韩国、朝鲜、菲律宾、印尼、泰国、新加坡以及中国台北、中国香港10支队伍参赛,中国女垒获得金牌。2000年5月,第三届中日国际女子垒球挑战赛在上海市体校举行。同年8月,全国儿童垒球锦标赛在上海外国语学院举行。2001年4月18日,由亚洲棒球协会主办的亚洲棒球教练员、运动员培训班在上海市体校开班,来自中国、朝鲜、蒙古、缅甸、乌兹别克斯坦、哈萨克斯坦的65名教练员、运动员参加为期一周的培训。同年,浦东康贝棒垒球中心先后举办全国棒球锦标赛和上海国际垒球邀请赛,上海市体校举办全国垒球冠军杯赛。2002年5月,美国大学生棒球队访沪,与上海市体校棒球队举行2场友谊赛。2004年10月,"沪体杯"全国垒球锦标赛在上海市体校举行,上海队以全胜战绩获得冠军。2007年3月,日本日航棒球队来沪访问比赛。2008年4月,"佳能杯"上海高校棒球精英对抗赛在复旦大学张江校区举行。上海7所高校的12支棒球队参赛,复旦大学队和复旦大学留学生队获得首站冠、亚军。

承办上海高水平棒垒球赛事的浦东棒垒球场建于1996年8月。浦东棒垒球场位于浦东云莲路201号,占地6.7万平方米,建筑面积4 500平方米,总投资1 500万元。球场内设有垒球和棒球比赛标准场地各1片,并附有训练场。此外还有兴奋剂检测站、电视广播用房、检录厅、运动员休息室等配套设施。浦东棒垒球场承办了第八届全运会、全国少年棒球赛、全国棒球联赛、亚洲垒球锦标赛、亚洲城市大学生棒球邀请赛、国际垒球邀请赛等国内外赛事。

表2-3-19　1978—2010年上海垒球运动员获得国际、洲际比赛前三名一览表

年　份	比　赛　名　称	运　动　员	名　次
1984年	第一届垒球国际杯赛	曹桂芳　方　萌	2
1986年	第六届世界垒球锦标赛	史闽越　柳絮青　俞剑峰	2
1987年	第四届亚洲女垒锦标赛	史闽越　柳絮青　杨卓慧　钱　飔	1
1990年	第十一届亚运会	柳絮青	1
1991年	亚洲女子垒球锦标赛	柳絮青　陶　桦	1
1994年	第八届世界女子垒球锦标赛	柳絮青　陶　桦	2
	第十二届亚运会	柳絮青　陶　桦	1
1996年	第二十六届奥运会	柳絮青　陶　桦	2
1998年	第十三届亚运会	陶　桦	1
2002年	第十四届亚运会	陶　桦　余梅芳　张　爱	2
2006年	第十五届亚运会	张　爱　谭　瑛	2
2010年	第十六届亚运会	韦冬梅　谭　瑛	2

表2-3-20　1978—2010年上海垒球队获得全国比赛冠军一览表

年　份	比　赛　名　称	地　点
1978年	全国女垒联赛(第二阶段)	福建永安
1981年	全国垒球联赛(第一阶段)	四川攀枝花
	全国女垒重点队赛	甘肃兰州
	全国垒球联赛(第二阶段)	上海

（续表）

年　份	比 赛 名 称	地　点
1986 年	全国冠军赛	陕西汉中
	全国锦标赛	甘肃兰州
1989 年	全国重点队赛	上海
1990 年	全国女垒联赛(第一阶段)	重庆
1996 年	全国女垒联赛(第一阶段)	云南昆明
1997 年	第八届全运会	上海
	全国联赛	云南昆明
	全国女垒冠军赛	甘肃兰州
1999 年	全国女子垒球赛(第三阶段)	广东广州
2004 年	全国垒球锦标赛	上海

表 2-3-21　1978—2010 年上海棒球运动员获得国际、洲际比赛前四名一览表

年　份	比 赛 名 称	运 动 员	名 次
1998 年	第十三届亚运会	张玉峰　叶明强　瞿巍峰	4
2005 年	第二十三届亚洲锦标赛	张玉峰　陈　琦　张　力	3

表 2-3-22　1978—2010 年上海棒球队获得全国比赛冠军一览表

年　份	比 赛 名 称	地　点
1981 年	全国重点队比赛	辽宁大连
1982 年	全国棒球联赛	四川攀枝花
1984 年	全国棒球锦标赛(第二阶段)	北京
1985 年	全国棒球联赛(第一阶段)	甘肃兰州

第十一节　高 尔 夫 球

高尔夫球是新兴的运动项目。作为国际大都市，上海较早引进高尔夫球运动。1989 年 1 月 26 日，上海国际高尔夫球乡村俱乐部在青浦县淀山湖畔开工，至 1990 年建成，占地 103 万平方米。俱乐部建成后，分别在 1991 年和 1993 年举办“长江杯”国际高尔夫球邀请赛和“STV 杯”上海国际高尔夫球友谊赛，吸引各国运动员参赛。2000 年以后，上海建有汤臣、美兰湖等标准高尔夫球场。同时，上海兴建一批高尔夫球练习场、发球场及迷你球场。这些设施的兴建，美化城市环境的同时，也扩大了高尔夫球运动的宣传普及。

20 世纪 90 年代中后期，业余高尔夫球赛事得到发展。1994—1995 年分别举办上海第一届国际高尔夫球队友谊对抗赛和高尔夫球锦标赛。1997—1998 年连续举办两届上海业余高尔夫球公开赛，多个国家的选手参赛。1999—2010 年期间，业余高尔夫赛事百花齐放，东方国际“奥力康杯”业余高尔夫球锦标赛、首届朱家角“美津浓杯”国际高尔夫球业余邀请赛、上海高尔夫差点巡回赛等

图2-3-7　1990年建成的上海国际高尔夫球乡村俱乐部

赛事先后举办。其中上海高尔夫差点巡回赛由上海市高尔夫球协会主办,全年共10站比赛,历时10个月,千余名业余选手参加。

1998年起,上海出现职业高尔夫球比赛。作为亚洲高尔夫球巡回赛事之一的沃尔沃中国高尔夫球公开赛于1998年首次移师上海,24个国家和地区的144名职业高尔夫球手参赛,比赛在1999年、2000年、2002年和2007年举行。除沃尔沃中国高尔夫球公开赛以外,上海还举办BAT中国职业高尔夫球联盟杯赛、汇丰高尔夫冠军赛、BMW亚洲高尔夫球公开赛等著名赛事。其中,汇丰高尔夫冠军赛自2005年起至2010年,每年在上海举行,是上海著名品牌赛事之一。

2004年2月29日,大都会美津浓高尔夫教学中心成立,成为上海首家专业高尔夫教学中心。2006年7月13日,国际高尔夫博览会及研讨会在上海展览中心举行。2007年,上海先后举办滨海女子高尔夫球公开赛和东方名人国际女子高尔夫职业巡回赛(上海站),进一步推动女子高尔夫球运动。2010年12月31日,上海高尔夫球训练中心成立,同日成立上海市高尔夫球队。

第十二节　曲棍球

上海的曲棍球运动始于20世纪90年代初。1991年5月,上海市闵行区成立第一个区级女子曲棍球队,于7月代表上海市参加在北京举行的"曙光杯"曲棍球比赛。1992年7月该队改名为上海雪菲力女子曲棍球队,经费由雪菲力公司赞助。

1997年,为迎接第八届全国运动会曲棍球比赛,上海市政府拨款400万元,闵行区政府拨款1 600万元,对闵行区体育场原有场地进行改造,建设曲棍球比赛场地。改建后的场地占地2.87公顷,有2 500个观众座位,是当时国内标准级高、设施最先进的曲棍球场。

八运会结束后,闵行区体育场承担大部分在上海举办的曲棍球比赛。1999年4月8—13日,"泰高杯"全国男子曲棍球联赛举行,全国4支队伍参加,辽宁队夺冠。同年6月14日,全国女子曲棍球联赛举行,共6支队伍参加,吉林队获冠军。10月13日,全国男子曲棍球联赛举行,甘肃、天津、辽宁、广东、内蒙古参加比赛。

2001年6月10—15日,第九届全国运动会女子曲棍球预赛举行。同年8月8—18日,全国中学生、业余体校曲棍球联谊赛暨第二届国际青少年曲棍球夏令营举行。

2002年,上海从全国招收26名队员,在全市首次建立市级女子曲棍球队,队员食宿在闵行区体校,主教练由从甘肃省引进的崔英彪担任。4月2—7日,中德女子曲棍球邀请赛举行;11月1—8日,全国男子曲棍球锦标赛举行。11月下旬,上海市第一支基层中学女子曲棍球俱乐部队在闵行区第三中学成立,国家体育总局小球运动管理中心、中国曲棍球协会、上海市体育局、市教委和闵行区有关部门领导出席揭牌仪式。

2003年,上海女子曲棍球队首次参加全国女子曲棍球联赛,在第一阶段和第二阶段均获得第八名。此后,球队竞技水平稳步提升,在2004年、2006年和2007年的全国女子曲棍球队锦标赛上,先后获得第四名、第三名和冠军。4月15—23日，全国女子曲棍球锦标赛在闵行区曲棍球场举行。

2008年，闵行区组建女子曲棍球一线运动队。不久，中国女子曲棍球冠军杯赛在江苏举行，比赛历时10天，来自北京、天津、河北、内蒙古、辽宁、吉林、上海、江苏、浙江、广东、四川、甘肃、新疆的13支球队253名运动员和教练员参赛。同年8月22日，在北京奥运会上，上海曲棍球运动员程晖与队友在女子曲棍球决赛中获得银牌，创下中国女曲在奥运会历史上的最好成绩。年底，兴业银行与上海女子曲棍球队冠名仪式在闵行体育馆新闻中心举行。兴业银行每年将向球队提供赞助，用于曲棍球的普及、发展和奖励。

图 2-3-8　2008年，程晖(左)在北京奥运会女子曲棍球比赛中

2009年3月20日，上海市曲棍球协会在闵行体育馆成立。协会拥有团体会员13个、个人会员近百名，标志着上海曲棍球运动发展进入新的阶段。

2000年以后，上海曲棍球队的国际交往日益密切。2002年，德国女子曲棍球队来沪交流。2007年，日本、韩国、阿塞拜疆的女子曲棍球队来沪交流。

表 2-3-23　1978—2010年上海女子曲棍球运动员获得全国比赛前三名一览表

年 份	比赛名称	运 动 员	地 点	成 绩
2007年	全国女子曲棍球锦标赛	于伟泉 杨秀红 刘 蓓 赵 萌 陈莉萍 谢天使 区楚燕 薄晓丽 邢娜娜 黎淑芳 余乐薇 崔秋明 王 怡 张 蕾 王 爽 黄小兵 金爱萍 李爱丽	辽宁大连	1
2009年	全国女子曲棍球冠军杯赛	斯琴高娃 余乐薇 黄小兵 黎淑芳 邢娜娜 赵 萌 邢 倩 杨 雪 王 怡 李爱丽 杨秀红 卢 凤 薄晓丽 金爱萍 刘 蓓 张 磊 崔秋霞 程 晖	上海	1
	全国女子曲棍球南北联赛	于伟泉 黄小兵 邢娜娜 赵 萌 薄晓丽 李爱丽 杨秀红 毕美玲 刘 蓓 陈建均 陈莉萍 王 爽 谢天使 崔秋霞 张 蕾 徐 纯 金爱萍 金 晶	江苏	2
2010年	全国女子曲棍球冠军杯赛	于伟泉 余乐薇 黄小兵 黎淑芳 邢娜娜 赵 萌 薄晓丽 邢 倩 李爱丽 杨秀红 金爱萍 刘 蓓 陈建均 陈莉萍 王 爽 崔秋霞 张 蕾 张 磊	江苏武进	1
2010年	中国女子曲棍球甲级联赛	黄小兵 邢娜娜 赵 萌 薄晓丽 杨秀红 陈莉萍 王 爽 崔秋霞 张 蕾 金爱萍 于伟泉 张 磊 刘 蓓 李爱丽 邢 倩 黎淑芳 余乐薇	—	1

第四章　水上运动

第一节　赛　　艇

1978 年以后，随着国际体育交往日益增多，上海赛艇项目科学训练水平迅速提高。进入 20 世纪 80 年代以后，黄浦江交通日趋频繁，已无法开展正常的赛艇训练，加上第五届全运会将于 1983 年在上海举行，迫切需要建造现代化的水上运动场地。五运会前，上海市水上运动场(后称上海市水上运动中心)在淀山湖畔建成。“淀山湖杯”赛艇邀请赛自 1987 年改为国际邀请赛后，中国香港、朝鲜、韩国、俄罗斯等队都曾来沪参赛。在 1991 年举办的“淀山湖杯”国际赛艇邀请赛中，上海队获得女子轻量级双人双桨、女子双人双桨、男子双人双桨 3 项桂冠。1988 年以后，上海调整教练员及运动员队伍，同时开展人才交流，从东北、内蒙古等地招收 14 名新队员，运动水平有所回升。1988—1989 年，男子四人有舵手艇已 2 次在全国锦标赛中夺冠。1990 年，男子单人双桨、女子轻量级双人双桨再次夺冠。从 1979 年第四届全运会到第 2009 年第十一届全运会，上海赛艇运动员共获得 19 枚金牌、10 枚银牌、11 枚铜牌。

在多次举办的沪港台赛艇赛中，上海运动员均有出色表现。在“爱我中华”上海苏州河赛艇公开赛中，最终由上海青年队遥遥领先中国台湾辅仁大学和中国香港联队夺得女子四人双桨项目 3 场单循环赛冠军。1993 年，第一届东亚运动会在上海举行。上海涌现出一批优秀赛艇选手，包括李辉、董天峰、王震博、何翌、颜军、周意男、朱一力、李斐、冯雪玲、顾晓黎、黄梅双、赵玉琴、郝慧、殷晓蓓等，为上海赛艇队争得荣誉。1991 年，李斐在世界赛艇锦标赛轻量级四人单桨无舵手项目中夺得冠军，在 1994 年的世界赛艇锦标赛中，获 2 000 米四人单桨无舵手第三名。同年，在全国赛艇锦标赛上获得女子双人双桨项目冠军。

2002 年，上海引进俄罗斯赛艇教练带训上海优秀运动员，并尝试开拓海外体育训练基地。上海赛艇队每年派出队员去中国香港、韩国、朝鲜、波兰等国家和地区学习训练，不断改进赛艇训练方法。

赛艇运动水平的提高，与器材的改进有密切关系。纳米技术在 2004 年上海赛艇比赛中首次运用。在全国锦标赛中，试用减阻剂的赛艇均取得良好成绩。2005 年 5 月，上海女子八人赛艇队在世界杯英国站比赛中，驾驶 1 艘涂刷纳米减阻剂的赛艇，以领先第二名奥运会冠军罗马尼亚队 5 米的优势，夺得女子八人赛艇世界杯分站赛冠军，这也是我国女子八人艇在世界大赛上的第一次夺冠。在 2005 年 10 月的第十届全国运动会上，上海运动队夺得 3 枚金牌、5 枚银牌、3 枚铜牌。

在 1994 年的第十二届亚运会上，李建新、李培龙、丁亚红分别在男子八人单桨有舵手、男子 2 000 米四人单桨无舵手、女子轻量级 2 000 米四人单桨有舵手项目中夺得冠军，为国家赢得荣誉。在 2007 年亚洲赛艇锦标赛中，上海赛艇运动员获得 3 枚金牌。

2008 年，在北京奥运会上，中国赛艇女子四人双桨项目夺得金牌，是我国赛艇项目首次取得奥运金牌，其中上海选手在北京奥运会中获得 3 枚银牌。

2010 年，在匈牙利举办的世界大学生比赛上，上海运动员龙进、何翌在男子双人双桨项目获得第一名，李辉、朱一力分别取得第七名、第八名。

表 2-4-1　1978—2010 年上海赛艇运动员获得全国比赛冠军一览表

年　份	比赛名称	项　　目	运　动　员	地　点
1978 年	全国划船锦标赛	女子单人单桨有舵手	吴育伟	—
		女子八人单桨有舵手	钟雪燕　许思佳　郑益芳　黄美霞　陈红娣　林国芳　周　琪　陈　英　张黎明	
		女子双人双桨	吴育伟　范安萍	
1979 年	第四届全运会	男子双人双桨	颜　军　徐国良	北京
		男子四人单桨有舵手	颜　军　徐国良　王长宝　张建林　李建新	
		女子单人双桨	吴育伟	
		女子双人双桨	吴育伟　范安萍	
		女子四人单桨有舵手	郑益芳　陈昌凤　朱崇娣　黄美霞　张黎明	
1980 年	全国赛艇锦标赛	男子单人双桨	梁　波	—
1981 年	全国赛艇锦标赛	男子单人双桨	梁　波	—
		男双人单桨无舵手	唐红卫　顾家宏	
		女子双人双桨	范安萍　陈昌凤	
		女子双人单桨无舵手	朱崇娣　黄美霞	
		女子四人单桨有舵手	郑益芳　朱崇娣　黄美霞　陈　英　张黎明	
1982 年	全国赛艇锦标赛	男子单人双桨	梁　波	—
		男子双人双桨	梁　波　邓玉发	
		男子四人单桨有舵手	唐红卫　顾家宏　周海昆　张建林　孙　伟	
		女子双人双桨	陈昌凤　史美萍	
		女子双人单桨无舵手	黄美霞　朱崇娣	
1983 年	第五届全运会	男子双人双桨	梁　波　邓玉发	上海
		男子双人单桨有舵手	颜　军　徐国良　李建新	
		男子双人单桨无舵手	唐红卫　顾家宏	
		男子四人单桨有舵手	张建林　周海昆　郑伟国　秦　松　卜桂华　李建新	
		男子四人单桨无舵手	唐红卫　周海昆　顾家宏　郑家国	
		女子单人双桨	陈昌凤	
		女子双人双桨	陈昌凤　史美萍	
		女子八人单桨有舵手	郑益芳　陈　英　李　毅　瞿　慧　张晓洁　刘惠琴　黄美霞　朱崇娣　张黎明	

(续表一)

年 份	比赛名称	项 目	运 动 员	地 点
1983 年	第五届全运会	女子双人单桨无舵手	黄美霞 朱崇娣	上海
		女子四人单桨有舵手	郑益芳 黄美霞 陈 英 朱崇娣 张黎明	
1986 年	全国赛艇锦标赛	男子四人双桨	梁 波 郁 军 陈 坚 朱文煜	—
1988 年	全国赛艇锦标赛	男子四人单桨有舵手	陈 坚 龚红雷 李仁山 朱中华 李新建	—
1989 年	全国赛艇锦标赛	男子四人单桨无舵手	陈 坚	湖北武汉
1990 年	全国赛艇锦标赛	男子单人双桨	赵晓涛	上海
		女子轻量级双人双桨	李 斐 丁亚红	
	全国赛艇冠军赛	男子双人双桨	姚建忠	广东肇庆
1991 年	全国赛艇冠军赛	男子 2 000 米单人双桨	赵晓涛	上海
		男子万米单人双桨	赵晓涛	
	全国赛艇锦标赛	女子轻量级四人单桨无舵手	丁亚红 李 斐 张 岚 钱玉凤	江苏南京
1994 年	全国赛艇锦标赛	女子轻量级 1 000 米单人双桨	李 斐	湖北武汉
1995 年	全国赛艇锦标赛	女子 2 000 米八人单桨有舵手	马德凤 郭素娟 蒋 岩 包 丽 罗 芨 王桂彩 苏 杰 富 秀 于 杰	上海
1996 年	全国赛艇锦标赛	男子八人单桨有舵手	李培龙 焦志坤 郭铁超 顾广溢 曹志翔 樊志勇 刘立华 吴则宁 戴培军	湖南岳阳
		女子双人单桨无舵手	韩 晶 黄梅双	
		女子四人单桨无舵手	韩 晶 黄梅双 王桂彩 郭素娟	
		女子八人单桨有舵手	王桂彩 郭素娟 蒋 岩 富 秀 苏 杰 马德凤 包 丽 于 杰 罗 芨	
1997 年	全国赛艇锦标赛	男子 2 000 米单人双桨	黄晓平	河南南阳
	第八届全运会	男子 2 000 米单人双桨	黄晓平	上海
		女子 2 000 米四人单桨无舵手	王桂彩 韩 晶 黄梅双 郭素娟	
1998 年	全国划船锦标赛	男子轻量级 2 000 米单人双桨	杨宏俊	上海
		男子轻量级 2 000 米双人双桨	朱叶鸣 杨宏俊	
		女子 2 000 米四人单桨无舵手	王桂彩 刘春花 包 丽	
		女子 2 000 米八人单桨有舵手	上海队	
1999 年	全国赛艇锦标赛	男子轻量级单人双桨	杨宏俊	湖南岳阳
2001 年	全国赛艇锦标赛	男子 2 000 米四人单桨无舵手	刘显斌 戴海振 宋新友 张炳贵	河南南阳
		男子轻量级 2 000 米双人单桨无舵手	沈 彪 吕 明	

（续表二）

年 份	比赛名称	项 目	运 动 员	地 点
2001 年	全国赛艇锦标赛	女子 2 000 米双人单桨无舵手	冯雪玲 韩 晶	河南南阳
		女子 2 000 米四人单桨无舵手	曹棉英 黄梅双 王桂彩 刘春花	
2002 年	全国赛艇锦标赛	女子 2 000 米双人单桨	韩 晶 冯雪玲	湖南阮江
2003 年	全国赛艇锦标赛	女子四人单桨	张 玉 冯雪玲 韩 晶 黄梅双	广东广州
2005 年	第十届全运会	女子 2 000 米双人单桨	郝 慧 殷晓蓓	江苏南京
		女子 2 000 米八人单桨有舵手	赵玉琴 李菊菊 顾晓黎 黄梅双 冯雪玲 殷晓蓓 郝 慧 张 玉 冯文文	
	全国赛艇锦标赛	男子轻量级 2 000 米单人双桨	李 辉	陕西杨凌
		女子 2 000 米八人单桨有舵手	黄梅双 顾晓黎 赵玉琴 李菊菊 冯雪玲 殷晓蓓 郝 慧 张 玉 冯文文	
2006 年	全国赛艇锦标赛	男子四人双桨	安徽、上海、湖北组队参加	陕西杨凌
		男子八人单桨有舵手	多省组合	
		女子双人单桨无舵手	殷晓蓓 张苏红	
		女子四人单桨无舵手	黄梅双 李菊菊 苏正平 郝 慧	
		女子八人单桨有舵手	孙正平 李菊菊 吴宇南 蔡维维 程 娜 郝 慧 李晓楠 曲晓丽 武凯丽	
2007 年	全国赛艇锦标赛	女子 2 000 米双人单桨	曲晓丽 赵玉琴	山东日照
2009 年	全国赛艇锦标赛	女子 2 000 米八人单桨有舵手	殷晓蓓 赵玉琴 郝 慧 李菊菊 曲晓丽 吴宇男 顾晓黎 孙正平 武凯丽	陕西杨凌
2010 年	全国赛艇锦标赛	男子四人单桨	安纪开 蔡云龙 孔令军 于 辉	山东日照
		男子八人单桨有舵手	安纪开 蔡云龙 孔令军 于 辉 刘少博 姚兵兵 龚 浩 刘 军	
		男子双人单桨	孙正平	
		女子四人单桨	刘晓洁	

表 2-4-2 1978—2010 年上海赛艇运动员获得国际、洲际比赛前三名一览表

年份	比 赛 名 称	项 目	运 动 员	名次
1990 年	第十一届亚运会	男子四人单桨有舵八人艇	陈 坚 李建新 姚建忠	1
1991 年	世界赛艇锦标赛	女子轻量级四人单桨无舵手	李 斐	1
	第四届亚洲赛艇锦标赛	男子单人双桨	赵晓涛	1
1994 年	第十二届亚运会	男子八人单桨有舵手	李建新	1
		男子 2 000 米四人单桨无舵手	李培龙	1
		女子轻量级 2 000 米四人单桨无舵手	丁亚红	1

(续表)

年份	比赛名称	项目	运动员	名次
1994 年	世界赛艇锦标赛	女子轻量级 2 000 米四人单桨无舵手	丁亚红　李　斐	3
1995 年	第六届亚洲赛艇锦标赛	女子轻量级 2 000 米双人双桨	李　斐　陈玉英	2
		女子重量级 2 000 米单人双桨	马德凤	2
1998 年	第十三届亚运会	男子四人单桨	戴海振	1
2001 年	第九届亚洲赛艇锦标赛	女子双人单桨无舵手	冯雪玲　韩　晶	1
		男子轻量级双人单桨无舵手	沈　彪　吕　明	1
2002 年	第十四届亚运会	女子四人单桨无舵手	韩　晶	1
	世界赛艇锦标赛	女子四人单桨	冯雪玲	3
2005 年	亚洲赛艇锦标赛	男子双人双桨无舵手	何　翌　王震博	1
2007 年	世界赛艇锦标赛	男子八人单桨有舵手	周意男　朱一力	3
	赛艇世界杯总排名	女子 2 000 米八人单桨有舵手	李菊菊	3
		男子 2 000 米八人单桨有舵手	周意男　朱一力	3
	亚洲赛艇锦标赛	女子 2 000 米四人单桨无舵手	顾晓黎　黄梅双　李晓楠　孙正平	1
		女子 2 000 米双人单桨无舵手	曲晓丽　赵玉琴	1
		男子 2 000 米四人单桨无舵手	邓国瑞　王海辉　王金龙　王俊峰	1
		男子轻量级 2 000 米双人单桨	李　辉　李　浩	2
		女子轻量级 2 000 米双人单桨	魏红霞　房晶晶	2
	第七届亚洲赛艇测功仪锦标赛	男子 4×500 米接力赛	王振博　何　翌　苏　辉　刘　振	2
		男子轻量级 2 000 米单人双桨	董天峰	2
		男子轻量级 4×500 米接力	张国林　董天峰　李　辉　张　野	2

第二节　皮　划　艇

1978 年 10 月，在广东肇庆举行 7 城市皮划艇比赛，上海选手沈刘陈首次获得单人划艇金牌。陈惠、吴佩里获得女皮双人艇金牌。同年，上海选手参加国际重大比赛。7 月，吴佩里、沈刘陈及教练韩志华参加在南斯拉夫举行的第十三届世界皮划艇锦标赛。女选手钱雅娟与教练周璐参加在墨西哥举行的泛美皮划艇锦标赛，获得铜牌。

1979 年，第四届全运会皮划艇设十项比赛。上海 12 名选手参赛，获得 3 枚银牌、2 枚铜牌。以后，由于后备力量、管理和教练力量不足，市队实力一度下降。此后，上海市体委着重发展皮划艇项目，并不断为该项目储备后备力量。1982 年，在全国皮划艇锦标赛中，男子皮艇王文俊 1 人独得 3 枚金牌，划艇也在双人艇中夺魁。1983年第五届全运会上，上海18名皮划艇选手在比赛中获得5项亚军。

1983年，上海市水上运动场竣工后，皮划艇队有了良好的训练场地，但由于教练队伍不稳定，训练受到影响。在1985—1987年间，上海皮划艇一直没有上乘表现。1988年冬，国家皮划艇集训队在上海市水上运动场训练，带动了上海队的训练。上海选手蒋文标入选国家队代训，水平有明显提高。在1989年的全国比赛中，与其他省市选手合作获得四人划艇冠军。同年，女子皮艇新手董瑛进入国家队集训，在1990年的全国比赛中，与外省市选手合作获得四人艇冠军。蒋文标、董瑛在1990年的第十一届亚运会中，双双获得金牌。第二十六届奥运会上，董瑛在女子四人皮艇项目中取得第四名的好成绩。

在1993年第七届全运会和1997年的第八届全运会中，上海选手获得500米双人皮艇和500米单人皮艇2枚金牌。在此期间举行的全国皮划艇锦标赛中，上海皮划艇队成绩斐然。2001年，在第九届全运会中，上海队获得2枚金牌。

2007年，在皮划艇静水亚洲锦标赛中，上海皮划艇队囊括6枚金牌。同年，徐琳蓓在全国皮划艇夏季冠军赛中获得3枚金牌。

表2-4-3　1978—2010年上海皮划艇运动员获得全国比赛冠军一览表

年　份	比赛名称	项　　目	运　动　员	成　绩	地　点
1982年	全国皮划艇锦标赛	男子500米单人皮艇	王文俊	—	—
		男子1 000米单人皮艇	王文俊	—	
		男子皮艇全能	王文俊	—	
		男子500米双人皮艇	沈刘陈　陈　强	—	
1984年	全国皮划艇锦标赛	男子1 000米双人皮艇	王春健　陈　松	—	—
1989年	全国皮划艇锦标赛	男子500米单人划艇	蒋文标	2′2″67	江西南昌
		男子1 000米四人划艇	蒋文标	3′29″12	
1990年	全国皮划艇锦标赛	男子500米四人划艇	蒋文标	1′41″85	湖北武汉
		女子500米四人皮艇	董　瑛	1′45″09	
	全国皮划艇冠军赛	女子500米四人皮艇	董　瑛　窦振华	1′40″81	浙江杭州
1991年	全国皮划艇锦标赛	女子500米四人皮艇	董　瑛　徐凤娟　朱艳杰　张红妹	1′41″16	湖北武汉
		女子5 000米单人皮艇	董　瑛	24′49″61	
		男子500米双人划艇	蒋文标　汤荣辉	1′53″15	
		男子1 000米双人划艇	蒋文标　汤荣辉	3′54″40	
		男子10 000米四人划艇	邵　军　康　军　薛　军　王翠忠	38′36″07	
1992年	全国皮划艇冠军赛	男子2 000米单人皮艇	邵　军	8′3″	广东肇庆
	全国皮划艇锦标赛	男子500米单人划艇	蒋文标	2′00″28	浙江杭州
		男子500米双人划艇	蒋文标　汤荣辉	1′49″21	
		男子1 000米双人划艇	汤荣辉　蒋文标	3′51″56	

(续表一)

年 份	比赛名称	项 目	运动员	成 绩	地 点
1993年	第七届全运会	女子500米双人皮艇	董 瑛 张红妹	1′46″22	四川成都
1993年	全国皮划艇冠军赛	男子500米单人划艇	汤荣辉	—	四川新津
1993年	全国皮划艇冠军赛	女子500米单人皮艇	董 瑛	—	四川新津
1993年	全国皮划艇冠军赛	女子1 000米单人皮艇	董 瑛	—	四川新津
1993年	全国皮划艇锦标赛	男子500米单人划艇	汤荣辉	—	湖南岳阳
1993年	全国皮划艇锦标赛	男子1 000米四人划艇	汤荣辉 朱 军 孙 新 刘永峰	—	湖南岳阳
1995年	全国皮划艇锦标赛	男子500米四人划艇	张大明 蒋文标 金海军 田付东	—	四川新津
1995年	全国皮划艇锦标赛	男子1 000米四人划艇	汤荣辉 刘永峰 田付东 张大明	3′39″79	四川新津
1995年	全国皮划艇锦标赛	女子200米单人皮艇	董 瑛	42″90	四川新津
1995年	全国皮划艇锦标赛	女子500米单人皮艇	董 瑛	1′54″10	四川新津
1996年	全国皮划艇锦标赛	男子200米双人划艇	汤荣辉 蒋文标	41″35	河南睢县
1996年	全国皮划艇锦标赛	男子500米双人划艇	汤荣辉 蒋文标	1′48″14	河南睢县
1996年	全国皮划艇锦标赛	男子500米四人划艇	汤荣军 张启潮 沈金弟 田付东	1′42″71	河南睢县
1997年	第八届全运会	女子500米单人皮艇	董 瑛	1′57″06	上海
1998年	全国皮划艇锦标赛	男子500米四人划艇	汤荣军 蒋文标 田付东 张启洋	1′52″34	湖南岳阳
1998年	全国皮划艇锦标赛	男子200米单人划艇	汤荣辉	48″26	湖南岳阳
1998年	全国皮划艇冠军赛	男子皮艇全能	王翠忠	—	四川新津
1998年	全国皮划艇冠军赛	男子皮艇500米	方 磊	1′46″19	四川新津
1998年	全国皮划艇冠军赛	男子皮艇200米	方 磊	37″88	四川新津
1999年	全国皮划艇冠军赛	男子200米单人皮艇	方 磊	37″76	四川新津
1999年	全国皮划艇锦标赛	男子200米双人皮艇	方 磊 王翠忠	34″70	湖南常德
1999年	全国皮划艇锦标赛	男子500米双人皮艇	方 磊 王翠忠	1′36″12	湖南常德
1999年	全国皮划艇锦标赛	男子200米单人皮艇	方 磊	37″70	湖南常德
2000年	全国皮划艇锦标赛	男子200米双人皮艇	王翠忠 方 磊	—	湖北洪湖
2000年	全国皮划艇锦标赛	男子200米四人皮艇	王翠忠 方 磊	—	湖北洪湖
2000年	全国皮划艇锦标赛	男子500米双人皮艇	董 斌	—	湖北洪湖
2000年	全国皮划艇锦标赛	男子1 000米双人皮艇	孙 伟	—	湖北洪湖
2000年	全国皮划艇锦标赛	男子1 000米单人皮艇	王翠忠 方 磊	—	湖北洪湖
2000年	全国皮划艇锦标赛	男子1 000米双人皮艇	王翠忠 方 磊	—	湖北洪湖

（续表二）

年　份	比赛名称	项　　目	运　动　员	成　绩	地　点
2001 年	第九届全运会	男子 1 000 米单人皮艇	印毅俊	3′37″63	广东广州
		女子 500 米双人皮艇	武佳婧　徐琳蓓	1′45″	
	全国皮划艇冠军赛	女子 1 000 米 K1	朱　杰	—	四川新津
	九运会预赛暨全国皮划艇锦标赛	200 米 K2	王翠忠　方　磊	—	四川新津
		200 米 K1	方　磊	—	
		500 米 C4	张启洋　王茂鑫　张春厚　彭志刚	—	
			俞　卫　张启洋　王茂鑫　彭志刚	—	
		女子 1 000 米 K1	朱　杰	—	
		1 000 米 K2	徐琳蓓　武佳婧	—	
		500 米 K2	徐琳蓓　武佳婧	—	
2002 年	全国皮划艇锦标赛	女子 1 000 米双人皮艇	徐琳蓓　武佳婧	3′49″56	陕西杨凌
2003 年	全国皮划艇锦标赛	男子 200 米单人皮艇	方　磊	—	北京延庆
		男子 200 米四人皮艇	方　磊　董　鹏　孙　卫　袁　峰	—	
		女子 2 000 米双人皮艇	盖文君　刘晶晶	—	
		女子 200 米单人皮艇	杨继安	—	
		女子 200 米双人皮艇	苏　静　薛　昱	—	
		女子 200 米四人皮艇	薛　昱　杨继安　张佳琪　苏　静	—	
2004 年	全国皮划艇锦标赛	女子 1 000 米四人皮艇	徐琳蓓　杨继安　张佳琪　苏　静	3′29″78	广东
2006 年	全国皮划艇锦标赛	男子 500 米单人皮艇	沈　洁	1′41″76	上海
		女子 200 米单人皮艇	杨继安	42″07	
		女子 500 米单人皮艇	杨继安	1′54″46	
2007 年	全国皮划艇锦标赛	女子 500 米单人皮艇	徐琳蓓	—	山东日照
		女子 500 米双人皮艇	徐琳蓓	—	
		女子 1 000 米单人皮艇	徐琳蓓	—	
2008 年	全国皮划艇锦标赛	女子 1 000 米单人皮艇	徐琳蓓	3′58″90	上海
2010 年	全国皮划艇（静水）锦标赛	女子 1 000 米四人皮艇	沈　洁	—	山东日照

表 2-4-4　1978—2010 年上海皮划艇运动员获得国际、洲际比赛前三名一览表

年份	比赛名称	项　目	运动员	成　绩	名次	地　点
1995 年	世界皮划艇锦标赛	女子 500 米四人皮艇	董　瑛	—	2	德国杜伊斯堡
	亚洲皮划艇锦标赛	女子 500 米单人皮艇	董　瑛	—	1	中国四川
1998 年	第十三届亚运会	男子 500 米双人皮艇	方　磊 王翠忠	1′39″22	2	泰国曼谷
		男子 1 000 米双人皮艇	方　磊 王翠忠	3′41″15	3	
2007 年	皮划艇(静水)世界杯分站赛第一站	女子 500 米双人皮艇	徐琳蓓	—	3	克罗地亚
	皮划艇(静水)世界杯分站赛第二站	女子 1 000 米双人皮艇	徐琳蓓	3′37″608	1	
	皮划艇(静水)亚洲锦标赛	女子 500 米双人皮艇	徐琳蓓	1′55″703	1	匈牙利
		女子 200 米双人皮艇	徐琳蓓	42″785	1	韩国首尔
		女子 1 000 米双人皮艇	徐琳蓓	3′53″345	1	
		男子 200 米单人皮艇	沈　洁	—	1	
		男子 500 米单人皮艇	沈　洁	1′51″885	1	
		男子 1 000 米单人皮艇	沈　洁	3′44″441	1	

第三节　帆船、帆板

一、帆船

1978 年,国家体委决定恢复帆船运动,在青岛举办训练班,并调拨芬兰人型和飞行荷兰人型的船只给上海。上海于 1979 年开展帆船训练,训练基地设在上海市划船俱乐部。1980 年,上海组队参加全国帆船锦标赛,获得芬兰人型第三名。

1981 年,全国比赛增加 470 型、火球型、少年 OP 型 3 项,上海组建集训队参加。在当年比赛中,获得 1 项第二名、2 项第三名。1982 年初,上海帆船队成立。在当年全国比赛中,胡定海首次夺得芬兰人型冠军。同年 11 月,胡定海代表中国参加第九届亚运会,获得第六名。

1983 年,上海承办第五届全运会,帆船与帆板赛区设在上海水上运动场外侧的淀山湖,由吴怀益为领队,张仁记、顾家珩任教练的上海队在比赛中获得芬兰人型第二名。1984—1985 年,上海在全国比赛中未能进入前三名,仅在 1985 年第一届青少年运动会上获得 2 个亚军。1986 年全国比赛中,胡定海再次在芬兰人型中夺冠,周毅、金炳新在火球型比赛中获得金牌。当年,上海出现社会办的帆船队,上海市环卫局水上运输公司自己造船,组队参加全国比赛,获得大会精神文明奖。1989 年,新手张秉钧在全国比赛中获得芬兰人型冠军。同年,上海选手在火球型帆船项目中蝉联冠军。1990 年全国优秀选手赛中,女选手张静、张琴在新设的单人艇莱塞型中获得冠军、亚军。同年,两人入选国家集训队。1995—1996年，蒋林华在第七届亚洲OP级帆船锦标赛上获得男子冠军。上海队在全国OP级帆船锦标赛中两获团队冠军，其中张潘冲、陆春凤分别获得男、女个人赛冠军。张静在全国帆船锦标赛中获得女子激光级航线赛冠军。

1997—2001年，上海涌现出一批优秀的帆船运动员。徐莉佳在世界OP级帆船锦标赛中夺冠。沈晓英在亚洲OP级帆船锦标赛上夺得2项冠军，在亚运会和世界OP帆船锦标赛上获得2项亚军。陆莲花、谢敏伟、徐春娟、周菊英、徐洪军、周文华、蒋林华、朱仁杰、徐莉佳等人也在其他全国比赛中纷纷夺冠。其中，蒋林华在八运会帆船比赛中为上海代表团夺得1枚金牌，朱仁杰、陆莲花在九运会帆船比赛中为上海代表团夺得2枚金牌。上海帆船队在1999年和2001年全国OP帆船锦标赛中获得团队赛冠军，被国家体育总局授予“全国体育系统先进集体”称号。

图2－4－1　2008年，徐莉佳参加北京奥运会帆船比赛

2002年，徐莉佳在世界OP级帆船锦标赛上蝉联女子OP级世界冠军。同年，在第十四届亚运会上，徐莉佳再度获得女子OP级冠军，陆春凤获得女子欧洲级冠军。全国比赛中，陆莲花、沈晓英、朱晔、徐莉佳、沈奇、蔡丽萍、张东霜分获各项冠军。上海队再次获得全国OP帆船锦标赛团体冠军。同年，运动员徐莉佳、教练员张静获得2002年度国家体育运动荣誉奖章。

2003年，蒋林华、陆莲花、周菊英、倪暐、张东霜在全国比赛中夺冠。2004年，倪暐在世界OP级帆船锦标赛中夺得男子组冠军。陆春凤、蒋林华、池强、徐莉佳、张东霜在全国比赛中夺冠。

2005年，沈晓英、陆莲花在世界帆船锦标赛暨世界帆板精英赛中包揽女子国际欧洲级帆船冠亚军，创造中国帆船史上最好成绩。与此同时，蒋林华获得男子欧洲级帆船亚军，实现中国帆船在男子项目上的新突破。同年，在十运会女子帆船欧洲级奥林匹克航线比赛中，沈晓英、徐莉佳、陆莲花囊括冠、亚、季军。徐莉佳在国际帆联世界青年锦标赛中获得女子雷迪尔奥林匹克航线赛冠军。全国比赛中，徐莉佳、周静、沈晓英、陆春凤4名女选手获得冠军。

2006年，徐莉佳在世界帆船帆板激光级锦标赛中以绝对优势夺冠，成为中国帆船运动史上第一个奥运会项目帆船级别世界冠军。同年的多哈亚运会上，徐莉佳在帆船激光雷迪尔级公开级比赛中击败11名男选手夺魁，倪暐在男子OP级帆船比赛中夺魁。全国比赛中，徐莉佳、倪暐、周静、顾敏、池强、袁茹蓓获得个人赛冠军，周静、张东霜、倪暐、王君超获得团队赛冠军。

2007年全国比赛中，乔健、袁茹蓓、池强、施健、徐莉佳、沈晓英、陆瑜婷获得个人冠军，杨扬、张晓天、陆瑜婷、顾敏获得团队赛冠军。

2008年，徐莉佳在北京奥运会帆船女子激光雷迪尔级比赛中获得铜牌，实现中国运动员在该项目奥运会奖牌零的突破。沈晓英在帆船亚洲锦标赛女子激光雷迪尔级中夺冠。施健、王佩瑞、杨扬、顾敏、陆瑜婷、沈晓英、徐莉佳在全国比赛中夺冠,上海队在全国 OP 帆船锦标赛和全国帆船帆板锦标赛中获得团体冠军。

2009 年世界帆船锦标赛中,路天鸿、王自理、张晓天、杨扬、陆瑜婷获得帆船 OP 级团体赛冠军。第十一届全运会帆船决赛中,徐莉佳、池强在女子激光雷迪尔级场地赛和男子激光级场地赛中双双夺冠。施健、沈晓英、杨扬、陆瑜婷、徐莉佳在全运会预赛和其他全国比赛中夺冠。上海队在全国性比赛中取得 6 个团体冠军。

2010 年,张晓天在第十六届亚运会上获得男子 OP 级冠军。张东霜在帆船世界杯赛墨尔本站中获得女子激光雷迪尔级冠军。同年,第十四届亚洲帆船帆板锦标赛上,张晓天再获男子 OP 级冠军,蔡丽萍获得女子帆船 470 级冠军。中国水上运动会帆船(帆板)比赛暨全国帆船(帆板)锦标赛上,施健、乔健、黄剑获得男子激光级团队赛冠军,袁茹蓓、张东霜、顾敏获得女子激光雷迪尔级团队赛冠军,施健、张东霜、袁茹蓓获得个人冠军。全国 OP 帆船锦标赛上,张晓天、陆瑜婷、王杰、金宇涛、李懿昕获得团队赛冠军,张晓天、王杰分获男子甲组、乙组冠军,陆瑜婷、李懿昕分获女子甲组、乙组冠军。

表 2-4-5 1978—2010 年上海帆船运动员获得国际、洲际比赛前三名一览表

<table>
<tr><th>年份</th><th>比 赛 名 称</th><th>项 目</th><th>运 动 员</th><th>名次</th></tr>
<tr><td>1996 年</td><td>第七届亚洲 OP 级帆船锦标赛</td><td>男子个人</td><td>蒋林华</td><td>1</td></tr>
<tr><td rowspan="3">1998 年</td><td>第十三届亚运会</td><td>女子 OP 级</td><td>沈晓英</td><td>2</td></tr>
<tr><td rowspan="2">第九届亚洲 OP 级帆船锦标赛</td><td>女子总分</td><td>沈晓英</td><td>1</td></tr>
<tr><td>女子 OP 级</td><td>沈晓英</td><td>1</td></tr>
<tr><td>2001 年</td><td>世界 OP 级帆船锦标赛</td><td>女子 OP 级</td><td>徐莉佳</td><td>1</td></tr>
<tr><td rowspan="5">2002 年</td><td rowspan="2">世界 OP 级帆船锦标赛</td><td>女子 OP 级</td><td>徐莉佳</td><td>1</td></tr>
<tr><td>女子 OP 帆船队赛</td><td>王佳佳 徐莉佳 蔡丽萍</td><td>3</td></tr>
<tr><td rowspan="3">第十四届亚运会</td><td>女子欧洲级</td><td>陆春凤</td><td>1</td></tr>
<tr><td>女子 OP 级</td><td>徐莉佳</td><td>1</td></tr>
<tr><td>男子 OP 级</td><td>朱 晔</td><td>2</td></tr>
<tr><td>2004 年</td><td>世界 OP 级帆船锦标赛</td><td>男子 OP 级</td><td>倪 暐</td><td>1</td></tr>
<tr><td rowspan="2">2005 年</td><td rowspan="2">世界帆船锦标赛</td><td rowspan="2">女子欧洲级</td><td>沈晓英</td><td>1</td></tr>
<tr><td>陆莲花</td><td>2</td></tr>
<tr><td rowspan="3">2006 年</td><td>世界帆船锦标赛</td><td>女子单人艇激光雷迪尔级</td><td>徐莉佳</td><td>1</td></tr>
<tr><td rowspan="2">第十五届亚运会</td><td>帆船 OP 级</td><td>倪 暐</td><td>1</td></tr>
<tr><td>激光雷迪尔级</td><td>徐莉佳</td><td>1</td></tr>
<tr><td rowspan="3">2008 年</td><td>第二十九届奥运会</td><td>女子单人艇激光雷迪尔级</td><td>徐莉佳</td><td>3</td></tr>
<tr><td>世界帆船锦标赛</td><td>女子单人艇激光雷迪尔级</td><td>徐莉佳</td><td>2</td></tr>
<tr><td>亚洲帆船锦标赛</td><td>女子单人艇激光雷迪尔级</td><td>沈晓英</td><td>1</td></tr>
</table>

（续表）

年份	比赛名称	项目	运动员	名次
2009 年	世界帆船锦标赛	OP 级团体赛	路天鸿　王自理　张晓天 杨　扬　陆瑜婷	1
	亚洲帆船 OP 锦标赛	OP 个人赛	张晓天	3
2010 年	第十六届亚运会	男子 OP 级	张晓天	1
	帆船世界杯赛墨尔本站	女子激光雷迪尔级	张东霜	1
	第十四届亚洲帆船帆板锦标赛	男子激光级	施　健	2
		男子 OP 级	张晓天	1
			杨　扬	3
		女子 OP 级	陆瑜婷	2
		女子帆船 470 级	蔡丽萍	1

表 2-4-6　1978—2010 年上海帆船运动员获得全国比赛冠军一览表

年份	比赛名称	项目	运动员	地点
1986 年	全国帆船锦标赛	火球型	周　毅　金炳新	山东青岛
		芬兰人型	胡定海	
1988 年	全国帆船锦标赛	芬兰人型	张秉钧	山东青岛
		火球型	刘小马　胥恒彪	
1989 年	全国帆船锦标赛	芬兰人型	张秉钧	河北秦皇岛
		火球型	刘小马　胥恒彪	
1990 年	全国帆船优秀选手赛	女子莱塞型	张　静	海南海口
1995 年	全国 OP 级帆船锦标赛	团体	张潘冲　蒋林华　周文华 陆春凤　沈晓英	福建厦门
		男子个人	张潘冲	
		女子个人	陆春凤	
	全国帆船锦标赛	女子激光级奥林匹克航线	张　静	浙江舟山
1996 年	全国 OP 级帆船锦标赛	团体	上海富士队	上海
		男子个人	张潘冲	
		女子个人	陆春凤	
1997 年	第八届全运会	OP 级	蒋林华	上海
	全国帆船锦标赛	女子欧洲级短距离赛	陆莲花	广东汕尾
1998 年	全国帆船锦标赛	男子欧洲级航线赛	谢敏伟	山东青岛
		女子欧洲级航线赛	徐春娟	
		女子欧洲级长距离赛	周菊英	
		激光级长距离赛	徐洪军	

（续表一）

年份	比赛名称	项目	运动员	地点
1999年	全国OP帆船锦标赛	队赛	朱仁杰　万晨仙　徐莉佳　蔡莉萍	浙江宁波
		男子乙组	朱仁杰	
		女子乙组	徐莉佳	
2000年	全国OP帆船锦标赛	男子欧洲级长距离赛	周文华	山东青岛
		男子欧洲级奥林匹克航线赛	蒋林华	山东青岛
		女子欧洲级奥林匹克航线赛	陆莲花	
		男子金组	朱仁杰	
		女子金组	徐莉佳	
2001年	第九届全运会	女子欧洲级	陆莲花	广东汕尾
		OP级	朱仁杰	
	全国帆船锦标赛	男子欧洲级奥林匹克航线赛	蒋林华	广东汕尾
		男子欧洲级长距离赛	蒋林华	
		女子欧洲级奥林匹克航线赛	徐春娟	
		女子欧洲级长距离赛	陆莲花	
	全国OP帆船锦标赛	男子金组	朱仁杰	广东汕尾
		团体赛	朱仁杰　徐莉佳　万晨仙　倪晓雯	福建东山
2002年	全国帆船冠军赛	女子欧洲级	陆莲花	海南海口
	全国帆船锦标赛暨全国青年帆船锦标赛	女子欧洲级奥林匹克航线赛	沈晓英	广东汕尾
	全国OP帆船锦标赛	团体	蔡丽萍　徐莉佳　朱　晔　王佳佳	
		男子甲组个人赛	朱　晔	
		男子乙组个人赛	沈　奇	
		女子甲组个人赛	蔡丽萍	
		女子乙组个人赛	张东霜	
2003年	全国帆船锦标赛	男子欧洲级奥林匹克航线赛	蒋林华	江苏连云港
		男子欧洲级长距离赛	蒋林华	
		女子欧洲级奥林匹克航线赛	陆莲花	
		女子欧洲级长距离赛	周菊英	
	全国OP帆船锦标赛	男子组	倪　暐	上海
		女子组	张东霜	

（续表二）

年份	比赛名称	项　目	运动员	地　点
2004年	全国帆船冠军赛	女子欧洲级奥林匹克航线赛	陆春凤	福建石狮
	全国帆船冠军赛	男子欧洲级奥林匹克航线赛	蒋林华	山东日照
		男子激光级长距离赛	池　强	
		女子欧洲级奥林匹克航线赛	陆春凤	
		女子欧洲级长距离赛	徐莉佳	
	全国OP帆船锦标赛	女子乙组个人赛	张东霜	上海
2005年	全国帆船冠军赛	女子欧洲级奥林匹克航线赛	徐莉佳	福建石狮
	第十届全运会OP帆船预赛暨全国OP帆船锦标赛	女子乙组个人赛	周　静	海南海口
	第十届全运会帆船预赛暨全国帆船锦标赛	女子欧洲级奥林匹克航线赛	沈晓英	广东汕尾
		女子欧洲级长距离赛	陆春凤	
	第十届全运会	女子欧洲级奥林匹克航线赛	沈晓英	江苏
2006年	全国帆船冠军赛	女子雷迪尔级奥林匹克航线赛	徐莉佳	江苏连云港
	全国OP帆船锦标赛	男子甲组	倪　暐	福建东山
		女子甲组	周　静	上海
		女子乙组	顾　敏	
		队赛	周　静　张东霜　倪　暐　王君超	
	全国帆船帆板锦标赛	男子激光级场地赛	池　强	山东青岛
		女子激光雷迪尔级场地赛	徐莉佳	
		女子激光雷迪尔级长距离赛	徐莉佳	
	全国帆船锦标赛总决赛	男子激光级场地赛	池　强	山东日照
		女子激光雷迪尔级场地赛	袁茹蓓	
2007年	全国帆船冠军赛	男子激光级	乔　健	福建厦门
		女子雷迪尔级	袁茹蓓	
	中国水上运动会暨全国帆船(板)锦标赛	男子激光级场地赛	池　强	山东日照
		女子激光雷迪尔级场地赛	徐莉佳	
			沈晓英	
	全国OP帆船锦标赛	女子乙组场地赛	陆瑜婷	山东青岛
		队赛	杨　扬　张晓天　陆瑜婷　顾　敏	

(续表三)

年份	比赛名称	项目	运动员	地点
2008年	全国OP帆船锦标赛	队赛	杨　扬　张晓天　王自理 顾　敏　陆瑜婷	山东
		男子乙组	杨　扬	
		女子甲组	顾　敏	
		女子乙组	陆瑜婷	
	全国帆船帆板锦标赛	女子激光雷迪尔级	沈晓英	山东日照
	全国帆船冠军赛	女子雷迪尔级	徐莉佳	海南海口
	全国雷迪尔级帆船暨RS：X级帆板锦标赛	女子雷迪尔级	徐莉佳	山东青岛
2009年	全国帆船冠军赛	男子激光级	施　健	福建厦门
		男子激光级团队赛	施　健　池　强　黄　剑	
		女子激光雷迪尔级	沈晓英	
		女子激光雷迪尔级团体赛	沈晓英　徐莉佳　胡　蓉	
	第十一届全运会预赛暨全国OP帆船锦标赛	男子甲组场地赛	杨　扬	海南海口
		女子甲组场地赛	陆瑜婷	
		队赛	杨　扬　王自理　张晓天 陆瑜婷　顾　敏	
	第十一届全运会帆船预赛暨全国帆船锦标赛	男子激光级团体赛	池　强　施　健　黄　剑	福建厦门
		女子激光雷迪尔级场地赛	徐莉佳	
		女子激光雷迪尔级长距离赛	沈晓英	
		女子激光雷迪尔级团体赛	徐莉佳　胡　蓉　沈晓英	
	第十一届全运会OP帆船比赛	队赛	王自理　杨　扬　张晓天 顾　敏　陆瑜婷	山东青岛
	第十一届全运会帆船(帆板)比赛	男子激光级	池　强	山东日照
		女子激光雷迪尔级	徐莉佳	
2010年	中国水上运动会帆船(帆板)比赛暨全国帆船(帆板)锦标赛	男子激光级团队赛	施　健　乔　健　黄　剑	山东日照
		男子激光级场地赛	施　健	
		女子激光雷迪尔级团队赛	袁茹蓓　张东霜　顾　敏	
		女子激光雷迪尔级长距离赛	张东霜	
		女子激光雷迪尔级场地赛	袁茹蓓	
	全国OP帆船锦标赛	队赛	张晓天　陆瑜婷　王　杰 金宇涛　李懿昕	上海
		男子个人赛甲组	张晓天	
		男子个人赛乙组	王　杰	
		女子个人赛甲组	陆瑜婷	
		女子个人赛乙组	李懿昕	

二、帆板

帆板是新兴的运动项目，国家体委于1980年9月在青岛举办第一期全国帆板训练班，上海派员参加。1981年，上海试制器材，并开始业余训练。1982年4月，经选拔成立市集训队，参加第五届全运会，未进入决赛。1984年以后水平不断上升，部分项目进入前三名。其中三角绕标赛取得名次最多。1990年，姚方林在男子障碍滑项目中首次获得冠军。1992年，王俊在全国帆板优秀选手赛中获得男子自由滑冠军。

1993—1996年的全国帆板锦标赛中，施复刚获得平底板D级冠军，王俊获得自由级冠军，尹光军获得男子米斯特拉级障碍滑冠军和男子翻波板长距离冠军。

1997年，第八届全运会帆板决赛在上海市水上运动场举行，广西籍选手庞海萍代表上海参赛，获得女子米斯特拉级冠军。同年，施复刚在全国翻波板锦标赛上获得男子奥林匹克航线赛冠军。

2001年，徐杰在九运会预赛暨全国帆板锦标赛上获得男子重量级长距离赛冠军。

2002年亚洲帆板锦标赛上，吴志明夺得男子米氏重量级冠军，金兰获得女子米氏级季军。同年，金兰在亚洲青年帆板锦标赛中获得女子米氏级冠军。全国比赛中，吴志明获得男子米氏重量级冠军，高倩获得女子米氏长距离赛冠军。

2004年，吴志明在全国帆板锦标赛中获得男子米氏重量级长距离赛冠军。2005年第十届全运会帆板预赛暨全国帆板锦标赛中，吴志明再次获得男子米氏重量级冠军。

2007年全国比赛中，周元国获得男子NP级场地赛冠军。2009年第十一届全运会帆板预赛暨2009年全国帆板锦标赛中，周元国获得男子RS：X级冠军。

1978—2010年，金兰、吴志明被批准为国家级运动健将。

表2-4-7　1978—2010年上海帆板运动员获得国际、洲际比赛前四名一览表

年　份	比赛名称	项　　目	运动员	名　次	地　点
1997年	世界杯帆板锦标赛	女子温氏奥林匹克航线赛	顾　祎	4	中国广东
2002年	亚洲帆板锦标赛	男子米氏重量级	吴志明	1	中国深圳
		女子米氏级	金　兰	3	

表2-4-8　1978—2010年上海帆板运动员获得全国比赛冠军一览表

年份	比　赛　名　称	项　　目	姓　名	地　点
1990年	全国帆板锦标赛	男子障碍滑	姚方林	海南海口
	全国帆板优秀选手赛	男子自由滑	王　俊	广西北海
1993年	全国帆板锦标赛	平底板D级	施复刚	河北秦皇岛
		自由级	王　俊	
1995年	全国帆板锦标赛	男子米斯特拉级障碍滑	尹光军	海南海口
1996年	全国帆板锦标赛	男子翻波板长距离	尹光军	海南万宁

(续表)

年份	比赛名称	项目	姓名	地点
1997 年	第八届全运会	女子米斯特拉级奥林匹克航线赛	庞海萍	上海
	全国帆板锦标赛	男子奥林匹克航线赛	施复刚	浙江台山
2001 年	九运会预赛暨全国帆板锦标赛	男子重量级长距离赛	徐　杰	广东汕尾
2002 年	全国帆板锦标赛暨中国帆板公开赛	男子米氏重量级	吴志明	广东深圳
	全国帆板锦标赛暨全国帆板冠军赛	女子米氏长距离赛	高　倩	广东阳江
2004 年	全国帆板锦标赛	男子米氏重量级长距离赛	吴志明	江苏连云港
2005 年	第十届全运会帆板预赛暨全国帆板锦标赛	男子米氏重量级	吴志明	海南海口
2007 年	中国水上运动会帆船(板)比赛暨全国帆船(板)锦标赛	男子 NP 级(场地赛)	周元国	山东日照
2009 年	第十一届全运会帆板预赛暨全国帆板锦标赛	男子 RS：X 级	周元国	山东日照

第四节　摩托艇

摩托艇在 1979 年第四届全运会首次被列为比赛项目。上海队由祝益寿任领队,钱文炜、霍志贤担任教练,取得优异成绩,共获得 12 枚奖牌。其中,刘泽民夺得男子 350 毫升 10 公里环圈赛冠军;石楚楚打破女子 350 毫升 10 公里环圈赛的全国纪录。1981 年的全国比赛,增设使用国产 104 型操舟机为动力的单人运动艇项目,刘泽民、石楚楚分别获得男、女级别的金牌,石楚楚获得“运动健将”称号。

上海于 1985 年初重新选拔组队。当年 10 月集训 6 位选手,参加全国锦标赛 A 级比赛,获得第三至第八名。至 1986 年 9 月,参加在武汉举行的全国锦标赛,共获 7 枚奖牌,其中有 3 枚银牌。

1986 年,国家体委决定在 A 组开设 OCN 级,该项的机器均由日本赠送,上海拥有 8 台挂机。1988 年,上海队决定把训练的重点放在 OCN 级 3 个项目上,由于器材、人力得到集中,水平有明显提高。当年,在全国比赛中获得 7 枚奖牌,女选手洪艳获得 5 公里和 10 公里环圈赛金牌并创造 5 公里环圈赛全国纪录。女选手陈晴创造 10 公里环圈赛全国纪录。男选手顾明华夺得 10 公里环圈赛金牌,钟微鸣创造该项目的全国纪录。1989 年,在全国比赛中,洪艳不但夺得 5 公里、10 公里环圈赛金牌,而且创造这两个项目的全国纪录。在 1990 年全国比赛中,顾明华在 5 公里、10 公里环圈赛中夺得金牌,洪艳保持 5 公里赛的冠军。顾明华、洪艳获得“运动健将”称号。

1989 年,为参加在日本千叶县举行的第一届 OSY - 400 毫升级(机器与中国 OCN 级相同)的世界锦标赛,国家体委组建集训队,上海顾明华入选,当年中国夺取团体总分第二。

1995 年全国摩托艇锦标赛暨中意摩托艇友谊赛在湖南湘潭举办。在此次比赛中,各项设置标准场地(经海测大队精确测量定位)1 公里的测速赛。上海队运动员刘毅充分发挥良好的驾驶技术,在 OCN 级的比赛中,以 56 分 36 秒的成绩夺得金牌。1995 年以后,由于中止举办标准场地的 1 公里比赛,刘毅因此为该级别的纪录保持者。

2004 年,全国摩托艇锦标赛中,蔡利君、陈晴分别在男子、女子坐式水上摩托竞速项目上获得冠军。洪艳在 OSY－400－10 公里环圈(成年组)项目中夺得银牌。

2004 年 8 月 1 日，F1 摩托艇世界锦标赛(中国站)在上海黄浦江外滩举行。这是此项活动首次亮相黄浦江，来自 12 个国家的 22 艘摩托艇参加比赛。100 多个国家和地区的新闻媒体直播或录播上海站的比赛，观众总计达 8 亿人次，国际摩托艇联合会以及各国选手给予高度评价。

图 2－4－2　2004 年，F1 摩托艇世锦赛(中国站)比赛在黄浦江举行

上海摩托艇队运动员倪浩军 1999 年 7 月起代表上海参加全国锦标赛，均有出色表现。2005 年、2006 年和 2007 年，在男子水上摩托艇竞速项目中连续夺冠。2009—2010 年，张磊和朱平康为上海摩托艇队夺得 2 枚金牌。

表 2－4－9　1978—2010 年上海摩托艇运动员获得全国比赛冠军一览表

年　份	比 赛 名 称	项　　目	运动员	成　绩
1979 年	第四届全运会	男 350CC10 公里	刘泽民	62.219 公里/小时
1981 年	全国比赛	男运动艇 10 公里	刘泽民	925 分
1981 年	全国比赛	女运动艇 10 公里	石楚楚	1 100 分
1988 年	全国锦标赛	女子 OCN－400 级－5 公里	洪　艳	1 200 分
1988 年	全国锦标赛	女子 OCN－400 级－10 公里	洪　艳	1 200 分
1988 年	全国锦标赛	男子 OCN－400 级－10 公里	顾明华	925 分
1989 年	全国锦标赛	A 组男子 OCN 级－10 公里	顾明华	1 100 分
1989 年	全国锦标赛	A 组女子 OCN 级－5 公里	洪　艳	1 200 分
1990 年	全国锦标赛	A 组男子 OCN 级－5 公里	顾明华	1 100 分
1990 年	全国锦标赛	A 组男子 OCN 级－10 公里	顾明华	869 分
1990 年	全国锦标赛	A 组女子 OCN 级－5 公里	洪　艳	1 200 分
1992 年	全国锦标赛	女子 OSY 级－5 公里	洪　艳	1 200 分
1994 年	全国摩托艇锦标赛暨国际邀请赛	男子 OSY－10 公里	顾明华	92.45 公里/小时
1995 年	全国摩托艇锦标赛暨中意摩托艇友谊赛	男子 OCN 级－1 公里	刘　毅	56′36″
1996 年	全国锦标赛	A 组男子 OCN 级－10 公里	顾明华	800 分
1997 年	全国摩托艇锦标赛	男子 OSY 级－5 公里	刘　毅	400 分
1997 年	全国摩托艇锦标赛	男子 OSY 级－10 公里	刘　毅	400 分
2004 年	全国摩托艇锦标赛	男子坐式水上摩托竞速	蔡利君	1 200 分
2004 年	全国摩托艇锦标赛	女子坐式水上摩托竞速	陈　晴	1 100 分
2005 年	全国摩托艇锦标赛	男子水上摩托艇竞速	倪浩军	1 200 分

(续表)

年　份	比赛名称	项　目	运动员	成　绩
2006年	全国摩托艇锦标赛	男子坐式水上摩托艇竞速	倪浩军	1 200分
2007年	全国摩托艇锦标赛	男子坐式水上摩托竞速	倪浩军	625分
2009年	全国摩托艇锦标赛	女子坐式水上摩托竞速	张　磊	03′07″79
2010年	全国摩托艇锦标赛	男子立式水上摩托竞速	朱平康	08′04″46

第五节　滑　　水

滑水运动需要借助外力的牵引实现在水面上"行走"。1979年第四届全运会上，上海滑水队员参加表演。1981年，首次全国性滑水比赛在武汉举行，戴松青获得跳跃冠军，周建平获得男子花样滑冠军。

20世纪80年代中后期，上海滑水运动取得较大进步。1985年，滑水列为第六届全运会正式比赛项目。上海队充实队伍，由郑国英任领队，戴松青任教练兼运动员、朱和平任助理教练。1986年，在全国滑水锦标赛上，戴松青和张军分别获得男子跳跃和男子花样的金牌，张国文获得女子跳跃的铜牌。同年，张军代表我国参加在印尼举行的亚洲滑水锦标赛暨亚澳地区滑水锦标赛，获得亚洲锦标赛男子花样滑冠军和亚澳地区滑水赛花样滑第三名。但在1987年第六届全运会比赛中，技术未能充分发挥，仅获得男子花样滑的第三名。1988年后，调整充实市队，训练分成两地，由教练戴松青带张军、张国文在国家队集训，其余人员留在上海水上运动场训练。

1990年，张军与张国文在亚洲滑水锦标赛中获得1枚金牌、1枚银牌的好成绩，并在当年的全国滑水锦标赛中获1枚金牌、2枚银牌和1枚铜牌。

1991年全国滑水锦标赛中，张军在男子花样项目中夺得桂冠，创造了全国纪录和亚洲纪录。赵胜兰在全国青年滑水达标赛上共获3枚金牌。

滑水对场地、器材条件的要求较高，且为非奥运会项目。1993年，上海滑水队解散。此后，滑水队进入业余训练状态。上海滑水队张伟在2008—2010年间多次在全国滑水锦标赛男子尾波项目中夺冠。

上海选手陈莉莉少年时受过赛艇训练，后进入滑水队训练，入选国家队。2004年的10月31日首次代表中国参加在新加坡举行的尾波世界杯滑水赛，并在最后的决赛中夺得首枚世界冠军的金牌。2005年在德国举行的世界运动会尾波滑水比赛中，陈莉莉又获得1枚金牌。在2002—2010年期间的全国锦标赛上，陈莉莉几乎包揽女子尾波项目的全部金牌。

表2-4-10　1978—2010年上海滑水运动员获得全国比赛冠军一览表

年　份	比赛名称	项　目	运动员
1981年	全国摩托艇滑水锦标赛	男子跳跃	戴松青
		男子花样	周建平
1982年	全国摩托艇滑水锦标赛	男子花样	张　军
1983年	全国滑水比赛	男子花样	张　军

（续表）

年　份	比 赛 名 称	项　　目	运 动 员
1984年	全国滑水比赛	男子花样	张　军
1986年	全国滑水锦标赛	男子花样	张　军
		男子跳跃	戴松青
1988年	全国滑水锦标赛	男子花样	张　军
1989年	全国滑水锦标赛	男子花样	张　军
		女子跳跃	张国文
1990年	全国滑水锦标赛	女子跳跃	张国文
1991年	全国滑水锦标赛	男子花样	张　军

第五章　射击、射箭运动

第一节　射　　击

1978年以后，射击运动在上海得到较快发展。同年4月，上海市体委、市教育局联合发文要求中学与小学高年级学生开展普通射手训练。6月，上海市体委、市公安局制定《射击运动枪支、弹药及靶场的管理细则》，基层训练进入正常运行轨道。当年，普通射手训练合格人数达3.8万人，以后训练普通射手达4万多人。1983年5月，国家体委通知，普通射手训练停止。普及训练主要放在区体校及射击传统项目学校。20世纪80年代，射击传统项目学校20余所，各区的军事体育学校或业余体校中，全部设立区级射击队，上海市体育运动学校设有射击班，形成一个向市队输送新生力量的体系。

上海射击队于20世纪80年代增加了气步枪、气手枪、女子手枪、标准步枪、50米移动靶标准速、50米移动靶混合速和10米移动靶项目，1984年扩充至40人。作为上海传统优势体育项目，上海射击队在国内外取得优异的成绩。20世纪80年代，上海射击队3次超世界纪录。1981年，刘正宏在全国射击分项赛中超男子气手枪40发的世界纪录；1984年，王银珍超女子手枪世界纪录；1985年，金瑛超1项女子手枪的少年世界纪录。1988年，金瑛代表中国参加新西兰举办的大洋洲射击锦标赛并取得气枪40发的金牌，同年参加第二十四届汉城奥运会射击比赛。

20世纪90年代，上海射击队在全国射击项目中保持领先水平。1996年，飞碟射击运动员胡斌渊参加亚洲飞碟射击锦标赛，获得男子飞碟双多向个人冠军；张伦超获得男子飞碟双多向团体冠军。1997年起，上海射击运动员陶璐娜在女子运动手枪项目上几乎取得国内外所有重大比赛的冠军，成为上海第一位射击世界冠军。奥运会、射击世界杯、射击世锦赛、亚运会、射击亚锦赛、全国射击冠军赛等比赛的冠军史册上都留下了陶璐娜的名字。2000年，陶璐娜当选国际射击记协评选的"年度世界最佳女射手"，获得国家体育总局颁发的"体育运动荣誉奖章"、全国妇联颁发的"全国三八红旗手"等荣誉，2001年被评选为"全国十佳运动员"。从1996年下半年起，胡斌渊多次获得飞碟射击的全国冠军，并获得亚运会冠军、世锦赛亚军、奥运会第四名、世界杯分站赛冠军、世界杯总决赛亚军等。2010年代表中国队参加射击世锦赛，并取得男子飞碟双多向150靶的季军。另一位在20世纪90年代成绩突出的是移动靶射击运动员徐翾，1999年15岁时在国内移动靶20＋20项目的比赛中，连续4次超世界纪录。

图2－5－1　2006年，陶璐娜获得多哈亚运会女子10米气手枪冠军

1997年，上海市射击运动学校更名为上海市射击运动中心。2001年全国第九届运动会上，上海射击项目成绩不理想。上海射击队在总结九运会经验教训的基础上，针对运动训练管理存在的薄弱环节，推出"磨难训练""换

位训练竞赛”“易位思维”等训练模式，强化科学训练。出台一线运动员、教练员训练津贴、成绩奖励和“风险金”制度等，旨在提高训练质量，促进竞技水平提高。当年上海射击队在国内外比赛中的成绩明显提升。2002 年，上海射击队 1 人 4 次获得世界杯赛冠军；5 人获得 5 项世锦赛个人冠军，6 人获得 8 项世锦赛团体冠军；3 人获得 3 项亚运会个人冠军，4 人获得 6 项亚运会团体冠军。同年，上海市射击运动中心更名为上海市射击射箭运动中心。2003 年，“中国射击协会训练基地”和“中国射击协会后备人才培训基地”在上海市射击射箭运动中心挂牌，这是国家体育总局首次在北京以外城市建立射击射箭训练基地。此后，上海射击队新秀不断脱颖而出，孙冬妮、戴琦文、黄蓓、费凡、费逢吉、吴俊、曲日东等选手在世界大赛中获得优异成绩，保持上海射击队的较高水平。

改革开放以后，许多国内外射击项目的重大赛事在上海举行。1979 年 4 月，全国射击分区赛手枪赛在上海市射击场举行，上海队获得 10 项冠军。1996 年 9 月，全国射击锦标赛男子步枪团体赛在新建成的上海市射击运动中心举行，38 支省市及行业队参赛。同年 11 月，亚洲飞碟射击锦标赛举行，16 个国家和地区的 136 名运动员参加，共进行 8 项比赛，中国队获得 6 项金牌。1998 年 4 月，全国射击冠军赛在上海市射击运动中心举行，共进行 20 个项目比赛，上海陈永强获得 1 项手枪冠军。5 月，全国飞碟射击系列赛在上海市射击运动中心开幕，上海是系列赛的第一站，来自全国 15 个省市 175 名优秀飞碟选手报名参赛。9 月，全国射击团体锦标赛(移动靶项目)举行，全国 33 个代表队 171 名选手参赛。1999 年 4 月，全国射击飞碟系列赛首站比赛在上海市射击运动中心举行，261 名选手参加 6 个项目的角逐。5 月，第四届城市运动会射击预赛举行，有 37 个队 168 名选手参加，徐汇区队 26 名运动员代表上海参赛。6 月，全国飞碟射击系列赛(第二站)暨团体锦标赛举行。来自全国的 174 名运动员参加。11 月，全国射击总决赛暨全国冠军赛在上海市射击运动中心举行，38 支队伍 200 余名射手参赛。2000 年 4 月，全国射击系列赛(飞碟)举行，250 名选手参赛。5 月 18—24 日，全国射击系列赛(女子步枪)举行，39 个队 170 名选手参赛。2001 年 4 月，全国射击系列赛(飞碟项目)举行。2002 年 4 月，世界杯射击赛在上海市射击射箭运动中心举行，63 个国家和地区的代表队的 748 名选手参赛，其中有 17 位奥运会金牌得主、21 位世界纪录保持者。同年 6 月，全国射击系列赛(飞碟)暨团体锦标赛举行。9 月，全国射击系列赛(移动靶)暨个人锦标赛举行。2006 年 4 月，第四十九届世界射击锦标赛组队选拔赛在上海市射击射箭运动中心举行。7 月，全国大(中)学生射击比赛举行，41 所院校 355 名运动员参赛，复旦大学取得大学生甲组团体总分冠军奖杯，清华大学获得大学生乙组团体总分第一，上海市育才中学和上海市川沙中学北校分别获得高中组和初中组团体总分金牌。

表 2-5-1　1978—2010 年上海射击运动员获得国际、洲际比赛冠军一览表

年　份	比 赛 名 称	项　　目	运动员	成　绩	地　点
1991 年	第七届亚洲射击锦标赛	中心发火 60 发团体	刘正宏	1 741 环	北京
		标准手枪 60 发团体	刘正宏	1 719 环	
1996 年	亚洲飞碟射击锦标赛	男子双多向个人	胡斌渊	133 中	上海
		男子双多向团体	张伦超	367 中	
1998 年	世界杯射击总决赛	射击 10 米气手枪	陶璐娜	489.7 环	瑞士
	第四十七届世界射击锦标赛	25 米运动手枪团体	陶璐娜	576 环	西班牙

(续表一)

年 份	比赛名称	项 目	运动员	成 绩	地 点
1998 年	第十三届亚运会	男子飞碟双多向个人	胡斌渊	177 中	泰国曼谷
		男子飞碟双多向团体	胡斌渊	390 中	
		女子气手枪 40 发团体	陶璐娜	1 151 环	
2000 年	世界杯射击总决赛	女子气手枪 40 发	陶璐娜	—	德国慕尼黑
	第九届亚洲射击锦标赛	女子气手枪 40 发团体	陶璐娜	481.2 环	马来西亚
		女子运动手枪 60 发团体	陶璐娜	—	
		男子步枪 60 发卧射团体	程 柯	—	
	亚洲飞碟射击锦标赛	男子飞碟双向 125 靶个人	金 迪	143 中	菲律宾
		男子飞碟双向 125 靶团体	金 迪 曲日东	—	
2001 年	世界杯射击赛总决赛	女子运动手枪 60 发	陶璐娜	—	德国慕尼黑
	亚洲飞碟射击锦标赛	男子飞碟多向 125 靶	李 晖	324 中	泰国曼谷
2002 年	世界杯射击赛总决赛	女子女气手枪 40 发	陶璐娜	487.8 环	德国慕尼黑
		女子运动手枪 60 发	陶璐娜	695.9 环	
	第四十八届世界射击锦标赛	女子运动手枪 60 发团体	陶璐娜	1 746 环	芬兰拉赫蒂
		女子移动靶标准速 20+20 个人	徐 翾	391 环	
		女子移动靶标准速 20+20 团体	徐 翾	1 150 环	
		女子移动靶混合速 20+20 个人	徐 翾	1 149 环	
	亚洲飞碟锦标赛	男子飞碟双向 125 靶团体	曲日东	348 中	泰国曼谷
2003 年	亚洲飞碟锦标赛	女子双多向 120 靶	戴琦文	96 中	印度
2004 年	第十届亚洲射击锦标赛	女子运动手枪团体	陶璐娜	1 748 环	
		男子标准手枪团体	陈永强	1 707 环	
		女子飞碟双向 75 靶团体	王祎文	210 中	
		女子飞碟双多向 120 靶团体	戴琦文	291 中	
2005 年	世界射击(飞碟)锦标赛	男子飞碟双多向团体	胡斌渊	414 中	意大利
2006 年	第四十九届射击世锦赛	女子移动靶标准速团体	徐 翾	1 135 环	克罗地亚
		女子运动手枪团体	费逢吉	1 740 环	
	射击世界杯赛	男子飞碟双向 125 靶	曲日东	148 中	中国广东
	第十五届亚运会	女子 10 米气手枪 40 发	陶璐娜	490.3 环	卡塔尔多哈
		女子 10 米气手枪 40 发团体	陶璐娜	1 161 环	
		女子移动靶 20+20	徐 翾	356 中	
		男子飞碟双多向团体	胡斌渊	424 中	
		女子运动手枪 60 发团体	陶璐娜	1 749 环	

（续表二）

年　份	比赛名称	项　　目	运动员	成　绩	地　点
2007 年	亚洲飞碟锦标赛	男子飞碟双多向 150 靶	胡斌渊	187 中	菲律宾马尼拉
2008 年	第二届亚洲气枪锦标赛	男子 10 米气手枪 60 发团体	麦嘉杰	—	中国南京
		女子 10 米气步枪 40 发	商莎莎	397 环	
		男子 10 米气手枪 60 发团体	殷豪梁	—	
2009 年	飞碟世界杯赛	男子飞碟双多向 150 靶	莫俊杰	193 中	圣马力诺

表 2－5－2　1978—2010 年上海射击运动员获得全国比赛冠军一览表

年份	比赛名称	项　　目	运动员	成　绩
1978 年	全国步枪射击赛	男子小口径自选步枪 3×40 团体	上海队	4 525 环
		男子小口径自选步枪 3×40 立射团体	上海队	1 433 环
		男子小口径自选步枪 3×40 跪射团体	上海队	1 530 环
1979 年	第四届全运会	男子小口径自选步枪 3×40 个人	姚是敏	1 150 环
		男子小口径自选步枪 40 发跪射	姚是敏	391 环
1980 年	全国优秀射手赛	男子小口径自选步枪 3×40 个人	姚是敏	1 150 环
		男子小口径自选步枪 3×40 跪射个人	姚是敏	390 环
	全国射击分项赛	男子气步枪团体	上海队	1 498 环
		男子小口径自选手枪速射个人	金志植	593 环
1981 年	全国射击分项赛	男子气枪个人	刘正宏	395 环
1982 年	奥运会项目赛	女子小口径手枪个人	王银珍	587 环
	全国射击分项赛	男子自选手枪速射团体	上海队	2 352 环
		男子气枪个人	刘正宏	581 环
1983 年	全国优秀射手赛	男子气步枪个人	丁浩俊	580 环
		女子气步手枪个人	周　榕	382 环
	第五届全运会	男子小口径自选步枪 3×40 立射个人	姚是敏	375 环
		男子气步枪 60 发个人	姚是敏	579 环
		女子手枪团体	上海队	1 753 环
		女子气手枪 40 发团体	上海队	1 141 环
1984 年	全国射击冠军赛	女子小口径手枪个人	王银珍	593 环
	全国射击分项赛	男子小口径自选步枪 3×40 个人	丁浩俊	1 158 环
1985 年	全国射击冠军赛	男子小口径自选步枪 60 发卧射个人	丁浩俊	597 环
		男子 10 米移动靶个人	吴明卿	370 环
	全国射击分项赛	女子气手枪 40 发个人	何丽明	384 环
1987 年	第六届全运会	男子中心发火手枪 60 发个人	刘正宏	690 环

(续表一)

年份	比赛名称	项目	运动员	成绩
1989 年	全国射击锦标赛	男子小口径自选手枪速射团体	上海队	1 733 环
		全国射击锦标赛	上海队	1 746 环
1990 年	全国射击锦标赛	男子自选手枪速射团体	上海队	1 735 环
1991 年	全国射击锦标赛	中心发火 60 发团体	上海队	1 729 环
1992 年	全国射击锦标赛	男子 50 米移动靶混合速	上海队	489 环
1995 年	全国射击锦标赛团体赛	男子飞碟双多向	胡斌渊　李　波 奚　俊	365 中
1996 年	全国射击锦标赛团体赛	女子步枪 3+20	赵　鹰　秦学清 虞　芸	1 722 环
1997 年	全国射击冠军赛	男子飞碟双多向 150 靶	胡斌渊	184 中
		女子 10 米气手枪 40 发	陶璐娜	486.4 环
	全国射击锦标赛暨八运会预赛	男子 25 米自选手枪速射个人	李钟琪	593 环
	第八届全运会	女子 50 米标准步枪 60 发卧射	赵　鹰	597 环
1998 年	全国射击冠军赛	男子 25 米标准手枪 60 发	陈永强	580 环
	全国射击锦标赛	男子飞碟双向 125 靶	金　迪	170 中
1999 年	全国射击系列赛总决赛	男子飞碟双向 125 靶	金　迪	145 中
		女子 10 米气手枪 40 发	陶璐娜	490 环
	第四届全国城运会	女子 25 米气手枪 60 发	费逢吉	681.3 环
		女子 10 米气手枪 40 发	费逢吉	482.9 环
		男子飞碟双向 125 靶	金　迪	145 中
		男子飞碟双多向 150 靶	奚　俊	182 中
2000 年	全国射击系列赛总决赛	男子飞碟双多向 150 靶	胡斌渊	181 中
2002 年	全国射击系列赛总决赛	男子飞碟多向 125 靶	李　晖	132 中
		男子飞碟多向 125 靶(全年总积分)	李　晖	678 中
		男子飞碟双多向 150 靶(全年总积分)	奚　俊	777 中
		女子 10 米气步枪 40 发(全年总积分)	陶璐娜	491.2 环
		女子 10 米移动靶 20+20(全年总积分)	徐　翾	486.1 环
		女子飞碟双多向 120 靶(全年总积分)	戴琦文	142 中
		女子 10 米气手枪 40 发(全年总积分)	陶璐娜	1 405.5 环
2003 年	第五届全国城运会	男子 50 米小口径自选步枪 60 发卧射	袁尧君	698.4 环
		女子飞碟多向 75 靶	王祎文	88 中
2005 年	第十届全运会	男子 25 米手枪速射	陈永强	783.6 环
		男子飞碟双向 125 靶	曲日东	143 中

（续表二）

年份	比赛名称	项　　目	运动员	成　绩
2007 年	第六届全国城运会	女子 10 米移动靶	徐　翾	587 环
		女子飞碟双多向 150 靶	李　君	134 中
2009 年	全国射击锦标赛	女子 10 米移动靶团体	孙爱雯　徐　翾 王琦珏	1 135 环
		女子 10 米移动靶混合速团体	孙爱雯　徐　翾 王琦珏	1 155 环
		男子 10 米移动靶团体	徐　弘　沈旻喆 赵沛伦	1 739 环
		男子 10 米移动靶	徐　弘	589 环
		男子飞碟双多向团体	赵云凯　莫俊杰 李　君	404 中
		男子飞碟双多向个人	莫俊杰	186 中
	全国射击个人锦标赛暨全运会热身赛	男子飞碟双向	曲日东	143 中
		男子飞碟双多向	胡斌渊	190 中
		男子 10 米移动靶	沈旻喆	685.2 环
	第十一届全运会	男子 10 米气手枪	麦嘉杰	687.9 环
		男子飞碟双向	金　迪	143 中
2010 年	全国射击锦标赛	男子飞碟双多向团体	莫俊杰　胡斌渊 陈　涛	420 中
		男子飞碟双向团体	曲日东　金　迪 龚　磊	355 中
		男子飞碟双多向	胡斌渊	191 中
		男子飞碟多向	杨晓辉	92 中
		男子 50 米手枪团体	麦嘉杰　贾云鹏 王彦博	1 661 环

第二节　射　　箭

1978 年以后，上海迅速恢复射箭训练，逐步完善一二三线训练衔接体系。上海射箭队加强科学训练，运动成绩稳步提高。20 世纪 80 年代，上海射箭男女团体曾多次获得全国冠亚军。女选手王瑾 3 获全能冠军，男选手黄伟忠获得 1 次全能冠军、2 次亚军和 1 次季军。1989 年，陈涛获得全国室内射箭锦标赛的金牌并打破该项目的全国纪录。1990 年，蔡萍打破 60 米单轮全国纪录和女子团体全国纪录。

20 世纪 90 年代，上海射箭队成绩稳定。1993 年，女团获得全国室内射箭锦标赛冠军。1994 年，沈军和蔡萍分别获得全国室内射箭锦标赛冠军，女团获得全国室外射箭锦标赛冠军。1996 年，

图2-5-2 2005年,钱佳灵获得十运会女子射箭个人冠军

上海射箭运动取得明显进步。在1996年第二十六届亚特兰大奥运会上,沈军作为上海射箭项目唯一的运动员入选国家队,郭蓓参与裁判执法。陆莹华获得全国射箭冠军赛70米第一单轮冠军,陆薇获得全国室内射箭锦标赛18米冠军。1997年,蒋冬伟和周萍分获全国射箭冠军赛个人全能冠军。1999年,顾婷婷获得双轮全能冠军和30米双轮冠军。

进入21世纪以后,上海射箭队涌现出一批优秀的队员,比赛成绩明显提高。2000年,徐寅杰在全国青少年射箭锦标赛上夺取男子双轮全能、25米双轮和18米双轮3项冠军,小将钱佳灵获得女子儿童组25米双轮冠军。2001年,萨仁代表中国获得射箭世界锦标赛射箭奥林匹克淘汰赛团体冠军,同年萨仁还在九运会预赛中获得女子个人淘汰赛冠军。2002年,徐寅杰和沈莹在全国青少年射箭锦标赛为上海代表队共取得9枚金牌。2003年,徐寅杰在第五届城运会中获得奥林匹克淘汰赛冠军。朱文君在全国青少年射箭锦标赛中获得50米双轮单项和双轮全能2项冠军。2004年开始,日趋成熟的钱佳灵进入职业生涯巅峰期,多次获得射箭世界杯、亚洲射箭锦标赛、全国射箭冠军赛等国内外重大比赛的冠军。同时,朱佳妮、陆思怡、刘招武等优秀运动员的崛起,使得上海射箭队在国内的优势地位更加稳固。

积极举办和参加比赛,虚心向国内外选手学习,促进了上海射箭运动水平进一步提高。1982年9月12—22日全国射箭锦标赛在上海市江湾体育场举行,有12个省市参加。1999年6月17日全国射箭锦标赛在同济大学举行,有25个代表队195名选手参赛。2009年8月4—9日、2010年8月31日—9月4日"陆家嘴金融城杯"国际箭联射箭世界杯赛(上海站)连续两次在浦东新区源深体育场举行。除了积极承办国内外重大赛事外,上海射箭队与日本、韩国、新加坡等国家也有着密切的交流合作。

表2-5-3 1978—2010年上海射箭运动员获得世界比赛前三名一览表

年份	比赛名称	项目	运动员	成绩(环)	名次	地点
2005年	第十四届亚洲射箭锦标赛	女子单轮全能(团体)	钱佳灵	247	1	印度新德里
2006年	射箭世界杯系列赛总决赛	女子奥林匹克淘汰赛个人赛(70米)	钱佳灵	103	2	墨西哥
	射箭世界杯	女子奥林匹克淘汰赛团体赛(70米)	钱佳灵	—	1	萨尔瓦多
	射箭世界杯	女子奥林匹克淘汰赛团体赛(70米)	钱佳灵	—	1	土耳其
	第十五届亚运会	女子奥林匹克淘汰赛团体赛	钱佳灵	—	2	卡塔尔多哈
2009年	射箭世界杯	女子奥林匹克淘汰赛团体赛	朱佳妮	215/223/208/214	1	克罗地亚伯里克

表 2-5-4　1978—2010 年上海射箭运动员获得全国比赛冠军一览表

年份	比赛名称	项　目	运动员	成绩(环)	地　点
1980 年	全国射箭冠军赛	女子双轮团体	王文娟　陈秋萍　毛莉珍	7 311	广西柳州
1985 年	全国射箭冠军赛	女子双轮全能	王　瑾	2 503	广西武鸣
	全国射箭锦标赛	男子双轮团体	上海队	7 235	四川成都
1989 年	全国射箭锦标赛	女子 18 米淘汰赛(室内)	陈　涛	285	北京
1993 年	全国室内射箭锦标赛	女子团体	蔡　萍　陆　薇　杨　琳	1 661	山东淄博
1994 年	全国射箭锦标赛	男子 18 米	沈　军	294	辽宁
		女子 18 米	蔡　萍	283	
	全国射箭锦标赛(室外)	女子 70 米团体淘汰赛	陆　薇　杨　琳　顾雯艳	244	河南漯河
1996 年	全国射箭锦标赛	女子 70 米单轮	陆莹华	—	广西武鸣
	全国射箭锦标赛(室外)	女子 18 米	陆　薇	—	青海多巴
1997 年	全国射箭冠军赛	男子复合弓个人全能	蒋冬伟	—	广西武鸣
		女子复合弓个人全能	周　萍	—	
2001 年	第九届全运会射箭预赛	女子个人淘汰赛	萨　仁	803	山东济南
2003 年	第五届全国城运会	男子奥林匹克淘汰赛	徐寅杰	113	湖南长沙
2004 年	全国射箭冠军赛	女子 70 米单轮单项	钱佳灵	332	重庆
2005 年	全国室内射箭锦标赛	男子个人淘汰赛	陆晓龙	—	吉林长春
		女子个人淘汰赛	陈洁新	—	
		女子团体淘汰赛	钱佳灵　顾婷婷　王佳媚　陈洁新	—	
		女子团体排名赛	钱佳灵　顾婷婷　王佳媚　陈洁新	1 705	
	全国室外射箭锦标赛	男子个人单轮 50 米	陆晓龙	328	吉林长春
		女子个人单轮 60 米	顾婷婷	338	
	第十届全运会	女子个人淘汰赛	钱佳灵	—	江苏南京
2006 年	全国室内射箭锦标赛	女子个人淘汰赛	陈洁新	—	四川乐山
	全国室外射箭锦标赛	女子反曲弓单轮 60 米个人	陈洁新	—	广西武鸣
2007 年	全国射箭奥林匹克项目锦标赛	女子团体奥林匹克轮淘汰赛	齐玉红　钱佳灵　陈洁新	—	山东荣成
	全国室外射箭锦标赛	女子反曲弓 60 米个人	钱佳灵	345	广西武鸣
2008 年	全国射箭奥林匹克项目锦标赛	女子反曲弓个人淘汰赛	朱文君	—	江苏

（续表）

年份	比赛名称	项目	运动员	成绩(环)	地点
2008年	全国室外射箭锦标赛	女子反曲弓单轮 60 米个人	陈洁新	335	江苏
		复合弓混合组个人 70 米单轮	金　嵘	333	
2009年	全国室内锦标赛	男子个人决赛	张建平	—	广西武鸣
	全国室外射箭个人锦标赛	男子反曲弓个人淘汰赛	徐天宇	—	福建
		男子反曲弓个人单轮全能	刘招武	1 328	
		男子反曲弓个人单轮 90 米	刘招武	315	
		男子反曲弓个人单轮 70 米	刘招武	331	
		男子反曲弓个人单轮 50 米	刘招武	329	
		男子反曲弓个人单轮 30 米	刘招武	353	
		复合弓(混合组)个人淘汰赛	郭　严	—	
		复合弓(混合组)个人单轮全能	郭　严	1 373	
		复合弓(混合组)个人 70 米	王晓杰	343	
2010年	全国射箭冠军赛	复合弓个人淘汰赛	郭　严	—	福建
		复合弓团体淘汰赛	王晓杰　史鉴平 金　嵘	—	
	全国室外射箭锦标赛	女子个人单轮全能	朱文君	1 349	江苏

第六章 自行车、击剑运动

第一节 自 行 车

自行车运动始终与上海的体育发展同步。1978 年后，上海自行车队恢复系统训练。年底，女队采用长途拉练的训练形式，18 天内骑行 1 893 公里。1978 年 5 月，在全国公路自行车赛中，刘晓红、侯菊珍、张玉英、祁莹夺取女子 50 公里团体赛冠军。同年，男队沈金康、李建民入选国家队，参加第八届亚运会。1979 年 2 月，市队继续采用长途拉练的训练手段，男队 55 天穿行 10 个省市，骑行 8 000 多公里，平均每天在山区骑行 140 公里。以后男队每年坚持长途拉练，一直保持着公路自行车的优势。1989 年在第二届青运会的前夕，女子青年队随男队在北京昌平地区训练 40 天，总量达 3 000 公里，当年便在青运会中获得公路 35 公里女子团体赛冠军。

20 世纪 80 年代，上海市队发展为 36 人，区县体校二线运动员 24 人。1982 年，还志辉参加第九届亚运会。上海不仅保持在公路自行车项目的优势，而且在落后的赛车场项目中有新的突破，其中最突出的选手有吕玉娥和邬伟培。吕玉娥在全国赛车场比赛和全运会中屡屡夺冠。代表国家参加第二十三届洛杉矶奥运会，在 79.2 公里个人赛中排名四十一；在 1984 年巴塞罗那世界自行车赛中，3 000 米个人追逐赛排名十六。邬伟培在第六届全运会获得 1 000 米计时赛冠军，并参加 1988 年第二十四届奥运会和 1990 年第十一届亚运会。在第十一届亚运会上打破 4 公里团体赛的全国纪录，以 2 小时 4 分 55 秒 58 成绩夺得 100 公里团体计时赛冠军，打破亚洲纪录。1986 年，国家体委决定把第六届全运会自行车赛安排在上海。上海县莘庄北侧征地约 10.28 公顷，建造赛车场，1987 年 9 月竣工，第六届全运会自行车决赛在此举行，上海获得 3 项冠军。以后赛车场成为上海自行车队训练的主要基地。

20 世纪 80 年代末至 90 年代中期，上海举办“永久杯”国际自行车邀请赛。参赛队伍主要来自中国香港、日本、上海 3 地，至 1993 年共举办八届。2006 年举办首届环沪港国际自行车大赛，该赛事举办至 2008 年。由于“永久杯”的举办，自行车项目的国际交往增多。1984 年沈金康、吕玉娥、邬伟培、侯菊珍、还志辉等代表中国参加世界自行车锦标赛，黄明兴、沈金康、李建民、还志辉、邬伟培、胡葛明、阮建伟、吕玉娥等参加亚运会和亚洲锦标赛。此外陆根发、杨明祥、张桂馥、张志康、孙志威、金其骞、刘毅、张仁隆、徐顺高、傅家良、潘德明、杨伟、汤条娣、张世卫、郭春红、龚文珍等人应邀出国参加各种比赛。

随着训练方法和手段的更新，上海自行车队的竞技水平进一步提高。1991 年，在第十五届亚洲自行车锦标赛中，邬伟培以 2 小时 4 分 43 秒 15 的成绩打破男子 100 公里团体的亚洲纪录。教练员沈金康先后参加第十一届亚运会、第二十五届奥运会，并在 1994—1997 年期间赴港任教，不断帮助中国香港提高自行车项目的竞技水平，于 2002 年 4 月 21 日被评为“香港年度最佳教练”。由他带训的运动员黄金宝蝉联第九届全运会男子自行车个人公路赛冠军，并赢得亚洲自行车锦标赛公路个人赛金牌。1993 年，由领队刘今鲠，教练沈金康、胡葛明、汤条娣，队员邬伟培、阮建伟等人组成的上海自行车队参加第七届全运会。邬伟培获得男子 1 公里计时赛第 3 名，徐海红获得女子 77.7 公里个人赛第 3 名。1994 年，沈金康获得“上海 45 年来十杰教练员”和国家级教练员称号。

1997年,第八届全运会自行车决赛比赛中,唐泉获得69.72公里个人赛冠军。次年,唐泉参加在泰国曼谷举行的第十三届亚运会,获得女子公路100公里第6名。

1994—2000年期间,上海先后举办澳大利亚—上海国际自行车对抗赛、国际自行车环中国赛、全国场地自行车系列赛和全国场地自行车冠军赛等赛事,吸引国内外自行车运动员参加。2000年,第二十届亚洲自行车锦标赛暨第七届亚洲自行车青年锦标赛在莘庄自行车赛车场开赛,17个国家和地区的400多名运动员参赛,中国队获得10枚金牌。这是上海第一次举办自行车洲际赛事。

2000年以后,李娜、王春芳、吴刚、唐琪、徐玉蕾、张辉、黄丽、徐刚、颜永生等一批后起之秀涌现。2000年,李娜、王春芳参加第七届亚青赛,获得3枚金牌。其中,李娜获得女子争先赛金牌,王春芳获得女子公路大组赛和女子记分赛2枚金牌。2001年,领队张志康,教练员李建民、夏光明、刘茂、邬伟培带领上海队参加第九届全运会,李娜获得1枚女子场地争先赛铜牌,上海男队获得场地4公里团体追逐赛第6,施佳军、林峰、严峰获得男子场地奥林匹克竞速第7名,上海女队获得女子公路50公里团体计时赛第8名。2002年,在世界杯自行车场地赛第五站中,李娜获得女子凯林赛和争先赛2个第一名,在第十四届亚运会中获得女子场地争先赛冠军。2002年,在全国场地自行车冠军赛中,吴刚获得男子记分赛第一名;在全国公路锦标赛中,获得35.4公里个人计时赛第一名。2002年,在全国场地锦标赛奥林匹克竞速赛中,周菊、肖培、施纹娅组队参加获得第一名。2005年,第十届全运会在江苏举行。上海队唐琪崭露头角,获得男子场地凯林赛银牌和男子场地争先赛铜牌,李娜获得女子场地争先赛铜牌。2006年,在第十五届多哈亚运会中,唐琪代表中国队参加男子场地争先比赛,获得1枚铜牌。同年,在马来西亚吉隆坡举行的亚洲自行车锦标赛中,李娜获得女子团体竞速金牌、女子争先赛和凯林赛2枚银牌。2007年,第六届全国城市运动会在湖北武汉举行,黄丽获得女子场地争先赛金牌,并与队友徐玉蕾、钟天使获得女子场地团体竞速铜牌,张辉获得男子场地记分赛铜牌。2009年10月21日,在济南举行的第十一届全运会自行车场地记分赛中,张辉以62分的成绩夺得冠军。2010年,徐刚、徐玉蕾参加第十六届亚运会并获佳绩。

2004年12月23日,上海体育科研所运动员体能测试评定实验室在上海体育运动技术学院莘庄基地揭牌启用,这是中国第一个以自行车运动员专项体能测试评定研究为特色的实验室。

为了促进自行车运动水平发展,上海积极举办国内外自行车大赛,赛事级别不断提高。自行车赛事的主要主办地点除莘庄自行车赛场外,崇明以其岛屿优势逐渐成为另一个新的赛事举办地,举办过各项自行车环岛赛事。起初主要为全国公路赛,后举办环崇明岛国际公路自行车赛等洲际赛事。2006年,环崇明岛国际公路自行车赛首次被国际自行车联盟列为国际自行车正式比赛,赛事级别为亚洲2.2级,吸引11个国家和地区的15支顶级车队近百名运动员参赛。2007年,环崇明岛女子国际公路自行车赛举行,这是亚洲首次举办专业女子国际自行车赛,该赛事连续举办至2009年。2010年,赛事升级,除举办环崇明岛女子国际公路自行车赛外,崇明首次举办国际自行车联盟女子公路世界杯赛,吸引17支队伍参赛。

图2-6-1 2009年,环崇明岛女子国际公路自行车赛在崇明岛举行

上海自行车群众性赛事与活动在20世纪90年代以后发展迅速，以大型的群众性骑行活动为主。1995年，全国城市群众自行车赛——上海自行车障碍赛举行。1996年，为迎接第三届全国农运会，250多人参加自行车拉力宣传活动。1998年，万人单骑（自行车）游上海活动从上海体育场的火炬广场出发。2004年，第九届“国际奥委会主席杯”全国百城市自行车总决赛暨上海市民自行车万人骑活动举行，来自全国近百个城市的100多支代表队400多名运动员参赛。2007年，万人骑行迎奥运全国巡游活动抵达上海，这项超大规模的全国性群众体育活动由百威啤酒公司和国家体育总局共同举办，申请“最多参与的骑自行车人数”和“最大的红旗”两项吉尼斯世界纪录。2009年，28位中国台湾地区的自行车骑行爱好者从北京出发，历时20天，骑行1 668公里，到达上海参与公益活动。

在竞技体育改革发展中，上海残疾人自行车运动也有所发展。1995年，组队参加上海市第四届特殊奥林匹克运动会自行车比赛。2008年北京残奥会前夕，85名来自全国各地的运动员在上海残疾人体育训练中心进行自行车、田径等项目集训，并参加残奥会自行车比赛。2009年，组队参加上海市第七届特殊奥林匹克运动会自行车比赛。

随着自行车赛事的开展，业余自行车运动、极限单车运动等新型运动逐渐兴起。2007年12月31日，国际自行车攀楼挑战赛在金茂大厦举行，安道尔选手用时41分57秒成功登上金茂大厦88层观光厅，夺得冠军，中国张金成获得第二名。2009年，首个环中国高端业余自行车赛——“法兴银行杯‘骑’乐无穷”自行车赛（第二站）在松江泰晤士小镇举行，400多名业余自行车选手参赛。

1989—2010年，上海30人获得“国家级运动健将”称号。邬伟培、李娜、徐刚、张辉、袁中、颜永生获得“国际级运动健将”称号。赵锦山获得“国际级裁判员”称号。

表2-6-1　1978—2010年上海自行车运动员获得国际、洲际比赛前三名一览表

年　份	比赛名称	项　　目	运动员	名　次
1991年	亚洲锦标赛	男子100公里团体计时赛	邬伟培	1
1993年	亚洲锦标赛	女子50公里团体赛	徐海红　施金凤	1
2002年	世界自行车场地锦标赛	女子争先赛	李　娜	1
		女子凯林赛	李　娜	1
2006年	第十五届亚运会	男子场地个人追逐赛	唐　琪	3
	亚洲锦标赛	女子团体竞速赛	李　娜	1
		女子争先赛	李　娜	2
		女子凯林赛	李　娜	2
2008年	亚洲锦标赛	男子场地个人争先赛	唐　琪	3
		男子团体竞速赛	唐　琪	1

表2-6-2　1978—2010年上海自行车运动员获得全国比赛冠军一览表

年份	比赛名称	项　　目	运动员	成　绩
1978年	全国公路自行车赛	女子50公里团体赛	刘晓红　祁　莹 侯菊珍　张玉英	1:15′43″3
		女子70公里个人赛	侯菊珍	2:22′13″5

(续表一)

年份	比赛名称	项目	运动员	成绩
1979 年	全国公路多日赛	男子 100 公里团体赛	沈金康 陆根法 胡葛明 还志辉	2:26′42″
		男子多日赛团体赛	上海队	35:5′40″3
1980 年	全国公路自行车赛	女子 70 公里个人赛	吕玉娥	2:37′21″59
1981 年	全国公路自行车赛	男子 180 公里个人赛	陆根法	4:53′2″84
1983 年	全国场地自行车赛	女子 1 000 米个人赛	吕玉娥	1′20″52
	第五届全运会	女子 3 000 米个人赛	吕玉娥	4′01″81
1984 年	全国公路自行车分段赛	男子 100 公里团体赛	上海队	2:22′1″23
		男子 406.844 公里团体赛	上海队	30:24′43″10
		男子 406.844 公里个人赛	邬伟培	10:07′21″49
	全国公路锦标赛	女子 50 公里团体赛	上海队	1:13′1″2
		女子分段赛个人赛	吕玉娥	6:11′25″9
		男子 40 公里个人赛	还志辉	59′07″49
1987 年	第六届全运会	男子 1 000 米计时赛	邬伟培	1′11″68
		女子 3 000 米个人追逐赛	吕玉娥	4′10″40
		女子 70 公里个人赛	吕玉娥	2:3′20″28
1988 年	全国赛车场冠军赛	男子 50 公里记分赛	阮建伟	67 分
	全国赛车场锦标赛	男子 50 公里记分赛	李国栋	52 分
1989 年	全国自行车锦标赛	男子 4 公里团体追逐赛	邬伟培	4′52″08
1991 年	全国赛车场锦标赛	女子 3 公里团体追逐赛	上海队	—
1992 年	全国公路锦标赛	女子团体总成绩	上海队	65:58′25″18
		女子个人总成绩	陆　静	21:57′17″1
	全国公路分段赛	女子团体赛	上海队	51:45′15″17
		女子个人赛	徐海红	17:12′17″42
1993 年	全国公路锦标赛	女子 50 公里团体计时赛	上海队	1:12′37″91
	全国赛车场锦标赛	男子 50 公里记分赛	阮建伟	—
1995 年	全国公路分段赛	女子 50 公里团体计时赛	上海队	1:08′32″655
1996 年	全国公路、场地冠军赛	女子 50 公里团体赛	上海队	1:07′13″5
		女子团体赛	上海队	6:17′30″
		女子奥林匹克竞速赛	施金凤 何　军 唐　泉	1′13″53
1997 年	第八届全运会	女子场地 20 公里记分赛	唐　泉	21 分
		女子公路 69.72 公里个人赛	唐　泉	1:47′01″85

（续表二）

年份	比赛名称	项　　目	运动员	成　绩
1998年	全国公路锦标赛	女子47公里城市绕圈赛	唐　泉	1:12′41″76
2000年	全国场地锦标赛	男子40公里记分赛	吴　刚	—
2002年	全国场地冠军赛	男子记分赛	吴　刚	26分
	全国场地锦标赛	女子奥林匹克竞速赛	周　菊　肖　培 施纹娅	1′10″747
	全国公路锦标赛	男子成年组35.4公里个人计时赛	吴　刚	40′05″075
2006年	全国公路冠军赛	男子个人计时赛	徐　刚	51′15″618
2007年	全国公路锦标赛	男子180公里个人赛	徐　刚	4:12′13″
2008年	全国场地锦标赛	男子记分赛	徐　刚	50分
		女子500米计时赛	徐玉蕾	35″428
		女子团体竞速赛	上海队	35″651
2009年	第十一届全运会	男子场地记分赛	张　辉	62分
	全国场地锦标赛	女子团体竞速赛	上海队	—
	全国公路锦标赛	男子个人赛	徐　刚	4:20′38″
2010年	全国公路锦标赛	男子个人赛	徐　刚	4:23′89″
	全国场地锦标赛	男子团体追逐赛	张　辉　薛赛飞 袁　中　徐　刚	4′12″874

第二节　击　　剑

20世纪70年代中期，上海击剑运动有了较大的发展，7个区建立业余训练基地，建有1所击剑重点中学（上海市零陵中学）。1996年，零陵中学由于培养击剑人才成绩突出，被国家体委授予“优秀院校”称号，是全国唯一获此荣誉的中学，曾被国家体委评为“全国业余训练先进点”和“全国体育先进学校”。上海每年组织全市击剑比赛。通过比赛，把有培养前途的优秀选手输送到市级专业队训练。这种逐级培训、择优输送的体制一直延续到90年代。80年代，上海市队有运动员40余人，教练10人。从1981年出现第一批等级运动员，至1990年底已有24人获运动健将称号。1985年，经上海市体委批准，虹口区击剑学校与上海市队男子花剑项目开展竞争，促进上海男子花剑运动水平的提高。该校高级教练王秀雄培养的青年选手叶冲，1988年入选中国队，参加第二十四至二十七届奥运会。在第四十届世界青年击剑锦标赛上，首次为中国夺得男子花剑个人冠军。1996年，在布达佩斯举行的世界杯男子花剑A级比赛中获得冠军。

1979年上海市击剑协会成立，由吉嘉任主席。同年，吉嘉当选为中国击剑协会副主席。改革开放后，上海每年均举办全国击剑A级赛。至2001年，全国击剑冠军赛在静安区梅龙镇广场举行，开创在商场举行体育赛事的先河。2002年起，由国际剑联主办，中国击剑协会、上海市体育总会协

图 2-6-2　2006 年，王磊夺得中国男子击剑历史上第一个世界冠军

办的国际剑联男女花剑世界杯赛在上海举行，赛事已举办 9 年，成为静安区“一区一品”办赛模式的重要赛事。大型击剑赛事的举行推动青少年击剑赛事的举办，全国少年击剑锦标赛夏令营、全国儿童击剑赛等赛事在上海逐步开展。

1992 年，劳绍沛、叶冲、陈飚、叶琳参加第二十五届奥运会，叶琳获得女子花剑团体第 6 名。1993 年，上海击剑队参加第七届全运会，获得男子花剑团体冠军、男子重剑团体冠军，叶冲获得男子花剑个人冠军，女子重剑团体获得 1 枚银牌，严静获得女子重剑个人亚军，温冬获得女子重剑个人季军。1994 年，杜震城、徐忠柱、叶冲、叶琳参加第十二届广岛亚运会，叶琳获得女子花剑团体冠军，叶冲获得男子花剑团体第二名，徐忠柱、杜震城获得男子重剑团体第二名。1995 年，严静、徐忠柱、郭嵘、叶冲、高慧琦、叶琳代表中国队参加第十八届世界大学生运动会，严静获得女子重剑团体第二名。1996 年，叶冲、严静参加第二十六届亚特兰大奥运会。1997 年，第八届全运会在上海举办，上海队获得 1.5 枚金牌，其中上海队获得男子佩剑团体冠军。1998 年，郭嵘参加第十三届亚运会，获得男子佩剑个人冠军、团体亚军。

2000—2010 年期间，仲维萍、王磊、张杰、张莹、袁力、石海英、谭丽等一批新运动员涌现。在第二十七届奥运会上，叶冲、袁力代表中国队参赛，袁力获得女子花剑团体第七名。2001 年，领队李丁，教练员陈飚、张竹君、杜震城、杜智山、艾大钧带领上海击剑队参加第九届全运会，叶冲获得男子花剑个人冠军，上海队获得男子花剑团体冠军、男子佩剑团体和女子花剑团体 2 枚铜牌。九运会上，上海男女重剑队与辽宁省重剑队联合组团，夺得金牌。同年，仲维萍在女子重剑世界杯中获得第二名。亚洲击剑锦标赛中，张杰获得男子花剑团体冠军，仲维萍获得女子重剑团体冠军，倪俊获得男子佩剑团体冠军。2002 年，王磊、张杰、张莹、仲维萍等参加第十四届亚运会，获得 2 枚金牌、3 枚银牌，其中张杰获得男子花剑团体金牌，张莹获得女子佩剑团体金牌，王磊获得男子重剑个人、重剑团体 2 枚银牌，仲维萍获得女子重剑团体银牌。2004 年，仲维萍、张莹、叶冲、王磊参加第二十八届雅典奥运会，叶冲获得男子花剑团体银牌，王磊获得男子重剑个人银牌、男子重剑团体第七名，仲维萍获得女子重剑团体第六名，张莹获得女子个人佩剑第八名。2005 年第十届全运会上，张莹、李莉、袁婷婷、朱丽娜 4 人获得女子佩剑团体赛金牌，王磊获得男子重剑个人银牌、男子重剑个人铜牌，叶冲获得男子花剑团体银牌，秦兰兰、张莹分获女子重剑、佩剑个人银牌，袁萍、石海英、袁力、裘依琳获得女子花剑团体银牌，谭丽、袁婷婷分获女子重剑、佩剑个人铜牌，另外上海队还获得男子花剑团体、男子重剑团体、女子重剑团体 3 枚铜牌。2006 年，王磊、张莹、仲维萍参加第十五届亚运会，王磊获得男子重剑个人金牌，张莹获得女子佩剑团体金牌，仲维萍获得女子重剑团体金牌。2006 年，在意大利都灵举行的击剑世锦赛中，上海击剑运动员为中国队获得 2 枚金牌，创下中国击剑历史最好成绩。其中，王磊获得男子重剑个人金牌，这是中国男子击剑历史上第一个世界冠军；仲维萍在女子重剑团体项目上获得1枚金牌，是中国击剑历史上的首枚世锦赛金牌。

2000年后，上海在高校试办一线运动队，中学试办二线运动队。上海金融高等专科学校(2003年更名为上海金融学院)试办击剑一线运动队，上海市零陵中学、浦光中学试办击剑二线运动队。至2006年，新增上海金融学院、上海电力学院试办击剑高水平运动队。

2007年，在第六届全国城运会上，陈晓冬获得女子佩剑个人金牌，浦东新区代表团获得女子重剑团体、男子花剑团体2枚金牌、男子重剑团体1枚铜牌，何伟获得男子佩剑个人金牌，姚玉婷获得女子重剑个人铜牌。秦兰兰、袁婷婷获得"国际级运动健将"称号。2008年，王磊、仲维萍参加第二十九届北京奥运会，王磊获得男子重剑团体第四名。2009年，上海队参加第十一届全运会，沈巍巍获得女子重剑个人冠军，仲维萍获得女子重剑个人银牌，上海女队获得佩剑团体、重剑团体银牌，男队获得花剑团体铜牌。2010年，第十六届亚运会在广州举行，陈晓冬获得女子佩剑团体冠军。

表2-6-3　1978—2010年上海击剑运动员获得世界、洲际比赛前三名一览表

年份	比赛名称	项　目	运动员	名次	地　点
1989年	亚洲击剑锦标赛	男子花剑团体	叶　冲	1	中国北京
1990年	第十一届亚运会	男子花剑团体	叶　冲　劳绍沛	1	中国北京
		男子花剑个人	叶　冲	1	
		男子花剑个人	劳绍沛	3	
		男子重剑团体	杜震城　杨文勇	2	
		女子重剑团体	温　冬	1	
1991年	亚洲击剑锦标赛	男子重剑团体	杨文勇	1	马来西亚
		男子花剑团体	劳绍沛　陈　飙	1	
		女子重剑团体	严　静	1	
		男子花剑个人	劳绍沛	1	
		男子花剑个人	陈　飙	2	
		男子重剑个人	杨文勇	3	
		女子重剑个人	严　静	3	
		女子花剑团体	叶　琳	2	
1993年	亚洲击剑锦标赛	男子花剑团体	郑晓岚　叶　冲	1	日本
		男子花剑个人	叶　冲	3	
		女子花剑团体	叶　琳	1	
		女子花剑个人	叶　琳	1	
1994年	第四十五届世界击剑锦标赛	男子花剑个人	叶　冲	1	希腊
		男子花剑团体	叶　冲	1	
	第十二届亚运会	男子重剑团体	徐忠柱　杜震城	2	日本
		女子花剑团体	叶　琳	1	
		男子花剑团体	叶　冲	2	

(续表一)

年份	比赛名称	项目	运动员	名次	地点
1995年	亚洲击剑锦标赛	女子重剑个人	严静	1	韩国
			高慧琦	2	
1996年	世界七强男子花剑团体赛	男子花剑团体	叶冲	1	德国
1997年	亚洲击剑锦标赛	男子佩剑团体	郭嵘 左斌	2	伊朗
		男子佩剑个人	郭嵘	3	
1998年	第十三届亚运会	男子佩剑个人	郭嵘	1	泰国
		男子佩剑团体	郭嵘	2	
2001年	女子重剑世界杯赛	女子重剑个人	仲维萍	2	法国
	亚洲击剑锦标赛	男子花剑团体	张杰	1	泰国
		女子重剑团体	仲维萍	1	
		男子佩剑团体	倪俊	1	
2002年	世界击剑锦标赛	女子重剑团体	仲维萍	3	葡萄牙
2003年	亚洲击剑锦标赛	男子重剑团体	任磊	1	泰国
		女子花剑团体	裘依琳	1	
		男子佩剑团体	王浃	1	
		女子重剑团体	谭丽	1	
2004年	第二十八届奥运会	男子重剑个人	王磊	2	希腊
		男子花剑团体	叶冲	2	
	亚洲击剑锦标赛	女子重剑个人	谭丽	1	菲律宾
		女子重剑团体	谭丽	1	
		男子花剑团体	张杰	1	
2005年	亚洲击剑锦标赛	女子花剑团体	秦兰兰	1	马来西亚
		女子花剑个人	秦兰兰	2	
		女子花剑团体	袁萍	1	
		女子花剑团体	裘依琳	1	
		女子花剑个人	裘依琳	3	
		男子花剑团体	毛麟群	1	
2006年	女子重剑世界杯大奖赛	女子重剑团体	仲维萍	2	澳大利亚
		女子重剑个人	秦兰兰	3	
	世界杯击剑大奖赛分站赛	女子重剑团体	谭丽	2	澳大利亚悉尼
		女子重剑团体	谭丽	3	法国巴黎

（续表二）

年份	比赛名称	项　目	运动员	名次	地　点
2006 年	第十五届亚运会	男子重剑个人	王　磊	1	卡塔尔
		女子佩剑团体	张　莹	1	
		女子重剑团体	仲维萍	1	
2007 年	女子重剑世界杯大奖赛	女子重剑团体	谭　丽	1	加拿大
	世界杯击剑大奖赛	女子重剑团体	仲维萍	1	匈牙利
	世界杯击剑大奖赛	女子重剑团体	仲维萍	1	意大利
		女子佩剑团体	袁婷婷	1	
	世界杯 A 级赛	女子重剑团体	仲维萍	3	卢森堡
	世界杯击剑大奖赛	女子重剑团体	仲维萍　谭　丽	1	加拿大
	亚洲击剑锦标赛	女子重剑团体	仲维萍	1	中国
		男子重剑个人	王　磊	3	
		男子重剑团体	王　磊	1	
2008 年	世界击剑锦标赛	女子重剑团体	仲维萍	2	中国
	世界杯大奖赛	男子重剑个人	王　磊	3	瑞士
	世界杯 A 级赛	女子重剑个人	仲维萍	2	希腊
	世界杯 A 级赛	女子重剑个人	仲维萍	1	西班牙
	世界杯大奖赛	女子重剑个人	仲维萍	3	中国
	亚洲击剑锦标赛	男子重剑团体	王　磊	3	泰国
		女子佩剑团体	陈晓冬	1	
		女子重剑团体	仲维萍	1	
2009 年	世界击剑锦标赛	女子佩剑团体	陈晓冬	3	土耳其
	世界杯击剑大奖赛	女子佩剑团体	陈晓冬	2	法国
	世界杯击剑大奖赛	女子佩剑团体	陈晓冬	3	意大利
	世界杯击剑大奖赛	女子佩剑团体	陈晓冬	2	中国
	世界杯击剑大奖赛	女子重剑团体	谭　丽	2	匈牙利
	亚洲击剑锦标赛	男子重剑个人	王　峰	3	卡塔尔
		女子重剑团体	李筱芸	2	
		男子重剑团体	王　峰	3	
		男子佩剑团体	何　伟　陈昊聪	1	
		女子花剑团体	孙　晶	2	
2010 年	亚洲击剑锦标赛	男子重剑团体	王　峰	2	韩国
		男子佩剑团体	何　伟	1	

表2-6-4 1978—2010年上海击剑运动员获得全国比赛冠军一览表

年 份	比 赛 名 称	项 目	运 动 员
1989年	全国击剑锦标赛	男子重剑个人	杜震城
	全国击剑冠军赛	男子重剑个人	杜震城
1990年	全国击剑锦标赛	男子花剑个人	劳绍沛
		女子重剑个人	温 冬
	全国击剑冠军赛	男子花剑个人	叶 冲
		女子重剑个人	高慧琦
	全国击剑A级赛	男子重剑个人	杨文勇
1991年	全国击剑锦标赛	女子重剑团体	上海队
		男子重剑个人	杨文勇
	全国击剑冠军赛	男子花剑个人	尤政一
		女子重剑个人	温 冬
	全国击剑A级赛	男子花剑个人	叶 冲
		女子重剑团体	上海队
		男子重剑团体	上海队
1992年	全国击剑冠军赛	男子重剑个人	杜震城
		女子重剑团体	上海队
		女子花剑个人	叶 琳
		男子花剑个人	郑晓岚
		女子重剑个人	高慧琦
	全国击剑杯赛	女子重剑团体	上海队
		男子重剑团体	上海队
	全国击剑A级赛	女子花剑个人	叶 琳
		男子花剑个人	叶 冲
		男子佩剑个人	苏 峥
		女子重剑个人	严 静
1993年	第七届全运会	男子花剑团体	上海队
		男子花剑个人	叶 冲
		男子重剑团体	上海队
1994年	全国击剑锦标赛	男子重剑个人	杜震城
		女子重剑团体	上海队
		男子花剑团体	上海队
	全国击剑冠军赛	男子花剑个人	叶 冲

（续表一）

年份	比赛名称	项目	运动员
1994年	全国击剑A级赛	男子重剑个人	徐忠柱
		男子花剑团体	虹口队
		男子重剑个人	杜震城
		女子重剑个人	严　静
1995年	全国击剑杯赛	女子重剑个人	严　静
	全国击剑锦标赛	男子花剑个人	叶　冲
	全国击剑锦标赛	男子重剑团体	上海队
	全国击剑A级赛	女子重剑个人	严　静
	第三届全国城市运动会	男子重剑个人	杨东海
	全国击剑冠军赛	男子重剑个人	薛　斌
1996年	全国击剑锦标赛	男子佩剑团体	上海队
		男子花剑个人	叶　冲
		女子重剑个人	高慧琦
		女子重剑团体	上海队
	全国击剑杯赛	男子佩剑团体	上海队
	全国击剑冠军赛	男子花剑团体	虹口剑校队
1997年	全国击剑锦标赛	男子佩剑团体	上海队
		男子佩剑个人	郭　嵘
		女子重剑团体	上海队
		女子花剑个人	叶　琳
	第八届全运会	男子佩剑团体	上海队
		女子重剑个人	杨劭琦
	全国击剑冠军赛	男子佩剑个人	郭　嵘
		男子花剑团体	虹口队
1998年	全国击剑锦标赛	男子佩剑个人	郭　嵘
	全国击剑冠军赛	女子花剑个人	齐英慧
	全国击剑A级赛	男子花剑团体	上海队
		男子佩剑团体	上海队
2000年	全国击剑锦标赛	女子重剑个人	仲维萍
		男子佩剑个人	郭　嵘
	全国击剑冠军赛	女子佩剑团体	上海队
		女子重剑个人	仲维萍

(续表二)

年　份	比 赛 名 称	项　　目	运 动 员
2001年	全国击剑冠军赛系列赛	男子佩剑团体	上海队
		女子佩剑个人	李　莉
		女子佩剑团体	上海队
	九运会预赛暨全国击剑冠军赛	男子佩剑个人	郭　嵘
		男子重剑团体	上海队
		女子佩剑个人	朱丽娜
		女子重剑个人	滕晓丽
	九运会击剑预赛暨全国击剑锦标赛	男子佩剑个人	王　泱
		女子重剑团体	上海队
	第九届全运会	男子花剑个人	叶　冲
		男子花剑团体	叶　冲　庄　焰　章　节　陈　卡
		男子重剑团体	邱国江
		女子重剑团体	仲维萍
2002年	全国击剑冠军赛总决赛	男子重剑团体	上海队
		女子佩剑团体	上海队
	全国击剑锦标赛	男子佩剑个人	倪　俊
2003年	全国击剑冠军赛总决赛	女子重剑个人	仲维萍
	第五届全国城运会	男子重剑团体	黄浦队
		女子佩剑团体	黄浦队
2004年	全国击剑冠军赛总决赛	男子花剑团体	上海队
		女子重剑团体	上海队
2005年	第十届全运会	女子佩剑团体	上海队
	全国击剑锦标赛	女子重剑个人	仲维萍
2007年	全国击剑冠军赛总决赛	女子重剑个人	仲维萍
	全国击剑锦标赛	男子重剑团体	孙　琦　王　磊　王　峰　张　朔
		女子重剑个人	谭　丽
2008年	全国击剑冠军赛总决赛	女子佩剑个人	陈晓冬
	全国击剑锦标赛	女子佩剑团体	上海队
		女子佩剑个人	张　莹
		女子重剑团体	上海队
2009年	第十一届全运会	女子重剑个人	沈巍巍

（续表三）

年 份	比 赛 名 称	项 目	运 动 员
2010年	全国击剑冠军赛总决赛	男子重剑个人	倪 俊
		女子重剑团体	上海队
	全国击剑锦标赛	女子重剑个人	仲维萍
		女子重剑团体	上海队
		女子佩剑团体	上海队

第七章　体操运动

第一节　体　　操

20 世纪 70 年代后，上海体操运动员朱政、李小平、吴佳妮等通过刻苦训练，技术创新，在世界大赛上连创佳绩。桂芝莘于 1978 年被国际体操联合会评为十佳体操运动员。李小平在 1981 年第二十一届世界锦标赛和 1982 年第九届亚运会以满分夺得鞍马冠军，是第二十二届世锦赛上中国夺得男子团体冠军的主力队员。朱政、吴佳妮是第二十一届世界锦标赛团体亚军和第二十三届奥运会女子体操团体第三名的主力队员。朱政在 1978 年第八届亚运会上获得全能亚军、平衡木冠军及高低杠亚军。吴佳妮在 1982 年第九届亚运会上获得高低杠、平衡木冠军和自由体操亚军，与朱政同是女子团体冠军的主力队员。同年，吴佳妮在世界杯体操比赛中获得平衡木亚军。

20 世纪 80 年代以后，上海体操队涌现出一批新的优秀选手，包括赵建国、徐文红、樊迪等。赵建国 1983 年入选国家队，双杠前空翻分腿后切接挂臂是其独创。他在国内外比赛中先后获得 10 多枚金牌。徐文红曾在中、日、美体操比赛中夺得全能、高低杠、平衡木冠军，在国内外比赛中共获得 13 枚金牌。樊迪 1984 年进入市队，随后入选国家队。她是国内第一个完成高低杠向前大回环的运动员，在 1987 年世界锦标赛的团体赛中得到满分。1989 年在德国举办的第二十五届世界锦标赛上，樊迪以近乎完美的表现获得高低杠和女子团体 2 枚金牌。1990 年，樊迪在第十一届北京亚运会上获高低杠和女子团体 2 枚金牌。洪南丽作为裁判员受到亚运会组委会的表彰。

进入 20 世纪 90 年代以后，上海体操队陷入低迷期，蒋晓斐、沈怡、陆慧、马景华、钱正、曹杰、马晓艳等运动员虽然在国内部分比赛中获得数个冠军，但发挥不稳定，上海逐渐失去在体操项目上的领先地位。

1997 年 9 月 10 日，上海国际体操中心举行落成典礼。上海国际体操中心位于武夷路 777 号，占地 36 000 平方米，建筑面积 47 090 平方米，总投资 2.2 亿元。中心设有 2 600 个固定观众席、1 730 个活动座位。馆内设有兴奋剂监测站、仲裁室、新闻中心、贵宾室、裁判员休息室、运动员休息室、医务室、计算机房等配套设施。中心建成后，不仅承办了体操世界杯、全运会体操项目等重大比赛，而且还举办了中国国际女排赛、世界职业台球中国公开赛等比赛，成为上海举办国际大赛的重要场馆之一。该中心还在 1998 年被评为“上海十大体育建筑”。

进入 21 世纪以后，为了恢复上海体操的优势地位，实现 2004、2008 年奥运会和 2005 年全运会战略目标，上海市体育局对有关项目进行合理配置，优化组合，将体操、艺术体操、技巧、蹦床等项目整合在一起，于 2002 年 8 月 28 日成立上海市体操运动中心。中心坐落于汇丰训练基地内，由体操馆、艺术体操馆和运动员综合楼宿舍楼三部分建筑组成。运动员 120 多人，中高级教练员 32 人。2003 年 10 月 28 日，国家体操后备人才训练基地揭牌仪式在上海市体操运动中心举行。这是继射击射箭之后，又一个国家级后备人才训练基地落户上海。

经过几年的发展，上海体操队涌现出严明勇、眭禄、谭思欣等优秀运动员。严明勇 2002 年代表上海队首次参加在云南昆明举行的全国体操锦标赛时，在跳马比赛中意外受伤。之后在教练的指导和建议下，严明勇将精力转向以要求上肢力量为主的吊环项目上，成绩明显提高，在2005年全国体操冠军赛总决赛中获得亚军。同年，在南京举行的第十届全运会上取得铜牌，随即被选入国家队。2007年，获得体操世界杯莫斯科分站赛吊环冠军及"好运北京"体操邀请赛吊环亚军。2008年，获得体操世界杯斯图加特、巴塞罗那分站赛吊环冠军，后因伤病原因未参加北京奥运会。2009年，获得第四十一届世界体操锦标赛吊环冠军、第十一届全运会吊环冠军和第二十五届世界大学生运动会体操吊环亚军。2010年，获得第四十二届体操世锦赛男子团体冠军和吊环亚军、"丰田杯"国际体操比赛吊环冠军。

图2-7-1　2009年，眭禄获得第十一届亚运会体操项目4枚金牌

2000年，眭禄由湖南引进至上海队培养。经过几年的刻苦训练，2007年，15岁的眭禄在全国体操锦标赛中以其在自由体操和平衡木中的出色表现，帮助上海女队重夺阔别27年之久的全国体操女团冠军。在全国体操冠军赛中，获得自由体操冠军。同年，在湖北武汉举行的全国城运会上，眭禄以一套优美的自由体操获得冠军；在平衡木上完成中国选手并不擅长的向前空翻转体动作，取得铜牌并入选国家队。2008年，在美国休斯敦举行的国际体操邀请赛上，获得女子个人全能金牌；同年，在全国体操锦标赛暨奥运会选拔赛中，获得自由体操和平衡木2枚金牌。2009年，获得体操世界杯德国科特布斯站、斯图加特站自由体操冠军，第十一届全运会女团、自由体操冠军，体操世界杯克罗地亚站平衡木、自由体操冠军，广州亚运会体操女子平衡木、自由体操、个人全能及团体冠军，体操日本杯平衡木季军、自由体操冠军。2010年，获得加拿大体操邀请赛平衡木、自由体操冠军，个人全能、高低杠季军；全国体操锦标赛女子个人全能、平衡木、自由体操冠军，女子团体季军。2010年1月16日，上海体操队建队55周年庆典大会举行，上海市领导向上海体操队全体运动员、教练员表示热烈祝贺和诚挚慰问。

上海多次举办国内外重大体操比赛。1978年6月，上海首次举办国际体操邀请赛，日本、加拿大、朝鲜、埃及、法国、荷兰、罗马尼亚、中国参赛。1985年4月，上海再次举办体操国际邀请赛，苏联、美国、日本、罗马尼亚、保加利亚、法国、加拿大、中国等9个国家参加。1989年9月和1991年11月，全国体操锦标赛在上海体育馆举行。1997年6月，中国杯国际体操邀请赛在上海体育馆举行，白俄罗斯、乌克兰、罗马尼亚等世界强队参加，中国队派出一流选手参赛。同年10月，八运会体操比赛在新建成的上海国际体操中心举行。1998年6月，全国体操冠军赛在上海国际体操中心举行，全国23个单位164名运动员参赛。1999年4月，中美体操对抗赛在松江体育馆举行，中美各派6名选手参加，均为顶尖运动员。2006年7月，国际体联体操世界杯系列赛（上海站）在上海国际体操中心举行，来自澳大利亚、俄罗斯、白俄罗斯、巴西、加拿大、克罗地亚、埃及、芬兰、英国、德国、匈牙利、瑞士和中国等18个国家的近300名选手参赛。同年，全国少儿体操分区赛（第二赛区）在上海市体操运动中心举行，上海队包揽男、女甲组团体冠军和男、女乙组个人全能冠军。2007年6月，全国体操锦标赛暨2008年奥运会体操选拔赛在上海国际体操中心举行，来自全国各地近600名运动员和教练员参加，其中包括所有国家队集训选手，是历年规模最大的全国体操比赛。同年7月,世界杯体操系列赛(中国站)在上海举行,来自16个国家和地区的200名选手参赛。

表2-7-1 1978—2010年上海体操运动员获得国际、洲际比赛前三名一览表

年份	比赛名称	项目	运动员	名次
1978年	国际体操邀请赛(上海)	女子团体	上海队	1
		女子全能	朱政	2
		平衡木	朱政	1
	国际体操邀请赛(瑞士)	女子全能	桂芝莘	1
		跳马	桂芝莘	1
		平衡木	桂芝莘	1
		高低杠	桂芝莘	2
	第八届亚运会	女子团体	朱政	1
		女子全能	朱政	2
		高低杠	朱政	2
		平衡木	朱政	1
1979年	国际体操邀请赛(里斯本)	女子全能	桂芝莘	1
		高低杠	桂芝莘	1
		平衡木	桂芝莘	1
	国际体操邀请赛(里昂)	女子全能	朱政	1
		高低杠	朱政	1
		平衡木	朱政	1
	国际体操邀请赛(昂蒂布)	高低杠	朱政	1
		平衡木	朱政	1
	中日杯国际体操比赛	女子全能	倪佩瑶	2
		平衡木	吴佳妮	2
		高低杠	吴佳妮	3
1980年	国际体操比赛	女子团体	朱政 吴佳妮	1
		高低杠	朱政	1
	第五届体操世界杯	高低杠	朱政	3
1981年	第二十一届体操世锦赛	女子团体	朱政 吴佳妮	2
		平衡木	吴佳妮	3
		鞍马	李小平	1
	国际体操邀请赛(罗马尼亚)	高低杠	吴佳妮	2
		自由体操	吴佳妮	2

（续表一）

年　份	比　赛　名　称	项　　目	运　动　员	名　次
1981年	中美体操对抗赛	女子全能	朱　政	1
		女子全能	吴佳妮	2
		跳马	朱　政	1
		高低杠	朱　政	1
		平衡木	朱　政	1
1982年	第六届体操世界杯	平衡木	吴佳妮	2
	第九届亚运会	女子团体	吴佳妮　朱　政	1
		女子全能	吴佳妮	2
		高低杠	吴佳妮	1
		平衡木	吴佳妮	1
		自由体操	吴佳妮	2
		男子团体	李小平	1
		鞍马	李小平	1
	国际体操邀请赛	平衡木	朱　政	1
		跳马	朱　政	1
	国际体操邀请赛(突尼斯)	女子全能	刘　红	1
		高低杠	刘　红	1
		平衡木	刘　红	3
		自由体操	刘　红	3
		跳马	刘　红	1
		女子全能	史鸿琴	3
		高低杠	史鸿琴	3
		男子全能	赵建国	1
	国际体操邀请赛(美国沃斯堡)	高低杠	吴佳妮	1
		平衡木	吴佳妮	1
		鞍马	李小平	1
	国际体操邀请赛(北京)	高低杠	朱　政	1
	国际体操邀请赛(匈牙利)	平衡木	吴佳妮	2
		高低杠	吴佳妮	3
	中日体操赛	女子全能	吴佳妮	1
		高低杠	吴佳妮	1
		平衡木	吴佳妮	1
	国际体操邀请赛(东京)	高低杠	吴佳妮	1
		平衡木	吴佳妮	1

(续表二)

年份	比赛名称	项目	运动员	名次
1983年	第二十二届体操世锦赛	男子团体	李小平	1
		鞍马	李小平	2
1984年	第二十三届体操奥运会	女子团体	吴佳妮	3
		男子团体	李小平	2
	巴黎体操大奖赛	男子全能	李小平	1
		鞍马	李小平	1
		双杠	李小平	1
	国际体操邀请赛(巴塞罗那)	男子全能	赵建国	1
	国际体操邀请赛(北京)	男子团体	李小平等	1
		鞍马	李小平	1
	国际体操邀请赛(香港)	女子团体	徐文红	1
		女子全能	徐文红	1
		平衡木	徐文红	1
		高低杠	徐文红	1
	莫斯科新闻杯体操比赛	高低杠	徐文红	1
1985年	莫斯科新闻杯体操比赛	男子全能	赵建国	2
1986年	第十一届亚运会	女子团体	樊　迪	1
		高低杠	樊　迪	1
	阿尔及尔体操邀请赛	高低杠	徐文红	2
		自由体操	徐文红	2
	突尼斯体操邀请赛	女子全能	徐文红	1
		自由体操	徐文红	1
		自由体操	张联芳	3
		平衡木	张联芳	3
		高低杠	徐文红	2
	太平洋联盟体操锦标赛	男子团体	赵建国	1
1988年	国际体操大奖赛(马赛)	女子全能	樊　迪	1
		女子全能	李蓓昱	2
		女子全能	黄　怡	3
1989年	第二十五届体操世锦赛	高低杠	樊　迪	1
		女子团体	樊　迪	3
	国际体操邀请赛(捷克)	女子全能	黄　怡	3
		高低杠	黄　怡	1
		平衡木	黄　怡	2

（续表三）

年　份	比　赛　名　称	项　　目	运　动　员	名　次
1989 年	国际体操邀请赛（马赛）	女子团体	樊　迪　张海燕	2
		女子全能	樊　迪	2
		高低杠	樊　迪	1
		平衡木	张海燕	2
1990 年	国际体操邀请赛（日本）	女子团体	李蓓昱　陆　惠 蒋晓菲　盛晓洁	1
		女子全能	李蓓昱	1
	第十一届亚运会	女子团体	樊　迪	1
		高低杠	樊　迪	1
1991 年	国际体操邀请赛（日本）	平衡木	向　晨	1
		跳马	沈　怡	1
	国际体操邀请赛（法国）	自由体操	向　晨	2
1992 年	国际体操邀请赛（日本）	女子团体	张海燕　黄　怡 秦　怡　陈　颖	1
		跳马	陈　颖	1
		高低杠	黄　怡	1
		平衡木	张海燕	2
		自由体操	张海燕	2
1996 年	第十一届亚运会	女子团体	樊　迪	1
2001 年	中美罗三国体操对抗赛	男子团体	李峥嵘	2
2004 年	太平洋联盟体操锦标赛	男子团体	李峥嵘	3
2005 年	罗马尼亚国际体操锦标赛	吊环	严明勇	1
		鞍马	严明勇	2
2009 年	第四十一届体操世锦赛	自由体操	眭　禄	3
		吊环	严明勇	1
2010 年	第四十二届体操世锦赛	女子团体	眭　禄	3
		男子团体	严明勇	1
		吊环	严明勇	2
	第十六届亚运会	女子团体	眭　禄	1
		女子全能	眭　禄	1
		自由体操	眭　禄	1
		平衡木	眭　禄	1
		男子团体	严明勇	1
		鞍马	严明勇	2

(续表四)

年 份	比 赛 名 称	项 目	运 动 员	名 次
2010 年	国际体操邀请赛(加拿大)	平衡木	眭 禄	1
		自由体操	眭 禄	1
		女子全能	眭 禄	3
		高低杠	眭 禄	3
	体操日本杯	自由体操	眭 禄	1
		平衡木	眭 禄	3

表 2-7-2 1978—2010 年上海体操运动员获得全国比赛冠军一览表

年 份	比 赛 名 称	项 目	运 动 员
1979 年	全国体操比赛	鞍马	李小平
1980 年	全国体操锦标赛	鞍马	李小平
		女子团体	上海队
		女子全能	吴佳妮
		平衡木	吴佳妮
1982 年	全国体操锦标赛	跳马	朱 政
1983 年	全国体操锦标赛	双杠	李小平
	第五届全运会	女子全能	吴佳妮
1984 年	全国男子体操赛	双杠	赵建国
1985 年	全国男子体操赛	鞍马	李小平
	全国体操锦标赛	甲组男子全能	赵建国
		单杠	赵建国
		女子全能	徐文红
1986 年	全国男子体操锦标赛	双杠	赵建国
1987 年	第六届全运会	高低杠	樊 迪
1988 年	全国体操个人赛	女子自由体操	仉莉莉
	全国体操锦标赛	单杠	刘金强
1989 年	全国体操个人赛	高低杠	樊 迪
	全国体操锦标赛	女子全能	樊 迪
		高低杠	樊 迪
1990 年	全国体操冠军赛	跳马	沈 怡
		平衡木	陆 慧
1991 年	全国体操锦标赛	跳马	蒋晓斐
1992 年	全国体操锦标赛	跳马	钱 正

（续表一）

年　份	比　赛　名　称	项　　目	运　动　员
1993 年	全国体操锦标赛	跳马	曹　杰
1994 年	全国体操个人冠军赛	平衡木	马晓艳
1997 年	全国体操锦标赛	单杠	陈　兵
1999 年	第四届全国城运会	男子自由体操	李峥嵘
2000 年	全国体操冠军赛	平衡木	殷　华
2002 年	全国体操冠军赛	男子自由体操	徐　宙
2003 年	第五届全国城运会	跳马	崔森林
		女子自由体操	张　馨
2004 年	全国体操冠军赛	吊环	严明勇
2006 年	全国体操冠军赛(佛山赛区)	吊环	严明勇
		跳马	胡俊捷
		平衡木	眭　禄
	全国体操冠军赛总决赛	吊环	严明勇
2007 年	全国体操冠军赛	跳马	李嵘杰
		女子自由体操	张　馨
	全国体操锦标赛	女子团体	上海队
	第六届全国城运会	女子自由体操	眭　禄
	全国体操冠军赛	吊环	严明勇
		女子自由体操	眭　禄
2008 年	全国体操锦标赛	平衡木	眭　禄
		女子自由体操	眭　禄
	全国体操冠军赛	吊环	严明勇
2009 年	全国体操锦标赛	吊环	严明勇
		女子团体	上海队
	全国体操冠军赛	女子自由体操	眭　禄
	全国体操个人赛	单杠	秦飞雄
		女子全能	肖康君
		高低杠	肖康君
		平衡木	付彬彬
		女子自由体操	肖康君
	第十一届全运会	吊环	严明勇
		女子团体	上海队
		平衡木	谭思欣
		自由体操	眭　禄

(续表二)

年份	比赛名称	项目	运动员
2010年	全国体操锦标赛	吊环	严明勇
		女子全能	眭禄
		女子自由体操	眭禄
		平衡木	眭禄
	全国体操冠军赛	吊环	严明勇
		女子全能	眭禄
		女子自由体操	眭禄

第二节 艺术体操

艺术体操是一项艺术性较强的竞技体育项目。上海艺术体操运动始于20世纪80年代初,由在沪高校最早组队。1980年,上海体育学院组织艺术体操队,与来访的西班牙、日本的大学艺术体操队同场表演交流。1981年,全国举行艺术体操选拔赛,上海体院派队参加。1982年,上海部分大学组建艺术体操队。同年,上海派大学生队参加在南京举行的第一次全国艺术体操邀请赛。

1982年4月,国家体委决定在第五届全运会中设艺术体操为比赛项目。为此上海市体校筹建市艺术体操队。1个月后,抽调原市体操队与市芭蕾舞团各5名队员组成集训队,但未取得第五届全运会决赛资格。

1983年2月,上海市体校体操班招收10名10—11岁的小队员,与艺术体操集训队一起训练。经调整和充实,至1985年12月时,市艺术体操队共有9名队员。

1986年,参加在西安举行的全国艺术体操锦标赛,获得团体第三名。同年,在上海举办上海杯国际艺术体操邀请赛,10个国家共11个队参加,上海队获得团体第三名。1987年,上海队参加在保加利亚瓦尔纳举行的第十三届世界艺术体操锦标赛,获得团体第三名,同时获得三球三圈单项第二和六球单项第三名,参赛的6位选手平均年龄14岁;参加在奥地利举行的国际艺术体操邀请赛,获得团体冠军和三球三圈与六球2个单项金牌;在第六届全运会中获得团体冠军。1988年,参加第六届四大洲艺术体操锦标赛,获得团体与全能第一名、六球第一名、三球三带第二名。1990年,参加第七届四大洲艺术体操锦标赛,团体、全能和单项均为第三名。1991年,第十五届世界艺术体操锦标赛在希腊雅典举行,张丽莉、顾晨红、许珏3名艺术体操运动员参加集体项目比赛,

图2-7-2 2009年,第十一届全运会艺术体操预赛在上海国际体操中心举行

获得第 12 名。

1997 年，第八届全运会艺术体操预赛暨全国艺术体操锦标赛于 5 月 8—10 日在四川成都举行，上海队获得集体全能和三球二带第六名、五人球第五名。决赛于 10 月 2—4 日在上海国际体操中心举行，15 支队伍共 87 人参赛，上海队获得个人团体第八名、集体全能第三名。

2002 年 8 月 28 日，上海市体操运动中心揭牌，蹦床、艺术体操、体操、技巧项目转由上海市体操运动中心管理，艺术体操队员 10 人，教练 2 人。同年 9 月，全国艺术体操锦标赛在江苏淮安举行，上海艺术体操队获得集体三绳二球第三名、五人带操第一名、集体全能第三名。

2005 年第十届全运会上，上海艺术体操队周怡、郑薇、吕雯、张秋萍、李文茜、周莹以 26.325 分获得女子全能铜牌。2009 年 10 月第十一届全运会上，周怡、张秋萍、秦琴、谢东玲、屈亚利、李文茜以 44.65 分获得集体全能第三名，上海艺术体操队获得团体总分第四名，彭琳懿获得个人全能第八名。

2010 年 11 月第十六届广州亚运会上，彭琳懿代表中国队以 252.30 分获得团体第五名。

表 2-7-3　1978—2010 年上海艺术体操队获得全国比赛冠军一览表

年　份	比 赛 名 称	项　目
1987 年	第六届全运会	团体
	全国艺术体操锦标赛	集体全能
1988 年	全国艺术体操锦标赛	集体全能
		三球三圈
		六人棒操
1989 年	全国艺术体操冠军赛	单套第一套
1991 年	全国艺术体操冠军赛	集体全能
		六带
	全国艺术体操锦标赛	集体全能
1999 年	全国艺术体操、健美操冠军赛	集体五人棒
2002 年	全国艺术体操锦标赛	五人带
2006 年	全国艺术体操冠军赛	个人团体
		集体全能
		五人带
		三圈二棒
	全国艺术体操锦标赛	集体全能
		五人带
		三圈二棒
2007 年	全国艺术体操集体锦标赛	三圈二棒
	全国艺术体操冠军赛	三圈二棒
	全国艺术体操锦标赛	三圈二棒

第三节 技 巧

上海技巧队成立于1958年,曾涌现出一批优秀选手,如姚娟、方伯生、王小刚、周平、俞慧、俞萍、曹中英等。

1983年举行的第五届全运会未设立技巧比赛项目。1987年,老队员多数退役,补充新队员入队。为了抓好新队员的选材和基本功训练,邀请各方专家群策群力改进训练,市队水平开始回升。在1987年第六届全运会上,由胡文佩领队,洪源长、张以鸿、徐年勋为教练的上海队获得3项铜牌、1项第四、2项第五。1988年,在全国锦标赛上,上海队再次夺取团体冠军;男子单人新手陈台良,男子双人宋捷、封忆岭,女子双人陆美娟、虞玮夺得全国冠军。

1989年,上海市体校恢复技巧班。市队聘请上海师范大学副教授杨东任顾问,并从退役的优秀运动员中选拔方伯生、张以鸿、曹中英、姚娟充实教练员队伍。上海技巧水平有了新的突破,男子四人第一套突破原来的难度;第二套采用轿抛屈体前空翻一周半,同时转体360度成接臂倒立,多次获得全国比赛冠军。柴轶超、王黎俐、刘霓女子三人突破了屈体三周下、直体720度旋下,以及立柱塌腰倒立接背水平等高难度动作,在波兰举行的首届世界青少年技巧锦标赛上,取得单套冠军和全能亚军,并获得1991年世界杯赛亚军。1992年柴轶超、徐颖琦、刘霓获得世界锦标赛冠军。陆美娟、虞玮的女子双人在苏联里加举行的第七届世界杯技巧赛上,获得第一套冠军。1992年,陆美娟、范倩获得法国世界技巧锦标赛冠军。

2000年以后,上海技巧队先后有孙光蕾、李一飞、施月华、陆一婞、王志玥、刘忆婷等运动员脱颖而出。在2000年举行的全国体育大会技巧比赛暨全国技巧锦标赛上,上海技巧队获得团体总分第三名。施月华、孙光蕾获得女双全能、平衡套路2项冠军,动力性套路第二名。严挺、吴文斌获得集体项目第三名;李一飞、陆晓珺、陆一婞获得女三动力性套路第三名。

2009—2010年期间,新秀邢天月、吴梦秋、张源元在全国技巧锦标赛和第四届全国体育大会技巧比赛中多次夺冠。2009年全国技巧锦标赛上,获得女子三人全能和女子三人第一套冠军。2010年全国技巧锦标赛上,获得女子三人第一套和第二套冠军;在第四届全国体育大会技巧比赛中,获得女子三人第二套冠军。

上海技巧运动的国际交往始于1971年。张以鸿随国家队访问阿尔巴尼亚。1978年,张以鸿与女双选手出访非洲,冯传北与男子四人选手出访西亚。1979年,女双和混双选手出访意大利、比利时、法国、罗马尼亚等国。八九十年代期间,上海技巧队赴南斯拉夫、苏联、日本、马来西亚、德国、菲律宾、比利时以及中国香港、中国台湾等地进行表演和比赛。此外,1988年2月,国际技巧联合会聘请洪源长去英国为国际技联高级教练训练班讲授单跳运动员的训练专题。1989年9月,张以鸿应捷克体操协会邀请,作“技巧跟斗”讲学。1994年,洪源长赴日本进行讲学。2005年,上海技巧队赴中国香港比赛,2007年赴澳大利亚比赛。

20世纪80年代时期,来访的团队有联邦德国、波兰、保加利亚、法国、日本等国,与上海选手举行友谊比赛。2004年、2005年,日本大阪府箕面市技巧队两次访沪。2005年,澳大利亚墨尔本技巧队访沪。2007年,澳大利亚悉尼技巧队访沪。

1989年以前,技巧与体操合并为1个市级协会。1989年初单独成立上海市技巧协会,下设教练、裁判、科研3个委员会。

表 2-7-4 1989—2010 年上海市技巧运动员获得世界比赛前三名一览表

年 份	比 赛 名 称	项 目	运 动 员	名 次
1989 年	第七届世界杯技巧锦标赛	女子双人第一套	陆美娟 虞 玮	1
		女子双人第二套	陆美娟 虞 玮	2
		女子双人全能	陆美娟 虞 玮	2
1992 年	第十届世界技巧锦标赛	女子双人第二套	陆美娟 范 倩	1
		女子三人全能	刘 霓 柴铁超 徐颖琦	3
		女子三人第二套	刘 霓 柴铁超 徐颖琦	1
	第一届亚洲技巧锦标赛	男子四人全能	周 峰 俞 华 谢 钧 孙琦皓	1
		男子四人第一套	周 峰 俞 华 谢 钧 孙琦皓	1
		男子四人第二套	周 峰 俞 华 谢 钧 孙琦皓	1
1998 年	亚洲技巧锦标赛	女子双人女子全能	孙光蕾 陈 苓	2
1999 年	第十六届世界技巧锦标赛	团体	孙光蕾 陈 苓	1
2001 年	世界技巧运动会	女子双人	施月华 孙光蕾	2
2006 年	第二十届世界技巧锦标赛	女子双人团体	王志玥 刘忆婷	3
		女子双人全能	王志玥 刘忆婷	3

表 2-7-5 1978—2010 年上海技巧运动员获得全国比赛冠军一览表

年 份	比 赛 名 称	项 目	运 动 员
1978 年	全国技巧个人单项比赛	女子三人	许晓霞 车一琦 姚 娟
		男子四人	王小刚 韩桂强 林英杰 孟伟伦
	全国技巧赛	女子双人	俞 萍 周 平
1979 年	全国技巧赛	女子单人	曹中英
		女子双人	俞 慧 周 平
		女子三人	许晓霞 车一琦 姚 娟
	第四届全运会	团体	上海队
		女子单人	曹中英
		女子双人	俞 慧 周 平
1980 年	全国技巧冠军赛	女子单人全能	曹中英
		女子单人单套第一套	曹中英
		女子单人单套第二套	曹中英
	全国技巧锦标赛	女子单人全能	曹中英

(续表一)

年 份	比赛名称	项 目	运 动 员
1981 年	全国技巧冠军赛	女子单人全能	曹中英
		女子单人单套第二套	曹中英
1982 年	全国技巧冠军赛	男子单人全能	王小刚
		女子单人全能	曹中英
		女子单人第二套	曹中英
		女子单人第三套	曹中英
		混双单套第二套	俞 萍 方伯生
	全国技巧锦标赛	女子单人全能	曹中英
1983 年	全国技巧冠军赛	女子单人全能	曹中英
		混合双人全能	俞 萍 方伯生
		女子单人单套第一套	曹中英
		女子单人第二套	曹中英
		女子单人第三套	曹中英
	全国技巧锦标赛	女子单人全能	曹中英
		混合双人	俞 萍 方伯生
1984 年	全国技巧锦标赛	混合双人第二套	俞 萍 方伯生
	全国冠军赛	混合双人全能	俞 萍 方伯生
		混合双人单套第一套	俞 萍 方伯生
1988 年	全国技巧冠军赛	女子双人全能	陆美娟 虞 玮
		女子双人单套第一套	陆美娟 虞 玮
	全国技巧锦标赛	团体	上海队
		男子单人全能	陈台良
		男子单人单套第一套	陈台良
		男子双人单套第二套	宋 捷 封忆岭
		女子双人全能	陆美娟 虞 玮
1991 年	全国技巧锦标赛	女子双人全能	陆美娟 范 倩
		女子双人第一套	陆美娟 范 倩
		女子三人第一套	柴铁超 刘 霓 徐颖琦
		男子四人全能	俞 华 谢 钧 周 峰 孙琦皓
		男子四人第一套	俞 华 谢 钧 周 峰 孙琦皓
1992 年	全国技巧锦标赛	团体总分	上海队
		女子双人全能	陆美娟 范 倩

（续表二）

年　份	比赛名称	项　　目	运动员
1992 年	全国技巧锦标赛	女子双人第一套	陆美娟　范　倩
		女子双人第二套	陆美娟　范　倩
		女子三人第一套	柴轶超　刘　霓　徐颖琦
		女子三人第二套	柴轶超　刘　霓　徐颖琦
		女子蹦床	章晓菁
		女子单套第二套	柴轶超　刘　霓　徐颖琦
		男子四人第一套	俞　华　谢　钧　周　峰　孙琦皓
1993 年	第七届全运会	女子双人	陆美娟　范　倩
1994 年	全国技巧冠军赛	混合双人第二套	陆艺杰　陆晓珺
1995 年	全国技巧冠军赛	混合双人全能	陆艺杰　陆晓珺
		混合双人第一套	陆艺杰　陆晓珺
		混合双人第二套	陆艺杰　陆晓珺
1997 年	全国技巧冠军赛	男子单人第一套	俞　华
		混合双人第二套	陆艺杰　陆晓珺
		女子双人全能	陈　苓　孙光蕾
1998 年	全国技巧锦标赛	女子双人全能	陈　苓　孙光蕾
		女子双人第一套	陈　苓　孙光蕾
1999 年	全国技巧锦标赛	女子双人全能	陈　苓　孙光蕾
		女子双人第一套	陈　苓　孙光蕾
		女子双人第二套	陈　苓　孙光蕾
2000 年	第一届全国体育大会	女子双人全能	施月华　孙光蕾
		女子双人平衡套路第一套	施月华　孙光蕾
2001 年	全国技巧锦标赛	女子双人第三种比赛全能	孙光蕾　施月华
		女子双人第四种比赛平衡木套路	孙光蕾　施月华
2002 年	全国技巧锦标赛	女子双人第二套	王志玥　刘忆婷
	第二届全国体育大会	女子双人第二套	王志玥　刘忆婷
2003 年	全国技巧锦标赛	女子双人第一套	王志玥　刘忆婷
2004 年	全国技巧锦标赛	女子双人第一套	王志玥　刘忆婷
		女子双人全能	王志玥　刘忆婷
2005 年	全国技巧锦标赛	女子双人第一套	王志玥　刘忆婷
		女子双人全能	王志玥　刘忆婷
		女子双人第二套	王志玥　刘忆婷

(续表三)

年 份	比赛名称	项 目	运动员
2006 年	第三届全国体育大会	女子双人第一套	王志玥 刘忆婷
		女子双人全能	王志玥 刘忆婷
		女子双人第二套	王志玥 刘忆婷
2007 年	全国技巧锦标赛	女子双人第一套	王志玥 刘忆婷
		女子双人全能	王志玥 刘忆婷
		女子双人第二套	王志玥 刘忆婷
	全国技巧冠军赛	女子双人第一套	王志玥 刘忆婷
2009 年	全国技巧锦标赛	女子三人第二套	张源元 吴梦秋 邢天月
		女子三人全能	张源元 吴梦秋 邢天月
	全国技巧、啦啦操锦标赛	女子三人第二套	张源元 吴梦秋 邢天月
2010 年	全国技巧锦标赛	女子三人第一套	张源元 吴梦秋 邢天月
		女子三人第二套	张源元 吴梦秋 邢天月
	第四届全国体育大会	女子三人第二套	张源元 吴梦秋 邢天月

第四节 蹦 床

1998 年 2 月 10 日,蹦床(网上)项目进入奥运会,上海体育运动技术学院着手组建蹦床队,同时在上海市体校、长宁区业余体校、上海市江湾体育场体校开展蹦床训练。同年 8 月,从市体操队与技巧队中选出 4 男 4 女组成市蹦床技巧队,在汇丰基地训练。

2000 年,"松江杯"全国青少年蹦床技巧赛在松江体育馆举行,共 18 支队伍 225 名选手参赛。上海选手吴宏和密晓琳获得混双第一套动作冠军。同年,中日国际蹦床对抗赛在松江体育馆举行。2002 年上海市体操运动中心成立后,蹦床与艺术体操、体操、技巧项目一并转由上海市体操运动中心管理。2008 年,全国蹦床锦标赛、系列赛暨奥运会选拔赛在上海国际体操中心落幕,来自全国 17 个省市的 266 名运动员、教练员、领队参加比赛。

上海蹦床队短短几年就跻身全国强队之列,蒋逸奇和顾晴雯组成的女双组合在国内外各大比赛中连创佳绩,2008 年获得蹦床世界杯日本站冠军,同年在俄罗斯举行的蹦床世界杯总决赛中获得第三名。

表 2-7-6 1978—2010 年上海蹦床运动员获得国际比赛前三名一览表

年 份	比赛名称	项 目	运动员	名 次
2007 年	蹦床世界杯中国站	女子网上同步	蒋逸奇 顾晴雯	3
	蹦床世界杯波兰站	女子网上同步	蒋逸奇 顾晴雯	2
2008 年	蹦床世界杯日本站	女子网上同步	蒋逸奇 顾晴雯	1
	蹦床世界杯总决赛	女子网上同步	蒋逸奇 顾晴雯	3

表 2－7－7　1978—2010 年上海蹦床运动员获得全国比赛冠军一览表

年　份	比赛名称	项　目	运动员
2006 年	全国蹦床锦标赛	女子双人同步	蒋逸奇　顾晴雯
	全国蹦床冠军赛	男子双人同步	吴　忆　陈少波
2007 年	全国蹦床锦标赛	女子双人同步	蒋逸奇　顾晴雯
	第六届全国城运会	女子网上同步	张　莹
	全国蹦床冠军赛	男子双人同步	吴　忆　陈少波
		女子双人同步	蒋逸奇　顾晴雯
2008 年	全国蹦床锦标赛	女子双人同步	蒋逸奇　顾晴雯
	全国蹦床冠军赛	女子双人同步	蒋逸奇　顾晴雯
		女子单跳团体	马　琳　陈凌茜　周　成
2010 年	全国蹦床冠军赛	女子网上同步	蒋逸奇　顾晴雯
		女子单跳团体	陈凌茜　马　琳
		女子单跳个人	陈凌茜

第八章　举重、摔跤、柔道运动

第一节　举　　重

举重是传统民间健身活动，又是奥运会比赛项目。上海十分重视发展举重运动。1981—1990 年，上海举重男队保持在 20 人左右，先后在全国最高等级比赛中取得金牌 28 枚，经常参加训练的学生在 200 人以上。各区、县业余体校，自 20 世纪 70 年代起设举重项目，参加训练的学生逐年增加。

20 世纪 80 年代，女子举重兴起。上海市闸北区于 1984 年开设女子举重训练点。1985 年以后，承担市女子举重队的培训任务。女子选手韩长美在教练王长云的带领下，连续 3 届在世界锦标赛中获得冠军。1987 年第一届世界女子举重锦标赛上，韩长美获得 82.5 公斤级抓举、挺举和总成绩 3 枚金牌。1988 年 12 月 4 日，在印度尼西亚举行的第二届世界女子举重比赛上，韩长美和李艳霞各获 3 枚金牌，均破世界纪录。1989 年 11 月，在第三届世界女子举重锦标赛中，韩长美再次打破 2 项世界纪录。

1996 年 3 月，全国男子举重锦标赛暨奥运会选拔赛在上海闸北体育馆揭幕，来自各省市、体协的 400 多名选手参赛。上海队单保权在 83 公斤级比赛中获得挺举、总成绩 2 枚金牌，参加测试的徐栋在 59 公斤级比赛中以 297.5 公斤的总成绩打破全国纪录，并超该项目亚洲纪录。1997 年 10 月八运会在上海举行，女子举重全部比赛中 75 人 327 次超过 9 个级别 27 项世界纪录，同时超亚洲纪录，10 人 20 次创 8 个级别 11 项全国纪录。男子举重赛中，江苏崔文华以 200.5 公斤的成绩超 108 公斤级抓举世界纪录，5 人 6 次超 6 个单项世界纪录，6 人 9 次超 8 项亚洲纪录。2000 年以后，在全国举重锦标赛中，上海运动员王尧、孟林萍、李雪久、朱伟、蔺华等人多次取得优异成绩。

表 2-8-1　1978—2010 年上海举重运动员获得全国比赛冠军一览表

年　份	比　赛　名　称	项　　目	运动员	成绩(公斤)
1980 年	全国举重冠军赛	52 公斤级抓举	韩震宇	95
1981 年	全国举重冠军赛	82.5 公斤级挺举	曹国臻	172.5
		90 公斤级抓举	蔡允法	142.5
		90 公斤级挺举	蔡允法	175
		90 公斤级总重量	蔡允法	317.5
		100 公斤级抓举	姜承龙	147.5
		100 公斤级总重量	姜承龙	315
	全国举重锦标赛	82.5 公斤级挺举	吴逸萍	182.5
		90 公斤级抓举	蔡允法	147.5
		100 公斤级抓举	姜承龙	142.5
		100 公斤级挺举	姜承龙	172.5
		100 公斤级总重量	姜承龙	315

（续表一）

年 份	比 赛 名 称	项 目	运动员	成绩（公斤）
1982年	全国举重锦标赛	100公斤级抓举	姜承龙	145
		100公斤级总重量	姜承龙	317.5
	全国举重冠军赛	60公斤抓举	叶 旋	115
		60公斤级挺举	邱建平	142.5
		60公斤级总重量	邱建平	257.5
		90公斤级抓举	蔡允法	142.5
		90公斤级挺举	吴逸萍	180
		90公斤级总重量	吴逸萍	320
		100公斤级抓举	姜承龙	147.5
		100公斤级总重量	姜承龙	320
1983年	全国举重锦标赛	52公斤级挺举	田宗骏	135
		90公斤级抓举	蔡允法	150
		100公斤级抓举	姜承龙	147.5
1984年	全国举重冠军赛	52公斤级挺举	田宗骏	135
		52公斤级总重量	田宗骏	237.5
		110公斤以上级挺举	翁为民	192.5
		110公斤以上级总重量	翁为民	330
1985年	全国举重锦标赛	110公斤以上级挺举	翁为民	187.5
1986年	全国举重冠军赛	52公斤级挺举	田宗骏	135
1987年	全国举重锦标赛(第六届全运会预赛)	52公斤级挺举	田宗骏	137.5
		52公斤级总重量	田宗骏	242.5
		90公斤级挺举	陆 弘	190
		110公斤以上级挺举	翁为民	197.5
	全国女子举重冠军赛	82.5公斤级抓举	李艳霞	92.5
		82.5公斤级挺举	李艳霞	118
		82.5公斤级总重量	李艳霞	210
		82.5公斤以上级抓举	韩长美	92.5
1988年	全国女子举重锦标赛	82.5公斤以上级抓举	韩长美	102.5
		82.5公斤以上级挺举	韩长美	140
	全国女子举重冠军赛	82.5公斤以上级总重量	韩长美	242.5
		82.5公斤级总重量	尚 峰	215

(续表二)

年份	比赛名称	项目	运动员	成绩(公斤)
1989年	全国男子举重锦标赛	110公斤以上级抓举	陶　巍	152.5
	新闻杯女子举重锦标赛	82.5公斤以上级挺举	韩长美	140
		82.5公斤以上级总重量	韩长美	245
	全国男女举重冠军赛	90公斤级抓举	陆　弘	150
		90公斤级挺举	陆　弘	180
		90公斤级总重量	陆　弘	330
		110公斤以上级挺举	陶　巍	207.5
	全国男女举重冠军赛	男110公斤以上级总重量	陶　巍	357.5
1990年	全国举重锦标赛	110公斤以上级挺举	陶　巍	215
	全国举重冠军赛	75公斤级抓举	单保权	150
	全国女子举重锦标赛	82.5公斤以上级总重量	韩长美	250
		82.5公斤以上级抓举	韩长美	110
		82.5公斤以上级挺举	韩长美	140
1991年	全国举重锦标赛	110公斤以上级总重量	陶　巍	400
	全国举重冠军赛	100公斤级挺举	陆玮琦	202.5
		110公斤以上级挺举	陶　巍	227.5
		110公斤以上级总重量	陶　巍	397.5
	全国女子举重冠军赛	56公斤级总重量	胡雪芳	195
		60公斤级总重量	苏园红	215
1992年	全国举重锦标赛	100公斤级抓举	陆玮琦	160
		100公斤级挺举	陆玮琦	207.5
	全国举重冠军赛	75公斤级挺举	单保权	190
		75公斤级总重量	单保权	332.5
		100公斤级抓举	陆玮琦	162.5
		100公斤级挺举	陆玮琦	205
		100公斤级总重量	陆玮琦	367.5
		110公斤级挺举	王卫荣	205
1993年	全国举重锦标赛	99公斤级挺举	陆玮琦	202.5
		99公斤级总重量	陆玮琦	360
		108公斤级挺举	王卫荣	200
1994年	全国男子举重冠军赛	70公斤级挺举	李　平	180
		70公斤级总重量	李　平	325

（续表三）

年份	比赛名称	项目	运动员	成绩(公斤)
1994年	全国男子举重冠军赛	99公斤级抓举	王卫荣	165
		99公斤级总重量	王卫荣	365
1995年	全国男子举重锦标赛	59公斤级抓举	徐　栋	132.5
		59公斤级总重量	徐　栋	287.5
		99公斤级挺举	王卫荣	205
		99公斤级总重量	王卫荣	367.5
	全国男子举重冠军赛	64公斤级抓举	王　尧	135
		76公斤级抓举	李　平	155
		83公斤级挺举	单保权	190
		83公斤级总重量	单保权	340
		108公斤级抓举	王卫荣	162.5
1996年	全国男子举重锦标赛暨奥运会选拔赛	59公斤级总重量	徐　栋	290
1998年	全国举重冠军赛	56公斤级总重量	徐　栋	272.5
2000年	全国男子举重锦标赛	69公斤级抓举	王　尧	155
		69公斤级总重量	王　尧	337.5
	全国男子举重冠军赛	62公斤级抓举	王　尧	152.5
	全国女子举重冠军赛	58公斤级总重量	孟林萍	225
		58公斤级挺举	李雪久	130
2002年	全国男子举重冠军赛	69公斤级抓举	王　尧	152.5
		69公斤级总重量	王　尧	335
	全国男子举重锦标赛	69公斤级抓举	王　尧	155
2003年	全国男子举重锦标赛	69公斤级抓举	朱　伟	152.5
	全国男子举重冠军赛	69公斤级抓举	朱　伟	155
		69公斤级总重量	朱　伟	325
2004年	全国男子举重锦标赛暨奥运会选拔赛	69公斤级抓举	朱　伟	157.5
	全国男子举重冠军赛	69公斤级抓举	朱　尧	160
		69公斤级总重量	朱　尧	332.5
	全国女子举重冠军赛	69公斤级挺举	赵　岩	—
2005年	全国女子举重锦标赛暨十运会预赛	75公斤级抓举	张　郑	130
2006年	全国男子举重锦标赛	105公斤级挺举	李俊轶	212
		69公斤级抓举	朱　伟	158
	全国男子举重冠军赛	69公斤级抓举	朱　伟	155
	全国女子举重冠军赛	75公斤级总重量	张　郑	300

(续表四)

年 份	比 赛 名 称	项 目	运动员	成绩(公斤)
2007年	全国女子举重锦标赛	75公斤级抓举	张 郑	135
		75公斤级挺举	张 郑	171
		75公斤级总重量	张 郑	306
		69公斤级抓举	陆莎丽	115
		69公斤级总重量	陆莎丽	245
	全国女子举重冠军赛	75公斤级总重量	张 郑	295
		69公斤级总重量	陆莎丽	251
		53公斤级抓举	熊 丽	98
2008年	全国女子举重冠军赛	75公斤级抓举	张 郑	135
		69公斤级抓举	陆莎丽	115
2009年	第十一届全运会举重预赛暨全国举重锦标赛(女子)	75公斤级抓举	张 郑	296

表2-8-2 1978—2010年上海举重运动员破(超)世界纪录一览表

年 份	比 赛 名 称	项 目	姓 名	成绩(公斤)
1989年	第三届世界女子举重锦标赛	82.5公斤以上级总重量	韩长美	242.5
		82.5公斤以上级挺举	韩长美	137.5
1991年	第四届亚洲女子举重锦标赛	总成绩	韩长美	247.5
1992年	第五届亚洲女子举重锦标赛	60公斤级抓举	苏园红	100
1994年	全国女子举重冠军赛	50公斤级抓举	苏园红	100(超)
		70公斤级挺举	徐春燕	142(超)
1995年	第九届女子世界举重锦标赛	83公斤以上级抓举	万 妮	107.5
	亚洲女子举重锦标赛	50公斤级抓举	江宝玉	88
1997年	第八届全运会预赛	54公斤级总重量	赵艳伟	217.5
	第八届全运会决赛	54公斤级总重量	赵艳伟	220
	第八届全运会预赛	54公斤级抓举	赵艳伟	95
	第八届全运会决赛	54公斤级抓举	赵艳伟	100
	第八届全运会预赛	54公斤级挺举	赵艳伟	122.5
	第八届全运会决赛	54公斤级挺举	赵艳伟	120
	第八届全运会预赛	59公斤级总重量	孟林萍	225
		59公斤级抓举	孟林萍	102.5
		70公斤级总重量	徐春霞	237.5
		70公斤级挺举	徐春霞	135

（续表）

年 份	比 赛 名 称	项 目	姓 名	成绩(公斤)
1997年	第八届全运会预赛	70公斤级总重量	蔺 华	245
		70公斤级抓举	蔺 华	107.5
		70公斤级挺举	蔺 华	137.5
		76公斤级总重量	李 丽	247.5
		76公斤级抓举	李 丽	110
2001年	第九届全运会	58公斤级总重量	李雪久	242.5
		75公斤级总重量	蔺 华	262.5

第二节 摔 跤

一、中国式摔跤

1980年，上海恢复摔跤训练并参加全国比赛。1985年5月，上海体育运动技术学院组建中国式摔跤队，共5名队员。1986年，在全国锦标赛中，孙伟忠获得100公斤以上级第二名。1987年，在全国锦标赛暨第六届全运会预赛中，上海队盛其山获得48公斤级冠军，并获得“运动健将”称号；孙伟忠获得100公斤以上级第三名。同年7月，市队与来访的美国队进行对抗赛，上海队获胜。第六届全运会后市队解散。1988年，上海再次组队参加全国中国式摔跤冠军赛，盛其山获得48公斤级第二名。2004年12月6日，在2004年中国摔跤王争霸赛中，罗富玉战胜山东选手孙格，夺得52公斤级冠军，成为中国式摔跤首批八名跤王之一。

二、国际式摔跤

1979年初，上海市体委在上海市体育宫举办国际式摔跤训练班，选出10名运动员组成由沈吕默为领队的市集训队，参加第四届全运会。陈吉成获得自由式48公斤级第五名，朱德意获得古典式52公斤级第六名。1981年和1982年的全国比赛中，上海在古典式比赛中获得2枚银牌。1983年，上海摔跤训练场地由上海市体育宫迁往上海市江湾体育场。在第五届全运会上，黄彬获得古典式62公斤级第二名，施嘉劲获得古典式100公斤以上级第五名，姜汉桐获得自由式100公斤以上级第二名。1984年5月，由上海市体委训练处管理的国际式摔跤队划归上海体育运动技术学院管理。1985年扩充队员至22人。1986年2月，训练基地由江湾体育场迁至上海体育运动技术学院梅陇本部。1987年，在第六届全运会上，由顾钢银任领队，施嘉劲、杨志祺任教练的上海国际式摔跤队10人参赛，黄彬获得古典式68公斤级第一名，高平平获得古典式130公斤级第二名，刘拥军获得古典式52公斤级第三名，胡永伟获得古典式90公斤级第五名，鲁阿鑫获得自由式68公斤级第六名。这是上海古典式摔跤成绩最好的一次。

2006年12月10日，在多哈亚运会男子55公斤级古典式摔跤决赛中，上海选手焦华锋3比1战胜伊朗选手雅瑟姆夺冠。2010年5月25日，中国式摔跤比赛中，上海选手获得75公斤级别和

90公斤级别冠军。

上海体育学院为上海和其他省市培养出许多国际式摔跤优秀运动员和教练员，多次单独组队参加全国比赛，尤其是古典式项目，多次进入前三名。上海体院周士彬是中国摔跤和柔道运动的教练和专家，培养多名优秀选手，并发表30多篇论文。

表2-8-3 1978—2010年上海摔跤运动员获得全国摔跤比赛冠军一览表

年份	比赛名称	项目	运动员
1982年	全国国际式摔跤冠军赛	57公斤级(古)	顾国平
		62公斤级	赵建强
		68公斤级(古)	陆建方
		74公斤以上级(古)	陈新忠
1985年	全国古典、自由式摔跤冠军赛	100公斤以上级	高平平
1988年	全国古典式、自由式摔跤冠军赛	90公斤级(古)	胡永伟
1989年	全国古典、自由式摔跤冠军赛	68公斤级(古)	黄　彬
1990年	全国摔跤赛	100公斤级(古)	刘国科
	全国古典式摔跤锦标赛	82公斤级	李大新
1991年	全国古典式摔跤锦标赛	57公斤级	盛泽田
	全国古典式摔跤冠军赛	100公斤级	刘国科
		82公斤级	李大新
		57公斤级	盛泽田
1996年	全国古典式摔跤锦标赛	68公斤级	熊跃辉
	全国古典式摔跤冠军赛	100公斤级	张元凯
		130公斤级	赵海林
1997年	八运会摔跤预赛暨全国古典式摔跤锦标赛	130公斤级	赵海林
	八运会国际式摔跤比赛	130公斤级	赵海林
1998年	全国古典摔跤冠军赛	97公斤级	张元凯
	全国古典式摔跤锦标赛	97公斤级	张云波
		130公斤级	赵海林
1999年	全国古典式摔跤锦标赛	130公斤级	赵海林
2000年	全国古典式摔跤冠军赛	60公斤级	程云波
2002年	全国古典式摔跤锦标赛	84公斤级	许　健
2004年	全国古典式摔跤锦标赛	55公斤级	焦华锋
		96公斤级	刘　昊
	全国三跤总决赛	96公斤级	刘　昊

（续表）

年　份	比　赛　名　称	项　　目	运　动　员
2005 年	全国古典式摔跤锦标赛暨十运会预赛	96 公斤级	刘　昊
	全国古典式摔跤冠军赛	74 公斤级	许　泽
2006 年	全国古典式摔跤锦标赛	55 公斤级	焦华锋
		120 公斤级	刘　昊
2007 年	全国古典式摔跤冠军赛	60 公斤级	盛　江(代表浙江)
		66 公斤级	何　磊(代表安徽)
2009 年	全国摔跤冠军赛	55 公斤级	张亚鲁
2010 年	全国男子古典式摔跤锦标赛	60 公斤级	盛　江(代表浙江)
	全国男子古典式摔跤冠军赛	60 公斤级	盛　江

第三节　柔　　道

1979 年，国家体委将柔道纳入全国竞赛计划，聘请日本专家川西秀等人在北京举办 2 期训练班。由上海体院周士彬任组长，负责训练班工作。第一期为教练训练班，第二期为运动员训练班。

1980 年后，上海柔道运动逐步走向正轨。1980 年，上海市体育宫成立市业余柔道队，隶属上海市体委管理。刚成立的市队，于 3 月 9 日在上海体育馆与来访的日本成蹊大学柔道队举行对抗赛。9 月在秦皇岛参加第一届全国柔道锦标赛，上海体院程志卓获得 65 公斤级第四名。1982 年，在第七届上海市运动会上，柔道被列为正式比赛项目。1983 年，柔道队由上海市体育宫迁至上海市江湾体育场训练。在第五届全运会上，上海队黄忠获得 78 公斤级第六名。

1984 年 5 月，柔道队划归上海体育运动技术学院管理。1986 年 2 月，迁至上海体育运动技术学院梅陇本部训练。9 月，上海市第二体育运动学校成立，开设青少年柔道班。1987 年，在第六届全运会中，市柔道男队吴文雄、韩宏分获 60 公斤级第五名、第八名，张磊获得 95 公斤以上级第八名。1984 年 4 月，上海市柔道协会成立，办公地址设于普陀区体育馆。

女子柔道于 1982 年在上海开展，杨浦、普陀、长宁、虹口、黄浦等区相继开设女子柔道训练班。杨浦区茅秋萍多次在全国比赛中进入前三名。1984 年 6 月，上海首次举办女子柔道邀请赛。1985 年，上海市体委决定成立女子柔道队，由上海市体校与杨浦区分别组队。同年，在全国女子柔道锦标赛中，茅秋萍获得 52 公斤级第三名，梁秀红获得 61 公斤级第三名；全国冠军赛中，茅秋萍获得 52 公斤级第二名。1986 年，在全国锦标赛和全国冠军赛中，茅秋萍均获得 52 公斤级第三名。1987 年第六届全运会前夕，上海市体校与杨浦区联合组成上海队。在六运会中，茅秋萍获得 56 公斤级第二名，唐蕾获得 48 公斤级第五名。第六届全运会后，上海市体委将女子柔道队划归上海市体校管理。上海女子柔道队在全国比赛中获得前三名的有茅秋萍、梁秀红、胡永芬、梅秀兰等。在全国冠军赛中，茅秋萍获 56 公斤级冠军；在全国锦标赛中，获得第三名。1988 年，上海国际柔道邀请赛于普陀体育馆举行。1989 年，在全国锦标赛中，茅秋萍获得 56 公斤级冠军，胡永芬获得 66 公斤级第三名。1990 年，在亚运会柔道选拔赛中，上海体院梅秀兰获得 66 公斤级第三名。

1986 年 1 月，上海派出 2 名女子柔道运动员赴日本大阪学习。1987 年，上海青少年网球、柔道代表团访问日本横滨和大阪。1988 年 8 月,上海派出 6 名男子运动员赴日本关西学习柔道。1982 年 4 月,上海派出聂宜新、王连发、蔡燕爽赴伊拉克任柔道教练 2 年,1984 年上海市体校教练员任光新赴伊拉克任教 1 年。

1997 年 9 月 7 日,八运会柔道决赛在普陀体育馆举行。上海高大伟、于志军分别在女子无差别级和男子 78 公斤级中夺冠。

2004 年 6 月 5—16 日,国际柔道执委会会议在上海华亭宾馆举行。同年,第七届国际柔道联合会女子裁判员及竞赛组织者培训班在卢湾体育馆开班。2007 年 3 月 31 日,国际柔道联合会技术官员一行访沪。

表 2-8-4 1978—2010 年上海市柔道运动员获得全国比赛冠军一览表

年 份	比 赛 名 称	项 目	运 动 员
1989 年	全国女子柔道锦标赛	56 公斤级	茅秋萍
1995 年	全国男子柔道冠军赛	60 公斤级	王 新
		86 公斤级	朝 鲁
1997 年	全国男子柔道锦标赛暨第八届全运会预赛	60 公斤级	王 新
	全国女子柔道锦标赛暨第八届全运会预赛	72 公斤级	徐 静
	第八届全运会	男子 78 公斤级	于志军
		女子无差别级	高大伟
2009 年	第十一届全运会柔道预赛暨全国男子柔道锦标赛	81 公斤级	孙建全

第九章　拳击、跆拳道运动

第一节　拳　　击

拳击运动在上海出现较早，但一度中断。20 世纪 70 年代末，上海拳击爱好者为恢复拳击运动做了大量工作。1979 年底，金锡荣召集拳击界同仁，共同商讨恢复拳击运动。80 年代初，熊伟曾在自己的家庭小院中教练拳击，被人称为“长乐路拳击小院”，媒体对此进行采访报道。

20 世纪 80 年代初，上海出现一些小型拳击比赛。1982—1983 年，徐汇区老年人体育协会组织举办 3 次拳击比赛。1985 年 5 月，世界拳王穆罕默德·阿里访沪，与上海体育学院师生交流，指导学生训练，后在卢湾体育馆进行表演比赛。1986 年 6 月，国家体委决定恢复拳击运动，在秦皇岛召开恢复拳击运动的会议，上海虹口区体委主任沈文彬、上海精武体育总会总干事陈内华、技术顾问郑吉常和上海体院周士彬、张立德参加会议。以后，上海每年组织业余队参加全国比赛，或由上海体院组队参赛。

1987 年 8 月 22 日，上海市拳击协会成立。同年，在全国拳击比赛中，上海徐志钧获得 48 公斤级第三名，蒋东春获得 60 公斤级第二名，杨晓龙获得 63.5 公斤级第三名，安涛获得 71 公斤级第二名；俞菊保获得 81 公斤级第二名。1988 年，在全国拳击锦标赛中，徐志钧获得 48 公斤级第三名，朱宁海获 51 公斤级第二名，王建华获 54 公斤级第三名，刘栋获 60 公斤级第二名，郭连生获得 63.5 公斤级第三名，洪建伟获得 71 公斤级第三名，张轲获得 81 公斤级第二名。1989 年，在全国拳击冠军赛中，朱宁海获得 51 公斤级第一名，高耀华获得 54 公斤级第三名，蒋东春、刘栋分别获得 60 公斤级前两名，杨晓龙获得 63.5 公斤级第二名。同年，在全国拳击锦标赛中，杨晓龙获得 60 公斤级第三名；在全国拳击冠军赛中，张轲获得 81 公斤级第二名。

进入 20 世纪 90 年代以后，上海拳击队稳步发展。1990 年，在全国拳击锦标赛中，刘栋获得 60 公斤级第三名；在全国拳击冠军赛中，程乐军获得 51 公斤级第三名，张智强获得 57 公斤级第二名。1991 年，在全国拳击锦标赛中，朱宁海获得 51 公斤级第二名，刘栋获得 60 公斤级第二名。1995 年，在全国拳击华东分区赛中，上海队获得 3 项冠军：71 公斤级李顺利、48 公斤级陈武方和 57 公斤级叶志坚。1997 年，第八届全运会拳击比赛中，上海 2 名运动员组队参赛。1999 年，在全国拳击锦标赛中，上海派出 11 名选手，57 公斤级卢皞和 71 公斤级张震获得冠军。

图 2-9-1　2005 年，张传良(右)指导邹市明训练

2005 年 12 月 24 日，首届国际职业拳击八回合金腰带争霸赛资格赛在上海骁龙拳击俱乐部举行。中国男拳手蒋威阳和女拳手高丽君在首日比赛中分别战胜各自对手，获得 2006 年 2 月 24 日争夺男子 58 公斤级和女子

57公斤级金腰带比赛的资格。2008年8月24日,北京奥运会男子拳击48公斤级决赛中,上海与贵州协议计分运动员邹市明1比0战胜蒙古选手获得金牌,完成他在该级别上的世界冠军大满贯。这是中国拳击运动员获得的第一枚奥运会金牌。

表2-9-1 1978—2010年上海拳击运动员获得全国比赛冠军一览表

年 份	比 赛 名 称	项 目	姓 名
1999年	全国拳击锦标赛	57公斤级	卢 皞
		71公斤级	张 震
2004年	全国拳击锦标赛	69公斤级	张 震
	全国女子拳击比赛	60公斤级	董 程
2005年	第十届全运会拳击比赛暨全国女子拳击赛	60公斤级	董 程
		52公斤级	张 琴
2006年	全国女子拳击比赛	54公斤级	张 琴
		60公斤级	董 程
	全国拳击精英赛	48公斤级	邹市明(代表贵州)
2007年	全国拳击冠军赛	69公斤级	李泉龙
	全国女子拳击锦标赛	54公斤级	张 琴
		60公斤级	董 程(代表宁波)
	全国女子拳击冠军赛	54公斤级	张 琴
		86公斤级	蒋靖柯
2008年	全国拳击分区赛(华东赛区)	48公斤级	陈祖标
		54公斤级	罗文新
		69公斤级	李泉龙
2009年	全国女子拳击锦标赛	54公斤级	张 琴
	全国女子拳击精英赛	54公斤级	张 琴
	全国女子拳击冠军赛	54公斤级	张 琴
2010年	全国女子拳击冠军赛	54公斤级	张 琴
	全国女子拳击锦标赛	54公斤级	张 琴

第二节 跆拳道

1998年,上海体育学院组建跆拳道队,在全国跆拳道赛事中多次取得较好成绩。至2010年,上海跆拳道运动由上海体育学院附属竞技体校开展训练和比赛,培养出李珊珊、陈风、郑俊、李丹等优秀运动员,以及20多名运动健将。2010年,上海体育职业学院增设拳击跆拳道运动中心,跆拳道项目从上海体育学院划归上海体职院管理。

表 2-9-2　1978—2010 年上海跆拳道运动员获得全国比赛冠军一览表

年　份	比　赛　名　称	项　　目	运　动　员
1999 年	全国跆拳道锦标赛暨奥运会选拔赛	58 公斤级	李　奇
	全国跆拳道冠军赛	58 公斤级	李　奇
		62 公斤级	吴宝国
		78 公斤级	马亚民
2004 年	全国跆拳道冠军赛	女子 47 公斤级	李　丹
2006 年	全国跆拳道冠军赛	47 公斤级	李　丹
2009 年	全国跆拳道精英赛	69 公斤级	张　妙

第十章　现代五项、马术、铁人三项运动

第一节　现 代 五 项

现代五项由跑步、击剑、射击、游泳、马术 5 个项目组成。1984 年，我国首次将现代五项运动列入全国比赛。同年 11 月，上海组建现代五项队，最初有男队员张斌、朱晓舸，龚吉祥任教练。上海队训练场地与住宿条件较差，无固定场所。1985 年 2 月，吸收男队员严丕钊，女队员朱思雯、怀佩忻入队。1985 年 4—5 月，上海队一行 6 人赴北京体育学院国家现代五项训练基地训练。1985 年 6—9 月，上海队赴山东济南军区军马场训练马术。同年，朱晓舸参加全国现代五项个人赛，获得第五名。

1986 年，在全国现代五项锦标赛中，上海获得男子团体第二名，张斌获得个人第三名。1987 年，现代五项男子项目被列入第六届全运会，由傅家新任领队、龚吉祥任主教练，张斌、朱晓阿、严丕钊、徐根发组成的上海男子团体获得第二名，张斌获得个人赛第二名。同年，成立女子现代五项队，由龚吉祥任主教练，沈克俭、王海连任教练，队员有怀佩忻、朱思雯等人。

1987 年 11 月，张斌入选国家队。1988 年，张斌代表中国参加第二十四届汉城奥运会，以 4 081 分排个人赛第五十九名。1988 年，上海队经过调整充实，男队 7 人、女队 4 人。1989 年，在全国现代五项锦标赛中，上海男子团体名列第三。同年 5 月，在日本举行的第二届亚洲现代五项锦标赛中，张斌以 5 704 分排个人第六名。10 月，在匈牙利举行的第二十四届世界青年男子现代五项锦标赛，张斌以 5 221 分排个人第十一名。

1990 年，在全国现代五项锦标赛中，上海队获得团体第三名。入队两年的新手张滨，在个人赛中以 5 191 分获得第三名，张斌以 5 141 分获得第四名。

1991 年以后，上海现代五项的运动成绩明显提高，男队连续 3 年获得团体冠军，女队 3 次进入团体前三名。1991 年，在全国现代五项锦标赛中，由朱晓舸、张斌、张滨、高剑组成的男队获得团体冠军，张斌、张滨分获个人赛第二、四名；由文艺、陆炜、桑叶、马飞谊组成的女队获得团体第二名，马飞谊获得个人赛第六名。1992 年，在全国现代五项锦标赛中，由张斌、张滨、高剑、鞠敏组成的男队蝉联团体冠军，张斌、张滨、鞠敏分获个人赛第一、二、五名；由文艺、陆炜、桑叶、马飞谊组成的女队获得团体冠军，陆炜、桑叶分获个人赛第三、五名。

1992 年 8 月，张斌代表中国参加第二十五届巴塞罗那奥运会。同年，在全国现代五项锦标赛中，女子队获得团体第一名，桑叶、文艺分获个人赛第三、四名。

1993 年，现代五项男子项目被列入第七届全运会(设男子团体、个人 2 块金牌)。由张斌、张滨、高剑、鞠敏组成的上海男队获得团体冠军，张滨、张斌、鞠敏分获个人赛第一、二、七名。因全运会不设女子现代五项，上海女队暂时解散，4 人赴国家队集训。同年，高剑入选国家队，参加第四届亚洲锦标赛。同年 4 月 22 日至 5 月 3 日，上海现代五项队赴韩国交流训练。年底，从江西吸收董浩雨进入上海现代五项队。

1994 年 6 月，在全国现代五项锦标赛暨广岛亚运会选拔赛中，由张斌、张滨、董浩雨、毕升组成的上海队获得团体冠军。张斌、张滨、董浩雨入选国家队参加亚运会选拔，最终张斌、董浩雨参加

1994 年广岛亚运会现代五项比赛，获得团体第四名。1995 年，上海队教练龚吉祥担任国家队教练，运动员张滨、董浩雨、毕升入选国家队。

1997 年，上海现代五项男队参加第八届全运会，队员钱震华、张滨、毕升、高剑，钱震华获得个人赛亚军；钱震华、张滨、毕升获得团体冠军。1999 年，上海恢复女子现代五项队。此后，上海现代五项队稳定发展。2000 年 4 月，上海队教练员张斌带队员钱震华在亚洲现代五项锦标赛上获得个人总分冠军，是亚洲唯一有资格参加悉尼奥运会的选手。

2001 年，在第九届全运会中，钱震华、曹忠荣、黄文檪分获个人赛第一、三、五名，获得团体第二名。2001 年，在英国世界现代五项锦标赛中，钱震华获得个人总分第七名。2002 年，在韩国釜山亚运会现代五项个人赛中，钱震华获得个人第三名，钱震华、曹忠荣获得团体接力第二名。2003 年，在意大利世界现代五项锦标赛中，钱震华获得个人总分第七名，钱震华、曹忠荣获得团体接力赛第六名。2004 年，曹忠荣分别在中国亚洲现代五项锦标赛、世界杯现代五项赛中国站中获得男子个人第七名与第十二名。同年，在俄罗斯莫斯科举办的世界现代五项锦标赛中，钱震华获得个人总分第四名，并取得参加雅典奥运会的资格。同年，钱震华参加第二十八届雅典奥运会，曹忠荣为候补选手。

2005—2006 年间，曹忠荣、钱震华多次参加现代五项世锦赛、世界杯，并取得佳绩。在 2005 年第十届全运会上，钱震华、曹忠荣、黄文檪参加比赛。钱震华、曹忠荣分获个人总成绩冠、亚军，与队友黄文檪共同获得团体接力总分亚军。同年，在匈牙利世界杯现代五项个人赛中，钱震华获得个人第三名；在波兰华沙世界现代五项锦标赛中，钱震华获得个人总分冠军，这是亚洲国家和地区在这个项目上获得的首个世界冠军。2006 年，在现代五项世界杯英国站中，曹忠荣获得个人第三名；在现代五项世界杯开罗站中，曹忠荣获得个人总分冠军，并与钱震华等人获得团体接力总分冠军。

2007 年，在现代五项世锦赛中，曹忠荣与钱震华获得团体接力亚军。同年，在现代五项世界杯总决赛、亚洲现代五项锦标赛和全国现代五项冠军赛总决赛中，曹忠荣先后获得个人总分第十名、第三名与冠军。2008 年，在北京奥运会中，钱震华获得现代五项个人总分第四名，这是亚洲现代五项运动员取得的最好成绩。2009 年，在第十一届全运会中，曹忠荣获得个人总分亚军，与队友许运祺、钱震华共同获得团体接力赛冠军。同年，与韩国体育大学现代五项队开展交流活动。2010 年，第十六届广州亚运会上，曹忠荣获得男子个人总分冠军，与队友共同获得男子接力亚军；苗祎骅获得女子个人总分冠军，与队友共同获得女子接力总分冠军，这是中国首次获得亚运会该项目的冠军。

图 2－10－1　2005 年，钱震华获得世界现代五项锦标赛男子个人冠军

表 2-10-1 1978—2010 年上海现代五项运动员获得世界最高级别比赛前六名一览表

<table>
<tr><th>年 份</th><th>比 赛 名 称</th><th>项 目</th><th>运动员</th><th>成绩(分)</th><th>名次</th></tr>
<tr><td>2004 年</td><td>世界现代五项锦标赛(俄罗斯)</td><td>男子个人</td><td>钱震华</td><td>5 528</td><td>4</td></tr>
<tr><td rowspan="2">2005 年</td><td>世界现代五项世界杯(匈牙利)</td><td>男子个人</td><td>钱震华</td><td>—</td><td>3</td></tr>
<tr><td>世界现代五项锦标赛(波兰华沙)</td><td>男子个人</td><td>钱震华</td><td>—</td><td>1</td></tr>
<tr><td rowspan="4">2006 年</td><td rowspan="2">现代五项世界杯分站赛(埃及开罗)</td><td>男子个人</td><td>曹忠荣</td><td>5 464</td><td>1</td></tr>
<tr><td>男子团体</td><td>曹忠荣 钱震华</td><td>—</td><td>1</td></tr>
<tr><td>现代五项世界杯分站赛(英国谢菲尔德)</td><td>男子个人</td><td>曹忠荣</td><td>5 544</td><td>3</td></tr>
<tr><td>现代五项世界杯分站赛(危地马拉)</td><td>男子接力</td><td>曹忠荣 钱震华</td><td>—</td><td>3</td></tr>
<tr><td rowspan="2">2007 年</td><td rowspan="2">世界现代五项锦标赛(德国柏林)</td><td>男子团体</td><td>曹忠荣 钱震华 许运祺</td><td>—</td><td>6</td></tr>
<tr><td>男子接力</td><td>曹忠荣 钱震华 许运祺</td><td>5 520</td><td>2</td></tr>
<tr><td>2008 年</td><td>第二十九届奥运会(中国北京)</td><td>男子个人</td><td>钱震华</td><td>—</td><td>4</td></tr>
<tr><td rowspan="3">2010 年</td><td rowspan="3">世界现代五项锦标赛(中国成都)</td><td>男子个人</td><td>曹忠荣</td><td>5 688</td><td>4</td></tr>
<tr><td>女子个人</td><td>苗祎骅</td><td>14 128</td><td>5</td></tr>
<tr><td>女子接力</td><td>苗祎骅</td><td>5 166</td><td>3</td></tr>
</table>

表 2-10-2 1978—2010 年上海现代五项运动员获得洲际比赛前三名一览表

<table>
<tr><th>年份</th><th>比 赛 名 称</th><th>项 目</th><th>运动员</th><th>地 点</th><th>成绩(分)</th><th>名次</th></tr>
<tr><td>1989 年</td><td>第二届亚洲现代五项锦标赛</td><td>男子团体</td><td>张 斌</td><td>日本</td><td>—</td><td>3</td></tr>
<tr><td rowspan="2">1991 年</td><td rowspan="2">亚洲暨泛太平洋现代五项锦标赛</td><td>男子团体</td><td>张 斌 张 滨</td><td rowspan="2">韩国汉城</td><td>14 955</td><td>2</td></tr>
<tr><td>男子个人全能</td><td>张 斌</td><td>5 147</td><td>3</td></tr>
<tr><td>1993 年</td><td>第四届亚洲现代五项锦标赛</td><td>女子团体</td><td>文 艺 桑 叶</td><td>中国北京</td><td>—</td><td>2</td></tr>
<tr><td>1994 年</td><td>第五届亚洲现代五项锦标赛</td><td>团体赛</td><td>张 滨 毕 升</td><td>吉尔吉斯斯坦</td><td>—</td><td>3</td></tr>
<tr><td>1998 年</td><td>亚洲现代五项锦标赛</td><td>男子团体</td><td>钱震华</td><td>哈萨克斯坦</td><td>—</td><td>2</td></tr>
<tr><td rowspan="2">1999 年</td><td rowspan="2">亚洲现代五项锦标赛</td><td>男子接力</td><td>钱震华</td><td>吉尔吉斯斯坦</td><td>—</td><td>2</td></tr>
<tr><td>男子团体</td><td>钱震华</td><td>吉尔吉斯斯坦</td><td>—</td><td>2</td></tr>
<tr><td>2000 年</td><td>亚洲现代五项锦标赛</td><td>男子个人</td><td>钱震华</td><td>日本</td><td>—</td><td>1</td></tr>
<tr><td rowspan="5">2002 年</td><td rowspan="3">亚洲现代五项锦标赛</td><td>男子个人</td><td>钱震华</td><td rowspan="3">日本东京</td><td>4 724</td><td>1</td></tr>
<tr><td>男子团体</td><td>钱震华</td><td>16 524</td><td>1</td></tr>
<tr><td>男子接力</td><td>钱震华</td><td>—</td><td>2</td></tr>
<tr><td rowspan="2">第十四届亚运会</td><td>男子个人</td><td>钱震华</td><td rowspan="2">韩国釜山</td><td>—</td><td>3</td></tr>
<tr><td>男子接力</td><td>曹忠荣 钱震华</td><td>—</td><td>2</td></tr>
</table>

(续表)

年份	比赛名称	项目	运动员	地点	成绩(分)	名次
2004 年	亚洲现代五项锦标赛	男子接力	曹忠荣　黄文檪	中国北京	5 212	2
		男子团体	曹忠荣　钱震华		15 832	2
2007 年	亚洲现代五项锦标赛	男子团体	曹忠荣　钱震华	日本东京	16 100	1
		男子接力	曹忠荣　钱震华		5 156	3
		男子个人	曹忠荣	—	5 472	3
2010 年	第十六届亚运会	女子个人	苗祎骅	中国广州	—	1
		女子团体	苗祎骅		—	1
		男子个人	曹忠荣		—	1
		男子团体	曹忠荣		—	2

表 2-10-3　1978—2010 年上海现代五项运动员获得全国比赛冠军一览表

年份	比赛名称	项目	运动员	地点	成绩(分)
1987 年	全国现代五项锦标赛	男子团体	上海队	北京	—
1991 年	全国现代五项锦标赛	男子团体	张　斌　张　滨　朱晓舸	北京	15 753
1992 年	全国现代五项锦标赛	男子团体	张　斌　张　滨　鞠　敏　高　剑	北京	16 244
		女子团体	陆　炜　桑　叶　马飞谊　文　艺		15 190
		男子个人全能	张　斌		5 583
1993 年	第七届全运会	男子团体	张　滨　张　斌　鞠　敏　高　剑	北京	15 696
		男子个人	张　滨		5 390
1995 年	全国现代五项锦标赛	团体接力	张　滨　毕　升　高　剑　董浩宇	北京	—
		个人全能	何铭恩		5 269
		个人全能	毕　升		5 124
		个人全能	董浩宇		5 106
1996 年	全国现代五项锦标赛	个人全能	毕　升	北京	5 375
		团体	上海队		15 749
1997 年	第八届全运会	男子团体接力	毕　升　钱震华　张　滨	上海	5 337
	全国现代五项锦标赛	个人全能	钱震华	北京	5 531
		团体接力	张　滨　毕　升　钱震华　董浩雨		5 289
1999 年	全国现代五项锦标赛	团体接力	钱震华　何铭恩　曹忠荣	北京	5 373

（续表一）

年份	比赛名称	项目	运动员	地点	成绩(分)
2001年	全国现代五项冠军赛	男子个人	钱震华	广东广州	5 490
	全国现代五项锦标赛	男子团体接力	钱震华　曹忠荣　何铭恩　黄文棵	北京	5 362
		男子个人	钱震华		5 358
		男子团体	钱震华　何铭恩　黄文棵　曹忠荣		15 706
	第九届全运会	男子个人	钱震华	广东广州	5 602
2002年	全国现代五项冠军赛	男子接力	钱震华　黄文棵　王晟源	北京	4 901
		男子个人	钱震华	北京	5 347
	全国现代五项锦标赛	男子接力	钱震华　曹忠荣　黄文棵	北京	5 620
		男子团体	钱震华　曹忠荣　黄文棵　王晟源	北京	15 952
2003年	全国现代五项冠军赛分站赛	男子个人	曹忠荣	上海	4 596
		男子团体接力	李　杰　王晟源　曹忠荣		—
		男子团体	曹忠荣　王晟源　李　杰　钱震华		17 442
	全国现代五项冠军赛总决赛	男子个人	钱震华	北京	5 436
	全国现代五项锦标赛	男子团体接力	钱震华　黄文棵　曹忠荣	广东广州	5 348
		男子团体	曹忠荣　钱震华　李　杰		16 356
2004年	全国现代五项冠军赛总决赛	男子个人	曹忠荣	北京	5 628
		男子团体	曹忠荣　黄文棵　王晟源　李　杰		15 808
	全国现代五项锦标赛	男子团体接力	曹忠荣　黄文棵　王晟源	广东黄村	5 204
2005年	全国现代五项冠军赛分站赛	男子个人	钱震华	甘肃兰州	4 224
		男子团体	钱震华　李　杰　曹忠荣　王晟源		16 278
		女子团体接力	苗祎骅　黄旭莲　陈　程		3 974
	第十届全运会	男子个人	钱震华	江苏苏州	5 784
2006年	全国现代五项冠军赛总决赛	男子个人	曹忠荣	广州黄村	5 420
		男子团体接力	钱震华　曹忠荣　许运祺		5 430
		男子团体	曹忠荣　许运祺　王晟源		15 972
	全国现代五项冠军赛分站赛	男子个人	曹忠荣	四川成都	4 168
		男子团体	曹忠荣　许运祺　钱震华		12 204

（续表二）

年份	比赛名称	项目	运动员	地点	成绩(分)
2006年	全国现代五项锦标赛	男子团体接力	钱震华　许运祺　曹忠荣	北京	5 452
		男子团体	曹忠荣　钱震华　许运祺		16 226
2007年	全国现代五项冠军赛分站赛	男子团体接力	许运祺　曹忠荣　钱震华	河南郑州	4 510
		男子团体	钱震华　许运祺　曹忠荣		12 872
	全国现代五项冠军赛分站赛	男子个人	曹忠荣	四川成都	4 356
		男子团体	钱震华　许运祺　曹忠荣		12 832
		女子团体接力	苗祎骅　陈　程　祝嘉华		3 878
	全国现代五项冠军赛总决赛	男子个人	曹忠荣	北京	5 676
		男子团体接力	王晟源　钱震华　曹忠荣		5 382
		男子团体	曹忠荣　钱震华　许运祺		16 828
	全国现代五项锦标赛	男子个人	曹忠荣	广东广州	5 254
		男子团体接力	许运祺　钱震华　曹忠荣		4 866
2008年	全国现代五项冠军赛总决赛	男子个人	钱震华	北京	5 424
		男子团体接力	王晟源　许运祺　钱震华		5 510
	全国现代五项锦标赛	男子团体接力	许运祺　钱震华　曹忠荣	北京	5 504
	全国现代五项冠军赛	男子个人	曹忠荣	山东烟台	4 492
2009年	第十一届全运会	男子团体接力	许运祺　钱震华　曹忠荣	山东济南	6 970
	全国现代五项锦标赛	女子个人	连贝贝	北京	5 044
		女子团体	祝嘉华　陈　程　连贝贝	北京	14 604
	全国现代五项冠军赛总决赛	女子个人	连贝贝	山东烟台	4 920
2010年	全国现代五项冠军赛总决赛	男子个人	许运祺	广东广州	5 448
		混合接力	许运祺　苗祎骅		5 408
	全国现代五项锦标赛	男子个人	曹忠荣	四川成都	5 648
		男子团体接力	秦　铮　许运祺　曹忠荣		5 860

第二节　马　　术

1996年12月底上海马术运动场建成，位于青浦区徐泾镇、沪青平公路南侧，占地面积10.6公顷，总建筑面积18 000平方米，有2片马术训练场、1片室外运动训练场、56间马厩、8片网球场及其他附属用房。2003年，马术运动场迁至金山区新农镇三浜村A7公路以北。项目占地面积8公顷，总建筑面积5 417平方米，包括1座室外马术障碍场地、1座室内训练场，3幢马厩以及其他配套设施，总投资1 479万元。2003年，成立上海市马术运动管理中心。

1997年，上海引进内蒙古运动员额尔巴登、李伟、刘同晏、吉日木图，组队参加第八届全运会，

图 2-10-2 1996 年建成的上海马术运动场

获得障碍赛团体第五名。1998 年,上海组建马术集训队,设编制 10 人,运动员兼马匹调教员。同年,上海马术队分成两队,参加全国马术锦标赛暨亚运会选拔赛,获得盛装舞步团体第四名、场地障碍赛团体第五名和第六名。2001 年,上海马术队参加第九届全运会,陆炜获得马术场地障碍个人赛第三名。同年,教练徐根发获得"上海市体育运动荣誉奖章";上海马术队及陆炜获得第九届全运会"体育道德风尚奖"。2002 年 7 月 16—21 日,"佳良杯"东亚国际马术障碍赛在上海马术运动场举行。中国、韩国、日本、蒙古以及中华台北、中国香港 6 个国家和地区的 21 名马术运动员参加比赛。2005 年,上海马术队获得第十届全运会场地障碍团体赛冠军,张滨获得场地障碍赛个人赛冠军,此后获得"上海市新长征突击手"荣誉称号和"上海市五一劳动奖章"。上海马术运动队多名教练获得西英格兰大学哈特博瑞学院马术俱乐部认证系统 CHS 的国际资格水平认证。

2007 年 10 月 6 日,世界夏季特殊奥林匹克运动会马术比赛在上海马术运动场举行。27 个国家和地区的 141 名运动员参加,我国 36 名马术运动员共夺得 32 枚金牌、25 枚银牌和 20 枚铜牌,位居 27 个代表团之首。2008 年,张滨代表中国参加北京奥运会马术比赛。同年 12 月,上海市马术协会成立。2009 年,第十一届全运会上,上海马术队夺得三项赛团体赛冠军以及场地障碍团体赛亚军。运动员张滨和主教练徐根发获得"上海市五一劳动奖章";教练陆炜记上海市二等功。2010 年,第十六届广州亚运会上,杨华代表中国队参加比赛,获得三项赛团体赛第三名、个人赛第五名。同年,徐正阳代表中国参加新加坡世界青年奥运会马术比赛,获得团体赛亚军。

表 2-10-4 1978—2010 年上海马术运动员获得国际比赛前三名一览表

年 份	比 赛 名 称	项 目	运动员	名 次
2010 年	第十六届亚运会马术比赛	三项赛团体赛	杨 华	3
	世界青年奥运会马术比赛	团体赛	徐正阳	2

表 2-10-5 1978—2010 年上海马术运动员获得全国比赛冠军一览表

年 份	比 赛 名 称	项 目	运 动 员
2001 年	全国马术锦标赛	个人障碍赛	陆 炜
2005 年	全国马术三项赛锦标赛	个人赛	夏伦伍
	第十届全运会马术比赛	场地障碍团体赛	张 滨 许 新 陈重权 沃帕・夏克加
		个人赛	张 滨
2006 年	全国马术场地障碍锦标赛	个人赛	张 滨
	全国马术场地障碍精英赛	个人赛	张 滨

（续表）

年　份	比赛名称	项　　目	运　动　员
2006 年	全国马术三项赛精英赛	个人赛	沃帕·夏克加
		团体赛	许　新　沃帕·夏克加 红　权　陈重权
2007 年	全国马术障碍锦标赛	个人赛	夏伦伍
		团体赛	杨　华　沃帕·夏克加 红　权　夏伦伍
	全国马术障碍大奖赛	个人赛	沃帕·夏克加
2008 年	全国马术障碍锦标赛	个人赛	红　权
	全国马术障碍冠军赛	个人赛	张　滨
2009 年	第十一届全运会马术比赛	三项赛团体赛	沃帕·夏克加 许　新　杨　华　夏伦伍
2010 年	全国马术障碍锦标赛	个人赛	张　滨
		团体赛	张　滨　杨　华　沃帕·夏克加 徐正阳
	全国马术障碍冠军赛	个人赛	张　滨
		团体赛（105 厘米级别）	徐正阳　张　琪　巴特尔依尔
		个人赛（105 厘米级别）	徐正阳

第三节　铁　人　三　项

20 世纪 90 年代末，上海组队参加洲际及全国铁人三项比赛。2000 年 11 月 24 日，上海尖兵现代五项、铁人三项运动队成立，运动队由上海体育运动技术学院与上海尖兵贸易发展有限公司联合组建。2006 年 7 月，上海自行车击剑运动中心成立，铁人三项与现代五项、自行车、击剑归属上海体育运动技术学院管理。

1998 年，董浩宇、王翱、孔佳杰等运动员参加在安徽举行的亚洲铁人三项系列赛暨全国铁人三项锦标赛，董浩宇、王翱分获第五名和第六名。此后，董浩宇继续参加 1999 年的亚洲杯铁人三项系列赛全国锦标赛，获得男子个人第二名、亚洲第三名，上海铁人三项队获得团体第四名。

2000 年后，上海铁人三项运动竞技水平稳步提升，在全国比赛中成绩基本保持在前五名，并出现孙阳、郝晓峰、栾昕等年轻运动员。2000 年，在亚洲铁人三项系列赛暨全国锦标赛中，孔佳杰排名亚洲第八名、全国第七名，上海队获得团体第四名。2001 年，在亚洲铁人三项系列赛暨全国铁人三项锦标赛、全国铁人两项锦标赛中，上海队获得男子团体全国第三名，孔佳杰在男子优秀组获得全国第六名、亚洲第八名。

2002 年，在北京国际铁人三项精英赛中，孔佳杰获得男子优秀组第四名。2003 年，在铁人三项国际积分赛暨全国锦标赛中，上海铁人三项队获得专业组团体第三名。同年 10 月 19 日，在浙江杭州铁人三项国际精英赛中，上海铁人三项队获得专业组团体第四名。2004 年，铁人三项国际积分赛暨全国冠军杯系列赛在江苏南京举行，上海队获得专业组团体第三名，孔佳杰获得优秀组个人第五名。2004年，在全国铁人三项锦标赛上，由孙阳、郝晓峰、栾昕组成的上海铁人三项队获得团体第二名；孙阳获得个人第一名，总排名第六名。2005年，上海队获得铁人两项锦标赛团体专业组第三名。

2005年，在第十届全运会铁人三项决赛中，上海队引进解放军队的陆春笛作为双记分运动员，获得男子个人第三名。在2005—2008年期间，上海队连续4年参加全国铁人三项锦标赛和全国铁人三项冠军杯系列赛，成绩基本保持在团体前三名，孔佳杰、孙阳、张昭、毛洋洋多次获得个人前八名。

第十一章　棋牌运动

第一节　象　　棋

象棋是上海的传统优势项目。1979 年，全国象棋比赛设女子个人赛，女子项目得到快速发展，上海象棋队涌现出单霞丽、黄耀珏、欧阳琦琳等优秀选手。单霞丽在 1980 年和 1984 年两次夺魁。1982—1990 年全国女子团体赛上，上海处于前三名行列，其中获得 2 次冠军、5 次亚军、2 次季军。同时，男子项目继续保持较高水平，由胡荣华、徐天利、朱永康、林宏敏组队获得第四届全运会冠军，胡荣华获得个人冠军。1988 年 10 月 15 日，胡荣华获得首届中国象棋棋王赛冠军。同年，徐天利任象棋队主教练，朱永康任象棋队教练，胡荣华任上海棋社总教练。

进入 20 世纪 90 年代以后，上海象棋队和上海蓄电池厂合作，以"上海蓄电池厂象棋队"名义参赛。1990 年 4 月 8 日，胡荣华代表中国队参加第一届世界象棋锦标赛，获得团体冠军。

1993 中国象棋锦标赛，上海获得女团冠军，1994 年全国象棋团体赛获得男团冠军。但胡荣华在全国各大比赛中仍频频夺冠，在国内象棋界保持最高水平。胡荣华是著名的象棋国际特级大师。8 岁学棋，13 岁进入上海象棋集训队，1960 年 15 岁时首获全国象棋个人冠军，随后连续 10 届蝉联冠军，共获得 16 个全国象棋个人冠军，是中国参赛年龄最大、运动职业生涯最长的象棋选手之一，被誉为"棋王"。

1995 年，上海市象棋协会授予浦东新区洋泾乡"象棋之乡"称号。洋泾乡开展象棋活动已有 40 余年历史，群众基础广泛，运动水平较高。1994 年，夺得全市象棋团体赛冠军。1995 年，获得参加全国象棋比赛资格。同年 12 月，上海象棋队与上海市第八建筑工程公司建立合作关系。1996 年 8 月，为使象棋得以继承发扬，同时也为开发幼儿智力、提高幼儿素质、培养象棋新人，在宋庆龄幼儿园设立"幼儿象棋培训基地"。

2002 年，上海象棋队冠名为"上海金外滩象棋队"。同年，胡荣华招收谢靖入队。经过 1 年的试训，谢靖棋力增长很快，成绩不断提升，遂被引进上海象棋队。2006 年，在第三届全国体育大会上，上海队获得男团冠军。2008 年，在第六届全国象棋排名赛上，谢靖获得个人冠军，并晋升特级大师。同年，在全国象棋大师冠军赛中郑轶莹获得冠军。

图 2-11-1　2009 年，谢靖(右)在中国象棋年终总决赛中

上海举办很多国内外重大象棋比赛。1995 年 11 月 16 日，"广洋杯"第一届全国象棋大棋圣赛在上海嘉定区举行。1996 年 2 月 12 日，象棋超霸赛在上海马可波罗俱乐部开赛，比赛试用新规则，由上海胡荣华和广东吕钦开展 4 轮比赛，胡荣华最终夺得冠军。1997 年 5 月 6—15 日，全国象棋团体赛在松江举行,45个省市和行业代表团共240名棋手参加。同年8月13日,第四届“嘉丰房地产杯”全国象棋王位赛在嘉定举行,全国12名顶尖棋手参赛。1999年10月27日—11月3日,“广洋杯”第六届世界象棋锦标赛在浦东新区举行。设男子团体、男子个人和女子个人3个项目。26个国家和地区70多名棋手参加,中国队包揽3项冠军。2000年11月1—6日,第三届全国象棋大棋圣战在上海举行,全国等级最高的16名高手参赛。2002年8月12日,中越象棋友谊赛在奉贤区古华山庄收盘,由国际特级大师胡荣华领衔的上海金外滩象棋队以总积分11比5战胜越南胡志明市象棋队。2006年12月20—27日,首届“九城置业杯”全国象棋超霸赛在上海衡山宾馆举行。来自全国等级分名列前茅的32名男女棋手参加角逐。2009年3月20—25日,第四届全国象棋大棋圣战在浦东新区举行。同年12月19日,中国象棋年终总决赛在卢湾体育馆举行,来自海内外的32名中国象棋顶尖高手参赛。

表2-11-1 1978—2010年上海象棋运动员获得全国赛事冠军一览表

年 份	比 赛 名 称	项 目	运 动 员	地 点
1978年	全国象棋个人赛	男子	胡荣华	河南郑州
1979年	全国象棋团体赛	男子	男队	北京
	全国象棋个人赛	男子	胡荣华	北京
1980年	全国象棋个人赛	女子	单霞丽	四川乐山
1983年	全国象棋个人赛	男子	胡荣华	云南昆明
	全国象棋团体赛	女子	女队	黑龙江哈尔滨
1984年	全国象棋个人赛	女子	单霞丽	广东广州
1985年	全国象棋个人赛	男子	胡荣华	江苏南京
1986年	全国象棋团体赛	男子	男队	河北邯郸
1989年	全国象棋团体赛	女子	女队	安徽泾县
1991年	全国象棋团体赛	男子	男队	江苏无锡
1993年	全国象棋团体赛	女子	女队	江苏南京
1994年	全国象棋团体赛	男子	男队	河北石家庄
1997年	全国象棋个人赛	男子	胡荣华	上海
2000年	全国象棋个人赛	男子	胡荣华	安徽蚌埠

表2-11-2 1978—2010年上海象棋运动员获得世界比赛前三名一览表

年 份	比 赛 名 称	项 目	运动员	名 次	地 点
1990年	第一届世界象棋锦标赛	男子个人赛	胡荣华	2	新加坡
		男子团体赛	胡荣华	1	
2001年	第七届世界象棋锦标赛	男子个人赛	胡荣华	2	中国澳门
		男子团体赛	胡荣华	1	

（续表）

年　份	比赛名称	项　目	运动员	名　次	地　点
2007年	第十届世界象棋锦标赛	男子个人赛	洪　智	2	中国澳门
		男子团体赛	洪　智	1	
2008年	第一届世界智力运动会象棋赛	男子个人赛	洪　智	2	中国北京
		男子团体赛	孙勇征	1	

第二节　国际象棋

1978年至20世纪80年代末，在全国个人赛中，上海国际象棋男选手多年保持冠军称号。1988年，秦侃滢首次夺得女子个人冠军。至1990年，上海男队已夺得12次团体赛冠军，上海女队夺得1次冠军、2次亚军。

1981年，戚惊萱、李祖年经国际棋联批准为国际大师。1982年，戚惊萱在南斯拉夫的国际公开赛上获得并列冠军。戚惊萱与李祖年在1985年首次获得世界冠军赛亚太赛区的冠亚军，取得参加区际赛的资格。戚惊萱在A组区级赛，面对苏联等16国强手，取得并列第三名。李祖年在B组区际赛获第十六名。戚惊萱、李祖年、林塔、唐宏俊等分别参加亚洲城市赛、亚洲团体赛、奥林匹克象棋赛等重大比赛。其中在连续参加的1982—1985年的第三至六届亚洲城市赛上，上海队4届均获冠军。1990年，再次由上海组队参加亚洲城市赛并获得冠军。

20世纪90年代，上海女子团体取得8次冠军、1次亚军。10年间，男子团体获得2次冠军、1次亚军、2次季军。戚惊萱和秦侃滢继续保持较高水平，屡次在国内最高水平比赛中获得奖牌。1996年在个人赛中，小将倪华勇获得世界国际象棋快棋赛14岁组冠军。同年，王蕾和王频共同代表国家队参加在亚美尼亚举行的第三十二届国际象棋奥林匹克赛团体赛，获得亚军。1998年，两人又代表国家队参加在俄罗斯卡尔梅克・埃利斯塔举行的第三十三届国际象棋奥林匹克赛团体赛，获得冠军，王蕾获得最佳表现奖。2000年，王蕾代表国家队参加国际象棋奥林匹克赛团体赛，获得冠军。同年，秦侃滢参加在印度新德里举行的世界国际象棋锦标赛，获得亚军。

进入21世纪以后，上海国际象棋队成绩保持全国上游水平。2001—2010年，上海男队和女队分别获得全国团体冠军、团体亚军以及团体季军各1次。女队王蕾、王频、居文君、秦侃滢，男队倪华、周健超等都在国内外比赛中取得优异成绩。倪华先后获得世界国际象棋赛团体亚军、国际象棋奥林匹克世界团体锦标赛亚军、世界奥林匹克团体赛亚军、亚洲国际象棋室内运动会男子团体和个人及团体闪电三项冠军、世界智力运动会男女混双快棋团体和超快棋男子团体双料冠军、国际象棋亚洲团体锦标赛冠军等奖项。

上海积极举办国内外大型赛事，注重培养少年儿童对国际象棋的兴趣，经常举办青少年比赛以及培训班。1983年5月12—13日，中苏国际象棋友谊赛在上海举行，苏联特级大师3人与上海棋手对阵。1992年10月30日—11月24日，世界女子国际象棋冠军赛候选人赛在西郊宾馆举行。1996年2月2日，为丰富中小学生寒假生活，上海举办市中小学生三棋大赛，500余位围棋、象棋、国际象棋爱好者参加比赛。同年9月12日，上海海螺少儿棋类俱乐部成立，该俱乐部由上海海螺集团公司、静安区棋校和上海市民立中学联办，面向全市开展围棋、象棋、国际象棋的训练和交流活动。1998年4月10日,上海市教委、市体委着手在幼儿教师中普及“智慧体操”——国际象棋。12个区县600余名教师报名参加培训班。2000年1月28日,全国青少年国际象棋锦标赛在上海举行,450多名小棋手参赛。同年3月2—15日,国际象棋特级大师国际邀请赛在上海财经大学举行。经过13轮争夺,波兰选手克拉森可夫以微弱优势战胜中国选手叶江川夺冠。2001年1月29日,全国国际象棋冠军赛在沪开幕,1 250名棋手参赛。4月6日,全国国际象棋锦标赛闭幕,上海女队获得团体冠军。5月30日—6月6日,第二届女子国际象棋对抗赛在上海财经大学举行,中国队以40.5比30.5战胜俄罗斯队。7月9日,第七届“陈振南杯”国际象棋特级大师赛在美丽园大酒店举办,这是亚洲举办的等级分最高的国际象棋比赛。9月7—13日,首届中俄国际象棋对抗赛在上海国际会议中心举行。中俄双方各有12名男女选手参赛。经过6轮72场角逐,中国队以30.5比41.5的比分告负。2002年2月5—9日,首届全国国际象棋少儿团体锦标赛在上海良安饭店举行。同年7月11日,第二届中美国际象棋对抗赛在上海东方滨江大酒店举办。2003年8月10日,第二届“河滨围城杯”中国国际象棋电视快棋赛在上海王宝和大酒店闭幕,18岁的新秀卜祥志捧走冠军奖杯。同年9月9—11日,国际象棋运动员朱迪特・波尔加抵沪,与40多位小棋手展开车轮大战,并与卜祥志表演超快棋对抗赛。2006年8月12日,由上海棋院和上海文化出版社主办的传统赛事——2006年国际象棋小世界杯等级公开赛在沪举办,来自全国30多个城市800名棋童参赛。2008年12月10日,上海建桥学院国际象棋队在全国国际象棋联赛最后一轮比赛中,以3比2战胜北京爱国者队获得冠军。2010年9月4日,第四届国际象棋大满贯预选赛在上海举行。

表2-11-3 1978—2010年上海国际象棋运动员获得全国比赛冠军一览表

年 份	比 赛 名 称	项 目	运动员/队
1978年	全国国际象棋个人赛	男子	戚惊萱
	全国国际象棋团体赛	男子	男队
1979年	全国国际象棋个人赛	男子	李祖年
	全国国际象棋团体赛	男子	男队
1980年	全国国际象棋团体赛	男子	男队
1981年	全国国际象棋团体赛	男子	男队
1983年	全国国际象棋团体赛	男子	男队
1984年	全国国际象棋团体赛	男子	男队
1985年	全国国际象棋团体赛	男子	男队
1987年	全国国际象棋团体赛	男子	男队
1988年	全国国际象棋个人赛	女子	秦侃滢
	全国国际象棋团体赛	男子	男队
1989年	全国国际象棋团体赛	男子	男队
1990年	全国国际象棋团体赛	女子	女队
1991年	全国国际象棋个人赛	女子	秦侃滢
	全国国际象棋团体赛	女子	女队

（续表）

年　份	比　赛　名　称	项　　目	运动员/队
1992 年	全国国际象棋团体赛	男子	男队
1993 年	全国国际象棋团体赛	男子	男队
1994 年	全国国际象棋团体赛	女子	女队
1995 年	全国国际象棋个人赛	女子	秦侃滢
	全国国际象棋团体赛	女子	女队
1996 年	全国国际象棋团体赛	女子	女队
1997 年	全国国际象棋个人赛	女子	王　蕾
1998 年	全国国际象棋个人赛	女子	王　蕾
	全国国际象棋团体赛	女子	女队
1999 年	全国国际象棋个人赛	女子	秦侃滢
	全国国际象棋团体赛	女子	女队
2000 年	全国国际象棋个人赛	女子	王　蕾
	全国国际象棋团体赛	女子	女队
2001 年	全国国际象棋个人赛	女子	王　蕾
	全国国际象棋团体赛	女子	女队
2002 年	全国国际象棋个人赛	女子	王　频
2004 年	全国国际象棋个人赛	女子	秦侃滢
2007 年	全国国际象棋个人赛	男子	倪　华
2008 年	全国国际象棋团体赛	男子	男队
2009 年	全国国际象棋团体赛	男子	男队
2010 年	全国国际象棋个人赛	女子	居文君

表 2-11-4　1978—2010 年上海国际象棋运动员获得世界大赛前三名一览表

年　份	比 赛 名 称	运　动　员	名　次	地　点
1990 年	奥林匹克团体赛	秦侃滢　王　蕾	3	南斯拉夫
1992 年	奥林匹克女子团体赛	秦侃滢　王　频	3	菲律宾
		秦侃滢	3	俄罗斯
1994 年	奥林匹克女子团体赛	王　蕾　王　频	2	亚美尼亚
1996 年	奥林匹克女子团体赛	王　蕾　王　频	1	俄罗斯
1998 年	奥林匹克女子团体赛	王　蕾	1	土耳其
2000 年	女子世界锦标赛	秦侃滢	2	印度
2002 年	奥林匹克团体赛	王　频	1	斯洛文尼亚
2005 年	第六届世界杯团体赛	倪　华　周健超	2	以色列

(续表)

年份	比赛名称	运动员	名次	地点
2006 年	奥林匹克男子团体赛	倪　华	2	意大利
2008 年	第一届世界智力运动会	倪　华	1	中国北京
		倪　华	1	
2009 年	第二届世界女子团体赛	居文君	1	中国宁波
2010 年	奥林匹克女子团体赛	居文君	2	俄罗斯

第三节　围　　棋

20 世纪 70 年代,上海区县青少年业余体校普遍创设围棋班,加速培养优秀专业运动员。1979 年以后,陈祖德、吴淞笙、华以刚、曹志林、邱鑫相继退役。上海围棋队为国家队输送了王群、曹大元、钱宇平以及女棋手杨晖、芮乃伟等。市队保持 6～8 名选手在沪训练,由高级教练邱鑫执教。

20 世纪 80 年代中期至 90 年代中期,钱宇平、曹大元成绩突出,屡获大赛冠军。钱宇平于 1987 年晋升九段,1988 获得全国个人锦标赛冠军,成为继刘棣怀、陈祖德之后第三位夺得全国个人锦标赛冠军的上海男棋手。曹大元于 1986 年晋升九段,1987 年获得新体育杯围棋赛冠军。

20 世纪 80 年代起,女棋手芮乃伟和杨晖个人成绩突出。1986—1989 年,芮乃伟蝉联 4 届全国个人锦标赛女子冠军,并于 1988 年升为九段,成为世界第一位九段女棋手。1989 年,在全国“湖塘杯”围棋赛中获得冠军。1980 年起,杨晖先后 7 次获得全国围棋个人锦标赛女子冠军。

上海围棋队人才济济,整体实力在全国领先,长期以一队和二队两个队参加团体比赛,至 1990 年,上海队获得 12 次男子团体冠军。1979—1993 年,全国女子团体比赛中,以杨晖、芮乃伟为主力的上海队获得 9 次女子团体冠军。

1979—1990 年期间的国际比赛主要在中日棋手之间进行,上海棋手陈祖德、吴淞笙、曹志林、华以刚、曹大元、钱宇平、芮乃伟先后 20 多次在中日围棋比赛中战胜日本九段棋手。

1988 年,在中日电视快棋冠军对抗赛上,钱宇平战胜日本 NHK 杯快棋赛冠军加藤正夫。1990 年,在第五届中日围棋擂台赛上,钱宇平接连战胜坂田荣男和武宫正树,中国队以 8 比 3 夺得擂台赛冠军。1991 年 8 月,在进入第四届富士通杯世界围棋锦标赛决赛后,钱宇平因病弃权,获得亚军。

1992 年旅居日本的芮乃伟代表上海参加第二届应氏杯世界围棋赛,闯进四强,创造女棋手在世界职业围棋大赛上的最好成绩。1993 年,芮乃伟在日本拜吴清源为师,年底夺取第一个世界女子职业围棋赛冠军。

上海拥有雄厚的围棋青少年后备力量。邱百瑞长期执教上海市体育宫和上海市体育俱乐部围棋班,培养出众多围棋专业人才。80 年代末至 90 年代初,上海棋院培养出生于 70 年代的常昊、邵炜刚、刘世振和生于 80 年代的邱峻、胡耀宇等优秀青少年棋手。常昊 8 岁进入上海专业围棋队,10 岁入选国家集训队。1988 年,12 岁的常昊获得第五届“应氏杯”世界青少年围棋锦标赛少年组冠军;1990 年,获得第十二届世界业余围棋锦标赛比赛冠军,成为该项赛事最年轻的冠军。常昊、邵炜刚进入国家队后,分别拜聂卫平和马晓春为师,成为年轻棋手中的佼佼者。1991 年,刘世振入选国家队。

20世纪90年代中期，邱峻、胡耀宇进入国家少年队。1998年，16岁的邱峻夺得全国个人锦标赛冠军。90年代中后期，随着常昊、邵炜刚的崛起，邱峻、胡耀宇的成长，上海男队整体实力再度领先。1996—1998年，上海队蝉联全国团体冠军，累计获得15次全国团体冠军；芮乃伟和杨晖也曾多次代表上海队参加全国团体赛。

1999年，台湾企业家应昌期与黄浦区政府共同创建上海应昌期围棋学校，这是一所九年一贯制公办学校，坚持围棋特色教育，培养出一批获得专业段位的小棋手。同年4月，首届全国围棋甲级联赛开赛，由中国棋院院长陈祖德（特邀）领衔的上海时代巨盛队获得亚军。从2000年起，上海移动通信有限公司冠名赞助上海围棋队参加比赛。

进入21世纪以后，上海围棋队完成新老交替，常昊、邵炜刚、刘世振、邱峻、胡耀宇成为中坚力量。2004年，常昊和队友组成的上海移动通信队以不败战绩提前1轮夺冠，这是上海队首次夺得全国甲级联赛冠军。2005年，上海队蝉联冠军。

图2-11-2 2008年，常昊（右）九段在第九届中日韩三国围棋擂台赛中夺冠

2005年3月，在第五届“应氏杯”世界职业围棋锦标赛决赛中，常昊战胜韩国崔哲瀚，夺得职业生涯中的第一个世界冠军，成为继马晓春和俞斌之后第三位获得世界冠军称号的中国男棋手。1998年起，常昊6次打入世界职业围棋大赛决赛。在中日围棋天元对抗赛中，常昊代表中国出场5次，4次战胜日本天元。2006年3月，常昊在首届中韩围棋擂台赛上击败韩国主帅李昌镐，使中国队在主帅未动的情况下提前夺得冠军。

2007年1月，常昊在第十一届“三星杯”世界围棋公开赛决赛中，连下两局战胜韩国李昌镐夺冠，获第二个世界冠军。接着在第六届“春兰杯”决赛中负于重庆棋手古力。当年12月，上海移动通信队第三次夺得全国甲级联赛冠军。2008年7月，在首届中国围棋巅峰对决中，常昊再度负于古力。同年，常昊为中国队夺得第九届农心杯世界围棋团体锦标赛（即中日韩三国围棋擂台赛）冠军，这是中国队首次夺得农心杯冠军。

2009年6月，在第七届“春兰杯”世界围棋锦标赛决赛中，常昊再度战胜韩国李昌镐，第三次获得世界冠军。

全国围棋甲级联赛促进人才流动。2003年，曹大元担任山东围棋队主教练。2006年，福建籍女棋手张璇以租借形式加盟上海队，参加当年围棋甲级联赛。同年，邵炜刚从上海队转会至山东队。2008年，江维杰加盟山东围棋队。2010年，范廷珏在获得新人王赛冠军后加盟山东围棋队。

在围棋项目发展中，上海注重举办各类重大赛事。1987年初，中国围棋协会与新民晚报社创办中国围棋天元赛，从1987年起每年举办1届，至2010年已举办25届，成为国内延续时间最长的围棋赛事。此外，还举办了1994年第三届世界围棋最强战（第一阶段）、1995年首届国际围棋赛、1996年第三届“应氏杯”世界职业围棋锦标赛（第一阶段）、1999年世界围棋团体锦标赛（上海站）、2000年第二届“春兰杯”世界职业围棋锦标赛、2000年第四届“应氏杯”世界职业围棋锦标赛、2000年世界女子职业围棋锦标赛、2001年第四届“应氏杯”五番棋决赛、2002年第三届“农心杯”世界围棋团队锦标赛、2003年第四届“农心杯”中日韩三国围棋擂台赛（上海站）等赛事。

上海建桥集团与中国围棋协会于2003年共同创办"建桥杯"中国女子围棋公开赛，每年举办1届，成为国内延续时间最长、最具规模的女子围棋大赛。上海建桥学院与上海棋院和中国棋院共同主办中国围棋新人王赛，2007年举办首届"建桥杯"女子新人王赛。2001年上海建桥学院与上海围棋协会等单位共同主办上海围棋公开赛，业余爱好者报名参加。

上海围棋拥有广泛的群众基础，涌现出众多业余高手。上海业余棋手刘钧蝉联1996年和1997年两届世界业余围棋锦标赛冠军；胡煜清获得2005年和2009年两届冠军。1988年—2010年举行的第一届至第二十三届"全国晚报杯"业余围棋锦标赛，上海新民晚报队共13次获得团队冠军、5次获得个人冠军。上海围棋运动人才辈出。陈祖德于1983年获得国家体委颁发的"体育运动荣誉奖章"，1984年被评为"新中国成立35年来杰出运动员"，1989年当选为"建国四十年上海十佳运动员"，1994年当选为"上海45年来十杰教练员"，1999年被评为"新中国棋坛十大杰出人物"。吴淞笙于1983年获国家体委颁发的"体育运动荣誉奖章"。钱宇平当选1990年度"上海十佳运动员"。

根据1982年国家体委正式颁布《围棋棋手段位标准》，至2010年陈祖德、吴淞笙、曹大元、钱宇平、芮乃伟、邵炜刚、常昊获得九段证书；华以刚、王群、杨晖、张璇、胡耀宇、邱峻获得八段证书；李青海、华伟荣、倪林强、华学明、方捷、刘世振获得七段证书；邱鑫、赵之云、杨以伦、王辉获得六段证书。

表2-11-5 1978—2010年上海围棋运动员获得全国比赛冠军一览表

年份	比赛名称	项目	运动员/队	地点
1979年	第四届全运会	男子团体	男队	北京
1979年	第四届全运会	女子团体	女队	北京
1980年	全国围棋个人赛	女子个人	杨　晖	四川乐山
1980年	全国围棋团体锦标赛	男子团体	男队	安徽屯溪
1980年	全国围棋团体锦标赛	女子团体	女队	安徽屯溪
1981年	全国围棋个人赛	女子个人	杨　晖	河南洛阳
1981年	全国围棋团体锦标赛	男子团体	男队	浙江温州
1981年	全国围棋团体锦标赛	女子团体	女队	浙江温州
1982年	全国围棋个人赛	女子个人	杨　晖	北京
1982年	全国围棋团体锦标赛	男子团体	男队	北京
1982年	全国围棋团体锦标赛	女子团体	女队	北京
1983年	全国围棋团体锦标赛	女子团体	女队	浙江杭州
1984年	全国围棋团体锦标赛	男子团体	男队	浙江杭州
1985年	全国围棋个人赛	女子个人	杨　晖	江苏南京
1985年	全国围棋团体锦标赛	男子团体	男队	浙江杭州
1986年	全国围棋个人赛	女子个人	芮乃伟	河南洛阳
1986年	全国围棋团体锦标赛	男子团体	男队	江苏苏州
1987年	全国围棋个人赛	女子个人	芮乃伟	江苏镇江
1987年	第六届全运会	男子团体	男队	广州番禺
1987年	第六届全运会	女子团体	女队	广州番禺

（续表）

年 份	比 赛 名 称	项 目	运动员/队	地 点
1988年	全国围棋个人赛	男子个人	钱宇平	北京
		女子个人	芮乃伟	
1989年	全国围棋个人赛	女子个人	芮乃伟	福建福州
	全国围棋团体锦标赛	女子团体	女队	湖北武汉
1990年	全国围棋个人赛	男子个人	钱宇平	江苏连云港
	全国围棋团体赛	男子团体	男队	河南郑州
		女子团体	女队	江苏连云港
1991年	全国围棋个人赛	女子个人	杨 晖	北京
1992年	全国围棋个人赛	男子个人	邵炜刚	重庆
		女子个人	杨 晖	
1993年	第八届全运会	女子团体	女队	上海
1994年	全国围棋个人赛	男子个人	曹大元	湖南长沙
1995年	全国围棋个人赛	男子个人	常 昊	广东广州
1996年	全国围棋团体锦标赛	男子团体	男队	山西太原
1997年	全国围棋团体锦标赛	男子团体	男队	四川成都
1998年	全国围棋个人赛	男子个人	邱 峻	四川成都
	全国围棋个人赛	女子个人	杨 晖	四川成都
	全国围棋团体锦标赛	男子团体	男队	浙江杭州
2003年	全国围棋个人赛	男子个人	邱 峻	浙江杭州
2004年	第六届围棋甲级联赛	男子团体	男队	—
2005年	第七届围棋甲级联赛	男子团体	男队	—
2007年	全国围棋个人赛	女子个人	唐 奕	山东德州
	第九届围棋甲级联赛	男子团体	男队	—
2009年	全国围棋个人赛	女子个人	唐 奕	河北承德

表2-11-6 1978—2010年上海围棋运动员获得世界大赛前四名一览表

年 份	比 赛 名 称	名 次		
		第一名	第二名	四强
1991年	第四届“富士通杯”世界围棋锦标赛		钱宇平	
1992—1993年	第二届“应氏杯”世界职业围棋锦标赛			芮乃伟
1998年	第十一届“富士通杯”世界围棋锦标赛		常 昊	
1998—1999年	第一届“春兰杯”世界围棋锦标赛			常 昊
1999年	第三届“LG杯”世界围棋棋王赛			邵炜刚

(续表)

年份	比赛名称	名次		
		第一名	第二名	四强
2000年	第十三届“富士通杯”世界围棋锦标赛		常 昊	
	第六届“三星杯”世界围棋公开赛		常 昊	
2002年	第七届“三星杯”世界围棋公开赛			胡耀宇
2003年	第八届“三星杯”世界围棋公开赛			胡耀宇
2002—2003年	第四届“春兰杯”世界围棋锦标赛			常 昊
	第四届“应氏杯”世界围棋锦标赛		常 昊	
	第一届“丰田杯”世界围棋王座战		常 昊	
2004—2005年	第二届“丰田杯”世界围棋王座战		常 昊	
	第五届“应氏杯”世界围棋锦标赛	常 昊		
2005年	第十届“三星杯”世界围棋公开赛			胡耀宇
2002—2005年	第五届“春兰杯”世界围棋锦标赛			胡耀宇
2006—2007年	第六届“春兰杯”世界围棋锦标赛		常 昊	
2007年	第十一届“LG杯”世界围棋棋王赛		胡耀宇	
	第十一届“三星杯”世界围棋公开赛	常 昊		
2008年	第十二届“LG杯”世界围棋棋王赛			胡耀宇
2008—2009年	第七届“春兰杯”世界围棋锦标赛	常 昊		
2010年	第二十三届“富士通杯”世界围棋锦标赛			邱 峻
	第十四届“三星杯”世界围棋公开赛		邱 峻	
	第二届世界围棋公开赛		常 昊	

表2-11-7 1978—2010年上海女子围棋运动员获得世界大赛前四名一览表

年份	比赛名称	名次		
		第一名	第二名	四强
1993年	“翠宝杯”世界女子围棋锦标赛	芮乃伟	杨 晖	
1995年	第一届“宝海杯”世界女子围棋锦标赛	芮乃伟		杨 晖
1996年	第三届“宝海杯”世界女子围棋锦标赛	芮乃伟		
1997—1998年	第四届“宝海杯”世界女子围棋锦标赛	芮乃伟		
1999—2000年	第一届“兴仓杯”世界女子围棋锦标赛	芮乃伟		
2000年	世界女子围棋锦标赛	芮乃伟		
2000—2001年	第二届“兴仓杯”世界女子围棋锦标赛	芮乃伟		张 璇
2001年	国际女子职业围棋赛			张 璇

（续表）

年　份	比　赛　名　称	名　次		
		第一名	第二名	四强
2002 年	世界女子围棋锦标赛			张　璇
2002—2003 年	世界女子围棋锦标赛	芮乃伟	张　璇	
2002—2004 年	世界女子围棋锦标赛			芮乃伟
2006—2007 年	世界女子围棋锦标赛			芮乃伟
2007—2008 年	世界女子围棋公开赛		芮乃伟	张　璇
2010 年	世界女子围棋赛			唐　奕

第四节　五 子 棋

上海是国内较早开展五子棋运动的地区之一。1995 年，“上文杯”五子棋大赛是上海首次举办的五子棋比赛，上海有线电视台进行赛况直播，影响较大。赛后在一些爱好者的倡议和自发组织下，一些上海五子棋的集体活动在人民公园开展。2002 年，在上海棋院的指导下，成立上海市围棋协会五子棋委员会筹备组。2010 年，成立上海市围棋协会五子棋委员会，进一步发展上海五子棋运动。

上海五子棋运动坚持大众化和专业化齐头并进的发展思路，注重把握项目趣味性和竞技性的协调统一。2010 年起，上海五子棋开展校园行活动，在徐汇区体育局的支持下，率先在上海市中国中学开设试点课程，积极探索推进体教结合，徐汇、浦东、黄浦、长宁、静安和嘉定等区的 30 多所中小学开设五子棋课程。上海举办棋王战、名人邀请赛、个人联赛、新人王战、友情杯赛等专业化赛事和“福德广场杯”有奖擂台赛、“迎澳门回归”大众擂台赛、“全民健身”五卅广场擂台赛、草根达人有奖擂台赛等大众化活动在内的五子棋赛事活动近百届（场），数万人次参加。日本、爱沙尼亚、芬兰、以色列等国家和地区及各省、自治区、直辖市的棋手来沪参赛。

上海五子棋棋手积极参加国家体育总局举办的两届全国智力运动会五子棋竞赛、首届全国网络智力运动会五子棋总决赛和国家体育总局棋牌运动管理中心（中国棋院）举办的历届全国五子棋锦标赛，分别获得全国智力运动会男子团体冠军，女子个人冠军、季军，男子个人亚军；多次包揽全国网络智力运动会总决赛前三名。

第五节　国 际 跳 棋

上海的国际跳棋运动开展较晚。2008 年 10 月，世界智力运动会在北京落幕，国际跳棋这项新兴的智力运动逐步在全国开展。

2008 年底，上海建桥学院为上海第一批签约职业棋手提供训练场地和住宿以及在校进修学业的机会，成为国内最早引进国际跳棋项目的全日制高校。2009 年后，在上海棋院的指导下，上海国际跳棋队不断壮大，国际跳棋也成为上海建桥学院的特色项目。在 2009 年首届全国智力运动会上，上海国际跳棋队获得 1 枚金牌、2 枚铜牌。

表 2-11-8　1978—2010 年上海国际跳棋运动员获得全国比赛前四名一览表

年　份	比赛名称	项　　目	运动员	地　点
2009 年	全国国际跳棋比赛	64 格女子半快棋	刘　沛	湖北武汉
		64 格超快棋	刘　沛	
2010 年	全国国际跳棋个人赛	64 格女子个人半快棋	刘　沛	山东泰安
		64 格女子个人超快棋	刘　沛	
	全国国际跳棋团体赛	64 格混合团体	刘　沛　周　胜　郑义俊	天津
	第二届全国国际跳棋公开赛	女子 64 格	刘　沛	浙江丽水

第六节　桥　　牌

上海桥牌运动有着深厚的文化底蕴和群众基础。1978 年,上海民间举办小规模的桥牌比赛,从中涌现出一批高手。1979 年 4 月,上海桥牌选手组队与来访的香港桥牌队交流,并以较大优势取胜。1979 年 9 月,国家体委在北京举办国内首次桥牌邀请赛,上海队获得冠军。

1980 年以后,国家体委每年举办全国比赛。至 1993 年,上海男队获得 16 次全国冠军。1996 年,上海桥牌运动进入新阶段,开始探索企业支持下的桥牌俱乐部运行机制。同年,上海 EAA 桥牌俱乐部队成立,1997 年首次参加全国桥牌锦标赛。至 2010 年,取得过全国冠军的上海桥牌俱乐部队有:上海 EAA 队、上海圣淘沙队、上海生命人寿队、浦东由由队、上海旗忠队、上海绿城队、上海中远建设队、上海汽车队等。

1981 年,全国比赛设女子团体项目,上海女队取得多次全国冠军,并长期保持前三名。至 2010 年,获得过全国冠军的上海桥牌俱乐部女队有:解放和记女队、上海石化女队等。

1986 年起,全国比赛中增加双人赛项目,上海选手在历年公开组、女子组和混合组双人赛中,长期保持前三名,并多次获得全国冠军。

上海桥牌选手积极参加世界比赛,并取得优异成绩。1982 年,以王俊人、陆玉麟、唐继祖、唐后祖为主力的上海队代表中国队参加远东桥牌锦标赛的比赛。在 1982 年第六届世界桥牌综合锦标赛双人赛中,王俊人、陆玉麟成为第一对进入世界双人赛前十六名的远东选手。90 年代起,新一代上海选手成为国家队主力,多次代表中国队夺得远东和亚太桥牌赛冠军,并参加世界大赛,成绩不断提高。1993 年,陈荣錩、周家弘、胡基鸿、徐红军首次参加“百慕大杯”世界团体锦标赛,并进入前八名。在 2004 年世界奥林匹克团体赛上,戴建明、施豪军、杨立新、庄则军获得公开组团体第四名。2009 年,在“百慕大杯”世界团体锦标赛上闯入四强,这是中国男队在世界最高等级大赛上取得的最好成绩。

1987 年,上海桥牌女选手李曼玲、陆琴首次参加在牙买加举行的“威尼斯杯”世界女子团体锦标赛。90 年代起,中国女队渐成世界强队,上海女选手是国家队主力。1991 年,上海女选手刘逸倩代表中国队参加“威尼斯杯”世界女子团体锦标赛,获得第三名。1996 年和 1997 年,上海女选手王文霏获得世界奥林匹克团体赛女子组和“威尼斯杯”世界女子团体锦标赛亚军。2008 年,王文霏、刘逸倩获得第一届世界智力运动会桥牌女子团体亚军。2009 年,第十七届“威尼斯杯”世界女子团体锦标赛上，王文霏、刘逸倩夺得冠军，中国桥牌实现了历史性的突破。

上海每年举办1～2次全国桥牌大赛。1981年，上海举办国际邀请赛，有欧美、日本等20个队参加。90年代以后，经常不定期举办国际比赛，规模和等级逐年提高。2007年，上海举办世界最高等级的“百慕大杯”世界团体锦标赛和“威尼斯杯”世界女子团体锦标赛，几十个国家和地区的最高水平代表队参赛。上海桥牌队在国内保持领先优势，这与注重普及和培养后备力量分不开。上海市桥牌协会于1981年成立。区县、系统的桥牌协会陆续成立。上海市桥牌协会于2003年与上海市教委联手，在中小学开展桥牌活动。经过多年推广，上海已经有百余所学校开设桥牌课程，10多所大学将桥牌列为选修课。上海每年举行各种类型的青少年桥牌比赛。在2009年首届全国智力运动会桥牌赛上，上海队包揽2枚青年组金牌。

上海群众桥牌运动广泛开展。浦东新区街道和乡镇的社区活动中经常举办桥牌比赛。在鼎盛时期，一场比赛常有几百支队参赛。全国桥牌通讯赛上海赛区比赛常有数百人参赛，2008年度的参赛者达到3 000人。

上海拥有众多的桥牌大师。1982年，王俊人、陆玉麒成为国内最早获得世界大师称号的选手，唐继祖、唐后祖于1986年成为世界大师。王文霏、刘逸倩拥有最高等级的世界特级大师头衔。施豪军、庄则军、王为民、戴建明、王礼萍是世界终身大师。拥有世界国际大师称号的还有陈荣锠、周家弘、胡基鸿、徐红军等。

表2-11-9　1978—2010年上海桥牌运动员获全国比赛冠军一览表

年　份	比赛名称	项　目	运动员/队	地　　点
1980年	全国桥牌团体赛	男子团体	男队	上海
	全国桥牌团体赛	男子团体	男队	湖北武汉
1981年	全国桥牌团体赛	男子团体	男队	浙江杭州
	全国桥牌团体赛	男子团体	男队	北京
	全国桥牌团体赛	女子团体	女队	北京
1982年	全国桥牌团体赛	男子团体	男队	广东广州
	全国桥牌团体赛	女子团体	女队	广东广州
1983年	全国桥牌团体赛	男子团体	男队	天津
	全国桥牌团体赛	男子团体	男队	浙江杭州
	全国桥牌团体赛	女子团体	女队	浙江杭州
1984年	全国桥牌团体赛	男子团体	男队	浙江宁波
	全国桥牌团体赛	男子团体	男队	四川成都
1985年	全国桥牌团体赛	男子团体	男队	湖南株洲
	全国桥牌团体赛	男子团体	男队	福建厦门
1986年	全国桥牌团体赛	男子团体	男队	天津
	全国桥牌团体赛	男子团体	男队	河北唐山
1988年	全国桥牌比赛	公开	王俊人　陆玉麟	河北唐山

(续表)

年　份	比赛名称	项　目	运动员/队	地　点
1989年	全国桥牌团体赛	男子团体	男队	宁夏银川
1990年	全国桥牌团体赛	男子团体	男队	北京
1991年	全国桥牌团体赛	男子团体	男队	浙江杭州
1992年	全国桥牌团体赛	女子团体	女队	江西南昌
1993年	全国桥牌团体赛	男子团体	男队	江苏常州
	全国桥牌团体赛	女子团体	女队	湖北武汉
	全国桥牌比赛	混双	张珊珊	江苏常州
1994年	全国桥牌比赛	女双	鲍婉娴　李京红	江苏苏州
1995年	全国桥牌比赛	公开	徐建宇　周家弘	湖北武汉
	全国桥牌比赛	混双	张珊珊　周家弘	湖北武汉
1999年	全国桥牌团体赛	男子团体	男队	江苏丹阳
2001年	全国桥牌团体赛	男子团体	男队	陕西西安
2002年	全国桥牌团体赛	女子团体	女队	甘肃兰州
	全国桥牌比赛	公开	王晓静　王为民	四川绵阳
2003年	全国桥牌比赛	公开	陈　岗　金　可	浙江杭州
	全国桥牌比赛	女双	刘逸倩　朱　萍	浙江杭州
2004年	全国桥牌团体赛	男子团体	男队	山西太原
	全国桥牌团体赛	男子团体	男队	上海
	全国桥牌比赛	女双	刘逸倩　王　萍	四川绵阳
2005年	全国桥牌团体赛	女子团体	女队	陕西西安
	全国桥牌团体赛	男子团体	男队	浙江台山
2006年	全国桥牌团体赛	男子团体	男队	四川崇州
	全国桥牌团体赛	男子团体	男队	广东台山
2007年	全国桥牌团体赛	男子团体	男队	江西景德镇
	全国桥牌团体赛	女子团体	女队	江西景德镇
	全国桥牌团体赛	男子团体	男队	广东珠海
2008年	全国桥牌团体赛	男子团体	男队	湖北武汉
	全国桥牌团体赛	男子团体	男队	湖北武汉
2009年	全国桥牌团体赛	女子团体	女队	北京
	全国桥牌比赛	混双	庄则军　周咏梅	四川成都
2010年	全国桥牌团体赛	男子团体	男队	浙江温州

表 2-11-10　1978—2010 年上海桥牌运动员获得世界大赛前三名一览表

年　份	比　赛　名　称	项　目	运　动　员	名次	地　点
1991 年	“威尼斯杯”世界女子团体锦标赛	女子团体	刘逸倩	3	日本横滨
1996 年	世界奥林匹克团体锦标赛	女子团体	王文霏	2	
1997 年	“威尼斯杯”世界女子团体锦标赛	女子团体	王文霏	2	突尼斯
2003 年	“威尼斯杯”世界女子团体锦标赛	女子团体	王文霏　王礼萍	2	摩纳哥
2004 年	世界奥林匹克团体锦标赛	混合团体	王礼萍　王为民	3	土耳其
2006 年	世界综合锦标赛(WBSC)	女双	王文霏	2	意大利维罗纳
2007 年	“威尼斯杯”世界女子团体锦标赛	女子团体	刘逸倩　王文霏	3	中国上海
2008 年	第一届世界智力运动会桥牌比赛	女子团体	王文霏　刘逸倩	2	中国北京
2009 年	“威尼斯杯”世界女子团体锦标赛	女子团体	王文霏　刘逸倩	1	巴西

第十二章　其他运动

第一节　武　　术

在武术运动的恢复发展中，上海注重借鉴海内外的经验。改革开放之初，上海武术队邵善康、丁金友、郭佩、俞吉元、张福云、何伟琪、施梅林、曹伟民、冯坚江、顾国信、王华、吴敏等先后随中国武术代表团出访欧美、日本等 20 余国。从 20 世纪 70 年代起，上海武术打开对外交流合作的大门，一些外国代表团来沪学习和交流中国武术。1972 年，日本三浦英夫率团来沪学习太极拳。

20 世纪 80 年代，随着武术走向世界，上海派往国外传授武术的教练明显增多。在 80 年代上海共派出 18 批教练赴日本教授太极拳、长拳等拳种，派出的教练有顾留馨、周元龙、王菊蓉、邵善康、冯如龙、陈俊彦、蔡鸿祥、王培锟、纪光宇、何炳泉、丁金友、王卫星、邱丕相、冯坚江、曹伟民、孙剑狄、苏黎献、姜德昌等 20 余人。在上海向日本派出教练的同时，日本 20 多次组团来沪学习太极拳。中日之间的广泛交流，促使太极拳与长拳在日本迅速普及。来自美国的武术团体有 6 家，交流内容包括长拳、器械和散打等。其他如泰国、意大利、瑞士等国均有代表团访沪。

自 1992 年起，上海每两年举办一届国际武术博览会，并成为上海传统赛事。1992 年 5 月 25 日—6 月 2 日，第一届国际武术博览会在上海举行。1994 年 9 月 20 日，上海"珍宝杯"第二届精武国际武术锦标赛在虹口体育馆开幕，来自瑞士、新加坡、波兰、俄罗斯、日本、美国、马来西亚以及中国香港、上海、天津等地的选手近百人参加比赛。1996 年 5 月 2 日，第三届国际武术博览会在虹口体育馆开幕。15 个国家和地区 46 个代表团的 600 名运动员参加，比赛及表演项目多达 400 项。1998 年 5 月 2 日，第四届上海国际武术博览会在虹口体育馆开幕，18 个国家和地区的 50 多个代表团共 400 余人出席。2000 年 5 月 2—5 日，第五届上海国际武术博览会在沪举行，24 个国家和地区近 500 名运动员参加。2002 年 5 月 2 日，第六届上海国际武术博览会开幕式在龙华古塔广场举行。2004 年 5 月，第七届上海国际武术博览会在沪举行，来自五大洲 22 个国家和地区的 270 多名武林高手出席。2006 年 5 月，第八届上海国际武术博览会开幕式在嘉定区博乐广场举行。历时 5 天，共设近 20 个比赛或表演项目，16 个国家和地区的近 300 名武术高手参加。2008 年 5 月 2—4 日，第九届上海国际武术博览会在浦东新区川沙公园举行。设武术套路、散打、空手道、木兰拳和练功十八法 5 个专场，美国、德国、西班牙等 16 个国家和地区的 300 余名运动员参加。2010 年 7 月 11—15 日，第十届上海国际武术博览会在沪举行。学术报告会暨第二届申江国际武术论坛于 21 日在沪召开。

1997 年，在八运会武术比赛中上海队获得 2 枚金牌。2001 年以后，上海武术运动健康发展，群众性武术健身活动普及全市，青少年参与武术活动的人数逐步扩大，武术被列入学校体育课程。2005 年第十届全运会上，上海选手韦剑获得 1 枚金牌。2001—2010 年，上海武术选手在全国各类比赛中共获得 76 项冠军，在世界比赛中获得 12 枚金牌。

表 2－12－1　1978—2010 年上海武术运动员获得全国比赛冠军一览表

年　份	比　赛　名　称	项　　目	运　动　员
1984 年	全国武术对抗项目表演赛	推手 56 公斤级	金国鑫
		70 公斤级	禹　青
1985 年	全国武术对抗项目表演赛	65 公斤级	周敏德
1986 年	全国太极拳、剑赛	吴式太极拳	施梅林
		太极剑	施梅林
1988 年	全国太极拳、剑赛	女 48 式	李荣梅
		杨式太极拳	李荣梅
		太极剑	李荣梅
1989 年	全国武术锦标赛	女子太极拳	邵英珠
1991 年	全国太极拳、剑、推手赛	杨式太极拳	邵英健
		陈式太极拳	谢业雷
	全国武术锦标赛	其他拳术	邵英健
		反把剑	蔡　波
1996 年	全国武术锦标赛套路团体赛	男子剑术	张崇巍
		男子枪术	伍　刚
		男子三类拳	伍　刚
		女子南拳	丁惠茹
		女子二类拳	丁惠茹
	全国武术锦标赛套路个人赛	女子南拳	丁惠茹
		其他拳术第一类	陈　蓓
		其他拳术第二类	丁惠茹
1997 年	第八届全运会预赛暨全国武术套路锦标赛	男子枪、剑全能	伍　刚
		男子枪术	伍　刚
		女子南拳	丁慧茹
		女子枪术	李淑红
		女子二类拳	丁慧茹
	第八届全运会	男子太极拳	邵英健
		男子枪剑全能	张崇巍
			伍　刚
		女子南拳	丁慧茹
		女子枪剑全能	陈　蓓
1998 年	全国武术锦标赛(套路个人赛)	男子长拳	伍　刚
		男子枪剑全能	伍　刚

(续表一)

年份	比赛名称	项目	运动员
1998年	全国武术锦标赛(套路个人赛)	女子剑术	陈蓓
		女子枪术	陈蓓
1999年	全国武术锦标赛(套路男子团体赛)	枪术	伍刚
	全国武术锦标赛	套路男子团体赛集体项目	伍刚 刘颖 张崇巍 郭亮 史亮 姚卫星
		套路女子团体赛集体项目	王瑛 徐琳 沈惠莉 何忠霖 陈蓓 纪欣华
		剑术	陈蓓
		枪术	陈蓓
2000年	全国武术套路冠军赛	其他拳术(八卦)	陈蓓
	全国武术女子套路锦标赛	枪术	陈蓓
	全国武术男子套路锦标赛	南拳	黄少雄
2002年	全国武术男子套路锦标赛	个人全能	韦剑
		成人长拳	韦剑
		剑术	韦剑
		传统拳术三类(鹰爪拳)	韦剑
		刀术	席饼嗣
		枪术	王继强
		二类拳(通臂拳)	王继强
	全国武术女子套路锦标赛	八卦拳	陈蓓
	全国武术套路冠军赛	男子传统拳	王继强
		女子传统拳	陈蓓
	全国武术散手锦标赛	男子60公斤级	赵波
		女子70公斤级	周田芬
		女子70公斤级	周田芬
2003年	全国男子武术套路冠军赛	剑术	赵焜
		其他器械(南棍)	黄少雄
		其他软器械(九节鞭)	张君贤
		其他拳术三类(鹰爪拳)	韦剑
		枪术	韦剑
		个人全能	韦剑
	全国武术男子散打冠军赛	65公斤级	赵光勇
	全国武术女子散打冠军赛	65公斤级	吴钞来
		70公斤级	孙会

（续表二）

年 份	比 赛 名 称	项　　目	运 动 员
2004年	全国武术套路锦标赛（男子）	长拳	杨屿泓
		剑术	韦　剑
		棍术	张坤荣
	全国武术套路冠军赛（男子）	剑术	韦　剑
		棍术	张坤荣
	全国男子武术散打锦标赛	65公斤级	赵光勇
	全国女子武术散打锦标赛	48公斤级	刘　岩
		60公斤级	吴钞来
	全国武术散打冠军赛	男子65公斤级	赵光勇
		女子48公斤级	沈　娟
		女子52公斤级	董　辉
		女子56公斤级	林乐华
		女子60公斤级	吴钞来
2005年	全国武术套路冠军赛（传统组）	男子象形拳	韦　剑
	第十届全运会	枪剑	韦　剑
	全国武术散打锦标赛	男子56公斤级	许　波
		女子70公斤级	孙　会
2006年	全国武术冠军赛	男子枪术	韦　剑
	全国武术套路冠军赛（传统项目）	男子象形拳	韦　剑
	全国男子武术散打锦标赛	65公斤级	赵光勇
		60公斤级	吴　强
	全国武术散打冠军赛	女子56公斤级	董　辉（代表解放军）
		女子65公斤级	吴钞来
	全国女子武术散打锦标赛	60公斤级	刘　漩（代表军体院）
		65公斤级	吴钞来
		70公斤级	孙　会
2007年	全国男子武术套路冠军总决赛	枪术	韦　剑
	全国男子散打锦标赛	60公斤级	段寒松
		70公斤级	赵光勇
	全国武术散打精英赛	70公斤级	赵光勇
	全国武术散打冠军赛	男子60公斤级	吴　强（代表解放军）
		男子70公斤级	赵光勇
		女子65公斤级	吴钞来

(续表三)

年 份	比 赛 名 称	项 目	运 动 员
2007年	全国女子武术散打锦标赛	70公斤级	孙 会
2008年	全国武术套路冠军赛(传统组)	男子象形拳	韦 剑
	全国男子武术散打冠军赛	48公斤级	万仁海
		70公斤级	赵光勇
	全国女子武术散打冠军赛	56公斤级	师文琪
		65公斤级	吴钞来
2009年	全国女子武术套路冠军赛	象形拳	潘晓兰(代表北京)
2010年	全国武术套路冠军赛	男子剑术	彭傲枫
	全国武术套路冠军赛(传统项目)	男子醉剑	彭傲枫
		男子双钩	王宏胤
	全国女子武术散打锦标赛	48公斤级	章 乱
		65公斤级	苗玉杰
	全国男子武术散打冠军赛	52公斤级	朱扬涛
	全国女子武术散打冠军赛	48公斤级	章 乱

表2-12-2 1978—2010年上海武术运动员获得国际比赛前三名一览表

年 份	比 赛 名 称	项 目	运动员	名 次
1989年	第二届亚洲武术锦标赛	剑术	邵英珠	1
		全能	邵英珠	2
		枪术	邵英珠	1
		太极拳	邵英珠	3
1996年	第四届亚洲武术锦标赛	男长拳	伍 刚	1
		女南拳	丁惠茹	1
2008年	第七届亚洲武术锦标赛	武术套路	韦 剑	1
		武术散打	赵光勇	1
		武术散打	孙 会	1

表2-12-3 1978—2010年上海武术运动员获得世界比赛冠军一览表

年 份	比 赛 名 称	项 目	运 动 员
1997年	第四届世界武术锦标赛	男子枪术	伍 刚
2003年	第七届世界武术锦标赛	武术套路男子剑术	韦 剑
		武术套路男子对练	韦 剑

（续表）

年　份	比　赛　名　称	项　　目	运　动　员
2004 年	第二届世界杯武术散打比赛	女子散打 52 公斤级	秦力子
		女子散打 65 公斤级	吴钞来
2005 年	第八届世界武术锦标赛	男子散打 65 公斤级	赵光勇
		女子散打 70 公斤级	孙　会
2006 年	第三届世界杯武术散打比赛	男子散打 65 公斤级	赵光勇
		女子散打 70 公斤级	孙　会
2008 年	第四届世界杯武术散打比赛	女子散打 70 公斤级	孙　会
2009 年	第十届世界武术锦标赛	男子散打 60 公斤级	段寒松
2010 年	第五届世界杯武术散打比赛	男子散打 52 公斤级	朱扬涛

第二节　航空模型

1978 年，国际航空联合会接纳中国为会员国。上海航空模型（以下简称空模）运动得到较快发展，运动水平不断提高，并涌现出一批优秀选手，在全国乃至世界大赛中获得金牌。1978 年 3 月，张向东、黄勇、朱永年、丁逸波、李世豪、周文彬、李伟国 7 名中学生参加市集训队。原空模队教练员陆钟毅、陈运加、高勤飞、胡伯堃、俞宜震等陆续回归空模队。1979 年恢复上海市空模协会，吕申君任协会主席。1980 年 9 月，空模学校并入上海市军事体育俱乐部，成立空模研究室，陆钟毅任研究室主任。1981 年 5 月，上海市青少年空模爱好者协会成立。

随着机构建设不断完善，上海空模运动成绩逐步提升。叶家锭于 1979 年 11 月创造的 F3C 活塞式无线电遥控模型直升机直线飞行 3 284.02 米，1980 年 3 月 5 日，该成绩被国际航联正式批准为世界纪录。1983 年，黄勇以每小时 223.186 公里的成绩创造航空模型 F2A 线操纵圆周速度 27 号项目的世界纪录。1987 年，哈成峰、谈兵在全国比赛中打破 F3E－COMB 和 F3E 两个项目的世界纪录。1988 年和 1990 年，在世界锦标赛中，张向东 2 次获得 F2B 个人和团体世界冠军。1979 年和 1987 年，叶家锭、黄勇、哈成峰、谈兵、李世豪、顾辰、秦欢年 7 人 7 次刷新 7 项世界纪录。1997 年，在法国举行的世界杯线操纵航空棋型比赛中，王鸿炜获得线操纵特技 F2B 的冠军。1998 年，在世界线操纵航空模型锦标赛中，王鸿炜代表中国队参加团体比赛，获得团体冠军。2006 年，全国青少年航空航天模型锦标赛在山东济南举行，上海代表队获得 S9A、S8D、P2D 航空航天模型 3 枚金牌、团体第二名。

空模运动在群众中具有一定基础，上海经常举办各类全民健身和青少年科普活动。2002 年 10 月，在闸北大宁灵石公园举行上海旅游节“闸北都市绿洲欢乐行”活动，推出 1 台由飞机跳伞、单人动力伞、热气球、空模、海模、水上摩托、健美、健美操组成的“海陆空”体育展演，参加表演的运动员中有多名世界冠军和国际运动健将。2004 年，为迎接第五届农运会，航空模型参与表演。2007 年，普陀区真光小学、崇明县马桥中学、嘉定区紫荆小学等 16 个学校被命名为“上海市航空模型活动特色学校”。

表 2－12－4　1978—2010 年上海航空模型运动员获得世界比赛冠军一览表

年份	比赛名称	项目	运动员	地点
1988 年	世界线操纵航空模型锦标赛	F2B 个人	张向东	苏联基辅
		F2B 团体	张向东	
1990 年	世界线操纵航空模型锦标赛	F2B 个人	张向东	法国
		F2B 团体	张向东	
1996 年	世界线操纵航空模型锦标赛	航空模型线操纵特技团体	王鸿炜	瑞典诺尔雪平
1997 年	世界杯线操纵航空模型比赛	F2B 个人	王鸿炜	法国胡耶
1998 年	世界线操纵航空模型锦标赛	航空模型线操纵团体	王鸿炜	乌克兰

表 2－12－5　1978—2010 年上海航空模型运动员获得全国比赛冠军一览表

年份	比赛名称	项目	运动员	地点
1978 年	全国锦标赛	团体	上海队	山西太原
1980 年	全国分项赛	F2B	张向东	四川成都
1981 年	全国锦标赛	F2A	丁逸波	四川成都
1982 年	全国分项赛	F2A	朱永年	河北廊坊
		F3B	李世豪	
1983 年	全国分项赛	综合团体	上海队	河南郑州
		F2A	朱永年	
		F2B	张向东	
		F3B	李世豪	
1984 年	全国分项赛	F1C 团体	张阴旺　施伟康　沈　逸	山东淄博
	全国分项赛	F2C 团体	黄　勇　徐志俊　陈　雷	上海
		F2A 团体	朱永年　丁逸波　李伟国	
		综合团体	朱永年　张向东　黄　勇　陈志祥	
		F2A	朱永年	
		F2B	张向东	
1985 年	全国分项赛	F2 团体	朱永年　张向东　黄　勇　陈志祥	四川成都
		F2B 团体	王鸿炜　张向东　杨捍东	
		F2A	朱永年	
		F2B	张向东	
1986 年	全国分项赛	F2A 团体	丁逸波　朱永年　李伟国	山东济南
		F2B 团体	张向东　王鸿炜　杨捍东	

（续表一）

年份	比赛名称	项目	运动员	地点
1986 年	全国分项赛	F2A	丁逸波	山东济南
		F2B	张向东	
		综合团体	丁逸波　张向东　陈　雷　瞿　博	
	全国自由飞航空模型比赛	F1C	王志曦	陕西蒲城
1987 年	全运会预赛暨全国锦标赛	F2B	张向东	北京
1988 年	全国锦标赛	F2A 团体	上海队	浙江长兴
		F2B 团体	上海队	
		F2B	张向东	
1989 年	全国锦标赛	F1C	王志曦	黑龙江哈尔滨
		F2A 团体	沈　逸　倪勇军　丁逸波	上海
		F2B 团体	张向东　王鸿炜　杨捍东	
		F2B	张向东	
1990 年	全国锦标赛	F4C	李世豪	浙江长兴
1991 年	全国锦标赛	F4C	李世豪　吴力克	广东广州
		F2B 团体	王鸿炜　杨捍东　陆瑞忻	河南郑州
1992 年	全国锦标赛	F1C 甲组	王志曦	陕西蒲城
		F3B	顾　辰	贵州贵阳
1993 年	全国锦标赛	F1B	许晓庭	四川成都
		F3B	顾　辰	
		F2B 团体	王鸿炜　李伟霖　杨捍东	
1995 年	全国锦标赛	F1A	吴力克	上海
1996 年	全国锦标赛	F2C	陈志祥　周佶华	江西吉安
		PS4A	吴力克	
		PS6A	俞宜震	
		火箭模型综合团体	吴力克　俞宜震	
1997 年	全国锦标赛	F2C 团体	张卫东　郭逾前	山西大同
		S4A 团体	俞宜震　吴力克　张阴旺	
		S4A 个人	俞宜震	
		S6A 团体	顾　辰　李世豪　俞宜震	
		S6A 个人	顾　辰	

(续表二)

年 份	比赛名称	项 目	运动员	地 点
1998年	全国锦标赛	F2C	团体	辽宁抚顺 河南安阳
		F3A-甲	哈成峰	
		F2C	周佶华 陈志祥	
		F5-B2	唐春华	
		S6A(甲)	顾辰	
		S6A(甲)	团体	
		S6A(乙)	汤可才	
		S8A	李世豪	
		S8A	团体	
1999年	全国锦标赛	S4A	张阴旺	宁夏银川
		S8D	李世豪	
		S8D团体	李世豪 林国平 顾 辰	
		P3A-3	哈成峰	
		P5B-2	哈成峰	
		遥控定点(团体)	林国平 李世豪 顾 辰	
2000年	首届全国体育大会	S8D	桂国平	浙江宁波
		航天综合团体	汤可才 张阴旺 李世豪	
	全国锦标赛	F2B单项团体	杨子华 李 闻 杨捍东	
		F3A-3	张旭骏 毛一青 哈成峰	
		S8D	林国平 李世豪 顾 辰	
		航天综合团体	周佶华 张阴旺 林国平	
2001年	全国锦标赛	F3A-3(甲组)	哈成峰	山东济南
		F3A-3(乙组)	张旭骏	
		P5-B(甲组)	唐春华	
		P5-B(乙组)	支国青	
		F2-C	陈志祥 周佶华	
		S8-D(团体)	李世豪 林国平 徐志俊	
2002年	第二届全国体育大会	火箭推进模型S4B	张阴旺	四川绵阳
		遥控特技模型F2-A	谭业滨	
		遥控特技模型P3A-3	哈成峰	
2003年	全国锦标赛	F1A	孙大龙	河南安阳
		S4B	李世豪	
		S4B团体	许晓庭 李世豪 张阴旺	
		S8DP团体	张旭骏 徐志俊 黄振迪	

（续表三）

年　份	比赛名称	项　　目	运动员	地　点
2003 年	全国线操纵无线电遥控航空模型锦标赛	F3C	张旭骏	河南安阳
		F2B	杨子华　支正毅	
		P5B－2 团体	唐春华　浦全胜	
		P3A－3	张旭骏　黄振迪　张颂华	
2004 年	全国锦标赛	P3A－3	黄振迪	河南郑州
		S4B	许晓庭	
2005 年	全国锦标赛	P5B－2	浦全胜	北京
		P5B－2	支国清　唐春华　浦全胜	
		F3A	张旭骏　黄振迪　张　煜	
	全国首届航空运动会	遥控直升飞机趣味飞行	张颂华	江苏南通
2006 年	第三届全国体育大会	F3A	张旭骏	江苏苏州
		F3C	张颂华	
		P3K	李世豪	
		F3 综合团体	张旭骏　张颂华　李世豪　盛　强	
2007 年	全国线操纵、无线电遥控航空锦标赛	F3A	张旭骏	贵州贵阳
		F3C	张颂华	
		F2B	王鸿炜　支正毅　杨子华	
		F3A	张旭骏　黄振迪　彭智文	
2008 年	全国锦标赛	F3A	张旭骏	山西大同
		F3C	张颂华	
		S4A	孙大龙	
		F3A	张旭骏　黄振迪　彭智文	
		P5B	徐志俊　陈懋瑞　姚　远	
	全国模拟遥控飞行锦标赛	低空穿越障碍	杨子华	河南郑州
		固定翼定点着落	杨　赟	
2009 年	全国锦标赛	F3A	张旭骏	山东莱芜
		F3C	张颂华	
		P3N	薛童铭	
		S7	孙大龙　支正毅	
		F3A	张旭骏　黄振迪　彭智文	
	全国锦标赛	S7	孙大龙　支正毅　陈志祥	

(续表四)

年份	比赛名称	项目	运动员	地点
2009年	全国模拟遥控飞行锦标赛	直升机定点着陆	张颂华	江苏昆山
		P3A-2	张旭骏	
2010年	第四届全国体育大会	P5B-2	尹伟明	安徽合肥
		F3C	张颂华	
		F3A	张旭骏	
		S7	孙大龙　支正毅　陈志祥	

说明：表格中的英文字母和数字，为国家体委及国际航空联合会规定的各种项目的代号。第一位英文字母：P表示普及级，F表示国际级。第二位数字：1表示竞时项目，2表示线操纵项目，3表示遥控项目，4表示象真项目。第三位英文字母：从A-E分别代表各大项中的小项目。在竞时项目中：A表示滑翔机，B表示橡筋航空模型飞机，C表示发动机自由飞模型飞机，D表示室内模型飞机。在线操纵项目中：A表示竞速模型飞机，B表示线操纵特技模型飞机，C表示小组竞速，D表示空战模型。在遥控项目中：A表示特技模型飞机，B表示滑翔机，C表示直升飞机。

第三节　航海模型

1978年，上海市航海模型(以下简称海模)协会成立。为迎接1979年第四届全运会，上海市体委陆续从工厂调回一批老运动员，包括潘祖震、吴振维、姚振中、王俊如等。随后海模队举办培训班，陆续从学校、工厂、农场选调魏毓明、商焱、赵景强、周建明、王谷平、马骏、朱勤国等年轻运动员，队伍扩充到16名，教练员4名。1979年第四届、1987年第六届和1993年第七届全运会，设航海模型比赛项目，上海运动员共获得5项金牌、5项银牌、2项铜牌。其中，在北京举行的第四届全国运动会上，上海队获得2枚金牌、2枚银牌。郎德隆获得400米无线电遥控绕标竞速艇冠军；魏毓明、朱勤国获得无线电遥控舰船模型冠军；潘祖震和商焱分别获得5毫升圆周竞速艇和2.5毫升空气桨圆周竞速艇亚军。

1980年前后，海模队维持在20人左右。1980年9月，上海市军事体育俱乐部建立，下设海模研究室，负责市队的训练。以后，俱乐部先后建造2个模型训练水池和模型制作室。1985年和1989年的全国优秀选手赛在上海市军事体育俱乐部举行。1980年，世界航海模型联合会(NAVIGA)接纳中国为临时会员国。同年，赵景强获得国际F5-M级帆船模型青年组冠军。1981年起，中国参加航海模型的世界锦标赛，在第二届世界航海模型(动力艇)锦标赛上，魏毓明获得F2-B项目世界冠军，这是中国运动员在航海模型世界锦标赛中获得的第一个世界冠军。

在北京怀柔举行的第一届全国航海模型锦标赛中，潘祖震获得5毫升圆周竞速艇冠军。吴振维、周学勤获得遥控10毫升竞速艇冠军；姚振中获得2.5毫升圆周竞速艇第三名；王俊如、原海利获导弹艇表演模型一等奖；郎德隆、魏毓明获得导弹艇表演模型二等奖。

1986年，上海市军体俱乐部和上海市高教局、上海交通大学合作，创办全国唯一的空海模运动员、教练员本科班，学制5年，共44名教练员、运动员顺利毕业。

1988年，海模队成立先锋模型制作中心，首次研发的产品在1988年全国机械工业博览会上获得优秀模型奖。至1990年，模型数次在国外展览。全国有色冶金总公司还把先锋中心作为其所属工厂的模型定点单位。

图 2-12-1 2008 年，周建明打破航海模型 F1-V 3.5 世界纪录并夺冠

截至 2010 年，全市共有 17 名选手获得世界冠军 54 次，打破世界纪录 19 次。其中周建明获得世界冠军 20 次，浦海清获得世界冠军 6 次。

1993 年以后的全运会不设空、海模型项目比赛。2000—2010 年，上海海模队参加第一至四届全国体育大会。全国体育大会为全国性非奥体育项目的综合运动会，上海海模运动员共获得 19 枚金牌、17 枚银牌、11 枚铜牌。1979—2010 年期间，上海海模运动员共获得国内比赛冠军 139 次。

海模队的运动员和教练员获得多次表彰。1988 年，潘祖震、吴振维、郎德隆、姚振中、王俊如获得“全国优秀航海模型教练员”称号。1993 年，周建明、浦海清、姚文凯、陆炜峰、吴斌、吴志康记上海市体育运动特等功；赵景强、宣东波、张林强、何宇东、王俊如、周学勤、郎德隆、潘祖震、吴振维记上海市体育运动一等功。1994 年，潘祖震被评为新中国成立 45 年上海体育十大优秀教练。2006 年上海市非奥项目表彰中，运动员周建明、教练员王俊如获得突出贡献奖。2007—2009 年，上海市非奥项目表彰中，运动员周建明获得突出贡献奖 1 次，宣东波获得突出贡献奖 2 次，教练员赵景强获得突出贡献奖 3 次。2009 年，空模、海模队被评为全国优秀运动队。2010 年，上海市非奥项目表彰中，运动员周建明、张林强获突出贡献奖，运动员梁起、虞亦武，教练员霍瑞明获得贡献奖。

表 2-12-6 1978—2010 年世界航海模型联合会批准上海运动员创世界纪录一览表

年 份	比 赛 名 称	项 目	运动员	地 点	成 绩
1985 年	第四届世界航海模型动力艇比赛	F1-V3.5	周建明	荷兰鹿特丹	14″5
		F1-V3.5	周建明		13″4
1987 年	第五届世界航海模型动力艇比赛	F1-V3.5	周建明	民主德国	13″3
		F1-V3.5	周建明		13″1
		F1-V6.5	浦海清		12″6
1989 年	第六届世界航海模型动力艇比赛	F1-V3.5	周建明	中国天津	11″9
		F2-E	陆炜峰		16″1
		F2-V	陆炜峰		15″9
1991 年	第七届世界航海模型动力艇比赛	F1V6.5	浦海清	俄罗斯莫斯科	11″2
		F1-E<1 kg	姚文凯		12″5
1993 年	第八届世界航海模型动力艇比赛	F1-E<1 kg	姚文凯	德国	11″4
		F1-V15	浦海清		11″
	第七届全运会	F1-V3.5	周建明	中国北京	11″5
		F1-V6.5	浦海清		10″7

表 2-12-7　1978—2010 年上海航海模型运动员获得世界冠军一览表

年　份	比　赛　名　称	运　动　员	项　　目	地　点
1981 年	第二届世界航海模型(动力艇)锦标赛	魏毓明	F2-B	—
1983 年	第三届世界航海模型(动力艇)锦标赛	魏毓明	F2-B	保加利亚
		王谷平	F2-A	
1984 年	第四届航海模型(耐久)锦标赛	商　焱	FSR-V3.5	匈牙利
1985 年	第四届世界航海模型(动力艇)锦标赛	周建明	F1-V3.5	荷兰
		刘海清	F2-A	
	第三届世界航海模型(仿真)锦标赛	刘海清	C2	联邦德国
1987 年	第五届世界航海模型(动力艇)锦标赛	周建明	F1-V3.5	民主德国
		浦海清	F1-V6.5	
1989 年	第六届世界航海模型(动力艇)锦标赛	周建明	F1-V3.5	中国天津
		浦海清	F1-V6.5	
		陈海标	F2-A	
		陆炜峰	F2-E	
		陆炜峰	F2-V	
1991 年	第七届世界航海模型(动力艇)锦标赛	周建明	F1-V3.5	苏联
		浦海清	F1-V6.5	
		浦海清	F1-V15	
		姚文凯	F1E<1 kg	
		姚文凯	F1E>1 kg	
		陈海标	F2-A	
		吴　斌	F2-B	
1993 年	第八届世界航海模型(动力艇)锦标赛	周建明	F1-V3.5	德国
		浦海清	F1-V6.5	
		姚文凯	F1E-1 kg	
		陆炜峰	F2-V	
		吴　斌	F2-B	
	第七届世界航海模型(仿真)锦标赛	吴志康	C3	捷克
1995 年	第九届世界航海模型(动力艇)锦标赛	周建明	F1-V3.5	波兰
		吴　斌	F2-B	
	第八届世界航海模型(帆船)锦标赛	赵景强	F5-E	德国
1997 年	第十届世界航海模型(动力艇)锦标赛	周建明	F1-V3.5	斯洛文尼亚
		周建明	F1-V6.5	

（续表）

年　份	比 赛 名 称	运 动 员	项　目	地　点
1997 年	第九届世界航海模型(帆船)锦标赛	赵景强	F5 - 10	波兰
		赵景强	F5 - E	
1999 年	第十届世界航海模型(帆船)锦标赛	赵景强	F5 - E	保加利亚
2000 年	第十届世界航海模型(仿真)锦标赛	王树全	C2	比利时
		汤国强	C3	
2001 年	第十二届世界航海模型(动力艇)锦标赛	周建明	F1 - V3.5	保加利亚
		周建明	F1 - V7.5	
2004 年	第十三届世界航海模型(动力艇)锦标赛	周建明	F1 - V3.5	波兰
		周建明	F1 - V7.5	
		周建明	F1 - E1 kg	
2005 年	第十三届世界航海模型(帆船)锦标赛	宣东波	F5 - 10	波兰
2006 年	第十四届世界航海模型(动力艇)锦标赛	周建明	F1 - V3.5	德国
		周建明	F1 - V7.5	
		周建明	F1 - E1 kg	
2007 年	第十四届世界航海模型(帆船)锦标赛	宣东波	F5 - 10	斯洛伐克
2008 年	第十五届世界航海模型(动力艇)锦标赛	周建明	F1 - V3.5	波兰
		周建明	F1 - V7.5	
2010 年	第十六届世界航海模型(动力艇)锦标赛	张林强	F2 - E	德国
		张林强	F2 - V	
		周建明	F1 - V3.5	

表 2 - 12 - 8　1978—2010 年上海航海模型运动员获得全国比赛冠军一览表

年　份	比 赛 名 称	运　动　员	项　目	地　点
1978 年	全国比赛	潘祖震	5 毫升水中桨 133.3 公里/时	北京
	全国比赛	吴振维　周学勤	F8 遥控直线 41.05 公里/时	北京
1979 年	第四届全运会	郎德隆	10 毫升遥控绕标竞速艇	北京
		魏毓明	无线电遥控花样绕标	
		朱勤国		
1980 年	全国分项赛	周建明	F1 - V3.5	安徽芜湖
1981 年	全国动力艇赛	魏毓明	F2 - B	浙江杭州
1982 年	全国动力艇赛	王谷平	F2 - A	江西九江
	全国动力艇赛	赵景强	F5 - M	福建集美

(续表一)

年 份	比赛名称	运 动 员	项 目	地 点
1982 年	全国动力艇赛	马 骏	F5-10	福建集美
1983 年	全国动力艇赛	周建明	F1-V2.5	广西南宁
1983 年	全国动力艇赛	浦海清	F1-V5	广西南宁
1983 年	全国动力艇赛	王谷平	F2-A	广西南宁
1983 年	全国动力艇赛	商 焱	FSR-V3.5	北京
1984 年	全国比赛	周建明	F1-V3.5	天津
1984 年	全国比赛	浦海清	F1-V6.5	天津
1984 年	全国比赛	刘海清	F2-A	天津
1984 年	全国比赛	商 焱	FSR-V3.5	天津
1984 年	优秀选手赛	高宝康	FSR-V3.5	广西南宁
1984 年	优秀选手赛	赵景强	F5-M	广西南宁
1985 年	优秀选手赛	周建明	F1-V3.5	上海
1985 年	优秀选手赛	刘海清	F2-A	上海
1985 年	优秀选手赛	王谷平	F2-C	上海
1985 年	全国锦标赛	王树全	C2	浙江杭州
1985 年	全国锦标赛	浦海清	F1-V6.5	浙江杭州
1985 年	全国锦标赛	商 焱	F2-V	浙江杭州
1985 年	全国锦标赛	肖剑忠	F2-C	浙江杭州
1985 年	全国锦标赛	赵景强	F5-M	浙江杭州
1986 年	全国锦标赛	肖剑忠	C2	四川成都
1986 年	全国锦标赛	杨斌伟	C3	四川成都
1986 年	全国锦标赛	周建明	F1-V3.5	四川成都
1986 年	全国锦标赛	周建明	F1-E>1 kg	四川成都
1986 年	全国锦标赛	刘海清	F2-B	四川成都
1986 年	全国锦标赛	高宝康	FSR-V6.5	四川成都
1986 年	全国锦标赛	赵景强	F5-M	四川成都
1986 年	优秀选手赛	赵景强	F5-M	江西南昌
1987 年	优秀选手赛	周建明	F1-V3.5	福建集美
1987 年	优秀选手赛	浦海清	F1-V6.5	福建集美
1987 年	优秀选手赛	周建明	F1-E>1 kg	福建集美
1987 年	第六届全运会	刘海清	F2-B 遥控花样绕标	广东广州

（续表二）

年　份	比赛名称	运　动　员	项　　目	地　点
1988 年	全国锦标赛	浦海清	F1 - V6.5	四川成都
		肖剑忠　吴志康　赵应敏	C2	
		刘海清	F2 - A	
	全国锦标赛	赵景强	F5 - M	浙江杭州
		赵景强	F5 - 10	
1989 年	全国锦标赛	吴　斌　王树全　汤国强	C2	上海
		周建明	F1 - V3.5	
		浦海清	F1 - V6.5	
		姚文凯	F1 - E<1 kg	
		陈宝明	F2	
	全国锦标赛	商　焱	FSR - V15	福建泉州
		赵景强	F5 - E	
1990 年	全国锦标赛	肖剑忠　刘树清　王树全	C2	四川成都
		周建明	F1 - V3.5	
		浦海清	F1 - V6.5	
		姚文凯	F1 - E<1 kg	
		吴　斌	F2	
	全国锦标赛	赵景强	F5 - E	江西南昌
1991 年	全国锦标赛	商　焱	FSR - V15	北京
		商　焱　李　峥	FSR 团体	
1992 年	全国锦标赛	宣东波	F5 - M	江苏南京
	全国锦标赛	浦海清	F1 - V6.5	河北秦皇岛
		张林强　浦海清　姚文凯 吴志康	F1	
		陆炜峰	F2 - V	
		汤国强　吴志康	C3	
		吴　斌	F2	
1993 年	全国锦标赛	周建明	F1 - V3.5	河北秦皇岛
	全国锦标赛	赵景强	F5 - E	河南开封
	第七届全运会	周建明　浦海清　吴志康 姚文凯　陆炜峰　张林强	竞速模型团体	北京
		赵景强　宣东波　何宇东	帆船团体	
1994 年	全国锦标赛	赵景强	F5 - 10	浙江温州
		赵景强　宣东波	F5 团体	

(续表三)

年份	比赛名称	运动员	项目	地点
1995年	全国锦标赛	汤国强	C3	广西
		王树全	C2	
		孙永亭	国产组C1	
1996年	全国锦标赛	赵景强	F5-E	北京
		赵景强	F5-10	
		吴　斌　王树全	C2	
		汤国强　吴志康	C3	
	全国锦标赛	周建明	F1-V3.5	
		赵景强　宣东波	F5团体	
1997年	全国锦标赛	周建明	F1-V3.5	四川成都
1998年	全国锦标赛	赵景强	F5-E	广东深圳
		赵景强	F5团体	
		汤国强　吴志康	C3	
1999年	全国锦标赛	周建明	F1-V3.5	上海
		张林强	F2-E	
		宣东波	F5-E	
		汤国强　吴志康	C3	
2000年	第一届全国体育大会	王树全　肖剑忠　陈宝明	C2	浙江宁波
		汤国强　吴志康	C3	
		周建明	F1-V3.5	
		张林强	F3	
		商　焱	FSR-V7.5	
2001年	全国锦标赛	周建明	F1-V3.5	浙江嘉兴
		周建明	F1-V7.5	
		商　焱　李　峥	FSR-V3.5	
		商　焱	FSR-V15	
		张林强	F2-V	
		赵景强	F5-E	
		宣东波	F5-10	
		王树全　肖剑忠　陈宝明	C2	
		汤国强　吴志康	C3	

（续表四）

年　份	比赛名称	运　动　员	项　　目	地　点
2002 年	第二届全国体育大会	肖剑忠　王树全　陈宝民	C2	四川绵阳
		周建明	F1 - V3.5	
		浦海清	F1 - V7.5	
		周建明	F1 - E1 kg	
		赵景强	F5 - 10	
		商　焱　李　峥　高宝康	FSR 团体	
		周建明	ECO - EXP	
2003 年	全国锦标赛	宣东波	F5 - 10	福建厦门
		李　铮	FSR - V3.5	
		周建明	F1 - V7.5	
		周建明	F1 - V3.5	
	全国锦标赛	张林强	F2 - E	福建厦门
		商　焱	FSR - V7.5	
2004 年	全国锦标赛	周建明	F1 - V7.5	浙江宁波
		周建明	F1 - V3.5	
		周建明	F1 - E1 kg	
		周建明　谢敏超　霍瑞明	ECO - TEAM 接力赛	
2005 年	全国锦标赛	周建明	F1 - V3.5	贵州都匀
		周建明	F1 - E1 kg	
		宣东波	F5 - M	
		宣东波	F5 - 10	
		梁　起　王荣钢	F6 团体	
2006 年	第三届全国体育大会	宣东波	F5 - 10	江苏苏州
		陈刘栋	C2	
2007 年	全国锦标赛	宣东波	F5 - 10	浙江富阳
		宣东波	F5 - M	
		周建明　梁　起　赵敏浩	ECO - TEAM	
		赵敏浩	F1 - V	
		张林强	F2 - V 团体	
2008 年	全国锦标赛	周建明	F1E - 1 kg	云南玉溪
		宣东波	F5 - M	
		赵康荣	F5 - E	

(续表五)

年份	比赛名称	运动员	项目	地点
2008年	全国锦标赛	周建明　梁　起　张林强	ECO-TEAM	云南玉溪
		张林强	F2-团体	
2010年	第四届全国体育大会	周建明	ECO-EXP	安徽合肥
		黄振迪	F9	
		梁　起	ECO-MONO-I	

说明：表格中英文字母和数字为海模项目的代号分类：(1) C类——仿真舰船模型，C1级——仿无动力机械舰船制作的模型，C2级——仿有动力机械制作的模型，C3级——设备、场景、结构等模型。(2) F1组——自由设计的三角绕标竞速艇，F1-V3.5级——汽缸工作容积不超过3.5毫升内燃机动力空气或水中螺旋桨竞速艇。F1-V6.5级——汽缸工作容积3.55～6.5毫升内燃机动力水中螺旋桨竞速艇。F1-E<1 kg级——总重量不超过1 000克的电动机动力水中螺旋桨竞速艇。(3) F2组：绕标舰船模型，F2-A级——总长度为600～1 100毫米的舰船模型。F2-B级——总长度1 101～1 700毫米的舰船模型。(4) F3组：自由设计的绕标竞速艇，F3-E级——电动机动力水中螺旋桨绕标竞速艇。F3-V级——内燃机动力水中或空气螺旋桨绕标竞速艇(不超过3.5毫升的内燃机可用空气螺旋桨)。(5) FSR组：自由设计的耐久竞速模型，FSR-V3.5级——汽缸工作容积不超过3.5毫升内燃机动力水中螺旋桨模型。FSR-V6.5级——汽缸工作容积3.55～6.5毫升内燃机动力水中螺旋桨模型。FSR-V15级——汽缸工作容积6.55～15毫升内燃机动力水中螺旋桨模型。F5-E级——遥控帆船模型，F5-10级——遥控帆船模型，F5-X级——遥控帆船模型。

第四节　汽车、摩托车运动

一、汽车

汽车运动又称赛车运动，是使用汽车在封闭场地内、道路上或野外比赛速度、驾驶技术和车辆性能的一项运动，分为场地赛车和非场地赛车两种形式。1997年，随着上海市摩托车运动协会更名为上海市汽车摩托车运动协会，上海的汽车运动得以逐步发展。1999年，333车队作为一支私人车队在上海诞生。

20世纪90年代起，上海举办一系列国内外大型汽车赛事，如全国汽车拉力锦标赛、全国汽车短道拉力锦标赛、上海市汽车摩托车集结赛、越野赛等。2001年，全国汽车拉力锦标赛上海站比赛在上海松江的佘山和小昆山举行，这是上海首次举办国家级汽车拉力赛。上海333赛车俱乐部参赛并夺冠，此后该车队连续5年获得S3组的车队、车手冠军。

2002年10月17日，国内首座一级方程式大奖赛(F1)标准赛车场——上海国际赛车场在上海嘉定区开工兴建，2004年建成。上海国际赛车场的建成促进了上海汽车运动的发展。随着上海国际赛车场的落成启用，上海先后举办了F1世界锦标赛中国大奖赛、DTM浦东国际汽车街道赛、V8国际超级房车赛中国大奖赛、A1世界杯汽车大奖赛中国大奖赛、亚太汽车漂移公开赛、全国汽车场地锦标赛、中国方程式公开赛、亚洲方程式国际公开赛、中国勒芒轻卡耐力赛、腾飞赛车节、POLO杯挑战赛等重要赛事活动。

二、摩托车

摩托车竞赛形式分为越野赛、多日赛、公路赛、场地赛和旅行赛等项目，以行驶速度或驾驶技巧评定名次。上海是参加全国性比赛较早的省市之一。

1978年，上海市第六届运动会设摩托车项目。1979年，第四届全运会设摩托车比赛项目，上海的两支业余摩托车队——上海市队和上海市台胞队参赛，获得1枚三轮摩托比赛银牌，团体获得第五名。1980年和1981年在全国举行的越野摩托比赛上，上海均取得三轮摩托车第二名。1981年，毛鲁心、冯宝华获得运动健将的称号。1982年以后，上海停止参加全国摩托车比赛。

20世纪80年代，摩托车驾驶技术的培训工作普遍开展。1986年8月，上海市军体俱乐部摩托培训班成立。摩托车训练基地设于广中路444号，占地约1.3公顷，设有训练场、车库、修理间等设施。1986年7月21日，受上海市公安局委托，将原分散训练及考核的驾驶员和车辆，集中到上海市军体俱乐部摩托培训班，以此规范摩托车驾驶员的培训。经过培训，驾驶员素质普遍提高，每期训练总合格率在99%以上，总淘汰率为2‰。

2005年，世界最顶级的摩托车赛事——MotoGP赛首次登陆上海。2007年，上海市汽摩运动协会承办第一届CSBK中国超级摩托车锦标赛上海站的比赛。同年，位于上海松江天马赛车场的"天马论驾"综合赛事活动获批举办。"天马论驾"通过汽车、摩托车赛事，车友会赛道活动、卡丁车体验、外场商贸区互动等多元化组合，将汽车文化、休闲娱乐、体育旅游有机结合并形成特色，吸引了大批沪苏浙等地的自驾游旅者参与和观摩。2010年，上海市汽摩运动协会举办警民共建摩托车驾驶技能大比武活动。

第五节　无线电、定向运动

一、无线电

无线电运动分设快速收发报、测向、通讯多项和工程等项目。1975年，无线电运动首先恢复测向项目。1981年，国家体委组织全国测向比赛，上海组队参加，获得第六名。1982年全国测向比赛上，上海获得第六名。1983年全国测向比赛上，上海组织业余队参加。1985年，国家体委、教育部、中国科协、共青团中央联合发出通知，号召在青少年中积极开展无线电和模型活动。同年，国家体委决定在1987年的第六届全运会中设无线电测向竞赛。

改革开放后，业余电台在中国逐步得到发展。主管上海无线电运动的上海市军体俱乐部无线电研究室于1983年10月12日建成上海第一家业余电台(BY4AA)。它是继1982年北京BY1PK和四川BY8AA之后中国的第三座业余电台。它能与世界各国通话、通报，与五大洲100多个国家数以万计的业余电台交流联络，并有日本、美国、加拿大、法国、俄罗斯等国家访问上海电台。继市业余电台之后，1985年上海市电子学会建立业余电台BY4AOM，1987年上海市少年科技指导站开设BY4AY电台。1988年至1990年底，上海交通大学、杨浦区少年宫等相继开设业余

图2-12-2　2008年，上海青少年学用BY4AY业余无线电台与国际空间站宇航员成功进行"天地对话"

电台。

1985 年后，BY4AA 每年均参加国际业余无线电联盟所组织的比赛。1990 年，BY4AA 与日本签订《中日青少年业余无线电交流协议》，开展互访交流，一直延续至 2005 年。2010 年上海世博会期间，开设 BT4EXPO 特设电台，举办为期半年的通联活动，共通联到世界各地的电台 27 760 个，其中国内电台 2 971 个，其他国家和地区 24 789 个。

1988 年 8 月，上海市无线电运动协会成立。协会每年组织上海地区的青少年学生接受集体业余电台的《业余电台操作证书》考核和个人业余电台二至五级《业余电台操作证书》培训考核。截至 2010 年，上海市无线电运动协会发展到 BY 集体业余无线电台 105 座、个人电台总数 8 827 个，其中 BA、BD、BG、BH 个人业余无线爱好者 7 984 人、集体会员 105 个。协会每年组织上海市业余电台锦标赛、上海市无线电测向锦标赛和上海市定向运动锦标赛，并负责上海地区业余无线电教练员、裁判员的培训、考核。

1995 年，庄乙鸿获得无线电测向国际级裁判员资格。1997 年，任顺龙获得无线电国家级裁判员资格。2001 年，胡松青获得无线电测向国家级裁判员资格。

2010 年，第四届全国体育大会无线电测向比赛中，上海队获得 1 个二等奖、2 个三等奖。上海市军体俱乐部和上海市无线电运动协会共同参加第三十八届 SEANET 国际会议，期间开设 BT4SEA 特设电台。

二、定向

定向运动最初是一项军事体育活动。1983 年，定向运动被引进中国。2002 年起，上海每年举办一届定向越野锦标赛和青少年定向越野锦标赛。2002 年，第二届全国体育大会上，定向越野成为正式比赛项目，上海选手夺得 1 枚银牌、1 枚铜牌。2009 年，全国定向锦标赛上，上海获得 1 枚金牌。2010 年，第三届全国体育大会定向比赛上，上海获得 2 个一等奖、12 个二等奖、5 个三等奖。

表 2-12-9 1978—2010 年上海定向运动员获得全国比赛前三名一览表

年份	比 赛 名 称	项 目	运动员	地 点	名次
2009 年	第十六届全国定向锦标赛	百米定向赛成年女子精英组 W12E	文训妍	四川广安	1
	全国定向冠军赛	百米定向男子精英组 M18E	陈碧勇	安徽黄山	2

第六节 极限运动

极限运动包括空中、陆地、水上、山地等不同项目，其中极限单车、极限轮滑、极限滑板是极限赛事的主要组成部分。

20 世纪 90 年代，极限运动传入上海，受到青少年的喜爱，参与人数不断扩大，从 300 多人上升到 5 000 多人。1999 年开始，极限运动全国挑战赛举行，北京、上海、广州等大型城市是赛事的主办城市。2001 年，上海成为 ESPN 亚洲 X-TOUR 分站赛举办城市。

随着极限运动的普及，极限运动专用场地、极限运动俱乐部日益增多。其中，上海东亚青少年体育俱乐部、540 极限运动俱乐部等成员众多、活动频繁，在极限运动发展中影响较大。2005 年 11

月，亚洲最大的极限运动主题公园——新江湾城滑板公园在杨浦区建成，占地 12 000 平方米。同年，成立上海市极限运动协会，这是中国国家极限运动协会批准成立的第一家地方性极限运动社团组织。从 2005 年起，上海每年举行 SMP 国际极限运动挑战赛，吸引国际众多极限运动爱好者参赛。

第七节　冰　　壶

20 世纪 90 年代前，上海未开展冰上运动训练。国家体育部门提出“北冰南展”计划后，上海尝试推进冰上运动。1995 年，上海与吉林联办短道速滑队，为参加 1997 年第八届全运会冰上比赛做准备。1997 年 3 月，上海首次参加的全运会冰上比赛中，上海从吉林引进的选手安玉龙获得男子 500 米银牌。

2000 年以后，上海举办一些冰上赛事及活动。2004 年，奥运会冠军、世界锦标赛冠军、欧美各大公开赛金牌得主等 20 余名世界顶级冰舞运动员在上海大舞台献演“冰火之舞”。2008 年，国际冰联技术官员一行访沪。

2010 年底，上海东方体育中心建成，成为上海举办游泳运动和冰上运动的主要场馆。上海松江大学生体育中心、飞扬冰上运动中心等专业冰上运动中心启动建设，上海加快“北冰南展”进程，一方面引入国际顶尖的冰上赛事，提升项目影响力，另一方面推进冰壶运动进校园，扶持俱乐部组队办赛，扩大“冰上人口”，为上海开展冰壶运动打下基础。

第三篇

青少年体育

青少年体育是上海体育事业发展的基础和重点，1978年以后，上海总结开展青少年体育活动的经验，全面恢复开展学校体育及课外体育活动，扩大青少年业余训练的范围和规模，增强青少年体质，加快培养各类体育后备人才。针对城市人口集中、体育场地紧缺、青少年身体素质较差等问题，上海因地制宜引导青少年参与体育锻炼。上海市体育与教育部门联手，组织学生开展《国家体育锻炼标准》达标活动。同时根据学校的实际，逐步恢复体育传统项目学校建设。体育协会、街道社区和体育场馆组织各类体育活动，引导广大青少年走向体育场馆。

抓住重点，从战略高度推进青少年体育发展。从20世纪80年代起，上海进一步明确青少年体育的发展重点，从城市大局和体育发展的战略高度，全方位推进青少年体育。上海市委和历届政府及体育、教育、卫生等相关管理部门，把加强体育活动、提高青少年健康水平、改善青少年运动技能、增强青少年身体素质，作为中长期发展规划的重要内容，并加速改善青少年体育运动设施，加快优化青少年业余训练体制及赛制。体育、教育等主管部门按照各自分工和职能，研究制定青少年体育的多年行动计划或专项发展规划，确保青少年体育总体规划落实、落地。90年代以后，上海基本完善青少年业余训练体制，上海市体育运动学校(以下简称“上海市体校”)、上海市第二体育运动学校(以下简称“上海市二体校”)和上海体育学院附属竞技体育学校(以下简称“上海体院附属竞校”)发挥示范引领作用，市级业余训练单位扩大，区县业余体校办学和训练质量提高。1995年，上海市学校体育工作会议，明确将“三上一提高”作为业余训练的指导思想，要求各区县扩大业余训练项目布局，并组建项目中心教研组，进一步提升教练员业务水平。在1998年和2001年先后创办曹燕华乒乓培训学校和根宝足球基地等社会办体育俱乐部。学校体育不断加强，课外体育活动广泛开展。《国家体育锻炼标准》达标率逐年上升。学生运动会和青少年体育竞赛有序举办。上海青少年体质水平持续提升。

1999年，上海在全国率先开展以“资源共享、责任共担、人才共育、特色共建”为指导思想的体教结合工作，落实《中共中央国务院关于加强青少年体育增强青少年体质的意见》。在上海市委、市政府的领导下，全市建立体教结合联席会议制度，成立上海市体教结合联合办公室，划拨体教结合专项经费，搭建市、区(县)两级体教结合工作架构，全面推进体教结合。上海市体育与教育部门制定《上海体教结合工作的指导意见》《上海市教委关于做好普通高校招收体育特长生工作的办法》《上海市教委关于体育特长生初中升高中工作的意见》等一系列政策文件，指导规范体教结合开展。体育与教育部门以开展青少年体育俱乐部、体育传统项目学校、学校办运动队、开展阳光体育大联赛等形式，整合全市青少年竞赛资源。上海市教委把体教结合列入全市教育工作的8项重点内容之一，在全市范围内推进体教结合；上海市体育局把体教结合作为体育科研的重点课题展开重点攻关。

进入21世纪，上海对人才培养提出了新的要求。上海市体育部门着眼于城市长远发展，全力打造青少年体育发展平台。上海市体育局增设青少年体育处，进一步加强对青少年体育工作的组织领导、指导协调。2000年，上海12所中学试办二线运动队。2001年，复旦大学、上海大学和上海金融学院试办一线运动队，13所中学试办二线运动队。2003年，上海市体育局出台《上海市培养奥运后备人才行动方案》，提出扩大青少年业余训练规模，加强体育传统项目学校和青少年体育俱乐部建设。2004 年，《上海市体教结合五年发展规划》发布。上海市教委成立学生健康促进办公室，以督促落实上海市委、市政府制定下发的有关促进学生健康的重要制度和计划。

2004 年，上海按照国家体育总局部署，在各级各类体校中开展"国家高水平体育后备人才基地"申报认定工作。上海 15 所体校被命名为"国家高水平体育后备人才基地"。在 2005—2008 年的 4 年周期中，15 所体校输送至一线的后备人才占全市后备人才输送总量的 80%；上海在世界大赛中获前三名的运动员，80%来自这 15 所体校。同时，市和区县联手，广泛吸纳国内体坛优秀苗子，为国家奥运战略和体育事业发展多做贡献。2008 年北京奥运会上，吴敏霞、刘子歌等优秀选手，努力拼搏，为国家赢得了荣誉。经过多年创新发展，上海青少年体育形成了良好的发展环境和格局，为上海迈向全球著名体育城市奠定坚实的基础。

第一章　业余训练

第一节　沿　革

1978年上海业余训练逐渐恢复。1979年后，上海业余训练围绕奥运战略，调整项目布局，突出田径、游泳等基础项目，在经费和编制上给予优先保证。1981年，上海市体委制订田径、游泳等8个项目的业余训练标准和要求，每年组织检查验收，使业余训练逐步科学化、规范化。

20世纪80年代后，上海市体育与教育部门加强合作，实行体教结合，共同推进业余训练工作。大、中、小学校成为业余训练的另一主要阵地，尤其是体育传统项目学校的建设和学校兴办高水平运动队，市体育传统项目学校迅速恢复。1980年，12所学校被命名为上海市体育传统项目学校，246所中小学成为区县级体育传统项目学校。1987年，上海市教育局和上海市体委联合颁发《关于进一步加强中小学课余训练工作的意见》，要求市区85%的中学、70%的小学，郊县50%的中小学建立"四固定"（即运动项目、学生、教师及训练时间固定）的运动队。1989年，上海市体委建立"上海市业余训练管理干部中心组"，中心组由全市12个区体委分管训练工作的负责人和业余体校校长组成。同时改革业余训练经费下拨方式，通过采取定期和突击抽查、交流、考核、验收等办法，严格把关，按年度训练成果、达标人数、输送率等实行综合评估，择优奖励，从而提高训练经费使用效益。全年全市建成体育后备人才试点校13所、市级体育传统校160所、区县级传统校300所，以及一大批"四固定"运动队的课余训练学校。1990年，市、区县两级体育传统校直接输送给区县体校以上训练单位的学生983名，体育传统学校在上海体育后备人才培养方面的作用进一步扩大。

20世纪90年代初，为了进一步适应形势发展的需要，上海市体委不断改革业余训练体制，在全市逐渐形成市级训练单位、区县级体校、学校二线运动队和体育俱乐部相结合的四级训练体制。1994年，上海市体委在业余训练工作方面提出"上项目、上规模、上水平、提高训练效益"（简称"三上一提高"）的要求，并制定《上海市业余训练1994—2000年发展规划》。同时上海市教委和上海市体委发布《上海市中小学实施〈学校体育工作条例〉试行办法》，要求每个学校建立以田径为重点的1～2个项目的运动队。开展课余体育训练，每周不少于2次训练，每次训练时间不少于1.5个小时，并对提高课余训练质量和效益提出具体指导意见，要求在全市1 000所以上的学校建立"四固定"运动队，办好100所以上市体育传统项目学校，重点办好15所体育特色中学，形成广泛的多层次的课余体育训练网络。1995年，上海市学校体育工作会议明确将"三上一提高"作为业余训练的指导思想，要求每个中心城区布局15个奥运会项目，每个非中心城区布局8～10个奥运会项目，每个郊县布局5个奥运会项目。同年，全市业余训练的三线运动队向二线运动队输送运动员380名，二线运动队向一线运动队输送运动员199名，向大专院校输送学生运动员380名，向中专学校输送学生运动员180名。业余训练社会化道路进一步拓宽，1995年成立"国香—大同"足球俱乐部、胡鸿飞跳高俱乐部等体育俱乐部，在业余训练方面发挥的作用越来越大。至1996年，青少年体育俱乐部增至60余家，其中高水平运动队俱乐部10多家。

在体育改革发展中，上海继续贯彻"三上一提高"业余训练工作方针，同时注重提高教练员业务水平，并召开全市业余训练工作会议，交流经验。上海市体委制定《上海市区县级体校办校规定》，进一步规范区县体校管理、教学与训练工作。业余训练工作自贯彻“三上一提高”方针以来，在“上项目”方面取得了明显成效，1997年大多数区县已经达标。为保证“上项目”的质量，上海市体委在1997年对业余训练项目所涉及的教练员、运动员，以及相关的场地、器材、经费和训练时间等问题作出详细规定，并作为上海市体委考核区县体委的标准和依据。1995—1998年，上海三线运动员从7 700名增加到10 412名，上升35.2%；二线运动员从900多人增加到1 130人，上升25.6%；奥运会和全运会的重点布局项目从203项/次增加到259项/次；三线运动队向二线运动队输送925人，二线运动队向一线运动队输送332人，青少年系列赛从6项发展到10项，上海市青少年运动会比赛项目增至16项。

1999年，上海市教委与上海市体委建立联席会议制度，并召开第一次联席会议。会议对加强体教结合工作提出诸多具体意见，要求各区县教育与体育行政部门建立联席会议和例会制度，定期研究区县体教结合工作，保障体教结合在区、县顺利推进；并决定体教结合的一线运动队及二线运动队布局，由上海市体委与上海市教委负责，三线及三线以下层次的项目布局由各区县教委和体委负责，并鼓励有条件的中小学校承办二线运动队，明确各自的职责和义务。2000年以后，各区县加大了对三线重点项目的投入。1999年区县10个项目三线业余训练人数为4 742人，至2000年达到4 979人，增加了5%，占全市业余训练总人数的54.3%；三线重点项目输送人数达353人，占全市输送总人数的69%；并且输送运动员的质量明显提高。2000年，全市565名运动员参加23个项目、32次全国青少年比赛，共取得95枚金牌、74枚银牌。各区县与社会承办二线运动队的积极性大为提高，全市二线在编人数达到1 362人，比上年上升14%，承办单位增加到31个。为了加强对全市青少年业余训练的组织和管理，专门成立上海市青少年训练管理中心。

体教结合工作在21世纪取得新的进展，2000年，上海市育才中学等12所中学开始试办二线运动队，2001年复旦大学、上海大学和上海金融学院3所高校试办一线运动队，同时批准13所中学试办二线运动队。至2000年，全市共有28所学校试办运动队。学校二线运动队在2001年年内吸收运动员103名，约占全市吸收二线运动员的18.3%。为了加强学校办二线队的力量，上海市体育局选派30名经验丰富的教练员到试办学校任教，同时举办各项目教练员培训班。25所试办二线运动队的学校在2002年为上海一线队输送37名运动员，同年又有2所中学试办二线队，试办二线队的中学增加到27所。

进入21世纪以后，上海青少年体育俱乐部快速发展，先后创办4批青少年体育俱乐部：第一批7个、第二批27个、第三批19个、第四批12个。共计65个学校和单位获准创办青少年体育俱乐部，为广大青少年业余体育活动和训练提供了良好环境。2003年，上海有2所市级体育运动学校和上海体院附属竞技体校，区县业余体校45所，市属体育场馆体校7所，试办二线运动队学校27所，加上社会力量办体校，全市参加业余训练的总人数为12 000余人，其中二线1 514人(含试办二线)、三线及体育传统校10 699人。参加业余体育训练学生总人数占全市在校中小学生总数的0.7%。2007年，上海市体育局颁布《上海市区(县)各类二线运动队暂行管理办法》，对区县开展业余体育训练、创办二线运动队的申报、审批、奖惩等方面作出详细规定。同年，上海市体育局发布《上海市体育后备人才输送奖、输送跟踪奖、输送成果奖暂行管理办法》及《上海市体育后备人才输送奖、输送跟踪奖、输送成果奖奖励标准及实施办法》等文件，进一步加大对业余训练人才培养输送的奖励力度，促使各业余训练单位加强管理，提升训练效益。2009年，上海市体育局批准卢湾区第一少年儿童业余体校等16个单位、14个项目共21支队伍为区办二线运动队。上海市大同中学等37所学校、14个项目共38支队伍为学校办二线运动队，办训周期为2009—2014年度;批准长宁区青少年业余体育学校等2个单位2个项目2支队伍为区试办二线运队。上海市南洋模范中学等12所学校12个项目共15支队伍为学校试办二线运动队,试办周期为2009—2011年度。

2003年,上海市体育局出台《上海市培养奥运会后备人才行动方案》,提出为了备战2004年、2008年奥运会和2005年、2009年全运会,上海要不断扩大竞技体育和业余训练规模。二、三线运动队应发展到12 000~15 000人,加上体育传统学校、青少年体育俱乐部、学校"四固定"运动队,上海业余训练应发展到20 000人左右;要使上海青少年参加业余训练的人数和经常参加体育活动的人数分别达到全市中小学在校生人数的1%和10%。至2007年底,上海从事业余训练的教练员1 050人,参加业余训练的运动员有14 633人;市、区县业余体校47所,申报市体育传统校139所,青少年体育俱乐部103个,全市各类二线运动队办训单位63个,项目97项;用于业余训练的各类场地227个,各类体育馆193个,标准游泳池46个。

2004年《上海市体教结合五年发展规划》发布,进一步明确教育、体育部门"资源共享、优势互补、责任共担、人才共育"的思路,加快推动课余体育训练。经过多年努力,上海业余训练成绩显著,各项目为上海一线队伍和国家队输送了大量优秀体育人才。2003年,上海市复兴高级中学、市北中学、敬业中学、育才中学、曹杨二中被国家体育总局、国家教育部批准为国家级体育传统项目学校。2005年,上海市体校、上海市二体校、上海市第二跳水学校、徐汇区体校、普陀区体校、虹口区体校、卢湾区第一体校、杨浦区体校、杨浦区业余游泳学校、静安区体校、黄浦区业余军事体育学校、闸北区体校、长宁区游泳学校和上海体院附属竞校等15所业余训练单位被国家体育总局命名为国家高水平体育后备人才基地。2007年,杨浦区体校、宝山区同洲模范学校、闵行区体校、闸北区体校、上海市二体校和上海市体校6所业余训练单位被命名为国家单项奥运会后备人才基地;同年,徐汇区的上海市零陵中学(击剑)、长宁区的上海市建青实验学校(手球)、卢湾区的上海市向明中学(篮球)、闵行区的上海市七宝中学(田径)和宝山区的上海市同洲模范学校(围棋、手球)5所学校被命名为国家级体育传统项目学校。到2009年底,全市被国家体育总局和相关项目运动中心命名的国家基地28个,全市青少年体育俱乐部增加到150所;青少年校园足球活动启动,全市12个区县94所学校被命名为上海市青少年校园足球布点学校。

第二节　市属业余训练单位

一、市级体育运动学校

【上海市体育运动学校】

上海市体育运动学校位于虹口区水电路176号,成立于1959年9月17日,是中华人民共和国创办的第一所省、市级培养优秀运动员后备力量的学校。1971年3月停办,1972年6月复校后改名为上海市青少年业余体育学校,1975年同时挂牌上海市友谊中学。1979年5月与上海市"五七"体育训练班合并,组建上海市体育运动学校。20世纪80年代末,学校已初具规模。学校建有400米跑道标准田径场、室内田径馆、室外游泳池、室内温水游泳池、篮球房、排球馆、体操馆、身体训练馆、2片足球场、2片垒球场、3片室外篮球场和射箭场等运动训练场地设施。设置男子足球、女子足球、篮球、排球、田径、游泳、体操、技巧、垒球、射箭、棋类(含围棋、象棋和国际象棋)、柔道12个运动班。1983年后,学校陆续建立女子垒球、女子足球、女子柔道、射箭项目一线运动队。至2010年,学校占地98 786平方米，其中建筑场馆面积38 669平方米，室外场地面积31 238平方米。有教学办公楼1幢，占地7 450平方米；运动训练场馆（地）15个，占地48 205平方米；宿舍楼5幢，占地11 551平方米；科研楼1幢，占地633平方米；食堂1幢，占地1 569平方米。

图3－1－1　20世纪70年代，上海市体育运动学校与上海市友谊中学同时挂牌

1974—2006年，学校为一线和二线运动队并存的训练基地，在第八届全运会上取得5枚金牌、2枚银牌；第九届全运会取得2枚金牌、4枚银牌；第十届全运会取得2枚银牌、2枚铜牌。2006年8月，上海市体育局调整一、二线运动项目布局，学校集中精力发展二线运动队，原有7支一线队伍，除上海乒乓球二队承担第十一届全运会夺牌任务外，其余均与学校剥离建制。

至2009年，学校设有田径、游泳、女足、篮球、排球、乒乓球、羽毛球等12个运动项目和小学四年级至中专（含高中）三年的17个文化班。学校在编教职工221人，其中教练员64人、教师32人，在编学生547人。学校有学生运动员561人，其中小学阶段49人、初中阶段357人、高中阶段155人。学校专职教练员中具有中、高级职称者各达47%，学历为本科以上者达83%，其中1名博士。专职文化教师中拥有高级职称者4人，占12.5%；中级职称者为18人，占56.3%。

长期以来，上海市体校坚持改革发展，加速培养优秀体育人才，被誉为“体坛精英之摇篮”。培养了奥运冠军刘子歌，奥运亚军庞佳颖、朱倩蔚、孙雯、水庆霞、丛学娣、柳絮青、陶桦、邱海涛、王仪涵等，何智丽、丛学娣、王文娟、郭蓓、张德英、刘正宏、朱琳、樊迪等一大批世界冠军和世界级选手，足球运动员柳海光、李中华、郑彦、鞠李瑾、范志毅等，篮球运动员凌光，男排国家队选手沈富麟、沈克勤、鞠根寅，女排国家队选手许新、李国君，跳高名将杨文琴，跳远名将王智慧，三破世界纪录的女子射箭运动员王文娟，围棋国手曹大元、华以刚、钱宇平、杨晖、芮乃伟，国际象棋大师戚惊萱等。学校还培养了陆元盛、杨明明、孙海平、胡之刚、王后军、金炜、朱广沪、吴金贵等一大批杰出教练员，这些运动员和教练员为国家的体育事业做出了突出贡献。

2005年和2009年，学校两度被国家体育总局命名为国家高水平体育后备人才基地；2009年，被命名为“国家田径跳高项目（2009—2012年）奥林匹克高水平后备人才基地”。学校先后获得“上海市文明单位”“上海市百所中等职业学校重点建设合格单位”“上海市劳动模范集体”等荣誉称号。

【上海市第二体育运动学校】

上海市第二体育运动学校（以下简称市二体校）位处闵行区莘东路589号，学校占地9.3公顷，教学、训练、生活设施齐全，环境优美，是上海市市级花园单位。上海市二体校前身是上海郊县体育训练中心，1985年9月创建于上海县莘庄镇，1987年2月经上海市政府批准更名为上海市第二体育运动学校，是一所中等体育专科学校。1994年，上海体育运动技术学院下属上海田径队、举重队相继落户上海市二体校，与先期进驻的上海自行车队形成上海田径运动中心、上海市第二体育运动学校双重管理模式。

学校设有400米塑胶跑道田径场，亚洲一流的200米室内田径馆，国际标准自行车赛车场，采光、通风俱佳的举重馆和其他配套辅助设施。作为一所市级体校,学校培养、输送了一大批优秀体育人才,为上海竞技体育作出重大贡献。

学校1999年输送的著名运动员刘翔,在2000—2010年期间,取得骄人的成绩。先后获得2004年第二十八届奥运会男子110米栏冠军,2007年第十一届世界田径锦标赛男子110米栏冠军,2006年第十五届、2010年第十六届亚运会蝉联男子110米栏冠军。在2006年瑞士洛桑田径大奖赛上,刘翔创造12秒88的世界纪录。2000—2010年期间,学校向一线运动队输送近百名优秀运动员,其中包括著名选手钟天使、谢文骏。

1991年,上海市二体校通过国家体育运动委员会和上海市教育委员会的中等体育专科学校检查验收。2005年和2009年两度被国家体育总局命名为国家高水平体育后备人才基地;2009年,学校被命名为"国家田径短跑项目(2009—2012年)奥林匹克高水平后备人才基地"。

【上海体育学院附属竞技体育学校】

上海体育学院附属竞技体育学校创建于1980年,位于杨浦区恒仁路300号,是一所全日制体育中等专业学校。主要开设田径、击剑、摔跤、柔道、拳击、跆拳道、武术、橄榄球等运动项目。学校坚持"亦读亦训"办学方针;坚持教学、训练、科研"三结合"的办学模式,培养和输送了大批优秀体育后备人才。自1988年第二十四届汉城奥运会起,学校先后有7名运动员(9人次)参加奥运会比赛,其中古典式摔跤运动员盛泽田在第二十五届、第二十六届、第二十七届奥运会上,连夺三届奥运会铜牌,改写了中国摔跤项目在奥运会上无奖牌的历史;在2006年多哈亚运会上,焦华锋勇夺古典式摔跤55公斤级金牌;女子撑竿跳高运动员高淑英在2000—2007年间8次打破亚洲纪录,2006年获得世界杯田径比赛铜牌、多哈亚运会冠军,被誉为"亚洲女子撑竿跳高第一人";女子举重运动员李艳霞(82.5公斤级)、周美红(70公斤级)、万妮(83公斤级)分别于1988年、1994年、1996年获得世界举重锦标赛金牌并打破世界纪录;击剑运动员谭丽于2003年和2004年两次获得世界青年击剑锦标赛女子重剑冠军;在2008年北京奥运会上,拳击运动员邹市明获得48公斤级金牌、盛江获得古典式摔跤60公斤级第五名;女子拳击运动员张琴,武术世界冠军陈蓓、尤邦孟、石旭飞、刘泽东、赵光勇、段韩松、孙会、吴钞来等运动员,在各类国际、国内比赛中屡创佳绩。2005年,学校被国家体育总局命名为"国家高水平体育后备人才基地"。

二、市级运动场馆附属业余训练单位

【上海市江湾体育场】

上海市江湾体育场位于杨浦区国和路346号,由中国著名建筑师董大酉设计,始建于1934年8月,1935年10月建成后投入使用。占地面积360亩,是当时远东最大的综合性的体育场馆。江湾体育场包括可容纳42 000名观众的体育场、可容纳3 500名观众的体育馆和可容纳2 500名观众的游泳馆。上海足球、手球、击剑、棒球、航模等运动队先后入驻体育场。江湾体育场体校有教练员3名,其中手球教练员2人、射箭教练员1人,在编二线运动员23人、三线运动员35人。体育场体校为国家输送了大批优秀运动员,获上海市2003年度后备人才输送奖第二名,2005年度和2006年度后备人才输送成果奖第三名;体育场的教练员、运动员被授予上海市2002—2006年度业余训练优秀教练员和运动员称号。

【上海市中原体育场】

上海市中原体育场于1995年7月建成并投入使用，占地16 699平方米，总部位于杨浦区开鲁路518号，分部位于包头路380号。体育场开展游泳、现代五项、帆船等运动项目的业余训练工作，向上海游泳队、现代五项队、帆船队输送运动员。2002年输送2名队员到上海游泳队、1名队员到现代五项队，2005年和2007年各输送1名运动员到上海游泳队，2008年组队参加全国少儿游泳锦标赛和全国少儿游泳冠军赛，2009年输送2名运动员到OP级帆船队。2006年，中原体育场被评为场馆单位年度后备人才输送成果奖第一名。中原体育场输送的游泳运动员陆滢在第十届全国运动会上夺得2枚金牌。中原体育场拥有游泳、羽毛球、足球、篮球、网球、乒乓球、台球、健身、武术和围棋培训10个对外开放项目。多次获得"安全开放优良服务游泳池""游泳救生先进集体"等荣誉称号。

【上海体育馆】

上海体育馆位于徐汇区漕溪北路1111号，设施齐全，师资力量较强。上海体育馆体校有跳水、网球、花样游泳、水球4个训练项目。培养输送的跳水名将吴敏霞、火亮，在多届奥运会上为中国代表团取得多枚金牌。杨尧吉、李文华、高景阳、宋坤、吴志宇、刘思维等在全运会为上海队取得水球冠军。上海体育馆体校在上海市青少年的各项比赛中成绩优秀，其中跳水项目在2009—2010年间被国家体育总局列为国家高水平体育后备人才基地。同时，学校十分重视运动项目的全民普及，设有青少年网球、游泳、围棋等全年培训班，并从培训班中挑选学生参加业余训练，为国家培养体育后备人才。

【上海市体育宫】

上海市体育宫成立于1957年9月，原址位于黄浦区人民广场，由解放前的上海跑马厅改建而成。1997年迁至普陀区大渡河路1860号，占地面积约6.6公顷。体育宫设有体育馆、保龄球馆、小足球场、网球场、游泳池等设施；另外有免费开放的室外健身苑、空手道、武术馆、健身房、桌球房等健身场所。体育宫业余体校设有乒乓球、羽毛球、举重、棒垒球等项目。体育宫编制70人，其中教练员10余人。体育宫是上海培养体育后备人才的重要基地，从20世纪50年代起，为国家和上海输送了大量高水平体育人才，如乒乓球运动员徐寅生、李富荣、张燮林、郑敏之、林慧卿、李赫男；武术运动员蔡鸿祥、邵善康；举重运动员曲炳瑜、李斗魁、蒋华根；体操运动员朱政、吴佳妮；跳水运动员尤建莉、史美琴；击剑运动员苏联风、陈静析、劳绍沛、杨文勇；篮球运动员凌光等。

【上海市体育俱乐部】

图3-1-2　上海市体育俱乐部游泳池

上海市体育俱乐部位于黄浦区南京西路150号体育大厦内，成立于1957年12与28日，素有"世界冠军摇篮"之称，是上海体育后备人才培养的重要基地。设有会议室、游泳池、运动馆、健身房、多功能厅、宾馆等设施。大楼占地1 933平方米，建筑面积11 306平方米。在游泳、围棋、技巧、蹼泳、体操、排球等项目上培养出杨文意、乐静宜、常昊、蒋丞稷、谢芳、范倩、谢军等一大批优秀运动员，获得过奥运会冠军、世界冠军、洲际冠军以及全国冠军，为国家和上海赢得了荣誉。

体育俱乐部先后被授予“全国先进游泳池”“全国体育系统人才状况调研先进集体”“上海市业余训练优秀运动队”“上海市体育局系统业余优秀运动队”等荣誉称号。

【上海市仙霞网球中心】

上海市仙霞网球中心位于长宁区虹桥路1885号，与古北、虹桥开发区毗邻，于1997年9月成立。中心建筑面积20 272平方米，拥有4片标准的室外球场和1片能容纳4 000名观众的中央主赛场，是中国规模和设施最为完备的现代化竞技网球场之一。中心采用企业化管理模式和市场化运作手段，开展网球竞赛及网球项目的业余训练，同时在市民中普及网球运动，培育网球文化。

【上海市康林体育中心】

上海市康林体育中心位于徐汇区浦北路270号，开展游泳、网球等项目的业余训练，为上海体育培育选拔后备人才。中心成立于2001年2月，由康东网球馆与田林体育俱乐部合并而成。康东网球馆于1997年底建成，占地面积约12 000平方米，建筑面积约8 000平方米。网球馆拥有综合楼与训练楼各1幢、塑胶灯光网球场5片(3片室内网球场、2片室外网球场)。室内网球场宽敞透亮，塑胶面层品质一流，可供专业网球选手训练、比赛。田林体育俱乐部于1998年建成，坐落在徐汇区田林地区，毗邻上海体育场，占地面积9 998平方米，建筑面积近7 000平方米。俱乐部外场建有标准的室外网球场，配有灯光的场地，四季开放。二楼设有桌球房和4个标准道保龄球馆，以及1个150平方米的室内游泳馆，全年开设有各年龄层和泳姿的游泳培训班。三楼为文化娱乐休闲设施。上、下两层500平方米的健身俱乐部，内有力量训练器械，开设有氧操、跆拳道、瑜伽等培训班。

三、市级训练中心

【上海市体操运动中心】

上海市体操运动中心位于徐汇区百色路1333号，2002年8月挂牌成立。中心是上海体操、蹦床、技巧、艺术体操等运动项目的训练基地。自2002年以来，中心先后承办第十届全运会体操预赛、2006年和2007年国际体操联合会世界杯上海站比赛、2007年全国体操锦标赛暨奥运会选拔赛、2007年蹦床系列赛暨奥运会选拔赛、2008年全国蹦床锦标赛系列赛暨奥运会选拔赛、2008年全国艺术体操锦标赛等国际和全国最高级赛事。中心培养了一批优秀运动员，以眭禄为代表的一批具有冲击力的年轻队员日趋成熟，先后获得2006年全国艺术体操锦标赛集体全能冠军、2007年全国体操锦标赛女子团体冠军、第六届全国城市运动会蹦床女子个人冠军、2008年全国体操锦标赛女子自由体操/平衡木个人冠军等荣誉。中心获得多项荣誉：艺术体操队荣获2004—2005年度“五四特色团组织”；蹦床技巧队荣获2005—2006年度上海市体育局系统“文明班组”；2005—2006年，中心被评为“上海市科教党委系统文明单位”，2007年被评为中国“优秀赛区”。

【上海田径运动中心】

上海田径运动中心位于闵行区莘东路589号，2006年4月成立，隶属上海体育职业学院，主要管理上海田径队和举重队。中心有教练员20人，一线运动员100人。中心设有400米塑胶标准田径场及亚洲一流的200米室内田径馆，为运动员训练和比赛提供了良好的设施保障。田径运动是综合性体育比赛的金牌大户，其中短跨项目被列为中心重点突破的项目。中心培养的田径运动员刘翔成绩优异，获得了包括全运会、亚运会、世界大学生运动会、世界锦标赛、奥运会等一系列重大赛事的冠军。此外，中心还培养了朱建华、隋新梅、陈雁浩等一批著名的运动员，以及杨耀祖、高淑英、陈奇等一批年轻运动员。

【上海乒乓球羽毛球运动中心】

上海乒乓球羽毛球运动中心位于青浦区盈朱路289号，成立于2006年3月，隶属上海体育职业学院，主要管理上海乒乓球和羽毛球队。中心主要负责乒乓球、羽毛球一线运动队日常训练、竞赛和思想政治工作，并负责运动员注册、引进和教练员、领队的聘任、管理、培训、考核、奖惩等业务工作；组织运动项目的科学技术研究和反兴奋剂工作；负责指导乒乓球、羽毛球项目的业余训练和后备人才培养，协调一、二、三线队伍的衔接工作，并协助上海市体育局制定项目发展规划。中心教练员17人、运动员74人、工作人员9人。中心培养出多位优秀运动员，包括乒乓球名将、奥运冠军王励勤，羽毛球世界冠军朱琳、王仪涵等。

【上海水电路运动项目训练中心】

上海水电路运动项目训练中心位于虹口区水电路176号，2006年7月成立，隶属上海体育职业学院。中心主要管理上海棒球队、垒球队和柔道队。中心有教练员13人、运动员61人、工作人员12人。中心棒球队成立于20世纪50年代，是国内的一支强队。垒球队成立于1973年，建队30多年来，运动成绩提高较快，曾获第八届全运会冠军，第九、第十届全运会亚军，并多次代表国家队出征亚洲锦标赛。男子柔道队曾在全国运动会上屡创佳绩，在2003年中国冠军赛、2004年锦标赛上获得冠军。女子柔道队曾获第八届全运会冠军，在2006年、2007年全国冠军赛上两次获得亚军。

【上海体育学院运动项目训练中心】

上海体育学院运动项目训练中心是隶属上海市体育局的训练单位，位于上海体育学院附属竞校内，由上海体育学院与上海市体育局共同组建，其前身是2003年成立的上海市重竞技运动训练中心。中心设有摔跤、拳击、跆拳道、击剑、武术、田径6个大项，有一线运动员60名、二线运动员84名、三线运动员144名，配有专职教练员27人(8人具备高级职称)和管理人员16人。中心运动员在国内外大赛中取得了优异的成绩：盛泽田3次获得奥运会古典式摔跤比赛铜牌；高淑英8次打破女子撑竿跳高亚洲纪录；谭丽在2004年蝉联世青赛女子重剑冠军，2007年获得全国锦标赛冠军。

【上海球类运动第一中心】

上海球类运动第一中心位于徐汇区百色路1333号，2006年7月成立，隶属上海体育职业学院，主要管理上海排球(含沙滩排球)队、女子足球队、篮球队、手球队，有教练员30人、运动员180人、工作人员22人。中心运动队在全国比赛中多次取得优异成绩。女子足球队先后获得29项全国冠军，并获第八、第九届全运会冠军；男子排球队囊括了自2003—2004赛季至2008—2009赛季甲A联赛的6次冠军；女子排球队夺得全国甲A联赛五连冠和第八届全国运动会冠军；女子手球队获得第五届全运会冠军和5次全运会亚军；沙滩排球队获得第八届全运会冠军和多次全国冠军；男子篮球队获得2002—2003年全国甲A联赛冠军。中心培养的著名运动员有：女子足球运动员孙雯、谢慧琳、水庆霞，女子篮球运动员丛学娣，女子排球运动员周鹿敏、李国君、李月明、王怡、许新等，曾代表国家队站上了世界大赛或奥运会的领奖台；女子排球运动员马蕴雯，男子篮球运动员姚明、刘炜、徐咏，男子沙滩排球运动员徐林胤，女子足球运动员徐媛、袁帆、张颖、张琤，女子篮球运动员曾美玲，男子排球运动员沈琼、方颖超、任琦，女子手球运动员吴雯娟、王旻，男子手球运动员李和鑫等先后进入国家队，为国家赢得荣誉。

【上海游泳运动中心】

上海游泳运动中心位于青浦区盈朱路289号，2006年4月成立，隶属上海体育职业学院，主要管理上海游泳队、水球队、跳水队和花样游泳队。中心教练员29人(其中国家级教练员3人、高级教练员6人、中级教练员10人、外聘外籍教练员2人)、运动员155人、工作人员17人。在第二十九届奥运会上，刘子歌、吴敏霞、火亮、庞佳颖、徐妍玮、朱颖文、孙萩亭、黄雪辰等20位运动员入选中国代表团，并获得3枚金牌、2枚银牌、6枚铜牌，为国家体育事业做出贡献。

【上海自行车击剑运动中心】

上海自行车击剑运动中心总部位于徐汇区百色路1333号，2006年7月成立，隶属上海体育职业学院，主要管理上海自行车队、击剑队和现代五项队，共有教练员23人、运动员80人、工作人员15人。中心先后培养出众多世界级名将，包括中国第一位现代五项世界冠军钱震华、中国现代五项著名选手曹忠荣、许运祺；击剑项目培养了中国第一位男子重剑世界冠军王磊，女子重剑团体世界冠军仲维萍、张莹等；自行车项目培养了名将李娜、唐琪。2007年10月，自行车队、击剑队在第六届全国城运会上获得5枚金牌4枚铜牌以及总分148分的好成绩；同年11月，中心获“第六届全国城市运动会突出贡献奖”。

【上海市射击射箭运动中心】

上海市射击射箭运动中心位于闵行区金都路3028号，原为上海市射击运动中心，2001年11月更名为上海市射击射箭运动中心。中心占地面积123 739平方米，是大型专项体育场馆，主要管理上海射击队和射箭队。中心设有射箭场和射击25米靶场、50米靶场、10米移动靶馆、10米气枪馆、决赛馆、飞碟靶场，以及健身房、网球场、篮球场、沙滩排球场等体育场地。绿地面积达70%，并配备标准客房和餐厅等生活设施。中心为中国射击队、中国射箭队培养了奥运会冠军陶璐娜和世界冠军徐翾、钱佳灵、费逢吉、胡斌渊、陈永强、曲日东等多名优秀运动员。中心成立以来，先后荣获上海市闵行区花园单位、上海市体育局系统文明单位、上海市文明单位等光荣称号；成功承办第八届全运会射击项目比赛、1996年亚洲飞碟射击锦标赛、2002年国际射联上海射击世界杯赛和2006年国际箭联上海射箭世界杯赛等大型国际国内赛事。2003年3月，中心被命名为中国射击协会训练基地、中国射击协会后备人才训练基地。

图3-1-3　上海市射击射箭运动中心

【上海市武术运动管理中心】

上海市武术运动管理中心(上海武术院),位于静安区南京西路595号。1984年10月,上海武术院成立,1999年2月,更名为上海市武术运动管理中心。中心开展全市武术运动的业余训练。2002年5月,上海武术队归属中心管理,有领队、教练员6人,一线运动员18人。武术队多次在国内外重大比赛中获得世界冠军、洲际冠军和全运会冠军。2003—2010年间,中心运动员黄少雄获得世锦赛冠军,汤露获世界青年锦标赛冠军,另有3人多次获得全国冠军。中心训练场馆位于百色路1333号,场馆内设备齐全,配有运动员宿舍。

【上海马术运动场】

上海市马术运动场位于金山区朱泾镇金廊公路6300号,于1995年3月成立。运动场占地面积约8万平方米,拥有马厩3幢共115间,每间面积16平方米,此外还有1 700平方米室内训练场、5 400平方米室内竞赛场、马匹调教圈、3 300平方米会员活动中心、8 000平方米大草坪,以及其他功能性区域。

1998年,上海马术队成立,拥有50多匹马匹。培养了中国首批现代五项国家队队员徐根发、全国冠军张滨等优秀运动员、教练员。上海马术队在第十届全运会上获2枚金牌。2008年,运动员张滨代表中国参加北京奥运会马术障碍赛,成为中国第一批参加奥运马术比赛的运动员之一。

马术运动场多次承办洲际以上的国际大赛和全国性比赛,其中包括2006年世界青年现代五项锦标赛和2007年世界夏季特殊奥林匹克运动会马术比赛,吸引来自30多个国家和地区的150多名运动员参加。

马术运动场加强对二线、三线马术后备人才的培养。截至2010年,共有一线运动员12人,教练员12人。中心下设办公室、行政科、业务科3个科室,负责全市马术运动的竞赛训练、技术咨询、培训表演、旅游服务及马具研制开发。

【上海市水上运动中心】

上海市水上运动中心位于青浦区盈朱路289号,于1983年8月成立。场内陆地面积10万平方米,水上面积50万平方米,是上海水上项目运动员训练、比赛的场地。中心建设工程于1982年2月2日正式动工,1983年8月竣工。中心主航道长2 250米、宽150米,可开展赛艇、皮划艇、帆船、帆板、龙舟等水上体育项目。中心是中国第一个设施完善、设备先进、符合国际比赛标准的人工水上运动中心。中心的赛艇、皮划艇比赛场地经国际赛艇联合会确认达到国际AAA级标准,可承办世界性比赛。中心成功承办2004年和2008年奥运会赛艇比赛亚洲赛区资格赛、世界龙舟锦标赛等一系列高规格赛事。

中心承担了全市水上运动项目的后备人才培养任务,培养了多位世界冠军、亚洲冠军和全国冠军。由中心培养的徐莉佳获得2005年世界帆船帆板激光级锦标赛冠军,实现了中国在帆船运动项目上的重大突破。

第三节　区县业余训练单位

一、区县业余体育学校

【黄浦区青少年业余体育学校】

黄浦区青少年业余体育学校创建于1960年,位于黄浦区学前街135号,原为南市区青少年业余体育学校。2000年黄浦区与南市区合并建区后，改名为黄浦区第一青少年业余体校，同时挂黄浦区青少年业余游泳学校牌子，南市区青少年业余体育学校更名为黄浦区第二青少年业余体育学校。

2003年，两校合并组建黄浦区青少年业余体育学校(黄浦区游泳学校)。学校开设田径、游泳、体操、蹦床、跳水、足球、篮球、排球、乒乓球、羽毛球、手球、击剑、举重、柔道、跆拳道、摔跤和武术17个运动项目，至2010年，学校在编运动员1 010人，在岗教职员工107人，其中专职教练员65人，教练员队伍中高级职称8人、本科以上学历43人。为了适应国际大都市中心城区办学的需要，学校与上海市大同中学、大镜中学、市八中学、市南中学、浦光中学、黄浦学校签订资源共享协议，保证所开设的奥运会项目都有独立的训练场所。学校培养输送了朱建华、王朋仁、王天凌、陶晓强、王毅杰、孙雯、张尉、火亮等一批世界冠军、奥运冠军，为国家和上海赢得荣誉。2008年，学校被国家体育总局评为国家高水平体育后备人才基地，是全国业余训练先进单位、黄浦区文明单位、上海市体操后备人才训练基地。

【卢湾区少年儿童业余体校】

卢湾区少年儿童业余体育学校包含卢湾区第一、第二两所少年儿童业余体育学校，成立于20世纪50年代末，是上海市成立较早的少年儿童业余体校之一。之后又相继成立区军事体育学校、区第二少年儿童业余体育学校和区体育科学研究所。1984年，区军事体育学校、卢湾体育馆部分项目划归区第二少年儿童业余体校。2001年初，区第一少年儿童业余体育学校、区第二少年儿童业余体育学校、区体育科学研究所实行三块牌子一套班子的管理模式，校址在南昌路57号。2004年12月，学校迁入陕西南路271弄51号。2009年10月，学校迁入建国西路135号新校区。

至2010年，学校开设篮球、排球、乒乓球、田径、游泳、体操、跳水、蹦床、射箭、射击、击剑11个项目，教练员60名，其中高级教练16名，运动员600余名。学校有游泳馆、篮球馆、体操馆、击剑馆、射击馆、跳水室内练习馆、射箭场等设施，学校建有生理、生化实验室、运动康复理疗室等。

学校坚持精品战略，突出重点，强化优势项目，以培养高水平、高质量、高素质的奥运体育后备人才为目标，调整训练项目设置，完善学校各项管理制度，优化教练员队伍结构，提高训练效益。学校共向市一、二线及大专院校输送1 000余名运动员，向国家队输送40余名优秀运动员，其中获奥运会冠军2人，打破世界纪录13人次、获世界冠军25人次。学校培养了诸多奥运会冠军、著名运动员和教练员，包括中国奥运会史上首枚游泳金牌获得者庄泳、奥运会史上实现男子游泳项目重大突破的蒋丞稷、第二十八届奥运会游泳银牌获得者朱颖文、第二十九届奥运会女排铜牌获得者马蕴雯、体操世界冠军朱政、跳水冠军王天凌、射箭运动员钱佳灵、国家男篮队长刘炜、国家女篮运动员叶莉、乒乓球教练员陆元盛、篮球教练员李秋平等；体操运动员眭禄、花样游泳运动员吴怡文、田径运动员谷思雨等先后在国际体坛崭露头角，为国争光。学校先后被授予国家高水平体育后备人才基地、全国业余训练先进单位、上海市文明单位、上海市奥运会后备人才基地等荣誉称号。

【徐汇区青少年体育运动学校】

徐汇区青少年体育运动学校创建于1957年，2004年改革办学体制，创建徐汇位育体校(承担文化教学职能)，探索实行两块牌子一套班子的体教结合紧密型管理模式，成为一所“集中学习、集中训练、集中生活”(以下简称“三集中”)的综合性体育特色学校。学校占地面积38 870.5平方米，建筑面积40 923.3平方米，训练场馆面积33 281.71平方米。拥有400米田径场，标准室外网球场6

图 3-1-4　2007 年，徐汇区业余体校的学生在训练中

片，60 米室内田径馆，新、老综合球类馆，室内游泳馆，10 米、25 米、50 米射击馆，肋木训练场，身体训练房，形态机能测试房，形态机能训练房，水上测功仪训练房，皮划艇、赛艇划桨池，船库等完善的训练设施，能够确保各项目全天候训练。学校开设田径、篮球、手球、皮划艇、赛艇、击剑、射击、羽毛球、蹦床、棒垒球、足球、重竞技、现代五项、马术、帆船、帆板等运动项目。至 2010 年前后，学校在校学生运动员 663 名，其中在籍学生 388 人；文化教师 35 名，其中高级职称教师 1 名、中级职称教师 20 名；教练 31 人，其中高级教练职称 9 人、中级职称 12 人、初级职称 7 人。2005—2010 年间，向上级训练单位输送运动员百余人，如姚明、吴敏霞、何翌、吴承瑛、谢晖、沈富麟、李月明、桂超然、王怡、诸韵颖、仲倩、缪俊、周洁慧、崔晓栋等。学校于 2005 年被国家体育总局评为国家高水平体育后备人才基地，2007 年被上海市体育局评为国家高水平体育后备人才基地优秀单位。

【徐汇区第二青少年业余体育学校】

徐汇区第二青少年业余体育学校创建于 1954 年 4 月，初名国防体育俱乐部，1987 年初改为徐汇区第二青少年业余体育学校。体校占地 4 185 平方米，拥有 230 平方米棋类训练教室、1 679 平方米的社会培训中心、体育彩票专营店等设施。建校初期，学校以培养军体人才为目标，设有射击、航海模型、航空模型、围棋 4 个项目。至 2010 年，学校已发展为一所以“棋牌业训、体彩管理、科研培训”三大功能定位为主体的综合性体育学校。棋牌运动管理中心承担区围棋、象棋、国际象棋、国际跳棋、五子棋、桥牌的培训教学和普及提高工作，组织承办各类比赛；体育彩票管理中心承担区体育彩票销售的规范化监管工作；科研培训中心承担区体育科学研究、选材测试、全员培训、期刊出版等工作。学校为国家培养输送了多名具有全国和世界水平的优秀运动员，如航空模型运动员陶德荣，航海模型运动员商焱、刘海青、陈海标，射击运动员谢前乔等。棋牌训练也取得优异成绩，多次在上海市少年儿童围棋锦标赛中获得团体、个人冠军。

【长宁区青少年业余体育学校】

长宁区青少年业余体育学校建于 1958 年，1979 年 9 月迁入定西中学，成为一所由长宁区体委和长宁区教育局联办的教育、教学和业余训练三合一的学校，学制从幼儿园至高中共 13 个年级，全校约 20 个教学班。学校设置田径、体操、篮球、排球、足球、技巧等运动项目，22 个运动队，在校学生运动员约 450 人，对体操等项目运动员实行“三集中”管理体制。

2004 年，根据区统一规划，定西中学与紫荆二中合并改建为西郊学校，迁往福泉路 506 号。长宁区体校的体操、摔跤、柔道、举重场地等也先期搬迁到该处。2007 年，在福泉路校区内建造长宁区体校办公楼（兼住宿楼）；2008 年元月，长宁区体校本部迁入福泉路 506 号，区体校办学设施和条件得到极大提升。

学校集二、三线运动队为一体，设有田径、体操、艺术体操、蹦床、摔跤、举重、柔道、足球、篮球、棒球、乒乓球11个项目。学校有40名教练员,其中高级教练员6名、中级教练员26名、初级教练员8名,大专以上学历达到97.5%。长宁区体校为上级训练单位培养、输送了一大批优秀体育苗子。1999—2009年,输送运动员307名,其中向国家队输送运动员5人,向一线输送26人,其中包括第十一届世界体操锦标赛鞍马冠军李小平、第二十五届世界体操锦标赛高低杠冠军樊迪。在第十一届全运会中,学校培养输送的田径运动员陈奇获得男子标枪冠军,中长跑运动员张海坤在2009年全国室内田径锦标赛中获得800米和1 500米两项冠军。学校连续4届获区文明单位,多次被评为上海市先进体校,3次被国家体育总局授予全国业余训练先进集体称号。

【静安区青少年业余体育学校】

静安区青少年业余体育学校创立于1958年11月,1991年迁入威海路681号新址,与静安区体育场合署办学。体育场设施主要供体校训练使用,1993年起改建综合训练馆、体操健身房、跆拳道馆、举重房、棋类训练室等场馆。设有羽毛球、乒乓球、网球、篮球、田径、举重、摔跤、柔道、跆拳道、射箭、体操、艺术体操、水球、中国象棋、围棋、国际象棋18个训练项目。2003年3月,学校搬迁至昌化路165号,总建筑面积5 180平方米,设有击剑房、摔跤训练房、跆拳道训练房、体操训练房、羽毛球馆、乒乓球馆、棋类训练室,开设训练项目共15个。至2010年前后,学校拥有专职高级教练6名,在聘在职的教练员28人。静安区体校为国家培养了大批优秀体育人才,如乒乓球世界冠军郑敏之、张德英,著名篮球运动员丛学娣,亚洲游泳冠军沈坚强,羽毛球世界冠军史方静,奥运会游泳冠军乐靖宜,围棋世界冠军芮乃伟,国际象棋世界冠军秦侃滢、王蕾,奥运会男子重剑亚军、世界男子重剑冠军王磊,女子重剑世界冠军仲维萍,以及足球教练员徐根宝、田径教练员孙海平、射击教练员王跃舫等。2005年,学校的排球、击剑、游泳、射击训练基地被国家体育总局评为国家高水平体育后备人才基地。

【静安区第二青少年业余体育学校】

静安区第二青少年业余体育学校前身是成立于20世纪50年代的静安区青少年业余军事体育学校,1997年迁入静安体育中心后,更名为静安区青少年业余体校分校,设教练员岗位22个,训练项目有游泳、举重、水球、乒乓、射击等。2008年更名为静安区第二青少年业余体育学校,2010年搬入新校区,占地4 000平方米,总建筑面积11 846平方米,拥有射击场、击剑馆、综合馆和球类馆等训练场地。设有击剑、排球、游泳、射击等4个训练项目,其中游泳和击剑2个项目为上海市二线运动队。学校有注册运动员404人,在编在岗教练员18名,其中高级职称教练员4名。

【普陀区少年儿童业余体育学校】

普陀区少年儿童业余体育学校成立于1960年9月。学校有400米标准塑胶田径场、250米非标准田径场、篮球场、击剑馆、球类馆、举重房、跆拳道馆、柔道房、体操房、船艇训练基地、射击场、射箭靶场等。设有田径、体操、跳水、蹦床、皮划艇、赛艇、帆板、乒乓球、羽毛球、篮球、排球、棒球、网球、击剑、射击、射箭、举重、跆拳道、拳击、摔跤、柔道21个运动项目。至2010年前后,学校有注册运动员1 104人,教练员46人,其中高级7人、中级16人、初级7人。

1973—1990年间,学校共招生2 000余人,经过培养输送至上海市体校243人、市一线队136人、部队52人、高校54人,其中有14人进入国家队,11人25次打破13项全国纪录,1人2次打破2项世界纪录,3人2次获得2项世界冠军,并在奥运会、亚运会及其他重大国际比赛中取得优异成绩。1993—2003年，向市一线运动队(职业俱乐部)输送运动员23人，向市二线运动队输送运动员180人。2004—2010年，向各级各类单位输送200余人。学校先后培养输送了田径运动员刘翔、吴丽萍、居士珍、林民伋、马维亮、王益珠，排球运动员李国君、许新、沈弘、鞠根寅、孙峥、任琦，沙滩排球运动员季琳君，击剑运动员崔一宁、陈金初、倪俊、陈晓冬、何伟、李筱芸、徐琳，射击运动员周榕，赛艇运动员史美萍、王长宝，羽毛球运动员朱琳、陈颖、王伟，皮划艇运动员沈刘陈、王文俊，技巧运动员陆美娟等一批知名运动员进入国家队。田径项目连续10余年获上海市第一名，学校连续3次被评为国家高水平体育后备人才基地。

【闸北区青少年业余体育学校】

闸北区青少年业余体育学校建于1960年3月，位于闸北体育中心内，是一所具有体教结合特色的学校。学校开展田径、游泳、射击、排球、乒乓球、手球、柔道、摔跤、举重9个项目的业余训练，女子举重为区办一线和二线项目，排球、乒乓球项目是学校办二线项目，田径、游泳是三线重点项目。各项目运动员训练人数逐年增加，2009年在训运动员人数达到404人，注册人数334人；2010年参训人数达800人。有教职员工70人，包括行政人员22人和教练员42人，一线运动员6人；其中高级教练员3人，中级教练员28人，初级教练员11人；本科学历39名，大专学历18人，高中学历10人，初中学历3人。学校运动员在市运动会、市锦标赛中取得了较好的成绩，并为国家和上海培养输送了一批高水平体育后备人才，如多次获得奥运会、世锦赛、世界杯乒乓球冠军的王励勤，举重运动员韩长美、游泳运动员庞佳颖、射击运动员金迪、垒球运动员陶桦、游泳运动员朱倩蔚、沙滩排球运动员李桦、排球运动员张静等，在各类国际国内大赛中屡获佳绩。2003—2010年间，学校两次被国家体育总局评为国家高水平体育后备人才基地。

【闸北区第二青少年业余体育学校】

闸北区第二青少年业余体育学校前身是创建于1961年2月的闸北区国防体育俱乐部，地址为芷江西路151号，1978年更名为闸北区业余军事体育学校，1984年更名为闸北区第二青少年业余体育学校，2009年迁入临汾路135弄56号新校区。学校拥有高标准足球场以及室内体操馆、体操形体房、跆拳道房、力量训练房、棋类教室等训练设施；设有羽毛球、体操、击剑、跆拳道、网球、足球、武术、棋类(中国象棋、国际象棋)、水上运动9个运动项目，其中足球项目为区办二线运动队。2010年，学校有教职员工36人，其中高级教练员5名，运动员428名。自1994年以来，向上级运动队培养输送215名运动员，其中有范志毅、高宏霞、孙勇征等杰出运动员，体操、羽毛球项目培养的运动员多次在世界青年比赛、全国比赛上获得冠军。2000年以来，学校坚持走体教结合办训的道路，与18所中小学签约合作办学办训，实现体育后备人才可持续发展。

【虹口区青少年体育运动学校】

虹口区青少年体育运动学校创办于1958年，隶属虹口区体育局。1958年6月，虹口区体育集训大队成立。1958年12月，上海市虹口区体育运动学校在水电路挂牌；1960年1月，学校更名为上海市虹口区业余体育学校，并迁址至虹口体育场和乍浦路训练房。1971年12月，学校更名为上海市虹口区青少年业余体育学校。1978年，学校迁址至虹口区东体育会路119弄37号。2004年，原虹口区青少年业余体育学校、虹口区第二青少年业余体育学校和虹口区游泳学校三校合并，更名为虹口区青少年体育运动学校。

学校贯彻“从小培养、打好基础、系统训练、积极提高”的指导思想，先后开展足球、篮球、排球、乒乓球、羽毛球、网球、田径、游泳、体操、击剑等23个项目，为国家培养输送了一大批优秀的运动员和青少年体育后备人才。

截至2010年，学校共培育学生8 500多人，向上级运动队输送运动员2 400多人。培养出射箭运动员郭蓓，乒乓球运动员曹燕华、卜启娟，跳水运动员史美琴，击剑运动员叶冲，足球运动员水庆霞，羽毛球运动员王晨，游泳运动员徐妍玮、邱子傲，射击运动员胡斌渊，花样游泳运动员黄雪辰、孙怡靖等30余名在奥运会、世锦赛、世界杯三大赛中荣获奖牌、打破世界纪录的优秀运动员，此外包括40余名在亚运会、亚锦赛、亚洲杯获前三名的优秀运动员，以及200多名全国冠军。学校还培养了林有锦、王后军、王秀雄、朱广沪、马良行等一批国内体坛知名教练员。学校连续4次被评为国家高水平体育后备人才基地，4次被评为全国业余体育训练先进集体，5次被评为全国群众体育先进单位，11次被评为上海市、虹口区文明单位。击剑队、羽毛球队、射击队、自行车队等运动项目被评为全国业余训练先进集体。

【杨浦区青少年业余体育学校】

杨浦区青少年业余体育学校建于1958年，位于杨浦区隆昌路640号，占地面积18 624平方米。学校拥有设施先进的田径场、射击馆、室内射箭馆、综合训练馆、室内网球场、温水游泳池、手球馆、健身房等体育设施。开设射击、射箭、田径、游泳、体操、足球、篮球、排球、手球、乒乓球、网球、摔跤、柔道、跆拳道、赛艇、OP帆船、帆板17个项目，有学生700余人，专职教练员55名，其中高级教练员9名，24人具有大学本科学历。建校以来，学校为国家体育事业培养输送了一大批优秀人才，如手球运动员何剑萍、李传芬，女子射击运动员徐翾，以及严明勇、王文娟、刘云鹏、冯英华、王智慧、裴芳、虞铁群、赵鹰、王琦珏、戴琦文、朱鹏飞等一批优秀的运动员在国内外各项比赛中屡创佳绩。

学校获国家体育总局、国家教育部授予的全国青少年体育工作先进集体、全国群众体育先进单位、全国射击业余训练先进单位等荣誉称号。2005年1月，被国家体育总局命名为国家高水平体育后备人才基地，2007年11月，被命名为国家手球奥林匹克后备人才训练基地，被中国射击协会命名为全国射击重点学校，被上海市体育局命名为上海市手球奥运后备人才基地。

【闵行区青少年业余体育学校】

闵行区青少年业余体育学校前身是1965年成立的上海县青少年业余体育学校，1988年迁入莘庄镇，1993年上海县和闵行区合并建闵行区，上海县青少年业余体校与闵行区体校合并，定名为闵行区青少年业余体育学校，定址莘庄镇莘东路541号。学校集义务教育与青少年业余训练于一体，是区内唯一一所“三集中”培养体育后备人才的特色学校。学校基础设施配备齐全，建有综合训练楼、田径场、室内游泳馆、射击场、力量房等训练场所。开设田径、游泳、羽毛球、曲棍球、举重、柔道、武术、射击、射箭、自行车、赛艇、皮划艇、帆板等项目，其中田径、自行车项目被命名为区办二线运动队。

学校设有五年级到九年级10个教学班，200多名学生，走训生100多人，合作办训100多人，共计400多人。教练员、教师69名，中高级职称41人，占总人数59.4%；上海市园丁奖教师3人，上海市业余训练优秀教练4人。2000—2010年间，初中毕业率、升学率一直保持100%。毕业生高中录取率为70%、中专20%、技职校10%；联办高中考入重点大学75%、普通大学25%，实现升学率100%的目标。共向国家队输送运动员7人、国家青年队7人，向一线输送40人，二线140人。培养出撑竿跳高运动员高淑英、赛艇运动员李菊菊、曲棍球运动员程晖等人。被上海市体育局授予上海市奥运后备人才培训基地、上海市青少年武术训练基地称号，荣获国家体育总局授予的国家高水平体育后备人才基地、国家田径单项奥林匹克高水平后备人才基地、国家曲棍球单项奥林匹克高水平后备人才基地等称号，创建军地联合办训模式——海军游泳队闵行区训练基地。

【宝山区青少年业余体育学校】

宝山区青少年业余体育学校创建于1976年，是一所集训练、学习、生活为一体的青少年业余体育学校。2003年9月，宝山区体校、行知田径运动学校和同洲模范学校联合办学办训，实施12年制体教结合，共同培养全面发展的优秀体育人才。学校拥有建筑面积达3 800平方米的体育馆，馆内设有击剑、手球等现代化的训练设施；另外射箭馆、射箭场和室外手球场等训练设施也十分先进齐备，是体教结合的实验基地。学校设有手球、击剑、射箭、田径、举重等运动项目，在读在编在训学生245人，教职员工近百人，其中教练19人、教师42人、训练干部5人。参加训练的学生分布在小学三年级至高中三年级的各个年级，与同洲模范中学学生一起随班就读，课后参加训练。学校毕业的高三体育特长生32名，将近90%进入项目对口的高校本科深造；学校每年均有多名拔尖人才输送到专业队。1992—2010年，学校共输送97人，其中26名运动员进入一线队。学校还积极创建同洲手球联盟和同洲剑校两大青少年体育运动优秀品牌，先后获得全国体育传统学校、全国优秀青少年体育俱乐部、国家手球奥林匹克后备人才基地、上海市体育传统项目学校、上海市青少年业余训练优秀单位、上海市奥运后备人才培训基地、上海市体教结合先进集体、上海市手球特色教育基地等荣誉称号。

【宝山区第二青少年业余体育学校】

宝山区第二青少年业余体育学校前身是吴淞区第二青少年业余体育学校，创建于1986年5月，1989年区县合并，更名为宝山区第二青少年业余体育学校，是一所综合性区级“一集中”制的业余体校，1999年搬入宝山体育中心，拥有完整的射击、乒乓球、羽毛球训练馆。1998年前，设置有射击、击剑、空海模、棋类、举重等项目；1999年以后，开设射击、乒乓球、羽毛球等项目；2008年后，保留乒乓球和羽毛球2个项目，拥有1支乒乓球区办二线队伍，与曹燕华乒乓培训学校联合办训，形成三线、区办二线、市办二线和市办一线的培养输送渠道，与上海大学附属中学签订输送协议，为运动员就学、升学创造良好条件。2010年，在编在训学生75人，教职员工14人，教练员6人(其中高级教练员1人)。学校向上级训练单位输送100多名运动员，射击运动员莫俊杰、乒乓球运动员许昕是其中优秀代表。

【嘉定区青少年业余体育学校】

嘉定区青少年业余体育学校成立于1958年，占地面积6 515平方米，建筑面积5 023平方米。学校有学生149名，设有田径、划船、射箭、摔跤、柔道、举重、击剑7个项目，重点项目为田径和划船。学校教职员工48名(其中教练员16名)、文化教师21名、后勤人员11名，其中高级教师3名、高级教练员1名、中级教师13名、中级教练员8人，占教师、教练员总人数的67.6%。2008—2010年，学校共向上级运动队输送49人，在全国各级各类比赛中共获得第一名11人次、第二名11人次、第三名11人次；在上海各类比赛中获得第一名84人次、第二名82人次、第三名106人次，其中由学校选送到上海自行车队的徐刚、王炯，上海举重队的陈海嘉、沈股一等运动员代表上海队多次参加全国各类比赛。学校获得“上海市田径精英学校”等荣誉;田径队获“2002—2006 年上海市业余训练优秀运动队”称号。

【浦东新区第一青少年儿童体育学校】

浦东新区第一青少年儿童体育学校又名上海市川沙中学北校,创建于 1973 年,其前身是川沙县体校,1985 年在体校基础上成立培华中学,采用“三集中”办学形式。1992 年设立高中部,浦东新区成立后,学校改名为上海市培华中学、上海市浦东新区川沙青少年业余体育学校;1994 年校内建立上海市体育运动学校浦东分部,开设四年制体育中专班;同年 9 月,成立浦东新区田径俱乐部。学校于 1999 年 5 月升格为完全中学;2000 年 6 月,改名为上海市川沙中学北校和上海市浦东新区第一青少年儿童体育学校。2007 年 9 月,学校迁入新校区,占地近 20 亩,使用面积达到 13 380 平方米,可容纳 18 个班级。拥有教学楼、综合楼、食堂、宿舍各 1 栋;另有标准塑胶田径场、足球场、举重训练房、室内训练馆、船坞船库和几十条训练艇等训练场地和设施。学校主要开设田径、游泳、水上、射击、足球、篮球、排球、举重、武术等训练项目。在 2006 年第十三届上海市运动会上,学校代表上海市浦东新区夺得 78.5 块金牌。学校向国家队、各级各类大专院校输送了大批优秀队员,包括国家女子垒球队队长张爱,国奥女足队员张铮、奚丁瑛,110 米跨栏运动员陈雁浩等。在 2008 年北京奥运会上,学校共有 5 名运动员参加女子足球、垒球、赛艇、皮划艇和田径项目的比赛,被评为国家高水平体育后备人才基地。

【浦东新区第二青少年儿童体育学校】

浦东新区第二青少年儿童体育学校前身是新浦青少年业余体育学校。2000 年 6 月,浦东二体校依托东昌中学办学,采用两块牌子一套班子(东昌北校和浦东二体校)的管理模式,对文化教师、教练员和学生进行全方位的管理。2005 年 9 月学校整体搬迁到杨思中学,依托杨思中学开展体育训练,学生的学籍管理、食堂、后勤、物业工作归属杨思中学,浦东二体校负责教练员队伍管理和运动员招生、训练和比赛等工作。学校拥有 2 个体育馆、400 米田径训练场、举重训练房和射箭训练场。开展田径、游泳、男子足球、击剑、射箭、举重、排球、女子篮球、乒乓球、摔跤、柔道、棒球、垒球 13 个项目,其中游泳、篮球、排球、棒垒球、乒乓球项目均在浦东新区各个体教结合学校,且学生的学籍分属各个学校,体校负责教练员队伍管理和日常训练工作。就读于杨思中学的体校独立招生的 8 个体育班的学生共计 220 人。体校有在编职工 32 人,其中教练员 28 人、管理人员 4 人;其中高级教练员 3 人、中级教练员 10 人、初级教练员 15 人。市二线运动队共 4 个,为游泳、篮球、排球和击剑。杨思中学被评为上海市体育传统学校,在第十三届上海市运会上,学校共获得 58.5 枚金牌。

【奉贤区青少年业余体育学校】

奉贤区青少年业余体育学校建于 1976 年,是一所由区教育局主管、区体育局兼管的五年制体育类基础教育寄宿制学校。学校建筑面积 4 268 平方米,拥有 400 米塑胶标准田径场和 960 平方米的室内训练房、健身房。2010 年新建的室内田径馆竣工投入使用,有教学班 5 个,学生 80 人、教职工 38 人,其中教练员 12 人,高级职称 2 人、国家一级教练员 1 人。设置田径、自行车 2 个训练项目,及跆拳道、水上项目、射击、马术、足球、篮球、排球等 9 个拓展性项目。学校每年向一线运动队输送运动员,向市、区重点中学输送体育骨干,6 名运动员获运动健将称号,被评为区级文明单位、市安全文明校园。

【松江区青少年业余体育学校】

松江区青少年业余体育学校创建于 1974 年，1986 年迁入新校舍，占地 10 亩，建筑面积 1 843 平方米。2002 年新建举重房、柔道房、身训房、投掷房等，并添置组合训练器材。学校设置田径、篮球、乒乓球 3 大项 8 个运动队，招收小学五年级至初中三年级学生 120 名，配备教师 16 人、教练 9 人、职工 9 人，其中大专以上学历 22 人，高中级技术职称 17 人。至 1988 年，学校向各级运动队输送一级运动员 1 人、二级运动员 178 人、三级运动员 384 人；向国家队输送 3 人、市队 19 人、市体校 38 人、上海体院等高校 51 人。学校自行训练的学生中有 9 人 4 次代表上海少年队参加全国田径比赛，获 2 金 2 银 3 铜和 4 个第四名。在市级各类比赛中获 159 金 173 银 151 铜等奖牌；共 8 次打破市纪录。

2003 年，学校与松江七中合作，资源共享，优势互补。松江七中成立体训处管理业余训练，运动项目调整为田径、篮球、举重、柔道 4 项。至 2010 年，学校共向上级体育单位输送优秀后备人才 215 人；向上海市体校、上海市二体校以及上海和国家队输送近 100 名运动员，在全市各级各类比赛中多次获得体育道德风尚奖。1992 年，学校被评为全国业余体校先进集体，2000 年被国家体委评为全国青少年体育先进集体，2005 年分别被上海市教委、上海市体育局授予“田径精英学校”等多项荣誉，2010 年被评为“2006—2009 年上海市业余训练先进单位”。

【金山区青少年业余体育学校】

金山区青少年业余体育学校建于 1978 年 2 月，是由金山区教育局、区体育局共建的初级中学。2004 年搬至石化十五村，由金盟中学负责文化教育。新校舍占地 2 331 平方米，设有 4 个年级，在校学生 41 名，教师 14 名，其中大学本科 11 名、专科 3 名。本部设有田径、举重、拳击、轮滑、羽毛球、乒乓球训练项目；联办项目有跳水、花样游泳、网球；委培的项目有皮划艇、跆拳道。2008 年 9 月，学校并入蒙山中学。学校设预备班、初一、初二、初三 4 个年级，共 4 个班级 73 人。训练项目有田径、举重、跆拳道、女足、排球、游泳等，教练员 6 人；与当地学校共建联办项目和延伸项目，积极扩大训练面。至 2010 年，共向市体校输送运动员 121 人，8 人获国家健将级称号，18 人获国家一级运动员，4 人获亚洲冠军，3 人获亚洲亚军，34 人次在全国比赛中获前三名。

【青浦区青少年业余体育学校】

青浦区青少年业余体育学校创建于 1983 年，是一所全日制住宿公立初级中学，体育训练依托区体育中心，有 400 米田径场、室内游泳池、篮球馆、网球场以及水上项目训练码头和室内训练房。学校开设赛艇、皮划艇、帆船、帆板、田径、射箭、摔跤、曲棍球、游泳、羽毛球项目。其中实行“三集中”管理的有赛艇、皮划艇、田径、射箭、摔跤等项目；由学校办训的射箭、曲棍球等项目和实行“走训”形式的游泳、羽毛球、帆船、帆板项目，经过几年的发展，呈现良好态势。2010 年 9 月，学校整体搬迁新校舍，办训条件改善。学校有 5 个班级 150 多名学生运动员，教职工 58 名，含教练 21 人、教师 24 人、行政管理人员 13 人，其中高级教师教练 6 名、中级教师教练 21 名。学校先后向上级单位输送优秀运动员 200 多名，其中杨耀祖、沈晓英、池强参加 2004 年雅典奥运会比赛，沈洁参加 2008 年北京奥运会比赛；倪玮、沈晓英获得帆船世界冠军，杨耀祖、蒋文标、丁亚红、陆春凤获得亚运会冠军。学校运动员在国际比赛中获 42 枚金牌、25 枚银牌、10 枚铜牌，全国比赛中获金牌 145 枚、银牌 134 枚、铜牌 102 枚。

学校水上项目为上海市业余训练重点项目、青浦区重点发展项目，于 1997 年被国家体育总局命名为国家赛艇皮划艇高水平后备人才基地，2002年被国家体育总局命名为国家帆船帆板高水平后备人才基地，2009年被评为"上海市劳动模范集体"，获得"全运会突出贡献奖"，2010年获得"上海市业余训练先进单位"称号。

【崇明县青少年业余体育学校】

崇明县青少年业余体育学校创建于1973年，是一所集训练、学习、生活为一体的业余体校，坐落于崇明县城桥镇北门路98号。学校设小学五年级及初中预备班至初中三年级共5个年级。有田径、自行车、赛艇、皮划艇、射箭、击剑、乒乓球、举重8个在训项目，带队教练员13人，其中高级教练员1人、中级7人。在训运动员147人，包括在上海训练基地训练的二线运动员近30人。学校主要向上海市体校、上海市二体校等输送田径运动员，每年输送2～4名运动员，2008—2010年累计输送10名运动员，培养了朱叶鸣、汤荣军、汤荣辉等全国冠军。

二、其他

【虹口击剑学校】

虹口击剑学校(以下简称虹口剑校)前身为虹口区击剑队，建于1959年12月。1973年10月底学校恢复组队训练。1979年6月，虹口击剑学校建立，至2010年有一线运动队教练员4名，在编运动员8名。

1984年10月，上海市体委批准虹口剑校为区办一线队伍，与上海击剑队男子花剑组竞争。同年10月，国家体委批准虹口剑校单独组队参加全国性的比赛。剑校先后培养和输送了叶冲、张杰、袁力、叶琳、陈飚、张莹等十几名世界和亚洲水平的优秀运动员。其中，叶冲、张杰、袁力3人达到国际级运动健将标准。取得成绩包括：1987年第六届全运会个人和团体金牌；1990年第十一届亚运会男子花剑个人和团体金牌；1993年第七届全运会个人和团体金牌；1993年亚洲击剑锦标赛女子花剑个人和团体金牌；1994年第十二届亚运会女子花剑团体金牌、男子花剑团体亚军；1996年世界男子花剑A级赛金牌；1998年全国锦标赛男子花剑团体亚军；1998年全国冠军赛女子花剑个人冠军；1999年全国锦标赛女子花剑团体冠军；2000年第二十七届奥运会男子花剑团体亚军、女子花剑团体第七名；2001年第九届全运会男子花剑个人和团体金牌；2002年第十四届亚运会男子花剑团体金牌；2004年第二十八届奥运会男子花剑团体亚军；2005年第十届全运会女子花剑团体第二、男子花剑团体第三等；2006年世界青年锦标赛男子花剑团体第三名；2007年世界青年锦标赛男子花剑团体亚军；2007年世界大学生运动会男子花剑团体亚军；2007年城运会男子花剑团体冠军；2008年全国击剑冠军赛女子花剑团体亚军。

输送到上海击剑队的女子重剑运动员侯莺鸣获得2008年全国锦标赛团体冠军，陶佳乐获得2009年世界青年锦标赛男子花剑团体亚军，石芸获得女子花剑团体第三名，2009年陶佳乐获第十一届全运会男子花剑团体第三名。

【上海根宝足球基地】

根宝足球基地位于崇明县东平国家森林公园南首，由著名足球教练徐根宝发起组建，总占地面积4.7万平方米。基地于2000年开始建造，至2001年10月竣工，拥有3个标准足球场、1个室内足球场及占地7 000平方米的足球宾馆和主楼1幢。主楼内设有荣誉陈列室，足球宾馆则是一幢具有休闲功能的综合性服务设施。另外，基地内设钢制顶的室内七人制足球场1座。球员日常训练和住宿均在基地内，总投资约3 000万元人民币。基地从全国各地挑选11岁年龄段的少年足球爱好者从事训练。经过多年的发展，2007年以根宝足球基地球员为班底的上海东亚足球队获得全国乙级联赛冠军，成功晋级甲级联赛。2009年，由基地培养的第一批学员在第十一届全运会上崭露头角，为上海夺得男足冠军，这也是上海男足时隔26年再次夺得的全运会金牌。

图3-1-5　2005年，根宝足球基地小球员庆祝胜利

【上海曹燕华乒乓培训学校】

上海曹燕华乒乓培训学校创建于1998年10月，由乒乓球世界冠军曹燕华创办并担任校长。学校位于宝山区杨行镇杨鑫路388号，拥有1座4 000平方米的训练、比赛馆和1幢3 000平方米的学生公寓。校园环境优美，训练、生活设施齐全。学校依托所在地上海市杨泰实验学校，为运动员提供九年制义务教育，是一所集训练与文化学习于一体、专业培养青少年奥运后备人才的现代化寄宿制学校。

2000年7月，上海曹燕华乒乓球培训学校和静安区体育局联合创办曹燕华静安乒乓培训学校。2001年9月，学校和上海市体校合作成立"上海市曹燕华乒乓球俱乐部"，形成集"三线启蒙、二线提高、一线专业队"于一体、自行衔接、系统训练的人才培养、输送体系。同时，学校经与宝山区教育局及有关学校签订培养协议，构建小学（杨泰实验学校）—初中（杨泰实验学校）—高中（上海大学附属中学）—大学（上海交通大学、上海体育学院等高校）的一条龙文化学习、培养输送体系。2007年10月，曹燕华乒乓培训学校新馆启用。

学校坚持"培养德、智、体全面发展的具备优秀文化素质和运动水平的奥运后备人才"的办学宗旨，坚持"依法、规范、诚信"的办学原则，科学管理、严格要求、刻苦训练，取得显著办学成果。由学校培养输送的优秀运动员许昕获得奥运会、世界锦标赛、世界杯等比赛冠军，学校运动员获得全国运动会、全国锦标赛等全国比赛冠军数十项。学校和杨泰实验学校、上海大学附属中学合作办训办学，先后获得全国学生运动会、全国中学生锦标赛、全国体育传统校比赛团体和单项冠军；学校参加上海市运动会、锦标赛、冠军赛等比赛，连续十余年位列全市金牌和团体总分第一。向国家队输送许昕、尚坤、赵子豪等优秀运动员7名。学校注重文化素质教育，多年来文化学习合格率100%，优良率保持在95%以上，历年中、高考升学率达100%。获宝山区社会力量办学A级单位、宝山区先进集体、上海市奥运会后备人才培训基地、全国乒乓球重点训练单位、国家高水平体育后备人才基地

图3-1-6　上海曹燕华乒乓培训学校荣誉陈列

(与宝山第二体校合作创办)、全国乒乓球后备人才基地、全国规范化管理5A级单位、全国乒乓球后备人才基地典型先进单位、全国体育事业突出贡献奖等荣誉。

第四节　国家高水平体育后备人才基地

2004年,国家体育总局以四年一次奥运会为周期,在全国各级各类体校中开展"国家高水平体育后备人才基地"(以下简称"国家基地")的认定工作,2005年首次认定212所,其中上海有15所(4所市级体校、11所区级体校),数量在全国各省市中排名第四,分别是上海市体育运动学校、上海市第二体育运动学校、上海市第二跳水学校、徐汇区青少年体育运动学校、普陀区青少年体育学校、虹口区青少年业余体育学校、卢湾区第一少年儿童业余体育学校、杨浦区青少年业余体育学校、杨浦区业余游泳学校、静安区青少年业余体育学校、黄浦区业余军事体育学校、闸北区少年业余体育学校、长宁区游泳学校和上海体育学院附属竞校。

2005—2008年,上海通过对国家基地的规范管理,带动和引领全市业余训练,提升业余训练质量。在四年的周期中,15个国家基地输送一线的后备人才占全市总量的80%;在世界大赛上获得前三名的运动员80%以上也来自国家基地的输送。

上海重视建设国家基地,把基地建设任务纳入全市体育发展十一五规划和年度计划,同时规范教练员教案,提高训练的科学性、有效性。2005年,上海编制《业余训练教练员工作手册》,规范训练计划的制订。2007年,开展基层教练员优秀教案(训练计划)的评选和展示活动,上海市二体校以及卢湾、徐汇、杨浦、闵行区体校5个单位6名教练员获评优秀教案(训练计划),提高了国家基地建设的"软实力"。此外,上海组织培训和论文评选,提高国家基地管理人员的素质能力,利用在南京、郑州、烟台等地举办的全国业余训练管理人员及科研人员培训班,邀请有关专家组织市内的专题培训,进一步提高国家基地有关人员的专业化水平。在此期间,开展论文上报和评选活动,共评选出18篇论文,陆续在《少年体育训练》等杂志发表,进一步提高基层教练员的科研水平。截至2010年底,全市共有国家基地18所。

表3-1-1　截至2010年上海市18所国家基地名单一览表

序　号	名　　称
1	上海市体育运动学校*
2	上海市第二体育运动学校*
3	上海市第二跳水学校
4	浦东新区第一青少年儿童体育学校*
5	徐汇区青少年体育运动学校*
6	虹口区青少年体育运动学校
7	杨浦区青少年业余体育运动学校*
8	卢湾区青少年儿童业余体育学校*
9	闸北区青少年儿童业余体育学校
10	普陀区青少年业余体育学校*

（续表）

序　号	名　　称
11	杨浦区青少年业余游泳学校
12	宝山区青少年儿童业余游泳学校
13	闵行区青少年业余体育学校
14	静安区第二青少年业余体育学校
15	黄浦区青少年业余体育学校
16	长宁区业余游泳学校*
17	长宁区业余军事体育学校
18	上海体育学院附属竞技体育学校

说明:“*”为上海市国家高水平后备人才基地年检优秀单位。

第二章　体 教 结 合

第一节　青少年体育俱乐部

建立青少年体育俱乐部是上海体教结合的主要成果之一。青少年体育俱乐部是一种跨学校的体育组织，一般以一所学校为中心，吸收附近学校的学生参加训练。俱乐部经费主要由社会赞助，部分俱乐部实行收费训练。自 20 世纪 80 年代以来，上海青少年体育俱乐部发展迅速，至 2009 年全市体育俱乐部已达 150 个。

改革开放以后，上海各类体育俱乐部陆续出现。1988 年，徐汇区的上海市零陵中学成立击剑俱乐部、虹口区玉田路小学成立小天鹅女子足球俱乐部、闸北区成立劲雕小足球俱乐部。同时出现类似俱乐部的组织，如南市区的上海市大同中学跳高训练中心、卢湾区的上海市巨鹿路小学永芳乒乓球训练馆等。

90 年代以后，青少年体育俱乐部继续增加，市、区县两级体育行政部门注重引导社会力量兴办青少年体育俱乐部，尤其是与奥运会、全运会项目相关的运动项目得到较大扶持，田径、足球、游泳、排球等体育俱乐部发展较快。2000 年起，上海市体育行政部门加强了青少年体育俱乐部建立的审批与管理工作，批准一些具备条件的学校成立体育俱乐部，当年创办上海市国家级青少年体育俱乐部 34 个，至 2010 年共 174 个。2009 年，为加强对各类俱乐部的管理，鼓励和引导各俱乐部积极培养和发掘优秀体育后备人才，上海市体育局对全市青少年体育俱乐部进行评估，首次在全市评选出 61 家星级青少年体育俱乐部，分层管理，促进俱乐部的可持续发展。

表 3－2－1　截至 2010 年上海市获批准的国家级青少年体育俱乐部一览表

区　县	俱乐部名称	依　托　单　位	创办时间
黄浦区	应昌期青少年体育俱乐部	应昌期围棋学校	2000 年
	沪南青少年体育俱乐部	沪南体育活动中心	2000 年
	格致青少年体育俱乐部	上海市格致中学	2000 年
	轮滑青少年体育俱乐部	上海市青少年轮滑俱乐部	2001 年
	阳光青少年体育俱乐部	上海市光明中学	2002 年
	外滩青少年体育俱乐部	上海市浦光中学	2003 年
	敬业青少年体育俱乐部	上海市敬业中学	2004 年
	大同青少年体育俱乐部	上海市大同中学	2005 年
	大境青少年体育俱乐部	上海市大境中学	2008 年
卢湾区	翔鸣学校青少年体育俱乐部	上海市向明中学	2002 年
	飞鱼青少年体育俱乐部	卢湾区第一少年儿童业余体校	2003 年
	繁星青少年体育俱乐部	上海市比乐中学	2003 年

（续表一）

区　县	俱乐部名称	依　托　单　位	创办时间
卢湾区	青松青少年体育俱乐部	上海市卢湾高级中学	2008 年
	丽园青少年体育俱乐部	上海师范大学附属卢湾实验小学	2009 年
	更加力青少年体育俱乐部	卢湾区教师进修学院附属中山学校	2009 年
	吾爱青少年体育俱乐部	上海市五爱高级中学	2009 年
	天育青少年体育俱乐部	卢湾区体育中心	2010 年
徐汇区	天平青少年体育俱乐部	天平街道办事处、徐汇区体委	2000 年
	零陵青少年体育俱乐部	上海市零陵中学	2002 年
	尚思青少年体育俱乐部	上海师范大学附属中学	2004 年
	康平青少年体育俱乐部	上海市第五十四中学	2005 年
	位育青少年体育俱乐部	上海市位育中学	2008 年
	启明青少年体育俱乐部	上海市第四中学	2009 年
长宁区	华阳青少年体育俱乐部	华阳街道、长宁区体委	2000 年
	延安青少年体育俱乐部	延安中学、长宁少体校、新泾镇	2000 年
	尼塔库青少年体育俱乐部	上海国际体操中心	2000 年
	长游青少年体育俱乐部	长宁温水游泳池	2000 年
	延安新越青少年体育俱乐部	上海市东延安中学、上海市延安中学、上海市复旦中学、长宁青少年业余体育学校	2000 年
	东延安青少年体育俱乐部	上海市延安中学	2001 年
	建青青少年体育俱乐部	上海市建青实验学校	2002 年
	军体青少年体育俱乐部	长宁区业余军事体育学校	2009 年
	长网青少年体育俱乐部	长宁区长宁网球场	2009 年
静安区	静青青少年体育俱乐部	静安体育场	2000 年
	体中青少年体育俱乐部	静安体育中心	2000 年
	市西青少年体育俱乐部	上海市市西中学	2001 年
	民立青少年体育俱乐部	上海市民立中学	2002 年
	华模青少年体育俱乐部	上海市华东模范中学	2004 年
普陀区	晋元青少年体育俱乐部	上海市晋元高级中学	2000 年
	育心青少年体育俱乐部	普陀区体育场	2001 年
	长寿青少年体育俱乐部	普陀区体育馆	2001 年
	江宁青少年体育俱乐部	上海市江宁学校	2001 年
	绿野青少年体育俱乐部	上海市宜川中学	2003 年
	翱翔青少年体育俱乐部	上海市曹杨第二中学	2003 年

(续表二)

区 县	俱乐部名称	依 托 单 位	创办时间
普陀区	甘泉青少年体育俱乐部	甘泉外国语中学	2004年
	桃苑青少年体育俱乐部	上海市桃浦中学	2005年
	曹杨青少年体育俱乐部	上海市曹杨中学	2008年
	子长青少年体育俱乐部	上海市子长学校	2008年
	同舟青少年体育俱乐部	同济大学第二附属中学	2008年
	梅陇青少年体育俱乐部	上海市梅陇中学	2009年
	新普陀青少年体育俱乐部	普陀区新普陀小学	2010年
	真如阳光青少年体育俱乐部	上海市真如中学	2010年
闸北区	第一青少年体育俱乐部	闸北体育场	2000年
	精英青少年体育俱乐部	闸北体育中心	2001年
	五环青少年体育俱乐部	上海市第十七中学(闸北区体校)	2002年
	民苑青少年体育俱乐部	上海市回民中学	2002年
	新星青少年体育俱乐部	上海市市北初级中学	2003年
	市北青少年体育俱乐部	上海市市北中学	2003年
	梦翔青少年体育俱乐部	闸北第八中学	2008年
虹口区	广灵青少年体育俱乐部	上海市第五十二中学	2000年
	虹游青少年体育俱乐部	虹口游泳俱乐部	2000年
	虹天青少年体育俱乐部	虹口足球场鲁迅公园联合发展集团	2000年
	一少体青少年体育俱乐部	虹口区青少年体育运动学校	2001年
	钟高青少年体育俱乐部	上海市钟山高级中学	2003年
	高阳青少年体育俱乐部	上海市继光高级中学	2005年
	晨钟青少年体育俱乐部	上海市澄衷高级中学	2008年
	复兴求真青少年体育俱乐部	上海市复兴高级中学	2008年
	益中青少年体育俱乐部	华东师范大学第一附属中学	2009年
	金钟青少年体育俱乐部	上海市钟山初级中学	2009年
	曲阳青少年体育俱乐部	虹口区实验学校	2010年
	虹馆青少年体育俱乐部	虹口体育馆	2010年
杨浦区	杨青青少年体育俱乐部	杨浦体育活动中心	2000年
	杨足青少年体育俱乐部	杨浦白洋淀足球场	2001年
	奥进青少年体育俱乐部	杨浦温水游泳池	2001年

（续表三）

区　县	俱乐部名称	依　托　单　位	创办时间
杨浦区	冠星青少年体育俱乐部	杨浦区五角场小学	2003 年
	星源青少年体育俱乐部	上海市中原中学	2003 年
	杨高青少年体育俱乐部	上海市杨浦高级中学	2004 年
	博搏青少年体育俱乐部	上海体育学院附属中学	2004 年
	市东青少年体育俱乐部	上海市市东中学	2009 年
	平四青少年体育俱乐部	杨浦区平凉路第四小学	2009 年
闵行区	熊猫青少年体育俱乐部	闵行区第四中学	2003 年
	七宝青少年体育俱乐部	上海市七宝中学	2003 年
	欣梅青少年体育俱乐部	上海市梅陇中学	2004 年
	明强青少年体育俱乐部	闵行区七宝明强小学	2005 年
	东苑青少年体育俱乐部	闵行区第三中学	2008 年
	路胜青少年体育俱乐部	闵行区莘庄镇小学	2009 年
	丰宝青少年体育俱乐部	上海市市西实验中学	2009 年
	银杏青少年体育俱乐部	闵行区纪王学校	2009 年
	振达青少年体育俱乐部	闵行区田园高级中学	2010 年
宝山区	攀登青少年体育俱乐部	上海同洲模范学校	2002 年
	临江青少年体育俱乐部	上海市宝山中学	2003 年
	江海青少年体育俱乐部	上海市吴淞中学	2003 年
	行林青少年体育俱乐部	上海市行知初级中学（宝林中学）	2004 年
	行知青少年体育俱乐部	上海市行知中学	2005 年
	晓晓青少年体育俱乐部	宝山区第三中心小学	2008 年
	东英青少年体育俱乐部	宝山区实验小学	2008 年
	太阳鸟青少年体育俱乐部	宝山区实验学校	2009 年
	翔羽青少年体育俱乐部	宝山区教师进修学院附属中学	2009 年
	太阳花青少年体育俱乐部	宝山区大华第二小学	2009 年
	罗溪青少年体育俱乐部	上海市罗店中学	2010 年
	大华青少年体育俱乐部	上海大学附属中学实验学校	2010 年
	宝杨青少年体育俱乐部	华东师范大学附属杨行中学	2010 年
嘉定区	普小青少年体育俱乐部	嘉定区普通小学	2000 年
	南翔青少年体育俱乐部	南翔镇广电文体传播中心	2003 年
	江封青少年体育俱乐部	嘉定区封浜中学	2010 年

(续表四)

区 县	俱乐部名称	依 托 单 位	创办时间
嘉定区	晨晓青少年体育俱乐部	嘉定区城中路小学	2010年
	绿小青少年体育俱乐部	嘉定区绿地小学	2010年
浦东新区	浦游青少年体育俱乐部	浦东游泳馆	2000年
	光明青少年体育俱乐部	南汇区青少年业余体育学校	2001年
	建平青少年体育俱乐部	上海市建平中学	2002年
	滨江青少年体育俱乐部	洋泾菊园实验学校	2003年
	新中青少年体育俱乐部	上海市新场中学	2005年
	新康桥青少年体育俱乐部	南汇区康桥镇横沔初级中学	2008年
	澜星青少年体育俱乐部	浦东新区观澜小学	2008年
	海洋青少年体育俱乐部	上海市南汇区第二中学	2009年
	激情阳光青少年体育俱乐部	浦东新区第二少年儿童体育学校	2009年
	临港青少年体育俱乐部	南汇区芦潮港秋萍学校	2010年
	小上海青少年体育俱乐部	南汇区周浦小学	2010年
奉贤区	实验小学青少年体育俱乐部	奉贤区实验小学	2000年
	奉青青少年体育俱乐部	奉贤体育中心	2001年
	实验中学青少年体育俱乐部	奉贤实验中学	2002年
	七色阳光青少年体育俱乐部	奉贤区阳光外国语学校	2008年
	弘毅青少年体育俱乐部	奉贤区弘文学校	2010年
	华韵青少年体育俱乐部	奉贤区华亭学校	2010年
松江区	松青学校青少年体育俱乐部	松江区体育中心	2000年
	洞泾青少年体育俱乐部	松江区洞泾学校	2001年
	江峰青少年体育俱乐部	松江区第二中学	2002年
	名剑青少年体育俱乐部	松江区民乐学校	2004年
	华实青少年体育俱乐部	华东师范大学附属松江实验中学	2005年
	放飞青少年体育俱乐部	松江区第一中学	2008年
	四杰青少年体育俱乐部	松江区第四中学	2008年
	华喆青少年体育俱乐部	华东师范大学松江实验高级中学	2009年
	泗泾青少年体育俱乐部	松江区泗泾小学	2009年
	中山青少年体育俱乐部	松江区中山小学	2009年
	启能青少年体育俱乐部	上海清趣体育科技咨询有限公司	2010年
	浦南青少年体育俱乐部	松江区五厍学校	2010年
	方塔青少年体育俱乐部	松江区方塔小学	2010年

（续表五）

区　县	俱乐部名称	依　托　单　位	创办时间
金山区	金旭青少年体育俱乐部	金山区轮滑管理中心	2000年
	棋林青少年体育俱乐部	金山区第二实验小学	2000年
	张堰镇青少年体育俱乐部	上海市张堰学校	2002年
	金童青少年体育俱乐部	金山区第一实验小学	2008年
	众益青少年体育俱乐部	上海市金山中学	2009年
	明翔青少年体育俱乐部	金山区青少年业余体育学校	2009年
	亭升青少年体育俱乐部	上海市亭林中学	2009年
青浦区	华新红领巾青少年体育俱乐部	青浦区华新小学	2009年
	毓秀青少年体育俱乐部	上海市毓秀学校	2009年
	炫动青少年体育俱乐部	上海市青浦高级中学	2010年
	致远青少年体育俱乐部	上海教科院豫英实验学校	2010年
	白鹤青少年体育俱乐部	青浦区白鹤中学	2010年
	春晖青少年体育俱乐部	上海市朱家角中学	2010年
崇明县	明瀛青少年体育俱乐部	崇明县堡镇小学	2001年
	长江青少年体育俱乐部	崇明县崇明中学	2003年
	星光青少年体育俱乐部	崇明县城桥中学	2004年
	鸣福青少年体育俱乐部	崇明县堡镇中学	2005年
	绿岛阳光青少年体育俱乐部	崇明县明珠小学	2009年
	扬帆青少年体育俱乐部	崇明县庙镇小学	2010年
市属	苗苗青少年体育俱乐部	上海市体育俱乐部	2000年
	普中青少年体育俱乐部	上海市体育宫	2000年
	东亚青少年体育俱乐部	上海东亚体育文化中心有限公司	2000年
	春晖青少年体育俱乐部	上海市台球协会	2000年
	明天青少年体育俱乐部	上海市体育舞蹈运动协会	2000年
	环球青少年体育俱乐部	上海市军事体育俱乐部、上海市少科站（无线电）	2000年
	芸海青少年体育俱乐部	上海市军事体育俱乐部	2000年
	江湾青少年体育俱乐部	上海市江湾体育场	2000年
	健强青少年体育俱乐部	上海市射击运动中心	2000年
	中原青少年体育俱乐部	上海市中原体育场	2000年
	申武青少年体育俱乐部	上海武术院、上海市武术协会	2000年
	棋院青少年体育俱乐部	上海棋院	2001年
	精英青少年体育俱乐部	上海市体育运动学校	2001年

表3-2-2　2009年上海市星级青少年体育俱乐部一览表

星　　级	序　号	俱乐部名称
三星级(14)	1	黄浦区格致青少年体育俱乐部
	2	卢湾区新锐青少年体育俱乐部
	3	静安区静安青少年体育俱乐部
	4	普陀区江宁青少年体育俱乐部
	5	普陀区翱翔青少年体育俱乐部
	6	普陀区晋元青少年体育俱乐部
	7	虹口区第一少体校青少年体育俱乐部
	8	闵行区七宝青少年体育俱乐部
	9	宝山区攀登青少年体育俱乐部
	10	浦东新区滨江青少年体育俱乐部
	11	松江区名剑青少年体育俱乐部
	12	青浦区崧泽青少年体育俱乐部
	13	金山区棋林青少年体育俱乐部
	14	徐汇区零陵青少年体育俱乐部
二星级(22)	15	静安区民立青少年体育俱乐部
	16	黄浦区阳光青少年体育俱乐部
	17	卢湾区飞鱼青少年体育俱乐部
	18	卢湾区翔鸣青少年体育俱乐部
	19	长宁区建青青少年体育俱乐部
	20	徐汇区天平青少年体育俱乐部
	21	普陀区绿野青少年体育俱乐部
	22	虹口区钟高青少年体育俱乐部
	23	闸北区新星青少年体育俱乐部
	24	闸北区民苑青少年体育俱乐部
	25	杨浦区杨青青少年体育俱乐部
	26	杨浦区杨足青少年体育俱乐部
	27	宝山区临江青少年体育俱乐部
	28	浦东新区浦游青少年体育俱乐部
	29	松江区洞泾青少年体育俱乐部
	30	嘉定区普小青少年体育俱乐部
	31	青浦区水上青少年体育俱乐部

（续表）

星　　级	序　号	俱乐部名称
二星级(22)	32	奉贤区贤青青少年体育俱乐部
	33	金山区张堰镇青少年体育俱乐部
	34	南汇区光明青少年体育俱乐部
	35	崇明县明瀛青少年体育俱乐部
	36	上海市芸海青少年体育俱乐部
一星级(25)	37	卢湾区繁星青少年体育俱乐部
	38	静安区华模青少年体育俱乐部
	39	长宁区延安青少年体育俱乐部
	40	长宁区长游青少年体育俱乐部
	41	徐汇区尚思青少年体育俱乐部
	42	普陀区子长青少年体育俱乐部
	43	普陀区甘泉青少年体育俱乐部
	44	普陀区桃苑青少年体育俱乐部
	45	闸北区市北青少年体育俱乐部
	46	虹口区高阳青少年体育俱乐部
	47	杨浦区星源青少年体育俱乐部
	48	杨浦区奥进青少年体育俱乐部
	49	杨浦区博搏青少年体育俱乐部
	50	闵行区欣梅青少年体育俱乐部
	51	宝山区行知青少年体育俱乐部
	52	嘉定区南翔镇青少年体育俱乐部
	53	青浦区实验青少年体育俱乐部
	54	青浦区武术院青少年体育俱乐部
	55	金山区金旭青少年体育俱乐部
	56	崇明县星光青少年体育俱乐部
	57	上海市苗苗青少年体育俱乐部
	58	上海市东亚青少年体育俱乐部
	59	上海市普中青少年体育俱乐部
	60	上海市环球青少年体育俱乐部
	61	上海市中原青少年体育俱乐部

说明：上海市星级青少年体育俱乐部评选周期为三年一次，下一轮评选为2012年。

表3-2-3 1987—2009年上海青少年体育俱乐部基本情况一览表

名　　称	训　练　项　目	成立年份
长宁区青少年游泳俱乐部	游泳	1987年
华阳青少年羽毛球体育俱乐部	羽毛球	1997年
虹天青少年体育俱乐部	各类球类、游泳、轮滑、健身、健美、攀岩	2000年
青浦区青少年武术俱乐部	武术套路、空手道、跆拳道、武术散打、篮球、乒乓球、羽毛球	2000年
上海杨青青少年体育俱乐部	羽毛球、乒乓球、游泳、中国象棋	2000年
广灵青少年体育俱乐部	跆拳道、网球、乒乓球	2000年
沪南青少年体育俱乐部	游泳	2000年
新锐青少年体育俱乐部	国际象棋、足球、篮球、田径、健美操、拉丁舞、标准舞	2000年
钟高青少年体育俱乐部	羽毛球、乒乓球、定向越野	2001年
普小青少年体育俱乐部	乒乓球、足球、武术、篮球、羽毛球、象棋、国际象棋、围棋、健美操与形体、跆拳道、游泳	2001年
普陀区晋元青少年体育俱乐部	田径、游泳、羽毛球、篮球、健美操、机器人	2001年
攀登青少年体育俱乐部	围棋、手球、攀岩、击剑、射箭、乒乓球、羽毛球、网球	2002年
延安青少年体育俱乐部	田径、女子篮球、羽毛球、健身操、桥牌、太极拳	2002年
应昌期围棋青少年体育俱乐部	围棋	2002年
阳光青少年体育俱乐部	篮球、街舞、跆拳道	2002年
格致青少年体育俱乐部	游泳、空手道、跆拳道、拉丁舞、健身操、瑜伽	2002年
张堰镇青少年围棋俱乐部	围棋	2002年
金旭青少年体育俱乐部	溜冰、篮球、羽毛球、乒乓球、体育舞蹈	2002年
棋林青少年体育俱乐部	象棋、围棋、国际象棋、足球、篮球、田径、健美操、游泳、乒乓球	2002年
江宁青少年体育俱乐部	国际象棋(国家级特色)、足球、篮球、田径、健美操、武术	2002年
南汇光明青少年体育俱乐部	游泳、乒乓球、足球、手球、围棋	2002年
长寿青少年体育俱乐部	围棋	2002年
松江青少年体育俱乐部	武术、网球、篮球、足球、乒乓球、游泳、轮滑、拳击、柔道、射击、围棋、国际象棋、跆拳道、射击、门球、扯铃	2002年
天平社区青少年篮球俱乐部	篮球、乒乓球、国际象棋、健美操、排舞、拉丁、街舞、柔力球	2002年
杨浦区青少年足球俱乐部	足球	2002年
五环青少年体育俱乐部	乒乓球	2002年
精英青少年体育俱乐部	游泳、羽毛球	2002年
零陵青少年体育俱乐部	击剑、跆拳道、棋类、武术、健身操	2003年
宝山区江海青少年体育俱乐部	跆拳道、网球、足球、篮球、田径、健美操、航模制作竞赛、桥牌	2003年
南翔镇青少年体育俱乐部	足球、篮球、乒乓球、田径、跆拳道、拉丁舞、健美操、中国象棋	2003年
新越青少年体育俱乐部	体操、艺术体操、蹦床	2003年

（续表一）

名　　称	训　练　项　目	成立年份
建青青少年体育俱乐部	手球、篮球、羽毛球、足球、乒乓球、瑜伽、跆拳道、健美操、社区老年腰鼓	2003 年
虹口一少体青少年体育俱乐部	排球、乒乓球、羽毛球、击剑、体操、田径、游泳、射击、柔道、武术、棋类	2003 年
翔鸣青少年体育俱乐部	篮球、乒乓球、游泳、定向越野、健美操	2003 年
外滩青少年体育俱乐部	击剑、篮球、健身操	2003 年
青浦实验青少年体育俱乐部	田径、篮球、足球、乒乓球、围棋、中国象棋	2003 年
洞泾青少年体育俱乐部	乒乓球、篮球、足球、曲棍球、拉丁舞、武术、跆拳道、瑜伽、健美操	2003 年
冠星青少年体育俱乐部	足球	2003 年
杨浦区奥进青少年体育俱乐部	游泳	2003 年
民苑青少年体育俱乐部	台球、高考体训班、网球、羽毛球、蹴球、毽球、射箭、足球、篮球	2003 年
新星青少年体育俱乐部	女子排球、国际象棋、篮球、乒乓球	2004 年
临江青少年体育俱乐部	篮球	2004 年
卢湾飞鱼青少年俱乐部	游泳	2004 年
繁星青少年体育俱乐部	射箭、射击、田径、球类、棋类	2004 年
滨江青少年体育俱乐部	围棋、足球、篮球、羽毛球、网球、乒乓球、游泳、空手道、跆拳道、武术	2004 年
绿野青少年体育俱乐部	田径、网球、跆拳道、健身操	2004 年
育心青少年体育俱乐部	空手道、跆拳道、健身健美	2004 年
翱翔青少年体育俱乐部	女子足球、篮球、田径、健美操、武术、乒乓球、羽毛球	2004 年
江峰青少年体育俱乐部	游泳、健美操、田径、篮球	2004 年
尚思青少年体育俱乐部	手球为主，羽毛球、乒乓球、篮球、排球、健美操、跆拳道	2004 年
市北青少年体育俱乐部	排球、篮球、羽毛球、乒乓球、健美操、跆拳道	2004 年
行林青少年体育俱乐部	足球、篮球、田径、武术	2005 年
敬业青少年体育俱乐部	游泳、篮球、乒乓球、围棋	2005 年
甘泉青少年体育俱乐部	拉丁舞、跆拳道、空手道、武术、健美操、击剑、足球、篮球	2005 年
凇泽青少年体育俱乐部	乒乓球、射箭、足球、篮球、田径、跆拳道	2005 年
水上青少年体育俱乐部	赛艇、皮划艇、帆船、摔跤、田径、射箭、乒乓球、游泳	2005 年
杨高青少年体育俱乐部	手球、篮球、足球、乒乓球、羽毛球、健美操、游泳	2005 年
浦游青少年体育俱乐部	游泳、羽毛球、网球、篮球、舞蹈	2006 年
新中青少年体育俱乐部	田径、足球、篮球、健美操、武术、羽毛球、乒乓球、中国象棋	2006 年
桃苑青少年儿童体育俱乐部	举重、水上运动、足球、篮球、羽毛球、乒乓球、健身运动、瑜伽、有氧操	2006 年
徐汇区康平青少年体育俱乐部	球类、棋牌、健身健美	2006 年
高阳青少年体育俱乐部	足球、篮球、手球	2007 年
晨钟青少年体育俱乐部	手球、武术、篮球、乒乓球、羽毛球、棋类	2007 年

(续表二)

名　称	训　练　项　目	成立年份
大同青少年体育俱乐部	足球、跳高、瑜伽	2007年
金童青少年体育俱乐部	中国象棋、围棋、足球、篮球、毽球、排球、旱冰、健美操、乒乓球、羽毛球、拉丁舞、航模、体育绘画、体育主持	2007年
新康桥青少年体育俱乐部	羽毛球、手球、田径、篮球、健美操、足球、乒乓球、空模、船模	2007年
子长青少年体育俱乐部	羽毛球、排球、篮球、田径、健美操、拉丁舞、瑜伽	2007年
大境青少年体育俱乐部	射击、航模、田径、空手道、跆拳道、剑道、体育舞蹈、健美操	2008年
宝山区东英青少年体育俱乐部	篮球、乒乓球、跆拳道、羽毛球、围棋、击剑、游泳	2008年
宝山区晓晓青少年体育俱乐部	足球、网球、围棋、跆拳道、游泳	2008年
复兴求真青少年体育俱乐部	排球、游泳、羽毛球	2008年
青松青少年体育俱乐部	田径、排球、篮球、足球、乒乓球、羽毛球、桥牌、击剑	2008年
澜星青少年体育俱乐部	武术、足球、篮球、拉丁舞	2008年
曹杨青少年体育俱乐部	手球、射击、羽毛球、足球、篮球、田径、健美操	2008年
同舟青少年体育俱乐部	健美操、武术、舞蹈、羽毛球	2008年
泗泾青少年体育俱乐部	田径、击剑、跆拳道、少儿瑜伽、武术、拉丁舞、棋类、轮滑、羽毛球、乒乓球、足球、篮球	2008年
中山青少年体育俱乐部	篮球、足球、乒乓球、跆拳道、武术、少儿拉丁、游泳、瑜伽、赛车、围棋、象棋、体育动漫、体育舞蹈、木兰拳	2008年
放飞青少年体育俱乐部	篮球、足球、乒乓球、健身操、田径、跆拳道、羽毛球	2008年
四杰青少年体育俱乐部	游泳、曲棍球、田径、足球、篮球、乒乓球、羽毛球、健美操、武术、跆拳道	2008年
位育青少年体育俱乐部	网球、篮球、足球、田径、游泳、射击、健美操	2008年
梦翔青少年体育俱乐部	羽毛球、乒乓球、击剑、武术	2008年
太阳鸟青少年体育俱乐部	棋类、足球、篮球、乒乓球、田径、健美操、武术、拉丁舞	2009年
宝山区太阳花青少年体育俱乐部	足球、手球、桌球、羽毛球、田径、健美操、武术、拉丁舞、围棋、国际象棋、动漫画制作	2009年
宝山区翔羽青少年体育俱乐部	篮球、羽毛球、乒乓球	2009年
军体青少年体育俱乐部	射击、射箭,青少年竞赛	2009年
长网青少年体育俱乐部	网球、羽毛球	2009年
益中青少年体育俱乐部	足球、篮球、田径、游泳、羽毛球、武术	2009年
金钟青少年体育俱乐部	足球、羽毛球、武术、健美操、乒乓球、篮球、中国象棋	2009年
众益青少年体育俱乐部	排球、篮球、羽毛球	2009年
明翔青少年体育俱乐部	游泳、健美操、跆拳道、球类、田径、武术、拳击、轮滑、棋牌活动、体育欣赏、电子竞技类	2009年
我爱青少年体育俱乐部	篮球、田径、排球、射击	2009年

（续表三）

名　称	训　练　项　目	成立年份
丽园青少年体育俱乐部	篮球、足球、中国象棋、乒乓球、空手道、模型制作	2009年
更加力青少年体育俱乐部	篮球、田径、健美操、机器人、航模制作	2009年
海洋青少年体育俱乐部	田径、武术、健美操、街舞、足球、篮球、定向越野、羽毛球、乒乓球	2009年
梅陇青少年体育俱乐部	羽毛球、篮球、跆拳道、街舞、足球、乒乓球	2009年
毓秀青少年体育俱乐部	棒球、足球、踢跳、篮球、跆拳道、健美操、乒乓球、羽毛球	2009年
徐泾青少年体育俱乐部	田径、足球、乒乓球、棋类、游泳、羽毛球	2009年
华新红领巾青少年体育俱乐部	足球、篮球、乒乓球、田径、健美操、武术、瑜伽	2009年
浦南青少年体育俱乐部	艺术类体育、科技类体育、乒乓球、足球、篮球、羽毛球、田径、游泳、跆拳道、棋类、武术	2009年
启明青少年体育俱乐部	乒乓球、排球、健身操	2009年
平四青少年俱乐部	足球、篮球、乒乓球、游泳	2009年

第二节　体育传统项目学校

1978年，上海市体委对246所曾经有传统体育项目的学校开展调研，88所中小学由于条件变化，难以恢复。当年，上海市体委布局109所中小学校，要求其重新形成体育传统项目。一年后，经验收有97所合格，被命名为上海市体育传统项目学校。1980年，体育传统项目学校基本恢复，当年有125所学校被命名为上海市体育传统项目学校，有246所学校成为区县级体育传统项目学校；有770多名体育教师被聘担任业余教练，有1.7万多名学生参加系统训练。1979年，10个区业余体校所招收的1 382名学生，有761名是传统项目学校输送的，占55%。全市足、篮、排三大球赛共产生中、小学10个冠军，其中9个由体育传统项目学校所获得。以后，每年由市、区县体委、区县教育局对体育传统项目学校进行验收，经市级验收合格者被命名为市体育传统项目学校，经区县验收合格者被命名为区县的体育传统项目学校。1984年以后，全市进行重点布局的学校(点)有700个左右。在市体育传统项目学校中，闸北区止园路小学在1987年曾获得霍英东发展体育基金会体育传统项目学校奖。

1980年以后，在上海高校中新形成的体育传统项目有华东师范大学、复旦大学的田径，上海交通大学、上海海运学院的游泳，上海交通大学、上海工业大学的篮球，复旦大学、同济大学的排球，华东师范大学的女子排球，同济大学、中国纺织大学的足球，华东化工学院的乒乓球，上海医科大学的垒球，上海中医学院的武术，上海外国语学院的棋类。至1988年，华东化工学院增加棒、垒球和国际象棋，上海冶金专科学校增加中国象棋。

1986年，上海市体委、上海市教育局确定在部分中学试行培养高水平运动员。田径：华东师大一附中、华东师大二附中、上海市崇明中学、上海市启良中学、上海市松江中学；足球：上海市大同中学；排球：上海市复兴中学、上海市市北中学；游泳：上海市敬业中学；篮球：上海市南洋模范中学、上海市向明中学(女篮)；击剑：上海市零陵中学；垒球：上海市古北中学。这些学校加强训练，运动成绩明显提高，崇明中学在1987年的郊县中学生田径赛中，男子跳高1人达1.9米；4人跳远超6米，最远达6.6米；3人在男子100米跑中达11秒3。零陵中学的击剑队向市队输送15名选手,成为国内击剑水平最高的中学生队。1987年,上海市教育局及上海市体委出台《关于进一步加强中小学课余训练工作的意见》,要求市区85%的中学、70%的小学,郊县50%的中小学建立“四固定”的运动队,这些队每周至少坚持3次训练。全市实现“四固定”的运动队共有2231个,约有3万人参加训练。

1987年,国家教委颁发《关于部分普通高等学校试行招收高水平运动员工作的通知》。对招生对象、招生办法、录取工作、办预备班、教学管理做了规定。上海交通大学、复旦大学、华东师范大学、同济大学确定为试办高水平运动队和预备班的学校。此后增加上海工业大学、上海科技大学为试办高水平运动队的学校。

1989年,上海市高等教育局、上海市体委签订高校培养优秀体育人才的协议书,共同制订体育奖学金制度,奖学金分特等和一、二、三等,规定凡在全国比赛获前8名或达运动健将标准者,可授予特等体育奖学金。至1989年,全市形成13所培养体育后备人才的试点校,160所市级、300所区级传统校以及一大批“四固定”运动队的课余训练网络。1990年,市、区两级体育传统项目学校直接输送给区县体校以上训练单位的学生有983名。1992年,上海市体委、上海市教育局发布《上海市体育传统项目学校评估标准及办法》,详细规定了体育传统项目学校的评估内容、办法及材料等,为推进体育传统项目学校工作规范化、制度化、科学化和社会化迈出重要一步。当年验收合格的传统项目学校166个,其中市区145个、郊县21个。

1995年,上海市延安中学(篮球、田径)、上海市民立中学(游泳)、闸北区止园路小学(足球)和金山县山阳中学(田径)获得“全国先进体育传统项目学校”称号。1995年,上海出台《体育传统项目学校评估标准及办法》,1996年出台该标准的《修正方案》,加强对体育传统项目学校管理工作,引进优胜劣汰机制,1996年对1995年被评为体育传统项目学校的117所中小学和8所暂缓命名学校进行学校、区(县)和市的三级评估,最终有106所中小学被命名为“1997年上海市体育传统项目学校”,其中有6所学校为新命名,另有14所被取消资格、11所暂缓命名。淘汰机制的引进和实施,有力地促进了体育传统项目学校对业余训练工作的重视,提高了训练效率。

2001年,上海颁布《体育传统项目学校管理办法(试行)》,将培养体育后备人才的试点学校、试办(申办)二线学校,以及与区县业余体校实行体教结合开展课余训练的中学及部分项目小学统一纳入传统校管理,明确两者职责分工,规定体育行政部门负责业余训练指导工作,教育行政部门负责传统校的相关管理工作。并根据实际情况,规定全市市级和区县级传统学校布局项目主要为田径、游泳、篮球、排球、足球(女)、乒乓球、手球、垒球、网球、射击、击剑和棋类12项。《管理办法》对传统校的申报、审定与命名以及命名后的物质保障、奖励处罚等管理方面作出具体规定,进一步完善了对传统校的管理工作。2006年,上海市体育局、上海市教委联合提出《关于加强上海市体育传统项目学校建设工作的若干意见》,明确体育传统项目校分为国家级、市级和区县级,同时要求区县体育、教育行政部门每年检查和督导,每两年开展一次对市级及国家级体育传统项目学校建设工作的考核,每四年组织一次评估,并按评估结果进行重新命名和表彰,对评估不合格的学校实行退出机制。上海市体育传统项目学校及二线校为竞技体育后备人才做出贡献,2007—2010年间共向一线运动队输送23人,占全部输送人数的4.3%。

第三节　学校二线运动队

1999年,上海市体委、上海市教育局根据“资源共享、责任共担、人才共育、特色共建”的指导思想，探索体教结合培养优秀体育后备人才新路，酝酿在一些体育设施完备、业余训练出色并有较强师资力量的中学和大学试办高水平运动队。2000 年，批准上海市育才中学等 13 所中学试办二线运动队，同年拨给 13 所学校 80 万元启动经费，改善学校业余训练条件，推进学校二线队建设。2001 年，批准 13 所学校建立二线队，投入 140 万元启动经费。2001 年，两批试办二线队学校共计招收运动员 106 名，占全市二线队运动员人数的 18.3%。各区县体育部门选派 30 名经验丰富的教练员到二线运动队任教，70 多名带训体育教师接受培训。2002 年，20 多所试办二线队的学校向一线队输送 37 名运动员；至 2003 年，试办二线运动队学校共向一线输送运动员 66 名，其中 1 人入选国家队，并被选为 2008 年奥运优秀后备人才。至 2006 年底，全市 33 所学校试办二线运动队，共为一线运动队包括高校办运动队输送优秀运动员 74 名，涉及田径、游泳、足球、篮球、击剑等 10 多个奥运备战重点项目。同年公布第四批试办二线运动队的学校，上海试办二线运动队的学校达到 30 多所。

2009 年，上海市体委批准大同中学等 37 所学校 14 个项目共 38 支运动队为学校办二线运动队，办训周期为 2009—2014 年。南洋模范中学等 12 所学校 12 个项目 15 支队伍为学校试办二线运动队，试办周期为 2009—2011 年。为了促进办（试办）二线运动队学校业余训练工作的可持续发展，上海市体育局同时公布办和试办二线运动队学校的衔接学校名单，在招生、训练等方面予以支持，为保证学校二线运动队的健康持续发展创造条件。2009 年，曹杨二中、敬业中学、昆明学校、市北中学、同洲模范学校、复兴高级中学、七宝中学、市北初级中学、上海师范大学附中、建青实验学校、向明中学、上海中学等 12 所承办二线运动队的学校获得“第十一届全运会贡献奖”。

表 3-2-4　2009—2014 年上海市各区县学校办（试办）二线运动队一览表

区　县	二线单位	项　目	布局学校
黄浦区	大同中学	田径（跳高）	大同初级中学、立达中学
	敬业中学	游泳	敬业初级中学、市十中学、徽宁路第三小学、曹光彪小学
	大境中学	射击（步枪、手枪）	大境初级中学
	格致中学	排球（女）	格致初级中学
	浦光中学	击剑（花剑、佩剑）	浦光中学（完中）
卢湾区	卢湾区第一少年儿童业余体育学校	游泳	
		射箭	
		体操	
	李秋平篮球俱乐部	篮球（男）	
	巨鹿路第一小学	乒乓球	中山学校（小学部）
	向明中学	篮球（女）	向明初级中学、启秀实验中学
徐汇区	徐汇区青少年体育运动学校	田径（撑竿跳高、跨栏）	
	上海市游泳学校	游泳	
	上海中学	乒乓球	长乐学校、梅陇小学
		试办羽毛球	位育学校、华泾小学

(续表一)

区县	二线单位	项目	布局学校
徐汇区	上海师范大学附属中学	手球(女)	师大三附中
	零陵中学	击剑(花剑、重剑、佩剑)	零陵中学(完中)
	位育中学	网球	田林三中
	南洋模范中学	试办篮球(男)	南模初级中学
长宁区	长宁游泳学校	游泳	
	长宁区业余军事体育学校	射击(步枪)	
	长宁区青少年业余体育学校	试办体操	
	娄山中学	乒乓球	愚园路第一小学、玉屏路小学
	延安中学	羽毛球	开元学校、西延安中学、愚园路第一小学、适存小学
	建青实验学校	手球(男)	建青实验学校(十二年一贯制)
	上海市第三女子中学	试办垒球	上海市第三女子初级中学
静安区	静安区青少年业余体育学校	排球	
	育才中学	田径(投掷、跨栏)	市一中学、育才初级中学
	民立中学	游泳	民立中学(完中)、七一中学、西康路第三小学、一师附小
	华东模范中学	击剑(重剑)	华东模范中学(完中)
普陀区	普陀区少年儿童业余体育学校	跆拳道	
	宜川中学	田径(中长跑、跳高)	洛川学校、宜川中学附属学校
	晋元高级中学	游泳	北海中学、兰田中学、中山北路第一小学
	曹杨第二中学	足球(女)	梅陇中学
闸北区	闸北区少年业余体育学校	举重(女)	
	风华中学	乒乓球	上海市第八中学新校、青云中学、止园路小学、幸福小学
	市北中学	排球(男)	市北初级中学
	市北初级中学	排球(女)	
	精文中学	足球(男)	
虹口区	复兴高级中学	排球	江湾初级中学、新复兴初级中学
杨浦区	杨浦区青少年业余体育学校	手球(女)	
	杨浦区青少年业余足球学校	足球(男)	
	昆明学校	游泳	昆明学校(九年一贯制)
	杨浦高级中学	试办手球(女)	鞍山实验中学、杨浦初级中学

(续表二)

区 县	二 线 单 位	项 目	布 局 学 校
闵行区	闵行区青少年业余体育学校	田径(中长跑、投掷)	
		自行车	
	七宝中学	田径(中长跑、短跑、投掷、三级跳远)	文莱中学、莘光学校
	闵行中学	田径(撑竿跳、跳高三级跳远、跨栏)	莘光学校、文绮中学
		棒球	闵行四中、文绮中学
	康城实验学校	试办足球(男)	康城学校(九年一贯制)
	闵行第三中学	曲棍球(女)	闵行三中(完中)、七宝二中
宝山区	宝山区少年儿童业余游泳学校	游泳	
	宝山区少年儿童业余体育学校(同洲模范学校)	试办手球	
		击剑(花剑、重剑、佩剑)	
		射箭	
	宝山区第二青少年业余体育学校	乒乓球	
	行知中学	田径(中长跑、短跑跳高、三级跳远)	杨行中学、行知初级中学
浦东新区	浦东新区第一少年儿童体育学校	田径(中长跑、撑竿跳)	
		射击(步枪)	
	洋泾中学东校	游泳	白玉兰小学、浦师附小
	进才中学	排球	进才实验学校
	建平中学	篮球(女)	建平实验中学、洋泾-菊园实验学校
	建平世纪中学	试办击剑(花剑)	建平世纪中学(完中)
松江区	松江二中	田径(短跑、中长跑)	松江第七中学、松江二中(集团)初级中学
	民乐学校	击剑(花剑、重剑、佩剑)	三新学校
嘉定区	嘉定一中	试办田径(标枪、短跑)	疁城实验学校
金山区	金山中学	试办沙滩排球	西林中学、蒙山中学
青浦区	朱家角中学	试办赛艇	珠溪中学、青浦区实验中学
		试办皮划艇	
南汇区	南汇中学	试办自行车	南汇第二中学
		试办赛艇	
		试办皮划艇	

(续表三)

区县	二线单位	项目	布局学校
奉贤区	奉贤中学	射击(步枪、手枪、飞碟)	华亭学校、育秀实验学校
		试办射箭	阳光外国语学校
崇明县	城桥中学	自行车	凌云中学
		试办田径(中长跑、短跑)	崇明县实验中学

第四节　阳光体育运动

2006年底,国家教育部、国家体育总局和共青团中央联合发布《关于开展全国亿万学生阳光体育运动的通知》,要求从2007年开始,结合《学生体制健康标准》的全面实施,在各级各类学校广泛深入开展以“达标争优、强健体魄”为目标的学生阳光体育运动。用3年时间,使85%以上的学校能全面实施《学生体质健康标准》,使85%以上的学生做到每天锻炼1小时,达到《学生体质健康标准》及格等级以上,掌握至少2项日常锻炼的体育技能。

图3-2-1　2009年上海市学生阳光体育大联赛

在2006年举办首届上海市学生体育大联赛的基础上,上海于2007年推出学生阳光体育大联赛,比赛项目从7个增加到11个,同时将上海许多学生传统体育赛事纳入联赛范畴,并新增一系列适合大中小学学生身心发展的体育活动,从而吸引广大学生参与。大联赛从市、区县、学校三个层面开展,2007年有50多万中小学生参加,实现“人人有项目、班班有团队、校校有特色”的目标,推进中小学生课外文体活动工程建设。2009年,大联赛从5月17日开始,到2010年1月27日结束,历时8个多月,全市180万大中小学生参赛,经过校际、区际的预赛和复赛选拔,最后3.5万名学生参加市级决赛。大联赛设高校本科组、高职组、高中组、初中组、小学组、中职组6个组别,涵盖全市各级各类学校学生。市级竞赛设田径、游泳、足球、篮球、排球、乒乓球、武术拳操、龙舟、健身操、定向越野、跳踢、阳光伙伴集体跑、拔河、广播体操等15个大项。联赛打破传统比赛积分排名制,而是向所有参赛队颁发等第奖,向所有参赛个人颁发参赛纪念证书,让每个学生都体验到参与的快乐。大联赛面向全体学生,立足校园,扎根班级,以各种方式全面调动学生参与体育活动的积极性。联赛期间组委会开展学生阳光体育特色项目创意大赛和体育征文、摄影、动漫画作品征集等体育文化和创意活动,尽可能调动学生更广泛地参与投入其中,体验阳光体育的乐趣。2010年的阳光体育大联赛分为竞技体育和群众体育两部分,分别在上、下半年举行。“千校万班”乒乓球赛和跳绳踢毽两项活动要求中小学以班级为单位广泛开展,在此基础上选拔各年级的班级优胜队参加区县级和市级比赛;高校部分项目同样由学校选拔产生的院系优胜队参加市级比赛,有利于充分调动各类学生的体育活动积极性。2010年的阳光体育大联赛的竞技项目与第十四届市运会及选拔参加第十一届全国中学生运动会参赛队伍的比赛结合，不重复设置以学校运动队为参赛对象的体育比赛，进一步提升阳光体育大联赛在上海市体育比赛中的分量。最终各区县有 14 600 名中小学生、58 所高校有 14 700 余名大学生、31 所中专职校有 2 100 多名运动员参加市级层面角逐。首届上海市学生暑期“阳光体育嘉年华”活动的举办，进一步推动全市学生课余体育活动的开展。

第三章 学校体育

第一节 学校体育教学

20世纪70年代后期，上海学校体育教学工作重新走上正轨。上海根据中共中央《关于进一步发展体育运动的通知》，强调重点抓好学校体育，从少年儿童抓起。1989年初，上海市体委和上海市教育局联合召开"上海市体育工作暨学校体育工作会议"，强调保证学校体育的战略地位。1990年，上海确定普通中小学校、职业中学、中等专业学校各年级和普通高等学校的一、二年级必须开设体育课。普通高等学校对三年级以上学生开设体育选修课。同时规定各类中小学必须每天安排课间操，每周安排3次以上课外体育活动，保证学生每天至少有1个小时的体育活动时间；并把体育课明确规定为"学生毕业、升学考试科目"。1995年，全国人大通过《中华人民共和国体育法》。《体育法》规定：各级各类学校必须开设体育课，并将体育课作为考核学生学业成绩的法定科目。同年颁布的《全民健身计划纲要》明确全民健身计划以青少年和儿童为重点，随后上海发布《全民健身实施计划》，对学校体育教学和锻炼达标等工作提出明确工作要求。

2000年12月15日，上海市人大审议通过《上海市市民体育健身条例》，强调各级各类学校要保证学生每天参加体育健身活动的时间，增强学生体质。2007年，上海市教委发布《关于进一步加强学校体育工作的指导意见》，重申"保证学生每天1小时体育活动时间"，要求从2007年起全市中小学校调整并增加学生体育活动课时，实行"三课、两操、两活动"。

一、幼儿体育教学

1980年以来，上海市体育和教育行政部门加强了幼儿园体育教学工作，并成立上海市幼儿体育中心教研组，组织全市幼儿园体育教师培训，交流幼儿体育经验。1988年，幼儿体育中心教研组组织编写《幼儿体育活动新编》，作为幼儿体育教师教材在各幼儿师范学校使用。

1991年，上海市幼儿体育中心教研组首次对区县的幼儿园师资、场地等情况做了调查统计，基本摸清基层幼儿园开展体育活动的情况，为今后针对性地指导基层开展幼儿体育工作提供依据；同时为全市100余名幼儿教师举办幼儿体育游戏创编培训班。同年举办全市10个区、4个县的幼儿园近2 000名小朋友参加的幼儿体育游戏汇演。90年代全市幼儿园普遍开展广播操、跳绳、拍皮球普及活动。1993年有13个区、4个县的7 800名幼儿参加广播操比赛；1994年有14个区、6个县的35万名幼儿参加广播操等活动，其中有1 000名小朋友参加市评比交流，有12支队伍获得"金花奖"。1993年虹口区教育局、区体育局和上海儿童世界基金会共同创办了一所以体育为特色的虹口体育幼儿园，体现了体育教育从幼儿抓起的理念。1998年上海市体委会同上海市教委抽检了部分幼儿园体育锻炼达标情况，中班拍球合格率96.8%，优秀率82.3%；大班连续跳绳合格率93.9%，优秀率72.5%。

进入21世纪以后，上海对幼儿体育教学日趋重视，幼儿体育活动更加多样化。上海市体育、教育部门对民办幼儿教育机构的体育教学工作，制定规范并开展督导检查。

二、中小学体育教学

1978年，上海市教育局委托上海市教育学院编写上海市中、小学体育课教材。同年暑假，在奉贤县教育局组织骨干体育教师100余人学习新教材，并于当年秋季在全市中小学试用。上海市崇明中学采用体育加试的办法，凡体育不及格者不准入学。1980年，上海市体委在崇明召开现场工作会，在全市推广其经验，从此体育测试成为中小学毕业升学的基本条件之一。1986年，上海市教育局编写供学生使用的体育课本；各学校在使用新体育教材的同时，在教学方法上进行改革，逐步抛弃此前苏联式四段教学法，开始采用"开放式教学"，并恢复以百分制评定体育成绩。

1990年，上海第四次修订中小学体育教学大纲，按学生年龄、年级、身体素质分类编写。上海体育教学新大纲于1991年上半年完成，当年于60所中学试行。新大纲规定，体育课是中小学生的必修课程，小学阶段442课时，外加课外活动340课时；初中阶段体育课268课时，外加课外活动和体育兴趣课234课时。新大纲试点实行的同年，即在全市61所中、小学内试行整体教改，把体育课改为体育保健课，使用新的体育教材《体育与保健》，课程内容除体育之外，结合生理卫生、保健等基本知识，将体育与卫生结合起来。在课程结构上，由必修课、选修课、活动课三部分组成，学生可根据自己的兴趣决定选修科目。1994年3月22日，上海市教育局和上海市体委联合下发《上海市中小学实施〈学校体育工作条例〉试行办法》，对中小学《体育与保健》课时、教学方式、教学目标等提出了更为明确具体的要求。1997年，上海拟定《中小学体育工作评估标准》，在各区县中小学中各选择2所学校进行试点，对各学校进一步重视体育教学等工作起到了促进作用。1999年，由华东师大、上海师大的体育教学科研人员和部分中小学体育教研员共同拟定《上海市中小学体育与健康课程改革行动纲领(征求意见稿)》，为第二期上海市中小学体育学科课程教材改革做了前期工作。同年，在上海市教委和上海市体委的统一协调下，部分区县中小学开设体育教研公开课，为体育骨干教师展示身手提供平台。

2000年，上海正式编订《体育与健身》课程标准，并进一步在卢湾、徐汇、长宁等区扩大升学考试体育试点工作。2001年，全市首次统一实行初中毕业生升学体育测试，体育测试合格的成绩以4分的分值计入文化考试总分；全市14.2万名初中毕业参加了升学体育测试。从2002年秋季新学期开始，中小学体育课改革在全市151所中小学全面铺开。体育教学开始从"分数体育"转向"素质体育"，确立"健康第一、健身育人"的观念，着重激发学生对体育活动的兴趣，培养学生健身意识。在课程设置上，除基础体育外，增加实用性、趣味性强的自选课程，如体操、乒乓球、武术、飞镖、轮滑、越野等。对学生的评价由百分制改为等第制，考核标准由体能、健身技能、学习态度、自我健身能力等4个板块综合评定。多媒体教学开始在中小学体育教学中大显身手，上海市教委在上海市进才中学召开多媒体教学现场交流和总结大会，推动体育多媒体教学工作。2004年，全市中小学二期课程教材改革继续推进，《体育与健身》课程标准开始试行。上海市体育局发动19个区县中学生参加健身操大赛，开展中小学生体育游戏创意大赛，这些活动为体育二期课改的顺利推进创造了良好的环境。2005年，全市中小学新生全面试行《体育与健身》课程标准，同年上海市体育局制定《2005年上海市初中毕业生体育课成绩评定工作的实施意见》，全市14万名初中毕业生参加专项测试，并依据其平时参加体育教学过程的情况，对其体育成绩评定等级，纳入升学考试总分，作为高中学校录取依据。2007年4月，上海市教委、上海市体育局联合发布《关于进一步加强学校体育工作的指导意见》,要求把学校体育工作作为全面推进素质教育的重要切入点和突破口,切实采取有效措施,增强学生体质健康,促进学生德智体美全面和谐发展。《意见》要求从2 007学年开始,本市中小学校保障并增加学生体育活动课时,实行“三课、两操、两活动”,即体育课从每周2节增加到3节,另外安排2节课外体育活动课时,每天安排广播操或健身操(不少于1遍)、眼保健操(不少于2遍)。同时,《意见》要求通过中小学体育教学等活动,保证每个学生较为系统地接受至少2个体育项目的专业指导,并能较为熟练地掌握锻炼的技能。7月,上海发出通知,要求各中小学开足开齐体育课,组织学生开展体育活动,不得以任何理由削减、挤占体育课时和学生体育活动时间。2008年,制定《初中毕业升学体育考试工作实施方案》,首次将初中毕业升学体育考试评定成绩以30分的分值计入学生中考成绩总分,其中日常锻炼20分、统一考试为10分,分值比2001年(4分)有较大提高。初中毕业升学体育考试注重与学校体育课程教学相结合,与实施《国家学生体质健康标准》相结合,与学生日常锻炼过程相结合,与学生体育兴趣爱好和特长相结合,比较全面地反映学生初中阶段体育活动的总体状况。

三、高等学校体育教学

1979年,上海高校按照《高等学校普通体育课教学大纲》,修订体育教学计划,根据学生兴趣和技术水平,混合编班,开设专项课,部分学校在高年级和研究生班开设体育课。1987年,上海市大学生体育协会教学部组织数十人的体育教学大纲编写组,制定《上海市高等学校体育课教学大纲》,高校一、二年级除了每周规定的体育课外,另外增设专项课,高年级开设选修课。专项课目有田径、篮球、排球、足球、乒乓球、网球、羽毛球、手球、棒球、艺术体操、健美、武术、气功、太极拳、摔跤、柔道、拳击等21项。1988年,高校体育教材编写组编写与新教学大纲相配套的《高校体育教程》,供高校一、二年级学生使用,此后,高校学生上体育课均有课本。各高校根据教学大纲的要求,制订或修订各自学校的体育教学大纲,严格按照大纲实施教学计划,并首次统一采用配套教材。在高校体育教学中,确立基本理论、基本技术和基本技能的“三基”原则,选择有利于发展学生能力的授课内容,强调让学生学好一两项锻炼技能。

1990年,国家教委对上海、北京、天津市高等学校的体育教学开展调研。华东化工学院、上海师范大学、上海冶金专科学校三校被列为调研对象。调研的结论为:教学条件比较齐备、质量较高;管理制度较健全、完善;授课质量良好。从90年代起,上海各高校积极修订和完善教学大纲,进一步充实体育教学工作。1991年华东理工大学重新修订体育教学大纲,调整课程设置,在一、二年级开设体育基础必修课和限制性选修课,三、四年级开设任意性选修课。1994年,上海交通大学新体育教学大纲规定增加体育理论课课时安排,在一年级开设足球、篮球、排球为主要内容的侧重课;二年级开设足球、篮球、排球、乒乓球等专项课;三年级开设“体锻”达标课;研究生开设体育选修课;为因病不宜参加剧烈运动的学生开设体育保健课,进一步完善体育课程体系设置,体现出以学生为本、以育人为本的理念。1995年,复旦大学重新修订和完善体育教学大纲,在一、二年级开设篮球等专项课,三年级开设体育选修课;对病残学生开设保健体育课,为留学生开设武术等体育课。体育教学部还组织部分骨干教师编写《教法参考》一书,为体育课教学提供参考。1997年,上海中医药大学率先在全国医学高校中实施完全学分制,体育教学同步进行改革,率先实施俱乐部制体育课,由学生根据自身条件和兴趣爱好自由选课,不受班级、教学内容、进度的限制,但最终目标则有规定,不同阶段的学生需要学会和掌握不同项目的理论与实践。学校俱乐部制体育课模式被评为

“上海市优秀教学成果二等奖”和“上海中医药大学教学成果一等奖”。1998 年，修订完善《上海市高校体育评估指标体系》，并对 22 所高校贯彻《学校体育工作条例》的情况实施评估检查，促进高校进一步重视体育教学和其他体育工作。

2002 年，复旦大学、上海交通大学、华东师范大学等 7 所在沪高校率先实行教育部颁发的《全国普通高等学校体育课程指导纲要》，高校体育教学从此推行全国统一的指导纲要，有利于提高高校体育教学质量。

四、体育锻炼达标测试

1975 年《国家体育锻炼标准》由国务院颁布，在全国普遍推行。改革开放以后，青少年儿童营养方面也有较大改善，表现在身高、体重等身体形态指标上有较明显增加，但身体机能等方面的素质却并未改善，甚至有些指标还在下滑。1989 年，上海在校学生《国家体育锻炼标准》总达标率为 85.8%，其中良好率 36.33%、优秀率 11.31%；1990 年，总达标率为 85.85%，其中良好率 32.68%、优秀率 10.20%。

1991 年 4 月，上海市体委、上海市教育局发布《上海市各级各类学校施行新〈国家体育锻炼标准〉实施细则》，明确规定实施《国家体育锻炼标准》应以各级体委为主，会同各级教育行政部门对学校施行《标准》工作实行指导协调和监督，明确体育行政部门和教育行政部门在实施《标准》中的分工。同时《细则》还规定了实施《标准》的时间以及测试、数据统计、汇总、上报、建档等工作的具体要求。随后，上海市体委和上海市教育局公布《上海市〈国家体育锻炼标准〉达标先进学校评比办法》，强调实施《国家体育锻炼标准》对于提高广大青少年的身体素质，增强青少年体质有着积极促进作用，因此特制定《评比办法》，鼓励和推动各级各类学校开展体锻达标活动。1992 年，上海市体委、上海市教育局联合发布《本市中小学及中专技校〈国家体育锻炼标准〉达标工作抽查复测的办法》，对全市中小学以及中专技校组织全面复测抽查，并详细规定复测抽查的组织领导、检查办法，进一步提高“达标”工作质量、增强学生体质。

1992 年，上海全面实施《体育合格标准》，并不断加大力度，学生体育锻炼达标率逐渐上升，1992 年全市学生体育锻炼达标及格率为 83.45%，1993 年达到 88.45%，但是良好率为 33.70%、优秀率为 8.85%。

表 3-3-1　1992 年国家体育锻炼标准施行情况统计表

	普通高等学校	中　专	中　技	中　学	小　学	总　计
学校总数(所)	49	100	302	716	1 425	2 592
施行标准学校数(所)	49	82	302	688	1 384	2 505
未施行标准学校数(所)	0	18	0	28	41	87
施行面(%)	100%	82%	0	96.8%	97.12%	96.64%
学生总人数(个)	130 000	40 897	48 109	594 565	1 000 638	1 814 209
适龄学生人数(个)	130 000	40 897	48 109	594 565	658 835	1 472 406
病残学生人数(个)	1 000	539	0	7 748	5 370	14 657
应参加锻炼人数(个)	129 000	40 358	48 109	586 817	653 465	1 457 749

(续表)

		普通高等学校	中　专	中　技	中　学	小　学	总　计
实参加锻炼人数(个)		129 000	33 535	48 109	565 452	644 187	1 420 364
及格级人数(个)		47 085	16 858	29 201	311 356	373 257	777 577
良好级人数(个)		38 700	9 535	9 424	133 687	161 657	353 003
优秀级人数(个)		25 800	2 619	4 926	46 442	45 940	125 727
及格级以上	人数(个)	111 585	29 012	43 371	491 485	580 854	1 256 307
	及格率(%)	86.50	86.51	90	86.92	90.17	88.45
良好级以上	人数(个)	64 500	12 154	14 350	180 129	207 597	478 730
	良好率(%)	50	36.24	29.77	31.86	32.23	33.70
优秀率(%)		20	7.8	10.22	8.21	7.13	8.85

说明：表格数据来源于《上海体育年鉴 1993—1994》。

1994 年，全市 140 多万学生参加体育锻炼达标活动，及格率为 87.7%；上海市体委会同上海市教育局评选和表彰 180 所市体锻达标先进学校。1995 年，上海颁布《上海市全民健身实施计划》，要求全市各级各类学校全面贯彻党的教育方针，开展体育达标工作，要求实施面达到 100%、达标率达到 90%、良好率达到 40%、优秀率达到 8%。当年全市 2 264 所中小学 189 万中小学生中，有 133.7 万人参加国家体育锻炼标准的达标活动，及格率达到 89.09%。1996 年，上海市体委有针对性地调整一些体育锻炼项目，建立学校体育评估体系，形成学校自查、区县复查、全市试行飞行抽查制度。当年全市学校全部试行《国家体育锻炼标准》，全市 2 262 所中小学校全部实施体育锻炼达标工作，1 609 132 人参加体锻达标，及格率上升到 90.25%，良好率上升到 37.53%，优秀率达到 9.71%，及格率和优秀率提前达到《上海市全民健身实施计划》规定的指标。其中小学生的达标率最高，达到 92.07%；大学生的良好率和优秀率最高，分别为 51.50%和 20%。为检测达标的质量，全市随机抽查了各级各类学校 57 所，复测学生 3 000 人，合格率为 98.9%。

表 3-3-2　1996 年《国家体育锻炼标准》推行情况统计表

	总　计	普通高校	中　专	中　技	中　学	小　学
学校总数(所)	2 262	39	72	132	759	1 260
推行面(%)	100	100	100	100	100	100
学生总数(个)	1 969 593	144 082	43 622	20 341	829 494	932 054
适龄学生数(个)	1 625 258	144 082	43 622	20 341	829 494	587 719
病残学生数(个)	16 126	128	68	27	9 347	6 556
应参加锻炼学生数(个)	1 609 132	143 954	43 554	20 314	820 147	581 163
实参加学生数(个)	1 609 132	143 954	43 554	20 314	820 147	581 163
及格级人数(个)	848 362	52 831	21 867	10 341	441 731	321 592
良好级人数(个)	447 600	45 346	12 108	6 588	217 501	166 057
优秀级人数(个)	156 327	28 790	3 987	1 647	74 500	47 403

（续表）

		总　计	普通高校	中　专	中　技	中　学	小　学
及格级以上	人数（个）	1 452 289	126 967	37 962	18 576	733 732	535 052
	及格率（%）	90.25	88.20	87.16	91.44	89.46	92.07
良好级以上	人数（个）	603 927	74 136	16 095	8 235	292 001	213 460
	良好率（%）	37.53	51.50	36.95	40.54	35.60	36.73
优秀率（%）		9.71	20.00	9.15	8.11	9.08	8.16

注：表格数据来源于《上海体育年鉴 1997》。

1997 年，上海结合 1996 年小学生运动会的举办，在全市评出长宁区华阳路第二小学等 43 所“施行《国家体育锻炼标准》先进单位”小学。1998 年，又在全市中专、技校、职校系统评选出上海浦东新区卫生学校等 25 所“施行《国家体育锻炼标准》先进单位”学校。2003 年，国家体育总局联合 8 个部委对《国家体育锻炼标准》进行了第三次修订，沿用至 2010 年年底。

第二节　学校课外体育活动

改革开放以后，上海各级各类学校的课外体育活动得到加强。上海市体委、上海市教委先后出台一系列加强中小学课余体育活动的文件，并在全市形成一些具有品牌效应、持续时间较长、学生参与人数众多、效果比较明显的课余体育活动。

20 世纪 70 年代末期，上海经常举行学生冬季长跑活动，此后这一活动每年举行，成为上海的一项传统体育活动。80 年代初期，虹口区教育局首先将每天 1 小时体育活动以正课形式安排在课表内，并落实开展“两课、四操、三活动”，即每周 2 节体育课，早操、课间操和上下午的视力保健操，每周 3 节课外体育活动。同年，该区有 79.2%的中小学落实了每天 1 小时体育活动。1984 年 10 月 5 日，上海市体委和上海教育局颁布《关于各区县学校体育工作综合评比办法》，课外活动被正式列入学校的教学计划，从而保证了课外活动的时间与次数。

1985—1986 年间，将早操和广播操活动改为晨跑，将课外体育活动列入课程表，组织体育锻炼测验站。学生平均每天锻炼时间约 40 分钟，国家体育锻炼标准的及格率为 85%以上，其中良好率为 45%、优秀率为 12%。1989 年，上海举行一系列群体活动，全市近 80 万学生参加长跑、跳绳、拳操等体育锻炼；另外有 1 413 所中小学 56 万多名学生 80 万人次投入迎亚运万人短跑活动。

图 3-3-1　2009 年上海市大学生冬季长跑比赛

90 年代以后，上海中小学课外活动得到进一步重视，上海市体委和上海市教育局开展体育活动课评比工作，促进全市中小学活动课的改革，形成因地制宜、体锻与趣味兼容的课外活动形式。上海高校普遍恢复和加强了晨跑、早锻炼制度，将体育课外活动列入学生课表,成为学生生活的基本组成部分。冬季大学生长跑比赛、校际拔河比赛以及其他一些学生喜闻乐见的体育比赛活动,极大丰富了大学生的课外体育活动,提高了学生参与课外体育活动的积极性。

2000 年,全市组织各类体育夏令营 66 个,参加人数达 7 000 多人,进一步丰富学生课外体育活动。2003 年,上海市教委、上海市体育局、上海团市委和上海市少工委发布通知,积极实施课外文体活动工程,并先后于 2005 年、2007 年组织全市性评选和命名"上海市中小学生课外文体活动工程示范区"活动,推动了全市中小学生课外文体活动的进一步开展。2002 年,20 多支高校足球队参加的"百威杯""飞利浦杯"大学生足球赛和有 30 多所中学参加的"华晨杯"足球赛等活动举行,其中东华大学、同济大学和上海市 52 中学足球队跻身全国总决赛。至 2010 年,上海学校课外体育活动形成制度,学校基本做到"人人有项目、班班有团队、校校有比赛",校园足球活动在全市蓬勃开展,各类足球赛事长年不断。

第三节　学 生 运 动 会

一、上海市小学生运动会

1973 年,上海举行小学生运动会,这是自 50 年代以后时隔 15 年重新恢复举办的小学生综合性运动会,至 1989 年共举办 4 届。2000 年以后,上海共举办 2 次小学生运动会,后于 2008 年统一归口至上海市学生运动会。

【第三届上海市小学生运动会】

1985 年 5 月 20 日开幕,全市各区县组织代表队参赛,比赛在各区县举行。卢湾区获得团体金牌、奖牌总数第一名,团体总分第一名。

【第四届上海市小学生运动会】

1989 年 5 月 7 日—6 月 2 日举行。共有 12 个区、9 个县以及金山石化地区和农场局 23 个代表团 324 支运动队 3 000 余选手参赛。比赛设市区组、郊区组 2 大组,市区组设足球、篮球、排球、乒乓球、田径、游泳、射击等 7 个项目;郊区组设足球、篮球、乒乓球、田径等 4 个项目。卢湾区获得团体金牌、奖牌总数第一名,团体总分第一名。6 月 2 日闭幕式上对 60 所小学体育工作先进单位、100 名小学体育先进工作者予以表彰。

【第五届上海市小学生运动会】

1993 年 4 月 4 日—5 月 22 日举行。比赛设市区组和郊区组,市区组设足球、篮球、乒乓球、游泳等 10 个大项,郊区组设足球、篮球、乒乓球、田径等 6 个大项。其中新设象棋、国际象棋、围棋等 3 项群体项目。经过激烈争夺,杨浦区获市区组团体总分第一名,川沙县(浦东新区)获郊县组团体总分第一名。比赛中有 1 人打破上海市儿童组最高纪录,有 35 项超过上届小运会最高成绩。

【第六届上海市小学生运动会】

1996 年 8—10 月举行。运动会贯彻"育人第一、参与为主"的指导思想,采取区县为主,就近分散、小型多样的办赛办法,不计团体总分,不计奖牌总数,不搞开幕式和闭幕式。比赛调动了全市小学生和小学体育工作者的积极性，表彰100个小学体育工作先进单位和100名小学优秀体育教师。

【第七届上海市小学生运动会】

2000年4月9—21日举行。各区县均派代表团参赛。运动会期间召开全市小学体育科研论文报告会，评选表彰市小学体育工作先进集体和先进个人各100名。

【第八届上海市小学生运动会】

2005年上半年举行。各区县和市农场局共20个单位组成代表团，选派运动员参加28项健身类与竞技类活动。比赛期间，上海市体委、上海市教育局进行优秀小学体育教师评选活动。

二、上海市中学生运动会

1972年10月，第一届上海市中学生运动会举办，后于1976年7月举办第二届。1978—2010年间，举办了第三届至第九届中学生运动会。由于体教结合的深入，上海市中学生运动会于2008年归口至上海市学生运动会举行。

【第三届上海市中学生运动会】

1980年5月4日在虹口足球场开幕，上海市副市长赵行志等出席开幕式，并致开幕词；5月25日，闭幕式在静安体育馆举行。参加比赛的有10个区、10个县的3 500多名运动员。比赛设市区组和郊区组，市区组进行足球、篮球、排球、乒乓球、羽毛球、田径、游泳、体操、手球、举重、射击、航空模型、航海模型共13项比赛；郊区组进行篮球、排球、乒乓球3项比赛。7人8次破7项上海市青少年纪录，破举重56公斤级市青少年纪录和2项游泳少年纪录。南市区获市区组金牌总数第一名；松江县获郊区组金牌第一名。运动会期间进行学校的广播操质量检查评比。共有39人被评为优秀运动员，31人被评为优秀投手(射手)，4所中学被评为广播体操优秀单位。

【第四届上海市中学生运动会】

1984年5月26日—6月10日举行。开幕在上海体育馆举行，上海市委常委、市教卫工作党委书记陈铁迪，市政府顾问杨恺，市政协副主席杨士法、毛经权等出席开幕式。12个区和10个县组织606支运动队6 253名运动员参赛。比赛设足球、篮球、排球、乒乓球、羽毛球、手球、田径、游泳、艺术体操、射击、武术、航空模型、航海模型13个项目。

【第五届上海市中学生运动会】

1988年4月3日—5月8日举行。开幕式在上海市体育馆举行，上海市市委常委、市教卫工作党委书记陈铁迪，市人大常委会副主任舒文，市政协副主席周壁，市教育局局长袁采，市体委主任沈家麟等出席，上海副市长谢丽娟致开幕词；5月8日在云峰剧场闭幕，上海市体委主任沈家麟等出席。各区县、上海石化总厂和农场局等24个代表团派出500多支运动队7 000多名运动员参赛。比赛设市区组和郊区组，市区组共设足球、篮球、排球、乒乓球、手球、田径、游泳、艺术体操、射击、航空模型、航海模型11个项目，郊区组设田径、篮球、乒乓球3个项目。卢湾区获金牌总数第一名。

比赛期间开展体育先进评比,40 所学校被评为体育工作先进单位,80 名体育教师被评为中学体育先进工作者,59 个运动队、290 名运动员被评为“体育道德风尚奖”先进集体和个人。

【第六届上海市中学生运动会】

1992 年 4 月 12 日在静安体育馆开幕。来自全市各区县及石化总厂、农场系统共 23 个代表团 610 支运动队 5 755 名运动员参赛,另有 610 名领队和 1 009 名教练员参加。运动会为期 2 个月,分设市区组和郊县组,市区组设 14 个项目,郊县组设 4 个项目。在历时一个多月的比赛中,广大中学生在田径、游泳、射击、海模和空模等 5 个项目中,有 3 人破 2 项年龄组上海市纪录。最后南市区获市区组金牌第一名;崇明县获得郊县组第一名;另外有 72 支运动队、299 名运动员获得大会设立的“体育道德风尚奖”,评选出 50 个中学体育先进单位和 100 名中学体育先进教师。

【第七届上海市中学生运动会】

1997 年 4 月 5 日开幕,来自各区县和农场局、石化地区的 22 个代表团 676 个代表队 6 840 名运动员参加田径、游泳、足球、篮球、排球、乒乓球等 12 个项目的比赛。本届中运会有诸多革新,比赛采用共同参与共同承办的办法,比赛时间以双休日为主,比赛地点以学校场馆为主。运动会不搞开幕式、闭幕式,极大地节约办赛成本。比赛进行期间,举办中学生体育论文报告会和全市体育先进单位、个人表彰会,共有 54 篇论文获奖,评出先进单位和个人各 80 个。

【第八届上海市中学生运动会】

2001 年 10 月 6 日—11 月 25 日在全市各区县分赛场举行。比赛设田径、游泳、足球、篮球、排球、手球、乒乓球、射击、击剑、自编操、棋类(围棋、象棋、国际象棋)、定向越野 12 个大项,其中击剑和定向越野为新增项目。比赛不分市区组和郊县组,除田径和男子足球保留基层组和混合组外,其余项目均按男女和高、初中组别进行比赛。全市共有 20 个代表团 725 支运动队 6 481 名运动员参赛。中运会强调重在参与,淡化金牌意识,不统计各区县奖牌数和总成绩名次。比赛期间各区县选送 340 多篇体育科研论文。

【第九届上海市中学生运动会】

2005 年下半年,各区县及农场局 20 个单位组成代表团,选派运动队参加 28 项健身类和竞技类比赛。比赛期间,上海市教委、上海市体育局及市中小学幼儿教师奖励基金会对各区县推荐与评选的 200 所贯彻《学校体育工作条例》优秀学校和 200 个先进个人予以表彰奖励。

三、上海市大学生运动会

为促进高校体育工作的开展、提高高校业余训练水平,上海市体委和上海教委决定自 1981 年起,每隔 4 年举办一届全市大学生运动会。首届上海市大学生运动于 1981 年举办,此后基本每 4 年举办一次,但有时也会有所推迟和提前,后于 2008 年统一归口至上海市学生运动会。

【第一届上海市大学生运动会】

1981 年 5 月 21 日—12 月 8 日举行。来自 51 所大专院校代表团 6 000 多名运动员参加比赛。

运动会共设田径、游泳、足球、篮球、排球、乒乓球、羽毛球7项比赛，另有3项表演赛。田径、游泳比赛中2个队18人次打破14项市高校纪录。上海交通大学获得金牌总数第一名。

【第二届上海市大学生运动会】

1985年10月12日—11月9日举行。田径比赛打破7项全国大学生纪录和11项上海市大学生纪录，游泳比赛中51人次打破30项大学生纪录。评选出31支精神文明运动队、160名精神文明运动员和教练员。复旦大学获男子团体第一名，华东师范大学获女子团体第一名。

【第三届上海市大学生运动会】

1991年10月8日—1992年3月14日举行。全市50所大专院校的4 000多名运动员参赛。比赛共设16个项目，其中篮球、排球、田径、羽毛球、艺术体操、武术的优胜者代表上海参加第四届全国大运会。上海交通大学代表团以金牌总数39枚的优势实现“三连冠”。

【第四届上海市大学生运动会】

1995年10月20日—1996年2月5日举行。开幕式上作十年军训成果汇报。全市44所高校近5 000名运动员参加17个项目、244个单项比赛。有25所高校获得团体前三名奖杯。运动会打破2项全国大学生运动会纪录、34项上海市大学生运动会纪录。

【第五届上海市大学生运动会】

1999年10月29日开幕，12月结束。全市36所高校的3 000多名运动员、教练员、裁判员参加开幕式，14个高校学生军训方队接受检阅并进行军训成果汇报。运动会设篮球、排球、田径等20个常规性竞技项目，跳绳、冬季长跑等普及性的群众性体育项目，近万名大学生报名参赛。运动会选拔组建上海市大学生体育代表团，备战全国第六届大学生运动会。

【第六届上海市大学生运动会】

2003年10月19日开幕。全市31所高校696名运动员参加27个田径项目的角逐，定向越野正式成为比赛项目。复旦大学、同济大学取得佳绩。

四、上海市青少年(学生)运动会

为促进青少年业余训练水平的提高和挖掘、培养体育后备人才，上海市体委从1990年代中期开始考虑每年举办青少年运动会，并在1996年举办了首届上海市青少年运动会。青少年运动会的参赛对象包括全市各区县中小学校学生，中专、职校学生和高校大学生，囊括了全市各类学生。随着体教结合的深入，上海市体育、教育部门整合全市学生运动会资源，将以上海市教委主导的大中小学学生运动会和上海市体育局主导的青少年运动会合并为上海市学生运动会，于2008年举办第一届，并在之后每4年举办一届。

【第一届上海市青少年运动会】

1996年5月19日—6月2日举行。为促进青少年业余训练水平提高，挖掘培养体育后备人才,上海市体委提出自1996年开始每年举办一届青少年运动会。第一届青少年运动会设市区组和郊区组,市区组设田径、游泳、举重、射击、体操、足球、篮球、排球、乒乓球、羽毛球10项,郊区组设田径、篮球、乒乓球3项。21个代表团597支队伍4 189名运动员参赛。运动会首次实行4项改革:一是不搞开幕式,在简化后的闭幕式上公布成绩;二是设置的项目与计分方法尽量与第八届全运会接轨;三是允许各区县引进和交流人才,各代表团共引进外省市人才91人,区县之间交流人才216人;四是由社会参与办运动会。运动会共有7人36次打破20项全国少年纪录,5人28次打破10项上海市纪录,1人1次平上海纪录,6人6次平6项上海市少年纪录。卢湾区获市区组奖牌第一名,青浦区获郊区组奖牌第一名;卢湾区获市区组总分第一名,崇明县获郊区组总分第一名。

【第二届上海市青少年运动会】

2000年3月18日—6月1日,由上海市体育局和上海市教委联合举办第二届上海市青少年运动会。运动会设26个项目,23个单位6 191名运动员参赛。共有36人35次打破26项上海市青少年纪录,长宁区位列第一。比赛强化竞赛为训练服务,改革团体计分和奖牌统计方法,在体操、羽毛球、田径、乒乓球4个项目中增加以身体素质、专项素质、基本技术为主要内容的测试赛。

【第三届上海市青少年运动会】

2004年10月15日—11月14日,由上海市教委与上海市体育局共同举办,冠名"体彩杯"。运动会设28个大项611个小项。22个代表团7 448名青少年运动员参赛。7人打破9项上海市少年纪录。比赛鼓励试办二线运动队学校参赛,鼓励区县和学校承办比赛。运动会突出上海优势项目,83%的运动员参加重点项目的比赛。

【第一届上海市学生运动会】

2008年7月8日,在上海松江大学城上海大学生体育中心体育馆举行,上海市领导殷一璀出席并宣布开幕。比赛设高校组、高中组、初中组、小学组、中职组等5个组别,设田径、游泳、足球、篮球、排球、乒乓球、羽毛球、网球、击剑、射击、武术等常规比赛项目和健身操、跳绳、踢毽、棋类、桥牌、广播操、冬季长跑、小学生阳光伙伴集体跑等健身项目。开设体操、赛艇、皮划艇等培养奥运后备人才的竞技项目,共38个大项940个小项。59所高校的4 822名大学生、19个区县代表团的13 658名中小学生,以及63所中专、职校组织3 690名学生参赛。在为期半年的比赛中共参加近5 000场次的比赛。3人3次创造2项上海市大学生田径比赛纪录,2队25人43次创造39项上海市大学生游泳比赛纪录,1人1次创造1项上海市大学生射击比赛纪录。运动会期间开展体育论坛、征文、摄影等体育文化活动,并开展"体育道德风尚奖""优秀组织奖""优秀赛区奖"等评选活动。

图3-3-2 2008年第一届上海市学生运动会

五、参加(承办)全国学生运动会

【全国中学生运动会】

中学生运动会由国家教育部、国家体委、共青团中央联合举办，各省、自治区、直辖市、新疆生产建设兵团、香港特别行政区和澳门特别行政区分别组团参赛。

第一届全国中学生运动会　于 1973 年 7 月 26 日—8 月 20 日在吉林省长春市和山东省烟台市举行。上海代表团获得冠军的项目有甲组男子 4×100 米、跳高、撑竿跳高、三项全能及女子跳高；乙组男子跳高及女子铅球。男子足球队获得第四名，男子排球队获得第二名，男子篮球队获得第二名，女子篮球队获得第三名，田径队获得甲组第四名、乙组第二名。

第二届全国中学生运动会　于 1980 年 8 月 16—21 日在山西省太原市举行。上海代表团获得冠军的项目有甲组男子 100 米、200 米、4×100 米，女子 4×100 米接力赛，乙组男子跳高和女子手榴弹；田径队获得男子团体总分第 5 名；上海女子篮球队获得冠军。

第三届全国中学生运动会　于 1986 年 8 月 12—15 日在辽宁省鞍山市、营口市举行。上海代表团获得甲组男子铁饼冠军、乙组田径男子团体第 6 名、女子篮球第 6 名。

第四届全国中学生运动会　于 1987 年 8 月在四川省成都市、1989 年 8 月在河北省唐山市分别举行。来自 25 个省、自治区、直辖市和 38 个省、直辖市中学的 900 多名运动员参加比赛。上海代表团荣获“体育道德风尚奖”。

第五届全国中学生运动会　于 1993 年 8 月 18—28 日在山东省青岛市举行，共设乒乓球、田径、篮球、排球、男子足球 5 个项目。上海女篮获得第二名，上海与海南、湖南、北京、山东代表团共 42 名运动员和 5 名裁判员分别获得“体育道德风尚奖”。

第六届全国中学生运动会　于 1995 年 8 月 26—31 日在湖北省武汉市举行。来自 30 个省、自治区、直辖市的运动员参加了田径、篮球、排球、足球 4 个项目的比赛。上海男足获得第四名，女足获得第二名，女排获得第二名。

第七届全国中学生运动会　于 1999 年 7 月 17—29 日在广东省广州市举行。上海女子足球队获得冠军，男子篮球队、男子排球队均获得第三名。最终上海中学生体育代表团以 2 枚金牌、3 枚银牌、2 枚铜牌和 131.225 的团体总分居全国第 11 名。

第八届全国中学生运动会　于 2002 年 8 月 13—23 日在江苏省南京市举行。上海中学生体育代表团 200 多名运动员、教练员、领队和科研报告会代表参加。运动员参加田径、游泳、篮球、排球、足球、乒乓球、羽毛球、毽球全部 8 个项目的比赛。游泳运动员陶丽在女子 100 米蝶泳中为上海代表团摘得首金，男子羽毛球队摘得团体桂冠。上海代表团最终以 7 枚金牌、4 枚银牌、7 枚铜牌，获 57 项名次奖，团体总分 372.5 分的成绩名列全国第四、金牌总数第三名，并获“体育道德风尚奖”，创造了上海参加历届中学生运动会的最高纪录。第八届全国中学生运动会期间，首次召开体育科学论文报告会，上海选送的 100 篇论文有 33 篇获入围资格，2 篇荣获大会报告论文一等奖，16 篇墙报交流论文获二等奖，15 篇获三等奖，以团体总分 178.2 分的成绩获得科研报告会团体总分第二名，并获最佳组织奖。

第九届全国中学生运动会　于 2005 年 8 月 26—31 日在河南省郑州市举行。上海代表团有领队、工作人员和运动员共计 200 名，参加田径、游泳、篮球、排球、足球、乒乓球、武术等大项比赛。上海代表团获得排球第一名，乒乓球获得 3 枚银牌、3 枚铜牌和总分第二名，最终获得团体总分第八名,获得在运动会期间举行的体育科研论文报告会团体总分第五名,并获“体育道德风尚奖”。

第十届全国中学生运动会 于2009年8月16—21日在湖南省长沙市举行。来自上海中学的乒乓球队在全部7个项目的比赛中共囊括了5枚金牌、1枚银牌和1枚铜牌,成为上海代表团跻身三甲的最大功臣。由行知中学和七宝中学组成的田径队获得2金、4银、2铜的好成绩,其中宋翔在男子110米栏的比赛中以13秒99的成绩夺冠并打破中运会纪录;由敬业中学组成的游泳队获得1枚金牌、6枚银牌、2枚铜牌以及多个前八名,总分1 289分,是上海代表团中获得总分最高的一支队伍。最终上海代表团获得30枚奖牌,其中9枚金牌,居奖牌榜和金牌榜第三名,这是上海中学生在历届全国中学生运动会上取得的最好成绩,首次跻身金牌榜和奖牌榜前三名,并以总分470.5分的成绩获得团体总分第四名,并获“体育道德风尚奖”。期间举行的体育科学论文报告评选中,上海代表团名列第七。

【全国大学生运动会】

全国大学生运动会由国家教育部、国家体育总局、共青团中央联合主办,相关省市人民政府承办。全国大学生运动会自80年代初不定期举办,1990年《学校体育工作条例》颁布,明确规定每4年举办一次全国性大学生运动会,至2010年共举办8届。

第一届全国大学生运动会 1982年8月10—19日在北京市举行。全国29个省、自治区、直辖市的2 552名运动员参加。上海运动员在田径、艺术体操、体操等项目中进入前八名。

第二届全国大学生运动会 1986年8月3—9日在辽宁省大连市举行。全国29个省、自治区、直辖市的2 228名运动员参加田径、篮球2个大项比赛。上海代表团组队参赛。

第三届全国大学生运动会 1988年8月25—31日在江苏省南京市举行。全国30个省、自治区、直辖市的3 100名运动员参加。上海代表团共获得6枚金牌,进入金牌榜前十名。

第四届全国大学生运动会 1992年9月29日—10月5日在湖北省武汉市举行。全国30个省、自治区、直辖市近2 000名大学生运动员,参加田径、篮球、排球、羽毛球、艺术体操5个项目的正式比赛和武术项目的表演赛。比赛分甲组(普通高校)、乙组(师范院校体育系、科)和丙组(体育学院)三个组进行。上海代表团在田径、羽毛球和艺术体操中进入前三名,并获得表演项目武术男子组的优胜者杯。

第五届全国大学生运动会 1996年8月28日—9月4日在陕西省西安市举行。上海代表团参加武术、健美操、艺术体操、篮球、排球、田径等项目的比赛,最终获得6金7银12铜,居金牌榜和奖牌榜第六位;总分629.5分,列团体总分第四名。比赛期间同时举办体育学术论文报告会,上海市选送84篇论文,有13篇获奖,其中一等奖1篇、二等奖9篇、三等奖2篇、优秀奖1篇。

第六届全国大学生运动会 2000年9月3—11日在四川省成都市举行。上海代表团304人参加田径、游泳、篮球、排球、足球、乒乓球、武术、健美操、射击全部9个项目的比赛。最终上海代表团以团体总分934分,金牌24枚、银牌17枚、铜牌23枚的成绩名列全国第三名。期间举行的全国体育科研论文报告会上,上海选送134篇论文,有37篇获奖,其中一等奖2篇、二等奖5篇、三等奖14篇、四等奖16篇,选送论文数量和获奖比例均居全国首位。

第七届全国大学生运动会 2004年8月26日—9月6日在上海市举行,运动会由上海市政府承办,共设有田径、游泳、篮球、排球、足球、乒乓球、健美操、武术、定向越野9个比赛项目,设金、银、铜牌各191枚,是历届大运会中参赛人数最多、规模最大的一届。上海代表团由31所高校的267名运动员组成,以49枚金牌、30枚银牌、21枚铜牌的成绩位列金牌榜和奖牌榜第一位,同时获得团体总分第二名，并获得影响较大的三大球中男女足球、男女排球、女子篮球 5 座金杯。运动会期间举行体育科研论文报告会。上海获得团体总分第一名，同时收获体育道德风尚奖。

第八届全国大学生运动会　2007 年 7 月 16—26 日在广东省广州市举行。上海市大学生体育代表团派出 270 名运动员参加全部 12 个项目各组别的比赛。上海代表团获得团体总分 1 274 分、24 枚金牌，列全国第四名，获得体育道德风尚奖。全国高校体育科研论文报告会上，上海提交论文 260 多篇，有 3 篇获一等奖、11 篇获二等奖、67 篇获三等奖，获体育论文团体总分第二名。上海代表团和上海交通大学分别被授予优秀组织奖和特殊贡献奖。

第四节　青 少 年 体 质

上海体育科学研究所与上海体育学院、上海第一医学院、上海教育学院、上海市卫生防疫站合作，组成经过技术培训的 90 余人的检测队伍，对全市 10 区 9 县 102 所中小学校和 4 所大专院校的 7～25 岁青少年综合测试，其中有 15 项身体形态指标（身高、坐高、体重、肩宽、骨盆宽、手长、上肢长、小腿加足高、小腿长、足长、胸围、大腿围、小腿围、上臂紧张围、上臂放松围），3 项机能指标（脉搏、血压、肺活量），5 项身体素质指标（60 米跑、立定跳远、一分钟仰卧起坐、屈臂悬垂、50 米×8 往返跑）。调研工作从 1979 年初开始至 1980 年 12 月结束，历时两年，第一次获得上海市学生体质基础的完整数据。1985 年，上海组成由教育、体育、卫生部门领导参加的上海市学生体质领导小组，分高校和普教两个调研组。高校组选取上海师范大学、上海科技大学、华东化工学院和上海冶金专科学校 14 000 余名 19～22 岁学生为调查对象；普教组选取徐汇、卢湾、闸北、上海、川沙、奉贤各区县的 36 所中小学校 19 000 余名 7～18 岁学生为调查对象，开展 6 项身体形态指标、3 项机能指标及 5 项身体素质指标的测试，并进行包括内科、外科、视力在内的 20 多项健康指标测试，通过计算机处理，取得 50 多万个有效数据，建立上海市学生体质评价体系。

1995 年，上海市政府颁布《上海市全民健身实施计划》，要求到 2000 年前后，上海市各级各类学校学生体质居全国中上水平。同年，上海开展一次全市中小学生的体质调研。

2002 年，上海发布 1949 年以来首份市民体质监测公报。这次体质监测是由上海市体育局、上海市教委、上海市卫生局等部门联合开展，经过 5 年时间的抽样调查监测，在 2001 年底完成，2002 年 1 月公布。检测覆盖了 3～69 岁的各类人群，包括了所有年龄段的学生。报告显示，上海儿童青少年的身体形态发育水平较高，身高、体重、胸围等形态指标均高于全国同龄人群的均值，且已多年持续增长，年增长量也明显高于全国平均水平。但上海青少年儿童肥胖检出率也在逐年增加，7～18 岁少年儿童肥胖检出率在 2000 年达到 10.1%，比 1991 年增长 3.5 倍，成为上海学生体质的一个较严重的问题。另外，上海儿童青少年的肺活量总体水平低于全国平均水平，反映出上海学生身体机能不佳。与 1995 年相比，上海青少年儿童的身体素质总体上有所改善，其中速度、下肢爆发力和肌肉力量等指标有明显增长，与全国均值相比具有一定优势；但耐力素质和身体柔韧性等指标则有所降低，与全国均值相比，处于劣势。同年，上海在全市 151 所教改实验中小学和复旦大学、应用技术学院、立信会计高专 3 所高校试点实施《学生体质健康标准》，2004 年以后全面推进《标准》的实施工作。

2005 年，根据国家体育总局等十部委的部署，上海市体育局、上海市教委、上海市科委、上海市民宗委、上海市民政局、上海市财政局、上海市农委、上海市卫生局、上海市统计局和上海市总工会会同 19 个区县近 300 个单位，联合开展上海市第二次国民体质监测工作。检测对象为 3～69 岁的上海市民，按年龄分为学龄前幼儿(3～6周岁)、儿童青少年(学生)(7～22周岁)、成年人(20～59周岁)及老年人(60～69周岁)4个年龄段，因此所有年龄段的学生都包括在检测对象中；检测指标包括身体形态、技能、素质等体制测试指标和问卷调查指标两大类，其中针对学生还有部分常见病筛查。

2000—2005年间，上海青少年体质水平持续提升，与全国总体水平比较，上海青少年儿童从3岁幼儿开始，身高、体重等身体形态指标高于全国总体平均水平，其中男女平均身高分别高3.6厘米和3.1厘米，平均体重重3.3千克和2.2千克。

2007年，上海市教委颁布《关于进一步加强学校体育工作的指导意见》，要求建立完善《学生体质健康标准》测试、报告和公布制度，为每一个学生建立健康档案，作为学生升学、就业的档案之一，并且把实施《学生体质健康标准》作为评估学校教育工作的重要依据之一。另外，上海自2001年启动建设市民体质监测服务网络，到2007年已经初步形成由市级监测指导中心、区(县)监测中心和社区监测站构成的三级服务网络。同年11月15—16日，由教育部体育卫生与艺术教育司和上海市教委共同举办的2007年青少年体质健康上海论坛在上海师范大学举行。全国教育、体育、卫生领域的专家学者及上海代表共200余人参加会议，国内及来自德国、日本、芬兰等国的13名专家学者在会上做主题发言。2008年11月，上海市教委在闸北区新中高级中学开展上海市中小学生《学生体质健康标准》抽样监测活动。全市19个区(县)57所学校的3 561名小学五年级、初中预备班至高三年级学生，参加身高、体重、视力、肺活量、跳绳、50米、坐位体前屈(女)或实心球(男)7个项目的抽样监测活动。

第四篇

体育赛事

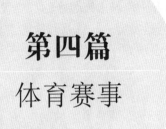

在体育发展历程中，上海注重发挥体育竞赛的杠杆作用，积极举办国内外重大体育比赛，使体育赛事成为促进上海体育发展、提升上海城市知名度的重要载体。

1983年，上海承办第五届全国运动会——这是首次在京外由省（自治区、直辖市）承办的一届全运会，为地方承办全国综合运动会积累了宝贵经验。1993年、1997年上海先后承办了第一届东亚运动会、第八届全国运动会等大型赛事活动。为了办好大型运动会，上海以敢为天下先的勇气和改革创新理念，全市动员、全民参与、全力以赴、精心筹备，不断适应市场经济要求、整合利用社会资源、改革赛事运作和管理体制。高水平大型赛事活动的举办，使得上海体育场馆面貌焕然一新，体育场地不断增加，市民体育意识增强，青少年业余训练规模扩大，加快促进了体育事业发展。同时，上海交通道路改善，城市基础建设加强，城市文明程度和城市知名度提升。

改革开放以后，随着上海城市经济和社会发展，上海举办的国内外大赛数量逐年增加。1978—2010年，上海举办（承办）国际比赛439次，全国单项赛事800多项，办赛质量和管理水平逐年提高，为国家体育事业发展做出贡献。在此期间，上海举办了第六届至第十四届市运会。市运会的比赛项目、报名组队和计分奖励办法不断改进，以鼓励区县、行业、学校参赛。上海市运动会既是城市的体育盛会，又进一步促进了上海群众体育发展，加速体育后备人才培养。

进入21世纪，上海体育加快改革发展。上海市体育部门站在上海城市经济和社会发展的全局高度，注重申办、承办国内外重大体育赛事。2000年10月，举办第十三届世界大学生乒乓球锦标赛；2003年，举办以“团结、友谊、参与、交流”为主题的第十八届世界中学生足球锦标赛；2005年4月，由国际乒联主办、上海市政府和中国乒协承办的第四十八届世界乒乓球锦标赛在上海举行，147个国家和地区的1 500名运动员、教练员和官员参加，是历史上参赛国家和地区最多的一届世乒赛。期间上海组织举办世界乒乓球文化博物展、世界冠军回故乡等相关活动，成为乒乓球运动的嘉年华，展示了上海城市改革开放新貌，向世界推广中国乒乓球运动及文化。

在举办体育赛事实践中，上海始终以改革开放的胸怀和创新发展的理念，对标国际一流，全力打造与创新城市品牌赛事格局。进入21世纪，上海把建设亚洲一流体育中心城市作为《上海国民经济和社会发展第十个五年计划》的重要任务之一。上海市体育部门按照上海市委、市政府部署，围绕体育发展目标和任务，加快培育网球大师杯赛、上海国际马拉松赛、F1中国大奖赛、世界斯诺克上海大师赛、高尔夫球世界锦标赛-汇丰冠军赛和国际田径黄金大奖赛。2002年，上海承办的网球大师杯赛得到ATP官员和参赛选手的一致好评，成为历史上最成功的赛事之一。2007年4月，上海与ATP签订协议，决定自2009年起承办ATP1000大师赛，并永久拥有ATP1000大师赛举办权，成为亚洲首个承办ATP大师赛的城市。经过多年努力，上海形成了“政府推动，市场运作”的办赛模式和运作管理机制。政府部门侧重加强监管、指导、协调和做好保障服务工作，品牌赛事的社会效益与经济效益日趋显著。同时，上海全力办好全国性体育赛事，服务国家奥运战略。

在体育改革发展中，上海动员和组织广大运动员、教练员参加全运会、亚运会和奥运会，努力为国争光，为上海城市发展做出贡献。从1984年参加第二十三届洛杉矶奥运会至2008年第二十九届北京奥运会，上海涌现出一批奥运会冠军和优秀教练员，为国家赢得了荣誉。上海连续多年获得国家"奥运会突出贡献奖"。在历届亚运会中，上海选手成绩突出，并培养出一批年轻运动员。上海除承办第五届全运会、第八届全运会外，参加历届全运会成绩斐然，尤其是1997年第八届全运会，上海体育代表团获得金牌和团体总分第一名，并获"体育道德风尚奖"，铸造了上海体育的辉煌。

第一章　举办国(洲)际体育赛事

第一节　世界(洲际)综合性运动会

一、第一届东亚运动会

1992年1月,东亚奥委会在上海举行第三次协调会议,正式确定第一届东亚运动会于1993年5月9—18日在上海举办,设田径等12个比赛项目。此后东亚运动会每2年举行一次。

1993年4月4日,在位于上海东南418公里的海上石油钻井平台采集东亚运动会的圣火。该平台是我国自行设计制造、曾获国家科技进步一等奖的大型半潜式钻井平台勘探3号。平台长91米,宽21米,离海平面20米,总高度100米,由8根200多吨重的锚链固定。以聚光镜采集的圣火点燃喷火口,并引燃圣女手中的火炬,完成圣火采集。

1993年5月9—18日,第一届东亚运动会在上海举办,中国、朝鲜、香港、日本、韩国、澳门、蒙古、中华台北8个国家和地区派出代表团参加,代表了亚洲体育运动的最高水平。关岛作为特邀代表团参加此次盛会。

第一届东亚运动会历时10天,设田径、游泳、足球、篮球等12个比赛项目和1个表演项目,共举行397场(次)比赛,决出奖牌534枚(金牌170枚、银牌167枚、铜牌197枚)。其中中国获213枚(金牌105枚、银牌74枚、铜牌34枚),日本获117枚(金牌25枚、银牌37牌、铜牌55枚),韩国获91牧(金牌23枚、银牌28枚、铜牌40枚),三国分列奖牌榜前三名。在运动会上,共7人14次打破13项亚洲纪录。特别是举重、游泳、体操、柔道、羽毛球等项目,表现出较强实力和较大潜力,一批年轻运动员脱颖而出。

上海成功举办第一届东亚运动会,开创中国举办大型国际综合性运动会的"上海模式"。东亚运动会适应市场经济规律,改变由中央或地方财政拨款"包下来"的传统做法,按照国家的政策,开展社会集资,所有经费都由组委会自行筹措解决。组委会接受社会捐赠和企业赞助,利用广告和专利开展集资,在全国范围发行奖券,通过区县自筹办赛经费和改建场馆设施等。由于精打细算,这次运动会的支出控制在1.5亿元之内。结余资金用于新建上海体育场。

运动会根据上海地区特点,把竞赛组织工作下放给区、县承担。除大型活动由市里统一组织外,各单项竞赛的组织工作分散到12个区、县的13个体育场馆。各区、县为准备训练场地和比赛,组织大量人力、财力。作为开幕式场地的虹口体育场改建工程共耗资3 980万元,组委会总部承担960万元,其余由虹口区负担。区政府组织4万余人次参加平整、清扫场地的劳动。黄浦体育馆改扩建工程,耗资2 000万元,全部由黄浦区承担。实践证明,依靠区、县的力量共同组织好全市性的国际大型活动,符合上海地区实际,也符合明责放权的机构改革方向。

东亚运筹备工作注重全民参与。在征集会歌活动中,收到三千多份海内外来稿;征集开幕式方案活动中,收到来自全国十多个省市的大量应征稿。运动会前举行的"迎东亚圣火传递接力长跑"活动,历时一个多月,途经全市所有的区县,参加者近百万人次。黄浦、静安、长宁等区和高校各有几万人次组成义务啦啦队,广大群众自发为运动会捐款。第一届东亚运动会开幕式共动员全市一百四十多个单位的数以万计的工人、农民、战士、学生参加表演，一万三千多名公安、武警人员和群众纠察在场内外执勤。虹口区政府、虹口体育场、各有关建筑单位员工日夜奋战。与东亚运动会直接相关的海关、民航、铁路、公交、邮电、广播电视、商业、旅游、医疗、环卫、气象等系统的几百万名职工密切配合，齐心协力，共同为举办东亚运动会出力。

图 4-1-1　1993 年，第一届东亚运动会火炬传递活动中的浦东新区队伍

上海两家广播电台 1—5 月关于运动会的新闻报道共一千五百多篇，录音报道一百四十多篇，听众反映一千二百多条。《解放日报》《文汇报》和《新民晚报》刊发各类相关报道 973 篇，共 52 万字，435 幅新闻图片。东亚运动会组委会的机关报《东亚运快报》作为全国第一家彩色胶印日报，全方位报道东亚运动会盛况，共发行 24 期，1 273 篇，91 万字，354 幅新闻图片。《上海英文星报》作为东亚运动会组委会的英文会刊，共发行 10 期，90 篇，近 10 万字，120 幅新闻图片。中国香港、澳门、台湾地区的 14 家境外报纸也报道赛况新闻 600 余篇。5 月 9 日开幕式，香港无线电视的收视率创 26%的高纪录，台湾地区电视的收视率超过 1992 年巴塞罗那奥运会。东亚运动会提高了上海城市综合管理能力。交通管理部门通过集中整治道路、交通，在市民中广泛宣传交通法规。开展对残疾车、摩托车的专项整治，通过“削减总量、确保重点，合理调度”等措施，使交通拥挤情况大为改观。为改善市容面貌，全市动员 30 万人参与环境整治，包括道路 160 多条、桥梁和桥洞 44 座，洗刷路面近 18 万平方米，拆除违章建筑 1.8 万平方米，整修路面 15 万平方米，完成道路两侧立面整治 100 多万平方米，整修行道树 13 万棵，调整绿地 100 多万平方米，在近 3 万公里长的主要道路放置鲜花 300 多万盆，在 90 多条道路上装饰彩灯，主要街道的霓虹灯延长开放时间。运动会以后，市容、卫生部门及时总结集中整治的经验，制订出加强日常整治的各项措施，巩固东亚运动会的成果。

东亚运动会创造了一大批引人注目的新纪录。通信设备功能超过历届亚运会，其中数字数据网(DNN)和高速数据专线网(128kbps)等是世界上首次用于国际大赛的先进技术。触摸式电脑查询系统的性能超过巴塞罗那奥运会，上海游泳馆的电子计时两面触跳式监控设备达到世界先进水平。从德国引进的电视转播车和在 6 个场馆实现的光纤传输，使电视转播的技术手段和质量进入世界先进行列。除赛事本身外，运动会也是上海地区有史以来规模最大的一场外事活动，共接待来自近 30 个国家和地区的宾客。包括国际奥委会主席萨马兰奇在内的 14 位国际奥委会委员、亚奥理事会主席艾哈迈德在内的 13 位亚奥理事会执行局成员以及其他世界和亚洲单项体育协会的代表。运动会期间还接待来自全国各省市的内宾 1 500 人，境外 92 个新闻机构记者 280 人。

二、首届亚太地区特殊奥林匹克运动会

1996 年 11 月 8—11 日，第一届亚太地区特殊奥林匹克运动会在上海举行，有孟加拉国、印度尼西亚、印度、日本、韩国、尼泊尔、新西兰、巴基斯坦、菲律宾、新加坡、泰国、香港、澳门、中国台北等国家和地区代表团，以及全国各省市共 44 个代表团共 521 名运动员参赛，参赛者均为弱智人运动员。

赛事设田径、游泳、乒乓球、足球和篮球5个项目,在5个体育馆分别举行。赛事于11月8日晚在上海体育馆开幕。第一届亚太特奥会设奖牌千枚以上,参赛者基本都能获取奖牌,以体现“人人都是参与者,人人都是胜利者”的原则。

三、第十一届世界中学生运动会

1998年10月13—18日,由国家教育部与上海市人民政府共同承办的第十一届世界中学生运动会在上海举办,这是世界中学生运动会首次在欧洲以外举行。来自28个国家和地区的1 387人参加,各国体育代表团、记者、学生家长等1 000余人观看赛事。

赛事设田径、游泳、体操、艺术体操4个大项共78个小项,中国代表团以41枚金牌位居榜首,意大利、法国分别以13枚、10枚金牌分列第二、三名,共有15个国家和地区的代表团赢得奖牌。比赛分别在上海体育场、上海游泳馆、上海国际体操中心和华东师范大学体育馆举行,15万人次观众观看比赛。运动会期间,全市1 100名大中学生作为志愿者参加大会,在翻译、文秘和会务领域,以及礼仪接待、导游导购、信息查询、联络通勤、应急救助等岗位,为大会提供全方位服务。

四、首届上海国际友好城市运动会

为了加强与友好城市间的体育交流,2003年11月1—5日,上海举办国际友好城市运动会,这是上海首次尝试举办综合性国际友好城市运动会。因受春季流行疾病的影响,抵沪参赛的国家和城市虽然比预计要少,但仍有日本横滨、韩国釜山、新西兰达尼丁、德国汉堡等8个国家10个城市代表团近400人参赛,其中运动员298名,分别在田径、游泳和花样游泳3个项目中争夺56枚金牌。

横滨市派出41个运动员参加全部3个项目的比赛,以纪念与上海结成“姐妹城市”30周年;达尼丁市市议会首席执行官亲自率团出征;符拉迪沃斯克代表团中有俄罗斯游泳全国冠军、世锦赛铜牌获得者,汉堡和鹿特丹市代表团选手中不乏全国冠军。170多人的上海代表团则以田径运动员刘翔和游泳运动员徐妍玮领衔。

首届上海国际友好城市运动会展现了浓郁的海派特色。开幕式于11月1日晚在南京东路步行街世纪广场举行。简洁欢快的入场式和绚烂的烟花表演之后,是一台由中国传统特色京剧、龙狮舞蹈和杂技组成的30分钟精彩文艺演出。闭幕式于11月4日晚在黄浦江游艇上举行。

自1973年首次与日本横滨结为友好城市以来,上海与国际城市的交往日益频繁。友好城市间的密切交往为上海经济发展和社会进步提供了有益借鉴,也成为上海对外交往的一个独特窗口。

五、第十二届世界夏季特殊奥林匹克运动会

2007年10月2—11日,第十二届世界夏季特殊奥林匹克运动会(以下简称特奥会)在上海19个区(县)的30个场馆举行。165个国家和地区的(含朝鲜观察团)10 207人与会,中国代表团包括1 274名运动员和439名教练员及工作人员。特奥会共设游泳、篮球、体操、田径、网球排球、帆船和皮划艇等21个正式比赛项目,以及舞龙舞狮、龙舟、板球、机能活动4个表演项目,2万多名运动员

家属、专家学者、贵宾、政要与会，约 4 万名志愿者为运动会提供服务保障工作。中国特奥代表团获得 459 枚金牌、333 枚银牌和 258 枚铜牌，其中上海运动员夺得 170 枚金牌、131 枚银牌和 72 枚铜牌，王江淮在体操比赛中独得 7 枚金牌，成为中国代表团中获得金牌最多的运动员。

图 4-1-2　2007 年，特奥会期间运动员与官员互动

这是首次在亚洲和发展中国家举办的特奥会，规模为历届之最。特奥会的执法人员火炬跑是世界特奥会历史上覆盖面最广、行进线路最长、参与人数最多、社会影响最大的一次。特奥会圣火 6 月在希腊采集后，经过全球五大洲传递，最终到达上海，行程 35 000 公里，全球约 9 亿人次通过各类媒体观看圣火传递全过程。

10 月 2 日晚，开幕式在上海体育场举行，中国国家主席胡锦涛出席开幕式并宣布运动会开幕。来自冰岛、菲律宾、乌兹别克斯坦的国家领导，国际特殊奥林匹克委员会的领导，以及国务院副总理回良玉、国务委员陈至立、澳门特别行政区行政长官何厚铧等领导和嘉宾出席开幕式。特奥会组委会主席、上海市长韩正和国际特殊奥林匹克委员会主席蒂姆·施莱佛在开幕式上致辞。经过五大洲传递的特奥圣火“希望之火”到达上海体育场，由一名中国火炬手点燃象征特奥精神的“莫比斯环”。开幕式上举行了以“和谐：人类共同的梦想”为主题的盛大文艺表演。11 日晚，闭幕式在江湾体育场举行，特奥会共为运动员颁发奖牌 1.35 万枚，授予专门绶带 8 000 多条。闭幕式举行了主题为“阳光·生命”的盛大文艺表演。当《你行我也行》的特奥会主题歌声响起时，由 60 名特奥会运动员与 200 余名志愿者从四面八方汇聚搭建起一座长 50 米、宽 30 米的巨型舞台，完美地诠释特奥运动相互融合、直面困难的永恒主题。参加特奥会的所有运动员与家长应邀出席闭幕式。

特奥会期间举行的“智障人士福利全球政策高峰论坛”是特奥会历史上的首次高标准高峰论坛，各国政要、社会名流等近千人参加。论坛发表《支持声明》，呼吁扩展智障人士接受融合教育及就业的机会，加强对他们及其家庭的支持。70 多个组织及个人在《支持声明》上签名，承诺在未来数月内在各自领域以实际行动推动政策落实。

执委会组织系列新闻发布会 34 次，境外媒体有关特奥会的报道超过 10 万篇(幅)，特奥会的官方网站访问量达到 1.22 亿人次。来自 120 多个国家和地区的 1 400 多名记者抵沪采访，报道规模在特奥会历史上是空前的。其中，80 个国家和地区的电视台转播特奥会开幕式。赛事期间还实施特奥运动员健康计划、娱乐计划、社区接待计划、特奥会体验计划等，并举行各类融合交流活动。

六、北京奥运会足球赛上海赛区

2008 年第二十九届夏季奥运会在北京举行，这是中国首次举办奥运会。北京奥运会足球比赛令人瞩目，分散在北京、上海等城市举办。2008 年 8 月 7—22 日，奥运会足球赛上海赛区(以下简称北京奥足赛)比赛在上海体育场举行，参加比赛的有阿根廷、澳大利亚、塞尔维亚、科特迪瓦、韩国、洪都拉斯、尼日利亚、新西兰、比利时、荷兰、挪威、日本、德国、加拿大、美国和巴西 16 个国家的 17

支球队,共 972 人次。上海为球队提供 48 场次的训练,得到各队好评。上海赛区共举行 12 场比赛,其中男足赛 9 场,女足赛 3 场,到场观众累计 40 万人次。赛事期间还举办了 8 场奥运文化广场活动,约 6 000 人次观摩和参与活动。上海对奥足赛十分重视。在北京奥组委指导下,上海成立了以上海市主要领导为组长的奥足赛领导小组和奥足赛组委会,有关委办局和区参加,制定计划、研究预案、组织领导和统筹协调上海赛区的各项筹办、保障和服务工作。

为迎接奥足赛,上海开展为期 3 个月的市容百日整治。范围包括奥足赛场周边区域及沿线道路、10 个重点地区及旅游景点、118 个街镇内非主干道和居住区,以及通往外省市的铁路、轨道交通和高速公路可视范围内的区域。徐汇区在奥足赛开赛前夕对上海体育场及徐家汇地区的漕溪北路、漕溪路、虹桥路、零陵路、天钥桥路等道路的车行道实行全面养护,并对高架立柱和各类市政护栏作全面修补、油漆养护和清洗。承担奥足赛场第和赛事服务保障的东亚集团,在上海体育场 1 号地块建造地下停车场,组织了全面的环境美化及整治,拆除各类不符合要求的户外设施 113 处,增铺草坪 6 000 平方米,摆放各类鲜花和大型盆栽花卉 1.5 万余盆,使上海赛区成为符合奥运会标准的赛区。

图 4-1-3　2008 年,北京奥足赛大雨中坚守的志愿者

北京奥足赛期间,上海遭遇持续闷热高温和雷电暴雨天气。为保证比赛顺利举行,气象部门每天提供 8 次天气预报。8 月 15 日的女足四分之一决赛,突遇暴雨雷电,为安全起见,比赛临时中断 100 分钟。由于赛前各项应急预案准备充分,特别是对上海体育场草坪养护和各类电器设备的维护采取了针对性措施,雷雨过后,草坪及各类设备未发生重大故障,比赛正常进行。奥足赛期间,为确保运动员、教练员以及赛区工作人员和志愿者的食品卫生安全,累计出动食品保障人员 3 074 人次,对 220 多家供餐单位实施 24 小时现场全程监督检查。赛区各医疗保障点和定点医院积极为参赛运动员和观众提供周到、便利、及时和有效的医疗急救服务,共接诊 434 人次,其中有澳大利亚等 8 个国家的 18 名运动员接受医疗服务。

上海赛区先后接待 16 个国家的 17 支参赛球队共 792 人次,机场迎送 266 批 2 994 人次。上海赛区接待包括比利时首相、马来西亚最高元首、萨摩亚国家元首、瑞士联邦主席、库克群岛女王在内的 20 批次 80 余名外国政要和贵宾,以及来自五大洲 163 家媒体 259 名新闻记者,为中外嘉宾提供了丰富多彩的采访、观光活动。数以万计的上海球迷以饱满的热情、文明的举止,为每支参赛的外国球队呐喊助威,让各支参赛球队都感受到热烈祥和的主场气氛。赛事组委会按照国际奥委会要求,安排了奥林匹克学校教育计划,每场由上海市教委组织 8 000—10 000 名大、中学校学生观赛。尤其是 3 场女子足球比赛,大量学生观众的热情参与,营造出浓郁的奥运会比赛氛围。

上海赛区设立两个新闻中心,一是北京奥足赛上海赛区新闻中心(注册媒体新闻中心),二是北京国际新闻中心上海分中心(非注册媒体新闻中心)。两个新闻中心对外开放时间累计超过 700 小时。在上海文广传媒集团的全力支持下,北京奥林匹克转播有限公司(BOB)对上海赛区的电视转播取得圆满成功。国际足联评价北京奥足赛上海赛区 BOB 的转播质量在京外赛区名列前茅,称上海已具备筹办世界顶级足球赛事的水平和能力。

北京奥足赛期间，上海4万多名公安干警放弃休假，连续奋战，为上海赛区提供赛事安全保障。除公安、武警和消防救援人员外，数百名组委会工作人员和1 100多名志愿者参与服务工作。其中志愿者人均上岗210余小时，赛事高峰时最多有956名志愿者同时上岗。北京奥足赛上海赛区的成功运作，为上海今后承办更多国际大赛和举办2010年世博会积累了丰富经验。

第二节　世界锦标赛

一、首届16岁以下柯达杯世界足球锦标赛(上海赛区)

1985年7—8月，首届16岁以下柯达杯世界足球锦标赛在中国举行。这是国际足联举办的世界规模少年足球赛事，分别安排在北京、天津、大连、上海4个赛区进行。上海赛区D组4个国家是匈牙利、巴西、墨西哥和卡塔尔，比赛于7月31日—8月9日在虹口体育场展开。观看(小组赛)阶段6场比赛的观众累计6万多人次。8月7—9日，四分之一比赛在虹口体育场进行，大连赛区第2名尼日利亚分别以3比1和5比3战胜上海赛区匈牙利和天津赛区第一名几内亚。最后决赛中，尼日利亚以2比0胜联邦德国夺冠，联邦德国获亚军，巴西和几内亚队分别获第三、四名。

二、第十一届世界女子排球锦标赛(上海赛区)

1990年8月22—29日，第十一届世界女子排球锦标赛(上海赛区)在上海体育馆举行，参加上海赛区分组预赛的是B、C两个组的8个队，B组是古巴、日本、联邦德国、中国台北；C组是苏联、秘鲁、加拿大、荷兰(A组和D组预赛分别在北京、沈阳举行)。上海赛区预赛集中了苏联、古巴、日本等强队，争夺激烈。23日举行小组第二轮比赛，古巴、秘鲁、日本、苏联队分别以3比0战胜联邦德国、荷兰、中国台北、加拿大队。24日，分组预赛排出名次。26—29日，上海赛区确定12—16名的名次赛。4支参赛队经过6场角逐，名次依次为联邦德国、加拿大、阿根廷、埃及。

这是中国首次举办的世界排球锦标赛，时逢北京亚运会，上海市政府和各有关方面十分重视。赛事期间，上海赛区组委会举行酒会，欢迎到沪参赛的国际排联官员和各国、地区运动员。上海市市长朱镕基会见前来观看比赛、指导工作的国际排联主席阿科斯塔夫妇和亚洲排联主席松平康隆夫妇。

上海赛区接待采访的中外新闻记者142人。赛区组委会新闻委员会在上海体育馆东大厅设立新闻中心，安置电传机、传真机、国际国内直拨长途电话以及电视机、复印机、英文打字机等设施，首次实现赛事实况通过卫星向古巴和秘鲁转播。中国选手李国君、苏惠娟、赖亚文分别获得第十一届女排世锦赛的最佳发球、最佳二传、最佳防守奖。

三、首届世界男子乒乓球俱乐部锦标赛

1999年6月10—13日，第一届世界男子乒乓球俱乐部锦标赛在上海东方电视台举行。欧亚两洲各6支职业俱乐部队争夺男子团体冠军。欧洲球队有德国、法国各两支，瑞典、比利时各一支，球员由不同国籍的顶尖选手组合而成。亚洲球队有中国和日本各两支，韩国和中国台北各一支。最终中国八一工商银行队捧得赛事冠军杯，上海圣雪绒队获亚军，瑞典利乐队和德国塞尔多夫队并列第三，八一队刘国梁获最佳运动员称号。赛事期间，中国乒乓球40年成就展在东方电视台影剧院大厅中展出。

四、"东方航空杯"世界女子职业围棋锦标赛

2000年8月17—21日,"东方航空杯"世界女子职业围棋锦标赛在上海国际机场宾馆举行。赛事由中国围棋协会、中国东方航空公司、上海东方电视台联合举办,来自日本、韩国、中华台北、美国、俄罗斯、匈牙利和中国的7个国家和地区的16名女子职业围棋高手参赛,是当年中国举办等级最高、奖金最多的世界女子围棋锦标赛。上海女棋手芮乃伟获得冠军。

五、第十三届世界大学生乒乓球锦标赛

2000年10月25—29日,第十三届世界大学生乒乓球锦标赛在上海华东理工大学举行,这是中国高校第一次承办世界级乒乓球赛事,也是大乒赛开办以来参赛国家和地区最多的一次。比利时、巴西、克罗地亚、法国、德国、希腊、匈牙利、意大利、日本、韩国、尼泊尔、波兰、瑞士、中国台北、中国澳门等16个国家和地区,13支男队和10支女队共90余名运动员参赛。中国男队以上海交通大学为主,有奥运冠军王励勤,辅以刘国正、张勇等,中国女队以华东理工大学为主,有奥运亚军孙晋,辅以成红霞等,中国男女队均被列为赛事A组的种子队。女团决赛中,中国队击败韩国队蝉联女团冠军;男团决赛中,中国队则不敌中华台北屈居亚军。5个单项除男、女冠军被中华台北队夺得外,男女单打、混双和女双冠军均归中国所有。

在赛事运作上借鉴亚运会、东亚运动会以及八运会的经验,采用系统管理筹划。组委会围绕竞赛、交通、安全、宣传、场地器材、后勤服务、医疗卫生七大部分,分级分部室管理,各项工作井然有序。在组委会制订的比赛总体实施计划的指导下,申请必需的资金并组织筹资,招募培训高质量的志愿者队伍、配备高科技的文件处理及通信设施,安排周密的迎送工作和安全保卫工作,建立迅捷畅达的宣传网络,并组织试运转和合练。良好有效的准备工作使整个比赛隆重、热烈、圆满、成功,受到各国和地区教练员、运动员及世界大学生体育联合会和国际乒联代表好评。

六、第十八届世界中学生足球锦标赛

2003年11月17日,以"团结、友谊、参与、交流"为主题的第十八届世界中学生足球锦标赛在上海市东方绿舟体育训练基地开幕。来自法国、德国、以色列、比利时、芬兰、波兰、希腊、奥地利、卢森堡、瑞典、捷克、伊朗、土耳其、南非、智利、中国、中国台北共17个国家和地区的26支男、女中学生足球队抵沪参赛。400多名年龄在15～17岁的中学生运动员和各代表团来宾、共2 000多位官员以及上海中学生观众参加开幕仪式。

赛事为期一周,分两个阶段、7轮共87场比赛。为适应中学生特点,比赛采用上下半场各30分钟、决赛上下半场各40分钟的特定规则,每队可以上场6名替补队员。在男子组决赛中,中国队以0比1负于土耳其,屈居亚军,土耳其获冠军,芬兰在铜牌争夺中战胜法国获第三。在女子组决赛中,来自北京人大附中的中国一队以1球小胜夺冠,德国和中国二队分获亚军和季军。

世界中学生足球锦标赛是由世界中学生体育联合会举办的最高级别足球赛事。这也是该项赛事首次在亚洲举行。比赛间隙,运动员们参观游览了青浦区朱家角镇、上海东方明珠广播电视塔和黄浦区豫园。

七、第十二届世界蹼泳锦标赛

2004年10月23—28日，第十二届世界蹼泳锦标赛在浦东游泳馆举行，由上海市体育局、浦东新区社会发展局共同承办，冠名“汇发杯”。赛事设男女水面蹼泳、屏气潜泳和水下器泳3大类、24个小项，有32个国家和地区的300名运动员参赛。经过6天角逐，21名运动员组成的中国队在24个单项中夺得13枚金牌，打破10项世界纪录。其中，朱宝珍包揽女子100米、50米蹼泳两枚金牌，打破该两项世界纪录；袁海峰夺得男子100米蹼泳金牌，实现中国男子蹼泳项目在世界大赛中金牌零的突破。

八、F1摩托艇世界锦标赛(上海站)

2004年7月31日—8月1日，F1世界摩托艇锦标赛(上海站)在南京东路外滩黄浦江水域举行，这是F1摩托艇运动首次亮相沪上。赛事由上海市政府主办，上海市体育局和上海巴士实业(集团)公司承办，12个国家的22艘摩托艇在1 000米长、465米宽的江面上，以最高200公里/小时的速度飞驶。最终44岁的美国选手斯哥特・吉尔曼驾驶的27号艇力克群雄，以用时58分45秒完成45圈的战绩夺魁。意大利选手高迪奥・卡佩里尼和福朗西斯科・坎坦多分获第二、三名。100多个国家和地区的新闻媒体直播或录播赛事，8亿人次通过电视媒体观看比赛。

为了保障比赛顺利进行，黄浦江于7月31日8:30—18:30、8月1日12:30—18:00临时封航。时值高温，主办方临时决定将原计划的每天3万名观众人数缩减为1.3万，并给两岸10多个看台加盖顶棚遮阳，增设21座移动厕所，充分体现赛事组织工作的国际化、人性化。

九、第五届世界龙舟锦标赛

2004年10月20—24日，第五届世界龙舟锦标赛在上海水上运动中心举行，赛事以“传播龙的精神、弘扬龙的文化、凝聚龙的传人”为主题，由国际龙舟联合会主办，中国龙舟协会、上海市体育局和青浦区政府承办。

赛事设公开组、女子成年组、女子中年组、混合组、老年组、少年组及乳腺癌幸存者7个组别，分1 000米、500米赛程共22个项目，吸引来自中国、美国、英国等17个国家和地区的68支运动队2 000多名运动员、教练员、官员及新闻记者参加，是龙舟世锦赛有史以来项目和运动员数量最多的赛事。中国派出7支代表队参赛，经过4天紧张激烈的角逐，中国共夺得11枚金牌、2枚银牌、3枚铜牌和1个团体优胜奖杯，位列金牌和奖牌榜榜首。

为了把赛事办成具有国际水平、海派特色、水乡风情的一流赛事，青浦区政府多次召开筹备工作会议，协调各方做好大赛宣传、组织和安全接待等各项准备工作。上海康桥半岛房地产集团等14家企业通过冠名等形式资助大赛。

十、第四十八届世界乒乓球锦标赛

2005年4月30日—5月6日，由国际乒联主办，上海市政府和中国乒协承办的第四十八届世界乒乓球锦标赛(以下简称世乒赛)在上海举行。来自147个国家和地区的1 500多名运动员、教练员和官员参加,不仅创下世乒赛历史上参赛国家和地区以及人数最多的纪录,也是上海开埠以来举办的参加国家和地区以及人数最多的国际大赛。4月30日晚,以“团结、友谊、交融、发展”为主题的赛事在上海东方明珠广播电视塔广场开幕。比赛期间,中国选手表现出色,囊括男、女单打、男子双打、女子双打和混合双打全部5个项目的冠军,使得中国运动员在世乒赛历史上夺得的金牌超过100枚。5月6日晚,闭幕式在上海体育馆举行,国家及上海市领导出席,国际乒联主席沙拉拉致闭幕词。2005年世乒赛是继1961年北京世乒赛、1995年天津世乒赛后,中国作为东道主第三次承办世界乒坛盛会。

世乒赛是2005年上海市重点推进的工作之一,上海市委、市政府把办好世乒赛作为服务全国、服务北京奥运会的具体体现。世乒赛参赛的筹备工作是一个庞大的系统工程,涉及场馆改建、竞赛组织、赛事推广、媒体运行、交通保障、电信服务、安全保卫、环境整治、外事接待和志愿者等方面。组委会对世乒赛主赛场上海体育馆进行改建,使其各项设施功能符合世乒赛办赛标准,并在之后较长时期内继续满足举办大型国际体育赛事的需要。在上海体育馆北大厅和整个大舞台区域,搭建面积约2 500平方米的新闻中心,为来自31个国家和地区296家媒体的886名记者提供媒体运行服务。为吸引和方便更多市民到现场观赛,组委会将比赛时间定在“五一”黄金周期间,制定合理的票价,增加地铁和公交线路营运班次,延长营运时间,增加交通协管人员。

为了营造举办世乒赛的良好氛围,组委会组织举办了各类活动,包括打破吉尼斯世界纪录的千台万人乒乓球赛、世界乒乓球文化博物展、世界冠军回故乡、品牌嘉年华以及国际乒联科学大会等活动。其中,乒乓球文化博物展是世乒赛历史上首次举办。2003年9月27日,千台万人乒乓球赛举行,上海体育场、东方明珠广播电视塔、上海展览中心、校园和街道,都摆开了乒乓球台,上海籍乒乓球世界冠军与万名市民共同参与。在上海体育场火炬台广场上,150张球台整齐排列,主球台是一张内弧长5米,外弧长12米的超大扇形七彩球台,乒乓球世界冠军曹燕华、张德英、江嘉良与球迷对垒。为了承办世乒赛,上海市财政部门拨款6 000万元,社会筹资2 966万元,共计投入8 966万元对上海体育馆大修改造,改建总面积22 805平方米。改建工程于2004年12月启动,2005年4月10日竣工。

十一、第八届国际泳联世界短池游泳锦标赛

2006年4月5—9日,第八届国际泳联世界短池游泳锦标赛在上海旗忠森林体育城举行,短池游泳锦标赛是国际泳坛的顶级赛事之一。来自121个国家和地区的618名运动员参赛,中国派出43名运动员,是历届参赛人数最多的一次。

经过5天激烈争夺,中国以奖牌数列第三名,其中齐晖独揽女子200米混合泳、400米混合泳和200米蛙泳3枚金牌。第八届短池锦标赛共有4项世界纪录被刷新,赛事吸引128家中外媒体的近400名记者、电视转播人员来沪采访报道。

比赛场地旗忠森林体育城游泳馆,由原网球场临时改建而成,在体育馆里搭建游泳池在中国尚属首次。在国际泳联指导下,赛事组委会与西班牙雅思图公司合作,仅用两个月就成功搭出一个25米×25米的比赛池和一个25米×10米的热身池。作为第八届世界短池游泳锦标赛承办单位之一的上海市闵行区,成立了短池世锦赛工作领导小组,对赛事的宣传、环境整治、安全保卫、卫生与食品监管等方面的工作,作了具体的部署,做到计划任务明确,人员安排合理,措施落实到位。比赛期间,闵行区教育局组织27所中小学1.5万名学生,分批前往赛场观看比赛。

十二、第五十九届世界健美锦标赛

2005年11月26—27日，第五十九届世界健美锦标赛在长宁区上海国际体操中心举行。这是继1994年首次成功举办第四十八届世界健美锦标赛11年后，上海再次成为世界健美大赛的东道主。

锦标赛共吸引62个国家和地区的180多名选手参赛。在为期两天的比赛中，共决出男子60公斤级、65公斤级、70公斤级、75公斤级、80公斤级、85公斤级、90公斤级和90公斤以上级8个级别的前五名，以及全场冠军、最佳进步奖和最佳国家队奖3个奖项。各个级别的第一名将获得参加“世界奥林匹亚健美先生”职业比赛的资格。

中国健美协会派出7名运动员参赛。中国选手在比赛中取得历史性突破，在60公斤级比赛中，来自浙江的钱吉成夺得冠军，成为首个获得世界健美冠军的中国运动员，并获得最快进步奖。

赛会期间，亚洲健美健身联合会为中国健美协会、上海市健美协会颁发贡献奖，以表彰他们为成功举办比赛所做的贡献。

十三、世界中学生乒乓球锦标赛

2006年4月6—11日，世界中学生乒乓球锦标赛在上海中学举行，这是世界中学生乒乓球锦标赛首次在中国举办，也是第一次由一所中学主办高规格的国际赛事。赛事由世界中学生体育联合会主办，中国中学生体育协会、上海市教育委员会、上海市上海中学承办。共18个国家和地区的56支乒乓球队、近300名运动员、教练员和领队参加比赛。中国中学生乒乓球队参加所有项目的比赛，所有运动员均来自上海中学。比赛结果为中国和中华台北分享赛事的全部6枚金牌。

十四、第十届世界门球锦标赛

2010年9月17—19日，第十届世界门球锦标赛在上海举行。比赛由世界门球联盟主办，国家体育总局社会体育指导中心、中国门球协会、上海市体育局、浦东新区高东镇人民政府等承办，上海市社会体育管理中心、上海市门球协会、浦东新区体育总会、浦东新区门球协会协办。

9月17日下午，世界门球锦标赛开幕仪式暨中国门球运动博览馆开馆仪式在浦东新区高东门球主题公园举行。国家体育总局、上海市政府、上海市体育局以及世界门球联盟会的有关领导出席，为中国门球运动博览馆开馆剪彩。

第十届世界门球锦标赛是截至2010年在中国举办的规格最高、规模最大的世界门球赛事，也是2010年中国上海国际大众体育节的重头戏之一。赛事吸引了来自美国、澳大利亚、巴西、印度尼西亚、日本、韩国、巴拉圭、菲律宾、俄罗斯、中国、中国台湾和香港、澳门特别行政区13个国家和地区的92支门球队、728名运动员报名参赛。

经过2天160场比赛，中国福建省代表队获得第一名。9月19日，闭幕颁奖仪式在高东中学操场举行。

比赛场地高东门球主题公园总建筑面积8 010平方米，是国内最高水平的门球主题公园，包括一幢门球中心大楼、6片带顶棚的人工草坪室外门球场和12片天然草坪球场。坐落在主题公园东侧的中国门球运动博览馆内陈列着珍贵的门球器械和照片,并用中、英、日三国文字介绍世界门球起源和中国门球发展。

十五、高尔夫球世界锦标赛-汇丰冠军赛

2010 年 11 月 4—7 日,高尔夫球世界锦标赛-汇丰冠军赛在松江佘山国际高尔夫俱乐部举行,由国际高尔夫职业巡回赛联盟、中国高尔夫球协会主办,IMG 承办,汇丰集团冠名,总奖金 700 万美元,吸引了来自世界各地的 78 位球员参赛。

11 月 7 日,莫里纳利打出 67 杆,以总成绩 269 杆获得 2010 汇丰冠军赛冠军,并获得 120 万美元奖金,这是莫里纳利 4 年来获得的第一个冠军。维斯特伍德同样打出 67 杆,以总成绩 270 杆获得亚军,拉姆齐和唐纳德分别打出 71 杆和 73 杆,以总成绩 279 杆并列第三。

高尔夫球世界锦标赛-汇丰冠军赛于 2005 年创立,最初为冠军赛,是当时亚洲地区的顶级高尔夫球赛事。汇丰冠军赛于 2009 年起正式升级为世锦赛,并于 2009 年和 2010 年在上海举行,赛制为 72 洞个人比杆赛。

第三节　世 界 杯 赛

一、第四届世界杯跳水赛

1984 年 4 月,国际泳联决定委托上海举办 1985 年世界杯跳水赛,国家体委、上海市政府对举办赛事十分重视,有关方面通力支持,各项筹备工作均按“裁判员一律由国际泳联指定、上海跳水馆水温保持摄氏 28 度、10 米跳台设自动升降梯、赛场设大型电子记分台,运动员休息室设彩色电视屏幕等世界杯赛标准”落实。1985 年 4 月 25—28 日,第四届世界杯跳水赛在上海举行,参赛国家有澳大利亚、联邦德国、民主德国和中国等 14 个国家的 67 名运动员。四十余家中外新闻传媒的近百名记者前来采访。

25—26 日的团体赛,中国夺得男子、女子和男女混合 3 项冠军;27—28 日的单项赛,中国童辉、李艺花、谭良德分获男子跳台和男、女跳板金牌,美国运动员米切尔获得女子跳台金牌。在 28 日晚的闭幕式上,外国选手表演了滑稽跳水。

二、第二届世界杯女子乒乓球单打赛

1997 年 9 月 12—14 日,第二届世界杯女子乒乓球单打赛在静安体育馆举行,来自德国、加拿大、匈牙利等 11 个国家和地区的运动员参赛。其中,除世界排名第二至第五的中国选手李菊、王楠、陈静、王晨以外,还有北美洲冠军耿丽娟、拉丁美洲冠军莱恩、大洋洲冠军李春丽、非洲冠军比姆博、欧洲亚军克里斯蒂纳参赛。最终,王楠获冠军,李菊获第二名,新西兰选手获第三名。

三、射击世界杯赛

2002 年 4 月 21 日,射击世界杯赛在上海射击运动中心开幕,赛事共设 17 个奥运会项目,

63个国家和地区代表队共748名选手参赛，其中有17位奥运会金牌得主、21位世界纪录保持者。

中国共派出85名男女选手参赛，人数最多。首日，张付、高静分获男女10米气步枪2枚金牌；老将王义夫、单红分别在男子50米自选手枪慢射和女子运动步枪决赛中夺魁。在女子运动手枪决赛中，中国选手陈颖凭借稳定发挥为中国再添一金。中国在原本弱势项目飞碟赛中夺得5枚金牌，整体水平稳中有升。在为期一周的角逐中，中国顺利获得5张雅典奥运会入场券。

四、国际剑联男女花剑世界杯赛

2002年3月2日，国际剑联男女花剑世界杯赛在华东师范大学体育馆开幕。比赛由国际击剑联合会主办，中国击剑协会和上海市体育总会协办。来自18个国家和地区的130多名选手参赛，其中不乏奥运会和世锦赛的冠军获得者。中国队以新秀为主组队参赛。在首日的预赛中，中国分别有17名男选手、11名女选手闯入第二轮比赛。3日下午，男女花剑个人决赛移师至静安区梅龙镇广场大厅举行，吸引了数千游客驻足观赏。最终男子花剑冠军由意大利选手桑佐获得，女子花剑团体冠军由意大利选手获得。中国选手吴汉雄获男子亚军，女队名列第九。

赛事于2002年首次举办后，每年举办一次。2003年是国际剑联男女花剑世界杯赛举办的第三年，在梅龙镇广场有限公司的支持下，各项决赛的比赛地点安排在梅龙镇商场内，使击剑运动更加贴近观众，赢得人气，受到国际剑联的高度评价。至2010年，国际箭联男女花剑世界杯赛已连续9年在沪举办，成为上海一年一度国际品牌赛事之一，也是静安区“一区一品”办赛模式中的重要赛事。

五、首届世界杯武术散打赛

2002年7月25日，首届世界杯武术散打赛在卢湾体育馆举行，来自中国、美国、俄罗斯等10多个国家和地区的44名选手参赛。经过三天的角逐，11名中国运动员中的8人晋级决赛，其中石旭飞、康永刚、李必金、格日乐图、李杰和柳海龙等6人分别获得48、52、65、70和80公斤级的6枚金牌，其余5枚金牌则分别被伊朗、俄罗斯和韩国获得。

比赛的一大特点是所有境外选手均非华裔，这反映了中国武术散打已逐渐走向世界。国际武联对赛事高度重视，特意从10个国家选出15名国际裁判执法。中国中央电视台投入100万元在体育频道全程直播赛事。日本、中国台湾、中国香港等多家电视媒体购买比赛节目。观众上座率逐渐递增，决赛当晚全场爆满。

六、世界杯攀岩赛

2004年10月1—3日，由国际竞技攀登委员会主办、中国登山协会和上海市静安区体育局共同承办的世界杯攀岩赛在静安区中凯城市广场举行，来自26个国家和地区的近百名世界攀岩高手参加男女难度和速度4个单项的角逐，由17名队员组成的代表队参加比赛。在现代化的住宅区举办攀岩赛是上海首创，赛事既展现景观体育的魅力，也通过直播向世界展示静安的形象。

2005年10月22—23日,世界杯攀岩赛在静安区延中绿地举行,这是静安区第二次举办世界杯攀岩赛。来自近20多个国家和地区63名优秀运动员参赛,赛事分男女难度赛和速度赛等4个项目,采用高16—18米,宽13—15米的人工岩壁。经过两天激烈争夺,捷克托马斯,西班牙帕特西、埃杜阿德分获男子难度赛前三名,法国桑德琳、卡洛琳,斯洛文尼亚米娜分获女子难度赛前三名,俄罗斯色吉,中国马和太、陈小捷分获男子速度赛前三名,中国香港郑丽莎,俄罗斯安娜、亚娜分获女子速度赛前三名。

2006年10月2—3日,世界杯攀岩赛在静安区延中绿地举行。赛事吸引15个国家和地区的63名运动员参加。赛事时逢国庆长假并临近中秋节,为增加比赛观赏性,主办方首次将决赛安排在晚上举行,整个攀岩场安装亮丽的灯光设施。组委会向附近街道、机关和学校派送4 000张免费观赛券。

七、射箭世界杯赛(上海站)

2006年9月26—30日,由国际射箭联合会主办,国家体育总局射击射箭运动管理中心、中国射箭协会、上海市体育局和闵行区政府承办的射箭世界杯赛(上海站)举行。国际射箭联合会从2006年起举办世界杯系列赛,包括四站分站赛和一场总决赛。上海站为系列赛第四站,设男、女反曲弓70米个人、团体,复合弓个人、团体等共8个项目,28个国家和地区的259名运动员参赛。预赛在上海市射击射箭运动中心举行,决赛场地设在闵行区体育公园。中国队摘得反曲弓女子团体银牌、男子个人铜牌和复合弓男子团体铜牌。

2009年8月4—9日,射箭世界杯赛(上海站)再次来到上海,在浦东新区源深体育中心举行。这是2009年度国际箭联射箭世界杯赛的最后一站,由国际箭联主办,国家体育总局射击射箭运动管理中心、上海市体育局、浦东新区政府、中国射箭协会承办。赛事设男女反曲弓个人和团体、男女复合弓个人和团体、混合团体等10个项目,31个国家和地区的217名运动员参赛。中国队派出3男3女共6名运动员参加,陈文圆以113环的成绩夺得反曲弓男子个人赛冠军,这是中国男子射箭首个世界冠军。射箭世界杯赛是国际箭联的重要赛事,从2009年起,上海连续举办多届射箭世界杯赛。

八、体操世界杯系列赛(中国站)

2006年7月14—16日,国际体联体操世界杯赛(中国站)在长宁区上海国际体操中心举行,这是自1999年天津世锦赛之后,中国再次举办国际体操比赛。赛事汇集来自澳大利亚、俄罗斯、英国、中国等18个国家的近300名运动员,中国队凭借高难度技术和稳定发挥在决赛中屡创佳绩,获10个单项中的8枚金牌、4枚银牌和2枚铜牌,创造中国在此项系列赛事的历史最好成绩。2006年世界杯赛(中国站)首次启用新规则。

九、女足世界杯

2007年9月10—30日,女足世界杯赛在中国天津、成都、武汉、杭州(义乌)和上海五个赛区举行,总计32场比赛。上海虹口足球场作为赛事主赛场,承担2007年女足世界杯的开、闭幕式,半决赛、决赛，以及A组德国、日本、英格兰、阿根廷4国的全部6场小组比赛。

2007年女足世界杯有超过110万人次观众到现场观看比赛。根据国际足联统计，200多个国家和地区直播或转播此次赛事。

十、环崇明岛女子国际公路自行车赛暨国际自行车联盟女子公路世界杯赛

2010年5月5—9日，环崇明岛女子国际公路自行车赛暨国际自行车联盟女子公路世界杯赛在崇明举行，来自荷兰、意大利等16个国家和地区以及中国的18支职业和国家队的106名车手参赛。赛事分两部分，5—7日为洲际2.1级多日赛，9日为国际自盟公路世界杯。5天赛事共设4站，总里程约370公里，其中包括138.6公里的世界杯赛。两大赛事均由国际自行车运动联盟、国家体育总局、上海市政府主办。

最终，图腾伯格以5小时40分43秒夺得个人总决赛第一和个人积分第一，王尔德和澳大利亚吉尔摩分获第二、三名，韩国崔惠京、哈萨克斯坦国家队斯坦芬斯卡亚和中国刘馨分获亚洲最佳个人总成绩奖第一、二、三名。

第四节　品牌赛事

一、网球大师杯赛（ATP1000大师赛）

1999年12月9日，网球项目最高级别赛事——网球大师杯诞生。从每年1月1日起，男子职业选手从四大满贯赛、九大大师系列赛和个人成绩最好的五站ATP巡回赛上获取积分，到每年最后一场ATP巡回赛结束后的周一为止，在“ATP冠军排行榜”中位列前七名的选手有资格进入网球大师杯赛。第八个名额则留给排名前二十并且是当年四大满贯赛冠军之一的选手，或者排名第八位的选手。因此，网球大师杯赛代表了网坛最高水准的较量，网球大师杯总决赛在世界部分大城市轮流举行。

2002年，网球大师杯总决赛由上海承办。世界排名前八位的雷顿·休伊特、安德烈·阿加西、马拉特·萨芬、胡安·克洛斯·费雷罗、卡洛斯·莫亚、罗杰·费德勒、阿尔伯特·科斯塔汇聚上海激烈角逐，最终休伊特成功卫冕。

图4-1-4　2006年，上海网球大师杯赛上瑞士选手费德勒捧杯

2005年，时隔三年之后，网球大师杯赛重回上海。11月20日，纳尔班迪安与费德勒争夺冠军之战，最终由纳尔班迪安获得冠军。

2006年3月，ATP与上海市体育局续签网球大师杯赛至2008年，并将赛事落户至上海旗忠森林网球中心。旗忠森林网球中心位于上海市闵行区马桥镇，距离上海市中心约

27公里。设主赛场一座、室外网球场18片(其中10片为有看台的比赛用场地,另外8片为练习场地)。场馆屋顶为钢结构,开启时仿佛上海市花白玉兰绽放,为世界首创。

2007年4月16日,上海与ATP签订协议,规定自2009年起,上海承办ATP1000大师赛,并永久拥有ATP1000大师赛的举办权,成为亚洲第一个拥有ATP1000大师赛举办权的城市。2009年起,ATP大师系列赛重新命名为"ATP1000"赛事,即冠军可以获得1 000分的排名积分,且排名世界前20位的选手必须参加。至2010年ATP1000大师赛共举办两届,并持续举行。

2010年10月9日至17日,ATP1000上海劳力士大师赛在上海旗忠森林体育城网球中心举行。大师赛由国家体育总局和上海市政府主办,中国网球协会、上海市体育局、闵行区政府和上海久事集团承办,上海中润解放传媒有限公司、上海文广新闻传媒集团和上海旗忠森林体育城网球中心协办。纳达尔、费德勒、德约科维奇、德尔波特罗、罗迪克、伯蒂奇、索德林、巴格达蒂斯、穆雷、特松加等世界排名前45位的选手获得正选球员资格,中国运动员柏衍、张择、吴迪和杨宗桦获得单打正赛外卡,公茂鑫、王楚涵和马亚楠获得单打预选赛外卡,两张双打外卡则由公茂鑫/李喆、柏衍/张择获得。

大师赛分别设立64位签表的单打比赛、32位签表的双打比赛。赛程共9天,最终,男子单打比赛,穆雷分别以6比3、6比2战胜费德勒,职业生涯首次获得上海大师赛冠军。约尔根、梅尔泽和林达·佩斯分别以7比5、4比6和10比5的比分击败波兰组合马利尤斯·费腾博格和马辛·麦考斯基,捧得上海大师赛的双打冠军奖杯。

二、上海国际马拉松赛

上海国际马拉松赛由中国田径协会、上海市体育总会主办,比赛设男女马拉松全程、半程4个项目,每年吸引众多国家区的选手前来参赛。

20世纪70年代起,上海每年举办一届市民长跑活动,以迎接春天的到来。80年代初,上海与中国田径协会每年在上海嘉定县举办一届全国马拉松比赛。此后上海举办的马拉松比赛演变成有国际马拉松选手参加的国际性比赛。1996年后,上海举办的马拉松比赛成为具有国际影响、参与选手众多的传统赛事。

1996年9月28日,上海国际市民马拉松赛开赛,比赛项目为男女马拉松、半程马拉松,6 000人参赛,包括美国、英国、德国、日本、瑞士、瑞典等境外选手700人。比赛路线为:人民广场—西藏中路—南京东路—中山东一路—南浦大桥—杨高路—陆家嘴路—东方明珠电视塔。

图4-1-5 2009年,上海国际马拉松赛中的特色选手

1997年起,赛事一度冠名为"东丽杯"上海国际市民马拉松赛,同时是上海市第二届全民健身节开幕赛。此后赛事规模每年扩大,参赛国家及地区不断增多。至2000年第五届上海国际马拉松赛,参赛国家和地区已增至22个,参赛中外选手近万名。比赛设男女马拉松和男女半程马拉松4个项目,共有9人超过这项赛事的历史最好成绩。上海国际马拉松赛

逐步成为上海一项传统体育赛事，不仅是全民健身节的重头戏，而且成为上海旅游节的一道亮丽的景观。

为吸引更多市民参赛，自2003年起，第七届上海国际马拉松赛的起跑点从上海体育场移至南京东路外滩，参赛者沿途经南京东路、延安中路等市区主要马路抵达终点上海体育场，沿途结合不同的上海城市景观，提升参赛感受。参赛国家和地区增至32个，12 200多名马拉松爱好者参加角逐，其中来自境外1 120人，年龄最大的高达92岁，最小的是日本的一对4岁双胞胎女孩。赛事设男女马拉松、半程马拉松和4.1公里健身跑6个项目，其中参加马拉松与半程马拉松的选手多达2 740人。

2010年12月5日，上海国际马拉松赛在南京东路世纪广场鸣枪发令，比赛设男女全程马拉松、男女半程马拉松、男女健身跑(4.5公里)6个项目。比赛路线在保留南京东路外滩等浦西景观体育赛道的基础上，跨越黄浦江，把全程、半程马拉松的终点设在上海东方体育中心，健身跑的终点设在静安公园。来自德国、英国、澳大利亚、中国等53个国家和地区的2.2万名选手参加，其中有1.19万名选手参加全程和半程马拉松，1万多名选手参加4.5公里健身跑。组委会为全程、半程马拉松赛前八名的选手设立奖项，奖金总额11.46万美元，其中全程马拉松赛冠军奖金2.5万美元，半程马拉松赛冠军奖金1 000美元。此外，创造男女全程马拉松世界纪录者，各奖励10万美元。赛事组委会沿途安排了11个饮料饮水点、126座流动厕所、31辆存衣车，指定3家赛事保障定点医院，全程安排10辆救护车待命，设3个医疗站、10个医疗救护点。

为了将上海国际马拉松比赛打造成上海本土的传统精品体育赛事，主办方对赛道、报名和宣传方式等作出改革，将比赛终点设在上海东方体育中心，赛道穿越复兴东路隧道，实现浦东、浦西大贯通。为了最大限度地减少对市民正常生活的干扰，上海市体育局和市公安局前后多次对赛道线路进行实地勘察、调整，并与上海警备区等有关方面协调，保证比赛顺利举行。

三、F1中国大奖赛

2004年9月24—26日，“世界一级方程式锦标赛中国大奖赛”(简称“F1中国大奖赛”)在上海国际赛车场举行，上海为第16站(F1世锦赛共18站)，这是F1大奖赛首次登陆中国。最终，法拉利车队的鲁本斯·巴里切罗以1小时29分12秒420的成绩获得了中国站的第一个冠军。英美车队的简森·巴顿收获亚军，沃达丰-迈凯轮-梅赛德斯车队的基米·莱科宁获得季军。F1是由国际汽车运动联合会举办的最高等级的年度系列场地赛车比赛，是当今世界最高水平的赛车比赛，与奥运会、世界杯足球赛并称为“世界三大体育盛事”。

上海国际赛车场的赛道是F1历史上第63条赛道。赛车场于2003年10月17日开工。次年4月8日主体工程基本建成，5月底，凝聚着上海数万建设者心血的世界上最大的汉字——“上”字形F1赛道建成。

2009赛季前，中国大奖赛安排在每年10月左右，为全年的后几站，2009赛季后，改成每年4月举办，基本保持在全年第三站。至2010年共举办7届。

图4-1-6　2009年，F1中国大奖赛红牛车队夺冠

四、世界斯诺克上海大师赛

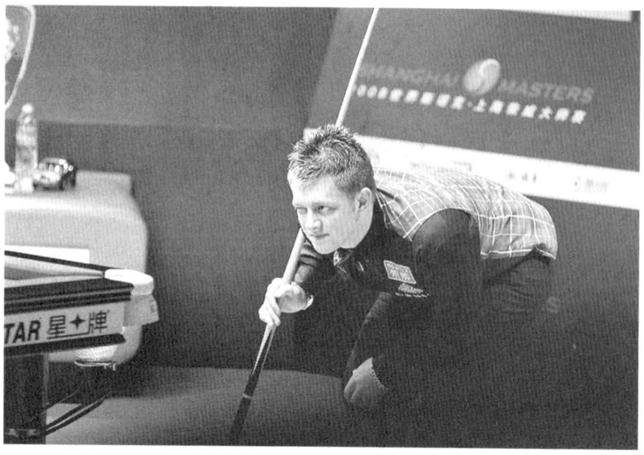
图 4-1-7　2008 年世界斯诺克上海大师赛

世界斯诺克上海大师赛是世界斯诺克职业巡回赛的官方排名赛，是代表世界斯诺克最高水平的顶级赛事。它是中国最具影响力的国际体育赛事之一，也是上海的品牌赛事之一。世界斯诺克上海大师赛由国家体育总局小球运动管理中心、上海市体育局、上海市徐汇区政府主办。从 2007 年起，每年举办一届，在上海体育馆举行。罗尼·奥沙利文、斯蒂芬·亨得利、吉米·怀特等世界著名选手参加。至 2010 年共举办 4 届。

五、环崇明岛女子国际公路自行车赛

2007 年 6 月 2—6 日，由中国自行车运动协会、上海市体育局共同主办，上海市崇明县政府承办的环崇明岛女子国际公路自行车赛于在崇明岛举行，这是亚洲首次举办女子国际自行车大赛。环岛女子国际公路自行车赛有个人计时赛和个人多日赛，来自美国、澳大利亚、荷兰、比利时、南非、越南、泰国等 10 个国家和地区 14 支车队的 77 名运动员参赛。上海电视台对城市绕圈赛录播，崇明电视台对开幕式现场直播。2007 年环崇明岛赛事是 2008 年奥运会的积分赛，根据国际自联规定，获赛事个人计时赛前八名、个人分站赛前三名、每天成绩领先的车手，以及总成绩前八名的车手均可获得进军北京奥运会资格。

2007 年前，崇明岛举行过全国公路自行车冠军赛及环崇明岛杯国际公路自行车赛，自 2007 年赛事调整为女子专业自行车赛事——环崇明岛女子国际公路自行车赛，至 2010 年共举办 4 届。2010 年，赛事吸引了来自中国、荷兰、澳大利亚、德国、法国、意大利等 16 个国家和地区的 18 支职业队和国家队的 106 名选手参赛，赛事中包含 138.6 公里的世界杯赛赛程。

六、高尔夫球世界锦标赛-汇丰冠军赛

高尔夫球世界锦标赛-汇丰冠军赛(又称“汇丰高尔夫球冠军赛”)创立于 2005 年，属于世界高尔夫球锦标赛，是亚洲地区的顶级高尔夫球赛事。世界高尔夫球锦标赛由国际高尔夫球职业巡回赛联盟创办，由一系列年度顶级男子职业高尔夫球赛事组成，被认为是仅次于四大满贯赛事的高尔夫球比赛。2010 年 11 月 4—7 日，高尔夫球世界锦标赛-汇丰冠军赛在松江佘山国际高尔夫俱乐部举行，由国际高尔夫球职业巡回赛联盟、中国高尔夫球协会主办，IMG 承办，汇丰集团冠名，总奖金 700 万美元，吸引英格兰球手李·维斯特伍德、美国球手泰格·伍兹、德国球手马丁·凯梅尔和美国球手菲尔·米克尔森等 78 位球员参赛。赛事至 2010 年共举办 6 届。

七、国际田联钻石联赛(国际田径黄金大奖赛)

2005年9月17日，国际田径黄金大奖赛(上海站)(以下简称“黄金大奖赛”)在上海体育场举行，这是中国第一次举办世界顶级水平的田径赛事。大赛共吸引120多家境外媒体，200多名记者前来采访，比赛向全世界62个国家和地区直播，向43个国家和地区录播。黄金大奖赛共设男女14个项目的比赛，吸引了110名外国运动员和28名中国顶尖选手参赛。2007年，国际田联将上海黄金大奖赛升格为巡回赛之一，同时将运动员在上海站取得的成绩记入年度积分系统。中国上海田径运动员男子110米栏奥运冠军刘翔、俄罗斯女子撑竿跳世界纪录保持者叶莲娜·伊辛巴耶娃、美国男子100米世锦赛亚军泰森·盖伊等世界名将均参赛。

图4-1-8　刘翔(中)在2006年国际田径黄金大奖赛中

2010年起，国际田联将国际田径黄金大奖赛再次升级，成为国际田联钻石联赛(上海站)，钻石联赛是国际田联最高级别大奖赛，上海是亚洲仅有的两站赛事之一。2010年5月23日，钻石联赛(上海站)在上海体育场举行，由钻石联赛有限责任公司、中国田径协会、上海市体育总会主办，国际田径管理公司组织，上海国际田径黄金大奖赛有限公司承办，上海东亚体育文化中心有限公司协办。赛事共设16个项目，男子撑竿跳高和标枪均系2010年上海站新增项目，选手们共创造7项2010年世界最好成绩，并打破5项赛会纪录，吸引2.6万多人次中外观众到现场观看。

八、世界沙滩排球巡回赛(上海站)

2005年5月17日，由国际排联主办，中国排球协会、上海市体育局及上海市金山区政府承办的世界沙滩排球巡回赛(上海站)在金山区开赛，这是国际沙滩排球界最高级别的赛事之一。2004年，金山区曾举办世界女子沙滩排球巡回赛(上海站)的比赛。

图4-1-9　2010年世界沙滩排球巡回赛(上海站)

2005年世界沙滩排球巡回赛共设16站，金山区承办第一站比赛，其后，柏林、巴黎、雅典等地将承办其他分站的比赛，26个国家的220多名运动员参赛。赛事每年举行1次，至2010年共举办6届，其中，2006年的巡回赛中，中国组合张希/薛晨、田佳/王洁包揽女子项目的冠亚军。

九、世界九球中国公开赛

2007年6月11—14日,首届世界九球中国公开赛在浦东新区源深体育馆举行,由世界花式撞球协会(WPA)、中国台球协会、上海市体育总会主办。比赛是与日本公开赛、美国公开赛同级别的世界顶级赛事之一,也是2009年中国上海国际大众体育节的一项重要比赛,赛事总奖金高达22.5万美元,其中男子组15万美元,女子组7.5万美元。来自世界各地200多名选手参加资格赛,170名选手参加正式比赛。参赛选手中包括世界排名第一的德国选手洛夫·苏奎特、世界冠军上海选手傅俭波,世界冠军北京选手李赫文等世界顶尖男选手和美国选手珍妮特·李、英国选手凯利·费雪、中国选手潘晓婷等世界顶尖女选手。

比赛采用双败淘汰制。经过激烈角逐,中国选手潘晓婷在女子1/4决赛中发挥不佳,以5比9不敌美国选手凯利·费雪,无缘4强。最终,德国选手霍曼以11比5战胜荷兰选手费恩夺得男子组冠军,获得4万美元奖金;中国台北选手蔡佩真以9比8战胜爱尔兰选手科尔夺得女子组冠军,获得2.5万美元奖金。世界九球中国公开赛至2010年共举办两届。

十、IDSF体育舞蹈世界大奖赛

体育舞蹈起源于欧洲,国际上现有两个国际体育舞蹈组织:世界舞蹈理事会(WDC)和国际体育舞蹈联合会(IDSF)。2002年中国体育舞蹈联合会成立,并成为世界舞蹈理事会、国际体育舞蹈联合会的正式成员。中国体育舞蹈联合会在加入国际体育舞蹈联合会后,于2002年11月在上海举办亚洲体育舞蹈锦标赛。2004年11月在上海举办IDSF世界青年标准舞锦标赛及中国上海体育舞蹈公开赛。2005年3月在上海举办IDSF世界拉丁舞大奖赛首战赛暨第二届中国上海体育舞蹈公开赛。2006年12月在上海举办了IDSF世界大奖赛总决赛。2007年7月和2008年7月在上海先后举办世界杯标准舞比赛和世界杯拉丁舞比赛。

图4-1-10　2009年IDSF体育舞蹈世界大奖赛

2010年12月9—10日,由国际体育舞蹈联合会(IDSF)、国家体育总局社体中心、上海市体育局、卢湾区政府和中国体育舞蹈联合会(CDSF)共同举办的IDSF世界大奖赛总决赛暨第七届中国上海国际体育舞蹈公开赛第二十届全国体育舞蹈锦标赛在卢湾体育馆开赛。来自全国各地的一百五十多个代表队,两千多对选手报名参赛。

至2010年,体育舞蹈大赛进入黄浦区(黄浦区和卢湾区合并,组建新的黄浦区)近八年,这项运动与区域文化特色相契合,成为该区的品牌赛事,赛事规模及影响力日趋扩大。

第五节　城市景观赛事

作为体育运动与自然风光、城市景观融合的景观体育，在世界范围内已有一百多年的历史。上海拥有众多闻名遐迩的城市景观和标志性建筑，具备雄厚的经济实力和文化底蕴，在塑造“城市景观体育”品牌方面有着得天独厚的优势。2000 年前后，上海尝试将优美的城市景观、标志性建筑与精彩时尚的体育赛事有机结合，利用城市景观资源，促使体育走出场馆，走向市场，展现上海蓬勃发展的城市魅力和海纳百川的城市精神。

图 4－1－11　2009 年国际剑联男女花剑世界杯赛

自 2000 年起，上海连续多年在元旦举办东方明珠广播电视塔登高比赛。2001 年起，将一年一度的世界杯男女花剑赛决赛移师静安区梅龙镇广场大厅。首届梅龙镇广场世纪花剑系列赛上海站开赛，在商厦内举行击剑赛事吸引了众多现场观众，引起轰动效应。同样做法的还有上海国际马拉松赛，组委会精心设置比赛线路，穿越闹市中心南京东路步行街，扩大赛事影响力。

2002 年，在网球大师杯赛期间，赛事组委会安排休伊特、阿加西等 9 位参赛的世界男子网球顶级高手身着唐装，亮相南京东路外滩陈毅广场，并以浦东陆家嘴为背景集体合影，这张照片曾在全球范围内引起不小轰动，新上海的建设成就随着体育明星的笑容传向世界。景观赛事为上海搭建一个供世界顶尖运动员竞赛表演的平台，充分展示上海国际化大都市的形象。

2003 年下半年，上海市体育局与有关部门合作，集中推出一系列“城市景观体育”赛事：8 月底，全国沙滩排球锦标赛在南京东路步行街世纪广场举行，沙滩排球项目与休闲、文化、娱乐相结合，与上海标志性景观和建筑相结合，取得了新颖的效果；9 月中旬，国际铁人三项积分赛在松江佘山风景区举行。10 月 5 日，被誉为“中华第一跳”的金茂大厦高楼跳伞表演成为当年“黄金周”上海最引人瞩目的焦点，6 个国家的 16 名顶级运动员参加。中国中央电视台、上海电视台等现场直播跳伞过程，境外多家媒体对此报道，数以万计的观众观看赛事。10 月中旬和下旬，黄浦全民健身龙舟大赛和上海国际龙舟邀请赛先后在苏州河开桨；11 月 9 日，第七届“东丽杯”上海国际马拉松赛在南京东路外滩鸣枪，参赛者沿途经南京东路、延安中路等市区主要马路抵达终点上海体育场。在全市密集地举办“城市景观体育”赛事，吸引了成千上万的市民和游客，对丰富上海市民精神文化生活，拉动旅游消费，推动上海城市经济发展起到积极作用。

2004 年首届世界著名在华企业健身大赛举行，这是全民健身与时尚体育、企业文化、城市景观有机结合的经典品牌。这是中国首次以世界著名企业员工为主体，以“参与、交流、展示”为宗旨的群众体育赛事，到 2010 年举办七届，每届吸引来自全国 100 多家企业约 2 000 人参赛。组队企业有通用汽车、施贵宝、阿迪达斯、德国大众、日本三菱等世界著名企业，也有中国石化、宝钢集团、复星高科、交通银行等颇具国际影响的国内著名企业。健身大赛中的浦江夜游桥牌赛、东方明珠广播电视塔登高赛、豫园广场双绳赛、新天地飞镖赛、南京东路外滩健美操赛、步行街篮球赛、东方绿舟足球赛等项目，把体育与旅游观光融合一体，让职工健身与企业文化、都市景观融合辉映，不仅为世界著名在华企业搭建了展示形象的舞台,也对当代职工新的健身方式和组织模式作了积极的探索,推动全市乃至全国职工体育的开展。经过多年的探索,上海较为闻名的景观赛事包括元旦东方明珠广播电视塔登高比赛、南京东路步行街沙滩排球赛、上海友好城市运动会、世界攀岩赛、市民“九子”大赛、金茂大厦跳伞、东方明珠秧歌大赛、黄浦江 F1 世界摩托艇赛、苏州河国际龙舟赛、上海国际马拉松赛等,基本定期定点举行,同时拓展新的景观体育赛事,不断提升上海办赛水平,激发市民参与体育健身热情。

第二章　举办全国和市级赛事

第一节　全国综合性运动会

一、全国运动会

【第五届全国运动会】

1983 年 9 月 18 日—10 月 1 日，第五届全国运动会在上海举行，是改革开放后的体育运动盛会，也是第一次在首都北京以外城市举办的全国运动会。第五届全国运动会设田径、游泳、跳水等 25 个比赛项目和 1 个表演项目（武术）。31 个代表团共 8 943 名运动员参赛。上海代表团 380 多名运动员和 60 余名教练员，参加 24 个项目（包括武术表演）的比赛，是第五届全国运动会参加项目和人数最多的代表团。上海获 33 枚金牌、35 枚银牌、30 枚铜牌，奖牌总数列全国第一，金牌列全国第二。同时，上海男女乒乓球、男女射箭、女子篮球、男子水球 6 个运动队被评选为精神文明运动队，居各代表团前列。著名田径选手朱建华在预、决赛中两次打破男子跳高世界纪录，以全票当选为“最受欢迎的运动员”。

【第八届全国运动会】

1997 年 10 月 13—24 日，第八届全国运动会在上海举行，是新中国成立后上海第二次承办的大型综合性运动会。赛事设 28 个大项、319 个小项，46 个代表团共 9 952 名运动员参赛，3 014 名裁判参与执法。第八届全国运动会共 395 场赛事，共决出金牌 380 枚。除射箭外，上海运动员在进入决赛的 27 个大项都获得名次，共获得 42 枚金牌、34 枚银牌、32 枚铜牌。上海获奖牌、总分双第一，并获得体育道德风尚奖。上海选手 6 人 17 次超 11 项世界纪录，5 人 9 次超 7 项亚洲纪录，6 人 9 次创（超）8 项全国纪录。

二、全国残疾人运动会

第五届全国残疾人运动会于 2000 年 5 月 6—14 日在上海举行，由中国残联、国家体育总局、中国残疾人体协主办，上海市政府承办，这是中国在世纪之交举行的规模最大、参与面最广、竞技水平最高的综合性残疾人体育赛事。运动会设田径、游泳、乒乓球等 11 个大项、450 个小项，另有轮椅飞镖 1 个表演项目。35 个代表团共 6 000 多人参赛，其中运动员 1 805 名。东道主上海派出 141 名运动员组成两个代表团参加第五届残疾人运动会全部 11

图 4－2－1　2000 年第五届全国残疾人运动会开幕式

个项目比赛。经过7天角逐,上海获金牌总数第一,团体总分第二;北京、上海等16个代表团获体育道德风尚奖,上海市徐汇等11个区获“文明赛区奖”。运动会期间,全市1万多名志愿者和60多万人次的赛场啦啦队为运动会提供迎送、接待和旅游服务。

三、全国大学生运动会

第七届全国大学生运动会于2004年8月28日—9月6日在上海举行,由国家教育部、国家体育总局、共青团中央主办,上海市政府承办。33个大学生代表团共3 430名运动员参赛,赛事设9个比赛项目、1个表演项目(桥牌)。共产生金、银、铜奖牌各191枚,是历届大运会规模最大、参赛人数最多的一届。

由31所高校267名运动员组成的上海代表团在影响较大的三大球中获得男、女足球、排球和女子篮球5枚金牌,金牌和奖牌数均居第一。广东以1 663分居总分第一,上海、天津分别以1 642.5分和1 476.5分列第二和第三。赛事期间还举办体育科学论文报告会、高校校长体育工作座谈会等多项活动,9月6日晚,闭幕式在上海大剧院举行。

四、全国农民运动会

图4-2-2　1996年第三届全国农民运动会开幕式

第三届全国农民运动会于1996年10月12—19日在上海举行,30个省、自治区、直辖市组团参赛。参加第三届农运会总人数达2 394人,其中运动员1 894人。赛事设田径、篮球、乒乓球、中国式摔跤、游泳、舞龙、象棋、自行车载重、武术、民兵军事10个项目,另设毽球、风筝、民间体育3个表演项目。12日下午,在虹口体育场的开幕式上举办了题为“民以食为天”的大型文体表演。经过8天激烈角逐,共产生798枚奖牌,其中金牌118枚。19日晚在嘉定南翔环球乐园内举行闭幕式。为鼓励“重在参与”精神,全国农民运动会不计各队金牌数,不计团体总分。

第二节　全国单项赛事

改革开放以后,随着上海城市经济、社会的迅速发展,1978—2010年间,上海先后举办或承办各类全国性单项赛事800多个,赛事类别日趋多样、规模日益扩大。

表4-2-1　1978—2010年上海举办的全国重要赛事一览表

竞赛名称	时间	地点
全国体操个人赛	1978年6月6—10日	上海体育馆
全国击剑赛	1978年8月15—23日	上海体育馆等

（续表一）

竞 赛 名 称	时 间	地 点
全国跳水赛	1978 年 9 月 1—6 日	上海市跳水池
全国排球甲级联赛第二阶段	1978 年 10 月 15—29 日	上海体育馆
全国足球甲级联赛	1978 年 10 月 17 日—11 月 1 日	虹口体育场等
全国青年女篮冬季集训比赛	1979 年 2 月 14—24 日	卢湾体育馆、普陀体育馆
全国排球甲级队集训比赛	1979 年 3 月 1—10 日	市区各体育馆
全国射击分区赛	1979 年 4 月 10—20 日	上海市射击运动场
全运会篮球预赛	1979 年 5 月 12—20 日	上海体育馆等
全国青年羽毛球赛	1979 年 5 月 20—30 日	上海体育馆等
全国举重达标赛	1979 年 6 月 6—9 日	—
全运会网球单项赛	1979 年 9 月 15—22 日	徐汇网球场等
全国男子篮球甲级联赛(第一阶段)	1980 年 4 月 6—18 日	市区各体育馆
全国击剑锦标赛(第一阶段)	1980 年 5 月 10—19 日	上海市体育宫
全国游泳锦标赛(分区)	1980 年 9 月 1—6 日	各有关区
全国羽毛球女子单项赛	1980 年 9 月 10—17 日	黄浦体育馆等
全国硬地网球冠军赛	1980 年 10 月 25 日—11 月 2 日	徐汇网球场
全国足球甲级联赛第一循环第一阶段	1981 年 3 月 15—28 日	虹口体育场等
全国网球等级联赛(甲组)	1981 年 3 月 23—29 日	徐汇网球场
全国竞走、马拉松春季赛	1981 年 4 月 2 日	嘉定县
全国排球甲级联赛上海赛区预赛第二轮	1981 年 4 月 12 日	卢湾体育馆等
全国体操分区赛上海赛区	1981 年 5 月 11—17 日	上海体育馆
全国跳水冠军赛	1981 年 5 月 28 日—6 月 4 日	上海市跳水池
全国少年跳水、水球比赛	1981 年 8 月 16—23 日	上海市跳水池
全国女子垒球联赛第二阶段	1981 年 9 月 12—20 日	沪西体育场
全国足球甲级联赛第二循环第二阶段	1981 年 10 月 11—24 日	各有关区
全国国际式摔跤冠军赛	1981 年 10 月 15—24 日	上海体育学院等
全国竞走、马拉松春季赛	1982 年 3 月 10—17 日	嘉定县
全国田径分区赛	1982 年 5 月 10—13 日	虹口体育场
全国技巧冠军赛	1982 年 5 月 17—28 日	上海体育馆
全国硬地网球冠军赛	1982 年 9 月 5—13 日	徐汇网球场等
全国射箭锦标赛	1982 年 9 月 12—22 日	上海市江湾体育场
全国羽毛球单项赛	1982 年 9 月 19—26 日	黄浦体育馆等
全国足球甲级队联赛第二循环第二阶段	1982 年 10 月 5—23 日	上海市江湾体育场、虹口体育场等

(续表二)

竞赛名称	时间	地点
全国春季马拉松、竞走赛	1984年3月10—12日	嘉定县
全国跳水冠军赛	1984年3月25日—4月1日	上海游泳馆
全国青年女子篮球协作赛	1984年7月14—23日	奉贤县体育场
全国业余体校游泳比赛	1984年8月23—27日	上海游泳馆
全国游泳锦标赛	1984年9月9—13日	上海游泳馆
全国青年田径锦标赛	1984年10月5—9日	虹口足球场
全国线操纵航空模型赛	1984年10月7—26日	上海市军体俱乐部
全国硬地网球邀请赛	1984年10月19—30日	徐汇网球场
全国篮球联赛	1984年11月	卢湾体育馆等
全国春季马拉松赛	1985年3月16日	嘉定县
全国航海模型赛	1985年3月29日—4月3日	上海市军体俱乐部
青运会游泳预赛	1985年5月1—15日	上海游泳馆
全国田径锦标赛	1985年6月3—9日	虹口体育场
青运会赛艇预赛	1985年6月6—10日	上海水上运动场
全国业余体校足球比赛	1985年8月1—10日	上海市体校
全国体操锦标赛	1985年9月21—27日	上海体育馆
青运会赛艇决赛	1985年9月22—26日	上海水上运动场
全国赛艇锦标赛	1985年10月1—14日	上海水上运动场
全国手球锦标赛	1985年10月4—15日	上海市江湾体育场
全国跳伞锦标赛	1985年10月10—25日	龙华机场
全国排球甲级联赛上海赛区	1985年12月1—19日	各有关体育馆
全国春季马拉松赛	1986年3月16日	嘉定县
全国潜水赛	1986年10月5—10日	上海游泳馆
全国赛艇锦标赛	1986年10月9—14日	上海水上运动场
全国花样游泳锦标赛	1986年10月14—19日	上海游泳馆
全国游泳春季分级分区赛	1987年4月1—9日	上海游泳馆
全国赛艇、皮划艇冠军赛	1987年4月20—29日	上海水上运动场
第六届全运会篮球预赛	1987年4月30日—5月14日	卢湾体育馆、普陀体育馆
第六届全运会赛艇预赛	1987年5月11—19日	上海水上运动场
全国伤残人四项比赛	1987年5月	上海水上运动场
全国击剑A级赛	1987年5月	上海市体育宫
全国体操锦标赛(六运会预赛)	1987年5月17—27日	上海体育馆
全国轮滑赛	1987年7月6日	上海市体育宫

（续表三）

竞　赛　名　称	时　　间	地　　点
全国儿童棒球赛	1987年7月29日	上海市江湾体育场
全国青年赛艇锦标赛	1987年8月4—12日	—
全国网球甲组单项赛	1987年8月29日—9月9日	徐汇网球场
第六届全运会赛车场自行车赛	1987年10月8—21日	上海市二体校
全国女子春季马拉松赛	1988年4月	虹口区
全国网球团体赛甲组	1988年4月10—22日	徐汇网球场等
全国水球锦标赛	1988年4月20—29日	上海游泳馆
全国射击锦标赛达标赛	1988年6月15日	上海市射击运动场
全国棋类集训赛	1988年9月7—22日	闸北体育馆
全国赛车场自行车锦标赛	1988年10月	上海市二体校
全国皮划艇锦标赛	1988年10月6—14日	上海水上运动场
全国赛艇锦标赛	1988年10月20—25日	上海水上运动场
全国拳击冠军赛	1988年12月7—11日	普陀体育馆
全国伞塔跳伞比赛	1988年12月2—16日	长宁跳伞塔
第六届全国短池游泳锦标赛	1989年1月23—26日	徐汇温水池
全国保龄球赛	1989年4月1—8日	上海市体育宫
全国网球甲级赛	1989年4月21—27日	徐汇网球场
“航空杯”全国网球(团体)甲级赛	1989年4月21—27日	徐汇、复兴网球场
全国垒球重点队比赛	1989年4月21—27日	沪西体育场
全国击剑A级赛	1989年5月21—30日	上海体育馆
全国花样游泳锦标赛	1989年9月20—25日	上海游泳馆
全国艺术体操锦标赛	1989年10月	上海体育馆
全国体操锦标赛	1989年10月	上海体育馆
第五届全国钓鱼赛	1989年10月25—27日	上海水上运动场
全国室内5人制足球赛	1989年10月29日—11月2日	闸北体育馆
全国女子举重精英赛	1989年11月	闸北体育馆
第二届“光华杯”全国网球精英赛	1989年11月16—18日	徐汇网球场
全国游泳短池锦标赛	1989年12月23—26日	徐汇温水游泳池
“奇安特杯”全国网球精英赛	1990年3月	徐汇网球场
全国游泳区域性达标赛	1990年3月5—27日	上海游泳馆
全国跳水冠军赛	1990年4月20—25日	上海游泳馆
全国击剑A级赛	1990年5月	上海市体育俱乐部
全国射击达标赛	1990年6月8—15日	上海市射击俱乐部

（续表四）

竞赛名称	时间	地点
全国青少年航海模型比赛	1990年7月25日	上海市军体俱乐部
全国国际象棋个人赛	1990年9月1—16日	上海市体育俱乐部
“奇安特”90全国赛艇锦标赛	1990年10月14—17日	上海市水上运动场
全国第三届高尔夫球赛	1990年10月25—28日	国际高尔夫乡村俱乐部
全国摩托车越野锦标赛	1990年10月26—27日	上海市军体俱乐部
全国保龄球锦标赛	1990年12月10—20日	上海体育馆
全国网球甲级团体赛	1991年4月8—15日	上海市跳水池
全国赛艇冠军赛	1991年4月14—18日	上海水上运动场
全国皮划艇冠军赛	1991年4月25—29日	上海水上运动场
全国青年女子手球锦标赛	1991年5月4—13日	杨浦体育馆
全国击剑A级赛	1991年5月5—15日	上海体育馆
全国甲级足球联赛	1991年5月30日—6月2日	虹口体育场
全国击剑冠军赛	1991年6月27—31日	虹口体育场
全国花样游泳锦标赛	1991年9月19—23日	上海游泳馆
全国田径冠军赛	1991年9月29日—10月3日	虹口体育场
全国摩托车越野锦标赛	1991年10月1—30日	上海市军体俱乐部
全国篮球锦标赛	1991年10月4—13日	国际教育交流中心
JRC杯全国体操锦标赛	1991年11月9—15日	上海体育馆
全国水球锦标赛	1991年11月21—26日	上海游泳馆
全国短池游泳锦标赛	1991年12月19—22日	徐汇游泳池
全国保龄球精英赛	1992年3月26日	上海市体育宫
全国遥控帆船模型选拔赛	1992年4月15日—5月5日	上海水上运动场
全国甲级足球联赛	1992年5月1日—9月30日	虹口足球场
全国网球团体等级赛	1992年6月8—14日	复兴网球场
全国青少年车辆模型赛	1992年8月20—25日	上海市军体俱乐部
全国游泳锦标赛	1992年9月5—10日	上海游泳馆
全国花样游泳锦标赛	1992年9月10—15日	上海游泳馆
全国击剑A级赛	1992年10月4—5日	—
全国摩托车越野锦标赛	1992年10月1日—11月30日	上海市军体俱乐部
全国赛艇锦标赛	1992年10月6—12日	上海水上运动场
全国空模锦标赛(线操纵)	1992年10月20—24日	上海市军体俱乐部
全国保龄球锦标赛	1992年11月1日	上海市体育宫
全国短池游泳赛	1992年12月20—23日	徐汇温水游泳池

（续表五）

竞 赛 名 称	时　间	地　点
上海室内田径赛	1993年3月13—14日	上海体育运动技术学院
第八届上海永久杯自行车邀请赛	1993年3月28日	上海
全国游泳冠军赛暨全运会预赛	1993年4月5—10日	上海游泳馆
全运会田径预赛华东田径赛	1993年4月10—11日	虹口体育场
第七届全运会网球团体预赛	1993年4月18—25日	上海市跳水池
第七届全运会赛车场自行车预赛	1993年6月5—10日	上海自行车场
全国重点女子垒球赛	1993年7月4—12日	上海市体校
沙龙网球赛	1993年7月7日	上海体育馆
全国青年赛艇锦标赛	1993年7月25—29日	上海水上运动场
全国160米测向分区赛	1993年8月1日	上海
上海足球邀请赛	1993年8月12日	虹口体育场
全国台球比赛	1993年10月1日	上海
中国女排——八佰伴排球赛	1993年12月26—28日	上海体育馆
第十八期日本围棋棋圣战(第1局)	1994年1月11—13日	花园饭店
第八届中国围棋“天元赛”决赛	1994年2月19—24日	锦江宾馆
第一届中国围棋“新人王”赛	1994年2月20—28日	邮电大厦
“东视、申花杯”足球精英赛	1994年2月23—27日	虹口体育场
万宝路全国足球甲级队A组联赛	1994年4月17日—11月13日	虹口体育场
第二届武术博览会	1994年5月3日—5月6日	黄浦体育馆
首届中国象棋“王位”赛	1994年6月18—25日	嘉定围棋馆
全国青年地掷球锦标赛	1994年6月19—30日	宝钢体育场
全国青少年足球联赛(宝钢赛区)	1994年7月25—31日	徐汇区体校
“长宁杯”国际元老乒乓球邀请赛	1994年7月29—31日	上海体育馆
全国空模锦标赛	1994年10月12—18日	上海市军体俱乐部
“竞业杯”全国拳击邀请赛	1994年10月23—26日	闸北体育馆
邓洛普全国青少年网球巡回赛	1994年11月14—20日	复兴网球场
沙龙全国网球巡回赛	1994年11月21—27日	复兴网球场
张德培网球挑战赛	1994年12月9—11日	静安体育馆
全国少年男子甲组排球赛	1995年1月16—21日	永兴体育馆
全国甲级篮球八强赛	1995年2月5日—3月29日	杨浦体育馆
全国花样游泳赛	1995年4月24—27日	上海游泳馆
全国击剑A级锦标赛	1995年5月18—27日	上海体育运动技术学院
全国高尔夫锦标赛	1995年8月21—25日	国际高尔夫球乡村俱乐部

(续表六)

竞赛名称	时间	地点
全国赛艇锦标赛	1995年9月28日—10月2日	上海水上运动场
“菱华杯”青少年网球挑战赛	1995年11月22—26日	上海市跳水池
沙龙全国网球巡回赛	1995年12月4—10日	上海市跳水池
全国男子篮球甲级联赛	1995年12月10日	杨浦体育馆
全国短池游泳赛	1995年12月19—22日	徐汇游泳馆
全国首届室内足球锦标赛	1995年12月27—31日	闸北体育馆
全国足球甲级联赛A组	1995年4—11月	虹口体育场
全国足球甲级联赛B组	1995年4—11月	虹口体育场
全国篮球甲级联赛	1996年1月7日—4月8日	杨浦体育馆
全国男子举重锦标赛	1996年3月18—22日	闸北体育馆
全国手球男甲A、女甲B联赛(第一阶段)	1996年3月22—26日	上海体育运动技术学院
全国女子马拉松锦标赛	1996年4月7日	莘庄
全国田径大奖赛	1996年4月20—21日	虹口体育场
全国武术锦标赛团体赛	1996年4月30日—5月2日	上海体育运动技术学院
全国击剑锦标赛	1996年6月8—17日	上海体育运动技术学院
全国沙滩排球巡回赛上海赛区	1996年8月19—26日	上海体育馆
全国OP级帆船锦标赛	1996年8月19—26日	上海水上运动场
全国射击锦标赛(步枪团体)	1996年9月8—14日	上海市射击运动中心
全国乒乓球锦标赛	1996年9月13—21日	嘉定体育馆等
全国网球团体赛	1996年9月15—22日	上海市跳水池网球场
全国女子手球联赛(第二阶段)	1996年9月20—30日	杨浦体育馆
全国花样游泳锦标赛	1996年9月23—26日	上海游泳馆
全国女子垒球联赛(第二阶段)	1996年10月5—13日	上海市体校、火车头体育场
全国古典式摔跤冠军赛	1996年10月7—10日	上海体育运动技术学院
精英男篮职业联赛(主客场)	1996年11月8日—1997年2月4日	杨浦体育馆
全国男篮甲A联赛(主客场)	1996年12月27日—1997年3月30日	虹口体育馆
全国女排甲A联赛(主客场)	1996年12月28日—1997年3月22日	普陀体育馆
全国男子排球优胜杯赛	1996年12月29日—1997年1月7日	静安体育馆
全国短池游泳锦标赛	1996年12月18—21日	徐汇游泳池
中国业余拳王争霸赛	1996年12月27—28日	闸北体育馆
精英男篮职业联赛(主客场)	1996年11月—1997年2月	杨浦体育馆

(续表七)

竞 赛 名 称	时 间	地 点
全国男篮甲 A 联赛(主客场)	1996 年 12 月—1997 年 3 月	虹口体育馆
全国女排甲 A 联赛(主客场)	1996 年 12 月—1997 年 3 月	普陀体育馆
全国男子排球优胜杯赛	1996 年 12 月—1997 年 1 月	静安体育馆
全国室内田径锦标赛	1997 年 1 月 25—26 日	上海市二体校
全国男子排球优胜赛	1997 年 2 月 16 日—3 月 16 日	普陀体育馆
全国跳水冠军赛(全运会预赛)	1997 年 3 月 15—22 日	上海游泳馆
全国男足甲 A 联赛(主客场)	1997 年 3 月 15—12 日	虹口体育场
全国男足甲 B 联赛(主客场)	1997 年 3 月 16—? 日	川沙、松江体育场
全国田径大奖赛系列赛(第二站)	1997 年 4 月 12—13 日	虹口体育场及上海市二体校
全国象棋团体赛	1997 年 5 月 6—15 日	松江
第二届立杯中国职业围棋赛	1997 年 5 月 31 日	虹桥宾馆
八运会女子击剑预赛	1997 年 6 月 12—15 日	上海体育运动技术学院
全国花式台球赛	1997 年 6 月 24—27 日	时运台球娱乐总汇
第四届全国象棋王位赛	1997 年 8 月 13 日	嘉定
格兰特杯全国摩托锦标赛	1997 年 8 月 27—31 日	淀山湖
全国短池游泳锦标赛	1997 年 12 月 18—21 日	徐汇游泳馆
全国室内田径锦标赛	1998 年 2 月 13—14 日	上海市二体校
全国男足甲 B 联赛(主客场)	1998 年 3 月 11—21 日	川沙体育场、闸北体育场
全国男足甲 A 联赛(主客场)	1998 年 3 月 22 日	上海体育场
全国男子曲棍球联赛	1998 年 3 月 28 日—4 月 4 日	闵行体育场
全国水球锦标赛	1998 年 4 月 10—14 日	浦东游泳馆
全国田径冠军赛	1998 年 4 月 11—12 日	上海市二体校
全国射击冠军赛	1998 年 4 月 16—24 日	上海市射击运动中心
全国自行车赛场系列赛	1998 年 5 月 26—30 日	上海市二体校
全国飞碟射击系列赛	1998 年 5 月 26—30 日	上海市射击运动中心
职业高尔夫公开赛	1998 年 6 月 14 日	高尔夫球俱乐部
全国体操冠军赛	1998 年 6 月 17—20 日	上海国际体操中心
全国武术锦标赛(男子套路)	1998 年 6 月 22—25 日	卢湾体育场
红双喜乒乓球全国甲级队联赛	1998 年 6 月 27 日	静安体育馆
全国游泳锦标赛暨亚运会选拔赛	1998 年 8 月 23—26 日	静安体育中心
全国沙滩排球巡回赛总决赛	1998 年 8 月 24—30 日	梦幻乐园
全国女子曲棍球联赛(第二阶段)	1998 年 9 月 2—10 日	闵行曲棍球场
全国马术锦标赛	1998 年 9 月 10—12 日	上海市马术运动场

(续表八)

竞 赛 名 称	时 间	地 点
全国移动靶射击团体锦标赛	1998年9月13—22日	上海市射击运动中心
全国划船锦标赛暨中韩友谊赛	1998年10月8—12日	上海水上运动场
全国棒球赛第二阶段	1998年10月10—18日	上海市体育宫、康贝垒棒球场
屈原杯龙舟赛	1998年10月16日	上海水上运动场
第六届全国攀岩锦标赛	1998年10月22—24日	崇明国家森林公园
全国短池游泳锦标赛	1998年12月22—25日	徐汇游泳馆
全国排球甲A联赛	1998年12月—1999年1月	华东师范大学、普陀体育馆
全国篮球男子甲A联赛	1998年12月—1999年1月	虹口体育馆
全国男篮甲A联赛	1998年12月27日—1999年5月2日	卢湾体育馆
全国室内田径锦标赛	1999年1月5—6日	莘庄田径馆
全国排球甲A联赛	1999年1月16日—4月26日	华东师范大学
第三届全国车模比赛(青少年)	1999年1月28—31日	上海市军体俱乐部
全国室内田径锦标赛(上海站)	1999年2月5—6日	上海市二体校
第六届围棋新人王赛	1999年3月1日	邮电大厅
全国足球甲A联赛	1999年3—12月	虹口体育场
全国击剑A级赛(第一阶段)	1999年3月4—5日	上海体育运动技术学院
全国场地自行车冠军赛	1999年3月19—29日	上海市二体校
全国桥牌A类俱乐部赛	1999年3月20—26日	上海体育场
全国男子曲棍球锦标赛	1999年4月10—19日	闵行曲棍球场
全国射击飞碟系列赛首站	1999年4月15—21日	上海市射击运动中心
全国围棋甲级联赛	1999年4月16日—12月4日	新世纪俱乐部、金辰大酒店
全国田径冠军奖暨大奖赛	1999年4月17—18日	莘庄田径馆
全国水球锦标赛	1999年5月7—9日	浦东游泳馆
第四届城运会射击预赛	1999年5月8—16日	上海市射击运动中心
篮球明星赛	1999年5月9日	上海国际体操中心
NEC围棋赛	1999年5月15日	广电大厦
全国健美锦标赛	1999年5月26—30日	浦东游泳馆
中国足协杯联赛	1999年5—11月	上海体育场
全国乒乓球俱乐部联赛	1999年6月—2000年2月	普陀、长宁、闸北体育馆
BAT职业高尔夫赛	1999年6月5日	汤臣高尔夫球场
全国田径大奖赛总决赛	1999年6月5—6日	上海体育场

（续表九）

竞 赛 名 称	时　　间	地　　点
全国飞碟团体锦标赛(系列赛第二站)	1999 年 6 月 14—17 日	上海市射击运动中心
全国女子曲棍球联赛	1999 年 6 月 14—17 日	闵行曲棍球场
全国射箭锦标赛	1999 年 6 月 14—20 日	同济大学
金星拳击锦标赛	1999 年 6 月 19—25 日	宝宸体育馆
羽毛球天王挑战赛(第六站)	1999 年 6 月 24—25 日	黄浦体育馆
全国女足超级联赛	1999 年 8 月 1 日—10 月 16 日	上海体育场
中国大学生手球邀请赛	1999 年 8 月 20—23 日	上海体育馆、虹口体育馆
全国台球排名赛	1999 年 8 月 27 日—9 月 2 日	上海体育场
全国沙滩排球总决赛	1999 年 8 月 30 日—9 月 2 日	热带风暴水上乐园
全国女子手球锦标赛	1999 年 9 月 17—25 日	上海体育运动技术学院
全国速滑轮滑锦标赛	1999 年 9 月 18—20 日	金山
全国海模锦标赛	1999 年 9 月 18—21 日	长风公园、上海市军体俱乐部
全国青少年海模锦标赛	1999 年 10 月 1—4 日	天益宾馆
全国男子曲棍球联赛	1999 年 10 月 13—16 日	闵行曲棍球场
全国射击总决赛暨冠军赛	1999 年 11 月 5—16 日	上海市射击运动中心
马术障碍精英赛	1999 年 11 月 6—7 日	马术运动场
全国艺术体操冠军赛	1999 年 11 月 6—8 日	上海国际体操中心
全国健美操冠军赛	1999 年 11 月 6—8 日	上海国际体操中心
全国百队门球赛	1999 年 11 月 18—21 日	闵行体育场
全国拔河锦标赛	1999 年 11 月 20—21 日	豫园广场
全国男篮甲 A 联赛	1999 年 11 月 21 日—2000 年 3 月	卢湾体育馆
全国拳王争霸赛	1999 年 12 月 18 日	闸北体育馆
全国排球甲级联赛	2000 年 1 月 8 日—4 月 16 日	上海师范大学体育馆
全国青少年国际象棋棋王、棋后赛	2000 年 1 月 28 日—2 月 2 日	国际儿童广场、杨浦体育中心
第七届中国围棋新人王赛	2000 年 2 月 15—21 日	绿洲大厦
全国室内田径锦标赛(第三站)	2000 年 2 月 29 日—3 月 1 日	上海市二体校
“上财杯”国际象棋特级大师国际邀请赛	2000 年 3 月 3—15 日	上海财经大学
99 全国足球“超霸杯”赛	2000 年 3 月 4 日	虹口体育场
耐克国际青少年足球锦标赛中国区决赛	2000 年 3 月 11—12 日	上海体育场训练场
全国足球甲 A 联赛	2000 年 3 月 18 日—9 月 30 日	虹口体育场
全国足球甲 B 联赛	2000 年 3 月 19 日—9 月 24 日	浦东源深体育中心

(续表一〇)

竞 赛 名 称	时 间	地 点
全国女子足球超级联赛	2000年3月25日—11月19日	上海体育场
全国棒球锦标赛(第一阶段)	2000年3月26日—4月6日	上海市体校
全国男子手球锦标赛	2000年4月7—9日	上海体育馆、杨浦体育馆
全国围棋甲级联赛	2000年4月13日—11月30日	浦东新世纪广场
全国田径冠军赛暨大奖赛(第三站)	2000年4月18—19日	上海体育场
全国射击系列赛第一站(飞碟)	2000年4月18—28日	上海市射击运动中心
全国女子手球锦标赛	2000年4月18—28日	上海体育运动技术学院、杨浦体育馆
“春兰杯”围棋赛	2000年4月26—28日	南新雅大酒店
“应氏杯”围棋赛	2000年4月30日—5月3日	应氏围棋基金会大厦
全国马术冠军赛(第一站)	2000年5月6—7日	上海马术运动场
全国射击系列赛(第二站)	2000年5月18—28日	上海市射击运动中心
全国现代五项锦标赛	2000年5月25—28日	上海体育运动技术学院
第三届中日国际女子垒球挑战赛	2000年5月25—29日	上海市体校
全国水球锦标赛	2000年5月26—30日	浦东游泳馆
全国马术冠军赛(第一站)	2000年6月3—5日	上海马术运动场
“日立杯”中国职业围棋混双赛	2000年6月24—25日	虹桥宾馆
全国乒乓球联赛	2000年6月24日—2001年1月3日	闸北体育馆等
全国网球联赛	2000年7月8日—11月30日	上海市仙霞网球中心
全国桥牌赛	2000年7月19—28日	浦东源深体育中心
全国击剑冠军赛(总决赛)	2000年7月25日—8月1日	上海市体校
全国青少年武术套路锦标赛	2000年8月1—4日	青浦体育馆
全国儿童垒球锦标赛	2000年8月10—27日	上海外国语学院
全国橄榄球锦标赛	2000年8月11—14日	上海体育场
全国沙滩排球总决赛	2000年9月2—5日	上海体育馆
全国女子台球赛	2000年10月6—8日	统领台球休闲广场
全国青少年武术散打锦标赛	2000年10月11—14日	嘉定体育馆
全国女子垒球联赛总决赛	2000年10月12—18日	上海市体校
全国赛艇锦标赛	2000年10月15—21日	上海水上运动场
全国花样游泳锦标赛	2000年10月20—23日	上海游泳馆
全国陆上划船锦标赛	2000年10月22—24日	闸北不夜城
全国跆拳道冠军赛	2000年11月24—28日	嘉定体育馆
全国男子篮球甲A联赛	2000年11月—2001年3月	卢湾体育馆

（续表一一）

竞 赛 名 称	时　　间	地　　点
全国男子排球甲级联赛	2000 年 12 月—2001 年 3 月	上海师范大学
全国女排联赛	2000 年 12 月—2001 年 3 月	松江体育馆
2000 年全国足球超霸杯赛	2000 年 12 月 30 日	虹口体育场
全国国际象棋冠军赛	2001 年 1 月 28 日—2 月 6 日	良安饭店、良友饭店
全国游泳春季达标赛	2001 年 2 月 1—3 日	浦东游泳馆
第八届中国围棋新人王赛	2001 年 2 月 5—17 日	邮电大厦
全国击剑冠军系列赛暨九运会预赛	2001 年 2 月 17—26 日	上海体育运动技术学院、梅龙镇广场
全国乒乓球俱乐部超级联赛	2001 年 2—10 月	普陀体育馆
中国汽车拉力锦标赛（上海站）	2001 年 3 月 10—11 日	松江区公路
“欧姆龙”杯全国女子手球锦标赛暨九运会女子手球预赛	2001 年 3 月 10—20 日	上海体育运动技术学院汇丰基地、华师大体育馆
全国足球甲 A 联赛	2001 年 3 月 11 日—12 月 16 日	虹口足球场
全国女子足球超级联赛	2001 年 3—9 月	闸北体育场
“新联工”杯全国桥牌等级赛	2001 年 4 月 7—15 日	上海轻工沙家浜度假村
上海射击系列赛飞碟赛	2001 年 4 月 19—25 日	上海市射击运动中心
全国场地自行车冠军赛（第三站）	2001 年 4 月 28—30 日	上海市二体校
全国足协杯赛	2001 年 4—6 月	上海体育场
全国围棋甲级联赛	2001 年 4—6 月、9—11 月	新苑宾馆
全国田径锦标赛暨大奖赛系列	2001 年 5 月 6—7 日	上海市体校
全国场地自行车冠军赛（第四站）	2001 年 5 月 8—10 日	上海市二体校
全国棒球锦标赛暨九运会棒球预赛	2001 年 5 月 10—17 日	浦东康贝棒球垒球场
第五届“立杯”中国职业围棋混双赛	2001 年 5 月 11—13 日	银河宾馆
“协同杯”首届全国城市体育舞蹈大奖赛	2001 年 5 月 11—13 日	卢湾体育场
全国场地自行车锦标赛暨青年锦标赛	2001 年 5 月 16—20 日	上海市二体校
全国青年棒球比赛	2001 年 5 月 18—21 日	上海市体校
“现代汽车杯”国际足球对抗赛	2001 年 5 月 19 日	上海体育场
第三届“联洋新社区杯”中国围棋棋圣赛七番棋决赛	2001 年 5 月 19 日	通贸大酒店
全国网球俱乐部甲级联赛	2001 年 5 月 22 日—10 月 21 日	上海市仙霞网球中心、上海市跳水池
第十四届中国围棋天元对抗赛	2001 年 5 月 23 日	建国宾馆
BAT 中国职业高尔夫联盟杯赛（上海站）	2001 年 6 月 6—9 日	汤臣高尔夫球场
“三鹿杯”上海国际青少年女子排球邀请赛	2001 年 6 月 14—17 日	上海市体校

(续表一二)

竞赛名称	时间	地点
“农行杯”全国大企业桥牌比赛	2001年6月23—29日	上海体育场
全国沙滩排球巡回赛暨九运会沙滩排球资格赛	2001年7月25—29日	奉贤颐和花园游泳场
“巴士杯”全国第七届大学生网球锦标赛	2001年7月31日—8月1日	上海大学网球中心
第五届全国大学生游泳锦标赛	2001年8月1—2日	上海海运学院游泳池
全国少年象棋锦标赛	2001年8月2—12日	良安饭店、良友饭店
全国青少年曲棍球夏令营比赛	2001年8月8—18日	闵行体育场
中国武术散打王争霸赛暨中美散打对抗赛	2001年8月28日	松江体育馆
首届“李斌杯”全国女子武术散打擂台邀请赛	2001年9月7—8日	卢湾体育馆
全国垒球冠军杯赛	2001年9月15—22日	上海市体校
全国蹼泳锦标赛	2001年9月23—29日	浦东游泳馆
全国青少年训练重点单位女子篮球赛	2001年9月28日—10月7日	上海市体校
全国足球乙级联赛决赛	2001年9月	康桥足球训练基地
第二届“三公杯”国际标准舞、社交舞大赛	2001年12月1—6日	静安体育馆
2001—2002年世界杯游泳系列赛暨全国短池游泳锦标赛	2001年12月2—4日	静安体育中心
第六届“三星杯”世界围棋公开赛决赛	2001年12月12—14日	华亭宾馆
第七届NEC杯围棋赛	2001年12月21日	上海戏剧学院
全国女子排球联赛	2001年11月—2002年2月	松江体育馆
全国男篮甲A联赛	2001年12月—2002年4月	卢湾体育馆
第三届“维达杯”全国保龄球冠军赛	2002年1月21—25日	上海市体育宫、樱花保龄球馆
全国女子篮球甲A联赛	2002年2月19日—4月28日	上海国际体操中心
全国男子排球甲A联赛	2002年2月20日—5月5日	松江体育馆
第九届中国围棋新人王赛	2002年2月25—27日	邮电大厦
全国足球“超霸杯”赛	2002年2月26日	虹口足球场
全国击剑冠军系列赛(上海站)	2002年3月5—13日	华东师范大学
全国室内田径锦标赛(上海站)	2002年3月9—10日	上海体育运动技术学院
全国足球甲A联赛	2002年3月11日—11月30日	虹口足球场、上海体育场
全国汽车拉力锦标赛	2002年3月23—24日	天马赛车场
全国皮划艇冠军赛	2002年4月3—7日	上海水上运动场
全国围棋男子甲级联赛	2002年4月4日—12月1日	海神诺富特大酒店等
全国乒乓球俱乐部超级联赛	2002年4月13日—8月3日	闸北体育馆、卢湾体育馆等
全国卡丁车竞标赛	2002年4月19—21日	南汇白玉兰赛车场

（续表一三）

竞 赛 名 称	时　　间	地　　点
全国足球协会杯赛	2002年4月21日—10月6日	上海体育场、源深体育中心
全国城市青少年男子篮球赛	2002年5月2—7日	卢湾体育馆、卢湾区体校
全国青年男子手球锦标赛	2002年5月10—20日	上海市建青中学、华东师范大学
全国田径冠军赛暨大奖赛系列	2002年5月18—19日	源深体育中心
全国棒球联赛（上海赛区）	2002年5月3—5日	上海体育馆
全国射击系列赛（飞碟）暨团体锦标赛	2002年6月5—15日	上海市射击运动中心
第六届"立杯"中国职业围棋混双赛	2002年6月14—16日	银河宾馆
全国武术男子套路锦标赛	2002年6月15—17日	青浦体育馆
全国女足超级联赛	2002年6月30日—8月17日	青浦体育场、闸北体育场
第二届全国成人水球赛	2002年7月5—10日	东方绿舟体育训练基地
第二届中美国际象棋对抗赛	2002年7月11—16日	上海东方滨江大酒店
第四届中、日、韩三国城市青少年足球锦标赛	2002年7月14—16日	闸北体育场
"佳良杯"东亚国际马术障碍赛	2002年7月16—21日	上海马术运动场
首届世界杯武术散打赛	2002年7月25—27日	卢湾体育馆
第五届沪港台大学生赛艇公开赛	2002年8月1—3日	上海水上运动场、苏州河
全国少年田径锦标赛	2002年8月1—4日	上海市育才中学
全国青年水球锦标赛	2002年8月1—6日	东方绿舟体育训练基地
全国青少年武术散打锦标赛	2002年8月21—25日	青浦体育馆
全国青年蹼泳赛	2002年8月25—30日	浦东游泳馆
第四届"英美烟草杯"中国著名企业越野挑战赛	2002年8月31日	东方绿舟体育训练基地
全国射击系列赛（移动靶）暨个人锦标赛	2002年9月3—10日	上海市射击运动中心
富豪中国高尔夫球公开赛	2002年9月11—15日	旭宝高尔夫俱乐部
全国沙滩排球巡回总决赛暨锦标赛	2002年10月5—8日	松江佘山
首届全国"校长杯"高校乒乓球赛	2002年10月23—28日	华东理工大学
全国花样游泳锦标赛	2002年10月30日—11月2日	浦东游泳馆
全国男子曲棍球锦标赛	2002年11月1—8日	闵行区体育场
"顺柏电器杯"全国女子手球锦标赛	2002年11月4—13日	虹口体育馆
2002—2003年全国女篮甲级联赛	2002年11月9日—2003年1月24日	松江体育馆
2002—2003年全国女排联赛	2002年11月16日—2003年1月26日	上海大学
全国大学生击剑比赛	2002年12月22—27日	上海金融专科学校

(续表一四)

竞 赛 名 称	时 间	地 点
2002—2003 年全国男篮甲 A 联赛	2002 年 12 月 6 日—2003 年 4 月 23 日	卢湾体育馆
2002—2003 年全国男排甲级联赛	2003 年 2 月 8 日—4 月 7 日	上海大学
全国室内田径锦标赛(第 3 站)	2003 年 3 月 1—2 日	上海体育运动技术学院
全国击剑 A 级赛	2003 年 3 月 6—13 日	华东师范大学
“佳通轮胎带”全国汽车拉力锦标赛	2003 年 3 月 22—23 日	松江天马山赛车场
全国足球甲 A 联赛	2003 年 3—12 月	上海体育场、虹口足球场
“新湖明珠城杯”全国围棋团体锦标赛	2003 年 4 月 1—9 日	物贸大厦
“河滨围城杯”中国国际象棋男女精英对抗赛	2003 年 4 月 10—13 日	新元大酒店
“瀛通杯”全国公路自行车精英赛	2003 年 4 月 11—12 日	崇明县
全国卡丁车锦标赛	2003 年 4 月 12 日	南汇白玉兰度假村赛车场
全国乒乓球俱乐部超级联赛	2003 年 4 月 13 日—5 月 8 日、7 月 26 日—12 月 27 日	闸北体育馆等
全国春季赛艇锦标赛	2003 年 4 月 14—20 日	上海水上运动中心
全国女子曲棍球赛	2003 年 4 月 15—23 日	闵行区曲棍球场
全国划船器巡回赛	2003 年 4 月 21 日	上海水上运动中心
“奕洲杯”全国青年击剑锦标赛	2003 年 4 月 21—29 日	上海体育学院
全国 OP 帆船锦标赛	2003 年 4 月 22—29 日	上海水上运动中心
第七届“日立杯”中国职业围棋混双赛	2003 年 6 月 21—22 日	虹桥宾馆
第十届中国围棋新人王赛	2003 年 6 月 28—29 日	剑桥学院
全国棒球联赛(上海赛区)	2003 年 3 月 15—16 日、7 月 2—6 日、7 月 26—27 日	上海市体育宫
全国女足超级联赛	2003 年 7 月 5 日—11 月 15 日	松江体育场
全国射击系列赛第二站(男子步枪)	2003 年 7 月 15—25 日	上海市射击射箭运动中心
全国足球乙级联赛	2003 年 7—10 月	闸北体育场、源深体育中心、松江体育场
第五届全国城市运动会射击预赛(飞碟)	2003 年 8 月 1—10 日	上海市射击射箭运动中心
“第一医药杯”全国沙滩排球锦标赛	2003 年 8 月 2—31 日	上海市应昌期围棋学校
“河滨围城杯”中国国际象棋电视快棋赛	2003 年 8 月 7—10 日	王宝和大酒店
全国象棋等级赛	2003 年 8 月 8—17 日	良安饭店
全国现代五项冠军赛(分站赛)	2003 年 8 月 13—17 日	上海市射击射箭运动中心、上海体育运动技术学院
全国男子象棋甲级联赛	2003 年 8 月 20—26 日	—
全国桥牌通讯赛	2003 年 9 月 2—22 日	上海市体育俱乐部
全国青少年女子自由式摔跤锦标赛	2003 年 9 月 7—8 日	普陀体育馆

（续表一五）

竞 赛 名 称	时　　间	地　　点
全国田径锦标赛	2003年9月11—14日	源深体育中心
全国铁人三项锦标赛	2003年9月13—14日	松江佘山
全国青少年AA组棒球联赛	2003年10月2—6日	闵行四中
全国公路摩托锦标赛（第四站）	2003年10月6—8日	松江天马山赛道
中国职业高尔夫球联盟杯皇冠假日上海公开赛	2003年10月18—24日	浦东汤臣高尔夫俱乐部
2003—2004全国男子排球甲级联赛	2003年10月11日—2004年3月4日	嘉定体育馆
“沪体杯”全国垒球锦标赛	2003年10月19—21日	上海市体校
全国水球锦标赛（上海赛区）	2003年10月26—31日	浦东游泳馆
第四届“维达杯”全国保龄球冠军赛（上海站）	2003年10月31日—11月4日	上海市体育宫
2003—2004年全国女子排球联赛	2003年11月1日—2004年3月14日	嘉定体育馆
第九届VOLVO中国高尔夫公开赛	2003年11月14—16日	上海旭宝高尔夫俱乐部
首届“建桥杯”中国女子围棋公开赛	2003年11月15—19日	上海建桥学校
全国健身秧歌大赛	2003年11月23—29日	浦东新区梅园新村街道
第二届全国太极柔力球赛	2003年11月28日—12月1日	闸北体育馆
全国短池游泳锦标赛	2003年12月15—18日	静安体育中心
2003—2004全国男子排球甲级联赛	2003年10月11日—2004年3月4日	嘉定体育馆
2003—2004全国男子篮球甲A联赛	2003年11月16日—2004年3月3日	卢湾体育馆
全国女子篮球甲级联赛	2004年2月3日—3月28日	松江体育馆
“东方体育日报杯”全国少年男排（甲组）锦标赛	2004年2月12—18日	上海市复兴中学
全国室内田径锦标赛（第二站）	2004年2月14—15日	上海体育运动技术学院
“围城置业杯”第三届中国国际象棋电视快棋赛	2004年3月16—20日	宝隆宾馆
“SVA杯”全国男子柔道锦标赛暨奥运会第二次选拔赛	2004年4月1—4日	虹口体育馆
全国射击系列赛（第一站）暨华东射击锦标赛	2004年4月1—5日	上海市射击射箭运动中心
全国OP帆船锦标赛	2004年4月2—9日	青浦淀山湖
全国棒球联赛	2004年4月2日、5月1—2日、5月21—23日	康贝棒垒球中心
全国春季赛艇锦标赛	2004年4月10—15日	上海市水上运动中心
“种种园林杯”全国公路自行车冠军赛	2004年4月21—25日	崇明县

(续表一六)

竞赛名称	时间	地点
首届全国电子竞技运动会(上海赛区预赛)	2004年4月24—25日	上海市体育宫
全国女足超级联赛	2004年5月2日—9月11日	上海大学
全国象棋甲级联赛	2004年5月19日—12月15日	福申宾馆等
全国女子武术散打锦标赛	2004年5月26—30日	上海体育学院
全国汽车场地锦标赛(第一、二站)	2004年6月5—6日、6月25—27日	上海国际赛车场
中国动力伞巡回赛	2004年7月3—4日	世纪公园
全国业余体校乒乓球比赛(南方赛区)	2004年7月20—26日	宝宸体育馆
第十八届全国软式网球锦标赛、第十届全国青少年软式网球锦标赛	2004年7月26日—8月1日	上海体育学院
全国花样轮滑锦标赛	2004年8月13—15日	黄浦轮滑馆
全国第七届大学生运动会	2004年8月28日—9月6日	松江大学城
全国射击系列赛(第三站)暨个人锦标赛(男子手枪)	2004年9月12—17日	上海市射击射箭运动中心
全国公路摩托锦标赛(第四站)	2004年10月6—8日	松江天马山赛道
中国职业高尔夫球联盟杯皇冠假日上海公开赛	2004年10月18—24日	汤臣高尔夫俱乐部
"沪体杯"全国垒球锦标赛	2004年10月19—21日	上海市体校
全国蹼泳锦标赛	2004年10月30日—11月1日	浦东游泳馆
全国中国式摔跤冠军赛	2004年11月2—8日	上海建桥学院
第九届国际奥委会主席杯全国百城市自行车赛总决赛	2004年11月20日	世纪公园
VOLVO中国公开赛	2004年11月25—28日	上海旭宝高尔夫俱乐部
"浦东三林杯"第八届中国国际龙狮邀请赛	2004年11月27—28日	东方明珠电视塔广场
第二届全国中老年太极柔力球比赛	2004年11月28日—12月1日	闸北体育馆
2004—2005年全国男篮甲A联赛	2004年11月—2005年3月	卢湾体育馆
2004—2005年全国女排甲级联赛	2004年12月—2005年1月	闸北体育馆
全国职业台球排名赛(上海站)	2004年12月21—25日	上海传奇台球俱乐部
2004—2005年全国男排甲级联赛	2004年12月—2005年3月	闸北体育馆
全国室内田径锦标赛暨十运会预赛(第一站)	2005年2月19—21日	上海市二体校
全国击剑冠军赛系列赛暨十运会预赛(第一站)	2005年2月20日—3月2日	上海金融学院
首届全国室内五人制足球联赛	2005年2月26日—3月1日	松江体育馆
中国足球甲级联赛	2005年3月5日—10月22日	上海九城主场、奉贤体育场
全国汽车拉力锦标赛	2005年3月11—13日	松江佘山

（续表一七）

竞　赛　名　称	时　　间	地　　点
全国射击系列暨十运预赛（第一站飞碟）	2005年4月1—9日	上海市射击射箭运动中心
全国棒球联赛	2005年4月1日—7月10日	上海市体育宫
全国汽车场地锦标赛（第一、四站）	2005年4月4—6日、9月2—4日	上海国际赛车场
“美津浓杯”全国友好省市女子排球邀请赛	2005年4月11—14日	青浦体育馆
全国围棋甲级联赛	2005年4月17日—12月31日	各参赛城市
“种种园林杯”全国公路自行车冠军赛	2005年4月21—25日	崇明县
首届全国电子竞技运动会（上海赛区预赛）	2005年4月24—25日	上海市体育宫
全国老爷车集结赛	2005年4月23—25日	相关公路路段
“城大建材杯”全国象棋大师冠军赛	2005年5月4—8日	华天假日宾馆
全国象棋甲级联赛	2005年5月10日—11月30日	上海
全国街舞大赛上海分区赛	2005年5月19—21日	时尚生活广场
全国体操锦标赛暨十运会预赛	2005年5月21—25日	上海国际体操中心
“中南海杯”全国保龄球巡回赛（上海站）	2005年5月25—28日	上海市体育宫
“崇明岛杯”全国公路自行车冠军赛	2005年5月25—29日	崇明县
全国少儿年龄组游泳分区赛	2005年5月28—29日	敬业游泳馆
全国公路摩托车锦标赛（第四站）	2005年5月29日	松江天马山赛车场
中国足球协会乙级俱乐部队联赛	2005年5—10月	各参赛队城市
全国女足超级联赛（上海赛区）	2005年6月3—11日	杨浦体育场、同济大学等
全国龙舟活动月系列赛（上海地区）	2005年6月11日	苏州河
全国乒乓球俱乐部超级联赛	2005年6—12月	各主要俱乐部
全国青少年曲棍球锦标赛	2005年7月24—29日	闵行三中
上海国际足球锦标赛	2005年7月27—30日	上海体育场
全国少年击剑锦标赛暨夏令营	2005年8月7—19日	宝宸体育馆
全国沙滩排球巡回总决赛暨十运会资格赛	2005年8月16—19日	陆家嘴、浦东游泳馆
全国青少年台球比赛	2005年8月17—21日	上海市回民中学
2005—2006年全国女排甲级联赛	2005年8月20日—2006年4月10日	复旦大学
全国少儿国际象棋团体锦标赛	2005年8月21—25日	上海宸南大酒店
2005—2006年全国男排甲级联赛	2005年8月21日—2006年4月10日	复旦大学
“建桥杯”全国女子围棋赛（第二阶段）	2005年8—10月	上海建桥学院
全国卡丁车锦标赛（第二站）	2005年9月30日—10月2日	南汇赛车场
“松江新城杯”全国摩托艇精英赛	2005年10月29—30日	松江新城
2005—2006年全国女篮甲级联赛	2005年11月—2006年2月	宝辰体育馆

(续表一八)

竞 赛 名 称	时 间	地 点
2005—2006 中国男子篮球职业联赛	2005 年 11 月—2006 年 4 月	卢湾体育馆
全国短池游泳锦标赛	2005 年 12 月 10—12 日	浦东游泳馆
“维达杯”全国保龄球俱乐部联赛	2006 年 1 月 23—25 日	樱花保龄球馆
第十三届中国围棋新人王赛	2006 年 2 月 5—11 日	上海五星上将酒店
全国室内田径锦标赛(第一站)	2006 年 2 月 18—19 日	上海体育运动技术学院
中国足球协会超级联赛	2006 年 3 月 11 日—10 月 22 日	上海
全国汽车场地锦标赛(第一站)	2006 年 3 月 11—12 日	上海国际赛车场
中国足球协会杯赛	2006 年 3 月 15 日—11 月 19 日	上海队主场
2005—2006 赛季 CBA 全明星赛	2006 年 3 月 17—18 日	上海体育馆
全国桥牌通讯赛	2006 年 3 月 18 日	上海报业集团
全国汽车拉力锦标赛(第一站)	2006 年 3 月 24—26 日	金山亭林、张堰赛道
VOLVO 中国公开赛资格预选赛	2006 年 3 月 27—29 日	旭宝高尔夫俱乐部
全国桥牌通讯赛	2006 年 3、6、9、12 月	上海市体育俱乐部
POLO 杯汽车场地挑战赛	2006 年 3—11 月	松江天马山赛车俱乐部
全国春季皮划艇锦标赛	2006 年 4 月 6—9 日	上海市水上运动中心
全国 6 人制足球挑战决赛	2006 年 4 月	—
全国棒球联赛	2006 年 4—11 月	浦东康贝棒垒球场
全国围棋甲级联赛	2006 年 4—12 月	各队主场
全国龙舟活动月系列赛	2006 年 6—7 月	苏州河
全国 OP 帆船锦标赛	2006 年 6 月 3—11 日	上海市水上运动中心
全国青少年健美操锦标赛(上海赛区)	2006 年 7 月 20—23 日	上海市延安中学
全国大(中)学生射击竞赛	2006 年 7 月 21—25 日	上海市射击射箭运动中心
全国少年儿童体操比赛(第二赛区)	2006 年 7 月 21—25 日	上海市体操运动中心
全国青年赛艇锦标赛	2006 年 8 月 14—18 日	上海市水上运动中心
第二届全国青少年美式台球锦标赛	2006 年 8 月 15—18 日	上海市回民中学
全国儿童击剑赛(夏令营)	2006 年 8 月 16—20 日	同洲模范学校
全国少年儿童围棋赛(第一阶段)	2006 年 8 月 17—24 日	浦东新区少年宫
全国少年赛艇锦标赛	2006 年 8 月 22—25 日	上海市水上运动中心
全国汽车场地锦标赛(第四站)成龙杯明星慈善赛	2006 年 8 月 26—27 日	上海国际赛车场
第四届建桥杯全国女子围棋赛决赛	2006 年 9 月 4—7 日	上海建桥学院
全国武术套路冠军赛	2006 年 9 月 17—21 日	上海中医药大学
全国卡丁车锦标赛(第三站)	2006 年 9 月 22—24 日	海港度假娱乐有限公司

（续表一九）

竞赛名称	时　间	地　点
全国摩托艇精英赛(上海站)	2006年9月24日	松江区泰晤士小镇
足协室内五人制足球甲级联赛	2006年9月25—29日	闸北体育馆
"农行杯"全国沙滩足球赛	2006年10月1—3日	金山区
全国皮划艇锦标赛	2006年10月10—15日	上海市水上运动中心
全国象棋甲级联赛(22轮)	2006年10—11月	上海
第二届全国壁球赛	2006年10月21—25日	会众壁球有限公司
全国射击系列赛第四站暨总决赛(移动靶、飞碟)	2006年10月25—31日	上海市射击射箭运动中心
全国秋季赛艇锦标赛	2006年10月27—31日	上海市水上运动中心
2006—2007年中国男子篮球职业联赛	2006年10月—2007年4月	卢湾体育馆
2006—2007年全国男、女子排球联赛	2006年10月—2007年4月	闸北体育馆、复旦大学
全国摩托车锦标赛(上海站)	2006年11月3—5日	松江天马山赛车场
全国老年人台球(斯诺克)比赛	2006年11月15—19日	上海市回民中学、青松城
第二届中国热气球巡回赛上海站比赛	2006年11月17—19日	东方绿舟体育训练基地
"科罗拉多杯"全国冬季游泳锦标赛	2006年12月19—22日	浦东游泳馆
冬季全国桥牌通讯赛(上海赛区)	2006年12月23日	万达信息股份有限公司
第一届全国女子拳击冠军赛	2007年1月5—8日	上海体育学院
全国少年、儿童跳水冠军赛(解放军站)	2007年1月29—30日	上海
全国万人健美操大众锻炼标准大赛总决赛	2007年1月30日—2月1日	金山区轮滑馆
足协室内五人制足球甲级队联赛	2007年2月3—7日	东华大学
2006—2007年全国女子篮球甲级联赛	2007年2月27日—4月22日	上海
中国足球协会超级联赛	2007年3月3日—11月11日	源深体育场
全国室内田径锦标赛(第一站)	2007年3月15—16日	上海市二体校
全国桥牌通讯赛	2007年3月18日、6月17日、9月23日、12月23日	上海市体育俱乐部
全国汽车拉力锦标赛(第一站)	2007年3月23—25日	金山卫、亭林、张堰镇等
中国足球协会甲级联赛	2007年3月31日—10月27日	松江体育场
全国棒球联赛	2007年4月13日—7月1日	浦东康贝棒垒球场
中国足协乙级联赛上海赛区预赛	2007年4—9月	崇明体育场
全国围棋甲级联赛	2007年5—12月	龙之梦丽晶大酒店等
全国象棋甲级联赛	2007年5月22日—12月9日	华亭宾馆等
全国体操锦标赛、蹦床系列赛暨奥运会选拔赛	2007年6月5—19日	上海国际体操中心
全国武术套路精英赛	2007年6月8—10日	上海中医药大学

(续表二〇)

竞 赛 名 称	时 间	地 点
全国乒乓球俱乐部超级联赛	2007 年 6 月 9 日—9 月 12 日	华东理工大学
中国职业九球排名赛(第一站)	2007 年 6 月 20—25 日	潘晓婷桌球俱乐部
全国青年皮划艇锦标赛暨六城会皮划艇预赛	2007 年 6 月 20—30 日	上海市水上运动中心
“朱家角杯”中国象棋大师邀请赛	2007 年 6 月 23—25 日	青浦朱家角古镇
世界著名在华企业健身大赛	2007 年 6—11 月	全市各赛场
全国汽车场地锦标赛(第一站)	2007 年 7 月 7—8 日	上海国际赛车场
全国青少年体育舞蹈锦标赛	2007 年 7 月 12—14 日	卢湾体育馆
中国超级摩托车锦标赛(第二站)	2007 年 7 月 13—15 日	国际赛车场
全国城市汽车节油擂台赛(第三站)	2007 年 7 月 27—29 日	国际赛车场
全国中学生、业余体校手球联赛	2007 年 8 月 6—8 日	同洲模范学校
全国羽毛球锦标赛(团体预决赛)	2007 年 8 月 20—26 日	闵行体育馆
中国超级摩托车锦标赛	2007 年 8 月 20—26 日	松江天马山赛车场
2007—2008 年中国男子排球联赛	2007 年 9 月—2008 年 1 月	南汇体育中心
2007—2008 年中国女子排球联赛	2007 年 9 月—2008 年 3 月	南汇体育中心
全国卡丁车锦标赛(第五站)	2007 年 10 月 13—14 日	南汇卡车场
中国壁球公开赛	2007 年 10 月 19—21 日	梅龙镇广场
全国汽车场地锦标赛(第六站)	2007 年 10 月 20—21 日	国际赛车场
全国重点单位乒乓球赛	2007 年 11 月 16—23 日	宝山区杨泰小学
全国公路摩托车锦标赛(第四站)总决赛	2007 年 11 月 18 日	松江天马山赛车场
全国空手道冠军赛	2007 年 11 月 30 日—12 月 2 日	华东师范大学
中国明星足球队 VS 好男儿足球队表演赛	2007 年 12 月 8 日	虹口足球场
2007—2008 年中国男子篮球职业联赛	2007 年 11 月—2008 年 2 月	卢湾体育馆
2007—2008 年中国女子篮球甲级联赛	2007 年 12 月—2008 年 3 月	宝辰体育馆
全国中老年足球赛	2007 年 12 月 9—15 日	白洋淀足球场
全国室内田径大奖赛(第一站)	2008 年 1 月 26—27 日	上海市田径运动中心
第十六届全国少年儿童国际象棋冠军赛	2008 年 2 月 11—18 日	民权路 18 号
全国国际象棋青年冠军赛	2008 年 2 月 11—18 日	民权路 18 号
全国桥牌通讯赛	2008 年 3 月 23 日	上海市体育俱乐部
中国足协超级联赛	2008 年 3—11 月	虹口足球场
全国女子曲棍球冠军杯赛	2008 年 4 月 1—10 日	闵行区曲棍球场
全国棒球联赛第一阶段、第二阶段	2008 年 4—5 月、9—10 月	康贝棒球场、上海交通大学
中国方程式汽车赛第一站	2008 年 4 月 17—18 日	上海国际赛车场

（续表二一）

竞赛名称	时　间	地　点
中国超级摩托车锦标赛第三站	2008年4月18—20日	松江天马赛车场
全国汽车场地锦标赛第一站	2008年4月19—20日	国际赛车场
中国足协甲级联赛	2008年4—10月	金山足球场
全国围棋甲级联赛	2008年4—12月	青浦
全国象棋甲级联赛二十二轮	2008年4月	华亭宾馆
全国击剑冠军系列赛第二站(花剑)	2008年5月6—7日	静安体育馆
全国蹦床锦标赛暨奥运会测试赛	2008年5月8—15日	上海国际体操中心
“花木广洋杯”第四届全国象棋大棋圣战	2008年5月18—23日	上海浦东新区
全国汽车拉力锦标赛第二站	2008年5月31日—6月1日	江湾
全国卡丁车竞标赛第三站	2008年7月5—6日	白玉兰卡丁车场
第十七届“应氏杯”中国大学生围棋赛	2008年7月15—21日	上海建桥学院
全国少年儿童跳水锦标赛	2008年7月16—19日	上海游泳馆
全国艺术体操锦标赛	2008年9月4—7日	上海国际体操中心
全国赛艇锦标赛	2008年9月23—27日	上海市水上运动中心
2008—2009年全国男女排球联赛	2008年9月—2009年4月	南汇体育中心
中国壁球公开赛	2008年10月15—20日	百联又一城
全国垒球锦标赛	2008年10月18—26日	上海市体校
全国花样游泳锦标赛	2008年10月30日—11月2日	东方绿舟体育训练基地
中国乒乓球俱乐部超级联赛	2008年10—12月	上海外国语大学
2008—2009年中国男、女子篮球职业联赛	2008年10月—2009年2月	卢湾体育馆、宝辰体育馆等
中国方程式公开赛第五站	2008年11月22—23日	上海国际赛车场
全国汽车场地锦标赛第六站	2008年12月12—13日	松江天马赛车场
首届全国象棋超霸赛	2008年12月19—27日	衡山宾馆
全国青少年美式台球锦标赛	2009年1月16—20日	上海市回民中学
全国室内田径锦标赛(第二站)	2009年2月18—19日	上海市田径运动中心
“茵宝杯”五人制足球赛总决赛	2009年2月27日—3月1日	南京东路世纪广场
足协室内五人制足球甲级联赛(上海站)	2009年3月11—17日	东华大学
第四届全国象棋大棋圣赛	2009年3月20—25日	仁和宾馆
全国桥牌通讯赛	2009年3月22日、6月21日、9月20日、12月20日	上海
全国女子曲棍球冠军杯赛	2009年3月26—31日	闵行区曲棍球场
中国足球超级联赛	2009年3—10月	上海体育场、源深体育中心
全国皮划艇春季冠军赛	2009年4月9—12日	上海市水上运动中心

(续表二二)

竞赛名称	时间	地点
第十六届“建桥杯”围棋新人王赛暨第三届“建桥杯”女子新人王赛	2009 年 5 月 1—4 日	仁和宾馆
全国国际象棋联赛	2009 年 5 月 1 日—11 月 30 日	仁和宾馆
第十一届全运会预赛及全国冠军赛团体赛(花剑)	2009 年 5 月 7—8 日	静安体育馆
全国射击冠军赛(飞碟、移动靶)	2009 年 5 月 8—20 日	上海市射击射箭运动中心
激情探戈—全国万人标准舞大赛(选拔赛)	2009 年 5 月 9 日	闸北体育馆
全国围棋甲级联赛	2009 年 5 月 18 日—12 月 19 日	浦东塘桥镇
中国房车锦标赛(第一站)	2009 年 5 月 23—24 日	上海国际赛车场
中国乒乓球俱乐部超级联赛	2009 年 5 月 23 日—8 月 23 日	华东理工大学
全国卡丁车锦标赛(第二站)	2009 年 5 月 30—31 日	南汇赛车场
POLO 杯挑战赛(季前赛)	2009 年 5—8 月	松江天马山赛车场
中国女子足球足协杯赛决赛	2009 年 6 月 4—10 日	立信会计学院、东方绿舟体育训练基地
全国模拟遥控飞行分站赛(上海站)	2009 年 6 月 6—7 日	国际展览中心
全国板球锦标赛分区赛	2009 年 6 月 6—14 日	同济大学
全国射击团体锦标赛(女子手枪项目)	2009 年 6 月 17—21 日	上海市射击射箭运动中心
全国象棋甲级联赛	2009 年 6 月 19 日—12 月 12 日	仁和宾馆
全国艺术体操集体锦标赛	2009 年 6 月 24—28 日	上海国际体操中心
中国体育舞蹈公开赛(上海站)	2009 年 6 月 27—28 日	卢湾体育馆
中国房车锦标赛(第二站)	2009 年 6 月 27—28 日	天马山赛车场
“老凤祥杯”全国健身先生、健身小姐锦标赛暨第四届全国体育大会健身预选赛	2009 年 7 月 4—5 日	黄浦区体育健身中心
中国房车锦标赛(第三站)	2009 年 7 月 25—26 日	上海国际赛车场
中国 A 类桥牌俱乐部联赛(第二站)	2009 年 8 月 12—16 日	佳友维景大酒店
全国儿童击剑赛	2009 年 8 月 18—26 日	松江民乐学校、松江城市科技学校、松江大学城
中国超级摩托车锦标赛(第三站)	2009 年 8 月 21—23 日	松江天马山赛车场
中国房车锦标赛(第五站)	2009 年 11 月 7—8 日	上海国际赛车场
全国体操个人赛	2009 年 11 月 24—29 日	上海市体操运动中心
2009—2010 年全国男、女子排球联赛	2009 年 11 月—2010 年 3 月	南汇体育中心
第十九届全国体育舞蹈锦标赛	2009 年 12 月 10—13 日	卢湾体育馆
“九城置业杯”2009 中国象棋年终总决赛	2009 年 12 月—2010 年 1 月	卢湾体育馆
2009—2010 年全国男、女子篮球职业联赛	2009 年 12 月—2010 年 4 月	源深体育馆、上海大学
全国少年、儿童跳水冠军赛	2010 年 2 月 6—7 日	海军上海基地

（续表二三）

竞 赛 名 称	时　　间	地　　点
全国田径室内 60 米栏特许赛	2010 年 2 月 26 日	莘庄基地田径场
中国足协甲级联赛	2010 年 3—10 月	上海体育场、源深体育场
中国足协超级联赛	2010 年 3—11 月	虹口足球场
全国桥牌通讯赛(春季、夏季、秋季、冬季)	2010 年 3 月 21 日、6 月 20 日、9 月 18 日、12 月 19 日	上海
全国皮划艇静水春季冠军赛	2010 年 4 月 6—9 日	上海市水上运动中心
中国房车锦标赛(CTCC)(第一站)	2010 年 4 月 10—11 日	松江天马山赛车场
中国体育舞蹈公开赛(上海站)	2010 年 4 月 10—11 日	卢湾体育馆
全国女子曲棍球甲级联赛(第二站)	2010 年 4 月 16—22 日	闵行曲棍球场
全国围棋甲级联赛	2010 年 4—12 月	永达奥迪展厅
全国击剑冠军赛系列赛(花剑赛)	2010 年 5 月 6—7 日	静安体育馆
全国卡丁车锦标赛(CKC)(第三、四站)	2010 年 6 月 12—13 日、6 月 15—16 日	南汇、曲阳
全国汽车漂移系列赛	2010 年 6 月 14—15 日	松江天马山赛车场
全国乒乓俱乐部甲 B 赛(第一站)	2010 年 6 月 16—20 日	曹燕华乒乓培训学校
中国棒球联赛	2010 年 7 月 12 日—8 月 29 日	上海交通大学
全国国际象棋联赛(上海站)	2010 年 7 月 23—26 日	世博会信息通信馆
中国超级摩托车锦标赛(CSBK)(第三站)	2010 年 8 月 7—8 日	松江天马山赛车场
全国 OP 帆船锦标赛	2010 年 8 月 8—15 日	上海市水上运动中心
全国武术套路冠军赛	2010 年 8 月 11—15 日	上海工程技术大学
中国足球协会室内五人制足球甲级联赛	2010 年 9 月—10 月 4 日	东华大学
全国青少年 3V3 篮球冠军挑战赛上海赛区	2010 年 9 月 25 日—11 月 10 日	上海
全国房车锦标赛(CTCC)(第七站)	2010 年 10 月 23—24 日	上海
汇丰全国青少年高尔夫冠军赛总决赛	2010 年 10 月 28—31 日	上海华凯乡村体育俱乐部
建桥杯全国女子围棋赛	2010 年 11 月 1—2 日	上海建桥学院
2010 年全国老年人健身球操交流活动	2010 年 11 月 3—5 日	上海中医药大学
全国女子曲棍球锦标赛	2010 年 12 月 20—28 日	闵行区曲棍球场
2010—2011 年全国女子篮球甲级联赛	2010 年 12 月—2011 年 3 月	上海大学
2010—2011 年全国男子篮球职业联赛	2010 年 12 月—2011 年 4 月	源深体育中心
2010—2011 年全国男、女子排球联赛	2010 年 12 月—2011 年 4 月	卢湾体育馆

第三节　上海市运动会

一、第六届市运会

第六届上海市运动会于 1978 年 9 月 3 日在虹口体育场开幕，10 月 8 日在上海体育馆闭幕。比赛分市区和郊县两个组,24 个单位共 7 000 多名运动员参赛,有 4 人 2 队 7 次破 6 项全国纪录和全国少年纪录,45 人 15 队 75 次打破 58 项市纪录和市青少年纪录。静安、虹口和徐汇区获市区组团体总分前三,崇明、川沙、上海县获郊县组团体总分前三。

二、第七届市运会

第七届上海市运动会于 1982 年 8 月 10 日在虹口体育场开幕,10 月 21 日在上海体育馆闭幕。赛事分市区、郊县和市区少年 3 个组。28 个单位共 5 948 名运动员参赛,4 人 5 次破 4 项全国纪录,25 人 1 队 42 次破 24 项市纪录,12 人 25 次破 26 项市青少年纪录。54 个运动队、112 名个人获得第七届市运会精神文明奖。

三、第八届市运会

第八届上海市运动会于 1986 年 7 月 17 日在虹口体育场开幕,10 月 21 日在上海体育馆闭幕。比赛分市区组、市区少年组和郊县组,36 个单位共 5 608 名运动员参赛,1 人 2 次破 1 项全国纪录,1 人创 3 项全国最新成绩,2 人 2 次超 1 项世界少年纪录,6 人 17 次超 9 项全国少年纪录,16 人 1 队 52 次破 32 项上海市纪录。

四、第九届市运会

第九届上海市运动会于 1990 年 5 月 6 日在上海体育馆开幕,5 月 26 日晚在大世界游乐中心闭幕。比赛分市区成年、市区少年和郊县三个组,53 个单位共 10 767 名运动员参赛,1 人 1 次破 1 项全国纪录并超世界纪录,2 人 9 次破 4 项全国年龄组纪录,20 人 4 队 50 次破 40 项上海市年龄组纪录,9 人 12 次破 7 项市纪录。获市区少年组团体总分前三名的是普陀、卢湾、长宁区;获郊县组团体总分前三名的是上海、嘉定、崇明县;获局、系统奖牌前三名的是上海体育学院、上海市轻工业局、上海高校。运动会期间开展体育道德风尚奖评选活动和上海市体育先进个人先进集体评选活动。

五、第十届市运会

第十届上海市运动会于 1995 年 5 月 14 日在虹口体育场开幕,6 月 4 日在上海影城闭幕。赛事分市区成年、市区少年和郊县 3 个组,47 个代表团共 7 973 名运动员参赛,4 人 13 次打破 7 项全国年龄组纪录,8 人 8 次破 7 项市纪录,2 人 2 次破 2 项市青年组纪录,119 人 287 次破 131 项市年龄组纪录。获市区少年组团体总分前三名的是长宁、黄浦和静安区,获郊县组团体总分前三名的是崇明、嘉定和青浦县,获局、系统奖牌数前三是上海体育学院、上海高校和上海市轻工业局。

六、第十一届市运会

第十一届上海市运动会于 1999 年 4 月 25 日在上海体育场开幕,5 月 23 日在上海体育馆闭幕。赛事分为成年和少年两组,成年组以群众性健身项目为主,少年组以奥运会竞技项目为主,46 个代表团共 13 332 名运动员参赛，1 人超 1 项世界纪录，1 人超 1 项世界青少年纪录，9 人 9 次创 5 项市纪录，2 人 2 次平 1 项市纪录，21 人 31 次创 17 项市少年纪录，3 人 3 次平 3 项市少年纪录。获成年组前三名的是上海高校、上海体育学院和长宁区，获少年组前三名的是长宁、杨浦和静安区。

七、第十二届市运会

第十二届上海市运动会于 2002 年 10 月 19 日在上海体育场开幕，11 月 3 日在卢湾体育馆闭幕。赛事分为成年和青少年两组，全市 41 个代表团共 21 758 名运动员参赛。62 人 29 队 144 次刷新 61 项市青少年纪录。成年组增设健身路径、体能五项、登楼和木兰拳等项目，同时扩大参赛单位和参赛对象，鼓励在沪外籍人士和港、澳、台同胞参赛，市运会首次出现“洋面孔”。获青少年组 8 项奖牌前三的是黄浦、长宁和卢湾区，获成年组奖牌前三的是黄浦区、上海高校和浦东新区。

八、第十三届市运会

第十三届上海市运动会于 2006 年 9 月 16 日在上海体育馆开幕，11 月 16 日于上海展览中心友谊会堂闭幕。赛事分青少年、大学生和成年 3 个组别，67 个代表团、28 794 名运动员参赛。其中上海台商协会和台盟上海市委共同组建的代表团参加乒乓球、羽毛球、保龄球等 6 个项目，这是台商、台胞首次独立组团参加市运会。历时两个月的比赛中，青少年组 20 人 28 次创 22 项市青少年纪录，大学生组 1 人 1 次创全国大学生纪录。浦东新区以 111.5 枚金牌名列青少年组团体榜首，黄浦区以 106 枚金牌名列成年组团体第一，上海体育学院以 49 枚金牌摘得大学生组团体桂冠。运动会期间开展优秀竞赛组织奖评选活动和体育道德风尚奖评选活动。

九、第十四届市运会

第十四届上海市运动会于 2010 年 10 月 12 日在上海体育馆开幕，11 月 15 日在上海展览中心友谊会堂闭幕。第十四届市运会由漕河泾开发区冠名，赛事分为青少年、高校和大众组 3 个组别，60 个代表团、22 317 名运动员参赛。第十四届市运会设 1 390 枚金牌，4 500 枚奖牌。1 队创 1 项上海市纪录，16 人 7 队创 30 项市青少年年龄组纪录，2 人 2 次平 4 项市青少年年龄组纪录。运动会期间开展体育道德风尚奖评选活动和优秀竞赛组织奖评选活动。

图 4－2－3 2010 年上海市第十四届运动会击剑比赛(青少年组花、佩剑)

第三章　参加重大体育赛事

第一节　夏季奥林匹克运动会

上海运动员从1984年首次参加第二十三届奥运会，到2008年的第二十九届北京奥运会，共有233人(次)参加比赛，获得金牌11枚、银牌22.5枚、铜牌18枚，为国家体育事业发展做出了贡献。

一、第二十三届奥运会

1984年7月28日—8月12日，第二十三届奥运会在美国洛杉矶举行。中国代表团首次参加奥运会，派出由225名选手组成的大型代表团，参加16个大项比赛，获得15枚金牌、8枚银牌、9枚铜牌，位列奖牌榜第4名。代表团中有来自上海的教练员7人、运动员27人。上海运动员获得1枚银牌、5枚铜牌。分别为银牌：李小平；铜牌：朱建华、吴佳妮、丛学娣、武邢江、刘莉萍、张佩君、何剑萍。

参加第二十三届奥运会的上海运动员及工作人员

赛艇：陈昌凤(女)、史美萍(女)、黄美霞(女)、张黎明(女)、唐红卫、顾家宏

击剑：崔一宁、俞一峰、陈金初、竺敏珠(女)

田径：朱建华、刘云鹏、杨文琴(女)、朱红杨(女)

游泳：郑健、沈坚强

体操：吴佳妮(女)、李小平

水球：瞿保卫、潘盛华

自行车：吕玉娥(女)

篮球：丛学娣(女)

排球：沈克勤

手球：武邢江(女)、刘莉萍(女)、张佩君(女)、何剑萍(女)

教练员7人：胡鸿飞(田径)、程骏迪(赛艇)、李秋诚(击剑)、艾大钧(击剑)、王秀雄(击剑)、唐振鑫(游泳)、黄德国(手球)

裁判员3人：李永美(体操)、陈静析(击剑)、何连德(水球)

参观团官员2人：沈家麟、林朝权

表4-3-1　中国代表团上海运动员参加第二十三届奥运会前八名一览表

大　项	小　　项	运　动　员	名　次
体操	男子团体	李小平	2
篮球	女子篮球	丛学娣	3
手球	女子手球	武邢江、刘莉萍、张佩君、何剑萍	3

（续表）

大　项	小　　项	运　动　员	名　次
体操	女子团体	吴佳妮	3
田径	男子跳高	朱建华	3
击剑	男子重剑团体	崔一宁	6
田径	男子跳高	刘云鹏	7
赛艇	女子四人单桨有舵	张黎明、黄美霞、史美萍、陈昌凤	8

二、第二十四届奥运会

1988 年 9 月 17 日—10 月 2 日，第二十四届奥运会在韩国汉城举行。中国派出 301 名选手参加比赛，由于苏联、民主德国及东欧等国家参加奥运会，竞争更为激烈，中国运动员最终获得 5 枚金牌、11 枚银牌和 12 枚铜牌，总分数居第 11 位。代表团中来自上海的运动员 30 人、教练员 4 人、裁判员 4 人。上海运动员获得 2 枚银牌、1 枚铜牌，其中杨文意、庄泳各获一枚银牌。

参加第二十四届奥运会的上海运动员及工作人员

足球：柳海光、张惠康

篮球：丛学娣（女）、凌光（女）

排球：李国君（女）、李月明（女）

手球：何剑萍（女）、张弘（女）、柳蓓莉（女）、李传芬（女）

田径：朱建华

游泳：杨文意（女）、庄泳（女）、沈志强、谢军、郑健

水球：王敏辉、俞翔、崔世平、葛坚清

体操：樊迪（女）

射击：金瑛（女）

击剑：叶冲、劳绍沛、杜震城

自行车：邬伟培

现代五项：张斌

拳击：刘栋

羽毛球（表演项目）：王朋仁、史方静（女）

教练员 4 人：董传强（女排）、胡鸿飞（田径）、唐振鑫（水球）、沈金康（自行车）

裁判员 4 人：陈静析（击剑）、宣增镛（跳水）、何连德（水球）、顾寇凤（乒乓球）

表 4-3-2　中国代表团上海运动员参加第二十四届奥运会前八名一览表

大　项	小　　项	运　动　员	名　次
游泳	女子 50 米自由泳	杨文意	2
游泳	女子 100 米自由泳	庄　泳	2

(续表)

大　项	小　　项	运　动　员	名　次
排球	女子排球	李月明、李国君	3
篮球	女子篮球	丛学娣、凌　光	6
手球	女子手球	何剑萍、张　弘、柳蓓莉、李传芬	6

三、第二十五届奥运会

1992年7月25日—8月9日,第二十五届奥运会在西班牙巴塞罗那举行。中国代表团一行380人(其中运动员250人)共获金牌16枚、银牌22枚、铜牌16枚。中国台北棒球队获得银牌。代表团中来自上海的运动员20人、教练员4人。上海运动员获金牌2枚、银牌5枚;3人破2项世界纪录,3人5次破3项奥运会纪录。上海首次在奥运史上突破金牌"零"的纪录。庄泳获女子100米自由泳金牌,杨文意获女子50米自由泳金牌;庄泳、杨文意、乐靖宜获女子4×100米自由泳接力银牌;庄泳获女子50米自由泳银牌;丛学娣获女子篮球项目银牌。

参加第二十五届奥运会的上海运动员及工作人员

游泳:庄泳(女)、沈坚强、谢军、杨文意(女)、乐靖宜(女)、陆笛(女)

赛艇:李建新、姚建忠、冯丽(女)、马德凤(女)

击剑:劳绍沛、叶冲、陈飚、叶琳(女)

排球:李国君(女)、李月明(女)、王怡(女)

篮球:丛学娣(女)

现代五项:张斌

网球:夏嘉平

教练员4人:步子刚(游泳)、陆元盛(乒乓球)、沈金康(自行车)、邬秀霞(篮球)

参观团:金永昌

表4-3-3　中国代表团上海运动员参加第二十五届奥运会前八名一览表

大　项	小　　项	运　动　员	名　次
游泳	女子100米自由泳	庄　泳	1
游泳	女子50米自由泳	杨文意	1
游泳	女子4×100米自由泳接力	庄　泳、杨文意、乐靖宜	2
游泳	女子50米自由泳	庄　泳	2
篮球	女子篮球	丛学娣	2
游泳	女子4×100米混合泳接力	乐靖宜	4
击剑	女子花剑团体	叶　琳	6
游泳	女子100米自由泳	乐靖宜	6
排球	女子排球	李国君、李月明、王　怡	7

四、第二十六届奥运会

1996年7月19日—8月4日，第二十六届奥林匹克运动会在美国亚特兰大举行。比赛设26个大项271个小项，197个国家和地区的10 788名运动员参加。中国派出由495人组成的代表团参赛，其中运动员309人，共获得金牌16枚、银牌22枚、铜牌16枚。代表团中来自上海的教练员及裁判员9人，运动员26人。上海运动员获得1枚金牌，6枚银牌，1枚铜牌。乐靖宜以54秒50的成绩夺得女子100米自由泳的金牌，并打破奥运会纪录，此外还获女子4×100米自由泳接力银牌、女子50米自由泳银牌。陶桦、柳絮青获女子垒球银牌，水庆霞、孙雯、谢慧琳获女子足球银牌，隋新梅获女子铅球银牌，王怡、诸韵颖获女子排球银牌；蔡慧珏获女子4×100米混合泳接力铜牌。

参加第二十六届奥运会的上海运动员及工作人员

游泳：乐靖宜(女)、蒋丞稷、蔡慧珏(女)、叶蓓蓓(女)、王璐娜(女)

手球：陈海云(女)、王晓炯(女)

举重：徐栋

田径：陈雁浩、隋新梅(女)

击剑：叶冲、严静(女)

羽毛球：陶晓强、葛成、陈颖(女)

排球：王怡(女)、诸韵颖(女)

皮划艇：董瑛(女)

赛艇：李裴(女)

垒球：柳絮青(女)、陶桦(女)

足球：水庆霞(女)、孙雯(女)、谢慧琳(女)

网球：夏嘉平

射箭：沈军

教练员6人：韩乃国(手球)、潘佳章(游泳)、陈桂香(篮球)、李必(足球)、周明(游泳)、陆元盛(乒乓球)

裁判员3人：郭蓓(射箭)、孙麒麟(乒乓球)、宣增镛(跳水)

表4-3-4　中国代表团上海运动员参加第二十六届奥运会前八名一览表

大　项	小　　项	运　动　员	名　次
游泳	女子100米自由泳	乐靖宜	1
游泳	女子4×100米自由泳接力	乐靖宜	2
游泳	女子50米自由泳	乐靖宜	2
垒球	女子垒球	陶　桦、柳絮青	2
排球	女子排球	王　怡、诸韵颖	2
足球	女子足球	水庆霞、孙　雯、谢慧琳	2
田径	女子铅球	隋新梅	2

(续表)

大 项	小 项	运 动 员	名 次
游泳	女子4×100混合泳接力	蔡慧珏	3
游泳	男子100米蝶泳	蒋丞稷	4
游泳	男子50米自由泳	蒋丞稷	4
赛艇	女子四人皮艇	董 瑛	4
手球	女子手球	陈海云、王晓炯	5
举重	男子59公斤级	徐 栋	5
羽毛球	女子双打	陈 颖	5
羽毛球	混合双打	陶晓强	5
游泳	女子100米蝶泳	蔡慧珏	7
游泳	女子4×200米自由泳接力	王璐娜	8

五、第二十七届奥运会

2000年9月15日—10月1日,第二十七届奥运会在澳大利亚悉尼举行,奥运会设28个大项、300个小项。中国代表团共488人,其中运动员311名,参加除马术、手球和棒球以外的25个大项、174个小项的比赛,共获得28枚金牌、16枚银牌、15枚铜牌。代表团中来自上海的运动员26人,教练员4人。上海运动员获得2枚金牌和2枚银牌。王励勤获乒乓球男子双打金牌,陶璐娜获女子气手枪金牌及女子运动手枪银牌,叶冲获男子花剑团体银牌。其中陶璐娜的女子气手枪金牌是中国体育代表团获得的第一枚金牌。

参加第二十七届奥运会的上海运动员及工作人员

足球:孙雯(女)、浦玮(女)、潘丽娜(女)、谢慧琳(女)、水庆霞(女)

游泳:蒋丞稷、欧阳鲲鹏、李玮(女)、王璐娜(女)

击剑:叶冲、袁力(女)

排球:诸韵颖(女)、桂超然(女)

垒球:陶桦(女)、邱海涛(女)

射击:陶璐娜(女)、金迪

乒乓球:王励勤

羽毛球:张尉

篮球:姚明

田径:高淑英(女)

现代五项:钱震华

摔跤:赵海林

赛艇:韩晶(女)

帆船：徐春娟(女)
曲棍球：程晖(女)
教练员4人：李必(足球)、陆元盛(乒乓球)、龚吉祥(现代五项)、施之皓(乒乓球)

表4-3-5　中国代表团上海运动员参加第二十七届奥运会前八名一览表

大　项	小　项	运　动　员	名　次
射击	女子气手枪	陶璐娜	1
乒乓球	男子双打	王励勤	1
射击	女子运动手枪	陶璐娜	2
击剑	男子花剑团体	叶　冲	2
垒球	女子垒球	陶　桦、邱海涛	4
足球	女子足球	孙　雯、浦　玮、潘丽娜、谢慧琳、水庆霞	前8
排球	女子排球	诸韵颖、桂超然	5
曲棍球	女子曲棍球	程　晖	5
击剑	女子花剑团体	袁　力	7
赛艇	女子四人双桨	韩　晶	8
游泳	女子200米自由泳	王璐娜	8

六、第二十八届奥运会

2004年8月13—29日，第二十八届夏季奥运会在希腊雅典举行。中国代表团派出407名运动员参加26个大项203个小项的比赛，获得32枚金牌、17枚银牌、14枚铜牌，首次跻身金牌榜第二。代表团中上海运动员38名、教练员11名、裁判员5名，另有2名官员。上海运动员获得1.5枚金牌、3.5枚银牌和1枚铜牌。1人1次平1项世界纪录，4人2次破2项奥运会纪录。刘翔获男子110米栏金牌，吴敏霞获女子双人3米跳板金牌。叶冲获男子花剑团体银牌，王磊获男子重剑个人银牌，徐妍玮、朱颖文、庞佳颖获女子4×200米自由泳接力银牌；王励勤获乒乓球男子单打铜牌。

参加第二十八届奥运会的上海运动员及工作人员

足球：张颖(女)、浦玮(女)、季婷(女)、白莉莉(女)
游泳：朱颖文(女)、徐妍玮(女)、庞佳颖(女)、江文菁(女)、高庭艳(女)
现代五项：钱震华
跳水：吴敏霞(女)
田径：杨耀祖、刘翔、高淑英(女)
手球：王昊(女)、陈积(女)
射击：陶璐娜(女)、金迪、胡斌渊、陈永强
沙滩排球：尤文慧(女)
赛艇：冯雪玲(女)

曲棍球：程晖(女)

乒乓球：王励勤

皮划艇静水：印毅俊、徐琳蓓(女)

垒球：张爱(女)、陶桦(女)

篮球：叶莉(女)、姚明、刘炜

击剑：仲维萍(女)、张莹(女)、叶冲、王磊

花样游泳：陈瑜(女)

帆船：沈晓英(女)、池强

教练员 11 人：孙海平(田径)、王跃舫(射击)、龚吉祥(现代五项)、刘小马(帆船)、潘佳章(游泳)、徐惠琴(游泳)、陈德春(篮球)、缪志红(沙排)、陆元盛(乒乓球)、施之皓(乒乓球)、陆亨文(羽毛球)

裁判员 5 人：郁鸿骏(羽毛球)、张则人(羽毛球)、杨益(垒球)、徐根发(马术)、毕晓红(马术)

官员 2 人：金国祥(代表团秘书长)、郭蓓(射箭队翻译)

表 4-3-6　中国代表团上海运动员参加第二十八届奥运会前八名一览表

大　项	小　项	运　动　员	名　次
田径	男子 110 米栏	刘　翔	1
跳水	女子双人 3 米跳板	吴敏霞	1
跳水	女子单人 3 米跳板	吴敏霞	2
游泳	女子 4×200 米自由泳接力	朱颖文、庞佳颖、徐妍玮	2
击剑	男子花剑团体	叶　冲	2
击剑	男子重剑个人	王　磊	2
乒乓	男子单打	王励勤	3
游泳	女子 4×100 米混合泳接力	朱颖文	4
垒球	女子垒球	张　爱、陶　桦	4
射击	男子飞碟双多向	胡斌渊	4
曲棍球	女子曲棍球	程　晖	4
皮划艇	女子静水	徐琳蓓	4
花样游泳	集体项目	陈　瑜	6
击剑	女子重剑团体	仲维萍	6
射击	男子手枪速射 60 发	陈永强	6
游泳	女子 200 米自由泳	庞佳颖	7
击剑	男子重剑团体	王　磊	7
帆船	女子欧洲级	沈晓英	7
游泳	女子 4×100 米自由泳接力	朱颖文、徐妍玮	8
击剑	女子佩剑个人	张　莹	8
手球	女子手球	王　旻、陈　积	8
篮球	男子篮球	姚　明、刘　炜	8

七、第二十九届奥运会

2008年8月8—24日，第二十九届奥运会在中国北京举行，中国派出639名运动员组成的代表团参赛。代表团中上海有66名运动员、20名教练员、2名医务人员、1名官员。上海代表团参加19个大项23个小项比赛，获得4.5枚金牌、3枚银牌、10枚铜牌，4人次打破3项世界纪录，另有3人次打破2项奥运会纪录。

图4-3-1 上海市体育局局长于晨在2008年上海奥运健儿表彰大会上总结参赛工作

参加第二十九届奥运会的上海运动员及工作人员名录

射击：费逢吉(女)、曲日东、金迪、胡斌渊

击剑：仲维萍(女)、王磊

现代五项：钱震华、曹忠荣

马术：张滨

帆船：徐莉佳(女)

赛艇：周意男、何翌、董天峰

皮划艇：徐琳蓓(女)、沈洁

摔跤：焦华锋

拳击：邹市明

田径：金源(女)、高淑英(女)、刘翔、陈奇

游泳：徐妍玮(女)、孙晔(女)、庞佳颖(女)、朱倩蔚(女)、唐奕(女)、朱颖文(女)、刘子歌(女)、石峰、孙晓磊

跳水：吴敏霞(女)、火亮

花样游泳：孙荻亭(女)、黄雪辰(女)

水球：王用、王贝铭、马建军、余利君、吴志宇、葛伟青、李斌

垒球：张爱(女)、谭瑛(女)

足球：袁帆(女)、徐媛(女)、浦玮(女)、张颖(女)、沈龙元、李玮峰、邱盛炯、郜林

手球：吴雯娟(女)、王旻(女)、李和鑫

曲棍球：程晖(女)、李爱莉(女)

棒球：张玉峰、张力

篮球：刘炜、姚明

排球：沈琼、任琦、方颖超、马蕴雯(女)

沙滩排球：徐林胤

乒乓球：王励勤

教练员20人：张民宪(射击)、王跃舫(射击)、张斌(现代五项)、沈克俭(现代五项)、卡斯滕(马术)、刘小马(帆船)、盛泽田(摔跤)、张传良(拳击)、李国雄(田径)、孙海平(田径)、史美创(田径)、潘

佳章(游泳)、陈勤(游泳)、徐惠琴(游泳)、王敏辉(水球)、潘盛华(水球)、陶桦(垒球)、王遐(手球)、缪志红(沙滩排球)、施之皓(乒乓球)

医务人员2人:侯希贺、严诚

官员1人:于晨(中国体育代表团副秘书长)

表4-3-7 中国代表团上海运动员参加第二十九届奥运会前八名一览表

大项	小项	运动员	名次
跳水	女子双人3米跳板	吴敏霞	1
跳水	男子双人10米跳台	火　亮	1
游泳	女子200米蝶泳	刘子歌	1
乒乓球	男子团体	王励勤	1
拳击	男子48公斤级	邹市明	1
曲棍球	女子曲棍球	程　晖、李爱莉	2
游泳	4×200米自由泳接力	庞佳颖、朱倩蔚	2
跳水	女子单人3米跳板	吴敏霞	3
乒乓球	男子单打	王励勤	3
游泳	女子200米自由泳	庞佳颖	3
游泳	女子4×100米混合泳接力	庞佳颖、孙　晔	3
帆船(帆板)	女子单人艇激光雷迪尔级	徐莉佳	3
花样游泳	集体项目	黄雪辰、孙萩亭	3
排球	女子排球	马蕴雯	3
射击	男子飞碟双多向	胡斌渊	3
跳水	男子单人10米跳台	火　亮	4
游泳	女子4×100米自由泳接力	庞佳颖、朱颖文、徐妍玮、唐　奕	4
击剑	男子重剑团体	王　磊	4
现代五项	男子个人赛	钱震华	4
射击	女子运动手枪25米	费逢吉	4
足球	女子足球	张　颖、徐　媛、袁　帆、浦　玮	5
排球	男子排球	方颖超、沈　琼、任　琦	5
游泳	女子100米自由泳	朱颖文	6
垒球	女子垒球	谭　英、张　爱	6
射击	男子飞碟双多向	曲日东	6
手球	女子手球	王　旻、吴文娟	6
游泳	女子100米蛙泳	孙　晔	7
赛艇	男子八人单桨有舵	周意男、何　翌、董天峰	7

（续表）

大　项	小　　项	运　动　员	名　次
射击	男子飞碟双向	金　迪	7
棒球	男子棒球	张　力、张玉峰	8
篮球	男子篮球	姚　明、刘　炜	8

第二节　亚洲运动会

亚洲运动会（以下简称亚运会）是亚洲规模最大的综合性运动会。1951年在新德里举行第一届，此后每四年举办一届，参与国主要分布在东亚、东南亚、南亚、西亚、中亚。最初由亚洲运动会联合会主办，1982年后由亚洲奥林匹克理事会主办。上海运动员积极参与，在第八届至第十六届亚运会中取得辉煌成就。

一、第八届亚运会

1978年12月9—20日，第八届亚运会在泰国曼谷举行。中国代表团中来自上海的运动员23人。

排球：沈富麟

乒乓球：曹燕华（女）

羽毛球：张爱玲（女）、刘霞（女）、郑惠明（女）

网球：许梅林、顾明华、陈娟（女）

田径：杨文琴（女）

体操：朱政（女）

游泳：潘佳章、汤群

跳水：史美琴（女）、尤建莉（女）

水球：徐立三、瞿保卫

击剑：陈金初、崔一宁、邱红军、徐建忠、苏联凤（女）

自行车：沈金康、李建民

表4-3-8　上海运动员在第八届亚运会中获前三名一览表

大　项	小　　项	姓　　名	名　次
跳水	跳水女子跳板	史美琴	1
水球	男子水球	徐立三、瞿保卫	1
乒乓球	女子团体	曹燕华	1
羽毛球	女子团体	张爱玲、刘　霞	1
羽毛球	女子单打	刘　霞	1
羽毛球	混合双打	张爱玲	1

(续表)

大 项	小 项	姓 名	名 次
体操	女子团体	朱 政	1
体操	平衡木	朱 政	1
击剑	男子重剑团体	崔一宁	1
击剑	女子花剑团体	苏联凤	1
游泳	男子 200 米仰泳	汤 群	2
跳水	女子跳台	尤建莉	2
网球	男子双打	许梅林、顾明华	2
网球	女子单打	陈 娟	2
羽毛球	女子双打	郑惠明	2
体操	女子全能	朱 政	2
体操	高低杠	朱 政	2
击剑	男子花剑团体	邱红军、徐建忠	2
击剑	男子佩剑团体	陈金初	2
田径	女子跳高	杨文琴	3
游泳	男子 100 米仰泳	汤 群	3
网球	女子双打	陈 娟	3
排球	男子排球	沈富麟	3

注：表格数据来源《上海体育志(1996 版)》。

二、第九届亚运会

1982 年 11 月 19 日—12 月 4 日，第九届亚运会在印度新德里举行，共设 21 个项目。中国代表团中来自上海的运动员 25 人、教练员 2 人。创男子跳高当年世界最好成绩的上海选手朱建华被评为该届亚运会唯一最佳运动员。

篮球：李秋平

排球：沈富麟

乒乓球：曹燕华(女)、卜启娟(女)

羽毛球：张爱玲(女)

网球：尤伟、朱晓云(女)、顾明华

田径：朱建华、杨文琴(女)

体操：李小平、吴佳妮(女)

游泳：潘佳章、陈建波、杨新天、乐思佩(女)

水球：瞿保卫、翁彤、潘盛华、王敏辉

帆船：胡定海

赛艇：徐国良、颜军、李建新

自行车：还志辉

教练员 2 人：吕正义(网球)、胡鸿飞(田径)

表 4-3-9　上海运动员在第九届亚运会中获前三名一览表

大　项	小　　项	姓　　名	名　次
田径	男子跳高	朱建华	1
水球	男子水球	瞿保卫、翁　彤、潘盛华、王敏辉	1
乒乓球	女子团体	曹燕华、卜启娟	1
乒乓球	女子单打	曹燕华	1
乒乓球	女子双打	曹燕华	1
乒乓球	混合双打	曹燕华	1
羽毛球	女子团体	张爱玲	1
羽毛球	女子单打	张爱玲	1
体操	男子团体	李小平	1
体操	鞍马	李小平	1
体操	女子团体	吴佳妮	1
体操	平衡木	吴佳妮	1
体操	高低杠	吴佳妮	1
赛艇	男子双人单桨有舵手	徐国良、颜　军、李建新	1
游泳	男子 400 米混合泳	潘佳章	2
游泳	男子 4×200 米自由泳接力	潘佳章	2
游泳	男子 4×100 米自由泳接力	陈建波	2
游泳	男子 200 米仰泳	杨新天	2
篮球	男子篮球	李秋平	2
排球	男子排球	沈富麟	2
网球	女子团体	朱晓云	2
乒乓球	女子双打	卜启娟	2
体操	女子全能	吴佳妮	2
体操	女子自由体操	吴佳妮	2
田径	女子跳高	杨文琴	3
网球	男子团体	尤　伟	3

三、第十届亚运会

1986 年 9 月 20 日—10 月 5 日，第十届亚运会在韩国汉城举行。中国代表团中来自上海的运动员 35 人、教练员 6 人。

田径：朱建华、刘云鹏、奚霞顺、冯英华(女)、吴丽萍(女)、翁佩凤(女)

赛艇：颜军、李建新、唐红卫、顾家宏、陈昌凤(女)

击剑：汪兴旗、陈金初、劳绍沛、俞一峰、黄震

篮球：丛学娣(女)

排球：鞠根寅

水球：王敏辉、葛坚清

自行车：邬伟培、吕玉娥(女)、胡葛明(女)

手球：江山明、王侃、虞伟

乒乓球：何智丽(女)

网球：尤伟、顾明华

游泳：谢军、沈坚强、郑健、黄红(女)

足球：柳海光、秦国荣

教练员6人：林民伋(田径)、胡鸿飞(田径)、李秋诚(击剑)、唐振鑫(水球)、沈金康(自行车)、吕正义(网球)

表4-3-10 上海运动员在第十届亚运会中获前三名一览表

大 项	小 项	姓 名	名 次
田径	男子跳高	朱建华	1
赛艇	女子单人双桨	陈昌凤	1
赛艇	男子双人单桨有舵手	颜 军	1
赛艇	男子四人单桨有舵手	颜 军、李建新	1
赛艇	男子八人单桨有舵手	李建新	1
击剑	男子佩剑团体	汪兴旗、陈金初	1
击剑	男子佩剑个人	汪兴旗	1
篮球	女子篮球	丛学娣	1
排球	男子排球	鞠根寅	1
水球	男子水球	王敏辉、葛坚清	1
自行车	男子100公里团体	邬伟培	1
游泳	男子4×100米自由泳接力	沈坚强	1
游泳	男子400米自由泳	谢 军	1
游泳	女子4×100米自由泳接力	黄 红	1
田径	男子跳高	刘云鹏	2
赛艇	男子双人单桨无舵手	唐红卫、顾家宏	2
击剑	男子花剑团体	劳绍沛、俞一峰	2
击剑	男子重剑团体	黄 震	2
手球	男子手球	江山明、王 侃、虞 伟	2
乒乓球	女子单打	何智丽	2

（续表）

大　项	小　　项	姓　　名	名　次
乒乓球	女子团体	何智丽	2
乒乓球	女子双打	何智丽	2
网球	男子团体	尤　伟	2
网球	混合双打	尤　伟	2
游泳	男子 4×200 米自由泳接力	谢　军	2
游泳	男子 100 米自由泳	沈坚强	2
游泳	男子 4×100 米混合泳接力	沈坚强、郑　健	2
游泳	男子 200 米自由泳	沈坚强	3
田径	女子 4×100 米接力	冯英华、吴丽萍、翁配凤	3
游泳	女子 100 米自由泳	黄　红	3
击剑	男子花剑个人	劳绍沛	3

四、第十一届亚运会

1990 年 9 月 22 日—10 月 7 日，第十一届亚运会在北京举行，这是中国第一次举办的综合性国际体育大赛，来自亚奥理事会成员的 37 个国家和地区的体育代表团的 6 578 人参加。中国派出 636 名运动员参加全部 27 个项目和 2 个表演项目的比赛。中国代表团中来自上海的运动员 52 人、教练员 5 人。台湾时隔 12 年后，作为中国一个地区的代表队重返亚运大家庭。来自上海的男子游泳运动员沈坚强获 5 枚金牌，列个人金牌数首位；杨文意、庄泳各获 4 枚金牌。

射箭：蔡萍（女）

田径：刘云鹏、裴芳（女）、隋新梅（女）

羽毛球：史方静（女）

篮球：凌光（女）

皮划艇：蒋文标、董瑛（女）

自行车：邬伟培

击剑：劳绍沛、叶冲、杜震城、杨文勇、温冬（女）

足球：张惠康、柳海光、鞠李瑾、顾平娟（女）

体操：樊迪（女）

手球：王遐、张弘（女）、王玮（女）、吴欣（女）、刘思清（女）、孙秀兰（女）

赛艇：姚建忠、李建新、陈坚

垒球：柳絮青（女）

游泳：沈坚强、谢军、严昱民、胡征宇、杨文意（女）、庄泳（女）、沈孝宇（女）

跳水：王毅杰

水球：王敏辉、葛坚清、崔世平、江逸华

网球：夏嘉平

排球：翁亦青、鞠根寅、李国君(女)、许新(女)、李月明(女)

举重：陶巍、韩长美(女)

帆船(帆板)：刘小马、胥恒彪

摔跤：李大新

教练员5人：蒋永谊(羽毛球)、沈金康(自行车)、余有为(男子排球)、江申生(女子排球)、王长云(女子举重)。

表4-3-11　上海运动员在第十一届亚运会中获前三名一览表

大　项	小　　项	姓　　名	名　次
举重	女子82.5公斤以上级	韩长美	1
游泳	男子100米蝶泳	沈坚强	1
游泳	女子100米自由泳	庄　泳	1
游泳	男子200米自由泳	谢　军	1
游泳	女子200米自由泳	庄　泳	1
游泳	男子100米自由泳	沈坚强	1
游泳	女子100米仰泳	杨文意	1
游泳	女子4×100米自由泳接力	杨文意、庄　泳	1
游泳	男子4×100米自由泳接力	谢　军、沈坚强	1
游泳	男子50米自由泳	沈坚强	1
游泳	女子4×100米混合泳接力	庄　泳、杨文意	1
游泳	女子50米自由泳	杨文意	1
游泳	男子4×100米混合泳接力	谢　军、沈坚强	1
体操	女子团体	樊　迪	1
体操	高低杠	樊　迪	1
垒球	女子垒球	柳絮青	1
赛艇	男子四人单桨有舵手	李建新、陈　坚	1
赛艇	男子八人单桨有舵手	姚建忠	1
网球	男子团体	夏嘉平	1
网球	男子双打	夏嘉平	1
自行车	男子100公里计时赛	邬伟培	1
自行车	男子4公里追逐赛	邬伟培	1
击剑	男子花剑个人	叶　冲	1
击剑	男子花剑团体	叶　冲、劳绍沛	1
击剑	女子重剑团体	温　冬	1
田径	女子铅球	隋新梅	1
水球	男子水球	崔世平、江逸华、王敏辉、葛坚清	1

（续表）

大　项	小　　项	姓　　名	名　次
排球	女子排球	李国君、李月明、许　新	1
排球	男子排球	鞠根寅、翁亦青	1
足球	女子足球	顾平娟	1
皮划艇	女子 500 米四人	董　瑛	1
皮划艇	男子 500 米双人	蒋文标	1
跳水	男子团体	王毅杰	1
羽毛球	女子团体	史方静	1
游泳	男子 4×200 米自由泳接力	谢　军、严昱民	2
举重	男子 110 公斤以上级	陶　巍	2
田径	男子跳高	刘云鹏	2
篮球	女子篮球	凌　光	2
手球	女子手球	张　弘、吴　欣、王　玮、刘思清、孙秀兰	2
击剑	男子重剑团体	杜震城、杨文勇	2
游泳	男子 100 米自由泳	谢　军	2
游泳	女子 400 米自由泳	沈孝宇	2
游泳	女子 800 米自由泳	沈孝宇	2
跳水	男子 1 米跳板	王毅杰	2
摔跤	男子摔跤	李大新	2
羽毛球	男女混合双打	史方静	3
游泳	女子 200 米自由泳	沈孝宇	3
游泳	男子 400 米自由泳	严昱民	3
游泳	男子 200 米混合泳	谢　军	3
击剑	男子花剑个人	劳绍沛	3

五、第十二届亚运会

1994 年 10 月 2—16 日，第十二届亚运会在日本广岛举行。中国代表团中来自上海的运动员、教练员、裁判员共 48 名。中国队共获得 125 枚金牌、83 枚银牌、58 枚铜牌，其中上海运动员为中国夺得 13 枚金牌。

游泳：熊国鸣、陈洲、薛伟、邱洁明、蒋丞稷、陆笛（女）、乐靖宜（女）、杨爱华（女）

击剑：杜震城、徐忠柱、叶冲、叶琳（女）

排球：翁亦青、王怡（女）

网球：夏嘉平

田径：陈雁浩、陶睿、隋新梅(女)

手球：王遐、陈海云(女)、王蔚青(女)

现代五项：董浩宇、张斌

水球：江逸华、李飚

跳水：王天凌

羽毛球：陈颖(女)

足球：范志毅、李晓、水庆霞(女)、孙雯(女)、顾平娟(女)

棒球：朱明泉

垒球：柳絮青(女)、陶桦(女)

皮划艇：董瑛(女)

赛艇：丁亚红(女)、李培龙、李建新(兼)

保龄球：嵇春风(女)

教练员8人：陈勤(游泳)、步子刚(游泳)、王敏辉(水球)、黄德国(手球)、韩乃国(手球)、沈富麟(排球)、李必(足球)、王良佐(网球)

表4-3-12 上海运动员在第十二届亚运会中获前三名一览表

大 项	小 项	姓 名	名 次
游泳	男子200米自由泳	熊国鸣	1
游泳	男子200米混合泳	熊国鸣	1
游泳	男子400米混合泳	熊国鸣	1
游泳	男子4×200米自由泳接力	熊国鸣、陈 洲	1
游泳	男子100米蝶泳	蒋丞稷	1
游泳	男子200米蝶泳	薛 伟	1
游泳	女子4×100米自由泳接力	乐靖宜	1
击剑	女子花剑团体	叶 琳	1
跳水	男子3米跳板	王天凌	1
垒球	女子垒球	柳絮青、陶 桦	1
田径	女子铅球	隋新梅	1
赛艇	女子500米单人皮艇	董 瑛	1
赛艇	男子八人单桨有舵手	李建新	1
赛艇	女子轻量级四人单桨无舵手	丁亚红	1
赛艇	男子四人单桨无舵手	李培龙	1
足球	女子足球	水庆霞、孙 雯、顾平娟	1
网球	男女混合双打	夏嘉平	1
击剑	男子花剑团体	叶 冲	2
击剑	男子重剑团体	杜震城、徐忠柱	2
田径	男子110米栏	陈雁浩	2

（续表）

大　项	小　　项	姓　　名	名　次
足球	男子足球	范志毅、李　晓	2
水球	男子水球	江逸华、李　飙	2
排球	男子排球	翁亦青	2
排球	女子排球	王　怡	2
游泳	男子50米自由泳	蒋丞稷	3
手球	女子手球	陈海云、王蔚青	3
手球	男子手球	王　遐	3
羽毛球	女子团体	陈　颖	3

六、第十三届亚运会

1998年12月6—20日，第十三届亚运会在泰国曼谷举行。中国代表团中有54名上海运动员（含3名替补运动员），教练员8人、裁判员8人。中国队共获得129枚金牌、78枚银牌、67枚铜牌。上海运动员获得25枚金牌，并有3人3次打破亚运会纪录。为表彰做出贡献的运动员，上海市政府通令嘉奖蒋丞稷等22名金牌获得者。

田径：陈雁浩、金玲（女）、虞铁群（女）、谈春华（候补）

自行车：唐泉

羽毛球：张尉

篮球：章文琪、姚明（候补）

击剑：郭嵘

手球：王斌、王晓炯（女）、陈海云（女）、陈薇（女）、陈列（女）、陈积（女）

武术：伍刚、王瑛（女）

古典摔跤：张元凯、赵海林

游泳：钱敏（女）、王薇（女）、李玮（女）、蒋丞稷、熊国鸣

水球：许广浩、沈杰、余利君、李文华、邬晓军（候补）

乒乓球：王励勤

网球：王宇巍

排球：诸韵颖（女）、李铁之（女）

沙滩排球：李桦

射击：胡斌渊、陶璐娜（女）、赵鹰（女）

水上（帆船/赛艇）：戴海振、方磊、王翠忠、蒋林华、沈晓英（女）

足球：赵燕（女）、谢慧琳（女）、王静霞（女）、孙雯（女）、水庆霞（女）、浦玮（女）、范志毅、卞军

垒球：陶桦（女）

棒球：张玉峰、叶明强、瞿巍峰

教练员8人：孙家伟（游泳）、潘佳章（游泳）、唐振鑫（水球）、陆元盛（乒乓球）、缪志红（沙滩排

球)、刘小马(帆板)、桑廷良(足球)、李必(足球)

裁判员 8 人：陆江山、竺爱尔、郭蓓、毛佩雯、左秀娣、孙麒麟、吴敏华、李琛

表 4-3-13 上海运动员在第十三届亚运会中获前三名一览表

大项	小项	姓名	名次
游泳	男子 50 米自由泳	蒋丞稷	1
游泳	男子 200 米个人混合泳	熊国鸣	1
游泳	女子 100 米蛙泳	李　玮	1
游泳	女子 4×100 米自由泳接力	钱　敏	1
游泳	女子 4×200 米自由泳接力	钱　敏	1
足球	女子足球	孙　雯、赵　燕、谢慧琳、王静霞、水庆霞、蒲　玮	1
篮球	男子篮球	章文琪	1
沙滩排球	男子沙滩排球	李　桦	1
排球	女子排球	诸韵颖、李轶之	1
垒球	女子垒球	陶　桦	1
乒乓球	男子团体	王励勤	1
乒乓球	混合双打	王励勤	1
田径	男子 110 米栏	陈雁浩	1
击剑	男子佩剑个人	郭　嵘	1
赛艇	男子四人单桨	戴海振	1
射击	男子飞碟双多向个人	胡斌渊	1
射击	男子飞碟双多向团体	胡斌渊	1
射击	女子气手枪团体	陶璐娜	1
武术	男子全能	伍　刚	1
羽毛球	男子团体	张　尉	2
击剑	男子佩剑团体	郭　嵘	2
田径	女子跳高	金　玲	2
田径	女子跳远	虞铁群	2
游泳	男子 100 米混合泳	熊国鸣	2
游泳	男子 4×100 米自由泳	熊国鸣	2
游泳	女子 4×100 米混合泳	李　玮	2
游泳	女子 200 米蛙泳	王　薇	2
皮划艇	500 米双人皮艇	王翠忠、方　磊	2
帆船	女子 OP 级	沈晓英	2
射击	女子 60 发卧团	赵　鹰	2

（续表）

大　项	小　　项	姓　　名	名　次
水球	男子水球	许广浩、沈　杰、余利君、李文华	3
摔跤	国际古典式 130 公斤级	赵海林	3
足球	男子足球	范志毅、卞　军	3
皮划艇	1 000 公尺男子双人皮艇	王翠忠、方　磊	3

七、第十四届亚运会

2002 年 9 月 29 日—10 月 14 日，第十四届亚运会在韩国釜山举行。中国队共获得 150 枚金牌、84 枚银牌、74 枚铜牌。中国代表团中有 74 名上海运动员，18 名教练员，获得 21 枚金牌、15 枚银牌、9.5 枚铜牌。

田径：陈奇、崔凯、刘翔、倪震杰、王舟舟、杨耀祖、高淑英（女）、金燕（女）、宋裴娜（女）

游泳：欧阳鲲鹏、施澄、汤文俊、居洁磊（女）、庞佳颖（女）、徐妍玮（女）、周晓薇（女）、朱颖文（女）、承浩、余睿

跳水：王天凌、吴敏霞（女）

水球：葛伟青、桂继业、李文华、许广浩、王用、朱骏逸、余利君

羽毛球：王伟、张尉

篮球：刘炜、姚明

皮划艇：徐琳蓓（女）、印毅俊

自行车：李娜（女）

击剑：张杰、张莹（女）、仲维萍（女）、王磊

足球：杜威、孙祥、于涛、赵燕（女）、孙睿（女）、高宏霞（女）、潘丽娜（女）、白莉莉（女）、浦玮（女）、孙雯（女）

手球：陈海云（女）、王晓炯（女）、王斌

现代五项：曹忠荣、钱震华

赛艇：韩晶（女）、印毅俊

帆船（帆板）：朱晔、陆春凤（女）、徐莉佳（女）

射击：陈永强、李晖、金迪、胡斌渊、陶璐娜（女）、徐翾（女）

垒球：张爱（女）、陶桦（女）、余梅芳（女）

乒乓球：王励勤

跆拳道：刘林（女）

排球：王烨、张静（女）

沙滩排球：李桦、徐强、尤文慧（女）

棒球：叶明强

台球：傅俭波

教练员 18 人：孙海平（田径）、史美创（田径）、缪志红（沙滩排球）、徐惠琴（游泳）、冯上豹（游

泳)、王敏辉(水球)、朱振星(水球)、施之皓(乒乓球)、刘小马(帆船)、张静(帆船)、吴卫平(赛艇)、茅祎勋(击剑)、龚吉祥(现代五项)、张斌(现代五项)、陈德春(篮球)、陆享文(羽毛球)、朱慕德(垒球)、马良行(足球)

表 4-3-14　上海运动员在第十四届亚运会中获前三名一览表

大　项	小　　项	姓　　名	名 次
游泳	女子 4×200 米自由泳接力	朱颖文、徐妍玮	1
赛艇	女子四人单桨无舵手	韩　晶	1
击剑	男子花剑团体	张　杰	1
游泳	女子 100 米自由泳	徐妍玮	1
射击	女子 10 米运动手枪个人	陶璐娜	1
射击	女子 10 米气手枪团体	陶璐娜	1
射击	女子 25 米运动手枪团体	陶璐娜	1
射击	男子个人飞碟多向	李　晖	1
射击	男子飞碟多向团体	李　晖	1
击剑	女子佩剑团体	张　莹	1
游泳	女子 4×100 米自由泳接力	朱颖文、居洁磊、徐妍玮	1
游泳	女子 50 米自由泳	徐妍玮	1
乒乓球	男子单打	王励勤	1
乒乓球	男子团体	王励勤	1
游泳	女子 4×100 米混合泳接力	徐妍玮	1
射击	男子 25 米手枪速射团体	陈永强	1
射击	男子 25 米中心发火手枪团体	陈永强	1
射击	女子 10 米移动靶团体	徐　翾	1
射击	女子 10 米移动靶个人	徐　翾	1
跳水	女子双人 3 米跳板	吴敏霞	1
自行车	女子场地争先赛	李　娜	1
田径	女子撑竿跳高	高淑英	1
帆板	女子欧洲级	陆春凤	1
帆船	女子 OP 级	徐莉佳	1
田径	男子 110 米栏	刘　翔	1
跳水	男子 3 米跳板个人	王天凌	1
皮划艇	女子 500 米双人皮艇	徐琳蓓	1
排球	女子排球	张　静	1
田径	男子跳高(并列)	王舟舟、崔　凯	2
射击	女子 25 米运动手枪个人	陶璐娜	2

（续表）

大　项	小　　项	姓　　名	名　次
射击	男子飞碟双向个人	金　迪	2
垒球	女子垒球	余梅芳、张　爱、陶　桦	2
足球	女子足球	赵　燕、孙　睿、高宏霞、白莉莉、浦　玮、潘丽娜、孙　雯	2
帆船	男子 OP 级	朱　晔	2
沙滩排球	女子沙滩排球	尤文慧	2
现代五项	团体	钱震华、曹忠荣	2
篮球	男子篮球	姚　明、刘　炜	2
游泳	女子 200 米自由泳	徐妍玮	2
游泳	男子 4×100 米混合泳	欧阳鲲鹏	2
跳水	女子 3 米跳板个人	吴敏霞	2
击剑	男子重剑个人	王　磊	2
击剑	男子重剑团体	王　磊	2
击剑	女子重剑团体	仲维萍	2
跆拳道	女子 63 公斤级	刘　林	2
田径	男子 200 米	杨耀祖	3
沙滩排球	男子沙滩排球	李　桦	3
乒乓球	男子双打	王励勤	3
乒乓球	混合双打	王励勤	3
游泳	男子 200 米混合泳	欧阳鲲鹏	3
游泳	女子 50 米自由泳	周晓薇	3
水球	男子水球	李文华、许广浩、余利君、王　用、葛伟青、朱骏逸、桂继业	3
赛艇	男子 1 000 米双人皮艇	印毅俊	3
手球	女子手球	陈海云、王晓炯、王　斌	3
现代五项	个人	钱震华	3
射击	男子飞碟双向团体	金　迪	3
射击	男子 25 米手枪速射个人	陈永强	3
羽毛球	男子团体	张　尉	3

八、第十五届亚运会

2006 年 12 月 1—15 日，第十五届亚运会在卡塔尔多哈举行。中国代表团中有 56 名上海运动员,参加23个大项56个小项的赛事,获得金牌23.5枚、银牌11.5枚、铜牌7.5枚,金牌总数在全国各省市区中名列第二。

田径:刘翔、杨耀祖、陈奇、高淑英(女)

游泳:庞佳颖(女)、徐妍玮(女)、季丽萍(女)、唐奕(女)

跳水:吴敏霞(女)、火亮

花样游泳:孙萩婷(女)、吴怡文(女)

水球:王用、余利君、葛伟青、吴志宇、刘思维、李斌

射击:陶璐娜(女)、胡斌渊、金迪、徐翾(女)、曲日东

射箭:钱佳灵(女)

帆船:徐莉佳(女)、倪暐、张丽华(女)

壁球:蔡平华

自行车:唐琪

赛艇:何翌

摔跤:焦华锋

击剑:仲维萍(女)、王磊、张莹(女)

羽毛球:朱琳(女)

篮球:刘炜

排球:沈琼、汤淼、崔晓栋、任琦

沙滩排球:徐林胤

足球:潘丽娜(女)、浦玮(女)、袁帆(女)、王大雷、沈龙元、孙祥、郜林

棒球:张力、张玉峰

垒球:谭瑛(女)、张爱(女)

手球:吴雯娟(女)、王旻(女)

台球:潘晓婷(女)

武术:赵光勇

表4-3-15 上海运动员在第十五届亚运会中获冠军一览表

大 项	小 项	姓 名
武术	男子散打65公斤级	赵光勇
篮球	男子篮球	刘 炜
水球	男子水球	王 用、余利君、葛伟青、吴志宇、刘思维、李 斌
射击	女子10米气手枪个人	陶璐娜
射击	女子10米气手枪团体	陶璐娜
射击	女子25米运动手枪团体	陶璐娜
射击	男子飞碟双多向团体	胡斌渊
射击	女子10米移动靶个人	徐 翾
射击	女子10米移动靶团体	徐 翾

（续表）

大　项	小　　项	姓　　名
田径	男子 110 米栏	刘　翔
田径	女子撑竿跳高	高淑英
游泳	女子 50 米蛙泳	季丽萍
游泳	女子 50 米自由泳	徐妍玮
游泳	女子 100 米自由泳	徐妍玮
游泳	女子 200 米自由泳	庞佳颖
游泳	女子 4×100 米混合泳接力	徐妍玮
游泳	女子 4×100 米自由泳接力	庞佳颖、徐妍玮
游泳	女子 4×200 米自由泳接力	庞佳颖、唐　奕
跳水	女子 3 米跳板单人	吴敏霞
跳水	女子 1 米板单人	吴敏霞
跳水	男子 10 米跳台双人	火　亮
花样游泳	花样游泳集体	孙萩婷、吴怡文
击剑	男子重剑个人	王　磊
击剑	女子佩剑团体	张　莹
击剑	女子重剑团体	仲维萍
摔跤	男子古典式摔跤 55 公斤级	焦华锋
帆船	男子帆船 OP 级	倪　暐
帆船	女子雷迪尔级	徐莉佳
羽毛球	女子团体	朱　琳

九、第十六届亚运会

2010 年 11 月 12—27 日，第十六届亚运会在广州举行。中国代表团中有 102 名上海运动员、18 名教练员，参加 31 个大项 93 个小项的角逐，53 人次获得 42 枚金牌。

射击：金迪、曲日东、胡斌渊、莫俊杰、高娥（女）

自行车：徐刚、徐玉蕾（女）

击剑：陈晓冬（女）

现代五项：曹忠荣、许运祺、苗祎骅（女）

马术：杨华、张滨

帆船：周静（女）、张东霜（女）、张晓天、陆瑜婷（女）、倪晓雯（女）

赛艇：孙正平（女）、周意男

皮划艇：沈洁

拳击：常勇

田径：常鹏本、张海坤、刘翔、陆瑶、张竣、郑智慧(女)、金源(女)

游泳：孙晓磊、蒋海琦、蒋宇辉、戴骏、唐奕(女)、朱倩蔚(女)、周妍欣(女)、季丽萍(女)、孙晔(女)、陆滢(女)

跳水：吴敏霞(女)、火亮

水球：葛伟青、余利君、李斌、王贝铭、江斌

花样游泳：吴怡文(女)、黄雪辰(女)

体操：严明勇、眭禄(女)

艺术体操：彭琳懿(女)

手球：许沫(女)、孙梦颖(女)、沙正文(女)

棒球：董事、郝国臣、张玉峰

垒球：韦冬梅(女)、谭瑛(女)

足球：袁帆(女)、孙莉莎(女)、徐媛(女)、孙凌(女)、张琳芃、宋博轩、吕文君、王云龙

篮球：刘炜

排球：张磊(女)、杨婕(女)、马蕴雯(女)、沈琼、任琦

沙滩排球：徐林胤、高鹏

乒乓球：许昕

网球：吴迪

台球：傅俭波、潘晓婷(女)、陈思明(女)

壁球：姜黎(女)、李东锦(女)、顾金玥(女)、孟潇旻、王骏杰、沈佳琦

保龄球：米忠礼、杜建超

围棋：常昊、芮乃伟(女)、唐奕(女)

国际象棋：居文君(女)、周健超、倪华

轮滑：赵子龙、邓磊、董芝豆(女)、林美娇(女)、林雅雯(女)、唐云亲

体育舞蹈：杨超、谭轶凌(女)

教练员18人：王跃舫(射击)、刘琨(射击)、王泱(击剑)、沈克俭(现代五项)、徐根发(马术)、刘小马(帆船)、张传良(拳击)、孙海平(田径)、潘佳章(游泳)、潘盛华(水球)、毛凌云(水球)、缪志红(沙滩排球)、谷昱(沙滩排球)、施之皓(乒乓球)、鲁凌(网球)、崔英彪(曲棍球)、LylesJenny(游泳)、Donewald(篮球)

表4-3-16　上海运动员在第十六届亚运会中获冠军一览表

大　项	小　　项	姓　　名
花样游泳	集体自由自选	黄雪辰、吴怡文
花样游泳	自由组合	黄雪辰、吴怡文
击剑	女子佩剑团体	陈晓冬
篮球	男子篮球	刘　炜
排球	女子排球	杨　婕、马蕴雯、张　磊
乒乓球	男子团体	许　昕

（续表）

大　项	小　　项	姓　　　名
乒乓球	混合双打	许　昕
沙滩排球	男子沙滩排球	徐林胤
手球	女子手球	许　沫、孙梦颖、沙正文
田径	男子 110 米栏	刘　翔
跳水	女子 1 米跳板	吴敏霞
现代五项	男子个人	曹忠荣
现代五项	女子个人	苗祎骅
现代五项	女子团体	苗祎骅
游泳	男子 4×200 米自由泳	蒋海琦
游泳	男子 4×100 米自由泳	蒋海琦
游泳	女子 100 米自由泳	唐　奕
游泳	女子 4×100 米混合泳	唐　奕
游泳	女子 100 米蛙泳	季丽萍
游泳	女子 4×200 米自由泳	唐　奕、朱倩蔚
游泳	女子 4×100 米自由泳	唐　奕、朱倩蔚
游泳	女子 200 米自由泳	季丽萍
台球	女子斯诺克 6 号	陈思明
台球	女子美式 9 球	潘晓婷
体操	女子个人全能	眭　禄
体操	女子团体	眭　禄
体操	女子平衡木	眭　禄
体操	女子自由体操	眭　禄
体操	男子团体	严明勇
体育舞蹈	标准快步	谭铁凌、杨　超
体育舞蹈	标准五项	谭铁凌、杨　超
赛艇	男子八人单桨	周意男
赛艇	女子双人单桨	孙正平
帆船	男子 OP 级	张晓天
射击	女子飞碟多向个人	高　娥
射击	男子飞碟多向团体	胡斌渊、莫俊杰
轮滑	双人滑	唐云亲、林雅雯

第三节 全国运动会

一、第四届全运会

1979年7月1日,在中共中央领导下,共青团中央、国家体委等相关部门组织广大共青团员和各界青年,开展第四届全运会"新长征火炬接力活动"。燃火炬仪式在"党的诞生地"——上海兴业路76号"中共一大会址"举行,途经嘉兴、南昌、井冈山、遵义、延安、西柏坡等地,最后到达北京。

同年9月15—30日第四届全运会在北京举行。以赵行志任团长,杨恺等任副团长的上海代表团696人(运动员517人)参加31个项目的比赛,获36枚金牌、32枚银牌、33枚铜牌,位列奖牌榜第五名,团队总分第四名。上海队平1项世界纪录,2人3次破2项亚运会纪录。15人1队30次破17项全国纪录。

第四届全运会上海代表团

团长:赵行志

副团长:杨恺、杜前、沈家麟、尹敏、朱勇

办公室主任:朱勇(兼)

办公室副主任:吉嘉、刘怀塘、孙振华、吕申君

表4-3-17 第四届全运会上海前六名项目成绩一览表

单位:人

项目/名次	一	二	三	四	五	六	项目/名次	一	二	三	四	五	六
田径(男)	0	2	1	0	1	1	跳水	1	0	1	0	0	0
田径(女)	0	0	0	1	1	1	水球	0	0	1	0	0	0
游泳(男)	1	2	0	3	2	1	赛艇	5	1	1	1	0	1
游泳(女)	1	1	6	2	1	0	皮划艇	0	3	1	7	3	2
体操	1	1	1	3	2	0	武术	1	0	0	0	0	0
技巧	3	2	1	1	2	0	射箭	0	0	1	0	2	1
举重	0	0	1	1	1	4	围棋	2	2	0	1	0	0
足球	0	0	0	0	1	0	象棋	2	1	0	0	0	0
篮球	0	0	0	0	1	0	国际象棋	2	1	0	2	0	0
排球	0	0	1	1	0	0	击剑	2	1	2	3	1	0
乒乓球	0	1	1	0	2	0	自行车	0	1	2	1	1	4
羽毛球	2	0	2	1	0	1	摔跤	0	0	0	0	1	1
网球	3	2	1	1	1	1	射击	2	2	3	3	3	0
手球	1	0	0	0	0	1	摩托车	0	1	0	0	1	0
棒球	0	0	0	0	1	0	跳伞	0	0	1	1	0	0
垒球	0	1	0	0	0	0	航空模型	2	0	0	1	1	1
摩托艇	1	3	3	2	0	3	航海模型	2	2	0	2	1	0

说明:表格数据来源于上海市体育局档案室。

二、第五届全运会

1983 年 9 月 18 日—10 月 1 日，第五届全运会在上海举行。以杨恺为团长，杜前、沈家麟等为副团长的上海代表团 530 人(运动员 391 人)共参加 24 个项目(包括武术表演)的比赛，是第五届全运会参加项目和人数最多的代表团。最终上海获得 33 枚金牌、35 枚银牌和 30 枚铜牌，奖牌总数列第一名，金牌总数第二名。1 人 2 次破 1 项世界纪录，1 人 2 次破 2 项亚洲纪录，8 人 2 队 16 次破 9 项全国纪录。上海代表团共有男、女子乒乓球，男、女子射箭，女子篮球，男子水球 6 个队被评为精神文明运动队，51 人被评为精神文明运动员。朱建华在预、决赛中两次打破男子跳高世界纪录，以满票当选为运动会“最受欢迎的运动员”。

第五届全运会上海代表团

团长：杨恺

副团长：杜前、沈家麟、尹敏、朱勇、金永昌、杨明

办公室主任：吉嘉

办公室副主任：吴浣、刘怀塘、苏健、虞强鸣、黄勇、郝中

表 4-3-18 第五届全运会上海前六名项目成绩一览表

单位：人

项目/名次	一	二	三	四	五	六	项目/名次	一	二	三	四	五	六
田径(男)	1	1	3	0	1	0	跳水	0	0	0	0	1	0
田径(女)	2	2	3	5	0	1	水球	0	0	1	0	0	0
游泳(男)	4	3	5	0	1	2	赛艇	10	3	2	1	1	0
游泳(女)	1	2	0	5	2	1	皮划艇	0	5	3	1	1	0
体操	1	2	3	1	2	1	帆船	0	1	0	0	0	1
举重	0	5	2	3	2	5	射击	4	3	1	0	0	1
足球	1	0	0	0	0	0	击剑	4	3		1		1
篮球	1	0	0	1	0	1	自行车	1	0	1	2	1	0
排球	0	0	1	0	0	1	摔跤	0	2	0	1	1	0
乒乓球	1	0	2	0	2	0	柔道	0	0	0	0	0	1
羽毛球	0	1	1		2	3	武术	0	0	0	2	1	0
网球	2	1	3	1	1	0	手球	1	0	0	0	0	0

三、第六届全运会

1987 年 11 月 20 日—12 月 5 日，第六届全运会在广东广州举行。这届全运会共设足球、篮球、排球、乒乓球、网球等 44 个竞赛项目，以及高尔夫球、保龄球、桥牌 3 项表演项目，总计 344 枚金牌。上海派出以刘振元为团长，黄荣魁、沈家麟等为副团长的代表团参加 40 个大项的赛事，其中 571 名运动员进入决赛，最终获得冠军 32 项(46 人获 64 枚金牌)、亚军 29 项、季军 24 项，名列奖牌榜第

二,另有342人获得前八名。1人2次超2项世界纪录,4人8次破、超6项亚洲纪录,9人2队22次破17项全国纪录。

第六届全运会上海代表团

团长:刘振元

副团长:黄荣魁、沈金麟、赵英华、金永昌、祝嘉铭

办公室主任:祝嘉铭(兼)

办公室副主任:吴浣、吉嘉、李宗镛、郝中、虞强鸣

秘书组:赵依文、纪光宇、叶佳焕、崔正平、陈舒萍、房海蛟

表4-3-19 第六届全运会上海前六名项目成绩一览表 单位:人

项目/名次	一	二	三	四	五	六	项目/名次	一	二	三	四	五	六
田径(男)	1	2	1	1	0	3	手球	0	1	0	0	0	1
田径(女)	0	2	2	2	0	1	蹼泳	0	4	0	0	0	1
游泳(男)	8	4	2	0	2	4	柔道	0	1	0	0	2	0
游泳(女)	6	1	2	4	1	2	现代五项	0	2	0	0	0	0
花游	0	0	0	1	0		滑水	0	0	1	0	0	0
体操	1	0	0	0	2	1	帆船	0	0	0	1	0	0
自行车	3	1	0	1	0	0	垒球	0	1	0	0	0	0
航空模型	2	0	2	0	1	0	排球	0	0	0	0	0	1
航海模型	1	3	2	0	1	0	水球	0	0	1	0	0	0
击剑	3	3	0	1	1	2	乒乓	0	0	1	0	2	1
摔跤	1	1	1	0	1	1	技巧	0	0	1	1	2	1
射击	1	0	2	1	2	0	武术	0	0	2	2	3	0
网球	1	0	1	1	2	0	赛艇	0	1	1	3	2	
围棋	2	0	0	0	0	0	皮划艇	0	0	0	1	0	2
举重	0	1	0	1	0	2	射箭	0	0	1	0	0	0
羽毛球	0	1	0	0	1	1	象棋	0	1	0	0	1	0
国际象棋	1	0	0	0	0		艺体	1	0	0	0	0	0

四、第七届全运会

1993年9月4—16日,由北京承办,四川、河北秦皇岛协办的第七届全运会,分别在四川、秦皇岛、北京3个赛区举行。其中北京市承办26个项目,四川承办15个项目,秦皇岛承办2个项目,共设43个比赛项目。上海派出以龚学平为团长,黄荣魁、金永昌等为副团长的代表团参赛,477名运动员进入29项决赛,最终获得29枚金牌、22枚银牌和17枚铜牌,团体总分787分,金牌与总分均居全国第三。上海有2人1队4次超3项世界纪录,1人1次平世界纪录,5人3队11次创9项全国纪录。

第七届全运会上海代表团

团长：龚学平

副团长：黄荣魁、金永昌、赵英华、祝嘉铭、俞梦娜、李宗镛

秘书长：吉嘉

随团官员：王光庭、刘为静、张坤明、张建新、沈浩然、胡神奇、陈文堉、陈理明、陈银宝、陈增棠、陶介平、郭海泉、谈建华、傅家新

办公室主任：吉嘉(兼)

表 4-3-20　第七届全运会上海前六名项目成绩一览表　　单位：人

项目/名次	一	二	三	四	五	六	项目/名次	一	二	三	四	五	六
田径(男)	1	0	1	1	2	1	射击	0	0	0	0	0	1
田径(女)	0	0	1	2	0	1	航海模型	2	0	0	1	0	0
游泳	1	0	0	0	0	0	航空模型	0	0	1	1	0	1
游泳(男)	8	4	4	5	1	2	赛艇	0	1	1	2	0	2
游泳(女)	7	4	1	2	4	2	皮划艇	1	1	2	0	0	0
花样游泳	0	0	0	0	1	1	帆船	0	1	1	1	0	0
跳水	0	0	1	2	1	1	举重	0	1	0	1	3	1
水球	0	1	0	0	0	0	围棋	1	1	0	0	0	0
技巧	1	1	0	1	0	2	垒球(女)	0	0	0	0	1	0
体操	0	0	0	1	0	0	现代五项	2	1	0	0	0	0
蹼泳	0	1	0	1	0	1	击剑	3	2	1	2	0	1
排球	0	1	0	1	0	0	网球	2	1	1	2	0	1
足球	0	0	0	0	1	1	乒乓球	0	0	0	1	1	1
手球	0	1	0	0	1	0	自行车	0	0	2	1	1	2
羽毛球	0	0	0	1	1	1							

五、第八届全运会

1997年10月13—24日，第八届全运会在上海举行，这是中华人民共和国成立后上海第二次承办的大型综合性全国运动会。上海派出以龚学平为团长，总人数达779人的代表团，其中运动员566名，参加全部62个项目中的61个项目角逐。最终上海获得42枚金牌、34枚银牌、32枚铜牌，6人17次超11项世界纪录，5人9次超7项亚洲纪录，6人9次破8项全国纪录。上海代表团以金牌42枚和2 218.5分获得金牌、总分双第一，并被组委会授予体育道德风尚奖。

图 4-3-2　上海市体委主任金永昌为第八届全运会致辞

第八届全运会上海代表团

团长：龚学平

副团长：金永昌、李毓毅、姚颂平、李宗镛、颜雅珍

官员：叶蓓伦、魏玉来、曾繁辉、顾承锷、韩秀芳、潘德安、韩竞英、邓方元、周澍钢

秘书长：吉嘉

副秘书长：陈银宝、赵依文

表4-3-21 第八届全运会上海前六名项目成绩一览表

单位：人

项目/名次	一	二	三	四	五	六	项目/名次	一	二	三	四	五	六
田径(男)	2	1	1	1	3	4	游泳(男)	10	5	3	4	4	2
田径(女)	2	1	5	3	3	1	游泳(女)	5	5	0	2	5	6
跳水	1	1	0	2	0	1	花样跳水	0	0	3	0	0	0
水球(男)	0	0	1	0	0	0	马术	0	0	0	0	1	0
体操(男)	0	0	0	0	0	1	篮球(女)	0	0	1	0	0	0
体操(女)	0	0	0	0	0	2	排球	1	0	0	0	0	0
艺术体操	0	0	3	0	0	0	沙滩排球	1	0	0	0	0	0
乒乓(男)	0	1	2	1	0	0	羽毛球(女)	0	1	1	1	0	0
乒乓(女)	0	0	0	0	0	1	武术	2	2	1	4	2	2
网球	0	0	2	1	1		柔道(男)	1	0	2	0	0	0
举重(男)	0	0	0	0	0	1	柔道(女)	1	0	0	1	0	0
举重(女)	0	0	0	0	0	1	现代五项(男)	0	1	0	0	0	0
摔跤	1	0	0	1	2	2	现代五项(团)	1	0	0	0	0	1
自行车(女)	2	0	0	0	2	0	皮划艇	1	1	3	1	0	1
自行车(男)	0	0	0	0	0	1	击剑(男)	2	2	0	0	4	0
击剑(男)	2	2	0	0	4	0	射击(男)	1	0	0	1	0	0
击剑(女)	0	0	2	2	0	2	射击(女)	0	0	0	0	0	2
赛艇	2	1	3	1	1	1	帆船	1	2	0	0	1	1
帆板	1	0	0	0	0	0							

六、第九届全运会

2001年11月11—25日，第九届全运会在广东广州举行。比赛设田径、游泳、体操、艺术体操等30个大项，345个小项，共358块金牌。上海代表团在团长龚学平、周慕尧的带领下，570名运动员进入26个大项的234个小项的金牌争夺战。最终以金牌29.5枚、银牌29.5枚和铜牌24.5枚，奖牌总数83.5枚、团体总分1 807分的优异成绩获得金牌数、奖牌数和总分3个第三名，实现了跻身3甲的预定目标，其中，游泳新秀徐妍玮1人夺得4枚金牌。2人2次超2项世界纪录，1队1次创1项亚洲纪录，2人2次超2项亚洲纪录，并荣获第九届全运会“体育道德风尚奖”。上海20个运动队被评为精神文明运动队，男篮选手姚明则被评为“九运之星”。

第九届全运会上海代表团

名誉团长：龚学平

团长：周慕尧

副团长：王荣华、金国祥、赵英华、祝兆松、田春华、郭庆龙、姚颂平、陈一平、颜雅珍、叶蓓伦

秘书长：金国祥(兼)

副秘书长：韩秀芳、吉嘉、毛坤洪、李伟听、魏玉来、周德福、王玉林

随团官员：隋国扬、杨培刚、顾承锷、张孚璇、王永森、宋吉福、李建新、黄卫方、曾繁辉、章知民、卢申

办公室主任：魏玉来(兼)

办公室副主任：王玉林(兼)、王才兴

表 4-3-22　第九届全运会上海前六名项目成绩一览表　　单位：人

项目/名次	一	二	三	四	五	六	项目/名次	一	二	三	四	五	六
田径(男)	4	1	2	2	4	3	游泳(男)	5	3	2	3	3	3
田径(女)	1	0	2	0	0	0	游泳(女)	4	1	2	2	5+	3
跳水(男)	2	1	0	2	3	0	花样游泳	0	0	2	0	0	0
跳水(女)	0	0	1	2	1	0	体操(男)	0	0	0	0	0	1
体操(女)	0	0	1	0	1		排球	0	0	1		1	0
艺术体操全能	0	0	0	0	0	1	沙滩排球	0	1	1	1	0	1
乒乓球(男团)	0	1	0	0	0	0	水球	1	0	0	0	0	0
乒乓球(男单)	0	0	1	0	0	0	女子篮球	0	0	0	0	1	0
摔跤	0	1	1	1	0	0	棒球	0	1	0	0	1	0
网球(男团)	0	0	0	1	0	0	手球	0	2	0	0	0	0
网球(女团)	0	0	0	0	0	1	跆拳道	0	0	1	0	1	0
举重(男)	0	0	0	0	0	1	足球	1女	1男	0	0	0	0
举重(女)	0	1	1	0	1	0	柔道(女)	0	1	0	0	0	0
自行车(女)	0	0	1	1	1	0	现代五项(男)	1	3	0	0	1	0
自行车(男)	0	1	0	0	0	1	马术	0	0	1	1团	0	0
击剑(男)	6	0	2	0	2	0	皮划艇	3	0	1	2	1	1
击剑(女)	1	0	1	0	0	0	射箭(女团)	0	0	1	0	0	0
赛艇(男)	0	4	0	0	1	0	射击(男)	2	2	0	0	0	1
赛艇(女)	0	0	2	1	0	1	拳击	0	1	1	0	1	0
帆船	2	1	0	1	2	1	射击(女)	1	1	0	1	1	1
羽毛球	2	0	0	0	0	0	武术	0	1	0	0	2	0
羽毛球(男团)	0	0	0	1	0	0	男子篮球	0	1	0	0	0	0
女子垒球	0	1	0	0	0	0							

七、第十届全运会

2005年10月12—23日，第十届全运会在江苏南京举行。上海代表团在团长殷一璀、杨晓渡带领下，651名运动员参加29个大项、256个小项的决赛，另有团部官员、各项目领队、教练及医科后勤保障人员共500多人随团出征。经过11天的比赛，上海夺得金牌26枚、银牌48枚、铜牌44.5枚，共计奖牌118.5枚，团体总分2105.7分。除金牌榜排名第七外，奖牌总数和团体总分均名列全国第三，并获得了国家体育总局设置的第十届全运会金牌奖杯、总分奖杯、超世界纪录奖章和体育道德风尚奖全部4个奖项。上海64人12个运动队获得体育道德风尚奖。

图4-3-3　2005年，上海男排在第十届全运会男子排球决赛中战胜东道主江苏队，时隔46年重登全运会冠军宝座

第十届全运会上海代表团

名誉团长：殷一璀

团长：杨晓渡

副团长：姚明宝、金国祥、于晨、赵英华、叶明忠、曹晖、姚颂平、陈一平、邱伟昌、颜雅珍、李伟听、韩秀芳、叶蓓伦

秘书长：赵英华(兼)

常务副秘书长：韩秀芳(兼)

副秘书长：何建华、黄卫方、王才兴、魏玉来、王玉林、郭蓓、符顺国、舒慧敏、马玉生、杨惠明

随团官员：孙卫星、隋国扬、杨培刚、顾承锷、张孚璇、罗惠明、王永森、李建新、宋吉福、罗思聪、沈利龙、洪传芳、吴瑛、徐根发、章知民、段翔、步振威、卢申、金罗刚、韩竞英、薛海荣、陈金其、蔡建国

办公室主任：王玉林(兼)

办公室副主任：杨惠明(兼)、董鑫旺

表4-3-23　第十届全运会上海前三名项目成绩一览表

单位：人

项目/名次	一	二	三	项目/名次	一	二	三
田径(男)	3	3	1	乒乓球(男单)	1	0	2
田径(女)	0	0	1	蹦床	0	0	1
跳水(男)	0	2	3	举重(男)	0	0	1
跳水(女)	0	3	1	举重(女)	0	1	1
体操(女)	1	0	0	铁人三项	0	0	1
艺术体操	0	0	1	自行车(女)	0	0	1
乒乓球(男双、混双)	1	1	0	自行车(男)	0	1	1

（续表）

项目/名次	一	二	三	项目/名次	一	二	三
击剑(男)	0	3	3	女子足球	0	2	0
击剑(女)	1	3	3	手球(女)	0	2	0
赛艇(男)	0	1	0	足球(男)	0	2	0
赛艇(女团)	2	0	0	武术	1	2	1
帆船	1	2	2	跆拳道	0	0	1
国际式摔跤		1	3	现代五项(男)	1	2	0
游泳(男)	0	2	3	马术	2	0	0
游泳(女)	4	7	5	皮划艇	0	2	1
花样游泳	0	0	1	射箭(女)	1	1	
体操(男)	0	0	2	射击(男)	0	2	1
排球	1	0	0	拳击	2	1	0.5
曲棍球(女)	0	2	0	女子垒球		2	
水球	1	0	0	羽毛球			1

八、第十一届全运会

2009 年 10 月 16—28 日，第十一届全运会在山东济南举行。上海代表团 775 名运动员参加本届全运会 29 个大项、249 个小项的决赛。经过 12 天比赛，共夺得 41 枚金牌、34 枚银牌、46.5 枚铜牌，获奖牌总数 121.5 枚，总分 2 548.25 分，金牌、奖牌数和总分全面超越上届，其中金牌数从上届第七上升到第五。1 人 1 次打破 1 项世界纪录；刘子歌获得 3 枚游泳金牌并打破 200 米蝶泳世界纪录；刘翔第 3 次蝉联全运会 110 米栏冠军。

图 4－3－4　2009 年，在第十一届全运会上，上海男子足球队时隔 26 年再次获得全运会冠军

第十一届全运会上海代表团

团长：赵雯

副团长：于晨、章建成、叶明忠、田春华、姚颂平、陈一平、李伟听、韩秀芳、郭蓓、叶蓓伦、黄卫方、杨培刚、严家栋

秘书长：韩秀芳(兼)

常务副秘书长：郭蓓(兼)

副秘书长：马玉生、王才兴、王玉林、王家瑾、孙臣康、张黎明、苏清明、陈森兴、赵荣善、夏林、崔

一宁、曹培中、符顺国

随团官员：王志峰、孙杰、何红卫、张明、张政、李之俊、李兴林、李建新、李海波、沈利龙、沈富麟、苏忠明、陆嘉璞、陈德友、金罗刚、姜军、徐根发、顾承锷、隋国扬、程克强

秘书处主任：王玉林

副主任：刘琦、张星林

表 4-3-24　第十一届全运会上海前六名项目成绩一览表

单位：人

项目/名次	一	二	三	四	五	六	项目/名次	一	二	三	四	五	六
田径(男)	2	1	1	3	2	1	游泳(男)	1	3	2	1	2	2
田径(女)	0	1	1	0	2	4	游泳(女)	5	3	7	1	0	5
跳水(男)	0	0	1团	0	1团	1	花样游泳	0	1	1		0	0
跳水(女)	1	2	0	0	1团		体操(男)	1	0	0	0	0	1
体操(女)	3	1	2	1	1		排球	1	0	0	0	1	0
艺术体操	0	0	1	1	0	0	沙滩排球	0	1	0	0	0	0
乒乓球	1	0	1	1	1	1	水球	0	1	0	0	0	0
国际式摔跤	0	1	0	0	0	0	棒球	0	0	0	0	1	0
网球	1	0	0	1	1	2	手球	0	0	0	0	1	1
举重(男)	0	0	0	1	0	0	足球	1	1	1	0	0	0
举重(女)	0	0	0	0	0	1	柔道(男)	0	1	1	0	0	0
蹦床	0	1	0	0	1	1	柔道(女)	0	0	0	0	1	0
自行车(女)	0	0	0	0	0	1	现代五项(男)	1	1	0	0	0	1
自行车(男)	0	0	0	1	2	1	现代五项(女)	0	0	0	1	0	0
击剑(男)	0	0	1	0	2	1	皮划艇	0	0	0	0	1	2
击剑(女)	1	3	0	1		2	射箭(男)	0	1	1		1	0
赛艇(男)	0	2	0	0	4	0	射击(男)	2		2	2	1	0
赛艇(女)	0	1	1	0	1	0	拳击	0	0	2	0	1	0
帆船	3	2	0	0	1	0	射击(女)	0	1	1	0	0	0
帆板	0	0	0	1	0	0	武术散打	1	0	1	0	0	0
马术	1	1	0	0	1	0	武术套路	1	0	0	0	1	0

第四节　其他运动会

一、全国城市运动会

中华人民共和国城市运动会(简称城运会)1988 年举办，每 4 年举办一届。上海自 1995 年第一次以虹口区为代表参加第三届城运会后，以徐汇区为代表参加 1999 年的第四届，以黄浦区为代表

参加了第五届，浦东新区和闵行区则分别组团共同参加了第六届。

【第三届全国城市运动会】

1995年10月，第三届全国城运会在江苏南京举行。这是首次将全国城市运动会和全国青少年运动会合并为全国城市运动会，为我国参加奥运会等世界大赛准备队伍。第三届城运会设田径、游泳、射击等16个大项、212个小项，共产生218枚金牌。参加决赛的50个代表团共有运动员3 364人。虹口区作为代表团参赛，4人10次6项超世界青年纪录，8人10次5项超亚洲青年纪录，14人16次8项创全国纪录，1人1次1项平全国纪录，35人51次31项创全国青年纪录。

【第四届全国城市运动会】

1999年9月11—20日，第四届全国城运会在陕西西安举行。来自全国57个代表团的3 897名运动员参加，第四届城运会对各省市、自治区而言是各自参加全国九运会的预演。上海210名运动员参加14个大项的决赛。代表上海的徐汇区在运动会上获得20枚金牌、13枚银牌和13枚铜牌，合计奖牌46枚。徐汇区获得"体育道德风尚奖"和"优秀后备人才奖"。

【第五届全国城市运动会】

2003年10月18—27日，第五届全国城运会在湖南省长沙、常德、益阳市等9个城市举行。代表上海的黄浦区派出440名运动员组团参赛，参赛项目包括足球、排球(含沙滩排球)等21个大项的152个小项。获得20枚金牌、31枚银牌和17枚铜牌，位居奖牌榜第三、金牌榜第四，并获体育道德风尚奖。

【第六届全国城市运动会】

2007年10月25日—11月3日，第六届全国城运会在湖北武汉举行。比赛设24个大项288个小项。浦东新区和闵行区代表上海分别组团参加22个大项的比赛。经过6个月的预赛，上海两个代表团449名运动员获得参加决赛资格，其中浦东新区333名运动员参加15个大项155个小项的决赛。闵行区116名运动员参加11个大项57个小项的决赛。最终上海两个代表团获得24.5枚金牌、70枚奖牌，总分804分。

二、全国智力运动会

全国智力运动会是由国家体育总局主办的以智力运动项目为主的全国性运动会。2009年第一届全国智力运动会在四川省成都市举行。

【首届全国智力运动会】

2009年11月12—23日，由国家体育总局主办，国家体育总局棋牌运动管理中心、四川省体育局承办的首届全国智力运动会在四川成都举行。比赛分专业组和业余组，设围棋、象棋、国际象棋、桥牌、五子棋、国际跳棋6个大项，43个小项。上海代表团84名运动员参加比赛。最终夺得9枚金牌、10枚银牌和8枚铜牌，居奖牌榜首位，并且获得大会颁发的"体育道德风尚奖"。

三、全国农民运动会

1996 年,上海承办第三届全国农民运动会。此后,上海分别在 2000 年、2004 年和 2008 年组队参加全国农民运动会比赛。

【第四届全国农民运动会】

2000 年 10 月 29 日—11 月 4 日,第四届全国农民运动会在四川绵阳举行。上海派出 113 人组成代表团,参加田径、游泳、乒乓球、武术、中国象棋、自行车载重、舞龙、民兵军事三项、中国式摔跤、风筝、龙舟 11 个大项 65 个小项的比赛。获得 6 枚金牌、6 枚银牌、7 枚铜牌,名列奖牌榜第八位。

【第五届农民运动会】

2004 年 10 月 18—24 日,第五届全国农民运动会在江西宜春举行。农运会比赛项目共 14 个大项 155 个小项。上海派出 149 人组成代表团,参加 13 个大项 87 个小项的比赛,获得 13 枚金牌、13 枚银牌、10 枚铜牌,名列奖牌榜第七位。

【第六届全国农民运动会】

2008 年 10 月 26 日—11 月 1 日,第六届全国农民运动会在福建泉州举行,共 15 个大项 180 多个小项。上海派出 192 名运动员,参加 13 个大项 92 个小项的比赛,获得 16 枚金牌、22 枚银牌、16 枚铜牌,名列奖牌榜第三位、金牌榜第四位。

四、全国残疾人运动会

从 1984 年开始,中国正式举办全国残疾人运动会,至 2010 年已举行七届,上海组队参赛。

【第一届全国残疾人运动会】

1984 年 10 月,第一届全国残疾人运动会在安徽合肥举行。来自全国 29 个省、自治区、直辖市和香港地区的 30 个代表团,1 500 多名运动员、教练员、裁判员参加运动会。上海与北京、广州、香港队进行了轮椅篮球表演赛,上海盲人运动员赵继红以 4.96 米的成绩打破了女盲 B 级跳远世界纪录。

【第二届全国残疾人运动会】

1987 年 8 月 23 日—9 月 1 日,第二届全国残疾人运动会在河北唐山举行。全国 29 个省、自治区、直辖市及港澳地区的 32 个代表团 900 多名运动员参加,上海残疾人运动员组队参加。

【第三届全国残疾人运动会】

1992 年 3 月 18—23 日,第三届全国残疾人运动会在广东广州举行。全国 31 个省、自治区、直辖市以及港澳地区的 34 个代表团,约 2 000 名运动员、教练员和工作人员参加。运动会设田径、游泳、乒乓球、射击、举重、轮椅篮球6个竞赛项目。上海代表团获14枚金牌，上海盲人运动员赵继红以5.46米的成绩创女盲B3级世界纪录。

【第四届全国残疾人运动会】

1996年5月9—16日，第四届全国残疾人运动会在辽宁大连举行。全国各省、自治区、直辖市和港澳地区的33个体育代表团共1 102名运动员参加各项比赛，台湾地区也派出观摩员。运动会设田径、游泳、乒乓球、射击、举重、盲人柔道、轮椅篮球、盲人门球8个大项395个小项。上海代表团共51名残疾人运动员，获23枚金牌、16枚银牌、12枚铜牌，金牌数列第五名。

【第五届全国残疾人运动会】

2000年5月6—14日，第五届全国残疾人运动会在上海举行。全国各省、自治区、直辖市、新疆生产建设兵团，以及香港特别行政区、澳门特别行政区35个代表团共1 800多名运动员参加。运动会设田径、游泳、乒乓球、射击、举重、羽毛球、盲人柔道、轮椅网球、盲人门球、轮椅篮球、坐式排球11个大项。中共中央政治局常委、全国政协主席李瑞环宣布运动会开幕，中共中央政治局委员、上海市委书记黄菊等领导出席开幕式，因伤致残的体操运动员桑兰与残奥会金牌获得者黄文涛、国家女足队长孙雯共同点燃残运会圣火。14日运动会在东方明珠广播电视塔广场闭幕。运动会共有53人87次打破46项世界残运会纪录；253人471次创196项全国残运会纪录。北京市等16个代表团获体育道德风尚奖，香港、澳门特别行政区代表团获体育道德风尚特别奖，徐汇区等11个区获文明赛区奖。残运会期间举行沪苏浙残疾人书法美术摄影展、全国残疾人集邮展、国际残疾人老年人康复护理保健用品用具展、中国残疾人艺术团专场演出和残疾人服装展示等活动，吸引了两万多名观众。一万多名志愿者为运动会提供迎送服务、赛场服务、接待服务和旅游服务。共投入资金298万元完善无障碍设施。包括新建坡道72条，改建厕所80座，改建主席台和领奖台17座，铺设防滑地毯2 810平方米，新建盲道2 478米，增设无障碍设施标志牌192块，保证残运会顺利举行。

【第六届全国残疾人运动会】

2003年9月，第六届全国残疾人运动会在江苏南京、常州、扬州举行。全国各省市自治区和香港、澳门特别行政区、新疆生产建设兵团35个代表团参加比赛。运动会设田径、游泳、举重、射击、射箭、乒乓球、羽毛球、自行车、盲人柔道、盲人门球、坐式排球、轮椅网球、篮球（轮椅、聋人）、轮椅击剑14个比赛项目，2 229名残疾人运动员参赛。上海组团参加，获56枚金牌、35枚银牌、29枚铜牌，金牌数和团体总分均名列全国第二。

【第七届全国残疾人运动会】

2007年5月，第七届全国残疾人运动会在云南昆明、玉溪举行。运动会设20个竞赛项目，14 700多名运动员、教练员、媒体记者和中外来宾参与。期间，上海选手吴国境在举重男子48公斤级决赛中，以162.5公斤的成绩夺得冠军；在随后的试举中以168.5公斤超该级别世界纪录；上海选手纵凯、赵骥、沈聪、王荣宝在田径男子T53－54级4×100米接力决赛中摘得金牌，并超该项目世界纪录。

五、全国少数民族传统体育运动会

1981年9月,在全国少数民族传统体育工作座谈会上,国务院批准由国家民委和国家体委主办、地方承办全国少数民族传统体育运动会,运动会每四年举行一次。同时把1953年在天津举行的全国民族体育表演及竞赛大会追定为第一届全国少数民族传统体育运动会。

【第二届全国少数民族传统体育运动会】

1982年9月2—8日,第二届全国少数民族传统体育运动会在内蒙古自治区呼和浩特举行。来自全国29个省、自治区、直辖市的56个民族的863名运动员和教练员参加,其中少数民族运动员593人。运动会设竞赛项目和表演项目两大类。竞赛项目有射箭邀请赛和中国式摔跤;表演项目有68个。上海市代表团以上海市民委副主任马益三为团长,5名运动员参赛,上海市代表团作两场表演。

【第三届全国少数民族传统体育运动会】

1986年8月10—17日,第三届全国少数民族传统体育运动会在新疆维吾尔自治区乌鲁木齐举行。由全国29个省、自治区、直辖市的55个少数民族的运动员和各民族的教练员、工作人员共1 097人参加比赛和表演,另有29个省、自治区、直辖市组成的观摩团,以及特邀代表、中外记者、港澳同胞和外国友人等2 000余人。运动会首次启用会徽、会旗、会标,这标志着少数民族传统体育运动会逐步走向正规化。运动会设7个竞赛项目和115个表演项目。竞赛项目除保留摔跤、射箭外,增设赛马、叼羊、射弩、抢花炮、秋千5个项目;表演项目比第二届增加47项。上海市代表团以市民委主任哈宝信为团长,共7名运动员参加了运动会的表演项目。

【第四届全国少数民族传统体育运动会】

1991年11月10—18日,第四届全国少数民族传统体育运动会在广西壮族自治区南宁举行。来自全国30个省、自治区、直辖市55个少数民族的运动员、教练员、工作人员、观摩人员、少数民族体育先进单位的代表及中外记者3 000多人参加。运动会设竞赛项目和表演项目两大类。竞赛项目共9项:龙舟、抢花炮、秋千、射弩、珍珠球、木球、摔跤、赛马和武术,设金牌34枚;表演项目120项,设奖114个。上海市代表团由回族、蒙古族、满族、壮族、维吾尔族5个少数民族、25人组成,参加木球、武术的比赛和硬气功、滚灯项目的表演。上海市回民中学木球队代表上海参赛,学校被评为全国民族体育先进集体;上海市硬气功获表演一等奖,滚灯获表演二等奖。

【第五届全国少数民族传统体育运动会】

1995年11月—12日,第五届全国少数民族传统体育运动会在云南昆明举行。来自全国各省、自治区、直辖市55个少数民族的运动员、教练员、裁判员、工作人员、观摩人员、少数民族体育先进代表及新闻记者共9 000人参加。解放军、新疆生产建设兵团首次组团参赛。运动会设竞赛项目和表演项目两大类。竞赛项目有抢花炮、珍珠球、木球、毽球、摔跤、秋千、武术、射弩、龙舟、赛马、打陀螺11项,金牌65枚;表演项目有129项。上海市代表团由回族、蒙古族、壮族、维吾尔族、藏族、土家族、苗族等少数民族40名运动员组成,分别来自华东师范大学、上海中医药大学、上海武术院、上海市回民中学及有关区县。上海市代表团以上海市副市长龚学平为团长，参加武术、陀螺、射弩、毽球4个项目比赛，表演滚灯、武功绝技2个项目。代表团的男、女毽球，男、女子射弩，男、女子陀螺及女子武术获体育道德风尚奖。

【第六届全国少数民族传统体育运动会】

1999年9月23—30日，第六届全国少数民族传统体育运动会在北京举行，同时于8月18—28日在西藏自治区拉萨设分赛场。运动会设竞赛项目和表演项目两大类。竞赛项目有抢花炮、珍珠球、木球、毽球、蹴球、秋千、武术、射弩、龙舟、打陀螺、押加、民族式摔跤、马上项目共13项，其中射弩、打陀螺、押加、部分马上项目和部分表演项目在拉萨分赛场进行。上海市代表团由回族、满族、土家族、壮族、蒙古族、苗族、朝鲜族、藏族、瑶族9个少数民族55名运动员组成。上海市代表团以上海市副市长冯国勤为团长，获得男子武术鹰爪拳金牌、体育道德风尚奖等荣誉。

【第七届少数民族传统体育运动会】

2003年9月6日，第七届全国少数民族传统体育运动会在宁夏回族自治区银川开幕，比赛于9月20—27日在银川市和石嘴山市两地举行。上海市代表团由回族、满族、土家族、壮族、蒙古族、苗族、布依族、黎族、藏族、瑶族、畲族等12个少数民族68人组成。以副市长姜斯宪为团长，参加珍珠球、押加、高脚竞速、武术等6个比赛项目，以及滚灯、牧羊鞭2个表演项目，取得2枚金牌、1枚银牌、3枚铜牌，获得体育道德风尚奖。

【第八届少数民族传统体育运动会】

2007年11月10—18日，第八届全国少数民族传统体育运动会在广东广州举行。运动会竞赛项目有珍珠球、花炮、木球、蹴球、毽球、龙舟、秋千、射弩、陀螺、押加、武术、马术、民族式摔跤、板鞋竞速、高脚竞速15个大项124个小项，表演项目有148个。来自全国31个省、自治区、直辖市和解放军、新疆生产建设兵团及台湾地区，34个代表团共6 381人参加；包括香港特别行政区、澳门特别行政区在内的36个观摩团共3 025人，另有62位特邀嘉宾，总人数达15 000多人。上海市代表团有回族、满族、土家族、壮族、蒙古族、苗族、布依族、黎族、达斡尔族、彝族、瑶族、侗族、保安族13个少数民族、102名成员组成，以上海市副市长唐登杰为团长，上海市民宗委主任周富长、上海市体育局副局长李伟听为副团长，在竞技项目上共获得2枚金牌、1枚铜牌、1个第五名、1个第六名、1个第八名；表演项目获得两个金奖，是上海参加历届全国少数民族传统体育运动会的最佳成绩。

六、全国体育大会

四年一届的全国体育大会是非奥运会项目的全国综合性运动会，是竞技体育与群众体育协调发展、互相促进、展示交流的体育盛会，也是推动全民健身的重要赛事。

【第一届全国体育大会】

首届全国体育大会于2000年5月28日—6月6日在浙江宁波举行，这是中国首次举办与全运会相对应的非奥运会项目的全国性大型综合运动会。大会设技巧、台球、围棋、国际象棋、中国象棋、健美、健美操、保龄球、桥牌、中国式摔跤、蹼泳、高尔夫球、门球、航空模型、航海模型、摩托艇、体育舞蹈17个比赛项目。首届全国体育大会的组团参赛工作，改变以往参赛由政府包揽的做法，采用社会组队、自愿参加、确保重点、以奖代补、多元集资的办法，调动了社会各界办体育的积极性。由上海市体育局局长任团长，共240人(其中运动员182人)的上海代表团参加除保龄球以外的16个大项目135个小项的比赛，参赛人数及参赛项目均为各团之首。上海代表团共获得18枚金牌，取得金牌数、奖牌数和团体总分3项第二名的成绩，并获得大会颁发的“体育道德风尚奖”。

6月2日，上海航海模型运动员周建明在F1－V3.5竞速艇决赛中，以11秒4的成绩打破由其本人1995年创造的11秒6的世界纪录。随后他又在新设置的F1－V7.5竞速艇决赛中创造了11秒3的世界纪录，使上海选手刷新世界纪录的次数列各代表团之首。

【第二届全国体育大会】

第二届全国体育大会于2002年5月在四川绵阳举行。大会共设台球、高尔夫球、保龄球、门球、蹼泳、航海模型、航空模型、体育舞蹈、健美操、健美、技巧、中国式摔跤、围棋、中国象棋、国际象棋、桥牌、攀岩、跳伞、龙舟、轮滑、定向、舞龙舞狮22个项目，全国32个省、市、自治区、解放军，宁波、大连、厦门、深圳、绵阳等城市，全国9个行业体协和北京体育大学、武汉体育学院、西安体育学院组团参赛，参加总人数1.3万人。由219名运动员组成的上海代表团参加19个大项143个小项的角逐，最终以24枚金牌和509分的总分名列全国第二名。

4月30日，第二届全国体育大会上海代表团成立大会在上海市体育运动学校举行。6月27日，第二届全国体育大会上海代表团总结表彰大会在上海市体育运动学校举行。

【第三届全国体育大会】

第三届全国体育大会于2006年5月20日—6月30日在江苏苏州举行。大会设体育舞蹈、健美操、舞龙舞狮、围棋、国际象棋、攀岩、健美、门球、台球、地掷球、航海模型、跳伞、航空模型、桥牌、中国象棋、保龄球、定向越野、轮滑、技巧、高尔夫球、龙舟、无线电测向、壁球、中国式摔跤、公开水域(游泳)、蹼泳、滑水、拔河共28个大项268个小项，上海共派出26支运动队400多人的代表团(其中运动员283名，教练员81名)参加除滑水、拔河以外的26个大项的角逐。

上海代表团共获得27枚金牌、25枚银牌、25枚铜牌，金牌数仅次于广东省和东道主江苏省，名列第三，奖牌总数名列第二名，金牌和奖牌总数均超过上两届。上海代表团获大会颁发的“体育道德风尚奖”，技巧、轮滑、台球等14支运动队，胡荣华、常昊、潘晓婷等34名运动员分别获各竞委会颁发的集体和个人“体育道德风尚奖”。

在上海代表团26个项目的参赛队中，由上海市体育局系统组队的项目11个，单项体育协会7个，高校3个，企业3个，区体育局2个，镇1个。其中由浦东新区三林镇组建的舞龙队摘得舞龙项目金牌；由上海市健美协会组建的健美队取得2枚金牌、2枚银牌、3枚铜牌；由黄浦区组建的轮滑队获得3枚金牌、2枚银牌。

【第四届全国体育大会】

第四届全国体育大会于2010年5月16—26日在安徽合肥举行。大会设技巧、蹼泳、航空模型、航海模型、高尔夫球、台球、围棋、国际象棋、中国象棋、健美、保龄球、桥牌、门球、舞龙舞狮、轮滑、中国式摔跤、体育舞蹈、健美操、攀岩、定向越野、龙舟、滑水、无线电测向、跳伞、拔河、金属地掷球、壁球和公开水域游泳 28 个比赛项目。上海代表团派出 440 名运动员参加 34 个大项的比赛，超 1 项世界纪录，收获 57 个一等奖、116 个二等奖、133 个三等奖，获奖项总数列各参赛代表团首位，一等奖奖项数名列第二位。代表团获“体育道德风尚奖”，男子泳池救生项目超世界纪录。

上海代表团的组队单位包括体育局系统 11 个直属单位、9 个体育单项协会、3 所大学和 3 个相关部门，充分体现“社会体育社会办”的特色。

第五篇

体育产业

上海体育产业发展与城市经济和社会发展紧密相关。改革开放以后，上海迅速调整产业结构，转变经济增长方式，从传统单一的工业基地、消费城市，向现代化国际经济、金融、贸易、航运中心迈进，第三产业快速发展，培育和拉动了体育产业。

改革开放以后，上海体育产业逐步起步。为了改变体育事业发展单一依靠国家资金投入的旧传统，从20世纪80年代起，上海率先对体育产业研究探索，试行“以体为主、多种经营”方针，以此拓宽体育经费来源渠道。在充分利用体育设施的自身潜力、扩大服务项目、开展多种经营等方面收到显著成效。1984年，上海体育系统的经营收入为904万元。到1990年增加到4 669.4万元。经营收入占全年体育事业经费支出的比重在1984年为30.4%，到1990年已接近50%。20世纪90年代初，上海体育事业经费已逐步形成国家投入、自身经营、社会支持的多元格局。

1993年，第一届东亚运动会在上海举办，这是上海乃至中国首次举办的大型国际赛事，开创了大型运动会运用社会赞助、接受捐赠、发行彩票、经营广告、确定指定产品等形式，利用社会化、市场化筹办运动会，标志着上海体育产业在赛事集资融资方面迈出了具有探索意义的一大步。

1995年7月，上海市体委设立体育产业处，负责全市体育产业的指导、协调和管理工作，拟定了上海体育产业发展规划，筹建了上海体育实业公司，以足球为龙头，培育球市，初步形成竞赛市场。至1995年底，上海体育产业年销售收入达5亿元，其中体育系统的销售收入为2.5亿元，体育系统的创收占总量的52%。

1997年，上海承办第八届全运会，实现了上海体育产业的起步，在市场化运作方面深入探索，由政府投资及社会投资融资，建造上海体育场；利用区县力量及土地置换，在各区县建设体育中心、全民健身活动中心。体育彩票业、体育会展业、体育中介服务业也因相关领域的蓬勃发展日渐培育起来。

20世纪90年代，海上世界女子乒乓球俱乐部、上海申花足球俱乐部、远东商厦女子足球俱乐部的建立，探索社会力量办体育的全新模式。上海本土运动品牌快速成长，“红双喜”继1994年获得第四十三届世界乒乓球锦标赛指定用球资格后，陆续成功赞助奥运会等大型国际体育赛事。

进入21世纪，上海市体育局制定了以国际顶级单项赛事的举办为龙头，与北京、广州等地实现错位竞争，致力于品牌赛事的培育。基本形成网球大师杯赛、F1中国大奖赛、国际田径黄金大奖赛、上海国际马拉松赛、斯诺克大师赛、高尔夫大师赛等品牌赛事，凸显了上海城市体育的鲜明特色，形成开放型、规模型的发展格局，刺激和带动建筑、交通、通信、旅游、媒体等相关产业繁荣发展，并持续放大赛事的溢出效应。在办赛模式上，上海积极探索“政府推动、市场运作”的新路。政府部门加强监管、协调和服务，大力培育和推进“一区一品”赛事，创新举办城市景观赛事。

2006年上海市体育局颁布《关于加快直属体育场馆改革和发展的意见》，进一步明确体育场馆设施在体育产业全局体系中的重要地位以及其市场化运作的重要性。

这一时期，上海职业体育俱乐部进一步发展，民私营企业介入程度加深。上海体育中介培训得到长足发展，《上海市体育经纪人管理试行办法》出台，行业管理日趋规范，运作日趋科学。上海体育彩票发展势头良好，全热线销售系统在2004年春节前后全面使用，全国首家“体彩吧”在上海设立，各类体育彩票彩民群体逐步培育建立。2010 年，上海全年销售体育彩票超过 15 亿元。截至 2010 年 12 月，累计销售体育彩票 100 亿元。

2010 年，上海体育及相关产业总产出 263.09 亿元，从业人员 13.36 万人，实现增加值 100.20 亿元，占当年上海 GDP 比重的 0.58%。

第一章　竞赛表演业

竞赛表演业是体育产业最具影响力、劳动力和辐射力的表现形式，是体育产业的重要组成部分。上海通过举办世界顶级体育赛事，努力打造竞赛表演业的发展平台。1992年，邓小平南方谈话明确提出了建设社会主义市场经济体制的伟大构想，给上海体育产业的发展带来的新的机遇，促进上海成功举办了第一届东亚运动会、第八届全国运动会等一系列具有开创性意义的国际国内综合性运动会。

第一节　大型运动会运作

一、第一届东亚运动会

东亚运动会的设立，是东亚地区政治、经济及文化、体育发展的必然结果。1991年9月，在日本东京举行东亚奥委会第一次协调会议，中国、日本首先提出设立东亚运动会的建议。据此，国家体委于11月6日向国务院作了《关于发起举办东亚地区运动会的请示》，国务院批复原则同意。1993年5月9—18日，第一届东亚运动会在上海举办，这是中华人民共和国成立后上海首次承办的国际综合性运动会，标志着上海体育产业探索的成功。

本次运动会共接待来自30个国家和地区的宾客以及全国各省市内宾1 500多人，另有830名境内外来沪采访的记者，其中境外92个新闻机构共280名记者。运动会购物中心在17天中接待顾客80多万人次，销售金额达5 000万元。竞赛组织方面，本次运动会没有集中的体育设施和运动员村，组委会采取集中与分散相结合的办法，根据上海地区特点，把竞赛组织工作下放给区、县承担。除大型活动由市里统一组织外，各单项竞赛的组织工作分散到12个区、县的13个体育场馆展开。

本次运动会与国内历次国际大赛最大的不同之处在于，创造了所有资金都从社会筹集的先例，被称作“东亚运模式”。组委会适应市场经济规律，积极探索、大胆创新，改变了由中央或地方财政拨款“包下来”的传统做法，按照国家政策，通过社会募集资金解决运动会的经费。1992年2月，由上海市计委牵头，上海市经委等部门以及中国人民银行上海市分行、上海海关、上海市体委等组成东亚运动会集资领导小组。集资主要途径有：一是接受社会捐赠和企业赞助。通过宣传运动会意义，组织义演、义赛、义诊、义展、义卖和义务劳动，接受捐款、捐物。财贸系统在运动会期间举办的购物节，捐赠运动会120万元；包括新闻界、地产界、工业系统在内的上海各行各业向东亚运动会捐赠数额近亿元。二是利用广告和专利进行集资。运动会电视转播和海外广告收入3 000万元，国内广告收入1 500万元；出售专利方面，运动会确定指定产品有17家企业，标志产品有40种，金额1 600万元(含实物)；还有通过发行运动会纪念邮票、纪念封等专项经营获得收入。三是经国务院批准，在全国范围内发行面额2亿元的“第一届东亚运动会体育奖券”，由运动会集资部承销。集资部采用承包销售办法，分别在上海和外省市发行6 000万元和1.2亿元面额体育奖券，共集资5 000万元左右。以上三项总共筹资3亿元。四是各个项目的赛事和场馆设施修建的经费由有关区、县自筹。五是大型活动经费由参加单位共同消化，电视转播、通信等重大设备的添置由承建单位共同承担。同年，利用这次办赛经费结余的近2亿元成立东亚发展公司(后为东亚集团公司)，使运动会后的结余款项在多种经营的过程中滚动增值。至1995年，东亚集团已成为具有9个子公司的大型体育产业集团。该集团陆续承接上海体育场、上海国际网球中心的筹建任务，通过这些工程项目，东亚集团不断做大做强。

二、第八届全国运动会

1993年9月13日，国务院批示，同意由上海承办第八届全国运动会(以下简称八运会)。1997年10月12—24日，八运会在上海举行，这是20世纪中国规模最大、水平最高的一次综合性体育盛会，促进上海体育产业的快速发展。

八运会共设置28个比赛项目319个小项。经过全国65个赛区的预赛选拔，来上海参加决赛的46个代表团7 600多名运动员，其中包括首次参加全运会的香港特别行政区代表团。在上海42个竞赛场馆共举行395场比赛，总分排在前三位的代表团分别为上海(2 218.5分)、辽宁(1 951分)、广东(1 915分)，75人327次超过27项世界纪录，200多万人次观看比赛。上海共接待2万多名国内外宾客，其中包括国际体育组织的官员和国内外观摩考察团成员。468个新闻单位共2 000多名记者采访了八运会。

本次运动会期间，举行了一系列与体育有关的展览会，包括体育美术展、体育集邮展、体育收藏展、百年体育回顾展、体育摄影精品展等，为历史上首次出现在上海的众多文化与体育紧密结合的展览。

八运会组委会在资金筹措方面积极探索、大胆尝试，摸索了一条在社会主义市场经济条件下办大型运动会的新路，即体育产业化之路。通过集资收入达到65 457.2万元，其中广告收入9 520.5万元、专利收入433万元、新闻单位广告收入6 736万元，有效地弥补了中央拨款的不足，并结余资金37 736.7万元。八运会体育场馆建设采用了土地置换、级差地租、滚动开发、场馆多功能设施开发和利用境外资金等多种形式筹资56亿元，新建、改建38个体育场馆，扩大了上海体育用地面积。上海市卢湾区出售了淮海路上有70年历史的老体育馆，在肇嘉浜路上建成现代化新馆。静安区将原有南京路的两处场地出售，在康定路建成现代化多功能体育中心。一些场馆自担风险，向银行贷款。负责筹建上海体育场的东亚集团公司，向银行贷款7亿资金投入体育场建设。新建的体育场馆，实行多功能开发，包括商业、健身、住宿、展示厅等功能，全面向社会开放，以收回投资。上海体育场内设104个包厢，出售近半，收回近3亿资金；同时利用包厢和5 000个“黄金地段”的座位为载体，推出俱乐部会员制的经营方式。在宽大的看台下设置三星级宾馆、“海洋世界”体育俱乐部、商场、展示厅等设施多方位为社会服务。八运会后，上海放大体育场馆“赛后效应”，部分体育场馆走上了“以场养场”的体育产业化道路。

除了场馆建设外，八运会在赛事商务开发、电视转播权出售、志愿者队伍建设等方面开展了具有前瞻意义的积极探索。组委会拍卖比赛冠名权、开发运动会的指定产品、出售比赛场内外的广告、出售体育彩票等。中国轻工总会联合数十家企业一次买断4 300万广告，开创中国名牌产品在全运会上整体亮相的先河。中央电视台首次出让广告时段以取得八运会的转播权，使电视转播成为体育产业的重要资源和经营手段。八运会期间，共发售近3亿元体育彩票，不仅为八运会举办筹集了数千万资金，而且对调动社会力量参与八运会起到了积极作用。八运会市场开发在国内运动会中第一次实现了盈利,标志着上海体育产业发展进入新阶段。

三、其他

1984年10月13—24日,第十届亚洲女子篮球锦标赛在上海体育馆举行,揭开上海解放后举办洲际单项锦标赛的序幕。1985年4月25—28日,第四届世界杯跳水赛在上海体育馆举行,这是上海历史上首次举办世界杯赛,14个国家队共67名选手参赛,40余家中外新闻单位近百名记者进行采访。之后陆续举办了一些综合运动会和单项体育赛事。20世纪90年代以后,体育竞赛表演活动日趋活跃,经常性、小规模、多元投资举办的商业赛事长年不断,平均每年举办30项以上国际比赛和50项以上的国内比赛。

1979—2008年间,上海举办的国际国内的重大赛事可分为三个阶段,赛事数量变化如下图所示:

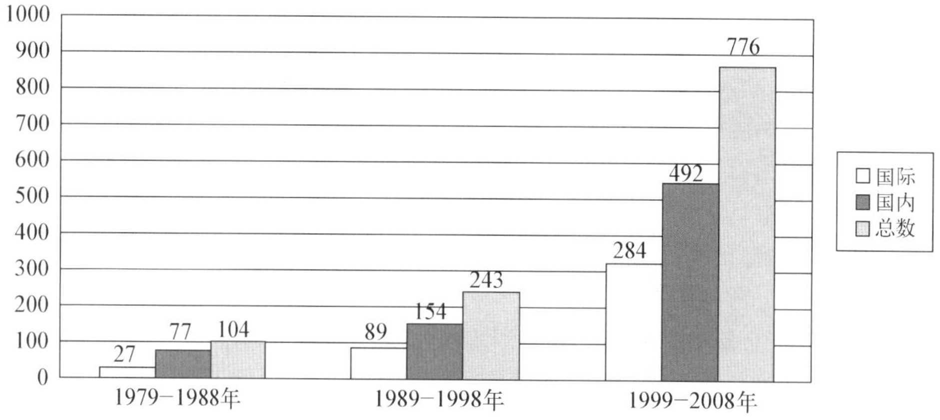

图5-1-1　1979—2008上海赛事数量变化图

说明:数据来源于《腾飞中的上海体育》。

1998年10月13—18日,第十一届世界中学生运动会在上海举行,28个国家和地区的1 300多名运动员参加,这是首次在欧洲以外的地区举办的世界中学生运动会。

2000年5月6—14日,第五届全国残疾人运动会在上海举行,这是中国在世纪之交举行的规模最大、参与面最广、竞技水平最高的综合性残疾人体育盛会。设田径、游泳、乒乓球、射击、举重、羽毛球、盲人柔道、轮椅网球、盲人门球、轮椅篮球、坐式排球11个竞赛项目,比上届残运会增加了3项。全国31个省、自治区、直辖市和新疆生产建设兵团,以及中国香港、中国澳门参赛,参赛运动员达1 800余人。智力残疾运动员首次参加残运会。

2005年,第四十八届世界乒乓球锦标赛在上海成功举办。147个国家和地区的共1 500名运动员、教练员参加,创下上海举办国际体育比赛参赛国家和参赛人数最多的纪录。现场观众总数突破10万人次,平均上座率达到九成,其中20%为外地和境外观众,门票收入1 180万元。比赛向全球转播,4.75亿观众通过电视观看本次比赛。大众汽车集团成为本次大赛的冠名赞助商,通过国内外媒体的广泛报道,大众汽车集团获得1 000万欧元左右的广告价值;上海东方鳄鱼有限公司为比赛提供西服;太平洋人寿保险有限公司上海分公司向组委会赠送总保额为4.2亿元的人身意外伤害险。比赛期间,上海还举办多种相关活动。举办慈善义拍活动,一只带有冠军签名的巨型球拍和一张签名的决赛用球台，分别以48万元成交。开展残疾健儿迎世乒赛活动、千台万人打乒乓活动、中欧元老赛等。组委会还发行了个性邮票和赛事珍藏纪念册。

2007年10月2—11日，世界夏季特殊奥林匹克运动会在上海举行，7 000多名运动员参赛，20 000余位嘉宾与会，165个国家和地区的赛会人员聚集上海。参赛国家（地区）及参会人员数量均超历届特奥会。比赛期间，全球120个国家和地区的1 400家媒体、1 438名记者参与采访报道。开幕式有80多家境外电视台现场直播或录播，覆盖10多亿观众，境内外媒体报道超过10万篇。上海特奥会官方网站的访问量达到1.22亿人次。来自上海及全国各地的278名医生、426名医学院校和社会各界的志愿者以及167名外国医务志愿者，为6 000多名特奥运动员提供各类健康检查和医疗保障。4万多名志愿者直接参与赛会服务，近百万市民直接或间接参与特奥会的各项活动。参与特奥会社区接待的中国城市共12个，涉及155个社区、1 870户家庭、6 189社区工作人员。中保国际携旗下太平人寿、太平保险、民安保险3家指定保险服务商为特奥会提供金额高达1 600亿元的风险保障。比赛期间，上海96个宾馆被特奥组委会指定为运动员接待宾馆，近150个宾馆饭店和社会旅馆为特奥会家属接待宾馆。旅游系统接待1万多名特奥选手和教练员、2万多名特奥家属以及各国政要和贵宾团。上海34所比赛场馆及其周边环境都按无障碍通行要求，实行统一改造和梳理，坡道、盲道、声光提示装置等设施的建设确保了与会人员的特殊需求。

除此之外，上海还举办2008年北京奥运会足球赛（上海赛区）、女足世界杯、NBA季前赛、国际剑联男女花剑世界杯赛、女子沙滩排球世界巡回赛等国际赛事，充分显示出上海承办国际体育赛事的综合实力，并促进体育产业快速发展。

第二节　品牌赛事培育

一、赛事运营管理

改革开放初期，上海社会力量开始参与举办体育比赛。1978年，“火车头杯”全国篮球邀请赛在上海举办，这是全国较早尝试商业化运作的赛事，国家体委为此专门开展调研。此后，上海加快体育赛事的对外开放，体育赛事市场化和社会化的趋势日益明显。体育赛事的性质呈现从政府主导到政府与企业合作等多种形式共存的方式转变。

20世纪90年代初，上海重点培育顶尖品牌体育赛事。在大型体育赛事的运作上，除了服务国家奥运战略外，上海还注重与城市经济、社会发展相结合，以国际顶级单项赛事的举办为龙头，与北京、广州等地（举办奥运会、亚运会等大型综合性运动会）形成错位竞争，有意识地引进一些在国外有广泛影响力和大量受众的国际体育赛事，努力打造竞赛表演发展平台。在办赛模式上，探索“政府推动、市场运作”的新路子，突出体育赛事公司的主体地位和作用，逐步淡化政府的主体地位，促使政府转变职能，转而做好指导、协调和服务工作。这一时期，基本形成久事公司承办的网球大师杯赛和F1中国大奖赛、上海国盛公司承办的国际田径黄金大奖赛、上海市体育总会承办的国际马拉松赛、东亚集团承办的斯诺克上海大师赛、汇丰银行赞助的汇丰高尔夫大师赛6大品牌赛事。这些赛事已成为上海城市的体育名片，促进了体育产业的发展。

在赛事运营管理方面，上海严格执行国际和国家体育组织的规则、规程，切实做好裁判、技术官员的业务培训及生活保障工作，贯彻实施1999年颁布的《上海市体育竞赛管理办法》，规范社会力量办赛行为。为了高效办赛，2005年建立上海市重大体育赛事联席会议制度，强调政府各有关部门在重大体育赛事举办过程中做好服务保障工作,降低办赛成本,体现政府在推动上海体育赛事发展过程中的主导作用。

二、赛事运营情况

1979—2010年,上海举办国际性比赛439次、全国性比赛800余次。至2010年,上海举办的国际性赛事保持在每年40场左右,国内大赛每年50场左右,充分显示出上海在承办重大体育大赛上的综合实力。经过多年的运作,基本形成以网球大师杯赛、F1中国大奖赛、国际田径黄金大奖赛、上海国际马拉松赛、斯诺克上海大师赛和高尔夫世锦赛为核心,以各区县"一区一品"赛事和各类特色商业性精品体育赛事为补充的高级别体育赛事集群的格局。这些赛事凸显上海体育的鲜明特色,形成开放型、规模型的发展格局,刺激和带动建筑、交通、通信、旅游、餐饮、广告、媒介、新闻等相关行业的发展。

表5-1-1 2010年上海重大国际单项体育赛事情况一览表

赛事名称	赛事级别	引进时间	电视直播覆盖区域	赛事承办期
世界斯诺克上海大师赛	世界职业斯诺克七大排名积分赛之一	2007年	2009年中国、欧洲	5年
上海国际马拉松赛	上海市历史悠久的商业性自有赛事	1996年	2009年直播半程、开闭幕仪式	自有赛事,永久
喜力公开赛	ATP级别最低的赛事	1998年	全球	1998—2001年 2003—2004年
网球大师杯	男子职业网球巡回赛的总决赛	2002年	全球	2002年 2005—2008年
ATP1000	ATP巡回赛中级别最高的赛事,规模仅次于四大满贯	2009年	全球(ATP转播公司负责全球转播)	永久
F1中国大奖赛	世界上最高等级的汽车场地比赛	2005年	全球	7年
高尔夫世锦赛-汇丰冠军赛	继四大赛后最领先的高尔夫比赛,同时也是亚洲最高级别高尔夫比赛	2004年	全球	自有赛事,永久
上海国际田径黄金大奖赛	国际田径巡回赛之一,亚洲最高水准田径赛事	2005年	2005年上视体育,2006年CCTV5	5年

注:表格内容来源于《上海重大国际单项体育赛事行政管理体制研究》(《上海体育学院学报》第35卷第1期)。

F1赛车是一项具有全球影响力的体育赛事。2004—2006年间,共80万人次前往上海赛车场观看F1中国大奖赛,其中境外观众超过15万人次。近200个国家和地区进行电视转播。F1赛事的主要收入来自门票。2004年,门票销售以团购消费为主,到2007年则以个体消费为主,票房收入达到2亿元。每年三天的F1比赛,为上海旅馆业贡献超过2.1亿元的住宿收入。

1996年和1997年,上海连续两年举办ATP网球巡回赛之一的上海网球公开赛,拉开了上海举办国际网球赛事的序幕。1998—2004年,上海举办5届喜力网球公开赛,2002年和2005—2008年,共举办5届世界男子网坛最高级别的网球大师杯,ATP1000大师赛最终于2009年永久落户上海。2002年11月12—17日在浦东新区上海新国际博览中心举办网球大师杯赛。为此,组委会仅用四个半月就搭建了一个面积达5万多平方米、可容纳1万名观众的比赛场地。时隔三年,网球大师杯赛于2005年重

表 5-1-2　1998—2009 年上海市网球国际赛事举办情况一览表

赛事名称	时间	赛事拥有人	赛事在上海举办合同签约人	赛事出资方	赛事在上海的承办方	承办方性质	承办方股东或上级单位	承办方股东或上级单位性质	赛事承办方拥有权利	收入规模	支出规模	电视直播覆盖区域	现场观众总人次(约)
喜力公开赛	1998—2001 年、2003—2004 年	上海巴士实业(集团)股份有限公司(1998—2008 年)、世界男子职业网球协会(2009 年以后)	上海巴士实业(集团)股份有限公司	上海巴士实业(集团)股份有限公司	上海新新体育文化有限公司	国有企业	上海巴士实业(集团)股份有限公司	国有企业	赛事所有权和经营权	每年收益 30 万美元,最后世界男子职业网球协会以跟原价相等的价格收回,并达成溢价 50% 分成的协议	上海巴士集团耗资 112.5 万美元买入该项赛事	全球	1998 年数百人,之后逐年增加,2000 年达 3 万人,2003 年因明星退赛观众减少
网球大师杯	2002 年、2005—2008 年	世界男子职业网球协会	上海市体育局	上海巴士实业(集团)股份有限公司	上海久事国际赛事管理有限公司/新新体育	国有企业	上海巴士实业(集团)股份有限公司/上海久事国际赛事管理有限公司	国有企业	一小部分的广告经营权、票房以及指定纪念品销售的赛事运营权,场地内广告权及电视转播权归世界男子职业网球协会	2006 年 6 126 万元,2007 年 10 206 万元,2008 年 9 611 万元	2002 年申办费用为 760 万美元,之后几届略有增加,2005 年达 920 万美元	全球	2006 年 10.4 万人次,2007 年 18 万人次,2008 年 19.8 万人次
ATP1000	2009 年永久落户上海	上海久事国际赛事管理有限公司	上海市体育局	上海久事国际赛事管理有限公司	上海久事国际赛事管理有限公司	国有企业	上海久事国际赛事管理有限公司	国有企业	赛事经营权、电视转播权、场地广告经营权等	2009 年收入为 7 586 万元(包括赞助收入、门票收入及电视转播收入),为上海带来的资金流为 19 460.67 万元	赛事奖金支出为 400 万美元	全球(世界男子职业网球协会转播公司负责全球转播)	2009 年 12.5 万人次

回上海并落户上海旗忠森林体育城网球中心，赛事总价值为4.49亿元，其中赛事收入为1.07亿元，对相关产业产生的经济效益为1.32亿元，新闻媒体及广告估算价值为2.10亿元。2006年网球大师杯赛，到现场观看比赛近11万人次，比2005年增加2万人。265家共500名中外媒体工作人员赴现场报道。同时，在世界各地有8000万观众通过电视观看，大师杯赛提供给赞助商媒的媒体总价值高达1.7亿元。至2010年，网球大师杯赛的收入构成主要是企业赞助和包厢出租，约占总收入的70%，票务收入为次，另有小部分来自电视转播权以及纪念品、餐饮等相关产品的开发。

汇丰冠军赛是中国举行的级别最高、奖金最丰盛的男子职业高尔夫球赛事。该项赛事由汇丰银行冠名赞助，创办于2005年，得到欧洲巡回赛、亚洲巡回赛、日本巡回赛、澳大利亚PGA巡回赛和南非阳光巡回赛的联合认证，并于每年11月举办。2009年，国际高尔夫职业巡回赛联盟中国高尔夫球协会、IMG和汇丰银行联合在上海宣布，“汇丰冠军赛”正式升级为世界高尔夫锦标赛，并成为PGA巡回赛赛程中的一站。

斯诺克上海大师赛是世界斯诺克职业巡回赛的官方排名赛，创办于2007年，前身是温布利大师赛。2007年，斯诺克上海大师赛取代马耳他杯赛，被列为世界职业斯诺克七大排名积分赛之一，是亚洲最顶级的斯诺克赛事，由东亚体育文化中心自主投资运营，并签定赛事的5年举办权，上汽荣威连续5年全程冠名赞助。2008年，赛事主办方推出能观看一号球台全部14场高水平比赛的套票，增加了一二号球台的内场坐席数，当年票房收入超100万元。2009年，斯诺克上海大师赛改变售票策略，票价较往年略有下调，并推出50元的学生票。自2008年起，主办方在赛事期间举办了中国台球博览会暨上海大师赛台球文化周活动。

上海国际马拉松赛是中国最早举办、规模和影响力较大的马拉松赛之一，由中国田径协会、上海市体育总会主办，源于20世纪90年代初的上海嘉定国际马拉松赛，1996年升级为市级国际性赛事。比赛规模逐年扩大，赛事已经成为上海重要的城市景观体育赛事和市民、游客的嘉年华活动。比赛项目分为男、女马拉松(42.195公里)，男、女半程马拉松(21.0975公里)和健身跑。在赛事组织、接待、医疗、安保、媒体服务等方面，组织者力求以人为本，确保参赛者的身体健康与安全，精心选择赛事路线，注重比赛细小环节，提升专业服务水平。上海国际马拉松比赛的初期，举办经费除了收取一定的报名费外，主要由协会负责，体育部门支持。随着规模、影响的扩大，组织机构以冠名、广告等形式集资。至2010年，赛事组织及经费主要由专业赛事公司负责，体育等相关政府部门主要起协调、监管和保障作用。

2005年，上海首次承办国际田径黄金大奖赛上海站比赛，它是国际田联正式批复的室外赛事之一，是继网球大师杯、F1世界锦标赛上海站之后又一落户上海的世界一流单项体育赛事。2007年，国际田联将上海国际田径大奖赛从特许赛升格为巡回赛之一，同时将运动员在上海赛事的成绩计入年度积分系统。2010年，国际田联启动覆盖全球的新系列赛，即钻石联赛，将国际田径黄金大奖赛(上海站)列入其中，国际田径黄金大奖赛(上海站)从而升级为国际田联钻石大奖赛(上海站)。赛事采用商业化运作和政府支持相结合的模式。主办方是钻石联赛有限公司、中国田径协会和上海市体育总会，组织方是国际田径管理公司，承办方是上海国际田径黄金大奖赛有限公司，协办方是上海东亚文化中心有限公司。2010年，钻石联赛的电视转播遍及五大洲100多个国家和地区。全球14站比赛中，上海站电视转播收视人数达762.8万人，占全部14站总收视人数的39.05%。

除品牌赛事外，经常性、小规模、多元化投资举办的商业赛事在上海长年不断，各区县积极推进、大力培育并逐步形成“一区一品”的城市景观赛事、特色赛事。金山区的沙滩排球、奉贤区的风筝、普陀区的龙舟、崇明县的自行车、浦东新区的羽毛球、宝山区的女子篮球等，这些赛事凸显了上海体育的鲜明特色，形成开放型、规模型的发展格局，成为体育产业发展中最具特色、最具开放度的特色产业。这些赛事成为上海体育竞赛表演市场的新亮点。全市18个区县的“一区一品”赛事，70%已初步形成规模和格局。

三、赛事研究机构

上海体育学院体育赛事研究中心于2007年7月成立，是全国第一个专门从事体育赛事领域学术研究、“产学研”一体化的研究机构，被列为上海市教委普通高等学校人文社会科学重点研究基地。中心拥有全国唯一的体育赛事运作硕士点，体育赛事运作专业被列入上海市教委重点学科（第五期）建设计划。中心主要的发展目标是构建体育赛事理论体系，打造赛事信息平台，形成一批应用性研究成果，为政府和社会提供赛事咨询服务；以建设体育赛事思想库、信息库、人才库为目标，把中心建成为国内一流、国际知名的体育赛事研究机构。

中心下设赛事评估研究室、赛事管理研究室、赛事博彩研究室、赛事咨询工作室和赛事调查实验室等机构，拥有较为齐全的体育赛事文献库、资料库、数据库和影像库；有一批拥有丰富理论与实践经验的国内外知名学者所组成的研究团队，提供体育赛事的需求论证、投资决策、服务运营、项目评估及专业人才培训等诸多领域的理论指导和服务。

中心成立之后取得许多科研成果。建设期间，年均科研项目数为18.8项，年均发表16.4篇CSSCI文章、7篇SSCI论文。2008—2009年，中心建立开放式科研平台，面向全国开展课题招标，34个项目获得立项。2010年，中心对外开展《中国民族民间体育赛事研究》和《体育赛事与城市发展》的课题招标工作。其中，《体育赛事与城市发展》招标课题共18项，《中国民族民间体育赛事研究》招标课题共24项。

开展赛事评估是中心的重点工作之一。自2008年起，中心每年为F1中国大奖赛、上海ATP1000大师系列赛、斯诺克上海大师赛等大型赛事开展社会效益与经济效益评估。2010年，为在山东省举办的霍比世界帆船锦标赛和威海长距离铁人三项赛提供评估。

第三节　职业联赛运营

20世纪80年代，全国初步形成足球、篮球、排球三大球的等级联赛，并实行升降级制。1994年，全国足球甲A联赛揭幕战在四川成都举行，拉开中国职业足球联赛的序幕。上海体育管理体制改革逐步深化，将建立职业体育俱乐部作为训练体制改革的突破口。足球项目率先走上职业化的道路，其他项目如篮球、排球、乒乓球等紧随其后，启动改革，探索职业俱乐部运作模式。

20世纪90年代，上海先后成立申花、豫园、浦东、福豹等足球俱乐部，以及远东商厦女子足球俱乐部、上海上视女子足球俱乐部。1993年12月9日，上海第一个职业体育俱乐部——海上世界女子乒乓球俱乐部成立。随后，敏之乒乓球俱乐部、梅龙镇乒乓球俱乐部相继成立。1996年初，篮球、排球相继成立俱乐部，篮球由东方电视台与上海体育运动技术学院组成东方男女篮球俱乐部；排球由上海有线电视台与上海体育运动技术学院组成有线男女排球俱乐部。1996年，上海大众男子乒乓球俱乐部正式成立。1998年，海上世界乒乓球俱乐部在中国乒协注册，与上海市体委脱钩独立组队，使上海乒乓球一线队伍出现多家竞争的格局。代表上海参赛的队伍，将从多支俱乐部队中选拔产生。同年，上海男子乒乓球队与宁夏圣雪绒国际企业集团共同组建上海圣雪绒男子乒乓球俱乐部。乒乓球俱乐部的成立，使得上海的乒乓球俱乐部形成“一条龙”体系。俱乐部着重加强

图5-1-2 2009年,上海申花队球员(右)在中国足球超级联赛中

自身"造血"功能,对上海乒乓球的体制改革起到促进作用。改革后的上海东方男篮成绩斐然,1996年6月升入甲级联赛,并获得全国男子篮球甲级联赛第六名,也是上海东方大鲨鱼俱乐部职业化的前身。上海职业体育俱乐部的性质按投资主体可分为体育部门与企业联办以及企业独资举办等形式。

至20世纪90年代中期,全市建立体育俱乐部60多家,其中直接训练高水平运动队的俱乐部10余家。俱乐部以管理企业的办法管理运动队,尝试高水平运动队与市场经济相接轨,代表上海参加全国联赛。俱乐部属企业性质,运动员、教练员均与俱乐部签订合同。这种与体委脱钩、打破铁饭碗的做法,在竞技体育管理体制上是一个创新。体育俱乐部成立后,拓宽了训练渠道,引进了企业管理机制,广泛进行人才交流,聘请外籍教练员或运动员,提高教练和运动员待遇。运动队外出比赛机会增多,队员积极性提高,竞争意识增强,运动水平有了不同程度的提高。20世纪90年代以后,在上海举办的职业联赛有始于1992年的全国甲级(A组)足球联赛、始于1995年的全国男子篮球甲级联赛、始于1996年的全国女排联赛、始于1999年的围棋甲级联赛、始于1999年的全国乒乓球俱乐部联赛、始于2000年的全国网球联赛、始于2002年的全国棒球联赛、始于2003年的全国男子象棋甲级联赛、始于2006年的全国国际象棋甲级联赛等。

1993年12月10日,上海申花足球俱乐部成立,俱乐部实行董事会领导下的总经理负责制。1995年的全国甲A联赛,上海申花队创下了十连胜的纪录,并最终以22战14胜4平4负积46分的成绩,获得年度甲A联赛冠军;球队队长范志毅表现出色,打进15球,获得甲A联赛"金靴奖"。

进入21世纪后,上海职业体育俱乐部进一步发展。足球方面,民私营企业介入程度进一步加深,申花足球俱乐部经历了三次股权变更。2000年10月,上海中远两湾置业发展有限公司、上海汇丽集团有限公司、上海汇丽建材股份有限公司、上海汇丽地板制品有限公司、海南博鳌投资股份有限公司共同收购上海浦东足球俱乐部有限公司的全部股份,俱乐部更名为上海中远汇丽足球俱乐部有限公司。2003年5月上海中远三林置业集团有限公司受让了上海汇丽集团有限公司、上海汇丽建材股份有限公司、上海汇丽地板制品有限公司的全部股份,俱乐部更名为上海中远三林足球俱乐部股份有限公司。2005年2月,上海永大集团受让了上海中远三林置业集团有限公司全部股份,俱乐部更名为上海永大足球俱乐部。2006年1月10日,上海国际足球俱乐部迁至陕西西安。

2009年7月,上海东方篮球俱乐部的职业化进一步推进,姚明成为球队出资人,成为上海东方男篮俱乐部的经营者和管理者。

第四节 体育中介服务

一、沿革

上海体育中介服务业的发展历程,是上海整个体育产业发展的一个缩影,其发展共经历了三个阶段，即孕育准备、萌芽起步和规范发展阶段。

1984—1997年是孕育准备阶段。1992年，中共十四大提出建立中国特色社会主义市场经济体制的目标，体育产业迎来新发展。同年，上海出现第一家经纪机构。1993年，上海举办第一届东亚运动会，上海东亚发展公司成立，标志着上海独立体育服务企业的诞生。1994年，《上海市经纪人管理办法》实施，体育中介服务业逐步规范。此时上海体育产业的大环境已经呈现进一步产业化、社会化的大趋势，并带动一批委托代理企业赞助体育赛事，促进商业运作的服务公司成长。

1997—2001年是萌芽起步阶段。一批职业体育俱乐部的成立，激发了市民对体育的热情，体育市场规模随着市民对体育需求的不断增长而日益扩大。1997年第八届全运会在上海举办，加速培育了上海体育中介的萌芽。同年，朱建华创立全国第一家体育经纪人公司——“希望国际体育经纪有限公司”，标志着上海体育中介行业的诞生。1998年，全国首家体育经纪人培训班在上海交通大学开班，为进一步培养合格、专业的体育经纪人搭建了平台，55人领取体育经纪人证书。

2000年下半年，上海市体育局会同上海市工商局举办2期体育经纪人培训班。至2000年底，全市已有173人获得体育经纪资格证书，有10余家依法登记的体育经纪公司或可从事体育经纪活动的广告公司，体育经纪活动的领域逐步扩大。2000年12月，上海市人大常委会审议通过《上海市经纪人条例》，2001年5月1日起实施。

2001年以后是规范发展阶段。2001年2月，上海市执业经纪人协会成立。2001年，上海已有14家专业体育经纪公司，先后举办过4期体育经纪人培训班，执证经纪人已达270多人。2003年4月3日，上海市体育局法规、竞赛部门牵头，召开上海体育竞赛经纪发展研讨会，上海市人大科教文卫委员会办公室、上海市体育局以及部分体育经纪公司参加研讨。同年，上海体育学院承办2期体育经纪人培训班。2004年，上海有体育经纪公司31家，职业体育经纪人近400人，实际从事体育经济活动的约100人。

2008年北京奥运会之后，中国体育产业进入一个新的发展阶段，国际体育赛事不断增多，中国职业赛场的转会制度有了较大突破。上海体育经纪中运动员转会经纪和体育赛事经纪成为上海体育中介业的两个主要构成部分。

为加快经济发展方式转变，2010年上海市政府印发《关于进一步促进本市中介服务业发展的若干意见》，加快推进上海体育中介业的规范、健康发展。2010年，上海体育中介活动总产出为11.91亿元，增加值为3.94亿元，占上海体育及相关产业总增加值的比重为3.93%；从业人员为0.36万人，占全国体育中介业总从业人员的比重为11.8%。

二、培训机制

上海体育中介的组织资源包括四类：个体体育经纪人、个人独资体育经纪企业、合伙体育经纪企业和体育经纪公司。个人体育经纪人和经纪公司是常见的体育经纪人组织形式。在足球、篮球、排球职业联赛中，个体经纪人占据主要位置，负责代理运动员转会、商务开发，以及为赛事承办、策划等业务提供中介服务。体育经纪公司在2001年以后得到快速发展。体育中介服务已成为上海体育服务业新的亮点，涌现出上海东亚体育经纪有限公司、上海纷华体育经纪有限公司、上海点石体育经纪有限公司、上海久事国际赛事管理有限公司、仁海知名体育经纪公司等一批大中型体育中介服务企业。

由上海东亚（集团）有限公司与上海八万人商务有限公司共同投资成立的上海东亚体育经纪有

限公司是截至2010年国内唯一拥有大型体育场馆设施的大型体育经纪公司。上海森威体育经纪有限公司是专业从事体育经纪和赛事推广的公司,主要承担职业运动队、职业体育俱乐部的各类代理活动。

2007年,上海市体育局发布《上海市体育发展“十一五”规划》,提出全面培育和发展上海市体育经纪市场,以及努力培养一支实际操作能力强、素质高的体育经纪人队伍。在该政策的引导下,体育经纪人队伍不断扩大,体育经纪活动范围不断拓展。经纪人培训班通过三种形式开展:一是体育部门联合工商部门模式;二是协会承办模式;三是体育院校承办模式。各地培训班以短期集中授课为主,培训时间一般为5天左右,如采取晚上或双休日授课的形式,培训时间一般持续1个月左右。授课内容主要涉及两部分:第一部分为体育经纪活动中所涉及的工商管理领域内容,重点包括经济法中的各个领域,如《合同法》《公司法》等;第二部分主要涉及体育领域,尤其是体育产业领域,包括运动员转会、赛事运作、企业赞助以及体育竞赛表演业中的相关活动。此外,外语也在很多体育经纪人培训课程中列为授课内容。经纪人学员考核一般采用笔试。上海参加培训的学员来自多个领域。其中,体育工作者、教师和管理者所占比例最大。

三、管理建设

对体育经纪人的管理依据及手段,主要是2004年由国家工商行政管理局颁布的《经纪人管理办法》,该办法对体育经纪人的职业活动范围、工作内容、能力要求和知识水平都做了明确规定。上海市体育局和上海市工商行政管理局联合颁布实施《上海市体育经纪人管理试行办法》,结合上海的实际情况,规范上海体育经纪行为、保障体育经纪活动当事人的合法权益、促进上海体育市场的健康发展。1997年12月8日,上海市政府第54号令修正并发布《上海市经纪人管理办法》;2000年12月15日,上海市第十一届人民代表大会常务委员会第24次会议审议并通过《上海市经纪人条例》。针对中介服务业的发展需求和实践中出现的问题,上海加快中介服务咨询业的规范管理。2010年2月8日,上海市政府印发《关于进一步促进本市中介服务业发展的若干意见》。这一系列的法规和规范性文件的颁布实施,促使上海体育中介业转向法治轨道。

第二章　体育彩票业

第一节　组织架构

一、上海市体育彩票管理中心

上海是近代中国彩票的发祥地，改革开放后体育彩票业逐步发展繁荣，管理日趋规范。

1993年，为了筹集第一届东亚运动会的资金，上海开始发行体育彩票。1995年4月，上海市体委成立上海市体育彩票管理中心（以下简称上海市体彩中心），加强对运动会资金筹集工作的规范和组织。它是上海市体委直属事业单位，负责对上海体育彩票市场的直接管理。上海市体彩中心办公地点在上海体育馆东大厅。2005年1月，迁至长乐路1240号。

随着中国体育彩票玩法和体彩中心管理职能的不断演变，上海市体彩中心发展历经了筹备成立、完善发展和全面发展三个时期。1992—1997年为筹备成立期，这一阶段体彩中心管理机构刚刚成立，相关职能还有待完善。1998—2006年为完善发展期，随着科技的发展和网络的普及，区级体育彩票管理部门相继成立，形成市、区两级体育彩票管理模式。2007—2010年为全面发展期，形成两级加一员（市级—区县级—专管员）管理模式。

上海市体彩中心实行企业化管理，实行主任负责制。办公室负责体彩中心的日常工作和仓库保管等；业务部负责彩票的业务管理、市场拓展及玩法研究等；技术部负责彩票的计算机技术，包括体育彩票的销售数据的收集与整理以及彩票销售系统的维护工作等；宣传部负责彩票的宣传工作。

为促进销售网点和体彩机构之间的沟通，加强对销售网点的服务，2009年3月，上海市体彩中心在浦东新区和杨浦区启动彩票专管员试点工作。截至2010年，全市所有区县彩票专管员招聘及培训工作全部完成，沟通起体彩机构与网点的直接联系，提升网点服务水平。上海体彩建立起两级（市、区县）加一员（专管员）的管理模式，有效提高市场拓展及应变能力。

二、区县体彩机构

1996年，区县体彩管理机构逐步设立，负责本辖区的体育彩票管理工作，业务上接受上海市体彩中心指导。区县体彩管理机构大多挂靠在区县体育局群体科、财务科或社体中心，为非独立法人机构。2003年1月，首个具有独立法人资格的区（县）体彩管理机构——黄浦区体育彩票中心成立。

2006年5月10日，上海市体育局印发《上海市区县体育彩票管理机构工作评估办法（试行）》，评估内容主要包括：体育彩票销量、规范管理、安全工作、宣传工作和服务工作，进一步推进区县体彩机构建设。

表 5-2-1　2010 年上海市各区(县)体育彩票管理机构一览表

区(县)体彩管理机构名称	地　　址
黄浦区体育彩票中心	北京东路 566 号
闸北区体育彩票管理办公室	大宁路 385 号
静安区体育彩票管理办公室	西康路 99 号 102 室
徐汇区体育彩票管理办公室	天钥桥路 400 号
卢湾区体育彩票管理办公室	建国西路 135 号
长宁区体育彩票管理办公室	华山路 1038 弄 173 号
普陀区体育彩票管理办公室	西乡路 292 号 4 楼
闵行区体育彩票管理办公室	新镇路 288 号
虹口区体育彩票管理办公室	东江湾路 444 号
杨浦区体育彩票管理办公室	周家嘴路 3681 号 128 室
浦东新区体育彩票管理办公室	塘桥新路 192 弄 10 号
南汇体彩办(隶属浦东区办)	惠南镇观海路 1000 号
嘉定区体育彩票管理办公室	城中路 170 号
金山区体育彩票管理办公室	卫零路 465 号 810 室
宝山区体育彩票管理办公室	牡丹江路 1285 号商务楼 312 室
青浦区体育彩票管理办公室	体育场路 378 号
奉贤区体育彩票管理办公室	南桥镇古华南路 100 号
崇明县体育彩票管理办公室	城内北门路 98 号
松江区体育彩票管理办公室	九峰路 2 号

表 5-2-2　1998—2010 年区(县)电脑型体育彩票销量统计表　　单位：元

区　(县)	销　量
浦东	1 338 115 453
普陀	759 827 353
徐汇	725 027 622
闵行	724 070 272
杨浦	609 759 254
宝山	593 063 789
虹口	582 015 370
闸北	534 601 513
长宁	431 577 699
静安	289 453 813
嘉定	256 456 341

（续表）

区　（县）	销　量
松江	248 386 467
黄浦	246 631 727
卢湾	224 559 288
南市	208 830 499
青浦	167 592 387
南汇	150 980 489
奉贤	136 949 234
金山	128 927 651
崇明	53 867 552
社会渠道	119 650
总　计	8 410 813 423

说明：1. 黄浦区、南市区于2000年合并成立新的黄浦区，2001年起黄浦区实际销量是将两区销量相加；2. 南汇区于2009年并入浦东新区，2010年起浦东新区实际销量是将两区销量相加；3. 表格数据由上海市体彩中心数据库系统提供。

三、体彩销售网点

1998年10月18日，第一期电脑型体育彩票在全市300个网点上市发行。1999年，实现销售网点各区县全覆盖。此后，全市销售网点数量逐年攀升。为规范销售网点管理，2006年起，上海市体彩中心先后出台《上海市体育彩票销售网点管理办法》《上海市电脑体育彩票销售网点实施细则》《上海市电脑型体育彩票销售点综合评估办法(试行)》。至2010年底，全市销售网点增至2 173个。

在新单场网点发展初期，上海市体彩中心对部分现有网点进行升级，同时面向社会招聘新网点。2002年南非足球世界杯赛后期的网点招募中，新开设网点面积要求达到50平方米以上；在硬件设施方面，要求具备2台电脑＋2台IDS电视＋1台IDS工作电脑＋1台专用路由器的最低设备配置。2010年，上海市体彩中心筹建新单场竞猜(竞彩)网点，全年共筹建新单场竞猜(竞彩)网点286家。

表5-2-3　1998—2010年区(县)体育彩票销售网点数量统计表　　单位：个

区(县)	1998	1999	2000	2001	2002	2003	2004	2005	2006	2007	2008	2009	2010
黄浦	19	21	44	42	36	34	34	33	39	40	39	41	54
闸北	25	31	72	72	81	84	82	74	85	100	100	106	127
南市	13	18	36	34	31	31	30	28	28	26	23	23	22
静安	16	21	42	39	40	40	37	39	37	39	37	34	41
徐汇	32	42	105	100	97	96	98	92	105	110	122	127	138
卢湾	16	25	45	35	45	44	39	31	33	36	44	40	46

(续表)

区(县)	1998	1999	2000	2001	2002	2003	2004	2005	2006	2007	2008	2009	2010
长宁	26	29	67	67	81	78	77	70	75	82	81	87	93
普陀	22	32	79	81	96	95	98	89	105	146	136	140	157
闵行	13	19	46	54	77	78	81	78	107	130	150	171	190
虹口	29	34	88	85	94	89	90	91	99	111	111	112	117
杨浦	28	37	85	88	100	102	99	93	99	114	120	117	139
浦东	27	42	123	129	153	153	161	153	178	261	270	290	358
嘉定	10	9	17	15	26	26	28	27	45	58	82	88	107
金山	2	4	14	16	25	23	23	23	29	26	37	44	53
宝山	7	11	50	54	73	75	75	76	98	121	125	138	168
南汇	3	6	16	16	22	21	21	21	27	35	41	53	62
青浦	4	6	12	11	17	14	13	13	26	28	45	61	97
奉贤	2	3	12	12	14	17	16	18	30	35	41	53	66
崇明	0	4	13	15	19	18	17	17	17	24	23	28	41
松江	7	8	14	15	21	21	24	24	33	38	55	74	97
社会渠道	0	0	1	0	0	0	0	0	0	0	0	0	0
合　计	301	402	981	980	1 148	1 139	1 143	1 090	1 295	1 560	1 682	1 827	2 173

说明：表格数据由上海市体彩中心数据库系统提供。

四、研究机构

上海市体彩中心重视体育彩票的理论和实践研究。2002 年，在全国率先召开上海市体育彩票发展战略研讨会。

2003 年 9 月 17 日，由上海市体彩中心与上海体育学院共建的上海体育彩票研究中心成立，这是全国第一个专业体彩研究机构。主要职责为推动体育彩票国内外学术交流，培养体彩管理人才，提供体彩政策咨询服务。研究队伍由上海体育学院教师、研究生、上海市体彩中心相关人员以及有关专家组成，开展研究与咨询工作。研究中心成立以后，上海市体彩中心与上海体育学院不断深化合作，结合工作需求开展课题研究，先后取得《上海市体育彩票彩民的构成特征及其消费动机的研究》《不同体育彩民群体消费行为特征的研究》《上海体育彩票销售员队伍现状的调查》《上海足球彩民的消费心理与行为的研究》等研究成果。

第二节　体 彩 种 类

为适应市场需求，上海市体彩中心在彩票品种上不断调整优化，推陈出新。上海体育彩票市场最初销售的是纸质即开型彩票，销售的形式以大规模的户外销售为主。1998 年 10 月 18 日，电脑体育彩票在上海上市，彩票品种由原来单一的纸质即开型，增加了数字型、乐透型和竞猜型。新的销售方式迅速打开市场，上海体彩市场由此呈现飞跃式发展。在产品开发上，上海市体彩中心先后研发了世纪之运套票、华东地区联销东方金银彩、篮球单场胜负比分彩票、F1即开型彩票等多款体彩品种。

一、全国发行

【6+1】

1998年10月18日，数字型玩法6+1在沪起售。10月23日首次开奖，首期销量263万，为全国之最。之后该彩票销量逐步攀高，单期销售达到1 080万元。自1999年下半年起，销量出现下降趋势，2000年4月11日，6+1玩法暂停上市。2001年10月1日，6+1以全新面貌复出。但因上海彩票市场竞争日趋激烈，销量下滑。2003年，上海市体彩中心决定终止销售。总销量为5.5亿元，特等奖未产生。6+1销售初期，电脑终端机使用的是针打式打印机，为此上海设计2套以上海体育场馆为图案的电脑彩票打印纸，每套各10张。

【36选7】

36选7是上海电脑体育彩票早期的玩法，也是上海彩民最为熟知的彩票玩法之一。36选7于2001年4月12日上市，期间经历了加入全国联网、脱离全国联网后独立销售的过程。36选7是早期上海体育彩票500万大奖的主要生产者，自开售以来，36选7共制造63个500万大奖，以及多个百万级奖项，是早期上海彩民购买体育彩票的主要选择。

【30选7】

2001年7月3日，30选7玩法上市，为乐透型中盘玩法，逢周三、周六开奖。玩法是在30个号码中选7个，不论排序，选中即可，降低了中大奖的难度。2004年5月15日，30选7退市。30选7共上市销售289期，总销量为2.3亿元，单期平均销量为80余万元，产生50万元以上的大奖56注。退市后，所积存特等奖基金和调节基金全部转入22选5的调节基金。

【足球彩票】

2001年10月，经国务院批准，上海与北京、天津、辽宁、广东、山东、四川、重庆、浙江、江苏、福建、湖北共12个省市作为试点，尝试发行足球彩票，全年最高周销售量突破3 000万，9期总销量达到1.1亿元，列全国第三。2005年，为进一步开拓足彩市场、改善彩票市场结构，足彩胜负游戏由13场增至14场，同时销售附加任选9场的玩法。

【22选5】

2003年5月23日，小盘乐透型电脑体育彩票22选5上市。相比其他小奖组玩法，22选5数列缩短，特等奖的中奖率为1/26 344。在奖金设置上只设两个等级，即特等奖和一等奖。22选5组合型玩法为周一至周六每天开奖一次。

【排列3、排列5】

2004年11月12日，排列3、排列5作为全国联网7星彩的附加玩法上市。2004年12月8日，排列3、排列5从7星彩主玩法中分离出来,单独摇奖,每日开奖,截至2010年仍在售。

【篮球彩票】

2005年3月18日,篮球彩票在全国联网发行,上海参与销售。2007年11月2日,全国联网篮球单场竞猜彩票销量持续下滑,财政部决定停售。经财政部、国家体育总局体育彩票管理中心批准,2005年3月20日,上海市体彩中心独家试点推出上海篮球单场胜负比分彩票,这是上海自主研发的首款竞猜型彩票产品。该篮球单场胜负比分彩票以一场美国篮球联赛为竞猜对象,竞猜比赛双方4节的胜平负结果和每场比赛(含加时赛)比赛双方的得分之和、主队与客队的得分之差。后推广至广东省,2006年4月6日,该彩票停售。

【超级大乐透——35选5加12选2】

2007年5月28日,超级大乐透35选5加12选2电脑体育彩票在全国销售,该玩法为全国联网大盘乐透型玩法。截至2010年12月31日,超级大乐透及大乐透附加生肖乐玩法共计销售逾8.1亿元。

【顶呱刮】

在2008年北京奥运会举办前期,顶呱刮即开型体育彩票上市,返奖率为65%,是中国发行的彩票中返奖率最高的彩票品种之一。2008年,顶呱刮即开型体育彩票全年总销量达1.45亿元。2009年7月28日,浦东新区彩民刮出第一个百万元大奖。

【新单场竞猜(竞彩)】

2009年,国家体育总局体育彩票管理中心推出新单场竞猜游戏,返奖率达69%,是当时国内返奖率最高的彩票产品。5月1日,新单场竞猜(竞彩)足球游戏在辽宁试销,随后在全国推广。11月6日,新单场竞猜(竞彩)篮球游戏上市。2009年12月,上海市体彩中心启动新单场竞猜游戏试点工作。2010年,实现网点上海全覆盖。

二、区域发行

【第一届东亚运动会体育奖券】

1993年,第一届东亚运动会体育奖券在上海上市。彩票票面是手举上海市市花“白玉兰”的吉祥物小鸡“东东”,下方有梯形繁体美术字“东亚运动会”,左上角为会徽。该奖券在上海共销售6 000万元,在外省市销售1.2亿元,为东亚运动会筹得资金5 000万元。

【第三届全国农运会彩票】

1996年,第三届全国农运会彩票在上海上市。该彩票在上海共销售6 500万元,为运动会筹得资金1 625万元,其中382万元由各区县留存。

【第八届全运会彩票】

1996年,上海发行3亿面值的彩票,为1997年在沪举行的第八届全运会集资。上海全年共销售彩票 1.1 亿元，其中 30% 用于第八届全运会。

图 5－2－1　1997 年，第八届全运会彩票销售现场

【世纪之运套票】

2000 年 10 月 1 日，“世纪之运”套票在上海发行，这是中国体育彩票自发行以来枚数最多的一套彩票。每张彩票上无面值，只在套票底页上印有售价 100 元、有 110 次中奖机会。彩票图案是卡通人物做的 110 个运动项目。彩票首次做成台历形式，趣味性、实用性增强，适宜观赏和收藏，销量达到 1 亿元。

【东方金银球】

2004 年 5 月 18 日，由上海牵头研发的全新彩种“东方金银球”上市，上海与江苏、浙江、山东、安徽联网销售，这是华东地区首次联网销售的体育彩票产品。相对于大盘玩法，这种玩法中奖概率较高，由于 6 省市联网销售，更容易实现奖池共享，促进奖池积累和总销量提高。小奖设置较多，只要选中 1 个金球号码就可中四等奖，中奖概率达 1/15。“东方金银球”逢周三、周六开奖。2004 年 12 月 8 日退市。

【22 选 5 即乐彩】

2007 年 10 月 18 日，上海市体彩中心在虹口区甜爱支路体彩专卖店举行“高频开奖电脑体育彩票 22 选 5——即乐彩首发式”。即乐彩是传统乐透型玩法 22 选 5 的延伸，以 01—22 为选号区间，游戏规则更具吸引力。即乐彩的开奖频率高于传统乐透型玩法，具有即买、即开、即兑的特点，其销售时间从每天上午的 9:00 至晚上 22:00，每 10 分钟开奖一次，每天销售 78 期。

【F1 赛车彩票】

2007 年 9 月 16 日，以 F1 赛事为专题的即开型体育彩票在上海发行，这是国内首套以 F1 赛事为主题的即开型体育彩票，由市体彩中心与上海国际赛车场联合设计，经财政部批准，由国家体育总局体彩中心发行。F1 中国大奖赛即开型体育彩票共有 3 套设计，第一套是 F1 赛事系列，第二套是上海国际赛车场系列，第三套是极限竞速系列。彩票面值 2 元，共设 5 个奖级：一等奖奖金 10 万元，二等奖奖金 5 000 元，三等奖奖金 50 元，四等奖奖金 10 元，五等奖奖金 2 元。总返奖率为 65%。

表 5－2－4　1998—2009 年上海部分体育彩票上市、退市时间及销量统计表　　单位：万元

玩法名称	上市时间	退市时间	销量总额
数字型 6+1	1998 年 10 月 18 日	2001 年 4 月 11 日	55 183.52
数字型 6+1(复出)	2001 年 9 月 25 日	2003 年 5 月 19 日	
加盟七星彩	2004 年 8 月 8 日	在售	42 535.11

(续表)

玩法名称	上市时间	退市时间	销量总额
36选7	2001年4月12日	2005年4月29日	139 343.54
联网36选7	2005年4月30日	在售	
22选5	2003年5月23日	2005年12月31日	36 891.52
联网22选5	2006年1月1日	在售	
排列3	2004年11月14日	在售	101 505.36
排列5	2004年11月14日	在售	19 831.27
足彩胜负	2001年10月22日	在售	227 682.59
足彩进球	2004年2月18日	2006年8月16日	10 052.06
篮球单场竞猜	2005年3月18日	2007年11月2日	215.99
上海篮球单场竞猜	2005年3月20日	2006年4月6日	38.86
30选7	2001年7月2日	2004年5月15日	23 669.33
东方金银球	2004年5月18日	2004年12月8日	986.31
金银彩	2004年6月28日	2004年12月30日	396.47
超级大乐透(含幸运彩)	2007年5月28日	在售	81 490.64
即乐彩	2007年10月18日	在售	9 813.44
北京奥运主题竞猜票	2008年4月30日	2008年8月26日	125.52
顶呱刮即开票	2008年中	在售	93 756.16
竞彩	2009年底	在售	17 770.41

说明：1. 在售彩票销量统计截至2010年12月31日；2. 表格数据由上海市体彩中心整理提供。

第三节　体彩销售及公益金

一、体彩销售情况

上海体彩初期主要销售即开型彩票，销售规模不固定。1992—1993年，为在上海举办的第一届东亚运动会而销售体育彩票，在沪销售6 000万元，在其他外省市销售1.2亿，为运动会集资5 000万元。1994—1995年，为迎接第三届全国农运会，销售彩票6 500万元，筹集资金1 625万元。1996—1997年，为第八届全国运动会发行3亿元面值的体育彩票，销售1.1亿元，30%用于八运会。

1998年10月，电脑体育彩票发行，共设销售点300个，采用“6+1”玩法。首期销量263余万元，全年完成销量5 745万元，第二年则迅速提高到3.62亿元。2001年，在足球彩票上市的带动下，总销量进一步提高，实现总销量5.35亿元。销量结构发生根本性改变，电脑彩票取代即开型彩票，占据绝对地位，即开型彩票的市场份额不断下降。

2004年，受“西安宝马”体彩事件影响，即开型彩票在全国范围内暂停集中销售。电脑彩票销售受到一定程度的影响，上海体育彩票市场销量一度出现低谷。

2005—2010年，随着超级大乐透、顶呱刮即开票、竞彩等颇具市场竞争力的新产品上市，上海体彩销量连续实现两位数增长。

2010年，上海体育彩票年度销量突破15亿元，累计销售量突破100亿元。

表5-2-5　1994—2010年上海体育彩票销量统计表

年　份	体彩销量(亿元)	比上年增长百分比(%)
1994—1995年	0.65	
1996年	1.1	
1997年	1.9	72.7
1998年	1.0	−47.4
1999年	4.3	330.0
2000年	5.0	16.3
2001年	5.7	14.0
2002年	10.3	80.7
2003年	7.6	−26.2
2004年	5.1	−32.9
2005年	5.3	3.9
2006年	7.3	37.7
2007年	8.6	17.8
2008年	9.7	12.8
2009年	12.0	23.7
2010年	15.5	29.2

说明：本表根据上海市体彩中心提供的数据和《体彩快讯》资料整理。

表5-2-6　1998—2010年上海电脑体育彩票各游戏销售情况统计表　单位：元

名　称	销　量
竞彩玩法	177 704 148
篮球单场	2 159 904
数字型6+1	551 835 240
全国联网22选5	368 915 154
上海36选7	1 393 435 448
上海篮球单场	388 600
奥运赛事天天彩	204 026
奥运连连猜资格奖	774 670
欧锦赛四强	339 186
欧锦赛八强	414 542

(续表)

名　　称	销　　量
奥运男足四强	120 398
奥运女足四强	65 094
奥运男足八强	91 000
排列 3	1 015 053 572
四花选四	14 895 742
30 选 7	236 693 274
超级大乐透	789 265 669
东方金银球	9 863 058
足球胜平负	2 276 825 886
世界杯八强	9 902 654
世界杯四强	5 056 750
金银彩	3 964 704
足彩胜负子玩法	131 956
足球进球彩票	100 520 592
足彩进球子玩法	177 700
排列 5	198 312 684
七星彩	425 351 050
全家和	265 338
七星彩押大小	732 972
猜单双	225 560
大乐透·幸运彩	25 640 708
胜平负任选 9 场	539 892 078
足球 6 场进球	2 954 560
足球 4 场进球	110 502 676
世界杯 8 场胜平负	6 023 498
足球 6 场半全场胜平负	43 978 930
上海即乐彩	98 134 402
合　计	8 410 813 423

说明：表格数据由上海市体彩中心数据库系统提供。

二、公益金筹集及使用

体育彩票在上海发行以来，销量呈现稳步增长态势。截至 2010 年，上海体育彩票共为国家筹

图 5－2－2　用体育彩票公益金建成的全民健身苑点

集公益金 30 亿元多，体彩公益金除上缴中央财政用于社会公益事业外，上海公益金也有留成，其中 60％用于全民健身工程，40％用于竞技体育发展，支持上海“全民健身计划”和“奥运争光计划”的实施，为上海体育事业继续走在全国前列做出重要贡献。体育彩票公益金对全民健身经费的投入，推进了上海体育社会化的进程，为建设小康社会和构建和谐社会发挥积极的作用，使体育彩票的公益形象深入人心。体育彩票公益金为上海奥运会后备力量培养、体育科研以及训练场地修建，为上海在奥运会、全运会上取得优异成绩、为国争光提供有力的保障。上海体育彩票公益金还被用于支援西藏等贫困地区体育设施建设，资助 2007 年夏季特奥会等大型运动会。上海市体彩中心积极支援灾区建设。2008 年，四川汶川地震发生后，上海市体彩中心通过上海市红十字会捐款、义卖“顶呱刮”即开型彩票等形式，共向地震灾区捐款近 40 万元。

表 5－2－7　1992—2010 年上海体育彩票公益金统计表　　单位：万元

年　　份	体彩公益金上海留成数
1992—1993 年	5 000
1994—1995 年	1 725
1996 年	3 300
1997 年	5 700
1998 年	2 465
1999 年	10 497
2000 年	11 006
2001 年	8 863
2002 年	16 482
2003 年	11 575
2004 年	8 800
2005 年	8 728
2006 年	10 632
2007 年	12 892
2008 年	14 091
2009 年	16 770
2010 年	20 648

说明：表格数据由上海市体彩中心数据库系统提供。

第三章 体育场地业

第一节 体育场地普查

一、普查概况

1974年，中国第一次全国体育场地普查，这是中国历史上首次开展大规模体育场地普查工作。吉林省、陕西省、北京市、上海市体委为全国体育场地一次性调查试点单位。1982—2010年，上海共开展了四次体育场地普查。普查结果表明，经过二十余年的变迁，对体育场所的统计方法和统计指标有了很大变化。上海体育场地建设已有很大发展，在体育场馆占有率、场馆的硬件水平、室内场馆占有率、承办大型综合性运动会和竞技体育盛会的能力、体育场地布局的科学性和社区体育场地设施的布局等方面在国内处于领先水平。

二、普查结果

【上海市第二次体育场地普查】

1982年，国家体委、国家统计局、国家教委、全国总工会发出对全国体育场地进行普查的通知，上海市第二次体育场地普查启动，1983年2月调查结束。普查发现，在全市3 989片场地中综合性体育场13片、体育馆15座，室内游泳池22座、室外游泳池136座。3 989片体育场地中，属体委系统392片，工矿系统539片，农村88片，学校2 686片，其他系统284片。同时发现788片体育场地已被占作他用。

【上海市第三次体育场地普查】

1989年，国家体委、国家统计局、国家教委、全国总工会再次进行全国体育场地普查，上海采取条块结合的办法，分成区、县、上海高等教育局，上海市体委4个片进行调查，后经国家体委抽样检查，认为调查数据符合国家体委的要求。据第二次调查的基本数据和统计方法，至1990年底，上海共有体育场地5 462片，平均2 462人拥有一片场地。其中体委系统505片，工矿系统674片，农业系统306片，学校系统3 620片，其他系统357片。

【上海市第四次体育场地普查】

1996年1月，上海开展第四次体育场地普查。根据国家体委开展全国体育场地普查的决定，成立由上海市体委、上海统计局、上海市教委、上海总工会、上海市农委组成的体育场地普查领导小组，并开展全市动员和骨干培训，下发统计报表，进行分块普查。各区县相继成立了由区县政府领导牵头的普查领导小组。至1996年6月20日，统计报表全部汇总，上海市体委抽查，对有问题之处核查，并责令纠正，至1996年7月20日，上海的体育场地普查全部结束。据普查，截至1995年12月31日，上海共有体育场所4 810个，占地1 072.6公顷，其中体育场地为

698.6 公顷，建筑面积为 228.84 万平方米。

【上海市第五次体育场地普查】

2004 年，第五次体育场地普查。为了摸清上海体育场地的数量，特别是“九五”以来上海体育场地发展的特点，为顺利实施“奥运争光计划”和“全民健身计划”，深化体育改革，根据国家体育总局、国家统计局等 9 部委联合下发的《关于开展全国第五次体育场地普查的通知》要求，2004 年年内，上海市体育局联合上海市统计局、上海市教委等部门对全市各级各类体育场地作全面普查。

普查工作从 2004 年 6 月到 10 月，历时 4 个多月，普查对象是全市 19 个区县共 297 个乡镇、街道在 2003 年年底前建成的各类体育场地。调查方法采取以区县为单位，分体育、教育、工会、旅游、街道、物业等系统，因地制宜，实行条、块、点、面相结合的方法和查阅资料、实地测量相结合的方法，确保数据不重不漏，准确无误。

普查结果表明：截至 2003 年年末，全市共有各类体育场地 14 425 个，其中标准体育场地 6 451 个，非标准体育场地 7 974 个。与 1995 年第四次全市体育场地普查相比，标准场地增加 3 151 个，增长幅度为 92.9%。体育场地占地面积 38 169 930 平方米，建筑面积 2 606 059.2 平方米，场地面积 29 261 512 平方米，累计投入体育场地建设的资金 132.6 亿元。上海市每万人拥有体育场地 8.6 个，人均体育场地面积 1.75 平方米，人均投入体育场地建设金额 792 元。至 2004 年底，全市人均体育场地面积增至 1.82 平方米。

表 5－3－1　截至 2003 年年底上海体育场馆在不同系统中的分布情况统计表

名　　称	数量(个)	占百分比(%)	标准场馆(个)	占百分比(%)
全市总数	14 425	100	6 451	100
体育系统	380	2.6	327	5
教育系统	5 382	37.3	3 957	61.3
其他系统	8 663	60.1	2 167	33.7

说明：数据来源于上海市第五次体育场地普查。

普查结果表明，国有经济和集体经济依然在上海体育场地中占主导地位，其中国有性质的体育场地有 9 704 个，占全市体育场地总数的 67.2%；集体经济性质的体育场地有 3 146 个，占全市体育场地总数的 21.8%；私有经济体育场地有 960 个，占 6.65%；港澳台经济体育场地有 359 个，占 2.49%；外商经济体育场地有 256 个，占 1.77%。在 6 451 个标准体育场地中，体育系统有 327 个，占全部标准体育场地总数的 5%；教育系统有 3 957 个，占全部标准体育场地总数的 61.3%。体育系统虽然拥有的体育场地总体数量不多，但却拥有较多的投资金额大、场地规格高、功能较完备的大中型体育场馆，如拥有全市 25%的体育场，50%的体育馆，54%的游泳馆。

普查结果显示：上海体育场地发展有以下几个特点：1. 全民健身苑(点)成为上海体育场地的重要增长点。1998—2003 年，全市共投入数亿元资金建成总面积 235 万平方米的体育健身场地。2. 体育场地建设资金投入呈多元化格局，财政拨款在场地建设资金中所占的比重不断降低。调查发现，在上海所有体育场地建设资金中，单位自筹所占的比例为 58.7%，财政拨款所占的比例为 39.7%，社会捐赠的所占比例为 0.54%，体育彩票公益金所占的比例为 0.96%。3. 近 8 年是体育场地建设的高峰，近 8 年建设的标准和非标准场地分别占总数的 76.3%和 89.6%。4. 非公经济成分体育场地占有重要地位。2003年非公经济体育场地，占上海所有体育场地总收入的65.1%，成为上海体育产业的重要力量。

普查发现，上海体育场地存在开放程度不高，尤其是数量最多的教育系统体育场地开放程度不高、体育场地结构不尽合理、室内场地明显少于室外场地以及个别体育场地被侵占、体育场所经营水平有待改善等问题。

表5-3-2 1995—2003年上海市体育场地建设情况统计表

单位：个

	1995年	1996年	1997年	1998年	1999年	2000年	2001年	2002年	2003年
标准场地	214	396	400	468	491	560	684	827	882
非标准场地	142	154	179	314	1 034	1 474	1 359	1 256	1 235

说明：数据来源于上海市第五次全国场地普查。

第二节　市属场馆(中心)

一、规划布局

改革开放后，上海市委、市政府加强对体育事业的领导，迅速恢复体育事业。在重点发展竞技体育的基础上，重视学校体育的发展，提出了“把学校体育作为全面恢复体育的战略重点”的思想，迅速使学校体育常规化、制度化和秩序化。为了筹办1983年第五届全国运动会，上海加快推动体育设施建设发展，上海新建了上海水上运动场、黄浦体育馆、闸北体育馆和上海游泳馆，改建了虹口、江湾等30多个体育场馆。至1983年，新建了梅陇运动员训练基地，并对20余个老体育场所进行改造，上海的体育设施面貌得到了较大的改变。在此基础上，上海开始承办大型体育赛事，上海体育竞赛的环境得到改善。在这一阶段，上海体育设施打破政府投资、功能单一的局面，向全面发展的“多元化”格局发展。这不仅使体育走进人们生活，更为以后举办体育赛事发展打下了硬件基础，吸引了国际的关注。

1993年5月第一届东亚运动会在上海举行。1997年10月，第八届全运会在上海举行。根据八运会项目的设置，上海新建、改建了38个场馆，总投资56亿元左右。

2002年12月上海市委、市政府做出了《关于加快上海体育事业发展的决定》，把加快体育产业发展摆到了十分重要的位置，提出把将上海建成亚洲一流体育中心城市作为体育事业发展的战略目标。经济高速发展为上海建成国际体育大都市提供了保证，上海良好的竞赛环境得到了国际的肯定，吸引了各大赛事落户。为服务上海国际化大都市的需要，上海筹建了一批标志性体育设施，如上海国际赛车场和旗忠网球中心。上海在青浦、嘉定、浦东、闵行、松江、南汇、金山、奉贤等区县分别建成了设备高级、能举行国际赛事的高尔夫球场。

二、场馆简介

【上海市体育俱乐部】

上海市体育俱乐部成立于1957年12月28日，位于南京西路150号，设有会议室、游泳池、运动馆、健身房、多功能厅、宾馆等设施。大楼占地1 933平方米，建筑面积11 306平方米，前身为西侨青年会。1953年10月，大楼正式划拨上海市体委用于办公，同时在大楼内筹建上海市体育俱乐部，并于1957年12月28日正式对外开放，成为当时上海体育训练、比赛、市民健身和体育界重要活动和交往的场所。

20世纪70年代末、80年代初，上海市体育俱乐部在改革开放的大潮中，迎来了蓬勃发展的新时期。俱乐部服务部于1983年正式营业。进入20世纪90年代，俱乐部开设了钻石楼餐饮，实现创收，以少体校的品牌效应促进经济发展，以收益保障了少体校训练。1992—1993年，俱乐部参与东亚运动会后勤保障服务。1996—1997年，俱乐部为第八届全运会提供全方位的支持，参与组委会的保障接待等相关工作。20世纪90年代中期，俱乐部主动招收一批上海纺织业的下岗工人，纺织女工承担起客房保洁，男纺织工肩负起了安全保卫工作。在20世纪90年代经营的基础上，俱乐部重新调整了场地租赁单位，选择了更具品牌效应的上海银行和真丝商厦入驻。俱乐部同上海移动合作，开放十楼天台的一部分作为移动机站。把体育大厦2楼至3楼的区域改造成了弹子房、羽毛球房和乒乓球房，供大厦内以及附近居民休闲运动使用。

2008—2010年期间，为迎接世博会的到来，上海市体育俱乐部进行整体修缮。

【上海棋院】

上海棋院原名上海棋社，于1960年成立。成立之初代表上海市体委主管三个专业运动队伍——上海市象棋队、上海市围棋队、上海市国际象棋队，以及一个中国最早的棋类杂志——《围棋月刊》。最初选址在上海市体育俱乐部，于1961年11月底搬迁至吴兴路，1985年搬迁到南京西路595号。

【上海市江湾体育场】

上海市江湾体育场位于上海杨浦区国和路346号，由中国著名建筑师董大酉设计，始建于1934年8月，1935年10月建成后投入使用，占地面积240 000平方米，当时是远东最大的综合性的体育场馆。江湾体育场包括可容纳42 000名观众的体育场，可容纳3 500名观众的体育馆和可容纳2 500名观众的游泳馆。并且还配备有三片室外大型草坪训练场。1979年以来，江湾体育场先后举办多项大型国际国内体育比赛：1980年的巴西足球比赛、1983年9月的第五届全国运动会开幕式和足球分赛场、1986年6月的首届国际马拉松比赛、1993年的第一届东亚运动会足球比赛、1995年的中国足球“足协杯”赛和中国足球甲B比赛、1996年的亚太区特殊奥林匹克足球赛、2007年的世界夏季特奥会闭幕式、2008年始每年五月举办的国际极限运动锦标赛(连续举办五届)、2009年的黄河沿岸大合唱。从20世纪50年代起，上海多支专业运动队曾入驻江湾体育场，包括上海男女手球队、上海男女击剑队、上海棒球队、上海空海模队、上海足球队、上海青年足球队、上海申花足球队、2002足球俱乐部等运动队。

江湾体育场从2007年起，委托杨浦中央社区经营管理，委托经营管理期限为20年。

【上海市划船俱乐部】

上海市划船俱乐部位于上海闵行区龙吴路1594号，建于1956年，1958年5月正式成立。俱乐部占地约4.7万平方米，建成之初拥有各种船艇200余条，是当时远东最大的专业船艇训练基地，也是中国水上体育运动的发源地。

划船俱乐部培养的运动员在历届世界锦标赛、全国运动会、全国锦标赛等各类国际国内竞赛(赛艇、皮划艇、帆船、帆板、摩托艇、竞速艇、滑水等项目)中获多枚奖牌。划船俱乐部保留有摩托艇、水上摩托车、OSY竞速艇、250高速艇、350高速艇、龙舟等运动项目,比赛成绩在国内名列前茅。俱乐部还积极参与组织举办水上体育比赛,开展景观体育与水上表演活动,开发时尚的都市水上体育项目,开展水上体育健身,推广普及水上划龙舟、水上摩托艇等运动。

【上海市体育宫】

上海市体育宫成立于1957年9月,原址位于上海黄浦区人民广场,由新中国成立前的上海跑马厅改建而成。1997年,体育宫迁至上海普陀区大渡河路1860号,在1997年第八届全国运动会上承担男子排球和棒球项目的比赛任务。体育宫是培养体育后备人才的重要基地。

体育宫设有体育馆、保龄球馆、小足球场、网球场、游泳池等设施。其他附属设施有:免费开放的室外健身苑,空手道、武术馆、健身房、桌球房等健身场所。体育宫经过不断修缮,设备逐步完善,成为集竞赛、训练、对外开放于一体的多功能新型综合体育场馆。

【上海市航空运动学校】

上海市航空运动学校的前身是雷锋中学,位于上海宝山区丁家桥机场,开办于1958年。开办之初,航校主要从事滑翔训练,为空军培养飞行员。1978年底,为了支援宝山钢铁总厂建设,学校迁至龙华机场,主要从事飞机跳伞竞赛训练。

学校占地面积3.96万平方米,建筑面积7 034平方米,建有教学楼、指挥楼、机库、车库、伞库及1 000米×400米的滑翔起落草坪,240米×10米的水泥滑行道,直径25米的着陆中心点等设施。建校以来,学校为有关部门输送了上千名专业人才。

【上海体育馆】

上海体育馆坐落在上海徐汇区中山南二路漕溪北路。上海体育馆是国内最早兴建的大型现代化的体育馆之一,1975年建成使用,占地10.6万平方米,建筑面积4.78万平方米。

主体是圆形的比赛馆,直径114米,高33米,顶盖采用钢管网架结构,用9 000多根无缝钢管和938只钢球拼焊而成,重达660吨。比赛馆的面积为3.1万平方米,大厅座位1.8万个。设备有活动看台、折叠式篮球架、程序控制调光设备、空气调节设备、光电控制计时记分牌等。1983年在体育馆东南新建上海游泳馆,建筑面积1.58万平方米。外形为不等边六角形,墙面浅蓝色,比赛大厅中有游泳池2个,常年水温保持在25℃左右。上海体育馆举办过很多国内外重要赛事和文艺演出活动。

【上海体育场】

上海体育场位于上海徐汇区天钥桥路666号,是国内规模较大、设施较为先进的大型室外体育场和上海的标志性建筑之一,建筑面积达17万平方米。1998年,上海体育场被评为"上海市最佳体育建筑";1999年又评为"新中国50周年上海十大经典建筑金奖"之一。上海体育场内有田径和足球练习场地,此外还建有宾馆、体育俱乐部及展示厅等辅助设施。它不仅是造型独特的运动场,而且还是具有多种功能的观光游览胜地,与相邻的上海体育馆及上海游泳馆等融为一体,构成了上海市区内的一个现代化体育城。体育场配置了多功能草坪保护板,供举办不同规模的大型文艺演出和商业推广活动使用，是集体育比赛、文体表演、健身娱乐、住宿、商务办公和购物展览为一体的大型综合体育设施。

上海体育场是1997年第八届全国运动会的主会场，同时也是2008年奥运会足球比赛(上海赛区)场地、中超球队上海上港足球俱乐部的主场。

【上海市军事体育俱乐部】

上海市军事体育俱乐部位于上海虹口区广中路444号，占地面积8.2万平方米。1980年9月，上海市军事体育俱乐部由原上海市航空模型运动学校、上海市航海模型运动学校、上海市摩托车运动学校以及上海市无线电运动学校合并建立，成为全国第一个军事体育运动项目综合性训练基地。经过近30年的不断发展，成为上海军体运动项目训练竞赛、技能培训、科普教育、健身活动和体育产业研发的基地。俱乐部成立以来培养了多名航空模型、航海模型的优秀选手，俱乐部办公、训练、商租和仓储等用房面积约2万平方米，设有航空模型、车辆模型竞技训练专用场地，航海模型专用训练水池，摩托车、汽车驾驶培训教练场和上海市业余无线电通讯中心台等，还专门开辟300平方米的科普教育陈列展示厅和250平方米的多功能音像教室。俱乐部与上海国际赛车场建立上海国际遥控飞行竞技场，与宝山区合作在美兰湖建立航海模型活动基地，与松江区合作在天马山赛车场合作开办汽车摩托车运动训练基地，为上海市军体运动专业运动员开展训练和社会爱好者开展各类军体活动提供了支持和保障。俱乐部负责开展的运动项目有：航空航天模型，航海模型，车辆模型，建筑模型，业余电台通讯，无线电测向、定向，汽车，摩托车等。上海市航空模型协会、上海市航海模型协会、上海市汽车摩托车运动协会、上海市无线电运动协会、上海市老年体育协会军体委员会办公常设机构均设立于军体俱乐部内。

【上海市中原体育场】

上海市中原体育场坐落于上海杨浦区开鲁路518号，于1995年7月建成并投入使用，占地面积16 699平方米，总部位于开鲁路518号(近世界路)，分部位于包头路380号(近嫩江路)。

体育场紧紧围绕打造沪上知名的综合服务型体育场馆的目标，始终坚持社会公益性，提高体育场馆的服务质量和管理水平，积极投身全民健身事业，为社区群众性体育活动提供了一个环境优美、设施设备齐全和“以人为本”的全民健身平台。体育场拥有游泳、羽毛球、足球、篮球、网球、乒乓球、台球、健身、武术和围棋培训等10个对外开放项目，每年接待市民健身超过20万人次。

【上海市康东网球馆】

上海市康东网球馆位于上海徐汇区浦北路270号，1997年年底建成，网球馆占地面积约1.2万平方米，建筑面积约8 000平方米。康东网球馆拥有综合楼与训练楼各1幢，塑胶灯光网球场5片(3片室内网球场、2片室外网球场)。室内网球场宽敞透亮，塑胶面层品质一流，可供专业网球选手训练、比赛。室内外网球场均采用荷兰飞利浦光源，球场照明经专业测试，达到专业标准。场馆配有男女淋浴室和近400平方米的停车场，后与上海市田林体育俱乐部合并为上海市康林体育中心。

【上海市仙霞网球中心】

上海市仙霞网球中心位于上海长宁区虹桥路1885号，于1997年8月成立，占地面积19 950平方米，建筑面积 6 642 平方米。上海市仙霞网球中心有八片标准室外网球场和一片中央竞赛场，内部设备齐全，有空调、音响系统、通信光缆、安保监控、闭路电视专线和二块双基色电子显示屏。中央竞赛场可容纳观众 4 000 人左右，为了适应上海网球事业发展的需要，经上级有关部门批准，于 2001 年 4—9 月，投资 1 000 万元在中央竞赛场加盖钢结构开启移动屋顶，使之成为国内一流水平的网球场。建成以来，连续四年成功举办 ATP 国际网球比赛以及 WTA 女子国际网球比赛。曾举办第十一届上海市运动会网球比赛、第八届全运会网球比赛。

【上海市田林体育俱乐部】

上海市田林体育俱乐部位于上海徐汇区钦州路 688～728 号，毗邻上海体育馆，1998 年 10 月成立。俱乐部占地面积 9 998 平方米，建筑面积 7 763 平方米，拥有 4 片室外塑胶灯光网球场，网球场面积为 2 442 平方米。二楼设有 4 根球道的保龄球馆、面积为 108 平方米的桌球房、面积为 600 平方米的健身房和 15×10 米的室内游泳池。俱乐部曾获“上海市最佳体育场馆建筑设计奖”。

【上海市东方绿舟体育训练基地】

上海市东方绿舟体育训练基地地处上海青浦区沪青平公路 6888 号，2002 年 7 月成立，占地总面积 26.7 万平方米，是为专业运动队和市民群众提供训练和休闲健身的综合性训练基地。绿舟基地拥有运动员宿舍楼 5 幢、室外足球场 6 片(其中 2 片为灯光球场、2 片人工草皮球场、2 片沙地足球场)、室外 400 米塑胶跑道田径场、室外塑胶网球场 8 片、室外篮球场 4 片、室外沙滩排球场 4 片，拥有乒乓馆、男女排球馆、篮球馆、室内足球馆、游泳馆、少儿游泳馆、综合体能训练房各 1 个，每个运动场馆内都设有体能训练房，供运动队从事体能训练。基地拥有科研办公楼、餐厅等设施，可供 500 人同时用餐。

【上海马术运动管理中心】

上海市马术运动管理中心建于 2003 年，坐落于上海金山区朱泾镇金廊公路 6300 号。占地面积约 8 万平方米，三幢马厩共 110 间，每间 16 平方米，室内训练场 1 700 平方米，室外训练场 1 800 平方米，竞赛场 5 400 平方米；还设有一条宽 4 米、长 800 米的跑道，马匹调教圈一座，3 000 平方米的会员活动中心一座以及 8 000 平方米的大草坪。

上海市马术运动管理中心培养的骑手在国内外重大比赛中均获得过优异成绩。中心还曾举办过国内外重大赛事，如 2006 年世界青年现代五项锦标赛、2007 年世界特殊伤残人奥运会的马术比赛、东亚马术障碍赛、全国障碍冠军赛。

【上海东方体育中心】

上海东方体育中心位于上海浦东新区泳耀路 300 号，是全民健身、重大赛事、体育训练和体育交流中心，包括主体育馆、游泳馆和室外跳水池，占地 34.7 平方米，总建筑面积 18.8 万平方米，总投资约 28 亿元人民币。东方体育中心于 2008 年 12 月 30 日开工建设，2010 年 12 月 28 日落成，是第十四届国际泳联世界锦标赛主赛场。

东方体育中心由综合馆、游泳馆、室外跳水池、东方体育大厦组成。东方体育中心体育馆(海上皇冠)由主馆和训练馆组成，是上海座席最多的室内运动场馆，可容纳 1.8 万人。场馆中央的比赛场采用活动地板，可根据不同赛事要求搭建不同场地，按照国际各单项体育联合会最新建设标准，可满足游泳、篮球、排球、网球、乒乓球、羽毛球、手球、体操、室内 7 人制足球、冰球、短道速滑、花样滑冰等 20 多项国际比赛的要求。东方体育中心游泳馆（玉兰桥）由 10 条泳道标准游泳池、热身训练池、跳水池及嬉水池组成。游泳馆座位 4 945 个，可举办游泳、跳水、水球、花样游泳等项目的大型比赛。东方体育中心室外跳水池（月亮湾）设有一个标准跳水池和一个标准游泳池，设 4 753 个开放式座席。室外跳水池坐落于人工湖心岛上，屋盖结构为一个“半月”形平面，开放式座席可供观众从不同角度欣赏整个东方体育中心。

第四章　体育健身休闲业

第一节　体 育 用 品

一、代表品牌

上海孕育了“红双喜”“回力”等国内著名品牌企业。上海乔山体育用品集团成为亚洲第一、世界第五的体育健身器材供应商。东亚集团上海体育实业有限公司自行研制的“申康”牌户外健身系列器材、体质测试系列器材、野营绿地系列器材以及休闲运动场地设施等产品，远销日本、韩国、新加坡、法国、澳大利亚等国家。上海制球联合公司成功开发“优能火车”牌、“锦杯”牌篮球、排球和足球等众多体育用球，多次获“国家金奖”“优质产品”称号，并在大型赛事上被指定为专用球。上海是全国乃至世界体育用品商贸中心之一，世界体育用品的著名品牌在上海都设有代表处、联络处、办事处等分支机构。

图 5-4-1　1995 年，红双喜公司引进国内第一条球台生产流水线

回力鞋业创建于 1927 年。1935 年，该企业注册中文“回力”商标。回力问世后，对布面球鞋技术与生产方式不断革新。1979 年，回力 WB-1 篮球鞋面世，这是回力具有代表性的篮球鞋。1981 年，中国女排穿着回力球鞋夺得第三届世界杯冠军。1984 年，中国女排穿着回力鞋参加第二十三届奥运会并获得冠军。20 世纪 80 年代，回力年销售额一度高达 8 亿元。

2000 年 5 月，上海华谊集团通过结构调整，以华谊(集团)投资 80%、经营者全体投资 20%的形式，重新组建上海回力鞋业有限公司。新公司大胆转型，将低附加值的生产加工产业链阶段交由社会资源解决，回力牢牢把握技术研发和市场网络的高附加值产业链阶段，提高企业自身的创新能力和抗风险能力，由生产型企业转变为品牌运作的贸易型企业。但因企业营销模式仍然是以大批发为主，产品线狭窄，利润低，品牌价值难以真正体现。2006 年底，20%的经营者持股退出，回力公司成为华谊集团独家投资。

法国人派特斯·巴斯坦将回力推广至海外，回力迎来第二次转型。2008 年，好莱坞影星奥兰多·布鲁姆穿着回力鞋的装扮传遍网络，回力产品受到国外用户欢迎。回力抓住这一契机，加大海外宣传力度。2008 年北京奥运会期间，蒙古国总统、比利时王储、丹麦副首相等国外政要到北京商厦选购回力鞋，受到广泛关注。2010 年上海世博会期间，回力品牌获得世博会特许生产商和零售商资格，并获得世博会安保员用鞋和保洁员用鞋内部招募订单，回力手绘鞋还进入世博会场馆展示。2010 年 9 月 18 日，回力鞋业在平凉路旧址开出第一家旗舰店，第一个月营业额达 167 万元。

这一现象引发加盟热潮，回力逐步试行终端专卖模式，以授权经营方式促进回力多系列多品种拓展。

"红双喜"是上海最负盛名的本土体育用品品牌。该商标创始于1959年。自1972年中国第一只乒乓球诞生于红双喜以来，该企业成为上海体育用品制造业的支柱。1979年，红双喜乒乓球、红双喜乒乓球拍获国家首届质量金质奖、国家级产品质量奖的最高荣誉。1986年，红双喜乒乓球成为亚洲乒乓球锦标赛指定用球。1989年，红双喜"力士"杠铃被国际举重联合会批准为"A级杠铃"，同年获得第十一届亚运会的指定乒乓用球资格。1995年，红双喜乒乓球器材成为第四十三届世界乒乓球锦标赛指定器材，红双喜登上国际赛事舞台。同年，上海乒乓球厂、上海体育器材一厂、上海体育器材三厂联合成立上海红双喜体育用品总厂，公司员工1 000余人，厂房面积3万平方米，占地面积7万平方米，产品包括乒乓、举重、击剑器材，篮球、排球、足球及体育休闲和健身用品等，品牌实行统一营销。随后，上海红双喜体育用品总厂又与中国香港冠都有限公司合作成立上海红双喜冠都体育用品有限公司。红双喜顺利完成转制，其生产的红双喜乒乓球被评为"上海市名牌产品"。1996年，建立以中、低档乒乓球、篮球、排球、足球、举重器材、击剑器材等为生产基地的平望、华士红双喜体育用品公司。这些举措为做大做强品牌、覆盖中低档产品市场创造条件。1999年，红双喜乒乓球器材成为2000年悉尼奥运会比赛用指定器材，并成为中国首个奥运会器材供应商。2007年，红双喜成为第二十九届北京奥运会举重器材指定供应商，并成为在一届奥运会同时向两项赛事提供比赛器材的唯一一家供应商。

二、行业组织

2006年1月5日，上海市体育用品协会成立并召开第一届会员大会。上海市体育用品协会是由全市生产经营和研发体育用品的工商企业（含三资工商企业公司）、科研机构及与同业有关的工商经济界、体育界、科技界人士自愿组成的同业性、非营利性社会组织。第一批团体会员由中国品牌企业红双喜冠都体育用品有限公司为代表的一批上海大型体育用品品牌企业、中小型体育用品工商企业及体育用品相关的科研、研发机构等30余家单位组成。

第二节　经营性体育休闲场所

2002年，《中共上海市委、上海市人民政府关于加快上海体育事业发展的决定》印发，强调体育事业发展水平是综合国力和社会文明程度的重要体现，要把加快体育事业发展摆到重要位置，增强加快体育事业发展的紧迫感。要抓住上海体育产业发展面临的难得的历史机遇，全面提高市民整体素质，充分发挥体育在上海物质文明与精神文明建设和增强城市综合竞争力中的重要作用，促进社会主义现代化国际大都市的建设。随着全民健身活动的深入开展，上海体育健身娱乐市场发展迅速，经营性体育场所规模扩大。

1997年，上海经营性体育场所772家。1998年，上海新增加经营性体育场所225家，总数达997家。1999年，上海经营性体育场所达1 457家，包括溜冰场209家、健身房147家、高尔夫球场及练习场18家、乒乓球房219家、棋牌室257家、卡丁车场10家、保龄球馆188家、网球场55家、游泳池231家和其他123家。体育健身娱乐市场的发展，不仅在经济上给国家带来大量利税，而且也向社会提供大量就业岗位。

为了增强经营性体育场所在体育产业中的生命力,充分发挥其带动全民健身的作用,上海在2001年印发的《上海全民健身发展十五计划》中,提出社会经营性体育场所在数量上翻一番,达到3 000家左右的目标,并鼓励社会办低消费体育场所,为市民健身服务,引导市民健身消费。

上海市体育局为督促体育产业的健康发展,加强对体育市场的管理和协调,通过体育竞赛管理、社会体育管理、足球管理等机构,对全市的竞赛市场和健身娱乐市场进行管理和监督,实施竞赛许可证、经营性体育场所许可证制度。同时上海加快体育配套立法步伐,建立健全符合上海特点的体育法规体系,并依据体育法规制定规范性文件。2002年3月22日,上海市体育局印发《上海市经营性棋牌场所管理(暂行)规定》,以总量控制、统筹规划、合理布局建设管理经营性体育场所。

2004年,上海体育运动场所经营项目有棋牌、健身、游泳、保龄球、乒乓球、台球、溜冰、赛车、攀岩等30多项,其中非公经济性质的体育场所从业人员7 536人,占全部体育场地从业人员的33.6%,经营收入4.27亿元,占全市体育场地收入的65.1%。

根据第五次上海市体育场地普查,2006年底,上海14 000多家体育场馆中,经营性健身场所6 000家,从业人员超过25 000人。

随着人们体育消费意识不断增强,健身消费群体日益壮大,健身休闲场所逐渐增多,各种形式的健身俱乐部不断涌现,其中有英国菲力斯公司在上海开办的高档健身俱乐部、迪臣发展国际集团有限公司开设的美格菲健身中心、日商投资的银七星室内滑雪场等,以满足不同人群的健身需求。

第五章　体育会展业

第一节　体育类展会

举办体育类展会是向公众传播体育的重要方式，在改革开放以后发展迅速。20世纪80年代，上海会展业尚处于萌芽状态。进入20世纪90年代后，上海会展业迅速崛起，会展数量每年以20%的速度递增。进入21世纪以后，会展(博览)业发展迅速。上海抓住这一机遇，利用上海城市经济、文化、旅游、场馆等优势，构建体育会展(博览)平台，积极承办或创办各类大型体育会展(博览)，取得良好的经济和社会效益。上海会展业逐渐走向国际化、专业化，规模越来越大，上海已成为“亚洲会展之都”。

一、主办展会

1992年主办首届上海国际武术博览会以后，上海体育类展会逐年增多，主办了大量的国际体育展会，包括：1992年首届上海国际武术博览会(每两年一次，至2010年共成功举办10届)，1999年世界体育及休闲博览会，2003年首届上海高尔夫博览会，上海健身产品展览会，2004年首届上海国际模型展览会(每年举办一次，除2010年，共举办7届)，2008年首届中国台球博览会(每年一次，共举办4届)，2009年上海国际大众体育节系列博览会(中国上海国际大众体育用品博览会、上海国际健康健美长寿论坛暨健康产业博览会)。

【上海国际武术博览会】

20世纪80年代后，来上海交流切磋武术技艺的国外武术团体众多，每年从日本、马来西亚等东南亚国家来上海开展武术交流活动近千次。1992年，首届上海国际武术博览会举行，设传统、竞技武术套路比赛，并组织武术诗画展览、武术研讨会、武术展示活动和武术器材展销等，办会资金来源于上海市体育总会拨款和组委会自筹。至2010年，上海共举办10届上海国际武术博览会，为世界武术爱好者提供交流技艺的平台。市场开发方面，第一至四届博览会在赛事现场设置专卖点，向国际武术爱好者展销武术器材和服装，销售纪念汗巾、十八般武艺兵器模型等，资金来源以政府拨款和各国参赛团队的参赛费、报名费为主。第六、七届上海国际武术博览会在前五届的基础上，在场内布置商业广场，在秩序册上刊登广告，取得近万元的实物赞助。组织机构方面，将市场开发职能归并到竞赛部。第八届上海国际武术博览会再次调整，市场开发职能被归并到办公室，上海姚记扑克有限公司为其冠名赞助，上海电视台对博览会开幕式进行录播。

【上海国际模型展览会】

上海国际模型展览会创办于2004年，由国家科技部批准，上海市科学技术协会、上海市体育总会共同主办，是一项拥有较高知名度和美誉度的时尚体育专项展览会。首届上海国际模型展览会于2004年6月5—7日在上海东亚展览馆举行。参展商家共60余家。此后从2005—2010年，每年举办1次，至2010年共举办7届。参展商家、展会规模逐步扩大。2007年，有近200家企业参展,观众近 2 万人次。此后几届,参展商家基本维持在 200 余家。2010 年 4 月 3 日,第七届上海国际模型展览会在上海国际展览中心举行,展会共 3 天,来自 33 个国家 432 名海外观众观展,比第六届增长 10%;全国各地的 5 689 名观众参与,比第六届增长 32.7%。

【中国台球博览会】

首届中国台球博览会于 2008 年 10 月 3 日在上海东亚展览馆开幕。博览会由台球器材及用品展、世界及中国台球历史文化展、斯诺克大师表演及职业 9 球花式表演三大块构成,与 2008 年世界斯诺克·上海荣威大师赛同期举行。第二届中国台球博览会于 2009 年 9 月 9 日在东亚展览馆举行,为期 4 天。博览会汇集来自世界各地 32 家厂商参展,共设 200 多个展位,总面积达 4 500 平方米。展会期间,参加 2009 年世界斯诺克·上海荣威大师赛的斯诺克高手们悉数在展会现场亮相,为观众们作斯诺克表演。第三届中国台球博览会于 2010 年 9 月 8 日在上海东亚展览馆揭幕,为期 3 天,包括台球用品展、斯诺克大师表演及职业 9 球花式表演三大块,吸引亚林、奥得威等知名品牌企业参展。

二、承办展会

上海承办的国内外知名的体育类展会有:分别在 2002 年、2004 年和 2005 年承办第十届、第十四届和第十五届中国国际体育用品博览会,2002 年承办第二届中国国际足球博览会,分别在 2005 年和 2006 年承办首届和第二届亚洲国际品牌体育用品及运动时尚博览会,2007 年承办首届中国体育旅游博览会。

【中国国际体育用品博览会】

中国国际体育用品博览会(以下简称中国体博会)是亚洲规模最大的体育博览会,其规模和影响仅次于德国、美国的体博会,位列世界第三,上海曾连续举办三届。2002 年 9 月 27—30 日,第十届中国体博会在上海新国际博览中心举行。该届中国体博会设运动服饰区、境外展区、健身器材区、竞赛器材区、场馆器材设备区、休闲用品区和网络媒体礼品区 7 大展馆,展出面积超过 3 500 平方米,吸引了 20 多个国家和地区 800 多家厂商参展。历时 4 天,观展人数超过 15 万人次,其中境外观众 1 万人次,69 家新闻媒体派出 200 多名记者前来采访。并首次举办中国国际体育用品产业发展论坛,吸引到海内外观众和媒体的关注。2004 年 5 月 29 日—6 月 1 日,第十四届中国体博会在上海新国际博览中心举行。该届体博会共分 7 个展馆,展馆总面积超过 10 万平方米,其中室内 8 万平方米、室外 2 万多平方米,来自日本、美国、俄罗斯、德国等 30 多个国家和地区的 900 多家体育用品企业参展。在近千家参展商中,国际品牌达到 50%以上,中国李宁、康威、红双喜等著名品牌企业参展。主办方辟出 1 000 平方米的展区,运用幻影成像、全息展示、三维展示等高科技手段展示体育科技产品,进一步丰富展会的科技内涵。历时 4 天的中国体博会共有 16 万人次观众前来观展。期间,还举行以"奥运、经济、品质"为主题的中国国际体育用品产业论坛。2005 年 6 月 20—23 日,第十六届中国体博会在上海新国际博览中心举行,共设 7 个展馆及室外展馆,主要展品类别包括运动休闲、街头时尚服饰、健身器材、竞赛器材、户外运动及休闲用品、运动场馆设施、体育仪器等,展览总面积达 10 万平方米,吸引 30 个国家和地区近 1 000 家体育用品企业参展。4 天中共有 16 万人次观众观展,包括 70 多个国家和地区的专业观众。首次推出的"展会撮合系统"共撮合 1 385 对贸易伙伴。2009 年 7 月 29—31 日,中国上海国际大众体育用品博览会暨中国上海国际户外及休闲用品博览会在上海光大会展中心举行，展会吸引240余家国内外企业商家参展。

【中国国际足球博览会】

2002年5月16—19日，第二届中国国际足球博览会（以下简称中国足博会）在上海东亚体育文化中心展馆举行。中国足博会以“国际大都市与现代足球运动”为主题，包括足球运动展、足球文化展、国际足球论坛和国足热身赛等一系列活动。展区近3 000平方米，其中足球运动展是重头戏，吸引包括意大利的拉齐奥、罗马等在内的12个国家和地区的66家俱乐部、机构和公司前来参展。足球文化展是中国足博会的一个新亮点，其中“足球文化珍品展”是国内首次举办足球收藏品专题展，汇集全国10个省市60多位收藏家和收藏爱好者选送的40余种600多件与足球有关的收藏品，包括邮票、球票、火花、彩票、纸牌、海报、竞赛秩序册、纪念章、钱币、书刊、工艺品、日用品等。期间，还举办足球论坛，国际足联、亚足联以及英国足总、西甲联盟、美国女足大联盟、皇家马德里俱乐部的足球官员，就国际大都市与足球运动、青少年足球运动等多项议题发表专题演讲。中国《足球》报主办足球欢乐颂时装晚会。5月19日下午，即将出征世界杯的中国国家男子足球队在上海体育场与来访的荷兰埃因霍温队举行热身赛，吸引数万观众观赛。

【亚洲国际品牌体育用品及运动时尚博览会】

2005年3月13—17日，首届亚洲国际品牌体育用品及运动时尚博览会在上海新国际博览中心举行，吸引1 500多名观众观展。第二届于2006年3月13日在上海新国际博览中心开幕，设2个展馆，总面积1.15万平方米。

【中国体育旅游博览会】

由国家体育总局、国家旅游局和上海市政府共同举办的首届中国体育旅游博览会于2007年8月10—12日在上海展览中心举行，这是中国首次举办以体育旅游为主题的展会。整个展览会总面积2万平方米，其中室内展位1.2万平方米、室外展位8 000平方米。来自美国、英国、韩国以及中国22个省、自治区、直辖市的体育旅游企业、体育协会、体育俱乐部、相关配套项目企业和专业媒体等200多家单位参展。期间，举办中国体育旅游专题论坛、水上运动休闲与游艇经济国际研讨会和中美房车露营专题论坛。为期3天的展览会观众近5万人次，其中专业观众2 800多家单位6 000余人次，达成各类体育旅游合作项目80多项。展会现场还组织体育彩票销售、吉祥物抽奖、开奖等活动。

图5-5-1　2007年中国体育旅游博览会

第二节　体育类展览

自20世纪90年代以来，上海体育展览逐渐活跃。逢重大体育活动或重要时间节点都有相应展览。体育展览按主题分为三类：综合运动会专题展，有国际体育邮展、体育艺术展、体育美术展、体育摄影展、珍品展等形式;单项赛事专题展览,以乒乓球、女子足球等体育专项运动为主题,举行精品展、博物展等。上海体育成就专题展,结合“上海体育 50 年”“上海市体委成立 50 年”“上海体育 60 年”等时间节点,举办大型主题展览。

一、综合运动会专题展

第十一届亚运会国际体育集邮展览于 1990 年 9 月 21 日在北京中国革命博物馆举行,为期 13 天。这是中国第一次举办的国际邮展,也是中国邮展史上规模最大的一次专题邮展。上海 9 人 11 部邮集参展,7 人 9 部邮集获奖。同时举行第十一届亚运会体育艺术展览暨第二届中国体育美术展览、中国体育摄影艺术展。上海 36 人 33 件作品入选第十一届亚运会体育艺术展览暨第二届中国体育美术展览,并获得一等奖 1 件、二等奖 2 件;上海同时被第十一届亚运会组委会大型活动文艺展览部授予最佳活动组织工作奖。上海 9 人 11 幅优秀作品入选中国体育摄影艺术展,并获得最佳活动组织工作奖。

图 5-5-2　2008 年,“奥林匹克・上海记忆”展览在上海图书馆举行

2001 年 6 月 30 日,“奥林匹克走遍中国”图片展(上海站)在上海静安区恒隆广场举行。

2004 年 9 月 14 日起,“中华健儿,上海骄傲”——中国奥运健儿风采图版展在全市各机关、企事业单位、大中学校、街道社区、公共广场巡回展出。此次活动由上海市委宣传部主办,《东方体育日报》设计制作,上海东方宣传教育服务中心推广。

2006 年 11 月 11 日,上海普及特奥运动成果图片展在美国纽约联合国大厦举行,由上海世界特殊奥运会组委会、上海市政府、中国常驻联合国代表团、联合国体育促进发展与和平组约办公室、国际特奥会共同主办。

2008 年 4 月 30 日,奥运全国巡回展暨“奥林匹克・上海记忆”展开幕式在上海图书馆举行,共展出图片 520 余张、实物 80 多件、奥运场馆模型 13 个,数万市民观展。

2008 年 6 月 25 日,奥林匹克珍藏品中国巡展(上海站)在上海世贸商城举行,为期 6 天。展览首次将瑞士洛桑国际奥林匹克博物馆全套镇馆之宝展出。

2008 年 7 月 13 日,“百年邮政,辉煌奥博”——北京 2008 年奥林匹克博览会大型民间文化征集巡展活动在上海邮政博物馆举行。活动内容包括百年邮政老物件展、百年民间体育用品展、废旧体育用品征集等。

2008 年 7 月 22 日,“从梦想到现实”——上海与奥林匹克档案展在上海市档案馆外滩新馆向社会免费开放,共展出 500 多件(幅)珍贵档案文献图片和实物。

二、上海体育成就专题展

2000 年 9 月 17 日,上海体育 50 年成就展在上海体育馆训练馆开幕。展出 400 余幅图片和百余件实物，还用录像、幻影成像、激光全息模型等高科技手段展示上海体育 50 年中所取得的成就。展馆分为总馆、全民健身馆、竞技体育馆、大型竞赛馆、体育场馆馆和体育经济馆共 5 个分馆。总面积达 1 300 平方米，展出 400 幅历史图片和近百件实物或模型。观众可以在场外参加足球射门、篮球投篮和成年人健康测试等活动。同时编成《光荣与梦想——上海体育五十年》大型画册。

2004 年 4 月 28 日，上海市体委成立 50 周年体育博物展在上海东方绿舟体育训练基地开幕。博物展以“团结奋进，追求卓越”为主题，展出近百件实物和近千幅照片、图表，运用多媒体演绎，幻影成像展示，立体沙盘模型、全息演示金牌，音响合成场景等，全方位、多侧面、立体化地反映上海市体委成立 50 年来取得的累累硕果。展览会共分 6 个馆：第一馆为新中国成立初期成立上海市体委的史料，第二馆为群众体育馆，第三馆为精彩纷呈的竞技体育馆，第四馆为大型体育竞赛馆，第五馆为体育场馆馆，第六馆为体育产业馆。

2009 年 8 月 21—26 日，上海体育 60 年成就展在东亚展览馆举行，共展出上千幅图片和 200 余件珍贵实物，再现 60 年上海体育走过的历程。

三、单项赛事专题展

1999 年 6 月 10 日，“辉煌的历程——中国乒乓球 40 年成就展”在上海东方电视台展出，为期 4 天，由中国乒乓球协会主办。

2002 年 11 月 14 日，“银球耀五星——中国乒乓球长盛不衰”专题上海高校巡展在上海工程技术大学开幕，由国家体育总局文史委、中国体育博物馆主办。

2005 年 4 月 29 日，世界乒乓球文化博物展在上海体育馆西大厅开幕，由第 48 届世乒赛组委会主办，这是世乒赛有史以来首次举办的乒乓球文化博物展。

2007 年 6 月 28 日，迎女足世界杯足球文化收藏精品展在虹口区多伦路文化名人街现代美术馆揭幕，数十个门类、100 多个品种千余件收藏精品展出。

第六篇

体育科教

1978年,上海体育在拨乱反正、百废待兴之际,首先着手恢复健全体育科技教育的组织领导,使一批中年科研人员重返工作岗位,较早站在了中国体育科学的起跑线上。

20世纪80年代,上海体育科教事业加速发展,各级体育科研机构不断加强。科研人员遵循体育运动的客观规律,把科研的重心和方向聚焦在青少年体育领域。上海率先建立市、区县的青少年运动选材机构,研究制定符合上海青少年身心特点的选材标准及方法,组织引导一批少年儿童走上体育之路。依靠科学选材、育材,上海游泳运动迅速崛起,体操项目人才辈出,球类、射击、射箭等项目保持优势,田径、赛艇、皮划艇中的一些单项异军突起,为上海体育改革发展打下了坚实的基础。

20世纪90年代后,上海对体育事业的投入持续加大,尤其增加对体育科研工作的投入,上海市发展和改革、科学技术、财政税务、人力资源和社会保障等部门,逐步增加体育科教经费预算,在购置体育科研设施设备、建设体育科研重点实验室(基地)、引进科技拔尖人才、科技项目立项、加强运动队文化教育等各方面予以支持倾斜。上海市体育部门根据体育事业发展规划,制定体育科技的行动计划和专题计划,改善科研人员和文化教师收入待遇,及时引进吸纳高学历的海内外优秀人才,着力培养扶持青年科技人才。激励科研人员深入运动训练、全民健身第一线,全力攻坚克难,做好服务保障。体育部门以上海体育科学研究所为龙头,加强体育科研队伍建设,大胆吸纳优秀专业人才。通过改革创新,上海整合社会体育科研教育资源,发挥区县体育科教工作者的积极性,不断深化体育科教改革,加速青少年体育人才培养。经过33年不懈努力,上海在运动技术创新、运动伤病防治、比赛心理疏导、营养药物研制和康复等方面,处在全国领先地位,并在游泳、跳水、体操、帆船等运动项目中组织攻关,取得成功,帮助一批选手登上了国际体坛顶峰。

上海体育在改革开放后,借助科教之力,着眼人才培养,以创新驱动、转型发展实现体育的突破、跨越和腾飞。在推进体育科技进步的过程中,上海注重团结广大体育科研工作者,以全市之力、区县合力,坚持创新,面向体育运动实践,助推体育科技腾飞。作为体育科技的主力军,上海市体育科学学会加强组织指导,鼓励各专业委员会及广大会员破解科技难题。科研院所和高等学校借助上海高科技平台,以自身的独特优势,开展科技攻关合作,不断取得新的成果。体育自然科学面向运动实践,探索科学训练,从科学选材育材到训练服务保障,研究领域拓展,攻关成果喜人。同时,体育社会科学研究聚焦体育改革发展,注重体育发展战略研究,建成上海体育学院和上海大学两个社科研究重点基地,创新思路,深入研究,大力推进亚洲一流体育中心城市建设,取得了一批研究成果。1978年以后,上海市体育部门在加快体育恢复发展同时,注重体育政策和决策咨询研究。进入21世纪,上海市体委改建为上海市体育局,增设了法规处(政策研究室),加强了对上海体育社会科学研究的组织领导,并承担了上海市有关部门决策咨询研究课题,取得了可喜成果,在领导科学决策服务中发挥了重要作用。

在改革开放历程中体育部门坚持科教兴体,增强科技进步意识,全面加强体育系统的精神文明建设,重点推进青少年运动员文化教育工作。上海注重发挥其科学技术、文化教育的优势,不断完善运动队、体育运动学校及业余体校的办学机制,强调"训练育人""教书育人",改进文化教育方法,探索体教结合新路,努力把青少年运动员培养成为全面发展的合格人才。上海高等院校众多,体育教育资源丰富。在体育改革发展中，上海发挥上海体育职业学院和上海体育学院的骨干作用，联合上海交大、上海大学等设置体育院系的高校，优化体育科研、教育资源，合力推进体育科教进步。上海体育职业学院、上海体育学院及上海交通大学和同济大学等高校，在合作开展运动员文化教育同时，着力培养体育硕士、博士等高层次人才，并在高校办运动队。体育教学、体育科研、产业开发、器材研发等领域改革创新，全面推进科教兴体战略，率先在全国走出体教结合共育人才、科教强体持续发展的新路。

第一章 体育科研

第一节 科研机构和人员

一、科研机构

【上海体育科学研究所】

上海体育科学研究所(以下简称“上海体科所”)成立于1959年12月25日。上海体科所成立后,确定了科研为运动训练服务的方向。1978年改革开放后,上海体科所进一步明确了工作指导方针,即坚持体育科研面向体育运动的发展,重点满足运动训练实践的需要,为提高运动技术水平和增强学生体质服务。在研究工作中,贯彻多学科综合研究和所内外研究相结合的原则,走体育科研社会化的道路。根据运动训练实践的需要,确立选材、训练和机能评定三个方向为研究重点。在研究工作的具体安排上,以一线运动队为主,以重点运动项目为主,以近期任务为主,以应用开发研究为主。至20世纪80年代后期,研究领域已扩展到运动员科学选材和育材、运动员科学训练和技术诊断、运动员机能评定和恢复、学生体质和体育发展对策、体育情报信息、运动仪器器材和计算机应用开发等各个方面,形成了攻关服务、应用研究和技术开发三位一体的科研格局。

随着体育事业迅速发展和科技体制改革逐步深入,上海体科所科研领域不断拓宽,科研仪器设备日臻完善。针对运动员选材、育材和医学保障的需要,添置了测试心肺、神经、肌肉以及内分泌功能的仪器,建立了实验室。针对技术训练研究的需要,加强了生物力学的应用研究,添置了高速摄影机、影片解析、三维测力系统等。订阅中外文期刊200余种,并备有IBM/PC计算机及配套设施。1987年新建一幢1 000多平方米的三层实验楼。设有运动选材、运动训练、运动医学、体育理论、体育情报5个研究室、1个仪器电化室和《体育科研》杂志编辑部以及办公室、业务科、财务科、行政科、体育科技开发经营部等职能部门。

1995年,国务院颁布实施《全民健身计划纲要》,国家体委同年发布《奥运争光计划纲要》,上海体科所进一步加大对全民健身和竞技体育领域的科研和服务力度,创造性地运用一系列新技术、新材料、新设备深化科研工作,以满足市民体育健身需求,为提高市民体质健康水平以及运动队科学训练水平提供坚实保障。研制开发全国第一辆设备先进的市民体质监测车和第一辆青少年运动员选材车,陆续建成一批高水平、专业化的实验室:游泳水槽实验室、低氧训练实验室、运动生化评定实验室、生理机能评定实验室、运动技术诊断评定实验室、运动营养实验室等。2008年,竞技运动能力综合评定重点实验室被国家体育总局命名为全国首批重点实验室。至2010年底,上海体科所共有职工70多人,其中高级专业技术人员20人,具有博士学位者6人、硕士学位者36人;行政、服务人员22人;研究员8人、副研究员9人;中级职称者25人。上海体科所坚持科学研究与体育实践相结合的指导方针。研究工作逐步向体质测评的精细化、身体活动的能量代谢、运动干预等领域深入。在竞技体育研究领域,上海体科所明确以应用研究为基础,针对运动训练实践,通过承担高级别的科研项目,提升学科的整体研究水平;以科技服务为根本,通过备战奥运会、全运会的科技攻关,提高学科为训练实践服务的质量;以研究带服务、以服务促研究,将研究与服务有机结合,推进高层次学术交流并促进体育科技成果转化。以上海优秀体育后备人才基地建设为平台，以上海优秀体育苗子库为抓手，紧贴运动训练和项目选材实践，上海体科所不断致力于拓展运动员科学选材研究工作的领域和渠道。

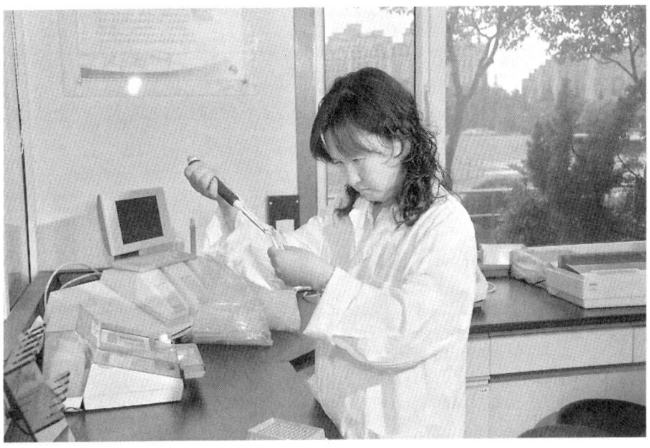

图 6-1-1　上海体科所科研人员对采集样本进行分析实验

长期以来，上海体科所围绕田径、游泳、划船等重点项目开展多学科综合性的攻关研究和科技服务，为促进运动训练科学化提供服务，为上海在国内外大赛中取得优异成绩做出积极贡献。上海体科所同中国科学院上海分院等有关研究院所、上海医科大学、上海交通大学、第二军医大学、信谊药厂、中华制药厂等 20 多个单位建立了业务协作关系，共同开展应用研究和技术开发活动。从 1978 年起，上海体科所开展了百余项课题研究，取得了一批研究成果，主要有：通过技术鉴定的实物成果 11 项，通过同行评议的理论成果 25 项。在此基础上，获得各种成果奖励 44 项。其中，参与 3 个部委组织、16 个省市共同研究的“中国青少年儿童身体形态、机能、素质的研究”和国家体委科研所牵头、8 个单位共同研究的“优秀青少年运动员科学选材”2 项成果，分别获得国家体委科技成果一等奖和科技进步一等奖，并获得国家级科技进步二等奖。另有 5 项成果获省部级科技成果奖；26 项获省部级科技进步奖。此外，上海体科所建制恢复后，定期编辑出版《体育科研》。1989 年编印了《论文摘要选编》中英文对照本。共发表论文近千篇，有 11 篇论文入选国际学术报告会，另有 6 篇论文入选第十一届亚运会科学大会。1989 年上海体科所获国家体委颁发的体育事业贡献奖，连续 11 年获得上海体育系统文明单位称号。

表 6-1-1　1982—2010 年上海体育科学研究所获奖次数统计表

奖　　名		一等	二等	三等	四等	合计
国家(级)科技进步奖			2			2
省部级	上海市重大科技成果奖			2		2
	上海市科技进步奖		1	11		12
	国家体委体育科技成果奖	2				2
	国家体委体育科学技术进步奖	3	5	9	11	28
	国家体育总局体育科学技术进步奖		1	3		4
	国家体育总局体育社会科学/软科学研究优秀成果奖		1			1
	国家体育总局(国家体委)奥运会科研攻关和科技服务奖	4		2		6
局级	上海市体委体育科技进步奖	2	5	4	5	16
	上海市教育局教育科技进步奖	1	1			2
	上海市体育局科研攻关和科技服务奖	5	9	12	7	33
	上海市体育局体育社会科学、决策咨询项目研究优秀成果奖	1	1			2

(续表)

奖　　名		一等	二等	三等	四等	合计
其他	上海市经委优秀新产品三等奖					1
	全国体育声像优秀作品奖					1
	优秀软件					1
	保健食品研评会金奖					1
	上海市科委新技术开发奖					1
	上海中西医结合科学技术三等奖					1
	解放军总后勤部军队科学技术进步贡献奖					1
	中国体育科学学会科学技术三等奖					1
总计	118					

说明：表格由上海体育科学研究所整理。

【上海市体育科学选材中心】

上海市体育科学选材中心成立于1991年10月5日，受上海市体委选材领导小组和黄浦区体委共同领导，成员由上海市体委、上海体科所、黄浦区体委、黄浦区体育科研站有关人员组成，主要任务是规划、组织、指导全市选材工作的开展；制定各运动项目的综合评价标准；建立业余运动员技术档案数据库；健全全市选材网络；组织年度运动员身体测试及选材干部培训考核。

【上海市运动员力量测试训练中心】

上海市运动员力量测试训练中心是直接为提高运动成绩服务的科研部门。1992年1月确定了中心的工作框架，1992年8月在上海体育馆内开始工作，配备有全套先进的CYBEX测试训练仪器等设备。

【上海运动健康研究中心】

2002年，为了实施上海竞技体育“奥运带全运，全运促奥运”的战略，加快“科训医一体化”进程，上海市体育局对原隶属上海体育运动技术学院的运动健康研究中心管理体制作出调整，从8月中旬起，将中心单列出来，成立上海运动健康研究中心(以下简称“康研中心”)。康研中心为上海市体育局独立核算的事业单位，设办公室、机能技术研究部和营养研究部。主要职能：负责协调指导优秀运动队的医务监督工作、优秀运动员的机能与技术诊断工作(包括科学选材)；对优秀运动员定期进行生理生化指标检测和评定，研究分析和诊断优秀运动员的力量素质、技术特点，为科学训练提供依据；引进、开发和研制运动营养补剂，承担反兴奋剂宣传教育和营养安全检测工作；运用多学科科技成果，提高运动训练的科技含量。

康研中心成立后积极开展工作，引进各学科专业人才。在完善原有莘庄基地中心实验室的同时，在东方绿舟和水上运动场两个训练基地建立联合实验室。在冬训前对田径、游泳、自行车等重点项目的多名优秀运动员开展19项生理生化指标检测与机能评定，在此基础上制订运动营养实施计划。举办优秀运动队队医培训班，对40多名队医组织生理生化指标应用、医务监督、运动营养及反兴奋剂等方面的专题培训。

二、科研人员

上海体育系统的科研人员，大多数集中在上海体科所。上海体科所是中国最早成立的地方体育科研机构之一，科研人员数量、科研能力和整体素质，始终列各省市区之首。至2010年底，上海体科所有正高级职称26人（按姓氏笔画排序）：冯敦寿、司徒璧双、仰红慧、刘柏年、池泰棱、许以诚、李之俊、李建新、步润生、吴之仁、邹大华、沈勋章、忻鼎亮、张蓓、张志光、陈文堉、邵冠群、林朝权、郑樊慧、孟繁春、赵竹光、顾留馨、钱风雷、曾繁辉、黎宝骏、瞿煜忠。副高级职称27人（按姓氏笔画排序）：王晨、王序铨、韦国胜、冯玉润、朱文雄、朱咏梅、全志伟、刘欣、许锡根、孙孟炜、杨更生、吴薇、吴丙梁、邱俊、邹顺和、邵佩霞、柳百敏、姚培正、高炳宏、黄诚、黄锵、韩志华、程骏迪、温小铁、谢蕴怡、樊建信、潘祖震。

上海体科所注重科研人员的培养，全方位推进科研队伍建设。长期以来，上海体科所领导带头参与科研工作，组织科研人员开展攻关，形成传统。1978年以后，上海体育运动恢复发展。上海体科所领导在恢复完善科研组织机构的同时，积极开展体育科研活动，帮助各级运动队推进科学训练，协助区县体育部门建立科研机构，培训专业人员。上海体科所领导陈文堉、曾繁辉等，在游泳、田径及部分球类项目中加强科技攻关，探索大运动量训练规律及运动创伤防治、营养补充、运动损伤康复，帮助这些运动项目迅速崛起。上海体科所领导深入运动第一线，带头组织和参与游泳水槽研究等重大体育科技攻关项目，取得可喜成果。

在建设体育科研队伍实践中，上海体科所着眼长远，致力于培养优秀年轻科研人员。2000年以后，上海体科所多次扩大编制，精简行政人员，招聘重点岗位、急需项目的科研人员。上海市体育、科技、公安等有关部门制定倾斜政策，打破地域、行业界限，解决户口难题，大胆引进优秀专业人才。2003年起，上海体科所与同济大学和上海体院、西安体院联合培养研究生。这些研究生被安排在体育系统实习，毕业后择优录用从事体育科研工作。同时上海体科所加快改革收入分配制度，逐步改善中青年科研人员的薪酬和工作条件。鼓励青年科研人员赴高校深造，报考就读硕士、博士研究生。积极创造条件，选派青年科研工作者参加国际学术交流、短期进修讲学，激励青年科研人员投身体育科研事业。

在推进体育社会化、依靠社会科技力量促进体育科教事业发展过程中，上海市体育部门积极发挥中国体育科学学会、上海市体育科学学会成员作用。通过学会培训，举办讲座、论坛等形式，团结吸引广大会员参与体育科研活动。体育科学学会会员多数为高校教师、医院医生和社会科技部门研究人员，上海市体育局及上海体科所鼓励组建联合课题组或科研攻关组，开展跨学科研究。2006年，上海市体育局制定体育科技腾飞计划，允许体育系统、区县、学校35岁以下的青年科研人员申请课题，经评审立项和结题验收后，给予经费资助。同时，上海体育部门成立体育专家咨询委员会，建立体育专家库，吸纳社会高层次科研人员，提供决策咨询服务，攻克体育科技难点，全面提升上海体育科研教育水平。

第二节　科 研 活 动

一、培训研讨

1981年2月19日，上海市体育科学学会筹备会成立。此后，学会及所属各专业委员会，团结组织广大会员,开展多种业务培训、学术交流、专题研讨等活动,如聘请国际运动医学学会主席普鲁科普和日本、联邦德国的生理、物理学专家来沪讲学。

1986年3月27日,上海市体育科学学会召开首次大型综合学科学术报告会,会上交流59篇论文。有9个专业委员会分别举行学术报告会,共征集论文399篇,有192篇入选参加报告。

1986年3月,新成立体育管理学专业委员会。1987—1989年间,各专业委员会共举行27次分科学术交流,共征集论文598篇,有358篇入选参加报告会。同时举办各种学科讲习班、培训班。1988年5月,举办首届体育科技成果展览会,有21个单位展出34项体育仪器和计算机应用技术成果。

1989年12月,上海市体育科学学会第二次代表大会召开,产生第二届理事会。理事会聘请刘振元为名誉理事长,金永昌、张汇兰、黄震、章钜林、王永芳、李震中为名誉理事,撤销顾问设置,将学会工作机构合并为学术咨询部、组织部、秘书处3个部门,并不定期出版《学会通讯》。

1991年12月,为检阅学会会员近两年来学术研究的成果、活跃学会的学术氛围,上海市体育科学学会组织会员优秀论文评比活动。

1997年10月,由上海市体育科学学会选送到第五届全国体育科学大会的110篇论文中52篇入选,19篇专题发言,7篇墙报交流,26篇书面交流。

2000—2010年,上海市体育科学学会每年组织会员培训,举办各类学术讲座、论文报告、专题研讨,并组织引导会员参加四年一届的全国体育科学大会。为了鼓励体育科研人员参加全国体育科学大会,上海市体育科学学会广泛宣传动员,征集上报的论文数量多、涉及面广,历年居各省市之首。

二、优秀论文

1978年以后,上海市体委加强对教练员的教育培训,组织教练员结合运动训练竞赛实践,撰写科研论文,并开展优秀论文评选。1990年,上海市体委科教处举办全市教练员论文评比活动,教练员共提交论文77篇,18篇获得优秀论文奖。

1992年,上海市体委组织市体委系统专业和业余训练科学论文评选活动,经教练员优秀论文评选小组评审,评出先进集体5个,教练员优秀论文39篇。

1994年10月,上海市体委组织第三届市体委系统教练员优秀论文评选活动,经上海市体委教练员优秀论文评选小组评审,评出先进集体5个,教练员优秀论文50篇。

1996年,第四届体委系统教练员优秀论文评选,718篇参选论文中46篇被评为优秀论文,另有5个单位获优秀集体奖,6个单位获论文组织奖。

2000年,上海市体育局组织第六届体育教练员优秀论文评选活动,共征集全市教练员在1998—2000年期间所撰写的论文810篇,有94篇论文入围,其中33篇被评选为优秀论文。

进入21世纪以后,教练员的优秀论文评选成为常态。与此同时,区县基层教练员的优秀论文评选逐步展开,对于激发教练员学习运用先进科技手段、提高执教水平具有重要作用。

三、学术交流

改革开放以后,上海体育科技的对外交流合作步伐加快,教练员和科研人员采取“走出去,请进来"的形式,学习借鉴国外先进体育科技的理念及方法。1990年9月,中、日两国体育人类学学者举行第一次学术交流,1991年11月组织第二次交流,由上海体育学院体育人类学研究会及日本体育科学学会人类学分会共同举办国际学术研讨会。会议分大会报告和小组交流两种形式,共有18篇论文在大会上宣读,30篇论文在小组交流会上讨论。

2002年10月9—12日,2002年全国骨科运动创伤和康复新进展国际学术研讨会在沪举行。研讨会由国际运动医学联合会、世界华裔骨科学会、市体育科学学会、中华医学会上海分会和复旦大学附属华山医院联合举办,这是中国首次举办以"骨科运动创伤"为主题的国际性学术会议。来自16个国家和地区20多位骨科运动创伤专家和部分省市优秀运动队医生共100多人参加为期4天的研讨。

2005年4月28—30日,第九届国际乒联科学论文大会在上海交通大学举行,中国、法国、西班牙、伊朗、埃及、巴西等15个国家和地区派专家与会,127篇论文被录用。

2006年5月19日,第三届上海国际运动医学学术论坛在延安饭店举行,200多名国内外运动医学专家、学者出席。

2008—2010年,上海结合承办北京奥运会足球比赛(上海赛区)等重大赛事,频频组织国际体育学术交流活动。上海体院、复旦大学、上海交大等高校的国际体育学术交流活动广泛开展。上海市体育局、上海市体育科学学会及有关高校、体育协会,组团参加国际体育学术交流活动,选派优秀教师、教练员和科研人员赴国外深造、讲学或短期执教。

四、科研论坛

1997年1月16日,上海高校1996年度体育科研论文报告会在上海师范大学举行。大会授予上海交通大学、华东师范大学、上海师范大学、同济大学、上海第二医科大学和轻工业专科学校为体育科研先进集体,另有19位个人获奖。

2003年12月28—29日,由中国体育发展战略研究会和上海体院主办的长江三角洲体育圈发展研讨会在沪举行。

2005年6月21—22日,由中国体育发展战略研究会主办、上海市体育局承办的2005年全国体育发展战略研讨会暨中国群众体育高层论坛在上海嘉定区召开。会议以"全面建设小康社会中的中国群众体育"为主题,对中国群众体育发展面临的机遇和挑战等重大理论和战略问题交流和探讨。

2007年10月28日,为迎接2008年北京奥运会,促进竞技体育与群众体育的协调发展,协助推行"全民健身与奥运同行"活动,上海国际运动医学论坛在上海体院召开。论坛由国际运动医学联合会、中国运动医学学会和上海体院联合主办,主要内容包括运动医学与科学健身、运动健身医学人才的培养、市场准入和管理、后奥运会时代运动医学学科发展思考、运动医学与现代体育服务业。

2009年9月10日,由上海市体育局主办,上海市体育科学学会、上海体科所、卢湾区体育局共同承办的"步行与健康"国际论坛在科学会堂举行。来自中、美、日等国的专家学者,在论坛上报告交流当今步行研究中的最新进展和研究成果,向公众宣传普及步行的科学知识和方法,提高市民步行健身的兴趣,促进上海步行健身运动的开展。

2009年11月13日,由上海体院与中国体育科学学会运动医学分会联合主办的第三届上海国际运动与健康高层论坛在上海举行,众多海外著名运动与健康领域专家出席并作专题报告。

2009年12月19日,上海体科所建所50周年纪念大会举行。作为庆典系列活动之一的上海国际运动医学和体育科学论坛举行,多名国内外著名专家学者出席并作报告。

第三节 科研成果

一、体育自然科学

随着科学研究机构的逐步完善、科研队伍的发展壮大和科研手段的不断创新,上海体育科研成果持续增多。

1978年,上海派出上海体科所研究人员邹大华等参加国家体委、国家教育部、国家卫生部共同组织的对全国16个省市青少年儿童的身体形态、机能、素质的研究课题。通过对18 341名学生进抽样测试,在23个指标中取得4 401 936个数据,在此基础上分析中国青少年体质的现状和特点,研究制定青少年生长发育机能素质的评价标准。

1981—1982年,上海参加国家体委科研所、广东省体育科研所、辽宁省体育科研所,北京体育学院、上海体育学院、武汉体育学院以及甘肃省体委政研室合作开展的"优秀青少年运动员科学自动选材研究"课题,取得原始数据74.8万个。研究成果为田径、游泳、体操、排球、足球等项目运动员选材提供科学依据,对选拔和培养运动员后备力量有重要的指导作用。从1982年起,国家体委每年对重大体育科研成果进行评审并给予奖励。1993年底,上海除2项重大体育科技成果获得国家科委的奖励,15项成果获得上海市科委的奖励外,还有35项成果获得国家体委颁发的技术进步奖,2项成果获国家体委的软科学专项奖,另有4项成果获得上海市经委等部门的奖励。1989年,上海市体委根据上海市科委对科研成果的评审条例,首次对申报的体育科研项目评审,评出19项成果,被授予上海市体育科技进步奖。为了促使科研成果与体育事业发展的实际进一步结合,自1981年起,上海市体委科教处组织专家对研究课题开展论证。1981—1990年,共布置课题45项,划拨课题经费707 100元,其中40个课题取得成果。

2000年,市级科研课题"现代科技在市民体质监测中的运用"立项,成功研制第一辆装备国际先进测试仪器的市民体质监测车。由上海体科所高级工程师孟繁春等7位科研人员研制的"枪神2000"射击瞄准训练系统获2002年度上海市科技进步三等奖。

2004年,上海市体育局系统有7篇体育科学研究学术论文被雅典奥运会科学大会录取,5人参加奥运会科学大会。上海市体育局获得中国奥委会反兴奋剂委员会颁发的"反兴奋剂工作贡献奖";上海市运动康研中心、上海体科所和上海体院共5项科研成果分别获得国家体育总局第二十八届奥运会科研攻关和科技服务一等奖、中国体育科学学会科学技术一等奖和三等奖。2006年,制定并下发以培养青年科技人员为目标的"上海市体育科技腾飞计划",划拨专项科研资金,立项22项课题,调动广大青年科研人员工作的积极性。2007年6月,上海市体育局发布科研攻关课题招标指南,重点加强对竞技体育应用领域的研究。共收到课题申请书52项,最终共立项24个,基本保证所有训练单位都有科研项目,所有重点运动项目都有科研支撑。10月发布"上海市体育科技腾飞计划课题招标指南",收到课题申请书31份,最终立题15个。2008年,上海市体育系统申请并获得上海市科委课题3项。上海市体育局局管课题继续实施对外公开招标,上海市体育局各直属单位、各区县、高等院校及相关医疗机构积极申报。全年共立课题30个,结题12个。2010年共设专项课题70项,体育科技腾飞计划立项课题20个。在34项申报课题中评选出15项优秀成果奖。

表 6-1-2 截至 2010 年获"国家科技进步奖"科研项目一览表

项 目 名 称	奖励等级	年份	研制单位人员
中国青少年儿童身体形态、机能与素质的研究	二等奖	1986 年	上海体科所邹大华、章瑞芝、宋兰良、曾繁辉等(参与完成)
优秀青少年运动员科学选材的研究	二等奖	1987 年	上海体科所曾繁辉、温小铁等(参与完成)

表 6-1-3 截至 2010 年获国家体委颁发的"科技成果奖"科研项目一览表

项 目 名 称	奖励等级	年份	研制单位人员
我国运动员心缩期间的正常值	三等奖	1982 年	上海体科所陈文堉、樊建信、彭平权、杨国蕾、董云珊
中国青少年儿童身体形态、机能与素质的研究	一等奖	1982 年	上海体科所邹大华、章瑞芝、宋兰良、曾繁辉等(参与完成)

表 6-1-4 截至 2010 年获国家体委/国家体育总局颁发的"科技进步奖"科研项目一览表

项 目 名 称	奖励等级	年份	研制单位人员
优秀青少年运动员科学选材的研究	一等奖	1985 年	上海体科所曾繁辉、温小铁等(参与完成)
男子跳高世界纪录保持者朱建华技术的运动生物力学分析	二等奖	1985 年	上海体科所冯敦寿、王大愚、忻鼎亮
运动员最大摄氧量间接测定法及其适用性的研究(上海体科所)	三等奖	1985 年	上海体科所陈文堉、樊建信、彭平权、杨国蕾、董云珊
运动饮料、小体积高能口粮的研究	三等奖	1985 年	上海军医学研究所、上海体育运动技术学院,林嗣忠、郑德清等
SJ-1 型数字静力训练仪	四等奖	1985 年	上海体科所、上海体育运动器材三厂,罗新安、刘文海、胡伟伟等
国外短跑训练的方法手段(情报综述)	四等奖	1985 年	上海体科所池泰棱、邹顺和
对我国优秀少年田径运动员现状的调查与建议	四等奖	1985 年	上海体科所曾繁辉、姚培正
关于我国体操运动员骨发育情况的调查报告	四等奖	1985 年	上海体科所温小铁、曾繁辉
短跑运动员的生化评定	四等奖	1985 年	华东师范大学许豪文等
ST-85 型 16 毫米影片解析系统的研制与组装	四等奖	1985 年	上海体科所冯敦寿、王大愚等
TL 液压多功能训练机械系统	四等奖	1985 年	上海体育学院杨津森等
耐力项目运动员能量补充的研究	四等奖	1985 年	上海军医学研究所、上海体育运动技术学院林嗣忠、郑德清等
人类骨骼针刺活检技术及快慢两类肌纤维的测定	三等奖	1986 年	上海体育学院陶心铭等
2.5 毫升微型二冲程内燃机	三等奖	1986 年	上海市军体育俱乐部陆钟毅、高国均等
全国中文体育期刊篇名目录(1950—1981)	三等奖	1986 年	上海体育学院汤秉男、严子健等(参与完成)

(续表一)

项 目 名 称	奖励等级	年份	研制单位人员
短跑技术研究	二等奖	1987年	上海体科所冯敦寿等(参与完成)
F. B橡筋条	三等奖	1987年	上海市军体俱乐部朱健民等
游泳教学大纲及录像片研制	二等奖	1988年	上海汤坤泉、黄冠民等(参与完成)
学生体质综合评价方法和评价指标的研究	二等奖	1988年	上海体科所,邹大华等(参与完成)
人体腾空运动仿真软件研究(志书)	三等奖	1988年	上海交通大学、上海体科所洪嘉振、刘延柱、忻鼎亮等
举重训练对男子肌片力肌纤维的影响	三等奖	1988年	上海体育学院陶心铭等
垒球比赛现状技术统计的计算机应用与推广	四等奖	1988年	上海体科所、上海医科大学等单位,司徒璧双、徐耀毅等
运动生物力学研究方法	四等奖	1988年	上海运动生物力学学会、上海体科所冯敦寿等
运动训练科学化探索	一等奖	1989年	上海体育学院曾繁辉、步润生等(参与完成)
运动员控制体脂的营养研究	三等奖	1989年	上海体科所、上海体育运动技术学院、第二军医大学,王驾、侯计珍等
对上海市普通中学(1986—2000年)体育师资需要的预测研究	四等奖	1989年	上海体育学院俞诚士
划船运动技术力学原理的研究	四等奖	1989年	上海体科所、上海交通大学船舶研究所,忻鼎亮、胡伟伟、徐国梁等
单杠"特卡切夫"腾跃动作生物力学分析(系列研究)	四等奖	1989年	上海体育学院钱竞光、周力行,上海体育运动技术学院、第二军医大学王驾、侯计珍等
体育科技成果评价指标和标准的研究	二等奖	1992年	上海体科所池泰棱、谈太钰、吴雪君、李守莹、吕爱凤、马运生等
儿童少年田径运动员综合评价的研究	三等奖	1992年	上海体科所孙克衔、陈文堉、曾繁辉、池泰棱、翁士堃
肌酐测试在体育中应用的研究	三等奖	1992年	上海体科所王自勉等
耐力运动员有氧工作能力的研究和应用	四等奖	1992年	上海体科所黄锵等
WJ-88力量训练器	四等奖	1992年	上海体科所胡伟伟、孟繁春等
射击运动科学训练初探	三等奖	1995年	上海体科所忻鼎亮、孟繁春、刘文海、何聪、汤周庆、王欢煜
体育科研课题开题评价指标和标准的研究	三等奖	1995年	上海体科所池泰棱、许锡根、李守莹、左旗等
TW15功能肌力联合训练器	三等奖	1995年	上海体科所程骏迪、韩志华、金强
运动员训练负变(CNV)研究	三等奖	1995年	上海体育学院黄瑞馨、曹建云
射击运动科学训练初探	三等奖	1996年	上海体科所忻鼎亮、孟繁春、何聪、刘文海、汤周庆等
《实用体质学》之研究	三等奖	1996年	上海体科所邹大华(参与完成)
为备战26届奥运会游泳项目科研攻关及科技服务研究	一等奖	1997年	上海体科所李之俊等

(续表二)

项　目　名　称	奖励等级	年份	研制单位人员
优秀运动队(组)训练工作综合评价的研究	三等奖	1997 年	上海体科所池泰棱、步润生、张志光、程骏迪、邵佩霞、吴丙梁、徐昌豹、朱咏贤、马克坚、李传琪、欧康平、袁茵等
多关节肌群等动测力系统在若干项目中的应用研究	三等奖	1997 年	上海体科所许锡根、余卫东、庄乙鸿、周志勇、蔡建平等
运动训练对神经内分泌免疫网络的影响和中药"还原煎"对该网络的调节作用	三等奖	1997 年	上海体育学院陈佩杰、姚林、任杰、李国强、李红武
高水平运动员激励理论研究	三等奖	1997 年	上海体育学院与国家体委科研所合作张忠秋、陈安槐
用 PCR 技术对运动员进行性别检查的方法学研究及其应用	二等奖	1999 年	上海体科所陈文堉、毛裕民、唐榕、吴荷萍、梁佩珍、杨国蕾、董云珊、罗伟国、朱建中等
OP 帆船制作研究	三等奖	1999 年	上海体科所潘祖震等
3—6 岁幼儿体质调研和体质测定标准的研究	三等奖	1999 年	上海体科所邹大华等

表 6-1-5　截至 2010 年获国家体委/国家体育总局"奥运会科研攻关和科技服务奖"科研项目一览表

项目统计表项目	奖励等级	年份	研制单位人员
为备战 26 届奥运会游泳项目攻关及科技服务研究	一等奖	1996 年	上海体科所李之俊(参与完成)
中国男女击剑队心理变化特征与心理控制能力的研究	三等奖	1996 年	上海体育学院章建成、陈丹萍等
刘翔雅典奥运会夺金综合攻关服务	一等奖	2004 年	上海体科所钱风雷、许以诚(参与完成)
备战雅典奥运会运动营养综合科技服务	三等奖	2004 年	上海体科所钱风雷(参与完成)
中国国家队备战 2004 年奥运会运动营养综合科研攻关与科技服务工作	三等奖	2004 年	上海体科所钱风雷(参与完成)
中国跳水队备战北京奥运会综合科研攻关与科技服务研究	一等奖	2009 年	上海体科所钱风雷(参与完成)
我国技能类项目运动员参加重大比赛心理调控研究	一等奖	2009 年	上海体科所郑樊慧(参与完成)
刘翔备战 2008 年奥运会科研攻关与科技服务	三等奖	2009 年	上海体科所钱风雷、许以诚(参与完成)

表 6-1-6　截至 2010 年获"上海市重大科技成果奖"科研项目一览表

项　　目	奖励等级	年份	研制单位人员
SL-1 型数学测力仪	三等奖	1982 年	上海体科所、上海体育运动器材厂,崔瑞兴、罗新安、刘文海、胡伟伟等
等动训练器	三等奖	1982 年	上海体科所、上海体育运动器材厂,崔瑞兴、罗新安、刘文海、胡伟伟等

表 6-1-7 截至 2010 年获“上海市科学技术进步奖”科研项目一览表

项 目	奖励等级	年份	研制单位人员
CSG2.5 毫升微型内燃机	三等奖	1985 年	上海市军体俱乐部陆钟毅、高国钧等
热环境下优秀运动员的无机盐代谢	三等奖	1986 年	上海军医学研究所林嗣忠、刘广青、汪振林、李荣杰、郑德清
太极拳“调身”和“调和”作用的神经和内分泌学研究	三等奖	1986 年	上海医科大学许胜文
篮球比赛现场技术统计的微电脑应用	三等奖	1987 年	上海体科所、中国船舶总公司软件开发中心,邵冠群、谢蕴怡等
运动员机能评定的研究	三等奖	1987 年	上海体科所陈文堉、许豪文、樊建信、李人、黄锵等
举重竞赛计算机管理系统	三等奖	1989 年	上海工业大学王霞莉等
上海市中小学生体质健康状况的研究	三等奖	1989 年	上海体科所邹大华、彭宁宁、邵宗义、徐自生、刘肇佳
CS 系列微型内燃机	二等奖	1989 年	上海市军体俱乐部高国钧等
田径竞赛计算机管理系统	三等奖	1990 年	上海工业大学王霞莉等
计算机游泳竞赛实时管理系统	三等奖	1991 年	上海体育馆祁惠民、潘晓明、陈佳敏、顾国荣、李萍
上海市中小学体育发展战略研究	三等奖	1991 年	上海市智力研究所、市府教卫办、上海体院、市教育局、市体委胡瑞文、蒋鸣和、邹大华、李伟听、阮光明等
电子计时、终点摄影裁判仪	三等奖	1991 年	上海电气自动化研究所、上海体科所,王金玉、冯敦寿等
运动员营养补充剂——福尔生	三等奖	1992 年	上海市体委、上海医药工业研究院、江苏东辛奶牛公司,谢保源、钱明英、孙立智、严惠芳、陈允发
编制法系统研究	二等奖	1995 年	上海体科所池泰棱(参与完成)
“枪神 2000”射击训练系统	三等奖	2003 年	上海体科所孟繁春、周一峰、潘祖震、胡伟伟、崔瑞兴、李元忠、陆炜峰
竞技运动船艇减阻增效表面涂层的研制	三等奖	2006 年	上海体科所
中医推拿防治老年骨骼肌减少症的研究及临床应用	三等奖	2007 年	上海体科所李之俊(参与完成)
游泳水槽测试系统研发与应用	三等奖	2007 年	上海体科所余卫东、徐心浩、仰红慧等
上海市民体质评价体系开发和应用	三等奖	2007 年	上海体科所(参与完成)
上海市民体质网络系统的研发和应用	一等奖	2010 年	上海体育学院、上海中科网络信息技术有限公司、上海体科所陈佩杰、张春华、邱淑敏、庄洁、李安民、刘翠鲜、史仍飞、施磊、李之俊、刘欣
上海优秀运动员基因库的建立及其有氧能力与相关基因多态性关联的研究与应用	三等奖	2010 年	上海体科所高炳宏、李之俊,上海体院、市体育局陈佩杰、郭蓓等

表 6-1-8　截至 2010 年获上海市体委“科学技术进步奖”科研项目一览表

项　　目	奖励等级	年份	研制单位/人员
从郑凤荣到朱建华——试论我国跳高训练的特点，兼论若干训练原则	一等奖	1989 年	上海体科所池泰棱
上海强力花粉运动口服液	二等奖	1989 年	上海体科所、中华制药厂、第二军医大学
划船运动技术力学原理的研究	二等奖	1989 年	上海体科所、上海交通大学船舶研究所
世界优秀田径运动员的训练方法和技术	二等奖	1989 年	上海体科所情报研究室
少年儿童篮球运动员系列训练研究	三等奖	1989 年	上海体科所谢蕴怡、邵冠群
男女耐力运动员耗氧量及外功率的差异	三等奖	1989 年	上海体科所黄锵等
ST-87 型影片解析仪	三等奖	1989 年	上海体科所冯敦寿、王大愚
试论体育情报研究的内涵和外延	三等奖	1989 年	上海体科所池泰棱
赛艇、皮划艇竞赛计算机管理系统	四等奖	1989 年	水上运动场裁判组
耐力训练的基本方法	四等奖	1989 年	上海体科所步润生
循序渐进增加训练负荷，为攀登高峰打好基础——杨文意的早期训练	四等奖	1989 年	上海市体育俱乐部严伟莉
人体负荷运动前后血液的 ESR 研究	四等奖	1989 年	上海体科所张坚
运动生化方法学的系列研究	四等奖	1989 年	上海体科所王自勉、金丽萍
优秀女短跑运动员头发中微量元素特征	四等奖	1989 年	上海体育运动技术学院卫国平等
体育资料数据库软件系统	四等奖	1989 年	上海体科所邵佩霞、许锡根等
体育运动学校教练员综合评价的研究	四等奖	1989 年	上海市体育运动学校马运生等
上海市学生体质的过去、现在和未来	四等奖	1989 年	上海体科所邹大华等
高水平跳高比赛的心理特点及自我调节方法	四等奖	1989 年	上海体科所池泰棱
对半封闭式训练管理的探讨	四等奖	1989 年	上海市第二体育运动学校丛凯滋
体育科研成果的评价指标和标准的研究	一等奖	1991 年	上海体科所池泰棱等
运动对自由基浓度变化的影响及自由基与运动性疲劳发生机理的关系	一等奖	1991 年	上海体科所张坚等
儿童少年田径运动员综合评价的研究	一等奖	1991 年	上海体科所陈文堉等
人体运动计算机动态显示的研究	二等奖	1991 年	上海体科所王大愚等
肌酐测试在体育中应用的研究	二等奖	1991 年	上海体科所王自勉等
耐力运动员有氧工作能力的研究与应用	二等奖	1991 年	上海体科所黄锵等
浮水能力选材方法及测试仪	三等奖	1991 年	上海体科所曹美宝等
八十年代国际垒坛的新格局和技战术发展动向	三等奖	1991 年	上海体科所司徒璧双等
三维测力系统的研制	三等奖	1991 年	上海体科所汤周庆等
运动性尿蛋白及其类型的强度依赖性	三等奖	1991 年	上海体科所陈佳亮等
WJ-88 力量训练仪	三等奖	1991 年	上海体科所胡伟伟等

(续表)

项　　目	奖励等级	年份	研制单位/人员
关于从小培养奥运选手的对策建议和实施方案的研究	三等奖	1991年	上海体科所陈文堉等
儿童少年排球运动员选材	四等奖	1991年	上海体科所姚培正等
青少年运动员心肺功能选材研究及其评价	四等奖	1991年	上海体科所曾繁辉等
第十一届亚运会男子百米途中跑步态支撑技术分析	四等奖	1991年	上海体科所冯敦寿等
全国足球比赛参赛运动员体能考核指标的研究	四等奖	1991年	上海体科所瞿煜忠等
上海市青少年运动员动作神经过程的选材及建标	四等奖	1991年	上海体科所王欢煜等
运动员血清微量元素及部分常量元素的研究	四等奖	1991年	上海体科所卫国平等
上海市业余运动训练学生技术档案管理系统	四等奖	1991年	上海体科所崔东基等
世界优秀女子体操选手单个动作精选	四等奖	1991年	上海体科所戴庆中等
游泳电脑拉力器的研制	二等奖	1992年	上海体科所程骏迪等
八十年代国际垒坛的新格局和技战术发展动向	三等奖	1992年	上海体科所司徒璧双等
十一届亚运会男子百米途中跑步态和支撑技术	四等奖	1992年	上海体科所冯敦寿等
速度素质的科学基础与训练方法	二等奖	1993年	上海体科所池泰棱等
上海优秀体育后备力量建设的综合性探索	二等奖	1993年	上海体科所安慧敏等
YL-1游泳等动拉力器	二等奖	1993年	上海体科所程骏迪等
复方举一号中药浓煎剂对提高运动能力的研究	三等奖	1993年	上海体科所卫国平等
TW-15功能肌力联合训练器	三等奖	1993年	上海体科所程骏迪等
耐力素质的科学基础与训练方法	三等奖	1993年	上海体科所陈宝祥等
力量素质的科学基础与训练方法	三等奖	1993年	上海体科所蒋海鹰等
优秀运动队(组)训练工作综合评价的研究	二等奖	1996年	上海体科所池泰棱等
王军霞、曲云霞等优秀女子中长跑运动员技术研究	三等奖	1996年	上海体科所冯敦寿等
竞技状态的培养和赛前训练安排	三等奖	1996年	上海体科所张蓓等
少儿足球教学训练系列片——射门、传球、控球、防守技巧	三等奖	1996年	上海市足球协会包瀛福等
上海市民体质网络系统的研发和应用	一等奖	2010年	上海体育学院、上海中科网络信息技术有限公司、上海体科所陈佩杰、张春华、邱淑敏、庄洁、李安民、刘翠鲜、史仍飞、施磊、李之俊、刘欣
上海优秀运动员基因库的建立及其有氧能力与相关基因多态性关联的研究与应用	三等奖	2010年	上海体科所高炳宏、李之俊、陈佩杰、郭蓓、高欢、杨震、王道

表 6-1-9　截至 2010 年获上海市体育局“科研攻关和科技服务奖”科研项目一览表

项　　目	奖励等级	年份	研制单位人员
水上项目备战十运会科研攻关和科技服务	一等奖	2006 年	上海体科所周志勇、忻鼎亮、余卫东、黄诚、何聪、徐汝琳、高炳宏、胡燕、魏文仪、徐本力、裘艺、李晓浦、诸葛伟明等
射击射箭项目备战十运会科研攻关和科技服	一等奖	2006 年	上海体科所全志伟、李之俊、孟繁春、郑樊慧、陈丹萍、周家骥、米卫国、周一峰、余晓南等
女子短距离自由泳组项目备战十运会科技服务与科研攻关	一等奖	2006 年	上海体科所钱风雷、郑闵生等
备战十运会营养工作科研攻关与科技服务	一等奖	2006 年	上海体科所钱风雷、孙孟炜等
低氧训练实验室备战十运会综合科技服务	二等奖	2006 年	上海体科所高炳宏等
对五项运动员的机能监控及对策研究	二等奖	2006 年	上海体科所全志伟
康研中心备战十运会实验室系统科技攻关与科技服务	二等奖	2006 年	上海体科所孙孟炜、王晨、崔小珠、封旭华、吴霞红、许阳朔、张洪海、檀志宗等
游泳水槽测试系统平台建设与应用研究	二等奖	2006 年	上海市体育局陈森兴、上海体科所余卫东、徐心浩、仰红慧、罗惠明、朱德祥、李旭鸿、程骘、沈存、班允昕等
上海奥运十运信息研究与服务	二等奖	2006 年	步振威、张蓓、徐耀毅、徐汝琳
You-1 游泳摄录系统的研制与服务	二等奖	2006 年	胡伟伟、潘祖震、仰红慧、忻鼎亮
对水球专项体能的攻关研究与训练的综合服务	二等奖	2006 年	顾承锷、池泰棱、李之俊、许以诚、刘文海、沈勋章、叶蓓伦、段翔、魏燕、梁佩珍、吴荷萍、米卫国、封旭华、王敏辉、张长发、毛传桅
武术、体操运动员医务监督和营养措施研究	三等奖	2006 年	上海体科所卫国平、邱俊
中药有效成分对运动员骨骼肌损伤愈合的研究	三等奖	2006 年	上海华山医院、上海体科所陈世益、李云霞、陈疾忤、朱文辉、张卫忠、李建新、周志勇、林勇、钱风雷
中药复方消除运动疲劳的研究	三等奖	2006 年	上海体科所刘柏年、全志伟
水球、排球、跳水、花样游泳、女排等项目下队科技服务研究	三等奖	2006 年	上海体科所封旭华、段翔、张鹏、钱风雷、欧阳豪杰
女子手球运动员机能监控和评定	三等奖	2006 年	上海体科所邱俊、王永森、陈进培、李正扣、徐耀忠、段翔、钱风雷、全志伟
田径项目备战十运会科技服务与科研攻关	三等奖	2006 年	上海体科所钱风雷、许以诚、米卫国、檀志宗、张蒙汉、徐北民、赵华彦
优秀游泳运动员全程技术分析评价与水槽游泳技术信息快速反馈系统的开发与应用	三等奖	2010 年	上海体科所仰红慧
自行车、现代五项、击剑重点运动员体能评价和疲劳诊断及其营养支持研究	三等奖	2010 年	上海体科所邱俊

(续表)

项　目	奖励等级	年份	研制单位人员
上海女足运动员专项体能训练方法及个性化营养补充方案的研究	三等奖	2010年	上海体科所王晨等
射击射箭重点运动员专项体能训练监控与伤病预防	三等奖	2010年	上海体科所全志伟
营养安全检测及监控方法的研究	三等奖	2010年	上海体科所孙孟炜
对上海重点射击射箭运动员身心机能监测及相应恢复措施的研究	三等奖	2010年	上海体科所郑樊慧
高原和低氧训练对上海重点体能项目优秀运动员备战2009年全运会体能调控的应用研究	二等奖	2010年	上海体科所高炳宏
上海跳水队十一运综合科研攻关研究	二等奖	2010年	上海体科所张鹏
帆船流速、流向仪的开发与应用	一等奖	2010年	上海体科所黄诚

二、体育社会科学

上海积极开展体育社会科学研究，为上海市政府和体育行政部门在体育领域中以独特性、前瞻性、可操作性进行科学研究，出谋划策。经过各方努力，体育社会科学研究网络基本形成，软科学、决策咨询、发展战略的研究不断深入，管理日趋规范，并涌现了一批中青年优秀研究工作者和学科带头人。进入21世纪后，为了更好地促进上海体育社会科学研究，上海市体育局制定下发了《决策咨询研究项目管理办法》，从2001年起，尝试课题研究的招标、委托、定向等形式，逐步增加经费投入，加快提高研究质量。2010年，收到课题130多项，经审核给予立项课题90项。体育社会科学的发展，对上海体育改革和科学决策做出重要贡献。

【国家体育社会科学重点研究基地】

进入21世纪以后，为了进一步推动中国体育社会科学发展，国家体育总局启动国家体育社会科学重点研究基地建设。各省市区的高等院校、科研机构自行申报，经国家体育总局评审验收合格后予以挂牌。基地建立后在申报课题、出国考察、经费资助等方面给予优先立项和安排。上海积极申报并建成2个国家体育社科重点研究基地，取得一批研究成果。

2002年，上海体育学院建成首批国家体育社会科学重点研究基地。2006年，新增体育新闻学硕士学位培养点，研究基地成员覆盖经济管理学院、体育新闻系等院系。学院建立社会调查室、体育赛事评估研究室，筹建体育赛事运作模式实验室。基地科研队伍硕士以上学历达85%，现有博士17人，占55%，50岁以下的占65%。上海市教委支持学院体育人文社会学科建设，投入110万元，学院投入学科与基地经费55万元。科研基地成果突出，主要体现在：一、课题立项多，如2006年获国家级和省部级课题共15项。其中在获得省部级以上课题的教师中，青年教师达30%；获得国家级课题的3名教师中有2名为青年教师。二、课题经费多。省部级以上课题立项共100余万，其中张林“我国体育产业统计指标体系研究”课题获得70万元的经费支持。三、获得奖项多。其中获得政府奖6项(3个二等奖、3个三等奖)。四、学术成果多,共出版5本专著、2本教材。在SCI等刊物上共发表论文30篇。至2010年,研究基地得到新的发展,科研人员和教师、研究生紧密围绕体育发展的实践,承接国家体育总局“十二五”规划的研究课题,努力为国家体育事业发展服务。

2003年,上海大学被命名为国家体育社会科学重点研究基地。2006年,获得课题立项共计28项;在国内学术期刊发表论文共计51篇,其中SCI类刊物2篇、中文核心期刊13篇;出版《上海大学体育学研究年报》《传统养生》《中国竞技体育产业市场研究》3部著作;参加国内外体育学术交流活动近40人次;举办以“奥林匹克”“体育产业”为主题的学术讲座4次,听讲座者近千人次;加大《上海大学体育学研究基金制度》实施力度,在该校17个申报2006年国家体育总局体育社会科学的项目中,有13个申请负责人为非体育专业学科教师,体育社会科学研究中的多学科交叉研究机制基本形成。

【国家体育总局及以上社科研究成果】

20世纪80年代初,上海开展体育社会科学研究,包括体育软科学、决策咨询、体育发展战略研究等。市、区县体育部门和体育院校积极承担国家哲学社会科学基金资助项目研究课题和国家体育总局体育软科学研究课题,取得丰硕成果。

20世纪80年代后期,上海市体委和上海市体育学院牵头,开展华东地区体育发展战略研究及华东地区奥运会重点项目布局的研究,获全国体育发展战略研究论文奖。此后,上海体育系统的金国祥、于晨、姚颂平及王才兴、杨惠明等人撰写体育发展战略研究论文,并承担体育改革研究课题,多次在国家体育报刊发表论文,并在全国论文报告会上获奖。

20世纪90年代起,上海参与体育社会科学研究的人数增加,研究领域拓展,研究成果增多。上海市体育运动学校吕爱凤、文健、方志超与国家体委田文惠、晓敏等合作的《体育运动学校文化教育现状调查及发展对策研究》获国家体委软科学研究成果一等奖;上海体育学院谭建湘等《上海奥运会重点项目配置及若干问题的研究》获国家体委软科学研究成果三等奖。

进入21世纪以后,上海体育社会科学研究保持良好发展势头。2001年,上海体育学院沈建华撰写的《学校体育、社区体育、家庭教育一体化发展研究》获中国体育科学学会科学技术三等奖,上海体育学院俞继英、鲍明晓等撰写的《我国体育产业发展战略研究》获国家体育总局社会科学研究优秀成果二等奖,张林、戴健等撰写的《我国职业体育俱乐部运行机制研究》获三等奖。

2006年,上海多项课题获国家体育总局体育社会科学研究优秀成果奖,主要是:上海体育学院姚颂平、沈建华、刘志明等撰写的《国际体育大赛与大城市发展的关系之研究》,上海体育学院俞继英、宋全征、沈建华等撰写的《我国竞技体育人才资源开发利用的可持续发展研究》,上海体育学院邱丕相、戴国斌共同撰写的《武术现代化的文化研究》。上海体育学院虞重干、胡守钧、刘志民撰写的《我国小城镇经济社会与体育互动关系的区域发展的实证研究》等获二等奖;上海体育学院杨再淮、项贤林、倪伟撰写的《我国竞技体育后备人才目标市场的研究》,上海体育学院戴健、张林、马志撰写的《苏浙沪地区高水平竞技体育后备人才培养现状及基础发展对策研究》,复旦大学孟建、李凯、钱海红等撰写的《2008年奥运会中国对外形象传播战略研究》,上海大学胡英寒、吕康娟、吴怡等撰写的《奥运会后效应研究——以悉尼奥运会为借鉴》学术论文等获三等奖。2008年,上海大学陆小聪撰写的《论体育的仪式意义及其社会认同功能》获中国社会学优秀论文二等奖。

【上海市体育社会科学研究成果】

《上海建设亚洲一流体育中心城市的研究》(2001年上海市政府重大决策咨询课题,获二等奖)。《上海市国民经济和社会发展第十个五年计划》提出"上海建设亚洲一流体育中心城市"的任务。这是建设社会主义现代化国际大都市、增强上海城市综合竞争力的必然要求,也是提高城市文明程度、市民综合素质和生活质量的重要举措,成为上海体育事业跨越式发展的极佳机遇。"亚洲一流体育中心城市"是一个全新的概念,除应当拥有比较发达的体育事业、良好的基础性体育设施、突出的竞技体育成就外,而且应该具有"中心城市"特有的汇聚、辐射、扩散和示范等功能。

课题研究提出:上海建设亚洲一流体育中心城市的指导思想是以邓小平理论和"三个代表"重要思想为指导,以上海建设社会主义现代化国际大都市为总目标,抓住北京举办奥运会和我国加入世贸组织的重要契机,扩大开放,改革创新,以人为本,集聚优势,加强合作,建管并举。坚持政府指导、依托社会、面向市民的方针,推动群众体育社会化、竞技体育集约化、体育产业多元化进程,建成具有时代特征、中国特色、上海特点的亚洲一流体育中心城市。

建设亚洲一流体育中心城市的具体目标,分两个阶段实施,有重点地推进。第一阶段从2001年至2005年,初步建成亚洲一流体育中心城市的雏形。第二阶段从2006年至2010年,建成亚洲一流体育中心城市,并为建设世界著名体育城市奠定扎实的基础。

《推动"人人运动"计划实施,提高上海市民健康素质的研究报告》(2003年上海市政府重大决策咨询课题,同时被列为上海市政协主席会议议案)。党的十六大确定了全面建设小康社会的宏伟目标,首次明确提出全民族的思想道德素质、科学文化素质和健康素质明显提高。为了贯彻十六大精神,上海提出"人人运动"计划。"人人运动"计划以花钱去健身、省钱少看病为目的,倡导人人喜爱一项运动,人人学会一项运动、参与一项运动,使体育健身成为一种新的生活时尚,旨在提高生活质量和市民健康素质,提升上海城市形象和文明程度。这是促进健康与健身、体育与疾病预防、医疗保险有机结合的重要手段,也是提高上海市民素质、增强上海城市国际竞争力的战略举措。如何更有效推进和实施这项计划,是事关上海未来发展、需要社会各界参与的全新课题之一。上海市政协教科文卫体委员会成立课题组,组织专家开展专题研究,为领导决策提供依据。

课题采用文献资料、问卷调查(共发放问卷表1 000份,回收882份)、专题访谈等方法,并实地考察调研黄浦、卢湾、青浦3个区的社区和公共体育场馆,期间赴宁夏回族自治区学习考察,形成研究报告。

三、决策咨询研究

1978年以后,上海体育在加快恢复发展的同时,开展体育政策决策咨询和研究,为领导决策提供咨询服务,上海市体委办公室、综合处等部门承担工作职能。进入21世纪,上海市体委改建为上海市体育局以后,增设法规处(政策研究室),负责组织指导开展相关工作。上海市体育局每年承担上海市委、市政府及有关部门的决策咨询课题并取得积极成果。

《论体育在上海"两个文明"建设中的地位和作用(2001年)》(作者:邱伟昌)。2000年10月召开的中共上海市委七届七次全会通过《上海市第十个五年计划的建议》,勾画了上海市在21世纪初期的发展蓝图,并提出了以增强城市的综合竞争力作为上海"十五"期间的发展主线,发挥城市的综合优势,不断提高城市的国际化、信息化、市场化和法制化水平。课题研究围绕未来体育如何服务于上海城市功能性发展的需求,如何在提升上海城市综合竞争力、推进建设国际经济中心城市的进程中发挥应有的作用。

《对上海市体育人才(2003年—2007年)发展规划的研究》(作者:上海市体育局人才规划课题

组)。研究从上海体育事业的实际出发,围绕建设亚洲一流体育中心城市的目标提出了科教兴体、人才强体战略,坚持党管人才原则,制订并实施加强和改进人才工作的一系列重大举措,逐步建立人才工作的基本思路和发展对策。

上海市体育局紧紧围绕上海市体育改革和发展的中心任务,积极实施“请进来”“走出去”方针,重点抓好竞技体育人才,促进体育人才工作的开展。培养出姚明、刘翔、陶璐娜等一批世界级运动员,引进了马丁内斯等多名国外优秀运动员和教练员;同时十分注意对年轻体育教练人才的培养,涌现出李秋平、孙海平、马良行等一批中青年优秀教练。除此之外,上海市体育局加强本土人才的规划和培养,进一步加强上海体育人才高地的建设,树立“大人才”观念,着力解决上海体育人才队伍建设的突出问题,努力营造尊重人才、服务人才、重视人才、做好人才工作的良好氛围,为建设亚洲一流体育中心城市提供有力支撑。研究论述了上海体育在人才培养的制度化建设上所做的努力和取得的成效。

针对上海市体育人才的现状和存在的问题,上海市体育局人才规划课题组提出要制定人才规划指导思想、人才发展战略的系列目标,以及分阶段发展人才战略构想,为上海体育事业未来快速发展、跨越发展提供科学有效的路径,使上海体育人才工作呈现出发展环境优良、人才交流活跃、人才队伍优化、人才产出效益明显的良性发展态势。

《优秀运动队建设先进体育文化的研究》(2004 年,作者:陈一平,杨卫民等)。优秀运动队建设先进体育文化是新时期优秀运动队工作的重要任务,加强优秀运动队建设、提高竞技体育总体竞争力成为体育发展越来越重要的命题,先进体育文化不仅对体育事业的发展具有重要的指导意义,而且为坚持中国体育事业的社会主义方向发挥积极作用。为此,上海市体育局组织专人开展研究。

为了加速建设优秀运动队先进体育文化,研究建议:一是组织先进体育文化的专题研究,并举办体育文化研讨会;二是利用有效的载体和形式大力宣传先进体育文化;三是将先进体育文化形成理论、写进课本并通过教学传播的形式推动这一文化的广泛传播;四是在职业和半职业的体育俱乐部中加强党团建设、改进文化教育工作,尤其是加强对职业选手的思想道德教育,推动运动队伍整体素质的提高。

《上海青少年公共体育服务体系研究报告》(2008 年)。结合建设服务型政府的时代命题,构建与地区经济社会发展相匹配的青少年公共体育服务体系,是上海体育的战略任务。研究从梳理上海青少年体育发展的现状出发,结合青少年体育发展的需求和部分国外经验,对上海市青少年公共体育服务体系的完善提出对策建议,为编制上海青少年体育“十三五”规划提供参考。

研究报告提出上海青少年公共体育服务体系建设的行动举措:建立青少年体育工作联席会议;搭建青少年公共体育服务信息平台;设立青少年体育发展基金;发布青少年体育发展指数;开展青少年体育设施专项建设;开展青少年体育技能等级鉴定;组建青少年体育科技专家团队。

表 6-1-10　2005 年上海体育社会决策咨询研究立项课题一览表

课题负责人	课题承担单位	课题名称
上海市政协、上海市体育局	上海市政协、上海市体育局联合课题组	上海竞技体育后备人才队伍建设的研究
上海市体育局	上海市体育局课题组	创建上海体育国际交流平台研究
杨惠明	上海市体育局课题组	上海加速发展体育现代服务业调研

(续表)

课题负责人	课题承担单位	课　题　名　称
虞重干	上海体育学院	“长三角”城镇外来人口体育参与的研究
刘志民	上海体育学院	对“长三角体育圈”竞技体育后备人才培养的研究
高　瑜	上海体育学院	对上海市看台球迷的法律问题研究
钱慧萍	闸北区福建北路小学	发挥教育优势,加快培养国际象棋后备人才
上海市体育局	上海市体育局开发苏州河景观体育调研小组	发挥体育特色,打造景观体育精品
蒋　莺	普陀区体育局	关于苏州河上打造景观体育的几点思考
王一坚	徐汇区体育局	加强青少年体育运动学校训练流程管理的实践研究
李南筑	上海体育学院	借助上海产权交易优势建设体育产权交易中心的研究
杨再淮	上海体育学院	举办重大比赛对上海城市体育综合竞争力的影响
刘桂海	华东师范大学	上海社会体育指导员管理体制的研究
陈　晓	上海财经大学	上海社区体育活动中人身伤害事故的原因分析及法律对策
赵文杰	上海交通大学体育系	上海社区体育组织的现状特征与发展对策研究
唐征宇	华东师范大学	上海市残疾人体育发展的战略研究
杨惠明	上海市体育局调研组	上海市经营性棋牌场所的调研
郭　蓓	上海市体育局	上海市优秀运动员在普通高校就读管理模式的研究
王　震	上海体育学院	上海市区健身场馆开展民族传统体育项目的调查研究

表6-1-11　2006年上海体育社会决策咨询研究立项课题一览表

课题负责人	课题承担单位	课　题　名　称
邱伟昌	上海市体育局	体育与资本的结合构建产权交易平台的对策研究
李伟听	上海市体育局	上海体育社团实体化研究报告
王一坚	徐汇区体育局	“科教兴体”战略在徐汇区体育事业发展中的实施现状研究
陈玉林	上海体育学院体育教育研究所	上海市竞技体育后备人才培养创新体系研究
丛　群	上海第二工业大学	科教兴体促高校体育发展对策之研究
董立红	上海第二工业大学	体育社团实体化的发展对策研究
李先国	上海体育学院体育社会学系	城市体育营销与和谐社会共建
刘清早	上海体育学院	上海市大型体育赛事市场开发的研究——以上海市第十三届运动会为重点
卢黎东	上海第二工业大学	上海市体育商业赛事的运作管理研究
卢天凤	同济大学体育教学部	竞技体育科技服务模式及影响因素的研究
陆歆弘	上海大学	大型体育场馆的融资及收益风险研究
陆遵义	上海师范大学体育学院	奥运文化在学校体育中教育价值的实证与对策研究

（续表）

课题负责人	课题承担单位	课 题 名 称
聂丽芳	上海杉达学院体育部	上海市实施“科教兴体”战略运行机制的研究
马春馥	浦东新区社会发展局体育处	关于实施上海市“科教兴体”战略的研究
郭 平	上海大学	对高校体教结合办队体制的研究
刘志民 张 蓓	上海体育学院、上海体科所	上海市竞技体育的“科教兴体”研究
陈锡尧	上海体育学院	上海市体育赛事管理现状及发展对策研究——以重大体育赛事为研究重点
舒盛芳	上海体育学院体育理论教研室	上海市“体教结合”运行模式现状与对策研究
王 跃	华东理工大学	大型体育赛事经济效益评估体系的构建
魏 燕	上海体育运动技术学院	关于延长优秀运动员竞技运动训练年限的研究
刘冬生	徐汇区体育局	上海市体育旅游资源开发与对策研究
何少华	徐汇区体育局	上海市体育社团实体化的探索——华泾体育俱乐部模式的实践
徐 箐	上海师范大学体育学院	上海市职业妇女体育价值观念与体育行为的研究
杨 烨	上海体育学院	上海市民工子女参加竞技体育训练现状与对策研究
余守文	复旦大学体育教学部	体育赛事产业及其对上海城市竞争力的影响——以上海赛车赛事产业为主要个案
俞 琳	上海财经大学	上海市体育产业统计指标体系研究
虞定海	上海体育学院科研处	上海市普通高校武术项目“体教结合”办队模式的研究
战 旗	黄浦区体育局	上海市黄浦区学校体育场地社会开放现状及发展战略研究
周向红	同济大学公共管理系	重大体育赛事对上海城市发展的影响机理和运作模式分析

表 6－1－12 2007 年上海体育社会决策咨询研究立项课题一览表

项目编号	课题负责人	课题承担单位	课 题 名 称
SKYJ11122007001	王才兴	上海市体育局	上海体育公共服务发展报告
SKYJ11122007002	王家瑾	上海市体育局	引进赛马赛事、发行体育彩票可行性研究
SKYJ11122007003	王才兴	上海市体育局	竞技体育优秀人才培养机制研究
SKYJ11122007004	郭 蓓	上海市体育局	市运会竞赛体制改革研究
SKYJ11122007005	陈一平	上海市体育局	关于筹建上海体育博物馆的研究
SKYJ11122007006	吴定邦	上海申豪投资有限公司	关于建立“上海奥林匹克体育中心”及“上海国家体育产业基地”的研究
SKYJ11122007007	李伟听	上海市体育局	上海社团发展纲要研究与制定
SKYJ11122007008	李伟听	上海市体育局	上海市体育社团评估指标研究
SKYJ11122007009	沈建青	卢湾区体育局	构建并完善上海城区多元化全民健身服务体系的研究

（续表一）

项目编号	课题负责人	课题承担单位	课　题　名　称
SKYJ11122007010	顾　红	上海大学体育学院	休闲体育锻炼对职业女性生活质量的影响——以上海市为例的实证研究
SKYJ11122007011	王　光	上海大学	城市化进程中的流动人群健身服务体系的研究
SKYJ11122007012	柏慧敏	上海大学	上海和谐都市体育文化模式的构建与对策研究
SKYJ11122007013	潘捷良	华东理工大学公共体育系	学校、家庭、社区一体化体育和谐发展的研究
SKYJ11122007014	吴嘉玲	上海政法学院	休闲体育与和谐社会的构建——以上海城市休闲体育为例
SKYJ11122007015	刘春颖	上海交通大学体育系	上海城市居民体育健身科学指导的研究
SKYJ11122007016	刘冬生	徐汇区体育局	徐汇区业余体校评估标准的研究
SKYJ11122007017	刘　涛	上海海事大学体育部	优化普通高校高水平运动队训练、管理体制和机制的研究
SKYJ11122007018	邱伟昌	上海市体育局	上海浦东试点发行赛马体育彩票的可行性研究
SKYJ11122007019	王　勤	上海上体产业发展有限公司	上海体育产业多元化运作管理的研究——体育场馆信息化管理平台现状调查及发展研究
SKYJ11122007020	朱南俊	上海市体育彩票管理中心	上海市体育彩票销售网点的系统建设研究
SKYJ11122007021	李明毅	徐汇区体育局	徐汇区体育资源开发与和谐城区建设
SKYJ11122007022	凌继东	徐汇区枫林体育运动学校	探索新时期业余体校学生运动员思想品德教育
SKYJ11122007023	沙福敏	徐汇区社会体育管理指导中心	社区公共运动场多元化管理的探索与实践
SKYJ11122007024	高丽华	上海海事大学体育部	上海市社区体育竞赛现状调查与发展对策研究
SKYJ11122007025	季　锋	上海市社会体育管理中心	上海体育健身场馆的现状与发展
SKYJ11122007026	郑　欢	上海体育学院	体育赛事与品牌传播方式研究
SKYJ11122007027	俞　琳	上海师范大学体育学院	基于休闲背景的上海市体育市场开发路径研究
SKYJ11122007028	罗惠明	上海市体育彩票管理中心	上海市体育彩票三年发展规划研究
SKYJ11122007029	过聚荣	上海体育学院	职业赛事的现状、问题和改进对策研究
SKYJ11122007030	钟荣辉	静安区体育局	上海市静安区学生体质分析及体育锻炼干预的研究
SKYJ11122007031	宋剑英	上海政法学院社科系	“健康促进”青少年体质的研究
SKYJ11122007032	丛　群	上海第二工业大学	民族体育文化与大学校园文化建设的相关研究——龙舟文化传承的价值与意义
SKYJ11122007033	窦秀敏	上海交通大学体育系	上海市高校体育与社区体育互动发展研究
SKYJ11122007034	吕康娟	上海大学	上海农村体育发展战略研究
SKYJ11122007035	李　滨	上海体育学院	对现阶段上海市足球后备人才培养体制的研究——从经济视角
SKYJ11122007036	钟荣辉	静安区体育局	上海市体育后备人才培养模式的探索

（续表二）

项目编号	课题负责人	课题承担单位	课　题　名　称
SKYJ11122007037	陆前安	徐汇区第二青少年业余体校	徐汇区“体教结合”工作的探索
SKYJ11122007038	平　越	上海第二工业大学体育部	对我市青少年排球后备人才培养模式及发展对策的研究
SKYJ11122007039	马春馥	浦东新区社会发展局体育处	推进体育体制机制改革研究
SKYJ11122007040	倪　刚	华东师范大学体育与健康学院	上海承办大型体育赛事项目评价体系研究
SKYJ11122007041	刘志民	上海体育学院	论后08奥运时代我国体育体制、机制的改革——以上海浦东为例
SKYJ11122007042	刘　强	复旦大学	和谐社会与体育法治建设研究
SKYJ11122007043	周丽珍	上海立信会计学院	上海市青少年体质下降的干预策略研究
SKYJ11122007044	周向红	同济大学经济与管理学院	和谐社会建设与上海重大体育活动公共安全问题研究
SKYJ11122007045	舒盛芳	上海体育学院	上海市民参与“人人运动计划”的现状与对策研究
SKYJ11122007046	胡笑寒	上海大学	基于资源配置的上海休闲体育产业结构研究
SKYJ11122007047	林大参	上海大学体育学院	上海市社区健身活动组织与管理研究
SKYJ11122007048	程　华	上海体育学院	上海特色的社区体育服务体系的构建及发展对策研究
SKYJ11122007049	钟天朗	上海体育学院经济管理学院	上海社区体育竞赛运作管理模式研究
SKYJ11122007050	李洪斌	上海财经大学体育教学部	实体化进程中上海体育单项协会经营管理方式研究
SKYJ11122007051	申　亮	上海大学体育学院	非营利组织在健全和完善上海社区健身服务体系中的功能与作用研究
SKYJ11122007052	黄军海	上海大学体育学院	体育社团发展模式和运作机制研究
SKYJ11122007053	孙　辉	华东师范大学体育与健康学院	上海市社区体育健身俱乐部管理机制的研究
SKYJ11122007054	高　歌	上海市社会体育管理中心	上海市群众性体育健身团队活动调研报告
SKYJ11122007055	卢天凤	同济大学体育部	竞技体育科技服务理论及其运行机制的研究
SKYJ11122007056	裘理瑾	复旦大学管理学院	上海市体育场馆营销问题研究
SKYJ11122007057	李　刚	上海师范大学金融学院	上海体育彩票应对福利彩票竞争的对策分析
SKYJ11122007058	田旻露	上海体育学院体育人文学院	上海市中小学体育事故伤害风险管理研究
SKYJ11122007059	岳　芳	上海第二工业大学	学校体育与青少年体质健康的研究
SKYJ11122007060	徐丽娜	上海商学院体育部	和谐社会中的学校体育与社区体育关联互动
SKYJ11122007061	邵长专	上海海事大学体育部	上海农村体育服务体系研究
SKYJ11122007062	王时芬	上海大学国际工商与管理学院	以奥运会为契机，建立我国运动员保险体系的研究

(续表三)

项目编号	课题负责人	课题承担单位	课　题　名　称
SKYJ11122007063	王　永	上海大学体育学院	推进上海体育体制改革研究
SKYJ11122007064	李先国	上海体育学院体育社会学系	"奥运"与"世博"的互动机制及与构建和谐社会的关系研究
SKYJ11122007065	郑家鲲	上海体育学院	2008年北京奥运会对加速我国依法治体进程的研究
SKYJ11122007066	谢　晨	上海师范大学体育学院	上海体育赛事产业的运作研究

表6-1-13　2008年上海体育社会决策咨询研究立项课题一览表

项目编号	课题负责人	课题承担单位	课　题　名　称
TYSKYJ2008001	于治国	上海对外贸易学院人文社科部	上海市人口老龄化与老年人体育运动休养方式转变研究
TYSKYJ2008002	陆前安	徐汇区第二青少年业余体校	社区体育俱乐部的市场定位研究
TYSKYJ2008003	沙福敏	徐汇区社会体育管理指导中心	社区体育俱乐部活动组织与开展模式的研究
TYSKYJ2008004	尹晓峰	上海体科所	以上海为核心的长三角地区都市体育圈构建模式研究
TYSKYJ2008005	李小英	华东师范大学体育与健康学院	构建上海社区体育健身品牌活动——大步(越野)行走可行性研究
TYSKYJ2008006	张秀萍	上海大学体育学院	上海市社区居民传统体育的现状及对策研究
TYSKYJ2008007	赵仙丽	上海中医药大学体育部	关于构架高校融入社区体育健身公共服务模式的研究
TYSKYJ2008008	林大参	上海大学体育学院	上海市高校体育场馆与社区健身资源共享研究
TYSKYJ2008009	黄军海	上海大学体育学院	上海农村体育发展研究
TYSKYJ2008010	郭蘋蘋	上海大学体育学院	我国自发性体育社团发展模式研究
TYSKYJ2008011	李世昌	华东师范大学体育与健康学院	对上海社区全民健身与高校科学商店互动模式的研究
TYSKYJ2008012	孙　辉	华东师范大学体育与健康学院	构建和完善上海市社区体育公共服务体系的研究
TYSKYJ2008013	冯震亚	上海交通大学体育系	上海社区体育生活方式研究
TYSKYJ2008014	刘春颖	上海交通大学体育系	上海城市居民体育健身指导的需求性研究
TYSKYJ2008015	顾　红	上海大学体育学院	上海市民对以休闲体育运动为建构健康城市基础的研究
TYSKYJ2008016	董立红	上海第二工业大学体育部	上海市农村体育发展战略研究
TYSKYJ2008017	游松辉	同济大学体育教学部	上海地区高知群体亚健康研究
TYSKYJ2008018	顾雪兰	上海财经大学	从经济学视角对上海市大众体育赛事参赛者参赛行为的研究

（续表一）

项目编号	课题负责人	课题承担单位	课　题　名　称
TYSKYJ2008019	丁云霞	上海商学院	体育社团实体化的发展对策研究
TYSKYJ2008020	钟天朗	上海体育学院经济管理学院	上海公共体育场(馆)提供公益性体育服务的现状及对策研究
TYSKYJ2008021	范健行	上海体育学院	上海与国际大都市大众体育发展现状的对比研究
TYSKYJ2008022	黄建荣	卢湾区体育局	上海市白领人群生活体育的现状调查及发展对策研究
TYSKYJ2008023	杨家华	上海市社会体育管理中心	创新上海全民健身主题活动、品牌特色的研究
TYSKYJ2008024	崔树林	上海对外贸易学院体育教学部	上海市居民终身体育社会保障体系的整体构建与设想
TYSKYJ2008025	何少华	徐汇区体育局	徐汇区青少年游泳项目普及现状研究
TYSKYJ2008026	汤崇玮	徐汇区枫林体育运动学校	业余体校教练员创新能力培养的探索
TYSKYJ2008027	卢天凤	同济大学体育教学部	我国青少年男子足球竞赛体系的研究
TYSKYJ2008028	刘　向	上海金融学院体育教学部	上海市普通高校高水平运动队后备人才培养模式及管理体制研究
TYSKYJ2008029	邓家平	上海第二工业大学	高校与企业共建高水平运动队的可行性研究
TYSKYJ2008030	袁辽新	上海市青少年训练管理中心	上海体育后备人才培养模式研究
TYSKYJ2008031	刘超云	上海大学体育学院	2010 年上海竞技体育发展规划的研究
TYSKYJ2008032	王时芬	上海大学国际工商与管理学院	改革开放以来上海竞技体育发展研究
TYSKYJ2008033	陶骆定	同济大学体育教学部	上海市青少年足球运动现状与发展趋势
TYSKYJ2008034	林世行	华东政法大学人文学院体育教研室	上海市体育后备人才培养模式的研究
TYSKYJ2008035	孙天明	上海电机学院体育教学中心	“后奥运期”上海竞技体育后备人才培养目标和实施策略研究
TYSKYJ2008036	朱运泉	闵行区体育局	2008 年奥运会后上海市青少年业余体校训练体制变革思路的探索
TYSKYJ2008037	沈建青	卢湾区体育局	上海市竞技体育后备人才培养现状与发展对策的研究
TYSKYJ2008038	俞海滨	上海大学国际工商与管理学院	上海体育会展发展研究——兼论体育旅游博览会品牌创造
TYSKYJ2008039	李明毅	徐汇区体育局	徐汇区创建体育产业园区的构想
TYSKYJ2008040	严　恽	徐汇区体育局	徐汇区体育场馆资源现状与发展对策研究
TYSKYJ2008041	计志英	上海大学	上海体育服务业发展机制研究：以澳大利亚为借鉴

(续表二)

项目编号	课题负责人	课题承担单位	课　题　名　称
TYSKYJ2008042	裘理瑾	复旦大学管理学院	上海举办大型体育赛事运作机制研究
TYSKYJ2008043	李　刚	上海师范大学金融学院	上海体育彩票购买者心态健康程度的定量研究——以排列3为例
TYSKYJ2008044	吕康娟	上海大学悉尼工商学院	上海与国际大都市体育节事活动比较研究
TYSKYJ2008045	胡笑寒	上海大学	上海举办高水平重大国际体育赛事运行机制研究
TYSKYJ2008046	关　涛	华东师范大学商学院	重大体育赛事隐性市场的治理
TYSKYJ2008047	程　敏	上海大学	公共体育场馆项目PPP模式研究
TYSKYJ2008048	王　勤	上海上体产业发展有限公司	上海体育健身场所公共信息化服务系统
TYSKYJ2008049	张　蓓	上海体科所	上海体育行政部门角色定位与职能转变的路径研究
TYSKYJ2008050	阎智力	华东师范大学体育与健康学院	上海体育文化大都市建设研究
TYSKYJ2008051	于丽英	上海大学预测咨询研究所	体育在上海建设国际化大都市中的地位与作用研究
TYSKYJ2008052	周丽珍	上海立信会计学院科研处	创新上海市体育体制改革与发展的策略研究
TYSKYJ2008053	张怀波	华东政法大学人文学院体育教研室	加强上海体育法制建设的对策研究
TYSKYJ2008054	芦雪峰	上海大学法学院	上海体育法制建设现状分析与发展对策研究
TYSKYJ2008055	马春馥	浦东新区社会发展局体育处	体育总会运作机制研究
TYSKYJ2008056	周鹿敏	上海市社会体育管理中心	上海市游泳场所开放执法研究
TYSKYJ2008057	帅　萍	上海大学悉尼工商学院	构建与国际大都市匹配的上海体育文化体系研究
TYSKYJ2008058	申　亮	上海大学体育学院	城市体育促进上海世博会成功举办之研究
TYSKYJ2008059	徐爱丽	上海体育学院社科部	上海城市体育与世博会互动的研究

表6-1-14　2009年上海体育社会决策咨询研究立项课题一览表

项目编号	课题负责人	课题承担单位	课　题　名　称
TYSKYJ2009001	陈仁花	上海金融学院科研处	上海市浦东新区农村体育服务发展的审视
TYSKYJ2009002	崔树林	上海对外贸易学院体育部	创建"三区联动"体育模式,完善上海市终身体育体系的理论与设想
TYSKYJ2009003	游松辉	同济大学体育教学部	上海市高知群体健康风险控制研究
TYSKYJ2009004	王　永	上海大学	创新上海全民健身主题活动的研究——健身对市民生活满意度的影响
TYSKYJ2009005	刘春颖	上海交通大学体育系	上海全民健身主题活动拓展的研究

（续表一）

项目编号	课题负责人	课题承担单位	课　题　名　称
TYSKYJ2009006	黄建荣	卢湾区体育局	构建和完善上海白领生活体育公共服务体系的研究
TYSKYJ2009007	丛　群	上海第二工业大学体育部	上海毽球运动的发展现状与推广策略
TYSKYJ2009008	李明毅	徐汇区体育局	社区体育技术服务体系研究
TYSKYJ2009009	裴新贞	徐汇区体育局科研培训中心	上海市社区体育俱乐部市场化运作现状分析
TYSKYJ2009010	邵长专	上海海事大学体育部	上海市老年人生活方式与体育健身服务的研究
TYSKYJ2009011	娇　皎	上海海事大学	上海市社区体育俱乐部现状调查与全民健身科学发展研究
TYSKYJ2009012	周丽珍	上海立信会计学院科研处	构建上海市群众体育管理体制新模式的研究
TYSKYJ2009013	钟天朗	上海体育学院经济管理学院	上海社区体育培训运作现状及对策研究
TYSKYJ2009014	魏轶林	上海大学体育学院	“迎世博”上海社会体育指导员发展模式研究
TYSKYJ2009015	杜海鹏	上海海事大学	上海市全民健身活动品牌项目开发及创新研究
TYSKYJ2009016	周玉芳	上海大学体育学院	武术大众化与上海全民健身运动的推进
TYSKYJ2009017	杨小明	上海大学体育学院	上海市城乡群众体育统筹发展研究
TYSKYJ2009018	申　亮	上海大学体育学院	上海全民健身主题活动的历史回顾及其机制创新研究
TYSKYJ2009019	孟少华	上海大学体育学院	上海体育社团实体化研究
TYSKYJ2009020	陆遵义	上海师范大学体育学院	上海市民参与“全民健身与世博同行”互动现状调查与对策研究
TYSKYJ2009021	王自清	上海师范大学体育学院	以街道、乡镇为依托，构建和完善上海社区体育公共服务体系的研究
TYSKYJ2009022	林大参	上海大学体育学院	跆拳道运动的普及与推广研究
TYSKYJ2009023	杨广贵	上海体育职业学院人事处	上海市退役运动员安置状况调查及研究
TYSKYJ2009024	祁社生	上海体育职业学院体育系	上海优秀运动员体适能的调查及研究
TYSKYJ2009025	朱学雷	上海体育职业学院教培中心	上海体育职业学院教学模式的探研
TYSKYJ2009026	王　艳	上海体育学院	国际体育都市视角下的上海市竞技体育后备人才培养研究
TYSKYJ2009027	毛丽娟	上海交通大学体育系	上海高校高水平运动队(员)培养机制的研究
TYSKYJ2009028	吴嘉玲	上海政法学院	普通高校体育特招政策变化对我市基础训练体系的影响及对策的研究
TYSKYJ2009029	丁海荣	上海第二工业大学体育部	“体教结合”构建上海高校特色运动队的实证研究
TYSKYJ2009030	严　恽	徐汇区体育局	主体性理论在青少年体育工作中的实践探索
TYSKYJ2009031	郭　莹	上海立信会计学院	上海游泳后备人才培养模式的研究
TYSKYJ2009032	李兴林	上海金融学院体育教学部	上海市普通高校“体教结合”培养后备人才策略研究

(续表二)

项目编号	课题负责人	课题承担单位	课 题 名 称
TYSKYJ2009033	李 海	上海体育学院经济管理学院	我国优秀运动员的社会责任问题研究
TYSKYJ2009034	董 莉	闵行区少体校	对闵行少体校青少年业余训练中科技含量比重的研究
TYSKYJ2009035	朱从庆	上海师范大学体育学院	上海市篮球专业队伍科学化训练的现状及对策探索
TYSKYJ2009036	张元文	上海师范大学体育学院	上海市竞技体育比较优势与项目布局研究
TYSKYJ2009037	王舜霞	上海对外贸易学院体育教学部	上海竞技体育资源配置现状及发展对策研究
TYSKYJ2009038	董立红	上海第二工业大学体育部	后奥运时期上海市体育产业发展创新研究
TYSKYJ2009039	吕志勇	同济大学经济管理学院	上海体育产业多元化发展与产业园区与规划布局的研究
TYSKYJ2009040	凌继东	徐汇区游泳馆	浅谈体育产业发展中的经济效益和社会效益
TYSKYJ2009041	胡笑寒	上海大学	上海体育产业多元化发展与产业园区及园区规划研究——基于共生理论的视角
TYSKYJ2009042	姚 芹	上海体育学院经济管理学院	关于"后世博时期"上海举行超大型国际品牌体育赛事的研究
TYSKYJ2009043	计志英	上海大学	都市体育服务业集群的动力机制研究
TYSKYJ2009044	丁 宁	上海交通大学体育系	构建高校国际体育著名企业品牌活动集散地的可行性分析
TYSKYJ2009045	马进军	上海大学管理学院	我国体育保险市场发展研究
TYSKYJ2009046	于丽英	上海大学预测咨询研究所	上海建设体育产业集聚区的战略思考
TYSKYJ2009047	刘 琴	上海电力学院体育部	"长三角"地区体育赛事资源整合机制研究
TYSKYJ2009048	李南筑	上海体育学院经济管理学院	上海市台球馆空间分布与区位选择的实证研究
TYSKYJ2009049	陈 敬	上海财经大学体育部	2010世博会对上海体育会展业发展的影响研究
TYSKYJ2009050	陈蕴霞	上海海洋大学人文学院体育部	依托临港,打造上海水上体育娱乐中心
TYSKYJ2009051	陈锡尧	上海体育学院经济管理学院	关于构建上海市商业性体育赛事市场景气指数的理论研究
TYSKYJ2009052	卢 晓	复旦大学管理学院营销系	探索上海打造世界一流体育娱乐中心,提升上海体育开放度和多样性的研究——加速上海成为中国高尚体育产业中心的发展策略
TYSKYJ2009053	黄军海	上海大学体育学院	对我国体育会展产业的研究
TYSKYJ2009054	郭蘋蘋	上海大学体育学院	长三角体育旅游资源开发分析研究
TYSKYJ2009055	姚 武	上海交通大学体育系	世博会视角下的体育旅游市场开发与研究
TYSKYJ2009056	谢 晨	上海师范大学体育学院	大型国际体育赛事对举办城市文化发展的影响

（续表三）

项目编号	课题负责人	课题承担单位	课　题　名　称
TYSKYJ2009057	俞　琳	上海师范大学体育学院	上海市体育会展业发展现状与品牌打造研究
TYSKYJ2009058	楼小飞	上海体育学院	上海市体育赛事发展现状及对策研究
TYSKYJ2009059	张怀波	华东政法大学人文学院体育教研室	全面构建长三角地区体育发展一体化的研究
TYSKYJ2009060	杨至刚	复旦大学体育教学部	2010年世博会对上海市体育发展的影响
TYSKYJ2009061	高　瑜	上海财经大学体育教学部	构建上海国际体育旅游休闲公共服务中心——对上海世博会场后续资源可持续利用的设想
TYSKYJ2009062	林世行	华东政法大学人文学院体育教研室	对我国体育仲裁现状及构建上海体育仲裁制度建议
TYSKYJ2009063	周海云	华东政法大学体育部	上海体育法制建设的研究
TYSKYJ2009064	尹晓峰	上海体科所	建设国际体育知名城市——上海体育发展的战略环境分析与研究
TYSKYJ2009065	余守文	复旦大学体育教学部	以科学发展观指导上海国际体育知名城市建设——群众体育、竞技体育和体育经济的协调发展
TYSKYJ2009066	刘　刚	复旦大学管理学院市场营销系	区县体育工作综合评价体系研究
TYSKYJ2009067	赵婷婷	上海大学体育学院	探索上海加快改革创新突破，努力建设国际体育知名城市
TYSKYJ2009068	肖焕禹	上海体育学院体育人文学院	上海建设国际体育知名城市的研究
TYSKYJ2009069	张胜利	上海电力学院体育部	构想“上海特色”体育文化环境的研究
TYSKYJ2009070	秦　伟	东华大学体育部	上海体育收藏发展史研究
TYSKYJ2009071	陶　涛	上海大学体育学院	海派体育文化的发展趋势与生活方式转变
TYSKYJ2009072	李先国	上海交通大学体育系	海派体育文化的理论与实际研究
TYSKYJ2009073	孙麒麟	上海交通大学体育系	区域文化对高校体育文化的影响

表6－1－15　2010年上海体育社会决策咨询研究立项课题一览表

项目编号	课题负责人	课题承担单位	课　题　名　称
TYSKYJ2010001	刘瑾彦	东华大学体育部	中美大众体育管理体制的比较研究
TYSKYJ2010002	王　永	上海大学体育学院	贯彻实施《全民健身条例》，建构上海国际一流体育大都市
TYSKYJ2010003	吕晓标	上海理工大学体育部	上海市健身路径相关法规存在的问题与发展对策研究
TYSKYJ2010004	倪　伟	上海理工大学体育教学部	上海市体育公园发展现状及对策研究
TYSKYJ2010005	索红杰	上海理工大学体育部	上海市社区体育设施建设同国外比较研究
TYSKYJ2010006	赵仙丽	上海中医药大学体育部	构建城市社区“体医结合”体育公共服务创新模式的研究

(续表一)

项目编号	课题负责人	课题承担单位	课 题 名 称
TYSKYJ2010007	徐划萍	上海中医药大学体育部	上海社区慢性病患者运动干预模式的研究
TYSKYJ2010008	钟天朗	上海体育学院经济管理学院	上海社区体育赛事组织与管理的现状及对策研究
TYSKYJ2010009	张峰筠	上海体育学院经济管理学院	上海市体育健身俱乐部空间布局最优规划研究
TYSKYJ2010010	娇 皎	上海海事大学	上海市全民健身路径现状调查及发展对策研究
TYSKYJ2010011	秦 伟	东华大学体育部	上海时尚体育与大学生健康生活方式研究
TYSKYJ2010012	姜丽萍	同济大学体育教学部	全民健身工作新路径的探索研究——在“体育生活化”模式中透显健康体育生活方式
TYSKYJ2010013	周 萍	同济大学体育教学部	上海市三种不同职业群体亚健康状况调查分析及运动处方对策研究
TYSKYJ2010014	严 恽	徐汇区体育局	上海社区儿童体育活动场所的建设现状与管理模式研究——以徐汇区为例
TYSKYJ2010015	陆前安	徐汇区第二青少年业余体校	上海市社区体育俱乐部社会资源整合的路径与对策研究——以徐汇区为例
TYSKYJ2010016	沙福敏	徐汇区社会体育管理指导中心	社区指导站在构建多元化全民健身服务体系中的作用
TYSKYJ2010017	朱洵韬	华东理工大学体育科学与工程学院	城市社区体育健身新模式研究——以凌云华理体育健身俱乐部为例
TYSKYJ2010018	周 进	复旦大学视觉文化研究中心	近年上海时尚体育兴起及其发展趋势研究
TYSKYJ2010019	马春馥	浦东新区教育局体育处	关于浦东新区体育社会化模式的研究
TYSKYJ2010020	黄建荣	卢湾区体育局	构建白领生活体育公共服务——“健康楼宇”模式初探
TYSKYJ2010021	董翠香	华东师范大学体育与健康学院	上海市“十二五”社区体育公共服务体系的构建及实施方案的研究
TYSKYJ2010022	孙 涵	上海交通大学体育系	体育生态环境与全民健身活动关系的研究
TYSKYJ2010023	张 丽	上海交通大学体育系	上海市社会体育指导员培训工作现状调查与对策研究
TYSKYJ2010024	李富刚	华东师范大学体育与健康学院	构建和谐社会进程中上海市全民健身路径规范化管理研究
TYSKYJ2010025	胡 汩	华东政法大学体育部	上海市健身教练培训市场发展之研究
TYSKYJ2010026	蔡 皓	上海师范大学体育学院	促进高校体育人才服务社区公共体育的机制研究
TYSKYJ2010027	孙 辉	华东师范大学体育与健康学院	人口老龄化背景下上海城市社区体育服务体系构建研究
TYSKYJ2010028	潘 岚	宝山区体育局	对上海农村全民健身主题活动的探究
TYSKYJ2010029	赵文杰	上海交通大学体育系	上海市社区体育健身俱乐部建设的创新与发展
TYSKYJ2010030	颜中杰	上海电力学院体育部	新形势下上海市校园足球发展研究

（续表二）

项目编号	课题负责人	课题承担单位	课 题 名 称
TYSKYJ2010031	杨 剑	华东师范大学体育与健康学院	上海市教练员领导能力特征及培训模式研究
TYSKYJ2010032	刘国荣	上海立信会计学院体育部	上海市足球后备人才培养现行运行机制及转型对策研究
TYSKYJ2010033	郭 莹	上海立信会计学院	上海市体育运动后备人才培养模式与运行机制的理论研究
TYSKYJ2010034	李 滨	上海体育学院	基于最优化理论视角下的足球后备人才培养体制研究
TYSKYJ2010035	缪 佳	上海体育学院	上海引进优秀运动员的利弊分析
TYSKYJ2010036	高德顺	上海市体育运动学校	对本市竞技体育后备人才培养模式的系统化之研究
TYSKYJ2010037	董 莉	闵行区体育局	从张辉全运会夺冠看自行车运动员启蒙阶段训练
TYSKYJ2010038	陶骆定	同济大学体育教学部	普及上海市学校足球人口问题探讨
TYSKYJ2010039	徐玉梅	徐汇区体育局	体育传统项目学校发展及对策研究——以徐汇区为例
TYSKYJ2010040	裴新贞	徐汇区体育局科研培训中心	三线业余训练教练员继续教育培训模式的比较研究——以徐汇区为例
TYSKYJ2010041	朱运泉	闵行区少体校	上海市区县少体校办市一二线运行机制的研究——兼谈闵行少体校区办市一二线经验总结
TYSKYJ2010042	曾桂生	东华大学体育部	上海市校园足球现状与发展对策研究
TYSKYJ2010043	杨若愚	黄浦区体育科学研究站	上海市运动员科学选材网络平台建设的研究
TYSKYJ2010044	马春馥	浦东新区教育局体育处	浦东新区竞技体育发展战略研究
TYSKYJ2010045	夏洪海	上海医疗器械高等专科学校	关于发展“室内冰上运动”在上海迈入“国际一流体育大都市”进程中重要影响的研究
TYSKYJ2010046	杨培刚	上海体育职业学院	上海市专业队教练员职业保障制度研究
TYSKYJ2010047	缪志伟	上海财经大学法学院	中国职业足球俱乐部相关法律问题研究——兼论对足球俱乐部的监管
TYSKYJ2010048	孙 鸿	华东师范大学体育与健康学院	回顾与前瞻：60年来上海优秀运动员思想政治教育的历史经验与发展创新研究
TYSKYJ2010049	高 芸	上海交通大学体育系	我国优秀游泳运动员运动寿命的影响因素分析和对策研究
TYSKYJ2010050	李兴林	上海金融学院体育教学部	上海市高校高水平运动队运行机制研究——以上海金融学院为例
TYSKYJ2010051	王 靓	上海金融学院体育教学部	青少年体育运动学校培养后备人才规律探索——以上海虹口剑校为视角
TYSKYJ2010052	荣敦国	上海商学院体育部	优秀游泳运动员的智力训练和非智力因素开发研究——以上海市游泳队为例

（续表三）

项目编号	课题负责人	课题承担单位	课 题 名 称
TYSKYJ2010053	卢天凤	同济大学体育教学部	竞技体育科技服务合作信任机制的研究
TYSKYJ2010054	沈建青	卢湾区体育局	新形势下业余训练骨干教练队伍建设与发展对策研究
TYSKYJ2010055	刘　涛	上海海事大学体育部	以龙舟运动为依托发展上海临港新城体育产业的研究
TYSKYJ2010056	华　军	上海交通大学体育系	关于上海市商业健身俱乐部现状调查和对策研究
TYSKYJ2010057	于丽英	上海大学预测咨询研究所	基于产业集群视角探索上海建设国际体育知名品牌的研究
TYSKYJ2010058	李　森	上海立信会计学院体育部	大型体育赛事对上海市经济与社会发展的效益评价研究
TYSKYJ2010059	毛伟琴	上海理工大学体育教学部	推进体育产业多元化发展与产业园区规划布局壮大上海体育产业规模和整体实力的研究
TYSKYJ2010060	虞定海	上海体育学院武术学院	上海国际武术博览会市场开放现状及创意策划研究
TYSKYJ2010061	陈　珊	上海体育学院	体育国际赛事品牌和上海城市品牌匹配性研究
TYSKYJ2010062	黄海燕	上海体育学院经济管理学院	上海体育赛事的政府资助模式研究
TYSKYJ2010063	郭修金	上海体育学院	景观体育赛事品牌建设研究——以上海苏州河国际龙舟赛为例
TYSKYJ2010064	李　海	上海体育学院经济管理学院	上海市体育彩票问题彩民现状调查
TYSKYJ2010065	高丽华	上海海事大学体育部	滴水湖开展体育文化旅游龙舟运动可行性研究
TYSKYJ2010066	张怀波	华东政法大学体育部	推进体育产业多元化发展与产业园区规划布局,壮大上海体育产业规模和整体实力的研究
TYSKYJ2010067	楼晓娟	东华大学体育部	提升时尚体育元素,加快本市健身产业发展
TYSKYJ2010068	李明毅	徐汇区体育局	区域品牌体育赛事创建的策略研究——以徐汇区“一区一品”创建为例
TYSKYJ2010069	万　芹	上海应用技术学院体育部	科学发展观视野下利用上海景观资源打造国际壁球赛事的研究
TYSKYJ2010070	刘志民	上海体育学院	上海市体育旅游资源整合与产品开发研究
TYSKYJ2010071	耿元元	华东理工大学体育科学与工程学院	上海景观体育赛事项目开发与可持续发展研究
TYSKYJ2010072	王　跃	华东理工大学体育科学与工程学院	上海建设世界一流体育娱乐中心城市的基本构想及策略分析
TYSKYJ2010073	刘　琴	上海电力学院体育部	论“长三角”地区体育赛事合作中各资源主体的功能定位整合机制研究
TYSKYJ2010074	庞徐薇	同济大学体育部	上海市大型体育赛事与旅游业互动的发展模式研究

（续表四）

项目编号	课题负责人	课题承担单位	课　题　名　称
TYSKYJ2010075	高　瑜	上海财经大学体育教学部	关于加快发展上海体育现代服务业的研究
TYSKYJ2010076	李永华	上海对外贸易学院体育部	上海松江大学城体育资源的共享机制研究
TYSKYJ2010077	崔树林	上海对外贸易学院体育部	上海市“在职体育”保障机制的整体构建与设想
TYSKYJ2010078	孙天明	上海电机学院体育教学中心	上海市“建设国际一流体育大都市”发展战略研究
TYSKYJ2010079	周丽珍	上海立信会计学院科研处	构建上海区县体育局服务型政府绩效评估体系
TYSKYJ2010080	肖焕禹	上海体育学院体育人文学院	体育大国向体育强国迈进中上海体育的地位与作用
TYSKYJ2010081	樊蓓蓓	上海体育学院图书馆	本世纪上海市体育科研的现状分析
TYSKYJ2010082	笪　恺	上海海事大学文理学院	以上海市游泳场馆为例探索上海高危险性体育项目管理的现状与对策
TYSKYJ2010083	杨小明	上海大学体育学院	体育强国背景下上海体育发展的目标定位与战略选择
TYSKYJ2010084	陈建强	复旦大学体教部	上海市高危性体育项目管理制度建立的研究
TYSKYJ2010085	秦　曼	上海金融学院体育教学部	迈向体育强国的科技强体战略选择
TYSKYJ2010086	俞　峰	上海理工大学体育教学部	关于构建上海市特色体育文化的研究
TYSKYJ2010087	丁　响	上海海事大学体育部	上海市社区体育文化建设现状及运行模式的构建
TYSKYJ2010088	李有强	上海体育学院国际文化交流学院	构建海派体育文化环境研究
TYSKYJ2010089	李先国	上海交通大学体育系	海派体育文化的创新性研究
TYSKYJ2010090	王自清	上海师范大学体育学院	塑造国际一流、海派风格的上海体育文化环境的相关研究
TYSKYJ2010091	尹晓峰	上海体科所	大型体育赛事的社会环境分析与研究——以环法自行车赛为例兼论上海体育赛事培育与运作
TYSKYJ2010092	范　威	上海政法学院	中国《反垄断法》对职业体育的规制与豁免研究
TYSKYJ2010093	向会英	上海政法学院	我国职业体育无形资产反垄断法律问题研究
TYSKYJ2010094	李世昌	华东师范大学体育与健康学院	上海社区体育活动持续发展的研究
TYSKYJ2010095	肖焕禹	上海体育学院体育人文学院	上海市老年人运动促进健康研究

四、其他

上海市体育局每年参与或承担由上海市人大和市政府法制办公室组织的重大立法调研，主要是关于全民健身体育科教兴市（兴体）、体育设施建设管理、社会体育管理等方面立法。2001 年起，上海市政协组织教科文卫系统的体育界委员以及特聘委员，深入体育系统开展调研，每年形成近10项议案、提案。推进“人人运动”计划、加速体育后备人才培养、加快体育产业发展等多项调研，被列为上海市政协主席会议议案。

体育专著、体育科研论文报告等，是社会体育科学成果的有机组成部分。上海结合重大体育活动、大型体育赛事，及时总结经验，汇集资料，出版书刊。1993年，第一届东亚运动会成功举办，在社会引起较大反响，上海市体育部门按照上海市政府要求，组织专人编辑出版《第一届东亚运动会》。2005年11月，上海三联书店出版《上海全民健身发展报告》，这是中国首部体育蓝皮书，对进一步推进全民健身发展具有较大影响。2007年由吉嘉主编的《竞技体育的思考》面世。2008年，黑龙江科技出版社出版《体育让城市生活更美更好》，对体育产业和体育赛事做了全面的总结和深入探讨。2006年起，《上海体育社会科学研究成果报告》由上海大学出版社出版，汇集各年度上海社会体育科学研究的主要研究报告和论文，在全国尚属首次。2008年11月，文汇出版社出版《腾飞中的上海体育》系上海市科教党委系统纪念改革开放30周年系列丛书之一。

第二章　文 化 教 育

第一节　体育高等教育

一、高等体育院校

【上海体育职业学院】

上海体育职业学院(以下简称上海体职院)是一所培养专业运动员的高等学府。前身为上海体育训练班,成立于1952年9月21日,先后称为华东体育训练班、华东体育学院竞技指导科、上海体育学院竞技指导科、上海体育学院运动系、上海体工队、上海体育学院分院、上海体育运动技术学院。2007年,上海体育运动技术学院更名为上海体育职业学院,由原先的成人高等教育改制为全日制高等体育职业学院。学院总部位于百色路1333号汇丰基地校区。

图6-2-1　上海体育职业学院汇丰校区(本部)

1978年以后,学院加强基本建设,加速人才培养。史美琴、张爱玲、刘霞、王文娟、曹燕华、李小平、吴佳妮、王朋仁、史方静等优秀运动员在世界大赛中屡创佳绩,男子跳高运动员朱建华在一年之内三破世界纪录,成为中国大陆首位夺得田径奥运会奖牌的运动员。

改革开放以后,学院游泳运动发展迅速。1987年第六届全国运动会上,沈坚强一人获得7枚金牌。随后,庄泳、杨文意、乐靖宜等一批运动员在奥运会女子游泳项目中创造上海奥运会金牌的历史。

20世纪90年代,学院涌现出丛学娣、樊迪、隋新梅、丁松等优秀运动员,在篮球、体操、田径、乒乓球等项目中取得突出成绩;乒乓球运动员王励勤,跳水运动员吴敏霞、火亮,羽毛球运动员王仪涵,排球运动员马蕴雯等都在奥运会或世界大赛中取得优异成绩。

进入21世纪以后,学院培养出奥运会冠军刘子歌以及徐妍玮、朱颖文、庞佳颖、朱倩蔚等优秀选手。田径运动员刘翔在教练孙海平的指导下,于2006年以12秒88的成绩打破维持13年之久的男子110米栏世界纪录,并先后获得奥运会、世锦赛和世界杯金牌。

在集体项目上,学院的女子排球队、男子水球队、女子手球队、男女篮球队成绩突出。至2010年,上海男子排球队取得中国男子排球联赛八连冠。此外,篮球运动员姚明加盟美国职业篮球赛,并入选美国NBA名人堂。学院共有教职员工517人,其中教练员148人,一线运动员795人,试训运动员约100人,全日制高职生483人。学院共有汇丰、莘庄、东方绿舟三个校区。学院下设田径运动中心、游泳运动中心、自行车击剑运动中心、球类运动第一中心、乒乓球羽毛球运动中心、篮球手球运动中心和拳击跆拳道运动中心7个训练中心。学院下设附属中学、体育医院及13个机关处室。学院共有9名运动员获得13个奥运会冠军,在世锦赛、世界杯等大赛上荣获148个世界冠军,破(超)49项/次世界纪录,获得138个亚运会冠军和228个全运会冠军。

在深化体育改革中,学院始终坚持正确的办学(办队)方向,着重加强师生员工的集体主义、爱国主义和理想信念教育,大力弘扬上海体育系统的优良传统,提倡无私奉献和拼搏精神,努力为国争光。学院要求教练、教师"授技育人""教书育人",加快提高运动员的文化素质。学院遵循文化教育规律,加快改善文化教育设施,添置教学设备、器材,建立信息网络系统,推进远程教育和在线学习,以满足不少长期在国家队集训或在境外训练比赛的运动队和运动员的教学需求。学院教学大楼和运动员宿舍大楼经过几次较大改建修缮,基本满足教学需求,为运动员提供良好的学习、生活环境。随着改革的发展,学院部分运动队和全日制大学挂钩,运动员在有关高校注册,实行双重学籍,在国内外学校系统的比赛中代表学校参赛,文化教育由学校派出教师实施教学。运动员在上海时到所在学校上课;外出集训和比赛时,由学校派教师到外地上课。课程修完并考试合格后,学校颁发毕业证书。这项举措达到互利双赢的目的,经过20多年的实践,取得一定成果。

学院十分重视文化教育师资队伍建设,严格按照教育部门要求配备文化教师。学院对文化教师加强专业培训,不断帮助他们增强事业心、责任感,提高教学质量。在职称评定、出境学习考察等方面,学院在坚持原则的前提下,有意向文化教师倾斜,激励教师为文化教育工作作出应有贡献。

2007年,学院转型为以体育为特色的全日制高等职业学院,对外招收高中应届毕业生,专科层次,学制三年,全日制在校生规模为2 000人,由上海市教委主管、上海市体育局主办,实行党委领导下的院长负责制。2008年9月,学院增设了4个与教学以及科研相关的部门:体育系、学生工作处、教育培训中心和科研图文信息中心。体育系主要负责普通高职、业余高职和运动员成人专科的教学工作,对师资队伍进行管理与建设;组织教师参加学术活动和开展科研活动,对教师实行教育科研能力考核,通过组织公开课和观摩课等方式来提高教师的业务水平。同时,为运动训练服务,组织送教上门,为各年龄段的运动员开设讲座、编写科普资料。体育系还开设推拿、健美操教练、体育场所管理等职业资格培训以及羽毛球、篮球裁判证书课程,为高职生就业奠定基础。学生工作处负责对学生的教育管理。教育培训中心负责对教师和学生的教育培训。科研图文信息中心,主要职能是管理学院科研、图书馆、网络建设与日常维护等工作。

2010年起,上海体职院探索以证书课程为抓手、以校企合作为方式的三阶段教学培养模式:第一阶段为证书课程教学;第二阶段为岗前培训;第三阶段为实习期。学院安排高职生定岗实习,最大限度地提高学生的操作和应对能力,鼓励按摩班学生进入学院运动队实习,锻炼和提高高职生的技能水平。

【上海体育学院】

上海体育学院成立于1952年,位于杨浦区清源环路650号。由原南京大学、华东师范大学、金陵女子大学等院校的体育系、科合并而创建，原直属国家体育总局，2001 年由国家体育总局和上海市人民政府共建共管。经过多年的发展，上海体育学院形成了涵盖本科、硕士、博士在内的完整办学层次。学院是国内体育高等院校中最早获得硕士学位（1981 年）和博士学位授予权（1986 年）的单位之一，2003 年成为体育学一级学科博士授予单位。学校现有体育学一级学科博士点，体育学、心理学、医学技术（康复治疗学方向）、新闻学学术硕士学位点以及体育、艺术、新闻与传播、公共管理专业硕士学位点。截至 2010 年，学院共有教职员工 706 人，其中正高级职称 56 人，副高级职称 147 人，博士生导师 29 人，硕士生导师 96 人，在校本科生 4 008 人、硕士研究生 257 人、博士研究生 53 人。

图 6－2－2　上海体育学院全貌

学院拥有两幢设施完善的教学楼，图书馆藏书量 50 余万册，新建国内领先水平的运动分子生物学实验中心等高等级研究型实验室，包括一体化语音实验室等一批教学实验室。校园布局结构合理，功能区域划分明确，绿树成荫、绿地成片，是“上海市花园单位”。

学院设有国家体育总局体育社会科学重点研究基地、国家武术运动管理中心科研基地、上海市民体质研究中心、上海国际赛车研究中心、上海体育彩票研究中心、中国体育科学学会体育产业分会等科研实体，为科研工作提供平台。学院科研工作坚持为教学、训练和社会服务的原则，承担的国家级、省（市）部级课题和奥运攻关服务类课题逐年增加。

学院编辑出版的《上海体育学院学报》是中国社会科学核心期刊、全国体育类中文核心期刊、国际体育文献数据库收录期刊、美国《剑桥科学文摘》（CSA）和国际体育信息资源中心（SIRC）收录期刊。由国家体育总局主办、学院负责编辑出版的《中国体育教练员》杂志，是中国唯一一本以提高中国教练员综合素质为办刊宗旨的专业性刊物。

学院设有中国乒乓球协会培训中心、全国羽毛球培训中心、上海重竞技运动训练中心等教学训练实体，承担为国家培养高水平竞技人才、优秀后备人才，以及各级各类教练员的任务。截至 2010 年，学校先后获得 5 枚奥运会金牌、1 枚银牌、5 枚铜牌，28 枚世界锦标赛金牌，39 枚亚运会和亚洲锦标赛金牌，3 人 3 次打破世界纪录、2 人 12 次打破亚洲纪录；为上海获得 18 枚全运会金牌。培养了一批国际知名教练员，如施之皓、孙海平、陈忠和、王跃舫、孙荔安、沈富麟、马良行等。

学院广泛开展国际间学术交流活动，先后与美国、韩国、日本、德国、芬兰、澳大利亚等国家和地区的40余所院校建立了校际合作交流关系。除互派学者访问讲学、课题合作研究外，互派本科交换生交流学习，本科生暑期游学项目也有序推进。

学院始终坚持以立德树人为根本任务，高度重视大学生思想政治教育工作和素质教育，重视校园文化建设，创建了“体院大讲坛”“校园文化艺术节”等知名品牌项目；积极创造条件让学生广泛参与社会实践。学院毕业生就业率超过上海高校就业率平均水平。

作为上海唯一一所全日制体育高等学院，学院以建设世界一流体育大学为目标，面向全国，服务华东地区。长期以来，学院与上海体育系统相互合作，优势互补，共同培养优秀体育人才。20世纪八九十年代，学院为上海体育部门开办干部培训班、体育管理和教练员专修班，提高干部和教练员的学历。此后在上海运动训练基地开设分院，帮助运动员学习运动训练基础理论知识和提升专项训练技能。

学院由国家体育总局和上海市人民政府共建共管，发展环境更加优越，在更高的层次上与上海体育系统融合发展，共创上海体育未来。在上海体育部门支持下，学院建立了重竞技运动训练中心，培养专业运动员。从外省市引进、合作培养的拳击运动员邹市明在北京奥运会上为中国夺得拳击项目的首枚金牌。学院培养的田径、武术运动员，在全运会上创造了优异成绩。2010年9月17日，国家体育总局与上海市政府签署共建上海体育学院中国乒乓球学院协议，这是世界唯一一所以乒乓球项目为主的体育高等院校。

二、高校体育院系

【上海交通大学体育系】

上海交通大学体育系成立于1986年。拥有拳操、小球、田径、大球4个教研室，1998年建立交大体育科研所(含图书资料室)，2002年成立大学生体质健康检测中心和国际乒乓球交流中心。

2000年被批准为硕士学位授予点，招收体育教育训练学专业的硕士研究生，在运动竞赛、群众体育教学、科研等方面取得一系列成果。2001年荣获国家级优秀教学成果二等奖和上海市优秀教学成果一等奖。2004年“大学体育”课程被评为国家级精品课程。1998年以来，先后获全国第四届、第五届、第六届、第七届、第八届大学生运动会最高荣誉奖“十佳校长杯”，另外在第七届全国大运会上团体总分与金牌数位列全国第一，第八届团体总分位列全国第二。2010年前后，上海交大与国家体育总局、上海市体育局合作，招收乒乓球、游泳等项目的优秀运动员、教练员，为体育部门培养本科生和硕士生。

【同济大学体育教学部】

同济大学是一所综合性研究型全国重点大学，是中国首批设立研究生院的高校之一。同济大学体育教学部坚持“以人为本、健康第一、全面发展、终身受益”的体育教育理念，积极发挥体育的独特功能，在教学科研、群众体育和竞赛等方面取得较大成绩，形成具有同济特色的体育教育体系，适应社会进步和学生个体全面发展的需求。2001年，同济大学体育教学部运动人体科学专业与同济大学生命科学与技术学院联合培养研究生。2006年，获得运动人体科学专业二级学科硕士学位授予权，同年开始独立招生。体育学硕士点有运动生物力学实验室、运动生理学实验室、运动心理学实验室、体质监测室、体育人文社会学研究室5个实验室以及“运动健康监测与咨询基地”“课外体育文化建设基地”“身心健康素质拓展课堂”3个基地，涵盖体育文化、都市体育、运动休闲、运动训练、运动与环境、人工智能、运动心理、传统体育与养生等交叉方向，以及新仪器开发、运动疗法应用与开发等领域。

【华东师范大学体育与健康学院】

华东师范大学体育与健康学院的前身是体育系，创建于1951年，以东亚体育专科学校的体育系和体育专修科为基础组建。1952年夏，华东师范大学体育系、体育专修科与南京大学和金陵女子大学体育系科合并成立华东体育学院。1972年华东体育学院整体并入上海师范大学。1980年，正式恢复成立华东师范大学体育系。1981年获准设立体育理论硕士点。1986年获准设立全国第一个运动生物化学硕士点。1993年设立全国首批运动生物化学博士点，1998年，华东师大体育系与大学体育部、上海教育学院体育系、上海第二教育学院体育系合并成立新的华东师范大学体育学系。2001年4月，学校批准成立体育与健康学院。2003年设立全国首批体育学博士后流动站。2005年设立全国首批体育学一级学科博士点。拥有运动人体科学国家重点学科（培育）、体育理论国家级教学团队、体育教育国家级特色专业和3个省部级重点研究基地（“青少年健康评价与运动干预”教育部重点实验室、上海高校“立德树人”人文社科重点研究基地、体育教育教学研究基地、青少年体育教育研究上海市社会科学创新研究基地）。2008年教育部学科评估获得全国第四。

学院设有体育教育系、社会体育系、运动训练系、大学体育部，拥有3个本科专业、一级学科硕士点和博士点，以及教育硕士（体育）学位授予权。设有中小学骨干体育教师“国培计划”培训基地、教育部“校园足球”全国骨干体育教师与校长培训基地、国家级健美操训练基地、啦啦操科研基地、上海市体育教师国际发展中心等机构。为国家培养了一大批德才兼备的高素质体育人才，毕业生在体育教育、科研、管理、运动训练或其他行业取得优异成绩。

【华东理工大学体育科学与工程学院】

华东理工大学体育科学与工程学院由1952年建校时的体育教研组、体育教研室发展而来，1992年在原体育教研室的基础上组建体育教育中心，隶属基础教育学院。1998年，基础教育学院撤销，体育教育中心划归人文学院。2001年5月，成立体育系，负责全校的体育教学、运动队训练、群众体育、体育科研等各项工作。2008年5月，成立华东理工大学体育科学与工程学院。

为了推动体育理论创新和体育科学的发展，在继续探索学校体育工作理论实践研究的前提下，于2000年6月建立体育理论研究室，2002年1月，正式成立体育经济理论研究所。2002年起，体育系分工精细化，完善行政机制。为培养高层次体育人才，于2003年设立体育人文社会学硕士点，由2004年开始正式招生。共设4个教研室：公共体育教研室、研究生体育教研室、竞赛与训练教研室、国贸教研室。学院承办过多次大型比赛，如第十三届世界大学生乒乓球锦标赛、第七届全国大学生运动会、第一届“校长杯”乒乓球赛等。学校被确立为中国大学生体育协会的分会——乒乓球协会会址单位，同时学校被确立为中国大学生体育协会副主席单位和上海大学生体育协会主席单位。

从1996年起，学校篮球、武术、田径、网球、射击队等分别在国内重大比赛中获得较好成绩。1999年起，所有体育系的高水平运动员进入商学院国际贸易专业学习，并于2000年为高水平运动员学生制定专门的班级编制，由体育系实行统一安排管理。

学校体育科学与工程学院在学科发展上不断探索，成立体育经济理论研究所，并设立体育人文社会学硕士点，以体育经济和体育产业经营与管理为主要研究方向，旨在为政府体育管理部门、高等院校、体育科研机构、俱乐部培养高层次的研究分析、政策咨询、经营管理及教学科研人才。结合学校理工科的特点和在材料产业方面的优势，成立体育运动材料研究应用推广中心，并以《中国体育运动材料与装备》杂志为技术服务和推广平台，主要从事体育运动器械和材料的开发、研究、检测。

【上海大学体育学院】

上海大学体育学院下设 9 个教研室及教学、群体、科研 3 个专业指导组，学院办公室、体育设施管理中心等部门，拥有国家体育总局体育社会科学重点研究基地、体育文化发展中心研究基地、教育部学生体育协会中国学校体育运动科学研究中心，以及上海大学与上海体育学院体育硕士联合培养基地。

学院拥有上海市精品课程 2 项、上海市重点建设课程 9 项、上海大学精品课程 5 项和上海大学重点建设课程 11 项。精品课程有网球、民族传统体育、羽毛球、形体健美、游泳和足球等。近年来，体育学院多次获得国家体育社会科学基金、国家体育总局项目、科技部项目、上海市政府决策咨询项目、上海市教育科研项目支持，在体育中文类核心期刊和国外重要期刊上发表多篇论文。上海大学开展的体育竞赛活动有篮球、乒乓球、羽毛球、武术、健美、健美操、游泳、足球、网球、击剑、排球、田径、广播操、跳绳、定向越野、棋类、桌球、高尔夫球、拔河等。上海大学运动队曾获得世界大学生运动会田径、网球 2 枚银牌，泛印度洋世界大学生运动会女子网球团体冠军，全国大学生运动会男子排球三连冠。学校具有多学科交叉的综合优势，以科研为先导，加强体育学科建设和科学研究，体育人文社会学在全国具有一定的学术影响。学校树立“以人为本、健康第一、全面发展、终身受益”的体育教育理念，以全体学生为本，增强学生体魄，建立各具特色的体育课程，学生体质健康水平和学生体质健康监测在全国高校领先。学校广泛开展群众体育活动，建立高水平运动队，在国内外各类体育竞赛中取得良好成绩。

【上海师范大学体育学院】

上海师范大学体育学院的前身是创办于 1956 年的上海第二师范学院体育专修科。1958 年更名为上海师范学院体育专修科，1960 年更名为上海师范学院体育系，1984 年更名为上海师范大学体育系，1998 年更名为上海师范大学体育与卫生学院，2002 年更名为上海师范大学体育学院。

学院设有体育教育系和社会体育系，有体育理论、运动人体科学、田径、体操、球类、武术 6 个教研室；1 个研究所：上海师范大学学校体育研究所；2 个基地：上海市教育系统名师培养工程体育基地和上海市体育师资培训基地(初中、小学)；2 个中心：运动休闲培训中心、体质健康促进研究中心；1 个体育综合实验室。

学院有体育学一级学科硕士点 1 个；二级学科硕士专业 4 个：体育教育训练学、体育人文社会学、运动人体科学和民族传统体育学；另有体育学科教学论硕士学位授予点 1 个；体育专业硕士学位授予点 1 个；本科专业 2 个：体育教育专业和社会体育指导与管理专业。

第二节　体育运动学校

一、上海市体育运动学校

上海市体育运动学校(以下简称“上海市体校”)创办于 1959 年 9 月 17 日，位于虹口区水电路 176 号(基本情况见“青少年体育”篇)。

作为上海市第一所体育中等专业学校，上海市体校坚持正确的办校、办学方向，努力培养训练与学习均衡发展，德、智、体优秀的合格人才。学校注重建立健全教学管理制度和教学质量的综合评价体系，加强教务科内部教学工作的科学管理，做到统一要求，严格管理，以达到教学管理系统的整体优化。努力提高课堂教学效率，要求每位教师必须备好、上好每一节课。认真钻研教材，积极从教材中挖掘出能够培养学生能力的因素。充分调动学生思维的积极性，使学生学到更多知识，增长本领。

学校加强教研组的建设，着重从教研活动入手，围绕课堂教学主题，组织教研组开展研讨活动，营造教学研讨的氛围。在每一次公开教学后，组织课堂教学研讨活动，公开说课、评课。每位教师从教学研讨、提高教学效率的角度出发，各抒己见，营造研讨的氛围。2010 年 6 月组织开展教学说课评优活动，共有 17 位教师参与，从中评选出 4 位教师代表学校参加市体育局教学评优总评活动，取得较好成绩。

在深化体育和教育改革中，上海市体校解放思想，打破藩篱，改变市属体校与所属区教育部门脱节的现状，主动争取虹口区教育部门的支持帮助，并与北虹中学等重点学校合作，互帮互学。同时，积极主动参加虹口区教研室组织的高三、初三月考和各年级统考。每次统考后组织质量分析教研活动。通过分析让教师更好地把握教材的重点难点，分析学生知识点的掌握程度，针对具体问题制定相应的改进方法。学校聘请虹口区相关学科的教研员来学校为学生辅导，教学质量稳步提高。2010 年，学校的信息技术和地理两门学科的及格率均达到 60%以上，完成了虹口区教育部门规定的及格率达到 50%的要求。高考录取率达到 79.2%，创年度最好成绩，中考在虹口区保持较高排位。

二、上海市第二体育运动学校

上海市第二体育运动学校前身是上海市郊县体育训练中心，地处闵行区莘东路 589 号，创建于 1985 年 9 月(基本情况见“青少年体育”篇)。

学校自建校初就十分重视文化教育工作。经过多年的实践和探索，学校形成了稳定的文化教育管理制度，做到管理规范、有章可循。同时，学校以提高教师工作责任心为核心，加强师资队伍的整体建设。坚持以师德教育为根基，加强教师队伍的思想建设，树立对全体学生负责的思想、对学生未来负责的远见、对自己所授知识严谨的态度。

2010 年，学校积极寻求合作，依托位于闵行区的上海市七宝中学，采用托管方式，参加七宝中学的各类教学观摩，以名师带教的形式指导学校选送的优秀青年教师等。3 名教师和七宝中学签订带教协议，为期一年。在各级关心帮助和教职员工努力下，学校整体教育质量稳步提升。

第三节　区县业余体校

区县青少年业余体育学校(以下简称“区县业余体校”)是运动员文化教育的重要启蒙场所，其学生多数处在中小学九年义务教育阶段。长期以来，上海市体育和教育行政部门紧密合作，依靠区县力量，攻克教育教学难点，为国家培养全面发展的体育人才。从 20 世纪 70 年代中期开始，区县业余体校进一步明确以培养竞技体育后备人才为主要任务。1979 年后，业余训练围绕奥运战略，调整项目布局，突出田径、游泳等基础项目，在经费和编制上给予优先保证。这一时期业余训练的特点是重视科学选材和科学训练。从1980年起,区县业余体校实行上海体科所制订的选材标准,建立选材测试小组。招生根据运动员的形态、机能、素质、发育程度、神经类型和运动成绩诸多条件综合评估,择优录取。著名游泳运动员庄泳、杨文意、谢军等均是经过科学测试选拔的人才。在训练方法上,根据青少年儿童的生理和心理特点,循序渐进,注重身体素质、基本技术和意志品质三方面的训练。1981年,上海市体委有关部门制订出田径、游泳等8个项目的业余训练标准和要求,逐项组织检查验收,使业余训练逐步科学化、规范化。同时,通过举办培训班、函授班,组织观摩训练比赛等形式,提高教练员业务水平。区县业余体校教练员中,具有大专以上学历的有578人,占64%,其中高级教练60人。至2010年,上海区县业余体校学生达24 102人,教练员741人。

学生的训练、竞赛、生活管理和教练配置等由体育部门负责。教学方式主要有三种:一是"三集中",即集中文化学习、集中训练、集中食宿;二是"二集中",集中文化学习、集中训练;第三种为文化学习分散在各校,只有训练集中。文化学习的形式除集中在一校学习之外,也有的区同时在2~3所中学里设立体育班。区县业余体校的训练为每周5~6次,一般在下午,每次训练2小时。在寒暑假多数开展半天集训。根据业余体校特点,区县努力改善业余体校办学条件,充实、培训优秀文化教师,提高教学质量。同时,增加补习、补课时间,及时为缺课学生补课。

1978—1988年10年间,全市有10所业余体校被评为"全国业余训练先进集体",46名教练员和职工被评为"全国业余训练先进个人"。虹口区业余体校获1983、1987年的全国业余体校先进集体的称号,1984、1988年被评为全国业余训练先进单位,王莲芳获国家体委颁发的体育运动荣誉奖章。卢湾区业余体校获全国体育事业贡献奖,游泳教练徐仁惠在1992获国家体委颁发的体育运动荣誉奖章。同年,卢湾、虹口、徐汇、长宁、嘉定等区县业余体校被评为"全国业余训练先进集体"。2000年以后区县业余体校进入快速发展时期。2005年,徐汇、普陀、闸北、虹口、静安、卢湾、杨浦区业余体校,杨浦、长宁区游泳学校,黄浦区业余军事体育学校被国家体育总局命名为"国家高水平体育后备人才基地"。2007年,杨浦、闵行、闸北区业余体校等被命名为"国家单项奥运后备人才基地"。区县业余体校、区县级体育传统项目学校进一步发展,各种青少年体育俱乐部纷纷成立,不仅进一步拓宽青少年业余体育训练的渠道,而且极大地提高青少年参与体育活动的热情。

进入21世纪以后,在深化体育改革中,区县业余体校进一步端正办学方向,加快体制、机制转变。进一步加强业余体校的文化教育,努力为上海培养德、智、体全面发展的合格人才。业余体校优化教育训练资源,依托区县的示范高中、重点中学,采取联办、合办和委托管理等形式,加快提高业余体校的教育质量。同时,区县教育和体育部门加强合作,利用重点学校承办二线或三线训练项目,解决青少年运动员文化教育的"短板"。市和区县的体育、教育部门不断总结经验,推广改革创新成果,加强对业余体校文化教育和训练工作的督导,体教结合工作不断深化,青少年体育人才培养之路持续拓展。

第七篇

体育交流

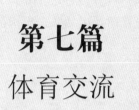

体育交流合作是改革开放的重要元素。作为最早开埠的城市，上海一直重视对外开放与交流合作。1978 年改革开放以后，上海体育坚持对外开放，博采众长，融合发展。特别是 20 世纪 80 年代以后，体育对外交往频繁，上海体育社团及运动队走出国门，学习考察国外的体育先进理念、经验，参加各类国际比赛，与港澳台地区的交流也日趋增多。对外交往的扩大，拓展了上海体育的发展视野和渠道，促进了运动技术水平的提高。上海运动员在游泳、排球、手球等一批运动项目的国内外比赛中，取得了可喜的成绩。上海体操、乒乓球、排球等项目的教练，或赴日本、科威特及欧美执教，或开办青少年训练俱乐部，以不同形式参与国际体育交流合作。

90 年代以后，职业体育逐渐在中国兴起，足球等项目率先建立职业俱乐部，多边交往扩大，国际赛事增多，体育外事工作面临着更多的机遇与挑战。职业俱乐部开始招聘外籍教练，引进外国球员。与此同时，上海体育"走出去"的步子加快——运动员参加国际体育赛事、加盟国外职业俱乐部；教练员、科研人员学习进修；体育产业项目洽谈；体育社团交流合作；体育设施(训练基地)投资建设等，体育交流逐渐延伸至文化、教育、科技、青少年人才培养等诸多领域。30 多年来，上海已与 50 个国家近 60 个城市结为国际友好城市，加快了上海体育走向世界的步伐。2000 年，上海外事部门与上海体育部门联手，举办上海国际友好城市运动会，10 余个国际友好城市参加，为上海构建了对外交往的新平台，也为中国体育外事交流合作提供了成功范例。

港澳台地区是中国的一部分。上海体育在改革开放后，更加重视与港澳台地区的体育交流合作。1987 年，沪港杯足球赛恢复，并开展了女子足球、青年足球互访比赛，与澳门地区的体育交往也日益扩大。1993 年，海峡两岸长跑(上海段)在上海开赛，原上海市市长、海峡两岸关系协会会长汪道涵为开赛仪式鸣枪。此后，中华台北应邀参加了在上海举行的第一届东亚运动会，两岸的文化、体育交流通道更加顺畅。改革开放之路和交流合作桥梁，为上海体育迅速融入亚洲和世界体育创造了条件，在国际体坛学习借鉴、对抗竞争的同时，上海体育实现了双赢、共赢和多赢。

在上海市委、市政府领导下，上海体育部门按照国家体育部门要求，加强与兄弟省区市的体育交流，积极支持中西部体育发展。上海各方努力，成功援建西藏日喀则地区体育场，建成重庆市五桥地区游泳馆。上海体育部门及体育运动学校帮助新疆开展女子足球运动，培训少数民族青少年运动员、教练员。上海不少教练员、体育教师、科研人员，志愿赴中西部及"老少边"地区支教、讲学，把上海的经验推向全国，同时吸收兄弟省市区的体育精华，共同推进体育事业整体发展。

2000 年以后，针对上海城市绝对人口较少、体育后备人才匮乏等问题，上海与兄弟省市展开交流合作，拓展人才来源渠道。上海不仅注重引进优秀运动员，而且吸纳优秀后备人才。同时，扩大引进外省市优秀教练、科技人才。日益扩大的体育交流交往，为上海体育发展创造了有利条件。隋新梅、刘子歌、邹市明等体坛明星，是体育交流的成功范例，更是各方合作、共同培养的杰出代表。在扩大全国体育交流、推进长三角体育一体化同时，上海注重区域融合发展，促进市和区县的互动、联动，整合社会体育资源，依靠社会力量兴办体育。在改革发展进程中，上海体育部门及时总结推广浦东新区的改革创新经验，充分发挥其"龙头"示范作用，加快体育体制、机制的转换，形成发展合力。群众体育发挥区县的积极性，形成全民健身指导服务网络。建设健身苑(点)，同时销售体育彩票，依靠社会力量兴办各类体育赛事，形成“一区一品”，打造景观体育。通过改革创新上海市运动会、学生运动会等赛制，鼓励区县实行人才流动，加强一二三线衔接，提高业余训练水平。在市和区县形成合力的基础上，上海引导社会力量兴办体育，优化整合体育资源。上海率先在全国成立了申花足球俱乐部、海上世界女子乒乓球俱乐部等，加快体育职业化进程。同时依靠社会力量创办或参与国际顶级赛事、上海传统品牌赛事及全民健身大型活动。网球大师赛落户上海，F1 中国大奖赛影响力日益扩大，上海国际马拉松赛长盛不衰。由政府和社会多元投资的上海国际赛车场、旗忠国际网球中心等现代化大型体育场馆，成为上海新的地标性建筑。在上海市有关部门的支持配合下，上海体育加强区域交流合作，推进深度融合发展，制定实施体育发展规划，并研究出台体育政策，多方协调，形成合力，解决体育发展的重点、难点问题，促进上海体育持续发展。

第一章 国际体育交往

第一节 国际体育交流合作

20世纪70年代末，上海举办的国际体育比赛为数不多，而能以上海自身名义开展对外交往以及友好城市间交往的机会更少。1978年，上海体育系统共派出66批185人次出(境)访问；1980年，来沪比赛或访问的境外体育团队为85批1 219人次。随着改革开放的不断深入，在体育全球化背景下，上海体育得到进一步的发展，同时也增加了世界范围内的体育对话与交流机会。1985年，来沪比赛或访问的国(境)外体育团队形成第一个高峰，达到385批4 097人次。从1980年到1990年间，共有100多个国家和地区的2 803个体育团队32 754人次来沪比赛或访问。在这期间，来沪比赛或访问的国(境)外体育团队主要以交流访问(含比赛)为主，为上海体育乃至中国体育走向世界起到了重要的桥梁连接作用。

1983年，第五届全国运动会在上海举办，使上海体育迎来了第一次发展的春天。为了加强与国际奥委会、各国际单项体育联合会的联系，展示中国开放的姿态和决心，中国政府利用第五届全运会举行之机，邀请国际奥委会主席萨马兰奇以及国际足联、网联、箭联、田联、剑联、泳联等单项体育组织的领导人先后访问上海。全运会的成功举办，不仅展现了中国体育改革开放的新面貌，而且为上海的体育发展注入了生机与活力，让世界认识了上海，同时为上海体育事业走在全国前列奠定了基础。20世纪90年代，处在中国经济发展和改革开放前沿的上海，以开放开发浦东为契机，开启建设国际大都市的征程。上海体育迎来新的发展机遇，对外交往得到进一步发展，来沪比赛或交流访问的境外体育团队和人数，以及举办国际比赛(主要以单项体育比赛为主)的次数迅速增加。以1993年5月第一届东亚运动会的召开为标志，上海体育迎来了“第二春”。东亚运动会是上海历史上第一次举办国际综合性的大型运动会，吸引了来自东亚8个国家和地区的选手参赛，这既是包括中国在内的东亚各国和地区体育健儿的盛会，也是上海体育走向辉煌的历史见证。以此为起点，从1994年到2000年间，平均每年在上海举办10余项国际比赛，其中1997年共举办了32项国际比赛。90年代平均每年来沪比赛或访问的体育团队超过200个，人员达到3 300人次以上，分别来自世界上60多个国家和地区。1994年来访的体育团队最多为259个，而2000年来访的人次最多达到5 285人次。其中，由上海地方邀请来沪比赛或访问的境外体育团队占了相当大的比例，平均每年超过110多个，人员达到1 945人次。体育交往的内容涉及比赛、考察、双边交流、专题会议等，既有单项比赛，也有单项考察，又有综合形式。以比赛或访问形式的体育交往涵盖了不同层次、不同范围、不同领域，初步形成了全方位的体育交往。

2000年以后，随着经济的高速增长，一批高规格的国际体育赛事先后落户上海，扩大了上海体育的国际交往，网球大师杯赛、F1中国大奖赛、国际田径黄金大奖赛、第四十八届世界乒乓球锦标赛、上海国际马拉松赛、世界斯诺克上海大师赛和国际足联世界女子足球锦标赛、世界特奥会等先后在上海举办。上海国际足球锦标赛连续举办9届，上海国际马拉松赛已连续举办10余届，两年一次的上海国际武术博览会已连续举办多届。此外，上海还创办了具有鲜明特色的金贸大厦国际高楼跳伞表演赛、F1摩托艇世界锦标赛、国际剑联花剑世界杯、城市沙滩排球巡回赛、苏州河城市龙舟国际邀请赛、环崇明岛自行车赛等“景观体育”赛事。这些赛事影响之广、规模之大，是上海体育史上所没有的。顶级国际体育比赛吸引了国外优秀选手和热爱中华传统文化的外国朋友来沪。国际体育明星云集上海，极大提高了上海的国际体育交流水平，同时，也提升了上海的国际知名度。通过这一系列赛事，上海接待了包括国际奥委会前主席罗格在内的一大批国际体育贵宾。其中，国际奥委会以及国际单项体育组织领导人来沪访问的总数达 11 批，平均每年来访的外国体育部长级代表团达 9 批。

进入 21 世纪以后，上海体育改革发展进入新的阶段，体育对外交流日益扩大。同 20 世纪 90 年代相比，2001 年以后来沪比赛或访问的外国团组与人次显著增加，平均每年为 130 个团组和 5 730 人次，其中 2004 年来访的团组最多为 165 个。2007 年来访人次最多为 8 796 人次。

第二节 友好城市交流平台

在国际（境外）体育交往交流中，上海注重与友好城市保持友谊，深化交流合作，以此推动体育外事工作，促进上海体育走向世界。作为中国改革开放的排头兵和对外开放的窗口城市，上海是中国国际友好城市交流起步最早的城市之一。从 1973 年首次与日本横滨结为友好城市以来，上海在国际间的城际交流日益活跃。在体育交流方面，上海与友好城市之间也开创了体育交流合作的典范。20 世纪 80 年代，中国正处于改革开放的关键时期，上海借鉴国际友好城市交流和国家公共外交的经验，认为体育交流可以为友城发展创造更好的氛围。1985 年举办第一届“上海杯”国际友好城市足球邀请赛，参加邀请赛的有荷兰鹿特丹市、联邦德国汉堡市、朝鲜咸兴市、日本横滨和大阪市以及东道主上海市共 6 支代表队。

赛事一定程度上启发了 1986 年的上海国际友好城市电视节（后更名为上海电视节）。在对外开放交往中，上海采取更加务实灵活的体育交流方法。通过友好城市体育资源的互补利用，用体育交流搭建平台。改革开放之后，上海陆续与日本、韩国等国家的城市建立了国际友好城市关系。1978—2010 年，上海先后与日本横滨、德国汉堡等 50 多个国家近 60 个友好城市续签或首次签订体育交往协议。多年来，上海与国际友好城市的体育交往已形成特色，如上海与日本大阪府和横滨的排球、羽毛球、足球的互访；上海与俄罗斯圣彼得堡的武术、足球、划船、体操的互访；上海与韩国釜山的群众体育、手球的互访；上海与英国利物浦少年足球的互访。通过体育交往，上海与国际友好城市增进了友谊和了解，建立了长期的友好关系。同时，通过体育交往，使上海与国际友好城市在运动训练、学术交流和赛事组织等领域开展合作交往，其范围、领域、程度不断加深。一方面上海充分利用国际友好城市的资源，学习和借鉴他们的先进理念、体育管理方面的成功经验。另一方面，作为互利互惠，上海不失中国友善的传统，尽己所能慷慨相助。进入 21 世纪后，上海与国际友好城市在交往渠道、形式和领域等方面进行了全方位的探索和创新。上海市体育局主动与国际友好城市政府或体育领导层面开展互访，与具有明显体育强项和特点的友好城市签订相关协议，建立互访交流机制，在发掘和利用国际友好城市的资源方面，主动争取国际友好城市的支持。

为了更好地展示上海城市经济、社会发展的成果，更好地融入世界，2000 年，上海市体育局与上海市政府外事办公室联手举行国际友好城市运动会，其宗旨是使上海与国际友好城市之间的交流有开创性的进展。首届上海国际友好城市运动会主题是“友谊、竞技、奋进”，来自韩国釜山、新西兰达尼丁、德国汉堡、英国利物浦、荷兰鹿特丹、俄罗斯圣彼得堡等 8 个国家 10 个城市的 298 名运动员参赛。友好城市运动会的成功举办，为上海构建起一个对外交往的新平台。

表 7-1-1 2001 年至 2010 年上海体育出访统计表

年 份	出访国家(地区)	批 次	人 次
2001 年	40	120	1 189
2002 年	27	222	991
2003 年	24	202	1 049
2004 年	33	240	1 511
2005 年	40	237	1 384
2006 年	31	242	1 126
2007 年	50	244	1 202
2008 年	50	193	1 023
2009 年	40	174	855
2010 年	30	151	679

说明：数据来源于历年《上海体育年鉴》。

表 7-1-2 2001 年至 2010 年上海体育接待来访统计表

年 份	来访国家(地区)	批次(代表团)	人 次
2001 年	73	127	3 385
2002 年	52	114	4 517
2003 年	44	62	3 078
2004 年	64	109	5 430
2005 年	147	88	5 969
2006 年	118	101	6 766
2007 年	65	69	8 796
2008 年	65	63	6 963
2009 年	41	26	7 179
2010 年	43	47	4 736

说明：数据来源于历年《上海体育年鉴》。

第三节 多元体育交往

20 世纪 90 年代以后，随着上海向建设现代国际经济、金融、贸易和航运中心的目标迈进，上海的信息和资源逐步丰富，在上海举办国际体育研讨会、体育学术论文报告会、国际裁判员培训等国际体育会议增多，来沪参观访问、讲学留学、训练比赛的人次持续增加。1991 年 4 月，美国加州大学萨克门托分校体育系主任帕姆，1991 年 5 月，加拿大不列颠哥伦比亚大学教授、国际比较体育学会主席布鲁姆分别来沪讲学。2000 年，美国北卡罗来纳大学资深教授来沪举办体育产业和俱乐部运作方面的讲座。这一时期，上海大量邀请美国、俄罗斯、日本、德国等国家的体育专家、教授来沪讲

图 7-1-1　1985 年 5 月，上海市体委主任沈家麟(前中)会见拳王阿里

学。与此同时，应邀来沪讲学、交流学术或执教的外国专家和教练有所增加。随着上海国际地位的提升，一批国际体育机构和体育商家如阿迪达斯等先后落户上海。2004 年，国际乒联在沪开设亚洲办事处，成为第一个落户上海的重要国际体育组织分支机构。2008 年 1 月，意大利帕尔玛足球俱乐部在上海设立办事处，计划为上海培训百余名青少年足球教练员。这些国际体育机构的入驻，促使上海与国际体育机构和组织的交往更加频繁，从而使国际体育界重要贵宾来上海访问的机会大大增加。全球体育界最高级别的首届 F1 商业峰会、“奥林匹克运动与田径”高峰论坛、第四十八届世界乒乓球锦标赛期间国际乒联高层会议等在上海召开。中国国际体育用品博览会从 2002 年起在上海连续举办 3 次，吸引来自美国、日本、韩国、俄罗斯、印度、德国、意大利、澳大利亚、巴基斯坦和中国香港、中国台湾等国家和地区的体育用品组织和商界关注并派人员观摩。在中国国际体育用品博览会举办期间，与之相配套的中国国际体育产业发展论坛在上海召开。国际体育研讨会等体育会议的召开，大大提升上海体育的文化品位和城市形象。

与此同时，上海不断拓展对外交往的途径，丰富其交流合作内容。上海交通大学、复旦大学、上海大学、上海体育学院等高校积极承办和参加国际体育论坛，与国外高校开展交流合作，互派教师进修、讲学或执教，成效显著。1985 年，美国拳王阿里成功访问上海体院，并观看指导学生拳击训练。拳王的到访，在上海乃至中国引起轰动，为中国拳击运动走向世界打下了基础。

2001 年以后，上海体院的对外交往工作深入发展，组团出访和接待来访人次不断增加。2007 年共派出 159 人次出访 30 多个国家和地区，全年接待 1 600 人次来访。至 2010 年，上海体院已与美国马里兰大学、加拿大阿尔伯塔大学等近 50 所国外高校签订合作协议，派出留学生(含短期留学生)近千人。上海体院筹建的中国乒乓球学院列入国家对外交往工作计划。

第四节　体育人才交流培养

一、教练员交往

改革开放后，上海在与世界各国和地区广泛的体育交往中，注重向世界体育强国学习，吸收借鉴先进训练理论和方法，以形成适合中国实际的训练体系。教练员的国际交往拓展了上海体育界的训练思路，对于了解国外先进的训练和体育管理理念、促进竞技理论的深化和在实践中的普遍运用，提高运动训练水平，起到了积极的促进作用。为了提升上海竞技运动水平，上海曾先后聘请欧洲国家的田径、赛艇、游泳、射击等项目的教练来沪执教。这些优秀教练在训练、管理上的新思路、新理念，不但启发了上海教练的思路，使相关项目的运动水平有了较快提高，而且在全国范围内得到推广。

1996 年，上海申花足球队首次聘用保加利亚的斯托伊科夫为主教练，之后又聘用多名外籍教练员执教。申花队以及其他上海足球队伍,在全国联赛多次夺魁,与聘用外籍教练员和引进外援有很大关系。2000年以后,上海在聘请外籍教练员的力度上不断加大,相继从国外聘请一批优秀教练员来沪讲课、座谈,或协助训练队伍。如从美国聘请著名的游泳教练员,专程来上海观摩指导上海游泳队训练,并与上海教练员共同分析座谈,交流意见和看法;聘请日本和台湾地区的高水平棒球教练员,来沪观摩指导棒球队训练;聘请韩国男子手球教练员、澳大利亚马术教练员和自行车教练员、丹麦赛艇教练员、俄罗斯撑竿跳高教练员等来沪协助训练队伍。2002年相继引进了韩国女子足球、射击教练员,俄罗斯赛艇教练员协助训练队伍。外国教练员或体育科研专家的训练讲座、学术交流,对于从根本上促进20世纪90年代上海竞技运动水平和教练员的理论水平的提高,以及开阔教练员的视野和推动上海体育科研领域的发展,起到了积极的作用。2001—2010年,上海在引进聘请外国教练员方面,形式和内容不断创新,田径、游泳、赛艇、击剑、曲棍球等项目,有针对性地聘请外籍教练员、体能训练专家。同时,对在沪执教的外籍教练员加强科学规范的考核管理。改革开放以后,上海在足球等项目中,尝试引进外援,参加国内职业联赛。至2010年,篮球、排球等职业体育俱乐部,根据联赛规程引进优秀外援。这些外援大都来自发达国家职业球队,球艺高超、专业敬业,在提升上海球队水平、加快竞技体育职业化进程、促使上海在球类职业联赛中名列前茅发挥了应有作用。

20世纪80年代,中国与第三世界国家交往较多。在国家的统一部署下,上海选派乒乓球、武术、体操、技巧等传统强项的教练员赴第三世界国家执教,遍及14个国家和地区。1979年,上海派出的沪籍援外教练员共计44人,1980—1990年派出的沪籍援外教练员共计73人,1991—2000年派出的沪籍援外教练员共计40人;2001年以后,每年平均派出的援外教练员为4人左右,援助去向主要是科威特、墨西哥、缅甸、越南、马来西亚等发展中国家。

表7-1-3　1989—2010年上海援外教练员一览表

时　间	项　目	姓　名	国家/地区
1989年5月	篮球	杨家训	泰国
1989年6月	武术	邵善康	马来西亚
1989年7月	跳水	富　强	哥伦比亚
1990年2月	乒乓球	金泰荣	突尼斯
1990年2月	武术	邵善康	马来西亚
1990年5月	田径	孙海平	北也门
1990年5月	体操	杨茂德	北也门
1990年5月	射击	金志植	巴基斯坦
1990年5月	赛艇	陈士麟	巴基斯坦
1990年6月	乒乓球	归震琪	伊拉克
1990年6月	乒乓球	何适钧	尼泊尔
1990年4月	射击	赵昌辛	孟加拉
1991年5月	篮球	杨伯炎	泰国
1991年5月	乒乓球	段　翔	也门

（续表一）

时　　间	项　　目	姓　　名	国家/地区
1991 年 7 月	赛艇	陈士麟	巴基斯坦
1991 年 11 月	网球	许梅林	泰国
1991 年 12 月	武术	钱仁表	埃及
1992 年 7 月—1993 年 7 月	乒乓球	朱小勇	德国
1992 年 4 月—1994 年 4 月	体操	顾海德	科威特
1992 年 8 月—1993 年 8 月	排球	鞠根寅	巴林
1992 年 8 月—1994 年 8 月	体操	于烈烽	也门
1992 年 10 月—1992 年 12 月	跳水	富　强	美国
1992 年 12 月—1993 年 12 月	乒乓球	归震琪	巴林
1992 年 12 月—1993 年 12 月	篮球	杨家训	泰国
1993 年 3 月—1995 年 3 月	体操	庄林根	科威特
1993 年 3 月—1995 年 3 月	游泳	林开铭	斯里兰卡
1993 年 5 月—1995 年 5 月	游泳	任起民	纳米比亚
1993 年 6 月—1994 年 6 月	体操	张凤娣	冰岛
1993 年 12 月—1995 年 12 月	游泳	曹洪机	埃及
1994 年 1 月—1995 年 1 月	跳水	富　强	哥伦比亚
1994 年 1 月—1996 年 1 月	游泳	曹洪机	马来西亚
1994 年 6 月—1995 年 1 月	自行车	沈金康	香港
1994 年 7 月—1994 年 12 月	武术	郭　佩	印度尼西亚
1994 年 11 月—1996 年 11 月	排球	黄宏疆	沙特
1995 年 1 月—1997 年 1 月	游泳	聂宜英	马来西亚
1995 年 1 月—1997 年 1 月	跳水	叶　锋	马来西亚
1995 年 3 月—1997 年 3 月	自行车	沈金康	香港
1995 年 4 月—1996 年 2 月	击剑	李秋诚	印度尼西亚
1995 年 8 月—1996 年 8 月	举重	蔡允法	泰国
1995 年 8 月—1996 年 8 月	游泳	王冠民	泰国
1996 年 2 月—1997 年 2 月	游泳	曹洪机	马来西亚
1996 年 4 月—1997 年 2 月	击剑	艾大钧	菲律宾
1996 年 9 月—1997 年 9 月	乒乓球	乐　强	越南
1997 年 1 月—1998 年 1 月	乒乓球	卢贤钊	印度尼西亚
1997 年 1 月—1998 年 1 月	游泳	聂宜英	马来西亚
1997 年 1 月—1998 年 1 月	跳水	叶　锋	马来西亚
1997 年 1 月—1998 年 6 月	羽毛球	闵伟敏	泰国

(续表二)

时　　间	项　　目	姓　　名	国家/地区
1997 年 4 月—1997 年 11 月	排球	沈富麟*	突尼斯
1997 年 4 月—1999 年 4 月	体育科研	许锡根*	尼日尔
1998 年 3 月—1999 年 3 月	武术	冯如龙	日本
1998 年 7 月—1998 年 12 月	击剑	崔一宁	泰国
1998 年 12 月—2000 年 12 月	排球	刘海鹏	科威特
1999 年 6 月—2000 年 5 月	武术	冯如龙	日本
2000 年 7 月—2001 年 9 月	乒乓球	卞直琪	缅甸
2000 年 7 月—2001 年 9 月	举重	吴逸萍	缅甸
2001 年 5 月—2001 年 11 月	游泳	徐惠琴	巴基斯坦
2001 年 7 月—2003 年 7 月	跳水	徐云海	科威特
2001 年 7 月—2001 年 10 月	武术	黄少雄	亚美尼亚
2001 年 8 月—2002 年 8 月	武术	冯坚江	新加坡
2002 年 1 月—2003 年 1 月	举重	吴逸萍	缅甸
2003 年 1 月—2005 年 1 月	射箭	张　政	墨西哥
2003 年 1 月—2005 年 1 月	体操	何维平	墨西哥
2002 年 2 月—2003 年 2 月	武术	曹伟民	马来西亚
2003 年 2 月—2004 年 1 月	举重	吴逸萍	缅甸
2003 年 5 月—2004 年 5 月	武术	曹伟民	马来西亚
2003 年 7 月—2005 年 7 月	跳水	徐云海	科威特
2003 年 12 月—2004 年 12 月	乒乓球	郑明安	秘鲁
2004 年 7 月—2005 年 7 月	跳水	徐云海	科威特
2004 年 9 月—2005 年 12 月	射击	李钟琪	越南
2005 年 1 月—2008 年 12 月	射箭	张　政	墨西哥
2005 年 1 月—2008 年 12 月	体操	李小平	墨西哥
2006 年 1 月—2006 年 12 月	跳水	徐云海	科威特
2006 年 1 月—2006 年 12 月	射箭	张　政	墨西哥
2006 年 1 月—2006 年 12 月	体操	何维平	墨西哥
2006 年 6 月—2006 年 12 月	游泳	刘海峰	缅甸
2006 年 8 月—2006 年 12 月	射箭	周小军	西萨摩亚
2006 年 8 月—2007 年 8 月	射击	周小军	西萨摩亚
2007 年 1 月—2008 年 4 月	跳水	徐云海	科威特
2007 年 1 月—2008 年 8 月	射箭	张　政	墨西哥
2007 年 1 月—2008 年 8 月	体操	何维平	墨西哥

（续表三）

时　　间	项　目	姓　名	国家/地区
2008 年 1 月—2008 年 5 月	游泳	刘海峰	缅甸
2008 年 1 月—2008 年 12 月	射箭	张　政	墨西哥
2008 年 1 月—2008 年 12 月	体操	何维平	墨西哥
2009 年 1 月—2009 年 12 月	射箭	张　政	墨西哥
2010 年 1 月—2010 年 12 月	射箭	张　政	墨西哥

说明：* 为国家体委指派。

二、其他人才培养

选派教练员、体育科技人员出国进修学习和从事援外工作，是上海体育实行对外交往的重要组成部分。20 世纪 80 年代以后，上海体育系统积极为优秀教练员出国学习深造创造条件，开始在不同时期分批次、有重点地选派有发展潜力的年轻优秀教练员去国外进修学习，并为此制定一系列人才培养的制度和措施。2001 年，上海市体育局选派优秀教练员赴美国加州大学洛杉矶分校、美国春田大学、伊利诺伊大学、威斯康星大学和佛罗里达大学访问进修，并在学校体育俱乐部协助执教。2002 年选送 3 名青年教练员赴威斯康星大学深造。2007 年选派 20 多人赴美学习体育产业。同时，选派优秀运动员去国外训练和比赛。上海市体育局出台训练管理等方面的相关规定，为以赛代练和赴国外训练提供有力的保证。

第二章　港澳台地区体育交流

第一节　港澳地区体育交流

改革开放以后，上海不断加强与港澳台地区的体育交流合作，增强民族认同感，体现"血浓于水"的民族情感，共同发展体育事业，取得良好的效果。

1987 年，沪港两地足协经过多次友好协商，签订协议，决定恢复始于 1908 年的"贺岁杯"埠际足球赛（后称沪港杯足球赛）。从此，此项传统赛事再也没有中断，成为沪港两地体育交往的一个亮点。随着沪港杯足球赛的影响不断扩大，沪港两地又先后于 1991 年和 1993 年正式建立沪港杯女子足球赛和沪港杯青年足球赛。此外，1991 年，澳门与上海也建立了沪澳杯足球赛。除足球交流外，上海与港澳地区的体育交往在其他方面得到发展。20 世纪 90 年代，港澳地区来沪比赛训练、交流访问的团组分别达到 95 个和 23 个，人次分别达到 1 271 人次和 246 人次，涉及十几个体育项目。上海赴港澳地区参赛、交流和访问的团队分别为 135 个和 33 个，人次分别为 1 160 人次和 384 人次。2003 年 6 月，中央政府同香港特别行政区签署 CEPA 协议，上海、香港两地政府在 CEPA 框架下积极推动沪港体育交往，为两地体育交流更快发展奠定基础。2006 年，上海市体育代表团顺访香港，与香港主管部门就扩大两地的交流项目进行磋商并达成共识。2006 年和 2007 年，在双方共同努力下，连续举办两届环沪港国际自行车赛，该赛事得到国际自行车联盟的高度关注和好评。2006 年，中国香港奥委会和上海市体育总会经过友好协商，就两地协会间的体育交往签订相关协议。为扩大和推动沪、澳两地的体育交往，2007 年，上海市体育局主要负责人应邀访问澳门特别行政区，就扩展两地的体育交往与合作进行洽谈。

第二节　台湾地区体育交流

1979 年，国际奥委会《名古屋决议》确定恢复中国在国际奥委会中的合法权利。1981 年，台湾地区体育组织确认接受《名古屋决议》，并以中华台北奥委会的名义参与国际体育活动。1981 年，上海桥牌队应邀参加香港国际城市桥牌邀请赛，与台北选手在比赛中首次相遇。在比赛中，中华台北奥委会主席徐亨和上海代表团领导热情握手，这是沪台两地体育交往的开端。1989 年 4 月，中华台北奥委会主席吴经国以国际奥委会中华台北委员的特殊身份出席在北京举办的亚洲青年体操锦标赛，赛后顺访上海。20 世纪 90 年代以来，随着上海改革开放的不断深化和影响的扩大，两地体育交往的政治、经济和其他条件日趋成熟。吴经国及徐亨、张丰绪、黄大洲等先后以国际奥委会中华台北委员或中华台北奥委会主席身份多次来沪访问考察、观摩交流。与此同时，两地协会间的交流互动日趋增加。1993 年，海峡两岸接力长跑上海段长跑开赛，原上海市市长汪道涵为比赛起跑鸣枪。1993 年，中华台北奥委会主席张丰绪率团参加在上海举办的第一届东亚运动会，沪台体育交往进一步加深。20 世纪 80 年代末，台湾地区有 20 多批体育团组约 200 人次来沪参加围棋、棒垒球、保龄球、射击等传统项目的比赛。20 世纪 90 年代以后，台湾地区来访的团组和人次快速增加，分别达到 73 批 1 000 多人次，交流的项目主要有棒垒球、乒乓球、武术、游泳、划船、保龄球、马术等。

1992年，上海以协会等名义组团赴台访问，同行的有上海古华篮球队、刘光标足球俱乐部足球队、技巧队、体操队及艺术体操队和女子排球队等，另外上海赛艇教练陈士麟、上海棋社社长胡荣华等应邀赴台执教和交流。这些交流对开展两岸体育交往具有象征意义，在岛内产生了一定的影响。2000年，台北和上海两市顺势而为，在沪成功举办两市城市论坛，为两岸体育交往的新突破奠定了基础。2001年，台北市副市长白秀雄来沪访问之际，两市有关部门根据城市论坛的精神达成体育交往意向。由女子垒球、男女乒乓球、门球组成的台北市体育代表团访问上海，这是上海、台北历史上第一次由两市政府部门组织的大型体育交流，受到了上海方面的高度重视。2002年，由垒球队、门球队和乒乓球队组成的上海体育代表团50人回访台北，受到了台湾地区体育界的热烈欢迎和友好接待。

第三章　内地体育交流合作

第一节　省区市交流合作

一、交流引进运动人才

20 世纪 80 年代起，上海与兄弟省区市合作，大力拓展运动人才交流渠道，与辽宁、内蒙古、山东、贵州、云南等省区达成共识，交流输送球类、田径、游泳、赛艇、皮划艇等运动项目的后备人才，增强上海竞技体育的竞争实力。

在人才交流引进中，上海着眼长远，不仅引进相对成熟、成绩优秀的一流选手，而且引进具有天赋的优秀后备人才。著名田径选手隋新梅早年在山东烟台从事田径业余训练。有关人士发现这个优秀苗子后，积极推荐至上海体院运动系，毕业后吸收至上海田径队。经过不到三个月的训练，隋新梅的成绩得到很大提升，并获得全国冠军。1983 年后，隋新梅加入国家队，成绩突飞猛进，在 1991 年 3 月第三届世界室内田径锦标赛上获得女子铅球冠军。

上海注重发现优秀运动员的同时，也加快培养优秀教练人才，以及科研、医务等竞技运动专业人才。90 年代中期，上海从辽宁引进中长跑教练人才，并在上海市第二体育运动学校设置中长跑项目，经过多年努力，上海的女子中长跑有了长足进步。为了加快提升上海游泳运动水平，上海市体育局加强与有关方面协调，由宝山区体育局引进辽宁少儿游泳业余选手刘子歌。2004 年刘子歌进入上海游泳队，2007 年入选国家队。2004 年获得世界杯短池游泳赛(俄罗斯站)200 米混合泳冠军；2007 年获得全国游泳锦标赛 200 米蝶泳冠军，2008 年获得全国游泳冠军赛 200 米蝶泳金牌，同年在北京奥运会上获得 200 米蝶泳决赛冠军，并打破世界纪录，2010 年获得世锦赛 4×100 米混合泳冠军，成为集奥运会冠军、世锦赛冠军和世界纪录于一身的大满贯选手。

二、多方合作培养人才

上海市体育部门在公安、人事、科委等有关部门支持下，聚焦全国优秀运动人才，积极与兄弟省区市协作，共同培养运动员。20 世纪 90 年代初，人才交流成为多数省市的共识，国家体委于 1995 年起实施运动员注册制度，打开运动员交流大门。上海的薄弱项目如男子柔道、马术、自由式摔跤、速度滑冰等，采用共同培训的办法，从内蒙古、吉林、辽宁等地引进 49 名运动员，代表上海参加第八届全运会。上海向内蒙古和吉林支援强项选手，如男子花剑、重剑和皮划艇等。上海与贵州协商，采取双记分办法，共同培养优秀拳击选手。在两地共同努力下，拳击选手邹市明在 2008 年奥运会上获得男子 48 公斤级金牌，为国家赢得了荣誉。

上海加强与国家体育总局各运动项目管理中心的联系，积极选送优秀运动员到国家队或国家集训队训练。游泳、田径、赛艇、皮划艇、射击、射箭、球类等项目中，由上海选送的运动员在奥运会、世锦赛和世界杯等大赛中，夺得多枚金牌，数次打破世界纪录。庄泳、杨文意、刘翔、陶璐娜、王励勤、姚明等选手成了世界级体育明星。同时，上海选派一批年轻教练、科医人员，到国家队实习，挂职锻炼，参加国家队选手的医务保障工作，既支持了国家队备战世界大赛，又取得了科学训练的宝贵经验。

上海的各训练基地、大型场馆，积极争取国家队和兄弟省市队来沪训练、比赛，认真做好后勤服务保障工作。从 20 世纪 90 年代起，来沪训练的国家队、省市队逐年增多，上海承办的各类重要赛事长年不断，为培养奥运会人才做出了应有贡献。上海体院、上海交大、华东师大等高校，拓展思路，服务全国，共同培养各类优秀体育人才。

2001 年以后，上海体育外事出访任务的重点落在服务上海体育发展全局，确保运动队的比赛和训练需要，提高竞技运动水平和管理水平上，并充分兼顾体育科研等其他领域的对外交往。从 2001 年到 2010 年，出访人次超万人。

三、支持中西部体育发展

服务于全国体育发展大局，支持中西部体育发展是上海开展体育交流的重要任务之一。上海体育部门根据上海市委、市政府部署，强化大局意识，在人财物等各个方面支持中西部体育发展，受到国务院和国家体育总局的肯定。

图 7 - 3 - 1　2002 年，参加全国女足 U16 联赛的新疆运动员

女子足球是上海传统优势项目，曾多次获得全国比赛冠军。为了支持西部地区体育发展，上海市体育运动学校克服困难，积极为中西部地区培养女子足球人才。2002 年，20 余名新疆足球小运动员来到上海。为了使他们更好地融入日常训练，上海市体校专门开设汉语课程；经常组织一些联谊活动，丰富她们的日常生活，缓解她们的思乡之情。在上海训练期间，这支新疆女足队伍曾与上海二线女足运动员举行交流比赛，参加全国女足 U16 的比赛，这是新疆女足第一次真正意义上的正式组队参加比赛。上海体育系统积极支持新疆体育发展，在中西部地区引起了较大反响。

1994 年 7 月，党中央、国务院召开第三次西藏工作座谈会，提出全国支援西藏的号召，并由上海市、山东省于 1995 年 5 月起对口支援日喀则地区。2001 年 5 月，中央召开的第四次西藏工作座谈会，做出了扩大对口支援范围的决定。这两次会议的召开对日喀则地区经济和社会事业发展产生了重大而深远的影响。根据中央精神，为了帮助日喀则地区尽快实现体育跨越式发展的目标，填补体育场馆的空白，上海市政府确定日喀则体育场由上海市体育局负责建设。上海市体育局于 1999 年出资 100 万元，建成了体育场主席台，其余设施于 2000 年 5 月 10 日破土动工，2001 年 5 月 22 日竣工验收，被评为优良工程。日喀则体育场占地 32 200 平方米，建筑面积 4 400 平方米，总投资 2 800 万元。

“雪炭工程”是国家体育总局贯彻《全民健身计划纲要》，为满足“老、少、边、穷”地区日益增长的体育健身需求，利用彩票公益金在全国范围内援建综合性公共体育设施的工程。为落实“雪炭工程”积极扶持中西部地区发展体育事业的要求，上海市体育局对口支援重庆市五桥地区体育设施建设，援建一座室内温水游泳馆。项目于2001年年底动工，2003年5月建成使用。占地面积约3 000平方米，建筑面积2 000多平方米。游泳馆落成之后，承办了许多体育赛事，其中包括重庆市短池比赛等活动。

第二节　华东地区交流合作

一、华东体育协作区

华东地区的江苏、浙江、山东、安徽、福建、江西和上海，经济发达，交通便利，体育运动水平较高。长期以来，华东地区的各省市在经济和社会发展中互相支持，加强交流合作，实现互利共赢。20世纪80年代起，华东地区的体育协作启动。在协商的基础上，由上海市体委牵头，建立华东体育协作区，各省市体育部门和上海体院主要负责人为协作区领导成员。协作区形成年度会议制度，体育部门和体院的职能机构负责人参加，主要商讨年度工作计划，推进竞技体育、群众体育、体育产业等领域的相互合作交流，交流研究深化体育改革方案。除协作区领导成员会议制度外，群体、训练、竞赛、外事、基建财务和政策法规部门，分别形成交流合作机制，落实协作区领导成员会议商定的有关事项。至2010年，华东体育协作区运作正常，成效显著，在华东体育事业发展中起到积极作用。

二、体育发展战略研究

1978年以后，上海市体委日益重视体育发展战略研究工作，由上海市体委办公室负责此项工作。20世纪80年代中后期，上海市体委机关增设综合处，专门负责体育发展战略以及相关的调研、信息、宣传等工作。2000年上海市体育局成立以后，设立法规处(政策研究室)，强化体育行政部门对于体育发展战略研究的领导，使此项工作处于全国省市区的领先地位。

上海市体育部门与华东地区的体育行政部门、上海体院合作，成立了华东体育协作区，不定期开展体育战略研讨、专家咨询会议，对体育发展重点进行深入研究，协同攻关。这一组织形式得到国家体育行政部门的认同和推广。

1985年，上海举行首届体育发展战略讨论会，共有近百篇论文在会上报告交流。会后，上海市体委有关部门组织力量，整理汇编成学校体育、运动训练、运动竞赛、业余训练、管理体制、体育社会化等不同领域的发展对策，为科学决策提供依据。讨论会增强了广大体育工作者的发展战略研究意识，也引起了上海市有关部门的重视。

1986年初，上海市体委与上海体育学院及华东各省协作，率先在全国进行区域性合作研究发展战略的尝试，提出华东地区体育发展战略研究的框架。同年5月，在福建福州举行的华东地区省市体委主任会议上，通过华东体育协作区章程，同时确定了以竞技体育发展战略研究为突破口的指导思想。会议决定由上海体院牵头，成立华东地区竞技体育发展战略研究课题组。课题组运用现代科学方法，对华东地区及各省市的奥运会重点项目的选择与协同发展进行专题研究。经过两年的研究，形成《2000年华东地区奥运战略研究》总报告。该研究成果确定了华东地区的奥运战略总目标与重点项目布局，分析制约总目标实现的因素，并提出发展对策。这一成果受到华东各省市体育部门领导的欢迎和国家体委的好评。与此同时，完成了《2000年上海市奥运战略研究》课题。这项研究成果，分析了上海奥运战略的目标、任务，并为确定上海的重点项目提供了科学依据。体育部门与上海体院多次进行合作，共同牵头，开展华东地区及上海的体育发展战略研究，取得多项成果。上海市体委还同上海市教育局、上海市智力开发研究所等单位协作，开展青少年体育发展战略的研究，引起较大社会反响。

为了加强体育发展战略和宏观政策的研究，并充分发挥退居二线老同志的重要作用，上海市体委于1990年成立由原体委有关领导同志为主体的战略咨询组，对重大或长远问题开展专题调研，完成上海若干运动项目一二线衔接等研究课题。

1991年1月，华东体育协作区在上海召开工作会议，总结经验，探讨问题，提出新的工作设想。会议传达了1990年12月在广东珠海召开的中国体育发展战略研究会常委会会议精神，并着重讨论华东地区体育发展战略及人才培养、训练竞赛、体育旅游、教练员培训等协作课题。这标志着地区性体育发展战略研究及交流合作进入一个新的发展阶段。

上海在开展体育发展战略研究时，注意把握改革的脉络，选择深化体育改革的课题，以此推动体育发展战略研究。上海体育发展战略研究强调课题从运动实践来；研究任务、目标切合实际；研究手段、方法简单易行；工作过程务实，注重对策研究和成果推广应用。在游泳、击剑（男子花剑）、乒乓球等部分项目的竞争体制，运动项目的单项领导和管理、训练层次的衔接，区办和社会办运动队、体育场馆的经营管理等重大问题上，组织战略研究或专题调研，加快了体育改革步伐。

三、长三角一体化

长江三角洲地区（以下简称"长三角"）是中国面积最大、人口集中、经济发达的地区之一，地域相邻、人缘相亲、经济相通、文化相融。作为龙头的上海市在与华东各省开展体育交流合作的同时，站在国家区域发展总体战略的全局上，聚焦、谋划长三角经济、文化和体育发展，促进沪苏浙皖27座城市联动，辐射带动整个地区高质量发展。除了竞技体育、体育赛事、体育产业等方面的合作，各省市、城市本着互惠互利、双赢共赢的原则，积极推进体育旅游、彩票销售、体育场馆建设等领域的合作，取长补短，互相支持，取得较大进展。

改革开放以后，上海与江苏、浙江、安徽等省市的交流合作扩大。在华东地区体育协作的战略框架下，沪苏浙皖的体育竞赛、群众体育部门相继开展体育赛事、全民健身的合作、互动。上海的部分区县与长三角地区的有关地市（县）结为友好区县，不定期开展多种形式的体育协作。上海的金山、青浦、嘉定、宝山等区与邻近的嘉善、吴江、太仓等地区在体育竞赛、体育场馆规划建设、人员培训等方面加强合作，互利共赢。

2001年，上海提出建设亚洲一流中心城市的规划和奋斗目标，其中提出深化体育改革，扩大交流合作，加快推进长三角一体化进程。在进一步建设长三角中心城市过程中，上海体育坚持合作多赢、共同发展，积极探索长三角体育一体化的新路，服务社会主义现代化国际大都市发展。在更大范围做好赛事举办规划，促进长三角体育圈赛事联动。"十五"期间，上海承办国内外单项大型赛事数量位居全国前列，共举办143次国际比赛、254次全国比赛。体育中心城市建设需要上海在更大范围上运作传统赛事、新增赛事。为此，从2001年起，进一步谋划长三角体育圈联动发展，上海与有关地区协商，创办华东地区娃娃游比赛、江浙沪龙舟邀请赛等赛事，充分发挥上海国际顶尖赛事效应，通过分站赛、巡回赛等形式，组建长三角体育赛事组织和协调机构，与兄弟省市共享国际顶级赛事带来的发展机遇和成果。充分利用长三角城市的体育资源，形成长三角大型传统赛事，共同承担国际商业性比赛。积极培育长三角全民健身表演市场。进入21世纪后，上海会同苏浙皖体育、文化、教育等部门,联办长三角全民健身挑战赛、家庭体育电视大奖赛,并积极培育体教结合的系列赛事。充分利用长三角大学群的优势,尝试建立大学固定体育赛事,通过校际赛事、多校间赛事、大学群校际赛事等不同层次的比赛,形成长江三角洲高校运动联赛,逐渐打造体育品牌。

结合建设亚洲一流体育中心城市和迎接2008年北京奥运会,上海与苏浙皖体育部门积极协商,提出长三角一体化的中长期发展思路,主要包括:做好体育产业规划,形成长三角体育圈产业链。上海体育服务业发展势头良好,竞赛表演日趋活跃。在推进长三角一体化进程中,上海加速亚洲一流体育中心城市建设同时,进一步发挥中心城市的作用,共建体育产业发展平台,加强资源整合,推进产业创新,培育体育人才,完善产业管理,重点培育体育产业基础体系,探索产业市场运作机制,积极推进长三角体育产业又好又快发展;发挥区域中心城市的优势,推进新型体育项目联动,做好新型体育项目的推广工作。结合信息、文化等产业,举办长三角电子竞技比赛,拉动以电子竞技比赛为核心的数字体育运动,带动电玩、娱乐、培训、广告等关联产业,创建长三角数字体育的品牌,发展并扩大无形资产的影响力。利用长三角丰富的人才资源,联合研发群众喜爱的体育运动项目、活动方式;利用长三角体育产业链,合作研发新型群众体育活动器械和用品,建设社区多功能公共运动场;发挥区域科研优势,推进体质监测和健身指导的科技联动。长三角具有较多的体育科技人才以及现代化的科研器材设备,为进一步做好区域体质监测和建设指导提供了良好的科技支撑。优化"体质在线"服务,办好"长三角体育圈"全民健身论坛,交流研究成果;巡回举办"健身大讲堂"等专家讲座,将科学健身知识、理念送到群众身边;发挥区域地理优势,推动全民健身空间联动。沪苏浙皖坚持办好一年一度跨区域的长三角体育圈健身大联动,同时推进长三角全民健身活动的空间联动,充分利用上海东方绿舟等体育场所,浙江长兴机场航空滑翔、舟山海上摩托等体验体育项目,在长三角地区联动中,有关城市的体育部门和体育社团,结合长三角地区和所在城市发展的实际情况,与时俱进、加强合作,不断推动新的合作联动项目和互动运作机制,形成常态并向纵深发展。

根据体育发展总体思路,沪苏浙皖加强交流合作,打破行政和区域分割,不断探索拓展长三角一体化新路。2008年北京奥运会举办以后,长三角一体化进程加快,20多个中心城市的合作互动网络基本完善。江苏、浙江的环太湖体育圈基本建成。浙江、安徽的体育信息化和体育后备人才培养合作机制不断巩固。同时,长三角地区的体育社团、高等院校、科研机构等全面合作,全方位推进长三角一体化建设。中国体育科学学会体育产业分会积极谋划长三角的体育产业发展,科学规划布局和评估体育赛事;上海交通大学、复旦大学等高校加快为有关省市培养高层次体育人才;华东师范大学等院校大力培训中小学体育师资,致力推进体教结合。

第四章　区域融合发展

第一节　区县互动发展

体育发展需要全方位推进交流合作。在体育改革发展历程中，上海不仅注重开展与国内外的体育交流合作，而且注重并持续深化上海区域性交流合作，市和区县形成合力，加强互动，依靠社会力量办体育，共同推进上海体育事业健康快速发展。

在上海体育恢复发展初期，市和区县通力合作，迅速整顿体育事业。在上海市政府统一领导下，市和区县恢复建立了体育管理部门，完善了市和区县的体育运动学校、青少年业余体校和市、区县两级体育传统项目学校。在上海市体委有关部门指导下，区县体育总会及区县体育协会相继建立并逐步扩大，职工体育、农村体育、学校体育有序发展。青少年科学选材网络不断完善，初步形成一二三线运动训练体制和机制。

1990 年 4 月，党中央、国务院宣布上海浦东开发开放。上海市体委抓住机遇，按照上海市委、市政府部署，积极支持浦东新区改革开放，及时总结经验，以浦东新区改革开放为引领，不断解放思想，敢于先行先试，在全市加快改革完善体育的体制与机制，明责放权，转变观念，打破“条块分割”的传统管理模式，市和区县共同推进体育发展。在全民健身、体育产业等方面，上海市体委发挥区县的积极性，大力推进全民健身、建设健身苑（点）、农民体育工程、体育活动中心和区县体质监测站，合作举办全民健身节（日）等赛事活动。组织指导区县建立电脑体育彩票销售站点，合理分配和使用体育彩票公益金，使上海体育彩票销售量逐年增加，管理更加规范。2010 年上海举办世博会，市和区县共同努力，按照世博会筹办领导部门要求，认真做好区县体育彩票销售亭的整治，规范信鸽饲养放飞行为，受到了上海市政府肯定。浦东开发开放和上海城市改革发展，为体育事业创新发展提供了强大动力，而体育改革的不断深化，为上海市区两级形成合力、整体发展，打下了坚实的基础，提供了全新的载体和能量。

在市和区县融合发展中，上海抓住重点，聚焦青少年体育人才培养，加速提升上海竞技体育水平。90 年代初，上海市体委提出“多种形式、多种渠道、多种层次、相互竞争”的改革方针，运用竞争机制促进上海整体运动水平的提高和社会培养体育人才的积极性。同时，为使业余训练与上海市队训练的衔接更密切，将市队训练与业余训练的分级体制结合在一起，合称四级训练体制。

“多种形式、多种渠道、多种层次、相互竞争”的方针实施后，出现了多层次、多渠道办一线运动队的新气象。虹口区体校决定增设击剑一线队伍，与市男子花剑队相互竞争。市体校设田径、游泳一线队，与市队展开竞争，并在该校设置女子足球、柔道、垒球的一线队伍。在黄浦区和上海市体育宫设市轮滑队，在杨浦区设蹼泳队，在闸北区设女子举重队，这些设在区或体育场馆的一线队伍，代表上海参加全国比赛，取得了良好的成绩。

人才交流的措施，同时在县区运动队中推进实施。1996 年上海举行首届青少年运动会，允许引进交流运动员。上海市体委规定对引进的人才作长期跟踪，被上一级运动队选中者，基层单位必须输送。在这届运动会上，各区县共引进外地选手 91 名，区县之间相互交流选手 216 名，其中以田径交流人才最多，共达 32 人。进入 21 世纪，这一政策更趋完善，成为常态，在学生运动会、青少年运动会、市运会、市民体育大会等赛事中被借鉴采用,形成了政策推动、人才流动、市区互动的良好格局。为了解决上海体育后备人才生源匮乏、训练项目萎缩等问题,上海市体委于1995年提出业余训练的"三上一提高"的目标任务。明确在14个区开展奥运会项目不低于15项,郊县不低于5项;努力拓宽二线瓶颈,适当扩大训练规模;在选材工作、训练质量、教练员业务和体校自身建设等方面上努力,提高业余训练的成才率。此后上海市青少年运动会将比赛项目由6项扩至10项,并成立10个项目的中心教研组。这一措施扩大了全市业余训练的规模,进一步加强了队伍建设,逐步扩大了社会办业余训练的阵地和力量。

"三上一提高"是上海青少年体育的抓手,是市、区县形成合力的基础。市、区县的体育发展无疑得益于这一政策。在深化体育改革中,这一政策做了微调完善,但基本原则未变,效应不断放大。在市、区县体育共同发展中,上海市体育局自2000年起制定区县体育工作综合评估办法,科学确定评价内容及具体指标,由区县自评、上海市体育局各部门评分,并组织专家深入区县实地考察,对于综合评估取得优秀的区县给予表彰。通过综合评估和政策引导,市、区县形成共识,聚焦重点,推动上海体育事业不断进步发展。区县的全民健身、体育彩票、场馆建设、体育赛事等工作发生了可喜的变化,体育改革迈向纵深,创新发展不断深化。

第二节 社会联动推进

在上海区域体育交流合作和融合发展中,上海体育部门坚持深化改革,促进体育社会化,不断整合优化体育资源,引导社会力量兴办职业体育俱乐部和各类赛事,投资建设体育场馆设施及经营性健身休闲场所,形成政府主导、社会联动的体制、机制,全方位推进上海体育发展。

90年代,上海在全国率先成立海上世界女子乒乓球俱乐部,标志着上海体育社会化迈出坚实的一步。1993年12月10日,由黄浦区政府、申花集团组成的申花足球俱乐部成立,原上海市足球队一队的主要成员转入俱乐部,申花足球队代表上海参加全国甲级联赛。在申花足球俱乐部诞生不久,上海成立浦东和豫园足球俱乐部,各俱乐部水平逐年提高。申花队在1995年夺得中国足球甲级A组联赛的冠军。浦东足球队是乙级队,但在成立当年即晋升甲级队的行列。豫园足球队也具有参加中国甲级B组联赛的资格。上海共有3支甲级足球队,上海足坛呈现兴旺发展局面。在职业俱乐部出现的同时,上海建立一些由企业与体育部门联合或由企业赞助的半职业俱乐部,其中包括海上世界女子乒乓球俱乐部、上海大众男子乒乓球俱乐部、有线男女排球俱乐部、东方男女篮球俱乐部和远东商厦女子足球俱乐部等。这些俱乐部由企业与体育部门双方投资,共同管理,训练、比赛、食宿仍由原体育单位负责,但采用企业管理的方式。实行这一办法以后,教练员、运动员的物质待遇得到较大改善,竞争意识增强,运动成绩得到提高。东方男女篮球队员实行俱乐部制的当年,即双双由乙级晋升甲级队,排球和乒乓球项目水平明显提高,上海男排多次获得全国比赛冠军。女子足球一跃成为全国锦标赛和联赛的双冠军。进入21世纪后,上海社会力量兴办的职业体育俱乐部、青少年俱乐部等,形式更加多样,管理更加科学。巴士网球俱乐部为上海培养了一批优秀网球后备人才,并在全运会上为上海夺得了金牌。曹燕华乒乓培训学校与教育部门联手,为上海和国家队培养输送多名优秀选手。在兴办各类体育俱乐部、参加职业联赛、培养后备力量的同时,上海依靠社会力量创办或参与筹办国际顶级赛事、上海传统品牌赛事和青少年体育比赛、全民健身大型活动。网球大师赛落户上海;F1中国大奖赛影响力迅速扩大;上海国际马拉松赛长盛不衰,并引发和培育上海半程马拉松赛、亲子马拉松赛、10公里跑等路跑活动。区县的"一区一品"赛事基本完善。景观体育已融入新的上海城市观光旅游景观线路。由政府和企业共同投资、社会投资融资建设的上海体育场、上海国际赛车场、旗忠网球中心等现代化大型体育场馆，不仅满足了举办国际大赛的需求，而且成为上海新的地标性建筑。

上海体育内部交流合作，区域融合发展，得到了上海市有关部门的支持配合。在上海市委、市政府统一领导下，各有关部门站在全局高度，把文化体育事业纳入本系统、本部门两个文明建设和五年发展规划，大力推进本系统、本行业的群众体育发展。同时，上海有关部门根据城市经济和社会发展目标任务，协调制定和共同实施体育发展规划，统筹开发利用体育资源，加快推进体育基本建设。有关部门根据各自职责，研究制定体育政策，支持体育部门深化改革，帮助解决体育发展中的重点、难点问题。经过30多年的改革与创新，上海形成了社会参与、多方协调、深度融合，举全市之力发展体育事业的良好格局与有利环境。

第八篇

体育管理

1978年以后，上海体育步入健康发展轨道。上海市体育部门按照上海市委、市政府的部署，迅速整顿体育队伍，加快恢复和建立各级体育组织机构，保证党和政府对体育工作的领导。在数次政府机构改革中，体育行政机构虽有变化调整，但总体上未受大的影响。非中心城区的部分区(县)的体育部门一度被撤销合并，但基层体育组织机构仍然比较健全。市和区(县)的体育行政部门，更新思想观念，转换政府职能，加快体育社会化进程，一批新的社会化体育组织应运而生。上海市体育总会、上海市体育科学学会加强对所属协会、专业委员会的指导管理，团结组织广大体育工作者，共同推进体育事业发展。

在体育改革与发展中，上海制定实施科学的体育人才战略，抢占优秀人才高地，构建专业人才发展平台，努力打造一支全面发展、为国争光的优秀专业体育队伍。20世纪七八十年代，上海体育队伍迅速恢复，稳步扩大规模。一线运动队伍从一百多人扩展到三四百人，先后涌现了张爱玲、史美琴、朱政、吴佳妮、朱建华等一批世界冠军、世界纪录创造者，以及胡鸿飞、沈金康、徐根宝等优秀教练员。

90年代期间，上海体育部门深化改革，坚持科教兴体、人才兴体，把体育的发展纳入城市经济、社会发展的整体规划之中，把人才培养与队伍建设、科学管理有机结合起来，发挥一线运动队的“龙头”引领作用，加快体育后备人才队伍建设，注重一二三级体育队伍的衔接。2000年前后，先后制定印发一系列有关运动员和训练单位管理的政策文件、规章制度，特别重视做好一二三线运动队的有机衔接，严把运动员入队“进口”。对各级运动员加强思想政治教育和集体主义、爱国主义教育。同时，抓好文化教育工作，并用优秀运动员、教练员的先进典型，教育激励青少年运动员及年轻教练员。上海市体育部门与上海人事、劳动、教育、财政、公安等有关部门紧密配合，研究制定有利于安置退役运动员的政策制度，创新工作思路，妥善做好安置工作。鼓励退役选手进入高校学习深造，或自主就业，确保上海运动队伍的稳定，为社会输送各类优秀人才。对教练员、裁判员及体育干部的管理，各级体育部门严格要求，以人为本，在发现培养、使用管理等各个环节，更新观念，层层把关，使体育系统优秀人才源源不断。庄泳、杨文意、乐靖宜等一批年轻运动人才脱颖而出。

进入21世纪以后，上海体育进入新的发展阶段，体育改革迈向纵深。上海市体育部门贯彻国家奥运战略，树立“全国一盘棋”思想，与兄弟省市开展合作交流，利用“走出去，请进来”等办法，对标世界一流，加快人才培养，向管理要效益、要人才。继续强化教育培训，尝试体教结合，优化队伍结构，全方位培养运动员、教练员、裁判员以及干部职工、社会体育指导员。2008年北京奥运会上，吴敏霞、王励勤、刘子歌、火亮和邹市明夺得4.5枚奥运会金牌，为中国体育代表团赢得了荣誉。在加强竞技体育人才队伍建设的同时，上海体育部门拓展思路，搞活选人用人机制，着重充实体育科研、体育产业和综合管理人才队伍，大胆从兄弟省区市、高等院校、科研院所招收引进年富力强、具有高学历和创新精神的人才，并鼓励在职人员出国讲学执教，报考硕士、博士，继续学习深造。

2000年，上海市政府决定撤销上海市体委，新建上海市体育局，为上海市政府主管全市体育工作的直属机构。上海市体育局增设了法规处(政策研究室)，业务处室也作了调整，机构序列理顺，人员配置合理，整体合力加强。与此同时，区县体育管理机构进一步完善巩固，市和区县体育管理职能明确,“条块”联系更加紧密,综合管理能力增强。在深化体育改革中,上海先后成立了上海市体育宣传教育中心、上海市社会体育管理中心、上海市体育竞赛中心等实体单位。上海市中原体育场、田林体育中心等场馆单位在全民健身和体育产业发展中起到了应有的作用。2010 年,上海东方体育中心竣工,是继上海体育馆、上海体育场之后上海又一座大型体育场馆,为上海体育事业发展增添了新的重要基地。

上海市体育局根据 21 世纪体育工作发展的目标、任务,不断深化体育改革,推进体育法治建设,依靠法规、制度管事、管人、管财,向科学管理要效益、要成绩。上海市体育局贯彻实施《体育法》《上海市市民体育健身条例》等法律、法规,依法治体,依法行政,依靠法治力量和法律手段,全面提升上海体育系统的管理能级。在体育法治建设中,上海率先完善了体育立法、执法和普法宣传教育的网络系统工作机制。结合体育工作实际,上海在国家反兴奋剂机构和国家体育总局科教部门的指导下,积极宣传,切实贯彻国家《反兴奋剂条例》,教育预防在先,严格实施法规,并结合参加重大体育赛事,开展专项治理整顿,取得了显著实效。围绕全民健身、竞技体育和体育产业等重点工作,上海市体育局制定发布了一批规章制度和规范性文件,改革行政审批制度,公开政务信息,与有关部门一起依法开展体育执法检查,加大监管力度。上海市体育局信息中心重建,体育网络平台巩固发展,上海体育网几经改版后脱颖而出,信息化建设迈上新台阶。

在用好人、管好人的同时,上海不断加大对体育事业的投入,拓展经费来源渠道,加强体育基础建设,科学规划布局和建设大中型体育设施,注重投入产出效益,严格预算财务管理,确保上海体育事业健康快速发展。

第一章　组织机构

第一节　市体育行政机构

上海市体育局前身为上海市体育运动委员会(以下简称“上海市体委”)，成立于1954年，是上海市人民政府主管体育的行政机构。1978年8月，上海市体委机关作出调整，设2室6处，即办公室、党(团)组办公室和人事处、训练处、军体处、群体处、竞赛处与基建财务处，编制80人。1983—1993年，上海市体委机关再次调整，增设足球、田径、游泳办公室，机关编制90人。2000年，上海市体委撤销，改建上海市体育局，编制60人。上海市体育局的主要职责是：贯彻执行有关体育工作的法律、法规、规章和方针、政策；结合全市实际，研究起草体育工作的地方性法规、规章草案和政策，并组织实施有关地方性法规、规章和政策；制定全市体育工作的发展战略和发展目标，指导和推进体育体制改革；编制全市体育事业的发展规划、计划并组织实施；指导和检查区(县)体育工作，推进全民健身计划，指导开展群众性体育活动；负责实施国家体育锻炼标准，组织指导国民体质测定和体育行业职业技能鉴定工作；组织指导社会体育和健身气功的开展；统筹规划全市竞技体育运动项目的设置与重点布局；指导协调体育训练工作，研究和指导优秀运动队伍的建设，协同有关部门开展优秀运动员的吸收、安置和保障工作；加强体育队伍的思想政治工作；制定青少年业余训练规划和政策，指导、推进青少年体育和加强体教结合工作；制定体育竞赛制度，指导和协调体育竞赛工作；负责跨区(县)以及市级以上体育竞赛的申报登记工作；编制体育科研、体育教育的规划；组织体育领域重大科技研究的攻关和成果推广；组织、监督开展反兴奋剂工作；协同有关部门规划、协调体育场地和设施的建设布局；指导协调公共体育场馆和社区公共运动设施的开放，依法管理体育市场；协调、指导和管理本市体育对外交往工作；开展国际间和与港澳台地区的体育交流与合作；承担有关行政复议受理和行政诉讼应诉工作；承担上海市体育总会的日常工作；承办上海市政府交办的其他事项。

图8-1-1　上海市体育局办公地点——体育大厦

上海市体育局设7个职能处室，即办公室(外事处)、群众体育处、竞技体育处、科教处、人事处、计划财务处、法规处(政策研究室)。按有关规定设置纪检监察机构。党委办公室与机关纪委合署办公。职能处室的主要职责是：

办公室(外事处)督查、督办局领导决定的重要事项,拟定局年度工作计划和总结;综合协调各处室及直属单位的有关工作;负责文电处理、秘书事务、文书档案、机要保密、信访信息、办公自动化、各类大型活动的组织协调和行政事务管理工作;发布重大体育新闻,组织和协调国内外记者对体育活动的采访报道;负责本市体育系统的外事工作;制订体育外事交往活动的规章制度并监督检查执行情况;拟订和协调市体育外事及涉港、澳、台体育活动交流计划并会同有关部门组织实施;协调、指导和管理全市体育对外交往活动。

群众体育处制订全市群众体育工作的发展规划和有关制度,负责实施国家体育锻炼标准,组织、指导国民体质测定工作;指导、协调全市各部门、行业、社会团体实施《全民健身计划纲要》;指导和推动体育及学校体育、职工体育、农村体育等社会体育的发展;负责全市群众体育先进的评比表彰工作和社会体育指导员等级审批工作;会同有关部门指导、协调全市性及参加全国性的大中学生、职工、农民、少数民族、残疾人等体育竞赛。

竞技体育处研究制订全市竞技体育的发展规划;研究和平衡本市体育竞赛、竞技运动项目的设置和重点布局;研究制订全市体育竞赛、竞技体育的有关政策;研究和指导优秀运动队的建设和业余训练、体教结合工作;负责全市运动员的注册和参加全国比赛的组织协调工作,协助有关部门做好对考生的体育加分的审批工作;制订全市体育竞赛工作计划及本市综合性运动会的方案;负责跨区、县以及市级以上的体育竞赛登记、申报工作;负责市级的裁判员、运动员的等级审批和市级以上的推荐申报工作;负责公布全市运动成绩最高纪录及全国以上纪录的申报工作。

科教处研究编制教练员培训、体育科技、体育教育的发展规划;负责组织开展体育领域重大科技研究的攻关和科研成果的审查、鉴定和推广应用;组织开展反兴奋剂工作;协调优秀运动队和市级体育运动学校的文化教育工作。

人事处负责局机关和各直属单位的机构编制、人员调动、工资福利、因私出境等管理工作;负责各类专业技术人员的职称管理及运动员吸收、安置和伤残等级审批等工作;负责系统内的消防、安全保卫工作;负责协调国内外重大体育赛事的安全保卫工作;办理市体育总会及各协会领导人的推荐工作。

计划财务处研究拟订全市体育事业中长期规划的编制和综合性统计工作;指导和管理局系统的基本建设和国有资产;制订全市体育场地设施发展规划;负责机关的财务工作,对直属单位的财务工作进行指导和审计、监督;负责全市主办的国内外大型运动会的财务和审计及物资保障工作;负责对全市体育场地、竞赛器材的宏观管理;研究拟订全市体育系统产业发展规划和体育市场管理的政策、法规草案;负责体育经营活动从业条件的审批。

法规处(政策研究室)研究拟订全市体育工作的法规、规章草案;研究制订全市体育工作的发展战略和发展目标;对全市体育的体制改革进行调查研究并提出方案;拟订局的工作规划;研究提出体育工作及重大体育活动宣传报道的指导思想;负责有关行政复议受理和行政诉讼应诉工作。

党委办公室与机关纪检合署办公,督办局党委会决定的重要事项,拟订局党委工作计划和总结;负责局机关的基层单位党的建设和领导班子建设;负责局机关和局管干部的选拔、培养、任免、考核等事宜;指导优秀运动队的思想政治工作;负责宣传、老干部、统战、共青团、工会、妇委会及精神文明建设等工作;负责局系统的党风廉政建设,监督检查机关及直属单位党员、局管干部执行党纪政纪工作。

表8-1-1　1978—2010年历任上海市体委(上海市体育局)主任(局长)名单一览表

姓　名	职　　务	任　职　年　月
杜　前	上海市体委主任	1977年6月—1984年2月
沈家麟	上海市体委主任	1984年2月—1988年5月
金永昌	上海市体委主任	1988年5月—1998年4月
金国祥	上海市体委主任 上海市体育局局长	1998年4月—2005年3月 (2000年5月上海市体育局挂牌)
于　晨	上海市体育局局长	2005年3月—2010年6月
李毓毅	上海市体育局局长	2010年6月—2014年11月

表8-1-2　1978—2010年历任中共上海市体委(上海市体育局)党委(党组)书记名单一览表

姓　名	职　　务	任　职　年　月
杜　前	上海市体委党委书记	1977年6月—1978年8月
杜　前	上海市体委党组书记	1978年8月—1984年2月
赵英华	上海市体委党委书记	1984年2月—1988年1月
金永昌	上海市体委党委书记	1990年6月—1998年4月
金国祥	上海市体委党委书记 上海市体育局党委书记	1998年4月—2005年12月 (2000年5月上海市体育局挂牌)
于　晨	上海市体育局党委书记	2005年12月—2010年6月
李毓毅	上海市体育局党委书记	2010年6月—2014年11月

说明：1988年1月—1990年6月未设党委，其职能由机关党委代为行使，书记为俞梦娜。

表8-1-3　1978—2010年历任上海市体委(上海市体育局)副局级领导名单一览表

姓　名	职　　务	任　职　年　月
尹　敏	上海市体委副主任	1977年6月—1984年2月
	上海市体委党委副书记	1977年6月—1978年8月
	上海市体委党组副书记	1978年8月—1984年2月
沈家麟	上海市体委副主任	1977年6月—1984年2月
	上海市体委党委副书记	1977年2月—1988年1月
朱　勇	上海市体委副主任	1977年6月—1988年8月
	上海市体委党委副书记	1977年6月—1978年8月
	上海市体委党组副书记	1978年8月—1984年2月
杨　明	上海市体委副主任	1980年11月—1984年2月
金永昌	上海市体委副主任	1980年11月—1988年4月
赵英华	上海市体委副主任	1984年4月—2005年
祝嘉铭	上海市体委副主任	1984年4月—1988年11月
朱亚爱	上海市体委副主任	1988年5月—1990年7月
	上海市体委党委副书记	1984年2月—1988年1月

（续表）

姓　名	职　　务	任　职　年　月
俞梦娜	上海市体委党委副书记	1990年8月—1996年 1999年3月—2000年任纪委书记
李毓毅	上海市体委副主任	1995年—1998年7月
颜雅珍	上海市体委党委副书记	1997—1998年
	上海市体育局纪委书记	2000—2005年
姚颂平	上海市体委（上海市体育局）副主任	1996—2001年
郭庆龙	上海市体委（上海市体育局）副主任	1998年7月—2004年
陈一平	上海市体委（上海市体育局）党委副书记	1998年10月—2008年5月
	上海市体育局副局长	2008年5月—2011年
邱伟昌	上海市体育局副局长	2002年4月—2009年2月
李伟听	上海市体育局副局长	2003年4月—2014年6月
韩秀芳	上海市体育局副局长	2003年4月—2014年6月
于信汇	上海市体育局党委副书记	2005—2009年
刘建胜	上海市体育局党委副书记	2005年5月—2014年6月 2006年3月—2014年5月兼任纪委书记
郭　蓓	上海市体育局副局长	2008年6月—2016年6月
叶蓓伦	上海市体育局副巡视员	2009—2010年
严家栋	上海市体育局副巡视员	2009年3月—2014年12月

说明：1988年1月—1990年6月未设党委，其职能由机关党委代为行使，副书记为纪光宇。

第二节　区（县）体育行政机构

区（县）体育部门是区（县）人民政府主管体育的行政机构，其沿革与上海市体育行政部门相似。1978年以后，上海区（县）的体育行政部门相继恢复，建立了区（县）体委。20世纪90年代，黄浦区一度撤销了区体委，其职能大多转移至区体育总会，后又恢复区体委。浦东新区在90年代合并了体育部门，建立了社会发展局，后社会发展局几经调整撤并，建立教育（体育）局。崇明县体育局一度合并为县文化体育局，后体育局重新单列。

表8-1-4　2010年上海市区（县）体育局信息一览表

序　号	单　　位	邮　编	地　　址
1	黄浦区体育局	200001	延安东路300号西九楼
2	卢湾区体育局	200020	建国西路135号6楼
3	徐汇区体育局	200031	乌鲁木齐南路64号
4	长宁区体育局	200050	长宁路599号12楼

(续表)

序号	单位	邮编	地址
5	静安区体育局	200040	昌平路728号
6	普陀区体育局	200333	大渡河路1668号2号楼
7	闸北区体育局	200070	中华新路475号6楼
8	虹口区体育局	200081	东江湾路444号
9	杨浦区体育局	200092	控江路2061号11楼
10	闵行区体育局	201100	莘东路540号
11	宝山区体育局	200940	永清路700号
12	嘉定区体育局	201822	新成路118号
13	浦东新区教育(体育)局	200120	浦东大道141号5号楼
14	金山区体育局	200540	卫零路465号8楼
15	松江区体育局	201620	新松江路1800弄3号楼
16	青浦区体育局	201700	体育场路378号
17	奉贤区体育局	201400	南桥镇古华路100号
18	崇明县体育局	202150	城桥镇北门路98号

第三节 市体育局直属单位

上海市体育局所属的事业单位,经历了从少到多、从小到大的发展过程,其发展变化,与体育事业的改革发展紧密相连。

1979年,航海、航空模型俱乐部、无线电俱乐部并入上海市军事体育俱乐部。1981年,上海市雷锋中学(滑翔学校)撤销。1984年,上海体育干部进修学院并入上海体育运动技术学院,1993年,上海市体委职工学校并入上海市体育宣传教育中心。为了加速培养体育人才,1987年建立了上海市第二体育运动学校(中等专业学校)。

90年代初,上海市体委加快转变职能,实行管办分离,先后成立了上海市体育场地建设开发公司(后并入东亚集团)、上海市体育竞赛管理中心、上海市社会体育管理中心、上海市体育彩票管理中心、上海市足球管理中心、上海市体育宣传教育中心。

90年代末,上海加快建设体育场地设施,进一步推进全民健身活动,先后建立了上海市中原体育场、田林体育中心(康东网球馆)、仙霞网球中心等事业单位。

21世纪以后,上海深化体育改革发展,推进事业单位改革,至2010年,上海体育系统共有35家直属(相关)单位。

表8-1-5 2010年上海市体育局直属(相关)单位信息一览表

序号	单位	邮编	地址
1	上海体育职业学院	200237	百色路1333号
2	上海市体育运动学校	200083	水电路176号

（续表）

序　号	单　　位	邮　编	地　　址
3	上海市水上运动中心	201713	青浦朱家角山湾
4	上海市射击射箭运动中心	201108	金都路3028号
5	上海马术运动场	201503	金山新农镇金张公路6852号
6	上海市体操运动中心	200237	百色路1333号
7	上海体院训练中心	200438	恒仁路300号
8	上海市东方绿舟体育训练基地	201713	沪青平公路6888号
9	上海体育科学研究所	200030	吴兴路87号
10	上海东方体育中心	200126	泳耀路300号
11	上海武术院	200041	南京西路595号
12	上海市体育宫	200333	大渡河路1860号
13	上海市体育俱乐部	200003	南京西路150号
14	上海市江湾体育场	200433	政立路120号
15	上海市军事体育俱乐部	200083	新同心路318号
16	上海棋院	200041	南京西路595号
17	上海市中原体育场	200438	开鲁路518号
18	上海市航空运动学校	200232	龙华机场内
19	上海市划船俱乐部	200231	龙吴路1594号
20	上海市田林俱乐部	200233	钦州路728号
21	上海市康东网球馆	200235	浦北路270号
22	上海市体育竞赛管理中心	200030	中山南二路1500号体育宾馆6楼
23	上海市体育宣传教育中心	200083	水电路176号
24	上海市社会体育(健身气功)管理中心	200041	南京西路591弄3号
25	上海市足球管理中心	200030	中山南二路1500号体育宾馆6楼
26	上海市体育彩票管理中心	200040	长乐路1240号
27	上海市第二体育运动学校	201100	莘东路589号
28	上海市体育对外交流中心	200030	中山南二路1800号1号楼
29	上海市仙霞网球中心	200335	虹桥路1801号
30	上海市青少年训练管理中心	200232	龙吴路51号嘉源商务中心1号楼5楼
31	上海奥林匹克俱乐部	200030	中山南二路1800号
32	上海市体育总会秘书处	200003	南京西路150号4楼
33	上海上体产业发展有限公司	200070	新疆路500号绿地海悦大厦18楼
34	上海市体育发展基金会	200070	新疆路500号绿地海悦大厦18楼
35	上海东亚(集团)有限公司	200030	零陵路800号东亚大厦15楼

第四节　体育社会组织

一、上海市体育总会

上海市体育总会是上海市体育工作者、爱好者及热心支持体育的团体、个人自愿组成的非营利性体育社会团体，是中华全国体育总会的团体会员，是上海市各市级体育单项运动协会、体育民办非企业单位、体育基金会、区(县)体育总会的联合会及管理枢纽。其宗旨是高举中国特色社会主义伟大旗帜，以邓小平理论和“三个代表”重要思想为指导，深入贯彻科学发展观。遵守国家宪法、法律、法规和相关政策，团结广大体育工作者，以改革创新和开拓发展的精神，整合社会资源，参与体育社会管理与社会服务。与时俱进，推进体育社团社会化、实体化、大众化的发展，为上海建设全球体育著名城市宏伟目标发挥积极作用，为构建社会主义和谐社会做出贡献。

上海市体育总会前身为成立于1957年7月的中华全国体育总会上海市分会。历经三届委员会，在1990年3月第四届委员会成立时更名为上海市体育总会。市级各单项运动协会、体育民办非企业单位、体育基金会、区(县)体育总会均为上海市体育总会的团体会员。至2010年，上海市体育总会历经第四、五、六、七共四届委员会，团体会员共115家。其中市级体育协会79家，民办非企业组织31家，基金会2家(不包括区县体育总会)。

上海市体育总会第四届、第五届、第六届、第七届委员会领导名单

上海市体育总会第四届委员会领导成员名单(1990年3月2日第四届委员会代表大会)

顾问：金永昌、沈家麟

主席：杜前

副主席(按姓氏笔画排序)：卜中和、马如棠、王中伟、王耀羲、尹敏(女)、吉嘉、朱亚爱(女)、朱勇、陈安槐、赵英华、俞梦娜(女)、姜燮富、祝嘉铭、夏秀蓉(女)

秘书长：祝嘉铭(兼)

常务副秘书长：徐海友

副秘书长(按姓氏笔画排序)：曲金铭、朱荣铨、刘师余、孙树芝、李宗镛、沈浩然、张坤明、张德珺、陈文堉、陈兴歧、贾成祥、顾安义、郭海泉、陶介平、傅家新、虞强鸣(女)

上海市体育总会第五届委员会领导人员名单(1997年8月22日第五届委员会代表大会)

名誉主席：龚学平

顾问：沈家麟

主席：金永昌

副主席(按姓氏笔画排序)：吉嘉、朱亚爱(女)、朱勇、仲永根、任连友、李宗镛、李新立、李毓毅、吴申耀、陈安槐、宗明(女)、孟燕堃(女)、赵英华、胡爱本、哈宝信、俞继英(女)、俞梦娜(女)、施德容、祝嘉铭、姚颂平、袁以星、夏秀蓉(女)、顾明、顾惠琪、颜雅珍(女)

秘书长：祝嘉铭(兼)

副秘书长(按姓氏笔画排序)：张臣吉、俞汉勤

上海市体育总会第六届委员会领导成员名单(2003 年 11 月 29 日第六届委员会代表大会)

名誉主席：杨晓渡

主席：金国祥

副主席(按姓氏笔画排序)：于信汇、毛坤洪、叶蓓伦(女)、李伟听、李鸣、李宗镛、李骏修、李跃旗、邱伟昌、汪兰洁(女)、张静(女)、陈一平、赵英华、俞梦娜(女)、祝嘉铭、姚颂平、郭庆龙、韩秀芳(女)、颜雅珍(女)

秘书长：李伟听(兼)

副秘书长(按姓氏笔画排序)：张臣吉、俞汉勤

上海市体育总会第七届委员会领导成员名单(2008 年 2 月 26 日第七届委员会代表大会)

名誉主席：赵雯

主席：于晨

副主席(按姓氏笔画排序)：叶蓓伦(女)、史秋琴(女)、刘建胜、刘瑞旗、李文壅、李伟听、李鸣、李跃旗、邱伟昌、汪兰(女)、陈一平、赵英华、施德容、姚颂平、莫负春、黄卫方、黄勇武、韩秀芳(女)、颜雅珍(女)

秘书长：李伟听(兼任)

顾问(按姓氏笔画排序)：叶明忠、田春华、汪小澍、沙忠飞、陈启伟、陈皓、陈辐宽

副秘书长(按姓氏笔画排序)：马文刚、马玉生、王才兴、王玉林、庄炎、严家栋、苏清明、步振威、吴新民、赵荣善、郭蓓(女)、龚以庆、崔一宁、符顺国、舒慧敏

【主要任务】

上海市体育总会的主要任务是：积极贯彻执行《体育法》和中共中央、国务院《关于进一步加强和改进新时期体育工作的意见》，推进《全民健身计划纲要》和《奥运争光计划纲要》的实施，大力促进体育事业的发展。全面开展学术研究，对上海体育运动的重大方针、政策、发展规划开展研究，积极发挥咨询作用，为政府决策提出建议，为繁荣上海体育事业献计献策。通过体育活动，弘扬“为国争光、无私奉献、团结友爱、科学求实、遵纪守法、顽强拼搏”的中华体育精神。上海市体育总会通过举办或参与有关部门联合举办国际、全国、全市性的体育比赛和体育论坛、体育会展、体育咨询、体育培训及与体育有关的各类活动。组织开展国内、国际间的体育交流，开展同国外体育组织和体育工作者的友好交流，增进与各国人民的友谊。在体育公共服务方面承担政府有关部门委托的社会性、公益性、服务性社会管理及社会服务职能，协同政府开展体育公共服务。加强制度建设，建立、健全体育社团工作评估体系和监督体系，推动体育社团思想建设、组织建设和功能建设，促进体育社团发展壮大。通过制定体育行业规范，加强体育行业自律建设。充分做好反映体育工作者与体育爱好者的建议、意见和诉求，维护体育工作者与体育爱好者的合法权益等工作。

上海市体育总会的业务范围主要包括组织举办国际、国内的各项体育训练、比赛、业务交流、技术咨询、培训及与体育相关的各类活动。

【重要活动】

上海市体育总会成立以来，一直把管理作为自身发展的重要纲领，管理上逐步向“政事分开”“管办分离”转变，通过委托管理、职能转移、购买服务等方式，将大量事务性工作交由社会组织承

担。随着改革的不断推进,上海市体育总会加强了市级体育协会规范化、社会化、实体化的建设和枢纽化管理,采取包括强化协会党建工作,规范协会自律行为,确立协会星级评价体系等措施。

2008年2月成立的上海市体总第七届委员会中,首次在主要领导层中增加了多名热心支持体育事业的社会知名人士。对全部由专业人士组建,并实现自我管理的上海市木兰拳协会等组织,鼓励和推广去行政化。

在2006年和2010年举行的非奥项目的全运会——全国体育大会上,通过购买服务,上海20多家市级体育协会负责队伍组织、参赛工作,并与体育部门签订目标责任书。在运动会上,运动员们赛出了风格和水平,取得了运动成绩和精神文明双丰收,为上海赢得荣誉。为发扬成绩、激励斗志、进一步推进竞技体育和群众体育的协调发展,按照《上海市运动员、教练员参加非奥运项目世界大赛创(超)、新建世界记录的奖励办法》,上海市体育总会每年对在世界大赛中取得优异成绩的运动员、教练员予以通报表彰。

2009年起,为了规范上海体育社团管理,加强体育社团建设,推进和引导体育社团的改革与发展,上海市体育总会制定了一套科学、合理的评估指标体系,对上海市各体育社团进行评估。评估内容主要包括体育社团的组织建设、能力建设、业务活动、社会影响和一票否决5个一级指标,16个二级指标和35个三级指标。

表8-1-6 2009—2010年体育社团评估情况一览表

序号	社团名称	参评时间	自评分	验评分	评估等级
1	上海市武术协会	2009年	933	962	4A
2	上海市老年人体育协会		943	941	4A
3	上海市汽车摩托车运动协会		969	920	4A
4	上海市台球协会		925	913	4A
5	上海市航海模型协会		898	897.5	3A
6	上海市乒乓球协会		913	888	3A
7	上海市极限运动协会		881	885	3A
8	上海市风筝协会		881	884	3A
9	上海市练功十八法协会		923	860	3A
10	上海市游泳救生协会		867	854	3A
11	上海市围棋协会		911	852.5	3A
12	上海精武体育总会		922	847	2A
13	上海市手球协会		915	845	2A
14	上海市航空模型协会		882	835	2A
15	上海市青少年体育训练协会		936	829	2A
16	上海市游泳协会		858	819	2A
17	上海市象棋协会		876	803	2A
18	上海市健美协会		867	793	1A

（续表）

序 号	社 团 名 称	参评时间	自评分	验评分	评估等级
19	上海市无线电运动协会	2009 年	948	782	1A
20	上海市信鸽协会		837	762	1A
21	上海市体操协会		800	756	1A
22	上海市毽子球运动协会		855	713	1A
23	上海市击剑协会		826	583	不达标
24	上海市大学生体育协会	2010 年	936	969	5A
25	上海市社会体育指导员协会		964	949	4A
26	上海市登山运动协会		916	949	4A
27	上海市中学生体育协会		952	944	4A
28	上海市农民体育协会		995	942	4A
29	上海市足球协会		941	941	4A
30	上海市健步球协会		902	898	3A
31	上海市蹦床、技巧协会		883	891	3A
32	上海市体育场馆协会		875	890	3A
33	上海市保龄球协会		857	883	3A
34	上海市摔跤柔道协会		905	879	3A
35	上海中华武术会		889	876	3A
36	上海市棒球协会		856	862	3A
37	上海市垒球协会		856	862	3A
38	上海市残疾人体育协会		841	857	3A
39	上海市钓鱼协会		874	855	3A
40	上海市门球协会		876	854	3A
41	上海市射击运动协会		813	848	2A
42	上海市鉴泉太极拳社		872	847	2A
43	上海市射箭协会		813	846	2A
44	上海市中等专业学校体育协会		874	845	2A
45	上海市板球协会		920	835	2A
46	上海市排球协会		879	809	2A
47	上海市体能协会		920	804	2A
48	上海市曲棍球协会		822	750	1A
49	上海市滑冰协会		706	662	不达标

二、上海市体育科学学会

上海市体育科学学会于1984年9月4日成立,隶属中国体育科学学会,其领导机构是上海市体育科学学会代表大会。主管部门为上海市科学协会,上海市体育局是委托管理单位。学会设学术部、咨询部、刊物部、组织部和秘书处5个工作机构。

【主要任务】

上海市体育科学学会的主要任务是:开展国内外体育学术交流,活跃学术思想,提高学术水平,促进学科发展;普及体育科学技术知识,传播体育科研成果和教学、训练等方面的先进技术和经验;开展继续教育,进行技术培训,帮助体育科技工作者不断更新知识,增进业务水平,适应体育事业的发展;为制定上海市有关体育方针、体育科技政策等提供咨询,接受委托承担某些课题的研究,以及科技项目论证、成果鉴定、科技开发、技术服务等;组织出版体育科技学术书刊和科普读物;举荐人才,表彰奖励在学会活动中取得优秀成绩的上海体育科技工作者;反映体育科技工作者的意见和要求,维护他们的合法权益。举办为学术活动、科技普及和为上海体育科技工作者服务的事业。

上海市体育科学学会的宗旨是:团结组织广大体育科研工作者,认真贯彻党的基本路线,面向世界,面向未来,面向现代化,促进体育科学技术的繁荣和发展,促进体育科学的普及和推广,促进体育科学人才的成长和提高,为增强人民体质、提高运动技术水平和社会主义精神文明建设服务,为社会主义现代化建设作出贡献。

【重要活动】

1979年5月,全国第二届体育科学工作会议之后,上海市体委成立了体育科技协作小组,由上海市高教局、上海市卫生局及上海市体委有关部门组成,组长由上海市体委副主任尹敏担任。1981年2月19日,上海市体育科学学会筹备会成立,上海市体委副主任沈家麟兼筹备会主任,具体工作由市体委科技教育处负责。在筹备期间,开展了各种学术活动,如聘请国际运动医学学会主席普鲁科普和日本、联邦德国的生理、生物力学专家来沪讲学。

1984年9月4日,上海市体育科学学会经中国体育科学学会和上海市科学技术协会批准成立。同时成立的有体育情报、运动生物力学、运动医学、体育科学理论、运动训练学、体育仪器器材研究6个专业委员会,共有会员391人。

1985年5月22—27日,中国体育科学学会第二次全国代表大会召开,上海的金永昌、范振华、金季春、许豪文、陈文堉、钱耀庭、司徒璧双、章瑞芝当选为全国体育科学学会理事,黄震被聘为名誉理事,有23名会员被聘为全国二级学会的委员,上海的运动医学专业委员会被大会评为先进集体;司徒璧双、吕爱凤、孙摩西被评为先进学会工作者;杨森、邹大华、许胜文、孙钧被评为优秀会员。

1985年,上海市体育科学学会增设学校体育教育、体质研究、运动心理、体育统计4个专业委员会,新发展会员297人。当年学会组织了11次大型学术交流活动,有770多人次参加,其中与外国专家交流达6次,组织专家去国外考察、交流共4次。

1986年3月27日,上海市体育科学学会召开首次大型综合学科学术报告会,会上交流59篇论文,10个专业委员会分别举行分科学术报告会,共征集论文399篇,有192篇入选参加报告。体质研究专业委员会举办了第一届华东地区体质研究干部训练班。当年3月,新成立体育管理学专业委员会。

1987—1989年间，各专业委员会共举行27次分科学术交流。共征集论文598篇，有358篇入选参加报告会。同时举办各种学科讲习班、培训班。1988年5月，举办首届体育科技成果展览会，有21个单位展出34项体育仪器和计算机应用技术成果。

1989年12月，上海市体育科学学会第二次代表大会召开，产生第二届理事会。理事会聘请上海市副市长刘振元为名誉理事长，金永昌、张汇兰、黄震、章钜林、王永芳、李震中为名誉理事，撤销顾问设置，将学会工作机构合并为学术咨询部、组织部、秘书处3个部门，并开始不定期出版《学会通讯》。

1990年，学会会员增至1 187人，其中有高级技术职称者451人，占38%，中级技术职称者588人，占45%。当年由于中国体育史学会加入中国体育科学学会为二级学会，上海市体育科学学会增设体育史专业委员会。同年，上海市体委科教处举办全市教练员论文评比活动，参加学会的教练员共撰写论文77篇，有18篇获得优秀论文奖。21名会员的论文被选送参加第十一届亚洲运动会科学大会。

1990年12月15日，中国体育科学学会第三次全国代表大会召开。上海的祝嘉铭、陈安槐、俞继英、陈文堉、曾繁辉、司徒璧双、许胜文、许豪文、章瑞芝、钱耀庭、邱丕相当选为全国体育科学学会理事，祝嘉铭当选为常务理事，范振华当选为名誉理事，有36人被选为全国二级学会的委员。上海市体育科学学会被评为先进集体；张桐林、刘崇育、吴雪君、黄瑞馨、池泰棱被评为先进工作者；方纫秋、邵冠群、宋宗舫、张文耀、程莺、钱耀庭、田柏昌、许胜文、方兴初、冯敦寿、陈宝祥、邹大华、华宇澄、顾圣益、陈及治、陈景兰被评为优秀会员。

上海市体育科学学会成立后，先后有美国、日本、德国、捷克、荷兰、保加利亚、俄罗斯、加拿大、匈牙利、波兰等10多个国家的44位专家来沪讲学；有20余名学会会员参加日本、美国、南斯拉夫、瑞典、意大利、加拿大、新加坡、保加利亚等地的学术交流考察。其中上海体院副教授张耀辉的论文《中国古代养生法在大学体育中的地位》在1985年世界大学生运动会的学术报告会上获银质奖。

上海市体育科学学会共编辑出版《“三论”与现代科学训练》《体育行政与领导》《职工体育管理》《学校体育管理》《体质调研成果汇编》《学生体质评价表》等专著10部，编印学术论文集(摘要汇编)13种。

进入21世纪以后，上海市体育科学学会进一步发挥学会的作用，强化重点工作。在竞技体育方面，学会主要围绕奥运会、全运会备战和参赛工作，从科学训练、医务保障、科研攻关等方面入手，组织会员为运动训练提供服务和保障。在全民健身方面，学会会员利用上海市民体质评价与体育锻炼指导系统，对市民实施体质监测，为市民科学健身提供咨询和指导。组织和参与学术活动，繁荣体育科技学术，学会主办了“现代体能测试与训练新进展研讨会”“上海青少年运动员科学训练与运动损伤国际论坛”等学术交流活动，并参与协办“上海国际骨科运动医学与关节镜外科论坛”等活动；学会积极鼓励和支持会员向国内外各学术会议报送论文，参与各类国际、国内学术会议。

三、上海市体育发展基金会

上海市振兴体育事业基金会成立于1987年，是最早一批成立的地方性体育基金会。其目的是振兴上海体育事业，发展体育运动，增强人民体质。2007年4月，基金会更名为上海市体育发展基金会，并完善工作机构。其宗旨为“动员社会力量，筹措体育基金，资助公益体育，扶植和保障体育人才，促进体育交流”，凸显上海体育公益的形象。其实施的相关资助项目包括扶植体育俱乐部和协会；培育有发展潜质的青少年运动员；开办运动员学历、技能、创业培训；资助重大体育赛事，包括乒乓球、羽毛球、游泳等奥运竞技项目，棋类等非奥运项目及群众性体育赛事；资助伤残、退役运动员等，是上海体育公益事业非营利性组织的重要支撑。

【主要任务】

上海市体育发展基金会慈善活动形式分为专项基金、举办体育赛事及其他体育活动、资助体育项目、捐赠慰问、拍卖义卖和其他公益活动六类。资助体育项目主要是指上海市体育发展基金会每年资助一些体育项目，以促进竞技体育、群众体育及学校体育的发展。

上海市体育发展基金会共有7个专项基金，分别是汤森-伤残康复专项基金、心动力慈善专项基金、启程网球专项基金、健康产业专项基金、奕动体育慈善专项基金、刘军-明星体育专项基金和OMG爱心专项基金，内容涉及扶贫助学、伤残运动员保障、运动健康、体育运动推广等多个领域。

上海市体育发展基金会通过举办体育赛事及其他体育活动打造品牌活动。自2008年起与上海市自行车行业协会联合主办体育公益活动，旨在通过绿色骑行的方式，将绿色出行、健康生活的理念传递给更多的市民。

上海市体育发展基金会做好上海运动员参加体育比赛的后勤保障工作，资助竞技体育项目，培养体育人才，关心退休体育工作者及伤残运动员。自2008年起，上海市体育发展基金会与上海市体育局工会领导每逢新春佳节慰问老体育工作者，满足老体育工作者的需求。

【重要活动】

2007年4月28日，上海市体育发展基金会借助2008年北京奥运会的发展机遇，在上级有关部门的指导下，完善基金会职能和工作机构，以动员社会力量筹措资金，资助公益体育，扶植和保障体育人才，促进体育交流合作。通过形式多样的募捐活动，不断积累体育公益基金。基金会全年重点落实2007年特殊奥林匹克运动会和2008年北京奥运会的相关资助项目，扶植5～10个体育俱乐部和协会，培育有发展潜质的青少年运动员，开办运动员学历、技能、创业培训，资助1～2个重大体育赛事，试点举办运动医疗和体育康复培训等。

2007年4月28日，上海市体育发展基金会召开第二届理事会第一次全体(扩大)会议，新一届候选理事会全体6名成员出席会议，上海市体育局领导李伟听等5人列席会议。

2007年6月26日，由上海市汽车摩托车运动协会、上海保时捷俱乐部主办，上海旭寰文化传播有限公司承办的“迎奥运、庆回归，爱心慈善之旅——上海保时捷俱乐部香港行”活动在上海嘉定汽车城举行发车仪式，以迎接2008年北京奥运会和庆祝香港回归10周年为主题，保时捷俱乐部车队于2007年6月26日从上海嘉定汽车城发车，途经杭州、温州、厦门、深圳等城市，于7月1日到达香港。活动所筹集的善款捐给上海体育发展基金会和上海教育基金会，用以发展上海的体育、教育事业。上海市体育发展基金会领导赵英华、张雷等出席仪式并接受30万元的慈善捐款。

2007年8月7日，上海市体育发展基金会召开第二届理事会第二次全体会议。审议通过经上海市体育局推荐的专家评审委员会的名单。经理事们一致同意，由吉嘉等5人为专家评审委员会成员。根据国务院颁布的《基金会管理条例》有关规定，基金会应同时具备正、副理事长。经商议推选，一致同意胡荣华理事为副理事长。会议讨论通过《增补理事实施办法》，为基金的规范化建设和持续稳定发展奠定坚实基础。

2007年9月18日，上海市体育发展基金会召开专家评审委员会第一次会议。赵英华理事长和胡荣华副理事长向王肇基、陈立方、吴新民、徐海友、吉嘉等委员颁发专家委员聘书，并向委员们通报《上海市体育发展基金会专家评审委员会轮值主任制度》。

2007年11月7日，上海市体育发展基金会召开专家评审委员会第二次会议。会议通过12个资助项目名单。首批资助的12个项目各有特点，大多偏重奥运竞技项目；同时兼顾老年运动和康复研究。

2007年11月24日，上海市体育发展基金会召开上海市体育发展基金会第二届理事会第三次全体会议。审议《体育协会及俱乐部资助实施细则》《退役运动员救助基金管理办法》；并于12月2日与SMG五星体育频道、中体产业等单位，专门为罹患癌症的足球教练筹集医疗善款而举办上海足球明星慈善义赛。

四、市级体育协会组织

1978年前，已成立的上海市级体育协会有10家。改革开放以后，上海市体育部门与市民政社团管理部门形成共识，加快市级体育协会的恢复、重建和发展工作。上海市体育部门采取了扶植政策，帮助一些市级体育协会解决办公用房、购置办公用品和相关器材问题，并鼓励一些具有组织能力和体育专业知识与技能的人员，兼任或返聘担任协会的负责人或业务管理人员。对于田径、游泳、足球协会等有一定基础、影响较大的协会，支持其发展会员，开展培训，举办比赛等各类活动。在这些协会的示范、引领下，大多数市级体育协会在举办活动，包括承办国际比赛，组织和培训裁判员以及调动本项目老体育工作者的积极性，关心他们的工作、生活方面起到了积极作用。

20世纪90年代，上海市级体育协会已发展到一定规模，其数量及影响在国内名列前茅。为规范体育社团工作，市级体育社团从1991年起实行登记注册。在上海市体育总会登记后，当年即有37家体育协会登记，其中包括新成立的上海市老年人体育协会等。进入21世纪以来，上海体育加快改革发展步伐，随着全民健身广泛开展，竞技体育水平提高，体育赛事日益活跃，体育产业迅速崛起，市级体育协会的业务得到了拓展，功能也得到体现。从1996年起，上海市田径协会参与筹办的上海国际马拉松赛越办越红火。上海市乒乓球协会为迎接第四十八届世乒赛而创办的迎春乒乓球赛，成为上海规模最大的群众性传统乒乓赛事。上海市汽摩协会在申办2004年开始举办的F1中国大奖赛的过程中发挥了积极作用。上海市特奥会在2007年参与承办世界特殊奥林匹克运动会。同时，新一批市级体育协会应运而生，为适应全民健身需求而成立的上海市社会体育指导员协会，为培养竞技体育后备人才而成立的市青少年体育训练协会，为实施国家“北冰南展”战略而成立的上海市滑冰协会等，为体育产业发展提供支持的上海市体育用品协会，以及一些新型、时尚的如上海市电子竞技协会、上海市马术协会等。协会紧扣上海体育协会组织的中心工作，把握需求导向，为上海体育的改革发展做出了贡献。截至2010年12月，市级体育协会已达79家，其影响力进入一个新的阶段。

上海市级民办非企业单位作为上海市级体育协会组织的重要组成部分，改革开放后逐步发展。从1992年上海市体育发展基金会成立以来，不断为上海体育的发展提供助力，它们与市级体育社会团体共同为上海体育的发展做出了贡献。截至2010年12月，上海市共有31家市级民办非企业单位。

表 8-1-7　截至 2010 年上海市市级体育协会组织一览表

市级体育社会团体			
序号	单 位 名 称	登 记 日 期	单 位 地 址
1	上海市体育总会	1991 年 4 月 1 日	南京西路 150 号
2	上海市足球协会	1991 年 4 月 4 日	零陵路 800 号 6 楼
3	上海市篮球协会	1991 年 6 月 7 日	瑞金一路 100 号
4	上海市排球协会	1992 年 7 月 7 日	广西北路 66 号 C306 室
5	上海市田径协会	1991 年 6 月 14 日	莘东路 589 号
6	上海市游泳协会	1991 年 7 月 12 日	枫林路 329 号 B 楼 306 室
7	上海市体操协会	1991 年 7 月 12 日	百色路 1333 号
8	上海市乒乓球协会	1991 年 12 月 31 日	建国西路 135 号看台 106 室
9	上海市羽毛球协会	1991 年 6 月 14 日	水电路 176 号
10	上海市棒球协会	1991 年 5 月 17 日	水电路 176 号
11	上海市垒球协会	1993 年 5 月 24 日	水电路 176 号
12	上海市网球协会	1992 年 1 月 24 日	虹桥路 1885 号
13	上海市自行车运动协会	1991 年 7 月 12 日	莘东路 589 号
14	上海市击剑协会	1991 年 4 月 1 日	百色路 1333 号
15	上海市举重协会	1991 年 8 月 8 日	莘东路 589 号
16	上海市拳击协会	1991 年 4 月 1 日	长海路 399 号
17	上海市摔跤柔道协会	1991 年 7 月 12 日	水电路 176 号
18	上海市跳水协会	1991 年 7 月 12 日	中山南二路 1500 号东亚大厦 22 楼
19	上海市水球协会	1991 年 7 月 12 日	中山南二路 1500 号 16 楼
20	上海市手球协会	1991 年 5 月 31 日	古羊路 900 号建青实验学校 F 楼
21	上海市射击运动协会	1991 年 4 月 1 日	金都路 3028 号
22	上海市射箭协会	1991 年 4 月 1 日	金都路 3028 号
23	上海市船艇运动协会	1991 年 7 月 12 日	盈朱路 289 号
24	上海市武术协会	1991 年 1 月 24 日	南京西路 595 号
25	上海市跆拳道协会	1995 年 12 月 26 日	学前街 135 号 101 室
26	上海市轮滑运动协会	1991 年 6 月 7 日	大林路 235 号 3 楼 327 室
27	上海市蹦床、技巧协会	1991 年 7 月 12 日	百色路 1333 号
28	上海市围棋协会	1991 年 6 月 14 日	南京西路 150 号 5 楼
29	上海市象棋协会	1991 年 7 月 12 日	南京西路 150 号 5 楼
30	上海市航空、车辆模型协会	1991 年 12 月 31 日	广中路 444 号
31	上海市航海模型协会	1991 年 12 月 31 日	广中路 444 号
32	上海市无线电运动协会	1991 年 7 月 12 日	广中路 444 号

（续表一）

市级体育社会团体			
序号	单位名称	登记日期	单位地址
33	上海市汽车摩托车运动协会	1991年7月12日	广中路444号
34	上海市高尔夫球协会	1992年5月22日	凯旋路3131号明申中心大厦2205室
35	上海市保龄球协会	1991年5月27日	大渡河路1860号
36	上海市门球协会	1991年12月16日	南京西路591弄3号
37	上海市粽子球运动协会	1991年4月1日	山东中路1号
38	上海市游泳救生协会	1991年5月27日	东江湾路444号
39	上海市体育场馆协会	1991年6月14日	漕溪北路1111号
40	上海市特殊奥林匹克运动委员会	1991年4月10日	水电路176号
41	上海精武体育总会	1991年12月31日	四川北路1702弄34号
42	上海市老年人体育协会	1991年4月1日	零陵路858号
43	上海市农民体育协会	1991年4月5日	福州路53号208室
44	上海市木兰拳协会	1992年2月21日	大田路129号A栋3D
45	上海市练功十八法协会	1992年7月24日	重庆北路235号909室
46	上海中华武术会	1992年1月31日	上南路3886号
47	上海鉴泉太极拳社	1992年9月25日	桂林路46号
48	上海市中等专业学校体育协会	1992年7月7日	澳门路726号
49	上海市球迷协会	1993年8月6日	中山南二路1500号东亚大厦6楼
50	上海市少数民族体育运动协会	1993年9月28日	新闸路1031号
51	上海市残疾人体育协会	1992年7月31日	水电路176号
52	上海市体育舞蹈运动协会	1992年7月16日	常德路1344弄2号楼110—112室
53	上海市信鸽协会	1992年4月23日	虹桥路1885号
54	上海市钓鱼协会	1993年4月14日	南京西路595号
55	上海市职业培训学校体育协会	1994年12月29日	天山路1800号
56	上海市大学生体育协会	1994年3月16日	中山西路1245弄1号
57	上海市中学生体育协会	1994年12月1日	中山西路1245弄1号
58	上海市台球协会	1999年7月12日	源深路655号东区5楼
59	上海市航空运动协会	1997年5月23日	天钥桥南路1087号
60	上海市桥牌协会	2001年3月9日	中山南二路1500号东亚大厦2118室
61	上海市健身气功协会	2003年3月5日	南京西路591弄3号
62	上海市社会体育指导员协会	2003年11月6日	建国西路135号3号楼102室
63	上海市健美协会	2004年10月18日	中山西路555号808室
64	上海市风筝协会	2006年1月3日	南京西路591弄3号

(续表二)

市级体育社会团体			
序号	单位名称	登记日期	单位地址
65	上海市龙狮协会	2006年1月3日	三林路338号506室
66	上海市体育用品协会	2006年2月24日	中山南二路1500号东亚大厦18楼
67	上海市青少年体育训练协会	2005年3月25日	泳耀路300号10楼
68	上海市健步球协会	2007年7月12日	南京西路591弄3号
69	上海市极限运动协会	2006年10月18日	淞沪路2100号(体育中心)108室
70	上海市电子竞技运动协会	2007年8月29日	中山南二路1500号东亚大厦1501室
71	上海市马术协会	2008年1月29日	朱泾镇金廊公路6300号上海马术运动场
72	上海市滑冰协会	2008年4月30日	赤峰路630号702室
73	上海市登山运动协会	2008年4月9日	漕溪北路1111号(小白楼)205室
74	上海市板球协会	2009年3月12日	四平路1239号同济大学体育部
75	上海市龙舟协会	2009年4月22日	康平路66号206室
76	上海市体能协会	2009年3月10日	百色路1333号
77	上海市健美操协会	2009年8月21日	百色路1333号
78	上海市曲棍球协会	2009年5月11日	莘东路536弄1号
79	上海市剑道运动协会	2010年6月28日	南京西路591弄3号
市级民办非企业单位			
1	上海敏之体育文化交流中心	2001年2月2日	延安中路632弄43号
2	上海国际象棋小世界棋艺俱乐部	2001年7月4日	莘松路958弄瀑布湾道18号
3	上海郎傲赛车运动俱乐部	2002年12月31日	凯旋路3035号
4	上海市芸海青少年模型运动俱乐部	2002年9月12日	新同心路318号225室
5	上海市中原青少年游泳俱乐部	2002年12月31日	开鲁路518号
6	上海市申武青少年体育俱乐部	2002年8月9日	南京西路595弄
7	上海市普中青少年体育俱乐部	2002年8月9日	大渡河路1860号
8	上海市明天青少年体育舞蹈俱乐部	2002年7月31日	常德路1344弄2号110室
9	上海市苗苗青少年体育俱乐部	2002年7月31日	南京西路150号
10	上海市燎申杨瑞华乒乓球俱乐部	2005年6月9日	漕宝路1467弄6区8号
11	上海市健强青少年射击俱乐部	2003年3月21日	金都路3028号
12	上海市环球青少年无线电运动俱乐部	2002年9月12日	广中路444号
13	上海市东亚青少年足球俱乐部	2004年5月31日	天钥桥路666号
14	上海祝嘉铭格致排球俱乐部	2005年9月13日	广西北路66号
15	上海赛艋船艇运动俱乐部	2005年5月24日	盈朱路289号
16	上海市春晖青少年台球俱乐部	2002年11月28日	南京西路595号

(续表三)

市级民办非企业单位			
序号	单位名称	登记日期	单位地址
17	上海许建东将棋俱乐部	2006年1月3日	恒通路360号A-1001室
18	上海长征体育俱乐部	2004年5月19日	淮海中路1273弄9号甲
19	上海赛族汽车运动俱乐部	2005年9月16日	南浔路260号隆江大厦409室
20	上海市曹燕华乒乓球俱乐部	2008年3月7日	水电路176号
21	上海市华美踢踏舞运动俱乐部	2008年7月31日	中山北路3663号华师大干训楼103室
22	上海会众壁球俱乐部	2008年3月7日	宜山路888号新银大厦1306室
23	上海全动自行车俱乐部	2007年8月20日	复兴东路1058号
24	上海市申童青少年棋类俱乐部	2007年10月25日	南京西路150号508室
25	上海市精英青少年体育俱乐部	2008年7月31日	水电路176号
26	上海裕泰房车运动俱乐部	2009年7月31日	泰安路120弄27号
27	上海动感之屋电子竞技俱乐部	2009年10月13日	武宁路2182号
28	上海维阿匹赛鸽俱乐部	2009年10月13日	老沪闵路1156号
29	上海跨步羽毛球俱乐部	2010年3月26日	人民路28号
30	上海高尔夫球训练中心	2010年4月13日	张杨北路2700号
31	上海钱祥卿体育舞蹈运动俱乐部	2010年4月26日	医学院路69号10楼C座
市级基金会			
1	上海市体育发展基金会	1992年7月21日	新疆路500号1810室
2	上海市应昌期围棋教育基金会	2002年1月10日	天津路180号803室

第二章 人员队伍

第一节 运动员

运动员是体育专业队伍的主体，上海市体育行政部门是运动员管理工作的主管机关，实行分级分类管理。上海体育职业学院、上海市体育运动学校、上海市第二体育运动学校及有关高等学院、体育俱乐部，负责二线以上运动员管理；区（县）青少年业余体校、有关中学、体育俱乐部，负责二线以下（含部分二线）运动员管理。职业体育俱乐部负责对所属运动员管理。

图 8-2-1 2010 年 12 月 13 日，上海市体育局局长李毓毅（左二）慰问在迪拜参加世界短池游泳锦标赛的上海运动员

一线运动员即为上海队队员（亦称优秀运动员）。1978 年，上海一线运动员队伍仅 100 多人。在此后的几年中，上海加快恢复重建运动队伍，逐步扩大编制，至 2010 年，上海一线运动员编制达到 1 500 人左右。同时，上海着重加强运动员队伍建设及管理。1998 年，上海市体委下发《关于进一步加强优秀运动队思想政治工作的若干意见》，明确了思想政治工作在运动队中的地位和作用，强调了运动队思想政治工作的目的、基本内容、基本原则和方法，要求各训练单位切实加强思想政治工作的组织领导和保障。该意见实施后，对运动员的教育管理起到了积极的作用。1999 年，上海体育运动技术学院制定运动员管理的相关条例，在训练、比赛方面做了具体的要求与规定。管理条例要求运动员努力学习，增强祖国培养意识和集体荣誉感、责任感，树立勇攀高峰、为祖国争光的雄心壮志。规定运动员必须参加文化学习，努力提高文化水平；在训练比赛管理方面，要求运动员自觉遵守训练比赛纪律，上好每堂训练课，保质保量完成训练计划任务；认真负责参加各种比赛，赛出风格、赛出水平。管理条例明确了运动员的生活管理要求，规定运动员必须按时作息，严格遵守生活制度。

进入 21 世纪后，上海深化体育改革，增设了乒羽、排球、篮球等运动训练中心，训练、教育和管理更加专业、科学，涌现了姚明、刘翔、王励勤等一批世界级体育明星。

2008 年，北京举办奥运会，上海贯彻国家奥运战略，强化科学训练，运动队伍建设迈上新的台阶，涌现了在全国比赛中屡次夺得金牌的男子排球、足球等优秀团队，以及在 2008 年奥运会上为国争光的吴敏霞、刘子歌等奥运会冠军。

二三线运动队伍的建设管理，主要是打好基础，抓好其行为规范，并按国家九年义务教育要求，完成相应的文化教育任务。上海区（县）青少年业余体校普遍建立完善学生运动员管理制度。在培养青少年运动员的实践中，市和区（县）体育部门制定二三线运动员项目设置标准和评审办法，以及向上一级训练单位输送办法。选材、招生和试训（试读）亦有规范的制度。

在加强对优秀运动员管理的同时，上海市体育局着力加强青少年运动队伍的建设。2000年初，制定深化竞技体育后备人才培养管理的意见，提出以服务奥运、全运战略，突出后备人才培养为主线，着力落实“上项目、上规模、上水平、提高成才率”的工作方针，坚持举市体制，整合各方资源，不断改革创新，加强科学管理，提高科技含量，推进标准化建设。围绕上海竞技体育发展的目标和任务，逐步形成以市级体校为龙头、区（县）体校为基础、普通学校为依托、各种社会力量办训为补充的竞技体育后备人才培养体系。“十二五”期间，力争创建国家高水平体育后备人才基地不少于30个，建设区（县）高标准高质量的综合体校18所以上，全市从事课余训练的青少年运动员达20 000人，积极推进“百千万队伍建设工程”（培养100名优秀教练员领军人物、建设1 000名优秀后备人才苗子库、各级各类体校在训在册运动员达10 000名），上海组队参加全国青少年最高级比赛获得的奖牌数比“十一五”期间有突破，努力完成向市优秀运动队输送800名运动员的指标。

切实做好运动员文化教育保障工作，是促进运动员全面发展和运动队伍建设的重要方面。上海积极贯彻《关于进一步加强运动员文化教育和运动员保障工作的指导意见》精神，落实国家体育总局和上海市体育局有关运动员文化教育工作的各项举措，充分利用当地优质教育资源，通过联办、共建等形式，确保运动员文化素质的提高。保证运动员每天课余两小时的训练，充分利用学生“节假日和双休日”搞好集中训练，切实处理好读书与训练的关系，对运动员要因材施教，创新训练方法，努力提高每一堂训练课单位时间内的最大效益。在加强运动员文化教育工作实践中，上海注重发挥上海体职院、上海体院等高校作用，拓展思路，创新机制，多方合作抓好运动员文化教育工作。并努力办好上海市体校、市二体校及上海体院附属竞技体校。上海市体育局和上海市教委密切配合，落实上海市委、市政府有关体教结合的各项政策措施，指导区（县）和社会兴办的青少年体育俱乐部，二三线运动队加强青少年运动员的文化教育工作。整合优质教育资源，依托重点学校，利用托管、培训、督察等多种形式，帮助各类业余体校、青少年体育俱乐部提高文化教师素质，提升文化教育质量。

上海历来重视运动员、教练员保障工作，先后出台《上海市优秀运动员实行医疗保险后有关医疗保障问题的试行办法》等文件，解除运动员的后顾之忧，为运动员科学、有序训练提供了强有力的保障。

为鼓励运动员刻苦训练、为国争光，并表彰在国内外各类重大体育比赛中获得优秀成绩的运动员，上海先后出台《上海市体育运动员贯彻〈事业单位工作人员收入分配制度改革方案〉的实施意见》《上海市体育局关于核定与年度成绩奖挂钩的全国比赛名称的通知》《上海市体育局关于贯彻〈上海市优秀运动员教练员参加全国比赛奖励实施办法〉的实施细则（试行）》等成绩奖励政策。

在体育事业发展中，上海市体育局着重做好运动员技术等级管理工作。国家体育总局《运动员技术等级管理办法》颁布后，为鼓励运动员刻苦训练、提高运动水平，上海制定了相应的实施细则，规范上海市运动员技术等级称号的申请、审核、审批、授予工作。运动员的运动成绩达到本项目《运动员技术等级标准》，授予相应的等级称号。等级称号由高至低分为：国际级运动健将、运动健将、一级运动员、二级运动员、三级运动员。

国家体育总局审批国际级运动健将和运动健将。上海市体育局负责本行政区域管辖范围内的一级运动员等级称号的审批。上海市体育局授权各区、县体育局为二三级运动员的审批单位。各区、县体育局负责制订本行政区域管辖范围内的二三级运动员等级称号审批的实施细则，报上海市体育局批准后实施。由市、区（县）体育局的职能部门牵头，分别成立运动员技术等级称号认定工作小组，认定结果必须记录在技术等级称号申请表上，由认定小组负责人和经办人签字并存档。

在做好运动员招生进队、日常管理的同时，上海认真做好运动员退役安置工作，解决其“出路”

问题,以消除后顾之忧。1989年,上海市体委下发《上海市退役运动员安置工作的意见》,首次提出退役运动员的安置工作每年安排一次,由上海市体委会同上海市人事局、上海市劳动局提出分配方案,共同实施。该意见还鼓励具有大专以上文化程度的退役运动员到中小学校担任体育教师。90年代起,上海市体育部门加强了退役运动员的安置及管理工作,拓展思路,创新机制,以适应社会主义市场经济需求,同时为社会提供优秀人才。

1995年,上海探索拓展优秀运动员退役安置渠道,先后制定出台有关政策,并在全国率先实施对自谋职业的退役运动员奖励政策,逐渐打破以往运动员退役后一律由人事劳动和组织部门安排就业、分配工作的传统模式。1998年,上海市体委制定下发《上海市退役运动员安置工作管理办法》(以下简称《管理办法》),明确退役运动员安置工作由上海市体委、上海市人事局和上海市劳动局共同实施。《管理办法》提出:退役运动员安置以组织落实、安排为主,个人联系工作为辅,鼓励运动员自找工作、自谋出路。2005年,制订《上海市自主择业退役运动员经济补偿办法》,进一步明确了自主择业退役运动员经济补偿的计算办法。为了更好地妥善安置退役运动员,《管理办法》规定退役运动员上岗前的培训经费额度及使用办法,要求有关单位做好其专业技术培训。同时,上海市体育部门与市人事、教育等部门协商,制定下发退役运动员进入全日制高等院校学习有关问题的规定,鼓励运动员退役后继续学习深造,对进入高校学习者给予1～3万元的经费资助。1998—2010年,上海共安置退役运动员近千人,年平均安置率达到95%以上,使退役运动员安置工作走上了法治管理轨道。

第二节　教练员

1978年以后,上海各运动队恢复训练、比赛,体育教练员队伍初具规模,相对稳定。上海市体育部门注重发挥中老教练员的作用,采取以老带新、恢复传统、互帮互学等办法,促使运动队训练、比赛迅速步入正轨。针对教练员队伍青黄不接、年轻教练员文化程度低、专业技能缺乏等问题,上海市体育部门利用上海体育运动技术学院平台,帮助教练员提高学历层次。同时与上海体育学院合作,开设体育干部、教练员专修班。上海市体育科学学会和训练单位联手,组织训练观摩示范,举办训练管理专题讲座,总结中国传统的大运动量训练经验,推广现代科学训练方法。

在教练员队伍建设管理实践中,上海注重建章立制,依靠制度管人管事,推进专业化、规范化管理。根据国家体委《体育教练员职务等级标准》,上海先后出台《上海市贯彻〈体育教练员职务等级标准〉的若干意见》《关于破格推荐审核中高级教练员职务的暂行意见》《上海市体育教练员系列实施专业技术职务结构比例与岗位设置管理的试行意见》等配套文件。这些文件为推进上海体育系统教练员队伍建设起到了政策保障的作用。1998年,上海市体委下发《优秀运动队教练员聘任工作的暂行办法》,明确了总教练、主教练、教练、助理教练的聘任职务、资格和职责,以及聘任管理权限。同时规定了教练员聘任期限、聘任和考核办法。同年,下发《优秀运动队教练员教学训练工作的若干规定》,促使教练员做好训练课、训练和比赛计划以及组织实施日常训练的规定管理。

进入21世纪以后,上海在教练员队伍建设、管理方面,提出了造就一批"金牌教练"的思路及举措,重点培养三种类型的教练人才:

培育型。主要从即将退役的优秀运动员中选拔,注重事业心强、具有开拓创新精神的优秀人才,对其进行长期、系统的培养,或者从体育院校本科毕业生、研究生和青年教师中选拔适合从事教练工作的优秀人才,充实到优秀运动队重点培养。

发展型。年龄在35岁左右，具有大学本科或大专以上学历并有一定的理论基础、外语水平和实践经验，选送到国外学习2～3年后回国执教。

提高型。在现有中青年教练中，选送一批教练员到体院、国家队学习，或者到国外训练中心、基地见习6～10个月。同时按照国家体育总局有关教练员岗位轮训要求，全面培养、提高教练员的科学文化知识和指导训练能力。

对教练员的管理，上海市体育局加强科学考评、规范管理，建立起完整、科学、合理的教练员测评系统，作为选拔、考评教练员的依据，并建立与之相适应的激励机制，对于杰出人才在晋升、进修、奖励等方面给予特殊政策。

同时，上海从外省市和国外逐步引进、吸纳优秀教练人才，或邀请来沪作一年左右的“访问教练”“客座教练”，以“高目标、高投入、高待遇”的方针，吸引国内外优秀教练人才，构筑上海体育人才高地。

1993—2010年，上海共有28人获国家级教练员职称，605人获高级教练员职称。

表8-2-1 2010年上海一二三线在聘教练员人数统计表 单位：人

	合计			一线			二线			三线		
	小计	男	女	小计	男	女	小计	男	女	小计	男	女
总计	1 119	759	360	280	219	61	135	93	42	704	447	257
直属小计	378	286	92	268	214	54	104	71	33	6	1	5
地方小计	741	473	268	12	5	7	31	22	9	698	446	252
黄浦区	83	55	28	4	2	2	1	0	1	78	53	25
卢湾区	63	35	28	2	0	2	8	5	3	53	30	23
徐汇区	68	42	26	0	0	0	5	3	2	63	39	24
长宁区	56	35	21	0	0	0	0	0	0	56	35	21
静安区	30	18	12	0	0	0	0	0	0	30	18	12
普陀区	4	3	1	0	0	0	0	0	0	4	3	1
闸北区	66	37	29	0	0	0	1	1	0	65	36	29
虹口区	68	40	28	3	1	2	0	0	0	65	39	26
杨浦区	57	35	22	0	0	0	4	3	1	53	32	21
闵行区	24	14	10	3	2	1	0	0	0	21	12	9
宝山区	32	21	11	0	0	0	4	3	1	28	18	10
嘉定区	18	11	7	0	0	0	0	0	0	18	11	7
浦东新区	64	42	22	0	0	0	4	3	1	60	39	21
金山区	6	5	1	0	0	0	0	0	0	6	5	1
松江区	18	11	7	0	0	0	4	4	0	14	7	7
青浦区	15	11	4	0	0	0	0	0	0	15	11	4
奉贤区	54	44	10	0	0	0	0	0	0	54	44	10
崇明县	15	14	1	0	0	0	0	0	0	15	14	1

说明：资料来源于《上海体育年鉴(2011)》。

表 8-2-2　2010 年上海市体育教练员系列晋升高级职称人员一览表

姓　名	运动项目	职　称	所属单位
李秋平	篮球	国家级教练(1 人)	上海体育职业学院
陈进培	手球	高级教练(27 人)	上海体育职业学院
王　健	排球		上海体育职业学院
王建民	排球		闸北区业余体校
樊天健	乒乓		上海体育职业学院
张　滨	马术		上海马术运动场
徐　辉	橄榄球		上海体育学院
汪兴旗	击剑		上海体育职业学院
王　军	击剑		上海体育学院
陆伟平	击剑		宝山区第一体校
陈雁浩	田径		上海体育职业学院
周伟明	田径		上海体育职业学院
王桂女	田径		浦东新区第二业余体校
戴海振	赛艇		上海市水上运动中心
王三省	赛艇		浦东新区第三业余体校
王银珍	射击		上海市射击射箭运动中心
何丽明	射击		虹口区业余体校
杨志明	蹦床		上海市体操运动中心
山　广	体操		上海体育学院
陈　颖	体操		黄浦区业余体校
李玉清	跆拳道		上海体育学院
侯盛明	跆拳道		上海体育学院
邱　波	女子足球		浦东新区第一体校
郑爱勤	游泳		虹口区业余体校
何　纲	游泳		长宁区温水游泳池
王建国	篮球		徐汇区业余体校
徐　敏	举重		静安区业余体校
许　韵	羽毛球		闸北区业余体校

说明：1993—2010 年国家级教练员、高级教练员名录详见“第九篇人物第三节”。

第三节　裁判员

1978 年 6 月，国家体委重新颁发《中华人民共和国裁判员等级制度试行草案》后，上海 1966 年以前批准授予的等级裁判员相继恢复称号。1981 年 11 月，国家体委正式颁发《中华人民共和国裁判员技术等级制度》，上海等级裁判员的发展工作进入一个稳步发展的新时期。

进入20世纪80年代后，裁判员队伍逐步年轻化、社会化。在裁判员队伍的管理上，充分发挥单项协会的作用，至1985年，全市24个单项协会都设立裁判委员会。裁判委员会的主要职责是：制定裁判员业务学习计划，定期安排业务培训和交流活动；负责一级裁判员的考核，推荐国家级裁判员名单；推荐参加国际、全国和全市比赛的裁判人员名单；组织对新规则的学习、实习和推广运用；指导区（县）开展裁判业务工作。为适应日益频繁的国际比赛的需要，一级以上的裁判人员普遍参加体育系统的外语培训。

经过多年发展，上海已形成一支能胜任国际、国内大赛执裁工作、具有较高水平的体育裁判队伍。每年均有上海籍裁判受国家体委（国家体育总局）的委派，担任重大国际国内比赛的裁判委员会委员和裁判长，应邀参加国家体委竞赛规则和裁判法的修订工作，担任国家级裁判委员会委员，参加国家级裁判的考核评卷工作。1990年第十一届亚运会上，上海共派出26个项目的150人参加裁判工作，其中49名裁判员受到表彰。2008年北京奥运会上，上海多名裁判员作为技术官员，参加比赛裁判和仲裁工作。

上海在加速培养高层次、高级别裁判人员的同时，有计划、有重点地推荐培养优秀裁判员在国际、亚洲体育组织中任职，或担任技术官员。中国男排著名球员、教练员祝嘉铭，退役后从事体育行政管理工作。上海市体育部门着眼长远，支持其出国讲学、考察，推荐到亚洲排联任副主席、技术官员和高级讲师。女子射箭运动员郭蓓，曾创造世界纪录，退役后曾在上海市政府教卫办工作，担任过上海市体育运动学校和上海市体育局领导。体育部门积极推荐，精心培育，在其于国内外大赛担任主要裁判官员的基础上，支持帮助其进入国际射箭联合会。2001—2010年，郭蓓任国际射箭联合会技术委员会委员，并担任亚洲射箭联合会理事。

随着体育事业的发展，裁判工作者社会地位不断提高。1980年，上海市篮球协会为著名国家篮球裁判刘荷生举行“执哨五十年庆典茶话会”。1984年，著名乒乓球裁判乐秀华、田径裁判张木贞、排球裁判张发杰、射击裁判赵昌辛获得上海市体育运动荣誉奖章，并受到上海市政府表彰。1985年，国家体委表彰了286名兢兢业业，为体育事业发展作出突出贡献的国际级、国家级优秀裁判员，其中26名为上海裁判员，他们是：高慎华（足球）、陈光时（足球）、臧志林（足球）、吴惠良（篮球）、张发杰（排球）、顾寇凤（女、乒乓球）、孙麒麟（乒乓球）、陈汤德（羽毛球）、宋连根（网球）、何启宗（棒球）、司徒璧双（女、垒球）、张木贞（女、田径）、姜群立（田径）、郑传声（田径）、陈景兰（游泳）、李涌祥（游泳）、许传恩（游泳）、宣增镛（跳水）、娄琢玉（举重）、赵子骧（举重）、丁伯铭（举重）、俞秀峰（体操）、王琛玉（女、击剑）、林峰（国际象棋）、张瑞正（射击）、祝益寿（皮划艇）。

1989年，国家体委表彰的优秀裁判员中，上海45人榜上有名，他们是：吴惠良（篮球）、王锦明（篮球）、戴云飞（篮球）、谢有光（篮球）、陈汤德（羽毛球）、周达文（网球）、蔡鸿祥（武术）、林峰（国际象棋）、丁伯铭（举重）、赵子骧（举重）、张发杰（排球）、王恩明（排球）、朱忠义（跳水）、何连德（水球）、朱万莉（女、花样游泳）、范铭业（射箭）、陈景兰（游泳）、李涌祥（游泳）、许传恩（游泳）、孙仲麟（航空模型）、袁文才（航空模型）、司徒璧双（女、垒球）、肖嘉珣（女、垒球）、龚宝发（垒球）、顾寇凤（女、乒乓球）、黄传杰（乒乓球）、高慎华（足球）、臧志林（足球）、徐炳胜（足球）、李致富（足球）、庄乙鸿（无线电）、谭妙全（射击）、赵昌辛（射击）、张瑞正（射击）、陆江山（赛艇）、祝益寿（皮划艇）、王家谨（帆船）、朱凤章（田径）、沈丽（女、田径）、祝寿玫（女、航海模型）、孙山涛（田径）、张兆杰（田径）、洪南丽（女、体操）、俞秀峰（体操）、薛硕煌（棒球）。

1993年上海33名裁判受国家体委表彰，他们是：郭蓓（女、射箭）、吴炳良（蹼泳）、袁文才（航空模型）、陆忠（自行车）、陆启孙（自行车）、谭妙全（射击）、张根娣（女、射击）、张瑞正（射击）、吴阿强

(赛艇)、谢有光(篮球)、顾寇凤(女、乒乓球)、黄传杰(乒乓球)、王恩明(排球)、陈汤德(羽毛球)、何启忠(棒球)、诸达乐(游泳)、李涌祥(游泳)、许传恩(游泳)、陈景兰(游泳)、宣增镛(跳水)、何连德(水球)、王琛玉(女、击剑)、陈金初(击剑)、丁伯铭(举重)、鄞旭(举重)、姜群立(田径)、朱凤章(田径)、沈丽(女、田径)、周达文(网球)、张福云(武术)。

表8-2-3 1978—2010年上海市等级裁判员发展情况统计表

单位：人

年份	国际裁判	国家级	一级
1978年	5	69	199
1979年	0	20	269
1980年	0	32	151
1981年	2	25	130
1982年	3	11	282
1984年	0	11	152
1985年	0	33	132
1986年	4	38	154
1987年	3	55	89
1988年	5	29	199
1989年	3	42	136
1990年	4	23	148
1991年	1	28	142
1992年	0	10	120
1993年	3	17	41
1994年	0	22	124
1995年	2	6	89
1996年	0	16	167
1997年	1	27	0
1998年	2	19	119
1999年	0	22	329
2000年	0	53	185
2001年	0	48	130
2002年	2	31	149
2003年	0	22	109
2004年	0	33	75
2005年	8	41	224
2007年	1	13	260
2008年	0	25	102

（续表）

年份	国际裁判	国家级	一级
2009年	0	0	279
2010年	5	18	168

说明：表格数据来源于第一轮《上海体育志》和历年《上海体育年鉴》。

为保证体育竞赛公平、公正、有序进行，规范体育竞赛裁判员监督管理工作，根据《中华人民共和国体育法》《体育竞赛裁判员管理办法》，制定《上海市体育竞赛裁判员管理办法》，对裁判员实行分级认证、分级注册、分级管理。上海市体育局委托上海市体育总会对国家体育总局正式开展的体育运动项目裁判员的日常管理工作进行监管。各区（县）政府体育主管部门负责本地区相应等级裁判员的监督管理工作。上海市体育总会对上海各单项协会裁判管理工作进行监督，对相关项目协会裁判管理信息收集、汇总。市级单项体育协会、区（县）单项体育协会分别负责本项目、本地区相应技术等级裁判员的资格认证、培训、考核、注册、选派、处罚等（以下简称"技术等级认证"）监督管理工作。各体育运动项目裁判员的技术等级分为国家级、一级、二级、三级。获得国际单项体育组织有关裁判技术等级认证者，统称为国际级裁判员；获得全国单项协会有关裁判技术等级认证者，统称为国家级裁判员。

上海按有关规定，设置裁判员委员会（以下简称"裁委会"）。裁委会在各单项协会领导下，具体负责本项目裁判员的技术等级认证等监督管理工作。各单项协会裁委会设主任1人，副主任2～4人，常委（或执委）和委员若干人组成。裁委会成员由协会专职人员和注册的国际级、国家级裁判员组成。各单项协会专职人员在裁委会常委会（或执委会）任职人数不超过常委总数的五分之一。每届裁委会任期不超过4年，裁委会主任连任不能超过两届，年龄原则上不超过70岁。市级各单项协会裁委会成员候选人由各区（县）体育主管部门或同级单项体育协会依据相应程序和条件推荐，由市级各单项协会审核批准。裁委会常委会（或执委会）成员，由裁委会成员无记名投票选举产生。裁委会主任、副主任由各单项协会提名推荐候选人，由裁委会常委（或执委）无记名投票，三分之二以上常委表决同意方可通过。裁委会主任、副主任、常委（或执委）人选需报经市相关单项协会核准，名单须报备上海市体育主管部门和上海市体育总会，并向社会公布。

上海裁判员实行注册管理制度。各单项协会根据全国各单项协会裁判员管理要求，确定相应裁判员的注册年龄限制、注册时限、停止注册和取消注册等条件。国际级、国家级裁判员按年度，由市级各单项协会负责向各全国单项协会进行注册；市级各单项协会负责本项目一级裁判员注册工作，并报备上海市体育总会。二、三级裁判员注册由各区（县）体育主管部门或区（县）单项协会负责。

第四节　干部职工

随着体育事业的发展，上海体育系统干部职工的学历、知识结构发生变化，文化教育程度提高，专业知识素质得到改善。20世纪80年代末，上海市体育干部进修学院停办；上海市体委职工学校与文史、报刊编辑等部门合并，组建为上海市体育宣传教育中心（上海市体委党校）。成人教育、学历教育、业余学校逐渐转为正轨的全日制教育。体育系统干部职工的教育和管理成为常态，并日趋专业化、规范化。

90年代起，上海进一步加强体育系统干部职工队伍建设，严格规范人员录用（辞退）标准及程序。上海市、区(县)体育行政部门招收工作人员,按照上海市人事部门的要求,参加国家公务员考试及用人单位面试,择优录用。上海市体育局制定了直属事业单位公开招聘人员试行办法,要求事业单位在编制限额内出现岗位空缺时,根据岗位任职条件及要求,按照规定的方式和程序,面向社会选人、用人。公开招聘程序包括招聘信息发布、公开报名、资格审查、考试考核、身体检查、确定拟选人员、单位公示、签订聘约等。

2003 年,《上海市事业单位聘用合同协议》下发。2009 年,实施《上海市事业单位公开招聘人员暂行办法》。上海市体育局结合体育系统实际情况,认真贯彻实施。2010 年,上海市体育局制定《上海市体育事业单位岗位设置管理实施办法》等文件,进一步加强干部职工队伍建设及规范管理。

表 8-2-4　2010 年上海市体育系统从业人员情况统计表

单位:人

	合计	公务员	教练员	运动员	科研人员	医务人员	文化教师	管理人员	工勤人员	其他
合计	6 040	238	1 119	771	71	82	431	1 589	1 286	452
体育行政机关	238	238	0	0	0	0	0	0	0	0
运动项目管理部门(优秀运动队)	451	0	75	192	2	6	0	85	90	0
本科院校	0	0	0	0	0	0	0	0	0	0
职业、运动技术学院	1 338	0	182	519	5	50	243	151	172	16
体育运动学校	449	0	109	17	2	12	106	84	89	30
竞技体校	0	0	0	0	0	0	0	0	0	0
少儿体育运动学校(业余体校)	1 094	0	596	19	15	6	82	215	131	30
单项运动学校	0	0	0	0	0	0	0	0	0	0
训练基地	219	0	59	16	0	0	0	52	54	38
体育场馆	1 784	0	78	8	0	8	0	669	700	321
科研所	65	0	0	0	43	0	0	17	5	0
其他事业单位	392	0	20	0	4	0	0	306	45	17
其他	10	0	0	0	0	0	0	10	0	0

说明:表格数据来源于《上海体育年鉴(2011)》。

表 8-2-5　2010 年上海市体育系统机构统计表

单位:个

	合　计			体育行政机关			运动项目管理部门	职业、运动技术学院	体育运动学校			业余体校			训练基地	体育场馆	体育科研机构	其他事业单位	其他机构
	小计	独立	合并	小计	独立	合并	小计	小计	小计	独立	合并	小计	独立	合并	小计	小计	小计	小计	小计
总计	174	154	20	19	18	1	3	1	11	3	8	45	34	11	3	60	1	30	1
直属小计	48	34	14	1	1	0	3	1	10	2	8	7	1	6	2	14	1	8	1
地方小计	126	120	6	18	17	1	0	0	1	1	0	38	33	5	1	46	0	22	0

（续表）

	合　计			体育行政机关			运动项目管理部门	职业、运动技术学院	体育运动学校			业余体校			训练基地	体育场馆	体育科研机构	其他事业单位	其他机构
	小计	独立	合并	小计	独立	合并	小计	小计	小计	独立	合并	小计	独立	合并	小计	小计	小计	小计	小计
黄浦区	11	11	0	1	1	0	0	0	1	1	0	3	3	0	0	2	0	4	0
卢湾区	4	4	0	1	1	0	0	0	0	0	0	1	1	0	0	1	0	1	0
徐汇区	9	7	2	1	1	0	0	0	0	0	0	6	4	2	0	1	0	1	0
长宁区	10	8	2	1	1	0	0	0	0	0	0	4	2	2	0	3	0	2	0
静安区	7	7	0	1	1	0	0	0	0	0	0	2	2	0	0	2	0	2	0
普陀区	10	10	0	1	1	0	0	0	0	0	0	4	4	0	0	5	0	0	0
闸北区	7	7	0	1	1	0	0	0	0	0	0	2	2	0	0	2	0	2	0
虹口区	9	9	0	1	1	0	0	0	0	0	0	1	1	0	0	5	0	2	0
杨浦区	7	6	1	1	1	0	0	0	0	0	0	4	3	1	0	2	0	0	0
闵行区	7	7	0	1	1	0	0	0	0	0	0	1	1	0	0	3	0	2	0
宝山区	7	7	0	1	1	0	0	0	0	0	0	4	4	0	0	1	0	1	0
嘉定区	5	5	0	1	1	0	0	0	0	0	0	0	0	0	0	2	0	2	0
浦东新区	10	9	1	1	0	1	0	0	0	0	0	3	3	0	0	5	0	1	0
金山区	5	5	0	1	1	0	0	0	0	0	0	0	0	0	0	4	0	0	0
松江区	6	6	0	1	1	0	0	0	0	0	0	0	0	0	0	4	0	1	0
青浦区	6	6	0	1	1	0	0	0	0	0	0	2	2	0	0	2	0	1	0
奉贤区	3	3	0	1	1	0	0	0	0	0	0	0	0	0	1	1	0	0	0
崇明县	3	3	0	1	1	0	0	0	0	0	0	1	1	0	0	1	0	0	0

说明：表格数据来源于《上海体育年鉴(2011)》。

第三章 法治管理

第一节 体育法规与规范性文件

一、地方性体育法规

20世纪80年代初期，上海市人大常委会和上海市人民政府加强立法研究工作，制定地方性法规和政府规章的立法框架及调研项目。上海市体委根据立法框架，组织专人对群众体育、体育场地管理等立法项目开展前期调研。上海市政府于2000年撤销上海市体委，设置上海市体育局，作为上海市政府主管体育工作的直属机构。上海市体育局设立法规处(政策研究室)，负责体育法治、政策研究等工作。

图8-3-1 2000年10月30日，上海市人大常委会领导开展市民体育健身立法调研，上海市体育局局长金国祥(左一)陪同

《体育法》颁布后，上海加快体育配套立法步伐。上海市人大常委会确定了以全民健身立法为突破口的立法调研项目。上海市政府法制办公室牵头组成了由上海市体育局等相关部门参与的地方性法规的立法调研起草组，开展专题调研。

调研组的领导与专家探索研究上海体育事业发展的规律以及基本经验，提升思想认识水平，确立了保障市民体育健身权益、促进上海市民健身发展的总体思路。在上海市人大有关部门的指导下，调研组深入街道、乡镇、企业、学校，实地调研走访，并赴贵州等地学习考察，广泛听取意见。调研组从华东政法大学、上海体育学院等高等院校、科研机构吸收了一批专家，开展草案起草工作。经过几易其稿，形成《上海市市民体育健身条例》(草案)，经上海市政府同意，报送上海市人大常委会审议。2000年12月15日，上海市人大常委会第二十四次会议审议通过该条例，并于2001年3月1日起实施。这是中国首部市民健身的地方性体育法规，对增强市民体育素养、优化体育健身环境、促进全民健身发展，具有十分重要的意义。

《上海市市民体育健身条例》共28条，适用于上海行政区域内市民体育健身活动及其管理，突出强化了政府提供公共体育服务的职责，充分体现了关注民生、促进经济和社会协调发展的科学发展观。《条例》强调：全市市民有参加体育健身活动的权利，残疾人享有平等参与体育健身活动的权利。《条例》要求：各级人民政府应当加强市民体育健身工作的领导，将市民体育健身工作纳入国民经济和社会发展计划，保证公共体育设施适应市民体育健身的基本需要，为市民体育健身活动提供资金保障。

《条例》明确规定各级政府应当加强对市民体育健身工作的管理，将经费列入本级财政预算，对组织开展市民体育健身活动成绩显著的集体和个人给予表彰奖励；明确各级政府应当按照国家和本市要求对城市公共体育设施用地规定指标、公共体育健身设施设置规划，确保公共体育资源、市民健身设施落到实处；明确要求机关、企业、事业单位、社会团体和其他组织根据本单位生产、经营工作的特点，制定体育健身计划，提供必要条件，保障职工参加体育健身活动的合法权益；规定学校应保证学生在校期间每天锻炼的时间，并加强对学生体质的监测，提高学生身体素质；明确规定公共体育场馆和学校、社区体育健身活动场地定期向市民优惠或免费开放，满足市民健身的需求；条例还规定了违反该法规的处罚条款。2001—2010 年，上海市体育局由法规处牵头，组织专人对社会体育、体育设施、体育产业、科教兴体等方面，开展地方性法规立法的前期调研、可行性论证。

二、政府体育规章

由上海市政府颁布的体育规章，是体育配套立法的重要组成部分。1978—2010 年，上海共颁布 3 部体育政府规章(其中 1 部废止)，对推进体育法治建设起到了积极的作用。

【《上海市体育场所管理办法》】

1994 年 12 月 31 日由上海市政府颁布。体育场所是发展体育事业的基础条件和重要保障。但在《体育法》颁布前后，上海体育场所的发展不尽如人意。体育场地紧缺，特别是中心城区，市民参加健身困难，学校体育场地不足且开放不够。一些企事业单位未按照国家和地方的有关建设标准规划建设体育场地设施，任意侵占、挤用体育场地的现象时有发生。

为此，上海市政府法制办公室和上海市体委组成了体育政府规章的调研起草组，对全市体育场所建设、使用和开放管理情况开展调研，基本摸清了上海体育场所的数量、规模和分类、分布状况，以及存在的主要问题，形成了《上海市体育场所管理办法》(草案)，报上海市政府审议后颁布实施。

《上海市体育场所管理办法》明确了管理范围及管理对象，体育场所是指用于体育训练、比赛和锻炼的体育运动场地、建筑物和固定设施，包括向社会开放的公共体育场所和单位内部使用的非公共体育场所；规定了公共体育场所的规划编制、面积标准、资金来源与改扩建、拆迁补偿等具体要求；规定了学校、机关、团体和企业、事业单位非公共体育场所的规划建设标准和开放要求，规定在国定节假日和全民健身节等重大活动期间，优惠或免费对市民开放；该政府规章明确规定了对体育场所的执法检查要求、执法程序和行政处罚办法。

【《上海市体育竞赛管理办法》】

1999 年 3 月 25 日由上海市政府颁布。

《上海市体育竞赛管理办法》的颁布实施，旨在规范体育部门管理，鼓励社会力量兴办各类体育赛事，促进包括体育竞赛在内的体育产业健康快速发展。

上海的体育竞赛资源较丰富，竞赛市场比较活跃，但发展不太平衡，有关部门的管理未纳入法制管理轨道；社会力量举办、承办比赛不够规范，导致竞赛资源浪费，参赛者和提供场所单位的权益得不到有效保护。针对这些状况，上海市政府法制办公室和上海市体委的立法调研组深入基层，开展调研，形成了体育政府规章的草案。

《上海市体育竞赛管理办法》明确规定了适用范围，是指采用售票、收取报名费、接受赞助或者获取广告收入等形式举办，由举办人自负盈亏的体育运动项目竞赛活动。明确了举办原则及主管和协管部门。上海市体育部门是全市体育竞赛的行政主管部门,各级工商、公安、卫生、税务、审计等行政管理部门按照各自职责,协同体育行政部门实施;明确规定实行竞赛登记制度,规定了举办人的条件、登记的程序、应当提交的材料及登记证的发放、担保和保证金的交付等要求;严格竞赛管理,对经登记的体育竞赛规程、规则和实施方案必须严格执行,否则按规定予以处罚。

【《上海市经营性保龄球馆管理办法》】

1996 年 1 月 15 日由上海市政府颁布,2010 年废止。

《上海市经营性保龄球馆管理办法》是单一体育项目的政府规章,旨在规范 20 世纪 90 年代上海快速兴建的保龄球馆。随着保龄球运动的由热转冷,球馆效益不佳,球馆数量大幅度减少,决定废止该办法。

三、体育规范性文件

体育规范性文件是依法管理、科学管理的重要依据之一。上海市体育部门根据体育事业发展需要,制定发布各类体育规范性文件。同时,根据上海市政府关于规范性文件发布备案的要求,适时修改或废除了一批规范性文件。截至 2010 年 12 月,上海共有 42 项体育规范性文件。

表 8-3-1 截至 2010 年上海市体育规范性文件一览表

序号	规范性文件名称	文件号	发布时间	已被市政府确认备案
1	上海市个人业余无线电台管理实施细则	—	1993 年 11 月 30 日	—
2	上海市《社会体育指导员技术等级制度》实施细则	—	1994 年 11 月 17 日	—
3	上海市公共体育场所开放规定(试行)[含《上海市公共体育场所开放工作考核标准(试行)》]	—	1996 年 6 月 26 日	—
4	上海市体育场所管理办法实施细则	沪体办(1997)88 号	1997 年	—
5	上海市社区体育工作管理办法(试行)	沪体群(1997)434 号	1997 年	—
6	上海市体育竞赛运动员代表资格注册管理办法	沪体竞(1998)592 号	1998 年	—
7	上海市体育竞赛裁判员管理办法	沪体竞(2000)633 号	2000 年	—
8	上海市体育局决策咨询研究项目管理办法	—	2001 年 1 月 1 日	—
9	上海市体育局关于实施《上海市市民体育健身条例》的规定	—	2001 年 2 月 28 日	—
10	上海市青少年足球运动管理试行办法(含《上海市青少年足球运动管理试行办法实施细则》)	沪体办(2001)98 号	2001 年	—
11	上海市参加全国青少年比赛选拔组队和经费补贴的暂行办法	沪体竞(2001)121 号	2001 年	—
12	上海市青少年足球训练单位管理规定	沪体法(2002)127 号	2002 年	—

（续表一）

序号	规范性文件名称	文 件 号	发布时间	已被市政府确认备案
13	上海市郊区体育工作规定(暂行)	沪体群(2002)719 号	2002 年 12 月 6 日	—
14	上海市信鸽饲养活动管理暂行规定	沪体法(2002)758 号	2002 年	—
15	上海市体育彩票管理暂行办法	沪体法(2003)231 号	2003 年 4 月 22 日	—
16	上海市体育局科研课题管理办法	沪体科(2004)527 号	2004 年 7 月 20 日	—
17	上海市体育局科研课题经费管理暂行办法	沪体科(2004)528 号	2004 年 7 月 20 日	—
18	上海市加强职业足球俱乐部规范管理的若干意见(试行)	沪体法(2005)136 号	2005 年 3 月 1 日	—
19	上海市游泳场所开放服务督导办法	沪体法(2005)389 号	2005 年 6 月 13 日	—
20	上海市加强职业足球俱乐部规范管理的若干意见实施细则(试行)	沪体法(2005)749 号	2005 年 12 月 2 日	—
21	关于加强上海市体育传统项目学校建设工作的若干意见	沪体竞(2006)104 号	2006 年	—
22	上海市社区公共运动场开放管理办法	沪体群(2006)280 号	2006 年 5 月 8 日	—
23	上海市区(县)体育彩票管理机构工作评估办法(试行)	沪体计(2006)288 号	2006 年 5 月 10 日	—
24	上海市社区体育健身俱乐部评估标准(试行)	沪体群(2006)298 号	2006 年 5 月 11 日	—
25	上海市体育科技腾飞计划管理办法	沪体科(2006)300 号	2006 年 5 月 15 日	—
26	关于加强上海市健身气功规范化管理的意见	沪体办(2006)466 号	2006 年 7 月 13 日	—
27	上海市体育彩票销售网点管理办法	沪体计(2006)820 号	2006 年 12 月 28 日	—
28	上海市市民体质监测数据开放管理办法(试行)	沪体群(2007)35 号	2007 年 1 月 25 日	—
29	上海市体育局行政许可办理细则(征求意见稿)	—	2007 年 6 月	—
30	上海市区(县)各类二线运动队暂行管理办法[含《上海市区(县)各类二线运动队认定条件实施细则》]	沪体竞(2007)786 号	2007 年 12 月 30 日	—
31	上海市各类二线运动队招生管理办法	沪体竞(2007)787 号	2007 年 12 月 31 日	—
32	上海市体育竞赛运动员注册管理办法[含《本市奥(全)运项目青少年运动员的注册办法》]	沪体竞(2007)788 号	2007 年 12 月 31 日	2008 年 8 月 18 日沪府法备字〔2008〕第 3 号
33	上海市体育后备人才输送奖、输送跟踪奖、输送成果奖暂行管理办法(含《上海市体育后备人才输送奖、输送跟踪奖、输送成果奖奖励标准及实施办法》)	沪体竞(2007)789 号	2007 年 12 月 31 日	—
34	上海市区(县)体育彩票管理机构发行费分配使用管理办法	沪体计(2008)148 号	2008 年 3 月 4 日	—

（续表二）

序号	规范性文件名称	文件号	发布时间	已被市政府确认备案
35	上海市有偿体育健身指导人员执业资格管理暂行办法	沪体法(2008)320号	2008年5月14日	—
36	上海市社区体育健身设施开放管理评估办法(试行)	沪体群(2008)382号	2008年6月10日	—
37	上海市学校体育场地向社区开放工作评估办法	沪体群(2008)399号	2008年6月20日	—
38	关于上海市开展游泳救生员职业技能培训和考核鉴定工作的实施意见	沪体群(2008)647号	2008年11月3日	—
39	上海市"顶呱刮"即开型体育彩票兑奖票处理意见(试行)	沪体计(2009)36号	2009年1月23日	2010年4月7日沪府法备字〔2010〕第38号
40	上海市青少年运动员奖学金暂行管理办法(试行)(含《关于实施〈上海市青少年运动员奖学金暂行管理办法〉补充意见的通知》)	沪体竞(2009)189号	2009年4月14日	2010年4月14日沪府法备字〔2010〕第39号
41	上海市运动员技术等级管理办法实施细则	沪体竞(2010)16号	2010年1月15日	2010年10月13日沪府法备字〔2010〕第113号
42	关于加强2010年上海市游泳场所夏季开放管理服务工作的通知	沪体法(2010)185号	2010年5月6日	2010年6月2日沪府法备字〔2010〕第74号

第二节　体育行政执法

一、行政执法机构

上海市体育局负责全市的体育行政执法，其法规处(政策研究室)具体负责执法人员的教育、培训、执法和监管，制定体育法规的实施细则及行政许可。体育行政执法人员持有上海市政府统一颁发的行政执法证，依法开展行政执法工作。区(县)体育行政部门在上海市体育局的指导下，负责辖区内的体育行政执法工作。在上海市政府法制办的指导协调下，上海市体育局联合上海市卫生防疫、园林绿化、食品药监、文化广播等相关行政部门，依照体育法律、法规的规定及执法权限，开展行政执法和执法检查，对违反《体育法》和《上海市市民体育健身条例》等法律、法规的行为，实施行政处罚。

2000年新建的上海市体育局，在机构、编制减少的情况下，新增设4个编制的法规处(政策研究室)，在职能上明确开展地方性法规、规章草案和政策的调研起草，实施有关法规、规章的行政执法、执法检查等相关职能。

根据上海市政府规定，从2001年起，原由上海市社会体育管理中心承担的体育行政审批的相关登记、备案、年检等事项和体育行政执法工作移交上海市体育局机关承担，具体由法规处（政策研究室）组织实施。

二、行政执法实施

2001年起，上海市体育局陆续制定《上海市体育局行政许可办理细则》《上海市体育局行政执法操作规程》等文件和操作手册，对体育行政执法事项、执法依据、执法流程等进行梳理，并将确定的行政执法事项落实到相关的内设部门和部分直属单位，明确责任单位、职能机构和执法岗位工作，逐步建立了体育行政规范执法制度及程序，做到职责明确、公开透明、监督有效、行为规范。

按照《上海市政府信息公开规定》要求，2004年建立了"上海市体育局政务信息公众查阅室"，设立专门服务窗口，法规处（政策研究室）配备工作人员，承担行政许可（审批）、政策法规咨询、执法案件监管移送和信息查阅等事务，为市民提供快捷、方便的服务。

上海市体育局定期对市、区（县）体育行政部门的领导干部、管理人员开展《体育法》《公共文化体育设施条例》《行政处罚法》等专业法的培训，全市有近百人取得了体育行政执法证，加强了体育执法队伍建设。按照上海市委、市政府《上海市文化领域相对集中行政处罚权工作的决定》，上海市体育局原行使的行政处罚权从2005年1月1日起移交上海市文化市场行政执法总队，上海市体育局积极配合市文化市场行政执法总队工作，沟通信息，协调推进体育行政执法。

上海市人大每年组织1～2次的视察调研和执法检查。上海市体育局经常对公共体育场地的使用和开放进行执法检查和监督。每年夏季游泳场所开放，上海市体育局联合公安、卫生、教育、质检、文化行政执法等部门，加强对游泳场所开放期间的监督和执法检查，确保市民生命健康和安全。对侵占体育场地设施、游泳场所开放服务不规范及从事射击运动单位存在的问题给予通报批评、行政处理，使体育市场更加规范有序。

第三节　普法宣传教育

一、体育法治宣传

上海坚持宣传和引导并举，以改革的思路做好宣传和发动工作，把体育普法宣传教育工作与全民健身、竞技体育、体育竞赛等活动紧密结合起来，加大体育宣传力度。上海市体育局不定期组织体育知识竞赛，在上海市体育局网站组织开展在线"体育部门领导与市民互动"等活动，通过专题讲座、辅导报告、参观学习等多种法治宣传教育形式，形成学法、守法、护法、用法的良好风气。

1996年，上海举行第一届全民健身节，并开展体育法治宣传教育。《上海市市民体育健身条例》规定每年6月10日为本市体育健身日。健身日期间，上海在全市各个区（县）组织开展全民健身周（节）等各类丰富多彩的市民体育健身活动，号召市民踊跃参与体育健身活动，同时宣传体育法律、法规和健身知识，形成人人学习、人人运动、人人健身的氛围。上海各主流媒体发挥宣传优势，拨出一定的时段、版面，开辟健身专栏、热线，邀请专家宣传和辅导，使体育法律法规深入社区。同时，制作和分发各类宣传品，张贴于全市各社区、街道、乡镇、学校，以加强宣传声势，确保实施到位。

上海体育法治宣传形式和手段不断创新。利用现代信息手段、网络技术深化体育法治宣传。上海市体育局网站和有关直属单位网站，把普法宣传教育放在重要位置，结合体育工作实际，持续扩大、强化宣传教育。在全国第三届法制宣传日暨上海市第十四届宪法宣传周活动中，利用公交车和地铁上的电视移动网、手机短信、电脑网络的专门网页等手段开展宣传，并印制万余份全民健身宣传专刊和健身手册送进社区，推动上海体育普法宣传工作不断深化。随着体育法治工作的开展，上海体育普法宣传深入人心，成为常态。

二、体育法治教育

宣传在先、教育为主，这是上海体育普法宣传教育工作的基本经验。上海市体育行政部门制定体育普法规划及实施意见，成立普法宣传教育领导小组，确定工作重点，组织编写有关体育法规汇编、学习辅导材料等，积极推进体育普法宣传教育深入开展。

1996年，上海按照国家体委《关于体育系统法制宣传教育的第三个五年规划》的要求，结合上海实际，制定普法宣传教育实施意见，成立体育系统普法领导小组，并指定专门机构、专职人员负责体育宣传教育普法工作。

上海体育系统把学习贯彻《宪法》《体育法》《上海市市民体育健身条例》《公共文化体育设施条例》《反兴奋剂条例》等法律法规作为“三五”“四五”和“五五”普法的重要内容，有计划、有重点地推进体育法规的学习。通过普法宣传教育，推进体育系统法治建设和依法行政工作，提高了干部职工、教练员、运动员等体育工作者的法律意识。

上海体育系统建立起领导干部带头学法制度，每年举办各层次、各类人员专题培训班，组织局领导、直属单位和区(县)体育局负责人学习贯彻和组织实施相关体育法规。体育局领导和资深法律专家经常在体育法治工作会议及培训班上授课，增强基层干部和有关人员的依法办事能力。

针对部分青少年运动员年龄小、文化水平较低等特点，上海市体育局邀请法律专家和法律工作者给运动员、教练员授课宣讲，提高广大运动员遵纪守法的意识和自觉性。上海市体育局多次与上海市少年管教所开展法治共建活动，这一创新举措在全国体育界属首创，受到了国家体育总局和上海市司法机关的肯定。进入21世纪以后，上海普法宣传教育更加多样化、制度化，上海市体育局不定期组织体育工作者参观普法展览，考察监狱劳改场所，观看普法教育影视，邀请法官、检察官剖析案例等等，普法宣传教育收到实效。

第四节　反 兴 奋 剂

一、专项法规实施

20世纪70年代起，国际体坛出现了运动员使用类固醇等违禁药物提高运动成绩的现象，受到了国际社会的批评和反对。上海按照国家体委和中国奥委会的要求，注重教育，预防在先，坚决反对和严格禁止使用违禁药物，防微杜渐做好反兴奋剂工作。

1998年，上海大力开展反兴奋剂的宣传教育。上海市体委针对国内外体坛多起使用违禁药物事件，在体育系统开展广泛宣传，普及科学就医用药知识，让运动员、教练员认清兴奋剂对于运动以及运动员人体的危害，防止误服误用含有违禁药物的食品药品。同时，要求各运动队学习和遵守竞赛规则规程，配合队医和赛事组织者、兴奋剂检测机构，做好有关检测、检查、复核工作，并落实责任部门及责任人。

2003年6月和10月，上海市体育局分别制定下发《关于做好本市优秀运动队备战2004年奥运会、2005年全运会反兴奋剂工作的若干意见》和《关于进一步做好本市优秀运动队反兴奋剂工作的若干规定》。加强反对兴奋剂工作的组织领导、管理督查和专业培训，建立反兴奋剂工作网络，年内有75人次参加了反兴奋剂培训班。

2003年12月31日，国务院颁布《反兴奋剂条例》，于2004年3月1日起施行。《反兴奋剂条例》公布后，上海体育系统加强宣传教育，并陆续制定相应的办法和措施，认真贯彻落实国务院法规。

2004年3月，上海体育系统反兴奋剂学习座谈会召开，广泛宣传国务院法规，交流反兴奋剂工作经验。当年，上海市体育局获得中国奥委会反兴奋剂委员会颁发的“反兴奋剂工作贡献奖”。

2005年，上海市体育局下发《关于加强十运会决赛期间反兴奋剂工作的通知》，截至十运会结束，共督促各训练单位向国家体育总局申报行踪信息近30次；处理医疗用药豁免事件约30次，确保各运动队运动员医疗用药的安全性。

2006年，上海进一步做好第三届全国体育大会的反兴奋剂工作以及第十三届市运会反兴奋剂工作，开展赛前和赛中检查，共向国家体育总局送检自查样品30例，无一例呈阳性。

2007年，上海按国家体育总局统一部署，建立兴奋剂检察官工作队伍，协助总局完成全国1 000多人次赛外兴奋剂检查工作。下发《上海市优秀运动队反兴奋剂工作若干规定》和《关于加强上海市业余训练反兴奋剂工作的通知》两个文件，首次在业余训练中实施兴奋剂赛内、赛外自查，与上海各训练单位签订《反兴奋剂责任书》。医务官在赛前宣讲反兴奋剂的相关事项，规范优秀运动队食品进货渠道，确保优秀运动队食品安全。为加强运动队食品卫生安全管理，规范优秀运动队食堂牛羊肉采购渠道，杜绝食源性兴奋剂事件的发生，上海市体育局通过广泛调研，并借助上海市农委、上海市食药监局的力量，重新明确猪、牛、羊、鸡、鸭五类肉禽的安全进货渠道。开通上海市体育局食品检验绿色通道，指定市食品药品检验所为肉禽质量检验部门，对供应运动队的肉禽组织样本检测，合格后统一封存并配送到各运动队，以确保训练基地食品安全。

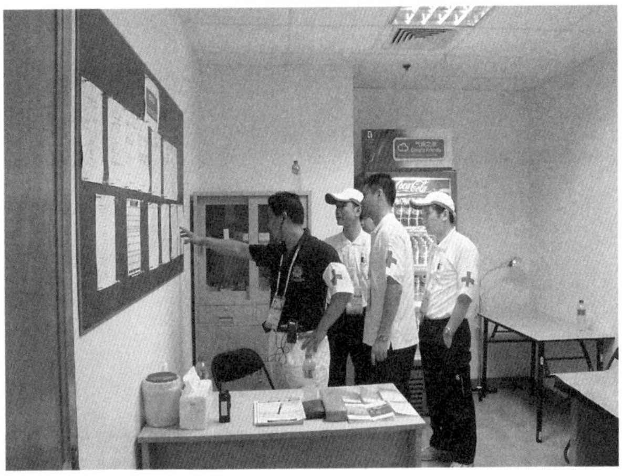

图8-3-2　2008年，医务官在赛前商议兴奋剂检测的相关事项

二、专项治理整顿

2008年，上海市体育局在4—7月分别召开3次全系统范围的反兴奋剂大会，并在北京奥运会前下发《关于做好上海籍国家队运动员奥运会前反兴奋剂工作的通知》《告运动员家长书》。根据国家体育总局的要求，整顿赛风赛纪，开展反兴奋剂的专项治理，加大对青少年反兴奋剂工作的管理力度。

2009年1月16日，第十一届全运会上海市代表团第二次会议暨反兴奋剂大会举行，会议重申上海代表团坚决杜绝兴奋剂事件和违反赛风赛纪的现象。上海运动员全年共接受兴奋剂检查389

人次，其中在第十一届全运会预决赛期间，接受兴奋剂检查264人次，圆满完成了代表团提出的不发生一例兴奋剂事件的目标任务，获得“体育道德风尚奖”。

2010年，在田径、游泳、自行车、举重等项目中，上海运动员共接受国家体育总局赛内和赛外检查212例。在第四届全国体育大会比赛期间共有20名上海运动员接受兴奋剂检测。第十四届上海市运会比赛期间，共开展赛内外兴奋剂检测74例，均无违规、违法。

第四章　经费管理

第一节　体育事业经费

为了加快恢复和发展体育事业，上海从1978年起加大了对体育事业的投入，经费预算逐年增加。1979年，上海体育事业经费开支为673.1万元(含区县系统)。1980年上升至1 417.8万元。至1990年，达到9 460.6万元。

在体育事业经费增长的同时，上海体育系统从20世纪70年代末起，开展了经营创收活动。特别是体育场馆单位，利用自身的优势，开展多种经营。一些临街的场馆破墙开店，出租门面及空余场所，或与其他单位联营，开办商店、商场和小型企业，拓展服务收费项目，提高了经济效益。1979年，上海市体育系统创收139万元，至1990年创收达4 669.4万元，在很大程度上弥补体育事业经费的不足。

随着上海改革开放的深化，90年代后期体育加快了改革步伐。上海部分体育事业单位转换职能，先后成立部分自收自支单位，政府不再下拨经费。一些由政府拨款或部分拨款(差额补贴)的体育场馆单位逐步清理经营创收项目，强调公共体育场馆的公益性质，以提高开放服务质量为重点，确保社会效益和经济效益同步增长。与此同时，体育社会化步子加快，社会各界参与体育的积极性提高。1993年，上海开始销售体育彩票。1998年电脑型体育彩票在上海300个网点正式发行。截至2010年，上海体育彩票销售量累计突破100亿，筹集公益金30亿多元，为体育事业发展提供了经费保障。2010年，上海全年体育事业经费达到19亿元。上海体育事业发展，形成了政府投入为主、社会支持为辅、单位经营补缺(即对体育差额单位财政仅核拨人员经费)的良好格局。

第二节　基本建设经费

改革开放以后，上海加快体育基本建设，经费较大幅度增加。20世纪80年代，上海体育设施建设进入一个新的阶段。1983年，上海筹备举办第五届全国运动会，投资建设了上海体育运动技术学院(后称汇丰训练基地)，其中有行政大楼、教学大楼、篮球、击剑、体操馆等训练、比赛设施；建设水上运动场，第一期工程投资772万元；建设上海游泳馆，投资2 650万元；改建江湾体育场，作为第五届全运会的开幕场地及足球等项目赛场。静安、闸北等区建造了体育馆，虹口区改建了虹口体育场。80年代上海还建成了奥林匹克俱乐部。虹口体育馆、普陀体育馆、杨浦体育馆、南汇体育馆、崇明体育馆先后落成。长宁、杨浦、普陀区温水游泳池得到改建。

90年代以后，上海体育基本建设持续发展，至1997年第八届全运会后，形成了一个建设高潮。上海有关部门解放思想，以改革创新的思路，通过政府投入、土地置换、社会集资融资、多方合作共建等形式，建设全运会比赛、训练设施。先后建设了上海市东方绿舟体育训练基地、上海自行车赛车场、莘庄体育训练基地、上海市体育宫(择地新建)、中原体育场、田林体育中心等设施。区(县)建设或改建了静安体育中心、长宁国际体操中心、黄浦体育馆、松江体育中心、源深体育中心、青浦体育中心等。其中上海体育场投资17亿元，作为第八届全运会主要比赛场馆，其建设资金主要来自

表 8-4-1　2010 年上海市体育事业经费收支情况统计表

单位：万元

	上年结余	本年收入合计				本年实际支出						本年结余	年末净结余
		本年度收入合计	财政拨款收入	上级补助收入	事业收入	本年度支出合计	事业支出	上缴上级支出	对附属单位补助支出	经营支出	其他支出		
总计	38 812.3	192 080.7	120 107.4	22 798	36 087.5	178 529.3	174 179	154.4	290.9	1 849.6	2 055.4	52 363.7	50 391.1
直属小计	27 092.2	98 962.6	53 257	21 250.3	15 293.1	98 651.1	98 370.5	0	0	280.6	0	27 403.7	27 057
地方小计	11 720.1	93 118.1	66 850.4	1 547.7	20 794.4	79 878.2	75 808.5	154.4	290.9	1 569	2 055.4	24 960	23 334.1
黄浦区	0	4 829.7	3 619.8	382.4	827.5	4 776.5	4 776.5	0	0	0	0	53.2	53.2
卢湾区	1 243.1	6 991.9	4 197.3	193.9	971.8	6 861.6	6 513.3	154.4	193.9	0	0	1 373.4	1 479.7
徐汇区	1 642	5 406	2 734	0	2 672	5 030	5 030	0	0	0	0	2 018	1 781
长宁区	5 414.1	5 991.5	2 584	0	2 329.3	4 683.2	4 683.2	0	0	0	0	6 722.4	6 362.4
静安区	168.3	1 470.3	1 207	0	263.3	1 469.9	1 372.9	0	97	0	0	168.7	19.2
普陀区	0	5 807	3 651	622	1 443.9	5 807	5 807	0	0	0	0	0	0
闸北区	−1 575.6	5 239.8	3 591.2	0	1 576.7	4 947.5	3 378.5	0	0	1 569	0	−1 283.3	−1 294.4
虹口区	207	6 920	5 444	0	821	4 038	4 038	0	0	0	0	3 089	2 999
杨浦区	0	5 031.9	3 235.8	322.4	1 473.7	4 917.1	4 917.1	0	0	0	0	114.8	0
闵行区	565	5 006	4 586	0	420	4 885	4 885	0	0	0	0	686	279
宝山区	93	10 901.4	10 098.1	0	603.7	2 920.8	2 920.8	0	0	0	0	8 073.6	8 097.1
嘉定区	0	5 228.2	4 422.9	3	802.3	5 194.8	3 871.4	0	0	0	1 323.4	33.4	0
浦东新区	2 008.6	12 620.6	8 004.7	0	4 615.9	12 599.2	12 599.2	0	0	0	0	2 030	2 108.9
金山区	304.4	2 063.8	1 671.4	24	368.4	2 095.5	2 095.5	0	0	0	0	272.7	260.5
松江区	142	2 701	2 334	0	362	2 644	2 644	0	0	0	0	199	102
青浦区	568.2	2 417.6	1 826.8	0	643.9	2 692.2	2 692.2	0	0	0	0	293.6	352.6
奉贤区	455	2 463.4	1 744.4	0	599	2 287.9	2 287.9	0	0	0	0	630.5	733.9
崇明县	485	2 028	1 898	0	0	2 028	1 296	0	0	0	732	485	0

说明：“本年收入合计”“本年实际支出”两项因篇幅限制未列全。“事业收入”一项包括预算外资金收入、体育彩票公益金收入、附属原单位上缴收入、经营收入和其他收入。

政府投资和社会投融资。

90年代，上海依靠大型国有企业集团，建设了上海国际赛车场、上海旗忠网球中心等世界一流的大型体育设施。2008年12月30日，上海东方体育中心开工新建，包括综合体育宫、游泳馆、室外跳水池及新闻中心大楼、停车场等配套设施，投资约27亿元，占地总面积34.7万平方米。2010年12月，上海东方体育中心竣工，成为上海举办国际重大赛事的主要赛场之一。进入21世纪，上海把体育基本建设重心转移到全民健身领域，依靠政府引导，鼓励社会参与，在上海城乡普遍建成了小型多样、安全实用的健身苑点、市民健身活动中心、农民体育健身工程。

第三节　预算财务管理

随着体育事业的经费的增加，上海体育系统的经费预算和财务管理日趋严格、精细和规范。根据上级部门的要求并依据体育单位的性质、职能，20世纪80年代后期起，上海体育系统（上海市体委机关和各直属单位）逐步确定了全额拨款、差额补贴和自收自支等3种类型单位，分别提出相应的预算和财务管理要求。同时，指导各预算单位（包括上海市体委机关部门），科学编制年度预算，要求各单位在当年度九、十月份，初步总结上半年度预算执行情况，调研并拟定下年度经费预算。上海市体委组织专人指导检查，通过初审、修订完善后，经领导审定后上报上海市财政部门。

在预算和财务管理方面，上海体育系统注重建章立制，依靠制度、规范性文件提高管理效能。上海市体委（后为上海市体育局）先后制定了《上海市体委系统财务管理的若干规定》《上海市体委系统会计电算化管理办法》《上海市体委机关财务管理规定》《关于进一步加强规范局系统预算和财务管理的意见》。这些管理办法的发布实施，有效减少和防止收支不清、经费使用无预算、花钱不规范、年终突击花钱等弊端，提高了经费使用效率。

结合审计法规的实施，上海体育系统加强经费审计的力度，使预算和财务管理纳入法治轨道。90年代以后，上海体育系统逐步加强财务监督检查。根据审计和财务管理规定，全方位常态开展财务检查，并开展领导干部离任审计、专项审计，及时堵塞漏洞，纠正各种违纪行为。在体育彩票公益金使用、全民健身设施建设等重点领域，上海市体育局及时制定发布体育彩票公益金规范使用的管理办法，严肃查处违规单位和个人，确保体育彩票公益金用好管好。

第九篇

人　物

本篇由人物传、人物简介、人物名录组成，其中人物传及人物简介收录了1978—2010年间对上海体育事业作出重大贡献者共179人。

第一章人物传略，收录范围为1978—2010年期间逝世人物，包括体育行政人员（上海市体委主任、副主任），在体育历史中取得首创或重大突破的体育科研人员、教练员、裁判员、运动员，不含第一轮《上海体育志》人物传略记载的人物。

第二章人物简介，收录范围为1978—2010年期间为上海体育作出卓越贡献的在世人物，包括奥运会前三名、世界最高级别比赛冠军（含非奥项目）、破世界纪录者、奥运会冠军带教教练、国际体育组织官员、国际体育名人堂入选者、感动中国评选入选者、世界劳伦斯体育奖入选者、在某一项目或领域有重大突破和贡献者；其主要成就不在上海，或主要成就与第一轮《上海体育志》重复的人物略写，成就在1993年后的人物详写。

第三章人物名录，收录范围为1978—2010年间国家级、上海市级荣誉获得者，高级专业技术职称获得者。包括国家体委奖章、国家体育荣誉奖章、全国“三八”红旗手、全国劳动模范、中国十大青年、上海市政府通令嘉奖、上海市特级和一级体育运动奖章、上海市劳动模范（集体）、上海市“五一”劳动奖状（章）、上海市新长征突击手、上海市“三八”红旗手、上海市十大杰出青年等荣誉获得者名录；国家级教练员、高级教练员、国际级裁判员、国家级裁判员、国际级运动健将等专业技术职称获得者名录。

第一章 人物传略

刘汉明(1906—1995)

上海人,上海体育学院教授。1937 年 7 月毕业于国立中央大学体育学院体育系。长期从事田径教学、训练。先后在中央大学、东亚体育专科学校、华东师范大学、华东体育学院任教。曾任上海体育学院田径教研室副主任,1987 年晋升教授。曾担任 1984 年版《体育辞典》副主编,负责田径条目。著有《田径运动裁判法》《技巧运动图解》等著作。

吴玉昆(1912—1995)

江苏武进人,上海体育学院教授。1937 年毕业于国立国术体育专科学校。曾担任航空委员会体育教官和国立体专、中央大学体育系教师。中华人民共和国成立后,作为华东体育学院副教授,担任首任华东体操队教练,多次担任全国体操比赛的总裁判长。华东体育学院改为上海体育学院后,担任上海体育学院的体育教学理论教授。1952 年获第一届全国游泳锦标赛跳水冠军,是第一届全国体操协会会员。后担任上海精武体育总会董事、名誉董事。擅长体操理论与教学训练研究,著有《花式跳水》《单杠》《单杠运动》《双杠》等著作。

张汇兰(1898—1996)

女,又名渭南,江苏南京人。著名体育教育家,中国第一位体育女博士,中国运动解剖学创始人之一。1919 年毕业于上海女青年会体育师范学校,1926 年毕业于美国威士康星大学体育系。后三度赴美留学,先后在米尔斯大学、麻省理工学院、衣阿华州立大学获生物学、公共卫生学的硕士和博士学位。先后任教于金陵女子大学、河北女子师范学院、中央大学、华东体育学院,是上海体育学院首任教务长。1959 年和 1964 年连续当选为第二、三届全国人大代表。1978 年任第五届全国政协委员。1980 年当选为中华全国体育总会副主席、中国奥林匹克委员会副主席等。建立了全国第一个运动解剖学教研室和实验室,创建了中国的运动解剖学体系。著有《运动解剖学》《和缓运动》等著作。1984 年获国家体委颁发的国家体育运动荣誉奖章。1987 年,获联合国教科文组织颁发的“体育教育和运动荣誉奖”,被载入世界体育名人史册。

陆礼华(1900—1997)

女,上海人。毕业于中国女子体操学校,后留校任教。受聘于东亚体专、勤业女师、女子美专、民生女校,担任体育教师。1922 年自筹资金创办上海两江女子体育专科学校,任校长,并亲自任教,学校生源遍布全国各地。至 1950 年,两江女校毕业学生共 22 届千余人。1924 年创建了中国第一支女子足球队。1925 年创办了中国第一支女子篮球队,该队自 1929 年起,连续三年在上海“万国篮球赛”中夺冠。1931 年 5 月率两江女子篮球队赴日比赛,这次出访是中国历史上第一支女篮出访。抗战爆发后,在上海参加抗日救亡运动。曾担任上海妇女促进会主席。是何香凝组织的妇女慰劳会的7名理事之一。1980年任上海市文史馆馆员、第六届上海市政协委员。1984年被聘为上海市体育文史委员会委员。

黎宝骏(1906—1997)

上海人，上海体育科学研究所研究员。1927年毕业于上海圣约翰大学。1923、1925、1927年连续三次入选中华篮球队，获得第六、七、八届远东运动会亚军。1927年参加乐华足球队，与李惠堂同场胜连获九届史考托杯冠军的葡萄牙腊克斯足球队。1933年创立中国体育会，建造了上海第一座灯光网球场。1949年后，任上海市足球队、华东区足球队和华东女子篮球队教练。1952年担任华东体育学院球类教研室主任。1959年担任上海市棒球队教练。1963年调任上海体育科学研究所，编译大量球类技术资料。1979年任中国网球协会科研委员会主任，负责编纂《网球技术与动态》。先后担任上海市第五、六届政协委员，中华全国体育总会委员，上海市体育总会常务委员，中国体育文史资料编审委员会委员等职。

马岳梁(1901—1998)

字嵩岫，北京人，太极拳家。1923年毕业于北京协和医学院，后进入重庆协和医院工作。1929年来到上海中山医学院，建立医学检验试验室。先后担任多所医院检验科主任。幼习武术，师从吴氏太极拳创始人吴鉴泉，长期担任鉴泉太极社副社长。1980年担任上海市徐汇区武术协会副主席。在德国建立欧洲鉴泉太极拳社，担任名誉会长。1984年被聘为上海市文史研究馆馆员，先后担任上海交通大学武术学会顾问、同济大学武术顾问、中国武术协会荣誉委员等。曾获中国武术协会授予的“中国武术协会荣誉会员”和“中国武术百杰”称号。

孔广益(1910—1998)

浙江上虞人，篮球运动员。毕业于上海持志大学，后考入海关税务专门学校。1946年曾业余担任上海女子篮球绿队教练。以绿队为主体的上海女篮获中华民国第七届全运会冠军。1953年调入华东竞技指导科担任女子篮球队教练，后担任上海男篮二队(后改称白队)教练。1963年任上海市体育运动学校教务处副主任，从事篮球业余训练工作。合著有《少年篮球训练》。曾获“新中国体育开拓者”称号。

周达云(1914—1998)

广东开平人，复旦大学体育教授。1938年毕业于复旦大学银行系；是年，作为门将被选入中华队，参加上海租界的国际杯足球赛。1935年入选上海市排球队，参加中华民国第六届全运会获冠军。1948年入选上海市篮球队，参加中华民国第七届全运会获冠军。1949年后，曾担任华东区、上海市男子排球队、游泳队教练，复旦大学体育教研室主任。曾任中华全国体育总会上海市分会常委、中国排球协会委员、上海市排球协会主席。是上海市体育文史委员会委员、上海高等院校体委会顾问、上海市体育总会终生荣誉委员。发表《体育课堂教学以传授知识技能为主》《排球运动发展史》《对足球裁判的几点看法》等论文十余篇。是第一批国家级足球裁判员。

周绍昆(1910—1999)

江西吉水人，上海市体委副主任。1929年参加中央工农红军，1957年12月从部队转业，任上海市体委副主任，负责上海国防体育工作。20世纪五六十年代，在上海建立起一系列国防体育训练基地，每年参加培训的人员数以万计。1960—1979年间，上海选手在射击、跳伞和航空模型等项目中8次超世界纪录。在第一、二届全运会上，上海国防体育项目获得17枚金牌，破两项世界纪录。1983年离休。

董承良(1916—1999)

江苏宜兴人，上海体育学院教授，国际级体操裁判。1936年毕业于上海东亚体专。任重庆中央大学体育系讲师、四川江津国立体专副教授、上海东亚体专教务长等职务。1949年后，先后任教于华东师范大学、华东体育学院。并先后任中华全国体育总会委员、中国体操协会委员、上海市体操协会副主席、上海市政协常委等职务。曾参加与组织体操比赛一百余场，20多次担任全国和国际性体操比赛的总裁判长。主编中国首部《全国体育院校本科体操教材》，制定国内第一部《体操裁判法》，承担《辞海》和《中国大百科全书》体育卷体操条目的主编工作。曾获"新中国体育开拓者"称号。

宋季文(1917—1999)

安徽定远人。上海市副市长，兼任上海市体委主任。1938年参加革命，1939年3月加入中国共产党。任新四军一师供给部长、苏中行署财政局局长、华东野战军第十兵团后勤部长等职。1949年后，历任华东军政委员会财政部副部长、上海市财经委员会副主任、中共上海市委常委、上海市副市长兼经济计划委员会主任等职。担任上海市副市长期间，曾兼任上海市体委主任。1959年9月，任上海体育代表团的团长，参加第一届全运会，获40项冠军，26人3个队40次破全国纪录。1965年后调任国家轻工业部副部长、部长、国家经委顾问、中国质量管理协会第二至六届理事长。是中共八大、十二大代表，第六、七届全国政协常委。

许汉文(1918—2000)

江苏镇江人，上海体育学院运动解剖学教授。1945年毕业于南京中央大学体育系，1949年后，先后在南京大学体育系和华东体育学院任讲师，1961年晋升副教授，1990年晋升教授。中国解剖学会会员、中国生理学会会员、中国人类学会会员、九三学社文教委员会委员。长期从事运动解剖学教学和科研工作。出版主要著作有《集体体育表演》《最新田径运动》《劳卫制科学基础》。译著有《康奈克铁饼技术》《铁饼纪录保持者——戴魏维尔》。论文《上海市业余体校排球运动员身体形态特征的调查分析》于1983年收录在《国家优秀青年运动员科学选材研究论文汇编》中，1986年获国家体委科研一等奖，同时获国家科委二等奖。1985年被授予"新中国体育开拓者"称号。

张邦伦(1919—2001)

上海人，足球守门员。1926年在上海西区小学读书时开始踢球，1939年在沪江大学进入东华足球会预备组任守门员，参加西侨足球联合会的乙组联赛。1942年担任东华足球队正选门将；同年大学毕业，供职于上海信谊药厂任工程师直至退休。因比赛表现勇猛沉着、反应灵敏、封球技术好而誉为"远东钢门"。1943—1945年随东华队参加上海足球甲组联赛和市长杯赛双获冠军。

1947 年随华联队出访东南亚诸国屡战屡胜。1947、1948 年入选上海队参加沪港杯赛，因扑出球王李惠堂主罚的 12 码球而闻名。1948 年参加第十四届奥运会。1951 年入选华东区足球队，同年被选为首批国家队队员。1952 年再次入选第十五届奥运会中国代表团，随队在芬兰、苏联、波兰等国进行访问赛。1953 年起历任上海工人队、上海轻工业工会队、全国红旗队足球教练。1957 年当选为全国足球指导教练委员会委员兼上海化工足球队教练。退休后任上海市足球协会委员、上海市足球元老队教练、东华足球会常务理事兼秘书长、虹口区老年人体育协会名誉会长等职。著有《上海足球史论》《守门员的任务及其作用》等多部著作。

胡鸿飞(1925—2001)

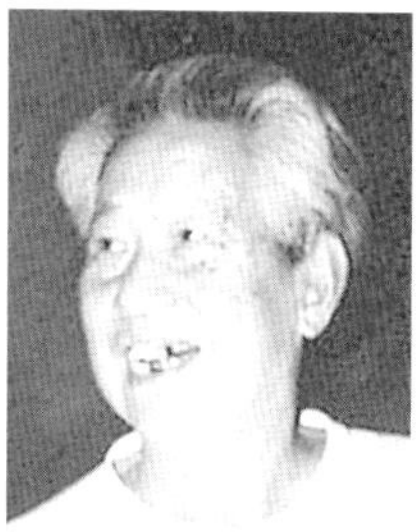

上海人，跳高国家级教练员。1958 年起任教于上海南市区青少年业余体校，1981 年任上海市田径队跳高教练；同年，被评为国家级教练员。曾任上海市田径协会副主席等职。1992 年退休，在上海大同中学创办跳高训练中心。患病后仍坚持为国家培养跳高后备人才。1995 年初创办胡鸿飞跳高俱乐部。首创的跳高快速助跑、快速起跳技术，为国家培养出了 3 次创造男子跳高世界纪录的优秀运动员朱建华。撰有《朱建华快速助跑与快速起跳技术》等著作。1984 年被评为全国最佳教练员；同年，带领朱建华在第二十三届奥运会上夺得男子跳高铜牌。1986 年第十届亚运会期间，被评为亚洲最佳教练员，获亚洲田径协会颁发的金靴奖。1983、1984 年，两度荣获国家体育运动荣誉奖章。1994 年在上海举行的建国 45 周年十杰教练评选活动中，列上海十杰教练之首。1995 年获中国田径协会授予的“田径事业突出贡献优秀教练员”称号。

陈安槐(1929—2001)

福建晋江人，体育教育家，上海体育学院院长、教授，博士生导师。出生于菲律宾，幼年归国后生活于福建厦门，1959 年毕业于上海体育学院体育理论专业，后留校任体育理论教授、博士生导师。1984 年任上海体育学院院长。先后任中华全国体育总会第五、六届委员，上海第四、五届体育总会副主席，中国体育科学学会名誉理事，中国体育发展战略研究会荣誉委员。长期从事体育理论专业教学和科研，发表、合编、主编和独自撰写的书刊、论文等共 60 多册(篇)。主编有《学校体育丛书》《上海市中小学体育课本》等，合著有《运动训练学》、《中国大百科全书》(体育卷)、《体育辞典》等。1988 年亚洲健美联合会授予银质奖章，国际健美联合会(IFBB)授予其杰出贡献奖。1992 年获国务院政府特殊津贴，同年获苏联列斯加甫特体育学院名誉博士学位。1993 年获中国体育发展战略研究会颁发的先进个人奖，1995 年获全国侨联授予的“全国优秀归侨侨眷教师”称号。

刘海清(1961—2001)

江苏泰兴人，航海模型运动员。1977 年获上海市无线电操纵模型比赛第一名。后服兵役。1983 年退役后调入上海市航模队。其特长是制作无线电遥控船模。1984 年在全国航海模型锦标赛中，获 F2－A 船模冠军。1985 年参加第四届世界航海模型动力艇锦标赛，获 F2－A 冠军。此后多次获得全国比赛的 F2－A 冠军、F2－B 冠军。1990 年在全国锦标赛中，与队友合作获 C2 级团体冠军。1985 年获国家体育运动荣誉奖章。

黄　震(1910—2002)

江苏靖江人,体育教育家、教授,国家级田径裁判。1937 年毕业于上海大夏大学体育科。1949 年后,先后任教于华东师范大学、上海体育学院,是上海体育学院最早的筹办者之一。一生致力于体育教育事业的改革和发展,潜心于学校体育的理论研究,曾在《教育研究》《体育学刊》等发表多篇论文。1954 年首倡在高校开设体育专项课程。20 世纪 80 年代初,比较体育学作为一门新兴学科传入中国,他首先大胆尝试,于 1982 年在上海体育学院招收全国首批比较体育学硕士研究生,并担任导师。1986 年编写中国第一本比较体育学的试用讲义;同年,比较体育学在华东师范大学被列为体育系本科的选修课程。1983 年任国务院学位委员会第一、二届学科评议组成员,1986 年任华东师大体育系名誉主任、《学校体育》月刊顾问,1987 年任中国体育科学学会名誉理事、《大众心理学》月刊顾问,1988 年任中国高教学会体育研究会名誉理事、国家教委高师体育系科教材编审委员会顾问。曾任上海市田径协会主席等职。

何家统(1916—2002)

浙江定海人,足球运动员。13 岁随家迁居上海开始踢球。1936 年加入上海乙组队青华队,1938 年加盟东华队,1940 年入选上海华人队参加与外侨的比赛。1948 年加入上海甲组队群力队。1951 年先后入选上海工人队、上海市队,并代表华东区参加第一届全国足球比赛,获得亚军。1952 年入选国家队,赴芬兰参加第十五届奥运会。主打左后卫,判断准确,抢断球与头球技术好。1953 年任华东队教练,1954—1958 年任上海队教练,后至上海市虹口区体校任教练,1963 年调回上海队负责青少年训练。1972 年任上海市体育运动学校足球教练。1982 年任足球班顾问。后历任上海市政协常委,中国足协教练委员会常委,中华全国体育总会上海市分会常委,上海市足协副主席兼教练委员会主席等职。先后培养出王后军、李中华、柳海光、郑彦等一大批优秀选手。发表足球论文 20 余篇,参与编写《足球》《全国业余体校青少年足球教材》等书籍。1978 年被评为全国优秀教练员。

杨　明(1922—2002)

江苏如东人,上海市体委副主任。1956 年担任上海市国防体育协会办公室副主任,后任上海市体委竞赛处副处长、办公室副主任。1960 年任《围棋》月刊副主编,同年任上海棋社首任社长。担任上海棋社社长期间,上海三棋获得 12 次全国冠军,《围棋》稳定发行万册以上。1978 年任上海市体委军事体育处处长,主管国防体育、船艇及棋类项目,1979 年任中国船艇运动协会副主席,1980 年任上海市体委副主任兼党组成员,兼任上海市船艇运动协会主席和上海市围棋协会主席。1978—1984 年所管项目在第四届全运会中获得 18 枚金牌、第五届全运会中获得 14 枚金牌。1984 年任上海市体委顾问,同年 2 月至 1986 年任上海锦江集团联营公司党委书记。爱好文学创作,是中国作家协会和上海市作家协会会员,著有《越扑越旺的烈火》《二龙传》等作品。

张宏根(1935—2003)

上海人,足球运动员。1953 年入选上海青年队参加全国比赛,同年被选入国家足球集训队。1957 年参加世界足球锦标赛预选赛,同年获运动健将称号。张宏根踢球技术全面、脚法细腻、射门意识强,善于组织进攻为同伴创造破门机会。1965 年因伤病退役,后在国家体委训练局任教。1970—1973 年执教北京体院青年集训队,1976 年任国家足球队教练。1977 年任中国青年队主教练,获得首届北京国际友好邀请赛冠军。1978 年任中国国家队教练,获得第二届北京国际友好邀

请赛冠军及第八届亚运会季军。1981年获国家级教练称号,1982年获国际足联讲师证书,1983年获高级教练员称号。1985年任中国二队主教练,率队夺得长城杯足球邀请赛亚军;同年担任中国大学生足球队主教练,在第十二届世界大学生运动会上获得铜牌,开创了中国在世界级足球赛中夺取奖牌之先河。1991年当选中国足球协会教练委员会主任。1958年越南发行河内体育场纪念邮票,其中有张宏根踢球的图案,他是首位出现在外国邮票上的中国运动员。1962年被选为北京市第五届人民代表大会代表。曾被评为全国十名最佳足球运动员第一名、全国最佳射手,获得“新中国体育开拓者”称号。2003年被中国足协追认为“一代球星”,上海市奉贤海湾寝园特为其塑造铜像。

许豪文(1935—2004)

江苏南京人,华东师范大学运动生物化学教授、博士生导师。1959年毕业于上海第一医学院医疗系。1961年分配至国家体育科学研究所工作,在全国最早运用运动医学和运动生物化学理论指导运动员的训练比赛,取得成效。1984年调任华东师范大学体育系副主任、体育研究所副所长,专门从事运动生理生化研究。在其主持下,华东师范大学体育系1986年获准设立全国第一个运动生物化学硕士点,1993年获准设立全国第一个运动生物化学(运动人体科学)博士点。一生培养硕士60余名,博士20名。主持数项国家级、省部级研究课题,发表《短跑运动员生化机能评定》等论文100余篇,著有《运动生物化学概论》等多部著作,合译《运动和训练的生理化学》。1988、1998年两次获得上海市科技进步三等奖,先后获国家体委科技进步一等奖、四等奖,1992年享受国务院政府特殊津贴,1999年获上海市育才奖。

刘　钧(1975—2004)

上海人,业余围棋锦标赛冠军。7岁时拜余蕴中教练学围棋,两年后拜师邱百瑞和谢裕国。三年中从业余10级迅速升为业余5段,两年后升为专业三段。1990年2月进上海队,同年8月入选国家少年围棋集训队。1992年在国家队体检时,发现心脏结构是矫正型的大血管转位,不能参加激烈的职业围棋活动,故退出国家队,回到上海参加业余选手比赛。1996年在日本长野参加第十八届世界业余围棋锦标赛,八战皆胜获得冠军。1997年,在第十九届世界业余围棋锦标赛中蝉联冠军;同年,参加由青年职业棋手参加的全国“新人王”赛,获得“新人王”称号。1998年,日本为纪念世界业余围棋锦标赛举办20届,特举行纪念赛,刘钧获冠军。回沪以后,刘钧从事围棋的研究与推广工作,2003年刘钧围棋研究会成立。

王菊蓉(1928—2005)

女,回族,河北沧州人,上海体育学院教授。王菊蓉是著名武术家王子平之女,任国际武术散手道联盟荣誉顾问。王菊蓉5岁起随父习武,精通查拳、洪拳、炮拳,通晓射箭技艺。是国家级武术裁判员、射箭裁判员。1952年毕业于上海震旦大学教育系,1954年任教于华东体育学院武术教研室,1960年任中国青年武术队教练。长期从事武术教学与训练,兼任上海市武术协会裁判委员会主任。任第七届全国政协委员、上海市政协委员、上海市民族事务委员会委员、中国射箭协会上海市分会副主席、上海市武术协会裁判委员会副主席。是上海市体育科学学会文史委员会委员、第五届全国体育运动会武术比赛总裁判长。多次赴美国、日本等国讲学和传授中华武术。1988年晋升为教授，1989年后一直在国外教学。著有《拳术二十法》《龙凤双剑》等多部著作。参与编写全国体育院校《武术》教材。曾被评为上海市优秀裁判员，获国家体委颁发的"新中国体育开拓者"荣誉奖章，在首届中国国际武术节中被授予"武术贡献奖"。

郭庆龙(1946—2005)

山东梁山人。毕业于北京体育学院，先后任职上海无线电四厂、上海市徐汇区体校游泳队、上海体育科学研究所和上海体育运动技术学院。20世纪80年代任国家体委竞训三司游泳处处长、三司副司长，国家体育总局游泳管理中心副主任。1998年任上海市体委副主任兼上海体育运动技术学院院长。2000年上海市体委改制为上海市体育局，任副局长兼上海体育运动技术学院院长。曾担任中国游泳协会副主席、国际奥委会游泳联合会执委、亚洲游泳联合会副主席等职。他在工作中坚持"三从一大"的科学训练原则，倡导"文明治队，野性训练"的理念，不断提高体育决策和运动训练科学水平，建立"训、科、医"一体化管理体制，引进国外先进的训练理念，为提高上海的竞技体育竞争实力作出贡献。

谢　军(1968—2006)

上海人，游泳国际级运动健将。1982年在全国"迎春杯"游泳比赛中，打破男子800米自由泳全国纪录。1985年夺得首届全国青年运动会4枚金牌。1986年获得第十届亚运会400米自由泳金牌、4×200米接力银牌。1987年夺得第六届全运会400米个人混合泳金牌并打破全国纪录。1990年夺得亚运会200米、4×100米混合泳接力、4×200米自由泳接力3枚金牌。1984—1992年连续参加第二、三、四届亚洲游泳锦标赛，共获得10枚金牌。1993年第七届全运会上获得2枚金牌、2枚银牌、1枚铜牌。1994年退役后任上海市游泳队教练。先后获上海市体育运动特级奖章、上海市新长征突击手称号、上海市体育运动荣誉奖章、全国最佳游泳运动员称号等。

周士彬(1923—2007)

江苏宜兴人，上海体育学院教授。毕业于上海东亚体育专科学校，先后任教于华东师范大学体育系、华东体育学院。长期从事体操、举重、拳击、摔跤、柔道教学与训练工作，培养出3名全国拳击冠军，5名全国摔跤冠军。任上海体育学院武术系主任，上海市拳击、摔跤协会副主席，中国柔道协会副主席兼柔道科研委员会主任。是上海市政协第五、六、七届委员。合编《体育词典》等工具书，主编《竞技与健美》杂志，著有《怎样训练竞技体操》等书籍，发表论文30多篇。曾获新中国体育运动开拓奖、柔道事业重大贡献铜质奖、中国摔跤协会卓越贡献奖等，享受国务院政府特殊津贴。

沈家麟(1928—2007)

浙江海宁人，毕业于上海大夏大学(现华东师范大学)。1949年任上海市体育会筹备会副总干事。1952—1964年，先后任共青团上海市工委军体部副部长、部长。1954年任上海市体委委员、办公室副主任、群体处处长、竞赛处处长、秘书长。1964年任上海市体委副主任。1975年起，任上海体育馆馆长。1984年起任上海市体委主任，直至离休。曾任中国奥委会副主席、上海市政协常委、上海市人民武装委员会委员、上海市体育总会副主席等职务。20世纪80年代任职上海市体委主任期间，他主张采取"多种形式、多种渠道、相互竞争"的体制,调动社会办体育的积极性。提倡和支持发展体育科研工作,实施科学选才、科学训练、科学管理。提出根据上海的传统和优势,抓好重点项目,提高竞技水平。利用上海对外开放的有利条件,加强与上海友好城市的合作,扩大体育对外交流。努力发展体育产业,增加经济收入、改善体育设施。1978—1983年间,曾先后率中国网球队、上海桥牌队和中国桥牌队参加国际大赛并获佳绩。先后获"新中国体育开拓者""中华人民共和国体育工作者"等荣誉奖章。

王汝珉(1912—2008)

女,江苏无锡人,上海体育学院运动解剖学教授,九三学社成员。1935年毕业于南京中央大学体育系。先后任教于河北女子师范学院、金陵女子文理学院、上海基督教联合大学、圣约翰大学和私立四川乡村建设学院。1952年赴上海体育学院工作,上海体育学院运动解剖学教研室创始人之一,任运动解剖教研室副主任,1987年晋升为教授。参加中国体育院校第一部《人体解剖学》教材的编写工作。著有《肌肉工作分析和肌肉工作性质》(教学指导书)等。

黄柏龄(1924—2008)

福建泉州人,华东师范大学教授,毕业于复旦大学。从小习武,10岁开始篮球运动,善打前锋位置。1945年参加福建侨乡晋江篮球队,革新篮球技术,在国内首先采用跳起腾空投篮的新技术。1947—1949年是大公队队员。1950年入选国家队并任国家队第一任队长,1951年获得"篮球国手"称号,先后代表中国参加世界大学生运动会、世界青年联欢节。1957年起,任华东师范大学体育系球类教研室主任、上海市篮球协会委员兼科研委员会副主任。任教期间,在篮球教学、训练、科研及指导研究生方面均成绩显著,带出了一支上海高校男子篮球劲旅,在20世纪60年代连续4年夺得上海高校联赛冠军。发表《篮球与孙子兵法》等论文10余篇,任中国篮球研究生学会副会长。著有诗集《神州行吟草》《九日山志》等作品。

赵行志(1917—2009)

江苏武进人,上海市副市长。1958年任上海市委教卫部副部长,兼任上海市体委党委书记、副主任。1976年后任上海市委书记、上海市革委会副主任、上海市副市长等。1977—1983年任上海市副市长期间,分管外事、体育等工作。赵行志是上海体育事业的开拓者和领路人。针对排球项目,提出"两次球"的技战术思想,并付诸实施。这一时期的上海男女排球队多次夺得全运会和国内联赛冠军。对乒乓球项目,赵行志提出"近台快攻,两面起板,发球多变,一板打死"的十六字方针。率领上海市体育代表团在第一届、第四届全运会上夺得数十枚金牌,为国家队输送多名优秀运动员。

陶俊华(1937—2010)

山东威海人,飞机跳伞运动员。1959年加入上海市飞机跳伞队。1963年打破三人集体定点跳伞全国纪录。1964年参加北京庆祝建国15周年航空表演,打破男子日间1 000米九人集体定点跳伞世界纪录。1965年在第二届全运会中,获男子日间1 500米五人集体定点跳伞冠军并打破世界纪录。1977年后任上海市飞机跳伞队教练,后在上海市航空运动学校从事行政工作。分别于1964、1965年获得国家体育运动荣誉奖章。

朱鸣豪(1960—2010)

上海人,轮滑运动员。1982 年起担任上海市黄浦区轮滑队教练。1984 年率领以黄浦区队为主组建的上海市队,参加首届全国花样轮滑锦标赛获得金牌总数第一和团体冠军。1984 年起担任中国轮滑队主教练,带领国家队参加世界锦标赛及洲际比赛。带领黄浦区轮滑队 25 次蝉联全国花样轮滑锦标赛团体冠军,连续 7 届获得亚洲锦标赛团体冠军。先后获得 599 块金牌、508 块银牌、424 块铜牌。共培养出 13 名国家、国际级健将,13 名亚洲冠军。曾担任上海市轮滑协会副主席、上海市轮滑俱乐部主任、上海市第九届党代会代表。是 2008 年北京奥运会火炬传递手。曾获上海市新长征突击手、上海市黄浦区“拔尖人才”称号。

说明:人物传排序以卒年先后为序,卒年相同者以生年前后排序。

第二章　人物简介

曹加宣(1928年生)

江苏阜宁人，飞机跳伞运动员、教练员。1947年加入解放军，1950年首次跳伞，1956年转业至上海市体委国防体育处，筹建上海市跳伞俱乐部，同时担任上海跳伞集训队教练兼运动员。1959年率队参加第一届全运会，在男子1 500米集体定点跳伞项目获得第三名，打破全国纪录。1963年，在全国飞机跳伞比赛中，代表上海男队在1 500米集体定点跳伞项目中打破全国纪录。1965年，在第二届全运会男子1 500米集体定点跳伞中，以距靶心1.14米的成绩获得冠军，并打破世界纪录。1965年获国家体育运动荣誉奖章，被上海市体委评为五好运动员和五好教练员。1986年被上海市体委授予体育开拓荣誉奖章。

陈成达(1928年生)

上海人，亚洲足球联合会副主席。1947年就读于圣约翰大学建筑系，任学校足球队队长。1951年入选上海队和华东区队，1952年入选国家队，任左前卫，参加第十五届奥运会，是中华人民共和国成立后的首批国家队选手。1954年随中国青年队赴匈牙利学习，回国后再次加入国家队，1957年被评为中国首批足球运动健将。1957年担任国家队教练，率队参加了中、苏、匈三国足球对抗赛，获第二名。1974年担任国家体委足球处处长，中国足协副秘书长、秘书长以及中国足协教练委员会副主任。1981年获国际足球联合会洲际高级教练资格。1986年当选为亚足联副主席，后任国际足联技术委员会委员。多次主持全国足球教练员训练班，协同国际足联专家举办教练员培训班，并代表亚足联主持亚洲杯比赛规则的制定，参加对第二十四届奥运会足球赛的监督工作。退休后继续协助中国女足的训练工作。1994年获国际足联授予的“杰出贡献”金质奖章。

高慎华(1928年生)

广东潮州人，中国足协副主席。1952年参加工作，先后在上海山东路体育场、沪西体育场担任足球教练员、业务股长、场长、党支部书记。1950年从事足球裁判工作，1959年晋升为国家级足球裁判员。连续参加一至九届全国运动会足球项目裁判工作，多次担任正、副裁判长和仲裁委员会主任、副主任职务。1965年赴朝鲜参加新兴力量运动会足球赛，担任裁判工作。1977年担任上海市足球协会副主席、裁委会副主任。1988年当选第二届中国足协裁委会主任。1991年任中国足球协会副主席。执法国际比赛70余场。1985年获“新中国体育事业开拓者”荣誉奖章。1985和1989年两次获得全国优秀裁判员称号，1986年获上海市体育先进个人奖称号。

方纫秋(1929年生)

上海人，中国足球队主教练。1951年入选上海队与华东区队，1952年入选国家队，是中华

人民共和国成立后的首批国家队选手;同年参加第十五届奥运会。1954 年随中国青年队赴匈牙利学习先进足球技术一年零四个月,回国后成为国家队主力左内锋。1958 年,助力中国队 1 比 1 逼平苏联队,这场球赛被认为是中国足球运动当时的“标志”之战。退役后,先后执教国家青年队、国二队,援外任柬埔寨队教练。1963 年任国家队主教练。1972 年返回上海执教,1973 年获全国联赛亚军。1978 年再次援外任布隆迪军队足球队主教练。1980 年任上海队主教练。1981 年带领上海队重回甲级队,并于 1983 年率队夺得第五届全运会足球冠军。曾获足球运动健将称号,被评为“全国十佳足球运动员”之一。

黄德国(1936 年生)

福建厦门人,手球教练员。1973 年任上海女子手球队主教练,1979 年任中国国家女子手球队主教练,1984 年带队参加在美国洛杉矶举行的第二十三届奥运会,并获得铜牌,创中国女子手球历史最好成绩。

徐寅生(1938 年生)

上海人,乒乓球运动员、教练员,国际乒联主席、国家体委副主任。1955 年入选上海乒乓球队,1959 年进入国家队,同年首次随中国队参加第二十五届世界乒乓球锦标赛。1961 年在第二十六届世界乒乓球锦标赛上获男子团体冠军,赛中连扣日本名将星野 12 大板,传为佳话。1963 年获第二十七届世界乒乓球锦标赛男子团体冠军。1965 年获第二十八届世界乒乓球锦标赛男子团体冠军;与庄则栋合作,获男子双打冠军。曾多次参加乒乓球世界大赛和奥运会。1965 年,毛泽东对“徐寅生同志对国家女子乒乓球队的讲话”做了“关于如何打乒乓球”的重要批示。曾任第四届全国人大代表、国际乒联亚洲副主席兼议事通则委员会委员、国家体委副主任、中国乒协主席、国际乒联主席等职;退休后,被国际乒联授予终身名誉主席称号。在国际乒联任职期间,促成韩国和朝鲜联合组队参加世乒赛。为使乒乓球更有观赏性,带头改革,提出“小球改大球”的建议。合著《现代乒乓球技术的研究》等书。三次获国家体育运动荣誉奖章,以及“中华人民共和国成立 35 年来杰出运动员”“建国 45 周年体坛 45 英杰”等荣誉称号。

祝嘉铭(1938 年生)

湖北武汉人,国际排联技术委员会委员,排球运动员、教练员。1959 年加入上海市队,1963 年入选国家排球集训队,1960 年获运动健将称号。1963 年获新兴力量运动会男排比赛冠军,1966 年获第六届世界男排锦标赛第九名,同年夺得亚洲新兴力量运动会男排比赛冠军,1974 年获第七届亚洲运动会男排比赛第三名。1975 年任上海排球队教练,1980 年任上海男排主教练,同年获国家级教练称号。1981 年国际排球联合会批准其为国际级排球教练。1983 年担任中国男排国家队主教练,同年当选为第六届全国人民代表大会代表。1985—1986 年先后赴欧、亚数国为国际排联教练训练班和国际排联高级讲师训练班讲课。曾担任上海体育运动技术学院院长、上海市体委副主任、亚排联教练委员会主席、亚排联技术委员会主席、第十四届世界男排锦标赛赛事管理委员会成员、国际排联技术委员会委员、中国高尔夫球协会副主席、上海市高尔夫球协会主席、上海市高尔夫球协会总顾问等职。

叶家锭(1939 年生)

上海人,航空模型运动员、教练员。1958 年入选上海航模队,1959 年调至中国人民航空俱乐部国家航模队。1964 年兼任国家航模队线操纵项目教练员。1965 年第二届全运会上获得 F2B 国际级线操纵特级项目冠军,同年获运动健将称号。1979 年创遥控模型直升机直线速度全国纪录;同年在上海市纪录飞行比赛中,以 3 284.02 米成绩,超无线电遥控直升机飞行距离世界纪录。1980 年被批准为国家级裁判员,率中国航模队首次参加世界锦标赛,获 F2B 项目团体第五名。1981 年被评为航空模型高级运动员。1982 年率队第二次参加世界锦标赛,获个人第二、团体亚军;同年出任国家体委无线电运动学校航模研究室主任、第一届全国航空模型教练委员会副主任。1984 年率队参加线操纵模型飞机世锦赛,获 F2B 个人项目冠军、季军,实现了中国航空模型项目在世锦赛上个人金牌"零"的突破;同年任教练委员会主任。曾获国家体育运动荣誉奖章,1985 年被授予"新中国体育运动开拓者"奖章。曾因率队参加世界锦标赛获得佳绩七次受奖。

高勤飞(1939 年生)

上海人,航空模型运动员。1958 年入选上海市航模队集训。1959 年参加第一届全运会,获得 F1C 国际级活塞式自由飞模型飞机的个人冠军,同年获运动健将称号。1960 年,破发动机模型直升机飞行留空时间的世界纪录,成为上海市第一个打破世界纪录的运动员,获国家体委颁发的体育运动荣誉奖章;同年,参加在美国洛杉矶举办的第十九届世界航空模型锦标赛,获 F1 - C 个人第六名。1979 年,在第四届全运会上获 F1 - C 国际级自由飞模型飞机的个人冠军;同年参加世界航空模型锦标赛,获 F1 - C 项目第六名。同年记上海市体育运动一等功。1982 年出任上海市航模队教练,培养出多名世界冠军。

顾寇凤(1940 年生)

女,江苏阜宁人,乒乓球裁判员。自幼爱好乒乓球运动,18 岁开始担任乒乓球裁判员。1961 年担任第二十六届世界乒乓球锦标赛裁判,1973 年获得国际裁判称号,成为中国第一批乒乓球国际裁判员。多次担任世界级和全国级乒乓球赛事裁判员、副裁判长、裁判长等工作,是中国第一位参与奥运会的乒乓球裁判。曾任上海市乒乓球协会副主席、中国乒乓球协会裁判委员会副主任,国家级裁判考试委员会副主任和考试官等职。

方品宝(1940 年生)

浙江慈溪人,飞机跳伞运动员。1958 年进入上海队,1960 年被选入国家队。1964 年在北京庆祝建国 15 周年航空表演中,在 1 000 米 9 人集体定点跳伞表演中以 3.014 米的成绩超世界纪录。1965 年第二届全运会上,获得 1 500 米集体定点和 600 米集体综合跳伞项目中金牌,并两次超过世界纪录。曾任上海跳伞队、湖南跳伞队教练。1978 年代表国家跳伞队赴加拿大和瑞典访问比赛,推动了中国跳伞运动的恢复提高。1983 年成为国际级飞机跳伞裁判员。合著《跳伞运动》。获运动健将称号,两次获国家体育运动荣誉奖章。

戚德星(1942 年生)

广东南海人,航空模型运动员。1960 年代表上海市虹口区参加上海市航空模型创纪录飞行测验,打破橡筋动力模型直升机飞行直线距离的世界纪录。1961 年入选上海航空模型队。1965 年参加国家航模队的集训。1971 年随全队调上海华通开关厂工作。参加第三届全国运动会航模表演，参加科教电影《航空模型》的拍摄。与队友合著《初级遥控模型飞机》一书。曾获运动健将称号，获国家体育运动荣誉奖章。

李富荣(1942 年生)

浙江绍兴人，乒乓球运动员、教练员，国家体委训练局局长、国家体育总局副局长。1957 年进入上海市体育宫业余体校从事乒乓球训练。1958 年进入上海乒乓球队，同年被选入国家乒乓球队。1961 年参加第二十六届乒乓球世界锦标赛，获男子单打亚军、混双亚军、双打季军。在第二十七、二十八、三十一届世乒赛上，均获得男子团体冠军。1974—1983 年间，执教中国乒乓球男队，率队夺得四届世乒赛男子团体冠军。1979 年获国家级教练称号。1994 年当选中国奥委会副主席，1999 年任国家体育总局副局长，2001 年当选亚乒联主席。2009 年参与大型体育文献纪录片《与梦齐飞》节目录制。合编《现代乒乓球技术的研究》一书。1962 年获运动健将称号。1961—1984 年间，8 次获国家体委颁发的体育运动荣誉奖章。1984 和 1989 年两次被评为“建国以来杰出运动员”，1994 年被评为“建国 45 周年体坛 45 英杰”之一。

徐根宝(1944 年生)

上海人，中国足球队主教练。1961 年入选南京部队足球队，1965 年入选国家队，司职主力后卫。退役后先后任教于北京市崇文区体校、山西足球队、火车头体协、云南省足球队、国家二队、中国奥林匹克队、国家队。1994—1996 年，担任上海申花足球队主教练，率队分别获得 1994 年全国甲 A 联赛季军、1995 年冠军及 1996 年的亚军，并获得一次超霸杯冠军、两次沪港杯冠军、一次足协杯亚军。他提出的“抢逼围”战术曾创造申花队十连胜的奇迹。1997 年担任广州松日队主教练，率队从甲 B 冲入甲 A。1998 年出任大连万达队主教练，率队获得全国甲级 A 组联赛冠军，1999 年再获亚俱杯赛亚军。2000 年，在上海市崇明县创办根宝足球基地，提出“十年磨一剑，打造中国的曼联”口号，培养足球人才。2001 年率上海中远队升入甲 A 联赛。2002 年率领上海申花队夺得超霸杯冠军。2005 年创办上海东亚足球俱乐部。2007 年，率队获中国足协乙级联赛冠军并升入中甲。2009 年以根宝基地球员为班底的东亚足球俱乐部队代表上海参加第十一届全运会男足比赛，上海时隔 26 年再夺金牌。曾两度被评为全国足球联赛最佳教练员。获中国足协 1995 年度最佳教练、亚足联最佳月度教练。因在第十一届全国运动会上做出突出贡献记一等功。

胡荣华(1945 年生)

上海人，象棋特级大师。8 岁习棋，12 岁获上海市小学生冠军，14 岁入选上海市象棋集训队。15 岁首次参加全国象棋(个人)锦标赛，成为最小的全国冠军。擅长盲棋，其蒙目车轮的绝技被誉为“活电脑”。1960—1979 年，十次蝉联全国象棋个人赛冠军。胡荣华是当代象棋学派的主要奠基人，20 世纪中国最杰出的象棋手之一。至 2000 年底，胡荣华是唯一获得 14 届全国个人冠军的棋手。在全国象棋最高级别的“五羊杯”赛中获得 6 届冠军。在 1984 年亚欧美三大洲“七星杯”象棋赛上夺得冠军，1990 年参加第一届世界象棋锦标赛，为中国夺得首个团体冠军。2006 年，61 岁的胡荣华在全国象棋排位赛中获得冠军，创下中国象棋史上花甲之年夺冠的新纪录,也是他第15次获得全国个人比赛的冠军。1982年,获国家体委授予的象棋特级大师称号。1983年获国家体委授予的体育运动荣誉奖章。1993年获国家体育总局颁发的体育运动荣誉奖章。1999年被评为“新中国棋坛十杰”。2000年,上海市体育局授予其优秀运动员特级荣誉奖章,并通令嘉奖。

郑敏之(1945年生)

女,上海人。1958年入选上海市乒乓球队,1960年入选国家乒乓球集训队。横板球手,擅长削球。1963年第一次代表国家参加第二十七届世界乒乓球锦标赛,与张燮林合作获得混双冠军。1965年,与林慧卿搭档获得第二十八届世界乒乓球锦标赛女双冠军。1971年获第三十一届世界乒乓球锦标赛团体亚军、女子双打冠军、女子单打亚军。1973年获第三十二届世界乒乓球锦标赛团体亚军。1974年任中国乒乓球队教练。1979年获国家级教练称号。1983—1987年任国家乒乓球队副领队兼副总教练。1979年当选为中国乒乓球协会副主席。1978、1983、1987年当选为第五、六、七届全国政协委员。任第五届中华全国体育总会委员,第六届全国政协常委。四次获国家体育运动荣誉奖章。20世纪90年代回上海,创建敏之体育文化交流中心,资助青少年乒乓球比赛、“敏之杯”中小学乒乓球锦标赛。

戚惊萱(1947年生)

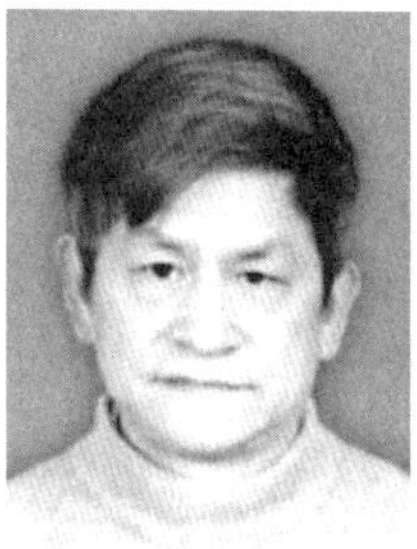

浙江镇海人,国际象棋运动员。1964年加入上海棋队,1977—1987年间作为上海队主力队员,10次获得全国国际象棋比赛团体冠军和第四、六届全运会团体冠军,多次获全运会、全国锦标赛个人冠军。1981年获中、法国际象棋对抗循环赛个人冠军和达卡国际象棋等级赛个人冠军。1982年获南斯拉夫国际象棋公开赛冠军。任中国国际象棋协会技术委员会副主任、国际象棋国家集训队教练组副组长、国家女队主教练等。执教期间,曾带领谢军出战菲律宾,助其获得中国国际象棋史上第一个世界女子个人冠军。

姚振绪(1947年生)

上海人,国际乒联技术委员会主席、乒乓球运动员。1962—1975年间为上海队、国家队和解放军乒乓球队的运动员。随后受国家体委派遣担任巴基斯坦和泰国援外乒乓球教练。1985年起任国家乒乓球队副领队、领队。1994年任国家体育总局乒乓球运动管理中心竞赛处处长。2006年任北京奥组委体育部乒乓球竞赛主任。自1991年起,担任国际乒联器材委员会委员。1995年起,担任国际乒联技术委员会主席、中国乒乓球协会副主席兼秘书长。任1996年亚特兰大奥运会、2000年悉尼奥运会、2004年雅典奥运会和2012年伦敦奥运会乒乓球赛国际乒联技术代表,2008年北京奥运会和残奥会乒乓球竞赛主任。1996—2009年期间,任第四十四、五十届世界乒乓球锦标赛技术代表及仲裁委员会主席。

朱广沪(1949年生)

上海人,国家队主教练、足球运动员。1965年入选八一足球队。1985—1992年担任中国男子青年队主教练,率队参加在苏格兰举办的国际足联U17世界杯锦标赛。1992—1998年任中国男子健力宝青年队主教练,其间率领29名青少年足球选手三赴巴西进行总共长达5年的封闭式集训,这批球员大多成为中国职业联赛各俱乐部队的主力，涌现出李玮峰、李金羽、李铁、张效瑞、黄勇、隋东亮等数名国家队球员。1998年担任中国男子奥林匹克队助理教练，同年任国家青年队主教练，率队参加在法国举办的土伦杯国际锦标赛。2000年担任深圳队主教练，2004年率队获得中超联赛冠军，这是深圳队历史上首个联赛冠军。2005年担任中国国家男子足球队主教练。此后担任武汉队主教练、深圳足球队技术总监。

张德英(1953年生)

女，上海人，乒乓球运动员。1976年获得第三届亚洲乒乓球锦标赛单打和双打亚军，连续三次获得世锦赛女团冠军，并获得两次女双冠军和女单亚军、季军。退役后曾担任上海乒乓球队教练。多次荣获国家体育运动荣誉奖章。

沈金康(1953年生)

上海人，自行车运动员、教练员。1982年起任上海市男子自行车队教练员。1986年任国家男子自行车公路队主教练，在第十届亚洲运动会上率队获男子100公里团体冠军，1987年亚洲锦标赛中再次率队夺冠。20世纪90年代赴香港执教，是自行车运动员黄金宝的教练。任第八届全国人大代表、中共十四大代表。1995年起在香港优秀教练选举中，九次获得最佳教练奖。1999年获香港特区行政长官社区服务奖。

张传良(1953年生)

黑龙江齐齐哈尔人，拳击教练员。1987年起任贵州省拳击队教练员。张传良提倡“技术全面、特长突出、体能出众、战术多样、心理过硬”的执教理念。为拳击运动员邹市明量身定制了小、快、灵的技战术，作为上海与贵州联合培养的运动员，邹市明获2008年北京奥运会拳击男子48公斤级冠军，这是中国拳击项目的第一枚奥运会金牌。曾任上海拳击跆拳道中心主任、拳击队主教练。2010年，张传良当选国际拳联最佳教练员。

孙海平(1955年生)

上海人，田径教练员。1973—1978年，在上海体工队田径班学习、训练。1978年任上海市静安区体校教练。1982—1984年，在上海体育学院田径系担任教师。1984年任上海体育运动技术学院教练。2005年出任国家田径队副总教练。孙海平大胆革新训练理念，根据运动员的特点适时调整训练方式，培养了刘翔、陈雁浩和谈春华等众多跨栏名将。其中，刘翔在2004年雅典奥运会中获得冠军，随后在2006年国际田联超级大奖赛洛桑站比赛中夺冠并打破世界纪录。2000年享受国务院政府特殊津贴，2001年被上海市政府记大功，获2003和2004年度上海市劳动模范，2005年获全国五一劳动奖章，2006年获中央电视台体坛风云人物年度最佳教练奖，2006、2007年两度获中国十佳劳伦斯冠军奖年度最佳教练奖，数次获上海市体委表彰。

沈富麟(1955年生)

浙江镇海人，排球运动员、教练员，上海体育职业学院院长。1981年第四届世界杯排球赛上获优秀二传手奖，1986年任上海男排队教练。1990—1997年任国家队主教练。1997年援外任突尼斯国家男排主教练；同年年底出任上海男子排球队主教练，率领上海东方男排获得1999—2000、

2003—2004、2004—2005、2005—2006 四个赛季的全国男排联赛冠军。2006 年起任上海体育运动技术学院副院长、上海体育职业学院院长。1979 年在第二届亚洲男排锦标赛上,被评为亚洲优秀运动员。1985 年获建国 36 周年十佳运动员称号。2000 年获上海市劳动模范称号,同年获上海市体育运动荣誉奖章。

周鹿敏(1956 年生)

女,浙江海宁人,排球运动员。1972 年初中毕业被选进上海市青年排球队练习二传,1975 年入选上海市队。1979 年入选国家排球集训队,同年在第四届全运会上获最佳二传手称号。1979 年获第二届亚洲锦标赛冠军,1980 年在国际四强邀请赛中获冠军。1981 年获第十一届世界杯女子排球赛冠军,助中国女排率先实现三大球的突破。1980 年获运动健将称号。1982 年回到上海排球队,1984 年退役后进上海体育学院学习,后任上海市女排教练。1997 年后在上海市社会体育管理中心从事行政工作。1981 年获国家体育运动荣誉奖章。

郭　蓓(1957 年生)

女,重庆人,国际射箭联合会技术委员会委员、亚洲射箭联合会裁判员委员会主席、亚洲射箭联合会理事、上海市体育局副局长。运动员期间,于 1975 和 1976 年两次超世界纪录。1987 起,担任国际级射箭裁判员。1987—1994 年当选为亚洲射箭联合会裁判员委员会主席;1988 年起,任亚洲射箭联合会技术委员会委员;1991 年起,任亚洲射箭联合会裁判委员会主席、野外射箭委员会委员、中国射箭协会裁判委员会主席。2001 年起,连任三届国际射箭联合会技术委员会委员、亚洲射箭联合会理事。作为国际技术官员,参加 1992 年巴塞罗那、1996 年亚特兰大、2008 年北京奥运会。作为中国射箭队随团官员参加 2004 年雅典奥运会。作为技术官员,1990—2010 年连续七次参加亚运会、五次参加世界射箭锦标赛、一次参加世界青少年射箭锦标赛,多次参加亚洲锦标赛。

马良行(1957 年生)

上海人,国家女足主教练。1974—1981 年为上海青年足球二队运动员。1982 年就读于上海体育学院足球系。1986 年起在上海女足二线队伍实习、任教。1994 年担任上海女足主教练,同年率队夺得全国女足锦标赛冠军,为上海女足建队以来首个冠军。率上海女队先后获得全国女足联赛、锦标赛、超级联赛、超霸杯赛等 19 座冠军奖杯,向国家队输送了 18 名运动员。2005 年任上海市第十二届人大代表。多次被评为"全国女足最佳教练"。1988 年享受国务院政府特殊津贴。1995 年被评为上海市劳动模范。

高宝康(1957 年生)

上海人,航海模型运动员。1979 年获运动健将称号。1981 年入选上海市海模队,同年参加全国航海模型锦标赛获得 A2 级亚军,超世界纪录。

张爱玲(1957 年生)

女,江苏海门人,羽毛球运动员。幼时在上海读小学,后被招入上海队,师从蒋永谊教练。1978 年在第一届世界羽毛球锦标赛中,获女子单打、双打冠军;同年在第八届亚运会上获混合双打、女子团体两项冠军。1979 年在第二届世界羽毛球锦标赛中，获女子团体冠军。1981 年在第一届世界运动会上获女单、女双冠军。1982 年在第九届亚运会会上获女子单打、女子团体两项冠军。1982 和 1983 年两次获全英公开赛单打冠军。是中国首夺尤伯杯的主力，退役后赴马来西亚国家队执教。1987 年获国际羽联的荣誉奖章，四次获国家体育运动荣誉奖章。被上海市体委记特等功。

武邢江(1957 年生)

女，山西人，手球运动员。1973 年入选上海女子手球队，1983 年进入国家队。1980 和 1984 年两次入选国家队参加奥运会，在 1984 年美国洛杉矶举行的第二十三届奥运会上获得铜牌。

浦海清(1958 年生)

上海人，航海模型运动员。1985—1993 年共 5 次参加世界锦标赛，4 次获得 F1 - V6.5 级冠军，该项成绩 3 次被列为世界纪录。1991 年后获得 F1 - V15 级的世界冠军。

刘莉萍(1958 年生)

女，上海人，手球运动员。1980 年获运动健将称号。1983 年参加第五届全运会获金牌，同年入选国家队。1984 年获第二十三届奥运会铜牌。获国家体育运动一级奖章，获"三八"红旗手、新长征突击手称号，获中国人民解放军总政治部授予的三等军功章，获上海市政府通令嘉奖。

张佩君(1958 年生)

女，上海人，手球运动员。1973 年进入上海市队，1979 年获第四届全运会女子手球冠军。1980 年在全国手球赛中蝉联冠军，同年获运动健将称号。1983 年参加第五届全运会获金牌，同年入选国家队。1984 年参加第二十三届奥运会获铜牌。1985 年退役。获国家体育运动一级奖章，获"三八"红旗手、新长征突击手称号，获中国人民解放军总政治部授予的三等军功章，获上海市政府通令嘉奖。

秦欢年(1958 年生)

上海人，航空模型运动员。1978 年入选上海市航空模型队，1979 年在第四届全运会上以 180.64 米的成绩超过水上橡筋模型飞机直线距离世界纪录。1988 年 9 月在全国无线电遥控航模比赛中，以 230 公里的成绩超过 F3EP - 69 项目世界纪录，经国际航联批准为同年新的世界纪录。1989 年获国家体育运动荣誉奖章。

周建明(1959年生)

上海人,航海模型运动员、裁判。1980—2010年,获得全国冠军30余次、世界锦标赛冠军15次、世界比赛冠军4次、打破世界纪录13次。是中国航海模型运动获得世界冠军、打破世界纪录最多,也是中国运动员中打破世界纪录最多的选手。后任教练员,2008年任上海市政协第十一届委员会委员、中国航海模型协会第四届全国委员会委员、教练委员会委员。获国际级运动健将、国家级裁判称号。担任2008年北京奥运会火炬接力上海市传递活动的火炬手。14次荣获国家体育运动荣誉奖章,2次获上海市政府通令嘉奖,2次获"上海新长征突击手"称号,4次获"上海市十佳运动员"称号,被上海市体委记特等功。

李秋平(1959年生)

上海人,篮球教练员。曾入选国家队,1982年参加亚运会世界锦标赛。1978—1989年任上海队队长,获得全国篮球比赛冠军。1993—1994年,李秋平任上海青年队男篮主教练。1996年招姚明入队,并率领上海男篮于当年赛季进入中国男子篮球甲A联赛及季后赛。2001—2002年赛季,李秋平率领上海队战胜八一队,夺得中国男子篮球职业联赛(CBA)总冠军。2002年率队获第九届全运会亚军。李秋平共为上海执教13个赛季,2008—2009赛季结束后,李秋平因身体原因辞职,后创办李秋平篮球俱乐部,致力于培养青少年篮球选手。

李世豪(1960年生)

广东人,航空模型运动员。1980年入选上海航空模型运动队,1981年起十余次获得航空模型全国锦标赛冠军,1988年获全国无线电遥控模型锦标赛冠军,并创F3E-63世界纪录,该纪录保持11年。1990和1991年在亚洲无线电遥控模型飞机公开赛上,获F4C项目总冠军。2002和2006年在世界航天模型锦标赛上,获S4B团体亚军。获得国际级运动健将称号。是中国电脑体育彩票唯一指定专用摇奖机设计者和生产者。曾获国家体委体育运动荣誉奖章。

陈海标(1960年生)

浙江云和人,航海模型运动员。1989年在第六届世界航海模型动力艇比赛中获F2-A级项目冠军。1990年获国际级运动健将称号。1991年在第七届世界航海模型锦标赛中获F2-A级冠军。1993年退役后担任先锋模型广告中心技术总监。

赵景强(1961年生)

上海人,航海模型运动员。1978年入选上海市航海模型队。1980年获世界帆船模型锦标赛F5-M级青年组冠军,1986年获第四届世界帆船模型锦标赛F5-M级、F5-X级两个项目的亚军,同年获国际级运动健将称号。1987年获第六届全运会F5级团体亚军。1990年获第六届世界帆船模型锦标赛F5-M级第三名。1993年获第七届全运会F5级团体冠军。1995年获第八届世界帆船模型锦标赛F5-E级冠军、F5-10级亚军。1997年获第九届世界帆船模型锦标赛F5-E级、F5-10级两个项目的冠军。1999年获第十届世界帆船模型锦标赛F5-E级冠军。2000和2002年连获第一、第二届全国体育大会F5-

E级项目冠军，获第二届全国体育大会团体冠军。任职于上海市军事体育俱乐部、上海市航海模型协会，担任国家帆船模型队主教练。多次获教练员国家荣誉奖。

朱　政(1961年生)

女，上海人，体操运动员。1971年进入上海市卢湾区体校训练，1972年进入上海市体校训练，1973年入选上海市队，1975年进入国家体操队。1978年在泰国曼谷第八届亚运会上获团体金牌、平衡木金牌。1979年，作为中国第一批参加世界锦标赛的成员，获团体第四、跳马第六。1980年在美国哈特福德国际体操邀请赛中获高低杠冠军，同年获联合抑制莫斯科奥运会团体金牌、高低杠金牌、平衡木银牌，体操世界杯赛全能、高低杠、平衡木银牌。1981年获第二十一届世界体操锦标赛团体银牌。1982年获世界大学生运动会高低杠金牌。1978年获国家体委颁发的体育运动荣誉奖章。

左秀娣(1961年生)

女，上海人，亚洲首位女子足球国际级裁判员，也是首位参加女足世界杯的裁判员。1982年毕业于上海体育学院，1983年从事足球裁判工作，1995年被国际足联批准为国际级裁判员，参加过全国女足锦标赛、联赛、超级联赛、全运会足球赛，1993、1995、1997、1999年亚洲杯，1994、1998年亚运会。担任1991、1999年两届世界杯裁判。裁判员退役后，成为亚足联裁判讲师和裁判监督，是中国裁判界第一人。担任过2006、2007、2008、2009年亚足联女足锦标赛决赛裁判长和2010年亚运会和2011年世界大学生运动会足球决赛、全运会、青运会足球决赛裁判长。曾任上海市足球运动管理中心副主任、中国足协裁委会常委、上海足协裁委会主任、农工党上海市委教育委员会委员。1997年被评为全国优秀裁判员，1999年被评为全国女足超级联赛最佳裁判员。2009年获全国五一劳动奖章。

史美琴(1962年生)

女，上海人，跳水运动员。1972年入选上海跳水队，1978年在第八届亚运会获得3米板冠军。1980年10月，在英国伦敦马蒂尼国际跳水赛中夺得冠军，同年获得运动健将称号。1981年在墨西哥举行的第二届跳水世界杯上，作为中国跳水队第一次参加的世界最高级别赛事，史美琴获女子跳板冠军，成为中国第一个跳水世界冠军。1983年获第十届世界大学生运动会跳板金牌。1984年获第二届亚洲游泳锦标赛跳板跳水金牌。退役后任上海跳水队领队、教练，致力于培养青少年跳水运动员。三次获国家体委颁发的体育运动荣誉奖章。

李小平(1962年生)

浙江宁波人，体操运动员。1972年进上海市长宁区业余体校学习体操，1973年入选上海市队，1979年获全国鞍马冠军。1981年获第二十一届世界锦标赛鞍马冠军，1983年第二十二届世界比赛团体冠军中国队的主力。两次获国家体育运动荣誉奖章。

商　焱(1962年生)

上海人，航海模型运动员。1979年参加第四届全运会，二次打破B1级全国纪录。1981年参加世界航海模型锦标赛获得B1级季军。1984年参加航海模型世界锦标赛,获遥控耐久项目FSR-3.5级冠军,1985年改练内燃机绕标竞速艇F3-V,成绩超世界纪录。1988年起,开始练习FSR-V15项目,多次获得全国冠军。获国家体育运动荣誉奖章和上海市体委颁发的特级奖章,被共青团中央授予全国新长征突击手称号。

吴国境(1962年生)

上海人,残疾人举重运动员。在2003年第六届全国残运会举重比赛中夺冠,并打破世界纪录。2004年雅典残奥会上获48公斤级银牌。2007年,在欧洲残疾人举重锦标赛和亚洲残疾人举重锦标赛上,获得两项第一。在同年5月举行的第七届全国残运会上,以168.5公斤成绩打破世界纪录。2008年北京残奥会举重比赛男子52公斤级比赛中,以175.0公斤的成绩夺得冠军。

曹燕华(1962年生)

女,上海人。小学一年级起练习乒乓球,1977年进入国家队,在国内外重大比赛中获59项冠军,其中世界冠军7项。曹燕华的打法是直板弧圈球结合快攻打法。1978年在第四届亚洲乒乓球锦标赛上获女团、女单冠军。1979年在第三十五届世界乒乓球锦标赛上获女团冠军。1981年在第三十六届世界乒乓球锦标赛上获得女团、女双冠军和女单亚军。1982年在第六届亚洲乒乓球锦标赛上获女团、女单冠军;同年在印度新德里第九届亚运会乒乓球比赛中,获女子全部四枚金牌。1983年获第三十七届世界乒乓球锦标赛女单、女团冠军,女双和混双两项季军;同年在首届亚洲杯乒乓球赛中获女单冠军。1985年在第三十八届世界乒乓球锦标赛上,获得女单、混双冠军,女双亚军。1985年获国际级运动健将称号。1998年创办曹燕华乒乓球学校,致力于培养青少年乒乓球选手。四次荣获体育运动荣誉奖章。1983和1985年被评为全国十佳运动员。2002年获得中国乒乓球杰出贡献奖。

丛学娣(1963年生)

女,山东莱阳人,篮球运动员、教练员。1984年在古巴哈瓦那举行的奥运会女篮预选赛中9胜1负获冠军,被评为世界最佳后卫;同年在第二十三届奥运会中获铜牌。1992年在第二十五届奥运会上获亚军。1993年退役,后创办丛学娣篮球俱乐部。1995—2002年期间,担任上海女篮主教练,率队获得1996年乙级联赛冠军。1997年在第八届全运会上,率队获得全运会季军。2003年担任国家女篮二队的教练。2005—2011年任上海女篮主教练。曾任中共十五大代表、上海市人大代表、上海市政协委员。1999年被中国篮协评选为"新中国篮球运动50杰",曾获上海市十佳运动员、上海市"三八"红旗手称号。

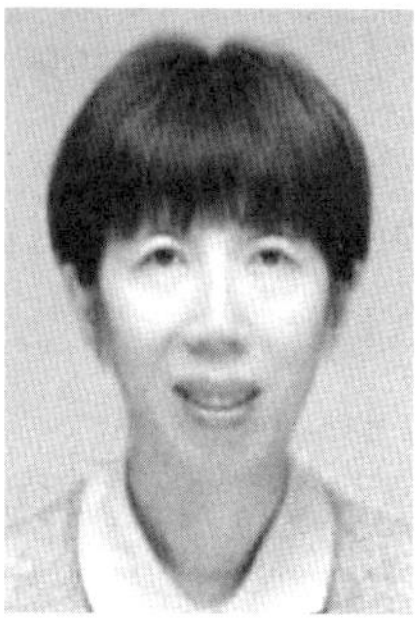

芮乃伟(1963年生)

女,上海人,围棋运动员。1988年升九段,成为世界围棋历史上第一个女子九段棋手。1986—1989年,蝉联四届全国女子围棋个人赛冠军。1987和1993年获得两届全运会围棋女子团体冠军。1993年,在北京举办的"翠宝杯"世界女子围棋锦标赛上获得首个世界女子冠军。1999年,加入韩国棋院,2000年击败李昌镐、曹薰铉夺得韩国围棋国手战冠军,成为第一个夺得重要棋赛冠军的女棋手，第一个在番棋中战胜男子高手的女棋手。1993—2003年之间的十次世界女子棋战八夺世界冠军。

何剑萍(1963年生)

女，上海人，手球运动员。1983年入选国家队，成为国家队的主要快攻得分手。1984年参加第二十三届奥运会获铜牌。获国家体委一级荣誉奖章，获“三八”红旗手、新长征突击手称号，获中国人民解放军总政治部授予的三等军功章，获上海市政府通令嘉奖。

朱建华(1963年生)

上海人，田径运动员。1973年起接受跳高训练，1981年在亚洲田径锦标赛上以2.30米的成绩破亚洲纪录。1982年第九届亚运会上获跳高冠军，三破亚洲纪录，被评为最佳运动员。1983年，在第五届全运会预赛中跳出2.37米，打破世界纪录；同年，在第五届全运会跳过2.38米，打破自己保持的世界纪录；1984年，在联邦德国埃伯斯塔特举行的国际跳高比赛中，以2.39米的成绩第三次打破世界纪录；同年，在第二十三届奥运会上获铜牌。1982、1983、1984年，三次获得国家体委颁发的体育运动荣誉奖章，三次被评为全国十名最佳运动员，四次被评为全国十名最佳田径运动员。1984年被评为中华人民共和国成立三十五年来杰出运动员。1988年退役，20世纪90年代初期赴美留学。

倪夏莲(1963年生)

女，浙江嵊县人，乒乓球运动员。1978年进入上海队。在第四届全运会上获乒乓球比赛女子单打亚军；是第三十七届乒乓球锦标赛女子团体冠军中国队的主力，并获混合双打冠军。在第三十八届世界乒乓球锦标赛上与曹燕华合作，获女子双打亚军。曾获国家体育运动荣誉奖章。

何智丽(1964年生)

女，上海人，乒乓球运动员。1977年进入上海市卢湾区业余体校训练，1978年入选国家队。国际级运动健将。1984年获第七届亚洲乒乓球锦标赛女子单打冠军、混合双打亚军。1986年获第十届亚运会女子单打、女子双打两项亚军。1987年在印度举行的第三十九届世界乒乓球锦标赛中成为女子单打冠军。1988年获第九届亚洲乒乓球锦标赛女子单打冠军。两次获国家体育运动荣誉奖章。

韩长美(1964年生)

女，上海人，举重运动员。1987—1988年在第一、二届世界女子举重锦标赛中，获抓举、挺举、总成绩三项冠军，成绩被列为世界纪录；1989年在第三届世界女子举重锦标赛中，获挺举和总成绩金牌、破世界纪录；1990年第十一届亚运会上，获女子举重82.5公斤级以上级别冠军。1991年第四届亚洲女子举重锦标赛中，以247.5公斤超过82.5公斤以上级总成绩的世界纪录。获全国“三八”红旗手称号，获上海市政府通令嘉奖，四次获国家体育运动荣誉奖章。

隋新梅(1965年生)

女，山东招远人，田径运动员。1981年考入上海体育学院，后进入上海市田径队，1988年入选

国家田径队。1986 年获全国田径冠军赛金牌。1989 年获第八届亚洲田径锦标赛铅球比赛银牌。1990 年在第十一届亚运会上获女子铅球金牌。1990 年在北京举行的全国室内田径邀请赛上以 21.10 米的成绩打破亚洲室内女子铅球亚洲纪录。1991 年获第三届世界室内田径锦标赛女子铅球冠军,是中国田径运动员获得的首个世界冠军。1994 年获得第十二届亚运会铅球比赛金牌;同年在第三届世界友好运动会上获金牌。获第十一届亚洲田径锦标赛铅球金牌。1996 年第二十六届奥运会上,以 19.88 米的成绩获得银牌,这是中国田径史上首次获得的奥运会投掷项目银牌。1997 年获第八届全运会铅球比赛金牌。1985 年获运动健将称号。1989 年获国际运动健将称号。1990 年被评为全国十佳运动员。1991 年获全国“三八”红旗手称号,获国家体育运动荣誉奖章。

王朋仁(1965 年生)

上海人,羽毛球运动员,羽毛球国际级运动健将。1987 第五届世界羽毛球锦标赛中获羽毛球混双冠军。在第二十四届奥运会上获羽毛球混双亚军。1987 年获国家体育运动荣誉奖章,获上海市政府通令嘉奖。

史方静(1965 年生)

女,上海人,羽毛球运动员。在第五届世界羽毛球锦标赛中获混双冠军。第二十四届奥运会获混双亚军。1987 年获国际级运动健将称号,获国家体育运动荣誉奖章,获上海市政府通令嘉奖。

刘小马(1966 年生)

上海人,帆船运动员、教练员。先后担任上海市水上运动中心帆船队主教练,国家帆船队教练组组长兼女子激光雷迪尔级主教练,培养出徐莉佳、倪暲、沈晓英、陆莲花、池强、徐洪军、朱仁杰等多位世界冠军、亚洲冠军。先后获得第八届至第十三届全运会共 12 枚金牌。2008 年带领徐莉佳获北京奥运会女子单人艇激光雷迪尔级铜牌。2010 年任上海市水上运动中心副主任。2005 和 2008 年被上海市政府记一等功,2005、2008、2009 年三次获上海市五一劳动奖章,2006 年获国家体育总局体育荣誉奖章,享受国务院政府特殊津贴。2008 年被评为上海市中青年领军人才,2010 年被评为上海市“劳动模范”。

金　炜(1966 年生)

辽宁省人,游泳教练。1981 年为辽宁省游泳队运动员,1983 年为国家游泳队队员,1988 年退役。1991—1994 年,执教于澳大利亚 MBL 俱乐部,1998 年任辽宁海舰游泳俱乐部总教练。2004 年兼任上海游泳队教练,所带运动员刘子歌在北京奥运会女子 200 米蝶泳比赛中获得冠军。

吴佳妮(1966 年生)

女,江苏常州人,体操运动员。1973 年进入上海市体育宫学习。1976 年入选上海队。1981 年获第二十一届世界体操锦标赛平衡木铜牌。1982 年获得第六届世界杯体操赛平衡木亚军,同年获第九届亚运会体操比赛高低杠、平衡木冠军和女子个人全能亚军。1983 年获第五届全运会体操比赛女子个人全能冠军。1984 年获第二十三届奥运会体操比赛女子团体铜牌。被评为全国十佳运动员。

李国君(1966年生)

女,上海人,排球运动员。1977年进入上海市普陀区业余体校排球班,1979年进入上海市体校,1982年入选上海市队,1983年入选国家青年队,1986年入选国家队。1987年获亚洲女排锦标赛冠军。1988年在第二十四届奥运会中获得铜牌。1989年在第五届世界杯排球赛中获铜牌,1990年在第十一届亚运会上获冠军,同年在第十一届世界女子排球锦标赛中获亚军,1991年在第六届世界杯女子排球赛中获亚军,1992年获国际级运动健将称号。20世纪90年代因伤退役,创建国君-银泰排球俱乐部,致力于青少年排球人才的培养。

王鸿炜(1967年生)

上海人,航空模型运动员。获国际级运动健将称号。1980年入选上海队,7次与队友合作获F2-B线操纵特技模型全国团体冠军。1994年退役后在上海市长宁区军事体育学校任教练。1996年入选国家队,参加世界航空模型锦标赛,获团体赛冠军。1997年获世界杯线操纵航空模型比赛金牌。1998年获线操纵项目世界锦标赛团体冠军。多次获国家体育运动荣誉奖章。

宣东波(1967年生)

上海人,航海模型运动员。毕业于上海交通大学船舶工程专业。1981年入选上海市南市区海模队,1984年获上海市航海模型锦标赛遥控帆船项目冠军,1986年入选上海市队。1992年获得全国航海模型锦标赛遥控帆船项目冠军,此后参加5届世界航海模型锦标赛,获得帆船项目7个世界亚军。2005年在波兰世界航海模型锦标赛帆船项目上获得F5-10级世界冠军,2007年在第十四届世界航海模型锦标赛中蝉联冠军。共获5次世锦赛冠军,近20次全国冠军。获国际级运动健将称号。

李月明(1968年生)

女,江苏淮安人,排球运动员。1985年入选上海队,1987年入选国家队,身高1.88米。1988年,在第二十四届奥运会中获铜牌。1989年获世界杯排球赛季军,1990年获世界排球锦标赛亚军,1991年获世界杯排球赛亚军。1990年获北京亚运会冠军。1996年回上海队,当年获全国锦标赛冠军。1997年获第八届全运会冠军。

谈　兵(1968年生)

上海人,航空模型运动员。1986年入选上海航空模型队。1987年在第六届全运会的预选赛中,创无线电遥控电动模型飞机二次电池59号项目(F3E-59)留空时间5小时51分8秒的成绩,超过同年世界纪录,后被国际航联批准为新的世界纪录。同年获国际运动健将称号,并获国家体育运动荣誉奖章和上海市政府通令嘉奖。曾获"上海市新长征突击手"称号。

吴　斌(1968年生)

上海人,航海模型运动员。1986年入选上海队。1991年获国际级运动健将称号。擅长自行设计和制作动力遥控舰船模型,1989、1990和1992年三次获得全国船模锦标赛冠军。1991、1993、1995年连续获得第七、八、九届世界航海模型动力艇锦标赛F2-B项目冠军,是中国运动员在这个项目上的首个三连冠突破。三次获得国家体育运动荣誉奖章。

柳絮青(1968年生)

女,浙江宁波人,垒球运动员。1985年入选上海垒球队,1986年入选国家队。1986年获第六届世界女子垒球锦标赛银牌。1996年参加第二十六届奥运会获银牌。

哈成峰(1969年生)

回族,江苏南京人,航空模型运动员。初中时被选入上海市体校航空模型班,1984年进入上海航模队。1987年在第六届全运会预选赛中创无线电遥控电动模型飞机(F3E-COMB)留空时间6小时15分32秒的成绩,经国际航联批准为新的世界纪录,同年获运动健将称号,获上海市政府通令嘉奖。2002年后自主经营模型公司。1990年获国家体育运动荣誉奖章。

陆美娟(1969年生)

女,江苏海门人,技巧运动员。1984年入选上海市技巧队。1989年入选国家队,专项是女子双人下面人。在第七届技巧世界杯赛上,获女子双人单套的第一套金牌。

王毅杰(1969年生)

上海人,跳水运动员。1979年入选上海市队,1988年入选国家队。1991第七届世界杯跳水比赛中获1米跳板冠军、男子团体冠军、混合团体冠军。

顾雁菱(1969年生)

女,上海人,蹼泳运动员。1986年进入上海市蹼泳队,1989年进入国家队。1988年在瑞典国际蹼泳公开赛中获100米器泳、100米蹼泳、200米蹼泳、400米蹼泳4项冠军,同年获国际级运动健将称号。1989年在第一届亚洲蹼泳锦标赛中获400米蹼泳、400米器泳冠军。1990年在第五届世界蹼泳锦标赛中获4×200米蹼泳接力冠军。获国家体育运动荣誉奖章。

范志毅(1969年生)

上海人,足球运动员。1984年入选上海青年队,1987年入选国家二队、国奥队,以速度快、弹跳好、爆发力强而著称。1992年进入国家队,先后参加第十届亚洲杯和第十二届亚运会足球赛,分获季军和亚军。1996年起担任国家队队长。1994年,担任上海申花队队长,获1994年甲A联赛季军、1995年甲A联赛冠军、中国足协杯亚军、中国足协"超霸杯"冠军。1998年加盟英格兰甲级足球队水晶宫队,成为该队主力,也是国内第一位效力于欧洲职业甲级足球俱乐部的球员。2000年代表中国队首次取得世界杯参赛权,并参加2002年世界杯决赛阶段比赛。2006年退役,2009年任上海足球队主教练。1997年,在与世界全明星队对抗中,被选为亚洲明星队队长,并被评为场上最佳球员。先后获得甲A最佳运动员、最佳射手称号，飞利浦足协杯真汉子奖，超霸杯最佳运动员。被亚足联评为“当月亚洲最佳球员”，获1995和1996年中国足球先生、全国十佳运动员、金球奖、金靴奖。1997年被亚足联评为“七大球星”。2001年被评为“亚洲足球先生”。

陆炜峰(1970年生)

浙江海宁人，航海模型运动员。1986年入选上海市航海模型队。1989年在第六届世界航海模型动力艇锦标赛上，获F3－V级、F3－E级两项冠军，打破世界纪录。1993年在第八届世界航海模型动力艇锦标赛中，获F3－V级冠军。1989年获国际级运动健将称号。两次获国家体育运动荣誉奖章。

叶　冲(1970年生)

江苏苏州人，击剑运动员。1982年进入上海市虹口剑校从事击剑训练。1985年入选上海市虹口剑校专业队。1988年入选国家队，同年获全国青年击剑赛冠军，1989年获世界青年锦标赛冠军、首届亚锦赛花剑团体冠军。1990年获得亚运会男子花剑个人冠军。1996年获得世界杯男子花剑A级比赛冠军。1999年获得世锦赛男子花剑团体亚军，2000年获悉尼奥运会男团亚军和世界杯花剑亚军。2001年获得九运会花剑个人冠军，2002年获得亚运会团体冠军。此后多次获得世界杯、世锦赛亚军。2008年作为裁判员参加北京奥运会击剑比赛裁判工作。任上海市虹口业余体校击剑队教练、校长。

谢　芳(1970年生)

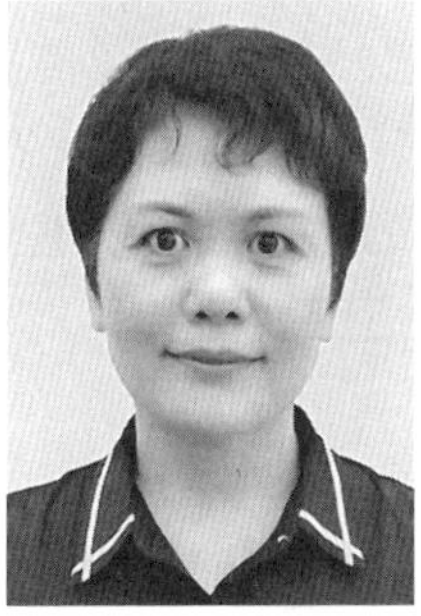

女，上海人，1983年开始在上海跳水池从事蹼泳训练，1986年进入上海市蹼泳队。1987年世界蹼泳赛上获四项冠军，1989年第三届世界运动会上获100米器泳冠军，1989年取得国际级运动健将资格，1990年世界蹼泳赛上获三项冠军，1993年第七届全运会蹼泳决赛中，与队友合作打破女子4×100米蹼泳世界纪录。1994年退役。1989年获国家体育荣誉奖章，1990年获上海市“十佳”运动员称号，1993年获上海市特等功勋运动员称号，1994年获全国“三八”红旗手称号。

丁　松(1971年生)

上海人，乒乓球运动员。1984年入选上海市乒乓球队，右手握横拍，善打削球。1991年入选国家队。1994年获瑞典世乒赛团体冠军、中国“乒协杯”混双冠军，1995年获得全国乒乓球锦标赛男单冠军，同年获得第四十三届天津世乒赛男团冠军，使失落了6年的斯韦思林杯再度回到中国队手中。1998年退役后赴德国俱乐部打球，2003年回国参加乒超联赛。2007年退役，就读于上海交通大学，并担任上海交通大学乒乓球男队教练。

黄少雄(1971年生)

广西人，武术运动员。12岁开始习武，1991年在第一届世界武术锦标赛上获得男子南拳亚军。1997年获得第三届东亚运动会男子南拳冠军。2003年在第七届世界武术锦标赛男子南棍比赛中为中国队夺得首枚金牌。

张丽莉(1971年生)

女，浙江宁波人，艺术体操运动员。1985年进入上海市艺术体操队，1985年获全国艺术体操锦标赛第三名。1987年获第六届全运会预选赛、决赛团体冠军,以及第十三届世界艺术体操锦标赛团体全能第三、"三圈三球"单项第二、"六球"单项第三,成为第一批登上国际艺术体操领奖台的中国选手。1988年获全国艺术体操冠军赛全能第一、"六球"单项第一和加拿大四大洲艺术体操锦标赛全能第一、"六球"单项第一、"圈带"第一。曾获上海市体育运动一级奖章和国家体委颁发的第一批艺术体操健将证书。

樊　昕(1971年生)

女,上海人,艺术体操运动员。1985年入选上海市艺术体操队。1985、1986年分获全国艺术体操锦标赛第三名。1987年获第六届全运会预选赛、决赛冠军;同年在保加利亚获得第十三届世界艺术体操锦标赛团体全能第三、"三圈三球"单项第二、"六球"单项第三,成为第一批登上国际艺术体操领奖台的中国选手。1987—1991年蝉联全国艺术体操锦标赛及冠军赛冠军。1988年在加拿大获得第六届四大洲艺术体操锦标赛全能第一、"六球"单项第一、"三圈三带"单项第二。1990年在日本获得第七届四大洲艺术体操锦标赛季军。获国家体委颁发的第一批艺术体操健将证书。获上海市体育运动一级奖章,为上海市"三八"红旗集体成员。

庄　泳(1972年生)

女,上海人,游泳运动员,上海首位奥运会金牌获得者。7岁学习游泳,1984年进入上海队,1986年入选国家队。1988年,在第二十四届奥运会上,以55秒47夺得女子100米自由泳银牌。1992年,在第二十五届奥运会女子100米自由泳比赛中为中国赢得第一块奥运会游泳金牌。1993年在参加第七届全运会后退役。2008年庄泳担任北京奥运会圣火传递上海站的首棒火炬手。

杨文意(1972年生)

女,上海人,游泳运动员。6岁学习游泳,1984年入选上海市游泳队,1986年入选国家游泳队。1987年,在第二届泛太平洋游泳锦标赛中,与队友合作获得女子4×100米混合泳接力第三名;同年在第六届全运会上创女子50米自由泳、100米仰泳两项亚洲纪录。1988年在第三届亚洲游泳锦标赛上,以24秒98的成绩获女子50米自由泳冠军并打破世界纪录,成为世界上第一个闯进25秒大关的选手,也是自穆祥雄后中国时隔30年首位破世界纪录的运动员,首位破游泳世界纪录的中国女选手;同年获汉城奥运会女子50米自由泳银牌。1992年获巴塞罗那奥运会女子50米自由泳金牌,打破奥运会纪录。退役后开办游泳俱乐部。

黄乙君(1972年生)

女,上海人,艺术体操运动员。10岁参加全国比赛,获第三名和一级运动员称号。1985年进入上海市艺术体操队,1985年获全国艺术体操锦标赛第三名。1987年获第六届全国运动会艺术体操比赛预赛及决赛集体全能冠军;同年代表国家队参加第十三届世界艺术体操锦标赛,获得集体全能第三、"三圈三球"单项第二、"六球"单项第三,成为第一批登上国际艺术体操领奖台的中国选手。1988—1991年蝉联本项目集体项目冠军。1988年获加拿大四大洲艺术体操锦标赛全能第一、"六球"单项第一、"三圈三带"第二。获国家体委颁发的第一批艺术体操健将证书。获上海市体育运动一级奖章，为上海市“三八”红旗集体成员。

崔英彪(1972年生)

内蒙古莫旗人，曲棍球教练员。2001—2002年任国家女曲助理教练。2002年起，任上海女曲主教练，带训的运动员程晖在2008年北京奥运会上获得银牌。2009年任国家队女曲主教练。2010年率队在广州亚运会上获得金牌。

虞　玮(1972年生)

女，上海人，技巧运动员。1986年入选上海市技巧队，专项是女子双人上面人。1989年第七届技巧世界杯赛中获女子双人单套的第一套金牌，并获女子双人全能银牌；同年获国际级运动健将称号。1989年获国家体育运动荣誉奖章。

程　晖(1972年生)

女，四川自贡人，曲棍球运动员。1994年入选国家队。1998年获曼谷亚运会铜牌；2002年获澳门世界冠军杯赛冠军；同年获釜山亚运会冠军、澳大利亚世界杯铜牌。2003年进入上海曲棍球队，同年获澳大利亚世界冠军杯赛亚军。2008年在北京奥运会上获银牌。

陶　桦(1972年生)

女，江苏南京人，垒球运动员。1988年入选上海垒球队，1989年入选国家队。1994年在世界垒球锦标赛中获亚军，在第十二届亚运会中获冠军；同年获国际级运动健将称号。1996年参加第二十六届奥运会获银牌。1998年助力中国队获得第十三届亚运会冠军。获体育运动一级奖章。

孙　雯(1973年生)

女，上海人，足球运动员。13岁接受足球训练，14岁进入上海青年队，17岁进上海队。1990年11月入选国家队，司职中场、前锋，曾任国家队队长。代表国家队出场152次，进球106个。作为国家队成员，获得1991、1993、1995、1997年的亚洲杯冠军，以及1994、1998年两届亚运会的冠军。作为上海队成员，获得十九次全国冠军。1996年参加亚特兰大奥运会获银牌。1999年在美国洛杉矶第三届世界杯中获得银牌，攻入7球，获最佳运动员“金球奖”和最佳射手“金靴奖”。2000年加盟美国女足大联盟亚特兰大撞击队。曾任上海市体育局外事处副处长、上海市足协副秘书长、上海市足球管理中心副主任。2010年出任上海女足主教练。1995年，孙雯被评为“中国足球小姐”。北京奥运会后获上海市政府通令嘉奖，是上海市“三八红旗手标兵”和“新长征突击手标兵”。1999年获共青团中央、全国青联授予的“全国十大杰出青年”称号；同年，上海市政府两度给予通令嘉奖。2000年获评“世纪足球小姐”称号。是首批入选亚洲足球名人堂的十名球员。

樊　迪(1973年生)

女,上海人,体操运动员。1987年在第二十四届世界体操锦标赛上获满分。1989年在第二十五届世界体操锦标赛中获高低杠金牌,成为中国第二个女子体操世界冠军。1990年获第十一届亚运会高低杠冠军。

柴轶超(1973年生)

女,浙江宁波人,技巧运动员。1984年入选上海市技巧队,1989年进入国家青年队,1991年进入国家队。1990年获得运动健将称号。1989年第一届世界青年技巧锦标赛获女子三人组第二套冠军,1991年第八届世界技巧锦标赛获女子三人全能亚军。1992年第十届世界技巧锦标赛获女子三人第二套冠军。1993年获得国家体育运动荣誉奖章。

伍　刚(1974年生)

上海人,武术运动员。9岁习武,1985年入选上海市武术队。1996年获得第四届亚洲武术锦标赛男子长拳冠军。1997年获第四届世界武术锦标赛男子枪术冠军,这是上海武术运动员首次在世锦赛上夺冠。1998年在第十三届亚运会上,参加男子长拳、长器械、三项全能比赛,获金牌。

王　频(1974年生)

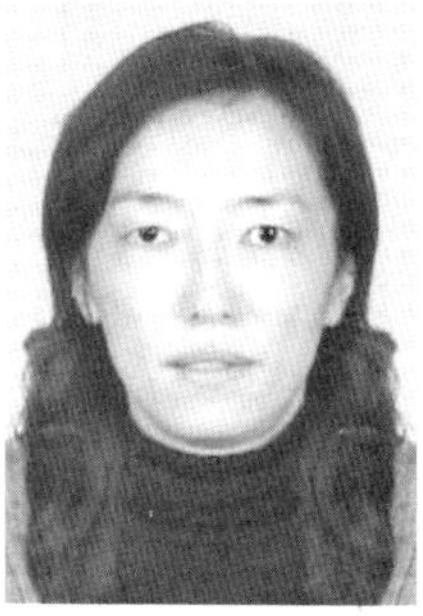

女,上海人,国际象棋运动员。9岁学棋,师从朱贻斑。1990年入选上海市棋队。1991年晋升女子国际象棋世界八强,获国际象棋大师和国际特级大师称号。1992年入选国家队。1992和1996年分获第三十届、第三十二届国际象棋奥林匹克团体赛的季军和亚军。1998和2002年获第三十三届、第三十五届国际象棋奥林匹克团体冠军。1990—2001年间共获得十次全国团体赛冠军。2002年获得全国国际象棋锦标赛个人冠军。

陶璐娜(1974年生)

女,上海人,射击运动员。1992年入选上海市射击队,1995年进入国家队集训。1997年获得射击世界杯总决赛女子运动手枪个人冠军,1998年获第四十七届射击世锦赛女子气手枪团体冠军,同年获射击世界杯总决赛女子气手枪个人冠军。2000年获射击世界杯总决赛女子气手枪个人冠军;同年获第二十七届奥运会气手枪项目冠军和运动手枪亚军,实现了上海射击运动在奥运会上历史性突破。2001年获射击世界杯总决赛女子运动手枪个人冠军。2002年获第四十八届射击世锦赛女子运动手枪团体冠军,同年获射击世界杯总决赛女子运动手枪个人冠军、女子气手枪个人冠军。2000—2003年共获得世界杯冠军10个,获第十三届、十四届、十五届亚运会冠军7个。多次破(创/平)世界纪录、奥运会纪录、亚洲纪录、亚运会纪录。被国际射击联合会评为2000和2001年度世界最佳女射手,六次获体育运动荣誉奖章。曾获全国五一劳动奖章、全国"三八"红旗手、全国五四青年标兵、上海市劳动模范、上海市"三八"红旗手、上海市十大杰出青年等称号。获上海市政府通令嘉奖、记大功一次。

王　蕾(1975年生)

女,上海人,国际象棋运动员。9岁学棋,师从林鹤。1988年入选国家象棋队集训,1989年入

选上海市队，同年获女子国际象棋大师称号。1990 年获第二十九届奥林匹克国际象棋团体赛第三名，成为国际棋联大师。1996 年获第三十二届奥林匹克团体赛亚军、世界大学生国际象棋赛冠军。1998 年获第三十三届奥林匹克团体赛冠军，并获最佳表现奖。2000 年再次获得第三十四届奥林匹克冠军。两次获得国家体育运动荣誉奖章。

乐靖宜(1975 年生)

女，上海人，游泳运动员。1988 年选入上海游泳队，1991 年入选中国游泳队，由国家队副总教练周明执教。1992 年，获巴塞罗那奥运会 4×100 米自由泳接力亚军，并打破世界纪录。1993 年获世界大学生运动会 100 米、50 米自由泳两项冠军，同年在首届世界短池游泳锦标赛中获 5 枚金牌，打破 5 项世界纪录。1994 年获世界杯短池锦标赛 5 枚金牌，同年夺得第七届世界游泳锦标赛 4 枚金牌，并 4 次打破世界纪录。1995 年获第二届世界短池游泳锦标赛 3 枚金牌。1996 年亚特兰大奥运会上获 100 米自由泳冠军并打破世界纪录。多次获得国家体育运动荣誉奖章和体育运动一级奖章，被上海市体委记特等功，获世界十佳运动员、亚洲十佳运动员、上海市"三八"红旗手等称号。

金　凡(1975 年生)

女，上海人，蹼泳运动员。1988 年进入上海市蹼泳队，师从林国芳教练。1992 年入选中国蹼泳队，同年首次参加第六届世界蹼泳锦标赛，获女子 800 米蹼泳、1 500 米蹼泳金牌，并打破 800 米蹼泳世界纪录。在 1994 年第七届世界蹼泳锦标赛上获 1 金 2 银，并连破 400 米器泳、800 米蹼泳和 400 米蹼泳 3 项世界纪录。1992 年，被评为上海市"十佳"运动员和全国"八佳"运动员。1993 年获全国"三八"红旗手、上海市"三八"红旗手称号，被上海市体委记特等功。1992—1994 年连续三年获国家体委颁发的体育运动荣誉奖章。

蒋丞稷(1975 年生)

上海人，游泳运动员。1988 年进入上海游泳队。在 1996 年亚特兰大奥运会上，连破 50 米自由泳、100 米蝶泳两项亚洲纪录，获第四名，为亚洲男子运动员在该届奥运会中的最好成绩，也是中国男子游泳运动员首次进入奥运会决赛。中国游泳协会特设男子项目突破奖。获 1994 年第十二届亚运会 100 米蝶泳冠军，并打破亚运会纪录。获 1997 年第八届全运会 100 米蝶泳、100 米自由泳、50 米自由泳、男子 4×100 米混合泳接力、男子 4×100 米自由泳接力赛五项冠军。在 1998 年第十三届亚运会上，以 22 秒 38 的成绩获得 50 米自由泳冠军，并打破亚运会纪录。1998 年获第六届上海市十大杰出青年称号，2001 年退役。

徐颖琦(1975 年生)

女，上海人。1986 年进入上海市长宁区体校技巧队，1988 进入上海市体育运动学校，1991 年入选上海技巧队，女子三人项目。1992 年进入国家队。1992 年获得运动健将称号。1991—1996 年，多次获全国锦标赛冠军、全国冠军赛冠军。1992 年，在法国举行的第十届世界技巧锦标赛女子三人项目上，获第二套(动力套)冠军、第一套(静力套)季军和全能套季军。1992 年获得国家体育运动荣誉奖章，曾获上海市个人贡献奖。

常　昊(1976年生)

上海人,围棋运动员。6岁学棋,10岁入选国家少年队,师从邱百瑞、聂卫平等。先后获第五届世界青少年围棋锦标赛冠军、第十二届世界业余围棋锦标赛冠军。1996年中日围棋擂台赛中,以6连胜终结比赛。获乐百氏杯、天元赛五连霸,获第一届棋圣战、第三届NEC杯围棋赛冠军。2005年,获第五届应氏杯世界职业围棋锦标赛冠军,这是中国棋手首次获得应氏杯冠军。2006年中韩围棋擂台赛中,以4连胜终结比赛。2007年获第十一届三星杯围棋赛冠军。2008年中日韩三国擂台赛中,以4连胜终结比赛。2009年获第七届春兰杯围棋赛冠军。共获得八次世界比赛亚军,多次在全国性比赛中夺冠。

张　尉(1977年生)

上海人,羽毛球运动员。1990入选上海市羽毛球队,1996年入选国家队。1997年在英国举行的苏迪曼杯上首次摘取混合团体金牌。1998年获瑞士羽毛球赛男双冠军,同年获第十三届亚运会羽毛球男子团体银牌。1999和2001年,获两届苏迪曼杯世界羽毛球混合团体锦标赛冠军。2001年获国际羽毛球超级大奖赛男双冠军、世界羽毛球大奖赛总决赛季军。2004年退役,2007年任上海羽毛球队教练。

王天凌(1977年生)

上海人,跳水运动员。9岁入选上海跳水队。1993年获得第八届世界杯跳水赛混合团体和男子团体两枚金牌,个人3米板银牌。1994年获国际健将称号,同年获第七届世界游泳锦标赛3米板亚军、第十二届亚运会3米板冠军。1995年获世界杯铜牌。1999年世界杯亚军、混团和男团冠军。2002年获世界杯双人跳板冠军。2003年获世锦赛3米板亚军和韩国大邱世界大学生运动会3米板冠军。2004年获国际泳联跳水系列赛暨国际跳水巡回赛男子3米跳板冠军。

胡斌渊(1977年生)

上海人,射击运动员。1995年入选上海队,1997年2月入选国家队,师从教练孙盛伟。1998年获得曼谷亚运会飞碟双多向个人冠军。2001年参加第九届全运会,以总成绩185中获得男子飞碟双多向金牌。2004年获得雅典奥运会第四名。2006年获得射击世界杯德国苏尔站比赛飞碟双多向冠军,同年获第四十九届射击世界锦标赛男子飞碟双多向150靶亚军,获多哈亚运会男子飞碟双多向团体冠军。2008年北京奥运会上获男子飞碟双多向个人季军。2009年在飞碟世界杯白俄罗斯明斯克站比赛中打破男子飞碟双多向世界纪录。2010年获广州亚运会男子双多向飞碟团体冠军。2004年获得上海市劳动模范称号。

王励勤(1978年生)

上海人,乒乓球运动员。1991年入选上海市乒乓球队,1993年入选国家队。2000年获得第二十七届奥运会男子双打冠军。2001年获得第四十六届世乒赛男子团体、男子单打、男子双打冠军。2002年获中国乒乓球队建队50周年杰出贡献奖。2003年获得第四十七届世乒赛男子双打冠军。2004年获得第四十七届世乒赛男子团体冠军。2004年获得第二十八届奥运会男子单打季军。2005年获得第四十八届世乒赛男子单打、混合双打冠军。2005年入选国际乒联名人堂。2006年获得第四十八届世乒赛男子团体冠军。2007年获得第四十九届世乒赛男子单打、混合双打冠军。2007年获得世界杯男子团体冠军。2008年获得第四十九届世乒赛男子团体冠军。2008年获得第二十九届奥运会男子团体冠军、单打季军。

范　倩(1978年生)

女，上海人，技巧运动员。1989年入选上海队。1990年获运动健将称号。1992年进国家队，同年在第十届世界技巧锦标赛上获得第二套冠军。1993年在第七届全运会中，获女子双人冠军。1993年获国家体育运动荣誉奖章。

刘　霓(1978年生)

女，上海人，技巧运动员。1984年进入上海市徐汇区体校练习体操，1987年入选上海技巧队，1989年进入国家青年队，1991年进入国家队。1990年获得运动健将称号。1989年获第一届世界青年技巧锦标赛女子三人组第二套冠军。1991年获第八届世界技巧杯赛全能亚军。1992年获第十届世界技巧锦标赛第二套冠军。1993年获得国家体育运动荣誉奖章。

李　玮(1979年生)

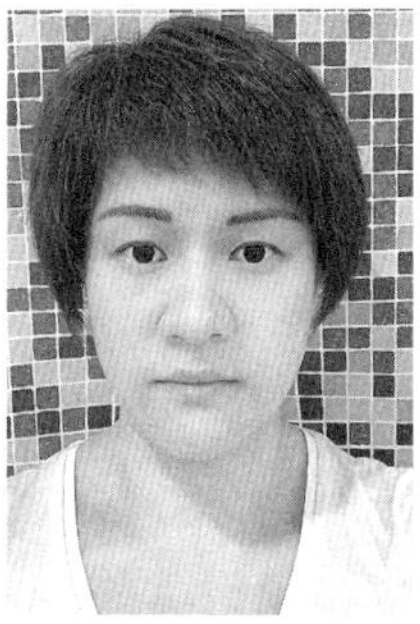

女，上海人，游泳运动员。1992年进入上海体育运动技术学院主攻蛙泳。1995年获得全国短池游泳锦标赛4×50米混合泳接力冠军并打破全国纪录。1998年获得曼谷亚运会女子100米蛙泳金牌并打破亚运会纪录。2001年在上海举行的世界杯游泳系列赛(中国站)女子50米蛙泳决赛中，与浙江选手罗雪娟同时抵达终点，双双夺冠并打破世界纪录。获运动健将、国际级运动健将称号。

钱震华(1979年生)

上海人，现代五项运动员。1995年进入上海现代五项队，1997年全运会男子团体冠军，1998年入选国家队，同年获亚锦赛男子团体冠军。2000年获得亚洲现代五项锦标赛男子个人冠军，2001年获得第九届全运会现代五项男子个人冠军、团体接力亚军；2002年获亚洲现代五项锦标赛个人冠军、亚运会个人季军、团体亚军；2004年获世锦赛第四名，创中国男选手历史最好成绩。2005年获得现代五项世界杯匈牙利站铜牌、世界锦标赛冠军，成为中国首位获得现代五项世界冠军的运动员，也是亚洲的首位冠军；同年10月获得第十届全运会个人金牌。2008年获得全国现代五项冠军赛男子冠军、北京奥运会第四名，实现中国在奥运会上该项目的突破。2009年获全运会男子团体冠军。2010年获得国际级裁判称号。

高淑英(1979年生)

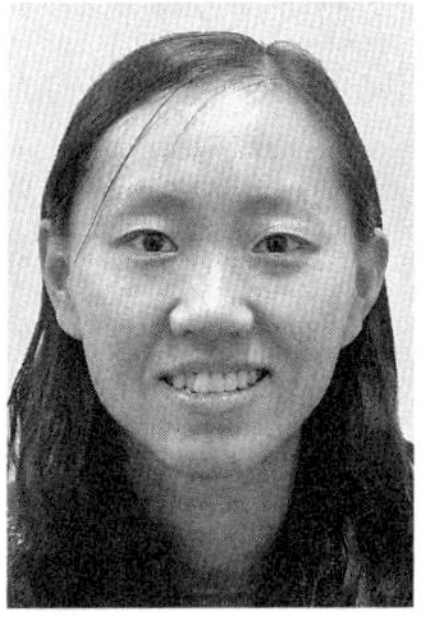

女，山东青岛人，田径运动员。师从史美创，15岁进入上海体育学院，专攻撑竿跳高。1997年获运动健将称号，1999年获国际级运动健将称号。2000年获悉尼奥运会女子撑竿跳高比赛第十名。2001年，获第二十一届世界大学生运动会女子撑竿跳高比赛冠军，并打破赛会纪录和亚洲纪录；同年获第三届东亚运动会女子撑竿跳高比赛冠军、第九届全运会女子撑竿跳高比赛冠军；在加拿大埃德蒙顿世界田径锦标赛上，获女子撑竿跳高第五名。2002年获第九届世界杯田径比赛女子撑竿跳高第四名；同年获韩国釜山亚运会女子撑竿跳高比赛冠军。2005 年，在芬兰赫尔辛基世界田径锦标赛上获第五名。2006 年获第十届田径世界杯赛女子撑竿跳高第三名，同年获多哈亚运会女子撑竿跳高比赛冠军。多次获全国田径锦标赛和冠军赛冠军，十次打破女子撑竿跳高室内外亚洲纪录。

金　晶(1980 年生)

女，上海人，残疾人轮椅击剑运动员，2008 年北京奥运会火炬境外传递火炬手。2008 年，北京奥运会火炬接力在法国巴黎埃菲尔铁塔开始环球传递第 5 站的传递活动，金晶是第三棒，在传递途中极少数的"藏独"分子企图干扰北京奥运会火炬的传递。金晶面对突如其来的冲击，毫不畏惧，紧紧护住火炬不被抢走，用残弱的身躯捍卫奥运精神，被誉为"守护'祥云'的天使""最美最坚强的火炬手"。曾获 2002 年韩国釜山远南残运会的第二名和世界轮椅运动会的第三名。2008 年获第十九届"中国十大杰出青年"称号，同年被评为感动中国年度人物。

蔡慧珏(1980 年生)

女，上海人，游泳运动员。1993 年入选上海队，1995 年在第三届城市运动会上首次参赛即获得 50 米和 100 米蝶泳两枚金牌。1996 年入选国家队，1997 年 4 月在世界短池游泳锦标赛上与队友合作获 4×100 米混合接力金牌。个人获 100 米蝶泳亚军。同年在世界杯短池游泳系列赛中获女子蝶泳项目的总冠军、第八届全运会 4×100 米自由泳接力冠军。1995 年获国际级运动健将称号。

王璐娜(1980 年生)

女，上海人，游泳运动员。1993 年进上海市游泳队，师从徐惠琴。1996 年获全国游泳锦标赛比赛 6 枚金牌。1997 年在世界短池游泳锦标赛中，与队友合作获 4×200 米自由泳接力金牌，并超该项世界纪录；同年，在世界杯短池游泳系列赛中获得 1 金 2 银；获第八届全运会 4×100 米和 4×200 米自由泳接力赛冠军。2001 年获第九届全运会 4×200 米自由泳接力赛冠军，并获体育道德风尚奖。获国际级运动健将称号。1997 年获评上海市"三八"红旗手。2000 年获上海体育运动荣誉奖章，获上海市"巾帼建功"标兵、上海市"三八"红旗手称号。2001 年被上海市政府记大功。

姚　明(1980 年生)

上海人，身高 2.26 米，篮球运动员。启蒙训练师从李章民教练。1987 年进上海市徐汇区体校篮球班，1994 年入选上海青年队，1997 年入选国家青年队，同年加盟上海东方大鲨鱼篮球俱乐部。1998 年入选国家队，同年代表中国队参加亚洲青年锦标赛夺得冠军，并被评为最有价值球员。1999 年蝉联亚洲青年锦标赛冠军，并获中国男子篮球职业联赛(CBA)进步最快奖。2000 年代表中国队出征悉尼奥运会，同年被 ESPN 评为全球最有潜力的运动员。率东方大鲨鱼队参加 2001—2002 赛季中国男子篮球职业联赛，并获冠军；个人获联赛最有价值球员奖和常规赛最有价值球员奖。2001 年代表上海队参加第九届全国运动会，获得亚军并获评"九运之星"。同年率领中国队夺得亚洲男篮锦标赛冠军并获参加世界男篮锦标赛资格。2002 年，以状元秀身份被美国男子篮球职业联赛(NBA)的休斯敦火箭队选中，成为继王治郅、巴特尔之后加盟 NBA 的第三位中国球员。2003 和 2006 年，两度当选为上海城市形象代言人。2004 年雅典奥运会和 2008 年北京奥运会上，两度任中国代表团旗手。获美中杰出贡献奖、中国奥林匹克金质奖章、感动中国十大人物、中国十大杰出青年、全国劳动模范、国家体育运动荣誉奖章。

孙光蕾(1980 年生)

女，上海人，技巧运动员。6 岁进入上海市静安区体校艺术体操队，1991 年进入上海市体校，转项技巧女子三人下面人，1993 年入选上海队，专项是女子双人下面人。1997 年进国家队。1997—1999 年多次获全国技巧锦标赛冠军；1998 年获亚洲技巧锦标赛亚军；1999 年获第十三届世界技巧锦标赛团体冠军、第一套季军。获上海市政府颁发的个人贡献奖。2000 年世锦赛上获得女双第一套、第二套、全能三块银牌。

邹市明(1981 年生)

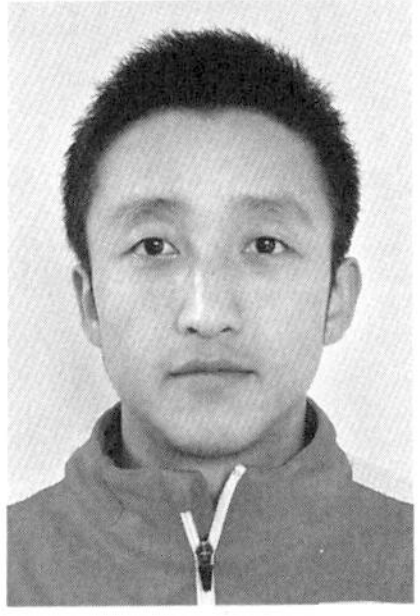

贵州遵义人，拳击运动员。毕业于上海体育学院，是上海与贵州联合培养的协议记分运动员。1997 年进贵州拳击队，2000 年入选国家队。2003 年在世界拳击锦标赛上夺得男子 48 公斤级亚军，实现中国拳击奖牌零的突破。2004 年代表中国队出征雅典奥运会获得铜牌。2005 年拳击世锦赛上夺冠，成为中国第一个拳击世界冠军，并于 2007 年成功卫冕。2008 年北京奥运会上，获男子拳击轻量级(48 公斤级)冠军，为中国男子拳击运动史上首枚奥运会拳击金牌。多次荣获贵州省五一劳动奖章、十大杰出青年、全国先进工作者等称号。

仲维萍(1981 年生)

女，上海人。1989 年起练习武术，1992 年在上海市体育宫从事击剑训练。2001 年获第九届全运会女子重剑团体冠军。2003 年获女子重剑团体世界杯冠军，并多次获世界杯分站赛冠军。2004 年获雅典奥运会女子重剑团体第六名。2006 年获意大利都灵世锦赛女子重剑团体冠军。2006 年获多哈亚运会女子重剑个人赛亚军。2009 年在第十一届全运会上夺得女子个人重剑和女子团体重剑两枚银牌。

朱颖文(1981 年生)

女，上海人，游泳运动员。1994 年入选上海市游泳队，1997 年进入国家队。1997 年获得第八届全运会女子 4×100 米自由泳接力金牌、第二届东亚运动会女子 100 米自由泳冠军。2002 年在第九届全运会上创女子 4×200 米自由泳亚洲纪录，获第六届世界短池游泳锦标赛女子 4×200 米自由泳接力冠军并创世界纪录。2004 年雅典奥运会上，获女子 4×200 米自由泳接力银牌。2005 年获第十一届世界游泳锦标赛女子 50 米自由泳铜牌，同年在第十届全运会中获女子 50 米自由泳、100 米自由泳、4×100 米自由泳接力、4×200 米自由泳接力 4 枚金牌，在第四届东亚运动会中获女子 50 米自由泳、4×100 米自由泳接力、4×200 米自由泳接力，4×100 米混合泳接力 4 枚金牌。2005 年获世锦赛 4×200 米自由泳接力铜牌，2009 年第十一届全运会上获 4×100 米自由泳接力金牌。2006—2009 年连续四次年获全国游泳锦标赛 50 米自由泳金牌。

王　磊(1981年生)

上海人,击剑运动员。毕业于上海金融学院。1994年进入上海体育运动技术学院,1998年入选国家队。2000年获得世界杯法国站男子重剑个人第三,2001年获得世界青年锦标赛亚军、第九届全运会个人铜牌和团体冠军。2002年获得釜山亚运会个人亚军。2004年获得雅典奥运会击剑银牌,取得中国击剑项目在奥运会上的历史性突破。2006年获得世界锦标赛男子重剑金牌,成为继栾菊杰、谭雪之后第三个获得世界冠军的中国击剑选手,也是中国男子击剑历史上的第一个世界冠军。同年在多哈亚运会上获得男子重剑个人金牌、团体银牌。退役后担任上海击剑队和国家击剑队教练。

沈　琼(1981年生)

上海人,排球运动员。1998年入选上海男子排球队,师从沈富麟。2001年入选国家队,师从邸安和,任国家队主力主攻和队长。2004—2010赛季,沈琼助力上海男排夺得史无前例的“八连冠”,获“亚洲第一主攻”的称号。2005和2009年,率上海队分别获第十届全运会和第十一届全运会男排冠军。获2006年多哈亚运会亚军,2010年获男排亚洲杯亚军。

曹忠荣(1981年生)

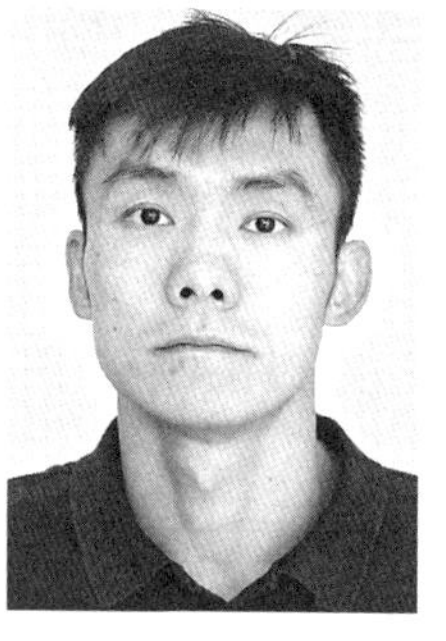

上海人,现代五项运动员。毕业于上海体育学院。1998年进入上海体育运动技术学院,2000年入选国家队。2001年获第九届全运会团体银牌。2002年获釜山亚运会团体银牌。2005年获全运会个人银牌、团体银牌。2006年获埃及世界杯现代五项男子个人冠军、英国世界杯男子个人季军。2007年获现代五项世界锦标赛男子团体亚军。2009年获得第十一届全运会团体冠军、个人亚军。2010年获得广州亚运会个人冠军、团体亚军,成为首位夺得亚运会冠军的中国现代五项男子运动员。被授予广州亚运会先进个人、新长征突击手称号,获上海市五一劳动奖章。

孙勇征(1981年生)

上海人,象棋运动员。6岁学棋。1991年参加全国少年赛,三次进入前三名。1995年全国个人赛获第十一名,获大师称号,成为全国最年轻的象棋大师。1996年获全国少年冠军。2001年获得全国个人赛第三名。作为主力队员,助力上海队获全国象棋甲级联赛2003和2007赛季冠军。2008年首届世界智力运动会上,助力中国队获得象棋男子团体冠军。

李　娜(1982年生)

女,吉林省吉林市人,自行车运动员。早年从事速滑训练,1999年随教练到上海,从事自行车运动训练。2000年第一次参加全国场地自行车锦标赛争先赛、500米计时赛,获得两个第五名,同年参加第七届亚洲青年锦标赛获得争先赛金牌。2001年在第九届全运会上获得争先赛第三名。2002年赴瑞士短训,同年8月回国参加场地自行车赛,获得女子总决赛争先赛、凯林赛两枚金牌。同年9月在丹麦哥本哈根世界场地自行车锦标赛上再次获得凯林赛金牌,成为中国自行车历史上第一个世界冠军。10月在韩国釜山亚运会上再次获得金牌,获体育新人奖。

汤　淼(1982年生)

上海人,排球运动员。2002年入选国家队,扣球高度达3.53米,拦网高度达3.43米,是中国男排的主力队员。2004—2007年,作为上海男排成员,连续四次获得全国男排甲级联赛冠军。2007年,汤淼随俱乐部球队前往俄罗斯参加友谊赛,在训练中意外受伤致残。妻子周苏红,同为中国女排队队长。在汤淼受伤后,她一边照顾丈夫,一边训练,为中国队获得2008年北京奥运会女排季军。二人共同入围2008年度"感动中国"人物候选人。

费逢吉(1982年生)

女,上海人,射击运动员。1999年进入上海市射击队训练,2000年入选国家队,师从许海峰教练。2002年获第四十八届射击世界锦标赛青年女子25米运动手枪个人金牌和团体金牌,并打破青年团体世界纪录;获青年女子10米气手枪个人银牌和团体金牌,并打破青年团体世界纪录。2006年获射击世界杯(德国站)女子10米气手枪个人金牌、射击世界杯(意大利站)女子25米运动手枪个人金牌,同年获第四十九届射击世界锦标赛女子25米运动手枪团体金牌、个人银牌。2008年北京奥运会上,获女子25米运动手枪个人第四;同年获第二届世界大学生射击锦标赛女子25米运动手枪个人金牌,总成绩超世界纪录。曾获国家体育运动荣誉奖章、上海市体育运动荣誉奖章、上海市五一劳动奖章,获上海市"三八"红旗手和上海市新长征突击手称号,三次被上海市政府记二等功。

刘　翔(1983年生)

上海人,田径运动员,中国和亚洲田径史上第一个集奥运会冠军、室内室外世锦赛冠军、国际田联大奖赛总决赛冠军、世界纪录保持者多项荣誉于一身的运动员。12岁时,在上海市普陀区体校开始跳高业余训练,14岁进入上海市第二体育运动学校改练跨栏。身高1.9米,爆发力强。1999年进入上海体育运动技术学院田径队。2002年,在世界田径大奖赛洛桑站的比赛中以13秒12的成绩打破男子110米栏保持了24年之久的世界青年纪录,同时打破亚洲纪录。2003年获世界田径锦标赛铜牌,成为首位在世界室内田径锦标赛上获得奖牌的中国选手。2004年,在雅典奥运会上以12.91秒的成绩追平世界纪录,获得冠军。2006年,在瑞士洛桑田径超级大奖赛中获得冠军,以12秒88打破了保持13年的世界纪录。2007年获得第十一届世界田径锦标赛冠军,成为集奥运会冠军、世锦赛冠军和世界纪录保持者于一身的男子110米栏大满贯得主。2008年获得世界室内田径锦标赛60米栏冠军;同年,在北京奥运会中,因伤退赛。2010年获得广州亚运会110米栏冠军。2005—2006年,当选为上海城市形象代言人。多次获国家体育运动荣誉奖章、中国青年五四杰出贡献奖章、上海市劳动模范、上海市新长征突击手标兵、中国十大杰出青年、中国十佳劳伦斯冠军奖年度最佳运动员、全国劳动模范等荣誉。

倪　华(1983年生)

上海人,国际象棋运动员。7岁开始学棋,师从戴治国、李昂。1997年获世界少年快棋冠军赛冠军,为中国男棋手夺得的第一个世界冠军。1997年进入国家队,2001年进入上海队。助力中国队获得2005年世界杯团体赛和2006年第三十七届国际象棋奥林匹克团体赛团体亚军。2006—2008年,连续三年获国际象棋男子全国个人锦标赛冠军。2006年获世界大学生国际象棋锦标赛个人亚军、团体冠军。2010年获亚洲国际象棋个人锦标赛冠军,同年助力中国队获第十六届亚运会国际象棋团体冠军。2008年获首届世界智力运动会混双冠军、男子团体冠军。

王　洁(1983年生)

女,上海人,蹼泳运动员。1999年入选上海队,师从教练林国芳;同年入选国家队,师从欧康平教练。1999年在世界青年蹼泳锦标赛上获得女子50米蹼泳和100米蹼泳两项冠军。2003年在全国春季蹼泳锦标赛中,获3枚金牌,超女子100米蹼泳世界纪录。2004年在第十二届世界蹼泳锦标赛上,获4×200米蹼泳金牌和4×100米蹼泳银牌,打破两个项目的世界纪录。2003年获国家级运动健将称号、国家体育运动荣誉奖章。

陈　苓(1983年生)

女,上海人,技巧运动员。5岁起在上海市卢湾区体校练习体操,10岁进入上海体操队,12岁转入上海技巧队练习女子双人专项。1996年获全国技巧锦标赛季军,1997—1999年多次获全国技巧锦标赛冠军,1998年获亚洲技巧锦标赛亚军,1999年获第十三届世界技巧锦标赛团体冠军、单套季军。获上海市政府颁发的个人贡献奖。

徐妍玮(1984年生)

女,上海人,游泳运动员。1998年进入上海游泳队集训。2000年获得奥运会选拔赛女子100米、50米自由泳冠军。2001年获得东亚运动会100米自由泳金牌、第九届世界游泳锦标赛4×100米混合泳铜牌。同年,在第九届全运会上独揽4×100米、4×200米、100米、50米自由泳4枚金牌,并打破4×200米自由泳接力亚洲纪录。2002年在釜山亚运会上夺得5金1银,2004年夺得雅典奥运会4×200米接力赛银牌。2006年获得亚运会50米自由泳金牌,并打破该项目亚洲纪录。

秦力子(1984年生)

女,辽宁朝阳人,武术散打运动员。2003年入选国家队,2004年进入上海武术队。2002年起,连续三年获得全国武术散打锦标赛女子52公斤级冠军。2003年获第七届世锦赛武术散打52公斤级冠军,同年获国际级运动健将称号。2004年获第二届世界杯武术散打比赛女子52公斤级冠军。2005年获第十届全运会团体冠军。2006年获全国武术散打锦标赛女子56公斤级冠军。2007年获第九届世界武术散打锦标赛女子52公斤级冠军。获2008年北京奥运会武术散打比赛女子52公斤级冠军,被授予突出个人贡献奖;同年,获第四届世界杯武术散打比赛女子52公斤级冠军。曾获全国"三八"红旗手称号。记一等功4次、二等功1次、三等功1次。获第十二届中国武警"十大忠诚卫士"称号。

朱　琳(1984年生)

女,上海人,羽毛球运动员。1998年进入上海羽毛球大队,2004年入选国家队。2006年获得印尼羽毛球公开赛单打冠军、多哈亚运会女团冠军。2007年获得羽毛球超级系列赛马来西亚站冠军、第十六届羽毛球世锦赛女子单打冠军和苏迪曼杯团体冠军,是继1978年张爱玲夺得羽毛球女单世界冠军后,上海选手20年来首次在羽毛球世锦赛上夺冠,同年被评为十佳运动员。2008年获尤伯杯女子团体冠军、香港公开赛女单冠军。2009年获韩国亚洲羽毛球锦标赛女单冠军。2010年获美国羽毛球公开赛和加拿大羽毛球公开赛女单冠军。

吴钞来(1984年生)

女,浙江温州人,武术运动员。2001年考入上海体育学院武术系练习武术散打。2003年入选国家队,同年获得全国武术散打锦标赛女子65公斤级金牌和第七届世界武术锦标赛女子65公斤级金牌。2004年获得全国锦标赛女子60公斤级、冠军赛女子60公斤级和第二届世界杯武术散打比赛女子65公斤级3项冠军。2005年获得第十届全运会散打团体预赛冠军、决赛亚军,2006年获得第二届中韩散打对抗赛冠军,2009年获得第十一届全运会散打团体预赛季军、决赛季军。先后获得国家级运动健将称号、国家体育运动荣誉奖章、全国十佳武术运动员称号等。

李　慧(1985年生)

女,上海人,游泳运动员。6岁学习游泳,1998年入选上海游泳队,主攻仰泳。2000年参加奥运会选拔赛,获100米仰泳第七名,同年在全国锦标赛上夺得100米仰泳、4×100米混合泳接力第一名和50米仰泳第三名。2001年获世界杯游泳系列赛中国站50米仰泳冠军,并打破世界纪录;同时获得100米仰泳冠军并打破全国纪录。2002年获得国际泳联短池世界杯系列赛(上海站)女子50米仰泳冠军。

吴敏霞(1985年生)

女,上海人,跳水运动员。5岁接受跳水训练,1994年被上海跳水队史惠国教练选调进队集训,带教培养至1998年,并一同调往国家跳水队。进国家队后得到吴国村、刘恒林、叶锋、聂玉弟等教练的指教,逐渐形成其"难、稳、准、美"的技术风格。2001年,获第九届世界游泳锦标赛3米板双人金牌和1米板银牌。2002年获亚运会3米板双人金牌、个人银牌,世界杯跳水赛女团金牌和3米板双人、个人两枚银牌。2003年获第十届世界游泳锦标赛3米板双人金牌。2004年,吴敏霞获雅典奥运会女子3米板双人金牌、个人银牌。2008年北京奥运会获3米板双人金牌,单人3米板铜牌。多次荣获国家体育运动荣誉奖章、上海市政府通令嘉奖、上海市劳动模范等荣誉。

庞佳颖(1985年生)

女,上海人,游泳运动员。1998年进入上海游泳队,2002年进入国家游泳队。由上海游泳队总教练潘佳章执教。2002年起,多次入选国家队。2003年巴塞罗那世界锦标赛上获女子4×200米自由泳接力铜牌。2004年雅典奥运会上获4×200米自由泳接力银牌及200米自由泳第七名。2005年蒙特利尔世界锦标赛上获得4×200米自由泳接力铜牌;2008年,获女子4×200米自由泳接力亚军;获北京奥运会女子200米自由泳铜牌,并破世界纪录。2009年,获罗马游泳世锦赛女子4×200米自由泳接力冠军,并打破世界纪录。在第九届、第十届、第十一届、第十二届全运会上多次获金牌。获国家体育运动荣誉奖章和体育运动一级奖章,被上海市体委记一等功、获上海市"三八"红旗手等称号。

徐　翾(1985 年生)

女,上海人,射击运动员。11 岁练习射击,13 岁代表上海市杨浦区参加上海市运动会,超一项世界纪录。1999 年入选上海射击队,在全国移动靶项目射击系列赛的第一、二、三站比赛中,分别以 379、377 和 381 环的成绩,超过 376 环的世界纪录。2002 年在第四十八届世界射击锦标赛女子 10 米移动靶混合速射个人赛中,以 391 环的成绩获得金牌,并打破世界纪录。2006 年获多哈亚运会金牌。在 2007 年第六届全国城运会男女同台竞技中,以 4 环的优势夺得冠军。

严明勇(1985 年生)

上海人,体操运动员。2000 年获得全国少年体操锦标赛冠军,2005 年获得全国体操总决赛亚军和第十届全运会铜牌,同年入选国家队。2007 年获体操世界杯莫斯科分站赛吊环冠军,2008 年获体操世界杯斯图加特、巴塞罗那分站赛吊环冠军。2009 年获得第四十一届世界锦标赛吊环冠军、第十一届全运会吊环冠军和第二十五届世界大学生运动会吊环亚军。

杨　超(1985 年生)

上海人,体育舞蹈运动员。1999 年与谭轶凌搭档训练体育舞蹈。2005 年开始,先后获三届英国“水晶宫杯”世界国际标准舞锦标赛摩登舞冠军、两届英国黑池世界舞蹈节摩登舞 21 岁以下组别及业余新星组世界冠军及世界 UK 全英锦标赛业余组摩登舞冠军、亚运会体育舞蹈快步舞和标准 5 项舞两项冠军。2006 和 2010 年获上海市非奥运体育项目突出贡献奖。

徐莉佳(1987 年生)

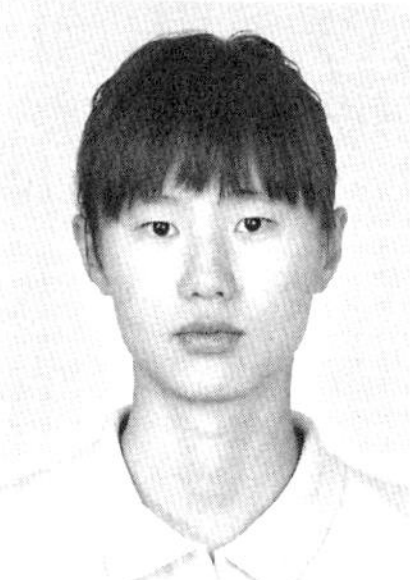

女,上海人,帆船运动员。1997 年进入上海帆船队,2001 年进国家队。2001、2002 年获世界 OP 级帆船锦标赛女子组冠军。2002、2006 年获亚运会女子帆船金牌。2006 年获世界帆船锦标赛女子激光雷迪尔级冠军。2008 年获北京奥运会女子帆船单人艇铜牌,实现了中国帆船项目奥运奖牌零的突破。2008 年后进入上海交通大学学习。先后获国家运动健将称号和国家体育运动荣誉奖章。

谭轶凌(1987 年生)

女,上海人,体育舞蹈运动员。12 岁练习舞蹈。1999 年与杨超搭档训练体育舞蹈。2002 年担任中国中央电视台“心有多大,舞台就有多大”企业宣传片形象代言人。2005 年开始,先后获三届英国“水晶宫杯”世界国际标准舞锦标赛摩登舞冠军、两届英国黑池世界舞蹈节摩登舞 21 岁以下组别及业余新星组冠军,并获世界 UK 全英锦标赛业余组新星组摩登舞冠军。2010 年获得亚洲体育舞蹈锦标赛业余组摩登舞冠军、亚运会体育舞蹈快步舞和标准 5 项舞两项冠军。2006 和 2010 年获上海市非奥运体育项目突出贡献奖。

莫俊杰(1988年生)

上海人,射击运动员。2001年进入上海市射击射箭运动中心学习,2002年入选上海射击队二线运动队,2004年入选一线队,2009年进入国家队。2009年获得世界杯总决赛冠军,同年获圣马力诺飞碟世界杯赛冠军、第十一届全运会季军和全国射击总决赛季军。2010年获射联世界杯中国站男子飞碟双多向金牌、广州亚运会男子飞碟多双向团体冠军。

王仪涵(1988年生)

女,上海人,羽毛球运动员。9岁进入上海市体育运动学校,2002年入选上海羽毛球队,2004年入选国家二队。2006年进入国家一队,同年获世界青年羽毛球锦标赛和羽毛球世界杯女单冠军。2009年获全英羽毛球锦标赛女单冠军、苏迪曼杯世界混合团体锦标赛冠军,同年获世界羽联最佳女运动员奖。获国家体育运动荣誉奖章、国际健将称号、上海市五一劳动奖章、上海市“三八”红旗手称号、上海市青年五四奖章,第三十届奥运会上记一等功一次。

钱佳灵(1988年生)

女,上海人,射箭运动员。2000年进入上海射箭队。2001年获第四十一届世界射箭锦标赛团体第一名。2004年获第四十一届世界射箭锦标赛团体第一名,2005年获第十届全运会个人淘汰赛金牌。2006年获射箭世界杯土耳其站个人淘汰赛第一名,同年获射箭世界杯圣萨尔瓦多站个人淘汰赛第一名。被上海市政府记一等功、二等功,获上海市“三八”红旗手称号。

火 亮(1989年生)

上海人,跳水运动员。7岁练习体操,9岁改练跳水。2001年入选国家队,师从孙淑伟教练。2002年获德国世青赛10米跳台冠军。2006年第十五届跳水世界杯赛上,获男子双人10米跳台冠军;同年获多哈亚运会跳水男子双人10米跳台冠军及国际跳水大奖赛第一名。2007年墨尔本世界游泳锦标赛上获男子双人10米跳台冠军。2008年北京奥运会上,与林跃搭档夺得男子双人10米跳台冠军。2009年获跳水系列赛男子双人10米跳台冠军,同年获罗马世界杯游泳锦标赛男子双人10米跳台冠军。

刘子歌(1989年生)

女,辽宁本溪人,游泳运动员。1999年进入沈阳海舰游泳俱乐部接受业余训练。2004年转入上海市宝山区游泳队,进入上海游泳队,师从金炜教练。2007年底入选国家队。2008年夺得全国游泳冠军赛200米蝶泳金牌;同年在北京奥运会上夺得200米蝶泳决赛冠军,并打破世界纪录。2009年获得第十一届全运会100米蝶泳冠军并创造新亚洲纪录、200米蝶泳冠军并创造新的世界纪录、4×100米混合泳接力冠军。2009年获国际泳联短池世界杯瑞典站200米蝶泳、德国站200米蝶泳以及亚洲锦标赛和东亚会200米蝶泳冠军,并在瑞典和德国两次打破世界纪录。2010年获得世锦赛4×100混合泳冠军。获全国五一劳动奖章、国家体育运动荣誉奖章、中国青年五四奖章、上海市五一劳动奖章,获全国先进工作者、全国“三八”红旗手、上海市劳动模范、上海市新长征突击手标兵、上海市“三八”红旗手、上海市体育功臣运动员等荣誉称号。

朱倩蔚(1990年生)

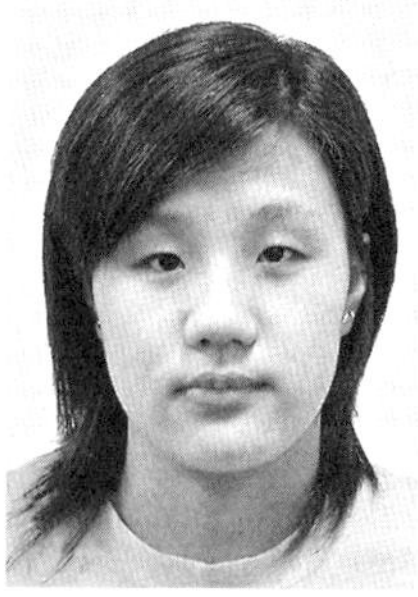

女,上海人,游泳队运动员。2004年入选上海队,师从徐惠琴教练。2006年入选国家队。2008年,在北京奥运会女子4×200米自由泳接力决赛中,与队友合作获得银牌。2009年第十三届罗马世界游泳锦标赛上,与队友合作获女子4×200米自由泳金牌并打破世界纪录。2010年参加广州亚运会和第十届世界短池游泳锦标赛。在亚运会上夺得女子200米自由泳冠军,并与队友合作摘得女子4×200米自由泳接力金牌;在世界短池游泳锦标赛中,与队友获得女子4×200米自由泳接力冠军,并打破世界纪录。

许　昕(1990年生)

江苏徐州人,乒乓球运动员,左手执拍。1997年进入江苏徐州市体校,2000年进江苏省体校。2001年随教练汤志贤来上海,2002年进入曹燕华乒乓球学校学习。2006年入选国家队。2009年,在国际乒联斯洛文尼亚公开赛、丹麦公开赛和卡塔尔公开赛上三度获得男双冠军;在日本横滨世乒赛上,获男双亚军;获世界杯团体大赛男团冠军;获得亚洲乒乓球锦标赛男团、男双冠军,获第五届东亚运动会男单、男双、男团3枚金牌;在第十一届全运会上,与王励勤搭档,为上海赢得男双冠军。2010年广州亚运会上,获混双、男团冠军及男双亚军;同年获世界杯男团冠军。

倪　暐(1991年生)

上海人,帆船运动员。1999年进入上海市帆船队。2002年在全国OP级帆船锦标赛中获得个人和团体两枚金牌。2004年代表中国队参加在厄瓜多尔举行的世界OP级帆船锦标赛,提前卫冕冠军。2005年获第十届全运会帆船比赛铜牌。2006年在多哈亚运会获得帆船OP级冠军。

眭　禄(1992年生)

女,湖南株洲人,体操运动员。5岁练习体操,2000年引进上海体操队。2007年入选国家队,同年夺得全国体操锦标赛女团冠军、全国体操冠军赛自由体操冠军。2008年获得美国休斯敦国际体操邀请赛个人全能金牌、全国体操锦标赛暨奥运会选拔赛自由体操和平衡木两枚金牌。2009年,获得体操世界杯德国科特布斯站、斯图加特站自由体操冠军,体操世界杯克罗地亚站平衡木、自由体操冠军,第十一届全运会女团冠军和自由体操冠军。2010年全国锦标赛和广州亚运会获得个人全能、平衡木、自由体操共三枚金牌,并获得亚运会女团冠军。

唐　奕(1993年生)

女,上海人,游泳运动员。2004年进入上海游泳队,师从谢军。2006年入选国家队,师从潘佳章;同年获得多哈亚运会4×200米自由泳接力金牌。2008年北京奥运会上获4×100米项目第四名,并打破亚洲纪录。2010年在第一届世界青奥会上获6项冠军,打破女子100米自由泳项目的世界青年纪录;同年参加世界短池游泳锦标赛,获女子4×200米自由泳接力、女子4×100米混合泳接力两项冠军;广州亚运会上获女子4×100米混合泳接力、4×100米自由泳接力和 4×200 米自由泳接力、女子 100 米自由泳冠军，共 4 枚金牌，获最佳女运动员称号；同年获体坛风云人物最佳新人奖提名。多次获得国家体育运动荣誉奖章和体育运动一级奖章，被上海市体委记特等功，获上海市“三八”红旗手称号。

说明：人物简介排序以生年先后为序。

第三章　人物名录

第一节　国家级荣誉获得者

一、国家体委/国家体育总局颁发的国家体育运动荣誉奖章获得者(194人次)

1978年：李富荣　张燮林　林慧卿　徐寅生　何家统　郑敏之　陆元盛　王文娟　刘　霞　张爱玲　朱　政　史美琴

1979年：曹燕华　刘　霞　张爱玲

1980年：胡祖荣

1981年：叶家锭　曹燕华　卜启娟　李富荣　张燮林　周鹿敏　张爱玲　刘　霞　史美琴　李小平　魏毓明　吴振维

1983年：李富荣　胡鸿飞　朱建华　陈祖德　吴淞笙　胡荣华　张爱玲　葛守萍　王莲芳　杨明明　上海市体育运动学校　南市区业余体育学校

1984年：曹燕华　倪夏莲　李小平　魏毓明　王谷平　吴振维　黄　勇　陈运嘉　张汇兰　杨明明

1985年：张爱玲　周建明　浦海清　商　焱　王俊如　吴振维　姚振中　王银珍　谢前乔　谢侠逊

1986年：何智丽　曹燕华　王谷平　周建明　刘海清　郑敏之　张燮林　吴振维　王俊如

1987年：张汇兰　蒋永谊　卢湾区业余体育学校　上海体育学院

1988年：何智丽　张燮林　郑敏之　王朋仁　史方静　蒋永谊　韩长美　周建明　浦海清　潘祖震　王俊如　俞宜震　卢秀森　郎德隆　俞国良　杨明明

1989年：王朋仁　史方静　杨文意　韩长美　张向东　李世豪　顾　辰　秦欢年　曹大元　钱宇平　芮乃伟　华以刚　王长云　陈运嘉　卢秀森　胡伯堃　袁文才

1990年：哈成峰　谈　兵　樊　迪　韩长美　虞　玮　陆美娟　周建明　浦海清　陈海标　陆炜峰　王长云　洪源长　姚　娟　周学勤　王俊如　潘祖震　吴振维

1991年：张向东　顾雁菱　林国芳　陈运嘉

1992年：庄　泳　杨文意　陈运鹏　严伟莉　徐仁惠

1993年：乐靖宜　王毅杰　王天凌　周建明　浦海清　姚文凯　吴　斌　陆炜峰　吴志康　叶　峰　王俊如　潘祖震　周学勤　严建宏　郎德隆　吴振维　林国芳

1999年：王天凌　张　尉　赵景强　陈　蓓　陆元盛　陆亨文

2000年：陶璐娜

2001年：谢前乔

2002年：陶璐娜　徐　翾　李　娜　徐莉佳　徐妍玮　朱颖文　吴敏霞　王天凌　王　频　王跃舫　吴明卿　夏光明　茅祎勋　张　静　徐惠琴　陈　勤　史惠国　叶　锋

2005年：胡斌渊　钱震华　沈晓英　王励勤　宣东波　孙　会　赵光勇　刘小马　施之皓

陆元盛　陈养生　沈学军　王跃舫　钱小兵
2010 年：庞佳颖　唐　奕　朱倩蔚　刘子歌　吴敏霞　火　亮　严明勇　许　昕　车　磊
秦　勇　陶　乐　张旭俊　周建明　朱扬涛　金　炜　潘佳章　徐惠琴　史惠国
徐晓玲　王　伟　叶晓东　马俊峰　周　燕　陈养胜

二、全国“三八”红旗手获得者(3 人次)

2000 年：陶璐娜　孙　雯
2004 年：徐妍玮

三、全国劳动模范获得者(4 人次)

1989 年：严伟莉
2000 年：孙　雯
2005 年：刘　翔　姚　明

四、全国“五一”劳动奖章获得者(6 人次)

1996 年：乐靖宜
2000 年：陶璐娜　王励勤
2002 年：叶　冲　陶璐娜
2004 年：姚　明

五、中国十大杰出青年获得者(3 人次)

1999 年：孙　雯
2003 年：姚　明
2004 年：刘　翔

第二节　市级荣誉获得者

一、上海市人民政府通令嘉奖获得者(129 人次)

1984 年：李小平　吴佳妮　丛学娣　武邢江　刘莉萍　张佩君　何剑萍　朱建华　胡鸿飞
黄德国　王银珍　张爱玲　商　焱
1987 年：王朋仁　史方静　何智丽　韩长美　浦海清　周建明　谈　兵　哈成峰　沈坚强
庄　泳　杨文意　谢　军
1992 年：庄　泳　杨文意　丛学娣　乐靖宜
1993 年：上海市游泳队　上海市体育代表团

1996 年：乐靖宜　隋新梅　陶　桦　柳絮青　水庆霞　孙　雯　谢慧琳　王　怡　诸韵颖　蔡慧珏　蒋丞稷　周　明　陆元盛　李　必　潘佳章
1997 年：第八届全国运动会上海市代表团　上海市游泳队
1999 年：蒋丞稷　熊国鸣　李　玮　钱　敏　孙　雯　赵　燕　谢慧琳　王静霞　水庆霞　浦　玮　章文琪　李　桦　诸韵颖　李轶之　陶　桦　王励勤　陈雁浩　郭　嵘　戴海振　胡斌渊　陶璐娜　伍　刚
2000 年：陶璐娜　叶　冲
2002 年：徐妍玮　朱颖文　居洁磊　韩　晶　徐琳蓓　陆春凤　徐莉佳　张　杰　张　莹　陶璐娜　李　晖　陈永强　徐　翾　吴敏霞　王天凌　李　娜　高淑英　刘　翔　王励勤　张　静　施之皓　茅祎勋　孙海平　史美创　徐惠琴　刘小马　张　静　吴卫平　陈德春　缪志红
2004 年：刘　翔　姚　明　吴敏霞　孙海平　叶　冲　王　磊　徐妍玮　庞佳颖　朱颖文　王励勤　陆元盛　王跃舫　徐惠琴　潘佳章　施之皓　胡斌渊　陶　桦　张　爱　程　晖　徐琳蓓　冯雪玲　仲维萍　陈永强　陈　瑜　沈晓英　刘　炜　张　莹　王　旻　陈　积　陆亨文　刘小马

二、上海市特级和一级体育运动奖章获得者(即体育特等功和一等功)(609 人次)

1978 年：特级：王文娟　张爱玲
一级：黄锡萍　曹燕华　朱　政　刘　霞　郑惠明　汤　群　沈富麟　陈祖德　胡荣华
1979 年：一级：刘　霞　胡荣华　朱　政　陆钟毅　许梅林　曹中英　周　平　俞　慧　李祖年　史美琴　潘佳章　汤　群　徐　艳　邱红军　吴育伟　颜　军　徐国良　王长宝　张建林　李建新　郑益芳　陈昌凤　朱崇娣　黄美霞　张黎明　范安萍　姚是敏　高勤飞　胡伯堃　蒋允严　袁文才　郎德隆　魏毓明　朱勤国　刘泽民　陈　娟　曹伟民　上海市羽毛球队女子团体　上海市击剑队女子花剑团体　上海市网球队男子团体　上海市女子手球队　上海市技巧队　上海市棋队：中国象棋团体　国际象棋团体　男子围棋团体　女子围棋团体
1982 年：特级：曹燕华　卜启娟　李富荣　张燮林　周鹿敏　张爱玲　刘　霞　史美琴　李小平　魏毓明　吴振维　刘正宏
一级：朱建华　沈富麟　朱　政　吴佳妮　俞国良　曹中英　潘佳章　田宗骏　韩震宇　蔡允法　姜承龙　曲炳瑜　李祖年　颜　军　徐国良　商　焱　王俊如　高宝康　王志曦　丁逸波　卢秀森　蒋永谊　杨瑞华　卢启乐
1982 年：特级：朱建华　张爱玲　曹大元　曹燕华　吴佳妮　李小平
一级：杨文琴　奚霞顺　林　政　王益珠　吴丽萍　翁佩凤　王翠娥　潘佳章　杨新天　陈建波　王　君　乐思佩　谢琳琳　沈坚强　岑楚云　朱　政　刘　红　史鸿芳　徐文红　范　宏　史鸿琴　金志植　谢前乔　陆鸿刚　顾　伟　刘正宏　王银珍　颜　军　徐国良　李建新　梁　波　邓玉发

唐红卫　张建林　孙　伟　范安萍　陈昌凤　史美萍　黄美霞　朱崇娣
王文俊　沈刘陈　陈　强　胡定海　苏联凤　崔一宁　陈金初　邱红军
俞一峰　劳绍沛　谈培超　王　瑾　吕玉娥　姜承龙　邱建平　田宗骏
卜启娟　何智丽　倪夏莲　陈淑萍　谢国英　黄晓贞　吕嫣红　刘　霞
尤　伟　朱晓云　李时勤　龚庆庆　翁勤娣　瞿保卫　潘盛华　翁　彤
王敏辉　沈富麟　李秋平　张国强　王　群　庄建明　陈德春　郑福根
曹中英　王小刚　俞　萍　方伯生　蒋凤鸣　陈　勤　王永和　杨忠德
余伟基　严　辉　卢　胜　楼建夫　孙　杰　冯　立　袁本荣　宋荣钧
苏　荣　张　军　李申生　朱永年　丁逸波　张向东　李世豪　王谷平
赵景强　马　骏　封锅祥　魏忠祥　华以刚　钱宇平　李青海　芮乃伟
杨　晖　胡荣华　吴晓莹　戚惊萱　周铁锚　周维卿　姚关林　沈福庆
张孔武　沙毅中　陆　琴　何苏莉　李曼玲　孙惠娣

1983 年：特级：朱建华　胡鸿飞　曹燕华　倪夏莲　李小平　王谷平　魏毓明　黄　勇
一级：翁佩凤　沈坚强　潘佳章　郑　健　吕玉娥　崔一宁　刘文斌　张惠康
王　纲　朱明亮　张卫星　江卫国　郑　彦　顾兆年　闻跃国　林志华
秦国荣　李龙海　鲁妙生　奚志康　李中华　柳海光　朱有宏　颜　军
唐红卫　顾家宏　周海昆　郑伟国　陈昌凤　陈　英　郑益芳　黄美霞
朱崇娣　张黎明　姚是敏　周　榕　何丽明　王银珍　林民伋　李健民
李秋成　方纫秋　王后军　陈士麟　程骏迪　范安萍　陈晓鸣　谢前乔
吴振维　陈运嘉

1985 年：特级：浦海清　周建明　李小平　吴佳妮　从学娣　武邢江　刘莉萍　张佩君
何剑平　朱建华　胡鸿飞　黄德国　王银珍　商　焱　张爱玲　谢前乔
姚振中
一级：胡荣华　郑　健　沈坚强　史美琴　何智丽　瞿保卫　潘盛华　朱永年
高国钧　丁逸波　林民伋　李秋诚　艾大钧　俞一峰　崔一宁　陈金初
竺敏珠　刘云鹏　张如义　沈克勤　陈昌凤　史美萍　黄美霞　张黎明
程骏迪　郑阶平　赵继红

1986 年：一级：朱建华　谢　军　汪兴旗　陈昌凤　黄　红　沈坚强　陈金初　颜　军
李建新　从学娣　王敏辉　葛坚清　鞠根寅　邬伟培

1987 年：特级：韩长美　何智丽　王朋仁　史方静　谈　兵　哈成峰　周建明　浦海清
沈坚强　庄　泳　杨文意　谢　军
一级：张丽莉　樊　昕　顾晨红　王雪菲　黄乙君　许　珏　王智慧　冯英华
刘云鹏　朱建华　李月明　李国君　丁逸波　张向东　邬伟培　吕玉娥
刘海清　肖剑忠　吴志康　黄　红　屈欣松　潘佳章　李　俊　沈　宇
徐　洁　沈　洁　殷雪瑾　王　菁　劳绍沛　杜震城　叶　冲　叶　青
俞一峰　邱红军　黄　彬　刘正宏　柳海光　张惠康　秦国荣　樊　迪
尤　伟　曹大元　钱宇平　华以刚　倪林法　芮乃伟　杨　晖　沈蔓蓉
林　塔　戚惊萱　张伟达　史闽越　杨卓慧　柳絮青　钱　飚　李祖年
唐红卫　顾家宏　颜　军　周海昆　李建新　龚红蕾　李仁山　朱文煜

陈　坚　朱崇娣　唐婉全　陈森兴　张如义　胡鸿飞　林秀玉　高国钧
陈运嘉　俞宜震　卢秀森　沈金康　李建民　王俊如　吴振维　林有锦
程　骛　赵惟诚　杨正勇　崔一宁　王秀雄　施嘉劲　谢前乔　吕正义
陈士麟　范安萍　王长云　吴毅梅

1988年：特级：杨文意　庄　泳　史方静　王朋仁　张向东
一级：李国君　李月明　李世豪　顾　辰　秦欢年　丛学娣　凌　光　何剑萍
张　弘　柳蓓莉　李传芬

1989年：特级：陆炜峰　周建明　浦海清　陈海标
一级：周学勤　王俊如　吴振维

1993年：特级：杨文意　庄　泳　乐靖宜　熊国鸣　邱洁明　陈运鹏　周　明　陈　勤
叶　冲　王秀雄　夏嘉平　张　滨　浦海清　周建明　金　凡　谢　芳
王　静　麦　静　姚文凯　陆炜峰　吴　斌　吴志康
一级：叶蓓蓓　余　丽　陆　笛　薛　伟　谢　军　沈坚强　严昱民　林有锦
步子刚　顾承锷　劳绍沛　陈　飚　郑晓岚　张　君　杜震城　杨文勇
徐忠柱　薛　斌　李秋诚　杨剑川　叶年芳　杨丽华　王宇巍　陈　宏
吕正义　王良佐　陈企曾　陆美娟　范　倩　姚　娟　陈雁浩　张　斌
鞠　敏　高　剑　徐根法　龚吉祥　王天凌　王毅杰　林国芳　赵景强
宣东波　张林强　何宇东　王俊如　周学勤　郎德隆　潘祖震　董　瑛
张红妹　张明泉　芮乃伟　杨　晖　邱　鑫　曾凡辉　吴振维

2004年：一级：叶　冲　王　磊　徐妍玮　庞佳颖　朱颖文　王励勤　徐惠琴　潘佳章
施之皓

2005年：一级：男子水球队　男子排球队　王励勤　韦　剑　冯文文　冯雪玲　刘　杉
刘　翔　曲日东　朱丽娜　朱颖文　许　新　张　玉　张　莹　张　滨
李　莉　李菊菊　杨耀祖　沃帕·夏克加　沈晓英　陆　滢　陈永强
陈重权　庞佳颖　赵玉琴　郝　慧　徐妍玮　殷晓蓓　袁婷婷　钱佳灵
钱震华　顾晓黎　黄梅双　孙海平　刘　侠　徐根发　汪兴旗　龚吉祥
潘佳章　陈　勤　徐惠琴　崔登荣　施之皓　杨中平　刘小马　沈富麟
王敏辉

2008年：一级：庞佳颖　朱倩蔚　程　晖　马蕴雯　孙　晔　孙萩亭　胡斌渊　徐莉佳
黄雪辰　王跃舫　施之皓　徐惠琴　潘佳章　刘小马

2009年：一级：男子排球队　男子足球队(甲组)　青年女子足球队　王自理　王励勤
韦　剑　付彬彬　刘　翔　朱颖文　江　翱　池　强　许运祺　严明勇
吴　迪　吴敏霞　张　辉　张中朝　张宇皎　张晓天　杨　华　杨　扬
杨如雪　沃帕·夏克加　沈巍巍　肖康君　陆瑜婷　陈　奇　麦嘉杰
周妍欣　季丽萍　庞佳颖　金　迪　赵光勇　赵沁心　唐　奕　夏伦伍
徐妍玮　徐莉佳　钱震华　顾　敏　曹忠荣　眭　禄　蒋海琦　谭思欣
戴　骏　王家麟　叶晓东　石伟慧　刘　珉　刘小马　孙海平　曲日东
邬伟培　余晓玲　张　斌　张　滨　张　静　杜智山　杨中平　沈富麟
陈　勤　陈养胜　周世平　姜文义　徐根宝　徐惠琴　聂玉弟　钱国军

鲁　凌　鲍国明　潘佳章　钱风雷　全志伟　沈利龙　隋国扬

三、上海市劳动模范(集体)获得者(33 人次)

1990 年：樊　迪　郑重光
1993—1994 年：浦海清　林有锦　上海游泳队
1996 年：乐靖宜　马良行　远东女子足球队
1998 年：董　瑛　唐　泉　龚吉祥　上海市水球队
2000 年：陶璐娜　王励勤　叶　冲　沈富麟　谢前乔　上海女子手球队　上海女子足球队
2001 年：叶　冲　沈富麟　谢前乔　上海女子手球队　上海市女子足球队
2001—2003 年：姚　明　孙海平　刘治仁　胡斌渊　胡荣华　上海市帆船队
上海市女子足球队
2004 年：刘　翔　姚　明　吴敏霞　孙海平　上海市体育运动学校
上海市第二体育运动学校
2008 年：刘子歌　吴敏霞　王励勤　火　亮　邹市明　金　炜　张传良

四、上海市"五一"劳动奖状(章)获得者(118 人次)

2005 年：上海水球队　刘　翔　陈永强　王励勤　钱震华　朱颖文　徐妍玮　庞佳颖
陆　滢　殷晓蓓　郝　慧　张　滨　孙海平　刘小马　龚吉祥　潘佳章　陈　勤
徐惠琴　崔登荣　徐根发　王敏辉　施之皓
2008 年：刘子歌　吴敏霞　王励勤　火　亮　邹市明　庞佳颖　朱倩蔚　程　晖　孙　晔
胡斌渊　徐莉佳　马蕴雯　孙萩亭　黄雪辰　朱颖文　徐妍玮　唐　奕　王　磊
钱震华　费逢吉　浦　玮　徐　媛　张　颖　袁　帆　沈　琼　方颖超　任　琦
吴雯娟　王　旻　曲日东　张　爱　谭　瑛　金　迪　何　翌　周意男　姚　明
刘　炜　张玉峰　张　力　金　炜　张传良　王跃舫　施之皓　潘佳章　徐惠琴
刘小马
2009 年：上海男子排球队　上海男子足球队(甲组)　上海青年女子足球队　刘　翔
庞佳颖　眭　禄　谭思欣　王自理　王励勤　韦　剑　付彬彬　朱颖文　江　翱
池　强　许运祺　许　昕　许　新　严明勇　吴　迪　吴敏霞　张中朝　张宇皎
张晓天　张　辉　杨　华　杨如雪　杨　扬　沃帕·夏克加　沈巍巍　肖康君
陆瑜婷　陈　奇　麦嘉杰　周妍欣　季丽萍　金　迪　赵光勇　赵沁心　唐　奕
夏伦伍　徐妍玮　徐莉佳　钱震华　顾　敏　曹忠荣　蒋海琦　戴　骏　刘小马
潘佳章　陈　勤　周世平　姜文义　王家麟　叶晓东　石伟慧　刘　珉　孙海平
曲日东　邬伟培　余晓玲　张　斌　张　滨　张　静　杜智山　杨中平　沈富麟
陈养胜　徐根宝　徐惠琴　聂玉弟　钱国军　鲁　凌　鲍国明

五、上海市新长征突击手(队)/标兵获得者(22人次)

1999年：王励勤　孙　雯　谢慧琳　浦　玮　高宏霞　王静霞
2000年：陶璐娜　叶　冲
2001年：姚　明
2003—2004年：常　昊
2004年：刘　翔　姚　明　吴敏霞
2005年：陈永强
2008年：刘子歌　火　亮　吴敏霞　王励勤　邹市明
2009年：庞佳颖　眭　禄　谭思欣　上海男子排球队

六、上海市新长征突击手(队)获得者(128人次)

1996年：乐靖宜　水庆霞　孙　雯　谢慧琳　陶　桦　柳絮青　王　怡　诸韵颖　隋新梅　蔡慧珏　蒋丞稷
1997年：王　炜　陈　洲　熊国鸣　邱洁明　陈剑虹　叶良臣　王天凌　缪志红　徐文斐　陈雁浩　牛　健　张崇巍　赵海林　上海女子足球队　上海水球队　上海佩剑队
1998年：宋琦勍
1999年：胡斌渊　莫晨月　上海市女子垒球队
2000年：程　伟
2001年：蒋丞稷　陈　卡　邱国江　张　杰　庄　焰　王　磊　张　朔　印毅俊　朱仁杰　胡斌渊　李　辉　刘　翔　谈春华　王舟舟　吴　钧　宋定辉　王天凌　钱振华　承　浩　王　伟　张　尉　王翠忠　王　蕾　上海市水球队　上海市OP帆船队
2001—2002年：王天凌　王励勤　刘　翔　张　杰　李　晖　陈永强　郭逾前　上海市女子自行车队
2003年：徐妍玮　徐　翾　郭逾前
2003—2004年：杨耀祖　孙琦敏　蒋丞稷　上海市射击队移动靶项目组
2004年：叶　冲　王　磊　徐妍玮　庞佳颖　朱颖文　王励勤　胡斌渊　陶　桦　张　爱　程　晖　徐琳蓓　冯雪玲　仲维萍　陈永强　陈　瑜　沈晓英　刘　炜　张　莹　王　旻　陈　积
2005年：张　滨　钱震华　沃帕·夏克加　陈重权　许　新　曲日东　韦　剑　刘　杉　杨耀祖　上海水球队　上海男子排球队
2008年：程　晖　王　磊　庞佳颖　钱震华　朱倩蔚　孙　晔　朱颖文　徐妍玮　唐　奕　徐莉佳　孙萩亭　黄雪辰　胡斌渊　费逢吉　金　迪　马蕴雯　沈　琼　方颖超　任　琦　浦　玮　徐　媛　张　颖　袁　帆　吴雯娟　王　旻　张　爱　谭　瑛　何　翌　周意男　姚　明　刘　炜　张玉峰　张　力
2009年：陈　奇　张　辉　赵沁心　杨　华　夏伦伍　沈巍巍　严明勇　杨如雪　付彬彬　肖康君　张宇皎　许运祺　曹忠荣　赵光勇　麦嘉杰　周妍欣　季丽萍　戴　骏

张中朝 江 翱 蒋海琦 吴 迪 许 昕 池 强 王自理 杨 扬 张晓天
顾 敏 陆瑜婷 上海男子足球队(甲组) 上海青年女子足球队

七、上海市“三八”红旗手标兵获得者(19人次)

1990年：杨文意
1999年：李轶之 孙琦敏 孙 雯 谢慧琳 浦 玮 高宏霞 王静霞
2000年：陶璐娜
2003年：徐妍玮
2003—2004年：常 昊
2004年：吴敏霞
2008年：刘子歌 吴敏霞
2009年：刘子歌 吴敏霞 庞佳颖 眭 禄 谭思欣

八、上海市“三八”红旗手获得者(156人次)

1990年：庄 泳 隋新梅 李月明 许 新 李国君 司徒璧双 郭 蓓
1993—1994年：乐靖宜 隋新梅 董 瑛 柳絮青
1996年：乐靖宜 陶 桦 柳絮青 孙 雯 水庆霞 谢慧琳 隋新梅 诸韵颖 王 怡
蔡慧珏
1997年：孙琦敏 赵 燕 余梅芳 邱海涛 张 静 高大伟 王桂彩 郭素娟 赵 鹰
王 薇 张 怡 陈淑珺 钱 敏 王璐娜 朱颖文 唐 泉
1997—1998年：孙琦敏 李轶之
2000年：高淑英 徐惠琴 王跃舫
2001年：徐惠琴 王跃舫 徐妍玮 仲维萍 陈小燕 高淑英 居洁磊 庞佳颖 王璐娜
周晓薇 朱颖文 陆莲花 武佳婧 徐琳蓓 时 佳
2001—2002年：徐妍玮 朱颖文 居洁磊 高淑英 徐琳蓓 韩 晶 李 娜 张 莹
陶璐娜 徐 翾 王 兰 吴敏霞 陆春风 徐莉佳 张 静
2003—2004年：魏 燕 张清明
2004年：吴敏霞 徐妍玮 庞佳颖 朱颖文 陶 桦 张 爱 程 晖 徐琳蓓 冯雪玲
仲维萍 陈 瑜 沈晓英 张 莹 王 旻 陈 积 王跃舫 徐惠琴
2005年：殷晓蓓 陆 滢 郝 慧 顾晓黎 黄梅双 张 玉 赵玉琴 李菊菊。冯文文
李 莉 袁婷婷 朱丽娜 钱佳灵
2008年：庞佳颖 朱倩蔚 朱颖文 徐妍玮 唐 奕 孙 晔 程 晖 徐莉佳 马蕴雯
孙萩亭 黄雪辰 费逢吉 浦 玮 徐 媛 张 颖 袁 帆 吴雯娟 王 旻
张 爱 谭 瑛 王跃舫 徐惠琴
2009年：朱颖文 唐 奕 徐妍玮 徐莉佳 徐惠琴 赵沁心 沈巍巍 付彬彬 肖康君
杨如雪 张宇皎 周妍欣 季丽萍 顾 敏 陆瑜婷 石伟慧 张 静 余晓玲

九、上海市"三八"红旗集体获得者

1990 年：上海市花样游泳队
1993—1994 年：上海市女子足球队
1997 年：上海女子足球队　上海女子排球队　上海女子垒球队
1997—1998 年：上海市女子手球队
1999 年：上海市女子手球队
2000 年：上海女子排球队　上海女子足球队
2001 年：上海市女子足球队
2002 年：上海市帆船队女子组　上海女子足球队
2003—2004 年：上海市女子足球队
2005 年：上海市女子足球队
2009 年：上海青年女子足球队

十、上海市十大杰出青年获得者(7 人次)

1998 年：孙　雯
1999 年：蒋丞稷
2001 年：陶璐娜
2002 年：王励勤　姚　明
2004 年：刘　翔
2005 年：常　昊

第三节　高级专业技术职称(国际运动等级)名录

一、国家级教练员(28 人次)

1996 年：郑重光　林有锦　傅家新　李建新　陈士麟　李明光
1997 年：李福轩
2000 年：孙海平　吴卫平　陆元盛　韩乃国　马良行
2001 年：程　莺
2002 年：李　必
2003 年：程莉莉　王跃舫
2005 年：李伟光　龚吉祥　刘小马
2006 年：张传良　史美创　徐惠琴　史惠国
2007 年：陈　勤　缪志红　施之皓　杜震城
2010 年：李秋平

二、高级教练员(602 人次)

—1993 年：何家统 包赢福 方纫秋 王后军 刘光标 桑廷良 郑德耀 卢伟森 刘思义
邱雄柄 徐根山 唐文厚 李必 蒋耀章 周菊平 崔绍铭 钱祖舜 王谟候
陈山虎 杨震江 李文龙 忻志高 王永芳 杨伯炎 朱承塘 贾钦昇 陈银宝
王诗佩 刘清 杨家训 吴武芳 林韵华 顾信忠 蒋任廉 王正才 钱国安
范思伟 沈昕 汤盛山 许春荣 陈贤如 祝嘉铭 胡棣华 钱家乃 李宗镛
江申生 余有为 沈富麟 张祖恩 董兴祥 董传强 吴伟 张立明 杨小芳
黄济涛 顾美娟 周燮松 张恩美 黄德国 韩乃国 何启芳 沈永杰 奚伯康
唐振鑫 何连德 李明光 张焕堂 陈相山 张彰 邬漠祥 王鑫芳 蒋永谊
戴金良 邹静贞 梅福基 朱振华 戚凤娣 吕正义 王良佐 潘家震 杨瑞华
徐介德 薛伟初 花凌霄 蒋时祥 朱俪英 黄增基 余长春 丁树德 于贻泽
王莲芳 姜铭 何适钧 陆元盛 翁士堃 张德珺 胡鸿飞 经玉峰 尤芳棣
齐德昌 林民伋 林秀玉 丛凯滋 朱国富 许维群 藏钧 何淑艳 陈妙龄
陈恒慈 陈森兴 张如义 杨文永 周荣安 康驹培 潘月蛾 王婉娜 唐燕民
顾宝刚 陈善言 缪峻生 叶青 张涛 李根才 吴家国 曹性惠 王宝玉
张义茂 王渭农 刘炳生 应广豪 陈功成 杨玉群 郑重光 陈翼虎 王亨年
严伟莉 徐仁惠 杨伟雄 王冠民 林有锦 周珍妮 步子刚 童根祥 程骘
史君盛 尚家聪 林开铭 诸达乐 聂宜英 曹洪机 任起民 訾受禧 许传恩
何立人 孔凌 张友仁 李晓凤 林国芳 王者明 王立义 叶峰 朱忠义
史惠国 张坤明 杨希钟 葛守萍 蔡利国 俞国良 沈国宏 张桐林 杨茂德
冯世銮 庄林根 顾立仁 李秉鹤 许国宁 欧阳丽驹 毛海燕 张凤娣 任承华
陈丽娜 郑之江 吴懿梅 邵善康 蔡鸿祥 洪源长 张以鸿 冯传北 刘品和
姚娟 于在青 龚吉祥 曲炳瑜 陆振鹤 蒋华根 张孝品 王长云 方士珍
吴体仁 沈守和 李秋诚 艾大钧 王秀雄 崔一宁 张勤中 王琛玉 袁月美
沈金康 龚文珍 张宝根 杨志祺 张明 谢前乔 周应龙 刘文学 陆钟
陈运嘉 俞宜震 卢秀森 袁文才 胡伯堃 高国钧 潘祖震 吴振维 祝寿枚
王俊如 丁惟英 周学勤 徐儒 程骏迪 陈士麟 李建新 王炳耀 韩志华
顾嘉珩 胡荣华 朱永康 徐天利 邱百瑞 邱鑫 戚惊萱 林峰 朱贻珽
林鹤 傅家新

1994 年：李国义 彭岗 姚中英 徐惠琴 司徒庆韶 周永娥 高凤英 翁新福 崔宝根
郑明 蔡云芳 陈兰芳 谢显刚 张国玮 陈企曾 李爱花 张明泉 吴卫平
汤条娣 郭佩 翁绍信 郎德隆 蔡伟林 傅家民

1996 年：马良行 夏伦芳 郭蓓 徐年勋 林英杰 刘冰如 沈志强 朱广沪 金志诚
林文星 孙海平 周培铨 王明德 陈强营 顾志亮 唐桂龙 邵祖荣 卢维钊
丁赛桢 史美盛 沈益民 曹馥琴 辛丕鸣 华蒙尉 俞公羊 宣荣明 张竹君
施嘉劲 李建民 桂芝莘 毛培雯 陈勤 黄冠鸿 苏崇勇 周荣坤 王钟芳
董玲玲 袁嘉颖 田依群 吴佩华 丁金友 黄蓉蓉 沈琦琦 陈英 陈惠

1997 年：方水泉　金小梅　王云峰　顾祖洪　戴镇德　王重光　忻仲翱　吴佩里　汤　群
周福弟　张茂林　方伯生　周承瑜　顾兆年
1998 年：徐剑琴　刘柏青　姜国梁　庄文华　钱粮钢　孙　芸　任光新　奚明瀚　范红梅
陆也平　邵　义　孔令森　翁俊伟　王跃舫　沈克俭　潘佳章　朱慕德　陈金初
张志康
1999 年：顾国飞　李维仁
2000 年：李秋平　周　苓　刘　云　奚霞顺　盛越铭　吴长胤　孙金铭　葛文中　诸建康
孙　伟　冯坚江　蒋斯卿　刘海鹏　张臣吉　徐洪根　汤凯蒂　包祖健　张华菁
胡亚明　余惠珍　钱小兵　李志洁　阮国定　郑明安　成　涛　赵秋迪　王敏辉
丛学娣　劳绍沛　杜智山　顾　漪　王源麟　周振怡　刘　侠　刘小马　潘　乐
乐　强　李　惠　周鹿敏　韩秀芳　李章民　归志华　丁建方
2001 年：房海蛟　吴正国　刘秋苹　张国荣　鞠根寅　顾海德　方斌慧　杨中平　谢　坚
2002 年：陈德春　刘　荣　潘盛华　孙家伟　施振豪　陈健波　江　晔　肖　峰　陆建明
杜震城　万惠萍　葛琪玮　贺新莉　张晓梅　张　静　姚方林　许沛生　李国雄
徐耀良　瞿一敏　王勇健　王慧珠　陈　谊　孙洪妹
2003 年：张敏珍　陆菊兰　陆亭文　缪志红　王恩明　胡安华　姜新月　吴明卿　叶晓东
朱　政　黄　卫　张艳君　赵惟诚　应静莉　施旭东　王长宝
2004 年：隋新梅　林重阳　何明新　张伟忠　于庆珍　谢激扬　陈维耀　邬伟培　曲日东
刘　骏　陈　坚　卞直琪　麦　静　张　琼　周　震　王　瑾　夏胜浩　叶冠峰
黄怡铭
2005 年：施之皓　归震琪　郑慧之　邱培康　过勇平　刘　霞　闵伟敏　蔡　斌　石仕民
刘米淳　吴小兵　黄乙君　陈志芳　温　斌　吴逸萍　张　猛　毛传俊　王　君
龚永明　李祖年　葛维蒲　朱鸣豪　施　慧　张荣珍　薛玉梅　杨荣宽
2006 年：林志桦　胡汉平　聂玉弟　袁咏华　张　斌　崔登荣　顾静晖　蔡允法　王　兰
秦志法　苏晓安　李　军　朱民华　刘　鹏　赵同庆　顾曾愈　穆广运　王　莉
徐　菁　陈鸽喜　俞建勇
2007 年：刘　茂　王　遐　杨卓慧　单　伟　钱国军　陈乃武　张伟达　史伟光　程　演
熊　芳　余建平　沈　瑜　黄启明　刘　诚　张乃宝　王丕艳　应嘉璋　张宪忠
钱英豪　崔英彪
2008 年：李焕宁　朱克奇　王家麟　周世平　张海燕　刘朝辉　曹蓓敏　刘　珉　汤　胜
刘正宏　张伟豹　刘海峰　王　洪　徐丽勤　宋　逸　沈剑玲　史光伦　张志刚
钱　惠　程　晖　陆惠其　王月华　戎培娜　王文中　陈养生　郝新艳　简广风
陶艳萍　章伟贞　吴桂兰　张　泓　鲁阿鑫
2009 年：金　炜　胡征宇　李剑华　董汉勇　严　政　叶　军　陶　高　曹勇剑　包鸣红
沈学军　曹伟民　吴正平　蔡学梅　顾伟杰　黄丽华　孙　鹏　施重光　蒋　林
李钟琪
2010 年：陈进培　王　健　王建民　汪兴旗　王　军　陆伟平　樊天健　陈雁浩　周伟明
王桂女　戴海振　王三省　王银珍　何丽明　杨志明　山　广　陈　颖　张　滨
徐　辉　侯盛明　李玉清　邱　波　郑爱勤　何　纲　王建国　徐　敏　许　韵

三、国际级裁判员(145 人次)

1989 年前：方荣富 徐炳胜 张业端 夏长发 臧志林 王长安 王锦明 吴敏华 吴惠良
戴云飞 王恩明 孙丙熊 庞午强 乐秀华 孙麒麟 汤国华 徐志武 顾寇风
黄传杰 郁鸿骏 黄大暄 周达文 王源顺 李启滕 龚宝法 何启忠 金荣驹
许传恩 朱万莉 宣增镛 黄蓉蓉 毛培雯 叶贻年 刘 樾 许国宁 李永美
杨育青 邵金宝 洪南丽 周力行 俞继英 顾立仁 董承良 娄琢玉 丁伯铭
张孝品 赵子骧 赵竹光 娄琢玉 鄞 旭 戴光裕 顾国飞 丁秀梅 杨 东
张以鸿 林 峰 张根娣 张瑞正 赵昌辛 谭妙全 郭 蓓 陈金初 陈静析
季伟华 胡亚敏 蔡祥华 孙 凯 陆江山 庄启人 竺爱尔 赵幼雄 祝寿玫
何连德 冯永昌 陈衡林 夏双喜 孙仲麟 陆钟毅 袁文才 殳芳云 瞿云汉
张 政 楼阁仁 曹蓓娟 顾 倩 王培锟 邱丕相 徐慕宣

1989 年：王源顺 瞿云汉 殳芳云 俞维英 竺爱尔

1990 年：张 政 楼阅仁 龚宝法 庄启人

1994 年：江 磊 李相才 齐 敏 徐 迎 徐 敏 姜建荣 童亚芳 翟英男 黄惠礼

1995 年：庄乙鸿 张 忠 赵锦山

1996 年：张 忠 诸达乐

1997 年：郁 斌

1998 年：杨 益 李 哲 关 键

1999 年：叶廉华

2000 年：徐根发 毕晓红 张 斌 张 伟 怀佩欣

2001 年：沈 丽 张兆杰 朱凤章 张溢门 杨培刚 朱咏贤 孙大元

2002 年：严进发 王晴晴

2005 年：徐煜玫 刘文珂 徐思红 周健春 王 艳 何进喜 张盛海 曹维臻

2006 年：徐煜玫 刘文珂 徐思红 周建春 王 艳

2007 年：吉 宏

2009—2010 年：杨 勇

四、国家级裁判员(1 061 人次)

1989 年前：王正清 王南珍 朱国祥 朱祥德 孙润兴 李 辉 李传祥 李志富 何志林
谷鸿远 沈回春 陈光时 张 忠 张金铨 陆汉林 陆宝琛 周达云 邹家尤
施林昌 姚松鹤 徐士英 徐玉林 高万顺 高慎华 高晓亮 翟伯林 魏龙富
王卫星 叶金虎 叶鑫泉 刘荷生 汤仁智 杜海林 吴子刚 沈兴农 辛鸿智
汪荣泉 郁 斌 郑志芳 胡本昌 赵 军 俞 鑫 施旭东 祝立新 祝志祥
殷云瑞 高 峰 梅吉永 章冠海 龚万宽 戚和泉 谢有光 马三阳 王 毅
邓其康 刘修威 许奎年 李 琛 吴 伟 张 济 张发杰 步振威 金致伟
胡鹤龄 顾跃忠 殷作正 唐国顺 曾 倩 谢洪元 丁冠玉 王生湾 王惠章

朱庆祚	朱丽芬	齐　敏	江　磊	庄黎敏	李林龙	李相才	李春生	张恒宪
张菊臣	俞光东	姜建荣	姚淑平	徐　迎	徐　敏	翁绍信	黄惠礼	童亚芳
翟英男	戴永泉	王春华	吕锦虎	陈月荣	陈汤德	张则人	张佩华	周华明
柯树德	俞志和	徐金城	席松林	黄国琪	葛幼飞	蔡民耀	戴金彪	方希雄
方斐雯	王荣根	朱　强	朱光顺	刘广林	刘运智	许辛之	李美琴	邱之龙
吴美文	沙福敏	宋连根	季真富	顾勇强	徐军归	高亚群	黎宝骏	潘根宝
戴永宝	于中迅	王　箴	邓凤声	成　涛	孙以询	张国炳	胡国良	姜荣根
黄济成	虞伯范	管　宁	熊纪发	王芷馥	司徒璧双	庄　孜	朱　伦	李　哲
杨　益	陈相山	肖嘉珣	林秀英	黄天强	龚金香	蒋能丽	王光庭	王光楷
王惠岳	王鑫芳	杨昌兆	何桢声	陈启民	陈林根	梁友义	薛硕煌	马如棠
王天佩	王金华	方　链	方介玉	方国雄	叶玉杰	叶守侠	叶玮英	冯公智
朱凤英	朱凤章	朱咏贤	朱荣年	朱勇平	刘天锡	刘文蛟	孙大元	孙山涛
孙德本	许明南	邬爱迪	李　琦	李兴镇	李志华	李国祥	李国峰	杨洪祥
杨易植	苏锡华	吴邦伟	吴伯钰	吴国祥	宋伯希	宋坤泉	宋德生	沈　丽
沈宝珍	沈尚智	沈祖德	陈万祥	陈如祥	陈均祥	陈耀良	张木贞	张兆杰
张俊朝	张溢门	张德敬	陆启孙	应启迪	季士勤	金兆钧	金肇玲	郑传声
孟长富	胡德龙	姜群立	徐汇洋	徐汝康	徐淑良	贾瑞宝	钱泽民	翁士堃
秦惠中	唐可中	唐林法	凌明德	黄　震	黄良友	曹　华	梁晓刚	章钜林
屠汉倩	崔宝根	傅成辉	葛滋德	蒋星明	蒋湘青	储　新	戴尔钧	马吉光
王　令	王言敏	王者明	王婷华	田柏昌	叶　敏	叶桂泉	汤坤泉	许鸣寰
庄米米	李　明	李志强	李涌祥	严中六	严庆元	吴丙梁	宋广川	沈德华
陈　炜	陈景兰	张锦宝	林　钢	周荣坤	周麟宝	郑　滔	季荣康	宓涌铭
赵佐森	柏克勤	俞南泓	俞博渊	柳玉森	徐君蔚	诸达乐	梁兆安	蒋凤飞
戴明耀	于淑钏	朱忠义	齐南洋	李雅蕾	苏　微	贺　志	张逸君	袁莲英
顾佩玲	朱　琦	李晓凤	宋国茹	陶孝纯	方才根	吴丙梁	姚国伟	瞿国扬
冯世鎏	傅昭容	刘运秀	庄林根	李成山	李锡恩	李鸿钧	杨茂德	吴玉昆
陈嘉禾	陈丽娜	张汉雯	张美琴	张彩云	罗君庠	周福弟	郑子江	欧阳骊驹
俞秀峰	顾禄荪	钱　华	蒋纪蒸	蒋薇芳	葛守萍	裘达华	路观仁	潘梅申
刘亚娟	杨国芳	金　绮	韩丕瑾	沈浩然	谈建华	王龙春	王连方	杨家琛
陈　军	王长云	毛传俊	许庆柏	朱国国	吴体仁	张家骧	张盛海	周洪钧
胡维予	胡贤豪	翁康廷	黄惠成	谢建平	蔡允法	薛家英	李积勇	李福轩
杨宗闵	陈衡林	张宪成	周士彬	周凤根	袁国光	方丽萍	刘品和	胡信文
夏申吾	黄之清	王菊蓉	冯如龙	刘同为	何伟琪	邵善康	沈荣渭	张福云
陆根秀	周元龙	周建华	顾留馨	郭　佩	傅敏伟	曾美英	蔡龙云	蔡鸿祥
朱贻珽	刘镇国	李　昂	李壬元	邱孝陆	陈桂康	蔡明星	马佩良	任观松
李　澄	陈　奇	周文俊	傅　军	蔡伟林	许宛云	吕国梁	邱百瑞	陆勇和
赵之云	夏胜浩	曹志林	谢裕国	郑志德	糜百新	王菊蓉	范铭业	金　殳
单红英	唐美谷	施雪芳	刘正林	陆　忠	陆启孙	祁　莹	赵锦山	姚行元
秦剑秋	李国栋	吴阿强	陆欣忠	周才明	赵骥良	姜志其	祝益寿	徐剑岳

陈　惠　张松年　周才明　金茂瑜　竺　红　徐惠定　潘永远　王家瑾　马中明
汤世梁　严建宏　郎德隆　潘祖震　刘宝发　吴健美　丁惟英　王剑钢　张国钧
周小英　胡伯堃　俞宜震　蒋允严　庄乙鸿　丁加琦　卢浩忠　叶相宝　张焕堂
秦忠豪　徐立山　诸建康　奚伯康　王琛玉　艾大钧　杨正勇　沈守和　张时中
张庭梅　陆建明　周伟鸣　赵传杰　陶介平　董延年　黄社丽　刘　炯　匡红珍
佘　群　周士彬　周民贵　胡美琪　袁国光　邓鹏里　曹维臻　毛双顶　关　键
朱耀庭　熊纪发　于业成　周　麒

1989 年：葛滋德　徐汇洋　陈耀良　朱咏贤　宋广川　王言敏　庄米米　庄林根　周福弟
张业瑞　李传祥　魏龙富　朱国祥　张　忠　成　涛　王　箴　毛传俊　蔡允法
朱围国　张盛海　胡贤豪　冯如龙　曾美英　周伟鸣　陈金初　陆启孙　竺　红
徐惠定　张松年　邓鹏里　徐剑兵　周小英　冯中明　汤世梁　严建宏　姚国伟
赵之云　许宛云　吕国梁　夏胜浩　陆勇和　马佣良　傅　军

1990 年：金　绮　俞　鑫　王卫星　金致伟　顾勇强　宋光顺　方希雄　齐　敏　姜建荣
郑志德　胡伯堃　俞宜震　许吾勋　黄宜丰　唐寿松　刘彬如　宋国茹　韩文荣
曹林泉　沈浩然　谈建华　何桢声　杨家琛　陈　军　王连方　曹维臻　关　键
于业成

1991 年：李国峰　金肇珍　唐可中　刘文蛟　叶玉杰　胡德龙　王婷华　徐淑良　林　钢
俞南泓　张　济　徐　迎　徐　敏　于中迅　薛家英　张家骧　王春华　赵锦山
郭　佩　刘同为　陆根秀　周建华　瞿国扬　刘亚娟　曹蓓娟　张国钧　丁惟英
李国栋　潘永远

1992 年：张恒宪　庄黎敏　高亚群　徐军归　朱　强　李美琴　诸建康　卢浩忠　叶相宝
佘　群　陆建明　艾大均　祁　敏　于中迅　齐　敏　姜建荣　姚淑平　毛双顶

1993 年：张宪成　金　殳　唐美谷　袁莲英　姚行元　刘正林　姚秋宝　吴敏华　曹蓓娟
顾　倩　陈　惠　陆欣忠

1994 年：陈　惠　陆欣忠　周麟宝　徐君蔚　宓涌铭　季荣康　张锦宝　周　震　施重光
潘盛华　赵淑芬　张振为　吴逸萍　杨丽萍

1995 年：杨小凤　万　坚　佘家麟　任有华　陈　志　严进发　张黎明　徐汝琳

1996 年：陈忠全　戴治国　石国华　聂玉弟　鲍文彬　朱黎庭　冯坚江　虞定海　方长生
邵英兼　姜传银　陶成然　王德新

1997 年：肖伟军　顾　倩　黄乙君　袁定合　鲁阿鑫　田鸿清　蔡筛喜　毕晓宏　施灏宁
刘秋萍　李　沫　蔡云天　刘朝辉　何维平　王丽君　张　杰　卢明龙　任顺龙
王文昌　吕藻天　周建春　邓晓斌　唐卫平　徐云霞　刘　俊　张　猛　周　璐

1998 年：苑金华　张华菁　邱小凤　陈　夏　宋　逸　阮恩茜　陈爱菊　胡　莹　黄大鹏
张　明　施耀忠　吴琪虹　刘海柱

1999 年：张海燕　陶　鬲　徐　洁　包祖健　陆一凤　龚志明　王明宏　金晓峰　张淑芳
黄怡铭　劳绍沛　周　渊

2000 年：张俊毅　李　皑　曹惠良　乐忠跃　何大奇　马嘉骝　刘　璐　查仕美　谢　翃
沈何为　蔡颖敏　张海莉　张业瑞　黄俊杰　黄　剑　邹家尤　林国荣　郭玉平
宋崇刚　瞿亚强　蔡南卫　陆建平　陈云林　娄祥葆　夏正清　李勇翱　徐　军

张拥军 姚　联 左秀娣 陆丽娟 朱蓓倩 李美玲 葛维蒲 曹伟民 王　华
张云龙 沈涤萍 朱敏珍 俞建勇 王栋良 周仕平 曹蓓敏 陈恭伟 施欢珍
石楚楚 何丹青 赵　斌 刘　杰 鲁善庆 刘秀珍 蔡　卿 李建华

2001年：俞建平 田依群 沈　蕾 丁玲娣 顾馥康 闫文荣 吉　宏 殷绕平 沈　伟
初　凯 蒋凤飞 张美娟 朱　浩 游松辉 郑闽生 江占海 秦培勇 蒋晓斐
王　驰 张　羽 卢福泉 朱　锓 王　烈 王宏华 李文凯 李阿多 王　俊
张新忠 薛寒松 俞　政 施莉莉 王红英 杨　勇 赵慧林 吕康明 孙　超
崔一宁 茅祎勋 蔡　萍 胡　红 张仁隆 郎德隆 寇建宏 潘鸿庆 胡　吉
胡松青 瞿春芳 王碧娟 王於毅 诸伟芳 朱良潮 杜富华 严进发 王晴晴

2002年：倪琛宏 蒋宗仁 郭小春 强建明 杨伟堂 刘身强 舒　健 唐　军 吕秀东
杨　辉 刘熔钧 史惠国 姚　迅 李　飚 王敏辉 尤政一 唐济民 孙　蕾
吴　平 陆树兵 钟建荣 杨　东 徐李芳 江志云 赵景强 周建明 方　芳
马天赐 钱宇光 郑永茂 李忠宝

2003年：张国华 应静莉 叶晓梅 吴惠明 胡　吉 袁　宁 龚博敏 王　村 江晓帆
陆卫平 周一峰 恭金湘 张信波 应　渊 胡　涛 娄传贤 侯　健 陈云开
张　曦 段国平 李郁仙 康卫东

2004年：陈素华 王衍诚 金　赟 周站伟 田　华 高晓东 盛茂武 徐思红 符学荣
范玉川 马维平 谢　陶 黄　盛 李朝晖 曹建明 虞　卫 唐丽雯 张乔真
胡永芬 冷春梅 毛　蕾 韩　甲 俞建明 陈颐清 欧阳琦琳 朱伟频 邵　云
王　三 刘　静 陆大杰 王治方 卫志强

2005年：蔡　军 叶　冲 欧阳琦君 张秉钧 季树青 王鹏雷 沈　蕾 李元忠 李　奇
侯盛明 刘　健 纪姗姗 林善良 潘捷良 王伟星 花妙林 王　震 蔡　纲
陆松廷 范艳美 李志萍 赵圣元 王懿静 马卫国 沈红艳 冯炉兵 谢　芳
史美琴 沈贻红 车　遥 谢　懿 陈　佚 徐　扬 孟家森 顾云华 左　坤
丁　毅 蒋　毅 李　浩 邱进宇 莫立清

2006年：颜志刚 刘京虹 谢　懿 陈　佚 徐　扬 孟家森 顾云华 左　坤 丁　毅
蒋　毅 李　浩 邱进宇 周炳华 费莉文 莫立清 王　锐 陈晓波 朱丽华
叶霄雪 陈　列 汤红波 任　健 陈　斐 董海燕 刘　君 朱　玲 朱晓岚
陆东琴 张　轶 颜意娜 翟元红 张志宏 贺伟旗 范怡立 傅海雄 陈万山
骆安宁 黄　勇 王桢勇 谢惠根 吕晓亮 朱　尧 王立明 应永亮 李　彤
方叶香 王笑姑 吴　卿 古媛媛 金　岩 杨红梅 张光玥 顾玉恒 郝新艳
孙再仁 孙自俭 朱　毅 朱　炯 周小龙 宋佩成 李道保 刘亦武 尤玉青
王菁华 初　凯 车　遥

2007年：卢　玲 沈毓文 高　杰 顾思齐 姚方林 沈红艳 叶　军 徐立人 毛瑞军
顾　辰

2008年：周　毅 胥恒彪 董　瑛 颜学荣 梁　婧 唐多多 刘　浩 郑伟利 诸　瑛
杨建平 张强劲 陈　钢 王　迪 袁　骏 孟祥琪 张志伟 董芙蓉 许晓庭
周胜峰 卢天凤 龙佩莉 王　莉 孙琦皓 孙　旻

2009—2010年：郭　嵘 郑晓岚 许晓东 朱德喜 张　琼 李　毅 高文倩 赵　殷

凌继东　李　嘉　戴松青　孙怀军　赵德强　欧阳诗文　黄浩东　陈　明
杜一岚　周冬燕　蔡增亮　徐江东　王志强　尤文慧　黄　彬　罗富玉
李夕帆　郑歆蕖　赵敏俊　孙庆涛　吕少群　熊育超

五、国家级荣誉裁判员(26人次)

1991年：黄辰移　丁冠玉　徐培德　包金凤　周浩良　陈德霖
1997年：曹宝康　朱思福　王长云　胡维予　倪福民　娄琢玉　黄惠成　王贵琪　张孝品
戴光裕　许鸿锦　丁伯铭　朱瑞宝　杨祥仪　费芳来　沈念萱　罗传龄　吴体仁
励鑫国
2008年：俞建新

六、荣誉裁判员(8人次)

2000年：张瑞正　金培校
2002年：汤仁志　刘　钢　贾友福
2007年：江荣泉　俞建新　蒋允严

七、国际级运动健将(246人次)

1986—1993年：杨文琴　朱建华　刘云鹏　王智慧　隋新梅　陈雁浩　曹燕华　倪夏莲
何智丽　丛学娣　王朋仁　史方静　王来娣　史闽越　柳絮青　杨卓慧
杨文意　庄　泳　郑　健　沈坚强　谢　军　乐靖宜　叶蓓蓓　王燕雯
姚奇敏　陆　笛　胡征宇　肖　旻　熊国鸣　李维洁　刘　芳　蒋丞稷
杨爱华　孙佳林　顾雁菱　谢　芳　潘蓓蓉　樊　迪　陆美娟　虞　玮
孙禧伟　田宗骏　单保权　苏园红　邬伟培　姚建忠　赵景强　周建明
吴志康　浦海清　肖剑忠　陈海标　陆炜峰　姚文凯　吴　斌　张向东
王毅杰　刘莉萍　武邢江　何剑萍　张佩君
1994年：杜颖颖　杨爱华　马　俊　蒋丞稷　孙佳林　王天凌
1995年：王　尧　金　凡　程晓蓉　李　玮　陈淑珺　张　丽　郑文彧　蔡慧珏　王　薇
颜　璎　薛　伟　江宝玉
1996年：王璐娜　王　炜　于大庆　陶　璇　岑立夏　朱颖文　谈春华
1997年：王齐圣　朱晨海　吴　伟　张　洁　殷　波　张　悦　丛　競　李思洁　胡宜寒
许晓庭　陆跃忠
1998年：马晓燕　陈　燕　裴　芳　牛　健　陶晓强　张　尉　王鸿炜
1999年：李轶之　胡斌渊
2000年：袁　力　石海英　张　杰　王舟舟　隋菁菁　周晓薇　魏　琴　庞佳颖　华　静
徐妍玮　张豪筠　桂超然　陈　莺　臧应璐　董　勤　刘　岗　李　达　陈敬轩
2001年：刘　翔　李　慧　宋学亮　王　磊　汤可才　张阴旺　王树全　汤国强

2002年：曹雪伟　王　尧　钱震华　刘春花　王桂彩　黄梅双　万春林

2003年：徐　翾　费　凡　时　佳　金　迪　曲日东　徐琳蓓　武佳婧　曹忠嵘　陈　瑜　李　娜　李　莉　张　莹　徐莉佳　王　伟　蒋寅芳　王　洁　李世豪　王志曦

2004年：王祎文　袁尧君　吴钞来　韦　剑　黄少雄　吴敏霞

2005年：仲维萍　沈晓英　陈　积　姚　明　孙　会

2006年：谭　丽　蒋林华　庞佳颖　侯娴敏　孙萩婷　赵光勇　邱　峻　邵炜刚　常　昊　胡耀宇　王　频　王　蕾　秦侃滢　钱佳灵　陈　奇　王仪涵　宣东波　闫明勇　张　雪

2007年：秦兰兰　袁婷婷　周妍欣　孙晓磊　黄雪辰　费逢吉　朱　琳　邢　倩　冯　喆　季琳君　徐林胤　闫泳宏　韩　冲　宋　扬　董　博　张　爱

2008年：谢文骏　谢　靖

2009年：刘子歌　庞佳颖　朱倩蔚　孙　晔　朱颖文　石　峰　火　亮　刘　炜　顾晴雯　蒋逸奇　马蕴雯　沈　琼　陈晓冬　余利君　谭　英　浦　玮　张　颖　徐　媛　张旭骏　车　磊　严孝鹏　卿熙月

2010年：陆　滢　季丽萍　唐　奕　罗　俊　陈　悦　戴　骏　施　扬　张中朝　沈　洁　莫俊杰　许　昕　姚　彦　朱平康　段寒松　张　竣　徐　刚　张　辉　袁　中　颜永生　徐莉佳　王　峰

专 记

蓝色荣耀——上海申花足球俱乐部
（1993—2010）

1992 年初，中国改革开放迈向纵深，给处于发展中的中国足球职业化改革提供契机。6 月底，中国足协在北京红山口八一体工大队驻地召开以改革为主题的工作会议（史称“红山口会议”）。这次会议，明确了中国足球职业化方向，足球正式成为体育改革的突破口，时任中共中央政治局委员李铁映指示：足球体制改革争取一步到位，建立职业俱乐部体制，主要以转播权、广告、门票、彩票、转会费等养活自己；中国足协及各地足协要实体化，足协不要搞成权力机构，应是服务机构。

1993 年 10 月，中国足协在辽宁大连棒槌岛举行工作会议，决定在 1994 年推出职业联赛——全国足球甲级 A 组联赛，允许引进外援和外教，比赛实行主客场赛制。此外，还正式提出中国足球十年规划，即“男足世界杯前 16 名，奥运前 8 名，女足世界杯前 3 名”及建立 20 个职业俱乐部。

图　1995 年，上海申花夺得甲 A 联赛冠军

在红山口会议召开后，上海市体委和相关部门立即研究职业俱乐部的组建方案，最终确定由曾于 1991 年和 1992 年冠名赞助上海足球队的申花电器集团接手，将原上海足球队改制为上海申花足球俱乐部。

1993 年 12 月 10 日，上海申花足球俱乐部成立，成为中国足坛历史上第一家由企业管理、和体委脱钩的球队，也被认为是中国第一家真正的职业足球俱乐部。申花足球俱乐部本着“企业主办，政府支持，全社会关心”的宗旨，是一个具有独立法人资格的实体，实行董事长领导下的总经理负责制。俱乐部首任董事长是上海申花集团公司总经理郁知非，公司常务副总经理孙春明为俱乐部总经理，原国奥队主教练徐根宝为申花首任主教练。虽然当时申花队上海籍球员的人事关系仍全部属于上海市体委，但上海市体委已不再对申花队事宜进行直接的领导与管理，上海市政府和上海市体委对申花队非常重视，在俱乐部创办初期给予扶持和帮助。

一

1993—1999 年，申花俱乐部由申花电器集团这所集体所有制企业独办。申花俱乐部成立初期，一直得到上海市黄浦区政府的支持与投入，俱乐部经过申请可得到 800～1 200 万元的资金支持，上海市黄浦区政府以“精神文明奖”的形式下发。这个时期，申花建立了世界先进的康桥训练基地。此外，申花参与建造全国第一个专业足球场——虹口足球场，俱乐部当时持有 25％的股份。

2000—2001 年，申花由多家国有企业参股合办。2000 年 2 月 3 日，新组建的上海申花股份有限公司成立。原投资方申花电器集团退出，上海新世界（集团）有限公司、上海巴士实业（集团）股份有限公司、上海久事公司、上海申能(集团)有限公司、上海国际信托投资公司、上海华生化工有限公司和上海新高潮公司这7家上海大中型国有企业共同参股组建新的上海申花股份有限公司。郁知非被董事会任命为俱乐部总经理。

在上海市政府的推动下,2001年12月19日,上海申花SVA文广足球俱乐部有限公司成立。上海广电(集团)有限公司、上海文化广播影视集团、上海市黄浦区国有资产总公司三家单位对原上海申花足球俱乐部有限公司进行重组,成立新公司。上海申花SVA文广足球俱乐部有限公司注册资本3 000万元,其中上海广电集团出资1 875万元,占注册资本的50%;文广集团出资1 125万元,占注册资本30%;上海黄浦国资以干股形式占20%股份。俱乐部创始人、原董事长郁知非,退出申花管理层。期间,楼世芳、吴冀南先后任俱乐部总经理。

2007年2月8日,上海申花SVA文广足球俱乐部有限公司与上海联城足球俱乐部有限公司召开新闻通气会,亮出两家俱乐部实行强强联合、增资扩股、全力打造全新申花的方案。

申花SVA文广足球俱乐部原有5家股东单位,其中上海广电集团有限公司、上海文化广播影视集团各占33%,上海电气集团总公司占20%,上海黄浦区国资经营总公司占12%,上海广电信息有限公司占2%。在原有5家股东不撤资的情况下,联城注入1.5亿元资金,扩大俱乐部的本金。由于原有5家股东的资本总额不足1.5亿元,所以联城成为控股股东。关于申花品牌的无形资产,仍然属于原来的5家股东单位。

2008年2月2日,上海申花官网发布一条名为“申花更名公告”的消息,“经上海市工商管理局核准,原上海申花SVA文广足球俱乐部有限公司正式更名为上海申花联盛足球俱乐部有限公司,现公司法定代表人为周军”。期间,俱乐部的实际控制人是投资人朱骏。

二

上海申花俱乐部是中国足球甲A联赛的创始球队之一,也是中超联赛创始球队之一。历史上,申花先后获得甲A联赛、中国足协杯、超霸杯等赛事的冠军,是中国足坛的传统强队之一。

1995年11月,上海申花足球队夺得全国甲A联赛冠军。月初的第一个星期天,上海申花足球队在虹口体育场三万余观众的呐喊助威声中,力克济南泰山队,提前两轮夺得全国足球甲A联赛的冠军。这座奖杯意义非同寻常,它帮助上海时隔33年夺得顶级联赛冠军,凝结着几代人的情结和梦想。奖杯重归故里,无数上海人为此度过一个欢腾的不眠之夜。1995年,申花的夺冠,广大球迷、市民把申花和足球看成三年大变样的上海最富魅力的文明景观之一,看成上海的一种象征,一任自己的情感波澜随申花的得失成败而起伏跌宕。

1999年11月1日,上海申花队在上海体育场2比1胜辽宁天润队,以两个回合4比2的总比分赢得决赛,首捧中国足协杯。同时成为中国足球职业联赛以来首支既夺得过联赛冠军又夺得足协杯赛冠军的球队。此役,申花面对气势逼人的天润,凭借老到的经验和娴熟的配合,后发制人,上半场即两破对方城池。下半时申花顶住压力,耐心与天润周旋,最终以2比1胜出。

2002赛季,上海足坛第一次出现两支顶级球队竞争的“上海滩德比”。3月9日,甲A联赛在虹口足球场举行揭幕战,上海中远2比0客场战胜上海SVA文广申花队。面对上海中远俱乐部接连用高价转会费购买申思、祁宏、成耀东等当家球星,上海申花SVA文广足球俱乐部开启年轻化的步伐。新任申花总经理楼世芳邀请徐根宝出山,再掌帅印。同时,申花合并由徐根宝创立、完全由年轻队员组成的上海有线02俱乐部,补充杜威、孙吉、孙祥、于涛等多名极具潜力的年轻球员。在外援方面，转制后的申花摒弃2001年前南斯拉夫外援，补进鲁本·索萨等多名攻击型球员。申花本赛季成绩不佳，勉强保级成功。

2003年的甲A联赛，适应此前转制重组震荡的申花，在吴金贵教练的带领下，逐步开始发力。作为德比对手的申花、国际在积分榜始终齐头并进。11月9日，申花在主场凭借张玉宁的帽子戏法4比1战胜上海中远，取得第一次德比胜利，同时在积分榜上反超对手一分。最终这一优势被保持到赛季末，申花夺冠，国际屈居亚军。这是中国足球历史上第一次由同一城市的球队包揽联赛冠亚军。不过后来在中国足坛的反腐扫黑风暴中，冠军被中国足协取消，未宣布新的冠军获得者。但上海德比大战给广大球迷带来很多欢乐、精神享受和火爆的球场氛围，并逐渐成为一个传统。

2007年，申花前往济南参加东亚俱乐部A3联赛，并力压鲁能和韩日参赛球队夺冠，申花也是第一支获得A3联赛冠军的中国球队。

三

申花俱乐部成立后，即将年满50岁的徐根宝，成为申花队首位主教练。徐根宝重组了以新秀为主的队伍，较早引进内外援，坚持严格管理、严格训练、严格要求，在保持上海足球细腻、灵巧的传统风格，以抢、逼、围的手段，体现当代足球有力量、有速度、有技术、攻守平衡的打法。执教申花三年，徐根宝取得季军、冠军和亚军的成绩，重现上海足球昔日辉煌。徐根宝为申花打造鲜明的技战术风格，培育了一大批青年才俊。徐根宝开创的“抢逼围风格”，对当时习惯“慢悠悠站着踢”的中国足坛造成巨大冲击。精气神十足的申花队，用朝气蓬勃、符合发展潮流的技战术打法，掀起青春风暴。在徐根宝执教下，范志毅、祁宏、谢晖、朱琪、吴承瑛等申花年轻队员崭露头角，先后入选中国国家队。率队夺冠后，徐根宝被评为1995年甲A联赛最佳教练，他还带队夺得中国足协杯亚军、超霸杯冠军，是中国职业足球历史上最成功的本土教练之一。

此后，申花开始聘请洋帅，中西合璧的主帅选择思路，也让申花打上了鲜明的烙印。

1996年12月，45岁的保加利亚人斯托伊科夫成为申花历史上首位外教，俱乐部从此进入外籍教练时代。斯托伊科夫执教球队9场后下课，执教数据为3胜5平1负，进13球失5球。波兰老帅安杰伊在1997赛季中途接手申花，率队拿到联赛亚军、足协杯亚军。1998赛季上半阶段，申花表现起伏较大，在第12轮战平延边队后，安杰伊被巴西人墨里西取代。作为国际足联高级讲师，墨里西的到来促使申花真正开始向技术型风格过度，1998赛季，墨里西带领申花夺得历史上第一个中国足协杯冠军，成为申花俱乐部历史上第一任“冠军外教”。1999年，塞巴斯蒂奥·拉扎罗尼担任申花主教练，他是巴西名帅，曾率领巴西队参加1990年意大利世界杯。他带领申花获1999赛季第五。

2000赛季，俱乐部聘请欧冠冠军级教练——彼德洛维奇，他被申花队员称为“老彼德”，执教风格简单硬朗，强调人盯人，对防守的重视超过进攻，但在场面被动下还是能稳定获胜，“老彼德”这种相对保守的打法带领申花拿到亚军。2001赛季，上海申花引进前南斯拉夫国家队的整套教练班子，佩特科维奇来到上海执教。佩特科维奇注重技术流的技战术打法、人性化的管理方式。执教成绩方面，申花夺得上半程冠军并保持12场不败，进入夏季战役后，前进的势头有所减弱，最终获得联赛亚军。俱乐部在赛季结束后进行股权转让。

2002年底，申花进行股权转让后，徐根宝创办的上海有线02俱乐部被申花收购。作为有线02的负责人，徐根宝“二进宫”执掌申花帅印，但因为战术打法等综合原因，球队成绩波动。2002赛季结束后，助理教练吴金贵出任执行主教练。吴金贵是申花历史上累计执教时间最长的主教练，也是申花历史上累计拿到积分最多的主教练。在先后以助理教练的身份辅佐六任主教练后，吴金贵率领申花征战了2002、2003赛季，之后，吴金贵被中国足协选拔进入中国国家队教练组，辅佐时任主帅哈恩。

2004赛季，申花在中超元年请来英格兰教练威尔金森，志在卫冕。然而威尔金森与申花磨合了两个月后，因为家庭原因离开上海。在威尔金森离去后，贾秀全成为该赛季申花教练，联赛16轮过后被解雇。之后，俄罗斯老帅涅波姆尼亚奇成为该赛季第三位球队主帅，上任首场比赛就赢下上海滩德比，但这是他接手申花后赛季唯一一场赢球。2005赛季，他带领申花双杀同城对手上海国际。

2006赛季，吴金贵第二次执申花教鞭，他分别引进李玮峰、吴伟超和杜威，组成申花历史上最强的后卫组合“超威锋”，整个赛季仅丢19球，创造申花中超失球最少纪录。在中超联赛中，申花获得亚军；在亚冠联赛中，球队杀入八强，是申花在亚冠联赛的历史最好成绩。

2007年，申花与联城合并后，俱乐部聘用上海联城主帅、乌拉圭人吉梅内斯掌舵，两支中超球队合二为一。10月，吉梅内斯下课，吴金贵第三次执教申花，打完申花最后6场联赛。

2008赛季，吴金贵率申花打出流畅比赛，一度排名联赛榜首。在申花客场1比1平浙江绿城后，贾秀全指挥剩余比赛。

2010赛季，米洛斯拉夫·布拉泽维奇受聘为申花主教练。他大力挖掘培养的冯仁亮、宋博轩、吴曦、姜嘉俊等小将，球队拿到联赛第三的成绩。

四

1993年底，在申花公布的首批22名队员中，有16位是原上海一队队员，如范志毅、成耀东、朱琪、李晓等，另有吴承瑛等6名原上海二队队员。全队平均年龄仅23岁，非常年轻。首任主帅徐根宝大胆起用新人，他推崇的抢逼围也更适合年轻队员。联赛第一年，范志毅、朱琪、申思等年轻人表现抢眼，在1995赛季的夺冠年，谢晖、吴承瑛、祁宏迅速成长为主力，挑起球队大梁。联赛早期，申花队的国内球员清一色全部是上海籍，直到1998年初从广东宏远队购入区楚良，他成为申花队历史上第一位非上海籍球员。

范志毅，1969年11月6日出生于上海，是申花历史上第一任队长，也是申花夺得1995甲A联赛冠军的核心成员。“解放范志毅”成为主教练徐根宝用兵如神、率队夺冠的专用名词。范志毅在1995和1996年两次当选中国足球先生。范志毅也曾担任中国国家男子足球队队长，是中国男足杀入2002韩日世界杯决赛阶段的核心队员。他的球风勇猛、性格刚毅，共代表中国国家队出场90次，进14球。2001年，范志毅荣膺亚洲足球先生，是中国职业联赛历史上第一个亚洲足球先生。范志毅也曾带领中国球员掀起留洋风潮，在1998年效力英格兰甲级联赛水晶宫队，并成为当年的年度最佳队员，并担当过该队队长，甚至因表现出色被利物浦相中，只因合同中有不代表中国国家队踢亚洲杯的条款而未能成行。

祁宏，1976年6月3日出生于上海，主要司职中场进攻组织和影子前锋，是夺得1995甲A冠军的“申花四小龙”之一，代表申花出场148次。1998年，祁宏首次入选中国国家队，在2002年韩日世界杯亚洲区预选赛第二阶段，祁宏攻入三个关键入球，是中国队打入决赛阶段的主要功臣。2007年1月，因伤病等原因宣布退役。

吴承瑛，1975 年 4 月 21 日出生于上海，场上司职左边后卫，球风勇猛，外号“拼命三郎”，是 1995 年夺得甲 A 冠军、1998 年夺得足协杯冠军的主力球员，代表申花出场 185 次。中国国家队历史上唯一一次进入 2002 韩日世界杯决赛阶段，吴承瑛是主力左后卫人选。

谢晖，1975 年 2 月 14 日出生于上海，场上担任前锋。他是第一个享受申花俱乐部退役仪式的球员，退役后曾在上海申花联盛足球俱乐部担任助理教练兼新闻发言人。谢晖职业生涯期间还曾经效力过三支德国乙级球队。谢晖是国足征战 2002 韩日世界杯亚洲区预选赛阶段的主力中锋，为国足历史上第一次杀入决赛阶段做出贡献。

申思，1973 年 5 月 1 日出生于上海，是出色的左脚将，善于传球组织，曾获得甲 A 联赛中场发动机等荣誉。申思的球风比较细腻，非常擅长左脚定位球主罚。申思是国足常客，代表中国国家队征战 2002 韩日世界杯十强赛，为国足历史上第一次杀入决赛阶段做出贡献。

杜威，1982 年 2 月出生于河南郑州，司职中后卫位置，但从小就被选拔进入上海有线 02 俱乐部，在 20 岁时就代表中国队参加 2002 年韩日世界杯，对阵巴西防守球星罗纳尔多让其印象深刻，他也是“超白金一代”的核心队员，曾担任中国国奥队队长、中国国家队队长，还曾短暂留洋苏格兰超级联赛的凯尔特人俱乐部。

职业联赛初创时期，申花队在引进外援方面就走在全国前列。1994 年初，申花队从圣彼得堡斯密纳队购入 3 名俄罗斯外援。1994 年联赛初期，只有申花和沈阳两队引进外援，这一做法对当时的中国足坛带来较大的震动。

1994 赛季，申花历史上第一批外援，来自东欧俄罗斯。年仅 20 岁的瓦洛嘉单赛季进 11 个进球，成为全队最佳射手，并荣获中国职业联赛第一个“最佳外援奖”。同样是来自俄罗斯业余俱乐部斯密纳队的莎莎，能踢右后卫、右前卫和后腰三个位置，“多面手”的特质让他在 1995 赛季被留用。1995 赛季，格鲁吉亚门将高佳成球队第一次夺得联赛冠军功臣。那个辉煌的冠军赛季，绍绍里安尼·高佳也成为上海滩家喻户晓的名字。1996 赛季，申花迎来甲 A 历史上的首位大牌外援佩雷斯，佩雷斯、加西亚和布雷组成的“法式三杰”，加速申花从“抢逼围”到技术流的全面转型。1997 赛季，斯托伊科夫成申花历史首位洋帅，一年使用 7 名外援。2000 赛季，申花从青岛海牛租借的前锋萨里奇收获 10 个进球。2001 赛季，申花引进历史上最大牌的巴西国脚巴亚诺，但表现低迷。2003 赛季，申花引进德国中场球星阿尔贝茨，从巴西引进塞尔维亚球星佩特科维奇，加上塞尔维亚后卫托马斯和黑色闪电马丁内斯，这四名外援特色鲜明，被申花球迷认为是最成功的一届外援。2010 赛季，俱乐部引进的哥伦比亚年轻球员里亚斯科斯在老帅布拉泽维奇的调教下大爆发，被认为是申花十年历史上最成功的外援之一。

五

虽然上海申花不是历史上夺冠次数最多的俱乐部，但在商业开发、市场经营方面，始终处于领先地位。职业联赛初创之初，全国各队对如何进行职业化运作缺乏理性认识，没有可参考的模式。作为上海首家职业俱乐部，一切条例均无章可循，只能经一阶段试行后不断完善，打造一支一流球队。

职业联赛点燃中国对足球的热情，依托潜力巨大的上海市场，申花队逐渐在商业开发方面走在全国前列，强大的市场经营能力成为申花俱乐部的一块金字招牌。1995 年在其他队伍仍是“一穷二白”之际，申花队获得了比赛服装、胸前背后袖标位置的赞助商，且都是国际知名品牌。1995 年申花成绩一路走高，极大地激发了上海球迷的热情，尤其 9 月 17 日申花主场对北京国安的争冠大战,一票难求。1996 年,申花发售套票 24 000 张,只留 2 000 张零售票在赛前出售。1998 年,虹口体育场改造,申花主场放在容量更大的上海体育场,球迷支持度依旧不错。此外,申花俱乐部也曾学习欧美先进模式,开拓更多吸引球迷的途径,为球迷服务。1996 年建立申花足球总会会所,并在 1997 年起率先设立球迷用品专卖柜。

1999 年 7 月 21 日,带着三冠王头衔而来的曼联在上海体育场以 2 比 0 击败上海申花,这是中国职业足球历史上最成功的商业赛事。仅一场 90 分钟的商业赛,门票收入就达 1 000 万元,整场比赛盈利 1 600 万元。2000 年,申花俱乐部把球队副冠名权和胸前广告卖给托普集团,价格是 3 年 1 000 万美元,这是当时职业联赛的最高纪录。

申花也是甲 A 时代实现商业运营的俱乐部。1998 年申花俱乐部总收入达到 5 000 万元,1999 年通过场地广告、球衣广告(两项共 2 600 万元)、曼联比赛收入(1 000 万元)、其他广告,以及比赛门票和出售球员获得的收入,和 1998 年持平。包括实现范志毅、谢晖留洋等,同样让申花探索运营之道,以及 SVA 文广时代的申花,俱乐部把索尔・马丁内斯出售给日本俱乐部,也实现了通过球员转会获得增值。

上海申花是上海体育改革发展的一个缩影,更是上海海纳百川、追求卓越、开明睿智、大气谦和的城市精神写照。在中国足球改革的进程中,上海敢为人先,勇于探索,申花比别人走得早。作为中国第一家真正的职业足球俱乐部,上海申花在全国勇立潮头,率先和体委脱钩,接轨国际潮流,探索职业俱乐部体制。申花在国内第一个实现了联赛、足协杯和超霸杯冠军的“大满贯”,申花在国内第一个建立世界级的康桥训练基地,参与建造国内第一个专业足球场——虹口足球场,申花也是第一个导入整体形象设计、文化理念的俱乐部。

申花代表的上海足球职业化改革,还给上海带来高附加值的精神产品,这就是万众一心、奋发向上的上海人的精神风貌。这也许可以视为上海对中国特色的职业化足球的一大创意。1995 年夺冠那个赛季,足球牵动千万上海人的神经。申花也成为上海的一张城市名片,全体上海人的骄傲。

附表:上海申花参加 1994—2010 赛季中国足球顶级联赛成绩

年 份	赛 事	名 次	战 绩
1994 赛季	中国足球甲级 A 组联赛	第三名	10 胜 6 平 6 负进 36 球丢 36 球积 26 分
1995 赛季		第一名	14 胜 4 平 4 负进 39 球丢 16 球积 46 分
1996 赛季		第二名	10 胜 9 平 3 负进 38 球丢 18 球积 39 分
1997 赛季		第二名	11 胜 7 平 4 负进 36 球丢 22 球积 40 分
1998 赛季		第二名	11 胜 12 平 3 负进 43 球丢 23 球积 45 分
1999 赛季		第五名	9 胜 11 平 6 负进 26 球丢 25 球积 38 分
2000 赛季		第二名	14 胜 8 平 4 负进 37 球丢 24 球积 50 分
2001 赛季		第二名	15 胜 3 平 8 负进 39 球丢 28 球积 48 分
2002 赛季		第十二名	9 胜 5 平 14 负进 37 球丢 41 球积 32 分
2003 赛季		第一名	17 胜 4 平 7 负进 56 球丢 33 球积 55 分

（续表）

年　份	赛　　事	名　次	战　　　绩
2004 赛季	中国足球超级联赛	第十名	4 胜 10 平 8 负进 28 球丢 37 球积 22 分
2005 赛季		第二名	15 胜 8 平 3 负进 41 球丢 23 球积 53 分
2006 赛季		第二名	14 胜 10 平 4 负进 37 球丢 19 球积 52 分
2007 赛季		第四名	12 胜 10 平 6 负进 35 球丢 29 球积 46 分
2008 赛季		第二名	17 胜 10 平 3 负进 58 球丢 29 球积 61 分
2009 赛季		第五名	12 胜 9 平 9 负进 39 球丢 29 球积 45 分
2010 赛季		第三名	14 胜 6 平 10 负进 44 球丢 41 球积 48 分

注：1. 中国足球甲级 A 组联赛，简称甲 A 联赛，曾是中国足球的顶级联赛，为中国足球超级联赛的前身，至 2003 赛季结束后改制为中国足球超级联赛；2. 2003 赛季的冠军后被中国足协取消，但没有宣布新的冠军获得者。

附 录

一、1978—2010年上海运动员获奥运会奖牌、世界冠军、破(超)世界纪录一览表

(一) 1984—2010年上海运动员获奥运会奖牌一览表

姓　名	项　　目	奖牌	成　绩	比赛名称	比赛地点	比 赛 时 间
李小平	体操男子团体	银		第二十三届夏季奥林匹克运动会	美国洛杉矶	1984年7月28日—8月12日
丛学娣	女子篮球	铜				
武邢江　刘莉萍 张佩君　何剑萍	女子手球	铜				
朱建华	田径男子跳高	铜	2.31米			
吴佳妮	体操女子团体	铜				
杨文意	游泳女子50米自由泳	银		第二十四届夏季奥林匹克运动会	韩国汉城	1988年9月17日—10月2日
庄　泳	游泳女子100米自由泳	银				
李月明　李国军	女子排球	铜				
庄　泳	游泳女子100米自由泳	金	54″64	第二十五届夏季奥林匹克运动会	西班牙巴塞罗那	1992年7月25日—8月9日
杨文意	游泳女子50米自由泳	金	24″79			
庄　泳	游泳女子50米自由泳	银	25″08			
庄　泳　杨文意 乐靖宜	游泳女子4×100米自由泳接力	银	3′40″12			
丛学娣	女子篮球	银				
乐靖宜	游泳女子100米自由泳	金	54″5	第二十六届夏季奥林匹克运动会	美国亚特兰大	1996年7月19日—8月4日
乐靖宜	游泳女子50米自由泳	银	24″90			
乐靖宜	游泳女子4×100米自由泳接力	银	3′40″48			
王　怡　诸韵颖	女子排球	银				
隋新梅	田径女子铅球	银	19.88米			
陶　桦　柳絮青	女子垒球	银				
水庆霞　孙　雯 谢慧琳	女子足球	银				
盛泽田	57公斤级自由式摔跤	铜				
蔡慧珏	游泳女子4×100米混合泳接力	铜				

(续表)

姓　名	项　　目	奖牌	成　绩	比赛名称	比赛地点	比 赛 时 间
陶璐娜	射击女子10米气手枪40发	金		第二十七届夏季奥林匹克运动会	澳大利亚悉尼	2000年9月17日
王励勤	乒乓球男子双打	金				2000年9月24日
陶璐娜	射击女子运动手枪60发	银	689.8环			2000年9月21日
盛泽田	古典式摔跤	铜				2000年9月15日—10月1日
刘　翔	田径男子110米栏	金	12″91	第二十八届夏季奥林匹克运动会	希腊雅典	2004年8月27日
吴敏霞	跳水女子双人3米跳板	金	336.90分			2004年8月14日
徐妍玮　朱颖文 庞佳颖	游泳女子4×200米自由泳接力	银	7′55″97			2004年8月18日
王　磊	击剑男子重剑个人	银				2004年8月17日
叶　冲	击剑男子花剑团体	银				2004年8月20日
吴敏霞	跳水女子3米跳板	银	612分			2004年8月26日
王励勤	乒乓球男子单打	铜				2004年8月20日
吴敏霞	跳水女子双人3米跳板	金	343.50分	第二十九届夏季奥林匹克运动会	中国北京	2008年8月10日
火　亮	跳水男子双人10米跳台	金	468.18分			2008年8月11日
刘子歌	游泳女子200米蝶泳	金	2′4″18			2008年8月14日
王励勤	乒乓球男子团体	金				2008年8月18日
邹市明	拳击男子48公斤级	金				2008年8月24日
程　晖　李爱莉	女子曲棍球	银				2008年8月22日
庞佳颖　朱倩蔚	游泳女子4×200米自由泳接力	银	7′46″00			2008年8月14日
徐莉佳	帆船女子单人艇激光雷迪尔级	铜				2008年8月23日
黄雪辰　孙萩亭	花样游泳女子集体	铜	97.500分			2008年8月23日
马蕴雯	女子排球	铜				2008年8月23日
庞佳颖	游泳女子200米自由泳	铜	1′55″05			2008年8月15日
庞佳颖　孙　晔	游泳女子4×100米混合泳接力	铜	3′56″11			2008年8月17日
吴敏霞	跳水女子3米跳板	铜	389.85分			2008年8月17日
王励勤	乒乓球男子个人	铜				2008年8月23日
胡斌渊	射击男子飞碟双多向	铜	184中			2008年8月9日

说明：第16～22届奥运会中国未参加，故表格数据从1984年第23届洛杉矶奥运会开始收录。

(二) 1978—2010 年获得世界冠军的上海运动员一览表(含非奥项目)

姓 名	项 目	成 绩	比 赛 名 称	比赛地点	比赛时间
张爱玲	羽毛球女子单打		第一届世界羽联羽毛球锦标赛	泰国曼谷	1978 年 11 月
	羽毛球女子双打				
曹燕华	乒乓球女子团体		第三十五届世界乒乓球锦标赛	朝鲜平壤	1979 年 4 月
张爱玲 刘 霞	羽毛球女子团体		第一届世界羽联羽毛球赛	中国杭州	1979 年 6 月
曹燕华	乒乓球女子团体		第三十六届世界乒乓球锦标赛	南斯拉夫诺维萨德	1981 年 4 月
曹燕华 张德英	乒乓球女子双打				
史美琴	跳水女子跳板		第二届世界杯跳水赛	墨西哥墨西哥城	1981 年 6 月
张爱玲 刘 霞	羽毛球女子双打		第一届世界运动会	美国圣克拉拉	1981 年 7 月
张爱玲	羽毛球女子单打				
魏毓明	航海模型 F2-B		第二届世界航海模型锦标赛	民主德国马格德堡	1981 年 8 月
周鹿敏	女子排球		第三届世界杯女子排球锦标赛	日本东京	1981 年 11 月
李小平	体操男子鞍马		第二十一届世界体操锦标赛	苏联莫斯科	1981 年 11 月
曹燕华	乒乓球女子单打		第三十七届世界乒乓球锦标赛	日本东京	1983 年 4 月
曹燕华 倪夏莲	乒乓球女子双打				
倪夏莲	乒乓球混合双打				
魏毓明	航海模型 F2-B		第三届世界航海模型锦标赛	保加利亚旧扎格拉	1983 年 7 月
王谷平	航海模型 F2-A 级				
李小平	体操男子团体		第二十二届世界体操锦标赛	匈牙利布达佩斯	1983 年 10 月
张爱玲	羽毛球女子团体		第十届尤伯杯(世界女子羽毛球团体赛)	马来西亚吉隆坡	1984 年 5 月
商 焱	航海模型 FSR-V3.5 级		第四届世界耐久航海模型锦标赛	匈牙利纳吉考尼	1984 年 8 月
曹燕华	乒乓球女子单打		第三十八届世界乒乓球锦标赛	瑞典哥德堡	1985 年 4 月
曹燕华	乒乓球混合双打				
何智丽	乒乓球女子团体				

(续表一)

姓　名	项　　目	成　绩	比 赛 名 称	比赛地点	比赛时间
王谷平	航海模型 C2 级		第三届世界外观航海模型锦标赛	联邦德国拉斯塔特	1985 年 5 月
周建明	航海模型 F1-V3.5 级		第四届世界航海模型动力艇锦标赛	荷兰鹿特丹	1985 年 5 月
刘海清	航海模型 F2-A 级				
何智丽	乒乓球女子单打		第三十九届世界乒乓球锦标赛	印度新德里	1987 年 2 月
王朋仁 史方静	羽毛球混合双打		第五届世界羽毛球锦标赛	中国北京	1987 年 5 月
浦海清	航海模型 F1-V6.5 级		第五届世界航海模型动力艇锦标赛	民主德国什米林	1987 年 6 月
周建明	航海模型 F1-V3.5 级				
王朋仁 史方静	羽毛球混合双打		第七届世界杯羽毛球赛	马来西亚吉隆坡	1987 年 10 月
韩长美	举重 82.5 公斤以上抓举		第一届世界女子举重锦标赛	美国德托纳比奇	1987 年 11 月
	举重 82.5 公斤以上挺举				
	举重 82.5 公斤以上总成绩				
张向东	航空模型线操纵个人特技		1988 年世界线操纵航空模型锦标赛	苏联基辅	1988 年 8 月
	航空模型线操纵团体				
王朋仁 史方静	羽毛球混合双打		第八届世界杯羽毛球赛	泰国曼谷	1988 年 9 月
韩长美	举重 82.5 公斤以上抓举		第二届世界女子举重锦标赛	印尼雅加达	1988 年 12 月
	举重 82.5 公斤以上挺举				
韩长美	举重 82.5 公斤以上总成绩		第二届世界女子举重锦标赛	印尼雅加达	1988 年 12 月
陆美娟 虞　玮	技巧女双第一套		第七届世界杯技巧赛	苏联里加	1989 年 1 月
陆炜峰	航海模型 F3-V 级		第六届世界航海模型动力艇锦标赛	中国天津	1989 年 5 月
陆炜峰	航海模型 F3-E				
周建明	航海模型 F1-V3.5 级				
浦海清	航海模型 F1-V6.5 级				
陈海标	航海模型 F2-A 级				

(续表二)

姓　名	项　　目	成　绩	比 赛 名 称	比赛地点	比赛时间
谢　芳	蹼泳女子100米器泳		第三届世界运动会	联邦德国卡尔斯鲁厄	1989年7月
樊　迪	体操女子高低杠		第二十五届世界体操锦标赛	联邦德国斯图加特	1989年10月
韩长美	举重82.5公斤以上挺举		第三届世界女子举重锦标赛	英国曼彻斯特	1989年11月
	举重82.5公斤以上总成绩				
胡荣华	象棋男子团体		第一届世界象棋锦标赛	新加坡	1990年4月
史方静	羽毛球女子团体		第十三届尤伯杯世界女子羽毛球团体赛	日本名古屋	1990年5月
张向东	航空模型线操纵个人特技		1990年世界线操纵空模锦标赛	法国蓬特穆深	1990年7月
	航空模型线操纵团体				
顾雁菱	蹼泳女子4×200米接力		第五届世界蹼泳锦标赛	意大利罗马	1990年8月
庄　泳	游泳女子50米自由泳		第六届世界游泳锦标赛	澳大利亚佩思	1991年1月
隋新梅	田径女子铅球		第三届世界室内田径锦标赛	西班牙萨维利亚	1991年3月
王毅杰	跳水男子1米跳板		第七届世界杯跳水赛	加拿大温哥华	1991年5月
	跳水男子团体				
	跳水混合团体				
浦海清	航海模型F1－V6.5级		第七届世界航海模型动力艇锦标赛	俄罗斯莫斯科	1991年8月
姚文凯	航海模型F1－E＞1 kg级				
周建明	航海模型F1－V3.5级				
浦海清	航海模型F1－V15级				
姚文凯	航海模型F1－E＜1 kg				
陈海标	航海模型F2－A级				
吴　斌	航海模型F2－B级				
李　斐	赛艇女子轻量级四人单桨无舵手		世界轻量级赛艇锦标赛	奥地利维也纳	1991年8月
庄　泳	游泳女子100米自由泳		第二十五届夏季奥林匹克奥运会	西班牙巴塞罗那	1992年7月
杨文意	游泳女子50米自由泳				
金　凡	蹼泳女子800米		第六届世界蹼泳锦标赛	希腊雅典	1992年8月
	蹼泳女子1 500米				

(续表三)

姓　名	项　目	成　绩	比赛名称	比赛地点	比赛时间
陆美娟 范　倩	技巧女子双人第二套		第十届世界技巧锦标赛	法国雷恩	1992年11月
刘　霓 柴铁超 徐颖琦	技巧女子三人第二套				
王毅杰 王天凌	跳水男子混合团体		第八届世界杯跳水赛	中国北京	1993年6月
浦海清	航海模型F1－V6.5		第八届世界航海模型动力艇锦标赛	德国	1993年8月
姚文凯	航海模型F1－E<1 kg				
周建明	航海模型F1－V3.5				
陆炜峰	航海模型F3－V				
吴　斌	航海模型F2－B				
吴志康	航海模型C3		第七届世界航海模型外观锦标赛	捷克	1993年9月
乐靖宜	游泳女子100米自由泳		第一届世界短池游泳锦标赛	西班牙	1993年12月
	游泳女子50米自由泳				
	游泳女子4×100米自由泳接力				
	游泳女子4×200米自由泳接力				
	游泳女子4×100米混合泳接力				
柳絮青 陶　桦	女子垒球		第八届世界女子垒球锦标赛	加拿大	1994年7月29日
乐靖宜	游泳女子50米自由泳	24″51	第七届世界游泳锦标赛	意大利罗马	1994年9月11日
乐靖宜	游泳女子100米自由泳	54″01			1994年9月5日
杨爱华	游泳女子400米自由泳	4′09″64			1994年9月5日
乐靖宜	游泳女子4×100米自由泳接力	3′37″91			1994年9月5日
杨爱华	游泳女子4×200米自由泳接力	7′57″96			1994年9月5日
乐靖宜	游泳女子4×100米混合泳接力	4′01″67			1994年9月10日
丁　松	乒乓球男子团体		第三节世界杯乒乓团体赛	法国尼姆	1994年10月16日
金　凡	蹼泳女子400米器泳	3′01″84	第七届世界蹼泳锦标赛	中国广东东莞	1994年10月27日

(续表四)

姓　名	项　　目	成　绩	比 赛 名 称	比赛地点	比赛时间
李明才(上海体院)	田径男子团体 20 公里竞走		第十七届世界杯竞走赛	中国北京	1995 年 4 月
丁　松	乒乓球男子团体		第四十三届世界乒乓球锦标赛	中国天津	1995 年 5 月 8 日
周建明	航海模型 F1 - V3.5	11″6	第九届世界航海模型(动力艇)锦标赛	波兰伊瓦瓦	1995 年 7 月 29 日
吴　斌	航海模型 F2 - B	195.66 分			
赵景强	航海模型 F5 - E	5.1 分	第八届世界遥控帆船模型锦标赛	德国克桑顿	1995 年 8 月 8 日
尤邦孟(上海体院)	武术散打 65 公斤级		第三届世界武术锦标赛	美国巴尔的摩	1995 年 8 月 19 日—8 月 22 日
罗晓洁(上海体院)	软式网球女子单打		第十届世界软式网球锦标赛	日本岐阜	1995 年 10 月
万　妮(上海体院)	举重女子 83 公斤以上抓举	107.5 公斤	第九届世界女子举重锦标赛	中国广东	1995 年 11 月 25 日
乐靖宜	游泳女子 50 米自由泳	24″62	第二届世界短池游泳锦标赛	巴西里约热内卢	1995 年 11 月 30 日—12 月 3 日
	游泳女子 100 米自由泳	53″23			
	游泳女子 4×100 米自由泳接力	3′37″			
叶　冲	击剑男子花剑		世界杯男子花剑 A 级赛	匈牙利布达佩斯	1996 年 3 月 31 日
万　妮(上海体院)	举重女子 83 公斤以上挺举	137.5 公斤	世界女子举重锦标赛	波兰	1996 年 5 月
	举重女子 83 公斤以上总成绩				
王鸿炜	航空模型线操纵特级团体	19 314 分	世界线操纵空模锦标赛	瑞典诺尔雪平	1996 年 7 月
金　凡	蹼泳女子 400 米器泳	3′17″76	第八届世界蹼泳锦标赛	匈牙利多瑙新城	1996 年 8 月 20 日—8 月 24 日
	蹼泳女子 800 米器泳	6′52″23			
	蹼泳女子 4×200 米接力	6′40″			
乐靖宜	游泳女子 4×100 米自由泳接力	3′34″55	第三届世界短池游泳锦标赛	瑞典	1997 年 4 月 19 日
乐靖宜	游泳女子 4×100 米混合泳接力	3′57″83			
蔡慧珏	游泳女子 4×100 米混合泳接力	3′57″83			
王璐娜	游泳女子 4×200 米自由泳接力	7′51″92			

(续表五)

姓 名	项 目	成 绩	比 赛 名 称	比赛地点	比赛时间
丁 松	乒乓球男子团体		第四十四届世界乒乓球锦标赛	英国	1997 年 4 月 25 日—5 月 5 日
周建明	航海模型 F1V3.5	12″2	第十届世界航海模型动力艇锦标赛	斯洛文尼亚	1997 年 7 月 7—13 日
	航海模型 F1V6.5	12″4			
赵景强	航海模型 F5 - E	14.7 分	第九届世界帆船模型锦标赛	波兰	1997 年 7 月 28 日—8 月 8 日
	航海模型 F5 - 10	30.9 分			
王鸿炜	航空模型 F2B 个人	2 033 分	世界杯线操纵航空模型比赛	法国	1997 年 9 月 12—15 日
陶璐娜	射击女子运动手枪	585.7 环	世界杯射击总决赛	瑞士	1997 年 9 月 13 日
伍 刚	武术男子枪术	9.71 分	第四届世界武术锦标赛	意大利	1997 年 11 月
陶璐娜	射击女子 25 米运动手枪团体	576 环	第四十七届世界射击锦标赛	西班牙	1998 年 7 月 19 日
王鸿炜	航空模型线操纵团体		世界航空模型(线操纵)锦标赛	乌克兰	1998 年 8 月 27 日
王 频 王 蕾	国际象棋女子团体		第三十三届奥林匹克团体赛	俄罗斯	1998 年 10 月
陶璐娜	射击女子 10 米气手枪	489.7 环	世界杯射击总决赛	瑞士	1998 年 10 月 16 日
王天凌	跳水男子团体		第十一届世界杯跳水赛	新西兰	1999 年 1 月 13 日
	跳水混合团体				
张 尉	羽毛球混合团体		第六届苏迪曼杯赛	丹麦	1999 年 5 月 23 日
赵景强	帆船模型 F5 - E		第十届世界帆船模型锦标赛	保加利亚	1999 年 7 月 1 日
孙光蕾 陈 苓	技巧团体		第十六届世界技巧锦标赛	比利时	1999 年 11 月 7 日
王天凌	跳水混合团体		第十二届世界杯跳水赛	澳大利亚悉尼	2000 年 1 月 25—28 日
	跳水男子 1 米跳板				
	跳水男子团体				
王树全	航海模型 C2 个人		第十届世界航海模型(仿真)锦标赛	比利时蒙斯	2000 年 7 月 28 日—8 月 6 日
汤国强	航海模型 C3 个人				
陶璐娜	射击女子 10 米气手枪 40 发		第二十七届夏季奥林匹克运动会	澳大利亚悉尼	2000 年 9 月 17 日
王励勤	乒乓球男子双打				2000 年 9 月 24 日
王 蕾	国际象棋女子团体		第三十四届国际象棋奥林匹克团体赛(女子)	土耳其伊斯坦布尔	2000 年 10 月 17 日—11 月 3 日
陶璐娜	射击女子气手枪 40 发		世界杯射击总决赛	德国慕尼黑	2000 年 11 月 18 日

（续表六）

姓　名	项　　目	成　绩	比 赛 名 称	比赛地点	比赛时间
王励勤	乒乓球男子团体		第四十六届世界乒乓球锦标赛	日本大阪	2001 年 4 月 29 日
王励勤	乒乓球男子双打		第四十六届世界乒乓球锦标赛	日本大阪	2001 年 5 月 5 日
王励勤	乒乓球男子单打		第四十六届世界乒乓球锦标赛	日本大阪	2001 年 5 月 6 日
张　尉	羽毛球混合团体		第七届苏迪曼杯混合团体锦标赛	西班牙	2001 年 6 月 2 日
徐莉佳	帆船女子 OP 级		OP 级帆船世界锦标赛	中国青岛	2001 年 7 月 12 日
吴敏霞	跳水女子双人 3 米跳板		第九届世界游泳锦标赛	日本福冈	2001 年 7 月 22 日
青浦队	龙舟女子 1 000 米	4′22″88	第四届世界龙舟锦标赛	美国费城	2001 年 8 月 1—5 日
青浦队	龙舟女子 500 米	2′04″74	第四届世界龙舟锦标赛	美国费城	2001 年 8 月 1—5 日
青浦队	龙舟混合组 250 米	58″27	第四届世界龙舟锦标赛	美国费城	2001 年 8 月 1—5 日
周建明	航海模型 F1 - V3.5		第十二届航海模型（动力艇）世界锦标赛	保加利亚	2001 年 8 月 20 日
周建明	航海模型 F1 - V7.5		第十二届航海模型（动力艇）世界锦标赛	保加利亚	2001 年 8 月 20 日
陶璐娜	射击女子运动手枪 60 发		世界杯射击总决赛	德国慕尼黑	2001 年 8 月 21 日
萨　仁	射箭奥林匹克淘汰赛团体		射箭世界锦标赛	中国北京	2001 年 9 月 16 日
胡荣华	中国象棋男子团体		第七届中国象棋世界锦标赛	中国澳门	2001 年 12 月 8—12 日
徐妍玮 朱颖文	游泳女子 4×200 米自由泳接力	7′46″30	第六届世界短池游泳锦标赛	俄罗斯莫斯科	2002 年 4 月 5 日
王天凌	跳水男子团体		第十三届世界杯跳水赛	西班牙	2002 年 6 月 24—29 日
王天凌	跳水男子双人 3 米跳板		第十三届世界杯跳水赛	西班牙	2002 年 6 月 24—29 日
吴敏霞	跳水女子团体		第十三届世界杯跳水赛	西班牙	2002 年 6 月 24—29 日
陶璐娜	射击女子运动手枪 60 发团体	1 746 环	第四十八届世界射击锦标赛	芬兰拉赫蒂	2002 年 7 月 2—16 日
徐　翾	射击女子移动靶标准速 20+20 个人	391 环	第四十八届世界射击锦标赛	芬兰拉赫蒂	2002 年 7 月 2—16 日
徐　翾	射击女子移动靶标准速 20+20 团体	1 150 环	第四十八届世界射击锦标赛	芬兰拉赫蒂	2002 年 7 月 2—16 日
徐　翾	射击女子移动靶混合速 20+20 团体	1 149 环	第四十八届世界射击锦标赛	芬兰拉赫蒂	2002 年 7 月 2—16 日
徐莉佳	帆船女子 OP 级		世界 OP 帆船锦标赛	美国墨西哥海	2002 年 7 月 3—14 日
陶璐娜	射击女子气手枪 40 发	487.8 环	世界杯射击总决赛	德国慕尼黑	2002 年 8 月 22—24 日
陶璐娜	射击女子运动手枪 60 发	695.9 环	世界杯射击总决赛	德国慕尼黑	2002 年 8 月 22—24 日

（续表七）

姓　名	项　　目	成　绩	比 赛 名 称	比赛地点	比赛时间
李　娜	自行车女子凯林赛	4′22″88	世界自行车场地锦标赛	丹麦	2002 年 9 月 25 日
王　频	国际象棋女子团体		第三十五届国际象棋奥林匹克团体赛	斯洛文尼亚	2002 年 10 月 26 日
王励勤	乒乓球男子双打		第四十七届世界乒乓球锦标赛	法国	2003 年 5 月
吴敏霞	跳水女子双人 3 米跳板		第十届世界游泳锦标赛	西班牙	2003 年 7 月
仲维萍	击剑女子重剑团体		2003 年世界杯击剑赛暨奥运会资格赛	澳大利亚悉尼	2003 年 7 月
韦　剑	武术套路男子剑术		第七届世界武术锦标赛	中国澳门	2003 年 11 月
	武术套路男子对练				
黄少雄	武术套路男子南棍				
吴敏霞	跳水女子双人 3 米跳板	360.30 分	第十四届世界杯跳水赛	希腊雅典	2004 年 2 月 22 日
王励勤	乒乓球男子团体		第四十七届世界乒乓球锦标赛	卡塔尔多哈	2004 年 3 月 7 日
倪　暐	帆船男子 OP 级		世界 OP 帆船锦标赛	厄瓜多尔	2004 年 7 月 25 日
周建明	航海模型 F1－V3.5	11″78	第十三届世界航海模型（动力艇）锦标赛	波兰华沙	2004 年 8 月 13 日
	航海模型 F1－V7.5	11″44			
	航海模型 F1E<1 kg	11″58			
吴敏霞	跳水女子双人 3 米跳板	336.90 分	第二十八届奥运会	希腊雅典	2004 年 8 月 14 日
刘　翔	田径男子 110 米栏	12″91			2004 年 8 月 27 日
王　洁	蹼泳女子 4×200 米接力	6′13″52	第十二届世界蹼泳锦标赛	中国上海	2004 年 10 月 28 日
秦力子	武术散打女子 52 公斤级		第二届世界杯武术散打比赛	中国广东	2004 年 11 月 14 日
吴钞来	武术散打女子 65 公斤级				
王励勤	乒乓球男子单打		第四十八届世界乒乓球锦标赛	中国上海	2005 年 5 月 4 日
	乒乓球混合双打				
胡斌渊	男子飞碟双多项团体	414 中	2005 年世界射击（飞碟）锦标赛	意大利	2005 年 5 月 26 日
宣东波	航海模型 F5－10	39.4 分	2005 年世界航海模型（帆船项目）锦标赛	波兰格丁尼亚	2005 年 7 月 1 日
钱震华	现代五项男子个人赛	5 756 分	2005 年现代五项世界锦标赛	波兰华沙	2005 年 8 月 13 日
沈晓英	帆船女子欧洲级	15 分	2005 年世界帆船锦标赛	中国山东	2005 年 9 月 1 日
吴　忆	蹦床男子网上团体	122.10 分	2005 年世界蹦床锦标赛	荷兰阿姆斯特丹	2005 年 9 月 16 日

（续表八）

姓　名	项　　目	成　绩	比 赛 名 称	比赛地点	比赛时间
赵光勇	武术散打男子 65 公斤级		第八届世界武术锦标赛	越南	2005 年 12 月 15 日
孙　会	武术散打女子 70 公斤级				
王励勤	乒乓球男子团体		第四十八届世界乒乓球锦标赛	德国不来梅	2006 年 5 月 1 日
刘　翔	田径男子 110 米栏	12″88	2006 年国际田联超级大奖赛	瑞士洛桑	2006 年 7 月 11 日
费逢吉	射击女子气手枪团体	1 154	2006 年射击世界锦标赛	克罗地亚	2006 年 7 月 21 日
孙爱雯 王琦珏 徐　翾	射击女子移动靶标准速团体	1 135			
费逢吉	射击女子运动手枪团体	1 740			
周建明	航海模型 F1 - E<1 kg	11″51	2006 年航海模型动力艇项目世界锦标赛	德国泰文	2006 年 7 月 23 日
	航海模型 F1 - V3.5	11″45			
	航海模型 F1 - V7.5				
火　亮 吴敏霞	跳水混合团体		第十五届跳水世界杯	中国江苏	2006 年 7 月 23 日
火　亮	跳水男子双人 10 米跳台	499.08			
	跳水男子团体				
吴敏霞	跳水女子 3 米跳板	373.4			
	跳水女子团体				
徐莉佳	帆船女子单人艇激光雷迪尔级		2006 年世界帆船锦标赛	美国	2006 年 8 月 5 日
赵光勇	武术散打男子 65 公斤级		第三届武术散打世界杯	中国陕西	2006 年 9 月 24 日
孙　会	武术散打女子 70 公斤级				
王　磊	击剑男子重剑个人		2006 年击剑世界锦标赛	意大利	2006 年 10 月 2 日
仲维萍	击剑女子重剑团体				
王仪涵	羽毛球女子单打		2006 年羽毛球世界杯	中国湖南	2006 年 10 月 28 日
火　亮	跳水男子双人 10 米跳台	499.08 分	第九届国际泳联跳水大奖赛总决赛	墨西哥瓜达拉哈拉	2006 年 11 月 18 日
吴敏霞	跳水女子 3 米跳板				
常　昊	围棋男子		“三星杯”世界职业围棋锦标赛	韩国	2007 年 1 月

(续表九)

姓　名	项　目	成　绩	比赛名称	比赛地点	比赛时间
吴敏霞	跳水女子双人3米跳板	355.80分	2007年世界游泳锦标赛	澳大利亚墨尔本	2007年3月26日
火　亮	跳水男子双人10米跳台	489.48分			
潘晓婷	9球女子		第五届世界女子9球锦标赛	中国台湾	2007年4月
秦　勇	健美操六人操		第三届健美操世界杯总决赛	法国	2007年5月
王励勤	乒乓球混合双打		第四十九届世界乒乓球锦标赛	克罗地亚萨格勒布	2007年5月25日
	乒乓球男子单打				
朱　琳	羽毛球女子单打		2007年世界羽毛球锦标赛	马来西亚吉隆坡	2007年8月19日
刘　翔	田径男子110米栏	12″95	2007年世界田径锦标赛	日本大阪	2007年8月31日
傅俭波	9球男子		第二届世界9球国家杯	荷兰	2007年9月
宣东波	航海模型F5-10级		第十四届世界航海模型遥控帆船锦标赛	斯洛伐克	2007年9月21日
王励勤	乒乓球男子团体		2007年乒乓球世界杯团体赛	德国马格德堡	2007年10月7日
洪　智	中国象棋男子团体		2007年中国象棋世界锦标赛	中国澳门	2007年10月23日
孙　会	武术散打女子70公斤级		2007年武术世界锦标赛	中国北京	2007年11月17日
火　亮	跳水男子双人10米跳台	482.46分	第十六届跳水世界杯	中国北京	2008年2月22日
吴敏霞	跳水女子3米跳板	391.35分			
吴敏霞	跳水女子双人3米跳板	362.10分	第十六届跳水世界杯	中国北京	2008年2月24日
王励勤	乒乓球男子团体		2008年乒乓球世界锦标赛	中国广东	2008年3月2日
刘　翔	田径男子60米栏	7″46	2008年田径世界室内锦标赛	西班牙瓦伦西亚	2008年3月8日
曲日东	射击男子飞碟双向125靶	144中	2008年“好运北京”世界杯赛	中国北京	2008年4月20日
秦　勇	健美操六人操		第十届世界健美操锦标赛	德国	2008年4月20—28日
朱　琳	羽毛球女子团体		2008年羽毛球尤伯杯世界女子团体锦标赛	印度尼西亚	2008年5月18日
周建明	航海模型F1-V7.5	11″5	第十五届航海模型动力艇项目世界锦标赛	波兰华沙	2008年7月19日
	航海模型F1-V3.5	11″28			

（续表一〇）

姓 名	项 目	成 绩	比赛名称	比赛地点	比赛时间
吴敏霞	跳水女子双人3米跳板	343.50分	第二十九届夏季奥林匹克运动会	中国北京	2008年8月10日
火 亮	跳水男子双人10米跳台	468.18分			2008年8月11日
刘子歌	游泳女子200米蝶泳	2′04″18			2008年8月14日
邹市明	拳击男子48公斤级				
王励勤	乒乓球男子团体				2008年8月18日
孙 会	武术散打女子70公斤级		第四届世界杯武术散打比赛	中国黑龙江	2008年9月21日
倪 华	国际象棋男女混双快棋团体		第一届世界智力运动会	中国北京	2008年10月10—19日
倪 华	国际象棋快棋团体赛				
唐 奕	围棋女子团体				
孙勇征	中国象棋团体				
潘晓婷	女子9球		2008年日本大阪9球公开赛	日本大阪	2008年11月24日
王仪涵	羽毛球混合团体		2009年羽毛球苏迪曼杯	中国广东	2009年5月17日
胡煜清	围棋男子个人		第三十届世界业余围棋锦标赛	日本	2009年5月
三林龙狮队	龙狮规定套路		第四届世界龙狮锦标赛	中国上海	2009年5月
	龙狮舞龙全能				
常 昊	围棋男子个人		第七届“春兰杯”世界职业围棋赛	中国四川	2009年6月24日
陶 乐 车 磊	健美操六人操		第八届世界运动会	中国台湾	2009年7月
陆 滢	游泳救生女子200米障碍赛		第八届世界运动会	中国台湾	2009年7月
	游泳救生女子4×50米障碍接力				
	游泳救生4×50米混合救生接力				
李春华	攀岩女子速度接力		2009年攀岩世界锦标赛	中国青海	2009年7月1日
火 亮	跳水男子双人10米跳台	482.58分	2009年世界游泳锦标赛	罗马	2009年7月25日
吴敏霞	跳水女子双人3米跳板	348.00分			2009年7月24日
庞佳颖 朱倩蔚	游泳女子4×200米自由泳接力	7′42″08			2009年7月30日

(续表一一)

姓名	项目	成绩	比赛名称	比赛地点	比赛时间
路天鸿 王自理 张晓天 杨 扬 陆瑜婷	帆船 OP 级团体赛		2009 年帆船世界锦标赛	日本、英国、加拿大、巴西	2009 年 8 月 10 日
居文君	国际象棋女子团体		2009 年国际象棋世界锦标赛	中国浙江	2009 年 9 月 10 日
刘逸倩 王文霏	桥牌女子团体		2009 年“威尼斯杯”世界桥牌女子锦标赛	巴西圣保罗	2009 年 9 月 11 日
严明勇	体操男子吊环	15.675 分	2009 年体操个人世界锦标赛	英国伦敦	2009 年 10 月 17 日
许 昕	乒乓球男子团体		2009 年乒乓球世界杯团体赛	奥地利林茨	2009 年 10 月 25 日
段寒松	武术散打男子 60 公斤级		2009 年世界武术锦标赛	加拿大多伦多	2009 年 10 月 30 日
莫俊杰	射击男子飞碟双多向	189 中	2009 年射击世界杯总决赛	中国北京、江苏	2009 年 10 月 31 日
许 昕	乒乓球男子团体		第五十届乒乓球世界锦标赛	俄罗斯莫斯科	2010 年 5 月 30 日
火 亮	跳水男子团体	221 分	第十七届跳水世界杯赛	中国江苏	2010 年 6 月 5—6 日
火 亮 吴敏霞	跳水混合团体	451 分			
吴敏霞	跳水女子双人 3 米跳板	354.9 分			
	跳水女子团体	230 分			
陶 乐 车 磊 秦 勇	健美操三人操		第十一届健美操世界锦标赛	法国	2010 年 6 月 22 日
张丹丹	射击女子飞碟双多向 75 靶团体	202 中	第 50 届射击世界锦标赛	德国慕尼黑	2010 年 7 月 31 日
赵诗涛	射击男子步枪 3×40 发团体	3 478 环			2010 年 8 月 3 日
周治国	射击男子 25 米标准手枪	567 环			2010 年 8 月 5 日
	射击男子手枪速射团体	1 715 环			2010 年 8 月 5 日
	射击男子 25 米手枪速射	577 环			2010 年 8 月 5 日
张旭俊	航天模型 S8EP 单项团体	8 413 分	第十八届航天模型世界锦标赛	塞尔维亚诺维萨德	2010 年 8 月 28 日

(续表一二)

姓 名	项 目	成 绩	比 赛 名 称	比赛地点	比赛时间
傅俭波	台球男子美式9球团体		2010年美式9球世界杯赛	菲律宾马尼拉	2010年9月12日
周建明	航海模型F1-V3.5	11″37	第十六届航海模型世界锦标赛	德国穆尔哈特	2010年9月26日
张林强	航海模型F3-E	146.846分(15″77)			
	航海模型F3-V	146.536分(17″32)			
许 昕	乒乓球男子团体		2010年乒乓球世界杯团体赛	阿联酋迪拜	2010年10月1日
陆 滢	救生女子200米障碍	2′07″38	2010年水上救生世界锦标赛	埃及亚历山大	2010年10月16日
严明勇	体操男子团体	274.997分	第四十二届体操世界锦标赛	荷兰鹿特丹	2010年10月21日
唐 奕 朱倩蔚	游泳女子4×200米自由泳接力	7′35″94	第十届世界短池游泳锦标赛	阿联酋迪拜	2010年12月16—18日
刘子歌 唐 奕	游泳女子4×100米混合泳接力	3′48″29			
朱扬涛	武术散打52公斤级		第五届武术散打世界杯赛	中国重庆	2010年12月16—18日

(三) 1978—2010年上海运动员破(超)世界纪录一览表(含非奥项目)

姓 名	项 目	成 绩	比 赛 名 称	地 点	时 间
叶家锭	航空模型无线电遥控模型直升机直线距离	3 284.02米	上海航空模型测验赛	中国上海	1979年12月30日
刘正宏	射击气手枪40发	395环	全国分项赛	中国浙江	1981年10月26日
朱建华	田径男子跳高	2.37米	第五届全国运动会预赛	中国北京	1983年6月11日
朱建华	田径男子跳高	2.38米	第五届全国运动会决赛	中国上海	1983年9月22日
周建明	航海模型F1-V2.5级	14″5	全国航海模型分项赛	中国广西	1983年10月8日
黄 勇	航空模型FZA-27	223.186公里/小时	全国线操纵无线电遥控模型比赛	中国河南	1983年10月19日
浦海清	航海模型F1-V5级	14″	全国航海模型锦标赛	中国广西	1983年10月28日
朱建华	田径男子跳高	2.39米	埃伯斯塔特国际跳高比赛	联邦德国埃伯斯塔特	1984年4月10日

(续表一)

姓　名	项　　目	成　绩	比赛名称	地　点	时　　间
王银珍	射击女子手枪慢加速60发	593环	全国冠军赛	中国河北	1984年6月1日
周建明	航海模型F1－V3.5级	14″2	全国航海模型分项赛	中国天津	1984年9月18日
浦海清	航海模型F1－V6.5级	12″8			
周建明	航海模型F1－V3.5级	13″8	全国航海模型分项赛	中国上海	1985年4月1日
周建明	航海模型F1－V3.5级	14″5	第四届世界航海模型锦标赛	荷兰鹿特丹	1985年8月
		13″4			
		13″6			
商　焱	航海模型F3－V级	26″6	全国航海模型锦标赛	中国浙江	1985年10月16日
周建明	航海模型F1－V3.5级	13″3	全国航海	中国四川	1986年10月12日
周建明	航海模型F1E<1 kg	12″9			
周建明	航海模型F1－V3.5级	13″1	全国海模优秀选手赛	中国福建	1987年1月14日
浦海清	航海模型F1－V6.5级	11″9	全国航海模型锦标赛	中国福建	1987年1月14日
谈　兵	航空模型F3E－59遥控电动模型留空时间	5:51′8″	第六届全国运动会预赛	中国河南	1987年5月19日
哈成峰	航空模型F3E－COMB遥控电动模型留空时间	6:15′32″			
周建明	航海模型F1－V3.5级	13″3	第五届世界航海模型动力艇比赛	民主德国什米林	1987年6月
		13″1			
浦海清	航海模型F1－V6.5级	12″6			
周建明	航海模型F1－E>1 kg	11″7	第六届全国运动会预赛	中国山东	1987年7月7日
	航海模型F1－V3.5级	12″5			
杨文意	游泳女子50米自由泳	24″98	第三届亚洲游泳锦标赛	中国广东	1988年4月11日
李世豪	航空模型F3E－63遥控电动封闭距离	167公里	全国无线电遥控模型锦标赛	中国北京	1988年9月3日
顾　辰	航空模型F3E－P遥控电动留空时间	6:17′32″			
秦欢年	航空模型F3E－P遥控电动封闭距离	230公里			
韩长美	举重女子82.5公斤以上级抓举	100公斤	第二届世界女子举重锦标赛	印尼雅加达	1988年12月10日
	举重女子82.5公斤以上级挺举	132.5公斤			
	举重女子82.5公斤以上级总成绩	232.5公斤			

（续表二）

姓 名	项 目	成 绩	比赛名称	地 点	时 间
周建明	航海模型 F1 - V3.5 级	11″9	第六届世界航海模型锦标赛（耐久与帆船）	中国天津	1989 年 5 月 22 日
陆炜峰	航海模型 F3 - E 级	16″1			
	航海模型 F3 - V 级	15″9			
韩长美	举重女子 82.5 公斤以上级挺举	137.5 公斤	第三届世界女子举重锦标赛	英国曼彻斯特	1989 年 11 月 26 日
	举重女子 82.5 公斤以上级总成绩	242.5 公斤			
顾雁菱	蹼泳女子 400 米器泳	3′12″89	全国春季蹼泳锦标赛	中国上海	1991 年 4 月 3 日
潘蓓蓉	蹼泳女子 800 米器泳	6′57″85			
浦海清	航海模型 F1 - V6.5 级	11″2	第七届世界航海模型锦标赛	俄罗斯莫斯科	1991 年 8 月 9 日
姚文凯	航海模型 F1 - E<1 kg	12″5			
韩长美	举重女子 82.5 公斤以上级总成绩	247.5 公斤	第四届亚洲女子举重锦标赛	印尼	1991 年 9 月
金 凡	蹼泳女子 800 米器泳	6′43″59	全国春季蹼泳锦标赛	中国广东	1992 年 3 月 17—20 日
庄 泳 杨文意 乐靖宜	游泳女子 4×100 米自由泳接力	3′40″12	第二十五届夏季奥林匹克运动会	西班牙巴塞罗那	1992 年 7 月 28 日
杨文意	游泳女子 50 米自由泳	24″79			1992 年 7 月 31 日
金 凡	蹼泳女子 1 500 米	14′0″53	第六届世界蹼泳锦标赛	希腊雅典	1992 年 8 月 17—24 日
	蹼泳女子 800 米	7′12″40			
苏园红	举重女子 60 公斤级抓举	100 公斤	第五届亚洲女子举重锦标赛	泰国	1992 年 12 月 9—23 日
姚文凯	航海模型 F1 - E<1 kg	11″4	第八届世界航海模型锦标赛	德国	1993 年 8 月
浦海清	航海模型 F1 - V15	11″	第八届世界航海模型锦标赛	德国	1993 年 8 月
金 凡 谢 芳 麦 静 王 静	蹼泳女子 4×100 米接力	2′50″29	第七届全国运动会	中国四川	1993 年 8 月 17—20 日
周建明	航海模型 F1 - V3.5	11″5		中国北京	1993 年 9 月
浦海清	航海模型 F1 - V6.5	10″7			
乐靖宜	游泳女子 100 米短池自由泳	53″01	第一届世界短池游泳锦标赛	西班牙	1993 年 12 月 2 日
	游泳女子 50 米短池自由泳	24″62			

(续表三)

姓 名	项 目	成 绩	比赛名称	地 点	时 间
乐靖宜	游泳女子4×100米短池自由泳接力	3′35″97	第一届世界短池游泳锦标赛	西班牙	1993年12月2日
	游泳女子4×200米短池自由泳接力	7′52″45			
	游泳女子4×100米短池混合泳接力	3′57″23			
乐靖宜	游泳女子100米自由泳	54″01	第七届世界游泳锦标赛	意大利罗马	1994年9月5日
	游泳女子4×100米自由泳接力	3′37″91			1994年9月5日
	游泳女子4×100米混合泳接力	4′01″67			1994年9月10日
	游泳女子50米自由泳	24″51			1994年9月11日
金 凡	蹼泳女子800米	7′03″45	第七届世界蹼泳锦标赛	中国广东	1994年10月26日
	蹼泳女子400米器泳	3′01″84			1994年10月27日
	蹼泳女子400米	3′20″65			1994年10月28日
苏园红	举重50公斤抓举	100公斤	全国女子举重冠军赛	中国北京	1994年11月
徐春燕	举重70公斤挺举	142.5公斤	全国女子举重冠军赛		
汪宝玉(上海体院)	举重女子50公斤级抓举	88公斤	亚洲女子举重锦标赛	韩国	1995年7月
周建明	航海模型F1-V3.5	11″6	第九届世界航海模型(动力艇)锦标赛	波兰伊瓦瓦	1995年7月29日
万 妮(上海体院)	举重女子83公斤以上级抓举	107.5公斤	第九届世界女子举重锦标赛	中国广东	1995年11月25日
乐靖宜	游泳女子4×100米自由接力	3′34″55	世界短池游泳锦标赛	瑞典哥德堡	1997年4月19日
王璐娜	游泳女子4×200米自由接力	7′51″92			
赵艳伟	举重女子54公斤级总成绩	217.5公斤	第八届全国运动会预赛	中国山东	1997年4月11日
	举重女子54公斤级抓举	95公斤			
	举重女子54公斤级挺举	122.5公斤			
孟林萍	举重女子59公斤级总成绩	225公斤			
	举重女子59公斤级抓举	102.5公斤			

（续表四）

姓　名	项　目	成　绩	比赛名称	地　点	时　间
徐春霞	举重女子59公斤级总成绩	237.5公斤	第八届全国运动会预赛	中国山东	1997年4月12日
	举重女子59公斤级挺举	135公斤			
蔺　华	举重女子70公斤级总成绩	245公斤			
	举重女子70公斤抓举	107.5公斤			
	举重女子70公斤级挺举	137.5公斤			
李　丽	举重女子76公斤级总成绩	247.5公斤			
	举重女子76公斤级抓举	110公斤			
赵　鹰	射击女子小口径标准步枪60发卧射	597环	第八届全国运动会决赛	中国上海	1997年10月13日
赵艳伟	举重女子54公斤级总成绩	220公斤	第八届全国运动会决赛	中国上海	1997年10月14日
	举重女子54公斤级抓举	95公斤			
	举重女子54公斤级抓举	100公斤			
	举重女子54公斤级挺举	120公斤			
徐　翾	射击女子10米移动靶20+20	379	全国射击系列赛（第一站）	中国江苏	1999年4月15日
	射击女子10米移动靶20+20	378	第十一届上海市运动会	中国上海	1999年5月21日
	射击女子10米移动靶20+20	377	全国射击系列赛（第二站）	中国广西	1999年6月10日
	射击女子10米移动靶20+20	381	全国射击系列赛总决赛	中国上海	1999年11月5日
周建明	航海模型F1-V3.5	11″4	首届全国体育大会	中国浙江	2000年6月2日
		11″3			
陶璐娜	射击女子运动手枪60发个人	690.8环	2001年世界杯射击赛（美国站）	美国亚特兰大	2001年4月15日
陶璐娜	射击女子运动手枪60发个人	693.3环	2001年世界杯射击赛（韩国站）	韩国汉城	2001年5月15日

(续表五)

姓　名	项　　目	成　绩	比赛名称	地　点	时　　间
李雪久	举重女子58公斤级总成绩	242.5公斤	第九届全国运动会	中国广东	2001年11月13日
蔺　华	举重女子75公斤级总成绩	262.5公斤			2001年11月14日
李　玮	游泳女子50米蛙泳	30″56	世界杯短池游泳系列赛(中国站)	中国上海	2001年12月3日
李　慧	游泳女子50米仰泳	26″83			
徐妍玮 朱颖文	游泳女子4×200米自由泳接力	7′46″30	第六届世界短池游泳锦标赛	俄国莫斯科	2002年4月5日
周建明	航海模型F1－E1 kg	12″9	第二届全国体育大会	中国四川	2002年5月26日—6月1日
徐　翱	射击女子10米移动靶标准速20+20个人	391环	第四十八届世界射击锦标赛	芬兰拉赫蒂	2002年7月2—16日
	射击女子10米移动靶标准速20+20团体	1 150环			
	射击女子10米移动靶混合速20+20团体	1 149环			
陶璐娜	射击女子运动手枪60发	695.9环	世界杯射击总决赛	德国慕尼黑	2002年8月22—25日
	射击运动手枪团体	1 768环	第十四届亚洲运动会	韩国釜山	2002年10月2—8日
王　洁	蹼泳女子100米	40″74	全国春季游泳锦标赛	中国广东	2003年8月
周建明	航海模型F1E<1 kg	11″58	第十三届世界航海模型(动力艇)锦标赛	波兰华沙	2004年8月13日
王　洁	蹼泳女子4×100米接力	2′44″51	第十二届世界蹼泳锦标赛	中国上海	2004年10月28日
	蹼泳女子4×200米接力	6′13″52			
周建明	航海模型遥控动力艇	12″74	全国航海模型锦标赛	中国贵州	2005年4月29日—5月5日
陈永强	射击男子25米手枪速射60发	783.6环	第十届全国运动会	中国南京	2005年10月15日
刘　翔	田径男子110米栏	12″88	国际田联超级大奖赛	瑞士洛桑	2006年7月11日
周建明	航海模型F1E<1 kg	11″51	第十四届世界航海模型(动力艇)锦标赛	德国泰文	2006年7月13日
张　宁	男子速度攀岩	第二名	攀岩世界杯分站赛	中国青海	2008年6月27—28日
李光谱		第三名			

(续表六)

姓　名	项　目	成　绩	比赛名称	地　点	时　间
周建明	航海模型 F1E<1 kg	11″28	第十五届世界航海模型(动力艇)锦标赛	波兰华沙	2008 年 7 月 19 日
庞佳颖	游泳女子 200 米自由泳	1′55″05	第二十九届夏季奥林匹克运动会	中国北京	2008 年 8 月 13 日
庞佳颖 朱倩蔚	游泳女子 4×200 米自由泳接力	7′49″53			
刘子歌	游泳女子 200 米蝶泳	2′04″18			2008 年 8 月 14 日
胡斌渊	射击男子飞碟双多向 150 靶	196 中	明斯克飞碟世界杯赛	白俄罗斯明斯克	2009 年 6 月 5—14 日
李春华	攀岩女子标准赛道速度赛	9″37	第十届世界攀岩锦标赛	中国青海	2009 年 6 月
张　宁	攀岩男子标准赛道速度赛	6″92			
陆　滢	游泳救生女子 200 米障碍赛	2′01″88	第八届世界运动会	中国台湾	2009 年 7 月
	游泳救生 4×50 米障碍接力	1′50″49			
	游泳救生 4×50 米混合泳接力	1′41″503			
刘子歌	游泳女子 200 米蝶泳	2′01″81	第十一届全国运动会	中国山东	2009 年 10 月 21 日
		2′02″50	世界杯短池游泳系列赛	瑞典斯德哥尔摩	2009 年 11 月 11 日
		2′00″78	国际泳联短池世界杯赛(柏林站)	德国柏林	2009 年 11 月 15 日
施　扬 冯志民 何晓峰 董紫华	游泳救生男子 4×50 米自由泳障碍接力	1′37″76	第四届全国体育大会	中国安徽	2010 年 5 月 18 日
张林强	航海模型 F3 - E	15″77 (146.846 分)	第十六届世界航海模型锦标赛	德国穆尔哈特	2010 年 9 月 26 日
唐　奕 朱倩蔚	女子 4×200 米自由泳接力	7′35″94	第十届世界短池游泳锦标赛	阿联酋迪拜	2010 年 12 月 16 日

二、文献辑存

上海市市民体育健身条例

（本条例于2000年12月15日经上海市第十一届人民代表大会常务委员会第二十四次会议审议通过，2001年3月1日起正式实施）

第一条 为了促进本市市民体育健身活动的开展，保障市民参加体育健身活动的权益，增强市民体质，根据《中华人民共和国体育法》以及有关法律、法规，结合本市实际情况，制定本条例。

第二条 本条例适用于本市行政区域内市民体育健身活动及其管理。

第三条 上海市体育行政部门（以下简称市体育行政部门）是本市市民体育健身工作的主管部门。区、县体育行政部门负责本行政区域内市民体育健身活动的管理工作。

各级人民政府有关行政部门应当按照各自职责，做好市民体育健身活动的管理工作。

第四条 本市市民有参加体育健身活动的权利。残疾人享有平等参与体育健身活动的权利。

第五条 各级人民政府应当加强市民体育健身工作的领导，将市民体育健身工作纳入国民经济和社会发展计划，保证公共体育设施适应市民体育健身的基本需要，为市民体育健身活动提供资金保障。

第六条 各级人民政府及其体育行政部门对组织、开展市民体育健身活动成绩显著的单位和个人，应当给予表彰和奖励。

第七条 本市各级各类体育协会应当依照社团管理的有关规定，在体育行政部门指导下，按照其章程，组织市民开展科学的体育健身活动。

第八条 每年六月十日为本市体育健身日。

第九条 体育行政部门应当根据本市或者本地区社会事业发展规划，会同有关部门组织编制公共体育健身设施设置规划，经规划部门综合平衡后，纳入地区详细规划。

第十条 各级人民政府应当按照国家和本市对城市公共体育设施用地定额指标、公共体育健身设施设置规划，建设公共体育健身设施，保证本市街道、乡镇有公共体育健身设施；按照资源共享的原则，建设里弄和村的公共体育健身场地。

各级人民政府及其体育行政部门应当加强对公共体育健身设施的监督管理。任何单位和个人不得侵占、破坏公共体育健身设施或者擅自改变公共体育健身设施的使用性质。

第十一条 街道、乡镇、里弄和村公共体育健身设施的建设、更新所需经费除了由各级人民政府财政支出外，体育彩票公益金中应当安排一定的比例予以保证。

鼓励企业、事业单位、其他组织和个人向公共体育健身事业捐赠资金或者设施。向公共体育健身事业捐赠资金或者设施的，依法享受税收优惠。

第十二条 各级人民政府应当支持高等院校和科学研究机构开展体育健身科学研究，推广科学的体育健身项目和方法。

本市广播、电视、报刊、互联网络等新闻单位应当宣传科学、文明、健康的体育健身项目和方法，并刊登、播放公益性体育健身内容。

第十三条 市体育行政部门应当根据国家的有关标准，制订本市市民体质标准和市民体质监测方案，会同有关部门组织实施，并定期向社会公布市民体质监测结果。

第十四条 体育行政部门应当根据国家有关体育设施的设计标准，制订本市体育健身设施的设计规范。市质量技术监督部门制订体育健身器材制造标准时，应当听取市体育行政部门的意见。

第十五条 街道办事处和乡、镇人民政府应当配备专职或者兼职人员，在体育行政部门指导下，组织、协调和开展街道、乡镇、里弄和村的市民体育健身活动，为市民提供体质测试服务。

居(村)民委员会应当在街道办事处和乡、镇人民政府的指导下，根据居住小区的特点，因地制宜地组织、推广小型多样的体育健身活动。

第十六条 学校应当按照国家教育行政部门的有关规定，开设体育课，开展广播操活动，保证学生每天参加体育健身活动时间不少于国家和本市规定的时间。

学校应当实施体育锻炼标准，加强对学生体质的监测，提高体育课教学质量，组织开展多种形式的课外体育活动。

学校每学年至少举行一次全校性运动会。

第十七条 机关、企业、事业单位、社会团体和其他组织应当根据本单位生产、经营、工作的特点，制订体育健身计划，提供必要条件，保障职工参加体育健身活动的权益。

机关、企业、事业单位、社会团体和其他组织应当在每个工作日内组织开展工前操、工间操或者其他形式的体育健身活动。提倡在节假日开展多种形式的体育健身活动。

第十八条 公共体育场馆应当全年向市民开放，并公布开放时间。公共体育场馆应当有部分场地在规定时间内免费开放。公共体育场馆在法定节假日和学校寒、暑假期间应当延长开放时间，其中学校寒、暑假期间应当增设适应学生特点的体育健身项目。公共体育场馆各种收费的体育健身项目，应当对学生、老年人、残疾人实行优惠。向市民免费开放的公共体育场馆，依法享受税收优惠。

第十九条 街道、乡镇、里弄和村的公共体育健身设施，应当全年向市民开放，不得从事营利性活动。学校的体育健身场地应当在法定节假日和学校寒、暑假期间向学生开放。在不影响教育教学的情况下，学校的体育健身场地应当向市民开放。提倡单位的体育健身场地向市民开放。

第二十条 街道、乡镇、里弄和村的公共体育健身设施以及其他免费开放的体育健身设施应当符合下列基本要求：

（一）体育健身器材质量符合国家或者本市规定的标准；

（二）建立维修、保养制度，保持体育健身设施完好；

（三）在醒目位置上标明使用方法和注意事项。

第二十一条 公共体育健身设施拆迁或者改变使用性质的，应当经体育行政部门审核同意，并按有关规定办理审批手续。

因城市规划确需拆除公共体育健身设施的，应当先行择地新建或者先行补偿费用。补偿的费用应当专项用于公共体育健身设施的建设。

第二十二条 体育健身活动应当科学、文明、健康。市民进行体育健身活动时，应当遵守体育健身活动场所的规章制度，爱护体育健身设施和绿化，不得影响其他市民的正常工作和生活。

第二十三条 本市实行社会体育指导员制度。社会体育指导员技术等级的评定标准和审批程序，按照国家有关规定执行。社会体育指导员技术等级证书由体育行政部门颁发。

社会体育指导员负责指导体育健身活动，宣传科学健身知识。公共体育场馆应当按照项目要求,配备社会体育指导员指导体育健身活动。居(村)民委员会和有条件的单位,也可以配备社会体育指导员。

第二十四条 从事有偿体育健身指导服务的人员应当取得市体育行政部门颁发的执业资格证书(以下简称资格证书)。经营性体育健身服务单位,应当配备持有资格证书的体育健身指导人员。

无资格证书的人员,不得从事有偿的体育健身指导服务。持有资格证书的体育健身指导人员,不得超越资格证书确定的项目范围进行有偿服务。

第二十五条 违反本条例规定,有下列情形之一的,由市或者区、县体育行政部门按照以下规定予以处罚:

(一)对未取得资格证书从事有偿体育健身指导服务的人员,没收违法所得,可并处三百元以上三千元以下罚款;情节严重的,处以三千元以上三万元以下罚款。

(二)对超越资格证书确定的项目范围从事有偿体育健身指导服务的人员,责令改正,没收违法所得,可并处二百元以上二千元以下罚款;情节严重的,处以二千元以上二万元以下罚款。

(三)经营性体育健身服务单位聘用无资格证书的人员从事有偿服务的,责令改正,并根据无资格证书人员的人数,对单位按每人处五百元以上三千元以下罚款。

违反工商管理方面的法律、法规规定的,由工商行政管理部门依法进行处罚。

第二十六条 擅自改变公共体育健身设施使用性质的,责令限期改正;对直接负责的主管人员和其他直接责任人员,由其所在单位或者上级主管部门依法给予行政处分。

侵占、破坏公共体育健身设施的,由体育行政部门责令限期改正,并依法承担民事责任。有前款所列行为,违反治安管理处罚条例的,由公安机关依法给予处罚;构成犯罪的,依法追究刑事责任。

第二十七条 当事人对市或者区、县体育行政部门的具体行政行为不服的,可以依照《中华人民共和国行政复议法》或者《中华人民共和国行政诉讼法》的规定,申请行政复议或者提起行政诉讼。当事人对具体行政行为逾期不申请复议,不提起诉讼,又不履行的,作出具体行政行为的市或者区、县体育行政部门可以申请人民法院强制执行。

第二十八条 本条例自2001年3月1日起施行。

上海市全民健身实施计划

(上海市人民政府一九九五年八月十四日印发)

为了更广泛地开展群众性体育活动,增强人民体质,根据国务院批准的《全民健身计划纲要》,制定本实施计划。

一、奋斗目标

到本世纪末,上海全民健身的水平要与上海城市总体发展目标相适应,与上海的文化、教育、卫生事业发展相协调。

(一)全民健身的组织领导机构比较完善,有一支素质好的社会体育指导员队伍及管理干部队伍;

(二)全民健身的规章、制度比较完善,群众性体育锻炼的场所、经费等基本落实;

(三)人均城市公共体育用地面积达到1平方米左右,体育场地建设增长速度不低于10%,在全国居前茅;

(四) 经常性参与体育锻炼的人数达到全市总人口的40%以上;
(五) 各级各类学校学生体质在全国居中上水平。

二、实施对象

全民健身的实施对象是上海全体市民,以儿童、青少年为重点。

(一) 全市各级各类学校要全面贯彻党的教育方针,开展体育达标工作,要求实施面达到100%,达标率达到90%,良好率达到40%,优秀率达到8%。要选择若干所中学作为重点体育学校,开展课余体育训练,培养运动员后备队伍。要在1 000所学校中建立课余训练运动队,办好100所市体育传统学校,抓好15所培养体育后备人才的试点学校,逐步形成广泛的、多层次的、大中小学衔接的课余体育训练网络。要保证课余训练的时间和经费,积极开拓依托社区办课余体育训练的路子。设立上海学校体育奖励基金,对作出成绩的学校和教师给予奖励。

广泛组织各种体育竞赛活动,在保证学生正常学习的前提下,组织各种校内、校际的比赛,做到校校有队伍,天天有活动,月月有比赛,年年有运动会。

(二) 职工体育要纳入企业文化建设发展规划和管理目标,以提高职工的体质和出勤率为主要任务,坚持工前操、工间操制度,开展适合本行业特点的、小型多样的健身活动。

要进一步改善企业的体育设施。现有体育设施不得占用或移作他用。有条件企业的体育设施要向社会开放。

(三) 社区体育要发挥地区优势,打破条块分割,以大中型企业、单位为依托,面向学校,深入里弄,使全民健身活动进入千家万户。要完善社区体育组织,加快建设社区健身锻炼设施,积极开展群众体育活动,并将社区体育纳入社区精神文明建设的内容加以考核。由街道办事处牵头,指定专门科室和人员负责社区体育工作。

(四) 农民体育要根据农村经济、文化发展的水平,围绕建设文明村、镇的目标,分层分类地开展。要巩固创建全国体育先进县工作的成果,根据农村经济发展的趋势,动员更多的农民投入健身活动。

郊县和近郊的区要把体育工作重点放到乡镇,扩大体育活动阵地,丰富乡镇企业员工的文化体育生活。

要制定有利于农民体育发展的各项政策措施,重视乡镇体育干部队伍建设,加强乡镇体育指导站工作,切实发挥其职能和作用。

(五) 要加强对知识分子、机关干部健身活动的领导,倡导简便易行、适合知识分子和机关干部特点的体育健身项目和方法,并定期对知识分子和机关干部进行健康检查和体质测定。

此外,要积极关心和扶持残疾人、少数民族、妇女、老年人的健身活动,尽可能满足他们的需要。解放军、武警官兵的体育锻炼,按《军人体育锻炼标准》实施。地方政府要为部队培养体育骨干、输送体育后备人才;部队要帮助驻地单位和群众开展体育活动,促进军民共建活动。

三、主要措施

(一) 切实加强领导,形成社会化的群众体育管理体系

全民健身活动已列入上海市1995年至1997年社会主义精神文明建设规划,各区县、各部门也

要将全民健身活动列入本地区、本部门精神文明建设规划，切实加强领导，认真抓好落实。

为了加强对全民健身活动的领导，成立上海市全民健身领导小组。领导小组办公室设在市体委，具体负责对全民健身活动的组织、实施和协调工作。

各区县要设立相应的工作机构，制定本地区全民健身活动的具体规划和实施方案，并将其纳入社会发展的总体目标。要加强区、县体委的建设，使其担负起本地区全民健身活动的日常组织协调工作。

市教委、市总工会、市农委、市民政局、市民委等有关部门要制定本系统的健身计划和实施方案，并有相应的机构和人员负责开展此项工作。

各机关、企事业单位、社会团体要加强对全民健身活动的领导，积极支持群众参加体育活动。上海市体育总会和各级体育团体要在体育主管部门的领导下，积极开展全民健身计划的具体实施工作。

要建立不同项目、不同形式、不同规模的社会体育指导中心(或指导站)、俱乐部和群众体育协会，形成覆盖面广、包容量大、纵横相通的群众体育活动组织网络和新型管理体系。

(二)广泛开展宣传，提高全民健身意识

广播、电视、报刊等大众传播媒介要配合全民健身计划的实施，积极进行舆论宣传，使广大干部、群众充分认识到，开展全民健身活动，增强国民体质，提高人民健康水平，是党和政府从人民的根本利益出发所组织的一项宏大工程。同时，逐步树立体育为人民服务的观念，体育工作服从和服务于党的中心工作的观念，体育发展要适应社会主义市场经济的观念，参加体育活动是公民权利的观念，生命在于运动的观念，体育是文明健康生活方式组成部分的观念，参与体育锻炼是自我健康、家庭幸福投资的观念和科学健身的观念等。

要增加报刊、广播、影视中有关群众体育和健身活动的内容；出版一批指导人们科学锻炼身体的系列图书和音像制品；提出一批富有吸引力和鼓动性口号，扩大社会宣传效果，使全民健身活动家喻户晓，成为市民自觉的行动。

(三)注重法制建设，保障全民健身计划的实施

在社会主义市场经济条件下，要有效地推行全民健身计划，实现群众体育的规范化、制度化管理，必须加快群众体育的立法工作，逐步建立、健全群众体育的法规、规章体系。要将群众体育的立法工作纳入市人大和市政府的立法计划，制定颁布一批上海地方体育法规和政府规章。

近年内，市政府将颁布《上海市社会性体育竞赛管理办法》《上海市保龄球房(馆)管理规定》《上海市游泳池开放管理办法》《上海市健身气功管理办法》等规章。以后将根据群众体育的发展和社会主义市场经济的需要，有计划、有步骤地制定并实施社会体育督导、机关和企事业单位群众体育管理、体育社团管理、体育场地设施标准与管理、群众体育奖励等方面的专门性法规、规章和制度。

在加快立法工作的同时，各级人民政府和各机关、团体、企事业单位要认真贯彻执行已颁布的群众体育法规、规章和制度。全社会要进一步确立依法办体育、治体育的观念。各级体育主管部门要加强对体育执法工作的领导和督查，逐步形成一支群众体育督导和执法队伍。

(四)加强体育场所的规划、建设、管理和向社会开放的工作

体育主管部门要制定体育场所发展规划，使体育场所的规划建设与国民经济增长和社会事业发展保持一致。要适当增加本市体育场所建设资金的投入，保证城市公共设施用地定额和学校体育场地设施定额的落实。本世纪末，要逐步完善本市现有居民住宅小区的体育配套设施，采取“利用空间，筹集资金，滚动开发”等办法，扩大居民体育活动场所。要结合旧城区的改造，有计划地开辟体育公园、群众锻炼园地、儿童体育娱乐乐园。推行“园林体育化”计划，有步骤地在公园和绿化地带设置体育设施。500米宽的环城绿化地带内，应增设小型多样的足球场、篮球场、羽毛球场、网

球场、儿童游泳池以及其他体育设施，供市民健身、休闲，做到一地多用。企业、街道、乡镇的体育设施也要尽快完善，使之成为精神文明建设的重要阵地。

体育主管部门要会同市有关部门，认真实施《上海市体育场所管理办法》，依法管理体育场所，严格执法，照章办事，切实制止侵占、挤占体育场地的现象。各类体育场馆要加强内部管理，注重社会效益，在保证体育业务正常开展的同时，发展体育产业，开源节流增强自我生存和发展能力。

要认真总结本市体育场所向社会开放工作的经验，积极扩大开放范围，增加开放时间，做好配套服务。除公共体育场所外，工厂、机关、学校等单位内部的体育场地、设施，也要逐步向社会开放。

（五）多方筹集资金，逐步形成全民健身全民办的局面

全民健身活动是造福子孙后代的社会公益事业，各级政府要在人、财、物等方面予以支持。各部门、各单位也应投入一定的经费，开展全民健身活动，形成"谁投资，谁受益"的发展机制；社会各界都要热心全民健身活动，采用多种方式筹集资金，支持开展全民健身活动。体育主管部门要调整资金分配结构，逐步提高用于群众体育的资金比例。要在政策上对体育产业给予优惠和保护，使体育产业的创收用之于体育。要培养群众自愿、有偿地参加各类高雅、文明的健身活动的兴趣，逐步形成全民健身全民办的局面。

（六）实施培训考核，建设一支过硬的全民健身骨干队伍

为了有效地组织和科学地指导全民健身活动，要抓紧建设一支有一定组织能力和技术水平、面向社会、服务群众的社会体育指导员队伍，实行社会体育指导员等级制度，调动和保护体育工作者的积极性，鼓励更多的人从事全民健身指导工作。

要加强对社会体育工作者的培训考核，逐步提高他们的组织能力和技术水平。按照两级管理的原则，一级、二级社会体育指导员由市体委评审；三级社会体育指导员由区县体育主管部门评审。要认真做好本市社会体育指导员的培训和评审工作。

市和区、县体委所属事业单位中专职从事群众体育工作的干部，可享受一定的岗位津贴。

（七）依托社会力量，开展形式多样的竞赛活动

开展全民健身活动，要更有效地发挥体育竞赛的杠杆作用，形成一套依托社会、组织新颖、形式活泼的群众体育系列竞赛。体育主管部门要加强对全市职工运动会、农民运动会、少数民族运动会、残疾人运动会、老年人运动会和大、中、小学生运动会等竞赛活动的指导、协调。除中、小学生运动会从1996年起改为每三年举行一次外，上述各项运动会每四年举行一次，逐步形成制度，以推动群众性体育运动水平的提高。要发挥各部门、各单位和各群众性体育组织举办各类竞赛活动的积极性，继续鼓励工厂企业、新闻单位、体育主管部门联合创办各种社会性杯赛，并形成规模，使之成为本市群众性体育中的传统比赛。要结合元宵节、端午节、重阳节等民族传统节日以及劳动节、妇女节、青年节、儿童节等节日，广泛组织特色性的体育竞赛，适应群众体育走向社会、进入家庭的趋势。市教委、市总工会、团市委、市妇联、市农委、市残联、市老龄委等系统每年要组织一次有本系统特点，有影响的比赛，使本市月月都有一次大的体育活动，扩大全民健身的社会影响，增加经常性参加体育锻炼的人数。

（八）坚持抓好普及，倡导群众性广播体操、健身操活动

实施全民健身计划，应将积极开展广播体操作为各基层单位全民健身的基本内容。各区县、各部门要继续努力做好第七套广播体操的推广工作，扩大普及面。各级机关和企事业单位要大力开展广播体操活动，坚持每天上下午各做一次广播体操，并使经常做操的人数达到60%以上。

在中、小学坚持每天两操的制度，提高广播韵律操和眼保健操的质量。在各类幼儿园推广幼儿广播体操。在群众中推广各种健美操、健身操、关节操、韵律操，以适应不同年龄、层次群众的健身

需要。在工厂、企业中逐步健全班前操、工间操制度，并将此作为保护职工身体健康的一项措施，以提高出勤率和工作效率，有效地预防各种职业病。

（九）有步骤地开展全民体质监测工作，引导科学健身。建立市民体质监测系统，定期公布市民体质监测报告和市民健身指南

根据市民体质状况，推广适合不同年龄、性别、职业与体质状况的易于普及的健身活动项目以及科学的锻炼方法。挖掘、整理、弘扬传统的体育医疗、保健养生、康复等宝贵遗产。积极推广群众喜爱的武术、气功，组织群众自编自创行之有效的健身方法。加强科技、体育、卫生等方面的协作，针对上海地区多发病、城市文明病，有重点地研究推出体育医疗、康复的科学方法，为市民提供简便易行、因人而异的运动处方。

要广泛动员全社会多学科的研究力量，开展群众体育管理和体育锻炼原理方法的科学研究，增设群众体育的专业研究机构，增加科研投入，出一批有较高水平的科研成果，并加快科研成果向群众体育实践的转化。

（十）设立奖励基金，逐步建立全民健身活动的激励机制

设立市全民健身贡献奖，形成一套奖励办法，逐步建立全民健身活动的激励机制。要将开展全民健身活动纳入创建文明单位的工作，进行检查、评比。

结合市运会的举行，每四年组织一次全民健身的表彰奖励活动，对先进单位和个人予以精神和物质奖励，以鼓励更多的市民参与全民健身活动。

设立市级全民健身的单项奖，如体育锻炼达标奖、广播操和健身操奖、体育优胜家庭奖、徒步上班奖、输送体育人才奖、自编健身操奖、大众体育破纪录奖等，在每两年年终或年初授奖并形成制度。各区县、各部门可参照市级单项奖，组织本地区、本部门的全民健身活动评比，或进行推荐市级单项奖的预赛、预评。

四、实施步骤

全民健身计划采取整体规划，逐步实施的方式。1995年是实施全民健身计划的启动年。为了将全民健身计划推向社会，动员广大群众投身体育健身活动，借用队列操中齐步走的指挥口令，将本市实施全民健身计划的工作取名为“一二一启动工程”。

（一）宣传发动阶段

各区县、各部门都应紧紧围绕全民健身计划的实施，结合实际，积极开展宣传发动工作，形成正确的舆论导向和强大的宣传声势，做到家喻户晓，人人皆知。

1. 结合国家《全民健身计划纲要》和本实施计划的颁布，掀起宣传发动热潮。

2. 各新闻单位要紧密配合，全方位、多角度、多层次地予以报道。

3. 各区县、各部门应结合本地区、本部门的特点，利用文艺活动、报纸简报、宣传资料、广播、电视、墙报、黑板报等多种形式，大力宣传，正确引导，鼓励全民参与健身活动。

（二）示范引导阶段

1. 组织声势大、影响大的社会性示范、引导活动，号召青少年“到操场上、到阳光下、到大自然中去锻炼身心”，组织他们开展郊游、游泳、跑步、夏令营、徒步、日光浴等室外活动。在农村，要围绕“全民健身奔小康”的主题，赋予“百万农民健身活动”以新的内容；在职工中，要倡导“健康地走向21世纪”散步慢跑活动，形成一个“人人爱体育，健康为人人”的健身热潮；在市级党政机关，推行每天10

分钟的工间广播操、健身操活动，取得经验后再逐步推广到区县机关、社会团体及工厂、企业、街道等。

2. 总结全民健身的先进单位、个人的成功经验，及时宣传，现场示范，逐步推广。

3. 组织有关专家介绍全民健身的原则、方法，介绍国外先进技术，推广科学的健身方法。争取出版一批健身的科学读物，从1995年起计划出版全民健身指导读物。

上海市全民健身发展纲要(2004—2010年)

(本纲要于2004年5月18日以沪府发〔2004〕18号文通知执行)

近年来，上海认真实施国务院颁发的《全民健身计划纲要》，全民健身呈现了良好的发展势头。主要表现在：一是组织领导有力。各级政府制定了切实可行的发展规划和实施计划，并增加经费投入，落实有关措施。二是设施建设加快。市政府从1998年起，将社区健身苑(点)建设，列为与市民生活密切相关的实事工程，受到了市民的热烈欢迎，得到了国家体育总局的肯定。目前，全市共建成健身苑164个，健身点3 630个，体质监测站40个。三是社会积极参与。经营性体育场所基本形成了社会多元投资建设、多种管理运作的模式，满足不同层次市民健身需求。全市现有经营性体育场所4 000多家，经营管理比较规范。四是活动形成制度。市和区县、街道、乡镇、村(居)委形成了活动网络，上海全民健身节、社区健身大会、全民健身活动周、上海体育健身日已形成传统和制度。体育部门与宣传、教育、卫生、民政、旅游等部门和工、青、妇等团体配合，广泛深入地开展健身宣传、展示、比赛活动。《上海市市民体育健身条例》的发布实施，标志着本市全民健身活动进入了法制管理轨道。五是健康素质提高。2002年起，市体育局与有关部门联合开展了市民体质监测工作，共获取有效数据达175万余个，有效样本47 183人，为本市市民体质监测工作的科学化、系统化和规范化建设奠定了基础。目前，上海市民人均期望寿命达到79.6岁，达到中等发达国家水平。

本市全民健身取得了显著成绩，但也存在一些困难和问题。如市民体育健身意识需要进一步增强，体质健康水平需要进一步提高；健身场地设施需要加快建设，企事业单位的体育场地设施需要扩大向社会开放；科学健身指导服务也有待加强。

为了深入贯彻中共中央、国务院《关于进一步加强和改进新时期体育工作的意见》以及市委、市政府《关于加快上海体育事业发展的决定》精神，进一步提高市民健康素质和城市文明程度，特制定本纲要。

一、指导思想和发展原则

(一) 指导思想

以“三个代表”重要思想为指导，以人为本，与时俱进，创建科学、文明、健康的体育生活环境，倡导人人运动和科学健身，提高人民群众健康素质。围绕全面建设小康社会的奋斗目标，建立亲民、便民、利民的体育服务保障体系，促进全民健身与本市文明建设、健康城市建设有机结合，不断满足人民群众日益增长的文化体育需求。

(二) 发展原则

1. 体育与教育相结合

体育是人类文明和社会进步的标志，是社会主义精神文明建设的重要组成部分，对人的全面发展具有重要影响。上海体育要与教育紧密结合，在青少年中大力推进全民健身运动，增强学生体质,帮助他们养成终身进行体育锻炼的习惯,促进素质教育,加快培养德智体美全面发展的年轻一代,为上海现代化建设服务。

2. 人人运动与公共卫生、疾病防治相结合

倡导人人运动要与公共卫生、疾病防治有机结合,增强市民的健身意识、健康观念,建设小型多样的社区健身设施,建立科学便民的健康体质测试站点,开展卫生、体育相结合的科普宣传活动,不断提高市民健康素质。

3. 公共体育设施建设与公共绿化建设相结合

根据上海建设亚洲一流体育中心城市和改善城市生态环境的要求,加速推进体育设施和绿化建设联动发展。加快建设体育公园,科学编制绿化发展与体育设施配置相结合的规划。新建体育设施要提高绿地率。

4. 群众体育与竞技体育相结合

群众体育与竞技体育是体育事业的重要支柱。要正确认识和处理普及与提高、市民体质与竞技成绩等关系,促进全民健身与竞技体育的协调发展。推进全民健身活动,提高市民生活质量和城市文明程度。同时,通过人人运动,发现和培养优秀体育后备人才,不断提高运动技术水平,在国内外重大体育比赛中创造优异成绩,为国争光,展示上海城市形象。

二、奋斗目标和主要任务

(一) 奋斗目标

1. 增强市民体育健身意识,积极参与“人人运动”的人数逐年增加。到2010年,有70%左右的市民学会一项运动、喜爱一项运动、参与一项运动。

2. 市民体质增强,人均期望寿命达到发达国家水平,青少年体质达到亚洲先进水平。

3. 体育健身设施完善,市、区(县)、街道(乡镇)、居(村)委四级体育设施网络基本建成,人均体育场地面积有较大增长。

4. 全民健身管理水平提升,中介服务组织发展健康,健身市场繁荣,形成政府主导、部门推动、社会参与、市场运作的全民健身管理运作机制。

(二) 主要任务

建设“136工程”,即创建一个科学、健康、文明的体育生活环境;构筑日常、双休日、节(长)假日三个体育生活圈;完善运动设施、团队组织、体质监测、健身指导、体育活动、信息咨询等六个体育服务网络。

1. 创建一个科学、文明、健康的体育生活环境

建设设施齐全、环境优美的体育生活基地,在住宅小区、绿地、广场等公共服务场所合理设置适宜的健身器材,建造社区公共运动场,使市民出门500米左右就有基本健身设施,利用公共交通工具15分钟可到达综合体育设施,利用公共交通工具30分钟可到达环城绿带、体育公园。营造积极向上、健康宽松的体育生活氛围,在社区(含企事业单位)建立群众性体育活动组织,组织开展健康有益的体育健身活动和竞赛,形成人人爱运动、人人学运动、人人会运动的良好局面;积极开展体育科普,使科学健身成为市民生活的重要组成部分。

2. 构筑日常、双休日、节(长)假日三个体育生活圈

日常体育生活圈以日常体育服务为主,建设和开放包括广场、绿地、健身苑(点)、校园体育活动

场地、社区文化体育中心、社区公共运动场、体育康复中心、体育会所等在内的居民身边的体育设施，满足居民健身需求。

双休日体育生活圈以休闲体育服务为主，建设包括公共体育设施、商业体育设施、社会体育设施等在内的多元化市民健身娱乐体育服务基地。

节(长)假日体育生活圈以特色体育服务为主，利用长江三角洲的特色体育旅游资源，建设包括自然体育、体育旅游、水上运动、极限运动、登山等特色体育服务基地。在郊区建设以体育文化为主题的形式多样的体育休闲度假基地，丰富市民节(长)假日文化体育生活。

3. 完善运动设施、团队组织、体质监测、健身指导、体育活动、信息咨询等六个体育服务网络

(1) 健身设施服务网络。加强对各级各类体育设施的管理，规范体育设施的服务标准，扩大设施服务的内容。建立设施服务网络，实行多层次、多时段、多种优惠的服务形式，为市民提供更多便利。

(2) 健身组织服务网络。扩大体育组织数量，使有组织活动体育人口占体育人口总数的80%。提高健身组织服务质量，加强群众性体育组织、体育团队(尤其是基层体育组织)建设，帮助自发性体育组织增强自我组织和管理能力。培育和发展体育社团，建立体育骨干培训、培养体制，鼓励有组织地进行体育活动。

(3) 体质监测服务网络。加强体质研究和监测指导服务，建立市民体质监测服务系统，形成市民体质监测的预警机制，实施体质监控和追踪研究。

(4) 健身指导服务网络。加强体育健身指导，提高全民健身科学化程度。加强社会体育指导员的培训，使持有社会体育指导员资格证书人数达到全市总人口的1.5‰。对社会体育指导员实行分类指导和派遣服务，并逐步推行社会体育指导员岗位津贴制度，加快社会体育指导员职业化进程。

(5) 体育活动服务网络。积极开展形式多样的群众性体育活动，丰富体育活动内容，扩大体育活动效果。大力提倡体育项目创新，积极引进适合不同人群的新型体育项目，对深受群众欢迎、有较好健身作用的新体育项目进行资助或补贴。鼓励举办各种体育竞赛表演活动，吸引市民参与。

(6) 信息咨询服务网络。强化体育宣传，加强体育信息化建设，加大全民健身工作宣传的力度，提高信息服务质量，为市民获得体育信息提供便利。

三、重点工程和重大活动

(一) 创办上海国际健身节

在举办全民健身活动周、社区健身大会、全民健身节的基础上，结合上海建设“亚洲一流体育中心城市”的目标，举办具有国际影响力、吸引力的精品健身节，将体育博览会、国际体育论坛、世界在华著名企业员工体育健身比赛、大众科学健身展示、上海友好城市运动会和体育交流等融为一体，加强与国内外体育健身组织的交流、合作和互动。

(二) 建成上海标志性体育设施

加快上海国际赛车场、上海旗忠森林国际网球中心等一批高标准体育设施和卢湾体育中心、静安体育中心、浦东源深体育中心等一批现代化体育场所的建设步伐，使体育场地年增长速度不低于15%。

(三) 打造城市景观体育

充分利用城市景观等资源，举办各种有影响力、吸引力的体育健身活动和比赛，打造上海“城市

景观体育”新品牌。充分利用本市河流、建筑等资源,结合黄浦江、苏州河等沿岸开发改造,实施“绿化、江河、建筑、体育”四位一体的建设,建设一批规模较大的自然景观体育设施,逐步形成国际大都市特有的城市景观体育风景线。

(四)开辟大型体育公园

到2010年,规划建设4个具有运动休闲功能的大型体育公园,使之成为上海城市旅游和人文的新景观。

(五)开发10个体育休闲基地

结合本市地理自然资源,积极构筑和建设淀山湖水上休闲运动、崇明(横沙、长兴)生态休闲体育旅游、佘山登山运动、安亭F1赛车竞技等特色体育休闲基地,在南汇、金山、奉贤等区建设形式多样的主题体育休闲度假设施,形成体育旅游、休闲、度假为一体的新兴体育休闲基地。

(六)建设300个社区公共运动场

结合公共绿化建设、住宅小区建设和环境改造,每个社区规划建设一定数量和位置相对集中的足球场、篮球场等小型运动场,配置相应的服务辅助设施,满足广大中年人、青少年就近开展球类等运动的需求,为市民健身提供方便。

(七)推进市民体质监测工程

建立市民健康体质监测制度,完善全市体质监测网络,建立1个市级和19个区(县)级市民体质监测指导中心,建立150个社区市民健康体质监测站。

(八)完善体育信息网络

设立全民健身信息网络,实行全民健身信息和体育消费联网,为市民获得体育信息和健身消费提供便利。

(九)创建社会体育指导员培训基地

配备具有专业资质的培训人员,由体育部门负责日常管理,定期开展交流、进修活动以及职业道德教育和业务培训,提高健身指导服务质量和社会体育指导员专业化水平。

(十)建成长三角全民健身圈

适应长三角经济一体化趋势,加快苏浙沪全民健身的联动和互动,在环太湖体育圈的基础上,探索建立长三角体育圈。通过举办和开展形式多样的全民健身比赛、宣传、咨询、展示、交流、培训等活动,做到互惠互利,共同提高。

(十一)表彰先进单位和个人

对实施“人人运动”计划成绩显著的单位和个人予以奖励,赠予运动服装、健身器材,组织观摩国内外体育大赛,资助出版健身书刊,并颁发奖章或证书,以激励市民积极参与全民健身。

四、保障措施

(一)深化改革

要深化体育管理体制改革,适应社会主义市场经济发展需求。以全民健身组织创新为保障,开展制度创新、机制创新、技术创新。以组织创新、制度创新为核心内容,形成政府宏观管理、部门积极推动、社会各界参与、市场调节运作的全民健身工作新格局。建立全民健身良性运行机制,推进管理体制和运行机制的改革,在“人人运动”计划的硬件建设和软件管理中,引入市场竞争机制和多元化投融资机制,推进重点项目的建设和管理。

（二）加强领导

各级政府要加强对全民健身工作的领导，充分发挥全民健身领导机构的作用，落实组织责任制。要加大对全民健身的财政投入，将体育基本建设列入本地区国民经济和社会发展的总体规划。有关职能部门要明确职责，协调配合，切实推进“人人运动”计划的实施，做到思想到位、组织到位、领导到位。

（三）广泛宣传

要充分发挥新闻媒体的特点和优势，积极配合“人人运动”计划各阶段的工作，开展各项公益宣传、知识普及、新闻报道和专题讨论。本市主要新闻媒体要设置专栏或专版（时段），广泛宣传“人人运动”计划，增强广大市民的科学健身意识，营造全民健身的社会氛围。同时，建立人人运动网站，提供咨询服务，促进人人运动。

（四）制定政策

各有关部门要制定相关的支持性政策，作为实施“人人运动”计划的制度保障。要逐步实施群众性体育健身俱乐部的优惠政策，以及社会投资健身设施建设、赞助公益性健身活动的政策。制定机关、企事业单位内部体育设施向社会开放的鼓励政策。公共体育场馆享受国家规定的税收减免政策，并鼓励向社会开放。

（五）依法管理

要依法行政，依法管理，进一步规范政府部门和社会团体职责，做好服务保障工作。切实贯彻执行《中华人民共和国体育法》《上海市市民体育健身条例》等体育法规，并加强执法和监督检查。要建立有效的内外监督机制，加强监管，推进全民健身法制化进程，提高法治水平，搞好长效管理。

五、进度安排

2004 年至 2007 年，主要推行“人人运动行动计划”，创造良好的体育生活环境。

2008 年至 2010 年，主要进行体育生活圈建设和全民健身服务网络建设，基本建成具有上海特色的体育生活服务保障体系。

上海市体育事业“九五”计划和 2010 年规划

历史进入 20 世纪 90 年代以来，上海的体育工作，与上海各行各业的建设同步发展。在邓小平同志建设有中国特色社会主义理论指引下，在市委、市政府的领导下，无论是竞技体育，还是群众体育，都有长足的进步，发生了深刻的变化。人类社会即将跨入充满希望的 21 世纪。从现在起至 2010 年这 15 年期间，根据新形势和新要求，从上海建成“三个中心”的宏伟目标出发，现提出本市体育事业 1996 年—2010 年发展规划。

一、总体思路

（一）上海体育设施建设要与建设现代化的国际大都市相适应

一流的国际化城市，要有一流的体育设施。参照世界大都市标志性体育设施的配置，上海除了正在建设中的上海体育场、国际网球中心等项目外，争取在 2010 年之前把国际大都市所必备的标志性体育设施基本配全。

（二）上海体育运动水平要与国际大都市的地位相匹配

一流的城市，要有一流的体育。上海体育运动成绩在全国要继续保持优势地位，在一系列的国内外重大比赛中取得优良成绩，并要不断培养、造就一批亚洲级、国际级的体育明星，通过他们的金牌效应，进一步扩大上海这座大都市在国际上的知名度，以鼓舞人民的斗志，振奋民族精神。

（三）上海人民的体质和健康水平要全面提高

到下个世纪，上海要基本建成具有中国特色的全民健身体系，进一步发展区、县体育、居民小区体育，使体育人口不断增长，市民体质明显增强，群众参加体育活动的时间、体育消费的投入等逐渐加大，人们对参与体育锻炼和观赏体育竞技的要求更加迫切、更趋多样化。

（四）上海要申办大型国际综合性运动会

进入21世纪，上海应逐步朝着建设国际体育先进城市的方向努力，以进一步适应高层次的重大国际体育交往的需要。

（五）适应社会主义市场经济规律，大力发展体育产业

上海要建立充满活力的体育经济、体育市场和体育管理体制、运行机制。

二、奋斗目标

（一）竞技体育

第一，1997年第八届全运会以及今后四年一届的全运会，上海目标是运动成绩力争名列前茅，金牌总数、团体总分获前三名。第二，足球运动总体实力达到全国领先地位。男子足球和女子足球参加八运会保三冲一。力争有4支球队进入全国甲级A、B组行列。第三，形成田径、游泳、赛艇、皮划艇、击剑、重竞技、球类、棋类和空海模、技巧中一部分传统优势项目，并培养一批世界冠军和世界纪录创造者。第四，以推行足球俱乐部为龙头，加紧筹建一批职业化、半职业化的体育俱乐部。"九五"期间以建立球类项目和重点项目的俱乐部为主；2000年以后逐步扩大，力争各个体育项目都能建立俱乐部，全面形成社会办竞技体育的新格局。

（二）体育竞赛

第一，办好1996年第三届全国农民运动会、1997年第八届全国运动会、1998年世界中学生运动会、1999年上海市第十一届运动会。

第二，"九五"期间办好约100项国际比赛(每年约20项)。力争将世界男排联赛、世界女排大奖赛总决赛、上海国际足球赛、国际武术博览会、上海国际马拉松比赛、上海国际桥牌邀请赛、上海国际"铁人三项"比赛、上海国际风筝节等办成上海传统的国际比赛。

第三，2000年前办好约200项全国比赛(每年约40项)，继续争创全国最佳赛区。

第四，办好各类市级比赛。形成传统的市级比赛，如迎春长跑赛、青少年十项系列赛和有关新闻单位承办的各项比赛，做到月月有比赛、年年有"小市运会"。

第五，力争申办2006年亚洲运动会。

（三）群众体育

第一，全市经常性参加体育锻炼人数达到全市总人口的45%—50%。

第二，各级各类学校学生体质在全国名列中上水平。

第三，全市人均期望寿命，男性达78岁、女性达80岁，达到中等发达国家水平。

第四，城区街道、市郊乡镇，100％建立体育辅导站、配备体育干部和体育指导员，75％的街道、乡镇建有健身室和其他小型体育场地设施。

第五，公共体育场馆100％对社会开放，服务配套，机关、企事业单位、学校和社区的体育场地，75％向市民开放。

第六，建立全民健身电脑档案和监测系统。

（四）体育科技

第一，建成上海运动与健康研究中心，包括运动研究部、信息中心、运动医院、中心实验室。

第二，建设两项全国体育科研重点布局项目：上海运动科学选材中心、上海划船项目训练基地。研究制定11个项目（田径、游泳、体操、举重、乒乓球、羽毛球、篮球、排球、足球、射击、划船）一二三线运动员综合评价的选材标准并推广应用。

第三，建成江湾教练员培训基地。各级在职教练员在“九五”期间轮训一次。

第四，加强优秀运动队文化教育工作，保证完成九年制义务教育，优秀运动员高考平均分达到全国体育系统的前三名。

第五，抓好体育科研课题，力争每年确定约10项局管课题，3～5项国家体委委管课题，争取在每次省部级评奖中至少获2项二等奖，3项三等奖。

（五）体育队伍

第一，一线运动队伍保持稳定，优秀运动队人数达到1 800～2 000人。二线运动队伍加快发展，人数力争达到1 500～2 000人。三线运动队伍人数达到12 000人。四线运动队伍人数保持在50 000人左右。

第二，教练员一二三线人数保持在300、200、1 000人左右。提高教练员文化水平，大专文凭以上教练员力争达到教练员总数的85％以上。硕士学位教练员争取达到总数的8％～10％。

第三，裁判员队伍稳定发展。本市一级以上裁判员总人数力争达到3 000人，国际级裁判每年力争报批5人。国家级每年力争报批10人左右。一二三级裁判员队伍要扩大人数，并培养一批年龄在30岁以下的青年裁判员。

第四，全民健身的体育指导员队伍发展到5万人。体育教师、群体干部队伍人数稳定，结构改变，质量提高。

第五，培训一批经营、管理、科研、法规等体育系统的短缺人才。力争出几名在全国有影响的拔尖的体育科技人才。培养一批有事业心、业务水平高、文化程度高的中青年体育管理人才。

（六）体育场馆

第一，体育场馆建设的总体目标是，本市公共体育用地达到人均1平方米，体育场地建设年增长速度不低于10％，在全国名列前茅。

第二，到下世纪初，本市体育场馆建设接近国际水平，布局达到科学、合理。2006年达到亚运会比赛场馆的要求，全市有50～60个体育场馆能承担全运会、亚运会的比赛任务。

第三，2010年以前，本市新建居民小区都有一场、一馆、一池和几片网球场。

第四，学校体育场地、设备有明显改善，大学都有400米标准跑道的体育场和一座多功能的体育馆；中专和重点中学都有250米跑道的田径场。

（七）体育产业

1. 培养和开拓竞赛市场

要充分发挥上海市竞赛管理中心的作用，调动市和区县体委两个积极，积极承办国内外大赛，吸引观众,广开筹资、集资渠道,做好广告经营工作,为体育事业发展积累基金。

2. 大力振兴球市

要以足球为突破口,在市足协球迷协会的努力下,组织、吸引球迷,改进售票办法,争取企业和球迷的支持,建立球迷发展基金。

3. 完善体育场馆承包办法

体育场馆要以体为主,在保证社会效益的前提下,多种经营,增支节收,拓宽经营创收渠道,对体育场馆进一步完善经济综合承包制度,做好每年的定期考核。

4. 积极稳妥地做好体育彩票发行工作

结合第八届全运会、第三届全国农运会等大型运动会,有计划地发行体育彩票。

5. 加强对体育产业和经营管理的领导

拓宽经营业务,开发体育产业系列产品,搞活经营管理,使上海成为全国体育产业门类最多、最发达的地区之一。

(八) 体育立法

1. 完善体育立法机构网络。建立以体育行政部门为主,体育科研机构和社会法律、体育专家共同参与的体育立法机构网络。

2. 制定和实施体育立法体系。体育立法体系以综合性、社会性管理为主的主体框架,以各单项性体育法规体系为线条,有计划地制定和实施体育立法计划。每年力争有1～2部体育法规出台。

3. 培养一批体育法规人才。对现行管理执法人员加强培训,提高立法质量和执法水平。

三、硬件建设

(一) 以承办奥运会、亚运会和世界田径、足球等项目的锦标赛为目标,建设上海标志性体育场馆

争取在2010年之前基本建成徐家汇、江湾、浦东三个市级体育中心。

(二) 形态布局和功能布局相结合,完善区县级体育场地设施

区县级体育中心主要承担综合性运动会分赛场及单项体育比赛任务。

1997年前,上海将建设和基本形成11个区县级体育中心。它们是:宝山体育中心、杨浦体育中心、闸北体育中心、黄浦体育中心、南市体育中心、嘉定体育中心、普陀体育中心、静安体育中心、卢湾体育中心、长宁体育中心和青浦体育中心。

2010年,各区县均有自己的体育中心,含有体育场(足球场)、体育馆、游泳馆(池)、网球场等主要设施,其中公共体育场馆从1997年底44个增加到60个左右,并具有多种功能,既可作为体育比赛场地,又可作文艺演出、市民健身、商品展销、观光旅游的场所。

围绕1996年全国农民运动会和1997年第八届全国运动会,6个大型单项体育中心也将在本世纪内建成。它们是:普陀网球中心、国际保龄球中心、上海国际网球中心、国际射击中心、上海冰宫、上海马场(马术及现代五项比赛、训练场)。

(三) 加速发展社区体育设施

1980年以来,上海市城市规划设计院根据国家城乡建设部关于新建居住区体育用地的规定,先后规划51个居住小区,其中20个居住小区安排了体育用地,共计1 425.7亩。至1997年,将有13～15个居住小区的体育设施建成配套。

2000年左右，梅陇、康西、康东、呼玛、古美、新泾等居民小区的体育设施建成配套。至2010年，上海居住小区基本建成配套齐全、实用美观、功能多样的体育场地设施。同时，还要大力发展街道、乡镇的体育设施。通过政府投资和社会集资、企业赞助等办法，在2000年左右，全市各街道、乡镇，基本建成一个体育辅导中心、一个健身健美娱乐中心、1～2片小足球场或网球场。工厂企业、学校、机关团体的体育场地设施，要按国家有关规定建设，在2000年前凡新建的全部达标。已建的争取有30%达标，多数要有改善。建成的体育场地设施，要逐步向社会开放，2000年以后全部开放，并拟定相应的法规予以保证。

四、措施要求

第一，建立体育股份有限公司，争取发行上市体育股票。在股份公司下建立足球、篮球、网球等有限责任公司。今后股市的收入，主要是用于发展上海体育事业。

第二，完善、发展体育基金会，使之享有与教育基金会等社会团体具有的同等政策待遇。

第三，积极推行"体育园林化""园林体育化"计划。拟在500米宽、97公里长、约48平方公里的环城绿化带内，建设小型足球场、简易网球场、儿童游泳池等体育场地，大量配置体育健身器材设施，为市民健身锻炼提供方便。市区公园、大型绿化地带及宾馆、学校、居住小区空地，开辟小型体育场地，配置健身娱乐器材，使绿化与体育场地融为一体，成为市民休闲、健身的重要场所。

第四，市、区体育系统实行两级财政后，为调动区、县的积极性，更好地发展体育事业，请市计委拨给市体委一笔专项经费，用于补贴区、县和基层的体育设施建设的部分经费。如区县体委新建体育场馆，区县业余教练员的待遇、住房困难等，按贡献和实际需要，分别给予一定的补贴扶持。

今后市和区县根据实际需要，由政府出面新建的体育场馆、体育中心、体育俱乐部等单位，拟列为差额事业单位。

第五，体育系统拟同文化系统一样，享受同等的有关优惠政策。

第六，体育事业属于社会公益事业，在市场经济体制转换阶段，市、区(县)财政拨给市、区(县)体委的事业经费仍应逐年增加，增加的比例拟不低于上涨的物价指数。

第七，加速体育立法。严格执行《中华人民共和国体育法》，并制定《上海市实施〈体育法〉办法》。及早制定、颁布《上海市体育市场管理条例》等法规，同国际接轨，切实依法行政、依法管理，保证体育事业的健康快速发展。

上海市体育事业发展"十五"计划

(沪体办〔2001〕298号文)

今后五到十年，是上海体育发展极为重要的时期。"十五"计划是筹划21世纪发展的第一个五年计划。本计划依据《上海市国民经济和社会发展第十个五年计划纲要》和国家体育总局《2001—2010年体育改革与发展纲要》精神编制，是"十五"时期(2001年至2005年)上海体育事业发展的行动指南。

一、"九五"回顾

"九五"期间，处在世纪之交的上海体育抓住机遇，深化改革，各项工作取得了突破性进展，圆满完成了“九五”计划提出的任务和指标,为上海体育在新世纪的发展奠定了坚实的基础。

(一)群众体育总体水平居全国前列

“九五”期间,上海以实施《全民健身计划纲要》为契机,大力开展全民健身运动,基本实现了群众体育社会化、普及化和大众化。上海各郊县在全国率先建成了“全国体育先进县”;连续五年被国家体育总局命名为全民健身宣传周优秀省市;在全国群众体育综合评估中,连续三次被评为优秀。目前全市经常性参加体育活动的人数已超过520万,占总人数的40%,人均期望寿命达到78岁。

(二)竞技体育创历史最高水平

“九五”期间,上海体育健儿在国内外大赛中共获得33个世界冠军,24次打破(超过)世界纪录,取得了历史性的突破。一批运动员、教练员、裁判员代表国家参加第二十六、二十七届奥运会和第十三届亚运会,成绩优异,为我国保持世界体育第二集团领先地位和亚洲第一作出了突出贡献,上海被国家体育总局授予“奥运会突出贡献奖”。

(三)体育竞赛十分活跃

“九五”期间,上海每年都承办或举办一次大型综合性运动会,1996年第三届全国农民运动会,1997年第八届全国运动会,1998年第三届世界中学生运动会,1999年第十一届上海市运动会,2000年第五届全国残疾人运动会,还承办了100多项国际比赛(每年约20项),200多项全国比赛(每年约40项),每年都荣获全国“最佳赛区”称号。

(四)城市体育设施大有改观

上海以承办第八届全运会为契机,新建、改建了38个体育场馆,加之学校体育设施的不断改善,城市体育设施面貌改观一新。目前全市各类体育场馆总数近5 000个,总面积达1 322万平方米。

此外,上海用体育彩票公益金大力建设市民身边的健身设施,已建成社区健身苑90个、居委会健身点2 181个,总面积达122万平方米。上海人均体育活动占地面积从80年代初的0.13平方米增加到1平方米。

(五)体育产业发展步伐加快

直属体育场馆、公司强强联合,组建成规模较大的体育集团公司,现有的资源得到了比较充分的开发和利用。以体育彩票的发行为契机,开辟了体育彩票市场;以实施《上海市体育竞赛管理办法》为抓手,逐步健全了体育竞赛市场;通过颁布《上海市体育经纪人管理办法》,推动和规范了体育经营市场。

(六)各项体育工作进步显著

“九五”期间,上海积极实施“科教兴体”战略,加大了体育科技与运动训练实践相结合的体制与机制改革的力度,教练员培训体系初步形成。体育法制建设步伐加快,《体育法》《上海市体育场所管理办法》等法规、规章,已成为体育改革与发展的重要保障。体育的社会化程度不断提高,优秀运动队与企业、媒体联手,实施俱乐部体制,社会效益和经济效益同步增长;竞技体育后备人才培养贯彻“体教结合”,拓宽了人才培养的渠道。教练员队伍呈现年轻化的可喜格局;体育管理干部队伍思想政治素质和业务水平日益提高。“九五”期间上海体育工作的实践,再次证明“发展才是硬道理”。

二、“十五”发展背景

上海市“十五”计划明确提出,“十五”期间要把上海建成亚洲一流的体育中心城市。围绕这一目标，上海体育工作面临着一系列新的机遇和挑战：

——作为国际大都市的上海，经济和社会事业发展迅速，但市民的身体素质还存在一些薄弱环节，上海成年人体质不合格率高于北京，优秀率、良好率均低于北京。目前上海成年人经常性进行体育锻炼的人数仅为16.5%，一部分市民体育消费水平很低。上海市第一部地方性体育法规《上海市市民体育健身条例》的颁布实施，以及上海近年来在医疗、养老制度方面的改革，使市民参加全民健身活动的积极性不断增强，"十五"期间，群众体育的任务将更加繁重。

——竞技体育是一个国家和城市体育实力的重要标志，当今体坛，赛场竞争日趋激烈，上海竞技体育要在新世纪取得新的突破，必须实现人才培养的可持续发展。近年来，上海竞技体育后备人才青黄不接，给上海竞技体育的进一步发展带来了比过去严峻得多的新情况、新问题。我们要认真分析上海竞技体育面临的形势，科学确定今后的努力方向和奋斗目标，最大限度地把我们的优势发挥出来，努力提高上海竞技体育的水平和地位。

——上海郊县的城市化发展速度加快，"十五"期间要重点推进郊区新城、中心镇建设，加快"一城九镇"的发展。城市化进程的加快和社会结构的转型给上海体育发展带来了新的机遇，同时要求加快体育工作方式的变革和相应体育服务体系的建立。

——产业结构的调整将进一步促进第三产业的发展，体育产业作为我国第三产业的重要组成部分，必将在扩大内需、拉动经济增长方面发挥更重要的作用。目前上海的体育产业规模还很小，不能适应形势的发展，必须开拓思路，制定相应的对策，加速培育体育市场。

——我国加入世界贸易组织(WTO)后，体育产业作为我国的新兴产业，面对扩大的市场准入和公平竞争的市场规则，必定有大的发展。上海处于改革开放的前沿，面临的挑战会比其他省市更加严峻。上海体育要审时度势，缜密规划，抓住机遇，加快发展，积极开辟海内外体育市场。

——上海市民的消费预计10年内可达到新兴工业化国家的消费水平。体育消费比重将逐步上升，消费需求向多样化、多层次发展。体育服务必须面向群众、提高质量，上档次、上水平。

——国家对体育事业的管理模式，正从直接、微观管理向间接、宏观管理转变。市场对体育资源配置发挥越来越重要的基础作用。作为市政府主管体育工作的机构，我们要认真研究和合理安排好资源配置方式，引进必要的市场机制，积极探索社会主义市场经济条件下体育事业的发展机制。

三、"十五"发展的指导方针

上海体育"十五"期间工作的总体要求是：高举邓小平理论伟大旗帜，认真贯彻党的十五大、十五届五中全会和中共上海市委七届七次、八次全会精神，自觉地把体育事业摆在实践江泽民同志"三个代表"重要思想，推进建设有中国特色社会主义事业的大局中来认识，增强责任感和使命感，以建设亚洲一流的体育中心城市为目标，高质量地发展体育事业，构建起与现代化国际大都市相适应、面向大众的多元的体育服务系统和利于"奥运争光"的竞技体育体系，努力实现上海体育事业在新世纪的更大发展。

"十五"期间要认真贯彻以下指导方针：

坚持体育为人民服务、为社会主义服务，把增强市民体质、提高市民素质作为根本任务；坚持普及与提高相结合，群众体育与竞技体育协调发展，竞技体育突出奥运项目，上海要为我国参加奥运会多作贡献；坚持以改革促发展，努力推进体育管理体制和运行机制的转变；坚持依靠科技进步和提高劳动者素质,促进体育事业的发展;坚持依法行政,依法治体,保障上海体育事业健康有序地运行。

四、“十五”发展目标

“十五”期间上海体育发展的总目标是:以“四五三一”工程为重点,多层次地加快体育事业发展,把上海建成亚洲一流的体育中心城市。

“四五三一”工程是:经常性参加体育活动的人数达到全市总人口的45%;2004年第二十八届奥运会力争夺得3枚以上金牌;体育产业贡献率占上海国民经济生产总值的1%。

市民体质的主要预期目标是:市民的健康水平明显提高,市民体质测定合格率达到80%以上。竞技体育的主要预期目标是:扩大优势项目,一、二、三线运动员的人数按1∶2∶8的比例配备;突出“奥运战略”,实施“尖子工程”,培养一批世界级的优秀选手。体育消费的主要预期目标是:市民体育消费稳步增长,人均体育消费与人均收入的比例达到2.3%左右。体育设施发展的主要预期目标是:全市100%的街道和50%的乡镇建有健身苑,居委会小型健身点超过4 000个;公共体育设施(含学校、企事业单位)总面积增幅达20%以上;社会经营性体育场所达到3 000家左右。上海人均体育活动占地面积达到1.2平方米。

承办体育竞赛的主要指标是:“十五”期间,力争举办20次以上亚洲和世界高水平比赛;每年至少承办50次左右全国比赛。

五、“十五”发展的主要任务

(一)积极施行《上海市市民体育健身条例》,全面落实全民健身计划

1. 明确各级政府及相关部门发展全民健身的责任。各级政府及相关部门要把全民健身纳入国民经济、社会发展和社会主义精神文明建设发展总体规划,负责制定和组织实施全民健身计划,建立健全全民健身机构,形成“政府领导、社会依托、群众参与”的新格局。将社区体育健身设施建设纳入市和区县的建设规划和土地利用总体规划,合理布局,统一安排。

2. 初步建立面向大众的体育服务体系。适应城市化建设要求,优先发展社区体育,以社区为载体,建立面向大众的体育服务体系。抓身边的组织,建身边的场地,搞身边的活动,不断健全和完善社区的全民健身服务功能。加强学校体育与社会体育的联系,推动学校、家庭、社区体育一体化建设。

3. 构建市民体质监测网络。切实把工作重点放在增强市民体质这项基本任务上,着力建设市、区(县)、社区三级市民体质监测网络,并将体质监测站的建设列为市政府实事工程。实施市民体质监测制度,制定市民体质评价标准,将市民体质监测指标纳入社会统计指标体系,定期向市民公布体质监测结果。

4. 提高市民体育活动的参与率。以施行《上海市市民体育健身条例》为契机,建立市民体育健身标准,充分发挥各级工会、共青团、妇联、各行各业的作用,积极倡导科学健身,尤其要针对成年人健身的难点,大力推广大众化体育健身活动、普及职工工间(前)操,着力攻克成年人健身难点,使成年人逐步成为健身的主体。“十五”期间,要大力加强社会体育指导员队伍建设,体育指导员人数比例达到千分之一。

（二）实施新时期的奥运争光计划，提高竞技体育在国内外体坛的竞争力

1. 制定新时期奥运争光计划。以上海在2004年奥运会上夺取3枚金牌、在亚运会等重大国际比赛中取得好成绩、在全运会上名列前茅为目标，全面部署竞技体育的发展重点。实施“举市体制”，明确市和区县发展竞技体育的责任，充分调动市和区县、体育主管部门与社会各方面发展竞技体育的责任，发挥竞技体育的多元功能与作用，力争有更多的上海选手进入国家队，在上海建1～2个国家级运动训练基地，造就一批世界级体育明星。

2. 调整好项目结构和项目布局。要努力巩固上海的优势项目，将田径、游泳、射击、击剑、乒乓球、羽毛球作为重中之重，优先发展；要拓展新的优势项目并在田径、水上等基础项目的重点小项中寻找突破口；要恢复体操、跳水、射箭等上海的传统优势项目在国内外体坛上的地位；还要全力抓好女子足球、女子排球、女子垒球、女子手球等全运会双分双牌项目，努力增强上海竞技体育的综合实力。

3. 加强竞技体育后备人才培养。以培养奥运人才为出发点，办好少年儿童体育学校，狠抓科学选材和训练质量，提高训练效益、提高成才率。坚持走体教结合的道路，加强对试办一、二线运动队学校的指导，力争在2008年奥运会上有普通大、中学培养的运动员。职业体育俱乐部必须重视项目后备人才的选拔和训练，建立后备梯队，保证队伍衔接。

4. 努力提高教练员队伍素质。进一步增强教练员的爱岗敬业意识，提高教练员文化素质和科学训练水平。建立教练员学历教育、资格认定和岗位培训制度，加强对中青年教练员的培养，选拔一批优秀教练员到国外一流的体育院校深造。“十五”后期，上海85％以上的教练员具有本科学历，并力争有更多具有硕士学位的教练员。优秀运动队具有高级职称的教练员比例占30％～35％，其中10％具有国家级教练员职称。

（三）加快发展体育产业，繁荣体育市场，拉动体育消费

1. 建立宏观调控体育产业的管理体制和运行机制。加强上海体育产业发展的政策研究，合理布局体育产业结构，促进体育产业健康发展。上海体育产业集团要开拓体育金融投资、体育场馆开发利用、体育文化发展、体育用品展销等项目，推出高质量的上海品牌的健身器材，使上海作为全国体育用品博览会的定点城市，成为全国乃至世界一流的体育用品展销窗口，努力为上海体育产业公司上市做好准备。

2. 大力培育和发展体育经纪和体育物业服务业。培育一批与国际接轨的体育经纪人才，激活和繁荣体育市场；建立一批体育产业服务的广告制作、门票销售、场馆维修保养和物业管理的公司，参与市场竞争，服务于体育，服务于社会。

3. 体育市场形成一定规模。搞活体育竞赛表演市场，为提高竞技水平、推动全民健身服务；开发集体育、健身、休闲、娱乐为一体的综合性市场，组建形式多样的大众体育健身俱乐部和社区健身俱乐部，拉动体育消费。

4. 大力发展体育彩票事业。积极、有效、扎实、稳妥地做好体育彩票的发行、管理和公益金的使用，组织好体育彩票的宣传工作，努力完成国家体育总局下达的彩票发行指标，积极探索彩票管理体制上的改革，有效提高销售网点的效益，使体育彩票业成为上海体育产业中的重要产业。

（四）精心组织各项体育比赛，积极申办具有世界一流水平的赛事

1. 各项体育比赛全年不断。市级体育比赛与全民健身活动相结合，每月至少举办2项。发挥区县的积极性，积极承办全国和国际比赛，争创全国最佳赛区。将ATP网球赛、上海国际马拉松

赛、上海国际武术博览会、世界杯短池游泳赛等上海传统的国际比赛，办出新意、办出特色。

2. 积极申办世界单项锦标赛。申办2002年世界射击锦标赛，ATP年度总决赛，2003年世界杯女足赛、世界龙舟锦标赛，2004年世界羽毛球汤姆斯杯、尤伯杯男女团体赛，2005年世界乒乓球单项锦标赛、世界男子手球锦标赛，以及2003年国际足联代表大会和执委会会议。

3. 力争举办一次世界级综合性运动会。四年一度的世界友好运动会在国际体坛有一定影响，有“小奥运会”之称，上海要力争获得2005年世界友好运动会的举办权，进一步扩大上海的知名度。

4. 加强裁判员队伍建设。建立裁判员培训制度，定期组织业务培训和职业道德教育，每年不少于24学时。在退役运动员中选拔培养一批年龄在35岁以下的裁判员，使各项目裁判员的年龄结构有明显改善。在本市所有重点项目和80%以上非重点项目的裁判员中，培养一批作风正派、责任心强、精通业务的国际级、国家级裁判员，能胜任国内外大赛副裁判长以上的工作。

(五) 加强体育设施建设，形成市、区(县)和社区三级体育设施网络

1. 抓好市级体育中心的建设。从引入市场机制，发展体育经济，满足不同层次市民的健身需求出发，对徐家汇体育中心现有的体育场馆重新布局，充分挖掘其内在潜力，使其成为具有亚洲一流水平的体育文化城。积极筹建江湾体育中心。按照承办大型综合性运动会及建设体现城市文明程度的标志性体育场馆的要求，规划、建设浦东体育中心，在原有的源深体育中心和康贝棒垒球中心的基础上，建设具有一定规模的网球场、球类馆等场馆设施，在浦东地区形成真正意义上的体育中心。“十五”期间，还要建成青浦体育训练基地，配合上海国际汽车城的建设，做好F1赛车场的筹建工作。

2. 逐步完善区(县)级体育中心。按照“十五”期间上海承办重大体育赛事的目标要求，进一步完善区(县)级体育中心的软、硬件设施，使其不仅能够满足市民群众的健身需求，而且具有举办世界高水平体育赛事的功能。“十五”期间，要配合上海开发建设松江新城以及朱家角、安亭、高桥等中心镇，搞好“一城九镇”体育设施的开发、建设。

3. 建成社区体育健身中心。在继续抓好社区健身苑，居委会健身点建设的基础上，在有条件的社区建设体育健身中心，形成具有综合服务功能的社区体育设施。在环城绿化地带内建设、配置小型足球场、网球场、门球场等体育场地设施，市区公园内适当开辟因地制宜的小型体育活动场地。

4. 多渠道建设和依法保护公共体育设施。鼓励社会及个人投资兴建体育设施，并在土地使用、资金贷款等方面给予优惠政策。新建居住小区要严格按规定进行体育场地设施配套。公共体育设施必须向社会开放。学校、机关、企事业等单位体育场地设施应实现社会共享。严禁侵占、破坏体育场地设施。

(六) 体育科技为实施《全民健身计划》和《奥运争光计划》服务

1. 深化体育科技体制改革。抓住上海体院由中央和地方共建的机遇，探索优秀运动队训练、科研、教育一体化的新的体制与机制。建立上海体育健身康复实验中心，为优秀运动队提供科研攻关与科技服务，并且逐步走向市场，向社会开放，为市民健身提供服务，努力使体育科技从系统内的小循环进入体育产业乃至社会经济的大循环。依靠社会科技力量发展体育事业，组建上海体育科技咨询组织。

2. 抓好面向实践的科技攻关与科技服务。竞技体育科技工作继续以备战奥运会、全运会的科研攻关和科技服务为重点，不断提高科学训练水平。在国家体育总局设立的奥运会科研攻关和科

技服务项目中，上海要作为主要承担单位，参加1～2项课题的研究工作。全民健身科技工作要以增强市民体质为目标，科研人员组成讲师团，深入社区、居委会和健身点，为市民开办运动营养、健身常识等讲座，并通过“体质监测网络”，及时掌握上海市民的体质情况，提出增强市民体质的对策建议。

3. 运动员科学选材要有突破。进一步完善区(县)体育科研站、市选材中心和优秀运动队的三级科学选材网络，在提高科学选材成功率上要有突破，为选拔2004年和2008年奥运苗子提供保障。在全市积极推广上海一、二、三线选材综合评价标准软件，重点做好选材测试、评价结果向优秀运动队快速反馈等工作。

4. 优化体育科技人员队伍。有步骤地引进高级科研人才，并积极为在岗的中青年科技人员创造进修和培养条件，不断提高他们的专业技术水平，要从学科、年龄层次以及职称的配比上优化本市的体育科技队伍，力争在国家体育总局的科技“133”工程中，上海有1名青年科技人员进入30名学术带头人行列，若干人进入300名学术骨干队伍。

（七）加强领导，完善各种保证、保障措施

1. 确保各级政府对体育事业的投入。国家财政拨款是体育经费的主渠道，必须予以保证。区县政府应当把《体育法》中“体育事业经费、基本建设资金列入本级财政预算和基本建设投资计划，并随着国民经济的发展逐步增加对体育事业的投入”的规定落到实处。市财政拨款主要用于全市性体育组织机构的活动，承担为国家、为上海争光任务的重点运动项目，参加国内外重大体育赛事和重点场馆的专项保障等。

2. 建设高素质的体育干部队伍。探索出一条具有体育特点的干部人事制度改革之路，形成公开、平等、竞争、择优的用人环境和干部能上能下、能进能出、优秀人才脱颖而出的机制。建立本市体育系统管理人员后备人才动态信息库，有计划地培养一批有事业心、文化水平高、业务能力强的中青年体育管理人员，做到大力培养、大胆使用，使后备干部队伍保持充足的数量、较高的素质和合理的结构，为体育事业的发展集聚人才资源。

3. 加强体育法制建设。按照依法治国、以德治国的方略，切实推进体育依法行政。体育行政部门要进一步转换职能，加强宏观管理，集中力量抓好规划、发展战略的研究，提高依法行政能力。完善依法行政的体制和机制，成立体育咨询决策专家组，建立一批体育中介服务类机构，切实做到科学决策、管办分离。搞好普法宣传教育，建立行政执法制度，成立体育管理督导中心，指导执法检查工作。

4. 扩大体育对外交流。进一步加强国际间的体育往来，不断拓宽交往领域，学习国外发展体育事业的先进经验，与上海的友好城市保持和进一步发展交流关系，办好友好城市运动会。加强与香港、澳门特别行政区的体育交流与合作。积极稳妥地开展与台湾地区的体育交流，为祖国统一作出应有的贡献。

5. 加强党的建设。按照江泽民同志“三个代表”的重要思想，进一步加强各级党组织和领导班子建设，充分发挥党的基层组织的战斗堡垒作用和党员的先锋模范作用，讲学习、讲政治、讲正气，切实改进思想政治工作，发扬党的优良传统和作风，团结带领全市体育工作者为实现新世纪体育改革与发展的宏伟目标努力奋斗。

附：上海建设亚洲一流体育中心城市综合评价指标体系

指　　标	标准值
群众体育亚洲一流	
① 体育人口与总人口的比例(%)	≥45
② 市民体质合格率(%)	≥80
③ 市民平均期望寿命(岁)	≥79
④ 每万人拥有社会体育指导员数(人)	≥10
竞技体育亚洲一流	
① 参加业余训练和青少年体育俱乐部的学生人数与学生总人数的比例(%)	≥7
② 培养运动员获奥运会冠军人次(人次)	≥3
③ 培养运动员获亚运会冠军人次(人次)	≥25
④ 教练员中接受高等教育的比例(%)	100
体育产业、体育消费亚洲一流	
① 体育产业贡献率与 GDP 的比例(%)	≥1
② 人均体育消费与人均收入的比例(%)	≥2.3
组织竞赛亚洲一流	
① 五年中承办亚洲高水平单项比赛的次数(次)	≥10
② 五年中承办世界高水平单项比赛的次数(次)	≥8
③ 国际级裁判员人数(人)	≥70
体育科技水平亚洲一流	
① 体育科技人员的论文入选奥运会科学大会的篇数(篇)	≥8
② 体育科技人员的论文入选亚运会科学大会的篇数(篇)	≥20
③ 体育科研立项数(个)	≥10
保障条件亚洲一流	
① 人均占有体育场地面积(m^2)	≥1.2
② 高水平体育设施数量(个)	≥12
③ 建有能够满足市民健身需要的体育设施的街道占全市所有街道的比例(%)	100
④ 建有能够满足市民健身需要的体育设施的乡镇占全市所有乡镇的比例(%)	≥50
⑤ 体育管理人员中接受高等教育的比例(%)	≥98

上海市体育发展“十一五”规划(2006—2010)

（沪体法〔2007〕123 号）

“十一五”时期是上海全面落实科学发展观，努力实现经济社会又好又快发展，加快构建和谐社会，力争实现“四个率先”，继续走在全国发展前列，建设现代化国际大都市的关键时期；也是上海体育全面履行时代赋予新的历史使命，为上海城市与社会发展、北京奥运会和上海世博会作贡献，增强国际竞争力的关键时期。根据《上海市国民经济和社会发展第十一个五年规划纲要》、国家体育总局《体育事业“十一五”规划》和《中共上海市委上海市人民政府关于加快上海体育事业发展的决定》，为统筹发展机遇期的上海体育工作，特制定本规划。

一、发展基础

(一)"十五"时期取得重大进展

"十五"期间,上海体育工作在市委市政府的正确领导下,坚持以邓小平理论、"三个代表"重要思想为指导,按照科学发展观的要求,积极推进体育事业发展和加快建设亚洲一流体育中心城市的步伐,基本完成了本市体育"十五"计划的发展任务,为上海体育事业的进一步发展奠定了坚实的基础。

1. 群众体育蓬勃开展

本市群众体育工作以增强市民体质为基本任务,重点贯彻实施国家《全民健身计划纲要》,大力推进群众体育向纵深发展。建成健身苑 201 个,健身点 4 345 个,社区公共运动场 76 个,社区健身设施总面积达 283 万平方米。根据第五次全国体育场地普查数据显示,截止到 2003 年底,全市共有体育场地 14 425 个,共 3 816 万平方米,人均体育场地面积从"九五"末的 1 平方米增加到 1.75 平方米。建成 80 个社区市民健康体质监测站。社会体育指导员发展到 12 364 人,科学健身指导能力不断提高。全市形成全民健身活动周、社区健身大会和全民健身节三大品牌活动,创办了世界著名在华企业健身大赛等一批新颖赛事。在第二届全国体育大会上取得了优异成绩。全国第一部全民健身地方性法规《上海市市民体育健身条例》正式颁布实施。全市经常参加体育健身的人口占全市总人口的比例从"九五"末的 40%增加到 45%。体育社团组织增加,活力增强。

2. 竞技体育成绩突出

上海体育健儿在国际大赛中共获得 44 个世界冠军,14 次打破(超过)世界纪录。在第二十八届奥运会上,上海的参赛人数、参赛项目和奖牌总数超过了历届奥运会,特别是田径运动员刘翔在 110 米栏的比赛中以 12 秒 91 的成绩打破奥运会纪录,平世界纪录,夺得了亚洲男子选手在径赛短距离直道项目上的首枚奥运会金牌。刘翔和姚明成为我国体育的两面旗帜,成为我市的形象大使。同时,涌现出王励勤、吴敏霞、钱震华等一批世界级优秀选手,在第九届和第十届全运会上取得好成绩。奥运后备人才工程建设进展有序,建立了 15 个国家高水平体育后备人才基地,体教结合工作迈上新台阶。业余训练运动员注册数从 1 万人发展到 1.3 万人。积极实施科教兴体战略,完成国内首个游泳水槽实验室以及其他高科技项目,"训科医"一体化初步形成。

3. 体育产业成效显著

体育服务业发展势头良好,体育市场规模扩大。竞赛表演业日趋活跃,承办国内外单项大型赛事数量位居全国前列,共举办 143 次国际比赛、254 次全国比赛和第十二届市运会,成功举办网球大师杯赛、F1 汽车大奖赛和国际田径黄金大奖赛等世界顶级赛事,高质量地完成第 48 届世界乒乓球锦标赛承办任务。体育健身娱乐、会展博览、用品制造、培训咨询业等初具规模,体育消费日益升温。体育彩票共销售 33.4 亿元。社会经营性体育场所发展到 5 236 多家。连续三届成功举办中国国际体育用品博览会。体育设施逐步完善,建成上海国际赛车场、旗忠森林国际网球中心,完成了上海体育馆等场馆改造工程。体育科研、体育法制、宣传教育、对外交流等方面都迈出了新的步伐。"十五"期间取得的成绩,为上海国民经济和社会发展做出了积极的贡献,为体育事业上台阶、再发展奠定了良好的基础。

(二)"十一五"时期面临机遇和挑战

"十一五"时期我市体育事业面临重要机遇和新的挑战。国家全面建设小康社会、构建社会主义和谐社会、举办2008年北京奥运会和2010年上海世博会,给上海体育事业发展带来极其难得的历史机遇;上海经济社会发展为体育事业发展提供了良好的环境。上海体育必须为本市整体目标的实现和国家体育事业做出应有的贡献,走在全国前列。但与上海建设现代化国际大都市发展的目标相比,与发达的体育强省相比还存在不少问题和差距,有的已成为发展瓶颈。

——群众体育还不能满足市民日益增长的科学健身需求。全民健身的组织体系不够健全;“人人运动”的推广方式有待开拓创新;科学健身的指导水平还需提高;社会公共体育场地向社会开放的程度还较低;群众体育发展不平衡,农村特别是远郊开展群众体育活动的物质条件和组织水平有待加强。

——竞技体育训练和管理的科学化水平有待进一步提高。重点项目没有形成集群优势;训练管理体制、机制需进一步优化和调整,由粗放型向集约型转变。科学训练水平需进一步提高,科技支撑的力度需进一步加强。后备人才培养质量不高,必须积极探索市场经济条件下坚持举市体制和社会培养相结合的新路径。

——体育设施仍然不足。人均体育场地面积与中等发达国家人均2.5平方米仍有很大差距。现代化大型体育场馆整体上与体育强省有明显差距,需统筹建设、改造多功能、综合性的符合国际赛事要求的体育设施和国家训练基地。现有场馆的开放、利用不够,功能单一、配套不足、自我发展能力弱,必须加大改造、功能开发和综合利用的力度。

——体育产业各门类发展不平衡。体育产业整体规划、资源整合不够,中介市场、无形资产市场、体育用品市场开发不足,规模大、效益好、产业化强、知名度高的体育龙头企业仍不成规模。场馆经营水平较低。扶持体育产业发展的政策尚不完善。

二、指导思想与发展目标

(一)指导思想

以邓小平理论和“三个代表”重要思想为指导,以科学发展观为统领,以构建社会主义和谐社会和满足人民群众日益增长的体育文化需求为出发点,以增强上海城市国际竞争力为发展主线,以完善全民健身服务保障体系、服务2008年奥运会及备战第十一届全运会提高竞技运动水平、加快体育产业发展为主要任务,深入贯彻中共中央、国务院《关于进一步加强和改进新时期体育工作意见》(中发〔2002〕8号)和市委、市政府《关于加快上海体育事业发展的决定》(沪委〔2002〕14号),努力推进上海体育事业全面、协调、可持续发展,为国家体育事业和上海建设现代化国际大都市做出贡献。

(二)发展原则

1. 坚持以人为本,服务全局

坚持体育为人民服务的方向,促进人的全面发展,把增强市民体质、提高市民健康素质作为根本任务;充分发挥体育在本市物质文明与精神文明建设和增强城市国际竞争力中的重要作用,促进经济发展和社会文明进步。

2. 坚持统筹兼顾,协调发展

坚持体育事业与经济、社会协调发展,相互促进。处理好群众体育、竞技体育、体育产业等各项体育工作之间的关系,积极实施群众体育优先发展,竞技体育加快发展,区县体育共同发展的战略;紧紧抓住上海体育事业发展的机遇期,按照“四个率先”的要求,自加压力,负重奋进,上海体育工作继续走在全国前列。

3. 坚持科教兴体,人才强体

确立科学技术是第一生产力、人才资源是第一资源的观念,充分发挥科技、人才、教育在体育发展中的关键作用,集聚本市科技、教育和人才优势,采取有效措施,提高体育科技水平、教育水平和人才队伍素质。

4. 坚持与时俱进,开拓创新

坚持以改革促发展,大力开展自主创新,加强体育理论创新、制度创新和方法创新,努力推进体育体制改革和运行机制转变,走集约化、科学化、社会化和上海特色的发展道路。

(三) 发展目标

1. 总体目标

经过五年的艰苦奋斗,全面提升上海体育整体实力和在国内、国际体坛的竞争力;形成与上海国际大都市相匹配的体育发展水平和发展环境,继续建设亚洲一流体育中心城市,并为建设国际体育知名城市而努力。

2. 具体目标

——群众体育普及程度不断提高。构建并完善全民健身服务保障体系,经常性参加体育健身的人口占全市人口的50%,体育健身活动成为市民现代生活方式的重要组成部分,重点推进农民健身工程。市民健康素质得到明显增强。关注特殊人群的体育活动,全力办好2007年特殊奥林匹克运动会。

——竞技体育竞争实力明显增强。实现三个突破,即2008年奥运会突破历届最好成绩;2009年全运会金牌数突破前两届金牌平均数;获世界冠军、破(创)世界纪录的成绩有新的突破。可持续发展能力明显增强。

——体育产业发展步伐明显加快。体育产业融入城市现代服务业,营造发展环境,注重培育、规范和发展竞赛表演、健身休闲、体育彩票、体育会展、技术培训和体育中介市场,办好并形成具有上海特色、国际知名度的品牌赛事,成为国际体育赛事的主要举办城市之一。体育产业成为上海新的经济增长亮点,增长速度力争高于全市国民经济增长速度。

——体育场馆设施建设进一步完善。完善场馆建设规划,建设若干能举办国际比赛、国内领先的比赛场馆和训练基地;优先发展社区体育设施和郊区农村体育设施,形成市、区县、街道(乡镇)和居委会(村)四级体育设施网络;各区县基本建成综合性的体育中心,并形成若干现代化、多功能的大型比赛场馆;人均体育场地面积达到2.5平方米;推进体育经营性场所多元投资、市场运作的管理和建设。

——体育法制建设进一步加强。建立健全与社会主义市场经济体制相适应的体育行政管理体制,加快体育立法步伐,健全体育法规体系建设,提高依法行政水平。

——体育科技水平明显提升。体育科技攻关能力和服务质量进一步增强,体育人才队伍数量和质量基本满足体育事业发展的需要,体育科教发展水平居全国前列。

三、发展任务和主要措施

(一) 完善全民健身服务体系,切实增强市民健康素质

“十一五”时期群众体育工作任务是:构建并完善具有上海特色的多元化全民健身服务体系,提高市民体育健身意识,大力推进“人人运动”计划,加快建设“136”工程,努力实现群众体育组织网

络化、场地设施多样化、健身指导科学化、体育活动生活化,满足广大市民的健身需求。

1. 完善全民健身组织体系

积极倡导和推进"社会体育社会兴办,全民健身全民参与",充分调动全社会力量推进全民健身。充分发挥各级政府的主导作用,发挥各行业部门的组织协调作用,各类体育社会团体的纽带作用,社区、乡镇、学校、企业的阵地作用。到2010年建成100个街道(乡镇)群众性体育俱乐部(协会),发展10 000个健身团队。建立政府主导、社会参与、条块结合的全民健身组织服务网络。

2. 完善市民体质监测体系

完善市、区(县)、街道三级体质监测网络,逐步提高监测服务质量和指导水平。制定并实施《上海市民体质评价指南》《上海市民体育锻炼指南》,建立市民体质健康档案和市民体质数据库,定期颁布市民体质状况,推动不同人群广泛参加体育健身活动。关注和促进在职职工、中老年人群的科学健身,关心和扶持老年人、残疾人和妇女、儿童人群体育发展,深入推进学校体育,帮助学生重点掌握1—2项体育技能,增强学生体质。《学生体质健康标准》及格率保持在95%以上。

3. 加强社会体育指导员队伍建设

在全市各健身苑(点)、晨晚健身点、社区健身俱乐部均配有社会体育指导员。社会体育指导员数量每万人达到10～12名。完善上海市社会指导员培训、考核工作,不断提高社会体育指导员队伍的质量,提高科学健身指导水平。开展专家咨询、健身科普讲座、网上查询、高素质专家讲师团科学健身巡回宣传等活动,建立体育健身服务平台。开展体育行业特有工种职业技能鉴定工作,经营性体育健身场所实行执业(职业)资格管理。

4. 开展丰富多彩的体育健身活动

举办群众喜闻乐见的具有上海特色的全民健身活动,以全民健身节、全民健身活动周、社区健身大会及各区县举办的传统特色活动为主线,点面结合,全市联动,形成全民健身热潮。积极筹划创办上海国际大众体育节,形成品牌活动。组织好长三角体育圈全民健身大联动、全国体育大会以及农运会、中运会、大运会、职运会、残运会和特奥会等参赛工作,提高组织程度,扩大社会影响。大力倡导"体育生活化、生活体育化",培育"假日体育""休闲体育""体育旅游"活动,促进体育与文化、教育、旅游、休闲的紧密结合,推进"人人运动"向纵深发展。认真做好民间传统体育的挖掘和创新工作,做好健身气功和新兴体育项目的推广和管理工作。将2007年特殊奥林匹克运动会办得精彩、圆满、成功。加快郊区体育发展,形成特色品牌,到2010年在浦东、崇明、金山、奉贤、松江、青浦、嘉定、宝山、南汇等地形成一批江、河、湖、海、山地等资源紧密结合的特色体育旅游活动和与旅游、休闲、文化相结合的体育基地及特色赛事。

(二) 积极实施奥运争光计划,努力提高竞技运动水平

"十一五"时期竞技体育工作任务是:进一步提高我市竞技体育水平和国际竞争力,大力发展代表上海国际大都市形象的运动强项,巩固优势项目、加强潜优项目、扶持弱势项目。

1. 调整和完善训练管理体制和运行机制

推进训练体制改革,成立若干项目训练中心,缩小管理跨度,提高工作效率。继续实施"奥运带全运,全运促奥运"的金牌战略,缩短战线,突出重点,调整结构,提高效益。进一步优化项目结构,调整项目布局,突出强项、调整小项、巩固大项,做强做大游泳、田径、水上、球类等重点项目,形成集团优势;提升体操、举重、自行车等潜优势项目,培育夺金点。通过多种形式,广泛吸引社会力量,建立一批具有较高知名度的俱乐部;加强与西部、解放军合作交流,拓展人才培养渠道;提高区办、校办、企业办市队的训练水平。教练员队伍实行竞聘上岗,优胜劣汰;运动项目引入投入产出效益分

析、评估机制，“优势项目优投、重点项目重投”，提高训练管理效益。

2. 加强运动队伍的教育管理

切实加强运动队思想政治工作和道德作风建设，牢固树立社会主义荣辱观，大力弘扬奥林匹克精神、中华体育精神和上海城市精神，强化祖国培养意识。认真研究运动队思想政治工作的规律和特点，扎实、有效、创造性地开展工作。建立健全优秀运动队管理制度，形成铁的纪律和顽强作风，为严格训练、严格要求打下坚实的思想基础。努力构建新型的运动员文化教育体系，扩大高等教育比例，提高运动员的科学文化等综合素质，增强就业能力，促进运动员的全面发展。加大运动员伤残保险、奖学金、助学金、就业补偿和免试入学的支持力度，为优秀运动员提供全方位的保障。

3. 切实提高竞技运动水平

坚持“从难、从严、从实战出发，大运动量训练”的科学训练原则，全力推广孙海平教学训练经验，深入研究竞技体育发展规律、运动项目制胜规律以及运动训练规律、运动队管理规律和备战参赛规律，切实提升竞技运动水平。组织力量对重点项目和关键技术的协作攻关，不断改进训练手段和方法，加强技术创新，提高运动成绩。

（三）加快后备人才培养，实现可持续发展

“十一五”时期后备人才培养工作任务是：完善业余训练网络体系，实施后备人才培养工程。各区县建立规范的业余训练学校和高水平体育后备人才基地，拓宽体育后备人才培养渠道，探索体教结合的新模式。

1. 加快后备人才基地建设

巩固发展我市已建立的15个“国家高水平体育后备人才基地”和10个“上海市奥运后备人才培训基地”，全面提升培训质量和效益；推进本市办训学校的规范化、标准化建设；市级训练中心和单项协会要有重点地扶持3～5个业余训练体校网点。到2010年形成20个国家高水平体育后备人才基地和相匹配的市级单项后备人才培训基地，做到“市有重点、区有优势、校有特色”。全市参加业余训练的人数达到16 000人，每年向市优秀运动队输送200名左右的优秀后备人才。市属两所体育运动学校要扩大规模，提高人才质量，形成后备人才“生产线”和特色品牌，成为后备人才的“龙头”。

2. 改革业余训练管理制度

形成一、二、三线衔接贯通、运转高效的业余训练管理体系和工作体系。建立优秀后备人才资源库，实行重点扶持、系统培养、科学训练、跟踪管理，保证重点培养对象成为优质后备人才。建立选材测试制度，制订各项目各年龄层次的选材标准。加强对业余训练的管理，实行分类指导和签订培养输送指标。改革完善以市运会为代表的青少年竞赛制度和办法，不断完善竞赛规程和规则，以促进后备人才的培养和输送。加大对我市奥运、全运重点项目在市运会上的金牌设置数。市青少年单项比赛，加入身体素质、基本技术的测验，以保证训练的系统性。加强对业训运动员的分级、分类注册管理和资格审查及骨龄测试工作。加大选材工作的透明度，坚决制止运动员选招工作中的不正之风。对输送高水平后备人才的单位和个人给予多种形式的奖励。不断完善评估机制，对评估成绩优异者给予表彰奖励，评估不合格者实行淘汰制。鼓励和支持社会力量举办各种类型的体育运动学校或俱乐部，加强与外省市联合培养和引进力度，拓宽体育后备人才的培养渠道。

3. 深入开展体教结合

加强体教结合的领导，完善各项评估体系和奖励办法，形成大、中、小学一条龙的培养体系，扩大并合理使用体教结合专项经费和加分、引进政策，培养一支高水平的学校教练队伍，充分发挥竞赛杠杆作用,提高学校办训水平。进一步探索和完善体教结合的新机制、新模式,培养高质量的体育后备人才。

(四)加快发展体育产业,积极培育体育市场

“十一五”时期体育产业工作任务是:基本形成以竞赛表演业为龙头,以健身休闲业为重点,多业并举、规模发展的体育产业体系;市民人均体育消费明显增加,体育产业增加值在国内生产总值中所占的比重明显提高;发挥体育产业在拉动消费、优化产业结构、扩大就业中的积极作用。

1. 大力培育体育市场

坚持以市场为导向,以满足群众的体育需求为目标,积极引导市民进行健康文明的体育消费。大力培育健身市场,推行体育健身场所等级评定标准,鼓励连锁经营,创造服务品牌。各区县要按照功能定位,发展标准化、系统化、多层次的健身服务项目;大力发展体育用品市场和体育会展业,形成知名的上海体育用品展览品牌。采取有力措施,扶持我市体育用品品牌企业,争创著名商标并拓展国际市场;大力引导体育人才、信息、资本、技术等要素市场,发展体育中介组织,培养一支高素质的体育经纪人队伍,充分发挥经纪人在人才流动、赛事推广等方面的作用。吸引一批国际体育组织、世界品牌公司的国际总部或分支机构落户上海;大力开发体育竞赛表演业市场,逐步实现办赛形式市场化、投资主体多元化、竞赛组织专业化。争取每年承办25项次左右的国际比赛,努力办好F1、网球大师杯赛、国际田径黄金大奖赛、国际马拉松、女足世界杯、奥运会足球预选赛和2007年世界特奥会等重大国际赛事,通过精心运作,形成具有广泛影响力的传统赛事、品牌赛事。发挥区县作用,形成有较大社会影响的“一区一品”景观体育赛事。积极推动体育赛事资源的深度开发,探索政府主导、社会参与、市场运作的竞赛组织管理的新机制,提高赛事的综合效应。积极申办“十二五”期间上海举办世界综合性运动会或单项国际重大赛事活动,重点引进有较大国际影响、商业化运作的单项国际顶级赛事。大力开拓彩票市场,丰富营销手段,提高销售水平,加强销售网络建设和规范经营,逐步提高销售量,加强对发行销售的监管,高度重视运营安全,提高公益金的使用效益。利用浦东新区综合配套改革试点的机遇,在浦东新区规划建设体育服务业综合设施。在黄浦、卢湾、静安、徐汇等中心城区,发展体育服务集聚区。在金山、松江、崇明等区县,建立体育休闲娱乐或户外运动区。在青浦、嘉定、宝山等城区,逐步形成体育用品品牌特色区。

2. 加强体育产业政策研究

进一步开放体育市场,放宽准入条件,积极营造公平竞争的市场环境。对不同项目的经营活动采取区别政策,分类指导。加强体育产业的政策研究,创造有利于体育产业发展的良好政策环境。加强体育无形资产开发,以投融资体制改革为突破口,通过产权转让、入股、拍卖、使用权或经营权转让、特营特许权拍卖、合作合资等多种形式,盘活存量,扩大产业规模。鼓励体育民办非企业、民营私营企业和境外企业进入体育服务领域。加强对大型体育赛事、高水平运动队、知名运动员和教练员等潜在产业价值的开发,把无形资产推向市场,实行市场化经营。完善体育基金组织,扩大资金规模,积极发挥基金会在体育事业发展中的作用。加强体育产业统计工作,研究建立规范的体育产业统计指标体系和统计制度。

3. 提高场馆运营效益

做好体育场馆类事业单位管理体制和运行机制改革,激发发展活力。在坚持场馆公益性前提下,重点推进投融资体制、用人分配制度、激励机制等方面的改革。将大型体育场馆与全民健身、体育市场开发紧密结合,使之成为集训练、竞赛、休闲、培训为一体的体育中心;加强与社会团体的合作,形成稳定并且不断扩大的健身消费群体,探索场馆连锁经营或集团化经营,提高场馆的经营开

发水平。建立并发展若干大型体育龙头企业集团，加强对体育国有企业的支持及监管。

4. 加强体育市场规范化管理

规范体育市场秩序，保护经营者和消费者的合法权益。对不同的经营活动实行分类管理，对于一般性的体育项目的经营活动，加强服务质量和安全的日常监管；对于专业性强、技术要求高、危险程度大的体育项目，确定并执行规范的开放条件与技术要求；对于可能对自然资源、环境带来影响的体育项目要认真评估。加强体育经营和服务人员培训，提高业务素质和服务水平。推行体育服务质量认证和体育服务专业人员资格论证制度。支持各类体育经营实体建立行业性自律组织。

（五）加强统筹协调，促进体育场馆建设

“十一五”时期体育设施建设工作任务是：加大公共体育设施投入力度，提高我市体育基础设施存量和现代化水平；进一步完善市、区（县）、街道（乡镇）、居委会（村）四级体育设施网络。

1. 加快功能性设施建设

以承办国内外重大体育赛事为契机，规划建设一批符合国际赛事标准，具有多功能的体育场馆。进一步发挥F1国际赛车场体育设施辐射作用，完善旗忠森林国际网球中心建设。做好浦东地区规划建设综合性大型体育设施前期工作或结合世博会场馆后续利用建设临时大型体育设施。改造上海体育场和虹口足球场，为2007年特奥会、女足世界杯和2008年奥运会足球比赛提供高质量的保障。通过资源整合，建设和改造市级训练设施，形成2—3个高水平现代化的国家级训练基地。以实现资源共享为目标，加快建成松江大学园区体育中心、上海交大闵行区体育馆等一批学校体育场馆设施。结合南京西路服务商务区规划，将武术院地块建成上海棋院及提供公共服务的综合设施，为推进体育服务业发展发挥积极作用。筹建佘山生态体育旅游基地、奉贤海滨水上运动中心和黄浦江水上健身休闲场所，以满足对外交流开放和不同人群的健身消费需求。

2. 完善基础性、普及性设施建设

根据上海城市发展特点，着力建设市、区（县）、街道（乡镇）和居委会（村）四级体育场馆设施，完善空间布局。市以规划建设大型体育场馆为主，各区（县）建设和完善多功能的体育场馆，形成区域体育活动中心。以区域体育发展为重点，协调推进各区县体育中心、体育公园的建设。建成黄浦、闸北等若干体育中心，扩建长宁等体育中心，筹建浦东新区奥林匹克公园及宝山等8个体育公园。建设金山区体育中心、闵行国际曲棍球场。改善区县体育训练设施，95%达到与训练规模相适应，力争50%的场馆设施能承办体育赛事。加快水上旅游功能的开发，形成沿江（黄浦江）、沿河（苏州河）体育带。结合社区建设，完善社区公共体育设施，到2010年建成300个社区公共运动场地和若干市民健身中心。街道（乡镇）主要加强文化体育活动中心、社区公共运动场地、健身苑的建设。居委会（村）的健身设施，以小型多样为主，不断增强服务功能。按照建设社会主义新农村的要求，加快建设村级农民健身工程。鼓励和引导企事业单位及学校体育设施向社区居民开放，促进公共体育设施资源的共享利用。到2010年，本市公共体育设施、学校体育场地设施、社区全民健身设施、社区市民体质监测站等向社会全面开放，为市民所共享。

3. 加大政策支持力度

认真实施国务院《公共文化体育设施条例》《城市社区体育设施建设用地指标》以及市委、市政府《关于加快上海体育事业发展的决定》，各区县结合“一区一品”景观体育和全市体育发展的功能定位，将公共体育设施纳入各级政府国民经济和社会发展计划，优化配置，突出重点，合理布局，缜密规划，分步实施。市体育行政部门要统筹协调，全市体育设施发展总体规划。建设用地列入城乡建设规划和土地利用总体规划，优先安排，行政划拨；公共体育设施建设维修、管理资金，列入各级基本建设计划和公共财政预算;新建的公共体育设施可在项目立项、土地征用、规费减免等方面给予支持与优惠。居民住宅区、城市公共绿地和公园等地应当配套建设相应的健身设施,任何单位和个人不得擅自改变公共体育设施的建设项目、功能和用途。

(六)推进体育体制改革,加强体育法制建设

"十一五"时期体制改革和法制工作的任务是:推进体育管理体制改革,加快政府职能转变,建立具有活力的体育体制和运行机制;大力推进依法行政、依法治体,健全符合体育改革和发展要求的体育法规体系。

1. 深化体育管理体制改革

按照"精简、统一、效能"的原则,加快政府职能转变,实行政事分开、政企分开、管办分离,强化体育行政部门在政策调节、市场监管、社会管理、公共服务方面的职能,逐步建立分级管理、条块结合、办事高效、运转协调、行为规范的行政管理体制,形成政府统一领导、部门依法管理、行业加强自律、企事业单位依法运营的运行机制。根据不同体育项目的特点、基础、目标,在管理模式、投入机制等方面实施区别政策,建立和完善效益投资机制。加强对体育职业俱乐部的规范管理。

2. 加强体育社团建设

进一步明确各级体育行政部门、各级体育总会及其单项协会的性质和职能,加强市和区县体育总会的组织、制度和队伍建设,发挥各级体育社会团体的组织、沟通、协调方面的作用,积极推进运动项目协会实体化进程。进一步完善各单项协会的组织机构、工作机制和规章制度,健全协会的自律机制,促进体育社会团体的发展壮大。建立健全体育社团的工作评价体系和监督体系,促进社团合法、规范、高效运转。

3. 加强体育法制建设

加强依法行政工作。建立健全符合市情和体育改革发展要求的体育法规体系,加快全民健身、市场管理、竞赛秩序、人才培养、体育产业、体育设施管理等领域法规和规章的起草、修订工作。完善体育行政许可、行政审批、行政检查制度,建立健全体育市场管理体系和权责明确、监督有效、保障有力的行政执法体系。研究制定体育设施管理办法,对各级各类体育设施,尤其是公益性体育设施在规划建设上给予保护。建立上海市体育服务从业标准管理体系,包括制定体育服务标准和从业规范。加强对全市体育依法行政情况进行监督检查。深入开展法制宣传教育活动,进一步提高体育法律意识和法律素质。

(七)聚焦"科教兴体"战略,推进"人才强体"工程

"十一五"时期科教和人才工作的任务是:努力提高全民健身、体育产业特别是运动训练的科技含量,培养各类体育人才,为体育事业发展提供坚实的人才保证、智力支持和科技支撑。

1. 创新科教兴体管理体制和机制

落实科教兴市主战略,制定科教兴体发展纲要和行动方案,整合本市体育科教资源,出台相关政策,创新科教兴体的科学管理体制、机制,全面推进体育科技进步。充分发挥"上海市体育科技领导协调小组"和"上海市体育专家咨询委员会"的作用,加速建立本市体育科技专家库。鼓励高校、科研机构的科技力量服务于体育运动实践,协调推进复旦大学运动医学研究中心、浦东新区运动医学研究中心建设,探索建立多元投资建设、社会参与运作、市场开放服务的科技研究服务机构。加快形成体育系统与高校、科研院所、企业等资源共享、信息互通的协作网络,在人才培养、科学研究、实验室开放、成果交流转让等方面建立可操作的协作机制。引导科研医务人员、高校教师深入体育实践,为科学健身、运动训练、体育产业提供咨询服务和重点攻关,全面提高体育事业发展的科技含

量。坚持体育社会科学与自然科学并重,加强对体育发展战略、改革与发展中重大理论与实践问题的研究,繁荣体育社会科学。

2. 提高体育科研水平

组织力量对重大体育科研项目进行攻关,推动高新技术成果在体育运动实践中的应用。发挥游泳水槽、低氧训练舱、自行车专项体能实验室的作用,在总结经验的基础上,创建运动营养、运动能力综合诊断、体能训练与康复、生理生化、力量评价实验室,并有1—2个成为国家重点实验室;建好市民体质评价与科学健身指导中心,力争出一批国内外有影响的科研成果。科研工作以运动训练中的实际需求为着力点,加强科技攻关,提高我市运动员的技术水平和参赛能力。在现有游泳、水上、田径等科研团队和运动营养、医疗保障和信息等专门工作小组的基础上,扩大体育科研团队,提高工作水平,争取有更多的科研人员加入国家体育总局备战2008年奥运会的科研攻关团队。深化"训科医一体化"工作,提高组织程度和科医服务水平,对于备战2008年奥运会和2009年全运会的重点项目和重点运动员,做到提前介入、全程跟踪、合力攻坚、全方位服务。加强体育医疗机构服务体系建设。做好信息研究与服务工作,加强体育信息化建设。坚持"严令禁止、严格检查、严肃处理"的工作方针,做好反兴奋剂工作。

3. 加速体育教育发展

充分发挥体育院校(系)在体育发展中的作用,进一步完善我市体育人才教育与培训体系,支持以上海体育学院为龙头的体育教育工作,充分发挥高等院校优势,培养一批具有世界一流水平的专家和学术带头人,充分利用学科优势,培养更多体育事业发展需要的各类人才。将体育运动技术学院、第一和第二体育运动学校办成培养高水平人才基地和世界冠军的摇篮。各区县体校改革办学模式,提高体育后备人才的质量和科学化水平。支持上海体育学院申办上海体育大学。

4. 加快人才队伍建设

全面实施"人才强体"战略。结合上海体育实际,强化人才资源是第一生产力的观念,围绕形成合力、提高能力、激发活力、增强凝聚力的人才工作任务,以高层体育人才和紧缺人才为重点,抓住培养、使用和引进三个环节,使体育人才的总量不断增加,结构不断优化,素质不断提高。制定人才培养、使用和管理的科学评价标准,逐步建立比较完善的体育人才评价、激励、选拔和竞争机制。敢于突破资历、地域和薪酬等限制,破格提拔和大胆吸纳各方面有真才实学、能开拓创新的优秀拔尖人才。注重将具有运动经历或体育实践经验的优秀专业人才,选拔充实到各级领导管理岗位。根据上海体育事业发展的目标需求,在立足培养、提高素质的同时,加速引进优秀教练、科研、赛事组织、体育经营、体育管理等紧缺人才,突出领军人才建设,研究制定吸引人才和人才发展的激励政策。培养一批国际级裁判员,积极推荐优秀裁判员和管理人员在国际、亚洲体育组织中任职或在国际大赛中担任主要技术官员。探索建立杰出人才津贴制度。改革和完善竞技体育的各类比赛的奖励政策和办法。积极稳妥地推进体育事业单位的人事制度和收入分配制度的改革。

四、组织保障和规划实施

(一) 切实加强领导,营造和谐发展环境

1. 切实加强组织领导

各级党委、政府要从实践"三个代表"重要思想、落实科学发展观、构建社会主义和谐社会的高度,充分认识体育工作的重要性,切实加强对体育工作的领导,把体育事业纳入经济社会发展总体

规划,纳入城乡建设规划,纳入政府任期考核目标。加强政府公共服务职能,建立体育事业财政投入的持续稳定增长机制,将体育事业经费、基本建设资金列入本级财政预算和基本建设规划,并随着国民经济的发展逐步增加投入,确保体育事业经费随着财政收入的增长而逐步增加。进一步强化体育行政管理职能,组织协调好涉及各方面的体育工作和各项大型体育活动,及时研究解决发展中的问题,努力推进体育事业的繁荣和发展。

2. 加强区域分类指导

按照全市区域的不同经济社会发展水平,确定差别性的目标任务、考核体系和鼓励政策。浦东新区和中心城区大胆实践,探索新路,在体制改革、设施建设、赛事组织、业余训练、产业开发等方面先行一步。近郊要利用地域优势,着力推进各项体育事业快速发展。加大对远郊及崇明县的支持和指导力度,促进其跨越式发展。认真做好对口支援工作,开展各种形式的合作交流,实现双赢,共同发展。

3. 营造体育发展环境

各级体育行政部门要切实承担责任,做好本行政区域内的体育工作。有关部门与体育部门相互配合,利用各种资源为体育事业发展创造更好的发展环境。体育行政主管部门要根据职责分工,创造性地做好工作。加强体育宣传工作,完善体育新闻工作机制和新闻发言人制度,整合新闻资源,构建新闻宣传平台,为体育事业发展营造良好的舆论氛围和社会环境,扩大上海体育在国内外体坛的影响。积极开展对外体育交流与合作,加强与国际体育组织的沟通和联系,学习借鉴先进国家的经验,为体育发展服务。加强体育文化建设,开展体育文化、奥林匹克精神的宣传教育活动,规划建设上海体育博物馆。

(二) 加强规划实施管理,健全规划实施机制

市体育行政部门和直属单位要按照本规划的目标和任务,积极推进本规划的实施;各区(县)体育部门进一步细化本地区发展规划。加强工作的计划性,加强对规划的实施和监督。本规划在实施过程中,坚持整合社会资源,推进体育事业均衡布局和协调发展;打破条块分割,切实提高体育整体实力。建立体育发展综合评价和规划调控机制,促进体育事业健康有序发展。结合年度体育工作,逐年逐项分解目标,明确进度、责任和要求,对规划的落实情况和重点工作的进展情况进行督促检查,2008 年奥运会后,要组织力量对规划实施情况进行中期评估,分析规划实施效果,必要时对规划目标进行适当调整,保障和推进本规划的顺利实施。

索　引

0～9(数字)

A～Z（英文）

A～B

C

D

E～F

G

H

J

M

N

O～P

Q

R

S

Y

Z

（王彦祥、张若舒、刘子涵　编制）

编 后 记

修史编志，知古鉴今。经过近八年的不懈努力，《上海市志・卫生・体育分志・体育卷（1978—2010）》（以下简称《体育卷》）终于面世了。

根据上海市人民政府的统一部署，我们于 2012 年 3 月启动了《体育卷》的编纂工作。上海市体育局领导十分重视此项工作，组成了《体育卷》编纂委员会，时任体育局主要领导任编委会主任（此后上海市体育局主要领导数次变换，后任者自然接替此职务）。编委会下设编纂办公室，并核定了编写志书的经费预算。组织结构的建立和经费的核拨，有力保障了志书编写工作进程及质量。

本轮《体育卷》的年限，为 1978 年至 2010 年。1978 年，中国实行改革开放。改革开放的春风，为上海经济和社会发展带来了无限生机与活力。上海体育快速恢复发展。在这 33 年中，上海广大体育工作者敢为人先，锐意进取，在传承中开拓，在求实中创新，铸就了上海体育的辉煌。上海体育工作者解放思想，开拓创新，以青春和奉献诠释上海城市精神，展示上海改革风采，为我们留下了继续奋斗再出发的宝贵财富。我们按照编委会领导的要求，力求全面、客观、准确地记载上海体育 33 年的奋进历程和辉煌成果，努力体现时代特征、地方特色和体育特点。在志书框架设定和内容谋篇布局方面，我们集思广益，力求突出重点，凸显亮点。例如我们把“青少年体育”设为一篇，旨在反映青少年体育是上海体育的基础和重点，体教结合工作是上海青少年体育发展的创新之路。在构思确定“体育交往”篇目时，我们把视野从国际体育的出访、来往等外事工作领域，扩大为全方位的体育交流合作——既有国际（境外）交往合作，又有国内及区域的交流合作，重现上海体育得益于国内外的支持互动，服务于全国及华东地区、长三角地区的丰富实践。

潮起潮涌，奔腾向海。历史是一条奔流不息的长河。我们在编写本轮体育志书的过程中，借鉴和参考了 1996 年出版的第一轮《上海体育志》，努力使两轮志书互相传承，有机衔接。同时，我们参阅并采纳了历年《上海体育年鉴》的数据资料，并从上海图书馆、上海档案馆及上海市体育局档案室查阅核实有关资料，确保有关人物、事件的准确无误。在编写过程中，我们还实地赴山西、贵州省体育局学习取经，走访上海市教育、交通港口和文化广播等有关部门，在此表示衷心感谢！

2019 年 1 月，《体育卷》形成初稿，逐步征求上海市体育局机关、上海市体育局老领导及有关专家意见，在五六月间作了较大的修改和完善，于 6 月、12 月两度报请上海市体育局局长办公会审核。根据会议审核意见及要求，我们做了进一步修改完善，随后将《体育卷》送审稿上报上海市地方志办公室，由其组织评议、审定和验收。期间，我们在专家的指导帮助下，按照评议、审定会的修改意见和建议，不断完善，精益求精，顺利完成编纂出版工作。

作为修志编史的领导职能部门，上海市地方志办公室的领导给予了我们很大的支持帮助，经常指导《体育卷》的编写工作，帮助修改有关篇章，指导推进编写工作进度，对此我们深表谢意！

《体育卷》的编纂工作，凝聚了许多体育系统同志的心血。上海市体育局机关、各直属单位的领导及信息员、联络员给予了大力支持帮助，协助提供信息资料，认真撰写有关篇目初稿，耐心提出修改意见和建议，确保了本轮志书编写工作的顺利开展。上海相关高校的专家、师生，也积极参与志书编写工作。上海市体育宣传教育中心具体承担志书编纂工作。在此，我们一并表示衷心的感谢！

由于我们的经验和水平有限，有些资料信息难以采集，如有疏漏错误，恳请广大体育工作者和读者予以指正谅解。

《上海市志・卫生・体育分志・体育卷(1978—2010)》编纂办公室

2020年12月

图书在版编目(CIP)数据

上海市志. 卫生·体育分志·体育卷：1978—2010/
上海市地方志编纂委员会编. —上海：上海古籍出版社，
2021.6
ISBN 978-7-5325-9934-9
Ⅰ.①上… Ⅱ.①上… Ⅲ.①上海–地方志②卫生工
作–概况–上海–1978-2010③体育事业–概况–上海–
1978-2010 Ⅳ.①K295.1②R199.2③G812
中国版本图书馆CIP数据核字(2021)第066070号

责任编辑 乔颖丛
封面设计 严克勤

上海市志·卫生·体育分志·体育卷(1978—2010)
上海市地方志编纂委员会 编

出版发行 上海古籍出版社
(200020 上海瑞金二路272号)
印　　刷 上海中华商务联合印刷有限公司
开　　本 889×1194 1/16
印　　张 53
插　　页 12
字　　数 1,390,000
版　　次 2021年6月第1版
印　　次 2021年6月第1次印刷
ISBN 978-7-5325-9934-9/K·2986
定　　价 318.00元